Sieben Entwicklungsstufen der Old London Bridge, von 1209 bis 1831

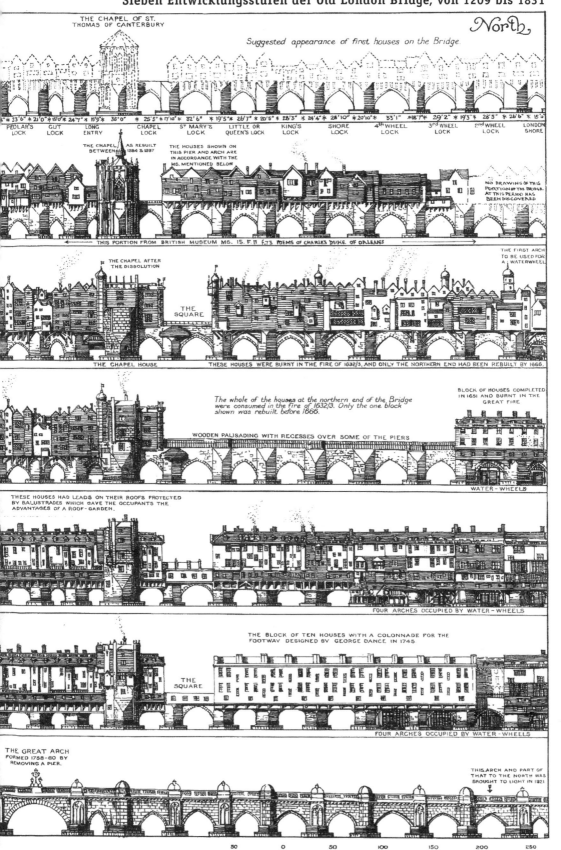

Suggested appearance of first houses on the Bridge.

THE CHAPEL OF ST. THOMAS OF CANTERBURY

North

| PEDLAR'S LOCK | GUT LOCK | LONG ENTRY | CHAPEL LOCK | Sᵗ MARY'S LOCK | LITTLE OR QUEEN'S LOCK | KING'S LOCK | SHORE LOCK | 4ᵗʰ WHEEL LOCK | 3ʳᵈ WHEEL LOCK | 2ⁿᵈ WHEEL LOCK | LONDON SHORE |

THE CHAPEL, AS REBUILT BETWEEN 1384 & 1397

THE HOUSES SHOWN ON THIS PIER AND ARCH ARE IN ACCORDANCE WITH THE MS. MENTIONED BELOW

NO DRAWING OF THIS PORTION OF THE BRIDGE AT THIS PERIOD HAS BEEN DISCOVERED

THIS PORTION FROM BRITISH MUSEUM MS. 15. F. 11 f. 73 POEMS OF CHARLES DUKE OF ORLEANS

THE CHAPEL AFTER THE DISSOLUTION

THE SQUARE

THE FIRST ARCH TO BE USED FOR A WATERWHEEL

THE CHAPEL HOUSE

THESE HOUSES WERE BURNT IN THE FIRE OF 1632/3, AND ONLY THE NORTHERN END HAD BEEN REBUILT BY 1666.

The whole of the houses at the northern end of the Bridge were consumed in the fire of 1632/3. Only the one block shown was rebuilt before 1666.

WOODEN PALISADING WITH RECESSES OVER SOME OF THE PIERS

BLOCK OF HOUSES COMPLETED IN 1651 AND BURNT IN THE GREAT FIRE

WATER-WHEELS

THESE HOUSES HAD LEADS ON THEIR ROOFS PROTECTED BY BALUSTRADES WHICH GAVE THE OCCUPANTS THE ADVANTAGES OF A ROOF-GARDEN.

FOUR ARCHES OCCUPIED BY WATER-WHEELS

THE BLOCK OF TEN HOUSES WITH A COLONNADE FOR THE FOOTWAY DESIGNED BY GEORGE DANCE IN 1745

THE SQUARE

FOUR ARCHES OCCUPIED BY WATER-WHEELS

THE GREAT ARCH FORMED 1758-60 BY REMOVING A PIER.

THIS ARCH AND PART OF THAT TO THE NORTH WAS BROUGHT TO LIGHT IN 1921

| 50 | 0 | 50 | 100 | 150 | 200 | 250 |

SCALE OF FEET

Peter Ackroyd

LONDON
DIE BIOGRAPHIE

Aus dem Englischen von
Holger Fliessbach

———

Albrecht Knaus

Originaltitel: London. The Biography
Originalverlag: Chatto & Windus

Der Albrecht Knaus Verlag ist ein Unternehmen der
Verlagsgruppe Random House GmbH

1. Auflage
Copyright © für die deutschsprachige Ausgabe
Albrecht Knaus Verlag GmbH München 2002
Copyright © Peter Ackroyd 2000
Umschlaggestaltung: Design Team, München
Gesetzt aus 10.2/13.3 pt. Sabon
Satz: Filmsatz Schröter GmbH, München
Druck und Bindung: Kösel, Kempten
Printed in Germany
ISBN 3-8135-0189-2
www.knaus-verlag.de

Für Iain Johnston und
Frederick Nicholas Robertson

Inhalt

Die Stadt als Körper 11

Von vorgeschichtlicher Zeit bis 1066
1. Das Meer! 17
2. Die Steine 30
3. Die Stadt Gottes – Westminster Abbey und St Bartholomew 50

Das frühe Mittelalter
4. «Ihr seid aller Rechte würdig» 61

Londoner Kontraste
5. Der Lärm der Stadt 87
6. Schweigen ist Gold 96

London im Spätmittelalter
7. Die Zünfte und die Kirchen 103

Nach draußen und nach oben
8. Recht dunkel und eng 113
9. Das schwarze Herz der Stadt 123
10. Stadtansichten und Altertumsforscher 125

Handel und Gewerbe auf Straßen und Plätzen
11. Wo ist der Käse aus der Thames Street? 139

Ein Londoner Stadtviertel
12. St Giles-in-the-Fields 145

London als Schaubühne
13. Die Bartholomäusmesse! 161
14. Das Londoner Englisch 173
15. Großstadt-Theater 176
16. Heftige Späße 183
17. Händler, Kolporteure, Bänkelsänger – Die Musik der Stadt 189

18. Zeichen der Zeit – Schilder, Reklametafeln
    und Graffiti 194
19. Die Sonderlinge von London 203

Pest und Feuer
20. Die Pest komme über dich 211
21. Rotes London 227

Nach dem Feuer
22. Die Fetter Lane 241
23. Wiederaufbau 249

Schuld und Sühne
24. Die Ballade von dem Gefängnis Newgate 259
25. Notiz über Suizid 270
26. Buß’ und Reu’ 271
27. Galerie der Galgenvögel 275
28. Jack the Ripper, John Williams und andere Mörder 281
29. Beggar’s Opera 287
30. Wachleute, Konstabler und Polizisten 293
31. Daran hängt eine Geschichte 298

Die gefräßige Stadt
32. Geld und Expansion 313
33. Eine Lektion in Kochkunst 319
34. Garküchen, Kaffeehäuser und Imbissstuben 326
35. Marktzeit 337
36. Abfall 344
37. Ein Gläschen oder zwei 354
38. Im Club 368
39. Notiz über den Tabak 372
40. Ein schlechter Geruch 374
41. Stadt der Sünde 378
42. Ein guter Wurf 390

London als Volksmasse
43. Pöbelherrschaft 397
44. Was gibt es Neues? 408

Die Naturgeschichte Londons

45. Schenkt der Dame eine Blume 417
46. Wetterberichte 430
47. Nebel und Smog 437

Nacht und Tag

48. Es werde Licht 449
49. Die nächtliche Stadt 456
50. Die Stadt am Morgen 462

Die Radikalen von London

51. Wo ist der Quell von Clerkenwell? 469

Londoner Gewalt

52. In den Ring steigen 485

Schwarze Magie, weiße Magie

53. Ich sah einen Mann, der nicht da war 505
54. Wissen ist Macht 513

Baufieber

55. Der Umbau Londons im 18. und 19. Jahrhundert 521
56. Notting Hill, Paddington, Islington und Soho 529

Londons Flüsse

57. «Die Themse können Sie nicht mitnehmen» 545
58. Die dunkle Seite der Themse 557
59. Tote Flüsse 561

Unter der Erde

60. Untergrund 567

Viktorianische Megalopolis

61. Wie viele Meilen bis Babylon? 579
62. Das Labyrinth des Minotauros 586
63. Eisenbahn, Omnibus und Kutsche 590

Londons Ausgestoßene

64. Sie sind allzeit unter uns 601
65. Die Bettler 606
66. Im Tollhaus 617

Frauen und Kinder

67. Das weibliche Prinzip 625
68. Londons Kinder 637

London und die Zeit

69. Greenwich, Big Ben und die Uhrenmacher 659
70. Ein Baum an der Straßenecke 663

Der Osten und der Süden

71. Ein stinkender Haufen 671
72. Southwark 681

Zentrum des Empires

73. Vielleicht, weil ich Londoner bin 691
74. Tag des Empires 705

Nach dem Großen Krieg

75. Vorstadtträume 717

London im Luftkrieg

76. Sondermeldung 727

Ein neues Gesicht für London

77. Fügung, nicht Planung 743

Londoner Visionäre

78. Die unwirkliche Stadt 763
79. Resurgam 767

Anhang

Zeittafel 773
Karte, London 1800 777
Verzeichnis der Abbildungen 779
Personenregister 783
Sach- und Ortsregister 792

Die Stadt als Körper

Reizvoll und unvergleichlich ist das Bild von London als einem menschlichen Leib. Es geht zurück auf das Sinnbild des Gottesstaates, jenes mystischen Leibes, an dem Jesus Christus das Haupt, die Bürger aber die Glieder sind. Man hat London auch in der Gestalt eines jungen Mannes erkannt, der in einer Geste der Befreiung die Arme reckt; die Figur stammt von einer römischen Bronze, aber sie verkörpert Tatkraft und Triumph einer Stadt, die sich in immer neuen, starken Wellen von Fortschritt und Zuversicht ausbreitete. Wenn irgendwo, so finden wir hier «Londons warmes, pochendes Herz».

Die Seitenwege Londons ähneln dünnen Adern, seine Parks sind wie Lungen. In Regen und Nebel der herbstlichen Stadt sehen die glänzenden Steine und Pflaster der älteren Durchgänge aus, als bluteten sie. Wenn William Harvey, Wundarzt am St Bartholomew-Hospital, durch die Straßen ging, bemerkte er, wie aus den Schläuchen der Feuerspritzen das Wasser schoss wie Blut aus einer durchtrennten Arterie. Metaphorische Bilder für den Cockney-Leib zirkulieren seit vielen Jahrhunderten: «Das Maul» *(gob)* wird erstmals 1550 erwähnt, «die Pfote» *(paws)* 1590, «die Fratze» *(mug)* 1708, «Kussmaul» *(kisser)* Mitte des 18. Jahrhunderts.

Harveys Krankenhaus stand im 17. Jahrhundert neben dem Fleischmarkt von Smithfield, und diese Verbindung legt ein anderes Bild von London nahe. Die Stadt ist fleischig und gefräßig, ist fett geworden von ihrem Appetit auf Menschen und auf Speisen, auf Waren und Getränke; sie verschlingt und scheidet aus, unersättliche Begierde ist ihr Dauerzustand.

Für Daniel Defoe war London ein großer Leib, «der alles in Umlauf bringt, alles exportiert und zuletzt für alles zahlt». Darum hat man London gemeinhin in monströser Form dargestellt, als einen aufgedunsenen, wassersüchtigen Riesen, der nicht aufbaut, sondern zerstört. Sein Kopf ist zu groß und steht in keinem Verhältnis zu den anderen Gliedmaßen; Gesicht und Hände sind ebenfalls monströs geworden, unregelmäßig, «aus der Form geraten». Es ist ein «Milzweh» *(spleen)*, eine große «Fettgeschwulst». Dieser Leib, von Fiebern gefoltert, an Asche erstickend, gerät aus der Pest in die Feuersbrunst.

Ob wir also London als Jüngling betrachten, der sich erfrischt vom Schlaf erhebt, oder ob wir seinen Zustand als missgestalteter Riese beklagen, immer müssen wir die Stadt als einen menschlichen Organismus ansehen, der seine eigenen Lebens- und Wachstumsgesetze hat.

Hier ist seine Biographie.

Manche werden einwenden, eine solche «Biographie» könne nicht Gegenstand wahrer Geschichtsschreibung sein. Ich räume dieses Manko ein und führe zu meiner Verteidigung an, dass ich den Stil meiner Erkundung der Natur des Gegenstandes untergeordnet habe. London ist ein Labyrinth, halb aus Stein, halb aus Fleisch. Es kann nicht als ein Ganzes in den Blick genommen werden, sondern ist nur als eine Wildnis aus Gassen und Passagen, aus Innenhöfen und Durchgängen zu erleben, worin sich auch der erfahrenste Bürger verirren kann; das Seltsame ist dabei, dass dieses Labyrinth in ständiger Veränderung und Erweiterung begriffen ist.

Die Biographie der Stadt London hält sich auch nicht an die Chronologie. Zeitgenössische Denker vermuten, dass die lineare Zeit selbst eine Fiktion der menschlichen Einbildungskraft ist – London hat diesen Schluss schon längst gezogen. Es gibt viele verschiedene Formen der Zeit in dieser Stadt, und es wäre närrisch von mir, ihren Charakter um einer konventionellen Erzählung willen zu verändern. Darum irrlichtert mein Buch durch die chronologische Zeit und wird so selbst zum Labyrinth. Aber wenn neben der Geschichte der Londoner Armut die Geschichte des Londoner Wahnsinns steht, gewähren die Querverbindungen vielleicht bedeutsamere Aufschlüsse, als es jeder orthodoxe historiographische Überblick vermöchte.

Ein Kapitel Geschichte ähnelt dem kleinen Türchen bei John Bunyan, während links und rechts der Sumpf der Verzweiflung und das Tal der Demütigung lauern. So werde ich bisweilen vom schmalen Pfad abweichen, um jene Höhen und Tiefen städtischen Erlebens aufzusuchen, die keine Geschichte kennen und sich der rationalen Analyse zumeist entziehen. Ein wenig habe ich verstanden und vertraue darauf, dass es genügen wird. Ich bin kein Vergil, der sich anschickt, einen aufstrebenden Dante durch ein abgegrenztes Reich der Kreise zu führen. Ich bin nur ein stolpernder Londoner, der anderen jene Richtungen weisen möchte, denen er selbst ein Leben lang nachgegangen ist.

Die Leser dieses Buches sollen wandern und sich wundern. Sie werden sich unterwegs verlaufen; sie werden Augenblicke der Ungewissheit erleben, und gelegentlich werden befremdliche Phantasien oder Theorien sie verwirren. In gewissen Straßen werden exzentrische oder verletzliche Menschen neben ihnen stehen bleiben und um Beachtung betteln. Es wird nicht an Anomalien und Widersprüchen fehlen – London ist so groß und so wild, dass es schlechterdings alles in sich enthält –, so wie es auch Unschlüssigkeiten und Widersprüche geben wird. Doch wird es auch Augenblicke der Offenbarung geben, die sichtbar machen, dass diese Stadt die Geheimnisse der Menschenwelt birgt. Dann ist es klug, sich vor dem Ungeheuren zu beugen.

So brechen wir voller Erwartungen auf, vor den Augen den Wegweiser mit der Aufschrift «Nach London».

Peter Ackroyd   London, März 2000

Von vorgeschichtlicher Zeit
bis 1066

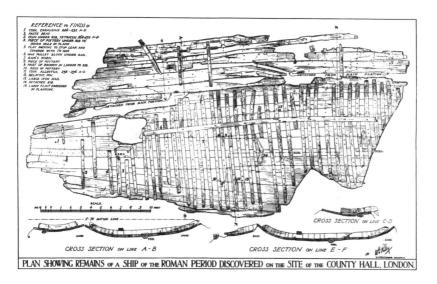

Überreste aus alten Zeiten wurden unter vielen Straßen Londons gefunden.
Hier die Zeichnung der Reste eines römischen Schiffes,
gefunden auf dem Gelände von County Hall.

1. Das Meer!

Wer mit der Hand über die Plinthe striche, auf der sich am Charing Cross das Reiterstandbild König Karls I. erhebt, würde wohl auch die vorspringenden Versteinerungen von Seelilien, Schlangensternen oder Seeigeln streifen. Es gibt eine Photographie des Denkmals, die 1839 entstand – die Szene mit ihren Mietskutschen und den kleinen Jungen im Zylinderhut wirkt schon altertümlich genug, doch wie unvorstellbar fern liegt erst das Leben jener winzigen Meerestiere! Im Anfang war das Meer. Ein alter Varietéschlager trug den Titel *Why Can't We Have the Sea in London?* Aber die Frage ist überflüssig; denn vor fünfzig Millionen Jahren bedeckten riesige Wasserflächen den Ort der Hauptstadt.

Ganz sind sie bis heute nicht abgezogen, und so gibt es in den verwitterten Steinen Londons noch immer Zeugnisse maritimen Lebens. Der Portlandstein, aus dem Customs House und St Pancras Old Church erbaut sind, weist eine diagonale Schichtenbildung auf, die von den Strömungen des Ozeans herrührt, und die Bausubstanz des Mansion House und des Britischen Museums birgt uralte Austernschalen. In dem graulichen Marmor das Bahnhofs Waterloo sieht man noch Meeresalgen, und an dem «von Gesprächen schweren» Gestein unterirdischer Gänge ist die Gewalt von Orkanen zu erkennen. Am Fundament der Waterloo Bridge kann man den Meeresboden des Oberen Jura bemerken. Die Gezeiten und Stürme sind noch um uns, und wie Shelley von London gesagt hat: «Dies große Meer ... es heult noch immer nach mehr».

London ist zu allen Zeiten ein ungeheurer Ozean gewesen, in dem ein Überleben nicht sicher ist. Die Kuppel von St Paul's sah man auf einem «unruhig bewegten Meer» von Nebel schwanken, während schwarze Menschenströme über die London Bridge oder Waterloo Bridge ziehen und sich als Sturzbäche in Londons schmale Durchgänge ergießen. Mitte des 19. Jahrhunderts sprachen die Sozialarbeiter davon, «Untergehende» in Whitechapel oder Shoreditch zu retten, und Arthur Morrison, ein Romanschriftsteller jener Zeit, beschwört ein «tobendes Meer von menschlichem Treibgut», das nach Rettung schreie. Henry Peacham, der im 17. Jahrhundert *The Art of Living in London* schrieb, betrachtete die Stadt als «ein ungeheures Meer, voller Stoßwinde, erschreckend-gefährlicher Untiefen und Felsen», während Louis Simond 1810 geneigt war, «dem Brausen der Wellen um uns zu lauschen, die sich in regelmäßigen Abständen brechen».

Wer London aus der Ferne betrachtet, nimmt nur ein Meer von Dächern wahr und bemerkt von den schwarzen Menschenströmen ebenso wenig wie von den Bewohnern eines unbekannten Ozeans. Und doch ist die Stadt zu allen Zeiten ein ruheloser, wogender Ort, mit Flut und Wellenschlag, Schaum und Gischt. Das Geräusch seiner Straßen gleicht dem Murmeln in der ans Ohr gehaltenen Muschel, und in den großen Nebeln früherer Zeiten glaubten die Bürger, auf dem Grund des Meeres zu liegen. Sogar inmitten seiner Lichter mag London «der Ozeanboden unter den flinken, leuchtenden Fischen» sein, den George Orwell beschrieb. Dies ist ein ständig wiederkehrendes Bild der Londoner Welt, zumal in den Romanen des 20. Jahrhunderts, worin Gefühle der Hoffnungslosigkeit und Verzweiflung die Stadt zu einer Stätte des Schweigens und geheimnisvoller Abgründe machen.

Doch wie das Meer und wie der Galgen weist London niemanden ab. Die sich auf seine Strömungen hinauswagen, trachten nach Ruhm oder Reichtum, mögen sie oft auch in seinen Tiefen untergehen. Jonathan Swift schilderte die Makler an der Londoner Börse als Handelsleute, die auf Schiffbrüche warten, um die Leichen fleddern zu können, während die Handelshäuser der Londoner City oft ein Schiff als Wetterfahne und Glücksbringer hatten. Zu den häufigsten Sinnbildern auf Londoner Friedhöfen gehören Muschel, Schiff und Anker.

Die Stare am Trafalgar Square sind dieselben Stare, die in den Klippen des nördlichen Schottland nisten. Die Londoner Tauben stammen von den wilden Felsentauben ab, die in den Steilküsten an der Nord- und Westseite der britischen Insel lebten. Für sie sind die Bauwerke der Stadt noch immer Klippen, die Straßen aber das endlose Meer, das sich hinter ihnen erstreckt. Doch der wahre Zusammenfluss von Stadt und Meer liegt darin, dass London – so lange der Herr des Handels und der Meere – auch in seiner Substanz die stumme Signatur der Gezeiten und Wellen aufweist.

Und als sich die Wasser teilten, ward die Erde Londons sichtbar. 1877 trieb man als gewaltiges Beispiel viktorianischer Ingenieurskunst am Südende der Tottenham Court Road einen Brunnen in die Erde, 350 Meter tief. Er reiste durch Hunderte von Jahrmillionen, wobei er die einstigen Urlandschaften dieses Ortes berührte, und an den Bohrungen können wir die Schichten unter den Füßen der Londoner ablesen, vom Devon über den Jura bis zur Kreidezeit. Über diesen Schichten liegen 200 Meter Kalk, der als Zutageliegendes an den Downs oder den Chilterns das Londoner Becken säumt, jene flache, untertassenförmige Senke, in der die Stadt liegt. Auf dieser Kreideschicht lastet der schwere London-Ton, den seinerseits Ablagerungen von Kiessand und Ziegelerde bedecken. Hier also ist die Stadt entstanden – in einem endlosen Prozess, denn Ton und Kalk und Ziegelerde wurden seit fast zweitausend Jahren zum Bau ihrer Häuser und öffentlichen Gebäude verwendet. Fast ist es, als habe sich die Stadt aus ihren Uranfängen erhoben, indem sie aus dem unverständigen Stoff vergangener Zeiten eine menschliche Siedlung erschuf.

Durch Brennen und Formen entsteht aus diesem Ton der *London Stock*, der charakteristische gelbbraune oder rote Backstein, der den Baustoff für die Häuser der Stadt abgegeben hat. Er verkörpert wahrhaftig den *genius loci*, und Christopher Wren vermutete: «Die Erde um London wird, recht behandelt, ebenso gute Ziegelsteine liefern, wie es die römischen waren ... und die in unserer Luft jeden anderen Stein überdauern, den unsere Insel liefert.» William Blake nannte die Londoner Backsteine «wohlgearbeitete Gemütsbewegungen», womit er meint, dass die Verwandlung von Ton und Kalk in den Stoff der Straßen ein zivilisierender Vorgang war, der die Stadt an ihren Uranfang knüpfte. Die Häuser des 17. Jahrhunderts sind aus dem Staub, der in einer Eiszeit vor 25 000 Jahren über das Gebiet von London trieb.

Aus dem London-Ton kommt auch Handfesteres: die Skelette von Haien (im East End herrschte der volkstümliche Glaube, dass Haifischzähne gut gegen Krämpfe seien), der Schädel eines Wolfs in Cheapside und Krokodile im Ton von Islington. 1682 grüßte Dryden diese heute vergessene und unsichtbare Landschaft Londons:

> Doch deinen Zuwachs sehn wir Monster fassen,
> gezeugt im Schleim, den du zurückgelassen.

«Yet monsters from thy large increase we find / Engender'd on the Slyme thou leav'st behind.» John Dryden (1631–1700), Dichter, Theaterschriftsteller

Acht Jahre später, 1690, fand man beim heutigen King's Cross die Überreste eines Mammuts.

Durch die Alchemie des Wetters kann sich der London-Ton in Schlamm verwandeln, und so bemerkt Charles Dickens 1851, es gebe so «viel Schlamm in den Straßen ..., dass es nichts Wunderbares hätte, sähe man einen Megalosaurus von vierzig Fuß Länge wie eine elefantenförmige Eidechse den Holborn Hill hinaufwatscheln». In den dreißiger Jahren des 20. Jahrhunderts waren für Louis-Ferdinand Céline die Autobusse des Piccadilly Circus eine «Herde von Mastodonten», die in das Territorium zurückkehren, das sie verlassen hatten. Und Ende des 20. Jahrhunderts sieht der Held von Michael Moorcocks *Mother London* beim Passieren der Fußgängerbrücke neben der Hungerforder Eisenbahnbrücke «Monster, an Schlamm und Riesenfarnen».

Das Mammut von 1690 war nur das erste vorzeitliche Relikt, das man in der Gegend von London entdeckte. Es lagen Nilpferde und Elefanten unter dem Trafalgar Square, Löwen am Charing Cross und Büffel neben St Martin-in-the-Fields. Man fand einen Braunbären im nördlichen Woolwich, Makrelen in den alten Ziegelein von Holloway, Haie in Brentford. Zu den wilden Tieren Londons zählen Rentiere, Riesenbiber, Hyänen und Nashörner, die einst in den Sümpfen und Lagunen der Themse grasten. Und ganz verschwunden ist diese Landschaft nicht. Noch ist es in der Erinnerung der Menschen, wie der Nebel aus dem Marschland um Westminster die Fresken von St Stephen zerstört hat. Und noch heute kann man neben der National Gallery die Anhebung des Bodens zwischen mittlerer und oberer Themseterrasse im Pleistozän erkennen.

Relikte zeigen, dass es schon lange vor der römischen Stadtgründung menschliche Besiedlung an der Themse gab.

Die Gegend war auch damals nicht menschenleer. In den Knochen des Mammuts vom King's Cross hat man Stücke einer Streitaxt aus Flintstein entdeckt, die ins Paläolithikum zu datieren ist. Mit einiger Sicherheit können wir sagen, dass es seit einer halben Million Jahren in London menschliches Hausen und Jagen gegeben hat, wiewohl keine feste Besiedlung. Der erste große Brand brach vor einer Viertelmillion Jahre in den Urwäldern südlich der Themse aus. Dieser Fluss nahm zwar damals schon den ihm bestimmten Lauf, hatte aber noch nicht sein späteres Erscheinungsbild; er war sehr breit und wurde von vielen Nebenflüssen gespeist, von Urwäldern eingeschlossen und von Sümpfen und Flussmarschen begrenzt.

Die Vorgeschichte Londons lädt zu endlosen Spekulationen ein, und der Gedanke an eine prähistorische menschliche Besiedlung dort, wo Jahrtausende später Straßen angelegt und Häuser gebaut wurden, kann einen mit Genugtuung erfüllen. Es besteht kein Zweifel, dass die Region seit mindestens fünfzehntausend Jahren ohne Unterbrechung bewohnt worden ist. Ein großer Fund von Steinwerkzeugen in Southwark markiert wahrscheinlich die Überreste einer mesolithischen Fabrikation; auf der Hampstead Heath wurde ein Jagdplatz aus derselben Zeit entdeckt, in Clapham wurde eine Steingutschale aus dem Neolithikum ausgegraben. An diesen uralten Stätten hat man Gruben und Löcher für Pfähle sowie menschliche Überreste und Spuren von Festgelagen entdeckt. Diese ersten Menschen bevorzugten einen Trank ähnlich dem Met oder Bier. Wie ihre Londoner Nachkommen hinterließen sie überall Unmengen von Abfall. Und wie sie versammelten sie sich zu Andachtszwecken. Viele Jahrtausende lang behandelten diese alten Völker den großen Strom als eine Gottheit, die es zu besänftigen galt und in dessen Tiefen sie die Leichen ihrer erlauchten Toten zu versenken hatten.

Im Spätneolithikum erhoben sich aus dem weiten Marschland am Nordufer der Themse zwei Kuppen, bedeckt von Kiessand und Ziegelerde, umstanden von Schilfgras und Weiden. Sie waren zwölf bis fünfzehn Meter hoch; ein Tal trennte sie, durch das ein Bach floss. Wir kennen sie als Cornhill und Ludgate Hill, zwischen denen der heute überdeckte Walbrook lief. So entstand London.

Der Name ist vermutlich keltischen Ursprungs – ärgerlich für alle, die hier an keine menschliche Siedlung vor der Stadtgründung durch die Römer glauben wollen. Die Bedeutung des Namens ist jedoch umstritten. Er könnte sich von dem Wort *Llyn-don* ableiten, die Stadt oder Feste *(don)* am See oder Fluss *(Llyn)*; aber das ist eher mittelalterliches Walisisch als Altkeltisch. Er könnte auch von *Laindon* kommen, «langer Hügel», oder vom gälischen *lunnd*, «die Marsch». Nach einer anderen Theorie leitet sich der Name London von dem keltischen Adjektiv *londos*, «ungestüm», her – eine faszinierende These, bedenkt man den Ruf der Gewalttätigkeit, den sich die Londoner später erwarben.

Eine eher spekulative Etymologie lässt die Ehre der Namensgebung König Lud zuteil werden, der in dem Jahrhundert vor der römischen Invasion geherrscht haben soll. Er legte Straßen an und erneuerte die Stadtmauern. Nach seinem Tod wurde er bei dem Tor begraben, das seinen Namen trug, und so wurde die Stadt als *Kaerlud* oder *Kaerlundein* bekannt, «Luds Stadt». Skeptische Geister mögen geneigt sein, solche Geschichten zu verwerfen; und doch können die Sagen von tausend Jahren tiefe und besondere Wahrheiten enthalten.

Jedenfalls bleibt der Ursprung des Namens ein Geheimnis. (Seltsamerweise hat auch der Name jenes Minerals, das am meisten mit London assoziiert wird, nämlich der Kohle, ebenfalls keine sichere Ableitung.) Mit seiner silbischen Wucht, die so stark an Gewalt oder Donner gemahnt, hallt das Wort London durch die Geschichte – *Caer Ludd, Lundunes, Lindonion, Lundene, Lundone, Ludenberk, Longidinium* und ein Dutzend weiterer Varianten. Es gibt sogar Vermutungen, dass der Name noch älter ist als die Kelten und in neolithischer Vergangenheit entspringt.

Wir müssen nicht unbedingt annehmen, dass sich auf Ludgate Hill oder Cornhill Siedlungen oder wehrhafte Einfriedigungen befanden oder dass es hölzerne Knüppeldämme gab, wo heute breite Straßen verlaufen; dennoch mögen die Vorteile dieses Platzes schon im vierten und dritten Jahrtausend v. Chr. so offensichtlich gewesen sein, wie sie es später für

Kelten und Römer waren. Die Hügel waren gut verteidigt; sie bildeten eine natürliche Hochfläche und hatten zu ihrem Schutz den Fluss im Süden, Fenne im Norden, Marschen im Osten und einen weiteren Fluss, der später Fleet hieß, im Westen. Es war fruchtbarer Boden und gut bewässert von Quellen, die durch den Kiessand aufsprudelten. Die Themse war an dieser Stelle gut schiffbar, da der Fleet und der Walbrook natürliche Häfen bildeten. So war London seit frühester Zeit der ideale Platz für den Handel, für Märkte und für Tauschgeschäfte. Die Londoner City ist über lange Zeiten ihres Bestehens Zentrum des Welthandels gewesen; so ist vielleicht der Hinweis lehrreich, dass sie möglicherweise mit den Transaktionen von Steinzeitmenschen auf ihren eigenen Märkten begonnen hat.

Dies alles ist Spekulation, wenn auch keine willkürliche. Beweise von handfesterer Art hat man in späteren Schichten der Londoner Erde entdeckt. In jenen langen Zeitspannen, die man als Späte Eisenzeit und Frühe Bronzezeit bezeichnet – und die einen Zeitraum von fast tausend Jahren umfassen –, wurden allenthalben in London Scherben und Fragmente von Schalen, Krügen und Werkzeugen hinterlassen. Es gibt Zeichen prähistorischer Tätigkeit in der Gegend dessen, was heute St Mary Axe und Gresham Street, Austin Friars und Finsbury Circus, Bishopsgate und Seething Lane ist; insgesamt fast 250 «Funde» ballten sich auf dem Gebiet der Zwillingshügel samt Tower Hill und Southwark. Aus der Themse selbst sind Hunderte von Metallgegenständen geborgen worden, während man an ihren Ufern häufige Spuren von Metallbearbeitung findet. Es ist der Zeitraum, in dem die ersten großen Sagen um London entstehen. Es ist auch – in der Spätphase – das Zeitalter der Kelten.

Im ersten Jahrhundert v. Chr. lässt Julius Cäsars Beschreibung der Gegend um London auf das Vorhandensein einer durchgebildeten, reichen und gut organisierten Stammeskultur schließen. Ihre Bevölkerung war «ausnehmend groß», «der Boden dicht besetzt mit Gehöften». Über Beschaffenheit und Bedeutung der Zwillingshügel in dieser Zeit kann nichts Sicheres gesagt werden; vielleicht waren es heilige Stätten, oder ihre ausgeprägte Lage erlaubte ihre Verwendung als Bergfesten zum Schutz des Handelsverkehrs auf dem Fluss. Es gibt allen Grund zu der Vermutung, dass dieser Bereich der Themse ein Handels- und Industriezentrum mit einem Markt für Eisenerzeugnisse und kunstvolle Bronzearbeiten war, auf dem Kaufleute aus Gallien, Rom und Spanien Töpferware, Weine und Gewürze feilboten und gegen Getreide, Metalle und Sklaven eintauschten.

In der Geschichte dieser Zeit, die Geoffrey von Monmouth 1136 abschließt, ist fraglos London die führende Stadt auf der Insel Britannien.

Für moderne Geschichtsforscher freilich gründet sich Geoffreys Werk auf verlorene Texte, apokryphe Ausschmückungen und bloße Vermutungen. Wo er zum Beispiel von Königen spricht, reden sie lieber von Stämmen; er datiert Ereignisse anhand biblischer Parallelen, während die modernen Spezialisten Orientierungspunkte wie «Späte Eisenzeit» verwenden; er verdeutlicht Konfliktmuster und sozialen Wandel im Sinne individueller menschlicher Leidenschaften, während neuere Darstellungen der Vorgeschichte mit abstrakteren Theorien von Handel und Technologie aufwarten. Die Herangehensweisen mögen widersprüchlich sein – unvereinbar sind sie nicht. So glauben die Historiker des frühen Britannien, dass auf dem Territorium im Norden der Region London das Volk der Trinovantes gesiedelt hat. Trinovantum aber war laut Geoffrey von Monmouth der erste Name der Stadt London. Er erwähnt auch das Vorhandensein von Tempeln in der Stadt; aber selbst wenn es sie gegeben hat, wären diese Pfahlwerke und hölzernen Einfriedigungen unter dem Stein der römischen Siedlung ebenso verschwunden wie Backstein und Zement späterer Generationen.

Aber nichts geht für immer verloren. In den ersten vier Jahrzehnten des 20. Jahrhunderts unternahm die Vorgeschichtsforschung besondere Anstrengungen, wenigstens einen Zipfel des Schleiers über der Vergangenheit Londons zu lüften. In Büchern mit Titeln wie *Die ersten Bewohner Londons* unterzog man Zeugnisse und Spuren eines keltischen oder druidischen London einer gründlichen Prüfung und befand sie für bedeutsam. Diese Untersuchungen fanden nach dem Zweiten Weltkrieg ein jähes Ende, als Stadtplanung und Wiederaufbau wichtiger waren als historische Spekulationen. Aber die ursprünglichen Studien haben überlebt und lohnen noch heute eine gründliche Lektüre. Die Tatsache, dass heutige Straßennamen keltischen Ursprung verraten – so Colin Deep Lane, Pancras Lane, Maiden Lane oder Ingal Road –, ist ebenso instruktiv wie einer der materiellen Funde an der Stelle des prähistorischen London. Längst vergessene Knüppeldämme haben den Weg heutiger Durchgänge vorgezeichnet; so markiert die Kreuzung am Angel in Islington den Punkt, wo sich zwei prähistorische britische Straßen schnitten. Wir wissen von der Old Street, die nach Old Ford führt, von der Maiden Lane, die quer durch Pentonville und über die Battle Bridge nach Highgate reicht, und vom Weg von der Upper Street nach Highbury, dass sie alle uralten Dämmen und verborgenen Pfaden folgen.

Dennoch gibt es, was diesen Zeitraum betrifft, kein verdächtigeres oder schwierigeres Thema als das Druidentum. Dass es in keltischen Siedlungen gut eingeführt war, unterliegt keinem Zweifel; Julius Cäsar stellt fest, dass die druidische Religion in Britannien gestiftet *(inventa)* worden und ihre keltischen Anhänger auf die Insel gekommen seien, um sich in ihren Mysterien unterweisen zu lassen. Das Druidentum stand für eine hoch entwickelte, wiewohl etwas isolierte religiöse Kultur. Natürlich kann man spekulieren, dass die Eichenwälder nördlich der Zwillingshügel eine passende Stätte für Opfer und Kultus boten; der Altertumsforscher Sir Laurence Gomme hat sogar einen Tempel oder heiligen Ort der Druiden auf dem Ludgate Hill selbst ins Auge gefasst. Allerdings gibt es auch viele falsche Fährten. So war man früher einhellig der Auffassung, dass der Parliament Hill bei Highgate Ort einer religiösen Versammlungsstätte gewesen sei, doch in Wirklichkeit stammen die dort entdeckten Überreste nicht aus vorgeschichtlicher Zeit. Die Chislehurst-Höhlen im südlichen London, von denen man einst vermutete, sie seien druidischen Ursprungs und hätten mit der Beobachtung des Himmels zu tun, sind mit ziemlicher Sicherheit mittelalterliche Anlagen.

Über das Gebiet um London, so wird vermutet, wachten drei heilige Schanzen, der Penton Hill, der Tothill und der White Mound, auch Tower Hill genannt. Viele merkwürdige Parallelen und Übereinstimmungen machen solche Theorien interessanter als die Phantastereien unserer jüngsten Psychogeographen. Man weiß, dass im prähistorischen Kult eine heilige Stätte durch eine Quelle, einen Hain und einen Brunnen oder rituellen Schacht markiert wurde.

Im Lustgarten von White Conduit House, das auf dem Hochufer von Pentonville steht, findet sich ein Hinweis auf ein «Sträucherlabyrinth»; die Verkörperung eines Labyrinths aber war ein heiliger Berg oder Hain. Ganz in der Nähe befindet sich die berühmte Quelle von Sadlers Wells. In neuerer Zeit floss das Wasser aus dieser Quelle unter dem Orchestergraben des Theaters, aber seit dem Mittelalter galt es als heilig und wurde von den Priestern von Clerkenwell gehütet. Der Ort auf dem Hochufer in Pentonville war ebenfalls einst ein Wasserreservoir; bis vor kurzem hatte hier das Londoner Wasseramt seinen Sitz.

Ein weiteres Labyrinth entdeckte man auf den ehemaligen Tothill Fields in Westminster; es ist auf Hollars Vedute dieser Gegend aus der Mitte des 17. Jahrhunderts abgebildet. Auch hier gibt es eine sakrale Quelle, die sich aus dem «heiligen Brunnen» in Dean's Yard, Westminster, speist. Hier wurde schon früh eine Messe ähnlich den Lustgärten auf White Conduit Fields veranstaltet; die erste Erwähnung stammt aus dem Jahr 1257.

Die Plätze sind also vergleichbar. Es gibt aber noch andere nachdenklich machende Übereinstimmungen. So ist auf alten Landkarten «St Hermit's Hill» ein markanter Punkt in der Gegend um die Tothill Fields. Bis heute gibt es beim oberen Ende der Pentonville Road eine Hermes Street. Interessant ist vielleicht auch, dass in einem Haus an dieser Stelle ein Arzt wohnte, der eine als «Lebensbalsam» bezeichnete Medizin propagierte; sein Haus wurde später zu einer Sternwarte umgebaut.

Auf dem Tower Hill sprudelte eine Quelle, deren Wasser angeblich heilende Kräfte besaß. Hier befindet sich ein mittelalterlicher Brunnen, und man hat Spuren eines spätsteinzeitlichen Grabes entdeckt. Den *Welsh Triads* zufolge ist das Wächterhaupt Brans des Gesegneten im White Hill beigesetzt, wo es das Königreich vor seinen Feinden beschützt. Auch Brutus, der sagenhafte Gründer Londons, soll auf dem Tower Hill begraben sein, an heiliger Stätte, die bis zum 17. Jahrhundert als Sternwarte diente.

Die Etymologie der Namen Penton Hill und Tothill ist ziemlich gesichert. *Pen* ist keltisch und heißt Haupt oder Berg, während *ton* eine Variante zu *tor/tot/twt/too* ist, was Quelle oder aufsteigender Grund bedeutet. (Wycliffe wendet die Worte *tot* oder *tote* beispielsweise auf den Berg Zion an.) Romantischere Gemüter haben vorgeschlagen, das Wort *tot* vom ägyptischen Gott Thot abzuleiten, welcher bekanntlich in Hermes fortlebt, der griechischen Verkörperung des Windes oder der Musik der Leier.

Dies also wäre die Hypothese: Londons Hügel, die so viele ähnliche Merkmale aufweisen, sind in Wirklichkeit die heiligen Stätten eines druidischen Ritus. Das Labyrinth ist das sakrale Gegenstück zum Eichenhain, während die Brunnen und Quellen den Kult des Wassergottes darstellen. Der Sitz des Londoner Wasseramts war also gut gewählt. Lustgärten und Jahrmärkte sind die jüngere Version jener prähistorischen Feste oder Versammlungen, die an derselben Stelle stattgefunden haben. So sind Tothill, Penton und Tower Hill von Altertumsforschern als die heiligen Orte Londons bezeichnet worden.

Allgemein nimmt man natürlich an, dass Pentonville nach Henry Penton benannt ist, einem Spekulanten des 18. Jahrhunderts, der das Gebiet erschloss. Kann ein und derselbe Ort verschiedene Identitäten annehmen, in unterschiedlichen Zeiten und Weltsichten existieren? Könnte es sein, dass *beide* Erklärungen gleichzeitig wahr sind? Ist Billingsgate vielleicht nach dem keltischen König Belinus oder Belin benannt, wie der große Altertumsforscher John Stow im 16. Jahrhundert vermutete, oder doch nach einem gewissen Mr. Beling, dem das Gelände einst gehörte? Kann Ludgate wirklich den Namen des keltischen Wassergottes Lud tragen? Wer will, darf hier seinen Träumen nachhängen.

Genauso wichtig ist es, nach Beweisen der Kontinuität Ausschau zu halten. Wahrscheinlich gab es uralte kultische Formen bei den Briten, lange bevor die Druiden zu Hohenpriestern ihrer Kultur aufstiegen; dafür scheinen keltische Formen des Rituals die römische Besetzung und nachfolgende Invasionen durch die Sachsenstämme lange überlebt zu haben. In den Büchern der St Paul's Cathedral werden die angrenzenden Gebäude «Camera Dianae» genannt. Ein Chronist des 15. Jahrhunderts wusste noch von einer Zeit, da «London die Diana verehrt», die römische Göttin der Jagd. Das wäre zumindest eine Erklärung für die bizarre Zeremonie, die noch Ende des 16. Jahrhunderts alljährlich in St Paul's begangen wurde. Hier, in diesem christlichen Gotteshaus, errichtet auf der heiligen Stätte des Ludgate Hill, wurde der Kopf eines Hirschen auf einem Speer rund um die Kirche getragen; danach nahmen mit Blumen bekränzte Priester ihn auf den Kirchenstufen in Empfang. So hielten sich die heidnischen Gebräuche der Stadt bis in christliche Zeiten, wie ja auch bei den Londonern selbst ein latentes Heidentum fortlebte.

Ein anderes Erbe vorgeschichtlicher Frömmigkeit sei nicht vergessen. Die Christen übernahmen die Ahnung, dass bestimmte Orte wirkungsmächtig oder verehrungswürdig seien, indem sie «heilige Brunnen» anerkannten und Zeremonien einer Lokalfrömmigkeit wie das «Abklopfen» der Kirchspielgrenzen mit Stäben gelten ließen. Doch dieselbe Empfindung ist auch in den Schriften der großen Londoner Visionäre von William Blake bis Arthur Machen anzutreffen – Schriften, in denen die Stadt selbst als heiliger Ort mit seinen eigenen freudenreichen und schmerzensreichen Geheimnissen erscheint.

In dieser keltischen Zeit, schimärengleich im Schatten der bekannten Welt versteckt, haben die großen Londoner Ortssagen ihren Ursprung. Die Annalen der Geschichte wissen nur von kriegerischen Stämmen mit hoch organisierter Zivilisation von einiger Differenziertheit. Mit anderen Worten, es waren nicht gerade Wilde, und der griechische Geograph Strabo erzählt von einem Briten, einem Gesandten, der gut gekleidet, von wachem Verstand und angenehmem Wesen war. Er sprach so fließend griechisch, «dass man hätte meinen können, er habe das Lyzeum besucht». Das ist der rechte Hintergrund für jene Erzählungen, die London den Status einer Hauptstadt zuschreiben. Brutus, nach der Sage der Gründer Londons, wurde innerhalb der Stadtmauern begraben. Locrinus versteckte seine Geliebte Estrildis in einer geheimen Kammer unter der Erde. Bladud, der Zauberei betrieb, verfertigte sich ein Flügelpaar, um über London durch die Luft zu fliegen, aber er stürzte ab und landete auf dem Dach des Apollotempels, der im Herzen der Stadt stand, vielleicht sogar auf dem Ludgate Hill selbst. Ein anderer König, Dunvallo, der das alte Asylrecht im Heiligtum formulierte, wurde neben einem Londoner Tempel begraben. Aus derselben Zeit stammen die Geschichten

«Im Jahre 1108 v. Chr. kam Brutus, ein Abkömmling von Aeneas, dem Sohn der Venus, nach dem Fall Trojas mit seinen Kriegern nach England und gründete Troynovant, heute London.»
Geoffrey of Monmouth (um 1100–54) über die Gründungslegende Londons.

von König Lear und von Cymbeline. Noch wirkmächtiger war die Sage von dem Riesen Gremagot. Er verwandelte sich durch eine absonderliche Alchemie in das Zwillingspaar Gog und Magog, aus dem die Schutzgeister Londons wurden. Man hat oft vermutet, dass jeder dieser eigentümlich wilden Zwillinge, deren Statuen seit Jahrhunderten im Rathaus stehen, über einen der Londoner Zwillingshügel wacht.

Solche Geschichten überliefert John Milton in seiner *History of Britain*, die vor über dreihundert Jahren erschien. «Hiernach erbaute *Brutus* an einem auserwählten Ort *Troia nova*, durch Wandel der Zeit *Trinovantum*, heute *London*; und begann, Gesetze zu geben, da *Heli* Hoherpriester in Judäa war; und nachdem er 24 Jahre über die ganze Insel geherrscht hatte, starb er und ward in seinem neuen *Troja* begraben.» Brutus war der Urenkel des Aeneas, der einige Jahre nach dem Untergang Trojas den Auszug der Trojaner aus Griechenland anführte; im Laufe seiner Irrfahrten in der Fremde wurde ihm ein Traum zuteil, worin die Göttin Diana prophetische Worte zu ihm sprach: Eine Insel weit im Westen, noch hinter dem Reiche Gallien, «taugt für dein Volk; dorthin sollst du die Segel setzen, Brutus, und eine Stadt errichten, die das zweite Troja sein wird». «Und *Könige* seien dir geboren von schrecklicher Macht, die der Welt Furcht einflößen und stolze Nationen erobern werden.» London wird ein Weltreich beherrschen, aber es wird wie Troja eine verheerende Feuersbrunst erleiden. Interessanterweise gibt es Bilder vom Großen Brand Londons 1666, die ausdrücklich auf den Untergang Trojas anspielen. In der Tat ist dies der eigentliche Ursprungsmythos Londons, und er begegnet uns in den Versen des «Tallisen» aus dem 6. Jahrhundert, wo die Briten als das lebende Überbleibsel Trojas gefeiert werden, ebenso wie später in den Gedichten Edmund Spensers und Alexander Popes. Pope, geboren in Plough Court an der Lombard Street, besang natürlich eine visionäre städtische Kultur, doch passt sie vortrefflich zu einer Stadt, zu deren Gründung Brutus durch einen Traum inspiriert worden sein soll.

Man hat die Geschichte von Brutus als bloße Fabel und phantastische Legende abgetan, doch schon der besonnene Milton schreibt in der Einleitung zu seinem Geschichtswerk: «Von Berichten, die lange als Fabelwerk galten, hat man oft später gefunden, dass sie viele Spuren und Überreste von etwas Wahrem enthalten.» Einige Historiker glauben, dass wir die Irrfahrten jenes scheinbar sagenhaften Brutus in die Zeit um 1100 v. Ch. datieren können. Nach der modernen historiographischen Terminologie entspricht das der Späten Bronzezeit, als neue Scharen oder Stämme von Siedlern das Gebiet um London besetzten und große, wehrhafte Einfriedigungen errichteten. Met (Honigwein), Ringetausch und wütende Kämpfe bestimmten ihr heroisches Leben, wovon spätere Sagen berichteten. In Segmente geteilte Glasperlen wie jene aus Troja wurden auch in England entdeckt. Im Wasser der Themse fand man eine zweihenklige Schale; ihr Herkunftsort liegt in Kleinasien, und sie entstand um 900 v. Chr. Es gibt also Hinweise auf einen Handelsverkehr zwischen Westeuropa und dem östlichen Mittelmeer, und wir haben allen Grund zu der Annahme, dass phrygische oder später phönizische Kaufleute die Gestade Albions erreichten und zum Markt nach London segelten.

Materielle Zeugnisse für eine Verbindung zu Troja selbst und jener Gegend Kleinasiens, in der sich diese alte, dem Untergang geweihte Stadt befand, lassen sich anderswo finden. Diogenes Laertius setzte die Kelten mit den Chaldäern Assyriens gleich; das berühmte britische Bildmotiv, das Löwe und Einhorn verbindet, mag denn auch chaldäischen Ursprungs sein. Cäsar registrierte mit einiger Verwunderung, dass die Druiden griechische Buchstaben benutzten. In den *Welsh Triads* gibt es die Beschreibung eines feindlichen Stammes, der aus der Gegend von Konstantinopel an die Küsten Albions oder Englands gefahren kommt. Nachdenklich stimmt vielleicht, dass auch Franken und Gallier auf ihre trojanische Abstammung pochten. Dass ein Stamm aus dem Gebiet des untergegangenen Troja nach Westeuropa auswanderte, ist zwar nicht völlig ausgeschlossen; wahrscheinlicher ist aber wohl, dass das keltische Volk selbst seinen Ursprung im östlichen Mittelmeerraum hatte. Die Sage von London als dem zweiten Troja vermag also noch immer einige Anhänger zu mobilisieren.

Am Anfang jeder Kultur stehen Fabeln und Legenden; erst am Ende wird deren Genauigkeit bewiesen.

Ein Zeichen von Brutus und seiner Flotte gibt es vielleicht noch. Geht man die Cannon Street in östlicher Richtung hinunter, so entdeckt man gegenüber dem Bahnhof, am Gebäude der Bank of China, ein Eisengitter. Es verschließt eine Nische mit einem gut 60 Zentimeter hohen Stein, der an seiner Oberseite eine leichte Einkerbung aufweist. Das ist der «London Stone». Jahrhundertelang glaubte man, dies sei der Stein des vergöttlichten Brutus. «Solange Brutus' Stein in Sicherheit ist, so lange wird London gedeihen», lautete ein gängiges Sprichwort. Der Stein ist unzwei-

Früher konnten die Einwohner Londons den London Stone bewundern. Manche halten ihn für einen römischen Meilenstein, andere glauben an eine rechtliche Funktion. Er liegt heute, kaum sichtbar, in der Cannon Street.

felhaft von hohem Alter; seine erste Erwähnung entdeckte John Stow in einem «schön geschriebenen Evangeliar», das einst dem westsächsischen König Ethelstone gehörte, der im frühen 10. Jahrhundert regierte. In diesem Buch heißt es von bestimmten Ländereien und Pachten, dass sie «nahe beim London Stone liegen». Nach der *Victorian County History* markierte der Stein einst den Mittelpunkt der Altstadt; 1742 wurde er jedoch von der Straßenmitte der Cannon Street entfernt und in das Mauerwerk der gegenüberliegenden St Swithin's Church eingelassen. Dort blieb er bis zum Zweiten Weltkrieg, doch während die Kirche durch eine deutsche Bombe restlos zerstört wurde, blieb der Stein intakt. Er besteht aus Oolith, von dem als Kalkstein nicht anzunehmen ist, dass er seit prähistorischer Zeit überdauert hat. Trotzdem war ihm ein verzaubertes Leben beschert.

Der Dichter Fabyan feierte im 15. Jahrhundert die religiöse Bedeutung eines Steines von vollkommener Reinheit: «von manchen geworfen ... / tat er niemandem weh». Die wirkliche Bedeutung des Steins bleibt dennoch unklar. Manche Altertumsforscher haben ihn als Hinweis auf eine städtische Gesellschaft gedeutet, der irgendwie mit der Rückzahlung von Schulden zusammenhing, während andere ihn für einen römischen Meilenstein (*milliarium*) halten. Christopher Wren argumentierte jedoch, dass der Stein hierfür ein zu breites Fundament besitze. Wahrscheinlicher ist eine Rechtsfunktion. In *Pasquill and Marfarius*, einem heute vergessenen Theaterstück von 1589, macht jemand die Bemerkung: «Begleiche diese Rechnung am ‹London Stone›, und zwar feierlich, mit Pauken und Trompeten!» An einer anderen Stelle heißt es: «Falls es ihnen an diesen dunklen Winterabenden gefällt, ihre Papiere am ‹London Stone› zu hinterlegen.» Dass der Stein zu einem Gegenstand tiefer Verehrung wurde, steht außer Zweifel. William Blake war überzeugt, dass er eine Hinrichtungsstätte der Druiden markierte: die Geopferten «stöhnten laut am ‹London Stone›». In Wirklichkeit diente der Stein vielleicht weniger traurigen Zwecken.

Als der volkstümliche Aufrührer Jack Cade 1450 London stürmte, zog er mit seinen Anhängern auch zum London Stone; er berührte ihn mit seinem Schwert und rief aus: «Jetzt ist Mortimer» – diesen Namen hatte er angenommen – «Herr dieser Stadt!» Der erste Bürgermeister von London war Ende des 12. Jahrhunderts ein Henry Fitz-Ailwin de Londonestone. Es ist also anzunehmen, dass dieses Objekt aus uralter Zeit schließlich die Macht und Herrschaft der Stadt verkörperte.

Heute ruht er, schwärzlich und unbeachtet, am Rand einer belebten Durchgangsstraße. Was ist nicht über ihn hinweggegangen: hölzerne Karren, Pferdekutschen, Sänften, Kabrioletts, Mietdroschken, Autobusse,

Fahrräder, Straßenbahnen und Autos. Er war einmal der Schutzgeist Londons, und vielleicht ist er es noch heute.

Zumindest ist er ein materielles Überbleibsel all der alten Sagen um London und seine Gründung. Für das keltische Volk verdichtete sich in diesen Geschichten der Ruhm einer Stadt, die einmal unter dem Namen «Cockaigne» bekannt war. An diesem Ort des Wohlstands und Entzückens konnte der Reisende Reichtümer und segensreiches Glück finden. Dieser uralte Mythos lieferte den Hintergrund für spätere Sagen wie die von Dick Whittington, aber auch für die Sprichwörter, wonach Londons Straßen «mit Gold gepflastert» seien. Allerdings war dieses Gold leichter verderblich als der London Stone.

2. Die Steine

Ein Abschnitt der ursprünglichen Londoner Stadtmauer samt mittelalterlichen Zusätzen ist noch am Trinity Square, gleich nördlich vom Tower of London, zu sehen. Der Tower selbst war teilweise in das Mauerwerk einbezogen und erfüllte so in materieller Form die Forderung William Dunbars: «Steinern seien die Mauern, die dich umstehen.» Die Stadtmauer war an ihrer Basis fast drei Meter breit und über sechs Meter hoch; neben diesen Resten am Trinity Square erkennt man noch die steinerne Kontur eines inneren Turms, in dem man über ein hölzernes Treppenhaus zu einer ostwärts über die Marschen blickenden Brustwehr gelangte.

Von hier kann man die Geistermauer, die Stadtmauer, wie sie einst war, in der Phantasie weiterverfolgen. Sie führt nordwärts zum Cooper's Row, wo ein Teilstück noch im Innenhof eines leer stehenden Gebäudes zu sehen ist; es ragt jetzt in einer Tiefgarage auf. Sie dringt durch Beton und Marmor dieses Gebäudes, dann durch Backstein und Eisen des Eisenbahnviadukts an der Fenchurch Street Station, bis am America Square wieder ein erhalten gebliebenes Stück zum Vorschein kommt. Sie verbirgt sich im Erdgeschoss eines modernen Gebäudes, das selbst Brustwehren, Türmchen und viereckige Türme hat; ein Streifen mit glasierten roten Ziegeln zeigt eine mehr als oberflächliche Ähnlichkeit mit den Flächen flacher roter Ziegel an dem altrömischen Bauwerk. Für einen Augenblick zeigt sie sich als Crosswall und durchschneidet den Sitz eines Unternehmens namens Equitas. Sie geht durch die Vine Street (am Tiefgaragenstellplatz 35 befindet sich eine Überwachungskamera auf der alten Linie

*Die Stadtmauer
am Tower Hill,
erbaut in
römischer Zeit.*

der heute unsichtbaren Mauer) zur Jewry Street, die selbst dem Gang der Mauer fast exakt folgt, bis sie auf Aldgate trifft; von allen Gebäuden hier kann man sagen, dass sie eine neue Mauer bilden, die den Westen vom Osten trennt. Hier finden wir das Centurion House und Boots, den Apotheker.

Die Stufen der U-Bahn-Station in Aldgate führen auf das Niveau des spätmittelalterlichen London hinunter; wir aber folgen der Mauer zum Duke's Place und in die Bevis Marks; unweit der Kreuzung dieser zwei Durchgangsstraßen befindet sich heute ein Teil jenes «Rings aus Stahl», der einmal mehr dazu gedacht ist, die Stadt zu schützen. Auf einem

Stadtplan des 16. Jahrhunderts ist Bevis Marks dem Gang der Stadtmauer angepasst, und so ist es noch heute; das Straßennetz hat sich an
dieser Stelle seit Jahrhunderten nicht verändert. Sogar die Gässchen, wie
Heneage Lane, sind geblieben. An der Ecke Bevis Marks / St Mary Axe
steht ein hohes Gebäude mit mächtigen Fenstern; über dem Eingang ist
ein großer goldener Adler zu sehen, wie von einer kaiserlichen Standarte.
Auch hier folgen Überwachungskameras der Linie der Mauer, die zur
Camomile Street in Richtung Bishopsgate und Wormwood Street hinunterführt.

Sie verschwindet unter dem Friedhof von St Botolph's, hinter einem
Gebäude mit weißer Steinfassade und einer Blendwand aus dunklem Glas,
doch dann erscheinen Stücke von ihr wieder bei der Kirche All Hallows-
on-the-Wall, die nach altem Brauch zum Schutz und Segen dieser Vertei-
digungsanlage erbaut worden ist. Der Name der modernen Durchgangsstraße hier lautet endlich London Wall. Ein Turm wie ein Türchen aus
braunem Stein sitzt auf dem Haus London Wall 85, ganz nahe bei der
Stelle, wo kürzlich eine Bastion aus dem 4. Jahrhundert entdeckt worden ist, während die Linie der Stadtmauer von der Blomfield Street bis
Moorgate hauptsächlich Bürogebäude aus dem späten 19. Jahrhundert
aufweist. Direkt an die Nordseite der Stadtmauer hatte man einst Bethlehem Hospital (Bedlam) gebaut, das jedoch auch verschwunden ist.
Dennoch spürt man unweigerlich die Gegenwart oder den mächtigen
Geist der alten Stadtmauer, wenn man diese lang gezogene Durchgangsstraße entlanggeht, die in die Spätphase der römischen Besetzung zu datieren ist. Hinter Moorgate erhebt sich dann eine neue Mauer, die auf
den Trümmern des Zweiten Weltkriegs errichtet worden ist. Die Bomben selbst förderten lang verschüttete Reste der alten Stadtmauer zutage,
und noch heute sind längere, gras- und moosüberwachsene Strecken
von ihr zu sehen. Doch flankiert werden diese alten Steine von dem blitzenden Marmor und polierten Stein der neuen Bauwerke, die die Stadt
dominieren.

Rund um die Stelle des großen römischen Forts, an der nordwestlichen Ecke der Mauer, entstehen jetzt diese neuen Festungen und Türme: Roman House, Britannic Tower, City Tower, Alban Gate (das man
durch eine geringfügige Veränderung in Albion Gate umbenennen könnte) sowie die Beton- und Granittürme des Barbican, die dem Platz, wo
einst die römischen Legionen zusammengezogen wurden, wieder eine erhabene Kahlheit und Brutalität zurückgegeben haben. Sogar die Geh-
steige dieser weiträumigen Anlage befinden sich annähernd auf gleicher
Höhe wie die Brustwehren der alten Stadtmauer.

Nun wendet sich die Mauer nach Süden, und lange Teilstücke von ihr

*Londinium wurde
durch eine etwa
5 km lange, ring-
förmig angelegte
Stadtmauer ge-
schützt, die um
200 n. Chr.
errichtet wurde.*

sind an der nach Aldersgate abfallenden Westseite des Barbican Centre zu sehen. Auf ihrem Weg von Aldersgate über Newgate bis nach Ludgate bleibt die Mauer meistenteils unsichtbar, doch gibt es aufschlussreiche Zeichen für ihren Verlauf. So stellt eine Skulptur im Postman's Park, direkt nördlich der Mauer, das große Untier des klassischen Altertums, den Minotauros, dar. Die fleckigen, nachgedunkelten Steinblöcke des Sessions House neben dem Old Bailey markieren noch heute die äußere Grenze der Wehranlagen, und eine jüngere Mauer in Amen Court, die gegen die Rückseite des Old Bailey schaut, ist wie ein Wiedergänger aus Stein und Mörtel. Hinter St Martin's Ludgate gehen wir hinüber zum Ludgate Hill, gelangen auf die Pilgrim Street und gehen am Pageantmaster Court entlang, wo heute die Linien des City Thames Link dem einstigen Verlauf des munteren Fleet-Flusses folgen, bis wir an den Rand des Wassers stoßen, wo die Mauer einst abrupt aufhörte.

Die Stadtmauer umschloss ein Areal von 330 Morgen (1,3 km²). Man brauchte ungefähr eine Stunde, um ihren Umkreis abzuschreiten, und der heutige Fußgänger wird den Weg in derselben Zeit zurücklegen können. Die Straßen neben der Mauer sind noch immer befahrbar, tatsächlich wurde der größere Teil der Mauer erst 1760 abgerissen. Bis dahin bot die Stadt das Erscheinungsbild einer Festung; in den isländischen Sagas hieß sie darum *Lundunaborg*, «Feste London». Sie wurde ständig ausgebessert, so als hingen Unversehrtheit und Identität der Stadt selbst vom Überleben dieses alten Steinbauwerks ab; Kirchen wurden neben ihr errichtet, und Klausner hüteten ihre Tore. Menschen, die weltlicheren Beschäftigungen nachgingen, bauten ihr Haus oder ihre Holzhütte an der Stadtmauer, so dass man überall die eigentümliche Mischung von faulendem Holz und modrigem Stein sehen (und wohl auch riechen) konnte. Ein Pendant aus neuerer Zeit kann man in den Backsteinbögen alter Eisenbahnbrücken sehen, die für Läden und Garagen genutzt werden.

Auch nach ihrem Abriss lebte die Stadtmauer weiter, ihre steinernen Seiten wurden in Kirchen und andere öffentliche Bauten integriert. Ein Teilstück in Cooper's Row säumte die unterirdischen Gewölbe eines Lagerhauses für unverzollte Waren, während der oberirdische Teil das Fundament mehrerer Häuser abgab. So erhebt sich Crescent, eine halbmondförmige Hausreihe am America Square, die in den 70er Jahren des 18. Jahrhunderts von George Dance dem Jüngeren entworfen wurde, auf der alten Mauerlinie. Und so tanzen jüngere Häuser auf den Trümmern der alten Stadt. Im 19. und 20. Jahrhundert hat man ständig neue Fragmente und Überreste der Stadtmauer entdeckt, so dass die einzelnen Phasen ihrer Existenz als ein Ganzes in den Blick kamen. Beispielsweise entdeckte man 1989 auf der östlichen Seite der Mauer acht menschliche Skelette aus spätrömischer Zeit, in verschiedene Richtungen angeordnet; auch einige Hundeskelette wurden freigelegt. Es ist die Gegend, die Houndsditch (Hundegrube) heißt.

Man meint oft, erst die römische Mauer habe das römische London definiert; in Wirklichkeit beherrschten die Invasoren London schon 150 Jahre vor der Errichtung der Stadtmauer, und während dieser langen Zeitspanne entwickelte sich die Stadt selbst in besonderen, bald blutigen, bald feurigen Etappen.

55 v. Chr. drang eine von Cäsar befehligte Truppe in Britannien ein und erzwang von den Stämmen um London schon bald die Anerkennung der römischen Hegemonie. Fast hundert Jahre später kamen die Römer wieder, doch diesmal mit einer solideren Invasions- und Eroberungspolitik. Ihre Truppen mögen den Fluss bei Westminster oder Southwark oder Wallingford überquert, vorübergehende Lager in Mayfair oder beim Elefant and Castle aufgeschlagen haben. Für unsere Darstellung ist nur wichtig, dass sich die römischen Verwaltungsbeamten und Kommandanten schließlich wegen der strategischen Vorzüge des Geländes und der kommerziellen Vorteile der Flusslage für London als Hauptsiedlungsort entschieden. Ob die Römer eine verlassene Siedlung betraten, aus der die Stammesleute auf Knüppeldämmen in die Sümpfe und Wälder geflohen waren, wissen wir nicht. Es ist jedenfalls anzunehmen, dass die Invasoren die Bedeutung des Platzes vom ersten Tag ihrer Besetzung an erkannten. Hier gab es eine Flussmündung, die durch eine doppelte Tide begünstigt war. So wurde er zum Zentrum des überseeischen Handels im Süden Britanniens und zum Knotenpunkt eines Straßennetzes, das fast zweitausend Jahre überdauert hat.

Die Umrisse dieser ersten Stadt sind durch Ausgrabungen erkennbar geworden. Auf dem östlichen Hügel verliefen zwei schotterbedeckte Hauptstraßen parallel zum Fluss. Eine dieser Straßen zog sich direkt am Ufer der Themse hin und ist an der Häuserflucht von Cannon Street und Eastcheap noch auszumachen; die andere Straße, etwa zweihundert Meter weiter nördlich, umfasste den östlichen Teil der Lombard Street bis dort, wo sie in die Fenchurch Street übergeht. Hier liegen die eigentlichen Ursprünge des modernen London.

Und dann die Brücke! Die hölzerne römische Brücke stand rund hundert Meter östlich der ersten steinernen London Bridge und verband die Gegend westlich der St Olave Kirche mit dem Fuß der Rederes (Pudding) Lane am Nordufer; das genaue Datum ihrer Errichtung lässt sich nicht ermitteln, doch muss es ein majestätisches und sogar erstaunliches Bau-

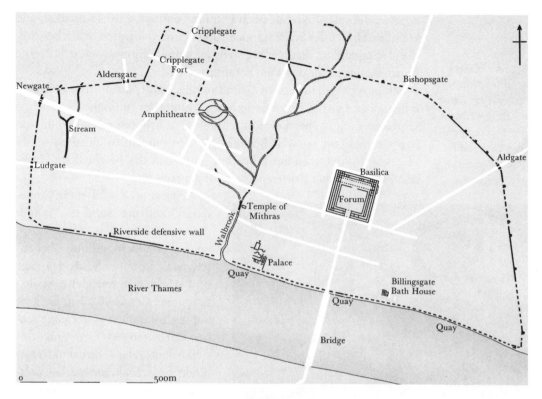

Cripplegate

Cripplegate
Fort

Aldersgate

Newgate

Bishopsgate

Amphitheatre

Stream

Aldgate

Ludgate

Basilica

Forum

Temple of
Mithras

Walbrook

Riverside defensive wall

Palace

Quay

Billingsgate
Bath House

River Thames

Quay

Quay

Bridge

0   500m

werk gewesen sein, nicht zuletzt für die einheimischen Völker, die unter den Römern siedelten. Jede zweite Londoner Sage entstand auf ihren Fundamenten; auf der neuen hölzernen Verkehrsader wurden Wunder gewirkt und Visionen empfangen. Da ihr einziger Zweck die Zähmung des Flusses war, mag sie damals die Macht eines Gottes gebändigt haben. Doch mag es diesen Gott erzürnt haben, der Herrschaft über den Fluss beraubt zu werden; daher alle die Ahnungen von Rache und Zerstörung in dem berühmten Vers «Die London Bridge ist eingestürzt!»

Die zentralen Plätze des alten Londinium. Die gestrichelte Linie markiert die Stadtmauer.

Wir wissen nicht, ob Londinium zuerst als römisches Heerlager gedient hat. Auf jeden Fall wurde es bald zum Sammelpunkt für Nachschublieferungen. In der ersten Zeit müssen wir uns eine Ansammlung kleiner Behausungen mit Wänden aus Lehm, strohgedeckten Dächern und einem Boden aus gestampfter Erde vorstellen; dazwischen gab es schmale Gassen, während einige Straßen zwischen den zwei Hauptverkehrsadern mit ihren Gerüchen und Geräuschen einer geschäftigen Gemeinschaft verliefen. Hier drängten sich Werkstätten, Schenken, Läden und Schmieden, während sich unten am Fluss Lagerhäuser und Werkstätten um einen rechteckigen Holzhafen gruppierten. Beweise für einen solchen Hafen hat man in Billingsgate gefunden. An den Durchgangs-

35

straßen, die jeder Reisende nach London benutzte, gab es Schenken und Händler. Hinter der Stadt standen runde Hütten im alten britischen Stil, die als Stapelplatz dienten, während sich am Stadtrand selbst hölzerne Einfriedigungen für das Vieh befanden.

Schon wenige Jahre nach Gründung der Stadt, die auf die Zeit zwischen 43 und 50 n. Chr. zu datieren ist, konnte der römische Geschichtsschreiber Tacitus über London schreiben, es beherberge eine Fülle von *negotiatores* und sei weit bekannt für den blühenden Zustand seines Handels. In knapp einem Jahrzehnt hatte sich das bescheidene Nachschublager zu einer florierenden Stadt gemausert.

Boudicca, Königin des ostenglischen Stammes der Icener, trotzte den Römern und brandschatzte 60 n. Chr. Londinium. Ihre Statue, von Thomas Thorny erstellt, wurde 1902 am Eingang von Westminster Bridge aufgestellt, gegenüber von Big Ben, und zeigt die Rebellin im Streitwagen.

Negotiatores sind nicht unbedingt Kaufleute, sondern Männer des *negotium*, was «Geschäft», aber auch «Verhandlung» bedeutet. Man könnte sie als Händler und Makler bezeichnen. In den schimmernden Gebäuden, die jetzt auf der römischen Stadtmauer stehen, arbeiten Makler und Geschäftsleute, die – direkt oder indirekt – Nachfahren jener *negotiatores* aus dem ersten Jahrhundert sind. Die Londoner City wurde seit jeher auf den Imperativen von Geld und Handel errichtet. Darum hatte auch der Prokurator, der hohe römische Beamte, der die Finanzen der Provinz überwachte, hier seinen Sitz.

London ist also auf Macht gegründet. Es ist eine Stätte der Exekution und der Repression, und zu allen Zeiten waren die Armen in der Überzahl gegenüber den Reichen. Es wurde von furchtbaren Gerichten mit Feuer und Tod heimgesucht. Kaum zehn Jahre nach seiner Gründung zerstörte ein großer Londoner Brand sämtliche Gebäude. 60 n. Chr. wurde die Stadt von Boudicca und ihren Stammeskriegern mit Feuer und Schwert verwüstet, als Rache an jenen, die Frauen und Kinder der Icener in die Sklaverei verkauft hatten. Es ist das erste Zeichen für den Appetit der Stadt auf Menschenleben. Den anschaulichen Beweis für Boudiccas Zerstörungswerk liefert eine rote Grundstrecke von oxydiertem Eisen, unter einer Schicht von verbranntem Lehm, verkohltem Holz und Asche. Rot ist die Farbe Londons, das Zeichen von Feuer und Verwüstung.

Es gab mindestens noch einen weiteren Angriff von Stammeskriegern auf die römische Stadt, aber diesmal waren die Stadt und ihre Verteidigungsanlagen wehrhaft. Gleich nach dem Überfall Boudiccas hatte man mit dem Neuaufbau begonnen. Wer heute an einer der großen Kreuzungen der City steht, dort, wo die Gracechurch Street die Lombard Street von der Fenchurch Street trennt, der blickt auf den Haupteingang zum römischen Forum mit seinen Läden und Buden und Werkstätten zu beiden Seiten. Das neue Forum wurde mit Kieselsandstein aus Kent gebaut, der zu Schiff auf dem Medway transportiert wurde, und war mit seinen vergipsten Mauern und roten Ziegeldächern ein kleines Stück Rom auf fremdem Boden.

Doch dauerte der Einfluss der römischen Zivilisation in mehr als einer Hinsicht an. Im 18. Jahrhundert lag das Kontor des Hauptkassierers der Bank of England über einem römischen Tempel, der Ähnlichkeit mit der Basilika hatte, die links vom früheren Forum stand. Zu allen Zeiten feierte oder verfluchte man London als ein zweites Rom – verderbt oder machtvoll, je nach Geschmack –, und man kann ohne Übertreibung sagen, dass London ein Stück seiner Identität seinen ersten Erbauern verdankt.

London begann zu blühen und zu gedeihen. Ende des ersten Jahrhunderts entstanden ein neues Forum und eine neue Basilika an der Stelle ihrer Vorgänger; die Basilika selbst war größer als später St Paul's. Im Nordwesten, dort, wo sich heute das Barbican befindet, baute man eine große Festung. Es gab Thermen und Tempel, Läden und Buden; es gab ein Amphitheater dort, wo heute die Guildhall steht, und gleich südlich von St Paul's eine Rennbahn – dank der wunderlichen Alchemie der Stadt hat sich ein Name, Knightrider Street – Ritterstraße –, über fast zweitausend Jahre erhalten.

Wir können viele der alten Straßen – Milk Street, Wood Street, Aldermanbury und andere – als sichtbare Überreste eines römischen Straßenhorizonts anführen. Es ist auch bezeichnend, dass die großen Londoner Märkte in Cheapside und East Chap bis vor kurzem an den zuerst von den Römern angelegten Verkehrsadern lagen. Innerhalb von fünfzig Jahren hatte London Ende des ersten Jahrhunderts seine Bestimmung erhalten. Es wurde nicht nur das Handelszentrum, sondern auch die administrative und politische Hauptstadt des Landes. Als Brennpunkt von Verkehr und Handelstätigkeit wurde es von reichsrömischen Gesetzen gelenkt, die Handel, Eheschließung und Landesverteidigung betrafen und auch in Kraft blieben, nachdem die Römer selbst längst abgezogen waren. London war in der Hauptsache ein Stadtstaat mit eigenem, unabhängigem Stadtregiment, wenngleich in direkter Beziehung zu Rom; diese charakteristische Unabhängigkeit und Autonomie werden wir in der Geschichte Londons immer wieder antreffen.

In der Phase ihres stärksten Wachstums, Ende des ersten Jahrhunderts, dürfte die Stadt rund dreißigtausend Einwohner gezählt haben: Soldaten, Händler, Geschäftsleute, Handwerker und Künstler – alles bunt gemischt. Für die reicheren Kaufleute und Verwaltungsbeamten gab es prächtige Häuser, während die normale Behausung der meisten Londoner eine Art Wohnschlafzimmer war, dessen Wände Malereien oder Mosaiken zierten.

Es haben sich sowohl Briefe erhalten, in denen es um Finanz- und Handelsangelegenheiten geht, als auch weniger förmliche Mitteilungen: «Primus hat zehn Ziegel gemacht. Genug! … Austalis ist seit zwei Wochen jeden Tag aushäusig – Schande über ihn! … London, Tür an Tür mit dem Isistempel … Diesen Ziegel hat Clementinus verfertigt.» Es sind die ersten bekannt gewordenen Worte eines Londoners, in Ziegel- oder Tonscherben geritzt und aus all den Trümmern, die sich auf dem Boden der Stadt angehäuft haben, glücklich geborgen. Auch frommere Erinnerungszeichen haben sich gefunden, mit Inschriften für die Toten und Anrufungen der Götter. Sogar Stempel für die Rezepte eines Optikers hat man ausgegraben, die Heilmittel gegen tränende Augen, Entzündungen und Sehschwäche enthalten.

In der römischen Ära gab es in London auch Thermen, und eines dieser öffentlichen Bäder befand sich in der heutigen North Audley Street, ziemlich weit außerhalb der Altstadt. Als Arbeiter sie Ende des 19. Jahrhunderts in einer unterirdischen Gewölbekammer entdeckten, stand sie noch halb voll Wasser.

Unser Blick auf die Vergangenheit wird etwas klarer, wo es uns gelingt, das verstreute Zeugnis der Überreste wieder zusammenzufügen. Einst fand man unter der Thames Street eine große Hand aus Bronze, gut 30 Zentimeter lang, und einen Kopf des Kaisers Hadrian, wiederum überlebensgroß, im Wasser der Themse selbst. So können wir uns eine Stadt vorstellen, die große Standbilder schmückten. Bruchstücke eines Triumphbogens sind entdeckt worden, dazu steinerne Fresken von Göttinnen und Göttern. London ist eine Stadt der Tempel und der Monumentalbauten. Votivstatuetten und Dolche, heilige Vasen und Silberbarren, Schwerter, Münzen und Altäre, alles bekundet den Geist einer Stadt, in der Handel und Gewalt nicht von echter Frömmigkeit geschieden waren. Doch aufschlussreich ist auch das kleinste Detail. So hat man hundert *stili* (Schreibgriffel) im Flussbett des Walbrook gefunden, wo unzählige fleißige Schreiber die abgenutzten Federkiele einfach zum Fenster hinauswarfen. Es ist eine Szene geschäftigen Lebens, die in keiner Epoche der Londoner Geschichte fehl am Platze wäre.

Dennoch sind Londons Sicherheit und Gedeihen zu diesem frühen Zeitpunkt noch nicht ausgemacht. Wie ein organisches Wesen wuchs und entwickelte sich London nach außen, immer begierig, sich neues Territorium einzuverleiben, erlitt aber auch Zeiten der Schwäche und Entnervung, wo der *genius loci* sein Haupt verhüllte. Hinweise auf eine solche Veränderung können wir just an den Ufern jenes Walbrook finden, wo die Schreiber des Römischen Reichs ihre Griffel aus dem Fenster warfen. Hier wurden 1954 die Überreste eines Tempels entdeckt, der ursprünglich dem Mithras und später anderen heidnischen Gottheiten geweiht war. Für die römischen Londoner war es nichts Ungewöhnliches, einer Vielzahl von Bekenntnissen anzuhängen; so gibt es stichhaltige Beweise dafür, dass die Glaubensvorstellungen der ersten keltischen Stämme in einer besonderen, römisch-keltischen Form der Religion aufgingen. Doch scheint der Mysterienkult des Mithras mit seinen Initiationsriten und den Arkana seines Geheimrituals eher auf eine verstörte und verängstigte Stadt hinzuweisen.

Die ergiebigste Zeit des römischen London waren die Jahre zwischen dem ersten und zweiten Jahrhundert; danach folgte eine uneinheitliche Periode, in der sich Weiterentwicklung und Niedergang die Waage hielten. Dieser Niedergang hing zum Teil mit den zwei großen Titulargeistern Londons, dem Feuer und der Pest, zusammen, doch war auch eine stetige Veränderung der imperialen Herrschaft zu verzeichnen, da das Römische Reich selbst schwächer wurde und verfiel. Ungefähr 200 n. Chr., ungefähr fünfzig Jahre vor der Errichtung des Mithrastempels, wurde die große Mauer um London erbaut. Das spricht zwar für ein Zeitalter der Angst, aber schon die Tatsache, dass eine Mauer aufgeführt werden konnte, lässt darauf schließen, dass die Stadt noch über beträchtliche Ressourcen gebot. Weite Flächen innerhalb der Stadtmauern waren unbewohnt oder wurden als Weideland genutzt, doch standen schöne Tempel und Häuser in dem eleganteren Viertel am Fluss. Im dritten Jahrhundert wurde Londons erste Münzstätte eröffnet, was wiederum vom wahren Charakter der Stadt zeugt. Auch in diesem Jahrhundert entstand eine Mauer in Flussnähe, um die Wehranlagen zu vervollständigen.

*

Wer waren nun und was taten die Bürger selbst in diesen letzten Jahrzehnten des römischen London? Sie dürften größtenteils römisch-britischer Abstammung gewesen sein, und es gab Zeiten, in denen ein britischer «König» über sie herrschte. London war seit seinen Anfängen eine Stadt des Völkergemischs, und so dürften sich auf den Straßen die Bewohner vieler Nationen gedrängt haben, darunter die einheimischen Keltenstämme, die im Laufe von drei Jahrhunderten wie selbstverständlich in die neue Ordnung hineingewachsen waren. Diese römische Stadt umspannte einen Zeitraum, der ebenso lang war wie der von der späten Tudorzeit bis heute, aber was wir haben, ist im Wesentlichen nur das stumme Zeugnis verstreuter Becher und Würfel, Schaber und Glocken,

Schreibtafeln und Mühlräder, Sandalen und Fibeln. Wie können wir diese Objekte wieder lebendig werden lassen?

Nicht alle turbulenten Ereignisse haben Spuren in den Annalen hinterlassen, aber ein oder zwei kriegerische Vorfälle sind doch überliefert. Das Dunkel bricht auf, und eine Szene wird sichtbar, für einen Augenblick erstarrt, die das historische Geschehen, in das sie sich einreiht, nur umso tiefer in Verwirrung und Geheimnis taucht. Ein reichsrömischer Anführer namens Alectus segelte nach Britannien, um einen lokalen Aufstand niederzuschlagen; nach der Niederwerfung der Rebellen schlug er seinen Sitz in London auf. Gegen den imperialen Sieger wiederum zog der keltische Häuptling Asclepiodotus zu Felde; vor den Toren der Stadt kam es zu einer großen Schlacht, in der die Britannier erfolgreich waren. Die restlichen römischen Truppen flohen aus Furcht vor einem Blutbad hinter die Stadtmauern und schlossen die Tore. Belagerungsmaschinen wurden herbeigeschafft, die eine Bresche in die Verteidigungsanlagen schlugen; die Kelten strömten in die Stadt, und der Anführer der letzten Legion bat um Gnade. Man kam überein, dass die Römer abziehen und zu ihren Schiffen zurückkehren durften, aber ein keltischer Stamm – oder eine Gruppe von Stammesleuten – brach das Abkommen: Sie fiel über die römischen Soldaten her, enthauptete sie auf die rituelle keltische Weise und warf die Köpfe – so erzählt es wenigstens Geoffrey von Monmouth – «in einen Bach in der Stadt ... auf sächsisch ‹Galobroc›». In den 6oer Jahren des 19. Jahrhunderts fand man im Bett des längst überdeckten Walbrook viele menschliche Schädel. Der Rest ist Schweigen.

Freilich ist aus dieser vereinzelten Anekdote nicht zu schließen, dass die Geschichte Londons vom Kampf kriegerischer Stämme gegen ihren gemeinsamen römischen Feind geprägt gewesen wäre. Vielmehr legen alle Zeugnisse das Gegenteil nahe und deuten stattdessen auf ein durch Wirtschaftsbeziehungen verstärktes Maß an Durchdringung, das eine fast ungebrochene Kontinuität von Handel und Verwaltung begünstigte. Es dürfte sich schon in jenen frühen Jahren so etwas wie ein Londoner Menschenschlag ausgebildet haben, vielleicht mit jenem eigentümlich «erdigen» Teint, der in späteren Jahren so charakteristisch wurde. Die Bürger sprachen zweifellos eine Sonderform des Lateinischen mit einheimischen Einsprengseln, und ihre religiösen Überzeugungen dürften genauso bunt gemischt und eigenartig gewesen sein. Der Mithrastempel ist nur *ein* Beispiel für eine Mysterienreligion – sie war vor allem die Domäne von Kaufleuten und Verwaltungsbeamten –, doch war auch der christliche Glaube nicht unbekannt. Im Jahre 313 wohnte ein gewisser Restitus in seiner Eigenschaft als Bischof von London dem Konzil zu Arles bei.

Gleichermaßen gemischt und pragmatisch war die Wirtschaftstätigkeit der Stadt; das Handels- und das Militärviertel waren noch in lebhaftem Betrieb, doch lässt das archäologische Zeugnis darauf schließen, dass man jetzt viele öffentliche Gebäude verfallen ließ und einst bewohnte Plätze mit Erde bedeckte, um sie landwirtschaftlich zu nutzen. Es mag wunderlich anmuten, dass man innerhalb der Stadtmauern Bauernhöfe und Weingärten unterhielt, doch noch zu Zeiten Heinrichs II. war halb London offenes Land, das Felder, Obst- und Ziergärten schmückten. Aus dem 3. und 4. Jahrhundert gibt es auch Anhaltspunkte für sehr große Steingebäude, die möglicherweise Bauernhäuser waren. Wir hätten dann die paradoxe Situation von ländlichen Grundbesitzern in der Stadt selbst. Gewiss war die Stadt noch immer Furcht einflößend genug, um den Zudringlichkeiten marodierender Stämme standzuhalten; im Jahre 368 verwüsteten die Attacotti weite Teile von Kent, während sie es nicht wagten, London selbst zu stürmen.

Doch 410 zog Rom seine schützende Hand ab; sie war, wie die unter der Thames Street gefundene, aus Bronze, nicht aus Gold. Es gibt Berichte von Ausfällen der Angeln und Sachsen gegen die Stadt, doch ein großer Zusammenbruch oder Umbruch ist nicht überliefert. Dafür gibt es gewisse Zeugnisse des Verfalls. Einst stand an der Lower Thames Street ein Badehaus, das jetzt, im frühen 5. Jahrhundert, aufgegeben wurde. Das Glas war zerbrochen, und der Wind zerstörte das Dach; dann wurden zu einem späteren Zeitpunkt, nachdem das Dach eingestürzt war, die Mauern des östlichen Gebäudekomplexes systematisch abgerissen. Unter dem Schutt fand man eine sächsische Fibel; eine Frau mag sie beim Klettern über die alten Ruinen verloren haben.

Gegen Ende des 4. Jahrhunderts drangen von Norden her Pikten und Schotten, vom germanischen Festland Angeln und Sachsen ins römische Britannien. 410 mussten die römischen Legionen Londinium verlassen.

Die Ankunft der Sachsen ist auf den Anfang des 5. Jahrhunderts datiert worden, als an dem Land Britannien «eine rote, wilde Zunge» leckte, wie der Geschichtsschreiber Gildas meldet. In manchen Städten «lagen mitten auf der Straße die Spitzen ragender Türme, zu Boden gestürzt, Steine hoher Mauern, heilige Altäre, Teile von Menschenleibern». In Wirklichkeit lebten die Angeln und die Sachsen um diese Zeit schon in der Gegend, und aus dem archäologischen Zeugnis geht hervor, dass Ende des 4. Jahrhunderts Truppen germanischer Herkunft als Legionäre unter römischem Banner London bewachten.

Man nahm jedoch früher an, dass die Ankunft der Sachsen zur Zerstörung und Aufgabe der Stadt selbst geführt hätte. In Wirklichkeit gab es kein wildes Gemetzel in dem Londoner Gebiet, aus dem sich Rom zurückzog. An verschiedenen Stellen ist eine Schicht «dunkler Erde» gefunden worden, die man als Zeichen des Verfalls der Stadt gedeutet hat, doch moderne Fachleute vermuten, dass Schichten dunklen Bodens eher auf Besetzung als auf Zerstörung schließen lassen. Es gibt noch andere Beweise für die kontinuierliche Besiedlung Londons in jener Periode, die man einst die *dark ages* – «finsteres Mittelalter» – genannt hat. Wir wissen, dass die Bestimmungen des Londoner Stadtrechts aus der römischen Zeit – namentlich in Bezug auf testamentarische Verfügungen und Eigentumsrechte – noch das ganze Mittelalter hindurch galten. Es gab mit anderen Worten eine kontinuierliche Verwaltungstradition, die durch keine sächsische Besetzung unterbrochen wurde.

Die alten Chroniken betonen, dass London der Hauptort und die wichtigste Festung der Britannier blieb. In den Geschichtswerken von Nennius und Gildas, von Geoffrey von Monmouth und von Beda wird es regelmäßig als unabhängige Stadt genannt, die zugleich die Heimat der britannischen Könige ist; es ist der Ort, wo souveräne Herrscher gemacht und bestätigt, und die Stätte, wo die Stadtbewohner zu öffentlicher Versammlung zusammengerufen wurden. Es ist auch der Hauptverteidigungsplatz, wenn sich die Britannier gelegentlich in den Schutz der Mauern flüchteten. Es ist der Sitz des britannischen und des römischen Adels, und gleichzeitig repräsentiert es eines der großen Bistümer der Christenheit. Die alten britannischen Könige – darunter Vortigern, Vortimer und Uther – regierten und lebten den Beschreibungen nach in London.

Der sagenhafte englische König Artus soll um 500 gegen die eindringenden Angeln und Sachsen gekämpft haben. Erstmals wird er in Nennius' Historia Britanium *(Anfang 9. Jahrh.) erwähnt. Später wurde er Held zahlreicher höfischer Epen.*

Gleichwohl ist in diesen alten Chroniken der Weg von der Interpretation von Fakten zu phantastischer Rekonstruktion nur kurz. So macht in diesen Darstellungen der Zauberer Merlin viele prophetische Äußerungen über die Zukunft der Stadt. Auch eine andere große Gestalt aus dem Zwischenreich von Mythos und Geschichte ist in London zu finden: König Artus. Laut Matthew von Westminster ist Artus vom Erzbischof von London gekrönt worden. Merkmal dieser städtischen Kultur war ihre Verfeinerung; Geoffrey von Monmouth feiert um 1135 in seiner *Historia Regum Britannie* Wohlstand und Gesittetheit von Artus' Untertanen ebenso wie den überall sichtbaren «Reichtum» der dekorativen Künste. In dem großen Prosaepos *Le Morte d'Arthur*, das Malory aus verschiedenen Originalquellen hergeleitet hat, finden sich viele Verweise auf London als den Hauptort des Reichs. In unheilschwangerer Zeit nach dem Tod von Uther Pendragon «ging Merlin zum Erzbischof von Canterbury und gab ihm den Rat, dass er zu allen Herren des Reichs und allen Edelleuten unter Waffen senden ließe, dass sie nach London kämen» und sich «in der größten Kirche Londons» versammelten – «ob es St Paul's war oder nicht, dessen tut das französische Buch keine Erwähnung». In späteren Büchern des Epos wird die Schöne Maid von Astolat an der Themse beigesetzt, Sir Launcelot reitet über denselben

Fluss von Westminster nach Lambeth, und Gunvere «kam nach London» und «nahm den Tower of London».

Die weniger umstrittenen Dokumente der Historiker und Chronisten ergänzen dieses farbige Bild der Sage um Einzelheiten. Aus kirchlichen Unterlagen geht hervor, dass 429 in London oder in Verulamium eine Synode abgehalten wurde; da die Versammlung einberufen wurde, um die Häresie des britischen Mönchs Pelagius zu verurteilen, ist klar, dass es in den an London grenzenden Regionen noch eine lebendige religiöse Kultur gab.

Zwölf Jahre später akzeptierten einer zeitgenössischen Chronik zufolge die Provinzen Britanniens die sächsische Herrschaft. Über London und sein Schicksal sagt diese Quelle nichts, doch scheint es zunächst seine Unabhängigkeit als Stadtstaat bewahrt zu haben. Mitte des 6. Jahrhunderts jedoch hat es wohl auch das sächsische Regiment akzeptiert. Weite Teile des ummauerten Gebiets wurden als Weideland genutzt, und die großen öffentlichen Gebäude dienten vermutlich als Marktplatz oder Viehstaket oder als Raum für die hölzernen Behausungen und Läden einer Bevölkerung, die in den monumentalen Ruinen einer nunmehr schon fernen Vergangenheit lebte. Es gibt ein wunderschönes sächsisches – altenglisches – Gedicht auf die materiellen Überreste einer solchen britischen Stadt; sie sind *enta geweorc*, «Gigantenwerk», die zerschmetterten Erinnerungen an ein großes Geschlecht, das vor *hund cnect*, hundert Generationen, vergangen ist. In seiner Beschreibung von geborstenen Türmen und leeren Hallen, eingesunkenen Dächern und verlassenen Badehäusern liegt eine Mischung aus Trauer und Erstaunen. Auch die Ahnung einer anderen Wahrheit klingt an. Der steinerne Bau dieser alten Stadt ist der *wyrde*, dem «Schicksal», und der Zeit zum Opfer gefallen; sie wurde nicht von Marodeuren überfallen oder geplündert. Die Sachsen waren also nicht unbedingt Zerstörer, und das Gedicht beweist echte Ehrerbietung vor dem Altertum und vor der *beorhtan burg*, der «strahlenden Stadt», in der einst Helden zu Hause waren.

Dafür können wir die äußeren Züge des sächsischen London erschließen. Eine Domkirche wurde hier erbaut, und der Königspalast wurde an einer Stelle unterhalten, die heute Woodstreet und Aldermanbury einnehmen. Aufzeichnungen aus dem 7. Jahrhundert erwähnen einen «Königssaal» *(king's hall)* in London, und zweihundert Jahre später war es noch immer als «erlauchter Ort und königliche Stadt» bekannt; der Standort des Königspalastes neben der alten römischen Festung im Nordwesten der Stadt lässt darauf schließen, dass man auch die Befestigungsanlagen weiter instand gehalten hatte. Es gibt aber noch frappierendere Beweise einer historischen Kontinuität. Zu den wichtigsten archäologi-

schen Entdeckungen der letzten Jahre gehört ein römisches Amphitheater an der Stelle des heutigen Rathauses (Guildhall); das ist genau die
Stelle, wo nach unserer Kenntnis die Sachsen ihre Grafschaftsversamm-
lungen abhielten, auf einem Gelände, von dem es immer ausdrücklich
heißt, dass es nordöstlich der Domkirche lag. Es scheint daher festzu-
stehen, dass die sächsischen Stadtbewohner das alte römische Amphitheater für ihre eigenen Beratungen nutzten; es wirft ein bezeichnendes
und merkwürdiges Licht auf ihr Verhältnis zu einer fernen Vergangenheit, dass sie auf steinernen Sitzplätzen argumentierten, die über zweihundert Jahre zuvor gebaut worden waren. Nicht weniger aufschlussreich
ist natürlich, dass die moderne Guildhall an derselben Stelle errichtet
wurde. Es ist zumindest ein Beweis für administrative Kontinuität. Umgekehrt ist sehr wahrscheinlich, dass die große ummauerte Stadt allgemein als Macht- und Herrschaftszentrum bekannt war.

Dies würde den Standort der blühenden sächsischen Stadt Lundenwic
erklären – *wic* bedeutet «Markt» –, die sich auf dem Areal des heutigen
Covent Garden befand. Mit anderen Worten, gleich hinter den Mauern
der mächtigen Stadt London war eine typisch sächsische Gemeinde heran-
gewachsen.

Wir mögen uns ein paar hundert Leute vorstellen, die auf einem Areal
zwischen Covent Garden und der Themse lebten und arbeiteten. Ihre
Öfen und Töpferwaren sind neuerdings gefunden worden, ebenso Klei-
dernadeln und Glasbecher, Kämme, Steinwerkzeuge und Gewichte für
ihre Webstühle. In der Exeter Street, gleich hinter der Strand, hat man
eine Schlachterei ausgegraben, am Trafalgar Square landwirtschaftliche
Gebäude. Alle Zeugnisse lassen also darauf schließen, dass eine blühende
Handelsstadt von kleinen Bauern- und Arbeitersiedlungen umgeben war.
Die Namen und Orte sächsischer Dörfer klingen in den Stadtteilen eines
viel größeren London bis heute nach, darunter Kensington, Paddington,
Islington, Fulham, Lambeth, Stepney. So sind Form und unregelmäßiger
Verlauf der Park Lane von den alten Ackerstreifen der sächsischen Bau-
ern vorgezeichnet. Auch in Long Acre klingt die Hirtentradition nach.
Es war daher eine ausgedehnte Gemeinde, und Beda mag an Lundenwic,
nicht an London gedacht haben, als er die Stadt «an den Ufern der
Themse» beschrieb, «ein Handelszentrum für viele Völker, die es zu
Lande und zu Wasser besuchen».

Dokumente aus der Zeit zwischen 673 und 685 betreffen die Bestimmungen, welche die Leute aus Kent zu beachten haben, wenn sie in Lundenwic Tauschhandel treiben. In derselben Zeit waren Goldmünzen mit
der Prägung LONDUNIU in Gebrauch, so dass es nicht notwendig eine
Diskrepanz zwischen dem Verwaltungszentrum London und der Han-

delsstadt Lundenwic gab. Auf ähnliche Weise war zwischen einstigen Britanniern und sächsischen Siedlern ein kontinuierlicher Prozess der Assimilation im Gange, bewirkt durch Mischehen und friedlichen Handelsverkehr. Der Beweis hierfür liegt in der zuverlässigsten aller Quellen, der Sprache selbst. Viele alte britische Wörter sind nämlich im «sächsischen» Englisch zu finden, zum Beispiel *basket* (Korb), *button* (Knopf), *coat* (Rock), *gown* (Gewand), *wicket* (Türchen) und *wire* (Draht). Man darf also vermuten, dass vor allem den Britanniern Fertigkeiten in Textil- und Flechtwerk zuzuschreiben sind. Ein anderes englisches Wort zeugt von der gemischten Bevölkerung Londons: Der Name «Walbrook» kommt nämlich von *Weala broc*, «Bach der Waliser», was darauf schließen lässt, dass es damals noch ein eigenes Viertel für die «waschechten Briten» in ihrer alten Stadt gab.

Beda Venerabilis, der zu Beginn des achten Jahrhunderts die erste Geschichte Englands verfasste, hat geschrieben, «Londuniu» sei die Hauptstadt der Ostsachsen gewesen, aber in der Zeit des mittelsächsischen Regiments scheint die Stadt die Herrschaft aller Könige anerkannt zu haben, die in der Region dominierten. Zu ihnen zählten die Könige von Kent, Wessex und Mercia. Fast könnte man die Stadt als die kommerzielle Belohnung für jeden erfolgreichen Anführer betrachten, wozu noch kam, dass die ummauerte Stadt zugleich traditioneller Herrschaftssitz war. Angesichts dieser wechselnden Souveränitäten jedoch ist es vielleicht kein Wunder, dass die Hauptquelle der Kontinuität in der christlichen Kirche lag. 601, vierzehn Jahre nach der Ankunft des hl. Augustinus, des Apostels der Angelsachsen, ernannte Papst Gregor London zum Hauptbistum für ganz Britannien; drei Jahre später errichtete Ethelbert von Kent die Domkirche von St Paul's. Was folgt, ist schlichtweg eine Chronik der Kirchenverwaltung. In dem Jahr, als St Paul's gebaut wurde, 604 weihte Erzbischof Augustinus von Canterbury Mellitus zum Bischof von London; die Stadtbewohner wurden formell Christen, doch dreizehn Jahre später wurde Mellitus nach einem Wechsel der Königsherrschaft verjagt. Das urwüchsige Heidentum Londons machte sich eine Weile wieder geltend, bevor die Stadt schließlich der katholischen Gemeinde zurückgewonnen wurde.

Dann kamen die Dänen. Sie hatten schon Lindisfarne und Jarrow geplündert, bevor sie ihre Begehrlichkeit auf den Süden richteten. Die *Anglo-Saxon Chronicle* vermeldet, dass es 842 ein «großes Gemetzel in London» gegeben habe, eine Schlacht, bei der die Wikinger zurückgeschlagen wurden. Neun Jahre später kamen sie wieder. Nachdem sie Canterbury gebrandschatzt hatten, segelten sie themseaufwärts und fielen mit einer Flotte von 350 Schiffen über London her. Die Stadtmauer am Fluss entlang mag bereits in ruinösem Zustand gewesen sein; aber selbst wenn es den Sachsen gelungen wäre, sie zu reparieren, reichten die Verteidigungsanlagen nicht aus, um das Heer von Eindringlingen aufzuhalten. London wurde genommen und verheert. Viele Stadtbewohner mögen schon geflohen sein; die übrigen ließ man, sofern man wikingischem Brauch folgte, über die Klinge springen, ihre Läden wurden in Brand gesteckt. Nach Auffassung mancher Historiker markierten die Ereignisse von 851 einen entscheidenden Augenblick in der Geschichte Londons, aber damit missversteht man wohl den Charakter einer Stadt, die sich ständig neu aus Flammen und Trümmern erhebt, ja sich in ihrer ganzen Geschichte immer wieder durch solche Auferstehungen definiert.

Sechzehn Jahre später kamen die Invasoren abermals. Ihr großes Heer zog durch Mercia und East Anglia in der Absicht, Wessex einzunehmen; 872 errichteten die Dänen ein Lager vor London, um ihre Kriegsschiffe im Fluss zu schützen; Zweck der Übung war wohl, London und das Themsebecken zu kontrollieren, um sich benachbarte Königreiche tributpflichtig zu machen. Jedenfalls besetzten sie die Stadt selbst und benutzten sie als Garnison und Stapelplatz. Sie blieben vierzehn Jahre. London war also nicht, wie manche vermutet haben, eine nackte Stadt in Trümmern, sondern einmal mehr ein rühriges Verwaltungs- und Nachschubzentrum. Der normannische Kommandant Halfdere schlug seine eigenen Silbermünzen, die sich interessanterweise auf römische Vorbilder stützten. Die Tradition des «Geldmachens» im buchstäblichen Sinne hat sich in London seit jener fernen Zeit erhalten, was einmal mehr von der organischen Kontinuität seines finanziellen Lebens zeugt. Münzen wurden in London auch für Alfred in seiner Rolle als Klientkönig von Wessex geprägt. Die einheimischen Bewohner mögen weniger Glück als Alfred gehabt haben; nach dem Zeugnis von Münzschätzen, die im ersten Jahr der normannischen Besetzung vergraben wurden, rannten die reicheren Stadtbewohner um ihr Leben, genau wie jeder andere Engländer, der flüchten konnte.

Dann wagte sich Alfred der Große 883 an eine Art von Belagerung, wozu er außerhalb der Stadtmauern ein englisches Heer anheuerte. London war der große Preis, um den es ging, und drei Jahre später hatte ihn Alfred errungen. In der Stadt selbst wurde denn auch seine Souveränität über die ganze Region verkündet: «Alles englische Volk, das nicht den Dänen untertan war, unterwarf sich ihm.» London war mit anderen Worten immer noch, auch nach der Besetzung durch die Normannen, das Sinnbild der Macht. Die Dänen baten um Frieden und erhielten Territorium östlich des Flusses Lea zugewiesen. London wurde damit Grenz-

Alfred, König von Wessex (871–99), befreite London 883 von den Dänen und ernannte die Stadt – neben Winchester – zur zweiten Hauptstadt seines Reiches, das er in Grafschaften (shires) unterteilte.

stadt, und Alfred betrieb ihre Wiederbesiedlung und Befestigung. Jetzt wurden die Stadtmauern instand gesetzt, die Uferdämme erneuert und das rührige Lundenwic in die Verteidigungsanlagen der zu neuem Leben erwachten Stadt einbezogen; das ist der Zeitpunkt, da Lundenwic als Aldwych, «alter Markt», in die Geschichte eintrat.

London war einmal mehr neu geworden, seit Alfred Arbeiten veranlasste, die als ein früher Versuch der Stadtplanung gelten können. Er baute innerhalb der Stadtmauern eine Straße von Aldgate nach Ludgate, deren Verlauf bis heute in der modernen City nachzuzeichnen ist. Die Ausrichtung neuer Straßen folgte den Schiffsländen in Queenhithe und Billingsgate. Alfred gründete London neu und machte es wieder bewohnbar.

Jedenfalls war die Stadt mächtig und Furcht einflößend genug, um in späteren Jahren dem Ansturm der Wikinger standzuhalten, ja, in den Jahren 893 und 895 zogen ihnen die *burgwara*, die Stadtbewohner, sogar entgegen. 895 wagten die Londoner einen Ausfall, um die feindlichen Schiffe zu plündern oder zu zerstören. Dass die Wikinger nicht imstande waren, Vergeltung zu üben, lässt auf die Wirksamkeit der Londoner Verteidigungsanlagen schließen.

Die Wiederherstellung von Londons Leben und Macht mag nicht allein das Werk Alfreds gewesen sein, wenngleich sein natürliches Genie als Stadtplaner vermuten lässt, dass er eine prominente Rolle spielte. Nicht zufällig ist er der einzige englische König, der den Beinamen der Große trägt. Er hatte die Herrschaft über London seinem Schwiegersohn Ethelred anvertraut und weltliche und geistliche Magnaten mit Ländereien innerhalb der Stadtmauern beschenkt. Damals entstand jene wunderliche Aufteilung und Unterteilung des Bodens, die heute an den verschiedenen Stadtbezirken und Kirchspielen der City abzulesen ist. So konnten Flüsse oder der Verlauf römischer Überreste ein Areal Londoner Bodens definieren; sobald es aber einmal einem englischen Herrn oder Bischof zugeteilt war, blieb es sein *soke*, sein Territorium. Um jedes wohl definierte Stückchen Londoner Erde zu segnen oder zu schützen, wurden Kirchen errichtet, aus Holz oder aus Kalk- und Sandstein; diese Sakralbauten wiederum wurden zum Brennpunkt kleiner Gemeinden von Händlern oder Handwerkern und anderen.

Das frühe 10. Jahrhundert war eine Zeit des Friedens, nachdem das Londoner Bürgerheer Alfred bei seinen Versuchen unterstützt hatte, jene britischen Regionen zu befreien, die noch unter Dänenrecht gehalten wurden. Die historischen Unterlagen beschreiben nur, wie die Oberherrschaft über London an Könige aus Mercia fiel. 961 gab es einen großen Brand, gefolgt von einem Ausbruch der Pest; die Domkirche von St Paul's wurde von den Flammen zerstört. 21 Jahre später suchte abermals ein Feuer die Stadt heim; im selben Jahr griffen drei Wikingerschiffe die Küste von Dorset an. Die folgenden Jahre waren durch eine Reihe von Wikingerüberfällen auf die blühende Stadt geprägt; zweifellos war die Londoner Münze mit ihren Silberreserven ein besonders verlockendes Ziel. Aber die von Alfred erneuerten Wehranlagen waren stark genug, um zahlreichen Anstürmen zu widerstehen; 994 erschienen die Dänen mit einer Flotte von fünfundneunzig Schiffen in der Themse, um die Stadt einzuschließen und zu stürmen, wurden jedoch vom Londoner Heer in die Flucht geschlagen. Der *Anglo-Saxon Chronicle* zufolge suchten die Londoner ihre Feinde «mit mehr Gemetzel und Schädigung heim, als sie [die Dänen] solchen Stadtmenschen jemals zugetraut hätten». Am Verlauf solcher Schlachten und Belagerungen lässt sich ablesen, dass London sein eigenes Heer unterhielt und also ein gewisses Maß an unabhängiger Macht errungen hatte; es besaß die Merkmale eines Königreichs oder souveränen Staats, die es viele Jahrhunderte lang nie ganz verlor.

Londons Soldaten leisteten den Dänen dauerhaften Widerstand, und es gibt Aufzeichnungen, wonach sie die fremden Schiffe kaperten und zurück in die Stadt ruderten. Sie marschierten nach Oxford, um ihren Landsleuten beizustehen, und obgleich die Beutezüge der Wikinger gelegentlich bis nahe an die Stadtmauern drangen, stand die Stadt unerschütterlich und fest. London behauptete sogar noch immer seine Stellung als blühender Hafen, und im Jahre 1001 formulierte ein isländischer Dichter seine Eindrücke von dem Treiben an den Themseufern, wo Kaufleute aus Rouen, Flandern, der Normandie, Lüttich und anderen Gegenden einen festgesetzten Zoll für ihre Waren entrichteten; sie brachten Wolle und Tuche und Bretter und Fisch und zerlassenes Fett; ein kleines Schiff zahlte einen halben Penny Zoll, und die Seeleute wiederum kauften Schweine und Schafe für die Fahrt nach Hause.

1013 befehligte der dänische Anführer Sweyn eine ausgewachsene Invasionstruppe skandinavischer Krieger und zog gegen London, «weil darin König Æthelred war». Aber «die Stadtbewohner mochten nicht weichen», wie es in der *Anglo-Saxon Chronicle* heißt, «sondern widerstanden in voller Schlacht». Doch es war umsonst, und nach langer Belagerung mussten sie ihre Stadt den Dänen übergeben. Der regierende Monarch floh, kehrte aber im nächsten Jahr mit einem unerwarteten Verbündeten wieder: Olaf von Norwegen. Olafs Normannen manövrierten ihre Schiffe dicht an die London Bridge heran, befestigten sie mit Seilen und Tauen an deren Holzpfeilern und zerrten, von der Flut begünstigt, an deren hölzernen Fundamenten, bis sie gelockert waren und die ganze Brücke in die Themse stürzte: eine berüchtigte Episode in der Geschichte dieser wichtigen Verkehrsader. In jüngster Zeit hat man an dieser Stelle des Flusses eiserne Äxte und Schwerter gefunden. In einer isländischen Saga heißt es: «Da die Stadtbewohner ihren Fluss von der Flotte des Feindes besetzt sahen, so dass auf diese Weise jeder Weg zu den inneren Ländern verlegt war, erfasste sie Furcht.» Da sie allerdings von einem zeitweiligen, fremden König befreit wurden, ist diese Behauptung fraglich, aber der Verlust der Brücke war in der Tat ein schwerer Rückschlag für Handel und Verkehr. Trotzdem endet die Saga froh, jedenfalls mit einem Lobpreis: «Und du hast ihre Brücken zerbrochen, o du Sturm der Odinssöhne! der erste und geschickteste in der Schlacht. Dir war das Glück beschieden, das Land zu besitzen von Londons winddurchwehter Stadt.» Olaf wurde später heilig gesprochen, und in London wurden sechs Kirchen errichtet, um sein Andenken zu ehren, eine davon an der Südostseite jener Brücke, die er einst zerstört hatte. Es ist St Olave in der Hart Street, die Kirche, in die Samuel Pepys ging, der hier für seine 1699 verstorbene Frau an der Nordseite des Altars eine Marmorbüste aufstellen ließ und der hier in der Krypta begraben liegt, an der Seite seiner Frau.

In den folgenden drei Jahren lieferten sich Engländer und Normannen eine Serie von Belagerungen und Schlachten und Sturmangriffen; in diesem langen Krieg blieb London die wichtigste Stätte von Macht und Herrschaft. Nach dem Tode Æthelreds im Jahre 1016 «wählten alle Ratsherren, die in London waren, und die Bürger Edmund zum König», berichtet die *Anglo-Saxon Chronicle*, was darauf schließen lässt, dass es eine Art von Volksversammlung gab, bei der der König gewählt und mit Heilrufen begrüßt wurde. Als es 1016 schließlich Knut war, der die Krone gewann, forderte er Tributzahlungen von der ganzen Nation; London musste ein Achtel der Gesamtleistung erbringen.

Unterdessen siedelte eine dänische Bevölkerung, mit friedlichem Handel beschäftigt, außerhalb der Stadtmauern auf dem Areal, das einst die Sachsen besetzt hatten. Die Kirche St Clement Danes am östlichen Ende der Strand markiert den Ort dieser Besetzung; es ist sogar denkbar, dass eine dänische Stammesgemeinschaft hier schon seit mehreren Generationen gelebt und gearbeitet hatte, doch erst zur Zeit Knuts wurde aus der Holz- eine Steinkirche. Man nimmt auch an, dass hier Harold I («Harefoot») begraben liegt, der Sohn des Knut, und es gibt ein Runenzeugnis, worin behauptet wird, dass drei dänische Anführer «in Luntunum liegen». So haben wir einmal mehr den Beweis für ein blühendes Marktzentrum, das von der ummauerten Stadt abhängig war. Wilhelm von Malmesbury deutet an, dass «die Bürger Londons» nach langer Bekanntschaft mit den Dänen «fast ganz deren Gebräuche angenommen hatten», was abermals auf die Geschichte einer Assimilation schließen lässt.

In der Nähe des Trinity Square befindet sich die Kirche St Olave, dem Andenken König Olafs von Norwegen gewidmet, der 1014 in London gegen die Dänen kämpfte. Sie ist ein typisches Bauwerk für den Perpendicular Style, der englischen Spätgotik.

49

Ein Brauch wurde gründlich übernommen. Es stand einst ein steinernes Kreuz bei der Kirche St Clement Danes, das einen wirkmächtigen, rituellen Ort markierte. Hier tagte ein offenes Gericht, und «am Steinernen Kreuz» wurden die Gutsabgaben entrichtet; für ein Stück Land in der Nähe wurde die Zahlung in Form von Hufeisen und eisernen Nägeln geleistet. Mitunter wird vermutet, dass es sich hierbei um die dunkle Erinnerung an einen heidnischen Ritus handelt, der aber auch zu einem modernen geworden ist. Noch zu Beginn des 21. Jahrhunderts besteht der Brauch, im Schatzkammergericht in den Law Courts, die an der Stelle des alten Kreuzes selbst stehen, sechs Hufeisen und einundsechzig Hufnägel als Teil der Abgaben an die Krone zu überreichen.

So wirkten und arbeiteten die Dänen und die Londoner in einer Zeit, von der die Geschichtsbücher nur die Taten der «Bürger von London» oder des «Heeres von London» als einer selbständigen und sich selbst verwaltenden Kommune verzeichnen. Als der hellhäutige, fromme Eduard (nachmals «der Bekenner») gesalbt war, heißt es in der *Anglo-Saxon Chronicle*: «Alle Männer wählten ihn zum König in London.» Ein juristisches Dokument definierte denn auch London, *«qui caput est regni et legum, semper curia domini regis»*, als Quelle des Rechts und der königlichen Herrschaft.

3. Die Stadt Gottes – Westminster Abbey und St Bartholomew

Eduard der Bekenner hinterließ im 11. Jahrhundert ein Denkmal, das dauerhafter war als das Glück seiner Familie; er zog sich in ein Schloss zurück und gründete in Westminster ein Kloster.

Seit dem 2. Jahrhundert hatte es dort eine Kirche gegeben, doch Londoner Altertumsforscher vermuten, dass an derselben Stelle einst ein Apolloheiligtum gestanden habe. Jedenfalls sind in der unmittelbaren Umgebung ein römischer Sarkophag und Teile eines Bodenmosaiks gefunden worden. Es war ein Areal von großer Bedeutung, da Westminster – genauer gesagt Thorney Island, die «Dorneninseln» in der Themse, worauf das Parlament und die Abtei heute stehen – die Stelle markierte, wo sich die von Dover kommende Straße mit der nach Nor-

Westminster Abbey, Lithographie von T. S. Boys (1803–74). Der fromme König Eduard, der 1161 als der Bekenner heilig gesprochen wurde, gab 1050 den Auftrag für einen Neubau von Kloster und Kirche, erlebte aber nicht mehr deren Vollendung. Fast alle englischen Könige sind in Westminster gekrönt worden.

den führenden Watling Street vereinigte. Bei Ebbe konnte man hier den Fluss überqueren und auf den großen römischen Wegen weiterreiten. Doch Topographie ist nicht nur eine Sache der Straßenausrichtung. Die Tothill Fields neben Westminster gehörten zu einer ritualisierten Macht- und Kultstätte; ein Dokument von 785 spricht von jenem «schauerlichen Platz, der da Westminster heißt»; «schauerlich» meint in diesem Zusammenhang den frommen, heiligen Schauder.

Träume und Visionen ranken sich um die Gründung der Westminster Abbey. In der Nacht vor der Weihe der ersten sächsischen Kirche an diesem Platz erschien der heilige Petrus einem Fischer und wurde von Lambeth aus über den Fluss gesetzt; die verehrungswürdige Gestalt schritt über die Schwelle der neuen Kirche, und sogleich erstrahlte sie in einem Glanz, der heller war als tausend Kerzen. So begann der Legende nach die Geschichte der Kirche St Peter. Auch Eduard der Bekenner wurde durch einen Traum oder eine Vision bewogen, an dieser Stelle seine große Abtei zu bauen. Hier bewahrte man Sand vom Berg Sinai und Erde von Golgatha auf, einen Holzsplitter von der Krippe Jesu und Teile von seinem Kreuz, Blut aus seiner Seite und Milch von der Jungfrau Maria, einen Finger des Apostels Paulus und Haare des heiligen Petrus. Fast tausend Jahre später wurde hier William Blake eine Vision zuteil, worin er singende Mönche in feierlicher Prozession durch das Hauptschiff schreiten sah. Hundert Jahre vor dem Gesicht des Dichters war auch Eduard der Bekenner wieder erschienen: Ein Chorsänger stieß auf den zerbrochenen Sarg des ehrwürdigen Königs und zog daraus einen Schädel hervor. So war aus dem geheiligten König ein Totenkopf geworden – vielleicht eine passende Anekdote für eine Abtei, die zu Londons Nekropole geworden ist. Generationen von Königen und Mächtigen und Dichtern liegen hier in stummer Gemeinschaft beieinander, zum Zeichen jenes großen Geheimnisses, worin Vergangenheit und Gegenwart miteinander verschmelzen. Es ist das Geheimnis und die Geschichte von London selbst.

Nach der Gründung von St Barholomew-the-Great Anfang des 12. Jahrhunderts erlebte West Smithfield ebenso viele Wunder wie nur je eine vergleichbare Stätte in Rom oder Jerusalem. Eduard der Bekenner erfuhr in einem prophetischen Traum, dass Smithfield von Gott zum Ort seiner Verehrung ausersehen sei, am nächsten Morgen pilgerte er zu der Stätte und weissagte, dass dieser Boden ein Zeugnis für Gott sein solle. Zu jener Zeit unternahmen auch drei Männer aus Griechenland eine Wallfahrt nach England; denn London stand schon damals im Ruf einer heiligen Stadt. Sie kamen nach Smithfield, und fußfällig prophezeiten sie, es werde an dieser Stelle ein Tempel errichtet werden, der «vom Aufgang der Sonne bis zu ihrem Untergang reichen» solle.

Das «Buch von der Stiftung» jener großen Kirche St Bartholomew, aus dem diese Worte stammen, wurde im 12. Jahrhundert geschrieben; es bietet viel Besinnliches, enthält aber auch Beweise für die Frömmigkeit Londons und der Londoner. Thomas Rahere, normannischer Edelmann, erkrankte während einer Pilgerreise nach Rom am gelben Fieber, als er im Traum von einem geflügelten Untier mit vier Füßen auf einen «hohen Berg» getragen wurde, wo ihm der heilige Bartholomäus erschien und zu ihm sprach: «Nach dem Willen und Geheiß der Heiligen Dreifaltigkeit und mit einträchtiger Billigung des himmlischen Hofes habe ich einen Platz in der Vorstadt von London in Smithfield erwählt.» Rahere sollte dort ein Tabernakel für das Lamm Gottes errichten. So begab er sich nach London, wo er im Gespräch «mit einigen Baronen» der Stadt darüber aufgeklärt wurde, «der ihm von Gott gezeigte Platz befinde sich innerhalb des königlichen Markts, von dem auch nur den kleinsten Teil an sich zu bringen weder den Fürsten selbst noch den Oberaufsehern aus eigener Machtvollkommenheit erlaubt sei.» Rahere suchte um eine Audienz bei Heinrich I. nach, um dem König den Auftrag Gottes an die Stadt London zu erläutern, und der König übertrug ihm huldvoll das Recht auf jenes Stückchen Land, das damals «ein sehr kleiner Friedhof» war.

Rahere machte sich dann «zum Narren», um Helfer für sein großes Werk anzuwerben. «Er gewann sich Scharen von Kindern und Dienstboten, und mit ihrer Hilfe begann er ganz leicht, Steine zusammenzutragen.» Diese Steine kamen aus vielen Gegenden Londons, und insofern ist der Baubericht ein wahrheitsgetreues Abbild der Tatsache, dass St Bartholomew das kollektive Werk und Traumgesicht der Stadt war. Die Kirche wurde buchstäblich ihr Mikrokosmos.

So wuchs die Kirche, und viele Priester kamen hierher, um mit ihrem Stifter als Prior «nach dem Gesetz der Regel» zu leben. Vom Tag ihrer Gründung an, als «ein vom Himmel gesandter Schein über der Kirche erstrahlte und für die Frist einer Stunde über ihr stehen blieb», ereigneten sich in ihren Mauern so viele wunderbare Dinge, dass der Chronist erklärt, er werde sich auf diejenigen beschränken, die er selbst miterlebt habe. Ein Krüppel namens Wolmer, der sich «auf zwei kleinen Schemeln, die er mit sich zog», fortbewegte, wurde in einem Korb in die Kirche getragen, fiel aber vor dem Altar heraus, schlug auf den Boden auf – und war gesund. Eine «gewisse Frau aus dem Kirchspiel St John» heilte hier ihre «geschwächten» Glieder, und Wymonde der Stumme begann wieder zu sprechen.

Der südwestliche Eingang des St-Bartholomew-Klosters.

Viele dieser Wunder ereigneten sich am Namensfest des heiligen Bartholomäus; es gab also in der Stadt ein kontinuierliches Bewusstsein von der Heiligkeit der Zeit, nicht nur des Ortes. Wunderheilungen fielen auch im «Hospital der Kirche» vor, heute St Bartholomew's Hospital. So ist St Bartholomew's ein Tempel des heiligen Geistes, der fast neunhundert Jahre überdauert hat.

Wenn sich Londoner Bürger auf lange Seereisen zu den «entferntesten Enden der Welt» begaben, waren sie von Schiffbruch bedroht; aber sie sprachen einander Mut zu mit den Worten: «Was fürchten wir Kleingläubigen, die wir doch den guten Bartholomäus, der so viele große Wundertaten vollbrachte, bei uns in London haben? ... Er wird seinen Mitbürgern sein Erbarmen nicht versagen.» Im Oratorium der Kirche stand ein «Altar, geweiht dem Ruhme der allerheiligsten und ewigen Jungfrau Maria»; hier erschien die Jungfrau einem Laienbruder und verkündete: «Ich will ihre Gebete und Gelübde empfangen und mich ihrer erbarmen und will sie segnen für alle Zeiten.»

Das Oratorium steht noch heute, ist aber nicht mehr das Ziel von Wallfahrten. St Bartholomew's Church wird heute meist übersehen; sie liegt etwas abseits der bogenförmigen Straße, die den Fleischmarkt mit dem Hospital verbindet und den äußeren Rand des alten Bartholomew Fair markiert. Trotzdem kann Bartholomäus selbst auch heute als einer der heiligen Wächter der Stadt angesehen werden, und noch zu Beginn des 21. Jahrhunderts gibt es zehn Straßen oder Wege in London, die seinen Namen tragen.

London war also einst eine heilige Stadt, und von Smithfield lesen wir: «Erhaben ist dieser Ort für den, der erkennt, dass hier nichts anderes ist als das Haus Gottes und die Pforte des Himmels dem, der da glaubt.» Diese Anrufung klingt bei späteren Londoner Visionären und Mystikern nach; gerade hier, in den stinkenden, rußgeschwärzten Straßen der Stadt, kann sich «die Pforte des Himmels» auftun.

*

Es gibt in London viele heilige Gesundbrunnen; freilich wurden die meisten von ihnen schon vor langer Zeit zugeschüttet oder zerstört. Der uralte Brunnen von St Clement liegt unter den Law Courts; Chad's Well wird von der St Chad's Street zugedeckt. Über dem Brunnen von Barnet stand erst ein Arbeitshaus und dann ein Hospital, so dass sich seine gesundheitsfördernde Aura nie ganz verflüchtigt hat; auf ähnliche Weise befand sich der wunderlich benannte, aber heilkräftige Perilous Pond – der «gefahrenvolle Teich» – neben dem St Luke's Hospital in der Old Street. Der einzige alte Brunnen, den man heute noch sehen kann, ist der durch ein Glasfenster geschützte Clerk's Well, einige Meter nördlich von Clerkenwell Green; hier wurden jahrhundertelang Heiligenschauspiele veranstaltet, aber auch ganz irdische Ringkämpfe und Turniere. Der heilige Brunnen von Shoreditch – verewigt in den Namen Holy Well Row und Holy Well Lane – markiert den Standort eines der ersten englischen Theater; es wurde 1576, zwanzig Jahre vor dem Globe, von James Burbage errichtet. Sadler's Well war ebenfalls ein Lustgarten und später ein Theater. So verwandelte sich, passend zu London, der heilige Geist der Brunnen in Theater.

Klausner oder Einsiedler wurden oft zu Hütern der Brunnen bestellt; hauptsächlich hatten sie jedoch die Aufsicht über die Tore und die Straßenkreuzungen der Stadt. Sie nahmen die Zölle ein und wohnten in den Bastionen der Londoner Mauer. Sie waren gewissermaßen die Beschützer der Stadt selbst; durch ihre fromme Berufung taten sie kund, dass London eine Stadt Gottes wie eine Stadt der Menschen sei. Soweit die Theorie; es ist jedoch klar, dass viele dieser Männer nicht aus Berufung, sondern aus Berechnung Einsiedler wurden. William Langland, der Autor von *Piers the Plowman*, bezeichnet sie als «große Lümmel und Trödelmatze, die es leid waren, sich zu schinden». So wurde 1412 William Blakeney in der Guildhall für schuldig befunden, sich «barfuß und mit langem Haar in der Maske der Heiligmäßigkeit» gezeigt zu haben. Trotzdem ist es ein fesselndes Bild, sich London sozusagen umzingelt von Einsiedlern zu denken, die in ihrem kleinen steinernen Oratorium ihre nächtlichen Andachten halten und ihre Gebete rezitieren.

Die Figur des Einsiedlers ist noch in anderer Hinsicht bedeutsam. Zu allen Zeiten wimmelt es in den Geschichten über London von einsamen, isolierten Menschen, die in dem geschäftigen Treiben der Straßen ihr Alleinsein doppelt heftig erleiden. Sie sind, was George Gissing die «Anachoreten des Alltags» nennt, jene Menschen, die am Abend einsam und unglücklich in ihre vier leeren Wände zurückkehren. Die ersten städtischen Klausner können also als ein passendes Symbol für die Lebensweise vieler Londoner angesehen werden. Eine Fortzeugung dieses eremitischen Geistes wäre in den vier Kirchen mit Namen St Botolph zu erblicken, die vier der Londoner Stadttore bewachten; der heilige Botolf war ein sächsischer Eremit aus dem 7. Jahrhundert, der besonders von Reisenden verehrt wurde. So werden der Wanderer und das innere Exil als Teil derselben kurzen Wallfahrt des Menschen auf den Straßen Londons verstanden.

Aber diese Straßen können auch von seinen Gebeten erfüllt sein. Es gab in Marylebone bis zur Sanierung des Lisson Grove eine Paradise Street, auf welche die Grotto Passage zulief; in unmittelbarer Nähe davon waren der Vigil Place und die Chapel Street. Vielleicht haben wir hier den Beweis für eine alte Klausnerei oder eine heilige Stätte vor uns, die die Stadt mit der Ewigkeit verknüpfte. In unmittelbarer Nachbarschaft von St Paul's finden wir Pater Noster Row, Ave Maria Lane, Amen Court und Creed Lane; diese Namen legen den Gedanken an eine Prozession durch verschiedene Straßen nahe, in denen jeweils bestimmte Gebete oder Responsorien gesungen wurden. So behaupten die alten Kirchen Londons noch in den Straßennamen ihre einstige Gegenwart und scheinen in regelmäßigen Abständen ihre Geschichte zu erneuern.

Aus diesem Grund wirkt zum Beispiel das Gebiet rund um die St Pancras Old Church bis heute verlassen und trostlos. Diese Stelle war immer abgelegen und irgendwie geheimnisvoll – «man gehe dort nicht zu spät vorbei», riet ein elisabethanischer Topograph. Es war dies die tra-

Der neogotische Palast der St Pancras Station stammt von G.G. Scott. Dahinter befindet sich die Bahnhofshalle von Henry Barlov, ein Beispiel viktorianischer Baukunst.

ditionelle Endstation für Mörder, Selbstmörder und Männer, die beim Duell in Chalk Farm starben, doch blieb es nicht ihre letzte Ruhestätte; die Leichen wurden immer wieder ausgegraben und neu bestattet. Die letzte große Umbettung fand 1863 statt, als die Gleise der St Pancras Station durch den aufgelassenen Friedhof verlegt werden mussten. Die Grabsteine lehnte man an einen mächtigen Baum, dessen Wurzeln sich zwischen ihnen winden; aus der Ferne könnte es sogar scheinen, als seien diese Steine die Früchte des Baums, saftig und reif zum Pflücken. Unter diesen alten Erinnerungsmalen wird es auch solche für katholische Tote geben; denn für sie war es ein heiliger Ort. Man glaubt, dass St Pancras die erste christliche Kirche in England überhaupt war und von Augustinus selbst errichtet wurde; es wird überliefert, dass sie die letzte Glocke enthielt, die während der Messe läuten durfte. Den Namen Pancras hat man daher als «Pangrace» gedeutet; eine wahrscheinlichere Auflösung des Wortes, das mit dem jungen Märtyrer Pankratius (Pankraz) zusammenhängt, ist «Pan Crucis» – das Monogramm oder Symbol für Christus selbst. So kennen wir einen vatikanischen Geschichtsschreiber, Maximilian Misson, der behauptet: «St Pancras unter Highgate bei London … ist Haupt und Mutter aller christlichen Kirchen.» Wer hätte die Quelle solcher Macht in der Ödnis nördlich der King's Cross Station vermutet?

Sie hatte ihre Glocken wie andere Londoner Kirchen auch. Die Glocken von St Stephen in der Rochester Row hatten Namen wie Segen, Ruhm oder Weisheit – Blessing, Glory, Wisdom.

Wir brauchen nicht unbedingt das Zeugnis des berühmten Kinderliedes, um zu merken, dass Glocken im Leben der Londoner auf selbstverständliche, gleichsam zutrauliche Weise gegenwärtig waren:

Du schuldest mir einen Penny,
Sagen die Glocken von Sankt Martin.
Wann wirst du endlich zahlen?
Fragen die Glocken von Old Bailey.

London war die Stadt der Glocken. In einem berühmten Kinderlied heißt es:
You owe me five farthings,
Say the Bells of St Martin's.
When will you pay me?
Say the bells of Old Bailey.

Vor dem Einzug des Autolärms in die ohnedies schon lauten Straßen Londons dürften, wie das Meteorologische Amt 1994 bekannt gab, die Glocken von St Mary-le-Bow in Cheapside «in ganz London zu hören gewesen sein». In einem ganz wahren Sinne war also jeder Londoner ein Cockney – nur wer in Hörweite dieser Glocken geboren wird, gilt als waschechter Cockney. Trotzdem kann das East End vielleicht einen besonderen Anspruch auf diesen Ehrentitel erheben, da das älteste Gewerbe in dieser Gegend eine im 15. Jahrhundert gegründete Glockengießerei ist, die Whitechapel Bell Foundry. Die Bürger Londons schlossen Wetten darauf ab, welches Kirchspiel seine Glocken am weitesten erschallen lassen konnte, und es hieß, das Glockenläuten sei eine gesunde Methode, um sich im Winter warm zu halten. Gelegentlich wurde die Erwartung geäußert, dass die Engel am Jüngsten Tag nicht ihre Posaunen blasen, sondern die Londoner Glocken läuten würden, um die Stadtbewohner davon zu überzeugen, dass wirklich der Tag des Gerichts gekommen ist. Die Glocken waren in den Klangteppich Londons wie in die Textur seines Lebens verwoben. Als sich der Protagonist in George Orwells *1984* an das berühmte Lied erinnert, in dem St Clement's und St Martin's, Bow und Shoreditch vorkommen, da ist es ihm, als höre er «die Glocken eines verlorenen London, das getarnt und vergessen irgendwo noch existierte». Einige Glocken aus diesem verlorenen London sind noch heute zu hören.

Das frühe Mittelalter

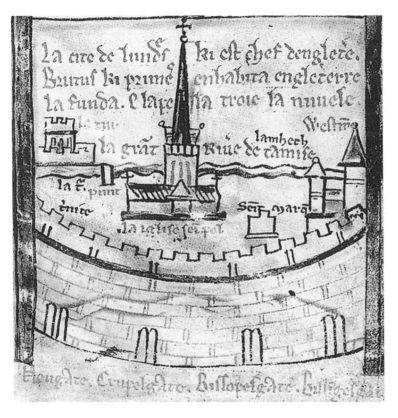

*Dieser Stadtplan, den Matthew Paris 1252 zeichnete, zeigt den Tower,
St Paul's und Westminster.*

4. «Ihr seid aller Rechte würdig»

Im letzten Monat des Jahres 1066 marschierte Wilhelm, Herzog der Normandie, die St Giles High Street hinunter, in der Absicht, sich südwärts nach Westminster zu wenden. Er hatte schon in Southwark gewütet und wollte jetzt die Stadtmauer bei Ludgate belagern, damals das Haupteingangstor zur Stadt. Zu jener Zeit pflegte man zu sagen, dass London wegen seiner Verteidigungsanlagen «weder Feinde fürchtet noch besorgt, im Sturm genommen zu werden»; in Wirklichkeit wurde das Tor aufgrund eines Geheimvertrags oder heimlicher Verhandlungen von einigen sächsischen Adligen geöffnet. Wilhelms Truppen kamen bis St Paul's und Cheapside, doch dann wurden sie *in platea urbis* – auf einem offenen Feld oder einer breiten Straße – von einer Schar oder einem Heer von Bürgern angegriffen, die sich mit dem Einzug des fremden Herzogs nicht abfinden mochten. Wilhelm von Jumieges, ein Chronist aus dem späten 11. Jahrhundert, berichtet, dass die normannischen Streitkräfte die Stadtbewohner sogleich «in eine Schlacht verwickelten, wodurch sie nicht wenig Wehklagen in der Stadt verursachten, wegen der sehr vielen Toten unter ihren Söhnen und Bürgern». Schließlich kapitulierten die Londoner, aber ihre Aktion beweist, dass sie der Überzeugung waren, in einer unabhängigen Stadt zu wohnen, die einer ausländischen Invasion trotzen konnte. Für diesmal hatten sie sich geirrt, aber in den

Die normannische Eroberung Englands, dargestellt auf dem Teppich von Bayeux. Am 28. 9. 1066 landete Wilhelm, Herzog der Normandie, an Englands Küste. Am 14. 10. 1066 schlug er bei Hastings entscheidend König Harold II.

61

Der Tower von London, Miniatur um 1500.
1078 befahl Wilhelm der Eroberer den Bau des White Tower.
Ranulph Flambard, Bischof von Durham, vollendete ihn um 1100 und wurde sein erster Gefangener. Im 17. Jahrhundert renovierte C. Wren die Fassade, und die Ecktürme erhielten Kuppeln.

nächsten dreihundert Jahren sollten sie ihre Souveränität als Bewohner eines selbständigen Stadtstaats behaupten.

Die Schlacht um London war indessen vorbei. Kürzlich wurden südwestlich von Ludgate elf Skelette entdeckt; gewisse Anzeichen lassen auf Verstümmelungen schließen. Am Walbrook hat man einen mehrere tausend Münzen umfassenden Schatz aus jener Zeit gefunden.

Erste Aufgabe des neuen Herrschers war es, sich die Stadt zu unterwerfen. An verschiedenen Punkten der Außenmauer begann man mit der Arbeit an drei Verpalisadierungen: dem Montfichet Tower, dem Baynard's Castle und (am südöstlichen Mauerabschnitt) dem Bauwerk, das seither als «Tower of London» bekannt ist. Aber dieser Tower gehörte nie zu London und wurde von den Bürgern als Affront und als Bedrohung ihrer Freiheit empfunden. Sir Laurence Gomme geht in *The Making of London* ihrem Missvergnügen auf den Grund: «Sie hörten die Sticheleien von Leuten, die sagten, diese Mauern seien ihnen zum Tort errichtet worden und jeder, der es wagen sollte, auf die Freiheit der Stadt zu pochen, werde hinter diesen Mauern eingeschlossen und mit Gefängnis belegt.»

Nach einem großen Brand im Jahre 1077, der anscheinend wie seine Vorgänger einen Teil der Stadt in Schutt und Asche legte, entstand anstelle der ursprünglichen Befestigung ein steinerner Turm; seine Vollendung beanspruchte über zwanzig Jahre, und Zwangsarbeiter aus den umliegenden Grafschaften mussten bei seinem Bau helfen. Er ragte neun Meter in die Höhe, um Wilhelms Macht über die Stadt zu dokumentieren. Komplizierte Rituale wurden ausgeklügelt, um die Anwesenheit der Londoner Führung im Tower zu Gerichts- oder Verwaltungszwecken formell anzuzeigen, aber dieser selbst blieb ihrer Zuständigkeit entzogen. Der Turm wurde aus einem ausländischen Baustoff errichtet – cremefarbenem Kalkstein aus der Normandie – und hieß daher: White Tower. Er war ein sichtbares Zeichen der Fremdherrschaft.

In seiner Huld gefiel es Wilhelm auch, London eine «Charter», einen Freibrief, zu verleihen, auf einem winzigen Stück Pergament von kaum 15 Zentimeter Länge. Sie ist auf Angelsächsisch und Französisch abgefasst. An die «Häupter der Stadt» gerichtet, gewährte sie London «Rechte», die die Stadt bereits besaß und seit den Tagen der römischen Herrschaft immer besessen hatte. «Ich tue Euch zu wissen, dass Ihr allen Rechtes würdig seid, das in den Tagen König Eduards bestand», lautet die Übersetzung. «Und ich will, dass jedes Kind seines Vaters Erbe sei nach seines Vaters Tag. Und ich werde nicht dulden, dass irgendein Mensch Euch ein Übel antue. Gott erhalte Euch.»

Diese Urkunde, ein kleines Pergament, markiert die Autorität von Wilhelm I.

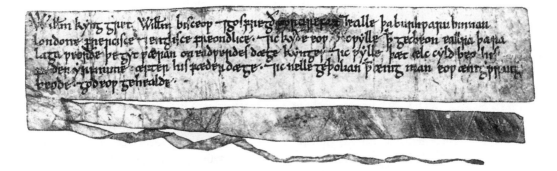

Die Urkunde mag unschuldig wirken, aber wie Gomme in *The Governance of London* zu verstehen gibt, stellt sie «ein vollkommen neues verfassungsrechtliches Element in der Geschichte Londons» dar. Denn der König war es, der den Londonern erlaubte, unter jener Rechtsstaatlichkeit (*rule of law*) zu leben, die die Stadt sich selbst gegeben hatte. Der König pochte somit auf seine Souveränität gegenüber dem alten politischen System Londons.

über Londons Einwohner. Sie ist zugleich der Anfang ständiger Streitigkeiten zwischen Monarchie und Stadt.

Die eine zentrale Tatsache hatte Wilhelm immerhin anerkannt: dass nämlich diese Stadt der Schlüssel zu seinem eigenen Glück wie zu dem des Landes war, das er erobert hatte. Aus diesem Grund hatte er den Übergang Londons vom Status eines unabhängigen Stadtstaats zu dem der Hauptstadt der Nation eingeleitet. Der Domesday Survey von 1086, das erste englische Reichsgrundbuch, ließ London unberücksichtigt, zweifellos aus der Erwägung heraus, dass die vielfältige Finanz- und Handelstätigkeit in dieser Stadt nicht sinnvoll als Teil der königlichen Einkünfte angesehen werden konnte. Gleichzeitig nahmen Wilhelm und seine Nachfolger ein ehrgeiziges Projekt öffentlicher Arbeiten in Angriff, um die zentrale Stellung Londons in der neuen Politik zu unterstreichen. Die Domkirche St Paul wurde umgebaut, und Wilhelms Nachfolger Wilhelm Rufus (1087–1101) begann mit dem Bau von Westminster Hall, einer lang gestreckten, zweistöckigen Halle mit spitz zulaufendem Dach, wo fortan Gesetze verkündet, Festbankette veranstaltet und Hof gehalten wurde. Auch viele Männer- und Frauenklöster samt Prioreien und Hospitälern wurden in dieser Zeit errichtet, so dass London und Umgebung Schauplatz einer langen, kontinuierlichen Bautätigkeit wurden. Das Bauen und Umbauen hat seither kein Ende gefunden. Anfang des 12. Jahrhunderts wurde das Gebiet um das römische Amphitheater gesäubert. In derselben Gegend wurde 1127 das erste Rathaus *(guildhall)* fertig gestellt, dem Anfang des 15. Jahrhunderts ein zweites folgte.

Die älteste Form der öffentlichen Verwaltung war die Volksversammlung, die dreimal jährlich zusammenkam, zuerst im römischen Amphitheater, später beim St Paul's Cross. Es gab auch einen formelleren lokalen Gerichtshof, den *court of hustings* für dringliche Klagen. Beide Einrichtungen waren von höchstem Alter; sie reichten bis in die Sachsen- und Dänenzeit zurück, als die Stadt autonom war und sich selbst verwaltete. Die noch immer vorhandenen territorialen Einteilungen Londons gingen ebenfalls auf eine sehr frühe Zeit zurück. Die wichtigste territoriale Einheit war im 11. Jahrhundert der *ward*, ein Stadtbezirk, der von einem Alderman geführt und repräsentiert wurde. Der *ward* war mehr als eine Ansammlung von Bürgern, die ihre eigenen Straßen und Läden verwalteten; er bildete auch einen Verteidigungs- und Angriffsverband, der in jedem Sommer inspiziert wurde. Es gibt ein amtliches Schriftstück aus der Regierungszeit Heinrichs VIII., das es jedem Alderman zur Pflicht macht, «seinen *ward* auf offenem Feld zu mustern, die Rüstungen zu begutachten und dafür zu sorgen, dass jeder Mann ein Schwert und einen Dolch trägt und dass jeder, der nicht zum Bogenschützen taugt, zu den Pikenträgern kommt». Noch im 14. Jahrhundert konnte ein Geistlicher London als *res publica* bezeichnen, und an der zitierten Schilderung eines ordentlich aufgestellten Bürgerheeres kann man Kraft und Alter des republikanischen Ideals ablesen.

Waren nun die *ward*-Grenzen die wichtigsten in London, so waren sie doch nicht unbedingt die prägnantesten. Unterhalb des *ward* gab es die *precincts* – Stadtteile – mit ihren eigenen Versammlungen, und unter diesen wiederum die einzelnen Kirchspiele mit ihren Gemeindeversammlungen *(vestries)* als Selbstverwaltungsgremien. Die Stadt verkörperte ein kompliziertes Autoritätsgefüge, und dieses Netz von Verbindungen und Interessen hat das Leben Londons auch materiell berührt. So gab es im 19. Jahrhundert unaufhörlich Klagen über die Sturheit und Verbohrtheit der städtischen Bürokratie. Diese Abneigung gegen Veränderungen war das Erbe von tausend Jahren, und es berührte und verfinsterte die Hauptstadt genauso stark, wie es der Rauch ihrer Schornsteine und ihr Nebel taten. Es ist dies der Hintergrund, vor dem die weiteren Ereignisse am besten zu verstehen sind.

Der Nachfolger Wilhelms des Eroberers, Wilhelm Rufus, erlegte den Bürgern noch drückendere Steuern, Abgaben und Zölle auf. Bei seinen Kämpfen mit den normannischen Baronen, die sich in England versteckten, machte Rufus es sich zur Gewohnheit, Gefangene zur Hinrichtung nach London zu schicken, um die Autorität des Königs klarzustellen. Zugleich war es ein Zeichen, dass London die Hauptstadt war.

Nach Rufus' Tod im Jahre 1100 eilte sein Bruder Heinrich I. nach London, um sich als neuer Souverän bejubeln zu lassen. Zu den Dokumenten aus seiner Regierungszeit gehört eine Liste von Aldermen von 1127, die eine gründliche Mischung von englischen und französischen Namen aufweist. Das Studium der Namen von Londoner Bürgern wird gerade in dieser Zeit hochinteressant und bedeutsam, da altenglische Namen allmählich verschwinden und durch solche französischer Herkunft ersetzt werden. Nachnamen waren noch keineswegs allgemein üblich, sondern wurden dem einen oder anderen wegen seines Wohnorts oder seines Berufs beigelegt. So unterschied man Godwinus Baker (Bäcker) von Godwin Ladubur (Münzer) oder Godwyn Turk (Fischer) von Godwinne Worstede (Krämer) und Godwynne Sall (Hutmacher). Andere Bürger identifizierte man durch vom Vater abgeleitete Namen oder, was noch häufiger war, durch Spitznamen. Edwin Atter bedeutete Edwin der Scharfzüngige, während der Name Robert Badding auf einen verweichlichten Mann deutete; John Godale verkaufte gutes Bier, während Thomas Gotsaul eine ehrliche Haut war.

Während die Bürger sich in Handel und Verkehr enger aneinander schlossen, wurde ihr Verhältnis zum König immer heikler. Für ihn war die Stadt hauptsächlich ein Ort, der zwecks Einnahmen «verpachtet» wurde; wenn sich Heinrich nur selten in das Leben der Stadt einmischte, dann einfach aus dem Grund, weil er ihr Gedeihen brauchte, um von ihrem Wohlstand profitieren zu können.

Nach Heinrichs I. Tod 1135 hingen die dynastischen Kämpfe der einzelnen Thronprätendenten unmittelbar mit den Treue- und Bündnisverhältnissen der Londoner zusammen; Heinrichs Neffe Stephan, Graf von Blois, der die Thronfolge für sich beanspruchte, kam prompt in die Stadt, «und das Volk von London empfing ihn … und am Tag der Wintersonnwende weihte es ihn zum König». So heißt es in der *Anglo-Saxon Chronicle*, und eine andere alte Quelle setzt hinzu: «Der Alderman und kluge Männer beriefen die Volksversammlung ein, und indem sie aus

eigenem Willen für das Wohl des Reiches sorgten, beschlossen sie einmü-
tig, einen König zu wählen». Mit anderen Worten: Die Bürger Londons
hatten formell einen König für das ganze Land gewählt. Was Stephan
der Stadt als Gegenleistung versprach oder gewährte, ist unklar, aber
fortan behauptet London in nationalen Angelegenheiten den ersten Platz
mit einer Souveränität, die erkennen lässt, dass die Stadt sich praktisch
selbst regiert.

Mit der Krönung Stephans war es jedoch nicht getan. Die Landung
seiner Rivalin Mathilde, der Tochter Heinrichs, im Jahre 1139 und seine
eigene Gefangennahme in der Schlacht bei Lincoln 1141 bedeuteten,
dass London erneut gezwungen war zu wählen. Es wurde eine große
Konferenz in Winchester abgehalten, um Mathildes Ansprüche zu prüfen, und eine Rede von Stephans eigenem Bruder zu Mathildes Gunsten
schloss mit der Bemerkung: «Wir haben Boten zu den Londonern ent-
sandt, die wegen der Wichtigkeit ihrer Stadt in England sozusagen fast
Edelleute sind, damit sie uns bei diesem Geschäft zur Seite stehen; und
haben ihnen sicheres Geleit gegeben.» Sie trafen am nächsten Tag ein
und erklärten, sie seien *a communione quam vocant Londoniarum*, «von
der Gemeinde namens London», geschickt worden. Dieses Zeugnis Wilhelms von Malmesbury ist der denkbar klarste Beweis für die Bedeutung
der Stadt. Als sich die Nation in den Baronskriegen entzweite, hatte London aufgehört, Hauptstadt zu sein, und war wieder einmal zu einem
Stadtstaat geworden. Die Ereignisse während Mathildes kurzer Regierungszeit verstärken diesen Eindruck. Sie versuchte, Londons Macht zu
beschneiden, und forderte unklugerweise Geld von seinen reichsten Bürgern. Als daher Stephans eigene Königin Maud nach London kam,
strömten – den *Gesta Stephani* zufolge – seine Einwohner bewaffnet,
«wie andrängende Bienenschwärme», auf die Straßen, um Maud zu
unterstützen. Mathilde floh vor der erzürnten Einwohnerschaft und gewann ihren Thron nie mehr zurück.

Hier muss ein Vorbehalt gemacht werden, um den Eindruck einer
durchgängigen Unabhängigkeit der Stadt zu zerstreuen. Wenn die nationale Politik durch dynastische Kämpfe beeinträchtigt wurde, übernahm
London natürlich die Führung. In einem friedlichen, geordneten Königreich jedoch akzeptierten die Bürger ebenso selbstverständlich die Autorität des Souveräns. Daher erfuhr die Autorität Londons unter Heinrich II.,
Mathildes Sohn und Stephans Nachfolger, eine leichte Schmälerung. In
seiner Charta garantierte Heinrich II. der Stadt «alle Freiheiten und freien
Gebräuche, die sie zur Zeit meines Großvaters Heinrich hatte», doch die
Verwaltung übernahmen großenteils die königlichen Grafschaftsvögte
(Sheriffs), die direkt dem König unterstanden.

Die Ermordung von Thomas Becket, Illustration aus der Bibel des William von Devon.
Der englische Theologe Thomas à Becket wurde 1117 in London geboren; 1154 wurde er Schatzkanzler Heinrichs II., acht Jahre später Erzbischof von Canterbury. Auseinandersetzungen mit dem König zwangen ihn ins Exil.

So hätte der Mord an Thomas à Becket im Winter 1170 in Canterbury eine Sache Londons sein müssen. Seine Zeitgenossen kannten den Erzbischof als «Thomas von London», und jahrhundertelang blieb er der einzige Londoner, der heilig gesprochen wurde; auch das Theatralische und Glanzvolle in seinem Wesen waren typisch für die Stadt. Aber es gibt keine Beweise dafür, dass die Londoner seine Sache unterstützt hätten. Vielleicht gehört er zu jenen frappierenden Gestalten in der Geschichte der Stadt, die der Ewigkeit zuwachsen.

Doch war es gerade William Fitz-Stephen, Sekretär und Biograph von Becket, der Ende des 12. Jahrhunderts die eher weltlichen Werte dieser Stadt feierte. Seine «Descriptio Londoniae» ist im neuen Stil des Städte-Lobliedes gehalten, da damals die Formierung blühender Städte und das Verhalten ihrer Bürger die europäische Diskussion beherrschten. Dennoch zeichnet sich Fitz-Stephens Schilderung durch ihre Begeisterung aus. Hochbedeutsam ist sie außerdem als die erste allgemeine Beschreibung Londons überhaupt.

Er beschreibt das Geräusch oder «Rasseln» der wassergetriebenen Mühlen auf den Wiesen von Finsbury und Moorgate ebenso wie die

Rufe und Schreie der Marktverkäufer, «die alle ihren eigenen Standort haben, den sie jeden Morgen einnehmen». In unmittelbarer Nähe der Themse waren viele Weingeschäfte, in denen sich die örtlichen Handwerker und die Händler versorgten, die in die Häfen kamen; auch gab es ein großes «öffentliches Speisehaus», wo die Dienstboten Fleisch und Brot für ihre Herrschaften besorgen und die örtlichen Verkäufer ihre Mahlzeiten einnehmen konnten. Fitz-Stephen beschreibt auch die «hohe und dicke Mauer», die dieses ganze Treiben schützend umgab, mit ihren sieben Doppeltoren und den nördlichen Türmen; ferner gab es eine große Festung im Osten, «deren Mörtel mit dem Blut von Tieren vermischt ist», und zwei «stark befestigte» Burgen auf der Westseite. Jenseits der Stadtmauern lagen Zier- und Weingärten und zwischen ihnen verstreut die Herrensitze der Adligen und Mächtigen. Diese großen Häuser standen in der Regel in den westlichen Vororten, dort, wo heute Holborn liegt, während sich im Norden Wiesen und Weiden befanden, an die «ein unermesslicher Wald» stieß, von dem heute Hampstead und Highgate die einzigen Überreste sind. Gleich hinter der nordwestlichen Seite der Stadtmauer lag ein «glattes Feld», *a smooth field*, das heutige Smithfield, wo jeden Freitag Pferdemarkt war. Auf Koppeln in der Nähe wurden auch Ochsen und Schweine geschlachtet und verkauft. Und dies seit schon fast tausend Jahren.

Fitz-Stephens Darstellung von London zeichnet sich durch den Nachdruck aus, den er auf die Vitalität und Rauflust seiner Bewohner legt. Jeden Abend gab es auf den Feldern vor der Stadt Fußballspiele, bei denen die jungen Männer von den Zuschauern – ihren Lehrern, Eltern oder Lehrlingskollegen – angefeuert wurden; jeden Samstag fanden Kampfspiele statt, bei denen sie «mit Lanze und Schild» aufeinander losritten. Selbst im Sport hatte London den Ruf einer gewalttätigen Stadt. Zu Ostern wurde mitten in der Themse ein Baum aufgestellt, an dessen Spitze ein Ziel hing; dann wurde ein Boot dicht daran vorbeigerudert, auf dem ein junger Mann mit einer Lanze stand. Wenn er das Ziel verfehlte, stürzte er zum Gaudium der Zuschauer in den Fluss. An den kältesten Wintertagen, wenn das Marschland von Moorfields gefroren war, setzten sich die mutwilligsten Bürger auf große Eisblöcke und ließen sich von ihren Freunden durch die Gegend ziehen; andere machten sich Schlittschuhe aus dem Schienbein von Tieren. Sogar in diesem Zeitvertreib lag ein Element des Kräftemessens und der Gewalttätigkeit; sie fuhren nämlich mit ihren Schlittschuhen aufeinander los, «bis einer von ihnen oder beide stürzten, nicht ohne sich zu verletzen»; «sehr oft brach dabei ein Arm oder Bein des Stürzenden». Sogar die Unterrichtsstunden und Diskussionen der Schuljungen waren mit kampflustigen Ausdrücken gewürzt, und die «Spötteleien und Sarkasmen» rissen nicht ab. Es war eine Welt der Bärenhatz und des Hahnenkampfs – was irgendwie zu Fitz-Stephens Meldung passt, London könne ein Heer von 80 000 Mann aufstellen –, eine Welt aus Gewalt und Gelächter, versetzt mit dem, was Fitz-Stephen als «Wohlstand im Überfluss, umfassenden Handel, bedeutende Größe und Pracht» beschreibt. Es ist das Porträt einer Stadt, die ihre schicksalhafte Bestimmung feiert.

Es war eine Zeit der Prosperität und des Wachstums. Die Hafenanlagen vergrößerten sich, da die Uferbauten ständig erneuert und erweitert wurden, um den Bedürfnissen der Flamen und Franzosen, der Hanse sowie der Kaufleute aus Brabant, Rouen und Ponthieu gerecht zu werden; gehandelt wurde mit Pelzen, Wolle, Wein, Tuchen, Getreide, Bauholz, Eisen, Salz, Wachs, Dörrfisch und hundert anderen Waren zur Ernährung, Bekleidung und Versorgung einer ständig wachsenden Bevölkerung. Der größte Teil dieser Bevölkerung ging selbst dem Handel nach: die Kürschner am Walbrook, die Goldschmiede in der Guthrun's Lane, die Metzger in East Cheap, die Schuster in der Cordwainer Street, die Krämer in West Chepe, die Fischhändler in der Thames Street, die Holzhändler in Billingsgate, die Rosenkranzmacher in der Paternoster Row, die Weinhändler in Vintry – sie alle waren rastlos in ihrem Gewerbe tätig.

Die Stadt war damals viel lärmiger als heute. Sie war erfüllt von den unaufhörlichen Rufen der Lastträger und Wasserträger, dem allgemeinen Getümmel der Wagen und Glocken, den Schlägen der Schmiede und Zinngießer, dem Gedrängel der Dienstmänner und Lehrlinge, dem Hämmern der Zimmerleute und Böttcher, die auf demselben kleinen Areal von Straßen und Gassen Schulter an Schulter ihrer Arbeit nachgingen. Neben den Geräuschen gab es natürlich die Gerüche, zusammenströmend aus Gerbereien und Brauereien, Schlachthäusern und Essigfabriken, Kochhäusern und Misthaufen und dem unaufhörlichen Rinnsal von Abwässern, das mitten durch die schmaleren Straßen floss. Dies alles zusammen erzeugte ein Miasma aus scharfen Dünsten, das selbst der stärkste Wind nicht vertreiben konnte. Angereichert wurde es noch durch den steigenden Kohleverbrauch der Brauer, Bäcker und Metallgießer.

In dieser Zeit war auch eine ständige Bau- und Umbautätigkeit im Gange; kein Teil der Stadt blieb von dieser Expansion unberührt, als neue Läden und «Schlitten» (überdachte Märkte), Kirchen und Klöster, Häuser aus Stein und aus Holz errichtet wurden. Als diese Schichten der Stadt ausgegraben wurden, offenbarten sich dem forschenden Blick Fundamente aus Kalk und Sandstein, gekalkte Senkgruben, Bögen aus Reigate-Stein, Bauschutt, Buchenholzpfeiler, Eichenholzbalken und

Türschwellen sowie die verschiedenen Abdrücke, die Mauern, Abfluss-gräben, Gewölbe und Brunnen hinterlassen hatten. Sie alle legten Zeugnis von der ausgedehnten und produktiven Tätigkeit der Stadtbewohner ab.

Große Betriebsamkeit herrschte auch in den «Vororten», den Feldern hinter der Stadtmauer. Im 12. Jahrhundert wurden hier die großen Prioreien Clerkenwell und Smithfield, St John und St Bartholomew errichtet; im folgenden Jahrhundert wurden dann auch die Klöster Austin Friars, St Helen, St Clare und Our Lady of Bethlehem gegründet. Die Kirche St Paul's wurde umgebaut, das Klosterhospital St Mary Spital errichtet. Die Karmeliter und die Dominikaner vollendeten im Abstand von zwanzig Jahren ihre großen Klöster im Westen der Stadt. Dies war der Teil Londons, in den am heftigsten investiert wurde; freies Land wurde unter der Bedingung seiner sofortigen Erschließung verkauft, während Gebäude und Pachtbesitz ständig in profitablere Einheiten unterteilt wurden. Das großartigste Neubauwerk war jedoch die London

London Bridge. Schon die Römer hatten hier eine Holzbrücke gebaut. 1176–1209 entstand das bautechnische Wunderwerk aus Stein, das mit Häusern bebaut war.

Bridge, die erste nachrömische Steinbrücke in Europa, ein wuchtiger Bau mit 20 Bögen, deren Pfeiler an der Wasseroberfläche durch hölzerne Pontonkonstruktionen zusätzlich gestützt wurden, so dass hier vor der Brücke starke Strömungen auf der sonst eher trägen Themse entstanden. Die London Bridge wurde zur großen Ader für Handel und Verkehr, die seit fast neunhundert Jahren an derselben Stelle liegt.

Zu beiden Seiten der südlichen Brückenauffahrt erheben sich heute, rot und silbern bemalt, zwei Greife. Sie sind die höchst passenden Totemtiere der Stadt, die an allen Eingängen und Schwellen aufragen. Denn der Greif war das Fabeltier, das Goldbergwerke und vergrabene Schätze hütete; heute ist er aus der klassischen Mythologie ausgeflogen, um die Stadt London zu bewachen. Die oberste Gottheit dieses Ortes ist immer das Geld gewesen. So schrieb John Ludgate im 15. Jahrhundert über London: «Ohne Geld könnte ich nicht gedeihen.» Und Alexander Pope wiederholte im 18. Jahrhundert: «Hör' Londons Ruf: ‹Schaff' Geld, und noch mal Geld!›.»

«Die einzigen Unzuträglichkeiten Londons», schrieb Fitz-Stephen, «sind die unmäßige Trunksucht törichter Menschen und die häufigen Brände.» Diese Worte waren Beschreibung und Prophetie in einem. Andere Beobachter, die etwas später im 12. Jahrhundert schrieben, äußerten sich kritischer. So berichtet Roger von Howden, ein Autor aus Yorkshire, dass sich die Söhne der reicheren Bürger nachts zu «großen Banden» zusammenrotteten, um Passanten zu bedrohen oder zu überfallen. Ein Mönch aus Winchester, Richard von Devizes, war in seinem Verdammungsurteil noch farbiger: Für ihn war London ein Ort des Bösen und des Unrechts, angefüllt mit Hurenwirten und Aufschneidern und überdies mit dem Abschaum jeder menschlichen Rasse. Er verwies auf die überfüllten Speisehäuser und Schenken, wo Würfel- und Glücksspiele an der Tagesordnung waren. Bedeutsam ist vielleicht, dass er unter den Londoner Abscheulichkeiten auch *theatrum* erwähnt, «das Theater», was darauf schließen lässt, dass London seine Lust am Schauspiel damals schon anders befriedigte als durch die Mysterien- oder Mirakelspiele, die in Clerkenwell aufgeführt wurden. (Die vermeintlich «ersten» Theater von 1576, das Theatre und das Curtain, gehen wohl auf unbekannte Vorgänger zurück.) Der Mönch aus Winchester bietet auch einen interessanten Überblick über die Londoner Bevölkerung, die zum Teil aus «Milchgesichtern, Sodomiten und Knabenschändern» besteht. Zu ihnen gesellen sich «Quacksalber, Bauchtänzerinnen, Hexen, Erpresser, Nachtschwärmer, Zauberer, Possenreißer» und fügen sich zu einem Panoptikum urbanen Lebens, wie es in anderen Jahrhunderten so unterschiedliche Autoren wie Johnson und Fielding, Congreve und Smollett nicht verdammen, sondern verherrlichen. Was Richard von Devizes beschrieb, ist mit anderen Worten der Londoner Dauerzustand.

William Fitz-Stephen bemerkt auch: «Die Stadt ist wirklich ein Labsal, wenn sie einen guten *Lenker* hat.» Der Begriff *governor* kann auch als «Führer» oder «Herr» interpretiert werden und wird in der Regel als

Anspielung auf den König verstanden. Doch ist der Begriff in den Jahren unmittelbar nach Entstehen dieser Chronik auch anderer Auslegungen fähig. So kam im letzten Jahrzehnt des 12. Jahrhunderts ein Augenblick, wo im Ausland der Ruf ertönte: «Die Londoner sollen keinen anderen König haben als ihren Bürgermeister!» Diese kurzlebige Revolution war die unmittelbare Folge einer Abwesenheit des Königs, der sich auf einem Kreuzzug in Palästina und Europa befand. Dieser König, Richard I., war zu seiner Krönung nach London gekommen und wurde am ersten Sonntag im September 1189 gesalbt, «der im Kalender als Unglückstag bezeichnet war»; in der Tat erwies er sich als solcher «für die Juden in London, die an diesem Tag vernichtet wurden». Diese kryptischen Worte bezeichnen einen blutigen Massenmord – Richard von Devizes nennt es *holocaustum* [Brandopfer] –, der von den Historikern im Allgemeinen nur flüchtig behandelt wird. So wird oft behauptet, die Hauptübeltäter seien jene gewesen, die den Juden Geld schuldeten; aber die generelle Rohheit des Londoner Pöbels ist kaum zu überschätzen. Er stand repräsentativ für eine gewalttätige und rücksichtslose Gesellschaft, in der «zornig andrängende Bienenschwärme» das Sinnbild der einheimischen Bevölkerung waren. Die Mehrheit seien «emsige Bienen», schreibt im 16. Jahrhundert der Verfasser der *Singularities of the City of London*; ihr Geschrei, so Thomas Morus um dieselbe Zeit, sei «weder laut noch deutlich, sondern wie das Geräusch eines Bienenschwarms». An jenem Septembersonntag stach die Rotte der Bienen die Juden und ihre Familien tot.

Da der König am dritten Kreuzzug teilnahm, setzte sich wieder einmal die Führung Londons als Stimme Englands durch. In ihrem Geist und Willen bestärkt wurden die Londoner, als sich Richards Stellvertreter Wilhelm Longchamp im Tower einquartierte und um diesen herum neue Befestigungen zu errichten begann – ein Symbol der Autorität, das nicht willkommen war. Als Richards Bruder Johann 1191 nach dem Thron trachtete, veranstalteten die Bürger Londons eine Volksversammlung, um ihre Meinung über seine Ansprüche zu äußern; sie erklärten sich bereit, ihn als König zu akzeptieren, solange er dafür das unveräußerliche Recht Londons anerkannte, eine eigene Kommune als sich selbst verwaltender und wählender Stadtstaat zu bilden. Dem stimmte Johann zu, indem er 1215 auf der Wiese von Runnymede ein Dokument unterzeichnete, das als *Magna Charta Libertatum* in die Rechtsgeschichte einging. Es war kein neuer Rechtstitel, aber zum ersten Mal wurde London vom regierenden Monarchen als eine öffentliche Organisation anerkannt, «was alle Vornehmen des Reichs und auch die Bischöfe dieser Provinz gezwungen werden zu beschwören». Das sind die

Worte Richards von Devizes, der die neue Vorkehrung freilich nur für einen *tumor*, eine Aufwallung des Volks hielt, woraus nichts Gutes erwachsen könne.

Beim Wort «Kommune» denkt man, in Erinnerung an das französische Beispiel, in der Regel an etwas Radikales oder Revolutionäres, doch diese spezielle Revolution wurde von den reichsten und mächtigsten Londoner Bürgern angestiftet. Es war denn auch faktisch eine bürgerliche Oligarchie, bestehend aus den einflussreichsten Familien – den Basings und den Rokesleys, den Fitz-Thedmars und den Fitz-Reiners –, die sich zu *optimates* oder Aristokraten stilisierten. Es war eine regierende Elite, die sich die politische Lage zunutze machte, um für London wieder jene Macht und Unabhängigkeit zur Geltung zu bringen, die die normannischen Könige beschnitten hatten. Und so lesen wir im *Liber Albus*, der großen Chronik der Stadt: «Die Barone der Stadt London erwählen sich jedes Jahr aus ihrer Mitte einen Bürgermeister ... immer vorausgesetzt, dass er nach der Wahl Seiner Lordschaft dem König oder in dessen Abwesenheit seinem Justitiar vorgestellt wird.» So stiegen der Bürgermeister und sein regierender Rat aus *probi homines*, «rechtschaffenen Leuten» und Aldermen, formell zu Rang und Würden auf. Die Ehre, der erste Bürgermeister Londons zu werden, fiel Henry Fitz-Ailwin von Londenstone zu, der fünfundzwanzig Jahre im Amt war, bevor er 1212 starb.

Nachdem die Autorität des Bürgermeisters und der Kommune festgeschrieben war, hielt bald auch wieder ein gewisses Traditionsbewusstsein in die Angelegenheiten Londons Einzug: Es ist fast, als habe sich die Stadt ihre Geschichte neu angeeignet, kaum dass ihre alten Vollmachten wiederhergestellt waren. Gemeindearchiv und Akten wurden, zusammen mit Testamenten, Statuten und Zunftdokumenten, im Rathaus deponiert; in jener Zeit gibt es auch eine Flut von Gesetzen, Verordnungen und Erlassen. Die Verwaltung der Stadt erforderte nun auch die ganztägige Beschäftigung von Schreibern, Notaren und Juristen. Es wurden sehr detaillierte Gesetze für London erlassen und Gerichte eingesetzt, um diverse Vergehen zu ahnden. Diese Gerichte überwachten generell die Situation in der Stadt, etwa den Zustand der London Bridge und die Anlage eines Trinkwasservorrats, während die einzelnen *wards* für die Hygiene, das Straßenpflaster und die Straßenbeleuchtung in ihrem Bezirk zuständig waren. Die *wards* waren auch für die öffentliche Sicherheit und Gesundheit verantwortlich; es gab sechsundzwanzig verschiedene Polizeitruppen, darunter «unbesoldete Konstabler ... Büttel oder Ausrufer, Straßenaufseher oder Wächter». Wie aus den vorhandenen Akten hervorgeht, waren solche Ämter kein Kinderspiel: Die Bevölke-

König Johann (1199–1216) brachte durch seine Rücksichtslosigkeit die Barone Englands gegen sich auf. Am 19. 6. 1215 musste er auf deren Druck die Magna Charta Libertatum unterzeichnen. Sie bildet die Grundlage der Rechtsstaatlichkeit in England und der städtischen Autonomie Londons.

73

rung Londons belief sich Ende des 12. Jahrhunderts auf schätzungsweise 40 000 Menschen, von denen viele nicht bereit waren, die von den *optimates* verfügte Autorität und Ordnung zu respektieren.

Als die Bürger Londons 1193 aufgefordert wurden, einen Beitrag zum Lösegeld für ihren gefangen genommenen König zu leisten, nachdem die kurze Rebellion seines Bruders gescheitert war, gab es viele, die gegen diese Auflage murrten. Richard Löwenherz kehrte im Jahr darauf nach London zurück, wurde zwar mit großem Zeremoniell empfangen, begann jedoch, die Stadt mit noch härteren Methoden zu schröpfen; er soll einmal behauptet haben, «er würde sogar London verkaufen, wenn er nur einen Käufer fände». Bei den ohnedies schon bedrängten Bürgern dürfte er sich damit kaum beliebt gemacht haben. Die schwerste Last trugen wahrscheinlich die Handwerker und Kaufleute unterhalb der Schicht der *optimates*, und so kam es 1196 zu einer Revolte dieser Londoner unter der Führung von William Fitz-Osbert «mit dem langen Bart». Der Bart mag lang gewesen sein, aber die Rebellion war kurz. William scheint die Unterstützung sehr vieler Bürger gehabt zu haben; in der Literatur wird er abwechselnd als Demagoge oder als Rächer der Armen beschrieben. Das ist in Wirklichkeit kein Widerspruch; sein Aufstand wurde jedoch so skrupellos und blutig niedergeschlagen, wie es für London typisch war. Fitz-Osbert suchte Zuflucht in St Mary-le-Bowe in Cheapside, aber die städtischen Behörden beseitigten ihn kurzerhand und hängten ihn mit acht anderen Aufrührern in Smithfield auf, vor den Augen seiner einstigen Anhänger. Die Bedeutung des kurzen Tumults lag darin, dass eine Gruppe von Bürgern den königlichen Beamten und reichen Kaufherren, die die Stadt beherrschten, den Gehorsam verweigert hatte. Es war der Vorbote eines notwendigen und unausweichlichen Wandels, da die Bevölkerung begann, ihr eigenes Gewicht in dem Gemeinwesen geltend zu machen.

Die eigentlichen Spannungen und möglichen Konflikte waren aber noch immer die zwischen der Stadt und dem König. Der Tod Richards I. im Jahr 1199 und die Erhebung Johanns zum König waren nicht geeignet, eine anscheinend instinktiv monarchiefeindliche Tendenz in der Londoner Politik zu mildern. Es war die alte Geschichte, dass die Bürger gezwungen wurden, immer höhere Abgaben oder «[Grund-]Steuern» zu zahlen, um den Aufwand des Königs zu decken. Der Bürgermeister und die mächtigsten Bürger Londons versuchten, einen Geist der Kooperation zu erhalten, und sei es nur darum, weil viele von ihnen Mitglieder des königlichen Haushalts waren und von einem Machtverlust seiner Majestät nicht unbedingt zu profitieren hatten. Gleichwohl herrschte wachsende Unzufriedenheit in der Kommune. König Johann scheint entgegen seinen früheren Versprechungen gewisse Rechte und Besitztitel der Kommune aufgehoben zu haben, was den Chronisten Matthew Paris im 13. Jahrhundert zu dem Schluss gelangen lässt, aus den Bürgern Londons seien fast Sklaven geworden. Dennoch konnten die Wahlbefugnisse der Volksversammlung noch immer zur Geltung gebracht werden. 1216 schenkten fünf reiche Londoner dem französischen Prinzen Ludwig 1000 Mark, damit er nach London reisen und sich statt Johanns zum König salben lassen konnte. Das städtische Krönungsritual erwies sich jedoch als überflüssig, da Johann im Herbst 1216 starb. London schickte daher Ludwig mit noch mehr Geld wieder nach Hause und begrüßte Heinrich III., Johanns neunjährigen Sohn, als rechtmäßigen Souverän.

Durchstreifen wir die Straßen Londons in der langen Regierungszeit Heinrichs III. (1216–1272)! Es gab prächtige Häuser und Bruchbuden, schöne Kirchen aus Stein, an die sich die hölzernen Stände fliegender Händler anlehnten. Die reicheren Kaufleute bauten Säle und Innenhöfe, während die ärmsten Ladenbesitzer vielleicht in zwei Zimmern von neun Quadratmetern lebten und arbeiteten; die wohlhabenderen Bürger nannten schönes Mobiliar und Silber ihr Eigen, während jene, die knapp bei Kasse waren, nur die einfachsten Töpferwaren und Küchengeräte sowie das Werkzeug für ihr Gewerbe besaßen.

Im 13. Jahrhundert waren 2000 der insgesamt 40 000 Einwohner Londons Bettler.

Die Untersuchungen in einem Mordfall aus jener Zeit – ein junger Mann hatte seine Frau mit einem Messer erstochen – gewähren uns nebenbei Einblick in das Inventar eines «mittleren» Haushalts. Das unglückliche Paar lebte in einem Haus aus Holz, mit zwei übereinander liegenden Zimmern und einem strohgedeckten Dach. Im unteren Zimmer, das auf die Straße hinausging, standen ein Klapptisch und zwei Stühle; die Wände «waren behängt mit Küchengeräten, Werkzeugen und Waffen», darunter einer Bratpfanne, einem eisernen Bratspieß und acht Messingtöpfen. In das obere Zimmer gelangte man über eine Leiter; hier gab es ein Bett mit Strohmatratze und zwei Kissen. In einer hölzernen Truhe befanden sich sechs Wolldecken, acht Betttücher aus Leinen, neun Tischdecken und ein Deckbett. Die Garderobe des Ehepaars, «in Truhen gelegt oder an den Wänden hängend», bestand aus drei kurzen Überröcken, einem Mantel mit Kapuze, zwei langen Kleidern, einer weiteren Kapuze, einer Lederrüstung und einem halben Dutzend Schürzen. Es gab zwei Kerzenleuchter, zwei Teller, ein paar Kissen, einen grünen Teppich und Vorhänge vor den Türen als Windfang. Es dürfte auch Binsengras als Bodenstreu gegeben haben; das wird aber in keinem Inventar erwähnt. Es war ein kleines, aber gemütliches Heim.

Wer in ärmlicheren Verhältnissen lebte, bewohnte Räume in Behausungen, wie man sie in den schmalen Gassen zwischen zwei großen Durchgangsstraßen finden konnte. Das obere Stockwerk dieser schmalen Häuser nannte man «Söller»; es ragte in die Gasse hinein, so dass man unter zwei gegenüberliegenden Söllern kaum den Himmel sehen konnte. Viele kleinere Häuser waren aus Holz erbaut und mit Stroh gedeckt, was noch dem Erscheinungsbild des sächsischen oder frühnormannischen Baustils entsprach; so bewahrte London stellenweise die Atmosphäre einer viel älteren Stadt, mit Bauformen früherer Stämme oder Territorien. Doch nach den vielen Bränden, die London heimsuchten, besonders nach der großen Feuersbrunst von 1212, wurden Bestimmungen erlassen, die die Hausherren zwangen, die Wände aus Stein zu bauen und das Dach mit Ziegeln zu decken. Zerbrochene Dachziegel aus dieser Zeit wurden in Senkgruben, Brunnen, Kellergewölben, Schuttplätzen und Dammkörpern von Straßen gefunden. Es gab also eine – allerdings nur unvollkommen gesteuerte – Übergangsphase, in der neue Stein- und alte Holzbauten Seite an Seite standen.

Der Zustand der Straßen selbst ist aus erhaltenen Akten jener Zeit zu ersehen. In den Eingaben und Denkschriften an das Rathaus lesen wir von dem Schulmeister in Ludgate, der so viel Mist auf der Fleet anhäuft, dass an manchen Stellen die Wasserrinnen verstopft sind; eine Kloake ist «defekt», so dass «der Kot die steinernen Wände zerfrisst». Die Schankwirte des Kirchspiels St Bride's stellen ihre leeren Fässer vor die Tür und schütten den «Spülicht» auf die Straße, «zur Belästigung der dort verkehrenden Personen». Es gab Beschwerden über das schadhafte Straßenpflaster in der Hosier Lane, während die vierzehn Haushalte in der Foster Lane die Angewohnheit hatten, ihren Kot und Urin aus dem Fenster zu kippen, «was bei allen Menschen im *ward* Ärgernis erregt». Ein Misthaufen in der Watergate Street, an der Bear Lane, «ist für das ganze gemeine Volk sehr lästig, weil er in dieser Gasse den Gestank von Abtritten verströmt und einen widerwärtigen Anblick bietet». Angezeigt werden übel riechende Fische und verdorbene Austern, öffentliche Treppen in schlechtem Zustand und blockierte Durchgangsstraßen, aber auch Gegenden oder «heimliche Plätze», wo sich Diebe und «feile Dirnen» herumtreiben.

Zu den besten Beweisen für den Zustand der Straßen gehören die vielen Verordnungen, die jedoch, nach den Gerichtsakten zu urteilen, ständig missachtet wurden. So durften Budenbesitzer ihren Stand eigentlich nur in der Straßenmitte aufschlagen, zwischen den zwei «Kanälen» oder Gossen zu beiden Seiten. Aber in den schmaleren Durchgangswegen verlief dieser Abzugskanal in der Straßenmitte, so dass die Passanten buch-

stäblich gezwungen waren, einander unhöflicherweise «die Mauer abzuschneiden». Die Gassenmeister und Straßenkehrer eines jeden *ward*
mussten «das Straßenpflaster instand halten, anheben oder absenken
und jeden störenden Unflat beseitigen»; der ganze «Unflat» wurde dann
auf Pferdewagen zum Fluss gefahren und auf eigens hierfür bestimmten
Schiffen abtransportiert. Besondere Vorkehrungen wurden getroffen, um
die widerlich stinkenden Abfälle der Schlachtstätten – der Fleischbank,
des Stock Market und des Markts in East Cheap – wegzuschaffen, doch
gab es trotzdem immer wieder Beschwerden über üble Gerüche. In Thomas Morus' *Utopia* (1516) erfolgt das Töten von Tieren außerhalb der
Stadtmauern; diese gezielte Empfehlung beweist, welchen Ekel viele Bürger Londons über die Nähe des Fleischergewerbes empfanden.

Im *Liber Albus* gibt es auch die Vorschrift, Schweine und Hunde nicht
unbeaufsichtigt durch die Straßen laufen zu lassen; noch wunderlicher
ist vielleicht die Verordnung: «Barbiere sollen kein Blut in das Fenster
stellen.» Kein Bürger Londons durfte eine Steinschleuder mit sich führen, und «Kurtisanen» war es untersagt, innerhalb der Stadtmauern zu
wohnen – ein Verbot, gegen das ständig verstoßen wurde. Ausführliche
Regelungen betrafen den Bau von Häusern und Wänden, wobei es besondere Bestimmungen bei Streitigkeiten zwischen Nachbarn gab; wieder drängt sich der Eindruck einer engen, kompakten Stadt auf. Im Sinne
der guten Ordnung wurde auch verfügt, dass die Eigentümer der größeren Häuser für den Fall eines Brandes jederzeit eine Leiter und eine
Tonne mit Wasser zur Hand haben mussten; und seitdem vorgeschrie-
ben war, Hausdächer mit Ziegeln und nicht mit Stroh zu decken, war
der Alderman jedes *ward* befugt, mit einem langen Stecken oder Haken
zu kommen und von einem Dach alles gesetzwidrige Stroh zu beseitigen.

Wie genau die Obrigkeit auf alle Bürger aufpasste, geht daraus hervor,
dass es auch Regeln für allerlei soziale und private Abmachungen gab.
Jeder Aspekt des Lebens war durch ein engmaschiges Netz von Gesetzen,
Verordnungen und Gebräuchen abgedeckt. Kein «Fremder» durfte mehr
als einen Tag und eine Nacht im Haus eines Londoner Bürgers verbringen, und niemand durfte im *ward* beherbergt werden, «er sei denn von
gutem Leumund». Niemals durfte ein Aussätziger die Stadt betreten.
Niemand durfte «nach der verbotenen Stunde», das heißt nach dem
Abendläuten, spazieren gehen, wenn er (oder sie) nicht als «Nachtschwärmer» festgenommen werden wollte. Auch war es «männiglich verboten, nach besagtem Abendläuten eine Wein- oder Bierschenke offen zu
halten … und soll auch kein Mensch mehr darin sein, weder sitzen noch
schlafen; und soll niemand einen Menschen in sein Haus aufnehmen, der
aus einer gemeinen Schenke kommt, weder bei Nacht noch bei Tage.»

St Mary-le-Bow.
Zu Beginn des
11. Jahrhunderts
stand hier eine nor-

mannische Kirche.
Über ihren wuchti-
gen Bogen – bow –
erbaute Wren
1670–77 die
«Marienkirche über
den Bögen». Nach
schweren Zerstörun-
gen im Zweiten
Weltkrieg wurde sie
erneuert.

Das Abendläuten erklang in den Sommermonaten um neun Uhr, in der Dunkelheit des Winters etwas früher. Wenn die Glocke von St Mary-le-Bow in Cheapside den Abend einläutete, gefolgt von den Glocken von St Martin's, St Laurence's und St Bride's, leerten sich die Schenken, die Lehrlinge ließen ihre Arbeit liegen, die Lichter gingen allmählich aus, da Binsendochte oder Kerzen gelöscht wurden, und die Stadttore wurden verschlossen und verriegelt. Einige Lehrlinge waren der Meinung, dass der Küster von St Mary-le-Bow zu spät läute und sie damit zu lange bei der Arbeit festhalte, und John Stow überliefert einen Spottvers auf den

Küster von St Mary mit den gelben Locken,
mit deinem späten Läuten wirst dir Schläg' einbrocken!

Worauf der Küster parierte:

Kinder von Cheape, so seid nur still:
Die Glocke soll läuten, wie der Lehrling es will!

Dieser Wortwechsel zeugt von der engen Beziehung zwischen allen Angehörigen der Stadtgemeinschaft, so dass zum Beispiel jedermann wusste, dass der Glockenläuter blonde Haare hatte. Aber das frappierendste Bild ist vielleicht die dunkle, schweigende Stadt, die sich gegen die Außenwelt verbarrikadiert hat.

Mitunter durchbrachen Angstschreie, Rufe und Weinen die Stille. Es war die Pflicht der Bürger, «Zeter zu schreien» über jeden, der beispielsweise den nächtlichen Frieden störte, und jeder Bürger, «der auf solchermaßen erhobenes Zetergeschrei nicht zu Hilfe kommt», wurde mit einer hohen Geldbuße belegt. London war eine Stadt, in der – um des Geistes der Kommune willen – jeder jeden überwachte, und es gibt viele Berichte von Nachbarn, die «ein Geschrei erhoben», wenn ein Meister seinen Lehrling schlug oder ein Mann seine Frau misshandelte.

Wie jedoch in einer Kaufmannskultur nicht anders zu erwarten, betraf das umfangreichste Korpus von Gesetzen die verschiedenen Handelsgeschäfte. Es gibt aus dieser Zeit Hunderte und Aberhunderte von Vorschriften, die jeden Aspekt des Geschäftslebens regelten. So war festgelegt, dass die Verkäufer von Waren wie Käse oder Geflügel «zwischen den Kanälen auf dem Markt von Cornhulle stehen sollen, so dass sie niemandem lästig fallen»; Viktualienhändler durften ihre Ware «nicht einkaufen, bevor St Paul die Prim geläutet hatte». Zwanzig Vorschriften betrafen allein die Bäcker; wer «Pasteten», das heißt in der Pfanne gebackene Brotgerichte, herstellte, durfte kein Weißbrot verkaufen; auch war jeder Bäcker gehalten, auf jedem Laib Brot den «Abdruck seines Siegels» anzubringen. Nach einer anderen Verordnung mussten «alle Arten von Fisch, die in geschlossenen Körben in die Stadt gebracht werden, am Boden des Korbes genauso gut sein wie oben», und «kein Fremder darf von einem Fremden kaufen».

Für Fischer galten Hunderte von Regeln, wo sie, wie sie und was sie fischen durften; Größe und Maschenweite ihrer Netze wurden genau vermessen. Es gab auch ein ausgeklügeltes System von Zöllen und Abgaben: «Jeder Mann, der Käse oder Geflügel im Wert von 4 Pence $^1/_2$ Penny bringt, soll $^1/_2$ Penny zahlen. Wenn ein Mann zu Fuß 100 Eier oder mehr bringt, soll er 5 Eier geben. Wenn ein Mann oder eine Frau zu Pferde jegliche Art von Geflügel bringt und es den Boden berühren lässt», war mehr zu berappen. Es war ein verwickeltes System, das den Zweck hatte, die angemessene Ernährung und Bekleidung der Londoner sicherzustellen. Es sollte den erpresserischen Forderungen von Käufern wie von Verkäufern vorbeugen, als auch das Recht der Londoner Bürger auf Handel vor «Fremden» oder «Ausländern» schützen. Ein weiterer Zweck der Bestimmungen war es, den Handel zu systematisieren, so dass es kaum ein Schlupfloch für falsche Maße und Gewichte, verfälschte Lebensmittel oder schlampig gearbeitete Manufakturware gab.

Vor dem Hintergrund dieser pulsierenden, farbigen und lebensprühenden Stadt können wir einzelne Ereignisse verfolgen, die den gefährlichen Zustand der Straßen offenbaren. So lesen wir in den Gerichtsakten jener Zeit von ungenannten Bettlerinnen, die plötzlich auf der Straße zusammenbrechen und sterben, von gelegentlichen Selbstmorden und ständigen tödlichen Unfällen – «in einem Graben vor Aldersgate ertrunken … stürzte in einen Bottich mit heißer Maische». Wir erfahren von anderen Fällen: «Ein armes Weiblein namens Alice wurde vor der Stadtmauer ertrunken aufgefunden. Es gibt keine Verdächtigen. … Ein gewisser Elias le Pourtour, der eine Ladung Käse trug, fiel in der Bread Street tot um. … Ein Mädchen von etwa acht Jahren wurde auf dem Friedhof von St Mary Somerset tot aufgefunden. Man nimmt an, dass eine Prostituierte es dort abgelegt hat. Es gibt keine Verdächtigen.» Ein Selbstmord galt in diesem Zeitalter der Frömmigkeit als Ausdruck von Wahnsinn. Isabel de Pampesworth «erhängte sich in einem Anfall von Umnachtung» in ihrem Haus in der Bread Street. Alice de Wanewyck «ertränkte sich im Hafen von Dowgate, da sie *non compos mentis* [ihrer Sinne nicht mächtig] war».

Trunkenheit war weit verbreitet, und ständig hören wir von Bürgern, die vom Söller auf die Straße stürzten, auf den in die Themse führenden Treppenabgängen verunglückten oder von der Leiter fielen. Berichte über solche und andere Todesfälle finden sich in *The London Eyre of 1244* (herausgegeben von Chew und Weinbaum). Andere Zwischenfälle sind epochentypisch. «Ein gewisser Mann namens Turrock» wurde tot aufgefunden; «wie ermittelt wurde, lagen drei Männer im Bett des Toten, als er starb … sie sind in der Gnade», was heißen sollte, dass sie von jedem Schuldverdacht freigesprochen worden waren. Dramatisch war auch dieser Fall: «Roger schlug Maud, das Weib des Gilbert, mit einem Hammer ins Kreuz, und Moses versetzte ihr mit dem Heft seines Degens einen Hieb ins Gesicht und brach ihr viele Zähne. Sie lag mehrere Tage auf den Tod und verstarb schließlich am Tag der heiligen Maria Magdalena.»

Die rohe Gewalt der Straße ist in die mittelalterlichen Gerichtsakten eingegangen: «Henry de Buk erstach in der Fleet Bridge Street einen gewissen Iren, einen Dachdecker, mit einem Messer und floh in die Kirche St Mary Southwark. Er gestand die Tat und … schwor, das Land zu verlassen.»

Die verschiedenen Zünfte trugen auf der Straße offen ihre Kämpfe aus; so fiel eine Gruppe von Goldschmieden über einen Sattler her und machte sich daran, ihm mit einem Degen den Schädel zu spalten, mit einem Beil ein Bein abzuhacken und überhaupt mit einem Stock zu bearbeiten; der Unglückliche starb fünf Tage später. Als junge Jurastudenten in Aldersgate Krawall machten, gab ein Bürger «zum Spaß» einen Pfeilschuss in die Menge ab, der einen Unbeteiligten tödlich verletzte. Ein «Versöhnungstag», der die Eintracht zwischen Kupferschmieden und Eisenschmieden wiederherstellen sollte, endete buchstäblich mit Mord und Totschlag. Es gab ständig Raufereien auf der Straße, Hinterhalte und Streitigkeiten um nichts – «um Ziegenwolle», wie man damals sagte. Würfel- oder Brettspiele endeten häufig mit Tätlichkeiten im Rausch; allerdings ist auch klar, dass manche Besitzer von Spielhäusern große Betrüger waren. Es ist merkwürdig, dass die Schutzleute des *ward* oder des Kirchspiels zwar rasch zur Stelle waren, um Verletzten oder Sterbenden geistlichen Beistand zu gewähren, dass aber nur selten der Versuch gemacht wurde, eine medizinische Versorgung durch einen Arzt oder Bader zu veranlassen. Der Verletzte wurde gewöhnlich sich selbst überlassen, um von selbst gesund zu werden oder zu sterben – wie es der Vorsehung gefiel.

In den Abschriften der Gerichtsakten finden sich zahlreiche Fälle, wo Londoner Frauen zu Tode geprügelt oder getreten oder kaltblütig und mit Vorbedacht ermordet wurden. Lettice beschuldigte den Weinschenken Richard von Norton, sie «geschändet und entjungfert» zu haben, doch kam der Fall nicht vor Gericht. Das Prügeln der Ehefrau war allgemein üblich und blieb weithin unbeachtet; dafür konnten die misshandelten Frauen selbst handgreiflich werden. Eine betrunkene Frau begann, Beschimpfungen gegen einige Bauleute auszustoßen, die an der

Ecke der Silver Street arbeiteten, und löste damit prompt eine Schläge-
rei aus, bei der einer der Männer einen tödlichen Stich ins Herz erhielt.
Frauen konnten auch Vollstreckerinnen einer Justiz sein, die selbst für
Londoner Begriffe brutal war: Als ein Bretone eine Witwe in ihrem Bett
ermordet hatte, «kamen Frauen aus demselben Kirchspiel, die ihn auf
der High Street mit Steinen und Gossenjauche umbrachten».

Die Aldermen und Wachen jedes *ward* waren gehalten, jeden festzunehmen, der auf der Straße «eine Maske oder falsches Gesicht» trug;
wer so herumlief, wurde als Verbrecher betrachtet. Ausweislich der Gerichtsakten waren sie anscheinend auch befugt, an Häusern von zweifelhaftem Ruf Türen und Fenster zu entfernen; «sie drangen», wie es in
einem Protokoll heißt, «in das Haus des William Cok, Schlachter in der
Cockes Lane, ein und rissen mit Hammer und Meißel elf Türen und fünf
Fenster heraus.» Bezeichnend ist, wie hier auf typisch mittelalterliche
Weise Name, Gewerbe und Straße des Übeltäters ineinander fließen – ein
Indiz dafür, wie eine Tätigkeit, in diesem Falle das Geflügelschlachten,
einen ganzen Stadtbezirk prägen konnte.

Die Justizunterlagen einer etwas späteren Zeit vermelden auch schlüpf-
rigere oder intimere Ereignisse; ihre drastische Unmittelbarkeit erweckt
den Eindruck, als befänden wir uns mit diesen mittelalterlichen Londonern in ein und derselben Stube. «William Pegden sagt aus, dass ein gewisser Morris Hore einen Cecil gebracht habe, und besagter Colwell genoss des Leibes besagter Elizabeth, und besagte Alice Daie verbrannte
[infizierte mit einer Geschlechtskrankheit] besagten Cecil. ... Und dann
sprang besagte Alice Daie sogleich auf und hüpfte auf das Bett und sagte
unter Küssen ‹Cecil› und spreizte die Beine so breit auseinander, dass
man eine Sau hätte hindurchtreiben können.»

Die Verbrechen mochten unerhört sein, doch die Strafen hatten einen
ausgesprochen kommunalen Aspekt. Es wird oft gesagt, dass die Amts-
walter der mittelalterlichen Stadt nachsichtiger waren als ihre Nachfolger im 17. und 18. Jahrhundert, und es steckt ein Körnchen Wahrheit in
dieser Behauptung. Strafen wie etwa die Amputation einer Gliedmaße
wurden häufig in Haftstrafen umgewandelt. Vergehen gegen den Frieden
der Stadt aber wurden mit Erhängen oder Enthauptung geahndet. Das
Todesurteil wurde fast immer gegen Aufrührer und solche Täter ausgesprochen, die sich gegen die Majestät des Königs vergangen hatten; so
wurde ein Mann gehängt, der das Siegel des Königs nachgemacht hatte.
Die Köpfe von Aufrührern und Landesverrätern wurden gekocht und
dann an der London Bridge aufgestellt, gelegentlich geschmückt mit
einem Efeukranz als letztem theatralischen Akzent im Drama der Be-

strafung. Bei Spannungen oder Tumulten in der Stadt erschien dem Bürgermeister und den Aldermen die Todesstrafe als schnellstes Mittel, um die Bevölkerung zur Räson zu bringen. Mord wurde immer mit dem Strang geahndet (es sei denn, es hatte ihn eine Frau begangen, die nachweislich schwanger war), doch in friedlicheren Zeiten waren Gefängnis und Pranger die verbreitetsten Mittel gegen das Verbrechen. Walter Waldeskef wurde beschuldigt, «nachts dem Knöchelspiel zu frönen»; der Bericht beschreibt ihn als einen «Nachtschwärmer, gut gekleidet und verschwenderisch mit seinem Geld umgehend, obgleich niemand wusste, wovon er lebte». In dem Jahr nach seinem Arrest wurde er in der Lombard Street erstochen und starb in der Kirche St Swithin in Walbrook. Agnes de Bury kam in Haft, weil sie «am Cornhill alte Pelze verkauft» hatte, während Roger Wenlock ins Gefängnis gesteckt wurde, «weil er Bier zu 2 Pence die Gallone verkauft hat». Der Bäcker John Mundy «wurde in Cornhill an den Pranger gestellt, weil er verfälschtes Brot hergestellt und verkauft hat»; in demselben Monat musste auch Agnes Deynte wegen des Verkaufs von «gepanschter Butter» an den Pranger. Auch die unterschiedlichsten Betrügereien wurden aufgedeckt und geahndet. So sägte ein Bäcker ein Loch in sein Formbrett; wenn der Kunde den Teig zum Backen brachte, wurde ein Teil davon durch ein unter dem Ladentisch verstecktes Familienmitglied abgezwackt.

Manche Strafarten waren ausgefallener. Kupplerinnen und «Hurenjägern» wurde das Haar geschoren, wobei man auf dem Kopf der Männer nur einen fünf Zentimeter breiten Streifen, auf dem der Frauen ein kleines Büschel stehen ließ. Dann wurden die Delinquenten von Spielleuten zu ihrem Pranger – bei Frauen hieß er «Belferstuhl» – geführt, wo die braven Bürger ihren Zorn oder Mutwillen an ihnen ausließen. Entpuppte sich eine Frau als Prostituierte, «soll sie vom Gefängnis nach Aldgate geführt werden». Dabei musste sie eine gestreifte Kapuze aufsetzen und eine weiße Wachskerze in der Hand halten. Wiederum geleiteten die Spielleute sie zum Pranger; nach den üblichen Schmähungen wurde sie dann durch Cheapside und Newgate geführt und musste ein Quartier in der Cock Lane am West Smithfield beziehen, wo sie unter Überwachung stand.

Denen, die wegen betrügerischer Herstellung von Waren oder des Verkaufs mangelhafter Ware am Pranger standen, wurden die eigenen Erzeugnisse vor ihren Augen verbrannt. John Walter hatte falsch bemessene Kohle verkauft; er wurde dazu verurteilt, eine Stunde am Pranger zu stehen, «während seine Sachen vor ihm verbrannt wurden». Der Gang zu dieser Stätte der Schmach war noch mit anderen Belustigungen verbunden: Manchmal musste der Delinquent verkehrt herum auf einem Pferd

Öffentliche Hinrichtungen boten in London seit jeher den makabren Anlass für Volksbelustigungen.

reiten, mit dem Gesicht zum Schwanz, und eine Narrenkappe tragen. Als ein unzüchtiger Priester auf frischer Tat ertappt worden war, musste er mit heruntergelassenen Hosen durch die Straßen laufen, während man sein geistliches Gewand vor ihm hertrug. Der Landesverräter Sir Thomas de Turberville wurde in gestreiftem Rock und mit weißen Schuhen durch die Straßen Londons geführt; er war an ein Pferd gefesselt und von sechs berittenen, ganz rot gekleideten Beamten als Sinnbildern des Teufels umringt. Die Bestrafung wird zu einer Art Festlichkeit; in einer relativ kleinen und eingefriedigten Stadt verwandelt sie sich in eine Feier des Gemeinschaftsgefühls.

Doch dicht unter der Oberfläche lauerte immer Härte, fast könnte man sagen Rohheit. Das beste Beispiel hierfür ist der Bestimmungsort jener Londoner Missetäter, denen Galgen oder Pranger erspart blieben: das Gefängnis Newgate. Bei den kronamtlichen Leichenschauen des Jahres 1315/16 stammten 62 der 85 zu untersuchenden Leichen aus Newgate Prison. Es war eigentlich ein Haus des Todes; deshalb wurden auch so viele verzweifelte Ausbruchsversuche unternommen. Einmal erzwangen sich die Häftlinge den Zugang zum Dach «und kämpften gegen die Bürger und behaupteten lange Zeit das Tor», womit wiederum gesagt ist, dass im Wesentlichen die Londoner selbst ihre Häscher und Bewacher waren. So ist es vielleicht nicht ganz unpassend, dass einer der ersten erhaltenen Texte im Londoner Englisch, entstanden um die Mitte des 13. Jahrhunderts, den Titel «The Prisoner's Prayer» trägt – das Gebet des Gefangenen.

Es gab eigentlich nur eine Rettung vor dem rächenden Zorn der Stadtbewohner; das war die Bitte um Kirchenasyl. Ein Kapitalverbrecher, der der Ergreifung zu entgehen wusste und Zuflucht in einer der vielen Kirchen fand, war dort vierzig Tage in Sicherheit. Vor der Kirche wurde für den Fall einer plötzlichen Flucht eine ständige Wache postiert, und eine Gruppe von Bürgern dürfte Tag und Nacht dort gelagert haben. Andere Asylplätze waren Southwark auf der Südseite des Flusses sowie die Ostseite des Tower; mit anderen Worten: Wo der Arm der Stadt nicht hinlangte, war der Verbrecher frei. Es ist dies ein weiteres Indiz für die Autarkie der Stadt, wenngleich sie sich bei solchen Anlässen eine weiterreichende Zuständigkeit gewünscht haben mag. Während des Kirchenasyls legte der Gefangene häufig ein Geständnis vor den richterlichen Beamten ab; nach Ablauf der vierzig Tage musste er schwören, das Land zu verlassen, und ins Exil fliehen. Sein neuer Status als Verbannter wurde dann bei der Volksversammlung bekannt gegeben.

So können wir aus alten Urkunden und Leichenschauen, Kanzleidokumenten und -bestimmungen, Untersuchungsprotokollen und Gerichtsakten den Geist des mittelalterlichen Londons in Straßen, Gassen und Durchgängen heraufbeschwören, die noch heute existieren. Und wenn für diese urbane Gesellschaft oft die gewalttätige Konfrontation charakteristisch war, so galt das auch für ihre politische Kultur.

Das 13. Jahrhundert zeichnete sich über weite Strecken durch Krawalle, Massaker und Straßenkämpfe aus. In dieser Zeit befand sich London praktisch ständig im Konflikt mit dem regierenden Monarchen, Heinrich III., während die aufstrebende Führung der Stadt in die *optimates* und die *populares* zerfiel – die alten Handelsmagnaten, die die oligarchische Kommune London ausgemacht hatten, und ihnen gegenüber die Handwerke und Gewerbe, die sich allmählich ihrer Macht bewusst wurden. Noch komplizierter wurde die Lage dadurch, dass die Magnaten eher royalistisch gesinnt waren, während die *populares*, mitunter auch die *mediocres* geheißen, instinktiv die Barone des Landes unterstützten, die mit dem König in offener Fehde lebten. Wieder einmal war der Schlüssel zu allem in London zu finden. Wer diese Stadt beherrschte, war nahe daran, das ganze Königreich zu beherrschen. Die immer wieder aufflammenden Baronskriege hatten ferner die Folge, dass es Parteiungen und Familien in der Stadt gab, deren Untertanentreue geteilt war, so dass in den Straßen Londons das nationale Ringen *en miniature* ausgetragen wurde. London war eben wirklich England im Kleinen.

Londoner Kontraste

*Ein Verkehrsstau am Ludgate Hill, 1872 gezeichnet von dem französischen
Maler und Bildhauer Gustave Doré.*

5. Der Lärm der Stadt

Für London war zu allen Zeiten sein Lärm bezeichnend, der neben anderen Faktoren das Ungesunde der Stadt ausmacht – und auch das Unnatürliche, wie das Brüllen einer fürchterlichen Kreatur. Gleichzeitig ist dieser Lärm aber auch ein Zeichen der Vitalität und der Kraft.

Seit seiner Gründung hallten das Hämmern der Handwerker und die Rufe der Händler durch London; die Stadt produzierte mehr Lärm als jeder andere Teil des Landes, und in gewissen Vierteln, etwa denen der Schmiede und der Böttcher, war das Getöse kaum auszuhalten. Es gab aber auch andere Geräusche. In der frühmittelalterlichen Stadt dürfte der Klang von Glocken das Klappern des Gewerbefleißes begleitet haben – darunter weltliche Glocken, Kirchenglocken, Klosterglocken, die Glocke des Abendläutens und die Glocke des Nachtwächters.

Man sollte vermuten, dass der Ruf der Glocken mit der Reformation verstummte, als London aufhörte, eine besonders fromme katholische Stadt zu sein; aber alles lässt darauf schließen, dass die Stadtbewohner glockensüchtig blieben. Ein deutscher Herzog betrat London am Abend des 12. September 1602 und war überwältigt von der einzigartigen Geräuschkulisse dieser Stadt. «Bei der Ankunft in London vernahmen wir starkes Glockenläuten in allen Kirchen, das noch bis spätabends fortdauerte, auch an den folgenden Tagen bis 7 oder 8 Uhr abends. Wie man uns sagte, taten die jungen Leute dies zum Kräftemessen und zum Vergnügen, und manchmal wetteten sie um erhebliche Summen, wer die Glocke am längsten zog oder sie am angenehmsten läutete. Die Kirchspiele geben viel Geld für wohltönende Glocken aus, wobei dasjenige den Vorrang genießt, das die besten Glocken hat. Die alte Königin soll von dieser Übung sehr angetan gewesen sein, da sie darin ein Zeichen für die Gesundheit des Volks erblickte.» Diese Schilderung entnehmen wir dem Buch *The Acoustic World of Early Modern England* von Bruce R. Smith, das einen besonderen, intimen Blick in die Geschichte Londons erlaubt. Manches deutet darauf hin, dass die Harmonie der Glocken gleichsam die Harmonie der Stadt und die damit einhergehende «Gesundheit» ihrer Bewohner kundtun sollte, doch wohnt dem Geläute auch etwas Theatralisches oder Bravouröses inne, das dem Wesen Londons und der Londoner entspricht. In der Tat hat deren Vorliebe für das Laute fast etwas Gewalttätiges. Ein anderer deutscher Reisender schreibt 1598, die

Londoner schätzten «über die Maßen die großen ohrenbetäubenden Geräusche wie Geschützdonner, Trommeln und Glockengeläute, so dass es bei vielen von ihnen üblich ist, ... in einen Glockenturm zu steigen und stundenlang die Glocken zu läuten, um sich Bewegung zu verschaffen». Auch der Hauskaplan des venezianischen Botschafters berichtet, dass die Londoner Schuljungen wetteten, «bei wem von ihnen die Glocken des Kirchspiels am weitesten zu vernehmen sind». Neben das Element des Darstellerischen treten hier Aggression und Konkurrenz.

So ist es vielleicht kein Wunder, dass sogar zur Definition des echten Londoners ein lautes Geräusch herangezogen wurde. Wie wir schon wissen, war ein «Cockney» jeder, der in Hörweite der Kirche St Mary-le-Bow in Cheapside geboren wurde, nach John Stow «berühmter als alle anderen Pfarrkirchen der Stadt und ihrer Vororte». Fynes Moryson teilt 1617 mit: «Die Londoner, und alle in Hörweite der Bow-Bell, nennt man abschätzig Cockneys und Röstbrotfresser.» Bruce R. Smith vertritt denn auch die Theorie, dass das Wort *cockney* von dem «Wetterhahn» kommt (*cock* = der Hahn), der einst den Glockenturm von St Mary-le-Bow krönte, und dass sich die Londoner wegen ihrer eigenen «lauten Geschwätzigkeit» oder «Ruhmredigkeit» mit diesem Klang identifizierten.

Anfang des 15. Jahrhunderts gab es «auf der ganzen Welt keine lautere Stadt als London», heißt es in Walter Besants London; *man hörte ihren Lärm noch nach Highgate und ins Bergland von Surrey hinauf.*

Je größer die Stadt wurde, desto höher stieg ihr Lärmpegel. Thomas Dekker beschwört etwas von diesem unablässigen Krach in *The Seven deadly Sinnes of London*: «An einem Ort klopfen Hämmer, an einem andern poltern Fässer, an einem dritten klappern Töpfe, an einem vierten schlagen Wasserkannen gegeneinander.» Hier ist Lärm ein Ausdruck der Vitalität, insbesondere der unbändigen Lust am Geldverdienen. Gewerbe wie das des Zimmermanns und des Böttchers, des Grobschmieds und des Waffenschmieds waren untrennbar mit Geräusch verbunden. Andere wie etwa die Löscher und die Lastenträger oder die Auflader und Ablader im Hafen machten durch Lärm auf die Wichtigkeit ihres Berufs aufmerksam; es war die einzige Möglichkeit, ihre Rolle in dieser auf Handel fixierten Stadt zu bekräftigen oder kundzutun.

Bestimmte Gegenden brachten besondere Geräusche hervor. So erzeugten die Metallgießereien in Lothbury «einen abstoßenden Lärm für Passanten, die dergleichen nicht gewöhnt sind», während die Viertel der Hufschmiede «vom Schlagen und Klingen der Hämmer und Ambosse» erfüllt waren. Es gab auch das allgemeine, die ganze Stadt einschließende Lärmen der Londoner Straßen, das wiederum Thomas Dekker eindringlich schildert: «Pferdewagen und Kutschen erzeugen ein solches Donnergrollen, auf den offenen Straßen ist ein solches Eilen und Schreien, ein solches Rennen und Reiten, ein solches Klappern der Fenster und Rüt-

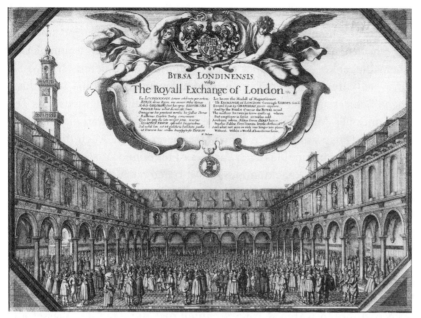

Die Warenbörse – Royal Exchange –, hier dargestellt von W. Hollar (1644), entstand in elisabethanischer Zeit und wurde Umschlagplatz für Waren aus aller Welt. Im Obergeschoss, hinter der mit Königsstatuen dekorierten Fassade, befanden sich Geschäfte.

teln der Türen, ein solches Rufen nach Getränken und Bestellen von Fleisch und Verlangen nach der Rechnung, dass ich jedes Mal wieder wahrhaftig glaube, ich sei in einer Stadt im Kriegszustand.» Das Erlebnis des Londoner Lärms weckt wie von selbst die Vorstellung von Gewalt und Tätlichkeit. Die hölzernen und vergipsten Häuser zu beiden Seiten der Hauptverkehrsadern wirkten als Schalltrichter, so dass ein charakteristisches Merkmal Londons im 16. Jahrhundert wohl das beständige Murmeln von Stimmen war, die sich zu einem einzigen, inständigen Gespräch verdichteten; man könnte es das Gespräch der Stadt mit sich selbst nennen.

Es gab Stellen, wo die Stimmen eine derartige Schärfe und Intensität erreichten, dass man sie ebenfalls als einen Londoner Klang kennzeichnen konnte. So war der Innenraum der St Paul's Cathedral für seine besondere Klangfarbe bekannt. Um noch einmal Bruce Smith zu zitieren: «Das Geräusch in ihr ist wie das von Bienen, ein sonderbares Summen oder Brummen, gemischt aus Stimmen und Schritten: eine Art von stillem Dröhnen oder lautem Flüstern.» Die Königliche Börse, wo sich Kaufleute aus der ganzen Welt versammelten, war «gewölbt und hohl und hat ein Echo, das jedes Wort vervielfacht, das gesprochen wird». Ein großer Widerhall als Mittelpunkt des Welthandels – es ist, als könne die Lenkung der Finanzen nur unter Donnergetöse erfolgen. Nicht anders die Schankwirtschaften, in welche sich die Börsenhändler und Kaufleute nach getaner Arbeit zurückzogen: «Hierher kommen die Männer, um fröhlich zu sein; aber in Wahrheit machen sie nur Radau.» Das beharrliche Geräusch an den Stätten der Macht und der Spekulation sind also die erhobenen Männerstimmen. Samuel Johnson bemerkt einmal zum Thema Schenke: «Mein lieber Herr, es gibt keinen anderen Ort, wo Sie umso willkommener sind, je mehr Radau Sie machen.» Eine aufschlussreiche Bemerkung, da sie auf das Theatralische und Aggressive als Teil des Londoner Auftretens verweist; je mehr «Radau» man macht, desto mehr wird man zum echten Bewohner dieser Stadt. Auch die Theater waren erfüllt vom unablässigen Lärm der Höker und Ausrufer; alle redeten durcheinander, knackten Nüsse und riefen nach Bier.

Draußen auf der Straße hörte man die Glocken, die Lastwagen, die Rufe, das Knarren der Ladenschilder im Wind. Doch gab es noch ein anderes Geräusch, das späteren Generationen von Londonern nicht mehr so vertraut war: das Rauschen strömenden Wassers. Im 16. Jahrhundert war die Stadt von Flüssen und Bächen durchzogen. Das Fließen des Wassers in fünfzehn Kanälen vermischte sich mit den Geräuschen der Themse und ihrer schwappenden Gezeiten, die auf allen flussnahen Gassen und Wegen zu hören waren. Große Schaufelräder pumpten das Wasser aus der Themse in kleine Holzröhren, und ihr ewiges Ächzen und Singen bereicherte das überwältigende Rauschen der Stadt.

Noch 1682 war es derselbe endlose Klang, wie ein immerfort wiederholter, großer Jubelruf. «Bei Sturm entschlummr' ich, erwach' bei Donner», dichtete damals Sir John Oldham. Er beschwor das «Klirren» der «rastlosen Glocken» sowie

> der Säufer Grölen, der Nachtwächter Reim,
> der Läden Lärm, wo Höker morgens schrei'n.

Angespielt wird hier auf eine Stadt, die immerzu hellwach ist; ihre Regsamkeit geht nie zu Ende, weder bei Tag noch bei Nacht. Auch im 17. Jahrhundert war London noch eine Stadt der Tiere ebenso wie der Menschen. Der Schriftsteller Samuel Pepys, dessen Tagebuch und Korrespondenz ein Bild dieser Epoche liefern, wurde eines Nachts von einem «verdammten Radau zwischen einem Sauschneider, einer Kuh und einem Hund» gestört. Die Laute von Pferden, Rindern, Katzen, Hunden, Schweinen, Schafen und Hühnern, die in der Hauptstadt gehalten wurden, vermengten sich auch mit dem Geräusch der großen Tierherden, die nach Smithfield und zu den anderen offenen Märkten getrieben wurden; London fraß das flache Land auf, so jedenfalls sagte man, und das Schmatzen, das dieser alles verzehrende Appetit von sich gab, war allenthalben zu hören.

In einem gewissen Sinne betrachtete man diesen Lärm als typisch für die Londoner «Ungebundenheit» mit ihrer fließenden Grenze zwischen Anarchie und Freiheit. In einer Stadt, in der unausgesprochen ein egalitärer Geist wehte, hatte jeder Bewohner das Recht, sich mit endloser, lärmender Expressivität zu entfalten. Auf einem Kupferstich von 1741, *The Enraged Musician* (s. Farbteil), zeigt Hogarth, welche Lärmquellen einen auswärtigen Musikus zur Weißglut bringen: ein Sauschneider (vielleicht ein Nachfahre dessen, der Pepys belästigt hatte?), heulende Katzen, ein kleines Mädchen mit seiner Rassel, ein kleiner Junge mit seiner Trommel, der Ruf eines Milchmädchens, das wehleidige Geleiere eines Balladenverkäufers, ein Scherenschleifer und ein Zinngießer bei Ausübung ihres Gewerbes, ein Glockenspiel, ein Papagei, ein wandernder «Hoboist» oder Oboenspieler, ein fluchender Müllkutscher und ein bellender Hund. Das Bedeutsame ist, dass es sich bei diesen verschiedenartigen Vignetten ausnahmslos um typische und vertraute Londoner Originale handelt. Hogarth feiert hier die Geräusche der Stadt als einen Wesensaspekt ihres Lebens. Es ist das Vorrecht der Londoner, laut zu sein; Lärm ist daher ein natürlicher und unvermeidlicher Bestandteil ihres Daseins. Ohne dieses Recht müssten zum Beispiel viele Verkäufer und Straßenhändler zugrunde gehen.

William Hogarth (1697–1764) karikierte in seinen Kupferstichen und Gemälden die Londoner Gesellschaft wirkungsvoll. Das Hogarth's House im Stadtteil Chiswick birgt eine umfangreiche Sammlung seiner Werke.

Wer als Besucher nach London kam, vermochte natürlich die unausgesprochene Begeisterung Hogarths für diesen heimischen Aufruhr nicht unbedingt zu teilen. In Tobias Smolletts Roman *Humphry Clinker* aus dem Jahr 1771 sagt der Titelheld: «Ich schrecke jede Stunde aus dem Schlaf, geweckt von dem grässlichen Lärm der Nachtwächter, die in jeder Straße die Stunde ausrufen und an jede Türe hämmern», womit veranschaulicht wird, dass sogar die Zeit durch Schreien aufgedrungen werden kann. Morgens ist es nicht anders: «Ich fahre aus dem Bett hoch zufolge des noch schrecklicheren Weckens durch Bauernkarren und lärmige Landleute, die unter meinem Fenster ihre grünen Bohnen ausschreien.» Wie die Zeit muss sich der Handel durch raue Töne verständlich machen. Joseph Haydn klagte, er würde am liebsten wieder nach Wien zurückfliehen, um mehr Ruhe zum Arbeiten zu haben, denn der Lärm, den das gemeine Volk mache, wenn es auf der Straße seine Waren verkaufe, sei unerträglich. Doch dafür gab es andere, die so sehr wünschten, in den Geist Londons einzutauchen, dass sie sich über den Tumult freuten und ihn umarmten wie eine Geliebte. Als Boswell 1762 zum ersten Mal nach London kam, schrieb er: «Der Trubel, die Menschen, der Glanz der Läden und Ladenschilder versetzten mich in einen angenehmen Taumel.» Er näherte sich der Hauptstadt über Highgate, von dessen Anhöhe er den Lärm schon vernommen haben muss.

Das Gefühl für diesen verstörenden, fast transzendenten Klang war im Wesentlichen eine Entdeckung des 19. Jahrhunderts, als London den Mythos der Großstadt verkörperte. Sein Lärm wurde zu einem Aspekt seiner Mächtigkeit und seines Schreckens – zu einem Numinosum. 1857 beschrieb Charles Manby Smith in einem Buch mit dem paradoxen Titel *The Little World of London* «jenes undefinierbare Brausen eines fernen, aber allgegenwärtigen Geräuschs, welches uns sagt, dass London auf den Beinen ist, und das zu einem betäubenden Brüllen anschwillt, wenn der Tag älter wird und nun sacht, aber beständig zum Ohr emporsteigt». Das «Brüllen» gemahnt hier an ein großes Tier; noch bezeichnender ist aber dieses Gefühl eines kontinuierlichen, fernen Rauschens, als sei es eine Art der Meditation oder des Nachsinnens über sich selbst. In derselben Erzählung lesen wir von dem «ununterbrochenen, krachenden Toben betäubender Geräusche, die davon künden, wie der Strom von Londons Lebensblut durch seine tausend Kanäle rauscht – eine Erscheinung jedoch, deren der geborene Londoner nicht unbehaglicher inne wird als der indianische Wilde der nie verstummenden Stimme des Wasserfalls, an dessen Fuß er kauert». London wird in dieser Metaphorik mit einer Art Naturgewalt identifiziert; gleichzeitig gesteht es heimlich die Wildheit seiner Bürger ein, an einem Ort, der nicht zu zähmen ist.

Das stetige Geräusch der Stadt wurde abwechselnd mit den Niagarafällen in ihrer unerbittlichen Beharrlichkeit und mit dem menschlichen Herzschlag verglichen. Es ist intim und doch unpersönlich, wie das Rauschen des Lebens selbst. Oder wie Shelley schreibt:

«London: that great sea whose ebb and flow / At once is deaf and loud, and on the shore / Vomits its wrecks, and still howls on for more.»
Percy Bysshe Shelley (1792–1822), Dichter der englischen Romantik.

London: mit Ebb' und Flut das große Meer,
taub ist's und laut zugleich, und an den Strand
speit's seine Wracks, und heult doch noch nach mehr.

Die Adjektive «taub» und «laut» rufen die Vorstellung mitleidloser Regsamkeit auf, das Verbum «heulen» lässt gleichermaßen an Angst, Schmerz und Wut denken. Das Geräusch verrät Gier und Hilflosigkeit, wie in einem nie endenden Säuglingszustand.

Ein gefeierter Amerikaner, James Russell Lowell, hat im 19. Jahrhundert geschrieben: «Ich bekenne, dass ich niemals an London denken kann, das ich liebe, ohne an jenen Palast zu denken, den David für Bathseba erbaute, in Hörweite von einhundert Flüssen – Flüssen des Denkens, des Verstandes, der Tätigkeit. Etwas anderes noch beeindruckt mich an London mehr als jeder andere Laut, den ich je gehört, und zwar das tiefe, unablässige Dröhnen, das man immer in der Luft hört; es ist kein bloßer Zufall, wie ein Unwetter oder ein Wasserfall, sondern er ist eindrucksvoll, weil er immer Willen und Antrieb und bewusste Bewegung des Menschen anzeigt; und ich bekenne, dass ich bei diesem Hören fast das Gefühl habe, dem dröhnenden Webstuhl der Zeit zu lauschen.»

Hier haben wir eine weitere Vorstellung des Numinosen: London wird zum Sinnbild der Zeit selbst. Die großen «Flüsse» des Denkens und des Verstandes versiegen nie; sie ähneln – um die Metapher zu wechseln – kosmischen Winden. Aber ist der Laut der Stadt auch der Laut der Zeit selbst? Das Rauschen würde dann durchfurcht vom Sausen der Zukunft in die Vergangenheit, jenem unabänderlichen Vorgang, der in einem «gegenwärtigen», nie wirklich zu erhaschenden oder zu erkennenden Augenblick stattfindet. Der Laut wäre dann der eines gigantischen Verlustes, jenes «Heulen», von dem Shelley schreibt. Um mit T. S. Eliot zu reden, einem Dichter, dessen Vision von Zeit und Ewigkeit unmittelbar dem Erlebnis London entsprang: «Alle Zeit ist unwiederbringlich.» Auch London ist unwiederbringlich, und wir können uns sein Rauschen zusammengesetzt denken aus einer ungeheuren Menge von subjektiven Privat-Zeiten, die ständig ins Nichtsein entweichen.

Doch auch inmitten dieses Mahlstroms war es möglich, spezifische Londoner Laute herauszuhören, die nur diesem und keinem anderen Ort des 19. Jahrhunderts angehörten: die Klänge der «deutschen Kapelle» mit Horn und Posaune und Klarinette; das klagende Leiern der Drehorgel und des Drehpianos; die «Lucifer»-Rufe des alten Mannes mit den Zündhölzern; das Rumpeln des Straßenkehrichtkarrens, gezogen von großen Rossen, die «ein Kopfputz aus klingenden Glöckchen schmückt»; das unablässige Klappern der Pferdehufe, das, als es in London verstummte, die Stadt verarmt zurückließ. «Mir wird das nächtliche Trappeln der Pferde fehlen; das waren dir einmal gute Kameraden!», sagte eine Londoner «Dame». Natürlich gab es das ständige Geräusch von Rädern, rastlos sich drehend aus eigener, unwiderstehlicher Wucht. 1837 schrieb ein Journalist: «Dem Ohr des Fremden ist das unablässige, laute Rasseln der unzähligen Fahrzeuge, die auf den Straßen Londons verkehren, eine unerträgliche Belästigung. Die Unterhaltung mit einem Freund, dem man zufällig am Mittag begegnet, ist ein Ding der Unmöglichkeit ... man versteht kein Wort von dem, was der andere sagt.»

Viele der Hauptdurchgangsstraßen wurden in den dreißiger Jahren des 19. Jahrhunderts mit einem hölzernen Straßenbelag versehen – zwei besonders markante Beispiele waren die Oxford Street und die Strand –, aber dem Rauschen der Stadt konnte eigentlich nichts widerstehen. In seinem Roman *Der seltsame Fall des Dr. Jekyll and Mr. Hyde* (1886) schreibt Robert Louis Stevenson von dem «dunklen Knurren ringsherum». In einer Tennyson-Biographie wird erwähnt, dass der Dichter «immer von dem ‹kernigen Dröhnen› Londons entzückt war». «Das ist die Stimmung, die ihm Seele gibt», sagte er zu seinem Sohn. Auch Charlotte Brontë hörte dieses Dröhnen und wurde von ihm zutiefst aufgewühlt. In jedem Augenblick wird die Gegenwart von etwas Lebendigem registriert, sei es auch mit einer gewissen Unruhe; es ist ein einziges, großes Leben, das die Summe vieler einzelner Leben ausmacht, so dass am Ende von *Little Dorrit* die kleine Heldin und ihr Mann «ruhig die tosenden Straßen hinuntergingen, unzertrennlich und gesegnet; in Sonnenschein und Schatten schlenderten sie dahin, während die Lauten und Eiligen, die Hochfahrenden und Trotzigen und die Eitlen sich spreizten und scheuerten und ihren üblichen Aufruhr veranstalteten.» Die «Gesegneten» schweigen, wie Fremde in der Stadt, aber die «Eiligen» und die Rastlosen treiben weiter ihren Aufruhr. Oder besser gesagt: der Klang Londons vermittelt sich durch sie.

Er veränderte sich im Lauf des 20. Jahrhunderts. Wer dessen Beginn miterlebte, erinnerte sich an das Geräusch der großen, von Pferden gezogenen Planwagen und an das apoplektische Schnaufen der Omnibusse, vermischt mit dem seltsam friedlichen und beglückenden Klang der Pferdehufe. Es ist vielleicht kein Wunder, dass uns jene Autoren, die in den ersten Jahrzehnten des 20. Jahrhunderts in London wohnten, ein Entzücken an diesen Geräuschen einflößen; es ist, als hätten sie geahnt, dass deren Untergang bevorstand.

1929 hatte – dem *Journal of the London Society* zufolge – eine Abordnung der British Medical Association im Gesundheitsministerium vorgesprochen, um darauf hinzuweisen, dass der «Großstadtlärm» eine «Gefahr für die öffentliche Gesundheit» darstelle. Statt dass man das Lärmen Londons als Zeichen für das Leben selbst oder zumindest für die Vitalität der Stadt gefeiert hätte, wurde es jetzt als schädlich und unwillkommen aufgefasst. Es war einförmiger und monotoner geworden, so dass es zwei Jahre später in einem Bericht heißen konnte: «Die Menschen beginnen gegen diesen störenden und quälenden Faktor in ihrem Leben zu rebellieren.» Der Lärm war unpersönlicher geworden, und als Antwort auf sein entmenschlichendes Potential wurde die Maßeinheit «Dezibel» eingeführt. Für das, was man jetzt als Belästigung empfand, wurden unterschiedliche Quellen ausgemacht. In sonderbarem Kontrast zu Hogarths lärmgeplagtem Musiker, der immerhin von menschlichen

Geräuschquellen umgeben ist, sind die neuen Friedensstörer jetzt, um 1930, der Presslufthammer, die Automobilhupe, die Baustellen und das Pfeifen der Dampflokomotive, das als «scharf und kreischend» empfunden wird. Es wurde viel Aufhebens gemacht von dem «unnatürlichen» Charakter des Londoner Lärms – «eine Nietmaschine entspricht 112 Dezibel, während es ein Donner nur auf 70 bringt» –, womit die alte Vorstellung von der Großstadt wiederkehrt, die ihrem Wesen nach den natürlichen Gesetzen des Wachsens und Reifens widerspricht. Es wurde auch unterstellt, dass der Londoner Lärm einen schädlichen Einfluss «auf Gehirn und Nervensystem» ausübe und Unkonzentriertheit und allgemeine Erschöpfung hervorrufe.

Ein besonderes Gespür für diese Veränderung des Londoner Lärms bewies D. H. Lawrence. Im ersten Jahrzehnt des 20. Jahrhunderts hatte er darin einen Ausdruck für «das ungeheure, tosende Herz jedes Abenteuers» erblickt; der Akzent lag auf «Tosen» und «Aufruhr» als Zeichen der Erheiterung; dann aber war der Verkehr «zu schwer» geworden. Das war auch der Tenor offizieller Berichte, so dass vermutet werden darf, dass der Schriftsteller hier an eine echte Änderung rührte. «Der Londoner Verkehr toste einst mit dem Geheimnis des menschlichen Abenteuers auf den Meeren des Lebens», jetzt aber «summt er wie monotone, ferne Kanonen, mit der Monotonie des Zermalmens – die Erde zermalmen, das Leben zermalmen, alles zermalmen, bis es tot ist.»

Der wiederholte Verweis auf die Monotonie ist charakteristisch für Beschreibungen des modernen Londoner Lärms. Virginia Woolf beschreibt das Rauschen des Verkehrs als «verdichtet zu einem einzigen Klang, stahlblau, kreisförmig», was die Künstlichkeit oder Unpersönlichkeit der umgebenden Geräusche treffend wiedergibt. Heute wird überdies von einem schwebenden Summen berichtet, das überall zu hören sein soll. Es ist eine Begleiterscheinung der Leuchtstoffröhren oder der riesigen elektronischen Systeme, die unter der Oberfläche der Stadt Tag und Nacht arbeiten; es bildet das leise «Hintergrundrauschen», das andere Geräusche überdeckt. Der Lärm der Autos und Kühlanlagen hat die Londoner Luft verändert, hauptsächlich durch eine Reduktion der Mannigfaltigkeit der Klänge. Das große Tosen Londons im 19. Jahrhundert hat an Intensität verloren, doch seine Auswirkungen haben sich verbreitet; aus der Ferne könnte man es an einem unaufhörlichen Mahlgeräusch erkennen. Die Metaphorik liefert nicht mehr das Meer, sondern die Maschine. Dem pochenden «Herzen» Londons sind keine menschlichen oder natürlichen Eigenschaften mehr beizulegen.

Der Klang der menschlichen Stimme, einst ein Wesensmerkmal der Straße, ist heute fast von ihr verbannt – bis auf die einzelne Stimme, die den Anruf des Mobiltelefons beantwortet, jedoch lauter und abrupter, als es im normalen Gespräch geschähe. Trotzdem gibt es zwei Aspekte der Londoner Klanglandschaft, die gleich geblieben sind. Seit Jahrhunderten ist vom gebürtigen Londoner bekannt, dass er lauter spricht als seine Zeitgenossen, ja dass er eine ausgeprägte Neigung zum Schreien hat. London ist ein einziger, nicht weichender und nicht endender Schrei geworden. Und es gibt ein weiteres charakteristisches Geräusch. Wenn man zu einer beliebigen Tageszeit beispielsweise in der Lombard Street steht, dann hallt diese schmale Straße wie viele andere in der Nachbarschaft von hastigen Schritten wider. Es ist seit vielen Hunderten von Jahren ein kontinuierlicher Klang mitten in der Altstadt von London, und vielleicht ist ja dieses stete Echo eilender Schritte der wahre Klang dieser Stadt in ihrem Wandel wie in ihrer Dauer.

6. Schweigen ist Gold

An Sonn- und Feiertagen verfällt die Lombard Street, seit dem Mittelalter Londons Bankzentrum, in Schweigen. In die ganze Altstadt zieht wieder Stille ein.

Die Geschichte seines Schweigens ist eines der Geheimnisse Londons. Man hat von dieser Stadt gesagt, dass sie ihre ruhmreichsten Seiten verbirgt, und diese Beobachtung ist trefflich geeignet, die Natur des Schweigens in London zu erklären. Es überfällt den Fußgänger oder Reisenden plötzlich und unerwartet; von einem Augenblick zum anderen badet es förmlich alle Sinne, so als träte man aus hellem Licht in ein verdunkeltes Zimmer. Doch wenn der Londoner Lärm von Vitalität und Tatkraft zeugt, dann muss das Schweigen eine zwiespältige Erscheinung im Leben der Stadt sein. Es mag Frieden und Ruhe verströmen; es kann aber auch eine negative Kraft sein. Die Geschichte der Stadt ist durchfurcht von Augenblicken des Schweigens: das Schweigen der Bürgerversammlung, als Richard III. 1483 zum König vorgeschlagen wurde, das trostlose Schweigen nach dem Brand von 1666.

Und da war das Schweigen der Stadt im 16. Jahrhundert, wenn Schlag Mitternacht der letzte Ruf des Tages verklang:

> Auf die Türe gebt Acht,
> auf Feuer und Licht,
> und nun gut' Nacht!

Natürlich war die Londoner Nacht auch dann nicht ganz ruhig. Welche Londoner Nacht könnte es jemals sein? Das Bedeutsame ist der Kontrast in einem fast theatralischen Sinne, weil er ein Verbot für die natürliche Rührigkeit der Bürger markiert. In diesem Sinne ist das Schweigen Londons in der Tat unnatürlich. In einem Gedicht aus dem 17. Jahrhundert gibt uns Abraham Cowley zu verstehen, dass London, wenn alle Bösewichte und Narren aus der Stadt auszögen, «zur Ödnis schier» werde; Lärm und Geschäftigkeit sind demnach nicht zu trennen von Sünde und Torheit. In diesem Sinne konnte London niemals eine stille Stadt sein.

Die Abwesenheit von Lärm wurde als einer der vielen Kontraste dieser Metropole wahrgenommen. Ein Reisender bemerkte im 18. Jahrhundert, dass in den kleineren, zur Themse hinunterführenden Seitenstraßen der Strand eine «so ergötzliche Stille» herrsche, dass sie fast mit Händen zu greifen sei. Als der amerikanische Altertumskenner Washington Irving durch die Anlagen des Temple hinter der Fleet Street streifte, «sonderbar inmitten des schmutzigsten Verkehrs gelegen», trat er auch in das Schweigen der Templerkapelle. «Ich kenne keine eindrucksvollere Lehre für den Weltmenschen», schreibt Irving, «als sich solcherart plötzlich abzuwenden

Holbein Gate in Whitehall

von der Hauptstraße des flinken Geldes, das dem Leben nachjagt, und sich niederzusetzen unter diesen schattengleichen Grabmalen, wo alles Dämmerlicht, Staub und Vergessen ist.» Hier wird das Schweigen zu einem Vorboten der Ewigkeit, verbunden mit der Ahnung, dass London einst aus einem großen Schweigen hervorging und dermaleinst dahin zurückkehren wird.

Der große *locus solus* der Stille, mitten in dem überwältigenden Londoner Lärm des 19. Jahrhunderts, erhielt also einen fast sakralen Status. Auch ein anderer amerikanischer Schriftsteller jener Zeit, Nathaniel Hawthorne, betrat ihn, nachdem er sich in Holborn verlaufen hatte. Er ging «durch einen gewölbten Eingang, über dem das ‹Staple Inn› war … aber in einem nach innen sich öffnenden Hof standen in umschließender Abgeschiedenheit mehrere stille Wohnhäuser … es gab kein ruhigeres Fleckchen Erde in England als dieses. In allen den Jahrhunderten, seit London erbaut ward, hat es seine tosenden Wogen nicht über diese kleine Insel der Stille zu spülen vermocht.» Hier zieht das Schweigen seine Macht aus dem Umstand, dass es dem Londoner Lärm zu widerstehen wusste, und hat dabei selbst die Qualität des Ungeheuren angenommen – «es gab kein ruhigeres Fleckchen Erde in England».

Auch Dickens kannte diesen Innenhof gut und verwendet ihn in *Das Geheimnis um Edwin Drood*. «Es ist einer jener Winkel, in welche von der lärmigen Straße abzubiegen dem erleichterten Fußgänger das Gefühl verschafft, als habe er sich Watte in die Ohren gestopft und Samtsohlen an die Stiefel getan. Es ist einer jener Winkel, wo ein paar rauchgeschwärzte Spatzen auf rauchgeschwärzten Bäumen zwitschern, als riefen sie einander zu: ‹Komm, spielen wir Landleben!›» Dieser Stille eignet also fast etwas Theatralisches, so als habe die Künstlichkeit Londons auf sie abgefärbt. Es ist keine natürliche Stille, sondern ein «Spiel», einer von vielen heftigen Kontrasten, welche die Bewohner Londons aushalten müssen. In diesem Sinne ist sie durchaus zwiespältig; sie kann zu friedlicher Kontemplation anregen, sie kann aber auch Angst hervorrufen.

Als Hawthorne seine Pilgerreise zu den Zentren der Stille fortsetzte – die Reise eines Altertumsforschers, der beweisen wollte, dass das «moderne» London noch nicht endgültig den Sieg über die stumme Vergangenheit davongetragen hatte –, kam er auch auf das Gelände von Gray's Inn, der berühmten Rechtschule. «Es ist sehr merkwürdig, noch so viel antike Ruhe im Rachen des Großstadtmonsters zu finden», schreibt er und bekräftigt seine Ahnung, dass Lärm eine Folge von Unaufmerksamkeit oder von Dummheit ist. Es ist eine Stille, die an der Vergangenheit teil hat und die Gegenwart erlöst. «Nichts anderes in London ist so sehr der Wirkung eines Zaubers vergleichbar, als unter einem dieser Bogengänge zu wandeln und sich aus dem Wirrwarr, Trubel, Tumult und Aufruhr dieser jetzigen Stunde, gleichsam dem Kondensat aus einem Menschenalter von Werktagen, versetzt zu finden in das, was wie ewiger Sabbat erscheint.» Die Stille ist also das Pendant zu den heiligen Tagen des Ausruhens. Die Stille ist das Geräusch des *Nicht*-Arbeitens, des *Nicht*-Geldverdienens.

Der Londoner Sonntag ist für seinen trüben und entmutigenden Charakter bekannt. In London kann das Fehlen von Lärm und Regsamkeit besonders entnervend wirken. Der französische Reisende Gabriel Mourey bemerkte über das sonntägliche London: «Es ist wie eine tote Stadt; alle Spuren von Leben und Tätigkeit der letzten sechs Tage sind verschwunden.» Jedem falle diese Veränderung auf. Einen solchen Kontrast biete kein anderer Ort der Welt.

Doch gibt es andere Formen der Stille, die auf ein lebendiges Sichrühren vorauszudeuten scheinen. Der Autor von *The Little World of*

London hat sie alle gekannt und gehört. So gab es frühmorgens einen kurzen Augenblick der Ruhe, bevor der ferne Klang von «Pferdehufen und mahlenden Rädern» das Erwachen der Stadt anzeigte. In der Nacht aber «scheint eine tödliche Grabesstille in den menschenleeren Verkehrsadern zu herrschen, wo noch wenige Stunden zuvor die mannigfaltigsten Geräusche das Ohr ablenkten». Diese «so plötzliche und vollständige Stille ... ist von einem feierlichen Ahnungsreichtum», da sie die Vorstellung vom Tode als dem «plötzlichen und vollständigen» Aufhören in sich birgt. Mit anderen Worten: Es ist nicht die Stille auf dem Land, wo die Ruhe als etwas Natürliches und Ungezwungenes erscheint. Die Stille Londons ist ein aktives Element; sie zeichnet sich aus durch offenkundige Abwesenheit (von Menschen und Geschäften) und daher durch Präsenz. Es ist eine gleichsam geschwängerte Stille.

Und darum kann sie den Schlafenden tatsächlich wecken. Ein Einwohner von Cheapside wurde von einem Reporter gefragt, woher er wisse, wann es zwei Uhr morgens sei. «Und er wird Ihnen sagen, was er uns gesagt hat: dass ihn manchmal die Stille der City um diese Zeit aufweckt.» Die Stille kann gleichsam Alarm schlagen. Henry Mayhew bemerkte in bestimmten menschenleeren Londoner Gassen eine «fast peinigende Stille, die überall herrschte», so als verursache das Nichtvorhandensein von Geräuschen körperliche oder seelische Qual. Die Stille kann auch auf das bezogen werden, was der Dichter James Thomson «das Verhängnis einer Stadt» nennt. Viele Bilder feiern den stummen Stein. Die Londoner Altstadt bei Nacht – man hat sie auch «die Stadt der Toten» genannt – soll Ähnlichkeit mit einem «prähistorischen Urwald aus Stein» haben. Ein Autor der großen Buchreihe *London* (herausgegeben von Charles Knight und erschienen 1841) denkt über die Stadt nach, «wenn ihre Straßen still und ihre Häuser unbewohnt sind – wie kann uns ein so rührender Anblick erregen und ängstigen?» Das Aufkommen dieser Stille versetzt den Autor in eine eigentümliche Erregung, so als verkörpere sie die Austilgung jeder menschlichen Energie.

Im 19. Jahrhundert kann das Schweigen der Stadt ein geradezu religiöses Gefühl der Transzendenz herbeiführen; so schrieb Matthew Arnold in den Kensington Gardens, wo sich Frieden und Schweigen gegen «der Menschen gottvergessenes Toben» und «das Summen der Stadt» behaupten, folgende Zeilen:

> Weltseele, sanfte! schenke mir,
> in allem Streit der Stadt zu hören
> den Frieden, welcher kommt von dir,
> den wir nicht schufen, nicht zerstören.

Calm Soul of the things! Make it mine / To feel, amid the city's jar, / That there abides a peace of thine, / Man did not make, and cannot mar.
Matthew Arnold

So kann diese Stille zur Erkenntnis der «Weltseele» führen. Charles Lamb wiederum erblickte in ihr ein Zeichen für alles Verlorene und Vergangene, während andere sie für einen Ausfluss oder Ausdruck des Heimlichen und Verborgenen hielten. Dann wird die Stille zu einem weiteren Aspekt dessen, was ein zeitgenössischer Kritiker die «Unerkennbarkeit» Londons nennt. Auf jeden Fall übten im 19. und 20. Jahrhundert, wie Julian Wolfreys in *Writing London* bemerkt, «der versteckte Innenhof, der verschwiegene Platz, der unbeachtete Portikus» eine unklare Faszination aus, so als existiere das Geheimnis Londons allein in seiner Stille. Es ist das Geheimnis, das Whistler in seinen *Nocturnes* beobachtet und dem Generationen von Londonern in stillen Straßen und wundersamen Seitenwegen begegnet sind.

Fountain Court im Temple, im Inns of Court, ist solch ein heiliger Ort, der sich bis ins 21. Jahrhundert scheinbar unverändert tröstlich erhalten hat – mit Platanen und einem kreisrunden Wasserbecken, aus dem ein einziger Wasserstrahl unter den Bäumen aufstrebt. Tief und dauerhaft ist auch das Schweigen über dem Friedhof von Tower Hamlets, im Herzen des East End. Stille liegt über dem Platz vor St Alban the Martyr, abseits des geschäftigen Holborn, und plötzliche Stille umfängt einen am Keystone Crescent bei der Caledonian Road. Es gibt die Stille der Kerry Street in Kentish Town, des Courtenay Square bei der Kennington Lane, des Arnold Circus in Shoreditch. Und es gibt die Stille der Vororte draußen, die noch darauf warten, in den unaufhaltsam näher rückenden Strudel des Londoner Lärms hineingerissen zu werden.

Vielleicht sind diese Oasen der Stille unentbehrlich für die Harmonie der Stadt selbst; vielleicht braucht London diese Antithese, um sich selbst recht definieren zu können. Sie ist wie das Schweigen der Toten, auf dem London ruht, die Stille als Zeichen des Übergangs und der letztlich folgenden Auflösung. So werden im Leben dieser Stadt Vergessen und Wachheit, Stille und Lärm einander stete Begleiter bleiben. Wie heißt es in *Die Stadt der schrecklichen Nacht – City of the Dreadful Night –*, dem großen Londongedicht von James Thomson aus dem Jahre 1874:

> *Thus step for step with lonely sounding feet*
> *We travelled many a long dim silent street.*

> Wir gingen Schritt um Schritt mit wehem Klang
> so manche Straße, dunkel, still und lang.

«So wie die englischen Universitäten ihre Colleges entwickelten, errichteten die englischen Juristen ihre Inns of Court. Während der Regierungszeiten der ersten drei Eduarde (1272–1377) gruppierten sie ihre Hallen, Bibliotheken und Wohnstätten auf dem früheren Gelände der Tempelritter ...»
G. M. Trevelyan, Geschichte Englands

London im Spätmittelalter

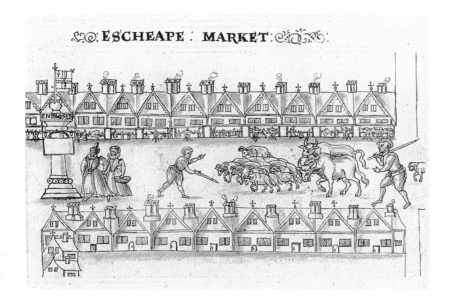

*Eine Abbildung des Marktes von East Cheap aus der
Tudorzeit (1485–1603); die vielen Geschäfte im Hintergrund
zeigen, wie gefragt Fleisch in London war.*

7. Die Zünfte und die Kirchen

In den letzten Monaten des Jahres 1348 suchte «der Tod» London heim und vernichtete 40 Prozent der Bevölkerung. 50 000 Menschen mögen innerhalb der Stadtmauern gestorben sein. Noch zehn Jahre später war ein Drittel der städtischen Fläche unbewohnt. Die Heimsuchung hieß «der Tod» oder auch «die große Pest» und kehrte elf Jahre später mit ungewöhnlicher Virulenz wieder. Für den Rest des 14. Jahrhunderts blieb London (wie die meisten europäischen Städte) von der Beulenpest bedroht. Es war keine typische Großstadtkrankheit, aber sie gedieh unter städtischen Bedingungen; übertragen wurde sie durch Ratten, die im Stroh der mittelalterlichen Gebäude wohnten, sowie durch die Atemluft.

Doch London scheint abgehärtet gegen Katastrophen, und so lässt nichts in der Geschichte dieser Zeit auf einen Hiatus schließen. Es hieß zwar, in der Stadt seien nicht genug Lebende übrig, um die Toten zu begraben, aber denen, die überlebten, bot die Seuche eine unvergleichliche Chance des Blühens und Gedeihens. So wurden viele wohlhabend, weil ihnen eine unerwartete Erbschaft zufiel; für andere bedeutete die Nachfrage nach Arbeitskräften, dass ihr Marktwert größer geworden war, als sie gedacht hatten. Das späte 14. Jahrhundert war eine Zeit, in der viele Familien, Tagelöhner ebenso wie Kaufleute, aus der Provinz in die große Stadt zogen, um hier ihr Glück zu machen. Aus dieser Zeit datiert die apokryphe Geschichte von Dick Whittington, die wieder einmal die Mär von London als dem «Cockaigne», das heißt dem Land der Cockneys oder dem Schlaraffenland, verbreitete.

Der Legende nach lockte das Glockengeläut den armen Lehrling Richard Whittington nach London. Er wurde fünfmal Bürgermeister – Londons bekanntester Lord Mayor.

Der historische Richard Whittington, der bei seinem Tod 1423 sein gesamtes großes Vermögen für wohltätige Zwecke vermachte, war Mitglied der Seidenhändlergilde, und die Geschichte Londons ist nicht zu verstehen, wenn man nicht auch die Natur dieser Bruderschaften versteht, die die Regelung ihrer Arbeit mit religiösen Observanzen und kirchlichen Verpflichtungen verbanden. London mag nicht gerade als «Gottesstaat» auf Erden anerkannt worden sein; dennoch hielten viele spätmittelalterliche Gelehrte die Stadt für ein Abbild des menschlichen Daseins und menschlicher Harmonie.

Seit der Zeit der Sachsen scheint es Handelsgilden, *gegildan*, gegeben zu haben, später als «Schutzgilden» bekannt, die auch militärische oder

Die Wappen einiger Zünfte:

Seidenhändler

Tuchhändler

Fischhändler

Kürschner

Weinhändler

Verteidigungsfunktionen erfüllten. Im 12. Jahrhundert erhielten bestimmte Gewerbe, zum Beispiel Bäcker und Fischhändler, die Erlaubnis, ihre eigenen Steuern einzunehmen, ohne von der königlichen Verwaltung in «Pacht» genommen, das heißt verzollt zu werden. Im Zuge einer parallelen, wiewohl hiermit nicht unmittelbar zusammenhängenden Entwicklung sehen wir die verschiedenen Gewerbe sich in den einzelnen Stadtgebieten konzentrieren; die Bäcker ließen sich in der Bread Street nieder, während die Fischhändler in der Friday Street anzutreffen waren (gute Katholiken aßen freitags kein Fleisch).

Das Wachstum der in einer bestimmten Gegend angesiedelten Handwerksgilden ist nicht zu trennen von den Kirchspielgilden in derselben Nachbarschaft. So pflegten sich die Gerber, die ihrem geruchsintensiven Gewerbe an den Ufern des Fleet nachgingen, in ihrer eigenen «Bruderschaft» im Karmeliterhaus in der Fleet Street zu treffen. Ende des 13. Jahrhunderts gab es annähernd zweihundert Bruderschaften, in denen sich Gewerberegulierung und religiöse Observanz vermengten. So sind von der Kirche St Stephen in der Coleman Street drei Bruderschaften überliefert, während es in St James Garlickhythe eine «kleine Kompanie» von Schreinern gab. Es war ein typisch spätmittelalterliches Gebilde, das dieser sich selbst regulierenden und erhaltenden Gemeinschaft das Gedeihen in einer rapide wachsenden Stadt verbürgte. Anfang des 14. Jahrhunderts wurde in einem königlichen Privilegium formell verkündet, dass niemand ein bestimmtes Handwerk ohne die Empfehlung und Bürgschaft von sechs anderen Angehörigen dieses Handwerks ergreifen dürfe; eine weitere Bestimmung sah vor, dass nur Angehörige eines Handwerks das Bürgerrecht der Stadt erwerben konnten. Andersherum gesagt: Nur Bürger konnten einer Handelsgilde angehören. Auf diese Weise erlangten die Zünfte eine enorme wirtschaftliche Machtstellung in der Stadt. So verlangte eine bestimmte Verordnung, Bier und *ale* nur bei freien Männern zu kaufen, die in London das Bürgerrecht besaßen und hier wohnten. Die Rangfolge der Livery Companies, der zwölf wichtigsten Zünfte, ihre innere Struktur, hat sich in fünfeinhalb Jahrhunderten kaum verändert. Die Weinhändler, deren Zunft 1363 gegründet wurde, stoßen noch immer beim Toast fünf Hochrufe aus und erinnern damit an ein Festbankett, bei dem fünf gekrönte Häupter zu Gast waren.

Aber wirtschaftliche Macht war in London auch für politische und soziale Überlegenheit gut, so dass es 1351 und noch einmal 1377 die Handwerker selbst waren, die den Common Council (Gemeinderat) der Stadt London wählten. Es sei auch daran erinnert, dass es «viele Handwerke» und «viele kleine Leute» gab, die sich zu Geschäften einfach in ihrer örtlichen Kirche trafen. Die religiösen und sozialen Zwänge in diesen *mysteries* – dieses Wort hat keine sakrale Bedeutung, sondern kommt vom französischen *métier* [Beruf] – sind unausgesprochen auch in den Verordnungen der Zünfte selbst enthalten, die die Rolle der Ehrlichkeit und des guten Leumunds betonen. So fordert die Satzung der Bruderschaft St Anne in der St Laurence Jewry: «Wer von der Kompanie von schlimmem Ruf seines Leibes wegen ist und andere Weiber denn sein eigenes nimmt, oder wer ein einschichtiger [einzelner] Mann ist und als gemeiner Lüstling oder Lästermaul gilt», der soll ermahnt werden. Bleiben drei solche Warnungen fruchtlos, so soll er hinausgeworfen werden, «damit die guten Männer dieser Kompanie nicht um seinetwillen gescholten werden».

Es gibt andere Aspekte dieser Gildenordnungen, die für die Lebensbedingungen der Zeit typisch sind. In denselben Bestimmungen wird bemerkt, dass jeder, «der lange zu Bett zu liegen pflegt und nach dem Aufstehen nicht ans Werk gehen will, um seinen Unterhalt zu verdienen und sein Haus zu erhalten, sondern in die Schenke geht zum Wein, zum Bier, zu Raufhändeln, zu Geschrei», «für immer aus dieser Kompanie hinausgetan werden soll». Der Genuss alkoholischer Getränke und die Freude an dem, was man «Zuschauersport» nennen könnte, galten offenkundig als unvereinbar mit guten Arbeitsgewohnheiten; dieselben Ermahnungen gegen die Zerstreuungen der Großstadt erteilt im 17. Jahrhundert Daniel Defoe in seinem Buch über den Londoner Handel. Auch «Zänker», «gemeiner Angeber» [Denunziant] oder «Streithammel» finden in den Gilden keinen Platz. Diese Bestimmungen sind typisch für die «kleinen Leute», die ihren «guten Namen» schützen mussten, um in der Hierarchie der Gewerbe nach oben zu gelangen. Die gewöhnlichen Arbeiter oder «Tagelöhner» hingegen versuchten manchmal, sich gegen ihre Auftraggeber zusammenzuschließen; allerdings wusste die städtische Obrigkeit jede derartige «Gewerkschaft» der unteren Arbeiter meistens zu verhindern. Es kam eine Zeit, da die Lebensmittel- und Manufakturgewerbe untereinander bittere Streitigkeiten über Vorrang und Macht austrugen, doch war das nur eine Phase in der kontinuierlichen, rastlosen Entwicklung dieser missvergnügten «unteren» Gewerbe und Berufe, die sich allmählich in das soziale und politische Leben der Stadt vorschoben. Das ist die wahre Geschichte Londons, die hinter den Vorfällen und Ereignissen der öffentlichen Chronik lebt und webt.

Freilich wäre jede Schilderung des mittelalterlichen London unvollständig, die keine Vorstellung davon gäbe, auf wie ausgefuchste und komplizierte Art die katholische Kirche selbst die Lenkerin der städtischen Angelegenheiten blieb. In der einfachen materiellen Sphäre waren die

Administratoren der Kirche die größten Grundbesitzer und Arbeitgeber innerhalb wie außerhalb der Stadtmauern. Viele tausend Menschen weltlichen wie geistlichen Standes verdankten ihren Lebensunterhalt den großen Abteien und Klostergründungen der Stadt; dabei gehörten diesen großen Gemeinschaften auch uralte Ländereien und Herrenhäuser außerhalb der Zuständigkeit der Stadt selbst. So besaß der Bischof von St Paul's das Herrenhaus Stepney, dessen Grundbesitz sich im Osten bis an die Grenzen von Essex und im Südwesten bis nach Wimbledon und Barnes erstreckte; die Domherren dieser Kirche besaßen dreizehn weitere Herrenhäuser, von Pancras und Islington bis Hoxton und Holborn. Diese territoriale Macht ist unmittelbarer Ausdruck einer nicht nur geistlichen, sondern auch weltlichen Herrschaft, die auf eine sehr frühe Zeit zurückgeht; schon während der stetigen Auflösung des romanisierten England und des Zerfalls des römischen Londons waren diese Kirchenfürsten die eigentlich herrschende Klasse des Landes geworden. Der Bischof einer jeden Provinz hatte sich den «Mantel eines römischen Konsuls» umgelegt, und in Ermangelung anderer öffentlicher Institutionen waren die Pfarrkirche und das Kloster zum Mittelpunkt jeder organisierten Tätigkeit geworden. Das ist der Grund, warum die ältesten Verwaltungsakten Londons die Macht der kirchlichen Behörden betonen. «Der Bischof und die zu London gehörenden Vögte», lesen wir im Jahre 900, «machen im Namen der Bürger Gesetze, die vom König bestätigt werden»; so war es üblich, dass ein Prior oder Abt gleichzeitig Alderman wurde. Es gab keine Unterscheidung zwischen weltlicher Macht und geistlicher Macht, weil beide als wesensmäßige Aspekte der göttlichen Ordnung verstanden wurden.

London selbst war eine Stadt der Kirchen, von denen es mehr besaß als jede andere Stadt Europas. In den Mauern der alten City gab es über hundert Kirchen, von denen allein sechzehn der Jungfrau Maria geweiht waren, und man darf den Schluss ziehen, dass viele ursprünglich eine sächsische Gründung und aus Holz erbaut waren. «Jede Straße», betont Walter Besant in *London*, «hatte ihr Kloster, ihren Klostergarten, ihr Priesterkollegium, ihre Mönche, ihre Ablasskrämer, ihre Kirchner und ihre dienenden Brüder.» Das mag übertrieben erscheinen, aber wenn auch nicht jedes einzelne Gässchen sein Kloster oder seinen Klostergarten hatte, so lehrt doch ein Blick auf jeden Stadtplan, dass die Hauptverkehrsadern in der Tat große wie kleine religiöse Einrichtungen beherbergten. Neben den 126 Pfarrkirchen gab es dreizehn Klosterkirchen, darunter St Martin's le Grand und die Priorei St John of Jerusalem, sieben große Mönchsklöster, darunter die Kartäusermönche in der Hart Street, fünf Prioreien, darunter St Bartholomew the Great in Smithfield und St

Saviour's in Bermondsey, vier große Frauenklöster und fünf Priester-
kollegien. Was Hospitäler und Asyle für die Kranken und Bedürftigen
betrifft, so wissen wir von siebzehn solcher Anstalten in so verschiedenen
Gegenden wie Bevis Marks und Aldgate, Charing Cross und St Laurence
Pountney (darunter ein Heim für Geistesgestörte in Barking). Noch
nicht erwähnt haben wir die frommen Stiftungen, die Kirchenschulen
und die Privatkapellen. Es ist ein weiteres Indiz für die Gottesfurcht Londons, dass man im 13. und 14. Jahrhundert diese sakralen Gebäude
ständig umbaute. An der Frömmigkeit der Londoner ist nicht zu zweifeln.

Das Zeugnis mittelalterlicher Londoner Testamente ist hier von einiger Wichtigkeit. So gibt es in den letztwilligen Verfügungen von John
Toker, Weinhändler (1428), Robert Ameray, Lederer (1410), Richard
Whyteman, Wachslichtzieher (1428), und Roger Elmesley, Wachslicht-
ziehergehilfe (1434), Zeichen einer einfachen, aber tiefen Frömmigkeit.
In ihrem Detailreichtum künden diese Testamente von der konkreten
Dingwelt des gewöhnlichen Londoner Lebens. Da werden Handtücher
und Löffel, Betten und Laken vermacht; Roger Elmesley hinterließ ein
eisernes Gestell zum Braten von Eiern sowie einige Pfauenfedern und
«meine Rolle für das Handtuch», doch war sein größter Wunsch, «unter dem Stein vor der Tür zur Halle» der Kirche St Margaret Pattens in
der Little Tower Street beigesetzt zu werden. Auch sorgte er sich um das
geistliche Schicksal seines Patensohnes; ihm hinterließ er «ein Gebet-
buch, um Gott zu dienen», und «ein Kästchen, um seine Kleinigkeiten
hineinzutun». Alle diese Testamente erwähnen Geldsummen, die den
Armen, den Gefangenen oder den Kranken zuzuwenden sind, unter der
Bedingung, dass diese Benachteiligten für die Seele des Verstorbenen beten. So bestimmte der Weinhändler John Toker verschiedene Vermächt-
nisse an die Priester von St Mildred's in der Bread Street, «um für meine
Seele zu bitten»; andere Summen gingen an die Gefangenen «in Ludgate,
Marshalsea, Kingsbench» sowie an «die armen Kranken im Spital Unserer Lieben Frau vor Bishopsgate» und vier weiterer Spitäler, die zum
Teil noch heute existieren, wenngleich in veränderter Form. John Toker
hinterließ seinem Lehrling Henry Thommissone «mein Haus in der Bread
Street, das Mermaid heißt» – es ist dieselbe Schenke, in der auch Shakespeare und Ben Jonson gezecht haben sollen. Die Geschichte Londons ist
ein Palimpsest sich überlagernder Realitäten und Wahrheiten.

Der Schutzheilige der mittelalterlichen Stadt war Erkenwald, ein
Mönch aus dem 7. Jahrhundert, der als Bischof von London herrschte.
Achtzehn Jahre lang war er der geistliche Führer der Ostsachsen, und
nach seinem Tod wurden in seinem Namen viele Wunder gewirkt. Ge-

St Paul's Cathedral, gezeichnet von Hollar. Hier befanden sich die Gebeine von Erkenwald, dem Schutzheiligen der Stadt.

genstand eines besonderen Kults wurde der Holzkarren oder die Sänfte, worauf man Bischof Erkenwald durch die Straßen Londons beförderte, als es ihm Alter und Krankheit verwehrten, zu Fuß durch seine Diözese zu gehen. Einzelnen Teilen und Splittern dieses Vehikels wurden heiltätige Kräfte zugeschrieben, und zusammen mit den Reliquien des Heiligen selbst wurde die Sänfte in einem Schrein im Hauptaltar von St Paul's eingeschlossen. Die sterblichen Überreste Erkenwalds waren in einem Bleigefäß versiegelt, das «die Form eines Giebelhauses oder einer Kirche» hatte und somit die physische Topographie der Stadt selbst in eine sakrale Stätte verwandelte.

Der Erkenwaldkult hielt sich viele Jahrhunderte, was einmal mehr von der Frömmigkeit (oder der Leichtgläubigkeit) der Londoner zeugte. Ein Wunder ereignete sich in Stratford, dort, wo sich heute ein Industriepark an der Lea (dem linken Themsezufluss) befindet, aber auch von vielen anderen Mirakeln in den Straßen rund um St Paul's selbst wird berichtet. In der Tat war es eine Art Wunder, dass die Gebeine des heiligen Erkenwald die verschiedenen Brände überlebten, die London heimsuchten, namentlich den großen Brand von 1087; danach wurden die Reliquien in einem silbernen Schrein aufbewahrt, wie ihn *Lundoniae maxime sanctus*, «der vornehmste Heilige Londons», beanspruchen konnte. Wir lesen auch von Bediensteten der Abtei, die den Leichnam des Heiligen heimlich bei Nacht in einen anderen großen Schrein verlegten, da seine Ausstellung bei Tage eine Hysterie unter den versammelten Gläubigen ausgelöst hätte. Diese Heiligenverehrung war nicht nur eine Sache des einfachen Volks. Noch im frühen 16. Jahrhundert war der Schrein des heiligen Erkenwald Ziel einer Wallfahrt der erfolgreichsten Juristen Londons; nach ihrer Ernennung zu Barristern des gemeinen Rechts pflegten sie in einer Prozession zur Kirche St Paul's zu ziehen, um der physischen Gegenwart des Heiligen ihre Reverenz zu erweisen.

Legenden von toten Heiligen mögen uns heute als irrelevant erscheinen; im damaligen London waren sie ein Teil des Lebenszusammenhanges. Die Bürger, da sie Erkenwalds Leichnam zur Domkirche trugen, erklärten: «Wir sind wie die Starken und Gewaltigen, die eher Städte, mit Männern und Waffen schwer befestigt, zerstören und umstürzen, als von dem Diener Gottes, unserem Beschützer, zu lassen. ... Wir selbst aber meinen, dass eine so glorreiche Stadt und Gemeinde Kraft und Ehre durch einen solchen Schutzheiligen erfahren soll.» So gibt es denn noch im 21. Jahrhundert im westlichen Teil Londons eine Erconwald Street. Wir dürfen Erkenwald daher noch immer als den Schutzheiligen Londons ansprechen, dessen Kult acht Jahrhunderte überdauerte, bevor er in das zeitweilige Dunkel der letzten vierhundert Jahre tauchte.

Die mittelalterliche Stadt kann auf mannigfache Weise verstanden werden: aus ihrer Gewalt wie aus ihrer Frömmigkeit, aus ihren Handelsbestimmungen wie aus ihren geistlichen Vorschriften. Die Kirchenglocken läuteten das Ende des Handelstages ein; die Gewichte der Händler wurden unter dem Marktkreuz geprüft und geeicht. Können wir sagen, die Administratoren der Kirche in London seien durch und durch säkularisiert gewesen? Oder die Bürger, auf Handel begierig und zu großer Rohheit fähig, durch und durch spiritualisiert? Diese Frage ist es, die das Leben der mittelalterlichen Londoner so spannend macht.

Nach draußen und nach oben

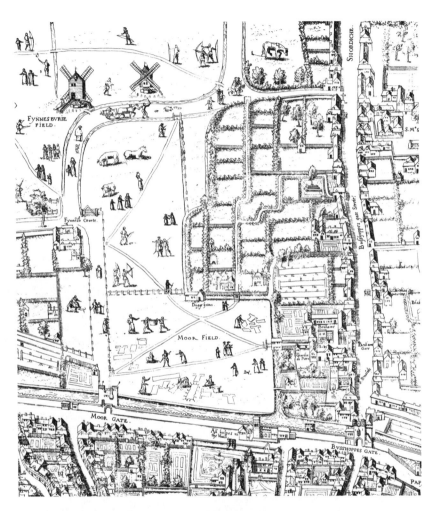

*Dieser Stadtplan zeigt Moorfields, nördlich von London. Frauen trocknen Leinen,
Männer üben sich im Bogenschießen. Die Bishopsgate Street markiert die alte Grenze,
über die die Stadt immer schneller hinauswuchs.*

8. Recht dunkel und eng

Die lebendigste und sorgsamste Beschreibung Londons zur Tudorzeit (1485–1603) verdanken wir John Stow, dem großen Altertumsforscher des 16. Jahrhunderts. Mit seinem *Survey of London* veröffentlichte er 1598 die erste große Chronik und Topographie von London. Er schrieb von immer neuen Straßen und neuen Gebäuden, die jenseits der Stadtmauern entstünden, und wie die Stadt selbst «die Straßen, Gassen und Allmenden vereinnahmt». Wo einst Buden oder Läden gewesen seien, in denen ein altes Weiblein «Samen, Wurzeln und Kräuter» verkauft hätte, würden jetzt Häuser «beiderseits nach draußen und nach oben gebaut, manche drei, vier oder fünf Stockwerke hoch». Wachstum ist der Dauerzustand der Stadt, ein Zustand freilich, den Stow beklagte, da er auf die alte Topographie des Ortes übergriff, den Stow als Kind in der Cordwainer Lane gekannt hatte.

Wir können John Stow die Butchers' Alley hinunter folgen, bei St Nicholas Shambles und der Stinking Lane, wo er sich über die steigenden Fleischpreise unterhielt. In der guten alten Zeit habe man einen fetten Ochsen um 26 Shilling 8 Pence «höchstens» und ein fettes Lamm um einen Shilling verkauft; «wo die Preise heute stehen, brauche ich hier nicht festzuhalten». Durch solche lokalen Vignetten unterscheidet sich Stow von allen anderen Chronisten der Stadt. «Er berichtet *res in se minutas*», sagte man von ihm, «Kindereien und Lappalien, er ist ein solcher Topfgucker, dass er nicht am Rathaus vorbeigehen kann, ohne dass seine Feder von der Stimmung dort kosten muss.» Aber genau das macht ihn zu einem so überragenden Besichtiger Londons und gleichzeitig zu so einem typischen Londoner.

John Stow wurde 1525 geboren und stammte von mindestens zwei Generationen Talglichtziehern ab, die in der Threadneedle oder Threeneedle Street wohnten; Thomas Cromwell, der bekannte Schatzkanzler Heinrichs VIII., vereinnahmte dort Teile von seines Vaters Garten, und Stow bemerkte wehmütig, «dass ihr plötzlicher Aufstieg manche Männer dazu verführt, sich in manchen Angelegenheiten zu vergessen». Wir wissen wenig von einer formalen Ausbildung, die Stow wohl erhalten hat, doch ist anzunehmen, dass er eine der kostenlosen Londoner Lateinschulen besuchte. Er selbst erinnerte sich, wie er zu einem Bauernhof zu wandern pflegte, der den Nonnen des Zweiten Ordens gehörte und wo er «so manches Mal um einen halben Penny Milch kaufte», was darauf schließen lässt, dass es unmittelbar an den Stadtmauern Weideland gab. Über andere Jugenderlebnisse schweigt er sich aus. Man weiß jedoch, dass er den Beruf des Schneiders ergriff und sich in einem Haus beim Brunnen in Aldgate niederließ, nicht weit von dem Hof, wo er als Kind Milch gekauft hatte, doch seine wahren Mühen hatten noch nicht begonnen.

Altertumsstudien scheinen eine unwillkürliche Leidenschaft der Londoner zu sein, und John Stow bleibt ihr größtes Beispiel. Sein erstes Werk war eine Chaucer-Ausgabe; dieser vortreffliche Londoner Dichter war Stows erste Beschäftigung, bevor er sich der Stadt zuwandte, die seinem Genius Nahrung gab. Er begann das Studium der – vornehmlich im Rathaus aufbewahrten – Londoner Dokumente als «gedungener Chronist»; wir können ihn uns vorstellen, wie er unter Pergamentschnipseln, Handschriftenrollen und zerfallenden Folianten sitzt und die Geschichte seiner Stadt zu entziffern sucht. In einem seiner ersten Bücher, *A Summarie of Englyshe Chronicles*, schreibt er: «Es ist jetzt acht Jahre her, seit ich, des verworrenen Zustands unserer alten englischen Chroniken und des unwissenden Umgangs mit früheren Angelegenheiten innewerdend, meine eigenen besonderen Bestrebungen zurückstellte und mich der Suche nach unseren berühmten Altertümern widmete.» Das könnte darauf schließen lassen, dass er das Schneidergewerbe aufgab, um sich dem historischen Studium zu widmen; Dokumente belegen jedoch, dass er sein Geschäft noch eine Zeitlang weiter betrieb. Er beklagt sich einmal darüber, dass man ihn «Filzlaus» schimpfte, ein boshafter Spitzname für jemanden, der erwerbsmäßig schneiderte, und bezeugt, dass ein Nachbar mit Ziegeln und Steinen nach seinem Lehrling warf.

Von «Altertümern» war er allenthalben umgeben. Einige Meter von seinem eigenen Haus entfernt, zwischen Billiter Lane und Lime Street, waren eine Mauer und ein Tor aus Stein «etwa zwei Faden tief» (3,5 Meter) unter der Erde begraben. Man hatte sie 1590 bei Abbrucharbeiten entdeckt; Stow untersuchte diese Denkwürdigkeit und kam zu dem Schluss, dass das alte Gemäuer aus der Regierungszeit des Königs Stephan (1135–1154) datieren müsse. Der Boden Londons wuchs ständig in die Höhe, legte sich Schicht um Schicht über Trümmer und Asche früherer Inkarnationen. Stow sah sich überall um, und er bekennt einmal, dass ihn seine Mühen «so manche schwere Meile Wanderns, so manches sauer verdiente Pfund, so manche winternächtlich-kalte Stunde Studiums kosteten». Stow war groß und hager, «von angenehmer und heiterer Gesichtsbildung; sein Sehvermögen und Gedächtnis waren gut;

er war sehr bescheiden, mild und höflich gegen jeden, der seiner Unterweisungen bedurfte».

Es gab viel zu unterweisen, da London Anfang des 16. Jahrhunderts in der Tat die Freude jedes Altertumsforschers gewesen sein muss. Stow erwähnt oft das Vorhandensein großer Häuser «aus alter Zeit, auf Gewölben erbaut und mit steinernen Toren», die aus dem 11. und 12. Jahrhundert datieren; es dürfte aber auch noch Mauern, Pfeiler und Straßenpflaster aus römischer Zeit gegeben haben. Zwar waren Ziegel- und Mauerwerk aus dieser frühen Zeit für spätere Neubauten weidlich geplündert worden, doch kann kein Zweifel daran bestehen, dass es Zeugnisse aus dem 1. Jahrhundert noch in späteren Perioden der Londoner Geschichte gegeben haben muss. Freilich wurde auch vieles sozusagen unter den forschenden Augen Stows zerstört.

Die von Heinrich VIII. herbeigeführte Reformation bewirkte zugleich eine plötzliche Transformation nicht nur der Glaubensüberzeugungen, sondern auch der Bauwerke Londons. Das Gefüge der römischen Gemeinde, zu der sich die Londoner so inbrünstig bekannt hatten, war zerrissen; Ungewissheit und Bestürzung der Londoner verkörperten sich ihrerseits im veränderten Bild der Stadt selbst, in der nun Klöster, Privat- und Marienkapellen verwüstet oder zerstört wurden. Insbesondere die Auflösung der Abteien, Kirchen und Klosterhospitäler bedeutete, dass die ganze Stadt in einer fieberhaften Abriss- und Aufbauphase steckte. Stellenweise muss sie einer riesigen Baustelle geglichen haben, während andere Gegenden einer schleichenden Vernachlässigung anheim fielen und mit den Worten Stows «in schlimmen Verfall» gerieten.

London war in vieler Hinsicht ein Ort der Ruinen. Stow erwähnt die Überreste eines «alten Gerichtssaals» in der Aldermanbury Street, der jetzt «als Zimmerplatz [Bauhof] gebraucht wird». Aus dem großen Haus eines Bürgermeisters in der Old Jewry wurde nacheinander eine Synagoge, das Haus von Ordensbrüdern, die Wohnstatt eines Edelmannes, eines Kaufmanns und endlich eine «Weinschenke» namens Windmill. Aus einer Kapelle wurde ein «Warenhaus, mit Läden zur Straße hin und Wohnräumen darüber», die Häuser von Bischöfen wurden in Mietshäuser verwandelt und so fort. Andere dokumentarische Quellen belegen, dass ein Zisterzienserhaus «säuberlich» abgerissen und an seiner Stelle Lagerhäuser, Wohnungen und «Öfen zur Herstellung von Schiffszwieback» errichtet wurden. Das Klarissenkloster wurde zerstört, um Lagerhäusern Platz zu machen; aus der Kirche der Kreuzbrüder wurde ein Zimmermannsladen und Tennisplatz; die Kirche der Dominikaner verwandelte man in ein Magazin für die Fahrzeuge und Gerätschaften der «Triumphwagen». (Es ist vielleicht nicht unpassend, dass an dieser

Stelle später ein Schauspielhaus entstand, das Blackfriars Playhouse.)
Die Kirche St Martin's le Grand wurde abgerissen und auf ihren Überresten eine Schenke errichtet.

Es gäbe noch viele weitere Beispiele, doch der entscheidende Punkt
ist, dass London nach der Reformation in der späten Tudorzeit in einem
ruinösen Zustand war; seine Mauern und Tore und alten Steinfens-
ter erblickte man zwischen den Läden und Häusern, die jetzt die Gassen und Straßen säumten. Sogar in der Gegend außerhalb der Stadtmauern, wo einst die Paläste der Bischöfe und Edelleute von der Strand
bis zur Themse hinunter gestanden hatten, wurde der Anblick der prächtigen Häuser jetzt «verunstaltet durch die vielen Ruinen von Kirchen
und Klöstern», wie der venezianische Botschafter in seine Heimat berichtete.

Allerdings gab es bei allem Wehklagen auch echte Erneuerung. In der
Goldsmiths Row, zwischen Bread Street und Cheapside Cross, lobt Stow
die Läden und Behausungen – gerade einmal 35 Jahre vor seiner Geburt
erbaut –, die «zur Straße hin durch das Wappen der Goldschmiede verschönert werden … Es wird von Fabeltieren getragen, und alles ist in Blei
gegossen und reich bemalt und vergoldet.» Der Reisende Dominic Mancini bemerkt im 15. Jahrhundert in derselben Gegend «goldene und silberne Becher, gefärbte Tuche, diverse Seidenstoffe, Teppiche und Gobe-
lins». Es sind die wahren Farben des tudorzeitlichen London. Eine alte
Kirche mag abgerissen worden sein, aber Stow bemerkt, dass an ihrer
Stelle «ein schöner, kräftiger Holzbau» errichtet worden ist, «worin Männer von unterschiedlichem Gewerbe wohnen». Ein altes Kreuz wird beseitigt, aber über die Stelle führt jetzt ein funkelnder Wasserkanal. Aus
dem Wohnhaus eines Adligen wird ein Markt «zum Verkauf von wolle-
nem Boi, derber Wolle, Flanell und dergleichen».

Das sind der Handel und die Vitalität im tudorzeitlichen London.
Stow selbst, der Londoner, wie er im Buche steht, kann nicht umhin, alles
aufzuzählen, die Gärten, die Mühlen, die Häuser aus Stein und Holz, die
Schenken, die Wasserbehälter, die Ställe, die Hofräume, die Gastwirtschaften, die Märkte, die Wohnungen und Zunfthäuser, die das Leben
der Stadt ausmachen.

Das große Londoner Haus, wie es früher um einen getrennten Saal und
Innenhof herum errichtet worden war, konnte den neuen Bedingungen
in der Stadt nicht mehr genügen; sie wurden überbaut oder vereinnahmt
von kleineren Gebäuden in Straßen, die schon den Ruf erwarben, «ziemlich dunkel und eng» zu sein. Sogar die Wohnhäuser der wohlhabenden
Kaufleute waren jetzt gedrungener: im Erdgeschoss ein Laden und ein

Warenlager, im ersten Stock ein Saal und ein Besuchszimmer und darüber die anderen Wohnräume. Fünf oder sechs Etagen, mit zwei Zimmern pro Stockwerk, waren bei einem aus Holz und Mörtel gefügten Haus nicht ungewöhnlich. So kostbar war der Platz in der rührigen Stadt, dass Keller und Dachstuben als Unterkünfte für die Armen herhalten mussten. Zahlenangaben über die Bevölkerungsgröße können natürlich nur Schätzwerte sein, aber für 1565 gibt es die Zahl 85 000, die bis 1605 auf 155 000 anstieg; nicht mitgerechnet sind diejenigen, die in den «Freibezirken» der Stadt oder «in den Gastzimmern» lebten und die Zahlen um mehr als 20 000 erhöht hätten. Eine Bevölkerungsexplosion, um einen vielleicht anachronistischen Ausdruck zu gebrauchen.

Die Immobilienpreise waren so steil angestiegen, dass niemand freiwillig auch nur das kleinste Haus oder Ladengebäude abriss. Das Wachstum Londons brachte es mit sich, dass die alten Stadtgräben, die zur Verteidigung und als Müllhalde gedient hatten, jetzt aufgefüllt und abgedeckt wurden und damit den Boden für neue Gebäude abgaben. Die zu den Stadttoren führenden Hauptstraßen wurden «saniert» und gepflastert, so dass sie binnen kurzem von Läden und Häusern gesäumt waren. Laut Stow war die Straße nach Aldgate «nicht nur stadtauswärts angefüllt mit Gebäuden», sondern auch «beiderseits der Schlagbäume voll gestopft mit Gassen». Sogar die Felder jenseits der Stadtmauer, wo einst die jüngeren Bürger sich im Pfeilschießen geübt hatten oder zwischen den Bächen spazieren gegangen waren, «erlebten jetzt innerhalb von wenigen Jahren überall ein ständiges Bauen von Gartenhäusern und kleinen Hütten, während die Felder links und rechts davon zu Gartenflächen, Trockenplätzen, Kegelbahnen und dergleichen wurden».

Die Übervölkerung wurde so gravierend, dass Elisabeth I. 1580 eine Proklamation erließ, da sie feststellen musste, «dass die Größe der City of London und der Vorstädte mit ihren Randgebieten» es inzwischen unmöglich machte, «Nahrungsmittel und dergleichen Lebensnotwendigkeiten des Menschen zu vernünftigen Preisen bereitzustellen». Beunruhigend war auch der Zustand der City, «wohin so große Mengen von Menschen gekommen sind, die in kleinen Zimmern wohnen, von denen auch viele sehr arm gefunden werden, ja etliche vom Betteln oder von schlimmeren Mitteln leben müssen, und mit vielen Familien mit Kindern und Dienstboten in einem einzigen Haus oder einer kleinen Wohnung übereinander gehäuft und gewissermaßen erstickt werden». Diese Proklamation ist eine der frühesten Beschreibungen der Übervölkerung Londons; man kann sie als erste ausführliche Version einer Bestandsaufnahme lesen, die seither das Schreckgespenst der Stadt geblieben ist. Die Abhilfe der Königin bestand darin, «jeden neuen Bau eines Hauses

117

oder einer Wohnung im Umkreis von drei Meilen von jedem der Tore der besagten Stadt London» zu verbieten. Man hat behauptet, dies sei der erste Anlauf zu einem «Grüngürtel» um London gewesen, eine Vermutung, die zumindest das Verdienst hätte, die historische Kontinuität aller scheinbar «modernen» Stadtplanungen für London zu unterstreichen. Wahrscheinlich war es aber eher der Versuch, das Gewerbe- und Handelsmonopol jener Bürger innerhalb der Stadtmauern zu schützen, welche über das Auftreten von Gewerben und Läden jenseits ihres Einflussbereichs nicht beglückt waren.

Wichtig ist noch jene andere Stelle in der Proklamation, wo die Herrscherin und ihre städtischen Berater verbieten, «dass in einem bisher bewohnten Haus mehr als nur eine einzige Familie untergebracht wird oder hinfort wohnt». Diese Vorstellung, dass in jedem Haus nur eine Familie wohnen sollte, war denn auch das erklärte Ziel wesentlicher Teile der Stadtentwicklung im 17. und 18. Jahrhundert. Sie ist für die Stadt eigentümlich, weil sie von historischem Geist erfüllt ist; wie S. E. Rasmussen in *London: The Unique City* formuliert, bedeutete das elisabethanische Rezept «ein konservatives Festhalten an der mittelalterlichen Form des Wohnens». Aus einem ähnlichen Geist heraus wurden Neubauten nur zugelassen, wenn sie sich «auf alten Fundamenten» erhoben. Hier bemerken wir etwas von jener Kontinuität, jenem Gefühl der Dauer, für das London noch immer beispielhaft steht.

Aber das Rezept funktionierte nicht. Kaum drei Jahre nach Elisabeths Proklamation klagten die städtischen Behörden über die ständige Zunahme von Hütten, Unterkünften und Wohnungen außerhalb der Stadtmauern. Unter Elisabeths Nachfolgern wurden in regelmäßigen Abständen weitere Erlasse und Verordnungen herausgegeben, aber alle blieben unbeachtet, und es gelang nicht im Mindesten, das Wachstum der Stadt zu steuern.

In Wirklichkeit ist es so, dass das Wachstum Londons nicht gesteuert werden konnte und kann. Es breitete sich ostwärts entlang der Hauptstraße von Whitechapel und westwärts entlang der Strand aus. Im Süden wurden Southwark und seine Umgebung mit Vergnügungsstätten wie Schenken, Bordellen und Theatern «voll gestopft», um Stows Ausdruck zu gebrauchen. Umgekehrt wurden die Inns of Court, die sich in den «Vororten» von Holborn, zwischen Altstadt und den königlichen Palästen in Westminster, zusammendrängten, erweitert und verschönert.

Dennoch stand es um den Transport zwischen Vorort und Altstadt nicht immer zum Besten. In den späteren Jahren der Regierungszeit Heinrichs VIII. hieß es von der Chaussee zwischen dem Temple und «dem Dorfe Charing» (der heutigen Strand), sie sei «voller Löcher und Pfützen, ... sehr verdrießlich und schmutzig und an vielen Stellen sehr gefahrvoll für alle Menschen, die hier kommen und gehen, sei es zu Pferde oder zu Fuß». Trotzdem waren moderne Transportmittel nicht immer willkommen. Die Einführung der Mietskutschen veranlasste Stow zu der Bemerkung: «Heute drehen sich Räder unter manchem Manne, dessen Eltern sich freuten, zu Fuß zu gehen.»

Die Verkehrssituation in der Hauptstadt gab im 16. Jahrhundert – und in jeder folgenden Generation aufs Neue – zu ständigen Klagen Anlass. Wieder war es Stow, der bemerkte: «Die Zahl der Karren, Wagen, Fuhrwerke und Kutschen, welche höher ist, als man es von früher gewohnt war, muss bei der Enge der Straßen und Wege zwangsläufig bedrohlich sein, wie die tägliche Erfahrung lehrt.» Zumal viele Kutscher ihre Pferde ohne Rücksicht auf Verluste vorwärts peitschten und betrunkene Wagenlenker fluchend und handgreiflich um die Vorfahrt stritten. Dazu kam der Lärm, «bei dem die Erde selbst erzittert und erbebt, die Fensterflügel klappern und klirren».

Immerhin gab es eine beachtliche Verbesserung der städtischen Lebensqualität zumindest für diejenigen, die sich die neuen «Üppigkeiten» des Stadtlebens leisten konnten. Es gab Kissen und Bettzeug dort, wo einst nur eine Holzpritsche und ein Strohballen waren; selbst die ärmeren Bürger aßen jetzt von Zinn- anstelle von Holzgeschirr, und die «mittleren» Haushalte waren stolz auf Wandbehänge, Messing, weiches Linnen und Schränke mit Tellern, Krügen und Töpfen aus glasiertem grünen Ton. Auch kamen Rauchfänge aus Ziegel und Naturstein in Mode, was wiederum Auswirkungen auf das Erscheinungsbild und das Klima Londons hatte.

Die Stadt hatte einiges von ihrer Unabhängigkeit an das Parlament und den Souverän abgetreten, ja sogar die Empfehlungen Heinrichs VIII. zum Amt des Bürgermeisters beherzigt, war aber dafür die anerkannte Hauptstadt einer geeinten Nation geworden. Das nationale Ideal hatte das kommunale verdrängt – wie hätte es anders sein können in einer Stadt, die jetzt hauptsächlich von Einwanderern bevölkert war? Die Neuankömmlinge stammten aus allen Teilen Englands, von Cornwall bis nach Cumberland (es gibt Schätzungen, wonach in der zweiten Hälfte des 16. Jahrhunderts ein Sechstel aller Engländer Londoner wurden), und auch die Zahl der ausländischen Einwanderer stieg immer schneller an und machte die Stadt zu einer wahrhaft kosmopolitischen. Die Sterblichkeit in London war so hoch und die Geburtenrate so niedrig, dass ohne diesen Zustrom von Gewerbetreibenden und Arbeitskräften die Bevölkerung sogar stetig zurückgegangen wäre. So aber expandierte sie ständig dank der Brauer und Buchbinder aus den Niederlanden, der Schneider und Sticker aus Frankreich, der Büchsenmacher und Färber aus Italien, der Weber aus Holland und anderswoher. In Cheapside gab es einen Afrikaner oder «Mohren», der Nähnadeln aus Stahl verfertigte, aber sein Geheimnis nie verriet. Die Mode folgte der Bevölkerung, so wie das Volk mit der Mode ging. In der Regierungszeit Elisabeths I. (1558–1603) gab es Seidengeschäfte in Hülle und Fülle, und aus der Zeit von Elisabeths Thronbesteigung wird berichtet, dass kein Landedelmann «zufrieden sein konnte mit seinem Hut, Rock, Wams, Hose oder Hemd, er hätte denn seine Kleidung aus London bezogen».

War London das Zentrum der Mode geworden, so war es auch das Zentrum des Todes. Die Sterblichkeit lag höher als in jedem anderen Teil des Landes; die Pest und das Schweißfieber, die «englische Krankheit», waren die zwei großen Schnitter. In ärmeren Kirchspielen betrug die Lebenserwartung nur zwanzig bis fünfundzwanzig Jahre, in den reicheren stieg sie auf dreißig bis fünfunddreißig. Diese tödlichen Infektionskrankheiten bekräftigen die offenkundige Wahrheit, dass London im 16. Jahrhundert eine Stadt der Jugend blieb. Der größte Teil der Bürger war unter dreißig, und gerade diese Sterblichkeitsstatistik erklärt die Vitalität und Rastlosigkeit des städtischen Lebens in allen seinen Formen.

Cheapside, die Marktstraße – cheap, billig kommt vom altenglischen cyppan: feilschen – war früher nicht nur Mittelpunkt des Handels, sondern auch für Gewaltausbrüche bekannt.

Großen Anteil daran hat die turbulente Schar der Lehrlinge, ein Londoner Phänomen. Diese jungen Leute wurden zwar streng reglementiert, wussten sich jedoch eine Übermütigkeit und fast fieberhafte Hochstimmung zu bewahren, die auf die Straßen überschwappte. «Sie trieben sich entweder in der Schenke herum, wo sie ihre Schädel mit Wein füllten, oder im *Dagger* in Cheapside, wo sie sich die Bäuche mit Fleischpastete voll schlugen; ansonsten aber war es ihr gemeiner Brauch (wie Londoner Lehrlinge tun), ihrem Meister am Sonntag bis zur Kirchentüre zu folgen und ihn dort stehen zu lassen, um ins Wirtshaus zu eilen.» Es wird auch von Schlägereien und «Tumulten» berichtet, deren bevorzugte Opfer Ausländer, «Nachtschwärmer» oder die Bediensteten von Edelleuten waren, welche im Ruf standen, die Hochnäsigkeit ihrer Herrschaften angenommen zu haben. Eine Erklärung von 1576 warnte die Lehrlinge davor, «den Dienstmann, Pagen oder Lakaien eines Gentleman, Edelmannes oder anderer Herren auf der Straße zu misshandeln, zu belästigen oder anzupöbeln». Lehrlinge, aber auch Handwerker und Kinder waren an den fremdenfeindlichen Umtrieben des «schlimmen Mai» 1517 beteiligt, als die Wohnungen von Ausländern geplündert wurden. Im letzten Jahrzehnt des 16. Jahrhunderts gab es weiteren Tumult und Aufruhr, aber im Unterschied zu Städten auf dem Festland wurde London dadurch niemals instabil oder unregierbar.

Die Schilderungen ausländischer Reisender lassen den einzigartigen Status Londons in dieser Zeit erkennen. Ein griechischer Besucher berichtete, dass es von den Schätzen im Tower heiße, «sie überträfen den im Altertum berühmten Reichtum eines Krösus und Midas». Ein Schweizer Medizinstudent schrieb nach Hause: «Man sagt nicht, dass London in England liegt, sondern dass England in London liegt.» Es gab eine standardisierte Stadtführung und Besichtigungstour für Besucher: Sie mussten zuerst den Tower und die Königliche Börse bewundern und wurden dann in den Westen der Stadt geleitet, um Cheapside, St Paul's, Ludgate und die Strand zu besehen, bevor sie zum krönenden Abschluss nach Westminster und Whitehall kamen. Die Straßen waren über weite Strecken noch ungepflastert; trotzdem war ein Ritt zu Pferd teilweise noch immer einer Fahrt auf der Themse vorzuziehen. Von Giordano Bruno, dem großen italienischen Philosophen und Schwarzkünstler, gibt es eine anschauliche Beschreibung seiner Versuche, sich der Dienste eines Fährboots zu versichern. Er und seine Gefährten, die gerne Westminster besichtigen wollten, mussten viel Zeit damit verbringen, nach einem Boot Ausschau zu halten. Immer wieder riefen sie vergeblich: «Heda! Schiffer!» Endlich kam ein Fahrzeug mit zwei alten Bootsführern: «Nach langen Fragen und Gegenfragen nach Woher, Wohin, Warum, Wie und Wann legten sie mit dem Bug am Fuß des Treppenabgangs an.» Die Italiener glaubten, sich endlich ihrem Ziel zu nähern, aber kaum war ein Drittel des Weges zurückgelegt, als die Schiffer ihr Boot schon wieder ans Ufer ruderten. Sie hatten ihre «Station» erreicht und waren nicht zur Weiterfahrt zu bewegen. Das ist natürlich nur ein unbedeutender Vorfall, aber er verrät die Ruppigkeit und Sturheit, die bei Ausländern als typische Verhaltensmerkmale der Londoner angesehen wurden. Vielleicht genauso typisch war es, dass Bruno am Ufer nur einen Fußpfad vorfand, der knöcheltief mit Schlamm bedeckt war, und sich daher gezwungen sah, mit seinen Gefährten durch ein «dichtes, düsteres Inferno» zu stapfen.

Andere Berichte betonen sowohl die Gewalttätigkeit als auch die Fremdenfeindlichkeit der gewöhnlichen Londoner. Ein französischer Arzt, der zwischen 1552 und 1553 in London war, machte die Beobachtung: «Das gemeine Volk ist stolz und aufbegehrend. ... Diese Halunken hassen alle Arten von Fremden», ja, «sie spucken uns ins Gesicht.» Lehrlingsbanden liebten es, Fremde auf der Straße anzupöbeln, und ein Reisender erlebte mit, wie sich ein Spanier vor einem wütenden Haufen in einen Laden retten musste, weil er es gewagt hatte, seine Nationaltracht zu tragen. Der Schweizer Medizinstudent war in dieser Hinsicht vielleicht zu höflich, wenn er meinte: «Das einfache Volk ist noch etwas ungehobelt

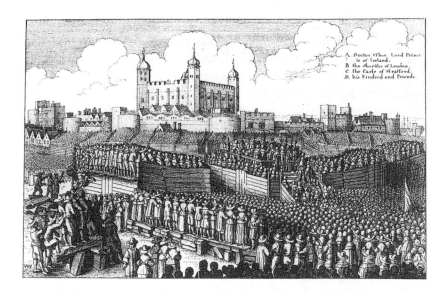

A. Doctor VIher. Lord Prima-
le of Ireland.
B the Sheriffe of London.
C the Earle of Strafford.
D. his kindred and Friends.

Exekution auf dem Tower Hill; Wenzel Hollar, *1641*

und ungebildet ... es glaubt, dass hinter England die Welt mit Brettern vernagelt ist.»

Gerade aus diesen ausländischen Berichten erfahren wir zahlreiche Details, die die Stadt lebendig machen. Ein Reisender fand London wegen der vielen Milane bemerkenswert, die «ganz zahm» seien und durch die Straßen spazierten, als gehörten sie ihnen; es waren die Aasvertilger der Stadt, und die Schlachter warfen ihnen ihre Abfälle zum Fraß vor. Mit der Zahl der Schlachtereien konnte sich nur die Zahl der Schenken messen. Auch der Hang der Londoner zur Privatheit fiel den Besuchern auf; steinerne Wände schotteten die einzelnen Wohnungen gegen ihre Nachbarn ab. Diese Tendenz setzte sich in den Schenken selbst fort, wo hölzerne Abteile dafür sorgten, «dass man nicht von einem Tisch zum nächsten sehen kann». In einer brodelnden und übervölkerten Stadt wie London mögen diese Bemühungen um Privatheit nahe liegend oder unvermeidlich gewesen sein, doch verkörpern sie auch einen wichtigen, zeitlosen Zug des Londoner Charakters.

Anderen Beobachtern fiel auf, «dass man zwischen den Mahlzeiten Männer, Frauen und Kinder immer etwas kauen sieht, wenn sie durch die Straßen gehen». Dieselben Kinder konnte man, wenn sie nicht gerade ihre Äpfel oder Nüsse aßen, «das Blut auffangen sehen, das durch die Ritzen des Blutgerüsts tropft», wenn auf dem Tower Hill eine Enthauptung stattgefunden hatte. Der Scharfrichter trug bei dieser Gelegenheit eine weiße Schürze «wie ein Schlachter». Der Kreis, so scheint es, schließt sich in dieser von Gewalt, Blut, Fleisch und verzehrenden Gelüsten beherrschten Stadt.

9. Das schwarze Herz der Stadt

Im mittelalterlichen London gab es einst eine «Dark Lane»; man errichtete dort eine Schenke, das *Darkhouse*. Später wurde der schmale Weg in Dark House Lane umgetauft, und auf Stadtplänen Londons aus dem 18. Jahrhundert ist er noch zu sehen. An derselben Stelle befindet sich heute Dark House Wharf, beherrscht von der Zentrale der Bank of Hongkong. Dieses Gebäude ist mit dunkelblauem Stahl und dunkel gefärbtem Glas umkleidet. So bewahrt die Stadt das dunkle Geheimnis ihres Lebens.

Staub und Ruß, Kot, Schlamm und Schmutz waren zu allen Zeiten ein Londoner Ärgernis. «Eine Stube mag noch so dicht verschlossen sein», schreibt John Evelyn im 17. Jahrhundert, «wenn die Menschen nach Hause kommen, finden sie dennoch alles darin mit einer gleichmäßig feinen, schwarzen Rußschicht überzogen.» In demselben Jahrhundert schreibt ein venezianischer Geistlicher: «Zu allen Jahreszeiten stößt man hier auf einen weichen, übel riechenden Morast, so dass die Stadt nicht *Londra* [London] heißen sollte, sondern *Lorda* [Unflat].» Auch als «üppig und schwarz wie dicke Tinte» wird der «Unflat der Stadt» beschrieben. Im 18. Jahrhundert glich der Weg von Aldgate zur Stadt hinaus einem «stehenden Schlammteich», während in der Strand die Pfützen zehn Zentimeter tief waren, so dass der Dreck «bis in die Kutschen spritzt, wenn die Fenster zufällig nicht geschlossen sind, und den unteren Teil der Häuser verschmiert». Wenn die Straßen nicht mit Schlamm bedeckt waren, so waren sie von Staub erfüllt. Man sagte scherzhaft, die St Paul's Cathedral habe ein Recht darauf, geschwärzt auszusehen, weil sie mit einer Abgabe auf Steinkohle finanziert worden war, aber schlimm traf es die Tiere Londons, die von Rauch und Schmutz genauso in Mitleidenschaft gezogen wurden; das Gefieder der Gartenrotschwänze und Schwalben war rußüberzogen, während der allgegenwärtige Staub angeblich den Londoner Spinnen die Atmung blockierte und die Sinne abstumpfte. Alle Geschöpfe waren betroffen, und noch Ende des 20. Jahrhunderts sagt eine Romanfigur in Iris Murdochs *Der schwarze Prinz*: «Ich konnte den schweren Londoner Matsch und Dreck unter den Füßen, unter dem Hintern, hinter meinem Rücken fühlen.»

Es ist jedoch mehr als nur stofflicher Unflat. So gibt es eine Zeichnung des Fish Street Hill von George Scharf (s. Farbteil), ausgeführt Ende der

Noch Mitte des 19. Jahrhunderts gab es laut Quarterly Review *keinen Menschen in London, «dessen Haut und Kleider und Nasenlöcher nicht unvermeidlicherweise mit einem Gemisch aus Granitstaub, Ruß und anderen Übelkeit erregenden Substanzen verklebt waren».*

Dreißigerjahre des 19. Jahrhunderts und so vollendet und detailreich wie alle Werke des Meisters. Im Vordergrund verdunkelt ein gewaltiger Schatten die Menschen und die Häuserfronten; tatsächlich erkennt man darin den Umriss des Monuments [Säule zur Erinnerung an den Großen Brand], das im Übrigen dem Blick entzogen ist. Mit diesem Schatten aber zeigt Scharf etwas vom Wesen Londons selbst – es war immer eine schattenreiche Stadt.

Das liegt, wie James Bone, der Autor von *The London Perambulator*, 1931 bemerkt, «am Schein von großen Schatten, wo kein Schatten sein kann, was die Schwärze auf- und niederwogen lässt». Das ist auch das Londonbild Verlaines. Er spricht von der «grässlichen Dunkelheit ... welch tiefe Trauer, welche Finsternis in dieser monströsen Stadt». Der in London verbaute Schiefer weist vielfach das auf, was die Geologie «Druckschatten» nennt, neben den geschwärzten Portlandsteinflächen aber wenig auffällig ist. Ein ausländischer Reisender bemerkte, die Londoner Straßen seien so dunkel, als bereite es ihren Bewohnern Vergnügen, mit der Helligkeit «Verstecken zu spielen» wie Kinder im Wald, während Karl Philipp Moritz 1782 feststellt: «In den Straßen, wodurch wir fuhren, behielt alles ein dunkles und schwärzliches, aber doch dabei großes und majestätisches Ansehen.» Die Düsternis, die den deutschen Schriftsteller an seinen Aufenthalt in Leipzig fünf Jahre zuvor erinnerte, berührte ihn zutiefst: «Ich konnte London seinem äußeren Anblick nach in meinen Gedanken mit keiner Stadt vergleichen, die ich sonst gesehen hatte.»

Fast ein Dutzend «Dirty Alleys», «Dirty Hills» und «Dirty Lanes» gab es im mittelalterlichen London; es gab auch «Inkhorn Courts» und «Foul Lanes» und «Deadman's Places». Lombard Street in der City, im Herzen des kapitalistischen Imperialismus, war eine notorisch finstere Straße. Anfang des 19. Jahrhunderts war hier das Ziegelgemäuer so rauchgeschwärzt, dass die Häuserwände dem Schlamm auf der Straße ähnelten. Heute, im 21. Jahrhundert, ist sie noch genauso schmal und genauso dunkel, und von den Steinmauern hallt unablässig das Echo eiliger Schritte wider. Nicht weit von hier schlägt noch immer das, was Nathaniel Hawthorne vor hundert Jahren «das schwarze Herz Londons» nannte. Auch Hawthornes Landsmann Henry James registrierte diese «tödliche Finsternis», aber er schwelgte darin, als wäre er «ein geborener Londoner».

Charles Booth, der einfühlsame Chronist von *The Life and Labour of the People of London*, erwähnt in seiner Beschreibung Whitechapels im 19. Jahrhundert, dass die Tische der Armen «ordentlich schwarz» von den dichten Fliegenschwärmen waren, die sich auf jeder Oberfläche niederließen; auf der Straße draußen aber gebe es an den Häusern etwa in

Hüfthöhe «eine breite schmutzige Marke, die anzeigt, wo sich die Männer und Burschen zu erleichtern pflegen».

Charles Booths Bilder von Krankheit und Erstarrung steigern gleichsam die Dunkelheit der Hauptstadt zu Verkörperungen jener Schatten, welche die Reichen und Mächtigen über die Besitzlosen und Benachteiligten werfen. Die Auswirkung der industriellen Revolution, mochte sie auch in London weniger spürbar sein als in manchen Manufakturstädten Nordenglands, vertiefte diese Schatten. Die Zunahme der Fabriken wie der kleinen Werkstätten und der steigende Bedarf an Steinkohle in einer Stadt, die Anfang des 18. Jahrhunderts bereits das Manufakturzentrum Europas war, verstärkten nur noch das charakteristische Londoner Dunkel.

In anderer Hinsicht schien dieses Dunkel auf etwas Geheimes zu deuten, und so bekräftigen die Titel vieler Stadtbeschreibungen diesen Eindruck des Verhohlenen und Verstohlenen: *Unknown London, its Romance and Tragedy*; *The London Nobody Knows*; *London in Shadow*. Und doch gehört diese Heimlichkeit zum Wesen Londons. Als Joseph Conrad in *Der Geheimagent* (1906/07) die Stadt beschrieb, «in Nacht halb verloren», da klang nur nach, was Charles Dickens siebzig Jahre zuvor in *Skizzen von Boz* bemerkt hatte: «Um die Straßen Londons auf dem Scheitelpunkt ihres Ruhmes zu erblicken, muss man sie an einem dunklen, trüben, schweren Winterabend sehen.» Das klingt ironisch, ist aber keineswegs so gemeint. In seinem letzten vollendeten Werk kommt Dickens hierauf zurück; er beschreibt «eine schwarze, eine gellende Stadt ... eine grießige Stadt ... eine hoffnungslose Stadt, ohne Luftloch in dem bleiernen Baldachin ihres Himmels». Das Dunkel gehört zum Wesen Londons; es hat Anteil an seiner wahren Identität; in einem buchstäblichen Sinn ist diese Stadt vom Dunkel besessen.

10. Stadtansichten und Altertumsforscher

Die Geschichte Londons schlägt sich in der Geschichte seiner Stadtpläne nieder. Man kann diese als zeichenhafte Symbole für die Stadt verstehen; sie sind aber auch der Versuch, das urbane Durcheinander als ein flüssiges und harmonisches Muster abzubilden. Von der ersten großen Kupferplatte mit einer Ansicht der Stadt aus der Mitte des 16. Jahrhunderts bis zum farbigen Schema des Londoner U-Bahn-Netzes Ende des 20. Jahrhunderts verkörpert die Kartierung Londons das Bemühen, das Chaos zu begreifen und damit zu bändigen. Sie ist der Versuch, das Unerkennbare zu erkennen.

Aus diesem Grund ist der erste Stadtplan, aus dem John Stow persönlich geschöpft hat, immer ein Gegenstand des Verwunderns und der Neugier geblieben. Er wurde von einer unbekannten Hand auf Kupferplatten eingetragen; es spricht jedoch alles dafür, dass dieser sorgfältig angefertigte Plan von Königin Maria I. in Auftrag gegeben wurde. In seiner vollständigen Form (es sind nur drei Bruchstücke erhalten) dürfte er rund 2,5 Meter breit und 1,5 Meter hoch gewesen sein und das ganze Stadtgebiet mit seinen Vororten erfasst haben. In gewisser Hinsicht ist er außerordentlich detailgetreu: sogar die Waagen auf dem Leadenhill Market sind dargestellt, außerdem die Hundehütten in einigen Gärten; die Position eines Baumes oder die Anzahl der Eimer an einem Brunnen werden getreulich vermerkt; in Moorfields liegen Hemden und Bettzeug zum Trocknen ausgebreitet, während auf den benachbarten Wiesen Musketiere und Bogenschützen ihre Spiele abhalten. Auch Kirchen und Klosterruinen sind sichtbar; manches wird so liebevoll wiedergegeben, dass wir zwischen Holz und Stein unterscheiden können. Wenn Johannes von Gent bei Shakespeare das Meer um England mit «einem Verteidigungsgraben um eine Hausanlage» vergleicht, dann wissen wir heute, dass das Publikum, das von Shoreditch ins «Theatre» kam, auf dem Weg von London über die Finsbury Fields just an einem solchen Haus mit Wassergraben vorbeigekommen war. Da diese Kupferplatte zugleich das Original ist, an das sich die meisten anderen Ansichten Londons aus dem 16. und dem frühen 17. Jahrhundert anlehnen, finden wir in ihren Konturen den lichtvollsten und wichtigsten Umriss der Stadt.

In anderen Punkten lässt es der Plan zwangsläufig an Genauigkeit fehlen. Der ganze Verhau von Durchfahrten und Chausseen wird ignoriert, um die wichtigsten Straßen und Gassen darstellen zu können; in dieser Hinsicht ist das Stadtbild bereinigt worden. Auch Anzahl und Mannigfaltigkeit der Häuser wurden vernachlässigt, um ein einheitlicheres und gefälligeres Erscheinungsbild zu erzielen. Dafür erscheinen die Stadtbewohner, die bei ihrer Arbeit oder beim Spiel abgebildet werden, unnatürlich groß, was darauf hindeutet, dass der Kartograph die menschliche Dimension der Stadt betonen wollte. Gleichwohl ist es ein treffliches Stück Metallstecherkunst, das nicht von ungefähr zur Inspirationsquelle für einige etwas später vollendete Stadtpläne wurde.

So ist eine farbige Stadtansicht, die das London der mittleren Tudorzeit zeigt, die so genannte «Braun and Hogenberg», eine kleinere Kopie des großen Originals. Hier wird die Stadt in kompakter Form wiedergegeben; sie erscheint zwar nicht spiritualisiert, befindet sich aber doch

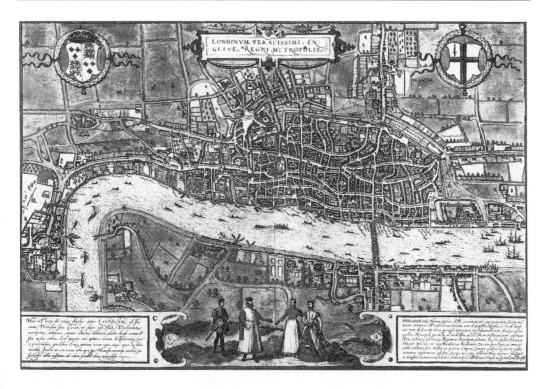

in Harmonie mit ihrer Umgebung; auf dem Strom obliegen Boote und Fähren in anmutiger Formation ihrem Geschäft, während es die großen Verkehrsadern dem natürlichen Fließen des Wassers nachzutun scheinen. Dieser Plan bildet die «schöne Stadt» ab, von der die Zeitgenossen berichten; zugleich hat er noch einen anderen wichtigen Aspekt. Im Vordergrund stehen, überproportional groß, vier Londoner Stadtbewohner. Ein älterer Mann trägt die Standeskleidung eines Kaufherrn, mit Barett und pelzbesetztem Umhang. Zu seiner Rechten steht sein Lehrling in einem kurzen, wamsähnlichen Rock, gewappnet mit Schwert und Schild. Die Frau des Kaufherrn hat ein einfaches blaues Kleid über einem spanischen Reifrock angelegt, während ihre Magd nur schlicht ein Kleid mit Schürze trägt. Es sind bescheidene Figuren, aber sie stehen als die wahren Repräsentanten der Stadt auf einer Anhöhe, die auf London herabsieht. Die Stadtansicht selbst kann man als Werbung für Londons Handelsmacht betrachten, wobei die Fahrzeuge auf der Themse hinter den vier Londonern den Status der Stadt als Hafen abbilden.

In ähnlichem Geiste fassen die zwei großen «Panoramen» Londons, vor der völligen Zerstörung seines Erscheinungsbildes durch den Brand von 1666, die Themse als die Seele ihres Entwurfs auf. Zwar wurden die

Stadtplan des Elisabethanischen London von Braun und Hogenberg, *1572*

127

Flussansichten Anthonys van der Wyngaerde aus der Mitte des 17. Jahrhunderts durch Hollars Panorama von 1647 in den Schatten gestellt,
doch hat Anthonys Studie den Vorzug, das wimmelnde Leben auf der
Themse zu zeigen. Manche Menschen rudern, andere fischen. Einige Reisende warten an der Pferdefähre von Stargate, während andere auf der
Southwark High Street zur London Bridge hinaufwandern.

Natürlich ist der kraftvoller ausgeführte Kupferstich Hollars vielleicht das schönste und harmonischste aller Londonpanoramen. Auf
Hollars Werk ist London zu einer Weltstadt geworden, deren Horizonte

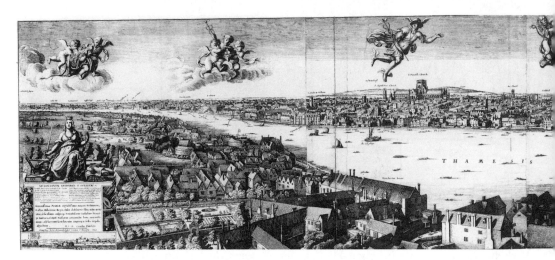

kaum mehr sichtbar sind. Der Künstler wählt seinen Standpunkt auf
dem Dach von St Mary Overie auf der Bankside, so dass man im Vordergrund des Kupferstichs das Dächer- und Häusermeer vor der Zu-
fahrt zur London Bridge sieht. Die Schornsteine und Fenster, die Holz-
und Ziegeldächer verraten die massive Präsenz einer Stadt, die sich auf
der südlichen Seite des Flusses bereits zu ballen beginnt; auf der Themse
bewegen sich fast achtzig große Schiffe und unzählige kleinere Fahrzeuge, wobei der Fluss selbst ein mächtiges Band aus Licht und Raum
bildet, das der Stadt etwas Monumentales verleiht. Auf dem jenseitigen
Themseufer sieht man einen Wald von Dachgiebeln und Kirchtürmen;
der von St Paul's war zwar rund achtzig Jahre zuvor abgebrannt, trotzdem zeichnet sich die Domkirche noch immer beherrschend gegen den
Himmel ab. Sie überragt die Straßen und die Hafenanlagen, wo man
Menschen arbeiten oder an der Schiffsanlegestelle warten sieht. Vom
Tower ostwärts bis nach Shadwell wird ununterbrochen gebaut, wäh-
rend die Konturen der Stadt im Westen bis nach Whitehall reichen.
Der Eindruck ist der von großer Tätigkeit, eingefangen aus majestäti-

scher Perspektive, die ganze Stadt herausgeputzt zu ihrem eigenen höheren Ruhm. Vervollständigt wird das Rundbild durch verschiedene klassische Gottheiten, die sozusagen aus den Kulissen die Szene einführen und beklatschen; direkt über St Paul's schwebt die Figur des Apoll.

Es ist vielleicht die schönste Darstellung Londons überhaupt und jedenfalls das größte Bild der Stadt vor dem Großen Brand von 1666. Spätere Stadtansichten von Norden sowie von Newcourt und Faithorne entsprechen in Stil und Geist dem ersten Plan auf der großen Kupferplatte.

Dem Kartographen Wenzel Hollar verdanken wir eine der schönsten London-

In ähnlichem Sinn ist der heute bekannte Plan des Londoner U-Bahn-Netzes nur eine Vervollständigung und Ergänzung des Schemas, das erstmals 1933 mit solcher Klarheit der Zweckbestimmung konzipiert worden war. Zwar bildet der ursprüngliche Plan die relative Lage der einzelnen Linien und Stationen zueinander nur annähernd ab, er ist aber ästhetisch so ansprechend, dass sein Liniengefüge bis heute unverändert geblieben ist.

Darstellungen aus der Zeit vor dem Großen Brand von 1666 – ein großartiges Panorama.

1658 vollendete Wenceslaus Hollar eine weitere Radierung, die die westliche Stadtansicht darstellt. Wir erkennen darauf, dass noch mehr einstige Felder mit ihren Zauntritten und Landstraßen durch Plätze und Höfe und Wohngebäude verdrängt worden sind. Einige dieser Häuser sind mehrere Stockwerke hoch, andere von kleinerem Maßstab, doch zusammen bilden sie eine Symmetrie, die es in Wirklichkeit nicht gab. Noch ein anderes Thema drängt sich – wenigstens rückblickend – auf. Straßen und offene Plätze sind ohne Menschen und ohne jede Darstellung tätigen Lebens – die Stadt war schon zu groß geworden, als dass die Gegenwart ihrer Bürger auch nur symbolisch zu verzeichnen gewesen wäre –, und so wirkt sie wie eine riesige leere Fläche, die schweigend ihrer Vernichtung durch den Großen Brand entgegensieht.

Das Ausmaß dieser Zerstörung ist auf einem anderen Kupferstich von Hollar zu sehen; er wurde 1667 vollendet und zeigt die dem Boden gleichgemachte Stadt als vier Quadratkilometer voller weißlicher Konturen. Die Ruinen der Kirchen, Gefängnisse und wichtigsten öffentlichen Gebäude sind eingezeichnet, aber der Rest ist leere Fläche, gerahmt von dunklen Häusergruppen, die das Feuer verschonte.

Doch schon Tage nach dem Brand waren verschiedene Künstler dabei, spekulative Stadtansichten eines neuen London zu verfertigen. Es waren visionäre Idealbilder. In gewisser Weise ähneln sie der Struktur jener am Reißbrett geplanten Städte, wie sie im 19. Jahrhundert so pompös angelegt werden sollten; man denke an Paris oder New York. Viele dieser Stadtentwürfe aus dem 17. Jahrhundert sehen Gittersysteme von sich schneidenden Verkehrsadern vor, samt breiten Alleen, welche majestätische öffentliche Gebäude miteinander verbinden. Wren und Evelyn konzipierten eine menschliche und zivilisierte Stadt, die sich auf einem vorbestimmten Grundriss erhob, während manche ihrer Zeitgenossen mit mathematisch ausgefuchsten Systemen von Straßen und Plätzen aufwarteten. Diese hehren Pläne konnten nicht funktionieren, und sie funktionierten auch nicht. Sie scheiterten an der Natur der Stadt selbst: die antiken Fundamente Londons liegen tiefer, als jede Feuersbrunst reichen könnte, und der *genius loci* blieb unbeschadet von dem Großen Brand.

London ist keine zivilisierte und auch keine anmutige Stadt, mögen die Stadtansichten auch das Gegenteil bezeugen. Es ist gewunden, ungenau und bedrückend. Ohnedies hätte es niemals mit mathematischer Präzision wieder aufgebaut werden können, weil die lange Vorgeschichte von Straßen und Immobilien bedeutete, dass es ein verwickeltes Netz von Grundbesitzern und Vermietern gab, die ihre eigenen, speziellen Ansprüche oder Privilegien hatten. Das ist eine soziale und topographische Tatsache, die aber ihrerseits eine nicht weniger handfeste Seite Londons verrät: Die Stadt ist auf Profit und Spekulation erbaut, nicht auf Bedürfnis, und kein Bürgermeister oder Souverän konnte sich ihrem Willen widersetzen.

Das ist der Grund, warum der Plan des restaurierten London, der zehn Jahre nach dem Großen Brand veröffentlicht wurde, die Stadt annähernd in ihrem ursprünglichen Zustand vorführt. Eine neue Verkehrsader ist gebaut worden, so dass die neue King Street und die neue Queen Street jetzt vom Fluss zum Rathaus führen, aber das Straßengewirr rundherum – Milk Street, Wood Street, Aldermansbury, Old Jewry und so fort – ist wieder in seiner alten Gestalt erstanden. Manche Durchgangsstraßen sind nach der Einführung strengerer Feuerschutzbestimmungen und Bauvorschriften verbreitert worden, aber im Wesentlichen hat man die alte Topographie wieder zum Leben erweckt.

Eine weitere Veränderung gab es. Die Feldmesser des neuen London nach dem Brand, John Ogilby und William Morgan, hatten es als ihre Absicht erklärt, «alle Nebenstraßen und Wege, alle Höfe und Gassen, alle Kirchen und Friedhöfe» nach wissenschaftlichen Grundsätzen der Vermessung und Aufzeichnung mit Hilfe von Theodoliten und «Zirkumferentoren» aufzunehmen. So war die Stadt zum ersten Mal der wissenschaftlichen Vermessung ausgeliefert – mit dem Ergebnis, dass sie nicht länger als ein ästhetisches oder harmonisches Ganzes abgebildet werden konnte. Paradoxerweise wurde sie nun erst recht zerstückelt, chaotisch und unerkennbar. Die zwanzig Blätter dieser topographischen Aufnahme sind mit einem Gitter aus Rechtecken und Zahlen überzogen – «i 90 … B 69 … C 54» –, das dem schnelleren Auffinden dienen soll, den Betrachter aber eher verwirrt. Wenn London durch die Brille abstrakter Größe und Abmessung gesehen wird, so wird es im wahrsten Sinne des Wortes unvorstellbar.

Sänftenträger um 1720

Stattdessen erfreuten sich Reiseführer großer Beliebtheit, die London anheimelnd und wieder erkennbar machten, darunter Couchs *Historical Remarques and Observations* von 1681, de Launes *The Present State of London* und Colsonis *Le Guide de Londres* von 1693.

Das 18. Jahrhundert war die Blütezeit jener Bücher, die alles hervorhoben, «was wegen seiner GROSSARTIGKEIT, ELEGANZ, MERK-

WÜRDIGKEIT oder NÜTZLICHKEIT bemerkenswert ist». Andere wollten Besuchern oder Neubürgern Hilfestellung geben, wie sie sich in der Stadt zu verhalten hätten. Sollte sich zum Beispiel ein Sänftenträger unmanierlich verhalten, «notiere man die Nummer des Tragsessels, wie man es von Mietskutschen gewohnt ist, und bringe seine Klage auf dem oben erwähnten Amte vor, das diese Ungebühr abstellen wird». Ähnliche Ratschläge hat *The London Adviser and Guide* von 1790 zu bieten, der zum Beispiel darauf hinweist, dass Fluchen auf der Straße den gemeinen Mann einen Schilling kostet, während der Gentleman die höhere Buße von fünf Schilling zu gewärtigen hat. Über die Zahl der Missetäter schweigt sich das Buch aus.

Der nächste Versuch einer umfassenden kartographischen Aufnahme Londons, 1783 in Angriff genommen von John Roque, unterstreicht die unvermeidlichen Probleme, denen man jetzt begegnete; trigonometrische Vermessungen der Straßen stimmten mit den tatsächlichen Maßen nicht überein, und bei den Straßennamen herrschte ein heilloses Durcheinander. Sieben Jahre vergingen bis zum Abschluss des Projekts, in dessen Verlauf Roque nahe am Bankrott war. Der Stadtplan selbst war enorm groß, so dass der Verlag empfahl, ihn an einem «Rollstab» aufzuhängen, so dass er «anderen Möbeln nicht in die Quere» kam. Trotzdem handelt es sich keineswegs um eine vollständige Aufnahme Londons. Der Plan unterschlägt einige kleinere oder unerhebliche Merkmale, Ortsnamen fehlen, und es wurde auch nicht angestrebt, einzelne Gebäude darzustellen. Bei einem Stadtplan, der mehrere zehntausend Hektar bebauter Fläche abdeckt, ist das kaum verwunderlich, und der Verlag war denn auch taktvoll genug, die Subskribenten des Werks zur Anzeige von «Ungenauigkeiten und Versäumnissen» zu ermutigen. Es bleibt also in vieler Hinsicht eine impressionistische Aufnahme Londons, in der die Gassen, Anwesen und Läden zu einem blassen grauen Schatten geschrumpft sind; die Karte hat zwar – so die Autoren der *History of London in Maps* – ihren «bleibenden Reiz», aber es ist der Reiz der Distanz.

Ende des 18. Jahrhunderts vermittelte dann der größte je in England gedruckte Stadtplan eine Anschauung davon, was man wohl schon damals als Londons Unermesslichkeit empfand. Richard Horwoods Stadtplan maß knapp neun Quadratmeter und verzeichnete außer Straßennamen und Gebäuden sogar die Hausnummern. Das Projekt zog sich neun Jahre hin; vier Jahre nach Erscheinen der Karte starb Horwood, müde und abgehärmt, mit 45 Jahren. Einige der unvermeidlichen Schwierigkeiten, mit denen er zu kämpfen hatte, sind an den Veränderungen in vier verschiedenen Auflagen der Karte abzulesen. So waren binnen dreizehn Jahren die an die Commercial Road grenzenden Felder allmählich mit Häusern und terrassenförmig abgestuften Straßen zugebaut worden. In einem Zeitraum von zwanzig Jahren hatte sich die Anzahl der Häuser in Mile End verdreifacht. Das hartnäckige und stetige Wachstum Londons war seinem Kartographen gewissermaßen zum Verderben geworden.

Horwood huldigt im Wesentlichen dem Nützlichkeitsprinzip. Sein Unternehmen wurde von dem Feuerversicherungsbüro Phoenix finanziert, einer der bedeutendsten Institutionen der Stadt, und war laut Werbung unentbehrlich «bei Räumungsklagen oder Prozessen, Grundstücksverpachtungen oder -übertragungen etcetera».

Fasziniert von Londons Unermesslichkeit, kompilierte Phyllis Pearsall, die Schöpferin des *A to Z*, Mitte der 1930er Jahre die erste Ausgabe ihres Straßenverzeichnisses, «indem ich um 5 Uhr aufstand und jeden Tag 18 Meilen durch die Straßen streifte». Auf diese Weise lief sie 3000 Meilen und vervollständigte 23 000 Einträge, die sie in Schuhkartons unter dem Bett aufbewahrte. Wie Michael Hebbert, der Autor von *London*, enthüllt hat, wurden die Karten «von einem einzigen Zeichner angefertigt; Pearsall selbst kompilierte und entwarf das Buch und las auch noch Korrektur.» Doch kein Verlag interessierte sich dafür, bis sie schließlich Kopien davon auf einem Schubkarren zu einem Einkäufer von W. H. Smith brachte. Als Pearsall 1996 starb, war die Zahl der Londoner Straßen auf annähernd 50 000 gestiegen.

Doch für den wahren Altertumsforscher Londons leben und überleben diese Einzelheiten in der Erinnerung – ewig unzugänglich für alle Stadtpläne und Vermessungen. John Stow schreibt im 16. Jahrhundert: «Ich weiß noch, dass in meiner Jugend fromme Menschen, Männer wie Frauen dieser Stadt, die Gewohnheit hatten, oftmals in der Woche, namentlich aber freitags, dorthin [nach Houndsditch] zu wandeln, mit dem Vorsatz, dort ihre mildtätigen Gaben zu verabfolgen; alle bedürftigen Männer und Frauen lagen in ihrem Bett in den zur Straße gehenden Fenstern, die so tief offen standen, dass jedermann sie sehen konnte.» Es ist ein deutliches und markantes Bild in einer Stadt der Rituale und Spektakel.

Stow bleibt der Schutzgeist aller jener Londoner, die nach ihm kamen, erfüllt von ihren eigenen Erinnerungen an die schwindende und die verschwundene Zeit. Da ist Charles Lamb, der um 1820 durch den Temple wandert und sich notiert: «Welch eine Aura des Alters umgab doch die Sonnenuhren mit ihren moralischen Inschriften! Sie schienen gleichen Alters zu sein wie die Zeit, die sie maßen.» Sie waren «meine ältesten Erinnerungen». Ein Jahrzehnt später spricht Macaulay von einer künfti-

«Ich bin immer noch so erschlagen von dem Gefühl der schieren Größe Londons – seiner unvorstellbaren Ausdehnung –, dass mein Hirn für die Würdigung von Einzelheiten noch gelähmt ist.»
Henry James, *1869*

133

gen Zeit, da die Bürger Londons, «uralt und riesenhaft wie die Stadt ist, unter den neuen Straßen und Plätzen und Bahnstationen umsonst nach jener Stätte suchen werden», die in ihrer Jugend Mittelpunkt ihres Lebens oder Schicksals war.

Man hat gesagt, dass kein einziger Stein London jemals verlässt, sondern dass jeder immer wieder verwendet und aufs Neue genutzt wird und so jene große steinerne Masse vermehrt, auf der die Stadt ruht. Das Paradoxe hieran ist der kontinuierliche Wandel bei gleich bleibender innerer Identität; es bildet den Urgrund jener antiquarischen Leidenschaft für eine kontinuierlich sich wandelnde und erweiternde Stadt, die dennoch ein Schallgewölbe schweifender Erinnerungen und unerfüllter Sehnsüchte bleibt. Das mag V. S. Pritchett gemeint haben, wenn er Ende der 1960er Jahre meint: «London hat den Effekt, dass man sich selbst historisch vorkommt.» Einmal schreibt er: «Es ist merkwürdig, dass der Londoner nicht wirklich vergisst, obwohl London seine Vergangenheit wegwischt.» Jeder Gang durch die Straßen Londons kann so zu einer Reise in die Vergangenheit werden, und es wird immer Londoner geben, die vor dieser Vergangenheit erbeben wie vor einer Obsession. Kurz nach 1920 streifte Arthur Machen, ein anderer Londoner Visionär, durch Camden Town und sah sich wie ein Wiedergänger versetzt in die Stadt von 1840 mit ihren offenen Einspännern und schwach erleuchteten Interieurs – alles heraufbeschworen durch den unerwarteten Anblick einer «kleinen Wagenremise mit den kleinen Ställen; die Vision einer Lebensform, die völlig entschwunden ist».

Noch bis vor wenigen Jahren konnte man Einwohner von Bermondsey finden, die – so ein Reporter – «von der Geschichte ihres Stadtteils ganz verhext sind». Wo Thomas Hardy «die Stimme des Paulus'» in alten Steinen vernahm, die im Britischen Museum ausgestellt waren, vernehmen die Londoner die Stimmen jener, die – in den kleinsten Häusern, den geringsten Gassen – vor ihnen da waren. Charles Lamb erinnerte sich an einen Kassierer im South-Sea House, Mr Evans, der gesprächig wurde, «wenn die Rede auf das alte und das neue London kam, den Standort alter Theater, Kirchen und verfallener Straßen, wo der Teich der schönen Rosamunde [Geliebte Heinrichs II.] war, die Mulberry Gardens und der alte Kanal in Cheap». Die Autorin von *Highways and Byways in London*, Mrs E. T. Cook, stand im Dämmerlicht eines Wintertags auf der Westminster Bridge, «und als das Licht schwand und der Nebel stieg, war mir, als entglitten mir die Konturen der modernen Gebäude und ich sähe wieder, wie eine Vision, die ‹Thorney Isle› der grauen Vorzeit». Doch noch während diese Beobachterin des frühen 20. Jahrhunderts ihren Gesichten aus dem 8. Jahrhundert nachhängt, stört sie eine Bettlerin, die um Geld bittet, aus ihrer Gedankenverlorenheit auf: «Ich hab heut nacht kein Dach überm Kopf. Ehrlich wahr, gute Frau!» Auf tausenderlei verschiedene Weise prallen Vergangenheit und Gegenwart aufeinander. Als Rose Macaulay im Zweiten Weltkrieg die Wüstenei von Bombenkratern besichtigte, sah sie vor sich «das Ur-Chaos und die alte Nacht, die geherrscht hatten, bevor es Londinium gab». Im Jahrhundert davor hatte Leigh Hunt bemerkt, der Kirchenvorplatz von St Paul's sei «ein Ort, wo man den neuesten Roman kaufen kann und gleichzeitig Spuren der alten Britannier und des Meeres findet». Und Henry James erlebte trotz seiner Angst vor der Riesigkeit der Stadt «das gespenstische Gefühl, die körperlosen Gegenwärtigkeiten des alten Londons».

Zu allen Zeiten haben einsame Londoner, die über die Vergangenheit nachgrübelten, auch anderer Kulturen gedacht, die wie die ihre zu Grunde gingen und der Auflösung anheim fielen. Edward Gibbon saß allein in seinen Zimmern in der Bond Street und reflektierte zum Lärm ratternder Kutschen über den Untergang Roms. Der junge John Milton saß die halbe Nacht in seiner Schlafkammer in der Bread Street und träumte beim Schein der Kerze am Fenster vom alten London und seinen Gründern. Solche Männer gab es in jeder Generation, Männer, die «ihr Leben mit der Erkundung der ehrwürdigen VORZEIT dieser Stadt» verbrachten. Einer der Ersten von ihnen, Fabyan, ein Sheriff und Alderman von London, schrieb eine *Chronicle or Concordance of Histories*, deren erste Ausgabe 1485 erschien. Unter anderem kompilierte er eine Chronologie der diversen Wetterhähne auf St Paul's.

Die anspruchsvollsten historischen Studien sind auf die mittleren Jahrzehnte des 19. Jahrhunderts zu datieren. Es war die Zeit der enzyklopädischen Übersichten; zu diesen zählen auch die von W. Thornbury und E. Walford herausgegebenen sechs großen Bände von *Old and New London*. Es war auch die Zeit, in der verschiedene Geschichten der Stadt London vollendet wurden, eine Tradition, die Sir Walter Besant, Gründer des Restaurants «People's Palace», ins frühe 20. Jahrhundert hinein fortführte; sein Denkmal ist heute unter der Eisenbahnbrücke in Hungerford zu sehen. Besant war es, der auf seinem Totenbett bemerkte: «Ich bin dreißig Jahre lang in London umhergegangen, aber jeden Tag entdeckte ich etwas Neues», eine Beobachtung, die wohl jeder Bewunderer Londons bestätigen wird.

In den 1870er Jahren, zu einer Zeit, da viele Chronisten Londons die Größe und Mannigfaltigkeit der neuen Stadt bejubelten, gab es andere, die wie ihre Vorgänger in früheren Jahrhunderten das Verschwinden der alten betrauerten. 1875 wurde eine «Gesellschaft für Lichtbilder von Relikten des Alten London» gegründet; unmittelbarer Anlass war der drohende Abriss des Oxford Arms in der Warwick Lane gewesen. Einzelne Autoren, nicht selten Journalisten von Londoner Zeitungen, fahndeten nach den Spuren der Vergangenheit, die sich in alten Höfen und altertümlichen Plätzen verbargen.

Die Beiträge dieser Männer zur Geschichtsschreibung Londons sind sträflich vernachlässigt oder verlacht worden, was zum Teil das Ergebnis der präziseren und «wissenschaftlicheren» Darstellungen der Stadtentwicklung durch die verschiedenen Londoner archäologischen Gesellschaften ist, deren eigenes Wirken sich in der Tat als unschätzbar erwiesen hat. Eine Fundamentalkritik kam dann von den vielen Soziologen und Demographen, die in den Nachkriegsjahren mehr am Wiederaufbau und an neuen Formen der Stadtplanung interessiert waren.

John Stow, Historiker und Londonkenner.

Die Londoner Altertumsforschung könnte daher selbst als erledigt erscheinen, gäbe es da nicht eine wunderliche Zeremonie, die jedes Jahr in der Kirche St Andrew Undershaft vorgenommen wird. Hier befindet sich das Grab John Stows, das eine Figur dieses tudorzeitlichen Altertumsforschers ziert. Er hält einen Gänsekiel in der Hand, und jedes Jahr Anfang April ziehen der Bürgermeister von London und ein erlauchter Historiker in feierlicher Prozession zu seinem Denkmal und erneuern den Gänsekiel in seiner steinernen Hand. So ehrt die Stadt einen ihrer größten Bürger, und das Erneuern des Federkiels ist das feierliche Zeichen, dass das Schreiben der Londoner Geschichte niemals ein Ende haben wird.

136

Handel und Gewerbe
auf Straßen und Plätzen

*So stellte Marcellus Laroon Mitte des 17. Jahrhunderts
Londons typische Milchträgerin dar, die in der Regel aus Wales
stammte. Die silberne Platte auf ihrem Kopf gehört zu
den Bräuchen der Feiern zum 1. Mai.*

11. Wo ist der Käse aus der Thames Street?

Im 19. Jahrhundert wurden gebrauchte Kleider von Juden verkauft. Die meisten Bäcker kamen in jener Zeit aus Schottland, während der typische Londoner Barbier ein Kind seiner Stadt war. Auch die Ziegelbrenner stammten aus London, während ihre Handlanger «fast ausschließlich Iren» waren. Kanalarbeiter stammten aus Yorkshire und Lancashire, während ein großer Teil der Schuster aus Northampton kam. Die Raffinade von Zucker und der Spielzeughandel lagen einst fast ausschließlich in den Händen von Deutschen, die sich auf Whitechapel und Umgebung beschränkten. Die meisten Metzger und Fischhändler in Smithfield beziehungsweise Billingsgate waren gebürtige Londoner, während die Käsehändler in der Regel aus Hampshire und die Milchwirte aus Wales kamen: Das walisische «Milchmädchen» war einst eine pünktliche Erscheinung in der Hauptstadt. In allen Fällen bildeten die Angehörigen eines Berufsstandes gern ihre eigene Enklave, in der sie wohnten und arbeiteten.

Diese Absonderung hat zu allen Zeiten das Londoner Gewerbe geprägt. Im 18. Jahrhundert konnte man Käse in der Thames Street kaufen und Spielkarten an der Strand. Laden- und Wirtshausschilder wurden in der Hoop Alley (bei der Shoe Lane) feilgeboten; hier hielten die Schildermaler ein großes Angebot bereit, das von Teekesseln über weiße Hirsche bis zu roten Löwen reichte. Vogelhändler ließen sich in Seven Dials nieder, Wagenbauer in Long Acre, Bildschnitzer in der Euston Road, Tuchhändler in der Tottenham Court Road und Zahnärzte an der St Martin's Lane.

Doch mitunter schüttelt eine Straße alte Verbundenheiten ab und ändert ihr Gewerbe. Die Catherine Street war einst die berüchtigte Meile für den Handel mit schlüpfrigen Schriften (obgleich der Name der heiligen Katharina vom griechischen Wort für «Reinheit» kommt), doch in den ersten Jahrzehnten des 19. Jahrhunderts verlegte sie sich stattdessen auf Speisehäuser, Zeitungsverkäufer und Anzeigenannahmen. Die Strand war für ihre Zeitungsverlage bekannt, bevor diese Industrie ostwärts in die Fleet Street und später noch einmal weiter nach Osten, in die frisch herausgeputzten Docklands, umzog.

Auch ganze Kirchspiele verband man mit dem Gewerbe, das in ihnen

Im 17. Jahrhundert konzentrierten sich die Optiker in der Ludgate Street, die Pfandleiher in der Long Lane, die Buchhändler auf dem Vorplatz von St Paul's.

betrieben wurde; so gab es Geflügelhändler in St George's, Spitzenhändler in St Martin's, Kunstmaler in Holy Sepulchre außerhalb Newgate und Bauholzhändler in Lambeth. Stellmacher fand man in Deptford, Müller in Stratford und Sattler in Charing Cross.

Manche Gewerbe konnten sich nicht losreißen, auch wenn die Straße selbst mit ihren Häuserzeilen schon abgetragen war. «Sehr eigentümlich ist es zu bemerken», schreibt Walford in *Old and New London*, «wie noch die alten Gewerbe und die früheren Arten von Bewohnern einer Örtlichkeit verhaftet bleiben.» Als Beispiel nennt er die Silberschmiede in der Cranbourn Street; diese Straße war ebenso wie die angrenzende Cranbourn Alley abgerissen worden, doch die Läden in der an ihrer Stelle entstandenen New Cranbourn Street «strotzten plötzlich von Silbergeschirr, Juwelierarbeiten und Geschmeide».

Die Absonderung der einzelnen Londoner Stadtbezirke verrät sich auch in einer anderen merkwürdigen Tatsache: «Der Londoner Handwerker versteht selten mehr als einen Teilbereich des Gewerbes, dem seine Lehrzeit gegolten hat.» Sein Kollege vom Land beherrscht dagegen meist alle Aspekte seines Berufs. Es ist dies ein weiteres Zeichen für die «Spezialisierung» Londons. Spätestens im 19. Jahrhundert zeigten sich diese Teilungen und Unterscheidungen auf kleinstem Raum und im kleinsten Gewerbe. So gedieh in Hoxton die Industrie des Pelz- und Federbesatzes, und Walter Besant erwähnt in *East London*, dass «die Zahl ihrer Zweige und Unterabteilungen einfach verblüffend» sei: «Es kann ein Mann sein ganzes Leben in aller Seelenruhe zubringen, ohne von seiner Arbeit mehr als nur einen winzigen Bruchteil zu kennen … ein Mann oder eine Frau versteht sich für gewöhnlich nur auf die Verfertigung einer Sache, einer einzigen Sache, und wenn dieses eine Stück Arbeit nicht gelingt, ist der Betreffende verloren, weil er nichts anderes zu verfertigen weiß.»

So wurden diese Handwerker zu kleinen Rädchen in dem komplizierten und gigantischen Getriebe Londons und des Londoner Handels. Ein Stadtplan der «Industriegebiete Nordost-Londons, 1948» zeigt deutlich abgesetzte hellblaue Flächen für den «Instrumentenbau Camden Town» sowie für das «Bekleidungsviertel Hackney» und das «Schuhgebiet South Hackney». Ein dunkelblauer Bereich stellt das «Bekleidungsviertel Aldersgate» unweit des «Buchdruckviertels Shoreditch» dar, das im Norden an ein «Möbelviertel» und im Süden an das «Bekleidungsviertel East End» stößt. Diese Zonen mit ihren zahlreichen kleinen Industriebetrieben und Unternehmen verzeichnet *The Times London History Atlas* als «die Nachfolger alter Handwerke, die ihren Ursprung im mittelalterlichen Stadtkern hatten». Wie um diesen Ursprungszustand der mittelalterlichen Stadt nachzuahmen, begannen dann auch Randgebiete Londons, sich auf bestimmte Gewerbe zu spezialisieren. Hammersmith und Woolwich wurden für Maschinenbau und Eisenbahnschienen bekannt, Holborn und Hackney für ihre Textilien.

Andere Berufe gehen seit Jahrhunderten gemeinsam auf die Wanderschaft, um sich instinktiv oder spontan auf neuem Gelände niederzulassen. So ist bekannt, dass Ärzte und Chirurgen sich heutzutage in der Harley Street ballen. Im 18. und frühen 19. Jahrhundert hingegen residierten die namhaften praktischen Ärzte am Finsbury Square, am Finsbury Pavement, am Finsbury Place und am Finsbury Circus, während sich ihre jüngeren oder weniger wohlhabenden Kollegen Wohnungen in der unmittelbaren Nachbarschaft suchten. Sie alle aber wanderten zwischen 1840 und 1860 ab, und aus Finsbury wurde ein «sozial verwaister Bezirk». Eine ähnliche Bewegung gab es in der Hutmacherei. Sie hatte ihren Mittelpunkt im so genannten «Labyrinth» in Bermondsey, zwischen Bermondsey Street und Borough High Street, dazu in der Tooley Street, aber dann verschob irgendein geheimnisvoller Wandertrieb dieses «großartige Zentrum der Hutmacherei» nach Westen, bis es sich auf die Blackfriars Road verlagert hatte; aus welchem Grund Bermondsey aufgegeben wurde, ist unbekannt.

Das Phänomen, dass Straßen und ganze Kirchspiele auf ein Gewerbe spezialisiert sind, ist auch in größerem Maßstab zu beobachten, wenn man Karten über die «Bodennutzung» studiert; sie beweisen, dass das ganze Stadtgebiet einst auf eine übrigens erstaunlich harmonische Weise in Zonen wie «bebautes Gebiet», «Tongruben (erschöpft)», «Gemüsegarten», «Weideland», «gemischter Landbau» und «Fruchtfolge» aufgeteilt war. Eine Karte der Lebensmittelmärkte im 18. Jahrhundert zeigt ein ähnlich natürliches Muster, so als werde die Londoner Topographie selbst von einem stummen und unsichtbaren Gitternetz des Handels überzogen.

Warum haben sich zu den Möbelhändlern in der Tottenham Court Road, die noch nach 150 Jahren in dieser Straße tätig sind, in jüngster Zeit Geschäfte mit elektronischen Geräten gesellt? Warum sind zu den Uhrmachern von Clerkenwell Innenarchitekten und Werbeagenturen getreten? Warum ist die Wardour Street, die Heimat von Antiquitäten, zum Zentrum der Filmindustrie geworden? Eine Zwischenphase Ende des 19. Jahrhunderts, als Soho zum Mittelpunkt der Musikverlage wurde, mag den Übergang mit bewirkt haben, kann ihn aber nicht erklären. Wie für vieles andere in London gibt es auch für diese heimlichen und rätselhaften Veränderungen keinen vernünftigen Grund.

Ein Londoner Stadtviertel

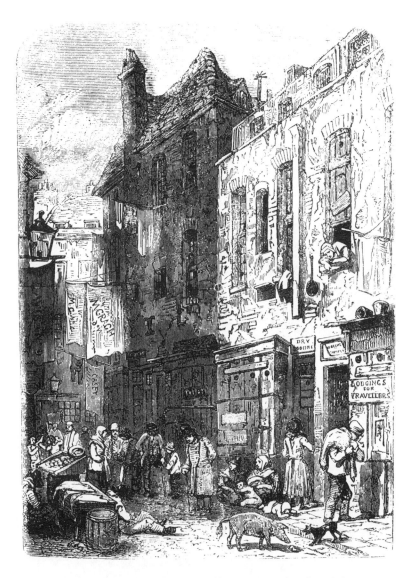

Eine Darstellung der rookeries *– Krähennester –, eines berüchtigten
Wohnbezirks des Kirchspiels St Giles. Das Viertel war
vielleicht noch verkommener und lauter, als es dieses Bild zeigt.*

12. St Giles-in-the-Fields

Die Glocken von St Giles-in-the-Fields sind, einem kirchlichen Bericht zufolge, «in sehr erfreulichem Zustand und arbeiten trotz ihres hohen Alters sehr gut». Sie sind über dreihundert Jahre alt und lassen sich noch immer jeden Donnerstag zur Mittagszeit vernehmen. Aber die Geschichte dieses Londoner Kirchspiels reicht noch viel weiter zurück als dreihundert Jahre.

Da, wo sich heute St Giles erhebt, stand früher eine sächsische Kirche. Die Drury Lane, einst «via de Aldwych» geheißen, war der Hauptweg, der von der Siedlung Lundenwic beziehungsweise Covent Garden zur Watling Street führte; an ihrem nördlichen Ende standen ein Dorfkreuz und eine Kapelle, um die sich «Johannes mit dem guten Gedächtnis» kümmerte. An dieser Stelle errichtete man im 12. Jahrhundert eine Kapelle und ein Hospital für Aussätzige; beide waren dem heiligen Ägidius (St Giles), dem Schutzheiligen der Leprösen, gewidmet. Die Anlagen verteilten sich über Felder und Marschen, um die Gefahr der Ansteckung von der Stadt fern zu halten. Der heilige Ägidius war aber auch der Nothelfer für Bettler und Krüppel, für jene also, die das Elend anfocht oder die zum Alleinsein verdammt waren. Er selbst war lahm, aber er weigerte sich, seine Behinderung behandeln zu lassen, damit er sich umso glühender in der Ertötung seines Fleisches üben könne.

Die Klage über Kummer und Einsamkeit ist nie ganz von dieser Gegend gewichen; zu allen Zeiten war dieses Viertel der Schlupfwinkel der Armen und Verfemten. Noch heute streifen hier Landstreicher durch die Straßen, und in der Nähe der Kirche befindet sich ein Zentrum für Obdachlose.

Den zum Hospital gehörenden Grund, aus dem später das Kirchspiel St Giles wurde, begrenzt heute das Dreieck, das die Charing Cross Road (früher Hog Lane, noch früher Eldestrate), die New Oxford Street und die Shaftesbury Avenue bilden. Das Hospital blieb bis ins 15. Jahrhundert eine Zuflucht der Aussätzigen; danach scheint es auch Anlaufstelle für die ganz Armen und die Gebrechlichen geworden zu sein. Eine Beschreibung des Londoner Grafschaftsrats nennt es «eine echt Londoner Einrichtung». Neben der Zufluchtsstätte entstand ein Dorf mit kleinen Läden für die Bedürfnisse der Insassen; Gervasele Lyngedrap («Linnenhändler») heißt einer der spätmittelalterlichen Kaufleute, die in den

Unterlagen des Hospitals vorkommen. In der Reformation wurde die Anlage aufgelöst, und aus der Kapelle wurde die Pfarrkirche St Giles-in-the-Fields. Das erste postkatholische Bauwerk wurde 1631 errichtet, aber mittlerweile hatte sich die Natur dieses Bezirks verändert. Er war schon immer eine vieldeutige, unklar definierte Gegend gewesen, ein Mittelding zwischen Stadt und Land. Im 9. Jahrhundert hatte er an der sächsischen Heerstraße gelegen, und als London wohlhabender wurde, hatten Handel und Verkehr zugenommen; es gab Schenken und Gasthöfe für die Reisenden. Eine andere Art von Wanderern erschien, als durch eine Proklamation Elisabeths I. viele Ausländer aus der Altstadt ausgewiesen wurden und sich in der Nachbarschaft niederließen. Ihnen wiederum folgten die Landstreicher und die Verarmten. Unterdessen hatte die Lage von St Giles, vor den Toren der Stadt und unweit von Westminster, verschiedene Honoratioren angelockt, die auf den zu Gärten kultivierten Weidegründen prächtige Häuser bauten. Im 17. Jahrhundert war St Giles allgemein bekannt für den krassen Gegensatz zwischen Reichen und Armen; letztere drängten sich südlich der heutigen Oxford Street zusammen. Bei diesem Schwebezustand blieb es einige Jahrhunderte. «Viele der Wohnungen hier scheinen auf abgründige Armut berechnet», schreibt ein Chronist des Kirchspiels im 10. Jahrhundert, «andere auf höchsten Überfluss.»

So fungierte St Giles sowohl als Eingang wie als Ausgang; es begrüßte Neuankömmlinge und beherbergte gleichzeitig jene, die aus der Stadt verstoßen worden waren. Es war in jeder Hinsicht ein Kreuzweg. An der Stelle, wo heute Tottenham Court Road, Charing Cross Road, Oxford Street und New Oxford Street zusammentreffen, befand sich einst ein Blutgerüst und später ein «Käfig» beziehungsweise ein «Teich» mit Wippgalgen zum Eintunken von Delinquenten. Der Platz heißt heute St Giles Circus, und zwei Linien der U-Bahn kreuzen sich hier, Northern und Central. St Giles ist auch der Kreuzweg zwischen Zeit und Ewigkeit gewesen. «Für ein Leichentuch für die arme Frau, die im Käfig starb», lautet ein Eintrag in der Chronik des Kirchenvorstehers. Auch nachdem das Blutgerüst Ende des

Eine besonders brutale Form der Bestrafung war der Wippgalgen – die Beschuldigte wurde in ein Gewässer eingetaucht; ertrank sie, so galt ihre Schuld als erwiesen.

15. Jahrhunderts beseitigt worden war, blieb St Giles Hüter der Schwelle zum Tod; alle Missetäter, die zum Richtplatz in Tyburn unterwegs waren, machten am «Resurrection Gate» (Auferstehungstor) von St Giles-in-the-Fields Halt, wo man ihnen eine Schale Bier reichte, um sie für ihren letzten Gang zu stärken.

Dieser letzte Trunk vor dem Übergangsritus war auch in anderer Hinsicht passend, da das Kirchspiel für die Anzahl seiner Schenken und die Verbreitung der Trunksucht berüchtigt war. Der «Weiße Hirsch» *(The White Hart)*, im 13. Jahrhundert entstanden, überlebt zumindest dem Namen nach an der Ecke Drury Lane, aber viele andere Schenken sind längst zu Staub zerfallen – die «Jungfrau» in der Dyot Street, die «Eule» in der Canter's Alley, das «Schwarze Lamm», die «Rebe» und die «Rose». Die «Frau im Mond» bei der Drury Lane hat heutzutage einen wunderlichen Nachfolger, den «Mond unter Wasser» *(Moon under Water)* an der Charing Cross Road.

In dieses Kirchspiel versetzte William Hogarth im 18. Jahrhundert auch seine *Gin Lane*. Der Brauch des «St Giles-Trunks», des letzten Glases vor der Sperrstunde, hatte laut John Timbs, Verfasser der *Curiosities of London* im 19. Jahrhundert, das Viertel «zu einem Refugium für abstoßende und unsaubere Gesellen gemacht». Aber keine Beschreibung kann sich mit der Empörung und Verzweiflung von Hogarths Zyklus messen. Bei Hogarth ist der eigentliche Geist dieses Ortes erfasst, an dem heute noch Landstreicher in kleinen Gruppen beisammen sitzen und Bier aus der Dose trinken: der ausgemergelte junge Mann, die betrunkene Frau mit ihren syphilitischen Narben, der Selbstmord, die hastigen Begräbnisse, das zu Tode stürzende Kind – sie alle spiegeln in grotesker Verzerrung die Wirklichkeit von St Giles als einer Hochburg des todbringenden Trinkens, verweisen aber auch mit unheimlicher Prophetie schon auf das Elendsviertel des frühen 19. Jahrhunderts, den schlechtesten Stadtteil Londons, die so genannten «Rookeries» (Krähennester), die sich fünfzig Jahre später genau an dieser Stelle erheben sollten.

Ein anderes Unglück brachte der Alkohol im Jahre 1818 über St Giles-in-the-Fields. In der Horseshoe-Brauerei knapp nördlich vom Kreuzweg platzte ein Kessel und ließ annähernd 450 Hektoliter Bier auslaufen; Verkaufsstände, Wagen und Mauern wurden von der Flut weggespült, und in kürzester Zeit ergoss sich das Bier in die Keller der Umgebung, wobei acht Personen ertranken. So kam es zum Zusammenfluss von Gin Lane und Beer Lane.

Die verhängnisvollen Keller haben ihre eigene Geschichte. «Einen Keller in St Giles haben» war redensartlich für Dreck und Elend. Schon 1637 registrieren die Jahresberichte der Kirchenvorsteher den «großen

Zustrom armer Menschen in dieses Kirchspiel ... Menschen, deren Familien in *Kellern* hausen, und ähnliche Missstände». Diese unterirdischen Räume waren für ihre Modrigkeit berüchtigt. St Giles-in-the-Fields galt als «feucht und ungesund». Eine Parlamentsverordnung von 1606 rügte die Drury Lane und ihre Umgebung als «morastig, moderig und gefahrvoll für alle, die diese Wege nehmen». Ein Bericht von Christopher Wren klagte über ihre «Widerwärtigkeit», da sie von Marschland, Kanälen und offenen Gräben umgeben war; eine Untersuchung in Westminster bemängelte zur selben Zeit, dass die Gegend «stark von Wasser überschwemmt» und «überaus sumpfig, schmutzig und gefährlich» geworden war.

In seinem Kupferstich Gin Lane *geißelt William Hogarth (1697–1764) den Alkoholismus des einfachen Volkes. 1743 wurden in London 36 Millionen Liter Schnaps und Fusel getrunken. Erst als Gilden, Zünfte, Schriftsteller warnten, verabschiedete das Parlament drastische Vorschriften für den Ausschank.*

Gefährlich war sie in mehr als einer Hinsicht; denn von der Drury Lane und ihren kleinen Innenhöfen ging jene Seuche aus, die als die «Große Pest von London» bekannt wurde. Die Menschen, die sich in den letzten Wochen des Jahres 1664 als Erste infizierten, lebten am nördlichen Ende der Gasse, gegenüber dem Cole Yard, wo die vierzehnjährige Nell Gwynne wohnte. Der Ausbruch der Krankheit «ließ die Menschen gar sehr auf dieses Viertel schauen», wie Daniel Defoe in seinem *Tagebuch aus dem Jahr der Pest* schreibt, und die unerwartete Zunahme der Begräbnisse in diesem Kirchspiel weckte in jedermann den Argwohn, «dass unter den Menschen am Ende der Stadt die Pest umgehe». Viele der betroffenen Häuser wurden versperrt, und Samuel Pepys registriert in seinem Tagebuch unter dem 7. Juni 1665 «ganz gegen meinen Willen» die an die hölzernen Türen gepinselten roten Kreuze. Der Stadtteil wurde auf merkwürdige Weise für die ansteckende Krankheit verantwortlich gemacht – «dass das eine Kirchspiel St Giles in London uns dieses ganze Unheil beschert hat», schrieb Sir Thomas Peyton –, und es ist anzunehmen, dass der zwiespältige Status von St Giles als Refugium für die Unglücklichen und die Verstoßenen für seinen schrecklichen Ruf mitver-

antwortlich war: Der Auswurf der Stadt kehrte auf die bedrohlichste
Weise in die Stadt zurück.

Aber auch damit war die Unglücksgeschichte von St Giles noch nicht zu
Ende. In immer neuen Wellen zogen Arme in die großen Gebäude ein,
die im Laufe der Zeit in Wohnungen und Keller umgewandelt wurden.
Es ist nicht übertrieben, sich vorzustellen, dass der Geist des heiligen
Ägidius selbst es war, der die Schritte der Armen in das Kirchspiel St
Giles lenkte; denn aufgrund seiner Vorgeschichte als Hospital war es für
den Umfang seiner mildtätigen Hilfe bekannt. So verzeichnen die Chroniken des Kirchspiels Mitte des 17. Jahrhunderts: «1 Schilling ging an
Meg aus Tottenhamcourt, die sehr krank ist. ... 1 Schilling als Geschenk
an den *Singenden Flickschuster*. ... Schenkte dem alten *Perücken-Fritz*
6 Pence. ... Die Jahresmiete für die *Verrückte Bess* bezahlt, 1 Pfund
4 Schilling 6 Pence.» Es finden sich viele Hinweise auf Hilfeleistungen
für Familien, die «aus Irland hierher kamen», und in der Tat war das
Viertel zwei Jahrhunderte fest in irischer Hand. Aber auch die Franzosen kamen, ferner jene, die wegen Landstreicherei der Stadt verwiesen
worden waren, und schwarze Dienstboten, die das Schicksal an den Bet-
telstab gebracht hatte und die man, in Anlehnung an die farbigen Sklaven in Amerika, die «Blackbirds von St Giles» nannte. In der Gegend bildete sich ein Bettlerunwesen heraus, das auch heute nicht völlig gebannt
ist. Schon 1629 wurde der Ruf nach Festnahme von «arbeitsscheuen
Personen» laut, und kaum eine Generation später häuften sich die Klagen
über die Verwandlung des Kirchspiels in ein Refugium von «Iren und
Fremden, Bettlern sowie liederlichen und verderbten Subjekten». Wiederum drei Generationen später fand man die Gegend «überfrachtet mit
Armen». Im Grunde enthält dieses kleine Areal die ganze Geschichte des
Londoner Landstreicherwesens.

Am bittersten berührt vielleicht das Schicksal einzelner Menschen, die
in den Annalen der Armenhilfe erscheinen. So lebte Mitte des 18. Jahrhunderts «der alte Simon» mit seinem Hund unter der Treppe eines verfallenen Hauses in der Dyott Street; was ein zeitgenössischer Bericht-
erstatter – J. T. Smith in *Book for a Rainy Day* – über ihn schreibt, das
könnte man auch über die «Penner» zu Beginn des 21. Jahrhunderts
sagen: «Er besaß mehrere Wamse und ebenso viele Mäntel in abgestuften Größen, so dass er unter dem obersten Bekleidungsstück den größeren Teil seiner Bündel bergen konnte, die aus Lumpen unterschiedlicher
Färbung bestanden, sowie einzelne Pakete, die er sich um den Leib band
und in denen Bücher, Büchsen mit Brot, Käse und anderen Lebensmitteln, Zündhölzer, Zunderbüchse und Fleisch für seinen Hund waren.»

Die Gegenwart oder Anhänglichkeit eines Hundes scheint ein überzeitliches Charakteristikum des Londoner Stadtstreichers zu sein.

Siebzig Jahre später lebte «der alte Jack Norris, musikalischer Garnelenfänger», in derselben (jetzt in George Street umbenannten) Straße. Unter dem Vorwand, Garnelen zu verkaufen, ging er «auf Bettelstreifzug» und verhungerte schließlich beziehungsweise «starb durch göttliche Heimsuchung», wie die Totenschaukommission befand. Eine gewisse Anne Henley verstarb im Frühjahr 1820 in ihrem 105. Lebensjahr in Smart's Buildings. «Sie pflegte vor verschiedenen Türen in Holborn zu sitzen, um ihre Nadelkissen feilzuhalten. Sie war von untersetzter Gestalt, hatte ein sanftes und bescheidenes Benehmen und reinliches Wesen und trug gewöhnlich einen grauen Mantel.»

Zur Zeit der Niederschrift dieses Buches sitzt oft eine massige Frau mit kahl geschorenem Schädel an der New Oxford Street, zwischen Earnshaw Street und Dyott Street (die wieder ihren alten Namen bekommen hat); sie trägt Taschen bei sich, die mit Zeitungen voll gestopft sind, und führt unaufhörlich Selbstgespräche, bittet aber niemals um Geld. Es ist nicht klar, warum sie jeden Tag dieselbe, exponierte Stelle aufsucht – es sei denn, wir müssten annehmen, dass der alte Lockreiz der Dyott Street auch nach dem Umbau der Gegend nicht ganz verloren gegangen ist. Ein junger Mann mit kurz geschnittenem Haar und Stahlbrille sitzt an der Biegung der Dyott Street und bettelt. An der St Giles Street, zwischen Earnshaw Street und Dyott Street, nutzen Männer mittleren Alters Stufen und Eingang eines leer stehenden Bürohauses, um Geld «für eine Tasse Tee» zu erbetteln. St Giles ist noch immer eine Freistätte für Bettler und Stadtstreicher, wie etwa die Frau, die von Tauben umgeben in einem uringeschwärzten Winkel hinter High Holborn hockt, oder der alte Mann vor dem Dominion Theatre (wo einst die Brauerei stand), der immer betrunken ist, aber niemals bettelt. Beim Theater um die Ecke betteln jugendliche Stadtstreicher die Passanten an. Direkt gegenüber der Jugendherberge auf der anderen Straßenseite liegen sie in ihren Schlafsäcken und unterstreichen, dass im Leben von St Giles auch die flüchtigen Gäste noch immer ihren Platz haben.

An der Schwelle des Stadtviertels, dort, wo die große Straße High Holborn die Einmündung der Southampton Row und der Proctor Street passiert, kann man immer Stadtstreicher, einzeln oder in Gruppen, stehen sehen, als wären sie die Hüter von St Giles. Sie lungern auch auf dem Friedhof von St Giles-in-the-Fields herum, verwahrlost, mit Backenbart und gerötetem Gesicht, und trinken Schnaps wie die vielen Generationen, die vor ihnen da waren.

In diesem Geist sind auch die charakteristisch kurzen Lebensläufe in diesem Viertel zu sehen, von denen die Gemeindechronik erzählt: «Elizabeth Otley und eine gewisse Grace wurden in der *Partridge Alley* von einer einstürzenden Esse erschlagen. ... Das Kind eines Bauern im *Cole Yard* ertrank in einer Wanne Wasser. ... Ein Toter, ihm wurde von einem Fußsoldaten das Auge durchbohrt. ... Tod eines Kindes, welchem, im Haus des Herrn von Southampton in *Longfield*, ein Hund oder eine Katze Teile der Gliedmaßen abgebissen. ... Ein Knabe ermordet und hinter dem Gasthaus *King's Head* abgelegt. ... Erhebung der Anklage gegen Priscilla Owen, weil sie ihrem Gatten einen Finger abgebissen, was seinen Tod verursachte.»

In bildlichen Darstellungen erscheinen diese Einwohner von St Giles als Verkörperung eines gewissen städtischen Menschentyps, der durch seinen verderbten oder trunksüchtigen Charakter für ein frühes Ableben durch Krankheit oder am Galgen prädestiniert erscheint. Für den Bezirk von St Giles schickt sich der Tod. Die verderblichen Stationen seines *Harlot's Progress* verlegt Hogarth in die Drury Lane, und in einem finsteren Keller in der Nachbarschaft wird der berüchtigte «Faule Lehrbursch» wegen Mordes verhaftet, bevor man ihn zum Galgen expediert. Ein weiterer von Hogarths ehrlosen Charakteren, Tom Nero in *Four Stages of Cruelty*, ist ein Kind der Mildtätigkeit von St Giles. Auch er endet am Galgen.

Nicht ohne Grund hatte das Kirchspiel St Giles-in-the-Fields die zweithöchste Sterblichkeitsrate von London.

Die Armen können auch das Geschöpf einer anderen Erzählstrategie werden, wenn nämlich ihr Leben im Stil einer sensationslüsternen, schlüpfrigen Schauerromantik geschildert wird. Charles Dickens zog es wiederholt in diese Gegend, entweder allein oder in Begleitung von Polizeiinspektoren, und eine ihrer berühmtesten Verkehrsadern machte er in seinen «Reflexionen über die Monmouth Street» unsterblich. «Es waren einmal», schreibt Tobias Smollett, «zwei Lumpenhunde aus dem Bannkreis von St Giles, die hatten untereinander nur ein Hemd und ein Paar Hosen.» Ein anderer Londoner Romancier, der große Henry Fielding, gibt 1751 seine eigene Darstellung vom schändlichen Treiben in St Giles: «Männer und Frauen, einander oft unbekannt, liegen beisammen, da der Preis von 3 Pence für ein Doppelbett eine Ermutigung für sie ist, beieinander zu liegen: Da nun diese Stätten auf Hurerei eingerichtet sind, so sind sie nicht minder für die Trunksucht gerüstet, zumal der Gin überall um einen *Penny* das Viertel verkauft wird. ... In einem dieser Häuser, und keinem sehr großen, hat er [Mr Welch, Oberkonstabler von Holborn] achtundfünfzig Personen beiderlei Geschlechts gezählt, deren Gestank so unerträglich war, dass er Welch bald zwang, das Feld zu räumen.» Alkohol, Sexualität und Geruch ergeben hier eine berauschende

Mischung, berechnet als Sinneskitzel für jene Glücklichen, die die Gegend ansonsten meiden können. Es sind genau die Szenen und Dünste, die Fielding in einem seiner offiziellen Romane nicht hätte vorführen können; im Gewand der nüchternen Reportage jedoch konnte er seinen dichterischen Gelüsten nach dem «Schmutzigen» und dem «Ekelhaften» nachgeben.

Es bedarf keiner ausdrücklichen Erwähnung, dass die Armen von St Giles in der Tat ein elendes Leben führten und dass es schmutzige Absteigen in dem Kirchspiel gab; es muss aber auch daran erinnert werden, dass die großen Londoner Romanciers wie Dickens und Fielding aus dem Bildersaal der Großstadt ein oft befremdendes Schattenspiel gemacht haben. Ihre eigenen verbohrten oder angefochtenen Romanfiguren vermischten sich mit den dunkleren Seiten der Stadt und schufen so ein theatralisches und symbolisches London, das bei vielen Gelegenheiten die «Wirklichkeit» verdrängt hat.

Die Stadtmauer auf Höhe von St Giles Crippelgate, 1793 von Smith gezeichnet.

Die grellsten Sensationsberichte über St Giles-in-the-Fields blieben den ersten Jahrzehnten des 19. Jahrhunderts vorbehalten. Das war die Zeit der Rookeries, der «Krähennester», einem Komplex von Mietskasernen und Kellern zwischen St Giles High Street, Bainbridge Street und Dyott Street. In diesem unseligen Dreieck gab es (bevor man die New Oxford Street baute, um die Elendsviertel zu beseitigen) die Church Lane, die Maynard Street, die Carrier Street, die Ivy Lane und die Church Street und ein Knäuel von Gassen und Hinterhöfen, die das Viertel zu einem wahren Labyrinth machten, das als Refugium wie als Versteck für die dort Lebenden diente. «Niemand sonst geht in diesem Viertel Geschäften nach», schreibt Edward Walford in *Old and New London*, «und täte er es doch, so würde er es ratsam finden, sich so schnell wie möglich davonzumachen.»

Die «Krähennester» wurden wegen der irischen Bevölkerung, die hier wohnte, auch «Klein-Dublin» oder «Heiliges Land» genannt. Aber nicht nur Tagelöhner, Straßenkehrer und Straßenverkäufer lebten hier, sondern auch Diebe, Falschmünzer, Prostituierte und Landstreicher. Die Gassen waren eng und schmutzig, die Fenster der verfallenden Mietskasernen waren mit Fetzen oder Papier verhängt, die Innenräume klamm und ungesund. Die Wände bogen sich, die Böden waren überzogen mit Schmutz, die niederen Decken von Schimmel verfärbt; ihr Geruch war einfach unbeschreiblich. Thomas Beames schreibt in *The Rookeries of London*, dass diese finsteren Straßen «von Müßiggängern überquollen», «von Frauen mit Stummelpfeife im Mund und aufgedunsenen Gesichtern und von Männern, die jeglichem Gewerbe, vom Gewürzkrämer bis zum Vogelfänger, oblagen». Zu ihren Bewohnern zählten auch «schmutzstarrende Kinder, ausgezehrte Männer mit langem, ungepflegtem Haar … und wölfisch aussehende Hunde». Die Nachtquartiere hier nannte man in der Umgangssprache *beggar's opera* – «Bettleropern» –, wegen der Saufereien und Schlägereien, die sie begünstigten.

Viele Generationen lang gab es in diesem Viertel auch einen jährlichen Bettlerkarneval. Tatsächlich konnten nur Alkohol und Sexualität den Druck der Verhältnisse erträglich machen. Ein amtlicher Bericht von 1847 meldet, dass ein einziges Zimmer «tagsüber von nur drei Familien besetzt war, nachts aber von so vielen, wie Platz fanden». Oft entdeckten die Beamten in einem einzigen kleinen Raum mehr als zwanzig Personen, dazu die Waren, die sie auf der Straße verkauften, vorzugsweise Orangen, Zwiebeln, Heringe und Brunnenkresse. In einem Gässchen hinter der Church Street gab es eine Kammer «wie ein Kuhstall», in der «siebzehn Menschen aßen, tranken und schliefen». An diesem scheußlichen Ort «war der Boden feucht und lag tiefer als der Hof draußen».

Die Gegend war von Ungeziefer aller Art verseucht, daher gab es zahllose Fälle von Fieber, Cholera und Schwindsucht. Thomas Beames entdeckte einen jungen Mann mit einem tödlichen schwindsüchtigen Husten – «er war ganz nackt, nicht ein Fetzen bedeckte seinen Rücken, doch hatte man ihm ein dünnes Laken und einen blauen Teppich wie eine Pferdedecke übergeworfen – er schob beides zurück, um uns sehen zu lassen, dass es kein Schwindel war». In vielen Fällen tödlicher Erkrankung «ließ man die Betroffenen alleine sterben, unbeachtet, ohne Pflege, ‹sie starben ohne einen Laut› … kein Wort auf den Lippen, das ein religiöses Gefühl verraten hätte, ohne Gott in der Welt …» Niemand war bei ihnen, der gemurmelt hätte: «Heiliger Ägidius, beschütze sie!», weil es geheißen haben mag, der Schutzheilige sei aus dieser Gegend entflohen. Die Iren führten sich rücksichtslos und gewalttätig auf, weil sie glaubten, in einer «Stadt der Heiden» zu sein. Die «Krähennester» boten die schlimmsten Wohnbedingungen, die es in der ganzen Geschichte Londons je gegeben hat; sie waren der tiefste Punkt, den ein Mensch erreichen konnte, bevor der Tod ihn zu sich holte, während es den Iren vorkam, als sei diese Stadt samt ihren Bewohnern schon eine Beute des Teufels.

In Wirklichkeit waren sie nicht die Beute des Teufels, sondern ihres Hausbesitzers. London ist auf Handelsprofit und Finanzspekulation errichtet, und seine Wohnbebauung gehorcht ähnlichen Imperativen. Sie ist im Wesentlichen aus Spekulationsobjekten hervorgegangen, die sich in mehreren Wellen der Investition und Profitmaximierung ausbreiteten, während sie in Zeiten der Rezession vorübergehend zum Stillstand kam.

Das Kirchspiel St Giles war ein besonders krasser Fall von Ausbeutung. Eine kleine Gruppe von Personen besaß den Bestand an Wohnungen in dieser Gegend – 80 Prozent der Häuser um die Church Lane waren im Besitz von acht Personen – und vermietete sukzessive die einzelnen Straßen. Zum Beispiel pachtete jemand für eine bestimmte Summe eine Straße auf ein Jahr und vermietete dann einzelne Häuser auf Wochenbasis, während der Mieter des Hauses separate Zimmer untervermietete. Der Untermieter eines Zimmers nahm dann Geld von denen, die eine Ecke davon bewohnten. Eine Hierarchie der Not oder der Verzweiflung, in der niemand die Verantwortung für die furchtbaren Zustände übernahm, die herrschten. Die Schuld suchte man vielmehr bei «den Iren» oder bei den Lastern der «niederen Stände», von denen man glaubte, dass sie sich ihr Unglück irgendwie selbst zuzuschreiben hatten. Die Karikaturen eines Hogarth oder eines Fielding verdammen die Opfer, nicht deren Knechtung.

So entstand der «Pöbel» von St Giles, eine undifferenzierte Masse gewöhnlicher Menschen, die eine Gefahr für Ordnung und Sicherheit darstellten. Bei einer bewaffneten Razzia in einer «irischen Bude», von der Peter Linebaugh in *The London Hanged* erzählt, «war der ganze Bezirk schon alarmiert, und Hunderte kamen auf uns losgestürmt – Männer, Frauen und Kinder. Jawohl, auch Frauen! Halb nackt, glichen sie Furien.» Hier wird die dämonische Sprache von der «Stadt der Heiden» auf die Gepeinigten selbst angewendet. Wenn wir uns jedoch diesen «Pöbel» genauer ansehen, wird er vielleicht mannigfaltiger und interessanter werden. Es wurde oft angenommen, da St Giles ein Refugium für flüchtige Existenzen war, sei es durchweg von einer ganz und gar unsteten Bevölkerung bewohnt gewesen. In Wirklichkeit geht aus Melderegistern und Vernehmungsprotokollen jener Zeit hervor, dass die Bevölkerung relativ stabil war und die Zuzugs- und Wegzugsbewegungen in dem Kirchspiel nur innerhalb genau definierter Grenzen stattfanden; mit anderen Worten, die Armen klammerten sich an ihr Viertel und hatten nicht den Wunsch wegzuziehen. Als durch die spätere Sanierung der Gegend viele Teile der «Krähennester» abgerissen wurden, übersiedelten ihre Bewohner in angrenzende Straßen, wo sie in noch kärglicheren Verhältnissen lebten. Es ist überhaupt ein allgemeines Merkmal der Londoner, dass sie gern ihr Leben in einem relativ beschränkten Umkreis führen; noch heute kann man Menschen beispielsweise in Hackney oder Leytonstone finden, die noch nie «in den Westen gegangen» sind, wie es umgekehrt Bewohner von Bayswater oder Acton gibt, die noch nie die östlichen Teile der Stadt gesehen haben. Im Fall der Almosenempfänger von St Giles-in-the-Fields war dieser territoriale Imperativ besonders stark; sie lebten und starben innerhalb ein und derselben paar Quadratmeter, mit ihrem Netz von Läden, öffentlichen Häusern, Märkten und Straßenkontakten.

Der große Sozialtopograph Charles Booth bezeichnete St Giles-in-the-Fields als Reservoir «gemeiner körperlicher Arbeit», aber diese Bezeichnung wird der Natur der Beschäftigung in diesem verfemten Teil Londons ebenso wenig gerecht wie der Ausdruck «Pöbel». Hier arbeiteten Scherenschleifer und Straßensänger, Gemüsehändler und Türmattenflechter, Hundeabrichter und Straßenreiniger, Vogelhändler und Schuster, Druckschriftenhöker und Heringsverkäufer. Aber auch ausgefallenere Gewerbe florierten in dem Viertel.

Es gab bis 1666, als Häuser darauf gebaut wurden, im südlichen Teil des Kirchspiels ein Ödland, die so genannten Cock and Pye Fields – Hahnen- und Elsternfelder. Richtig urbanisiert wurde es aber erst 1693, als sieben Straßen angelegt wurden, die auf eine zentrale Säule zuliefen, auf deren Spitze sieben Sonnenuhren – *Seven Dials* – waren, die jeweils einer Straße zugekehrt waren. Diese Gegend nannte man die Seven Dials. Der symbolische Aspekt dieser Entwicklung mag eine materielle Ermutigung für den Zuzug der Astrologen gewesen sein, die sich hier ansiedelten. Einer von ihnen war Gilbert Anderson, «ein berüchtigter Quacksalber», der neben der Schenke «Zur Wiege und Bahre» in der Cross Street wohnte; neben dem «Schwarzen Schwan» bei der Pfarrkirche praktizierte Dr. James Tilbury, der das Löffelkraut verkaufte, das angeblich mit Gold vermischt war; W. Baynham, der wenige Meter weiter wohnte, «im Eckhaus gegenüber dem oberen Ende der *St Martin's Lane*, bei den *Seven Dials* zu St Giles», konnte seinen Kunden sagen, *«wer beim Pferderennen oder im Wettlauf gewinnt»*; ebenfalls «unweit der *Seven Dials* zu St Giles wohnt eine Dame, *die siebente Tochter einer siebenten Tochter»*, welche den Ausgang von Schwangerschaften und Rechtshändeln weissagen konnte: «SIE DEUTET AUCH TRÄUME.» Ein berühmter Quacksalber und Alchimist wohnte «bei der Kirche St Giles, wo Du über der Tür einen gedruckten Zettel sehen kannst»; er versprach, die Wirkungskraft von «Schwefel und Quecksilber» zu enthüllen. In der Castle Street

Ende des 18. Jahrhunderts hieß es, im Sockel von Seven Dials *befinde sich ein Schatz. Die Säule wurde vergebens abgenommen und 1820 in Weybridge, Surrey, wieder aufgebaut.*

im Kirchspiel St Giles-in-the-Fields wohnte der berüchtigte Jack Edwards, der Arzneien, Pillen und Heiltränke zur Behandlung von Menschen wie von Tieren verkaufte. Über sie alle kann man in dem Buch *The Quacks of Old London* von C. J. Thompson nachlesen.

Diese Beispiele von Hellsehern und Phänomenen, die wir heute der alternativen Medizin zurechnen würden, stammen aus dem 17. und frühen 18. Jahrhundert, doch bewahrte das Viertel immer einen zweifelhaften Ruf wegen seines Okkultismus und seiner wunderlichen Praktiken. In späteren Jahren siedelten sich die Freimaurer, die Swedenborg-Gesellschaft, die Theosophische Gesellschaft und der «Orden vom Goldenen Morgenglanz» just in diesem Kirchspiel an. Ein paar hundert Meter von der Monmouth Street entfernt gibt es die Buchhandlung Atlantis, bis heute die berühmteste Fundgrube für okkulte Literatur in ganz England. Auch dies mag ein Beispiel für den territorialen Imperativ, den *genius loci* sein, der Bewohner und Tätigkeiten in demselben kleinen Bezirk festhält.

Jack Edwards war nicht nur Arzt, sondern auch Balladensänger, und die Balladen (wir würden sagen «Bänkellieder») von den Seven Dials waren ebenso berüchtigt wie die Ereignisse und Menschen, die sie verewigten. James Catnach vom Monmouth Court war der erste Schöpfer und Verbreiter jener Lieder, Flugschriften und Broschüren, die im 18. Jahrhundert in den Straßen Londons zirkulierten. Sie kosteten jeweils einen Penny, daher der Ausdruck *catchpenny* («wertloser Wisch») als Huldigung an Catnachs Vermarktungstalent. Allerdings musste er die eingenommenen Münzen auf die Bank bringen, da niemand außer ihm sie anzurühren wagte, aus Furcht, an dem Metall könnten Krankheitskeime haften. Der Ruf der Seven Dials war immer finster und angeschlagen; Catnach selbst wusste sich dadurch zu helfen, dass er die Pennies in Pottasche und Essig kochte, so dass sie wieder wie neu glänzten.

In unmittelbarer Nähe von St Giles lebten fünf weitere Drucker von Balladen oder Bänkelliedern; sie publizierten Straßenliteratur mit Titeln wie «Die unglückliche Lady von Hackney», «Ein Brief, verfasst von Jesus Christus», «Die letzten Worte von …» Diese Fliegenden Blätter waren für das Volk von London die wahren Neuigkeiten, die von Hand zu Hand «flogen»; in vielen Fällen waren es aufrührerische oder polemische Bemerkungen über Ereignisse, die die Stadtbewohner selbst berührten. So prangerte Mitte des 18. Jahrhunderts ein Bänkellied, das von den Seven Dials ausging, die Zustände im örtlichen Arbeitshaus an – seine «Unmenschlichkeit», seine «Kerkermeister und Henker». Am Tod «einer Mrs Mary Whistle» in dieser Anstalt entzündete sich der Volkszorn. Die Lieder enthielten auch Klagen über die Lebensverhältnisse von

«Vaterlandsliebe und kriegerische Tapferkeit ist gemeiniglich der Inhalt der Balladen und Volkslieder, welche auf den Straßen von Weibern abgesungen und für wenige Pfennige verkauft werden.»
K. Ph. Moritz, 1782

156

Bettlern und Almosenempfängern; viele dieser Menschen starben in ebenjenen Straßen, wo auch die Balladen entstanden.

St Giles-in-the-Fields war auch eine Freistätte für Falschmünzer, die hier tatsächlich eine «alternative» Art von Geld in Umlauf setzten und so zur Zerrüttung des Handels- und Finanzsystems beitrugen, das einen so spürbaren Schatten auf die verarmten Bewohner dieser Gegend warf.

Nicht von ungefähr war das Kirchspiel daher der Treffpunkt von Prostituierten und ein Paradies der «Nachthäuser». Besonders die Höfe und Gassen abseits der Drury Lane waren für dieses Gewerbe berüchtigt. Hier protokollierte Henry Mayhew, der zwischen 1851 und 1862 *London Labour und the London Poor* herausbrachte, die Worte einer Frau «über vierzig, schäbig gekleidet und von gemeinem, abstoßendem Äußeren». Mayhews Schilderungen sind eine bemerkenswerte und anrührende Quelle für die Rekonstruktion des Lebens auf der Straße und seine Anekdoten. Man hat gelegentlich an seiner Wahrheitsliebe und Genauigkeit gezweifelt, und zwar hauptsächlich darum, weil er einer Generation von viktorianischen Autoren angehörte, die dazu neigte, Ereignisse und Bewohner der «großen Geschwulst» – bezeichnenderweise eine Redensart für London: *the great wen* – entweder sensationsgierig oder fiktiv zu behandeln. Doch Mayhews Aufzeichnungen sind durchaus vertrauenswürdig. Da ist etwa die Geschichte dieser unglücklichen Frau: «Ich wohne jetzt in der Drury Lane, an der Charles Street. Ich hab' auch mal im Nottingham Court und in der Earl Street gewohnt. Mein Gott, ich hab' an so vielen verschiedenen Orten gewohnt, dass man's nicht glauben sollte. Kann mir nicht denken, dass Sie mir auch nur die Hälfte davon abnehmen würden! Ich husche und hause wie der Wind, mal hier, mal dort … Von meiner Lebensweise halte ich nicht viel. Ihr Leute mit Ehre und Charakter und Gefühlen im Leib, ihr könnt nicht verstehen, wie man das aus jemandem wie mir herausgeprügelt hat. Ich fühle nichts, *und ich habe mich daran gewöhnt* … Ich glaube nicht, dass ich's noch lange mache, und das ist auch etwas, worüber ich froh bin. Ich mag eigentlich nicht leben, aber so versessen aufs Sterben bin ich auch nicht, dass ich mich umbringen würde. Ich hab' einfach nicht so viel Gefühl wie manche, das ist es.» Mayhew behauptet, die Frau sei «brutal geworden»; in Wirklichkeit war es die Stadt, die sie brutal gemacht hatte.

Aber nicht alle haben diesen Fatalismus geteilt. D. M. Green schreibt in *People of the Rookery*, wegen seiner grauenhaften Zustände berge St Giles «die Saat der Revolution». So ist es vielleicht mehr als ein merkwürdiger Zufall, dass 1903 der Zweite Parteitag der Sozialdemokratischen Arbeiterpartei Russlands ausgerechnet in der Tottenham Court Road stattfand; er wurde von Lenin organisiert und endete mit der Abspaltung der Bolschewiki von den Menschewiki. Wie Lionel Kochahs, Verfasser von *Lenin in London*, bemerkt, ist es «nicht ganz falsch, wenn man sagt, dass der Bolschewismus als politische Partei eigentlich in der Tottenham Court Road gegründet wurde». So barg das Kirchspiel St Giles in der Tat jene «Saat» des gewaltsamen sozialen Bruchs, mag es auch nur die Spielart einer triebhaften und unbestimmten Rache gewesen sein.

Die Gegend um St Giles war in der Sprache jener Zeit eine «Wunde» oder «Eiterbeule», die das ganze Gemeinwesen vergiften konnte, womit unausgesprochen unterstellt wurde, dass man sie säubern oder wegätzen müsse. Daher legte man zwischen 1842 und 1847 eine breite Verkehrsader, die New Oxford Street, durch das Viertel, was zu einem umfangreichen Abriss der schlimmsten Gassen und Hinterhöfe und damit einhergehend zum Exodus der armen Bevölkerung führte – die sich freilich größtenteils wenige Straßen weiter südlich niederließ. Noch einmal bemühten die zeitgenössischen Moralisten die Metaphorik des Leibes, wenn sie bezeichnenderweise die Tatsache feierten, dass «ein einziger großer Haufen Unflat» beseitigt worden sei. Aber der berauschende Geist des Ortes war damit nicht beseitigt; die verbannten Armen lebten einfach unter schlimmeren und drangvolleren Verhältnissen als je zuvor, während die Wohnhäuser und Läden an der neuen Straße mehrere Jahre lang leer standen. Es war noch immer ein feuchter, trauriger und «widerwärtiger» Ort, der nur wenige neue Bewohner anlocken konnte. Und so verhält es sich bis heute. Die New Oxford Street ist gegenwärtig eine der am wenigsten interessanten Verkehrsadern in ganz London; ihr einziges, etwas zweifelhaftes Charakteristikum ist, dass sie vom Hochhauskomplex des Centrepoint beherrscht wird. Das Bauwerk überragt die alte Stätte von «Käfig» und Galgen und ist vielleicht als passender Nachfolger für sie anzusprechen. Die Gegend hat heute weder Gesicht noch Zweckbestimmung – es gibt Computerhändler, einen Argos-Supermarkt, ein paar ununterscheidbare, langweilige Bürogebäude sowie Läden, die auf den Bedarf des durchreisenden Touristen zugeschnitten sind. Noch immer lungern die Stadtstreicher in den abgelegenen Winkeln der Gegend herum, als Zeichen der Vergangenheit, doch wo einst Leben und Leiden waren, lastet heute eine bedrückende Stille, vor der selbst der heilige Ägidius nicht retten kann.

London als Schaubühne

The Puppetshow.

Vol. II page 3.

Pub June 29 1801 by J Marshall N° Aldermary Ch. Y. London

*Die Puppenfiguren Punch and Judy waren lange Zeit
beliebte Attraktionen in Londons Straßen, die spätestens
seit dem 13. Jahrhundert von Spaßmachern
und Spielleuten belebt wurden.*

13. Die Bartholomäusmesse!

Ein Schauspiel! Ein Schauspiel! Ein Schauspiel!», lautete im 17. Jahrhundert der Ruf der Londoner Massen, wie Ned Ward in *London Spy* berichtet. In der Tat boten die Londoner Straßen so manches Schauspiel, aber der größte Jahrmarkt von allen fand am Smithfield statt. Es war St Bartholomew's Fair, die Bartholomäusmesse.

Smithfield selbst begann als einfacher Handelsplatz für Tuche und Vieh, doch hat sich seine Geschichte immer durch Tumult und Spektakel ausgezeichnet. Im 14. Jahrhundert wurden hier große Tjosten und Turniere abgehalten; es war der rituelle Platz für Zweikämpfe und für das Gottesurteil des Krieges; es war die Heimat des Galgens und des Scheiterhaufens. Aber das festliche Wesen äußerte sich auch auf weniger beklemmende Weise. Gerne wurden Fußballspiele und Ringwettkämpfe veranstaltet, und eine Straße mit dem vieldeutigen Namen Cock Lane gleich hinter dem freien Feld war das Revier der Dirnen. Auch Heiligenschauspiele zählten zum Vergnügungsrepertoire.

Der Handelsmarkt für Tuche war Mitte des 16. Jahrhunderts aus der Mode gekommen, doch hatte die Stadtgemeinde weiterhin die «Messeprivilegien» inne. So wurde aus dem dreitägigen Markt ein vierzehntägi-

Smithfield war auch eine Richtstätte. Dieser Holzschnitt aus dem 16. Jahrhundert zeigt die Hinrichtung von Protestanten in Smithfield im Zuge der Rekatholisierung Englands unter Maria I. Tudor (1553–58).

161

ges Volksfest, das mit seinem charakteristischen Ruf «Was geht dir ab? Was ist dein Kauf?» noch jahrhundertelang durch englische Romane und Theaterstücke geistert. Von Anfang an gab es hier Puppenspiele und Straßenakrobaten, menschliche Missgeburten und Würfel- und Hütchenspiele, Zelte für Tanzlustige und Zecher sowie Speisehäuser, die auf Schweinsbraten spezialisiert waren.

Das war die Messe, die Ben Jonson in seinem Theaterstück *Bartholomew Fair* feiert; er bringt das Lärmen von Rasseln, Trommeln und Fiedeln auf die Bühne. Auf dieser Messe wurden auf hölzernen Gestellen Mausefallen, Pfefferkuchen oder Geldbeutel feilgeboten. Hier war ein «WUNDER DER NATUR» zu bestaunen, «ein Mädchen von sechzehn Jahren, aus Cheshire gebürtig, nur 45 Zentimeter groß ... Kann laut lesen und pfeifen, und alles ist gefällig anzuhören.» «Ein Mann mit einem Kopf und zwei einzelnen Körpern» wurde zwischen weiteren Monstrositätenkabinetten und Theaterbuden zur Schau gestellt. Junge Hunde, pfeifende Vögel und Pferde standen zum Verkauf; und während die Besucher pausenlos Flaschenbier und Tabak konsumierten, waren Bänkelsänger mit ihren Balladen zu hören. Wahrsager und Prostituierte gingen ihrem Gewerbe nach. Kein Detail entging Jonson; so bemerkte er, wie Apfelgriebse eingesammelt wurden, um damit die Bären zu füttern. Wie ruft doch eine seiner Figuren aus: «Zu Hilfe! Rettet, haltet mich! Der Jahrmarkt!»

Kurioserweise bestand der Jahrmarkt sogar während des puritanischen Commonwealth fort und bot den Bürgern Gelegenheit, sich auszutoben. Nach der Restauration von 1660, als wieder Freiheit und Freizügigkeit im Schwange waren, gewann er noch an Bedeutung. Ein Verseschmied aus jener Zeit erzählt von Maskeraden unter dem Motto *«Die Hure Babylon, der Teufel und der Papst»* sowie von Schaustellern mit Tanzbären und akrobatischen Darbietungen. Manche Nummern kamen jedes Jahr wieder: So gab es das «Große Hollandweib», das mindestens siebzehn Jahre hintereinander auftrat, ebenso wie «das Pferd, das keines ist: der Schweif steht ihm da, wo der Kopf sein sollte». Immer kamen auch die Seiltänzer, darunter der berühmte Scaramouch, «der über das Seil schritt, vor sich eine Schubkarre, darin zwei Kinder und ein Hund saßen, und auf dem Kopf eine Ente». Die gefeiertste Attraktion aber dürfte Joseph Clark gewesen sein, «der englische Meister-Akrobat», auch «Grimassen-Clark» genannt. Offenbar konnte er «jeden Knochen oder jedes *Vertebrum* seines Körpers aus dem Gelenk springen lassen und wieder einrenken»; er konnte sich so verdrehen und verbiegen, dass ihn selbst seine besten Freunde nicht erkannten.

Es gab sogar ein Riesenrad («Taumelbahn»), das uns Ned Ward in *The

London Spy (1709) so beschreibt: «Die Kinder wurden in schwebende Kutschen eingeschlossen, die sich unmerklich in die Luft erhoben ... Sobald sie auf einer gewissen Höhe angelangt waren, kamen sie mit der Bewegung in ihrer Kreisbahn wieder herunter.»

Der allgemeine Trubel und Klamauk und die unvermeidlichen Taschendiebe waren schließlich den städtischen Behörden ein Dorn im Auge. 1708 wurde der zweiwöchige Jahrmarkt auf drei Tage im letzten Augustdrittel verkürzt. Die Veranstaltung war jetzt weniger lärmend, aber nicht minder ausgelassen. So verweilen zeitgenössische Beschreibungen gern bei den Faxen des «lustigen Augusts», der andernorts auch Hanswurst oder Pickelhering hieß; er trug ein Kostüm mit Eselsohren und spielte auf seiner Fiedel. Einer der berühmteren Narren war von Beruf Pfefferkuchenverkäufer im Covent Garden; da er für sein Auftreten auf dem Bartholomäus-Markt eine Guinee pro Tag bekam, «passte er auf, nicht durch Lachen oder Verziehen einer Miene an den übrigen 362 Tagen des Jahres seinen Wert zu mindern».

Marktschreier drehten jedem, der leichtgläubig genug war, Wunderkuren und Patentmedizinen an. Auf einer Buchillustration von Marcellus Laroon sieht man einen solchen Marktschreier: im Kostüm des Harlekins aus der Commedia dell'Arte und an einem Seil einen kleinen Affen neben sich. Auch seine Stimme mochte das allgemeine Getümmel durchdringen: «Ein seltenes Labsal zur Stärkung und Erquickung des Herzens bei jeglichem Ungemach ... ein äußerst seltenes Zahnpulver ... gut zur Kräftigung des Magens gegen allerlei Infektionen, ungesunde Vapeurs und bösartige Effluvia». Und so wogte der Jahrmarkt dahin. Es war vielleicht nicht unpassend, dass John Bunyan 1688 bei so viel Krach und Aufregung an der Ecke Snow Hill / Cock Lane tot zusammenbrach.

Wenn es aber eine zentrale Jahrmarktsfigur gab, dann war es Punch [verkürzt aus Punchinello], der ungekrönte König aller «Puppenspiele, Papp-Pferde, Volksbelustigungen, Handtrommeln und Dudelsäcke». Er hatte Ende des 17. Jahrhunderts die kleine Bühne erobert, wo er von einem Spaßmacher angekündigt und von Fiedel, Trompete oder Trommel begleitet wurde. Punch war keine rein Londoner Figur, wurde aber zu einem Dauergast auf den Jahrmärkten und Straßen der Stadt; mit seiner Kraftmeierei, seiner Vulgarität und seinen Schlüpfrigkeiten war er eine wiedererkennbare Großstadtfigur. «Oft wendet er sich zu einer dicht gedrängten Schar junger Mädchen, setzt sich zu ihnen und sagt mit schelmischem Augenzwinkern: ‹Meine Schönsten, hier kommt eine Freundin, die euch Gesellschaft leisten will!›» Mit seinem dicken Bauch, der großen Nase und dem langen Stock ist er der Inbegiff der groben sexuellen Zote; leider wurde in späteren Jahrhunderten aus ihm der kleinere, klamaukige Kasperle, der sich irgendwie in einen harmlosen Kinderspaß verwandelte. Ein Aquarell von Rowlandson, datiert auf 1785, stellt Punch in Aktion in einem Puppenspiel dar. Georg III. und seine Frau Charlotte fahren in ihrer Kutsche nach Deptford, aber was die Aufmerksamkeit der Untertanen fesselt, ist eine Bretterbude, in der Punch seiner Frau den nackten Hintern versohlt. Punch wurde oft als Pantoffelheld aufgefasst, aber hier bäumt sich der getretene Wurm einmal auf. Rowlandsons Aquarell ist zum Teil natürlich als Satire auf die königliche Familie gedacht, doch ist das Blatt darüber hinaus auch von der unbändigen Lebenskraft Londons erfüllt.

Auf der Bartholomäusmesse wurden die gewöhnlichen gesellschaftlichen Unterscheidungen außer Kraft gesetzt. Dass sich Lehrling und Meister denselben Belustigungen überlassen oder am selben Spieltisch ihre Wetten halten konnten, erregte teilweise Anstoß, ist aber typisch für London, eine ebenso heterogene wie gleichmacherische Stadt. So ist es kein Zufall, dass alljährlich zur Zeit der Bartholomäusmesse in Smithfield ein Abendessen für junge Schornsteinfeger gegeben wurde. Charles Lamb hat diesen Brauch in seinem Essay «Lob der Rauchfangkehrer» verewigt. «Hunderte von gebleckten Zähnen», berichtet er, «erschreckten die Nacht mit ihrer Weiße», während im Hintergrund «das freundliche Lärmen» des Jahrmarkts zu vernehmen war. Man könnte einwenden, dass nichts wirklich Egalitäres in dieser Geste gelegen habe und dass solche feierlichen Zeremonien bloß dazu gut seien, die kleinen «Essenputzer» an ihr trauriges Schicksal zu gewöhnen. Es ist vielleicht eines jener Paradoxa Londons, das jene tröstet, die es verschlingen will.

Punch wird auch auf Hogarths Stich *Southwark Fair* vorgeführt. Diese so genannte «Frauenmesse» wurde im Monat nach der Bartholomäusmesse auf den Straßen rund um das Borough, den kleineren Teil der Altstadt, abgehalten. Da jedoch Hogarth den Kupferstich als «Der Jahrmarkt» und «Launen eines Jahrmarkts» ankündigt, dürfen wir davon ausgehen, dass er uns eine typische und vertraute Londoner Volksbelustigung zeigt. Hier sitzt Punch rittlings auf einem Bühnenpferd, das einem Possenreißer etwas aus der Tasche stibitzt; ein über ihm hängendes Plakat, das «Punch's Oper» ankündigt, zeigt den großnasigen Spaßmacher, wie er seine Frau in einem Schubkarren zu dem weit aufgeklappten Maul eines Krokodils befördert.

An einer anderen Stelle dieses Jahrmarkts sieht man eine bunt zusammengewürfelte Truppe von Schaustellern auf einem Holzbalkon stehen, wo ein buntes Tuch verkündet «Die Belagerung Trojas – hier!» Später hat man herausgefunden, dass die Darsteller zu der Theaterkompanie

Hannah Lees gehörten; sogar einer ihrer Theaterzettel hat sich erhalten. «Dazu eine neue Pantomimische Oper ... vermischt mit komischen Szenen zwischen Punch, Harlekin, Scaramouch, Pierrot und Kolombine. N. B. Wir beginnen um zehn Uhr morgens und spielen durch bis zehn Uhr abends.» Der Tag auf dem Jahrmarkt war lang.

Die Bartholomäusmesse selbst wurde zur Bühne für fiktive Charaktere, deren Schöpfer den Jahrmarkt als Schauplatz ihrer Abenteuer wählten; die wohl berühmteste Schilderung ist jedoch autobiographischer Natur. Sie stammt von William Wordsworth, der im siebenten Buch des *Prelude* seine Jugendzeit im London des ausgehenden 18. Jahrhunderts verewigt. Zu einem Inbegriff dieses Aufenthalts wird ihm die Bartholomäusmesse: «Geklirr und Anarchie, formlos, barbarisch», «ungeheuer / an Farbe, Regung, Klang, Gestalt, Gesicht». Bilder drängen sich auf: «der Affen Keifen, die an Pfählen turnen»; «und Kinder kreisen in den Karussells»; «der Steinefresser und der Feuerschlucker».

Wordsworths Reaktion auf das barbarische «Geklirr» und die Formlosigkeit des Jahrmarkts wirft ein Licht auf seine allgemeine Einstellung zu London selbst. Der Jahrmarkt wird zu einem Scheinbild der Stadt. Die ersten Zeilen von Popes *Dunciad* besagen dasselbe.

Der Jahrmarkt ist ein Symbol der Zügellosigkeit und der Anarchie; er droht die Werte eines humanisierten und zivilisierten London umzustürzen mit seinem ganzen Aufgebot an «Schauspielen, Maschinen und theatralischen Ergötzungen, die einst nur dem Geschmack des Janhagels gefällig waren». Die egalitären Tendenzen der Großstadt werden von denen, die für kleinere Londoner Zirkel schrieben, mit dem größten Misstrauen betrachtet.

Zu Wordsworths Zeiten war man dabei, den Jahrmarkt allmählich zu vergrößern, bis er schließlich 1815 eine ganze Straßenseite der St John's Street einnahm und in der anderen Richtung fast bis zum Old Bailey reichte. Er war auch ein Ort der Gefahr und Gesetzlosigkeit geworden. Diebesbanden – «Lady Hollands Mob» – «raubten Besucher aus, schlugen unschuldige Passanten mit Knüppeln nieder und bedrängten harmlose Leute». Das war nicht mehr das fröhliche Volksfest des 18. Jahrhunderts und konnte natürlich im achtbaren Klima des vorgerückten 19. Jahrhunderts nicht geduldet werden. In der viktorianischen Zeit hätte sich die Bartholomäusmesse auf keinen Fall lange behaupten können, und 1855 wurde sie eingestellt. Das Publikum scheint ihr nicht groß nachgetrauert zu haben.

Trotzdem hatte Wordsworth an dem Jahrmarktsspektakel einen dauerhaften Aspekt Londoner Lebens erahnt. Er erkannte und scheute etwas eingefleischt und überschwänglich Theatralisches, das sich in der Zur-schaustellung von Kontrast und Effekt, ohne inneren, bleibenden Sinn gefiel. In dem Teil seines *Prelude*, der den Titel «Aufenthalt in London» trägt, registriert er «die Fremden, jung und alt, der flinke Tanz / von Farbe, Form und Licht, Geklirr wie Babel». Ihn verwirrt dieses Spiel der Differenz, das gekennzeichnet ist durch das Bewegliche, nicht Festge-legte. Einige Zeilen weiter notiert er «Läden um Läden, mit Bildern, Wappen, Namen ... / Fronten von Häusern, Titelseiten gleich», so als be-herberge die Stadt unzählige Formen der Darstellung, von denen keine der anderen überlegen ist. Er nimmt die Bänkellieder wahr, die an den Wänden hingen, die riesigen Werbeplakate, die «Londoner Rufe» und das Standardinventar von Großstadtcharakteren, «Krüppel ... Hage-stolz ... müßiggängerischer Oberst», als wären sie alle Teil eines großen, nicht endenden Theaters.

Aber vielleicht hat er die Wirklichkeit, die er so lebhaft beschrieb, im Grunde nicht ganz verstanden; denn diese «bunten Pantomimenszenen», diese «Dramen von lebend'gen Menschen», diese «große Bühne», dieses «öffentliche Schauspiel», die Spektakel und die Schausteller zeigen womöglich das wahre Gesicht Londons. Das zutiefst theatralische We-sen dieser Stadt bewirkt die von Wordsworth beklagte «Maßlosigkeit in Geste, Miene, Kleidung»; noch der Bettler am Straßenrand trägt «ein beschrieb'nes Stück Papier», das von seiner Geschichte kündet. So mag alles unwirklich sein oder scheinen. Wordsworth glaubte, in jeder Hin-sicht nur «Teile» zu sehen, und konnte kein «Gefühl des Ganzen» ge-winnen. Er mag sich getäuscht haben.

Charles Lamb, dieser große Londoner, rühmte seine Stadt gerade als «Pantomime und Maskerade ... Das Wunder dieser Schauspiele treibt mich zu nächtlichen Streifzügen durch die belebten Straßen, und auf der wimmelnden Strand vergieße ich oft Tränen reinster Freude über so viel Leben.» Für Macaulay war der «blendende Glanz Londoner Spektakel» ein Anlass zur Verwunderung, während James Boswell in London «das Ganze des menschlichen Lebens in all seiner Vielfalt» beschlossen glaub-te; für Dickens war es die *laterna magica*, die seine Einbildungskraft mit Bildern von sonderbaren Dramen und unerwarteten Spektakeln füllte. Für jeden dieser waschechten oder Wahl-Londoner ist das Theat-ralische das wichtigste Charakteristikum dieser Stadt.

Zeitungsberichte verglichen die Menschenmenge, die 1863 zur Ein-weihung der ersten Londoner Untergrundbahn herbeiströmte, mit dem «Sturm auf die Eingänge eines Theaters am Abend einer Pantomime», und Donald J. Olsen, Autor von *The Growth of Victorian London*, ver-

1855 wurde die Bar-tholomäusmesse we-gen der «Verderbt-heit und Zuchtlosig-keit des Pöbels» abgeschafft. Der Viehmarkt wurde nach Islington ver-legt, der Fleisch-markt in gusseiser-nen Markthallen abgehalten.

gleicht Geschwindigkeit und Größenordnung der innerstädtischen Verkehrsmittel jener Zeit mit der «magischen Verwandlung einer Pantomime, die immer wieder ins Leben übersetzt wird». Darum hat London auch immer als Heimat von Standardcharakteren der Bühne gegolten – der «abgerissene Baron», der «feine Pinkel», das «Schlitzohr». Mitte des 18. Jahrhunderts zeigten Grafikkabinette in ihren Schaufenstern Karikaturen von Londoner «Typen», während sich die eleganteren Bürger jener Zeit zu Maskenbällen und Kostümfesten verkleideten.

Die berühmteste Bilderfolge mit einer Darstellung Londoner Charaktere sind die 1687 erschienenen *Cryes of the City of London Drawne after the Life* von Marcellus Laroon. Sie führen viele Berufe und Gewerbe vor, bei denen das Schauspielern buchstäblich zum Handwerk gehörte. Viele Bettler legten gleichsam zu Ehren ihres vorbeieilenden Publikums eine Verkleidung an, während Laroon selbst eine bestimmte Stadtstreicherin als Musterexemplar dessen auswählte, was für ihn «der Londoner Bettler» war. Er teilt ihren Namen nicht mit, doch weiß man, dass sie Nan Mills hieß und – so jüngst die Herausgeber von Laroons Werk – «nicht nur eine gute Menschenkennerin, sondern auch eine ausgezeichnete Komödiantin war, die ihren Gesichtsausdruck jedem Umstand von Kummer und Sorge anpassen konnte». Es gibt aber keinen Grund, daran zu zweifeln, dass sie wirklich arm war und ihre Erniedrigung deutlich empfand. Auch das gehört zum Geheimnis dieser Stadt, wo Leiden und Gaukelei, Mangel und Mache derart auf einer Linie liegen, dass sie ununterscheidbar werden.

Auch die Rituale des Verbrechens haben in London eine theatralische Verkleidung angenommen. Jonathan Wild, Mitte des 18. Jahrhunderts der König der Londoner Ganoven, erklärte: «Die Maske ist das *summum bonum* [das höchste Gut] unserer Zeit.» Nur wenig später trugen die städtischen Polizisten («Marschälle») einen Dreimaster und blitzende Knöpfe. Subtilere Verkleidungen standen dem Detektiv der Stadt zu Gebote. Erinnern wir uns an Sherlock Holmes, eine Figur, die nirgendwo anders als im Herzen Londons hätte existieren können. Wie sein Adlatus erzählt, besaß Holmes «in verschiedenen Teilen Londons mindestens fünf kleine Refugien, in denen er seine Erscheinung verändern konnte». Auch das geheimnisvolle Treiben von Dr. Jekyll und Mr Hyde war nur in den «taumelnden Schwaden» des Londoner Nebels denkbar, der Charakter und Identität eines Menschen unerwartet und dramatisch verschattet.

Straßenverkäufer, gezeichnet von Marcellus Laroon, um 1687. Sie bieten Hühner, Orangen und Zitronen sowie Messer, Kämme und Tintenfässer feil.

Arbeiten Verbrechen und Aufdeckung mit Verkleidung, so hatte das Ritual der Bestrafung in London sein eigenes Spektakel der Urteilsverkündung und der Pein. Das Old Bailey selbst war als dramatisches Schauspiel angelegt und wurde denn auch mit einem riesigen Kasperletheater verglichen, wo die Richter im offenen Portikus des Session House saßen wie in einer Bühnenkulisse.

1902–07 wurde dort, wo früher das Newgate-Gefängnis lag, der Central Criminal Court *errichtet: In* Old Bailey *finden alle wichtigen Strafprozesse Englands statt. Die Kuppel des dreigeschossigen Gerichtsgebäudes erinnert an die von St Paul's.*

Da aber dieser Kasperle, nämlich Punch, dem es am Ende gelingt, den Henker Jack Ketch zu hängen, der Inbegriff der Ordnungslosigkeit ist, steht zu erwarten, dass sein Geist auch unter widrigen Umständen obwaltet. Das Kellergeschoss des Fleet Prison nannte man «Batholomäusmarkt»; in der Kapelle des Gefängnisses Newgate gab es Galerien, von wo aus Zuschauer das Gebaren der zum Tode Verurteilten beobachten konnten, die im Angesicht des Galgens bewusst ihre ganze Dreistigkeit und Hartgesottenheit zur Schau stellten. So lesen wir von einem John Riggleton, der «sich einen Spaß daraus machte, den Anstaltsgeistlichen zu beschleichen, wenn der gerade, ins Gebet versunken, die Augen fest geschlossen hielt, und ihn durch einen lauten Anruf zu erschrecken». Das ist natürlich die Rolle des Pantalone in der Pantomime.

Das Theater endete jedoch nicht in der Gefängniskapelle, sondern setzte sich auf der kleinen Bühne der Richtstätte fort. «Die gereckten Hälse der neugierigen Zuschauer», schreibt ein Beiträger in *The Chronicles of Newgate*, «ähnelten denen der ‹Olympier› im Theater bei der Weihnachtsbescherung.» Ein anderer Augenzeuge erwähnt den Umstand, dass unmittelbar vor der Hinrichtung die weiter hinten stehenden Zuschauer riefen «‹Man sieht nichts!› oder ‹Hüte ab!›, wie im Theater». Ein besonders theatralischer Zwischenfall ereignete sich bei der Hinrichtung Thistlewoods und seiner «Cato-Street»-Genossen wegen Landesverrats; entsprechend der herkömmlichen Strafe für dieses Delikt sollten sie erst gehängt und dann enthauptet werden. «Als der Scharfrichter zum letzten Kopf kam, hob er ihn hoch, ließ ihn aber durch eine Ungeschicklichkeit wieder fallen, und die Menge beschimpfte ihn laut als ‹Flasche›.» Diese kleine Episode zeugt vom besonderen Temperament der Londoner, das sich zu gleichen Teilen aus Humor und Rohheit zusammensetzt.

Die Augenzeugen von Hinrichtungen waren nicht die einzigen Bewohner Londons, die großstädtisches Theater zu schätzen wussten. Das Banqueting House, das Inigo Jones 1622 im Palastareal von Whitehall erbaute, war nach den Worten John Summersons in *Georgian London* «eigentlich eine Erweiterung seiner Bühnenarbeiten». Aus einer ähnlichen Gesinnung heraus versteckte zweihundert Jahre später John Nash seinen zielstrebigen städtebaulichen Versuch, die Armen des Londoner Ostens von den Reichen im Westen zu trennen, hinter der Anlage von Straßen und Plätzen, die den Grundsätzen des «malerischen Schönen» mit Hilfe von Landschaftseffekten gehorchten. George Moore hat darauf hingewiesen, dass die «gebogene Linie» der Regent Street große Ähnlichkeit mit einem Amphitheater habe; auch hat man bemerkt, dass die Zeit von Nashs «Verbesserungen» zugleich die Zeit der großen Rundgemälde und Dioramen Londons war. Der Buckingham Palace, vom Ende der Mall aus gesehen, wirkt vor allem wie eine kunstvolle Kulisse, während das Unterhaus eine Studie in gedankenvoller Neugotik ist, die an die ausgefeilten Dramen auf den Schaubühnen jener Zeit erinnert. Der neueste Pevsner-Führer erwähnt, dass die lichten Böschungen der City of London angelegt wurden, «um nach innen wie nach außen zu beeindrucken», während vieles von der Architektur der 60er Jahre des 20. Jahrhunderts «das Ausdruckspotenzial von Beton in sein theatralisches Extrem trieb».

Diese typische Geisteshaltung Londons haben nicht nur die Baumeister, sondern auch die Maler erahnt. Im Werk Hogarths werden die Straßen aus einer szenischen Perspektive geschildert. Auf vielen Kupferstichen Hogarths, am auffallendsten vielleicht auf seiner Wiedergabe des Jahrmarkts, ist der Unterschied zwischen Schaustellern und Zuschauern so gut wie unsichtbar; die Bürger spielen ihre Rolle mit noch größerer Hingabe als die Akteure auf der Bühne, und es gibt mehr hochdramatische Situationen in der Volksmenge als auf den Brettern, die angeblich die Welt bedeuten.

Auch einige berühmte Stadtansichten Londons verdanken ihre Wirkung dem Theater ihrer Zeit. So hat man festgestellt, dass dem Gemälde «Regenguss» («A City Shower») von Edward Penny eine Szene aus David Garricks Schauspiel *The Suspicious Husband* zugrunde liegt. Einer der größten Maler von Stadtlandschaften um die Mitte des 19. Jahrhunderts, John O'Connor, war zugleich ein gediegener Theatermaler. Die Herausgeber von *London in Paint*, dem bisher umfassendsten Buch zu diesem Thema, wagen sogar die Prognose: «Dieser wichtige Zusammenhang zwischen den zwei Berufen [Städtemaler und Bühnenbildner] wird Gegenstand weiterer Forschungen sein müssen.» Vielleicht waren es aber gar nicht zwei Berufe, sondern einer.

In London scheint jeder Mensch ein Kostüm oder eine Tracht getragen zu haben. Seit den ältesten Zeiten verraten die Stadtannalen eine farbenfrohe Zurschaustellung von Rang und Hierarchie, wenn sie bunt gestreifte Kleidungsstücke oder Gewänder in Regenbogenfarben erwähnen. So hatten die Honoratioren der Stadt, wenn sie dem ersten Tag der Bartholomäusmesse beiwohnten, ein «violettes Leinengewand» zu tragen. Dieses Spekulieren auf Farbe und Wirkung war allen Bürgern gemeinsam. In einer so übervölkerten Stadt konnte man die Menschen nur an ihrem Kostüm erkennen, den Metzger etwa an «blauen Ärmeln und wollener Schürze», die Prostituierte an «Kapuze, Halstuch und Haarknoten». Deshalb gerät auf dem Jahrmarkt, wo die Kostüme wechseln, die ganze soziale Hierarchie ins Wanken.

Der Ladenbesitzer, der Mitte des 18. Jahrhunderts den Wert seiner Waren anpries, trug «gepudertes Haar, silberne Knie- und Schuhschnallen und zierlich gefaltete Handkrausen». Beobachtern fiel auf, dass noch zu Beginn des 20. Jahrhunderts Bankboten und Fischjungen, Kellner und Polizisten ihre hochviktorianische Tracht trugen. Auf den Straßen Londons kann man denn auch zu allen Zeiten die Präsenz mehrerer Jahrzehnte ausmachen, die sich an der Kleidung und dem Gebaren der Menschen verraten.

Die Verkleidung kann aber auch eine Form der Irreführung sein; ein berüchtigter Straßenräuber entkam dem Gefängnis Newgate, indem er sich «als Austernverkäuferin ausstaffierte», während sich Matthew Bramble, eine Romanfigur in *Humphry Clinker*, darüber beschwert, dass einfache Gesellen in London «als etwas Besseres verkleidet» herumliefen. Boswell wiederum liebte es, sich unter seinem Stand zu verkörpern, und schlüpfte in die Rolle (und das Gewand) eines «Domestiken» oder Soldaten, um Prostituierte aufzugabeln oder sich einfach in den Straßen und Schenken der Stadt zu amüsieren. Boswell war von der Stadt gerade darum bezaubert, weil sie ihm erlaubte, mancherlei Verkleidungen anzulegen und so der eigenen Identität zu entkommen. Es gab, wie Matthew Bramble monierte, «keinen Unterschied und keine Unterordnung mehr», was genau jene Mischung aus Egalitarismus und Effekthascherei erklärt, die für London so bezeichnend ist.

London ist wirklich die Heimat des Spektakels, des lebendigen wie des toten. Als 1509 der Leichnam Heinrichs VII. durch die Cheapside gefahren wurde, lag auf dem Leichenwagen ein Wachsbildnis des Herrschers, gekleidet in seinen Staatsrock. Umgeben war der Wagen von wehklagenden Priestern und Bischöfen, denen sechshundert Personen aus dem königlichen Haushalt mit brennenden Kerzen in einer Prozession nachfolgten. Es war jene Art von Leichenbegängnis, in der sich London immer hervorgetan hatte. Das Begräbnis des Herzogs von Wellington 1852 war nicht weniger prunkvoll und verschwenderisch, und ein zeitgenössischer Bericht schildert das Ereignis als etwas Hochtheatralisches: Das allgemeine Schwarz wurde durch Farbtupfer aufgelockert, was «einen neuartigen und frappierenden Effekt machte»; besondere Aufmerksamkeit erregte «ein Grenadier des ersten Garderegiments, dessen

Uniform leuchtend rot gegen die Trauerdekorationen ringsumher abstach».

Beim Besuch eines ausländischen Herrschers, bei der Geburt eines Thronfolgers oder nach der Meldung kriegerischer Erfolge verwandelte sich die ganze Stadt in ein farbiges Schaugepränge. Als 1501 Katharina von Aragon nach London kam, begrüßten sie bunt bemalte Burgen aus Holz auf Steinfundamenten, Säulen und Statuen, Springbrunnen und künstliche Berge, mechanische Tierkreise und Burgzinnen.

Als Heinrich V. 1415 von der Schlacht bei Azincourt heimkehrte, erwarteten ihn an der Auffahrt zur London Bridge zwei riesige Figuren; auf der Brücke selbst «standen unzählige Knaben, die englischen Heerscharen vorstellend, weiß herausgeputzt, mit schimmernden Flügeln und Lorbeerzweigen im Haar»; den Brunnen am Cornhill überwölbte ein Zeltdach aus karmesinrotem Tuch, und beim Näherkommen des Königs wurde «eine große Zahl von Sperlingen und anderen kleinen Vögeln» aufgelassen. Am Brunnen in Cheapside standen Jungfrauen, ganz in Weiß gekleidet, «und bliesen aus Schalen in ihren Händen dem König goldene Blätter zu». Auf einem Thron war ein Bildnis der Sonne installiert, das «alles andere überglänzte»; «Engel umgaben es, sangen und spielten alle Arten von Musikinstrumenten». Unter späteren Herrschern verzierte man die Brunnen von Cornhill und Cheapside mit Bäumen und Höhlen, künstlichen Hügeln und kunstvollen Strömen von Wein oder Milch; die Straßen selbst wurden mit Tapisserien und goldenen Tuchen ausgeschlagen. Agnes Strickland, eine der ersten Biographinnen Elisabeths I., schreibt über diese Zurschaustellungen: «Die Stadt London hätte man zu jener Zeit wohl eine *Bühne* nennen mögen.» Eine ähnliche Beobachtung machte ein deutscher Reisender 1820 bei der Krönung Georgs IV.: Der König «musste sich als Hauptdarsteller einer Pantomime gebärden», während das königliche Gewand «mich stark an eines jener Geschichtsdramen erinnerte, die hier so gut aufgenommen werden».

Es gibt noch eine andere Art von Drama, die an das Leben dieser Stadt zu rühren scheint. So boten die Straßen beispielsweise ein ständiges Forum, auf dem jeder «Marktschreier» oder singende Händler ein neugieriges Publikum anlocken konnte. In den Theatern des 16. Jahrhunderts war die Bühne so gebaut, dass sie nach Süden blickte, damit mehr Licht auf die Schauspieler fallen konnte, doch mag man sich gern vorstellen, dass auch das Tun und Lassen der weniger professionellen Akteure im Gewühl der Londoner Straßen in ähnlicher Beleuchtung erschien. Straßenkünstler führten historische Szenen auf. Es gibt Fotografien aus dem 19. Jahrhundert, die die Darsteller solcher Straßentheater zeigen; sie wirken arm, vielleicht sogar schmutzig, aber sie agieren in schimmernden

Trikots und aufwändigen Kostümen vor grell bemalten Kulissen. Auch zu Beginn des 20. Jahrhunderts wurden Szenen aus Romanen von Dickens auf offenen Karren nachgestellt, und zwar an eben der Stelle, wo diese Szenen spielten.

Dickens hätte diese Geste wohl zu schätzen gewusst; hatte er doch ganz London in ein einziges symbolisches Theater verwandelt. Seine dramatische Einbildungskraft zehrte vom Besuch der Schauspielhäuser, deren es in seiner Jugend unzählige gab, besonders der Schmierenkomödien und kleinen «Etablissements» rund um das Drury Lane Theatre. In einem von ihnen sah er einmal eine Pantomime und bemerkte, dass die Schauspieler, «welche die Passanten auf den Straßen darstellten, nichts Konventionelles an sich hatten, sondern ungewöhnlich lebensecht wirkten». Er macht auch darauf aufmerksam, dass gewöhnliche Londoner, hauptsächlich von den jüngeren Generationen, Geld dafür bezahlten, wenn sie in der neuesten städtischen Tragödie oder Pantomime mitspielen durften. Dickens' Zeitgenosse Thackeray erzählt in *Vanity Fair* von zwei Londoner Jungen, dass sie «Geschmack am Ausmalen theatralischer Gestalten» fanden. Dementsprechend ist fast jede Londoner Straße einmal Gegenstand dramatischer Neugierde gewesen, von der *Keuschen von Cheapside* bis zum *Krüppel von der Fenchurch Street*, vom *Boss von Billingsgate* bis zu den *Liebenden von Ludgate*, vom *Teufel von Dowgate* bis zum *Schwarzen von Newgate*. Das Publikum fand in diesen Stücken, was es auch in Jonsons *Bartholomew Fair* gefunden hatte: ein Theater, das die Eigenart ihres Lebens ebenso widerspiegelte wie die Eigenart der Stadt selbst. Diese Stücke waren in der Regel blutrünstig und von ihrer Thematik her melodramatisch, aber gerade darum boten sie ein wahres Bild prallen städtischen Lebens.

Das Londoner Leben selbst konnte seinerseits zum Straßentheater werden, wiewohl auf tragische und unbeabsichtigte Weise. Die Armen und insbesondere die sozial Verfemten konnten keine Privatsphäre für sich reklamieren; «die Szenen ihrer Zärtlichkeit ebenso wie ihrer Wut», schreibt Gissing in seinem Roman *The Nether World* (1889), «müssen meistenteils auf bevölkerten Wegen aufgeführt werden», wo ihre Schreie und ihr ersticktes Flüstern deutlich zu hören waren.

14. Das Londoner Englisch

Die Sprache der Londoner wird von den einen als hart, von den anderen als weich beschrieben; ihr hervorstechendstes Merkmal ist jedoch ihre Schlaffheit. W. Matthews, Verfasser von *Cockneys Past and Present*, behauptet: «Nach Möglichkeit meidet der Cockney Lippen- und Unterkieferbewegungen.» Zu demselben Ergebnis kommt M. MacBride, der Autor von *London's Dialect*; nach einer sorgfältigen Auswertung von Mikrosegmenten und Endtonhebungen, Satzkernen und Satzfugen stellt er fest: «Der Cockney meidet so weit wie möglich alle überflüssigen Bewegungen der Artikulationsorgane.» Mit anderen Worten: Er ist maulfaul. Wenn die Redeweise der Cockneys in der Tat «rau» ist, dann vielleicht auch darum, weil die Cockneys in einer rauen und lärmigen Stadt leben, in der es seit jeher darauf ankommt, den Tumult des «ruhelosen London» zu übertönen. Es gibt denn auch viele Anhaltspunkte dafür, dass sich das Cockney-Englisch in den letzten fünfhundert Jahren in seinen wesentlichen Zügen nicht verändert hat.

Seine Geschichte ist daher von Bedeutung, und sei es nur darum, weil sie einmal mehr die Kontinuität des Londoner Lebens in zentralen Bereichen beweist. Das Cockney steht seit jeher nicht für eine schriftliche, sondern für eine mündliche Kultur, die durch eine ununterbrochene Abfolge von «Muttersprachlern» weitergetragen wird; eine Londoner Standardsprache hat es dagegen jahrhundertelang nicht gegeben. Das Vermächtnis des Altenglischen hinterließ den Londoner Bürgern im frühen Mittelalter eine Reihe von unterscheidbaren Mundarten; so können wir einen südöstlichen Dialekt, einen südwestlichen Dialekt und einen East-Midland-Dialekt ausmachen. Wegen des historischen Zusammenhangs zwischen dem Haushalt des herrschenden Souveräns und Winchester war Westsächsisch die Sprache Westminsters, während die dominierende Sprache in der Altstadt selbst Ostsächsisch war; daher die jahrhundertelangen Verbindungen zwischen der Londoner Mundart und der Mundart von Essex. Das Wort *street* wurde in London selbst wie *«strate»*, in Westminster wie *«strete»* ausgesprochen. Mit anderen Worten: Es gab keine einheitliche Aussprache, ja, sie dürfte sogar von Kirchspiel zu Kirchspiel variiert haben.

Es gab noch andere Redeweisen, die die Sprache Londons heterogener und polyglotter machten. Bei einem sprachgeschichtlichen Überblick über die Register des Londoner Englisch zwischen dem späten 13. und frühen 15. Jahrhundert zeigt sich ein enorm breites Spektrum an Quellen und Entlehnungen. In dem bisher noch nie ausgewerteten Archiv der London Bridge, in dem es generell um die Beschäftigung von Themsefischern geht, haben das Altenglische, das Anglonormannische und das mittelalterliche Latein ebenso ihre Spuren hinterlassen wie das Mittelniederländische und das Mittelniederdeutsche. Man könnte dies einfach für das Werk von gebildeten Geistlichen halten, die eine raue Volkssprache in einem geschliffeneren und förmlicheren Stil wiedergaben; es deutet jedoch alles darauf hin, dass es sich dank der «Interaktion zwischen verschiedenen Registern des Londoner Englisch» um einen wirklich «gemischten» oder «Makkaroni»-Stil gehandelt hat. Wie Laura Wright, Verfasserin der *Sources of London English*, außerdem angemerkt hat, dürften Londoner, «die sich für ihre Arbeit gewohnheitsmäßig des Französischen oder Lateinischen bedienten, höchstwahrscheinlich die Terminologie dieser Sprachen beibehalten haben, wenn sie über ihre Arbeit auf Englisch diskutierten oder nachdachten». Wir müssen uns jedoch nicht vorstellen, dass die Themsefischer ein klassisches Latein gesprochen hätten. Es dürfte eher eine Art von «Pidgin-Latein» mit Termini aus der Zeit der Römer gewesen sein. Nach der normannischen Eroberung ist das Hinzutreten des Französischen keine Überraschung; alle diese Sprachen gingen in die lebendige Redeweise der Londoner ein.

Es gab jedoch weitreichende sprachliche Umschichtungen. So löste im 14. Jahrhundert der Dialekt der mittleren und östlichen Midlands die bis dahin in London dominierende ostsächsische Stimme ab. Einen konkreten Grund für diesen Wechsel kennen wir nicht, doch ist anzunehmen, dass im Verlaufe mehrerer Generationen die reicheren oder gebildeteren Kaufmannsfamilien von den Midlands nach London zugewandert waren. Im selben Zeitraum vollzog sich ein weiterer wesentlicher Wandel: Diese andere, «gebildetere» Sprache setzte einen allmählichen sprachlichen Normierungsprozess in Gang. So hatte sich Ende des 14. Jahrhunderts ein einheitlicher Dialekt, das «Londoner Englisch», herausgebildet; aus diesem wiederum wurde, nach den Worten des Herausgebers der *Cambridge History of the English Language*, das «moderne literarische Standardenglisch». Die schriftsprachlichen Normen wurden nach und nach von Schreibern der königlichen Kanzlei festgelegt, die vor allem Wert auf Richtigkeit, Einheitlichkeit und Schicklichkeit des Ausdrucks legten.

So wurde die Mundart der mittleren und östlichen Midlands zur Sprache der gebildeten Londoner und allmählich zur Sprache der Engländer überhaupt. Was geschah aber mit dem ostsächsischen Dialekt, der bis dahin die Muttersprache des geborenen Londoners gewesen war? Teilweise wurde er verdrängt, vor allem aber wurde er abgewertet. Eines der Vorurteile gegen seinen Gebrauch rührte daher, dass er immer nur gesprochen und kaum schriftlich fixiert worden war. So waren diese «stimmlichen Expektorationen» von «Ungereimtheiten und Barbarei» geprägt. Spätestens im 16. Jahrhundert verstand man diesen Unterschied zwischen «Standard»-Englisch und dem, was nun «Cockney»-Englisch geworden war, gut genug, um ihn kritischer Aufmerksamkeit zu würdigen; der springende Punkt aber war, dass das Cockney überlebte; zahlreiche seiner Ausdrücke, das belegen sogar kirchliche Dokumente, waren in die Standardsprache eingegangen.

Die jüngsten Bereicherungen des Cockney-Englisch kommen aus der Popmusik, dem Radio, dem Film und dem Fernsehen, die heute die fruchtbarsten Quellen für den Jargon der Straße sind. Die Tradition bleibt dennoch gewahrt, weil nach wie vor das «Frotzeln» ein Aspekt des Cockney-Humors ist. Schon im 18. Jahrhundert sollen die Londoner über Graphiken, auf denen ein herzhaft gähnendes Paar nach dem Beischlaf zu sehen war, «konvulsivisch» gelacht haben. Der Humor konnte auch persönlich werden. Steele erzählt im *Spectator* vom 11. August 1712 die Geschichte von dem vornehmen Herrn, der von einem Bettler angesprochen und höflich um eine milde Gabe für einen Gasthausbesuch gebeten wird, «wobei der Bettler noch mit traurigem Gesicht vorbrachte, dass leider seine ganze Familie an Durst verstorben sei. Nun, der Pöbel hat Humor, und zwei oder drei begannen, den Witz zu verstehen.» Der «Humor» des «Pöbels» bestand in diesem Fall darin, dass sich der Bettler insgeheim über den feinen Herrn lustig machte – die Form der Burleske, die im Cockney-Humor am häufigsten ist. Schornsteinfeger kleideten sich wie geistliche Herren, Stiefelputzer ließen sich, «ihren Arbeitsschemel auf dem Kopf», genau in dem Moment über den «Ring» am Hyde Park fahren, wo dort die elegante Welt promenierte. So ebneten sie Standesunterschiede ein und verspotteten Reichtum und Rang. William Hazlitt mutmaßt 1826 in *The Plain Speaker*: «Der wahre Cockney ist der einzig wahre Nivellierer.» Er kommt zu dem Schluss: «Alles wird in seinem Kopf vulgarisiert. Nichts bleibt lange genug in ihm haften, um irgendein Interesse hervorzurufen; nichts wird hinreichend distanziert überdacht, um Neugierde oder Staunen zu erregen. ... Er [der Cockney] hat keinen Respekt vor sich selbst und (womöglich) noch weniger vor dir. Sein eigener Vorteil kümmert ihn wenig, solange er Schindluder mit dem deinen treiben kann. Jedes Gefühl geht bei ihm durch ein Medium von Leichtfertigkeit und Frechheit.» Aber das ist vielleicht eine zu gallige Einstellung; denn der nivellierende Humor hat auch etwas mit dem Geist des «ehrlichen Spiels» zu tun, der die Londoner Volksmasse ausgezeichnet haben soll; schließlich vergleicht eine beliebte Cockney-Redensart Ehrlichkeit und Fairness mit einem Juwel: «Fair play's a Jewel.» In diesem Geist konnten Gassenjungen im 19. Jahrhundert den vornehmen Herrn in aller Harmlosigkeit fragen: «Ist die Tante da in Ordnung?» Und Swift erinnert sich an ein Kind, das ausrief: «Sag deiner Großmutter, sie kann Eier lutschen!»

Als sich die Londoner Straßenkehrer mit den neuen «Straßenkehrmaschinen» konfrontiert sahen, «flogen die Gossenderbheiten hin und her, wobei die Bevölkerung oft beide Seiten ermutigte». In ähnlichem Sinne vollzogen sich Straßenschlägereien, auch wenn sie spontan ausbrachen, nach Regeln, die der Londoner Masse wohl bekannt waren. Dieselbe gleichmacherische Tendenz der Londoner Burleske steht auch hinter der beständigen Vorliebe der Cockneys für den Transvestitismus. Auf dem Theater war er jahrhundertelang das besondere Vergnügen der Londoner – von der «Frau Noah» im mittelalterlichen Puppenspiel bis zur neuesten Nummer in einem Londoner Transvestitenclub. Als der Schauspieler Bannister 1782 die Rolle der Polly Peachum in der *Bettleroper* spielte – die ihrerseits ein Sinnbild Londons ist –, da verfiel eine Frau im Publikum «in ein so hysterisches Gelächter, dass sie ohne Unterbrechung bis zum Freitagmorgen fortlachte, bis sie starb».

15. Großstadt-Theater

Die Beweise für ein römisches Theater südwestlich von St Paul's sind heute eindeutig; es stand kaum fünfzig Meter östlich des *Mermaid Theatre*, das sich am Puddle Dock befindet. Es gibt auch Anhaltspunkte dafür, dass 1567 in Whitechapel, gleich hinter dem Aldgate, ein Theater mit anderthalb Meter hoher Bühne und einer Reihe von Galerien stand.

Ihm folgte die Errichtung des *Theatre* auf den Feldern von Shoreditch. Es wurde aus Holz und Dachstroh erbaut und war so schön anzusehen, dass in einer zeitgenössischen Beschreibung von dem «prächtigen Spielort auf den Fields» die Rede ist. Marlowes *Doctor Faustus* und Shakespeares *Hamlet* wurden hier aufgeführt. Es muss sich als Publikumsmagnet erwiesen haben, denn ein Jahr später baute man zweihundert Meter weiter ein zweites Theater; es hieß *The Curtain* und später *The Green Curtain* (Der grüne Vorhang) – zur Rechtfertigung des außen aufgemalten Schildes: Theater wurden, wie Wirtshäuser und Läden, attraktiv bebildert, um die Aufmerksamkeit der Bürger zu fesseln.

Diese zwei frühen Theater setzten Maßstäbe für jene berühmteren Schauspielhäuser, die in der elisabethanischen Kulturgeschichte eine so

In Southwark, an
der Kreuzung Bank-
side/Park Street,
stand Shakespeares
Globe Theatre: *1599
erbaut, 1613 abge-
brannt, danach wie-
der aufgebaut und
1644 abgerissen.*

bedeutende Rolle spielen. Diese Schauspielhäuser standen (anders als das «private» Theater in Blackfriars) immer außerhalb der Stadtmauern (und somit auch außerhalb der Reichweite der Behörden, die daher den Komödianten nichts anhaben konnten), während sich die zwei Theater auf den Feldern im Norden auf Gelände befanden, das einst der Priorei Holywell gehört hatte; wie der Name schon andeutet, gab es hier einen «heiligen Brunnen». Möglicherweise hatte man sie mit Bedacht in der Nähe einer Stätte errichtet, wo einst sakrale Stücke aufgeführt worden waren. Das könnte auch das Vorhandensein eines Theaters in der alten Priorei der Dominikaner erklären. Die Londoner sind sich zu allen Zeiten der Topographie ihrer Stadt und ihrer Umgebung bewusst gewesen, und so kann man bei vielen Gelegenheiten und in vielen Zusammenhängen beobachten, dass eine bestimmte Tätigkeit immer an demselben Platz ausgeübt wird. Der Standort des *theatrum* aus dem 12. Jahrhundert ist nicht bekannt, doch ist die Vermutung nicht unvernünftig, dass es sich dort befand, wo zwischen 1580 und 1600 das *Rose*, das *Swan* und das *Globe* errichtet wurden.

Die Ursprünge der frühen Theaterarchitektur haben zu Spekulationen Anlass gegeben. So vermuten manche, dass sie dem von Galerien gesäumten Innenhof von Gasthäusern nachgebildet war, wo durchziehende Spielleute oder Schauspieltruppen auftraten. Zwei dieser «Wirtshaus-Theater», das *Bell* und das *Cross Keys*, standen in der Gracechurch Street, während sich ein drittes am Ludgate Hill befand. Dies war das *Belle Sauvage* oder *Bell Savage*, das sich wie die anderen sehr rasch einen ausgesprochen widrigen Ruf erwarb. 1580 erteilte ein Edikt des geheimen Kronrats den Londoner Amtsträgern die Weisung, «die Spieler aus der Stadt zu vertreiben» und «alle Schauspiel- und Würfelhäuser in der Stadtfreiheit zu schließen», wo die Anwesenheit von Schauspielern zu «Sittenlosigkeit, Glücksspiel, Ausschweifung, zu Nachahmung und Zwietracht» aufreize. Das Theater kann also jene Rastlosigkeit provozieren, die zu allen Zeiten unter der Oberfläche des städtischen Lebens lauert. Außerdem konnte es das Entstehen von Bränden und die Ausbreitung von Krankheiten beschleunigen.

Andere Theaterhistoriker sind zu dem Schluss gelangt, dass das eigentliche Vorbild des elisabethanischen Theaters nicht der Innenhof eines Wirtshauses, sondern die Arena für die Bärenhatz oder der Platz für Hahnenkämpfe war. Solches Treiben war mit dem seriösen Drama gewiss nicht unvereinbar. Aus manchem Theater wurde eine Bärenarena oder ein Boxring, während umgekehrt aus mancher Hahnen- oder Stierkampfarena ein Theater wurde. Es gab keinen zwingenden Unterschied zwischen diesen Betätigungen, und die Historiker verweisen darauf, dass

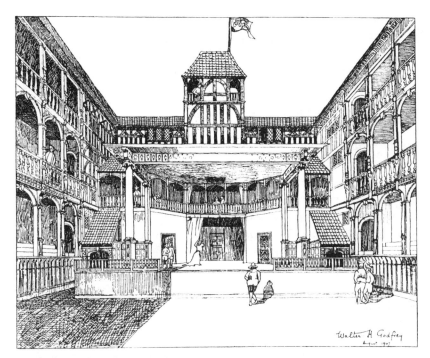

Eine 1907 von Walter Godfrey *nach den Bauunterlagen von 1599 angefertigte Zeichnung des* Fortune Theatre.

im *Globe* oder im *Swan* auch Akrobaten, Fechter oder Seiltänzer auftreten konnten. Edward Alleyn, der große Schauspieler und Theaterdirektor aus dem frühen 17. Jahrhundert, war gleichzeitig Stallmeister der königlichen Bären. Die öffentliche Arena war eben wirklich mannigfaltig.

Die Volkstümlichkeit des elisabethanischen Dramas verrät die Liebe der Londoner zum farbenprächtigen Ritual und ihre Bewunderung für rhetorischen Bombast. Dem Geschmack der Masse an brutalen Einlagen wurde durch die Stücke selbst Genüge getan, während der natürliche Stolz der Londoner auf die Geschichte ihrer Stadt mit jenen dramatischen Historienspektakeln berücksichtigt wurde, die zum Standardrepertoire der Schauspielhäuser gehörten. Wenn Shakespeare Falstaff und seine Gesellschaft nach East Cheap verlegt, beschwört er das Leben der Stadt herauf, wie sie zweihundert Jahre zuvor existiert hatte. Spektakel und Gewalttat, Bürgerstolz und Ehre der Nation hatten auf den Bühnen Londons ihre natürliche Heimat.

Natürlich gab es die bekannten Klagen. Als Burbage 1596 den Versuch machte, das Theater von Blackfriars wieder zu eröffnen, beschwerten sich die «edlen und vornehmen Herren», welche die alten Klostergebäude bewohnten, über die «vagabundierenden liederlichen Personen», die dort zusammen kämen; auch behaupteten sie, der «Lärm der Trommeln und Trompeten» werde die Gottesdienste in der Nachbarschaft stören. Als das *Blackfriars* schließlich wieder eröffnet wurde, mussten Besucher, die ein Stück von Shakespeare oder Chapman sehen wollten, an der Westseite der St Paul's Cathedral oder am Fleet-Kanal aussteigen und den Rest des Weges zu Fuß gehen; damit sollte zusätzliches Getümmel vermieden werden.

Das *Fortune Theatre* in der Golding Lane (heute Golden Lane) war berühmt für seine «Feuerwerkskünste» mit «Schwärmern, Donner und künstlichem Blitz». Die Eintrittspreise betrugen einen Penny für einen Stehplatz, zwei Pence für einen Stuhl und drei Pence «für die komfortabelsten Sitze, welche gepolstert sind». Während der Vorstellung wurden «Speisen und Getränke im Zuschauerraum umhergetragen», wie Thomas Platter in seinen *Travels in England* berichtet.

In der Zeit des puritanischen Commonwealth waren die Theater geschlossen; wie es hieß, hatten die Menschen genug öffentliche Tragödien miterlebt; stattdessen fanden Theateraufführungen heimlich oder unter dem Deckmantel irgendeines erlaubten Zweckes statt. Das Schauspielhaus *Red Bull* in Clerkenwell – nur wenige hundert Meter nördlich von Smithfield – blieb für Seiltänzer und dergleichen geöffnet, wusste aber auch Raum für «Possen» und «Schauspielstücke» zu schaffen. Der Hunger der gewöhnlichen Londoner nach solchen Spektakeln war so groß, dass ein Zeitgenosse schreiben konnte: «Ich habe das Red Bull, ein geräumiges Haus, so voll gesehen, dass ebenso viele Menschen aus Platzmangel weggehen mussten, wie hereingekommen waren.» Auch nach mehreren Verbotsproklamationen von 1642 und 1648 kamen ständig Beschwerden über Aufführungen und Schauspieler, so dass wir annehmen dürfen, dass die gewitzteren Londoner auch weiterhin dramatischen «Stücken» beizuwohnen vermochten.

Man sollte daher glauben, dass die Bürger ihrem Landsmann Samuel Pepys zugestimmt hätten, der nach der Restauration erklärte, das Theater sei jetzt «tausendmal besser und ruhmreicher als je zuvor». Er meinte die jüngst «privilegierten» (zugelassenen) Theater an den Dorset Gardens und in der Drury Lane, doch waren diese neuen Theater mit den alten gar nicht zu vergleichen. Wie Pepys selbst notiert, war jetzt «alles zivilisiert, keinerlei Grobheit mehr». Mit anderen Worten, das Drama war veredelt worden, damit es nach dem Geschmack des Königs und des Hofs sowie jener Londoner war, die deren Werte teilten. Parallel zur Verunglimpfung des «Cockney»-Dialekts löste sich auch das volkstümliche Theater früherer Jahrzehnte auf.

Trotzdem gelang es auch den eingefleischteren «Cockneys», sich zu den neuen Stücken Zugang zu verschaffen; zwar waren sie in den Logen

«Außer diesem Werfen [von faulen Apfelsinen] aus der Galerie hat das Schreien und Stampfen mit den Stöcken kein Ende, bis der Vorhang aufgezogen ist.» K. Ph. Moritz, Reisen eines Deutschen in England, 1782.

und im Parkett, inmitten der wohlhabenden Bürger, nicht unbedingt willkommen, aber sie übernahmen die Galerie, von wo sie Beschimpfungen rufen und die Bühne sowie das ehrbare Publikum mit Obst bewerfen konnten. Diese Cockney-Besucher stellten aber nur eine Seite des städtischen Publikums dar, das generell parteilich und leicht entflammbar war. «Claqueure» pflegten aufzutreten, um die neueste Inszenierung hochzujubeln oder niederzumachen; unter Herren «von Rang und Stand» kam es zu Tätlichkeiten, während oft regelrechte Krawalle aus-

Das Swan Theatre, 1594–95 erbaut. Hinter der Bühne befinden sich der Ein- und Ausgang, die in die Ankleideräume führen, darüber der Raum für besondere Gäste, der aber auch als Balkon für bestimmte Szenen oder für Musikeinlagen genutzt wurde. Auch auf der Galerie rund um die Bühne ist Platz für ein Orchester.

brachen, die eine Fortsetzung der Aufführung unmöglich machten. Die Krawalle hatten denn auch selbst etwas Theatralisches. So regte David Garrick Mitte des 18. Jahrhunderts an, die Plätze «zum halben Preis» für jene Besucher abzuschaffen, die erst nach dem dritten von fünf Aufzügen kamen (wenn die ganze Vorstellung um sechs Uhr abends begann); der Erfolg war, dass an dem für die Neuerung anberaumten Tag das Schauspielhaus an der Drury Lane ein eisern schweigendes Publikum erlebte. Kaum hatte das Stück begonnen, als sich eine «allgemeine Empörung» erhob, die «mit Faustschlägen und Knotenstöcken» ausgelebt wurde; im weiteren Verlauf des Tumults «zerschlug das Publikum die Bänke im Parkett und in den Galerien» und «demolierte die Logen». Der Löwe, der die Loge des Königs geziert hatte, wurde auf die Bühne unter die Schauspieler geworfen; das Einhorn stürzte ins Orchester, «wodurch das große Cembalo in Stücke ging». Boswell erzählt in seinem *London Journal* unter dem 19. Januar 1763 über einen Theaterbesuch: «Wir fielen in das Haus ein, pflanzten uns in der Mitte des Parketts hin und saßen, eichene Knotenstöcke in der Hand und gellende Pfeifen in der Tasche, wohlgerüstet da.»

Dieses Verhalten hauptstädtischer Theaterbesucher war sogar noch im 19. Jahrhundert anzutreffen. Ein deutscher Reisender, der Fürst Hermann von Pückler-Muskau (von Dickens in den *Pickwick Papers* als Graf Smorltork karikiert), berichtet 1827: «Das Frappierendste in englischen Theatern ist für den Ausländer die unerhörte Roheit und Brutalität des Publikums.» 1807 tobten siebzig Abende lang Krawalle um den «alten Eintrittspreis», und das Privatleben Edmund Keans – dem gefeierten Shakespeare-Darsteller des frühen 19. Jahrhunderts wurde vorgeworfen, ein Säufer und Ehebrecher zu sein – führte an vier Abenden zu blutigen Schlägereien im Schauspielhaus an der Drury Lane. Bei mehr als einer Gelegenheit löste der so genannte «Parteigeist» Tätlichkeiten sowohl unter den Zuschauern als auch unter den Schauspielern aus. Ein anderer Grund zum Aufruhr war die Anwesenheit von Ausländern auf der Bühne; als das «Théâtre Historique» aus Paris in die Drury Lane kam, stürmte das Publikum die Bühne. 1805 drangsalierte der Pöbel das «Théâtre Royal» im Haymarket, weil seine Komödie *Die Schneider* Anstoß bei der Schneiderzunft erregt hatte. Schon 1743 wurden von rivalisierenden Gruppen Berufsboxer ins Publikum geschmuggelt, um Rabatz zu machen. Es war in jeder Hinsicht Großstadt-Drama. Und doch wurde das eigentliche Drama in der Stadt selbst noch immer auf der Straße aufgeführt.

16. Heftige Späße

Seit es die Stadt London gibt, gibt es in ihr auch Schausteller und öffentliche Belustigungen, angefangen bei den Bauchrednern, die ihre Stimme ihren Händen liehen, bis zum «Mann mit dem Teleskop», der Neugierige für zwei Pence in den sommerlichen Nachthimmel sehen ließ. Akrobaten balancierten auf dem Wetterhahn des Kirchturms von St Paul's; es wurden mitternächtliche Hundeschauen und Rattenkämpfe veranstaltet; es gab Straßengaukler und Wahrsager mit ihren obligatorischen Pfeifen und Trommeln; dressierte Bären und Affen, an langen Seilen durch die Stadt geführt, ließen ihre Kunststücke sehen. Ende des 18. Jahrhunderts zog ein Hausierer mit einem Hasen umher, der auf einem Tamburin tanzen konnte, während ein anderer Schausteller «auf seinem Kopf und Gesicht eine wunderliche Maske aus Bienen» präsentierte. Anfang des 19. Jahrhunderts war eine Bude mit der Aufschrift «Fantasina» von Menschen umlagert, während die Kinder ein Kaleidoskop untersuchten. Die Attraktion auf dem Tower Hill war ein «sinnreicher Mechanismus» mit vielen beweglichen Figuren und darunter dem Schild «Man bittet den Erfinder zu unterstützen»; auf der Parliament Street zog unterdessen ein Maulesel einen Wagen samt Guckkasten über «Die Schlacht bei Waterloo». Heute befinden sich Vergnügungslokale unter den Arkaden, wo einst Kunsthandlungen ihre Schaufenster hatten, und statt des Londoner Zoos gab es einst eine «Menagerie» in Exeter Change an der Strand, wo das Brüllen der wilden Tiere durch die Straße hallte und die Pferde erschreckte.

Zu allen Zeiten gab es Kurioses und Staunenswertes. John Stow überliefert die akribische Geschicklichkeit eines Hufschmieds, in dessen Werkstatt ein Vorhängeschloss samt Schlüssel und Kette auslag, das man einem abgerichteten Floh umhängen konnte; wie John Evelyn erzählt, sah er mit eigenen Augen das «Haarige Weib», dem die Brauen die ganze Stirn bedeckten, und einen kleinen holländischen Jungen, auf dessen beiden Regenbogenhäuten die Worte «Deus meus» und «Elohim» zu lesen waren. Während der Regierungszeit Georgs II. zeigte man «von acht Uhr morgens bis neun Uhr abends am Ende der großen Bude auf Blackheath eine Frau aus Westengland, 38 Jahre, lebendig, mit zwei Köpfen, einer über dem anderen gewachsen ... Sie hatte die Ehre, von Sir Hans Sloane und verschiedenen Herren der Royal Society empfangen zu werden. Geneigte Damen und Herren können sie nach Belieben bei sich zu Hause besehen.» Die Ankündigung stammt aus einer Broschüre *Merrie Eng-*

Hahnenkämpfe waren im elisabethanischen London eine besondere Attraktion.

land in the Olden Time. So wurde das bedauernswerte Geschöpf in die Häuser der Reichen geschafft, um dort genauer inspiziert zu werden. Anfang des 19. Jahrhunderts wurden häufig «siamesische Zwillinge» ausgestellt; allerdings waren solche «doppelten Missgeburten» unter anderem Namen schon in anderen Ländern gezeigt worden. Zu derselben Zeit wurde auch die «Anatomie Vivante» oder das «Lebende Skelett» ausgestellt, ein Mensch, der bei einer Körpergröße von 1,71 Meter kaum 20 Kilogramm wog. Bei einer anderen Londoner Darbietung ergötzte das neugierige Londoner Publikum «der schwerste Mensch, der je gelebt hat», mit seinen über 260 Kilogramm. Wie sagt doch Trinculo bei seiner ersten Begegnung mit Caliban, auf jener verwunschenen Insel, die so eigentümlich an London erinnert: «Jedes fremde Tier macht dort [in England] seinen Mann; wenn sie keinen Deut geben wollen, einem lahmen Bettler zu helfen, so wenden sie zehn dran, einen toten Indianer zu sehen.»

Die Fleet Street war einst die Heimat anderer Londoner Wunder als der Zeitungsmären. Der Dramatiker Ben Jonson bemerkte «ein zweites Ninive, mit Jona und dem Wal, an der Fleet Bridge sich regen». 1611 waren für einen Penny die «Alraunen von der Fleet Street» zu besichtigen. 1702 war in einem Kramladen namens «Adler und Kind» bei der Shoe Lane ein vierzehnjähriger Knabe zu sehen, der nur 45 Zentimeter maß; im «Weißen Ross» daneben konnte man einen Ochsen aus Lincolnshire bewundern, der 1,90 Meter hoch und 4 Meter lang war. Es gab das übliche Angebot an Riesen und Zwergen; alles, was nicht seine richtige Größe und Proportion hatte, war im «unausgewog'nen London» willkommen. Großes Interesse erregten auch «Automaten» und andere mechanische Vorrichtungen, so als würden sie irgendwie die Bewegungen der Stadt selbst aufgreifen. Es berührt eigenartig, wenn wir 1742 im *Daily Advertiser* lesen, was in einem Wirtshaus namens «Mitra» zu besichtigen war, nämlich «eine höchst wunderbare Chaise, die ohne Pferde fährt. Diese schöne und praktische Maschine ist so einfach konstruiert und so leicht zu bedienen, dass man mit ihr mehr als 40 Meilen am Tag zurücklegen kann.»

In der Fleet Street gab es auch ein Kabinett mit Wachsfiguren. Mrs Salmon, die direkte Vorgängerin von Madame Tussaud, hatte sie zunächst beim Schild mit dem Goldenen Lachs in der Nähe von Aldersgate ausgestellt; wie der *Spectator* am 2. April 1711 bemerkt, «wäre es ja auch lächerlich gewesen, hätte die sinnreiche Mrs Salmon [‹Lachs›] beim Schild mit der Forelle gewohnt». Doch dann zog sie in die Fleet Street um, wo ihre Sammlung von 140 Wachsfiguren zum Gegenstand der öffentlichen Bewunderung wurde. Im Erdgeschoss ihres Etablissements befand sich ein Spielzeugladen, wo man Kasperlefiguren, Kricketschläger und Schachbretter kaufen konnte; in den zwei oberen Stockwerken aber befanden sich Wachsbildnisse von John Wilkes, Samuel Johnson, Mrs Siddons und anderen Londoner Honoratioren; auf dem blasonierten Schild über dem Hauseingang stand einfach «Wachsfiguren». Vor der Tür stand die blass-gelbe Nachbildung der «Prophetin» Mother Shipton, die – bei Auslösung eines Hebels – dem ahnungslosen Passanten einen Fußtritt versetzte.

Diese Figuren, beweglich oder nicht, dienten auch einem offenkundig ernsteren Zweck. Jahrhundertelang wurden die Wachsbildnisse toter Herrscher und Staatsmänner, bemalt und «hergerichtet», in der Westminster Abbey ausgestellt. Hatte einst das Bildnis der toten Elisabeth I., bei ihrer Beisetzung in feierlicher Prozession getragen, ein «allgemeines Seufzen, Klagen und Weinen» ausgelöst, so war die Königin Mitte des 18. Jahrhunderts durch den desolaten Zustand der Figur nur mehr «halb Hexe, halb Vampir». Trotzdem war die Redensart «ein Mann aus Wachs» noch weit verbreitet; sie hatte damals keine negativen Konnotationen, sondern bezeichnete einfach eine Persönlichkeit, die eines Tages die Ehre haben würde, als Wachsfigur in Westminster Abbey ausgestellt zu werden.

Mrs Salmon selbst ist seit langem von der Bildfläche verschwunden, doch den Wachsfiguren von Madame Tussaud war ein glorreiches Überleben beschieden. Eigenartigerweise sind die Wachsfigurenbildner zu allen Zeiten Frauen gewesen, und Madame Tussaud selbst kommt das Verdienst zu, das (von der Zeitschrift *Punch* so getaufte) «Gruselkabinett» – Chamber of Horrors – erfunden zu haben. Gegenwärtig befindet sich dieses Etablissement neben dem gleichfalls spektakulären Planetarium.

Mayfair hat seinen Namen von der jährlichen Messe, die auf der Nordseite des Piccadilly abgehalten wurde; heute lebt sein Erbe nur mehr in den Prostituierten vom Shepherd's Market fort. Dafür hat der Haymarket seine alten Assoziationen bewahrt. Er ist seit dem 18. Jahrhundert eine Vergnügungsmeile; das beginnt 1782 mit der *Katzenoper* und endet im letzten Jahrzehnt des 20. Jahrhunderts mit dem *Phantom der Oper*. 1747 hielt der berühmte Schauspieler und Parodist Samuel Foote eine Reihe von humorvollen Vorträgen im Haymarket Theatre; in dem neuen, an derselben Stelle errichteten Theater gab der Komiker John Sessions 1992 eine ganz ähnliche Vorstellung. Die beharrliche Lebenskraft dieser Stadt hat ihre eigene Dynamik, die sich einer rationalen Erklärung entzieht.

London ist eine Stadt, die zu allen Zeiten für ihre Lebhaftigkeit und Unrast berühmt war. Aus Thomas Burkes *The Streets of London* erfahren wir, dass sich «die Fortbewegung der Menschen auf den Straßen durch Ungestüm und ständigen Kraftaufwand auszeichnet». Jean Grosleys schrieb 1772 in *A Tour of London*: «Die Engländer gehen sehr schnell; da aber ihre Gedanken immer von ihren Geschäften eingenommen werden, sind sie sehr pünktlich bei ihren Verabredungen, und alle, die ihnen zufällig in die Quere geraten, werden gewisslich dafür büßen müssen; denn unablässig vorwärtsstürmend, stoßen sie die im Weg Stehenden mit einer Wucht beiseite, die sich proportional zur Masse und Geschwindigkeit ihrer Bewegung verhält.»

Überall in London, registriert ein Jahrhundert später ein Pariser Reisender, «wogt eine wimmelnde, drängende Menge, wie man sie auf unseren belebtesten Boulevards nicht findet. Die Droschken fahren doppelt so schnell, Binnenschiffer und Busschaffner verkürzen einen ganzen Satz zu einem einzigen Wort. Aus jeder Handlung, aus jeder Minute wird das letzte Quäntchen Wert herausgequetscht.» Sogar die Volksbelustigungen waren mit Kraftakten verbunden, und in Greenwich «versammelt sich am Ostermontag der Janhagel von London und kugelt, Männer und Frauen bunt durcheinander, den grünen Hang hinunter». Sexuelle Freizügigkeit und die Tatkraft des Kaufmanns vermischen sich und wirbeln die Bürger vorwärts. Noch im 20. Jahrhundert glaubt ein französischer Reisender: «Englische Beine bewegen sich schneller als unsere. Und dieser Wirbel reißt sogar die Alten mit.» Der «Wirbel» ist zum Teil der chaotische Fluss aller Dinge, er ist aber auch ein Aspekt der unaufhörlichen Bewegung von Menschen, Waren und Fahrzeugen. Tatsächlich scheint es bisweilen eine Art von Fieber zu sein. Maurice Ash, Verfasser des 1972 erschienenen *Guide to the Structure of London*, fühlt sich angesichts des ewigen «Hin- und Widerhastens» bemüßigt festzustellen, dass es für den Londoner eigentlich kein anderes Geschäft gibt als »das Geschäft des Verkehrs selbst»; mit anderen Worten, die Stadt verkörpert die Bewegung um der Bewegung willen.

Als Southey eine Pastetenbäckerin fragte, warum sie ihren Laden auch bei garstigem Wetter offen halte, erwiderte diese, dass sie sonst viele

«Ein ständiges Schweifen, Reiten, Rollen, Drängen, Stoßen, Prallen, Hüpfen, Klirren und Krachen ... Alles ist in Aufruhr und Eile; man könnte denken, die Menschen würden durch eine Störung des Gehirns bezwungen, die nicht duldet, dass sie zur Ruhe kommen.» Tobias Smollett *in seinem Roman* Humphry Clinker *über die Straßen Londons.*

Kunden verlieren würde, «so zahlreich seien die Leute, die sich im Vorbeigehen ihre Semmel oder ihr Biskuit nahmen und das Geld dafür ins Fenster warfen, weil sie sich nicht die Zeit gönnten, hereinzukommen». Dieses Tempo ist in den letzten hundert Jahren kaum geringer geworden, und eine der jüngsten sozialen Bestandsaufnahmen Londons, *Focus on London 97*, verrät denn auch: «Die Wirtschaftsdaten für London liegen konsequent 1 bis 2 Prozentpunkte höher als die für das Vereinigte Königreich insgesamt.» Diese unendliche Bewegung dauert seit über tausend Jahren an; immer neu und immer verjüngt, verleugnet sie doch nicht ihr Alter. Das ist der Grund, weshalb der «Wirbel» und die Geschäftigkeit der Straßen nur eine scheinbare Unordnung in sich bergen, und manche Beobachter haben denn auch einen Grundrhythmus, einen historischen Schwung bemerkt, der die Stadt vorwärts treibt. Das ist das Geheimnis: Wie kann das endlose Strömen selbst ewig sein? Es ist das Rätsel Londons, das ununterbrochen neu und immer alt ist.

Natürlich gibt es auch Tage der Ruhe, sogar in dieser turbulenten Stadt. Es ist oft bemerkt worden, dass der Sonntag in keiner Stadt so trübselig ist wie in London – vielleicht weil die Ruhe und das Schweigen ihr wesensfremd sind. Früher haben die Londoner ihre Fest- oder Feiertage zu «heftigen Späßen» gebraucht. Seit dem frühen Mittelalter waren dies Bogenschießen und Tjosten, Kegeln und Fußball – aber auch «das Werfen von Steinen, Holz und Eisen». Ferner gab es Hahnen- und Wildschweinkämpfe, Stier-, Bären- und Hundehatzen. Die Bären erhielten zwar zärtliche Namen wie «Harry Hunks» oder «Sacherson», wurden aber niederträchtig behandelt. Anfang des 17. Jahrhunderts beobachtete ein Besucher in Bankside, wie ein blinder Bär gepeitscht wurde: «Es geschieht dies durch fünf oder sechs Männer, die ihn im Kreis umstehen und ihre Peitschen erbarmungslos gegen ihn schwingen, da er ihnen wegen der Kette nicht entkommen kann: Er wehrt sich mit aller Kraft und Geschicklichkeit, wobei er sich auf jeden stürzt, der in seine Reichweite kommt und sich nicht flink genug zurückzieht,

Die Bärenhatz gehört, wie diese Darstellung aus dem Luttrell Psalter zeigt, seit dem

ihm die Peitsche aus den Händen reißt und sie zerbricht.» Ende des 17. Jahrhunderts lesen wir von einer Pferdehatz, bei der mehrere Hunde auf ein «großes Pferd» angesetzt wurden; es überwand seine Peiniger,

Mittelalter zu den rohen Londoner Vergnügen.

aber das «Volk im Haus zeterte, das sei Betrug, und fing sodann an, das Gebäude zu demolieren, und drohte, es völlig einzureißen, wenn nicht das Pferd zurückgeholt und zu Tode gehetzt würde». Das war der Sport der Londoner Masse.

Auch Stiere hetzte man mit Hunden, doch manchmal trieb man sie auch zum Wahnsinn, indem man ihnen Flöhe in die Ohren setzte oder Feuerwerkskörper auf dem Rücken festband. Im 18. Jahrhundert gab es Ochsenjagden in Bethnal Green, Dachshatzen in Longfields bei der Tottenham Court Road und ingrimmige Ringkämpfe in Hockley-in-the-Hole. Diese Gegend jenseits der Fleet Street, Richtung Clerkenwell, war eine der gefährlichsten und wildesten in ganz London, wo «alle Arten von rohen Spielen» geboten wurden.

Die achtbareren Bürger des 17. Jahrhunderts waren von diesen Zerstreuungen nicht unbedingt begeistert. Für sie gab es zuträgliche «Promenaden» in vielen sorgfältig geplanten und angelegten öffentlichen Grünflächen. Anfang des 17. Jahrhunderts war Moorfields trockengelegt und mit «oberen Promenaden» und «unteren Promenaden» verschönert worden; bald darauf wurden auch die Lincoln's Inn Fields für «öffentliche Promenaden und Lustbarkeiten» bestimmt. Sehr beliebt waren die «Grays Inn Walks», und der Hyde Park, wiewohl noch königlicher Park, wurde bei Pferderennen und Boxkämpfen für das Publikum geöffnet. Wenig später wurde der St James's Park angelegt; der zeitgenössische Journalist Tom Brown beschreibt einen Spaziergang in ihm: «Die grüne Promenade gewährte uns die mannigfachsten Unterhaltungen mit Personen beiderlei Geschlechts ... unterbrochen vom lärmenden Ruf der Milchhändler: Eine Kanne Milch, die Damen! Eine Kanne Rotviehmilch, der Herr!»

Aber die eigentliche «Natur» Londons ist nicht das buschige Parkland, sondern die menschliche Natur. Bei Nacht, im Schatten der Bäume, werden, so der Graf von Rochester, «Schändung, Inzest, Sodomiterei» begangen, während der Rosamundenteich in der Südwestecke des St James's Park als Ort für Selbstmörder berüchtigt wurde.

In Spring Gardens lud ein Rasen zum Bowlingspielen ein. In den New Spring Gardens (später Vauxhall Gardens) lockten Alleen und überdachte Promenaden die Spaziergänger an. In kleinen grünen Erfrischungsbuden wurde Wein und Punsch verkauft, Tabak und Schnupftabak, Schinkenaufschnitt und halbe Hühnchen, und unter den Bäumen spazierten Damen von zweifelhafter Moral umher, mit einer goldenen Uhr um den Hals als Abzeichen ihres Gewerbes. Die Lehrlinge und ihre Mädchen besuchten lieber Spa Fields in Clerkenwell oder die Grottengärten in der Rosoman Street, wo sie, in Stimmung gebracht durch Gesang,

Musik und generell «primitive» Unterhaltung, zum Verzehr von Tee oder Eis oder Alkohol animiert wurden.

Heute ist vieles von dieser prallen Lebensfülle verschwunden. Die Parks sind typische Oasen der Stille im Lärm und Aufruhr Londons. Sie locken jene an, die unglücklich sind oder sich unwohl in ihrer Haut fühlen. Die Faulenzer und die Stadtstreicher schlafen unbeschwerter unter den Bäumen, Seite an Seite mit jenen, die einfach von der Stadt erschöpft sind. Die Londoner Parks werden oft als die «grüne Lunge» der Stadt bezeichnet, aber ihr Geräusch ist das des Schlafs. «Legte mich», schreibt Pepys am 15. Juli 1666, «da es drückend heiß und ich müde war, am Kanal [im St James's Park] ins Gras und schlief eine Weile.» Es ist eine Welt der Müdigkeit und Abgespanntheit, wie auf jenem Kupferstich von Hogarth, der einen Färber und seine Familie bei der Heimkehr von Sadler's Wells zeigt. Hinter ihnen liegt eine anmutige Waldlandschaft, sie aber sind wieder auf der staubigen Straße in die Stadt. Die plumpe, schwangere Frau ist nach der neuesten Mode gekleidet und protzt mit einem bunten Fächer; schwanger aber ist sie, weil sie ihrem Gatten Hörner aufgesetzt hat, und der Mann selbst wirkt müde und mutlos, wie er da mit einem Säugling auf dem Arm neben ihr hertrottet. Ihre anderen zwei Kinder balgen sich, und der Hund blickt nach dem Kanal, der Wasser aus Islington in die Kanäle Londons bringt. Alles verrät Hitze und Abgespanntheit, da eine Tour aus London hinaus ihrem unvermeidlichen Ende entgegengeht. Auch heute noch kommen die Bürger von ihren «Ausflügen» erschöpft und entnervt wieder nach London, wie Häftlinge, die in ihre Anstalt zurückkehren.

17. Händler, Kolporteure, Bänkelsänger – Die Musik der Straße

Mitte des 19. Jahrhunderts waren die Lustgärten aus der Mode gekommen; ihr Erbe traten die Konzertsäle an, die jetzt überall in der Stadt gebaut wurden. 1785 wurde angezeigt, dass man im «großen Saal» der Spring Gardens den siebenjährigen Mozart sehen könne, «der das Cembalo mit einer Vollkommenheit spielt, die jede Vorstellungskraft übersteigt».

Aber das förmliche Musizieren war nicht die einzige Musik in dieser Stadt. Londons Arien und Lamenti haben mit dem ersten Straßenhändler begonnen und sind seither nicht verstummt. Es ist oft bemerkt worden, dass die «niedere» Kultur des waschechten Londoners die Kräfte der traditionellen Kultur neu beleben und umbilden kann. Das Spektakel des kleinen Mozart, der im Konzertsaal auftritt, wird ergänzt durch Händels Bemerkung: «Spuren seiner besten Lieder verdanken sich mehrenteils dem Klang der Straßenrufe in seinem Ohr.» In London sind «hoch» und «niedrig» untrennbar miteinander verwoben.

Ganze Bibliotheken sind über diese Londoner Straßenrufe geschrieben worden, und wir haben auch Abbildungen der Händlerinnen und Händler, die sie gebrauchten. Sie ermöglichen es, das Chaos zu entziffern und eine Charaktergalerie der armen oder «unteren Stände» zu erstellen. So hat die Kabeljauhändlerin eine alte Schürze umgebunden, während die Schuhverkäuferin einen kurzen Umhang anhat. Die Frau mit dem gedörrten Hechtdorsch balanciert den Korb mit ihrer Ware auf dem Kopf, während die Orangen- und Zitronenverkäuferin ihre Ware an der Hüfte befestigt hat. Man wusste, dass die Iren Kaninchen und Milch verkauften, die Juden alte Kleider und Hasenfelle, die Italiener Spiegel und Gemälde. Die alte Frau, die Kohleschaufeln feilbietet, hat eine altmodische, spitz zulaufende Mütze aufgesetzt, ein Zeichen des Winters. Frauen vom Land, die zum Verkauf ihrer Waren in die Metropole kamen, trugen in der Regel einen roten Mantel und einen Strohhut, während sich die Männer vom Land Blumen ins Haar flochten. Die Leute, die Fisch verkauften, waren meistens die ärmsten, während Frauen, die Kleider verkauften, am raffiniertesten gekleidet waren.

Aber die Gewänder der meisten Straßenhändler weisen das unverkennbare Zeichen der Armut auf – Löcher und Flicken auf Kleidern und Röcken. Viele dieser Händler waren verkrüppelt oder missgestaltet; Sean Shesgreen, der Herausgeber von Marcellus Laroons *Cryes of the City of London Drawn after the Life*, bemerkt dazu: «Der Eindruck, den sie vor allem machen, ist der einer gramzerfurchten Trauer.» Laroons Porträts sind keine «Typen» oder Kategorien, sondern entschieden individuell; durch seine Kunst erblicken wir den Umriss eines konkreten Schicksals und Lebensumstands. Die charakteristischen Merkmale, die er 1680 festhielt, bleiben die stumme Signatur für viele Generationen, die seither mit ihren Rufen durch die Straßen der Stadt gezogen sind.

Noch beim Tod eines armen Händlers – oder wenn er seinen dürftigen Bestand einem anderen übergab – wurde sein Straßenruf wie ein Echo weitergegeben. Es war zweifellos richtig, was Addison 1711 schrieb: «Die Menschen erkennen die Waren, mit denen sie handeln, eher an der dazugehörigen Tonfolge als am Wort.» Die Worte waren oft undeutlich oder ununterscheidbar; den Ausbesserer alter Stühle erkannte man an seiner tiefen, traurigen Note, während sich der Glasscherbenhändler auf ein klagendes Quieken spezialisiert hatte, das zu seinen Waren passte. Doch es kam auch vor, dass der Garnelenhändler dieselbe Tonfolge sang wie die Verkäuferin von Brunnenkresse und dass Kartoffeln mit demselben Ruf angepriesen wurden wie Kirschen.

Parallel zu Londons Wachstum wurden die Straßenrufe lauter – vielleicht auch verzweifelter und hysterischer. Aus einigen hundert Metern Entfernung bildeten sie ein tiefes, gleichmäßiges und ununterbrochenes Dröhnen ähnlich einem Wasserfall; sie vereinigten sich zu einem wahren Stimmen-Niagara. Mitten in der Stadt jedoch ergaben sie eine einzige Kakophonie. Für auswärtige Besucher war London «die rasende Stadt», und Samuel Johnson bemerkt: «Die Aufmerksamkeit des Neuankömmlings fesselt im Allgemeinen zuerst die Mannigfaltigkeit der Rufe, die ihn auf der Straße verblüffen.» Verblüffen, verblüffend, Bluff – *stun* – ist ein echt Londoner Wort. Wie sagte doch der Kunsthändler, der seine Graphiken im umgedrehten Regenschirm feilbot: «Das macht verblüffend was her und verkauft sich wie nix!»

Unter die Rufe der Straßenhändler mischten sich die «gemeinen Ausrufer», die dem Publikum Mitteilungen wie diese verkündeten: «So irgendjemand, Mann oder Frau, kann Nachricht geben von einer grauen Stute, mit langer Mähne und kurzem Schweif ...» Dann gab es die Ladenbesitzer von Cheapside, Paternoster Row, East Cheap und hundert anderen Orten mit ihrem ununterbrochenen Ruf «Was geht Euch ab? ... Kauft ein, kauft ein ...» Der Ruf der «Merkurträgerinnen» (Zeitungsverkäuferinnen) «*Londons Gazette* hier!» wurde schließlich verdrängt vom Zeitungsjungen mit seinem «Zeitungen! Alle Morgenzeitungen!» Das Horn des Sauschneiders, der seinem Gewerbe nachging, vermischte sich mit dem Glöckchen des Müllkutschers, dem «Klappern eines Messingkessels oder einer Bratpfanne» und den unzähligen und unaufhörlichen Geräuschen des Londoner Verkehrs.

Noch heute erfüllt die Straßenmärkte ein Klappern und Plappern, und wenn auch die meisten Straßenrufe verschwunden sind, vernimmt man doch noch im 21. Jahrhundert mitunter das Glöckchen des Brötchenmanns oder das Horn des Scherenschleifers, oder man sieht das von einer Schabracke bedeckte Pony des Alteisen- oder Lumpensammlers.

In früheren Zeiten gab es auch die Bänkelsänger, die Marktschreier, die wandernden Gesangskünstler, die Kalenderverkäufer und die «Kolporteure», die an jeder Ecke ihren Stand aufschlugen und «Fliegende Blätter» mit schaurigen Moritaten oder gerade beliebten Schlagern verkauften.

Die älteste Form war wahrscheinlich die einseitig beschriebene Flugschrift mit den neuesten «Zeitungen» (Nachrichten) und Sensationen. Seit den ersten Jahren des 16. Jahrhunderts war dies die Sprache der Straße: «Sir Walter Raleighs letzte Reue-Gedichte! ... Wunderbare Zeitung aus Sussex! ... Keine fühlende Mutter, sondern ein Ungeheuer! ...» Unter diesen «Schlagzeilen», wie man sie nennen könnte, standen Bänkellieder wie etwa die «Des Mädchens Klage um einen Bettschatz, oder ‹Ich mag und will allein nicht liegen›», «Trostreiche Antwort des Mannes an das Mädchen», «Zehn Schilling gäb' sie für den Kuss». Das waren die Lieder, die durch die Straßen gerufen und an die Wände geklebt wurden. Die Verkäufer erwarteten nicht, für ihren Gesang entlohnt zu werden; vielmehr lockten sie Neugierige an und verkauften dann ihre Ware für einen halben Penny das Blatt. Besonders begehrt waren natürlich die «Letzten Worte» eines Todeskandidaten, die den Zuschauern von «Kolporteuren» unmittelbar vor der Hinrichtung verkauft wurden. In einer Stadt, die von Gerüchten, Sensationen und plötzlichen Stimmungsumschwüngen der Masse lebte, waren ausgerufene «Zeitungen» und volkstümliche Bänkellieder die perfekte Form der Kommunikation. Der staatstragende John Dryden konnte es nicht mit der politischen Ballade «Lillibullero» aufnehmen, die sich ungleich besser verkaufte, und ein anderer Balladendichter spottete sogar: «Dein Geist, o Dryden, hat zu lang gesprüht! / *Lero, Lero* heißt jetzt das einz'ge Lied.» Bänkellieder konnten wie Schlagwörter und Redensarten tage- oder wochenlang durch die Straßen geistern, bevor sie aus der Mode kamen und gründlich vergessen wurden.

Der Balladen-verkäufer

Neue Lieder bedienten sich oft der Strophen alter Balladen und wurden so Bestandteil eines «langen Liedes», das auf eine Papierrolle gedruckt wurde. Sie konnten aber auch einem «Anhefter» in die Hände fallen, einem Balladenhändler, der Hunderte von Liedern an eisernen Geländern oder einer «toten Wand» befestigte. 1830 diente eine achthundert Meter lange Häuserfront an der Südseite der Oxford Street dem Aushang solcher Balladenblätter, bevor diese Verkehrsader durch Geschäfte und Schaufenster ihr Aussehen veränderte.

Der Marktschreier

Trotzdem büßten einzelne Balladen ihre Beliebtheit über Jahre hinweg nicht ein. Besonders «Rattenfängers Töchterlein» blieb ein Liebling der Londoner Massen – hatte doch das hübsche Kind des Rattenfängers selbst «eine Stimme, hell und munter, / klang die Parliament Street lang / bis nach Charing Cross hinunter». Sie stand stellvertretend für jene wandernden Straßenkünstler, deren Leben oft genauso Mitleid erregend und furchtbar war wie die Bänkellieder, die sie sangen. Sie traten hauptsächlich abends auf, mitunter von einer Flöte oder einer verstimmten Gitarre begleitet, und waren an jeder Ecke zwischen Strand und Whitechapel zu finden. Charles Dickens erinnerte sich an die Begegnung mit einem solchen «fahrenden Sänger», der auf der Oberen Marsch am Südufer der Themse auftrat: «Singen! Kaum einer denkt, wenn er an einem elenden Wicht wie diesem vorübergeht, an die Herzensangst, die Geistes- und Seelenqual, die allein die Mühsal die Singens erzeugt!»

Das Gegenstück zum Bänkelsänger in den Straßen Londons war der Kolporteur, der die aktuellen Romanzen und Tragödien ausrief. Auf gewohnt lakonische Weise beschreibt Henry Mayhew dessen Tun: «Eine ‹Rotte› oder ‹Schule› von Kolporteuren (beide Ausdrücke werden gebraucht) besteht aus zwei, drei oder vier Männern. Je größer der Lärm ist, den sie machen, desto besser sind ihre Verkaufschancen, wie alle diese Leute zugeben.» Sie pflegten sich oft an verschiedenen Punkten einer Straße aufzustellen und scheinbar miteinander um Beachtung zu wetteifern; so steigerten sie künstlich das Interesse an der neuesten Bluttat, Hinrichtung oder Entführung. Einmal mehr heißt das Erfordernis in dieser Stadt: Lautstärke.

Gemütsbewegungen und Gerüchte sind zweifellos wichtiger als die «Wahrheit» (sofern dieses Gut überhaupt in London je zu finden ist), und so lieferte der Kolporteur seinen Hörern Ammenmärchen – höflich umschrieben als «gefällige Erdichtungen» –, die dann als «Groschenblätter» verkauft wurden. Der Übeltäter hieß «Kräher» und warb für seine Fälschungen gern mit einem schauerlichen Bild; oft wurde das Londoner Motiv verwendet: Blut und Flamme, von einem Pfahl aufsteigend.

Es wäre ungerecht, über die Erzeugnisse einer indigenen Kunst zu spotten. Joshua Reynolds gab zu, eines seiner Motive von einem Holzschnitt entlehnt zu haben, den er als Aushang an einer «toten Wand» gesehen hatte; Walter Scott studierte Straßenliteratur, Volksbücher und Bänkellieder, um sein Interesse an Volksmärchen und Geschichte zu befriedigen. Der Cockney-Geschmack vermag durchaus die «verfeinerte» kulturelle Tradition zu bereichern und zu beseelen.

Zu den Stimmen der Kolporteure und der wandernden Sänger gesellten sich unfehlbar die oft misstönenden Weisen der Straßenmusikanten. Als Hector Berlioz Mitte des 19. Jahrhunderts London besuchte, schrieb er, «keine Stadt der Welt» werde so von Musik verzehrt; trotz seiner Profession interessierten ihn weniger die Melodien des Konzertsaals als die Weisen der Drehorgel, des Drehklaviers, der Dudelsäcke und der Trommeln, die die Straßen erfüllten. Charles Booth schreibt in seiner Betrachtung über das East End: «Lass' die Drehorgel an der Straßenecke einen Walzer intonieren, und schon beginnen die vorbeikommenden Mädchen und die Kinder in der Gosse, fröhlich zu tanzen. Manchmal tun die Män-

Die Straßenmusikanten sind heute weitgehend in die U-Bahn-Station verbannt, hier in die Station Tottenham Court Road, vor einem Mosaik von Eduardo Paolozzi.

ner mit, wohl auch zwei junge Männer miteinander.» Und eine Menschenmenge umringte die Tänzer und sah ihnen fachkundig zu.

In den Straßen musizierten deutsche Kapellen, aber auch indische Trommler und nachgeschwärzte «Abessinier», die Geige, Gitarre, Tamburin und Kastagnetten hatten. Um 1840 spielte ein blinder Musikant mit den Füßen Cello, und ein verkrüppelter Trompeter zog in einem Hundekarren umher.

Das Missgetön war gewaltig, doch gemäß den unmerklichen, aber notwendigen Übergängen im Leben Londons ist auch davon das meiste verklungen. Übrig geblieben sind nur die Musikanten, welche die Menschenschlangen vor den Kinos unterhalten, und die findigen, aber illegalen Fiedler in den Schächten des Londoner U-Bahn-Systems.

18. Zeichen der Zeit – Schilder, Reklametafeln und Graffiti

Ein Reisender bemerkte im 18. Jahrhundert: «Wenn Städte nach den ersten Wörtern heißen müssten, die den Reisenden bei seiner Ankunft begrüßen, hieße London *Damn it!*» Anfang des 20. Jahrhunderts hätte es *Bloody* geheißen und heute *Fucking*.

Dieses *fucking* ist eines der dienstältesten Schimpfwörter; man hört es auf den Straßen Londons seit dem 13. Jahrhundert. So ist es wohl kein Wunder, dass «ekelhaft» die vorherrschende Bezeichnung für die Sprache der Londoner ist. Der «Ekel» ist eine Reaktion auf die Unterströmung von Wut und Gewalt, die für das Leben in dieser Stadt beispielhaft ist, während Scheußlichkeiten wie sexueller Missbrauch den Abscheu erklärt haben mögen, den die Londoner selbst vor ihrer Lasterhaftigkeit und einst auch vor ihrem Schmutz empfanden. Die modernen Hygienestandards und die freizügigeren sexuellen Sitten haben jedoch die vulgären Schimpfwörter nicht von der Straße verbannt. Vielleicht nehmen die Londoner einfach die Wörter in den Mund, die die Stadt selbst ihnen vermacht hat.

In diesem Zusammenhang ist die obszöne Geste nicht zu vergessen. Im 16. Jahrhundert signalisierte ein Beißen des Daumens Aggression; dies wiederum führte zu der charakteristischen Bewegung, den Hut in den Nacken beziehungsweise – im späten 18. Jahrhundert – «mit einem Daumenruck über die linke Schulter» zu schieben. Danach wanderte der Daumen zur Nasenspitze, was Verachtung bedeutete; im 20. Jahrhundert wurden zwei Finger zum «Victory»-Zeichen gespreizt. Schließlich vollführten Arm und Ellenbogen eine verhöhnende Aufwärtsbewegung.

Die Gebärdensprache der Straße kann auch frei von sexuellen Konnotationen sein. So erblickte man früher allenthalben eine zeigende Hand, auf deren Innenfläche ein Zielort aufgezeichnet war – «bitte in diese Richtung gehen», sei es zu einem Speisehaus oder zu einem Spielzeugladen. London war eine Stadt der Zeichen und Schilder.

Früher war eine mit roten Tüchern drapierte Stange das Sinnbild der Bader oder Wundärzte, die die Kunden in ihrem Behandlungsraum auch zur Ader lassen durften; die Stange selbst symbolisierte dabei den hölzernen Stecken, den der Patient in die Hand nehmen musste, um seinen Arm ruhig zu halten. Das rote Tuch verwandelte sich später in einen roten Streifen, bis es noch später zur Friseurstange wurde. Fast jedes Haus und gewiss jedes Gewerbe hatte sein eigenes Schild, so dass das Straßennetz einem unendlichen Wald von gemalten Bildern glich: «Zur Lilie ... Zum Rabenkopf ... Zur Steindohle ... Zum Kelch ... Zum Kardinalshut». Überliefert sind Bilder von angeketteten Bären und aufgehenden Sonnen, von segelnden Schiffen und Engeln, von roten Löwen und goldenen Glocken, aber auch ganz simple Hinweise auf die Namen der Bewohner; so hängte sich Mr Bell ein Schild mit einer Glocke vor die Tür. Bei Wirtshausschildern fanden sich jedoch verblüffende Kombinationen, zum Beispiel «Zum Hund und Bratrost» oder «Zu den drei Nonnen und dem Hasen». Bisweilen waren die Zuordnungen bizarr. So erzählt Addison: «Ich habe einen Ziegenbock am Haus eines Parfümeriehändlers gesehen und den Kopf des französischen Königs bei einem Schwertfeger.» Tom Jones – aus dem gleichnamigen Roman Henry Fieldings – setzt die Litanei fort: «Da sahen wir ‹Josephs Traum›, ‹Stier und Maul›, ‹Huhn und Klinge›, ‹Beil und Flasche›, ‹Walfisch und Krähe›.» Adam und Eva standen für einen Obsthändler, während das Horn eines Einhorns den Laden eines Apothekers bezeichnete; ein Sack mit Nägeln verwies auf einen Eisenwarenhändler, eine Reihe von Särgen auf einen Tischler. Ein Schild mit dem Händedruck einer männlichen und einer weiblichen Hand konnte mit dem erklärenden Zusatz versehen sein: «Eheschließungen hier».

Ein Werbeplakat der Londoner U-Bahn zu Beginn des 20. Jahrhunderts

Es kam darauf an, die Straße zu deuten, die richtigen Assoziationen und Verknüpfungen in einer Umwelt herzustellen, die zur Reduktion ihres Chaos und ihrer Vielfalt einer gründlichen Dekodierung bedurfte. Den besten Ausdruck für die Situation fand 1716 John Gay in seiner «Kunst, durch die Straßen Londons zu wandern» – ein Thema, das viele Autoren aufgegriffen haben –; darin schildert er einen Fremden, «der jedes Schild mit off'nem Maul begafft / und irrt durch krummer Gassen enge Haft».

Manche Zeichen und Marken waren auch in den Stein der Londoner Gebäude gehauen. Kleine Tafeln bezeichneten neu angelegte Straßen – «Dies ist Johns Street Anno Dom: 1685», während die an verschiedenen Gebäuden angebrachten «Wappen» die heraldischen Symbole eines Stadtbezirks oder einer Zunft vereinigten. Das Symbol von St Marylebone sind Lilien und Rosen, weil diese Blumen auf dem Grab der heiligen Maria blühten, nach welcher der Bezirk benannt ist. Später wurden auch die ebenerdigen Luken der Kohlenkeller reich verziert, so dass selbst der Passant, der mit gesenktem Blick durch die Straßen lief, von symbolischen Hunden und Blumen verfolgt wurde. Ein an die Tür genagelter Reif warnte vor frischer Farbe, während ein kleines Strohbündel darauf hinwies, dass in der Nähe Bauarbeiten durchgeführt wurden.

Die ganze Stadt ist ein Labyrinth der Schilder und Zeichen, wobei gelegentlich der irritierende Verdacht aufkommt, dass es überhaupt keine andere Wirklichkeit gibt als diese gemalten Symbole, die unsere Aufmerksamkeit fesseln und uns gleichzeitig in die Irre führen. Wie sagte jüngst ein Kommentator über den modernen und prächtig illuminierten

Piccadilly Circus: «Ein phantastischer Anblick – solange man nicht lesen kann.»

Die Schilder der Stadt waren auch in anderer Hinsicht störend. Sie standen so weit vom Haus ab, dass sie ihr Gegenüber von der anderen Straßenseite berührten, und waren zum Teil so groß, dass sie den Blick zum Himmel versperrten. Sie konnten sogar gefährlich werden; laut Vorschrift sollten sie mindestens drei Meter über dem Niveau des Straßenpflasters angebracht sein, so dass ein Mann zu Pferd unter ihnen hindurchreiten konnte, aber diese Regelung wurde nicht immer beachtet. Die Schilder hatten ein beträchtliches Gewicht, und es kam vor, dass Schild und bleierne Halterung zusammen zu schwer für die tragende Mauer waren – in der Fleet Street wurden bei einem solchen Fassadeneinsturz mehrere Personen verletzt und «zwei junge Damen, ein Flickschuster und der Hofjuwelier getötet». An windigen Tagen war das Geräusch der Schilder in der Hauptstadt ein Schlechtwetterbote; ihr Ächzen und Quietschen galten als sicheres Zeichen für bevorstehende «Regenfluten». Ausgerechnet in den Jahren der großen Straßenschilderausstellung in der Bow Street gelangten die städtischen Behörden daher zu dem Ergebnis, dass die Schilder ein Hindernis für den stetig zunehmenden Verkehr auf den Straßen darstellten, und ihre Beseitigung anordneten. Zehn Jahre später wurde anstelle der Schilder die Nummerierung der Häuser eingeführt.

Doch war die Farbe nicht ganz aus dem Straßenbild verschwunden; nur nahm die Begeisterung für die Straßenkunst mit dem Siegeszug der Reklame eine andere Form an. Es hatte immer Plakate an den hölzernen Straßenpfosten gegeben, die auf die neueste Versteigerung oder das neueste Theaterstück aufmerksam machten, doch erst nach dem Verschwinden der Straßenschilder kamen andere Formen öffentlicher Kunst so recht zum Zuge. Anfang des 19. Jahrhunderts glich London beinahe einem Bilderbuch: Die Bilder und Dekorationen aus Pappmaché in den Schaufenstern verrieten das Gewerbe des jeweiligen Ladeninhabers. Ein Essay in *The Little World of London* feiert diese kleinen Kunstwerke. Viele Kaffeehäuser hatten als Symbol einen Brotlaib, einen Käse und eine Tasse; Fischhändler bemalten die Außenwände ihrer Geschäfte mit knallbunten «Meerestieren im grandiosen Stil», während Lebensmittelhändler das «Konversationsstück» bevorzugten, auf dem biedere Londoner Matronen «um den pfeifenden Topf oder den summenden Teekessel versammelt sind». Auch Stiefel, Zigarren oder Siegelwachs hingen in Überlebensgröße von den Türen der Geschäfte herab, während ein «Königlich Privilegierter Kakerlakenjäger» eine Darstellung vom Untergang Pompejis für die passende Reklame hielt.

Eine große Neuerung waren im 19. Jahrhundert die Reklamezäune. Auf den frühesten Fotografien Londons sieht man sie allenthalben die Straßen und Bahnhöfe säumen und für alles werben, von Pear's Seife bis zum *Daily Telegraph*. In diesem Sinne gehörte auch die Werbung ganz in das Ideal des «Fortschritts» hinein; ursprünglich waren diese Bretterzäune errichtet worden, um die zahllosen Baustellen auch an den Eisenbahnlinien vom Verkehr abzuschirmen. Kaum aber waren die Plakate großformatig genug, um diese hölzernen Rahmen ausfüllen zu können, als Reklameillustrationen aufkamen, die zu London passten – groß, grell und protzig. Es gab besonders beliebte Standorte, etwa das nördliche Ende der Waterloo Bridge und die «tote Mauer» am English Opera House in der North Wellington Street. Hier fand man, wie Charles Knight in *London* schreibt, «Plakate in allen Schattierungen des Regenbogens, die es an extravaganter Pracht der Farbgebung mit der neuesten Schöpfung Turners aufnehmen können … Bilder von Schreibfedern, riesig wie der Federbusch im Schloss von Otranto … Augengläser von gewaltiger Größe … irische Männer beim Tanz, beschwingt vom Guinness-Bier».

Eine wohl typische «Londoner Straßenszene» hat J. O. Parry im Jahre 1833 gemalt. Ein kleiner, verdreckter Straßenkehrerjunge staunt zwei Plakate an, die für eine neue *Othello*-Aufführung und für John Parry im *Sham Prince* werben; auf einem Zettel steht: «Mr Matthews ist zu Hause», auf einem anderen «Tom & Jerry – Die Taufe!!!» Ein schmaler Papierstreifen fragt: «Haben Sie schon die fleißigen Flöhe gesehen?» So werden die Wände der Stadt zu einem Palimpsest künftiger, gegenwärtiger und vergangener Sensationen.

Dort, wo ich dieses Buch schreibe – nicht weit vom Schauplatz des Gemäldes von 1833 –, fällt mein Blick auf eine tote Mauer mit Plakaten wie «Armageddon», «In 15 Minuten nach Heathrow», «Festival Meltdown 98». Geheimnisvoller sind Ankündigungen wie «Eine Revolution in Sicht!» oder «Die Macht der Magie umgibt dich!»

Um 1830 tauchten in den Straßen Londons die ersten «wandelnden Reklametafeln» auf. Sie waren etwas so Neuartiges, dass Charles Dickens einen dieser Männer interviewte und mit seiner Beschreibung «ein Stück Menschenfleisch zwischen zwei Scheiben Pappe» den Begriff «Sandwich-Mann» schuf. George Scharf hat viele dieser Werbe-Träger gezeichnet, angefangen von dem kleinen Jungen im Überrock, der mit einem Fass in den Händen für «Malt Whiskey» Reklame macht, bis zu der alten Frau mit dem Schild «Anatomisches Modell des menschlichen Körpers».

Bald darauf wurden nach typisch Londoner Manier die einzelnen Plakatträger zu einem geballten Effekt zusammengefasst, so dass eine Art Aufzug oder Pantomime entstand. Gruppenweise standen sie etwa in

Pappnachbildungen einer «Wichskruke» (Behälter mit Reinigungsmittel), um für «Warrens Wichse, Strand 30» zu werben – übrigens der Ort, an dem der verschlungene Londoner Lebensweg von Charles Dickens begann. Später kam die Reklame auf dem Einspänner daher, überragt von einem überdimensionalen Hut oder einem ägyptischen Obelisken. Die Sucht nach Neuerungen war geradezu krankhaft; die Leidenschaft für Werbeplakate gipfelte 1890 in der «elektrischen Reklame»: Riesige Leuchtbuchstaben über dem Trafalgar Square feierten die «Vinolia Seife».

Bald begann die Leuchtreklame sich zu bewegen; am Piccadilly Circus sah man eine Flasche aus rotem Kristallglas, aus welcher Port in ein Weinglas floss, und ein Auto mit sich drehenden silbernen Rädern. Schließlich war die Reklame überall – über der Erde, unter der Erde und am Himmel. Der Überfluss der Reklame in London gab Aldous Huxley das Bild von der Stadt der Zukunft in *Schöne neue Welt* ein, wo es über Westminster heißt: «Die elektrischen Zeichen am Himmel bannten erfolgreich die Finsternis von draußen. *Calvin Stopes und seine 16 Saxophonisten.*» Heute sind selbst die Busse mit grellbunten Bildern bemalt, so dass sie aussehen wie einst die Triumphwagen im mittelalterlichen London.

Weniger ruhmreich verlief die Karriere der Pflastermaler in der Stadt. Sie begannen ihr Werk erst, als die Straßen nicht mehr mit Kies, sondern mit Pflastersteinen bedeckt waren, und insofern ist dies ein relativ junger Beruf in London. Bettler kritzelten ihre Botschaften auf das Pflaster – «Notleidender bittet um Hilfe» –, aber gegen 1850 baten auch die Pflastermaler mit Signaturen wie «Alles eigene Arbeit» oder «Die kleinste Gabe hilft. Danke.» um Hilfe. Die Pflastermaler hatten ihren besonderen Standort für ihre gemalten Bettelbriefe. Als ideal galten die Winkel eleganter Plätze, doch beliebt waren auch die Cockspur Street, die Stelle gegenüber Gattis Restaurant in der Strand und das Embankment, die Uferbefestigung der Themse, wo ein Zwischenraum von 25 Metern die einzelnen Standorte trennte. Viele dieser «Bettelmaler» waren demoralisierte Künstler, die mit ihren normalen Arbeiten nicht weitergekommen waren – so hatte der junge Simeon Solomons als Präraffaelit Beifall errungen, endete aber als Pflastermaler in Bayswater. Andere waren Wohnungslose oder Erwerbslose, die ein Talent für diese Tätigkeit besaßen; farbige Kreide und ein Staubwedel waren alles, was man brauchte, um eine Landschaft oder ein Gesicht aufs Pflaster zu zaubern. Einige spezialisierten sich auf Porträts von zeitgenössischen Politikern oder auf gefühlvolle häusliche Szenen; ein Künstler malte die ganze Finchley Road mit religiösen Szenen aus, während sich ein anderer, in der Whitechapel

Road, auf Feuer und brennende Häuser spezialisiert hatte. Auf jeden Fall aber bedienten sie den Geschmack der Londoner, indem sie die sattesten, knalligsten Farben verwendeten – die allerdings durch eine seltsame Fügung auch mit dem Londoner Nachthimmel in Verbindung gebracht werden. Mrs E. T. Cook erzählt nämlich in *The Highways and Byways of London*, dass sich der Himmel hinter den Wohnungen der Maler in der Drury Lane oder den Hatton Gardens häufig «in einem leuchtenden Orange-, Purpur- oder Karmesinrot» gezeigt habe, wie um die Palette der Pflastermaler nachzuäffen. George Orwell erinnert sich in *Erledigt in Paris und London* an ein Gespräch mit dem malenden Bettler Bozo, der seinen Standplatz bei der Waterloo Bridge hatte. Er ging mit Orwell zu seiner Wohnung in Lambeth, schaute aber dabei unentwegt in den Nachthimmel, wo er den Hauptstern im Stier erkannte: «Sehen Sie nur, der Aldebaran! Was für eine Farbe – wie eine große Blutorange ... Manchmal gehe ich nachts ins Freie und sehe mir die Meteore an.» Über diesen Londoner Himmel war Bozo sogar in einen Briefwechsel mit dem königlichen Hofastronomen eingetreten, so dass sich für einen kurzen Augenblick die Stadt und der Kosmos in diesem armseligen Pflastermaler vereinigten.

Eine Geschichte der Kunst in London wäre unvollständig ohne ihre Graffiti. Eine der ersten Wandinschriften, in einer römischen Schrift gehalten, ist ein Fluch, den ein Londoner gegen zwei andere schleudert: Publius und Titus werden «hiermit feierlich verflucht». Dem entspricht ein Graffito aus dem späten 20. Jahrhundert, das kürzlich der Romancier Iain Sinclair verewigt hat: «TIKD. ARSCHLOCH. DHKP.» «Auch die Steine in der Mauer werden schreien», heißt es beim Propheten Habakuk (2, 11), und in London wird zumeist aus Zorn oder aus Feindseligkeit geschrien. Viele dieser in die Wand geritzten oder an die Mauer gesprühten Menetekel sind so persönlich, dass sie nur ihr Schöpfer selbst versteht! Sie bleiben der rätselhafteste Aspekt dieser Stadt; ein Augenblick des Zorns oder des Verlusts wurde ihrer Oberfläche eingeschrieben, um aufzugehen in dem allgemeinen Chaos der Zeichen und Symbole ringsumher. Vor zwanzig Jahren firmierte ein «Großer Erlöser und Volksbefreier» am Bahnhof Kentish Town. An einem alten Fenster fand man die Inschrift: «Thomas Jordan hat dies Fenster gereinigt. Scheißarbeit. 1815.» Ein Vertreter dieser Kunstgattung erläuterte gegenüber Iain Sinclair: «Wenn man die ganze Zeit in der Stadt unterwegs ist, schreibt man besser seinen Namen dazu.» Und deshalb haben die Menschen seit Jahrhunderten jede erreichbare Oberfläche mit ihrem Namen oder wenigstens mit ihren Initialen verziert – gelegentlich vermehrt um die Worte «war hier». Es ist vielleicht die einzige Möglichkeit, seine Individualität zur Geltung zu bringen, doch verflüchtigt sie sich sofort wieder in der anonymen Textur der Stadt; insofern ist das Graffito ein anschauliches Symbol menschlicher Existenz in London. Man könnte es mit dem in Zement verewigten Fuß- oder Handabdruck vergleichen, der in die Bausubstanz der Stadt selbst eingeht. Abdrücke von Händen hat man in der Fleet Road in Hampstead gefunden – geheimnisvoll und bewegend wie antike Steinsymbole.

Mitunter haben Graffiti einen unmittelbaren Lokalbezug – «James Bone kann nicht küssen» oder «Rose Maloney ist eine Diebin» –, wobei sie als stumme Botschaft dienen, sozusagen als das verschriftlichte Pendant zur Buschtrommel. Doch finden sich auch allgemein gehaltene Mahnungen. So zitiert Thomas Morus in einem seiner Prosawerke eine merkwürdige Parole aus dem 15. Jahrhundert, die an vielen Wänden zu finden war: «D. C. hat kein P.» Morus selbst deutet sie summarisch «auf die Geneigtheit des Weibes zu fleischlicher Zügellosigkeit, wenn es der Trunkenheit anheim gefallen ist». Man kann vermuten, dass «d. c.» für «*drunken cunt* [besoffenes Luder]» steht. Die genaue Auflösung der Abkürzungen bleibt trotzdem rätselhaft.

1942 war das bekannteste Graffito «Eröffnet die Westfront!» Ende des 20. Jahrhunderts hießen die gewichtigsten Parolen: «George Davis ist unschuldig» und «Keine Kopfsteuer». Es ist, als spräche die Stadt durch diese Botschaften mit sich selbst, in einer Sprache, die ebenso plastisch wie kryptisch ist. Manche modernen Graffiti sind nachdenklicher gehalten – «Nichts währt ewig» steht auf einer Ziegelsteinmauer, «Gehorsam ist Selbstmord» auf einer Brücke in Paddington, «Die Tiger des Zorns sind klüger als die Pferde der Belehrung» an der Ecke Basing Street / Notting Hill Gate. Ein typisches Phänomen ist auch die Zusammenballung von Graffiti. Eine Mauer kann jahrelang unberührt dastehen, aber sobald das erste Graffito erscheint, folgen unvermeidlich die nächsten, um ihm zu widersprechen oder es zu übertrumpfen. Aggression ist oft mit sexuellen Motiven verknüpft. Viele dieser gekritzelten Botschaften haben auch eine anonyme sexuelle Zielrichtung, die ebenso sehr auf Einsamkeit wie auf Begehren schließen lässt: «O bitte züchtige mich nicht zu hart, Meister ... 23. 11. Bin 30 / wohne Victoria SW / verkleide mich gern trage gerade / pinkfarbene Höschen».

Der geeignete Ort für diese strengen und unpersönlichen Liebesbotschaften ist natürlich die öffentliche Toilette. Sie ist zur Hauptquelle aller großstädtischen Graffiti geworden; hier, in Enge und Verschwiegenheit, spricht der Londoner zur ganzen Stadt mit Worten und Zeichen, die so alt sind wie die Stadt selbst. Ein Begleiter sagte zu Geoffrey Fletcher, dem

Jedes Jahr kennt seine eigene Litanei der Losungen, Flüche und Verwünschungen. Einige Graffiti des Jahres 1792 lauten: «Christus ist Gott ... Keine Kutschensteuer! ... Schlagt die Juden tot ... Nieder mit dem Herzog von Richmond! ... Nieder mit Pitt!»

Autor von *The London Nobody Knows*: «Das Pissoir in der Charing Cross Road ist gerade der richtige Ort, wenn dir vor der Schrift an der Wand grauen soll.» In der Tat sind die Londoner Bedürfnisanstalten seit Jahrhunderten berüchtigt, und Hurlo Thrumbo ließ 1732 eine in Bethlehem Wall (Moorfields) erschienene Blütenlese mit dem Titel *The Merry Thought or the Glass window and Bog House Miscellany* erscheinen. Einige unsterbliche Perlen aus dieser Sammlung seien hier zitiert. Auf einem Abtritt in Pancras Wells fand man:

«Wer hier will scheißen,
muss Witz beweisen –
den Stuhl verhalten,
den Reim gestalten.»

Es folgt ein Zwiegespräch oder Chor in anderen konstipierten Tönen, wobei das Reimwort «scheißen» noch des Öfteren bemüht wird. Die Kleidung der anonymen Autoren gerät in dem Londoner «Abtritt» «aus der Fasson»; es kann aber auch sein, dass sie selbst in London «aus der Fasson» geraten sind. Aus dem «Abtritt» im Temple stammt dieser Vers:

«Kein Held guckt wilder als der Mann,
der scheißen will und es nicht kann.»

Und aus einer Schenke in Covent Garden:

«Nichts ist anrüchig, was wir treiben,
als was wir scheißen, was wir schreiben.»

Gelegentlich wird diese urbane Skatologie mit großartiger Geste zurückgewiesen. «Es ist die Eitelkeit der Degenerierten, die sich hier ausspricht», schrieb ein Londoner.

Die andere Hauptquelle für Londoner Graffiti war seit jeher das Gefängnis, von der Inschrift des Thomas Rose an der Wand des Beauchamp Tower im Tower of London – «Ihn hielten die fest, / denen er kein Unrecht getan. 8. Mai 1666» – bis zu der Zelle einer modernen Haftanstalt, in der ein Insasse geschrieben hatte: «Du magst schuldig sein / Aber wie muss es hier / für den sein / der es nicht ist.» Auch diese Menschen sind in London «aus der Fasson geraten». Thomas Mehoe ritzte 1581 unter Schmerzen, aber sorgfältig mit eisernem Nagel diese Worte in die Wand: «Auf-Wahrheit-peinlich-ward-befragt-die-Freiheit-doch-blieb-mir-versagt». Sie sind noch heute im Tower zu besichtigen, und es gibt in diesem alten Gefängnis viele weitere Inschriften, Kreuze, Skelette, Totenköpfe und Sanduhren als Zeichen oder Symbole des Leidens. Worten, die wohl als Trost gemeint sind – «Hoffet bis zuletzt und habet Geduld … Spero in Deo … Geduld wird überwinden» –, lassen sich Zitate aus einer modernen Haftanstalt gegenüberstellen: «Frei im Mai … Verbrachte hier den größten Teil meines Lebens … Einmal / hat es mich doch erwischt … Schont mich / Ich stehe für / sieben Jahre Pech.» Viele Inschriften scheinen das Gefängnis selbst als ein Abbild der Welt oder der Stadt zu behandeln, was vielleicht einem anderen Graffito von einer Londoner Mauer zusätzliche Bedeutung verleiht: «Hier kann ich nicht atmen.»

19. Die Sonderlinge von London

Es gibt auch andere Arten von Anonymität. Dickens wusste von einer Frau – man sah sie auf den Straßen rund um die Strand –, «die durch eine Erkrankung der Wirbelsäule zweifach vornübergebeugt geht und deren Kopf jüngst eine Wendung zur Seite genommen hat, so dass er ihr jetzt über einem der Arme in Höhe des Handgelenks steht. Wer kennt sie nicht, mit ihrem Stab, ihrem Halstuch und ihrem Korb, wie sie sich forttastet, unfähig, etwas anderes zu sehen als das Pflaster, ohne zu betteln, ohne stehen zu bleiben, ewig unterwegs zu keinem Geschäft! Wie lebt sie, woher kommt sie, wohin geht sie, und warum?» Dickens sah sie viele Male; er erfuhr nie, wie sie hieß, und sie kann den berühmten Romancier nicht gesehen haben, wenn er an ihr vorbeiging und ihr vielleicht nachsah.

Ich sah eine Zeitlang regelmäßig einen verrunzelt wirkenden Zwerg in abgetragenen Kleidern, der an der Kreuzung Theobalds Road / Grays Inn Road mit krächzender Stimme den Verkehr regelte; jeden Tag stand er da, aber eines Tages, im Sommer 1978, war er plötzlich verschwunden. Vor nicht allzu langer Zeit fiel mir ein junger Mann aus der Karibik auf, der in einem Anzug aus Silberfolie, mit Luftballons an den Handgelenken, die Kensington Church Street hinaufspazierte. Ein vornehmer Herr, im Volksmund «der König von Polen» genannt, pflegte barfuß die Strand entlangzugehen, angetan mit einer roten Samtrobe und einem Kranz auf dem Kopf. Auch er verschwand ohne Vorwarnung.

Diese Londoner Sonderlinge haben ihre eigenen Viertel und Straßen, die sie selten verlassen. Der «musikalische Kohlenhändler» von Clerkenwell veranstaltete, wenn er seine tägliche Runde beendet hatte, in seiner

Wohnung in der Jerusalem Passage Konzerte; er starb durch den dummen Streich eines Bauchredners namens Smith, der sich für die Stimme Gottes ausgab und dem Kohlenhändler sein nahes Ende prophezeite. Der alte Lord Queensberry saß jeden Tag am Fenster seiner Wohnung am Piccadilly 138; obwohl er nur noch ein Auge hatte, warf er jeder hübschen Frau, die auf der Straße vorbeikam, verliebte Blicke und Kusshände zu. «Das betrübte Mädchen – ausdruckslos und mit blassem Gesicht», saß jahrelang am «Hufeisen» in der Tottenham Court Road, «bei allem Lärm und Trubel zeitentrückt und von keinem Leid mehr berührt».

Solche vertrauten Gesichter gab es in jeder Gegend und zu allen Zeiten. Heute sind es die Süßwarenverkäufer und die Frauen, die als Schülerlotsen fungieren, doch zu Beginn des 20. Jahrhunderts waren die bekanntesten die *crossing-sweepers*, die einen bestimmten Straßenübergang rein hielten und dafür von den Passanten ein Trinkgeld empfingen. Viele dieser Straßenkehrer behaupteten ihren Posten (oder ihr «Terrain», wie sie sagten) dreißig oder vierzig Jahre lang. Da gab es den bärtigen Straßenpfleger in Cornhill: «Manchmal werde ich beleidigt, aber nur mit Worten; manchmal ziehen mich auch ganz normale Leute auf.» An einer Ecke des Cavendish Square stand Billy, der sich an Krawalle aus früheren Zeiten erinnern konnte: «Die Menge schleppte ein Vierpfundbrot, das in Stierblut getaucht war, und als ich das sah, dachte ich, es sei der Kopf eines Menschen, und bekam solche Angst, dass ich weglief.» Ein anderer alter Straßenkehrer «pflegte» den kurzen Weg zwischen Berkeley Street und Stratton Street; dazu trug er einen alten Jägerrock und einen Jägerhut. Einmal musste er auf dem Polizeigericht als Zeuge aussagen, und es entspann sich folgender Dialog: «RICHTER: Sie sind Feldmarschall?

ZEUGE: Nein, my Lord. Ich bin Straßenpfleger an der Lansdowne Passage.»

Dann gab es – laut *Old and New London* – «Sir» Harry Dimsdale von den Seven Dials, «ein schmächtiges Kerlchen, verwachsen und ein halber Kretin», der Ende des 19. Jahrhunderts mit Spitzen und Garn hausierte; er ging immer dieselbe Route, durch die Holborn oder die Oxford Street, und musste sich den Schabernack der Kinder und der Kutschergesellen gefallen lassen, die an den Droschkenständen ihre Wagen wuschen. Er hatte nur noch vier bis fünf Zähne, aber mit denen konnte er eine Silbermünze verbiegen, «falls er jemanden dazu bringen konnte, ihm eine solche anzuvertrauen». Seine Lieblingsbeschäftigung war es, kleine Kinder zu ärgern, indem er sie zwickte oder zu Boden stieß; sein Hauptvergnügen aber fand er im Alkohol. «Er war jeden Abend hoffnungslos betrunken. ... Er heulte wie rasend, wenn er sich in seiner Gier voll und toll gesoffen hatte, oder stieß das dunkle, unglückliche Klagen hervor, dessen Ursache Hunger oder Schmerzen sind.» Auf seinem Gesicht sollen sich «Idiotie, körperliches Leiden und ein Hang zur Tücke» gemalt haben, doch die Vermieterin seiner elenden Behausung – einer mit Stroh ausgelegten Hinterhofmansarde – erzählte, dass sie ihn jede Nacht beten höre. «Sir» Harry war in ganz London bekannt, und es hat sich ein Kupferstich erhalten, der ihn mit 38 Jahren zeigt; aber dann war auch er auf einmal verschwunden. Es ist eine seltsame Geschichte von Leiden und Vereinsamung, doch hat sie Nachklänge und Parallelen im modernen London.

Andere exzentrische Gewerbetreibende führten ein freundlicheres Leben auf der Straße. Da gab es Anfang des 19. Jahrhunderts das berühmte Original Peter Stokes, den «fliegenden Pastetenbäcker» vom Holborn Hill; er trug, wie «Aleph» in *London Scenes and London People* schreibt, «immer einen peinlich sauber gebürsteten schwarzen Anzug mit Leibrock und Weste, Kniehosen, derbe schwarze Strümpfe und Schuhe mit Stahlschnallen». Dieser Händler, «von offenem und gefälligem Äußeren, das Geist und sittliche Vornehmheit verriet», pflegte jeden Tag Schlag zwölf Uhr mittags aus der Fetter Lane zu schießen, vier Stunden lang durch die Straßen seines Viertels zu laufen, wobei er geschickt Pferden, Wagen und Kutschen auswich, und unablässig zu rufen: «Kauft! Kauft! Kauft! Kauft!» Auch er war in ganz London berühmt und saß, den Korb mit Pasteten elegant auf dem rechten Arm balancierend, einem Kupferstecher Modell.

Eine Zelebrität auf den Straßen Londons war gut hundert Jahre früher «Colly Molly Puffe», ein kleiner buckliger Mann, der ebenfalls Backwerk verkaufte. Er zog es vor, seinen Korb nicht auf dem Arm, sondern auf dem Kopf zu balancieren, und obgleich er von zerbrechlicher Statur war, besaß er eine Stentorstimme, mit der er seine Ware aussang. Sein Ruf war unverwechselbar, und man sah ihn häufig bei öffentlichen Aufzügen oder Hinrichtungen, wobei er immer einen großen Stock schwang, um jeden Dieb oder Gassenjungen abzuwehren, der ihm vielleicht seine Pasteten stehlen wollte.

Tiddy Doll war Pfefferkuchenverkäufer am Haymarket. Er trug reich verzierte Kleider in hellen Farben und einen federgeschmückten Hut und konnte sich der Auszeichnung rühmen, von Hogarth gezeichnet worden zu sein; bei den Londonern war er bekannt wie ein bunter Pudel: «Als man ihn einmal an seinem Stand vermisste, weil er die Gelegenheit wahrgenommen hatte, einen Jahrmarkt auf dem Land zu besuchen, wurde sofort ein ‹Fliegendes Blatt› über seine angebliche Ermordung gedruckt

Eine Aufnahme vom Haymarket in Whitechapel aus dem Jahr 1914.

und tausendfach auf den Straßen verkauft.» Genauso sensationell war sein wirklicher Tod: Bei einem «Frostmarkt», den man einmal auf der eisigen Oberfläche der Themse feierte, brach Tiddy Doll durch eine plötzlich entstehende Spalte ein und ertrank.

Zahlreiche Exzentriker und Exhibitionisten erlangten in Londen den Ruhm der Straße. So etwa Thomas Cook von Clerkenwell, ein Geizhals, der noch auf dem Totenbett sein Geld von dem Wundarzt zurückverlangte, der ihn nicht geheilt hatte. Oder Martin Van Butchell, ein Arzt, der auf einem Pony, dem er Flecken aufgemalt hatte, durch das West End ritt. Bei sich zu Hause in der Mount Street verkaufte er auf der Türschwelle Orangen und Lebkuchen; seine erste Frau bewahrte er einbalsamiert im Wohnzimmer auf. «Er kleidete seine erste Frau in Schwarz, seine zweite in Weiß», schreibt Edward Walford in *Old and New London*, «und duldete keinen Wechsel der Farbe.» Er verblüffte seine Zeitgenossen dadurch, dass er sich – und zwar Ende des 18. Jahrhunderts – einen Bart stehen ließ, und war, ebenfalls zum Erstaunen seiner Mitbürger, «einer der ersten Abstinenzler».

Benjamin Coates machte erstmals 1810 von sich reden, als er das Haymarket Theatre für einen Abend mietete, um den Romeo spielen zu können; er erschien auf der Bühne «in einem Umhang aus hellblauer Seide mit üppigen Streifen, roten Beinkleidern, einem Wams aus weißem Musselin und einer Perücke im Stile Karls II., auf der ein Opernhut saß». Leider besaß er eine wenig einnehmende Stimme, und das Gelächter, das seine Vorstellung begleitete, wurde noch durch den Umstand verstärkt, «dass seine unteren Gewänder viel zu eng saßen und aus den Nähten platzten». Seither nannte man ihn Romeo Coates. Oft sah man ihn in einer Kutsche, die die Gestalt einer Muschel hatte, durch die Straßen fahren. Was seine schiere Willenskraft und Energie betrifft, können wir ihn neben den Kupferstecher William Woolett stellen, der jedes Mal, wenn er ein neues Werk beendet hatte, auf dem Dach seines Hauses in der Green Street am Leicester Square einen Kanonenschuss abfeuerte.

Ende des 20. Jahrhunderts marschierte Stanley Green in Mütze und Anorak durch die Oxford Street und predigte auf einem Plakat: «Weniger Triebe durch weniger Proteine!» Fünfundzwanzig Jahre umwogten ihn die Menschenmassen, fast ohne seine Gegenwart zu bemerken.

Auch bestimmte Frauen hinterließen einen einzigartigen Eindruck. Die reiche und belesene Miss Banks trug einen Stepprock «mit zwei riesigen Taschen, die mit Büchern jeder Größe voll gestopft waren». Auf ihrer Bücherjagd durch die Straßen wurde sie stets von einem hünenhaften Diener begleitet «mit einem Rohrstock, der fast so groß war wie er selbst». In diesem Aufzug wurde sie, wiederum laut Walford, «mehr als einmal für ein Mitglied der Bänkelsängerzunft gehalten». Miss Mary Lucrine aus der Oxford Street hielt die Fensterläden ihres Hauses ständig verriegelt und verließ fünfzig Jahre lang nicht die Wohnung – eine der nicht wenigen Junggesellinnen Londons, die Angst und Gewalt der Stadt von sich fern hielten.

Manche Londoner machten durch ihre Ernährung von sich reden, wie Mitte des 17. Jahrhunderts in Bethnal Green ein gewisser Roger Crab, der nur von «Ampferblättern, Malven oder Gras» und klarem Wasser zu leben behauptete.

Pest und Feuer

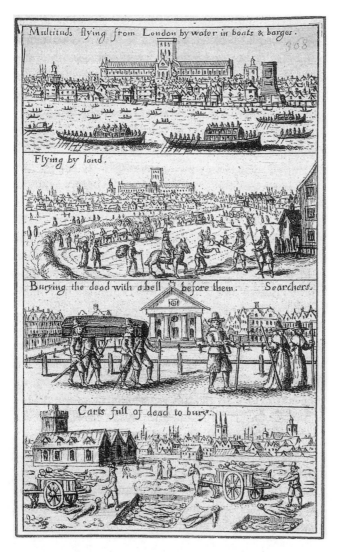

Eine der unzähligen Darstellungen der Großen Pest von 1665, die zumeist als Gottesstrafe betrachtet wurde; die oberen beiden Bilder zeigen die Flucht der Bürger zu Wasser und zu Lande, die unteren beiden den Abtransport und die Grablegung der Toten.

20. Die Pest komme über dich

London ist die Stadt des immerwährenden Verhängnisses. Zu allen Zeiten hat man in ihr das Jerusalem erblickt, über das die Propheten ihr Wehklagen erhoben, und die Worte des Propheten Hesekiel (13, 11) mussten oft dazu herhalten, seinen stolzen Sinn zu beugen: «Sprich zu den Tünchern, die mit losem Kalk tünchen, dass es abfallen wird ... und ein Windwirbel wird es zerreißen.» Im 14. Jahrhundert beklagte John Gower seinen nahenden Untergang, und Thomas Nashe schrieb 1600: «London muss trauern, Lambeth kann nicht dauern ... Von Winter, Pest und Seuchen errette uns, guter Gott!»

Viel ist über das Wesen der Angst in London geschrieben worden. James Boswell kam 1762 in die Stadt: «Ich begann zu besorgen, dass ich das Nervenfieber bekäme, ein nicht unwahrscheinlicher Verdacht, da ich ein solches gehabt hatte, als ich das letzte Mal in London war. Ich war sehr niedergeschlagen.» Der Herausgeber von Laroons Straßenszenen verweist in seinem Kommentar auf die Spuren von Angst in den Gesichtern der Händler, besonders die «hohlen, furchtsamen Augen». In William Blakes Gedicht «London» heißt es: «Wenn ich durch graue Straßen geh / Wo grau die Themse fließt im Trüben / Sind in jedes Antlitz, das ich seh / Nur Weh und Schwäche eingeschrieben.» Auf der Illustration, mit der Blake den rechten Rand seines Gedichts schmückt, wärmt sich ein Kind an einem großen Feuer, das vielleicht selbst Zeichen eines großen Unglücks ist. Daniel Defoe beschreibt in seinem Bericht über die Pestjahre 1664 und 1665, wie die Stadt selbst von Fieber und nervöser Angst zerrissen wird. Von Thackeray sagte man: «Es scheint, als sei London seine Krankheit gewesen und er habe nicht anders gekonnt, als alle ihre Symptome aufzuzählen», woran die Bemerkung geknüpft wird: «Es ist dies ein weiteres Zeichen für den echten Londoner.»

Es gab vieles, was in dieser Stadt Angst machte – der Lärm, das ewige Gedränge, die Gewalttätigkeit der Masse. Man hat London mit einem Gefängnis verglichen und mit einem Grab. «Dieses übertriebene London», so beklagte Heinrich Heine, «erdrückt die Phantasie und zerreißt das Herz.» Heckethorn berichtet in *London Memories*, dass 1750, nachdem ein Soldat ein großes Erdbeben prophezeit hatte, «unzählige Menschen London verließen und aufs Land strömten, so dass die Felder schwarz von Flüchtlingen waren, die der angedrohten Katastrophe entgehen wollten». Der glücklose Seher wurde später in eine Irrenanstalt gesteckt.

In Pestzeiten starben viele Bürger schlicht vor lauter Angst, und im Diskurs des 19. Jahrhunderts ist der Begriff «Schwermut, Trübsinn» *(gloom)* allgegenwärtig. Man hat ihn auf den Londoner Nebel und sonstige «Londoner Spezialitäten» bezogen, doch er hat auch eine tiefe seelische Dimension. Der November war in der Hauptstadt der Monat der Selbstmorde, und wenn der Nebel am dichtesten war, sagten die Menschen, «es sei, als ob die Welt unterginge». Genau diese Worte gebrauchten die Anwohner der Whitechapel Road, als eine Fabrik für Feuerwerkskörper explodierte. Die Redensart ging den Menschen gern und leicht von den Lippen – als wäre sie Ausdruck eines unbewussten Wunschs nach dem endgültigen Aufhören. Dostojewski notiert sich nach dem Besuch der Londoner Weltausstellung: «Und man wird nervös ... Irgendwie beschleicht einen ein Gefühl der Furcht. Man denkt: kann dies wirklich die definitive Errungenschaft eines idealen Zustands sein? Ist das vielleicht sogar das Ende?»

Der Tod wurde in London beschworen. Die Friedhofsmauer von St Paul's schmückte die Abbildung eines «Totentanzes», der die Menschen an ihre Sterblichkeit erinnerte. Die Liste der Londoner Todesfälle, die jeden Donnerstag veröffentlicht wurde, führte Menschen auf, die dem «Planeteneinfluss erlegen», am «Hufeisenkopf» (nicht zusammengewachsene Schädelteile bei Kindern) gestorben oder durch das «Aufgehen der Lichter» umgekommen waren, was wir heute gar nicht mehr verstehen; es gibt Einträge über solche, die «am Schandpfahl getötet» wurden oder «in Newgate am Mangel gestorben» waren. Memento-mori-Motive waren im 17. Jahrhundert schon vor der Pest von 1665 und dem Brand von 1666 «eine Spezialität der städtischen Friedhöfe». «Niemand ist in London gesund», beklagt sich Mr Woodhouse in Jane Austens Roman *Emma*, «niemand kann es sein.» Matthew Bramble, eine Figur in Smolletts *Humphry Clinker*, leidet in London an gewissen Symptomen, «die mir raten, mich von diesem Ansteckungsherd zu entfernen». Hundert Jahre später wurde London als die «Große Geschwulst», die fleischige Wucherung beschrieben, die von mangelnder Gesundheit kündet.

Zu allen Zeiten gab es in der Metropole Epidemien und Wellen von Todesfällen. Der «Schwarze Tod» von 1348 fällte annähernd 40 Prozent der Londoner Bevölkerung. Viele wurden vor den Stadtmauern im Niemandsland begraben, das auch «Gnadenfriedhof» oder «wilder Rain» hieß – heute Teil der Clerkenwell Road hinter dem Charterhouse. Im 15. und 16. Jahrhundert brachen über die Hauptstadt bei mindestens sechs verschiedenen Gelegenheiten Schweißfieber-Epidemien herein; jene von 1528 «suchte London mit solcher Heftigkeit heim, dass sie innerhalb von fünf oder sechs Stunden Tausende dahinraffte». Die Sumpfböden und offenen Kloaken Londons machten aus der Stadt ein «Paradies für Stechmücken» und verursachten damit jenes «Fieber», das wir heute Malaria nennen.

Die Pest kam früh nach London; zum ersten Mal ist sie im 7. Jahrhundert bezeugt. In den Jahren zwischen 1563 und 1603 gab es fünf schwere Attacken dieser Seuche, der in dem letztgenannten Jahr rund 30 000 Londoner zum Opfer fielen. Die Watling Street glich «einem menschenleeren Kloster». Niemand war gegen den Tod gewappnet in einer Stadt, in der die «Pfützen und Kotlachen gefährlich und verdrießlich», schmutzig und voller «fauliger Dünste» waren. Ganz London war zu einem Pfuhl der Krankheit geworden. Aber nichts in seiner Geschichte hätte die Bürger auf die Ereignisse vorbereiten können, die sich in den schicksalhaften und verhängnisvollen Jahren 1664 und 1666 abspielten.

Dabei hatte es Ahnungen einer großen Katastrophe gegeben. 1658 schrieb Walter Costello: «Wenn nicht das Feuer Asche macht aus der Stadt und aus deinen Knochen, erkenne mich für einen Lügner auf immerdar. O London! London!» Im Jahr darauf brachte ein Traktat der Quäker mit dem Titel *A Vision concerning London* die Prophezeiung: «Was aber die Stadt selbst betraf und ihre Vorstädte und alles das Ihrige, so ward darinnen ein Feuer entzündet, man wusste nicht wie, sogar an ihren reizendsten Orten, und das Entzünden geschah in den Grundfesten aller Gebäude, und war niemand, der es löschen konnte.» Der Londoner Astrologe William Lilly hatte schon 1651 in seinem Werk *Monarchy Or No Monarchy* eine bildreich verrätselte Tafel vorgestellt: «Zu sehen sind auf der einen Seite Menschen, die in krummen Straßen Gräber schaufeln, auf der anderen Seite eine große Stadt in Flammen.» Wenceslaus Hollar hatte 1647 die Lebenslust und Tatkraft der Londoner Bürger gerühmt; bei seiner Rückkehr fünf Jahre darauf aber «fand er die Mienen der Menschen ganz verändert – traurig und böse und wie verhext». Mother Shipton – angeblich die Tochter des Teufels – sagte eine allgemeine Feuersbrunst voraus, und ein Quäker ging splitterfasernackt über den Bartholomäusmarkt, auf dem Kopf eine Pfanne mit Feuer und Schwefel, als prophetische Warnung. In einer schmalen Gasse bei Bishopsgate stand ein Mann und redete allen Umstehenden ein, dass dort ein Geist «Zeichen macht und auf die Häuser und den Boden deutet», was einfach heißen sollte: «Unzählige Menschen werden auf diesem Friedhof ihr Grab finden.»

Es gibt bei der Goswell Road ein Areal, das den Namen Mount Mills trägt. Heute ist es eine unbebaute Fläche, die als Parkplatz benutzt wird. In diesem Teil Londons ein Stück Ödland zu finden, ist ungewöhnlich. Des Rätsels Lösung liefert die Geschichte. Hier wurden, wie Daniel Defoe im *Tagebuch aus dem Jahr der Pest* berichtet, «auf einem Stück Grund hinter der Goswell Street, bei Mount Mills, Unzählige aus den Kirchspielen Aldersgate und Clerkenwell, aber auch aus der Altstadt selbst ohne Unterschied begraben». Es war mit anderen Worten ein Pestloch; Tausende von Toten wurden während der Großen Pest von 1664 und 1665 auf «Leichenkarren» hierher geschafft und in das lockere Erdreich gekippt.

Mit diesem Pestloch vergleichbar war das Massengrab in Houndsditch, das 12 Meter lang, 5 Meter breit und 6 Meter tief war und über tausend Leichen barg. Einige der Körper waren «in Leintücher gehüllt, andere in armselige Fetzen und kaum anders als nackt zu nennen, oder so lose bedeckt, dass jede spärliche Hülle von ihnen abglitt, wenn sie vom Karren schossen». Es wird berichtet, dass sich mitunter die Lebenden vor lauter Verzweiflung unter die Toten mischten. Das Wirtshaus Pye stand ganz in der Nähe dieses Massengrabes, und wenn abends die Betrunkenen das Rumpeln des Pestkarrens und das Bimmeln des eisernen Glöckchens hörten, kamen sie ans Fenster und machten sich über jeden lustig, der einen neuen Toten betrauerte. Sie taten auch «blasphemische Äußerungen» wie *Es ist kein Gott* oder *Gott ist ein Teufel*. Es gab einen Kutscher, «der es fertig brachte, wenn er Kinderleichen auf seinem Karren hatte, sie mit dem Ruf ‹Blagen! Blagen! Fünf Stück sechs Pence!› anzupreisen, wobei er sie an einem Bein hochhielt.»

Die Gegend um Mount Mills ist noch heute Ödland.

Daniel Defoe war zur Zeit der Heimsuchung erst sechs Jahre alt, und sein Material ist zu einem großen Teil anekdotischer Art, doch haben wir auch zeitgenössische Schilderungen, die weiteren Stoff zum Nachdenken geben. Jedem Beobachter, der es wagte, einen Fuß in die Stadt zu setzen, muss als Erstes die unheimliche Stille aufgefallen sein; außer dem Rollen der Pestkarren gab es keinen Verkehr, Läden und Märkte waren geschlossen. Wer nicht geflohen war, hatte sich in seinem Haus eingeschlossen, und auch der Fluss lag verlassen da. Stadtbewohner, die sich dennoch auf die Straße trauten, gingen in der Mitte, am Rinnstein entlang, und mieden die Hauswände ebenso wie zufällige Begegnungen. Es war so still, dass man in der ganzen Altstadt deutlich das Strömen des Wassers unter der Brücke hören konnte. An den Straßenkreuzungen und mitten auf den großen Verkehrsadern hatte man mächtige Feuer entzündet, so dass die Straßen von Rauch wie von den Ausdünstungen der Toten und Sterbenden geschwängert waren. Mit London schien es vorbei zu sein.

Begonnen hatte die Seuche Ende 1664 im Kirchspiel St Giles. Man geht heute davon aus, dass die Infektion durch die schwarze Ratte (*rattus rattus*, auch Schiffs- oder Hausratte) eingeschleppt wurde. Diese Ratten sind uralte Bewohner Londons, deren Knochen man bei Ausgrabungen in der aus dem 4. Jahrhundert datierenden Fenchurch Street fand. Wahrscheinlich gelangten sie auf römischen Schiffen aus Südasien nach London, wo sie sich seither häuslich eingerichtet haben. Die extreme Kälte in den ersten Monaten des Jahres 1665 verhinderte eine weitere Ausbreitung der Infektion, aber mit Beginn des Frühlings begannen die Sterbeziffern wieder zu steigen. Im Juli war die Seuche von den westlichen Vororten bis in die Altstadt vorgedrungen. Es war ein heißer, trockener Sommer ohne Wind. Auf den menschenleeren Straßen wuchs Gras.

John Allin, ein Geistlicher, hielt in der Stadt aus und schrieb viele Briefe an Menschen in sicherer Entfernung; die Briefe sind abgedruckt in W. G. Bells Buch *Unknown London*. Am 11. August schreibt Allin: «Ich bin in Sorge, weil die Krankheit jede Woche näher kommt und weil sie ganz in unserer Nähe einen Totenacker eingerichtet haben.» «Sie» – das war irgendeine unbestimmte Behörde, die ob ihrer Unfassbarkeit nur umso mehr einschüchterte; «sie» waren zu allen Zeiten Teil des Londoner Wortschatzes. Und dreizehn Tage später: «Ich bin durch die Gnade Gottes noch wohlauf inmitten des Todes, der näher und näher kommt; nur wenige Türen weiter, und die Grube wird täglich geöffnet, wie ich von meinem Schlafzimmer sehe.» In der folgenden Woche, Anfang September, beschreibt er «das kummervolle Läuten und Schlagen der Glocken, das man fast überall und jederzeit hört». In demselben Brief erwähnt er seinen Bruder, der eines Morgens aus dem Haus gegangen war und bei der Rückkehr von der Straße «etwas Dickes unter seinem Ohr entdeckte, eine Schwellung, die nicht zum Aufgehen und Platzen gebracht werden konnte, sondern ihn erstickte; er starb letzten Donnerstagabend.» Fünf Tage später schreibt Allin über die Krankheit: «Sie ist jetzt in den Nachbarhäusern zu meinen beiden Seiten und unter meinem Dach ... Die letzten drei Tage hat man auf den Straßen vor jedem zwölften Haus Kohlefeuer entzündet, aber das wird dem Werk Gottes nicht Einhalt tun.» Allins Angst ist mit Händen zu greifen. Erst Mitte September milderten Regengüsse die entsetzliche Hitze, aber nach diesem kurzen Nachlassen wütete die Seuche von neuem.

John Allin erzählt die Geschichte von den sechs Ärzten, die in dem

Glauben, ein Heilmittel entdeckt zu haben, eine Autopsie an einer infizierten Leiche vornahmen – «man sagt, dass sie inzwischen alle tot sind, die meisten von ihnen toll vor Wahnsinn». Sechs Tage später berichtete man von der «Weissagung eines Kindes hier über die Zunahme der Pest, bis 18 317 Menschen in einer Woche sterben». Das Kind war bald darauf tot. Aber die Sterbezahlen begannen zurückzugehen. In der letzten Februarwoche 1666 wurden «nur» 42 Todesfälle gemeldet, während im September 1665 Woche für Woche über achttausend gestorben waren.

In Defoes *Tagebuch aus dem Jahr der Pest* wird London selbst vom «Fieber» geschüttelt und ist «in Tränen aufgelöst». Sein «Gesicht» ist «fremdartig verwandelt», in seinen Straßen kreisen «Dämpfe und Dünste» wie das Blut der Infizierten. Ob der ganze kranke Leib Londons eine Emanation seiner Bürger ist oder ob umgekehrt seine Bewohner eine Emanation oder Projektion der Stadt sind, bleibt unklar. Gewiss waren die Londoner Verhältnisse für viele Todesfälle verantwortlich. Was in diesem großen Zentrum von Handel und Gewerbe die Bürger umbrachte, war der Akt des Kaufens und Verkaufens selbst – «diese Notwendigkeit, aus dem Haus zu gehen, um Vorräte zu kaufen, war in erheblichem Maße der Untergang der ganzen Stadt». Die Menschen «fielen auf den Märkten tot um», während sie noch feilschten. Sie «setzten sich einfach hin und starben», die verpesteten Münzen noch in der Tasche.

Daniel Defoe
(1661–1731),
Romancier und
Chronist Londons.
Stich von Hopwood
nach einem
Gemälde von
Richardson

Ein anderes trauriges Bild steigt aus Defoes Beschreibung auf – das Bild einer Stadt, «wo es so viele Gefängnisse im Ort gab wie Häuser, die zugemauert waren». Die Gefängnismetaphorik zieht sich durch die gesamte London-Literatur, aber während der Großen Pest wurde beinahe die ganze Bevölkerung eingekerkert. Womöglich hat man das ganze Ausmaß der sozialen Kontrolle in der Peststadt noch nicht erfasst. Natürlich machten sich viele Menschen davon, indem sie zum Beispiel über eine Gartenmauer stiegen oder über die Hausdächer kletterten – und auf dem Weg in die Freiheit sogar manch einen «Wächter» ermordeten –, aber die kleinen Fluchten bestätigen nur, dass jede Straße und jedes Haus zum Gefängnis geworden war.

Alle Bettler wurden aus der Stadt gejagt; öffentliche Versammlungen verboten. In einer Stadt, die auf tausenderlei Weise ihre manischen Tendenzen bewiesen hatte, mussten Ordnung und Autorität brutal durchgesetzt werden. Daher das «Vermauern» der Häuser und ihre Verwandlung in Gefängnisse – eine Maßnahme, die von vielen schon damals als willkürlich und verfehlt bezeichnet wurde. In einer Stadt der Gefängnisse aber war sie die instinktive Reaktion der städtischen Behörden.

Die Anekdote und das sprechende Detail sind Defoes erzählerische Mittel, um den Blick eines Londoners auf eine Stadt wiederzugeben, die sich «ganz der Verzweiflung überlassen» hatte. Aus seiner Schilderung wird deutlich, dass die Stadtbewohner sehr schnell wieder zu Aberglauben und scheinbar primitiven Überzeugungen zurückkehrten. Echte Tollheit beherrschte die Straßen; Propheten und Traumdeuter, Astrologen und Wahrsager versetzten die Menschen «bis zum höchsten Grade» in Schrecken. Viele rannten aus Furcht vor einem plötzlichen Tod auf die Straße und bekannten: «Ich habe gemordet», «Ich habe gestohlen». Auf dem Höhepunkt der Seuche herrschte die feste Überzeugung, dass Gott entschlossen sei, «den Menschen dieser elenden Stadt den Garaus zu machen», und infolgedessen wurden die Bürger «wahnwitzig und rasend». Daniel Defoe kannte London sehr gut – vielleicht besser als irgendein anderer Mensch der damaligen Zeit –, und er gelangte zu dem Schluss: «Die sonderbare Gemütsstimmung der Menschen in London trug damals außerordentlich zu ihrem Untergang bei.»

Es gab «Betrüger und Hexen, Quacksalber und Marktschreier», die auf Plakaten in der ganzen Stadt ihre Dienste anboten und den Verzweifelten Pillen und Herzmittel, Theriak und «Pestwasser» verabreichten. Eine Liste von Heilmitteln hing beim «Zeichen des Engels, am Großen Kanal in Cheapside» aus; ein «ausgezeichnetes Elektuar [Latwerge] gegen die Pest» gab es «im *Grünen Drachen*, Cheapside, um 3 Pence das Viertel zu trinken».

London war zu allen Zeiten ein Treffpunkt für Heiler und Ärzte, Bader und Magnetiseure aller Schattierungen. Vielleicht hat die nervöse Angst dieser Stadt ihrerseits Symptome gefördert, die durch «Arzneikunde» geheilt werden mussten. Im 14. Jahrhundert zog man in London Heiligenkalender und diverse astrologische Tafeln zu Rate, um die Wirkung verschiedener Kräuter zu bestimmen. Die ersten Wundärzte waren Geistliche. Im 13. Jahrhundert verboten ihnen die päpstlichen Behörden ihr Wirken, weil sie Blut vergossen. Nach diesem Zeitpunkt gab es dann allenthalben Laienbader und Laienärzte. Nicht alle von ihnen hatten jedoch die übliche zehnjährige Lehrzeit absolviert, und so wird aus dem frühen 16. Jahrhundert berichtet, dass «die Wissenschaft und Kunst der Medizin und Chirurgie» von «Schmieden, Webern und Frauen» ausgeübt werde, die sich für ihre Heilungen der «Zauberei und Hexerei» bedienten. So glaubte man beispielsweise, dass Wasser, welches man aus der Hirnschale eines Gehängten trank, heilkräftig sei.

Auch im 17. Jahrhundert erfreuten sich in London «Quacksalber» und «Heiler» großer Beliebtheit; Charles Mackay hat sie in seinem Buch über den Irr- und Aberglauben des Volks aufgelistet. Als der «Heiler» Valentine Greatraks um Anfang 1660 nach Lincoln's Inn Fields zog, «wurde in London über nichts anderes als seine Wunder gesprochen; und diese Wunder wurden von so großen Autoritäten bestätigt, dass die verwirrte Menge ihnen fast ohne jede Prüfung Glauben schenkte». So gelang es einem anderen Scharlatan sogar, «das Volk von London zu *magnetisieren*». «Skorbutheiler» arbeiteten mit Löffelkraut, das sie an den Ufern der Themse pflückten, doch wurden auch schädliche Behandlungen, etwa mit «Perlenspiritus» oder «Goldessenz», appliziert. Es gab «weise Frauen» und «weise Männer», die den Urin untersuchten (die so genannte «Pisspottkunde») oder Muttermale studierten, um die Quelle einer Krankheit zu ergründen. Das siebente Kind eines siebenten Kindes trat unfehlbar in diesen Beruf ein, wobei freilich viele diese Abstammung für sich in Anspruch nahmen, ohne sie wirklich vorweisen zu können.

Ein gewisser William Salmon praktizierte ausgerechnet vor den Pforten des Bartholomew-Hospitals; geheilt haben wollte er unter anderem «Ambrose Webb im Haus zu den *Drei Windrosen*, in der Westbury Street, von einem schweren Nasenbluten; einen Jüngling, Sohn von William Ogben, Schneider, beim *Schwarzen Jungen* in der Barnaby Street, von einem langen und beschwerlichen Fieber und Irresein; Nicholas Earl im *Krug*, in der Long Alley, von der Wassersucht...» Die umständlichen Einzelheiten haben etwas Bezwingendes. Die Anzeige sagt übrigens auch etwas über die Methode der Londoner, ihren Wohnort durch die Lage des nächstgelegenen Wirtshauses zu bezeichnen.

Dass William Salmon wirklich Heilungen bewirkte, dürfte kaum zu bezweifeln sein; wie ein moderner Psychiater war er besonders erfolgreich, wenn es galt, die «Melancholie» oder «Schwermut», dieses alte Leiden der Londoner, zu vertreiben. Er selbst war ein Londoner Original – teils Schausteller, teils Zauberer und teils Arzt. Geboren im Sommer 1644, begann er seinen Weg als «Gehilfe eines Marktschreiers», bevor er seine eigene Karriere mit dem Verkauf eines «Lebenselixiers» begründete. Er wirkte auch als Volksaufklärer und brachte 1671 eine *Synopsis Medicinae* heraus, im Untertitel «Compendium der astrologischen, der galenischen und der chymischen Physik» benannt, die es auf mindestens vier Auflagen brachte. Salmon verfasste noch einige weitere populäre Bücher über Medizin, aber auch über Mathematik und über die Kunst des Zeichnens; sein erfolgreichstes Werk war jedoch der *London Almanack*, worin er Prophezeiungen auf eine Weise aussprach, die später von Old Moore nachempfunden oder gestohlen wurde. Sein Wirkungskreis in London lässt sich ziemlich genau rekonstruieren: von Smithfield zum Salisbury Court hinter der Fleet Street, von hier zum Blue Balcony am Graben bei der Holborn Bridge und dann weiter zum Mitre Court an der Fleet Street. Wie so viele Londoner wurde er ein radikaler Dissenter, also ein Protestant, der nicht zur anglikanischen Kirche gehörte; er schloss sich einer Sekte an, der «Neuen religiösen Bruderschaft der Freidenker», die sich in der Nähe der Verkaufshalle für Leder versammelte. Danach begann er, schon in vorgerücktem Alter, Anatomie zu treiben. Bei seinem Tod 1714 hinterließ er zwei Mikroskope und eine Bibliothek von über dreitausend Bänden.

Natürlich gab es auch vornehmere, wenn auch nicht unbedingt gelehrtere Heilkundige; zuständig war für sie die Zunft der Bader (die sich später in zwei Zünfte, für Barbiere *oder* für Chirurgen, spaltete) oder das Kollegium der Ärzte. Letztere Institution, unter einem Dach, das «aus der Ferne einer vergoldeten Pille glich», befand sich in der Warwick Lane unweit des Gefängnisses Newgate, von wo viele seiner anatomischen Studienobjekte kamen. Anatomiestunden waren ein unerlässlicher Bestandteil des Kollegiums. Abgehalten wurden sie in einem zentral gelegenen Raum, den Hogarth als Schauplatz für seinen *Lohn der Grausamkeit* wählt: Hier wird die Leiche des verruchten Mörders Tom Nero gründlich seziert und verunehrt. Der Raum wurde als «anatomisches Theater» bezeichnet und zu einem wesentlichen Element des Gesamtschauspiels London. Es war seit langem üblich, die Leichen der Gehängten zu Obduktions- und Ausweidungszwecken zu verwenden, doch mussten die Leichen in späteren Jahren auch dazu herhalten, die Eigenschaften des elektrischen Stroms zu prüfen. 1803 wurde auf diese Weise ein kürzlich gestorbener Mörder «galvanisiert», mit dem Erfolg, dass eines seiner Augen aufging und sich der rechte Arm hob. Der demonstrierende Anatom «starb noch denselben Nachmittag an dem Schrecken», wie Charles Knight berichtet. Bei einer früheren Gelegenheit, nämlich 1740, sollte eben ein Mann zerlegt werden, «als dieser dem Chirurgen mit der Hand ins Gesicht fuhr und ihm dabei aus Versehen mit der Lanzette die Lippe zerschnitt». Nach dieser Rettung vor dem Messer saß er stöhnend «und in heftiger Bewegung» auf einem Stuhl; schließlich aber erholte er sich und fragte «herzhaft» nach seiner Mutter.

Hogarths Kupferstich ist eine wirbelnde Komposition, in der die kreisförmige Entsprechung aller Teile an Tom Neros Lebenskreise in der Hölle Londons erinnert; sie soll wohl auch den Zusammenhang zwischen Neros eigener Grausamkeit und der Grausamkeit der ihn ausweidenden Ärzte aufzeigen. Die Gewalt der Straße prägt Neros Charakter, so dass er zum Inbegriff der schlimmsten Londoner «Figur» wird. Trotzdem unterscheidet er sich nicht gar so sehr von dem Chirurgen, der ihm lustvoll das Skalpell in die Augenhöhle bohrt. Hogarth stützte sein Porträt auf den Chirurgen Dr. John Freke.

Im Museum des Königlichen Chirurgen-Kollegiums, im *Royal College of Surgeons*, kann man noch heute die Skelette von zwei Übeltätern sehen, die einst im Alkoven des anatomischen Theaters hingen. Jonathan Wild, der übelste Schurke Londons im 18. Jahrhundert, und William Corder, Mörder der Maria Martin im Kriminalfall «Alte rote Scheune», bilden heute, nebeneinander hängend, eine echte Altlondoner Genreszene.

Wie die Anatomen verstanden sich auch die Apotheker Londons auf den bühnenwirksamen Auftritt. Sie trugen für gewöhnlich schwarz, und es war geradezu Ehrensache, dass ihr Laden, mochte er noch so bescheiden sein, einen Totenschädel sowie einen Folianten in einer toten Sprache enthielt. Hier gab es Pillen und Pulver, Kräuter und Latwergen, Drogen und Zahnputzmittel, Pomaden und Liebestränke zu kaufen. Besonders in der Camomile Street und in Bucklesbury fand man alle Arzneien auf Kräuterbasis.

Die Drogen selbst kamen und gingen je nach der Mode der Zeit. Im 17. Jahrhundert schwor man auf Moos, geräucherten Pferdehoden, Bilsenkraut und Maitau; das 18. bevorzugte Muskatnuss und Spinnen im eigenen Netz; im 19. lesen wir von «türkischem Rhabarber und Schwefelsäure». Anfang des 20. Jahrhunderts gab es im Londoner East End «Eisensülze, Zam-Buk-Tinktur, Enos Fruchtsalz, Owbridges Lungentonikum, Clarkes Blutmixtur». Die «Schottischen Pillen», mit denen Anderson 1635 die Welt beglückte, «wurden noch 1876 verkauft».

In seiner Beschreibung der Großen Pest hebt Daniel Defoe die Leichtgläubigkeit der Londoner hervor, die zur Abwehr der vordringenden Krankheit «Zaubermittel, Tränke, Beschwörungsformeln und Amulette» um den Hals trugen. Manche führten Tierkreiszeichen oder das Wort «Abrakadabra» in der Tasche oder auf einem Siegel bei sich. Die Menschen waren in jenes Heidentum zurückgefallen, das in der Stadt seit dem hölzernen Götzen von Dagenham (2200 v. Chr.) geherrscht hatte.

Auf der Südseite der Themse, hinter der Walworth Road, befindet sich die «Sammlung Lovett», ein Museum mit Abwehrzaubern, Amuletten und Reliquien. Es ist die eigentliche Heimat des Londoner Aberglaubens und bietet ein ganzes Sammelsurium von Artefakten, die belegen, dass die Stadt sämtliche rituellen und magischen Praktiken der einheimischen wie der zugewanderten Bevölkerung in sich aufgenommen hat. Vom East End kamen 1916 «fünf unregelmäßig geformte, auf einer Schnur aufgereihte Steine»; laut Museumskatalog wurden sie «an einer Ecke des Bettes aufgehängt, um Albträume fern zu halten». In demselben Jahr erwarb das Museum «eine grau-weiße, röhrenförmige Flasche, an beiden Enden mit Garn verstopft. Inhalt Quecksilber.» Dies wurde als Heilmittel gegen Rheumatismus benutzt. Aus dem östlichen London stammen ein an einer Schnur befestigter Schlüssel, als Talisman, der seinen Träger vor Hexen schützte, sowie eine Kette aus Bernstein und anderen Edelsteinen, die man 1917 als «Gesundheitsbringer» trug. Barking war die Gegend, in der man nach Alraunwurzeln suchte, die wie ein Kind schreien, wenn man sie aus dem Boden zieht. In dem Museum befindet sich auch das mit dem Siegel Salomons verzierte Kopfstück vom Zauberstab eines Londoner Magiers; es wurde schon im 14. Jahrhundert geschnitzt, verschwand aber dann in den Tiefen der Themse. Noch 1915 war es allgemein Brauch, einem kranken Kind einige Haare abzuschneiden. Die Haare wurden auf ein belegtes Brot getan, das man dem ersten Hund zu fressen gab, der des Weges kam, woraufhin die Krankheit von dem Kind wich und in den Körper des bedauernswerten Tieres fuhr. Ebenfalls im East End war es Brauch, dass Frauen und kleine Mädchen «als Abwehrzauber gegen Bronchitis» blaue Glaskugeln um den Hals trugen; solche Ketten wurden in Hunderten von Läden, «deren Inhaberin gewöhnlich eine alte Frau war», um den Preis von einem halben Penny verkauft. Mit der Zeit kam der Brauch auf, diese Ketten zusammen mit ihrer Trägerin zu begraben. Auch suchten Anfang des 20. Jahrhunderts die jungen Mädchen in ganz London Kräuterkundige auf, um «Blutwurz» oder «Drachenblut» (das Harz von einem Baum auf Sumatra) als Liebeselixier zu kaufen.

In dem 1925 erschienenen, anregenden Buch *Magic in Modern London* von Edward Lovett wird berichtet, dass Haifischzähne aus dem Londoner Erdreich gut gegen Krämpfe sein sollen. In Camberwell war es Brauch, ein Hufeisen mit rotem Tuch zu bedecken, um Albträume zu vertreiben, während Mile End als die Gegend bekannt war, wo Kinder «verzaubert» und geheilt werden konnten. Wenn im East End die Marktgeschäfte schlecht liefen, pflegte der Händler auszurufen: «Herrje! Ich glaube, ich habe vergessen, mich vor dem Neumond zu verbeugen!» Für eine Stadt des Handels und Gewerbes war es typisch, dass man sich Geld wünschte, wenn man eine Sternschnuppe sah. Es gibt auch interessante

London ist seit jeher eine Stadt des Aberglaubens: Ein graues Katzenfell hilft gegen Keuchhusten, und ein «golden bemalter Lederpantoffel» dient als Glücksbringer.

221

Berichte über ein «Katzenopfer» im Mauerwerk bestimmter Häuser. Schafhäutchen, in denen Kinder geboren worden waren, wurden um 18 Pence das Stück als Schutz gegen das Ertrinken verkauft; während des Ersten Weltkriegs, als die Todesgefahr sehr nahe war, stieg der Preis auf 2 Pfund. Auf Londoner Märkten konnte man noch bis vor kurzem jungsteinzeitliche Äxte oder Pfeilspitzen aus Feuerstein erwerben, als eine weitere Schutzmaßnahme gegen Blitzschlag.

London ähnelt einem Gefängnis, und so ist es vielleicht keine Überraschung zu erfahren, dass Schlüssel zu allen Zeiten tabu waren. Man verband mit ihnen Magie und die Gegenwart böser Geister. «Die Kunst des Einbrechens mit Hilfe von Nachschlüsseln nannte man ‹Schwarze Kunst›», wie Peter Linebaugh in *The London Hanged* erzählt, «und der am meisten gebräuchliche Dietrich hieß ‹Zauber›.» Schlüssel wurden benutzt, um verdächtige Personen auf die Probe zu stellen; der Name des Betreffenden wurde in den Schaft des Schlüssels gesteckt, und die Schuld stand fest, wenn der Schlüssel sich bewegte oder zitterte. «Die Abbildung eines großen Schlüssels» versinnbildlichte häufig das Quartier einer Prostituierten, und viele dieser Schönen der Nacht trugen als Abzeichen ihres Gewerbes einen Schlüssel um den Hals.

Es gibt einen aufschlussreichen Vorfall aus dem 18. Jahrhundert, der mit der Erstürmung des Gefängnisses Newgate zusammenhängt. Einer der Aufrührer kam in seine Wohnung zurück und rief: «Ich habe die Schlüssel von Newgate!» Beim späteren Prozess wurde einer seiner Mitbewohner vom Richter nach diesen Schlüsseln befragt. «Sie wollten diese Schlüssel nicht berühren, aus Angst, sich zu verunreinigen?» «Ich mache einen weiten Bogen um sie!»

Widerspenstigen Insassen der Irrenanstalt Bedlam, die ihre Medizin nicht schlucken wollten, wurde der Mund gewaltsam mit einem eigens konstruierten Metallschlüssel geöffnet.

London ist zu allen Zeiten von Geistern heimgesucht worden. Ein schönes Ziegelhaus an der Südseite des Friedhofs von Clerkenwell wurde wegen seines schlechten Rufs «selten bewohnt». Das Gebäude Parker Street 7, hinter der Drury Lane, galt als «Unglückshaus» und wurde schließlich abgerissen. Das Haus Nr. 23 in derselben Straße suchten «fürchterliche Geräusche» in einem Winkel heim, wo ein Mensch gestorben war. Ein Spukhaus, das «lange Zeit leer stand», gab es auch am Berkeley Square, ein weiteres am Queen's Gate.

Als P. J. Grosley im 18. Jahrhundert nach London kam, fiel ihm die «große Angst» vor Gespenstern auf, obwohl sich die Londoner «in der

Theorie über sie lustig machen». Ein anderer Fremder, der in derselben Zeit die Londoner Theater besuchte, bemerkt, dass die Geister in Shakespeare-Dramen «Verwunderung, Angst, ja Entsetzen» bei den Zuschauern erregten, «so als seien die Szenen, die sie vor sich sahen, Wirklichkeit». Es ist schon oft bemerkt worden, dass es den Londonern in ihrer Stadt des Spektakels schwer fällt, Theater und Wirklichkeit zu unterscheiden; vor allem aber zeugen solche Berichte von einer erstaunlichen Leichtgläubigkeit. Mitte des 16. Jahrhunderts flog der Schwindel eines jungen Mädchens auf, das in einem Haus beim Aldersgate eine «übernatürliche Stimme» vorgetäuscht hatte, «wodurch die Menschen in der ganzen Stadt aufs Wunderbarste beunruhigt worden waren». Hier müssen wir uns eine Mixtur aus wilden Gerüchten, Tatsachen und Angst vorstellen.

Mit einer anderen Geschichte wartet der Londoner Autor «Aleph» auf. In den ersten Monaten des Jahres 1762 war man der festen Überzeugung, dass in einem Haus in der Cock Lane – einer einst «dunklen, engen, schmutzigen» Gasse – ein Geist, die «Kratzende Fanny», umgehe und bestimmte Poch- und Klopfgeräusche verursache. Man glaubte, dass ein junges Mädchen von diesem Geist besessen sei; «wiewohl an Händen und Füßen vermummt und gebunden, war sie ständig von geheimnisvollen Geräuschen umgeben». Tausende von Londonern kamen in die Cock Lane, und die vornehmeren Herrschaften durften sogar das Schlafzimmer besichtigen – fünfzig auf einmal, «so dass sie das Mädchen mit ihrem Gestank schier erstickten». Ein Gremium von erlauchten Londonern trat zusammen, um die Vorgänge zu untersuchen – eines der Kommissionsmitglieder war der abergläubische Samuel Johnson –, und kam zu dem Schluss, dass das Mädchen «eine Kunst wisse, die Geräusche vorzutäuschen». Ihr Vater wurde am Ende der Cock Lane an den Pranger gestellt, «wo die Bevölkerung ihn mit Anteilnahme behandelte». Und damit endet die Geschichte, nachdem London wieder einmal «aufs Wunderbarste beunruhigt» worden war. Fast ist es, als wäre London selbst eine geisterhafte Stadt – so angefüllt mit Ahnungen und Mahnungen aus der Vergangenheit, dass sie ihre eigenen Bewohner heimsucht.

Das «Gespenst von Islington» trieb sich auf einem Grundstück neben der Trinity Church am Cloudesley Square herum, wo es «an verschiedenen Stellen eine wundersame Bewegung verursachte, so dass allenthalben der Boden schwoll und aufbrach». Michael Faraday soll in der Bride Street umgehen – in einem Fernsprechvermittlungsamt, das seiner Glaubensgemeinschaft, den Sandeman-Anhängern, einst als Kapelle diente. Verschiedentlich gesehen wurden auch Lord Holland und Dan Leno, Dick Turpin und Annie Chapman. Alte Krankenhäuser und die Kirchen der Altstadt sind ein besonders fruchtbarer Boden für «Erscheinungen», und die Swains Lane in Highgate war dort, wo sie am Friedhof vorbeiführt, Schauplatz vieler «Gesichte». Ein Gespenst scheint es auch in der Orientalischen Abteilung des Britischen Museums zu geben, während in einem Haus in der Dean Street generationenlang eine Geisteramsel ihr Wesen trieb. Als die Tochter des Grafen von Holland durch die Kensington Gardens spazierte, «begegnete sie ihrer eigenen Erscheinung, Tracht und allem, wie in einem Spiegel»; vier Wochen später war sie tot. Der Pfarrherr von St Bartholomew's, Smithfield, sah auf seiner Kanzel den Geist eines Priesters «im Genfer schwarzen Talar, wie er die unsichtbare Gemeinde mit der größten Inbrunst ermahnte, heftig gestikulierte, wobei er sich bald nach rechts, bald nach links über die Kanzel beugte, mit der Faust auf das Kissen vor ihm schlug und dabei die ganze Zeit die Lippen bewegte, als entströme ihm ein Redefluss.»

Anna Boleyn (1507–1536), Hofdame, Geliebte und seit 1533 zweite Ehefrau Heinrichs VIII.,

Mutter Elisabeths I., zog den Hass der Katholiken auf sich und landete im Tower.

Der geeignete Zufluchtsort vieler Geister ist natürlich der Tower of London. Bekannte Figuren sind hier vorübergeglitten, darunter Walter Raleigh und Anna Boleyn (die enthauptete zweite Frau Heinrichs VIII.). Drei Zeugen «sahen» sie als «weiße Gestalt», bei deren Anblick der wachhabende Soldat vor der Tür zu den Lieutenant's Lodgings «in eine todesgleiche Ohnmacht fiel». Er kam vor das Kriegsgericht, wurde aber später freigesprochen. Der Geist eines Bären kam «unter der Tür» des Jewel House (mit den englischen Kronjuwelen) hervor; die Schildwache, die ihn erblickte, starb zwei Tage später. Man mag sich hier daran erinnern, dass es früher im Tower in der Tat einen Zoo, die sogenannte «Menagerie», gab. Eine der apartesten Erscheinungen wurde dem Wärter des Tower und seiner Frau zuteil; sie saßen gerade im Wohnzimmer des berühmt-berüchtigten Jewel House zu Tisch, «als ein Glaszylinder etwa von der Dicke meines Arms» in der Luft schwebte. Er enthielt eine «dickflüssige Masse, weiß und hellblau, die sich in dem Glasrohr hin- und herbewegte und vermengte». Der Glaszylinder näherte sich der Frau des Wärters, die aufschrie: «Großer Gott! Jetzt fasst es mich an!», und flog dann quer durch das Zimmer davon.

Andere Stellen flößen den Londonern bis heute Scheu und Angst ein.

So glaubt man, dass noch heute in der Nähe von Gravesend bei Ebbe die Schreie der ertrinkenden Juden zu hören sind, die hier 1290 bei der großen Austreibung ermordet wurden. Das «Feld der vierzig Fußstapfen», das heute unter dem Gordon Square liegt, galt früher als «verzaubert» oder «verflucht» – je nach Sichtweise. Einst sammelte man hier Wegerichblätter, die angenehme Träume machen sollten; bedeutsamer war jedoch, dass hier zwei Brüder einander im Zweikampf getötet hatten. Der Abdruck ihrer tödlichen Schritte – so glaubte man – war noch nicht verwischt; auf dem ganzen Mordplatz aber wuchs seither kein Gras mehr. Southey konnte in der Tat die Umrisse von 76 Fußstapfen ausmachen, von der Größe eines menschlichen Fußes und 7,5 Zentimeter tief, und kurz bevor das Gelände bebaut wurde, zählte Moser im Sommer 1800 «über vierzig».

In den dreißiger Jahren des 19. Jahrhunderts beobachtete Washington Irving die Bewohner von «Klein-Britannien», hinter Smithfield beim Aldersgate. «Sie sind von Kometen und Eklipsen leicht in Missstimmung zu versetzen», schrieb er unter dem Pseudonym «Geoffrey Crayon, *Gent.*», «und wenn nachts traurig ein Hund heult, wird es als sicheres Vorzeichen des Todes angesehen.» Er zählte auch die «Spiele und Gebräuche» der Menschen auf. Es gibt alles in allem 56 verschiedene jährliche Bräuche und Zeremonien in der Stadt; die ältesten, wenn auch nicht unbedingt die liebenswürdigsten Rituale sind jene, die mit dem Maifeiertag zusammenhängen.

Nach den ersten überlieferten Beschreibungen pflegten die «munteren Milchmädchen» von London statt ihrer üblichen Kübel an jenem Tag eine «Pyramide» aus «Tafelsilber» auf dem Kopf zu balancieren; das klingt vielleicht sonderbar, aber der Brauch hatte einen praktischen und eher rohen Hintergrund. Das Paradieren des Tafelsilbers, das eigens zu diesem Anlass beim Pfandleiher geborgt wurde, ist als Hinweis auf ihre finanzielle Versklavung während des ganzen übrigen Jahres zu verstehen – das Gewerbe der Milchmädchen war arbeitsintensiv, aber sehr schlecht bezahlt. Der erste Mai war außerdem ein Tag der sexuellen Freizügigkeit, und daher gesellten sich die jungen Kaminkehrer zu den Milchmädchen. Ihre Gesichter, wie Grosley berichtet, «sind mit Mehl weiß gemacht, die Köpfe mit einer gepuderten Perücke bedeckt wie von weißem Schnee und ihre Kleider mit papierenen Spitzen überladen; und doch, trotz dieses drolligen Aufzugs, ist ihr Benehmen so feierlich-ernst wie das von Leichenbestattern bei einem Begräbnis». Kaminkehrer sind, wie die Bergleute, zu allen Zeiten mit den dunklen und promiskuitiven Kräften der Welt in Verbindung gebracht worden; daher ihr Auftreten am Maifeiertag. Aber die jungen Kaminkehrer mit ihrem «feierlich-ernsten» Benehmen gehörten gleichfalls zu den am härtesten angefassten Kindern Londons. Viele kamen in Ausübung ihres Berufs ums Leben, verbrannten oder wurden verunstaltet, wenn sie die Wände der Kamine von Ruß oder Asche befreiten. So durften sie für einen Tag der Unbeschwertheit ihre Mühsal und Leiden zur Schau stellen.

Ein Gemälde aus der Zeit um 1730 mit dem Titel «Die Quark- und Molkeverkäuferin, Cheapside» (s. Farbteil) zeigt ein blindes Mädchen, das am Fuß eines Brunnens sitzt und drei jungen Kaminkehrern die Hand entgegenstreckt. Dieser Brunnen war ihr üblicher Treffpunkt. Zwei der Gesichter sind so geschwärzt, dass nur Augen und Mund zu sehen sind. Alle drei sind von kleinem Wuchs, und einer von ihnen scheint einen krummen Rücken zu haben. Sie sehen wie die Gestalt gewordene Groteske dieser Stadt aus; etwas Gefährliches oder Bedrohliches scheint von ihnen auszugehen und sich gegen die blinde, sehr blasse Straßenverkäuferin zu richten. So kann man vermuten, dass der Umzug der Kaminkehrer am Maifeiertag auch ihre Gefährlichkeit herausstreicht, die freilich an diesem Tag durch Gelächter symbolisch gemildert werden sollte. Doch wie alle Londoner Riten wurde auch dieser im Laufe der Zeit bunter und farbiger, als man Ende des 18. Jahrhunderts den mit Zweigen und Blättern bedeckten «Grünen Mann» einführte. Man nannte ihn «Hans im Grünen» oder einfach den «Grünen»; begleitet von Milchmädchen und Kaminkehrern, wurde er in verschiedenen Kirchspielen als ausgelassener Frühlingsbote durch die Straßen geführt. Später wurden die Maifeiern von Straßenkünstlern übernommen, bis sie schließlich ganz aus der Mode kamen.

Der Aberglaube der Londoner aber ist nicht ganz verschwunden. Die Stadt selbst bleibt magisch; sie ist ein geheimnisvoller, chaotischer und irrationaler Ort, der nur durch private Rituale oder öffentlichen Aberglauben in den Griff zu bekommen ist. Der große Wahllondoner Samuel Johnson fühlte sich genötigt, jeden Pfosten in der Fleet Street zu berühren, wenn er diese große Straße hinunterging. Kein Wunder, dass viele Londoner Straßen kein Haus mit der Nummer 13 hatten – so die Fleet Street, die Park Lane, die Oxford Street, die Praed Street, die St James's Street, der Haymarket und die Grosvenor Street.

Für manche hat indes schon die Ausrichtung einer Verkehrsader eine numinose Funktion. So hat es nicht an Versuchen gefehlt, die Stadt mit einem Netz von «Loslinien» zu überziehen, die gewisse markante Punkte in gerader Linie miteinander verbinden. Eine solche Linie geht vom Highgate Hill im Norden zum Pollard's Hill in Norbury im Süden und berührt dabei eine erstaunliche Anzahl von Kirchen und Kapellen. Man hat auch versucht, alle von Nicholas Hawksmoor erbauten Kirchen miteinander zu verbinden oder für die St Pancras Old Church, das Britische Museum oder die Sternwarte in Greenwich eine signifikante Topographie zu entdecken. In gewisser Hinsicht kommt damit wieder die alte Erdmagie zu Ehren, die einst die keltischen Stämme in dieser Gegend praktizierten; aber auch die Macht des *genius loci* erfährt hierdurch ihre gebührende Würdigung.

Es ist die Macht, die William Blake in seiner Vision von Los besingt, der durch London ging, «bis er nach Alt-Stratford kam, nach Stepney und zur Insel/von Leuthas Hunden, und durch die Gassen nah am Fluss,/ und sah jede mindeste Einzelheit». In solchen Einzelheiten, wie etwa den kummervollen Tagen der Großen Pest, können Leben und Geschichte Londons zur Anschauung erweckt werden.

21. Rotes London

Rot ist die Farbe Londons. Die Droschken des frühen 19. Jahrhunderts waren rot. Die Briefkästen sind rot. Bis vor kurzem waren die Telefonhäuschen rot. Die Omnibusse haben noch immer diese charakteristische Farbe. Die U-Bahnen waren früher einheitlich rot. Rot waren schon die Dachziegel im römischen London. Die erste Londoner Stadtmauer war aus rotem Sandstein. Die London Bridge selbst war angeblich in Rot getaucht, nämlich «besprengt mit dem Blut kleiner Kinder» im Rahmen von Opferzeremonien beim Bau der Brücke. Und Rot ist auch die Farbe der Gewalt.

Die Gilde der Kaufleute, der großen Kapitalisten Londons, trug rote Zunfttracht. Nach den *Chronicles of London* für das Jahr 1399 kamen «der Bürgermeister, der Schreiber und die Aldermen von London in ihrem Gewand, ebenfalls in Scharlach». Ein Gedicht, das den triumphalen Einzug Heinrichs VI. in London 1432 verewigt, beschreibt auch den «edlen Bürgermeister in rotem Samt». Die im Chelsea Hospital untergebrachten Kriegsinvaliden tragen noch heute eine rote Uniform.

Auf Stadtplänen von London war Rot die Farbe, mit der Straßenverbesserungen sowie die Wohnbezirke der «Wohlhabenden» oder Reichen markiert wurden. «Das Rote» war im Cockney-Slang ein Ausdruck für Gold. Die Londoner Hafenarbeiter, die im Frühjahr 1768 die in den Straßen demonstrierenden Massen unterstützten, erfanden die rote Fahne als Zeichen des linken Protests.

In der Pestzeit wurden die Türen der zugemauerten Häuser mit einem roten Kreuz markiert; so bestätigt sich der symbolische Zusammenhang zwischen dieser Farbe und jener Krankheit, von der man einst glaubte, dass sie «stets am Schwelen» sei wie Funken in der Asche. Die Londoner Feuerwehrleute trugen rote Jacken, das «karmesinrote Uniformtuch». Ihr Kommandant, der bei dem großen Brand 1861 umkam, vollführte eine charakteristische Geste – «er hielt nur einen Augenblick inne, um sich den rotseidenen Paisley-Schal vom Hals zu winden». Die Farbe Rot ist überall, sogar im Boden selbst: Die hellroten Schichten von oxidiertem Eisen in der Londoner Tonerde lassen auf Brände schließen, die sich vor fast zweitausend Jahren ereignet haben.

Ein Brand aber ist nie mehr aus dem Gedächtnis der Londoner verschwunden – eine Feuersbrunst, die, wie John Locke beobachtete, «Sonnenstrahlen eines fremdartigen, düster roten Lichts» erzeugte, das die ganze Stadt erfüllte und noch von dem Oxforder Bibliothekszimmer des Philosophen zu sehen war.

«Der Große Brand Londons» im Jahre 1666 wurde als die größte aller Feuersbrünste angesehen, war aber in Wahrheit nur eine aus einer ganzen Serie von Katastrophen. So zerstörten schon die Brände von 60 und 125 n. Chr. den größten Teil der Stadt und erzeugten das, was die Archäologen einen «Brandschutthorizont» nennen. Es ist der Horizont der Stadt selbst; denn London brannte auch 764, 798, 852, 893, 961, 982, 1077, 1087, 1093, 1132, 1136, 1203, 1212, 1220 und 1227. In *London's Natural History*, die nach dem Zweiten Weltkrieg erschien, schrieb R. S. Fitter: «Durch die ständigen großflächigen Verwüstungen dürfte die mittelalterliche Stadt dem zerbombten London von 1945 viel ähnlicher gewesen sein, als den meisten Menschen bewusst ist.» Als James Pope-Hennessy seine Bestandsaufnahme der Kriegszerstörungen machte, fiel ihm in den Ruinen von Londoner Kirchen «eine Art von Kontinuität» auf: «Der Brand der Innenstadt im Dezember 1940 erinnerte einen Augenblick lang tatsächlich an die berühmte Schilderung Pepys' über den Brand von 1666. Der Nachthimmel, von einem flackernden orangefarbenen Schein erhellt, schien eine Aura zu erzeugen, die gar nicht viel anders als Pepys' ‹Flammenbogen› war.»

London scheint Feuer und Vernichtung anzuziehen – angefangen bei den Überfällen Boudiccas bis zu den Anschlägen der IRA. In der einschlägigen Literatur wird auf besonders brandanfällige Stadtgebiete verwiesen, etwa die Watling Street im Herzen der Altstadt. Aldersgate Street und Silver Street stehen im «Ruf einer ‹Gefahrenzone›», aber auch Gegenden wie Cheapside und Bread Street wurden immer wieder ein Raub der Flammen. Als eine «notorisch ‹feurige› Straße» hat sich – vielleicht wegen ihres Namens – auch die Wood Street («Holz»- oder «Waldstraße») erwiesen, und rätselhafte Brände hat es am Paternoster Square gegeben. Das Viertel um die St Mary Axe brannte 1811, 1883, 1940 und noch einmal 1993 ab. In der Stadt des Spektakels gehen bezeichnenderweise auch immer wieder Theater in Flammen auf; in den 130 Jahren zwischen 1789 und 1919 waren es siebenunddreißig. Auch die Eigenart von Londoner Bränden hat man in Theaterbegriffen zu beschreiben versucht. Bei der Feuersbrunst am Paternoster Square 1883 «schlugen die Flammen durch das Dach und illuminierten prächtig die Altstadt»; ein Feuer im Charterhouse zwei Jahre später verbreitete einen feurigen Glanz, «als ob die Sonne auf alles schien».

Die London Bridge ist schon einmal vom Feuer zerstört worden, ebenso wie die Königliche Börse, das Rathaus und das Parlamentsgebäude. In den neun Jahren zwischen 1833 und 1841 gab es 5000 Brände in der Stadt, im Durchschnitt also 556 pro Jahr. 1993 ereigneten sich in der «Region Groß-London» 46 000 «primäre» und «sekundäre» Brände. Das Jahr 1833 verzeichnete annähernd 180 Schornsteinbrände, das Jahr 1993 deren 215. Im Dezember brechen mehr Feuer aus, im April weniger als in den übrigen Monaten; der schlimmste Tag der Woche, was Brände betrifft, ist der Freitag, der beste der Samstag. Die gefährlichste Zeit ist zehn Uhr abends, die sicherste sieben Uhr morgens. Manche Feuer beruhen auf Brandstiftung, doch die meisten auf Unachtsamkeit – die große Feuersbrunst von 1748, die über hundert Häuser in den Straßen und Gassen an der Exchange Alley vernichtete und ein Dutzend Menschen tötete, begann damit, «dass die Dienstmagd eine brennende Kerze im Schuppen vergaß, während sie den Darbietungen einer Musikkapelle in der Gastwirtschaft Zum Schwan lauschte». Ein Drucker in der Scalding Alley brachte prompt einen Kupferstich der ausgebrannten Ruinen auf den Markt.

Das Feuer kann aber auch die vergessene oder vernachlässigte Geschichte der Stadt zum Vorschein bringen. So wurde der genaue Standort des Winchester Palace auf dem südlichen Themseufer erst entdeckt, nachdem in einer Senffabrik an der Bankside ein Brand ausgebrochen war. Die Überreste eines Außenwerks oder Wachtturms aus dem 13. Jahrhundert kamen 1794 nach einem Feuer am St Martin's Court in Ludgate ans Licht. Die Flamme kann also auch retten, nicht nur verzehren. Es kommt vielleicht nicht von ungefähr, dass es im Londoner Volksglauben «Glück und Gesundheit» oder «Vermählung mit dem Objekt der Zuneigung» bedeutet, wenn man vom Feuer träumt.

Ein Korrespondent von *Le Temps* bemerkte im 19. Jahrhundert, dass die Londoner (im Gegensatz zu den Parisern) «erstaunlich prompt» auf den Ruf «Feuer! Feuer!» reagierten. Es war das Kriegsgeschrei der Stadt. Im 1. Jahrhundert n. Chr. patrouillierten *vigiles* oder «Eimerträger» des Nachts durch die Straßen; schon damals war es etwas Geheimnisvolles, Faszinierendes um das Feuer, denn diese Burschen waren für «ihre Munterkeit und Verwegenheit» bekannt. Ihr durchdachtes Überwachungssystem schlief in den folgenden Jahrhunderten wieder ein, doch kann man vermuten, dass die mittelalterlichen Stadtbezirke die Verantwortung dafür trugen, Brände in ihrer Nachbarschaft zu lokalisieren und zu löschen. Die nächste Vorsichtsmaßnahme war die «Feuerbedeckung» (französisch *couvre-feu*, daraus englisch *curfew*, beides heißt heute: Ausgangssperre), das heißt einfach das Abendläuten; beim Ertönen der Abendglocke, die im 11. Jahrhundert durch die ganze Stadt hallte, waren alle offenen Feuer zu löschen und die Asche auszuscharren. Wenn doch ein Feuer tobte, läuteten zum Zeichen des Alarms die Kirchenglocken in umgekehrter Reihenfolge; es war, als sei im Brüllen der Flammen plötzlich der Teufel wieder aufgestiegen. Vor allen größeren Häusern standen wassergefüllte Fässer bereit, und im 12. Jahrhundert gab es bereits genau abgestimmte Vorschriften über das Löschen der Flammen und das Herunterreißen von brennendem Dachstroh.

Im 15. Jahrhundert wurde dekretiert, dass jeder neue Sheriff und Alderman binnen vier Wochen nach Amtsantritt «veranlassen soll, dass zwölf neue Eimer aus Leder zum Feuerlöschen gemacht werden». Nachfolger des bescheidenen Eimers wurde «eine Art Handspritze», auf die wiederum eine erste, einfache Pumpvorrichtung folgte; sie wurde von Feuerwehrmännern mit dem bekannten Warnruf «Hi! Hi! Hi!» zum Brandort gezogen und ist als «die erste ‹Feuerwehr› auf den Straßen Londons» bezeichnet worden. Anfang des 17. Jahrhunderts wurde sie abgelöst von einem «Gerät oder Instrument», das «mit Hilfe von zehn Männern zur Bedienung» mehr Wasser pumpen konnte «als fünfhundert Männer mit Hilfe von Eimern oder Kellen». Das war die Maschine, die Dryden im *Annus Mirabilis* feiert; er beschreibt das Schauspiel der Flammen und wie jede Straße «belebt wird und geschäftig wie bei Tag». Auch hier also der Eindruck vom Feuer als einer nächtlichen Alternativsonne, die die Straßen mit ihrem Licht durchflutet. Eine der ersten Brandschutzversicherungen nannte sich denn auch «Sun», und ihre Marke ist noch heute an vielen Häusern zu sehen. In einem plötzlichen Bruch der Metaphorik wird damit das Feuer zur Quelle von Kraft und Energie, so als stoße die Stadt von Zeit zu Zeit einen Überschuss an schädlicher Lebenshitze aus. Einer der größten Stadtpläne Londons, «Horwoods

Plan» von 1799, war der «Phoenix Feuerwehr» in der Lombard Street gewidmet, die bald nach dem Brand von 1666 gegründet worden war – auch dies ein Indiz für die Wichtigkeit der Menschen, die in der Hauptstadt mit Feuer zu tun haben. Kurioserweise trug übrigens der erste Geschäftsführer dieser Versicherung den feuerbeständigen Namen Stonestreet.

Im Laufe der Jahrhunderte wurden die Warnrufe der Feuerwehrleute durch Handglocken und später durch mechanische und elektrische Glocken ersetzt. Dann kam die Sirene, die wiederum durch ein kompliziertes System von Klängen («Zweiton», «Heulen», «Jaulen») abgelöst wurde. Die ersten Feuerwehrleute selbst steckten in einer farbenprächtigen Uniform. So trug eine Kompanie «blaue Jacken mit kunstreichen goldenen Stulpen und goldenen Litzen» und dazu «schwarze Kniehosen, weiße Strümpfe und goldene

Strumpfbänder»; bei feierlichen Anlässen marschierten sie mit silbernen Stäben und Abzeichen auf. Sie waren selbst Feuer und Flamme für ihre Pflicht – «brennenden Herzens», wie Hilaire Belloc so treffend sagt. Ihr Ansehen war so groß, dass die Zentrale vieler Feuerwehren «in ihrer Anlage einem reich verzierten Palast ähnelte».

Feuerwehrmänner bei der Arbeit – ein Bild aus dem 17. Jahrhundert

Feuer wurde zu einem der Hauptkennzeichen dieser Stadt, die man sogar den «Feuerkönig» nannte. Im 18. und 19. Jahrhundert nahmen die Brände «an Intensität und Häufigkeit» zu, und auch die Zahl der Schaulustigen wurde immer größer. Eine Feuersbrunst in der Tooley Street konnte erst nach über einem Monat eingedämmt werden; das Unterhaus fiel 1834 einem Feuer zum Opfer, was einige der malerischsten Londonbilder überhaupt entstehen ließ. Der Brand des Westminster Palace wurde, wie die Autoren von *London in Paint* feststellen, «das meistdargestellte Ereignis der Stadtgeschichte im 19. Jahrhundert ... Es zog eine Unzahl von Kupferstechern, Aquarellisten und Malern an den Brandort», unter ihnen Constable und Turner (s. Farbteil). Diesen Künstlern war bewusst, dass im Herzen der Flamme zugleich etwas vom Geist dieser Stadt selbst aufloderte. Es sind den Berichten zufolge auch riesige Menschenmengen zusammengeströmt, um der Zerstörung des Glaspalastes 1936 oder einem der vielen Hafen- und Warenhausbrände beizuwohnen, bei denen, wie man sagte, der «Geist des Viktorianischen» umging.

Die verzehrende Lust am Feuer verging den Bürgern erst bei den deutschen Bombenangriffen *(«blitz»)* des Jahres 1940. Am Abend des 29. Dezember – der Angriff wurde auf eine Zeit gelegt, wo die Themse Niedrigwasser führte – brachen in der Stadt gleichzeitig etwa 1500 Brände aus. Damals sagte man, nun sei wahrhaftig der «Große Brand» zurückgekommen.

Diesen Großen Brand, eines der prägenden Ereignisse in der Geschichte der Stadt, kann man auf den 1. September 1666 datieren, als Samuel Pepys und seine Frau «hellauf entsetzt waren, den jungen Killigrew mit vielen weiteren jungen Schwärmern [an einen öffentlichen Ort] kommen zu sehen». Diese «jungen Schwärmer» verkörperten die feurige Jugend der Stadt. Samuel und Elizabeth Pepys kehrten in ihr Haus in der Seething Lane zurück; um drei Uhr morgens weckte sie ein Dienstmädchen mit der Nachricht von einem Brand in der Altstadt. Pepys sah zwar einige Flammen am unteren Ende einer benachbarten Straße, legte sich aber wieder schlafen. Das Feuer war eine Stunde vorher im Haus der Hofbäckerei Farryner in der Pudding Lane ausgebrochen. Bei der späteren Untersuchung beharrte Mr Farryner darauf, dass er vor dem Zubettgehen «durch alle Räume gegangen sei und nirgends Feuer gefunden habe als nur in einem Kamin, wo der Raum mit Ziegelsteinen gepflastert ist, welches Feuer er sorgfältig zu Asche ausgescharrt habe». Die Ursache des Großen Brands wurde nie ermittelt. Es geschah eben.

Der Monat August war ungewöhnlich heiß gewesen und hatte sich «durch eine außerordentliche Dürre ausgezeichnet», so dass Dachstroh und Gebälk der benachbarten Häuser in den schmalen Gassen und Straßen bereits «halb verbrannt» waren. Das Feuer fand also einen günstigen Boden vor und wurde zudem von einem kräftigen Südostwind angefacht, der es von der Pudding Lane in die Fish Street und zur London Bridge und von dort durch die Thames Street in die Old Swan Lane, die St Lawrence Lane und zum Dowgate trug. Wer nur irgend konnte, rettete sich aufs Wasser und brachte auf Ruderbooten, Leichtern und Segelschiffen in Sicherheit, was er aus seinem Haus vor den Flammen retten konnte. Auch Pepys rettete sich auf die Themse, wo er, das Gesicht im Wind, «von einem Schauer aus Feuertropfen fast verbrannt wurde». Er

sah, dass die meisten Haushalte ihr Spinett mitnahmen. Er bemerkte auch die «armen Tauben: Sie wollten nicht von den Schlägen fortfliegen, sondern flatterten um die Fenster und die Balkone, bis sie sich die Flügel verbrannten und zu Boden stürzten.»

Das Feuer war jetzt außer Kontrolle; es fraß sich immer weiter nach Norden und Westen vor. Pepys rettete sich schließlich von dem brandheißen Fluss in eine Bierschenke am anderen Ufer. Dort sah er «das Feuer sich ausbreiten, in Winkeln, auf Türmen, zwischen Kirchen und Häusern, mit einer ganz schrecklichen, bösen, blutigen Flamme, nicht wie das Feuer eines gewöhnlichen Brandes». Bei dieser Gelegenheit beobachtete er den etwa anderthalb Kilometer weiten Flammenbogen (den Pope-Hennessy später, bei den Luftangriffen von 1940, ebenfalls bemerken sollte).

In dieser Nacht lief das Feuer von Dach zu Dach, von Cheapside hinunter zur Themse, vom Cornhill zur Tower Street, Fenchurch Street, Gracechurch Street und zu Baynard's Castle. Auf der Cheapside war es so weit vorgedrungen, dass es St Paul's erfasste – die Kirche war zufällig von einem hölzernen Baugerüst umgeben. Der Architekt John Evelyn, der noch um diese Stunde durch die Straßen ging, notierte sich: «Das Lärmen und Prasseln und Donnern der ungestümen Flammen, das Schreien von Frauen und Kindern, die Hast der Menschen, das Einstürzen von Türmen, Häusern und Kirchen, es war wie ein entsetzlicher Sturm, und die ganze Luft ringsum so heiß und entzündet, dass man schließlich nicht mehr herankommen konnte.»

Ein Kupferstich aus dem Jahr 1792, nach einem Gemälde von Griffer, zeigt vorn Ludgate, im Hintergrund St Paul's, beim Ausbruch des Feuers von 1666.

233

Die Bürger, auf die Katastrophe nicht gefasst, machten keine Anstalten, die Brände zu löschen, sondern flohen kopflos. Die Zurückbleibenden, aus den «niederen» Ständen, stahlen aus den brennenden Gebäuden, was sie nur bekommen konnten. Wer nicht seine Zuflucht auf dem Fluss nahm, auf welchem nun selbst Rauchschwaden hingen und «Feuertropfen» sintflutartig herniedergingen, begab sich auf die Felder außerhalb der Stadt, Islington, Finsbury und Highgate, sah dem Feuer zu und weinte.

Am nächsten Tag, einem Montag, hatte das Feuer bereits auf Ludgate und die Fleet Street übergegriffen und hatte Old Bailey niedergebrannt; Newgate und Billingsgate waren verschwunden, während das geschmolzene Blei vom Dach von St Paul's durch die Straßen rann, «von feuriger Röte glühend, so dass weder Pferd noch Mensch darauf treten konnten». Der Rauch erstreckte sich mittlerweile über 75 Kilometer, so dass jene, die die Stadt verließen, noch stundenlang in seinem Schatten wanderten.

In der Nacht trafen mehrere Brände zusammen. Einer kam den Cornhill herab und der andere die Threadneedle Street entlang; vereinigt, trafen sie ihrerseits auf zwei einzelne Brände, die von Walbrook beziehungsweise von Bucklersbury kamen. John Evelyn notierte: «Diese vier, die zusammengehen, schlagen an der Ecke Cheapside zu einer einzigen lodernden Flamme auf, unter so blendendem Licht und so brüllendem Lärm und dem Einsturz so vieler Häuser gleichzeitig, dass es unbegreiflich war.» Es war, als hätte irgendein alter Feuergeist mitten in der Stadt wieder sein Haupt erhoben.

Am Dienstag war der Wind abgeflaut, und das Feuer machte am oberen Ende der Fetter Lane in Holborn Halt. Die Grundbucheinträge der Gastwirtschaft *Zur Mitra* am anderen Ende der Fetter Lane erwähnten eine Grenze «bei dem Baum, wo sich das Feuer von London teilt». Zwar tobte das Feuer noch im Norden in Cripplegate und im Osten am Tower, aber die Behörden vermochten auf Anraten Karls II., der immer ein starkes Interesse an der Brandverhütung gezeigt hatte, seine weitere Ausbreitung zu verhindern, indem sie Häuser, die eine leichte Beute der Flammen geworden wären, mit Schießpulver sprengten.

Am Donnerstag zog John Evelyn erneut durch die Straßen seiner Stadt, die jetzt ein Ruinenfeld war: «Durch die ehemalige Fleet Street, Ludgate Hill, an St Paul's vorbei, Cheapside, Börse, Bishopsgate, Aldersgate» – alles war verschwunden: «Ich kletterte über Haufen von rauchenden Trümmern und täuschte mich oft darüber, wo ich war.» Es war eine Erfahrung, die 1940 von den Einwohnern nach den Bombenangriffen wiederholt werden sollte: Ihre Stadt war ihnen plötzlich fremd geworden und nicht wieder zu erkennen. Sie war ein fremder Ort geworden, so als wären sie aus einem Traum erwacht, um sich in einer völlig anderen Wirklichkeit wieder zu finden. «Überhaupt hätte man unmöglich sehen können, wo man war», sagt Evelyn weiter, «es sei denn an den Ruinen irgendeiner Kirche oder eines Hauses, wo noch ein markanter Turm oder ein Giebel stehen geblieben war.» Der Boden unter seinen Füßen war so heiß, dass er kaum auftreten konnte; die eisernen Tore und Gitter der Gefängnisse waren alle geschmolzen; die Steine der Gebäude waren alle kalziniert und strahlten eine blendende Weiße ab; das Wasser in den Fontänen kochte noch, während unterirdische Keller, Quellen und Verliese «dunkle Rauchwolken» ausspien. Fünf Sechstel der Stadt waren vernichtet, die Zone der Verwüstung maß 2,5 Kilometer in der Länge und rund 800 Meter in der Breite. 15 der 26 Bezirke der Stadt waren restlos zerstört; insgesamt waren 13 200 Häuser in 460 Straßen bis auf die Grundmauern niedergebrannt. 98 Kirchen waren verloren, vier der sieben Stadttore nur noch Asche und Staub.

Der offiziellen Statistik zufolge kamen nur sechs Menschen bei dem Großen Feuer von 1666 ums Leben, unter ihnen ein Uhrmacher in der Shoe Lane, wo man bei der Ausgrabung «seine Knochen und seine Schlüssel fand».

Das vielleicht erstaunlichste Bild von diesem außergewöhnlichen Brand überliefert ein Geistlicher, Reverend T. Vincent, in einem Buch mit dem Titel *Gottes furchtbare Mahnung an die Stadt durch Pest und Feuer.* Auch Vincent hatte den «schrecklichen Bogen» aus Licht über der brennenden Stadt gesehen. Auch er hatte den Brand des Rathauses miterlebt, «dessen ganzes Gefüge noch mehrere Stunden lang zusammenhielt, nachdem es schon vom Feuer erfasst worden war, aber ohne Flammen (wohl weil das Bauholz solide Eiche war), als hell glühende Kohle, als wenn es ein Palast aus Gold oder ein großes Gebäude aus gebräuntem Messing gewesen wäre».

Nach dem Großen Brand tauchte in der Stadt eine gelb blühende Pflanze auf, die dichtblütige Rauke; man nannte sie *London Rocket.* 1667 und 1668 «wuchs sie sehr üppig auf den Ruinen um St Paul's»; 1945 sah man sie wieder, «knapp außerhalb der Altstadt». Es ist eine echte Feuerblume. Auch das Monument (s. Foto S. 757), errichtet in der Nähe des Ortes, wo das Feuer ausbrach, hat die Form einer Rakete oder Feuerspritze; zuerst war vorgeschlagen worden, sie mit einem Standbild des Königs oder einem großen Phönix zu krönen, doch schließlich einigte man sich darauf, dass eine Flammenurne, die «Lohe», die Säule schmücken solle. Daniel Defoe entzifferte das Ganze als eine riesige Kerze, mit der Urne als «schöner vergoldeter Flamme!»

Es gab viele Darstellungen dieses fünf Tage währenden Brandes, nicht zuletzt etliche epische Gedichte. Die brennende Stadt wird verschiedentlich mit Rom, Karthago, Sodom oder Troja verglichen; die klassischen Götter werden geschildert, wie sie zusammen mit Vergil und Jesabel durch die brennenden Straßen ziehen, während das Schauspiel des flammenden London das Bild von toten oder sterbenden Kulturen in früheren Weltzeitaltern heraufbeschwört.

Die Gemälde von dem Feuer waren gleichermaßen protzig, obgleich einige von ihnen wohl zum Zeitpunkt des Brandes selbst skizziert worden sind. Es gibt aber auch nüchterne Studien, zum Beispiel Hollars «Wahre und getreue Ansicht der berühmten Stadt London» vor dem Herbst 1666 zusammen mit dem Gegenstück, «Wie sie sich nach der betrüblichen Feuersnot und -zerstörung heute erzeigt». Es wurde am Südufer der Themse skizziert, und man sieht durch die Ruinen direkt in die Cheapside hinein. Die meisten Werke jedoch waren, wie es *London in Paint* ausdrückt, im Stil einer «Weltenbrand-Malerei» gehalten, die ihre Inspiration aus «biblischen oder mythischen Stadtbränden» bezog. Zwei der berühmtesten Gemälde, «nach Jan Groffier d. Ä.», geben die in Flammen stehenden Türme und Fallgatter des Ludgate wieder, als wären sie der Eingang zur Hölle selbst. Es könnte allerdings noch eine andere Erklärung dafür geben, dass gerade Ludgate im Bild erscheint: Die Gegend um dieses Tor galt Mitte des 17. Jahrhunderts als «Künstlerviertel». Viele kleine Szenen und Episoden sind auf diesen Gemälden eingefangen: die Frau, die mit verzerrtem Gesicht und ausgestreckten Armen vor den nach ihr leckenden Flammen davonläuft; der Mann, der ein Bündel mit Tafelsilber auf dem Kopf trägt; die Wagen und Pferde, die in großer Schar auf die offenen Felder getrieben werden. Das auffälligste Bildelement aber ist der Mann, der ein Kind auf den Schultern trägt, hinter sich eine Feuerkulisse; auch Blake, Doré und andere Künstler haben dieses Motiv später verwendet.

Der Große Brand war also nicht nur eine Inspiration für die zeitgenössischen Künstler. Über zweihundert Jahre lang blieb er das fesselndste Bildmotiv. Ein großer Bühnenbildner der Londoner Theater, Philippe Jacques de Loutherbourg (s. Farbteil), malte Ende des 18. Jahrhunderts seine eigene Version des Ereignisses, und im 19. Jahrhundert wurde der Brand jeden Abend in den Surrey Gardens nachgestellt. Noch heute kann man im Museum of London in einer aufwändigen audiovisuellen Schau Samuel Pepys' Originaltagebuchbericht vom Großen Brand hören.

Aber die Verschränkung von Stadt und Feuer geht tiefer, als Theater oder Spektakel ahnen lassen. Für Panizzi hatte London Mitte des 19. Jahrhunderts das Aussehen einer Stadt, die irgendwie schon verbrannt worden war. In ihrem Roman *Nacht und Tag* beschreibt Virginia Woolf die Stadt als «auf ewig verbrannt»; es schien, «als wolle sich niemals Dunkelheit auf diese Lampen senken, wie sich seit Hunderten von Jahren keine Dunkelheit auf sie gesenkt hatte. Es schien schrecklich, dass diese Stadt für alle Zeiten an dieser Stelle auflodern musste.» 1880 war ein Franzose überzeugt, dass die ganze Kapitale «ein Tempel von Feueranbetern» sei; sein Begleiter auf dieser städtischen Pilgerreise, Arthur Machen, beschrieb «all die Feuer Londons mit ihrem trüben Widerschein am Himmel, so als öffneten sich in weiter Ferne die grässlichen Mäuler von Hochöfen.» Octave Mirbeau, der Romancier und Dramatiker, dachte bei London an «Geheimnis, Feuersbrunst, Hochofen», während Monet Ende des 19. Jahrhunderts den Wunsch hatte, die Sonne zu malen, «wie sie als gewaltiger Feuerball hinter dem Parlament untergeht». Auf manchen Gemälden Monets scheint London in der Tat in einer Atmosphäre des Feuers zu atmen und zu leben, die alle Straßen und Gebäude in dasselbe unirdische Glühen taucht.

Mitte des 19. Jahrhunderts war der Himmel über London berühmt für «die glühende Atmosphäre, die meilenweit über der Hauptstadt hängt»; die Ziegelöfen im Weichbild der Stadt zogen einen Ring um sie wie ein Bühnenfeuer, während die großen Müllberge im Stadtinneren das Aussehen von Vulkanen hatten. Es war eine Stadt, «in der Brände kaum niederzuhalten sind», während sie eine Terminologie des 20. Jahrhunderts als «urbane Hitzeinsel» charakterisiert. London galt im Volksmund als der «Große Ofen», und V. S. Pritchett gestand in den 20er Jahren des 20. Jahrhunderts, in den Schluchten dieser Stadt habe er das Gefühl, «geräuchert» zu werden. Wenn das Feuer dann schließlich doch ausgeht, ist die Stadt abweisend, geschwärzt und erbarmungslos – ein verkohltes Monument der Ewigkeit, erfüllt von dem, was Keats «die Bürde des Geheimnisses» nennt.

Nach dem Großen Brand wurde klar, dass man das Feuer selbst unter Kontrolle bringen musste. Die doppelte Heimsuchung Londons durch Feuer und Pest war von Moralisten als das Werk eines Gottes gedeutet worden, den die Sündhaftigkeit und Ausschweifung Londons erzürnt hatten. Es gab aber auch andere, zum Beispiel Christopher Wren und Edmond Halley, die sich zu fragen begannen, ob es wirklich vernünftig war, alle Verantwortung für Londons Katastrophen dem Schicksal oder dem göttlichen Missfallen zuzuschieben. 1660 war in London die Royal Society gegründet worden, deren Mitglieder nach «wissenschaftlichen» oder «objektiven» Gründen für solche gewaltigen Ereignisse zu suchen hatten. Im Namen der «Vernunft» – dessen, was «einfach, solide, vernünftig» war – hoffte man, das Bewusstsein der Einwohner verändern zu können, so dass in künftigen Zeiten derartige Seuchen und Feuersbrünste verhindert werden konnten.

Die größte Wirkung des Großen Brands war paradoxerweise die Förderung der Naturwissenschaften. Schon vor Ende September 1666 setzte, laut einem Zitat in *London in Flames, London in Glory*, die Gegenbewegung ein: «Die Menschen beginnen jetzt allenthalben, wieder Mut zu schöpfen und daran zu denken, die alte Stadt zu reparieren und eine neue aufzubauen.» Besonders schien die Gelegenheit gekommen, «die rebellischen Anwandlungen, die entsetzlichen Freveltaten ... und die Überspanntheiten» der früheren Zeit auszutreiben. Das bezieht sich zwar auf den Bürgerkrieg und die Hinrichtung Karls I., heißt aber auch, dass überspannte Frömmigkeit und abergläubische Praktiken – genau jene Reaktionen der Bürger auf die Pest, die Defoe dokumentiert hatte – nun nicht mehr gefragt waren. Es sollte in jeder Hinsicht eine neue Stadt werden.

Nach dem Feuer

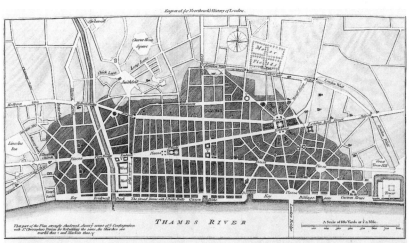

Sir Christopher Wren's Plan for Rebuilding the City of London after the Great Fire in 1666.

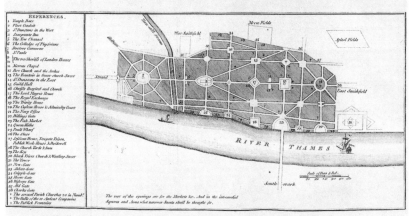

Mr John Evelyn's Plan for Rebuilding the City of London after the Great Fire in 1666.

*Christopher Wren und John Evelyn entwarfen nach dem Großen Feuer von 1666
diese beiden Stadtpläne eines zukünftigen London – aber sie hatten keine Chance
gegen die Zwänge der Tradition und des Kommerzes, die dafür sorgten,
dass London nach altem Muster wieder aufgebaut wurde.*

22. Die Fetter Lane

Der Große Brand war an der Fetter Lane zum Stillstand gekommen, die seit ihrem Bestehen immer wieder eine Grenzmarkierung gebildet hat. Sie verläuft von der Fleet Street nach Holborn; den alten Straßenverlauf säumen heute vollklimatisierte Bürogebäude aus dem 20. und einige Baurelikte aus dem 19. Jahrhundert. In dem Abschnitt gleich bei der Fleet Street – mit einer Buchhandlung beziehungsweise einem Computergeschäft an den zwei Ecken – befindet sich Clifford's Inn, eine der ältesten Rechtsschulen und früher eines der wichtigsten Gebäude in der Straße. Heute umgebaut und in Büroräume und Wohnungen aufgeteilt, steht es neben einem modernen Restaurant, dem Café Rouge, und gegenüber einer neuen Kneipe, dem Hogshead [Schweinskopf]. Die juristische Aura der Straße ist jedoch nicht ganz verflogen; denn auf der anderen Seite von Clifford's Inn steht ein Gebäude, in dem ein Gericht für Baulandsachen untergebracht ist. Dieser Teil der Fetter Lane ist ständig voller Verkehr, besonders von Taxis, die sich in die Fleet Street einfädeln.

An dieser Stelle teilt sich Richtung Holborn die Straße, und aus der östlichen Gabelung wird die New Fetter Lane. Die alte Fetter Lane verfolgt weiter ihren Lauf nach Norden, der allerdings mit Hindernissen verbunden ist. Die ganze Ostseite der Straße ist abgerissen worden, da die Fundamente höherer und größerer Gebäude in dem immer aufnahmebereiten Londoner Boden einsanken. Zu sehen ist noch das ehemalige Staatsarchiv, westlich vom John-Wilkes-Denkmal vor den Rolls Buildings, während weiter in Richtung Holborn *Mucky Duck* und der *Printer's Devil* als Freudenhäuser überlebt haben. Drei Häuser aus der Mitte des 19. Jahrhunderts haben sich erhalten, gleich einer alten Terrasse, die das Gedächtnis dieser Straße bewahrt. In ihrem Erdgeschoss befinden sich heute Cafés und Imbissstuben.

Und woher hatte die Fetter Lane ihren Namen? John Stow, der sie gut kannte, meinte, dass *Fetter* auf die *fewters* (Müßiggänger, Faulpelze) zurückgehe, «die dort lagen wie auf einem Gartenweg». Andere haben das Wort mit dem normannischen *defaytor*, «Wortbrüchiger», in Zusammenhang gebracht. Andere bevorzugen die Ableitung vom französischen *foutre*, «Lumpenpack». Es gibt aber noch weitere Möglichkeiten. *Fetter* könnte von den *feutriers*, den Filzmachern, kommen, die vermutlich im 15. Jahrhundert in dieser Straße ansässig waren. Er könnte sich auch von dem Namen eines Hausbesitzers, Viteri oder Viter, herschreiben, der hundert Jahre vor den Filzmachern hier gewohnt hat. Das Rätselraten und Spekulieren wird nie ein Ende haben, und die etymologische Unklarheit um die Fetter Lane beweist nur wieder einmal die Problematik vieler Londoner Namen. Aber wie G. K. Chesterton einmal gesagt hat: «Der schmalsten Straße wohnt in jedem Winkel und jeder Krümmung ihrer Ausrichtung die Seele des Mannes inne, der sie gebaut hat und der vielleicht schon lange in die Grube gefahren ist. Jedem Ziegelstein eignet eine so menschliche Hieroglyphe, als wäre es ein gravierter Stein aus Babylon; jeder Dachschiefer ist ein so unterrichtendes Dokument, als wäre es eine Schieferplatte voller Additionen und Subtraktionen.»

Unter der Straßenoberfläche hat man eine Urne mit römischen Münzen entdeckt, was die Beobachtung Stows bestätigt, dass in unmittelbarer Nähe eine alte Römerstraße verlief. Eine Holzbrücke führte über die Fleet, so dass die ersten Bewohner der Fetter Lane und ihrer Umgebung den Vorteil hatten, an einem lebhaft strömenden Fluss zu leben. Auch einen Schwertgriff aus dem 9. Jahrhundert hat man aus den Tiefen der Straße ans Licht befördert. Material und Verarbeitung waren von guter Qualität, was darauf hindeutet, dass es ein Zeremonialschwert war und keinen blutigen Zwecken diente. Es könnte dann in Zusammenhang mit einem Privilegium von 959 stehen, durch das König Edgar der Friedfertige den benachbarten Grund und Boden an die Mönche der Westminster Abbey gab, wobei eine Grenze parallel zur Fetter Lane verlief.

Die Fetter Lane hat in ihrer Geschichte immer als Grenze fungiert oder wurde als Grenzterritorium registriert; hier kam der Große Brand zum Stillstand, und hier verlor sich auch der Einfluss der Altstadt. Es ist zudem die Gegend, wo zwei Kirchspiele zusammenstoßen: St Andrew's (Holborn) und St Dunstan's im Westen. Umgekehrt können wir feststellen, dass die Fetter Lane immer wieder Existenzen anzieht, die «auf der Grenze» leben.

Ihre gegenwärtigen Konturen begannen sich Anfang des 14. Jahrhunderts abzuzeichnen. 1306 nannte man sie «Neue Straße», doch 1329 firmiert sie als «neue Gasse namens Faiteres Lane». Die frühesten Unterlagen lassen jedoch darauf schließen, dass sie sich bereits einen zweifelhaften Ruf erworben hatte. So wird von einer «Emmade Brakkele, Hure» berichtet, die in der Fetter Lane wohnte. Von dem Inhaber eines Hauses, das «Prostituierte und Sodomiten» beherbergte, wurde gemeldet, dass er in der «Fayters Lane» lebe. Trotzdem muss es, ganz im mittelalterlichen Geist, schon ein «gemischtes» Viertel gewesen sein, da die Überlieferung von «einer Rechtsschule oder einem Gericht» in der «Fewte

Lane» weiß; und der Umstand, dass hier im Jahre 1345 Clifford's Inn errichtet wurde, lässt darauf schließen, dass einige Originalgründungen hier schon bestanden haben mögen, bevor die Fetter Lane in den offiziellen Dokumenten erscheint. Die religiösen Einrichtungen in der unmittelbaren Nachbarschaft – St Dunstan's im Süden, St Andrew's und Ely Place im Norden – werden ebenfalls eine gewisse, von der Altstadt unabhängige Kontrolle ausgeübt haben. 1349 kauft ein John Blakwell, «Bürger von London», mit seiner Frau ein Anwesen in der «Faytourslane», und den Akten zufolge erzielte Heinrich VI. aus den dortigen Wohnungen Mieteinkünfte. Das ist zwar an sich nicht unbedingt ein Garant für die Achtbarkeit dieser Gegend, aber die spärlichen Unterlagen lassen doch darauf schließen, dass die Straße im ganzen Mittelalter ein bekannter und gut dokumentierter Vorort Londons war. Anfang des 15. Jahrhunderts gab es Ecke Fetter Lane / Holborn eine berühmte Gastwirtschaft, den «Schwan», der auch Zimmer für Reisende anbot. Zwar gab es Beschwerden über sein vorstehendes Dach sowie über mehrere Fässer, «die vor der Wirtschaft aufgestellt waren und so den Weg blockierten», aber das Haus hielt sich unter dem veränderten Namen «Schwarzer Schwan» – Black Swan – bis in die Mitte des 18. Jahrhunderts. Wenige Meter weiter die Straße hinunter steht heute Mucky Duck, als traurige Erinnerung an eine anmutigere Zeit.

Wie andere Gegenden Londons auch, hatte die Fetter Lane ihr gerüttelt Maß an Bränden wie an öffentlichen Hinrichtungen. Beide Enden der Straße waren denn auch beliebte Standorte für das Blutgerüst. So wissen wir von katholischen Rekusanten, die 1590 an der Einmündung in die Fleet Street gehängt und geviertelt wurden; laut einer katholischen Stadtgeschichte, *Catholic London* von W. D. Newton, ist dies «einer unserer heiligen Plätze». Der schwermütige katholische John Dowland, der hauptsächlich Lautenmusik komponierte und 1626 starb, lebte in der Fetter Lane. 1643 wurden zwei Männer wegen eines Komplotts am nördlichen Ende der Fetter Lane gehängt, da sie ihre Verschwörung in einer Wohnung dieser Straße ausgebrütet hatten, und zweihundert Jahre lang diente diese Stelle immer wieder als Richtstatt. Doch noch in anderer Hinsicht war es eine Stätte des Todes. Mitte des 18. Jahrhunderts stand Ecke Fetter Lane / Holborn eine «Destille» (Branntweinbrennerei); sie befand sich an der Stelle des Black Swan, so dass alkoholische Getränke hier eine lange Tradition hatten. In den blutigsten Tagen der antikatholischen Krawalle von 1780 («Gordon Riots»), als der Schlachtruf des Pöbels «Nieder mit dem Papsttum!» durch die Straßen hallte, kam das Gerücht auf, der Besitzer der Destille sei Katholik. So wurde das Anwesen geplündert und in Brand gesteckt – mit fatalen Folgen. «Die Gossen der Straße, ja jeder Sprung und jede Ritze in den Steinen troffen von brennendem Spiritus, der, von eifrigen Händen eingedämmt, Straße und Pflaster überschwemmte und eine große Pfütze bildete, in welche die Menschen zu Dutzenden tot hineinfielen.» Diese Beschreibung stammt von Charles Dickens, für den ein feuriger Tod – wie für viele Londoner – eine Obsession war, doch wird seine Darstellung von mehreren zeitgenössischen Quellen beglaubigt. In der Fetter Lane also «beugten sich manche mit den Lippen zum Rand der Flüssigkeit und hoben den Kopf nicht mehr, andere sprangen von ihrem feurigen Trunk auf und tanzten, halb aus tollem Triumph, halb aus der Qual des Erstickens, bis sie niederstürzten und ihre Leichen in den Branntwein tauchten, der sie getötet hatte». Andere, die mit brennender Kleidung aus der Destille liefen, wälzten sich sogar im Spiritus, den sie für Wasser hielten, und «wurden selbst zu Staub und Asche durch jene Flammen, die sie entzündet hatten, und bestreuten die öffentlichen Straßen Londons». Sie wurden buchstäblich ein Teil der Fetter Lane.

Es hat im Lauf der Jahrhunderte noch andere Brandkatastrophen und Explosionen gegeben. Eine davon, am 19. April 1679, galt merkwürdigerweise als eine Folge der «Papistenverschwörung» und bildet so, zusammen mit der Hinrichtung der Rekusanten und dem Sturm auf die Destille, eine morbide katholische Trinität. Aber schon 1583, just nachdem die benachbarte Kirche St Andrew's in Holborn «frisch verglast» worden war, um alle Zeichen papistischen Aberglaubens zu beseitigen, hatte eine gewaltige Explosion von Schießpulver in der Fetter Lane alle ihre Fenster bersten lassen. Mit Hilfe von Schießpulver wurde auch der Große Brand in der Umgebung «gelöscht». In Clifford's Inn selbst saß das Gericht, das über Ansprüche aus Brandschäden zu entscheiden hatte. So wurde die Fetter Lane eine berühmte Grenzmarkierung.

In der Fetter Lane standen die Rechtsschulen neben den Schenken und die Kirchen neben den Hurenhäusern.

Hier lebten die Heiler von eher zweifelhaftem Ruf; im 17. Jahrhundert warb ein gewisser Bromfield «zu den *Blue Balls* im Pflughof in der Fetter Lane» für seine «Pillen gegen alle Krankheiten». Ein armer Apotheker namens Levett, ein Freund Samuel Johnsons, lernte hinter einem Kohlenschuppen in der Fetter Lane «ein Weib von schlechtem Charakter» kennen und ließ sich überlisten, sie zu heiraten. Für ihre Schulden wäre er fast ins Gefängnis gewandert – die ganze Geschichte war laut Johnson «so wunderbar wie nur irgendeine aus *Tausendundeiner Nacht*». Die Straße war auch das Quartier vieler Pfandleiher, worauf in Barrys *Ram-Alley* angespielt wird, einem Theaterstück aus dem 17. Jahrhundert: «Nimm diese Bücher, dann geht zum Trödler in der Fetter Lane.»

Die Anspielung auf Bücher ist auch in anderer Hinsicht passend, denn mit der Fetter Lane ist der Name verschiedener Londoner Schriftsteller verbunden. Der Philosoph Thomas Hobbes hat, wie wir aus John Aubreys *Brief Lives* erfahren, «größtenteils in der Fetter Lane gelebt, wo er, zuerst auf Lateinisch und dann auf Englisch, sein Buch *De Porpore* schrieb beziehungsweise vollendete». Er zog seine Existenz in der Fetter Lane jedem Landleben vor, wo «das Fehlen jeder gelehrten Unterhaltung eine große Unbequemlichkeit» sei. Der Tragödiendichter John Dryden lebte an der Ecke Fetter Lane / Fleur-de-Lys Court in einem der nach dem Brand modernisierten Häuser; er wohnte hier laut *Dictionary of National Biography* neun Jahre, und eine Zeit lang war sein Gegenüber auf der anderen Straßenseite der Dramatiker Thomas Otway, der sich in einer benachbarten Schenke zu Tode trank. Charles Lamb ging in einer Seitengasse der Fetter Lane zur Schule. Coleridge hielt hier Vorträge, und Samuel Butler, Lionel Johnson und Virginia Woolf logierten zu verschiedenen Zeiten in Clifford's Inn.

Einer der berühmtesten, wenngleich heute unbekanntesten Anwohner der Fetter Lane war Isaac Praisegod Barebone, ein Lederhändler, ein feuriger und unverdrossener Prediger der Wiedertäufer, der um 1640 mit seinem «aufrührerischen Gepredige und Geschwätz und Geschwafel» einige Krawalle in der Nachbarschaft auslöste. Auf Betreiben Oliver Cromwells zog er als Abgeordneter für die City of London ins Parlament ein, das seine Gegner daraufhin «Barebones» Parlament tauften, obwohl er in der Kammer nie das Wort ergriff. Nach der Restauration wurde er inhaftiert, kehrte aber nach der Entlassung aus dem Gefängnis wieder in sein Kirchspiel zurück; seine Beisetzung vermelden die Kirchenbücher von St Andrew's in Holborn, der Kirche nördlich der Fetter Lane.

Aber die Gegenwart Barebones war nicht das einzige Element von Dissidententum in dieser Straße. Im 16. Jahrhundert traf sich eine Gruppe von Puritanern im Hof eines Schreiners im mittleren Bereich der Straße, auf der östlichen Seite; unter Königin Maria, die die Puritaner verfolgte, beteten sie in einer einfachen Sägegrube, und in einer Flugschrift aus späterer Zeit, *Our Oldest Chapel*, heißt es, dass die Dissenters für diesen Platz Gefühle hegten, «die an Verehrung grenzten». Das steht in eigentümlichem Kontrast zu der Verehrung der Katholiken, die jenem «heiligen Flecken» wenige Meter weiter südlich galt, wo sich (Ecke Fetter Lane / Fleet Street) einst der Galgen befunden hatte. Ein und dieselbe Londoner Straße kann offenbar ganz gegensätzliche spirituelle Erinnerungen beherbergen.

In der Regierungszeit von Königin Elisabeth I. (1558–1603) wurde den Puritanern erlaubt, an der Stelle jener Sägegrube einen Gebetsraum aus Holz zu errichten; später zogen die Presbyterianer hierher und errichteten an derselben Stelle eine Backsteinkapelle. Die Verschwiegenheit und Abgeschiedenheit lockten sie, ebenso wie ihre nonkonformistischen Vorgänger, in die Fetter Lane. Die Kapelle selbst «konnte man nur durch einen langen, schmalen Gang erreichen», den Goldsmith oder Goldsmith's Court; aus einem Plan der Fetter Lane aus dem 17. Jahrhundert geht hervor, dass viele solcher Gänge und Sackgassen von der Straße abgingen, welche ihr Leben unbezähmbar in alle Richtungen zu verströmen schien. Abgeschirmt wurde die Kapelle auch «durch die ununterbrochene Häuserreihe, die schon damals die Ostseite der Fetter Lane säumte und sie [die Kapelle] den Blicken der Passanten gänzlich entzog». Es war also auch mitten in London möglich, Abgeschiedenheit zu finden. Allerdings kannte der Londoner Pöbel die Schleichwege sehr gut, und so wurde die Kapelle 1710 von Aufrührern in Brand gesteckt. Sie wurde zwar wieder aufgebaut, aber danach von den radikalen und sektiererischen Mährischen Brüdern übernommen, die sich in den folgenden zwei Jahren in der Gegend behaupteten. Zusammen mit den Mährischen Brüdern verrichteten hier die Wesleyaner ihre Andacht, und Charles Wesley bemerkte am Neujahrstag 1739: «Die Macht Gottes kam gewaltig über uns, insoferne als viele vor überschwänglicher Freude jauchzten und viele strauchelten.» So war «die plötzliche Ausgießung des Heiligen Geistes» einer kleinen Seitengasse in der Fetter Lane zuteil geworden, von wo sich die «Erneuerung … in andere Teile Englands verbreitete».

Es zog auch andere Radikale und Dissenters an diesen Platz. So hielt der Koventikler Richard Baxter in der Fetter Lane seine Vorträge; in der Black Raven Passage gab es eine Baptistenversammlung und in Elim Court, zwischen Fetter Lane 104 und 107, eine weitere Kapelle der Dissenters. Zahlreiche Mährische Brüder wohnten hier in «Gemeinschaftshäusern» zusammen, zum Beispiel in Nevill's Court. Sie lebten am Rand des orthodoxen Glaubens, wie sie am Rand der Stadt lebten. Bestimmte Gruppen und Menschen fühlen sich eben von einer bestimmten Lokalität angezogen, deren Topographie ein Abbild ihrer eigenen Lage ist. Deshalb zog es nicht nur religiöse, sondern auch politische Radikale in diese Gegend. Thomas Evans, ein «Jakobiner» und Mitglied der London Corresponding Society, entfaltete seine Operationen vom Plough Court an der Fetter Lane aus. Ein Wirtshaus in der Fetter Lane, der Falcon (Falke), wurde ebenfalls überwacht, weil es als Zentrum umstürzlerischer Umtriebe galt. Evans selbst, der Ende des 18. Jahrhunderts in der Fetter Lane lebte, befeuerte seinen revolutionären Eifer mit starken alkoholischen Getränken und finanzierte seine Aktivitäten durch den Verkauf von Bänkelliedern und Pornographie. Damit befand er sich ganz im Einklang mit seiner ebenfalls zwiespältigen Umgebung. Er war gewandt genug, viele Berufe zu ergreifen: Pornograph, Buchdrucker, Kaffeehausbesitzer und Anstreicher – lauter Gewerbe, die mit der Fetter Lane zu tun hatten, so dass er sich in anderer Hinsicht als so proteisch und ungebärdig wie die Straße selbst erweist. Könnte es sein, dass manche Menschen ihre Identität oder ihr Temperament aus ihrem Wohnort ziehen?

Im Lichte dieser Verbindung zum Radikalismus wären noch andere Namen zu nennen. William Cobbett ließ sein *Political Register* von der Fetter Lane 183 hinausgehen. Anfang des 20. Jahrhunderts wohnte in einer Seitenstraße – Nevill's Court 14 – der große Sozialist und Redner Keir Hardie. Für 2 Schilling 6 Pence logierte er in einem der ältesten Häuser Londons, einem «fünfstöckigen Fachwerkbau aus dem Spätmittelalter»; er bewohnte also die Geschichte der Fetter Lane, mochte ihm vielleicht auch nicht bewusst sein, dass Cobbett und Paine vor ihm dasselbe Pflaster betreten hatten wie er. Gleichsam als stumme Hommage an diese Vergangenheit erhebt sich heute das Denkmal für den Politiker John Wilkes an der Stelle, wo Fetter Lane und New Fetter Lane zusammenstoßen. Es hat das zusätzliche Verdienst, die einzige schielende Statue in London zu sein, was den zwiespältigen Status der Gegend nur unterstreicht.

In der Fetter Lane 77 lebte Tom Paine (1737–1809), dessen Rights of Man *zur inoffiziellen Bibel des Radikalismus im 18. Jahrhundert wurde. Stich von A. Krausse*

Im 19. Jahrhundert ereilte die Fetter Lane ein ähnliches Schicksal wie viele andere Straßen in jener Zeit: Sie wurde von der Größe Londons geschluckt und schien irgendwie schmaler und dunkler zu werden. «Die Menschen in der Fetter Lane und den angrenzenden Straßen», konstatierte ein kirchlicher Bericht, «gehören zu der ärmsten und gottlosesten Schicht. Das Viertel ist einfach ein Labyrinth von Geschäftsanwesen.» Die Rechtsschulen wurden abgerissen; an ihrer Stelle entstanden ein Arbeitshaus und ein großes Staatsarchiv. Von den Gebäuden, die diesem Archiv weichen mussten, bemerkte ein anonymer Beobachter: «Die in der Fetter Lane werden in der Hauptsache von Personen bewohnt, die nicht mit lukrativen Geschäften befasst sind, und es steht zu vermuten, dass keiner der Pachtverträge hier für einen Zeitraum von mehr als

21 Jahren abgeschlossen ist.» Der rasche Wechsel hat immer zur Eigenart der Fetter Lane gehört. Sie war Durchgangsstation, ihr beherrschendes Muster die Unstetigkeit – außer für die Mährischen Brüder, die wussten, dass wir auf dieser Erde «keine bleibende Statt» haben.

In der Stadt gibt es freilich in diesem Muster immer noch viele andere. Ein Adressbuch von 1828 listet für die Fetter Lane nicht weniger als neun Wirtshäuser auf – für diese relativ kurze Straße eine stolze Zahl, die typisch für das frühe 19. Jahrhundert ist, aber auch auf eine mobile und vielleicht anonyme Population schließen lässt. Im Handelsadressbuch von 1841 überwiegen die Buchdrucker, Verleger, Schreibwarenhändler, Kupferstecher und Buchhändler – insgesamt neunzehn an der Zahl –, gefolgt nur von den Inhabern von Kaffeehäusern, Gasthöfen und Speisehäusern. Es sind alles Gewerbe, die einen wandelbaren Geschmack bedienen und im weitesten Sinne mit «Neuigkeiten» zu tun haben.

Ein Adressbuch von 1817 verzeichnet nicht weniger als drei «Öle- und Farbenmänner» in der Fetter Lane. Das Postadressbuch von 1845 enthält zwei Maler und einen «Öle- und Farbenmann», 1856 taucht eine «Öle- und Farben-Handlung» auf; Charles Dickens beschreibt in einer seiner Skizzen einen gewissen «Mr. Augustus Cooper aus der Fetter Lane», der «in Ölen und Farben macht». Er erwähnt auch, dass es bei Augustus Cooper «über der Straße» den «Gasrohrleger» gab; seltsamerweise taucht im Adressbuch für 1865 ein «Messingzurichter und Gasrohrleger» auf. Es gehört zu jener Zaubersphäre, in der sich Realität und Phantasie vermischen, dass in dieser Straße nicht nur Lemuel Swifts Romanfigur Gulliver als Wundarzt tätig war, sondern dass hier laut Adressbuch von 1845 auch zwei wirkliche Wundärzte ansässig waren.

Ein repräsentativer Abschnitt der Fetter Lane wurde laut einem Adressbuch von 1905 nacheinander von einem Schlächter, einem Milchhändler, einem Eisenwarenhändler, einem Werkzeugmacher, einem Uhrmacher bewohnt und beherbergte später eine Kneipe, eine Bäckerei, eine Buchdruckerei, ein Kaffeehaus und ein Friseurgeschäft. Doch in den Seitenstraßen und Sackgassen – Blewitt's Buildings, Bartlett's Buildings, Churchyard Alley und vielen anderen – gab es Mieter und Hausbewohner, welche die Steuerbücher oft mit Zusätzen wie «Arm», «Kann nicht zahlen», «Zahlt nicht» versahen. In Nevill's Court, wo Keir Hardie wohnte, wurden geräumige Häuser in kleinere Wohnungseinheiten aufgeteilt. Manche dieser Gebäude stammten aus der Zeit vor dem Großen Brand, während andere unmittelbar nach dem Brand entstanden waren; kennzeichnend für sie alle waren jedoch die kleinen Vorgärten. In einem Bericht für die Londoner Topographische Gesellschaft rühmte Walter Bell 1928 die Gepflegtheit dieser Gärten und erinnerte daran, «dass es der arme Mann ist, der uns diesen Teil des alten London» intakt erhält. Auch die für das 16. Jahrhundert typischen weitläufigen Höfe und Gärten waren in diesem Viertel noch lange zu sehen. Doch Anfang des 20. Jahrhunderts «reibt man sich verwundert die Augen. Ist dies wirklich die City – wo die Menschen ihr Leben leben, ihre Blumen pflegen und sterben?» In der Fetter Lane stirbt man nicht; man zieht weiter.

Aus den Unterlagen des Kirchspiels und der Post geht hervor, dass Läden und Geschäfte immer nur kurze Zeit blieben und dann verschwanden. Im Haus Nr. 83 befanden sich im Verlauf von siebzig Jahren nacheinander eine Rasiermesserwerkstatt, eine Garküche, ein Bierverkauf, eine Kaffeehalle, eine Buchdruckerei und ein Milchwarengeschäft. Heute befindet sich eine Sandwich-Bar im Erdgeschoss des Anwesens.

Dieses kleinteilige Muster von Läden und Geschäften hielt sich bis zum Zweiten Weltkrieg. 1941 legten Brandbomben das Gebiet in Schutt und Asche. Als die Fetter Lane wieder erstand, behauptete sie sich als Straße der Schreibwarenhändler, Buchdrucker und Cafés. Aber ihre Bewohner waren verschwunden. Heute werden die Seitenstraßen und Sackgassen von Büro- und Geschäftsräumen gesäumt, während in der Fetter Lane selbst die Sandwich-Bars die Erinnerung an die Kaffeehallen und Speisehäuser wach halten, die einst zum gewohnten Straßenbild gehörten. Doch was man in dieser Straße des unablässigen Wandels jetzt vor allem zu sehen und zu hören bekommt, sind Abriss und Neubau.

23. Wiederaufbau

Viele Bürger kehrten 1666 unverzüglich in die rauchenden Trümmer zurück, um festzustellen, wo ihr Haus einst gestanden hatte; dann reklamierten sie das Areal für sich, indem sie darauf eine Art von Notunterkunft errichteten. An dem Tag, da das Feuer endgültig gelöscht war, wurde Karl II. darüber unterrichtet, dass einige Personen «bereits dabei sind, in der Altstadt von London ihr Haus auf den Grundmauern wieder zu errichten».

Drei Tage später erließ der König eine Proklamation an die Bürger, worin er einen zügigen Wiederaufbau versprach, aber auch darauf hinwies, dass neue Arbeiten erst beginnen könnten, wenn «Ordnung und Führung» eingeführt worden seien. Er verlangte, dass alle neuen Bauten aus Naturstein oder Backstein zu bestehen hätten. Bestimmte Straßen wie etwa Cheapside und Cornhill sollten «breit genug sein, um mit Got-

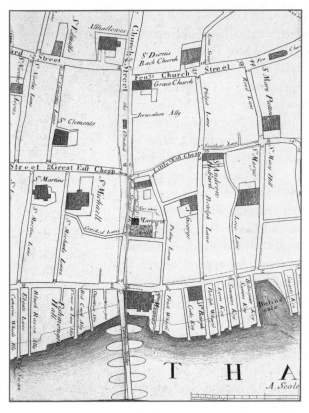

Ausschnitt aus einem Stadtplan, der das Ausmaß der Verwüstungen anzeigte, die der Große Brand von 1666 in London anrichtete.

tes Hilfe dem Unglück vorzubeugen, dass die eine Straßenseite Schaden leidet, wenn die andere brennt, wie es jüngst in der Cheapside der Fall gewesen ist». Der Monarch bewies auch eine gewisse Sorge um die Gesundheit seiner Untertanen, indem er dekretierte, dass «alle Gewerbe, welche unter Rauch ausgeübt werden», wie Brauer oder Färber, künftig «zusammen wohnen sollen».

Namentlich Christopher Wren und John Evelyn hatten bereits Pläne vorgestellt, wonach der Wiederaufbau Londons in einem großzügigen und wohl überlegten Maßstab erfolgen sollte. Wren schlug ein System von einander kreuzenden Avenuen nach kontinentaleuropäischem Vorbild vor; Evelyns neue Stadt ähnelte mehr einem riesigen Schachbrett, das von zwölf Plätzen oder *piazze* dominiert wurde. Keiner dieser Pläne wurde angenommen; keiner war annehmbar. Vielmehr behauptete die Stadt selbst, wie immer, ihren alten topographischen Eigensinn.

Zunächst aber mussten die Aufräumarbeiten beginnen; dort, wo sie ausblieben, glühten die Ascheflächen noch sechs Monate später. Jene Bürger, die ihr Gewerbe verloren hatten oder aus anderen Gründen beschäftigungslos waren, wurden von der Stadt dienstverpflichtet; die Ruinen waren abzutragen und der Schutt wegzufahren. Die qualmenden Straßen mussten gesäubert und für den Verkehr geöffnet, die Hafenanlagen für den Handel sicher gemacht werden. An den Rändern der Altstadt entstanden improvisierte Märkte, während unternehmungslustige Bankiers und Kaufleute in der Gegend um Bishopsgate, die von den Flammen verschont geblieben war, ihre Geschäfte wieder aufnahmen. So waren die Makler von der Königlichen Börse bis Jahresende ins Gresham College umgezogen. In einem gewissen Sinne herrschte eine neue, ermutigende Atmosphäre der Freiheit. Das Feuer hatte in gleichem Maße Schulden wie Besitz, Hypotheken wie Häuser zerstört. Dieser finanziellen Säuberung ist freilich der Verlust an Warenbeständen und Lebensmitteln, Gewürzen und Wein, Ölen und Tuchen entgegenzuhalten, die in den Warenhäusern und Manufakturen verdarben.

Es war jedoch ein Zeichen für die Vitalität der Stadt, dass die emsige Handelstätigkeit binnen Jahresfrist wieder auflebte. Noch in einer anderen Hinsicht war die Stadt die alte geblieben; Diebe und Straßenräuber fanden die neuen Gegebenheiten zuträglich für ihr Tun. Auch entdeckte man «viele Menschen, die ermordet und in den Gewölben unter den Ruinen versteckt worden waren». Dieser Umstand gibt zu weiterer Spekulationen Anlass. Was war mit den Häftlingen geschehen, die vor dem Großen Brand in solchen «Gewölben» gehaust hatten? Viele Gefängnisse Londons befanden sich unter der Erdoberfläche, und es ist kaum anzunehmen, dass alle Gefangenen bei Ausbruch des Brandes freigelassen wurden und mit dem Leben davonkamen. Ist es nicht wahrscheinlicher, dass sie verbrannten oder erstickten? Die Statistik sprach von sechs Opfern des Brandes, aber diese ungewöhnlich niedrige Zahl verdankt sich möglicherweise der offiziellen Geringschätzung bestimmter Menschenleben. Konnten manche Eingekerkerte fliehen, als die Gefängnisgitter schmolzen? Und was wurde aus den anderen?

Die Bilanz des Großen Brands: 400 Straßen und 13 200 Häuser zerstört, 250 000 Menschen obdachlos, 84 Kirchen, die Royal Exchange und das Rathaus abgebrannt.

Es wurde ein sechsköpfiges Gremium berufen, um den Wiederaufbau der Stadt zu steuern. Eines seiner Mitglieder war Christopher Wren, der bereits wusste, dass seine Träume von einem neuen London nicht zu verwirklichen waren. Ein Gericht für Brandschäden («Feuergericht») entschied über alle Forderungen und Streitigkeiten im Zusammenhang mit Grund- und Immobilienbesitz. Im Februar 1667 hatte das Parlament die Vorschläge der Kommission in Kraft gesetzt. Einige Straßen wurden verbreitert, aber insgesamt wurden nur sehr wenige Veränderungen vorgenommen. Die King Street entstand, und eine kleine Verkehrsader wurde zur Queen Street erweitert, so dass man jetzt direkt von der Themse zum Rathaus kam. Spürbarer waren jedoch die Neuerungen, die in Bezug auf Größe und Material der Häuser durchgesetzt wurden. Sie mussten, wie der König verkündet hatte, aus Natur- oder Backstein sein, und es sollte, «aus Gründen der besseren Regulierung, der Einheitlichkeit und Zierlichkeit», vier Typen oder Klassen von Häusern geben. So sollten die Gebäude an den Hauptstraßen vier Stockwerke haben, während in Gassen und Nebenstraßen zwei Stockwerke für ausreichend erachtet wurden.

Dann begann das Werk. Die Bürger und Privathaushalte waren gezwungen, sich auf ihre eigenen Ressourcen zu stützen, während die Geldmittel für öffentliche Arbeiten wie den Wiederaufbau der Kirchen durch eine Kohlesteuer beschafft wurden. Im Frühjahr 1667 war der

Verlauf der Straßen abgesteckt, und im ganzen Land wurde um Menschen geworben, «die bereit sind, in der Stadt mitzuhelfen und Bauholz, Ziegel, Kalk, Naturstein, Glas, Dachschiefer und andere Baumaterialien zu liefern». So kam es zu einer der großen Umwälzungen in der Londoner Bevölkerung.

Es ist anzunehmen, dass viele von denen, die vor dem Großen Brand in der Stadt gelebt hatten, später nicht mehr an den Schauplatz der Verwüstung zurückkehrten. Manche zogen in ländliche Bezirke, andere wanderten nach Amerika aus. Dafür wurden, als der Wiederaufbau der Stadt begann, Tausende von neuen Menschen in ihren Dunstkreis gezogen. Es waren Erdarbeiter und Ziegelbrenner, Fuhrleute und Gießer, die sich gleich außerhalb der Stadtmauern niederließen; Hunderte von Trödlern und Handeltreibenden strömten in eine Stadt, die die Hälfte ihrer Märkte und die meisten ihrer Läden und Geschäfte verloren hatte. Und natürlich kamen die Baumeister, die von der Aufgabe profitierten, ganze Straßenzüge zu erstellen. Roger North hat beschrieben, wie ein bekannter Spekulant, Nicholas Barbon, ganze Teile von London verwandelte, «indem er Straßen und kleine Häuser aus dem Boden stampfte und deren Zahl durch möglichst wenig Fassade vermehrte». Barbon erkannte die Vorteile von baulicher Anspruchslosigkeit und Normierung: «Kleinzeug sei nicht der Mühe wert», sagte er einmal, «*das* könne jeder Maurer.» Aber die Maurer hatten schon alle Hände voll zu tun.

Binnen zwei Jahren nach dem Großen Brand waren 1200 Häuser fertig gestellt, im Jahr darauf folgten weitere 1600 Häuser. Dennoch war London einige Jahre lang eine Trümmerstadt, die erst allmählich neu entstand.

John Ogilbys Stadtplan von 1677 zeigt, elf Jahre nach dem Großen Brand, ihr neues Aussehen. Der größte Teil ist wieder aufgebaut, wiewohl immer noch einige Kirchen fehlen und der vorgesehene Ausbau der Kaianlagen an der Themse nicht erfolgt ist. Die neuen, schmalen Backsteinhäuser sind als Quadrate eingezeichnet; schon sind sie wieder eng zusammengerückt, um Platz für kleine Straßen und Gassen zu machen, die sich durch sie hindurchschlängeln. Viele dieser Häuser haben an ihrer Rückseite einen kleinen Garten oder Innenhof, aber der allgemeine Eindruck ist doch wieder der eines beengten, eingeschnürten Lebens. Wer die Leadenhall Street nur hundert Meter in östlicher Richtung entlangschritt, von der Billiter Lane bis zur Einmündung in die Fenchurch Street, passierte linker Hand nicht weniger als sieben Gassen oder Sträßchen, die entweder «Sackgassen» waren oder in kleine Plätze mündeten. Auf der Karte ist ein großer Teil des Gebietes grau schattiert, um kleine Wohnhäuser aus Backstein und Naturstein anzuzeigen.

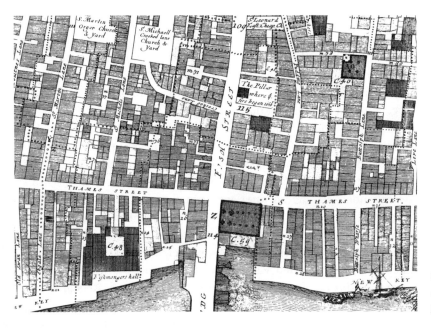

Ein Ausschnitt aus John Ogilbys Stadtplan von 1677

Ogilbys Stadtplan belegt Londons stetige Ausdehnung. Die Gegend um Lincoln's Inn im westlichen Stadtbezirk ist für neue Straßen und Häuser ausgewiesen; im Norden, in Clerkenwell, sind bereits viele neue Gassen und Straßenarme entstanden. Nicholas Barbon schuf die Essex Street, den Devereux Court, den Red Lion Square, die Buckingham Street, dic Villiers Street und die Bedford Row. Dieser tüchtige Baumeister und Stadtentwickler wurde, was den Einfluss auf das Erscheinungsbild Londons betrifft, nur von Nash übertroffen. Barbons Pragmatismus und finanzieller Opportunismus passen genau zu dieser Stadt; beide prosperierten miteinander. Nicht zuletzt aufgrund von Barbons Stadterweiterung kehrten wohlhabendere Kaufherren und Geschäftsleute dem Gestank und Lärm der älteren Gewerbegebiete im Osten den Rücken.

Allerdings hatte diese Entwicklung schon vor dem Großen Brand begonnen, der sie aber beschleunigte. Die *piazza* des Covent Garden war 1631 geplant und neu gebaut worden; vier Jahre später folgten die Leicester Fields. Der Bau der Seven Dials verband die Kirchen St Giles und St Martin miteinander, die beide *in the fields* gewesen waren. 1670 wurde die Great Russell Street fertig gestellt. Im Jahr vor dem Großen Brand war der Bloomsbury Square angelegt worden. 1684 war die Stadt nach Westen bis zum Red Lion Square und St James's Square expandiert.

Das Grundprinzip dieser «Häuservierecke» (Squares) bestand in der Schaffung dessen, was John Evelyn «eine kleine Stadt» nannte und was in der Theorie nicht sehr verschieden war von den einem großen Herrn unterstellten, unabhängigen Gerichtsbezirken des anglo-normannischen Londons. Im 17. Jahrhundert mochte einem Gutsherren wie Lord Southampton, dem Bloomsbury gehörte, die Erkenntnis dämmern, dass mit seinen Ländereien Geld zu verdienen war. Er selbst lebte dann in einer seiner Residenzen auf dem Gut, während der Rest in Parzellen aufgeteilt und an Bauspekulanten verpachtet wurde, die darauf Häuser errichteten, die sie dann vermieteten oder weiterverpachteten. Nach 99 Jahren wurden die Häuser Eigentum des Gutsbesitzers.

Die anderen Merkmale dieser Häuservierecke ergaben sich aus ihrer Funktion für die Bewohner. Im günstigsten Fall sah man sie als Miniaturgemeinden an, die zu ihrer weiteren Entwicklung um Kirche und Markt ergänzt wurden. Dies schien eine Möglichkeit zu sein, eine anziehende und menschliche Stadt außerhalb der alten Stadtmauern zu schaffen. Als die Häuservierecke erstmals errichtet wurden, betrachtete man sie – mit den Worten Macaulays – als eines der «Wunder Englands», worin sich das Bequeme mit dem Vornehmen verband. Regelmäßigkeit und Einheitlichkeit dieser Häuservierecke, die so ganz anders sind als das barocke Erscheinungsbild von Paris oder Rom, mögen dem Vorbild alter Klosterhöfe oder -gärten nachempfunden sein, die einst ein vertrautes Bild in London waren. Ein Gang über den Queen Square, den Russell Square oder den Bedford Square vermittelte den Eindruck, dass «so manche Tradition des Mittelalters weitergegeben» worden und der ruhige Frieden jener frommen Bauten westwärts gezogen war.

Doch sollte man die atavistischen Impulse im Leben Londons nicht unterschätzen. Die Expansion vollzieht sich in Schüben; auf Bewegung und Aufruhr folgt plötzlich eine Stille. Bei der einen Gelegenheit wird die Stadt eine noch unerschlossene Gegend nur sanft antippen, bei der nächsten aber völlig kolonisieren. So waren Leicester Fields und Soho Square der aufblühenden Kapitale bereits so nahe, dass man gar nicht erst versuchte, aus ihnen einen anmutigen Gemeinderaum zu machen. Wichtig ist in diesem Zusammenhang die Erinnerung, dass für die rastlose Bewegung der Stadt, wie John Summerson hervorhebt, immer «der Handelszyklus und nicht die wechselnden Ambitionen und Strategien von Machthabern und Administratoren» ausschlaggebend waren. Eine Zeitlang hörte die Stadt im Westen dort auf, wo heute die New Bond Street verläuft, damals aber «ein offenes Feld» lag. Zeitweilig zum Stillstand gekommen war die Bautätigkeit auch an der Südseite der Oxford Street, die damals kaum mehr war als «ein tiefer Hohlweg voller Pfützen», den Hecken säumten. Die Regent Street war damals eine Ödnis, und der Golden Square, einst eine Pestgrube, «war ein Feld, das ein Londoner in jener Zeit nicht ohne Schauder betrat».

Die neuen Häuservierecke blieben nicht lange ein Muster an staats-
bürgerlicher Harmonie. Wie Macaulay moniert, war schon Ende des
17. Jahrhunderts die Mitte von Lincoln's Inn Field «ein offener Raum,
wo sich jeden Abend der Pöbel versammelte» und «an allen Ecken Unrat
weggeworfen wurde». Der St James's Square wurde zum «Sammelbecken
für alle Abfälle und Aschenreste, alle toten Katzen und toten Hunde von
Westminster»; einmal «ließ sich ein unverschämter Eindringling dort
nieder und schlug unter den Fenstern der vergoldeten Salons einen Stand
für allerlei Plunder auf». Es ist ein weiterer Beweis für die Gegensätze
des Londoner Lebens, deutet aber auch auf eine Stadt hin, die sogar damals auf den Fundamenten von Rohheit und Aggressivität errichtet war.
So ist es verführerisch, sich die neuen Häuservierecke als separate Gemeinden auf der grünen Wiese vorzustellen, aber in Wirklichkeit wurden
auch diese Wiesen selbst schon bebaut. «An diesem Ende der Stadt», beschwerte sich ein Bewohner von Westminster, «werden ganze Felder zu
neuen Gebäuden und verwandeln sich in Bierschenken voller notleidender Menschen».

Während die Entwicklung der westlichen Vororte Londons aufgrund
von Pachtverträgen erfolgte und durch Parlamentsgesetze geregelt wurde, war die Erweiterung der östlichen Stadtgebiete eine verworrene und
zufällige Sache, da hier die alten Statuten der Güter Stepney und Hackney galten, die nur den kürzeren «Lassbesitz» von 31 Jahren kannten.
Infolgedessen blieb die Expansion der Stadt im Osten von Anfang an ungeplant und unterentwickelt. Wapping und Shadwell hatten zehn Jahre
nach dem Brand Gestalt angenommen, während Spitalfields erst Ende
des 17. Jahrhunderts «fast völlig bebaut» war. Mile End gedieh zu einem
stark bevölkerten Stadtbezirk, während das Themseufer von Ratcliffe
bis Poplar eine durchgehende ärmliche Straße mit Häusern und Läden
bildete.

Der Stadtplan von Ogilby enthält weder die ärmeren Straßen des Londoner Ostens noch die Entwicklung im Westen. Stattdessen zeigt er das,
was Dryden in seinem Gedicht *Annus Mirabilis* «die Stadt von edlerem
Gepräge» nennt.

Eine Ansicht des Lambeth Palace, gemalt in den 1680er Jahren, zeigt
in der Ferne den Blick auf Westminster und die Strand. Das Bild ist ein
Muster an Eleganz; die Kirchtürme von St Clement Danes und von
St Giles-in-the-Fields sind deutlich zu erkennen, ebenso Durham House
und Salisbury House. Hätte der Maler seinen Blick nur ein wenig weiter nach Osten gelenkt, so hätte er in der neu erbauten Altstadt den Turm
der wieder errichteten Königlichen Börse eingefangen, die als Finanz-
zentrum Londons natürlich mit dem allerersten der brandneuen Spitz-

1670 legte Christopher Wren seinen Plan für den Wiederaufbau von St Paul's vor: Grundriss eines griechischen Kreuzes, große Vierungskuppel und Vorbau mit Portikus. Nur mit Ausdauer und List konnte er seine Vorstellungen gegen die Bedenken des Klerus durchsetzen.

türme geschmückt war. Auch der große Kirchturm von St Mary-le-Bow war wieder aufgebaut worden, gefolgt von den Türmen von St Clement Eastcheap und St Peter upon Cornhill, St Stephen Walbrook und St Michael Crooked Lane sowie jenen 47 weiteren Kirchen, die Wren und seine Kollegen entworfen hatten.

In Wrens visionärem Entwurf des neuen London war die große Domkirche St Paul der Mittelpunkt gewesen, von dem alle Straßen ausgehen sollten. Wren hatte die alte Kathedrale in Trümmern gesehen, von der Pepys schreibt: «Seltsam, wie schon der Anblick der Steine, die von der Kirchturmspitze herabstürzen, mich seekrank macht.» Noch 1674, acht Jahre nach dem Großen Brand, war der alte Bau weder ersetzt noch restauriert worden. London war eben immer noch in Teilen eine Trümmerstadt. Doch dann machte sich Wren ans Werk und riss die alten Kirchenmauern mittels Sprengstoff und Rammböcken ein. Im Sommer 1675 wurde der Grundstein der neuen Kirche gelegt. 35 Jahre später war es Wrens Sohn, der in Gegenwart seines Vaters, des Meisterarchitekten, den höchsten Stein in die Laterne auf der Kuppel der Kathedrale einsetzte, zum Zeichen ihrer Vollendung. «Ich baue für die Ewigkeit», hatte Wren gesagt. Diese Einschätzung machte ihm allerdings der Dichter Felton streitig, der prophezeite, nichts werde länger Bestand haben als die Steine des Gefängnisses Newgate.

Schuld und Sühne

*Der Tod durch den Strang – dargestellt von Thomas Rowlandson. Selbst die Kinder
scheinen das Spektakel der öffentlichen Hinrichtung zu genießen. Londoner,
so sagten viele Besucher der Stadt, fürchten nicht den Tod.*

24. Die Ballade
von dem Gefängnis Newgate

Binnen vier Jahren nach dem Großen Brand war das Gefängnis Newgate fast fertig gestellt. Der Neubau folgte einem Entwurf, dem die *London Encyclopaedia* «große Pracht» und «Aufwendigkeit» zuspricht. Newgate war in einem gewissen Sinne das Symbol Londons schlechthin. Es hatte seit dem 12. Jahrhundert an derselben Stelle gestanden, ein Sinnbild des Leidens und des Todes. Es wurde ein sagenumwobener Ort, dessen Steine als «totengleich» galten und der die Menschen zu mehr Gedichten, Theaterstücken und Romanen inspirierte als jedes andere Bauwerk in London. Auch seine Funktion als Torweg hatte etwas Mythisches; der Gefangene, der diese Schwelle überschritt, verließ die irdische Stadt und wurde nach Tyburn oder Smithfield gebracht – oder zu der Richtstätte gleich hinter den Mauern von Newgate selbst. Es wurde zu einem Synonym für die Hölle, und sein Gestank verpestete die umliegenden Straßen und Häuser.

Im 14. und frühen 15. Jahrhundert geriet das Gefängnis Newgate in Verfall und begann einzustürzen; 1419 starben 64 Häftlinge an einem epidemischen «Kerkerfieber» (Typhus). Regelmäßig wurde der Vorwurf laut, die Wärter folterten oder misshandelten die Gefangenen, Juden, die man fälschlicherweise bezichtigt hatte, Christenknaben zu beschneiden, Verleumder, Falschmünzer und Mörder wurden in tiefe unterirdische Verliese gesteckt und dort mit Ketten beladen oder in den Stock gespannt. Eine beträchtliche Geldsumme, die Richard Whittington, Londons großer Bürgermeister, testamentarisch vermacht hatte, erlaubte 1423 den vollständigen Neubau des Gefängnisses, das jedoch bald in seinen grausigen, niederschmetternden Naturzustand zurückfiel. Annähernd dreihundert Häftlinge waren auf einer Fläche von 2000 m² zusammengesperrt, in einem Bauwerk, das in drei Trakte oder «Seiten» gegliedert war – eine für «Herren», das heißt für Häftlinge, die für ihre Verpflegung bezahlen konnten, eine für «Gemeine», also mittellose Schuldner und Schwerverbrecher, und eine dritte für «berühmte Häftlinge». Hieraus kann man schließen, dass der Trakt für die «Gemeinen» die Stätte von Entbehrung und Entwürdigung war.

Die Gefängniswärter von Newgate waren schon immer für ihre Gewalttätigkeit und Unbeherrschtheit berüchtigt. 1447 ließ James Manning

Das Newgate-Gefängnis, mit der Windmühle obendrauf, die vielleicht den Gefangenen Luft verschaffte, wurde ein Symbol von Verbrechen und Strafe.

den Leichnam eines Gefangenen in der Duchfahrt liegen, «was dem König, der dort vorbeikam, Verdruss und große Gefahr verursachte»; als Manning sich trotz wiederholter Verwarnungen noch immer weigerte, die Leiche zu beseitigen, und nachdem auch seine Frau «schandhafte Worte» gesprochen hatte, wanderten beide hinter Gitter.

Zwei Jahre später wurde auch Mannings Nachfolger wegen einer «schrecklichen Tätlichkeit» gegen eine weibliche Gefangene eingesperrt. Offenbar wurden die Gefängniswärter von der Brutalität ebenso infiziert wie vom Kerkerfieber. Der berühmteste dieser Wärter in den Jahren vor dem Brand war wohl Andrew Alexander, der unter Maria I. seine protestantischen Insassen zu den von der Königin angeordneten Protestantenverbrennungen nach Smithfield trieb und dazu rief: «Raus aus meinem Gefängnis! Raus aus meinem Gefängnis!» Alexander bevorzugte einen Gefangenen, der für ihn und seine «die Musik sehr liebende» Frau die Laute schlug und dafür das beste Quartier im Gefängnis erhielt. Aber den allgemeinen Zuständen in Newgate konnte man nirgends entrinnen – «durch die üblen Gerüche fiel der arme Herr in ein verzehrendes Fieber». Alexander bot ihm an, in seinem eigenen Wohnzimmer zu nächtigen, «aber das lag neben der Küche, und die Fleischdünste waren widerlich». In diesen Schilderungen aus den *Chronicles of Newgate* ist der Geruchssinn bestimmend, während in den Verliesen selbst «Durcheinander, Aufruhr, Chaos» herrschten.

Wer sich alkoholische Getränke leisten konnte, war ständig angeheitert von «Sherrysekt, bernsteinfarbenem Kanarienwein oder leckerem Hippokras»; wer aber um seiner religiösen oder politischen Überzeugungen willen einsaß, schwärmte trotz seiner Fesseln: «Es gibt aufwiegelerische Predigten von Fünftkönigern [Endzeitsekte] in Newgate», heißt es in den Unterlagen, «und Gebete für das Blut aller Gerechten». Aber die Anstalt war so überfüllt, dass die Mehrheit der Häftlinge «ein ansteckendes bösartiges Fieber» hatte. Es war «ein Ort der Ehrlosigkeit und großen Pein», wo Läuse die «ständigen Begleiter» der Häftlinge waren. Ein Insasse musste in einem Sarg statt einem Bett liegen, ein anderer vegetierte vierzehn Tage «ohne Licht und Feuer und lebte von Brot für einen halben Penny am Tag». Hier ließ man 1537 elf katholische Mönche verhungern, «aufrecht stehend und an Säulen gekettet».

In dieser Zeit kam erstmals die Sage vom «Schwarzen Hund» auf, «einem Geist, der in Gestalt eines schwarzen Hundes umgeht und kurz vor einer Hinrichtung, oder des Nachts, wenn die Sitzungen andauerten, durch die Straßen schleicht». Manche hielten das Geschöpf für eine Emanation des Newgate-Elends im 12. Jahrhundert, als eine Hungersnot einige Häftlinge zu Kannibalen machte. Andere vermuteten, dass es sich um ein Phantom handle, das «im Namen von Amt und Dienst» umgehe, dass es mit anderen Worten seine Existenz der Bosheit der Gefängniswärter verdanke. Anfang des 18. Jahrhunderts bedeutete dann die Redensart «dem Schwarzen Hund Beine machen», dass die Häftlinge «Neuankömmlingen übel mitspielten». Heutzutage soll die efeuüberwachsene Mauer am Ende des Amen Court, beim Hof des alten Sitzungshauses, der Aufenthaltsort dieses bösartigen Gespensts sein.

Im 16. Jahrhundert war der Schwarze Hund indes nur einer unter den vielen Schrecken Newgates. Ein unterirdisches Verlies, die «Vorhölle», war einer Beschreibung zufolge «voller Schrecken, ohne Licht und wimmelnd von Ungeziefer und kriechendem Getier». Das war der gottverlassene Ort unter den Toren, ein «ganz fürchterlicher, trauriger, bejammernswerter Ort. Die Gefangenen liegen wie Schweine am Boden, einer über dem anderen, und heulen und brüllen – es war für mich entsetzlicher als der Tod.» Das ist der ständige Kehrreim derer, die in Newgate einzogen.

Ein anonymes Drama aus dem frühen 17. Jahrhundert, *Dick of Devonshire*, enthält die Klage eines Mannes, der «mit Fesseln, Ketten und Schellen beladen» ist wie nur je ein Dieb, der in Newgate schmachtete, was die Vorstellung bestätigt, dass es ein Gefängnis war, aus dem es kein Entkommen gab. Die Ketten wurden aber auch zu einem Symbol der Brüderlichkeit unter Dieben – «beide an *eine* Fessel gekettet» oder wie Bardolph zu Falstaff sagt: «Zwei und zwei, nach Newgate-Art». Oder in Dekkers *Satiro-mastix*:

«… wir wandern Arm in Arm,
als ob nach Newgate wir einander führten.»

«Sieg oder Newgate!», lautete ein Schlachtruf aller Diebe und Schurken. Das Gefängnis wird zum zentralen Herrschaftssymbol und damit, wie wir noch sehen werden, das erste Ziel von Londoner Aufrührern, die entschlossen waren, die Ordnung der Stadt zu zerstören. Auch in dieser Eigenschaft wurde Newgate oft ein Raub der Flammen, wobei der Große Brand selbst ein bemerkenswertes Symbol des Zorns oder der Rache war.

1670 erstand es also neu, verziert und ausgeschmückt auf eine Weise, die einem der größten öffentlichen Monumente der Stadt angemessen war. Es gab sogar ein Flachrelief von Richard Whittingtons Katze, und eine Weile hieß das Gefängnis im Volksmund «Whit» – einen schlagenderen Beweis für seine intime Verbindung mit London kann man sich nicht vorstellen. Es war fünf Stockwerke hoch und überspannte die Newgate Street zwischen der Giltspur Street und dem Steilhang des Snow Hill. Es gab jetzt fünf «Trakte» für diverse Arten von Verbrechern und Schuldnern, außerdem eine neu konzipierte Kammer mit einer Folterpresse (Zweck des «zu Tode Pressens» war das Erzwingen von Geständnissen), Räume für Todeskandidaten, eine Kapelle und die «Henkersküche».

Bei ihrer Ankunft wurden die Gefangenen gefesselt und «in Eisen gelegt» und nach dem Passieren des Tores in ihr jeweiliges Verlies geführt. Linker Hand stand das Haus des Verwalters, unter dem sich das «Loch» für die zum Tode Verurteilten befand. Dieser unterirdische Bereich hat sich vielleicht nicht sehr von dem Verlies vor dem Großen Brand unterschieden; ein hier eingesperrter Häftling, den Anthony Babington in seinem Buch *The English Bastille* zitiert, erinnerte sich an «einen schwachen Lichtschimmer, an dem man erkennen kann, dass man sich in einem dunklen, lichtlosen, wüsten Gelass befindet». Durch eine Luke zugänglich, war der Raum ganz aus Stein. «Ein offener Abflusskanal rann mitten hindurch» und verbreitete einen «Gestank», der in alle Winkel drang. In den Steinfußboden waren Haken und Ketten zur Bändigung und Bestrafung von «Halsstarrigen und Unbotmäßigen» eingelassen.

Gleich rechts vom Tor war der Getränkekeller. Für ihn war ein Häftling zuständig, der aus dem Verkauf einen bescheidenen Gewinn erzielen durfte. Da sich der Keller unter der Erde befand, wurde er durch Kerzen erhellt, «die in einem pyramidenförmigen Kerzenständer aus Ton steckten»; jene Insassen, die sich die Preise leisten konnten, durften sich Tag und Nacht bis zur Besinnungslosigkeit betrinken, und zwar mit Gin, für den es die verschiedensten Bezeichnungen wie «Flotte Mütze», «Sorgentöter», «Seelentröster», «Schnaps und Logis» oder «Labsal» gab. Ein Häftling erinnerte sich: «Dieser Keller ist von einer solchen Erbärmlichkeit, dass er wie die Hölle selbst aussieht.» Hinter dieser unterirdischen Schenkstube kamen, parallel zur Newgate Street, ein «steinerner Saal» für gemeine Schuldner und ein «steinernes Loch» für gemeine Verbrecher. Es handelte sich um «so gut wie unerleuchtete Verliese», in denen ein «unaussprechlicher Unflat» als Bodenstreu diente. «Trat man mit dem Fuß auf den Boden, so machten die Läuse, die dort liefen, ein Geräusch, als ginge man auf Muscheln, wie man sie über Gartenwege streut.» Der

Rest des Gefängnisses, für die «Herren» unter den Häftlingen und für weibliche Gefangene, erhob sich nach oben.

Das waren also die Quartiere, die jeden Neuankömmling begrüßten – ein Ort, wohin sich nie ein Arzt verirrte. Um 1760 hatte Boswell Gelegenheit, die Zellen zu besichtigen: «Es gibt davon drei Reihen, vier in einer Reihe, alle übereinander. Sie haben doppelte Eisenfenster, in denen starke Eisenstäbe stecken, und in diesen finsteren Behausungen sind die unglücklichen Verbrecher eingeschlossen.» Dieser «Unglücksort» ging ihm noch den ganzen Tag nach: «Newgate liegt mir wie eine schwarze Wolke auf der Seele.» Casanova, der hier für kurze Zeit inhaftiert war, spricht von einem «Ort des Elends und der Verzweiflung, eine Hölle, wie sie Dante ersonnen haben könnte». Das ist der Gefängnishof, wohin Daniel Defoe Moll Flanders in seinem gleichnamigen Roman verbannt; da der Autor 1703 selbst eine Zeitlang in Newgate eingekerkert war, trägt seine Schilderung den Stempel echter Erinnerung. Es ist «unmöglich, das Entsetzen zu beschreiben, das meine Seele erfasste, als ich zum ersten Mal hineingebracht wurde und ringsumher die Schrecken dieses traurigen Ortes besah. Der höllische Lärm, das Brüllen, Fluchen und Getöse, der Gestank und der Schmutz und all die furchtbaren, bejammernswerten Dinge, die ich dort sah, wirkten zusammen, um den Ort als Sinnbild der Hölle selbst und eine Art von Hölleneingang erscheinen zu lassen.» An mehr als einer Stelle wird jedoch betont, dass die Insassen sich allmählich an diese Hölle gewöhnten, so dass sie «nicht nur erträglich, sondern angenehm» erscheint, da die Bewohner «so schamlos fröhlich und ausgelassen in ihrem Elend sind wie früher, als sie noch nicht darin waren». Eine Gefangene erklärt in *Moll Flanders*: «Jetzt kommt es mir natürlich vor. Ich bekümmere mich nicht mehr darüber.» In der Gesellschaft dieser «Mannschaft» wird Moll Flanders selbst «zuerst dumm und unverständig und dann roh und gedankenleer», bis sie schließlich «ein bloßer Galgenvogel» wird, «so böse und abscheulich wie die anderen alle».

Einige Häftlinge von Newgate waren freilich alles andere als «gedankenleer» und heckten raffinierte Fluchtpläne aus. Die Helden Londons waren oft jene, die sich aus der Umklammerung Newgates zu befreien wussten. Der größte von ihnen war Jack Sheppard, der bei sechs verschiedenen Gelegenheiten aus der Haft entwich; zwei Jahrhunderte lang blieb er die Symbolfigur all jener, die sich dem Zugriff der Obrigkeit mit Geschick, aber auch mit Dreistigkeit und Bravour zu entwinden wussten. Die Kommission zur Untersuchung der Kinderarbeit stellte in den 40er Jahren des 19. Jahrhunderts in einem Bericht fest, dass viele arme

Londoner Kinder zwar noch nie etwas von Moses oder Königin Victoria gehört hatten, dafür aber eine «generelle Kenntnis von Charakter und Lebensweg Dick Turpins, des Straßenräubers, und insbesondere Jack Shepherds [*sic*], des Räubers und Ausbrechers» vorweisen konnten.

Jack Sheppard wurde im Frühjahr 1702 in der White's Row in Spitalfields geboren und kam zunächst in das Arbeitshaus Bishopsgate – am Rand der Stadt erbaut wie Newgate selbst –, bevor man ihn zu einem Tischler in der Wych Street in die Lehre gab. Nach sechs Jahren des Fleißes brach er die Lehrzeit ab, obwohl ihm nur noch sechs Monate bis zum Abschluss fehlten, und machte den Diebstahl zu seinem Gewerbe. Im Frühjahr 1724 kam er zum ersten Mal ins Gefängnis, und zwar ins Polizeiwachthaus St Giles, war jedoch nach drei Stunden schon wieder in Freiheit, nachdem er das Dach aufgeschnitten und sich an Hemd und Bettlaken abgeseilt hatte. Draußen «gesellte er sich zu einem größeren Haufen» und konnte durch die Gassen von St Giles entkommen. Wenige Wochen später wurde er wegen eines Taschendiebstahls in Leicester Fields erneut festgenommen und im Neuen Gefängnis von Clerkenwell eingekerkert. Von dort wurde er in die «Wache Newgate» verlegt und mit schweren Ketten und Fesseln gebunden; die Fesseln sägte er durch, und einen eisernen Zwingstuhl zerschnitt er irgendwie, bevor er sich durch 20 Zentimeter dicke Eichenbalken seinen Weg in die Freiheit bohrte. Die zertrennten Stühle und Balken wurden später von der Gefängnisleitung aufbewahrt, «als Zeugnis und zur Erinnerung an diesen außerordentlichen Vorfall und Bösewicht».

Drei Monate war er auf freiem Fuß, bevor er von dem berüchtigten Verbrecher und «Diebeshäscher» Jonathan Wild aufgespürt wurde. Sheppard wurde nunmehr nach Newgate eskortiert und, wegen dreifachen Raubes zum Tode verurteilt, in das «Loch» für die Todeskandidaten gesperrt. Irgendwie gelang es ihm, selbst an diesem fürchterlichen Ort einen langen Nagel einzuschmuggeln und mit ihm in die Gefängnismauer (oder die Decke) eine Öffnung zu kratzen, durch die ihn Komplizen auf der anderen Seite herauszogen. Es war die Woche des Bartholomäusmarktes, und so entkam er in der Menschenmenge, die über den Snow Hill und die Giltspur Street nach Smithfield ging. Von dort zog er ostwärts nach Spitalfields, wo er im Paul's Head wohnte; auf Stadtplänen aus dem

Jack Sheppard, Straßenräuber und Einbrecher, war ein Virtuose des Ausbrechens. Seine Hinrichtung am 24.5.1724 soll 200 000 Menschen angelockt haben. Er wurde in der St Martin's-Kirche begraben. Porträt von J. Thornhill, 1724

18. Jahrhundert wie dem von John Roque kann man seine Route noch
verfolgen. Es war eine symbolträchtige Flucht – der Gefangene, der auf
fast wunderbare Weise dem Kerker entrinnt, um sich den Massen anzuschließen, die unter den Buden und Attraktionen des Bartholomäusmarktes ihre eigene zeitweilige Freiheit genießen.

In den nächsten Tagen sahen ihn – laut Peter Linebaugh in *The London Hanged* – «ein Flickschuster in Bishopsgate und ein Milchmann in
Islington». In der Fleet Street betrat er einen Uhrmacherladen und sprach
den Lehrling an, dem er einschärfte, «seinen eigenen Kram zu machen
und seinem Lehrherrn diese Unart abzugewöhnen, so spät zu arbeiten».
Sheppard raubte das Geschäft auch prompt aus, wurde aber verfolgt
und gestellt. Wiederum kam er nach Newgate und wurde in einem separaten Kerker «mit doppelten Fesseln am Boden festgemacht». Alle kamen,
um ihn zu sehen und mit ihm zu sprechen. Er war eine echte Londoner
Sensation geworden und das Volk «verrückt nach ihm»; gleichzeitig
herrschte der größte «Müßiggang unter Handwerkern, den London je
erlebt hat». Sie waren mit anderen Worten alle in die Kneipe oder ins
Bierhaus gegangen, um über den Wundermann zu diskutieren. Als geistliche Herren den Häftling in seiner Zelle besuchten, beschimpfte dieser
sie als «Lebkuchen-Heinis» und erklärte: «Eine gute Feile ist mehr wert
als alle Bibeln der Welt.» Hier bricht sich das heidnische Temperament
des Londoners Bahn. «Jawohl, ich bin der Sheppard [shepard = Hirte]»,
sagte er in der Haft, «und alle Kerkermeister in der Stadt sind meine
Herde.» Man entdeckte eine Feile bei ihm, und so wurde er in die «Steinerne Burg» im fünften Stock verlegt und dort, die Füße mit Eisen gesichert und die Hände gefesselt, am Boden festgekettet. Diese Instrumente
wurden jeden Tag inspiziert und Sheppard selbst regelmäßig überwacht.

Doch wunderbarer-, wiewohl nicht unerklärlicherweise entkam er
wieder. Irgendwie gelang es ihm, mit den Händen durch die Handschellen zu schlüpfen und mit einem kleinen Nagel eines der Kettenglieder seiner Fußeisen zu lockern; wie ein «Meisterakrobat» vom Bartholomäus-
markt quetschte er sich durch die großen Ketten, die ihn festbanden. Mit
einem Stück aus der zerbrochenen Kette löste er einen Querbalken vor
dem Kamin und kletterte ins «Rote Zimmer» hinauf, «dessen Türe seit
sieben Jahren nicht entriegelt worden war». Mit einem Nagel war der
Riegel binnen sieben Minuten gesprengt, und Sheppard gelangte in einen Gang, der zur Gefängniskapelle führte; danach öffnete er mit einem
Nagel von einem der Innengeländer vier weitere Türen, die alle verschlossen und von außen verriegelt waren. Nachdem er die letzte Tür
geöffnet hatte, stand er im Freien, außerhalb des Gefängnisses, und sah
die Dächer der Stadt unter sich liegen. Jetzt fiel ihm sein Bettlaken ein,

das er in der Zelle hatte liegen lassen. Er eilte den ganzen Weg bis zur «Steinernen Burg» zurück, durch die Kapelle und den Kamin hinunter, holte das Tuch, kam glücklich wieder nach draußen und heftete es mit dem Nagel an die Gefängnismauer. Dann stahl er sich davon.

In den nächsten Tagen verkleidete er sich als Bettler und als Schlachter, zwei der vertrautesten Erscheinungen in London, während die Straßen ringsumher voll waren von den Bänkelliedern und Flugblättern, die seine neueste Flucht verkündeten. Als Träger verkleidet, machte er dem Drucker jener «Letzten Worte zum Tode Verurteilter» seine Aufwartung, von denen er wusste oder ahnte, dass sie einmal seinen Gang aufs Schafott begleiten würden. Danach raubte er einen Pfandleiher in der Drury Lane aus und kaufte sich von der Beute einen eleganten Rock und einen silbernen Degen; dann mietete er eine Droschke und ließ sich – mit jenem untrüglichen Sinn für Theatralik, der ihn offenbar nie im Stich ließ – durch den Torbogen von Newgate selbst fahren, bevor er die Kneipen und Bierschenken der Nachbarschaft ansteuerte. Am selben Abend, zwei Wochen nach seiner Flucht, wurde er wieder gefasst. Er wurde in das Gefängnis zurückgebracht, aus dem er einen so bemerkenswerten Fluchtweg gefunden hatte, und ununterbrochen bewacht. Als er vor das Gericht geleitet wurde, das neuerlich die Todesstrafe über ihn verhängte, umringte ihn «die vielköpfigste Menschenmenge, die London je gesehen hat». Er wurde zum Tod duch den Strang verurteilt, das Urteil war binnen sieben Tagen zu vollstrecken. Es gab Gerüchte, wonach er bei Little Turnmill an der Holborn fliehen werde – und noch auf dem Weg nach Tyburn wurde ihm ein Federmesser abgenommen –, doch diemal gab es keinen Aufschub dessen, was Peter Linebaugh «Sheppards letzte Flucht» genannt hat.

Es ist eine höchst private, aber auch eine sehr öffentliche Londoner Geschichte. Man kann vermuten, dass seine jugendlichen Erlebnisse im Arbeitshaus von Bishopsgate seinen obsessiven Freiheitsdrang auslösten, während er seine außerordentliche Geschicklichkeit wohl in seiner Zeit als Tischlerlehrling erwarb; auf jeden Fall dürfte er bei der Arbeit mit Holz gelernt haben, mit Feile und Meißel umzugehen. Sheppard war ein gewalttätiger und ehrloser Mensch, aber seine Serie von Ausbrüchen aus Newgate verwandelte die Atmosphäre in der Stadt, wo eine echte, gespannte Hilfsbereitschaft zur beherrschenden Stimmung wurde. Dem sichtbarsten und bedrückendsten Herrschaftssymbol zu entkommen – jener «schwarzen Wolke», die Boswell verfolgte –, hieß in gewisser Weise, sich von allen Zwängen der gewöhnlichen Welt überhaupt befreit zu haben. Wir könnten dann das Gefängniserlebnis mit dem Erlebnis der Stadt selbst gleichsetzen. Es ist eine bekannte und oft auch triftige Analogie, und die Geschichte Jack Sheppards zeigt an ihr einen weiteren Aspekt auf. Sheppard hat London kaum je verlassen, selbst als die Gelegenheit und eigentlich die zwingende Notwendigkeit dazu bestand; nachdem er in Northamptonshire drei Tage «auf Tour» gewesen war, ritt er in die Stadt zurück. Nach seinem vorletzten Ausbruch aus Newgate kehrte er nach Spitalfields zurück, wo er seine früheste Kindheit verbracht hatte. Auch nach dem letzten Ausbruch war er ungeachtet der flehentlichen Bitten seiner Familie entschlossen, in London zu bleiben. Insofern war er ein echter Londoner, der nicht außerhalb seines angestammten Geländes operieren konnte oder wollte.

Er wies auch andere typische Großstadtmerkmale auf. Nach den Ausbrüchen legte er die verschiedensten Verkleidungen als Gewerbetreibender an und gebärdete sich überhaupt auf eine durch und durch dramatische Weise. Als Ausbrecher in der Kutsche durch Newgate zu fahren war ein theatralischer Geniestreich. Sheppard war weltlich gesinnt bis zur Gottlosigkeit, während seine Gewalttätigkeit gegen die Besitzenden durchaus dem Egalitarismus des Londoner «Pöbels» entsprach. Nach einem von Sheppards Gefängnisausbrüchen deklamierte ein Flugblatt: «Wehe den Ladenbesitzern und wehe den Warenhändlern, denn der brüllende Löwe ist unterwegs.» So wurde Jack Sheppard Bestandteil der Londoner Mythologie, und seine Taten wurden in Bänkelliedern und Dramen, Gedichten und Prosa gefeiert.

1750 waren die Ausdünstungen von Newgate im ganzen Viertel zu riechen. Daraufhin wurden alle Mauern mit Essig abgewaschen und ein Belüftungssystem installiert; sieben der elf Männer, die an der Maßnahme arbeiteten, steckten sich selbst am «Kerkerfieber» an, woraus man auf das Ausmaß der Pestilenz im Inneren des Gefängnisses schließen kann. Noch fünf Jahre später war es den Bewohnern der Newgate Street «unmöglich, in der offenen Tür zu stehen», und Kunden zögerten, die Läden in der Nachbarschaft aufzusuchen, «weil sie Angst hatten, sich anzustecken». Es gab sogar Anweisungen für jeden, der möglicherweise mit den Verbrechern in engen Kontakt kam: «Er sollte klüglich einige Tage lang Magen und Eingeweide leeren, um jede faulige oder verfaulende Substanz zu entfernen, die darin verborgen gewesen sein mag.»

1770 wurde das Gefängnis von George Dance umgebaut, und für den Dichter Crabbe war es ein «hoher, starker, schöner Bau» – schön wohl wegen der Einfachheit seiner Zweckbestimmung. «Nichts ist darin», schreibt ein zeitgenössischer Beobachter, «als zwei große, fensterlose Blöcke, jeder knapp 30 Meter im Quadrat.» Aufrührer steckten das Gefängnis 1780 in Brand, doch wurde es zwei Jahre später nach demselben

Grundriss wieder errichtet. In vieler Hinsicht war es jetzt hygienischer als andere Haftanstalten in London, aber die alte Atmosphäre ließ sich nicht verscheuchen. Wenige Jahre nach dem letzten Neubau bekam das Gefängnis «schon wieder etwas Drückendes und Verwünschtes». Auch die alten Zustände rissen wieder ein, so dass *The Chronicles of Newgate* aus den ersten Jahren des 19. Jahrhunderts berichteten: «Wahnsinnige liefen tobend durch die Abteile, ein Schrecken für jeden, der ihnen begegnete. ... Scheinehen waren ein regelmäßiges Vorkommnis ... Eine Schule und Pflanzgarten des Verbrechens ... Die Verkommensten konnten ungehindert ihre unschuldigeren Genossen anstecken und entsittlichen.»

Die Bemühungen der Quäkerin Elizabeth Fry im Jahre 1817 scheinen nicht ohne Folgen für diese «oberirdische Hölle» gewesen zu sein, aber offizielle Berichte des Inspektors für das Gefängniswesen von 1836 und 1843 verurteilen noch immer Schmutz und Elend von Newgate. Unmittelbar vor dem ersten dieser Berichte hatte ein junger Journalist namens Charles Dickens, den schon als Kind das hochragende Torhaus der finsteren Anstalt fasziniert hatte, die Verliese besichtigt; seiner Darstellung in *Sketches by Boz* zufolge hatte er oft darüber nachdenken müssen, wie hier Tausende von Menschen Tag für Tag «an diesem trübseligen Sammelbecken von Schuld und Elend Londons vorbeigehen, in einem ununterbrochenen, emsig-lebendigen Strom, ohne im Mindesten an den verlorenen Haufen von kläglichen Kreaturen zu denken, die darin schmachten». Und er fährt fort: «Ein unbeschwertes Lachen, ein fröhlicher Pfiff» dringen «einen Meter weiter an die Ohren eines Mitmenschen, gebunden und hilflos, dessen Tage gezählt sind» und der auf seine Hinrichtung wartet. In seinem zweiten Roman, *Oliver Twist*, kommt Dickens noch einmal zurück auf diese «schrecklichen Mauern von Newgate, hinter denen sich so viel Elend und so viel unaussprechliche Qual verbergen». Hier sitzt Fagin in einer der Zellen für die Todeskandidaten – Dickens erwähnt, dass die Gefängnisküche auf den Hof hinausgeht, wo der Galgen errichtet wird –, und ein Stich von George Cruikshank, entstanden nach einem Besuch in einem dieser «Löcher», zeigt eine steinerne Bank mit einer Matratze darauf. Nichts ist zu sehen als das in die dicke Steinmauer eingelassene Eisengitter und die brennenden Augen des Häftlings selbst. Der junge Oliver Twist besucht die Zelle der Todeskandidaten, «durch die dunklen, krummen Gänge» Newgates, obwohl ihn der Gefängniswärter gewarnt hat: «Das ist kein Anblick für Kinder.» Dickens lässt hier wohl seine eigene Kindheit Revue passieren; denn sein prägendstes Kindheitserlebnis in London war der Besuch beim Vater und seiner Familie, die im Gefängnis Marshalsea in Southwark untergebracht waren. Vielleicht hat ihn das Bild von Newgate darum immer verfolgt, und vielleicht ist er darum gegen Ende seines Lebens, bei Nacht und schon tödlich entkräftet und demoralisiert, zu dem alten Gefängnis zurückgegangen, wo er begonnen hat, «die Hand an den rauen Stein gelegt, über die Gefangenen in ihrem Schlaf nachzudenken».

Dickens schrieb zu einer Zeit, als Newgate kein allgemeines Gefängnis mehr war, sondern als Haftanstalt für jene benutzt wurde, die zum Tode verurteilt worden waren (beziehungsweise auf ihren Prozess vor den benachbarten Zentralen Kriminalgerichten warteten). 1859 kam eine neue Raffinesse: Das Gefängnis wurde umgebaut, so dass es jetzt eine Reihe von Einzelzellen enthielt, in denen jeder Insasse seine Zeit in Schweigen und Isolation verbrachte. In einer Artikelserie der *Illustrated London News* wird der Häftling, der auf seine Auspeitschung wartet, als «Patient» bezeichnet. Das Gefängnis wird also zum Krankenhaus – aber vielleicht ist das Krankenhaus auch nicht besser als ein Gefängnis.

Auf diese Weise begannen die Institutionen der Stadt einander zu gleichen. Newgate wurde auch eine Art von Theater, wenn es mittwochs oder donnerstags zwischen zwölf und drei Uhr für Besucher geöffnet war. Hier zeigte man den Neugierigen Abgüsse von den Köpfen berüchtigter Verbrecher sowie die Ketten und Handschellen, die einst Jack Sheppard festgebunden hatten (oder hätten binden sollen); wer wollte, konnte sich auch für einen Augenblick in die Zelle der Todeskandidaten einschließen oder sich gar an den Schandpfahl fesseln lassen. Am Ende des Rundgangs zeigte man den Besuchern die «Vogelbauer-Promenade», die von den Zellen in Newgate zum Gericht (Court of Sessions) führte; «seltsame Buchstaben an den Wänden» machten darauf aufmerksam, dass hinter den Steinen die Leichen der Hingerichteten beigesetzt waren.

Die letzte Hinrichtung in Newgate fand Anfang Mai 1902 statt; drei Monate später begann man mit dem Abriss des Gebäudes. Am Nachmittag des 15. August um Viertel nach drei fiel, wie der *Daily Mail* tags darauf berichtete, «ein Stein von der Größe eines Fußes auf das Pflaster, und in der Öffnung sah man eine Hand mit einem Meißel werkeln. Schnell bildete sich ein kleiner Menschenauflauf, der die Operation beobachtete.» Man bemerkte auch, dass die alten Tauben, «mitgenommen und schmierig wie das Gefängnis selbst, verglichen mit anderen Taubenschwärmen in London», die Freiheitsstatue auf der Zinne des Gefängnisses umflatterten. Wenigstens diese Vögel hatten nicht den Wunsch, aus ihrem Londoner Käfig herauszukommen.

Sechs Monate später fand eine Versteigerung von Newgate-Devotionalien statt. Die zur Hinrichtung gehörenden Gerätschaften erbrachten zusammen 5 Pfund 15 Schilling, während jeder einzelne Gipsabguss von berühmten Verbrechern für 5 Pfund den Zuschlag erhielt. Zwei der mächtigen Türen sowie der Schandpfahl für die «Patienten» sind heute unter den Kuriositäten des Museum of London zu besichtigen. An der Stelle des alten Newgate steht jetzt das Old Bailey, das zwischen 1902 und 1907 errichtet wurde.

25. Notiz über Suizid

Viele Insassen begingen hinter den Mauern von Newgate «Selbstmord», doch nimmt der Suizid in London viele Formen an. Lebensmüde haben sich von der Flüstergalerie in der St Paul's Cathedral gestürzt, in der Einsamkeit Londoner Dachmansarden vergiftet oder sich aus Liebeskummer in eines der Gewässer im St James's Park gestürzt. Die Gedenksäule für den Großen Brand war ebenfalls ein beliebter Ort: Der Unglückliche stürzte sich vom höchsten Punkt der Säule und zerschellte auf deren Basis, nicht auf der Straße. Am 1. Mai 1765 ereigneten sich laut Grosleys *A Tour of England* folgende Fälle: «Die Frau eines Obersten ertränkte sich im Kanal im St James's Park; ein Bäcker erhängte sich in der Drury Lane; ein Mädchen, das unweit Bedlam wohnte, versuchte auf dieselbe Art, ihr Leben zu enden.» Im Sommer 1862 wurde die «Selbstmordmanie» Gegenstand der öffentlichen Aufmerksamkeit. In demselben Jahrhundert war die Themse förmlich bekränzt von den Leichen Ertrunkener.

London war die Selbstmordhauptstadt Europas. Schon im 14. Jahrhundert nannte Froissart die Engländer «ein sehr trauriges Geschlecht», und diese Beschreibung galt besonders und sogar hauptsächlich für die Londoner. Der Franzose war der Auffassung, die Londoner Selbstmordmode sei lediglich Ausdruck einer «Attitüde der Einzigartigkeit»; ein hellsichtigerer Beobachter glaubte dagegen, dass sie «von Todesverachtung und Lebensekel» herrühre. Ein Franzose beschrieb das Elend von Londoner Familien, «die seit drei Generationen nicht gelacht haben», und bemerkt, die Bürger begingen im Herbst Suizid, «um dem Wetter zu entgehen». Ein anderer Beobachter meinte, der Selbstmord sei «ohne Zweifel dem Nebel zu verdanken». Für eine weitere wesentliche Ursache hielt er das Rindfleisch, «dessen schwere Zähigkeit nur gallige und melancholische Dünste an das Gehirn weitergibt». Diese Diagnose erinnert eigentümlich an einen Volksaberglauben der Londoner, wonach ein Traum, in dem Rindfleisch vorkommt, «den Tod eines Freundes oder Verwandten bedeutet». Nur am Rande sei an den modernen Zusammenhang zwischen Rindfleisch und «Rinderwahnsinn» erinnert.

Es war ebenfalls Grosley, der bemerkte: «Die Melancholie beherrscht in London jede Familie, die Zirkel und Vereine, alle öffentlichen und privaten Unternehmungen. Jedes fröhliche Beisammensein noch der niedersten Art ist mit diesem Trübsinn geschlagen.» Dostojewski beobachtete diesen «Trübsinn», der die Londoner «bei aller Fröhlichkeit nie verlässt». Auch den Wein, der in Londoner Schenken verkauft wurde, hatte man im Verdacht, «diese so verbreitete Schwermut zu verursachen». Sogar das Theater wurde für diese unglückliche Gemütsstimmung verantwortlich gemacht; ein Reisender beschreibt, wie der Sohn seines Hausherrn reagierte, den man in eine Aufführung von *Richard III.* mitgenommen hatte: «Er sprang aus dem Bett, und nachdem er die Wandverkleidung mit dem Kopf und den Füßen traktiert hatte, wobei er gleichzeitig wie ein Besessener brüllte, wälzte er sich in schrecklichen Konvulsionen auf dem Boden, was uns an seinem Leben verzweifeln ließ; er glaubte, er werde von allen Geistern in der Tragödie von Richard dem Dritten und von allen Leichen in den Friedhöfen Londons verfolgt.»

Allem gab man die Schuld – nur nicht dem mühseligen und kräftezehrenden Zustand der Stadt selbst.

26. Buß' und Reu'

Es gab in London mehr Gefängnisse als in irgendeiner anderen europäischen Stadt. Von der Büßerzelle in der Kirche der Tempelritter bis zum Schuldturm in der Whitecross Street, vom Clink («Knast») am Deadman's Place in Bankside bis zum «Bau» in der Giltspur Street reichte die Reihe der berühmten Londoner Haftanstalten. Es gab ein Gefängnis im Lambeth Palace, wo die Lollarden, eine in Antwerpen entstandene religiöse Genossenschaft, gemartert wurden, und eine Polizeiwache in der St Martin's Lane, wo achtundzwanzig Menschen «in ein Loch von sechs Fuß im Quadrat geworfen und die ganze Nacht gefangen gehalten wurden» – vier Frauen erstickten dabei. Ständig wurden neue Gefängnisse gebaut, von der «Tonne» in Cornhill Ende des 13. Jahrhunderts bis zu den Wormwood Scrubs («Wermutstrauch») in East Acton Ende des 19. Jahrhunderts. In dem neuen «Mustergefängnis» an der Pentonville Road wurden die Häftlinge gezwungen, Schandmasken zu tragen, während das «neue Gefängnis» an der Millbank angeblich als «Panoptikum» errichtet worden war, in dem jede Zelle und jeder Insasse einzeln kontrolliert werden konnten.

Spätestens Anfang des 17. Jahrhunderts wurden die Gefängnisse Londons – wie seine Kirchen – in Knittelversen besungen: «In Stadt und Land *London*, da steh'n / der Türm' und Kerker wohl achtzehn, / und sechzig Käfige, Stöcke, Pranger.»

Das Fleet war das älteste Gefängnis Londons überhaupt, noch älter als Newgate, und war auch einer der ersten Steinbauten in der mittelalterlichen Stadt. Es befand sich, umgeben von einem Graben «mit baumbestandenen Ufern», an der östlichen Seite der Fleet Street, dort, wo heute die Farringdon Street zur Themse hinunterführt. Das unterste, «versenkte» Stockwerk hieß Bartholomäusmarkt – was allerdings angesichts der üblichen Berichte über die Brutalität, Sittenlosigkeit und hohe Sterblichkeit im Fleet ironisch zu verstehen ist. Am berüchtigtsten war das Gefängnis allerdings für seine «heimlichen», ungesetzlichen Eheschließungen, die «suspendierte Geistliche» für weniger als eine Guinee vornahmen. Anfang des 18. Jahrhunderts gab es rund vierzig «Heiratshäuser» in den Kneipen der Umgebung, von denen wenigstens sechs *Hand and Pen» (Hand und Feder)* hießen. Man konnte Frauen, durch Drogen oder Gift willenlos gemacht, dorthin schleppen und ihres Geldes wegen heiraten; man konnte unschuldigen Mädchen vorgaukeln, dass sie rechtmäßig den Bund der Ehe schlossen. Es gab einen Uhrmacher, der den Geistlichen verkörperte und sich «Dr. Gayman» nannte. Er residierte in der Brick Lane und pflegte die Fleet Street hinauf zu promenieren. Wenn er, «angetan mit seidenem Talar und Halskragen», über die Fleet Bridge ging, erkannte man ihn an seiner gebieterischen Gestalt und dem «einnehmenden, freilich auffallend rundlichen Gesicht». In der Gegend nannte man ihn den «Bischof vom Höllengrund».

Bei mehreren Gelegenheiten wurde das Fleet-Gefängnis ein Raub der Flammen; so 1780, als der Pöbel – unter der vielleicht nicht unpassenden Leitung eines Kaminkehrers – einen Brandanschlag auf das Gebäude verübte. Es wurde in seiner alten Gestalt wieder aufgebaut, wobei viele seiner interessanteren Details erhalten blieben. Beispielsweise gab es in der Gefängnismauer, die entlang der heutigen Farringdon Street verlief, eine einzige, vergitterte Öffnung. Darin stand ein eiserner Kasten für Almosen, während ein ausgewählter Häftling unablässig nach draußen rufen musste: «Gedenket der armen Gefangenen! Gedenket der armen Gefangenen!»

Das Fleet-Gefängnis wurde 1846 abgerissen, doch blieben die Reste der Grundmauern noch achtzehn Jahre stehen. Wo einst Wände und Zellen waren, gab es jetzt ein Labyrinth von «Sackgassen», die so eng und voll waren, dass sie selbst im Sommer «öde und lichtlos» wirkten. Die Atmosphäre des alten Hauses hielt sich noch nach dessen physischer Zerstörung.

Wahrscheinlich hat dieses Gefängnis Thomas Morus, den Humanisten und Staatsmann, zu der berühmten Metapher von der Welt als einem Gefängnis inspiriert: «Manche sind an einen Pfahl gebunden, andere im Verlies, wieder andere im oberen Abteil … manche weinen, manche lachen, manche plagen sich, manche spielen, manche singen, manche betrügen, manche streiten.» Als sich Heinrich VIII. 1532 wegen seines Ehescheidungsprozesses von Rom lossagte, legte Morus seine Ämter nieder. Zwei Jahre später verweigerte Morus den Supramatieeid und wurde selbst in Fleet eingekerkert, aber davor, in seiner Zeit als Unter-Sheriff, hatte er viele hundert Londoner ins Gefängnis geschickt. Manche steckte er ins Old Compter in der Bread Street, andere ins Poultry Compter bei Bucklersbury; 1555 wurde das Gefängnis in der Bread Street einige Meter nordwärts in die Wood Street verlegt, wo einer der Insassen fast die Worte des Thomas Morus wiederholt zu haben scheint; in *Old and New London* wird er zitiert: «Dieses kleine Loch ist wie eine Stadt in einer Republik, denn wie es in einer Stadt alle Arten von Amtsträgern, Gewerben und Berufen gibt, so ist es an diesem Ort, und wir können eine hübsche Ähnlichkeit zwischen beiden feststellen.» Die hier eingesperrten Männer nannte man «Ratten», die Frauen «Mäuse». Die unterirdischen Gänge des Gefängnisses existieren noch heute, und zwar unter einem kleinen Innenhof bei der Wood Street; die Steine fühlen sich kalt an, und die Luft ist klamm und feucht. Einst pflegte ein neuer Häftling aus einer «Schale voll Claret» auf das Wohl seiner neuen «Gesellschaft» zu trinken; heute wird das ehemalige Gefängnis gelegentlich zu Banketten und Partys benutzt.

In seiner London-Beschreibung von 1726 zählt Daniel Defoe nicht weniger als 27 Gefängnisse und 25 ähnliche Anstalten auf, darunter 3 Pesthäuser und 16 Irrenhäuser – «mehr als in jeder anderen europäischen Stadt».

Die Metapher von der Stadt als einem Gefängnis geht sehr tief. Ende des 18. Jahrhunderts beschreibt William Godwin in seinem Roman *Caleb Williams* «die Türen, die Schlösser, die Riegel, die Ketten, die dicken Mauern und vergitterten Fenster» der Haft; dann bekräftigt er: «Das ist die Gesellschaft», und das System der Gefängnisse stehe für «die ganze Maschinerie der Gesellschaft».

Als 1852 das Gefängnis Holloway eröffnet wurde, flankierten seinen Eingang zwei steinerne Greifen, die bekanntlich auch das Wahrzeichen der City of London sind. Der Grundstein trug die Inschrift «Gott behüte die Stadt London und mache dies zu einem Schreckensort für jeden Missetäter.» Es ist vielleicht bedenkenswert, dass der Architekt von Holloway, James B. Banning, nach denselben Gestaltungsprinzipien arbeitete, als er die Pläne für die Kohlenbörse und den Londoner Viehmarkt entwarf. So bestand eine sichtbare Affinität zwischen einigen der großen öffentlichen Einrichtungen.

1805 verfluchte Wordsworth die Stadt als einen «Kerker, worin er lange eingemauert», und Matthew Arnold schilderte London 1851 als diesen «ehernen Kerker», dessen Bewohner sich «nichts hinter ihren Mauern träumen».

Es gab auch Stätten mit «Asylrecht» in London, wo die Macht der Strafverfolgung endete. Solche Stätten waren einst die Domäne großer religiöser Einrichtungen, doch bewahrten sie ihren Zauber oder ihre Macht noch lange, nachdem die Mönche und Nonnen fortgegangen waren. Hierzu zählen St Martin's le Grand und Whitefriars. Sie waren das Domizil von Weltgeistlichen beziehungsweise von Karmelitern gewesen, wurden aber als Rettungsort vor Verfolgung und Verhaftung ihrerseits zum Sammelbecken «für die niedrigste Sorte Menschen, für Schurken und Raufbolde, Diebe, Räuber und Mörder». Miles Forest, einer der (vermutlich von Richard III. gedungenen) Mörder der jungen «Prinzen im Turm» (1483), suchte in St Martin's Zuflucht und hielt sich dort versteckt, «bis er stückweis verfault war». «Sankt-Martins-Perlen» war ein volkstümlicher Ausdruck für gefälschten Schmuck. Die Freiheitsprivilegien von St Martin's le Grand wurden Anfang des 17. Jahrhunderts aufgehoben, während die Freistätte des ehemaligen Karmeliterklosters noch länger Bestand hatte. Die Gegend bekam im Volksmund den Namen «Alsatia» (nach dem Elsass, dem jahrhundertelang umstrittenen Grenzgebiet), weil sich kein Kirchspiel-Wachmann und kein städtischer Beamter hierher traute. Es ist heute die Gegend um den Salisbury Square und die Hanging-Sword Alley, zwischen Dorset Street und Magpie Alley.

Zwei andere Freistätten hingen mit dem Prägen von Geld zusammen. Sie befanden sich bei der Münze in Wapping beziehungsweise in Southwark, so als wäre das buchstäbliche Geldfabrizieren eine ebenso sakrosankte Tätigkeit wie alles, was sich in Klöstern oder Kapellen abspielte. Um 1725 unternahmen Justizbeamte den Versuch, die «Münzer» aus Wapping zu vertreiben, wurden aber zurückgeschlagen. Ein Büttel wurde «an der Stelle untergetaucht, wohin man den Unrat aus den Abtritten entleert hatte»; ein anderer musste «mit Kot im Mund» vor einer Menschenmenge paradieren.

Andere Freistätten hielten sich noch an den Kirchen, so als habe die Tradition des Bittens um Almosen in verwässerter Form überdauert. Die

Gegend, die einst das Dominikanerkloster (Blackfriars) beherrscht hatte, war ein berüchtigter Tummelplatz von Bettlern und Verbrechern. Eine Freistätte in der Nähe der Westminster Abbey war jahrhundertelang «schlecht und verrufen», und die Shire Lane neben der Kirche St Clement Danes hieß auch Roques Lane – «Schurkengasse». Hier standen Häuser mit Namen wie Smashing Lumber – eine Fabrik für gefälschte Münzen, in der laut *Old and New London* «jeder Raum eine geheime Falltür oder Zwischenwand hatte, so dass man den ganzen Geldprägeapparat und seine Bediener wie durch Zauberschlag verschwinden lassen konnte». In jeder alternativen Topographie Londons werden Freistätten ebenso wie Gefängnisse als Orte von besonders schlechtem Ruf präsentiert. Betreten nur auf eigene Gefahr.

27. Galerie der Galgenvögel

So wie die Stätten des Verbrechens und der Strafe eine bleibende Spur hinterlassen, so gibt es auch eine Kontinuität der Verbrecher. Wir wissen von Falschmünzern und Erpressern im 14. Jahrhundert, und die kronamtlichen Leichenschauen von 1340 weisen «Bordellwirte, Nachtschwärmer, Räuber, übel beleumdete Frauen» in großer Zahl aus. Die Stadt wimmelte schon damals derart von Dieben, dass die städtischen Behörden das «Einfangrecht» erhielten, das heißt sie durften Diebe, die auf frischer Tat ertappt *(cum manu opere)* worden waren, ohne Schwurgerichtsprozesse aufknüpfen.

Doch erst im 16. Jahrhundert wird die Literatur über das Londoner Verbrechen wirklich umfangreich. Besonders Robert Greene und Thomas Dekker enthüllen in ihren Werken eine Unterwelt von Dieben und Betrügern, die so alt und so neu bleibt wie die Stadt selbst. Das Rotwelsch der Diebe hatte sehr alte Wurzeln, und manche seiner plastischen Ausdrücke hielten sich noch bis ins 19. Jahrhundert, zum Beispiel der Name «Rome-vill» für London. Wie es kam, dass die Stadt – lange vor jedem Vergleich mit der imperialen Stadt – so genannt wurde, bleibt rätselhaft.

In jenen alten Katalogen des Verbrechens erwachen die Individuen und ihre Sprache wieder zum Leben: «John Stradling mit dem wackelnden Kopf ... Henry Smyth, der so schleppend spricht ... John Brown der Stotterer» – jeder dieser Herren war im 15. Jahrhundert im Betrugsgewerbe tätig. Auch dieses Gewerbe hat überlebt. So wird das Hütchenspiel (bei dem der Zuschauer raten muss, unter welchem Hütchen die Kugel liegt) noch im 21. Jahrhundert auf Londons Straßen gespielt – tausend Jahre hält sich dieser Schwindel nun schon in der Hauptstadt.

Sonderbarerweise bedienten sich die Kriminellen selbst der Terminologie des «Rechts». «Das Recht schmeißen» – cheating law – bedeutete, mit präparierten Würfeln spielen, «das Recht besingen» – versing law – die Kunst, Falschgeld unter die Leute zu bringen, und tigging law das Aufschneiden von Geldbörsen. Es war das alternative Recht des «niederen» London.

Dekker und Greene mögen bisweilen des Guten zu viel tun, wenn sie uns «Abraham-Brüder» (sich krank stellende Bettler), «Hinkelschieber» (Diebe, die Gegenstände aus offenen Fenstern angeln) und «Rossemopser» (Pferdediebe) beschreiben; im 16. Jahrhundert ging es wohl auf den Straßen Londons nicht ganz so gewalttätig und gefährlich zu, wie sie glauben machen. Gleichwohl war in bestimmten Gegenden das Verbrechen zu Hause. Berüchtigt war zum Beispiel immer die Umgebung der Chick Lane und der Field Lane in Clerkenwell. In der Chick Lane selbst stand ein Gebäude, das Red Lion Inn – das Gasthaus zum Roten Löwen –, von dem sich bei seinem Abbruch im 18. Jahrhundert herausstellte, dass es dreihundert Jahre alt war; C. W. Heckethorn erzählt in seinen *London Souvenirs*, dass es in dem Haus «dunkle Nischen, Falltüren, verschiebbare Paneele und geheime Schlupfwinkel» gab. Eine dieser Falltüren öffnete sich auf einen Wasserlauf, den Fleet Ditch, und «bot bequeme Möglichkeiten, Leichen zu beseitigen». Einen Sumpf von Gassen gab es hinter dem Ratcliffe Highway, mit sprechenden Namen wie «Schweinehof» und «Hundegasse», die für ihre «moralische Verkommenheit» bekannt waren. Ein Wohnhaus an der Water Lane, hinter der Fleet Street, wurde das *Blood Bowl House* genannt, wegen der «verschiedenen blutigen Szenen, die sich fast täglich abspielten … Selten verging ein Monat, in dem hier nicht ein Mord begangen wurde.»

Im 18. Jahrhundert gab es in Smithfield sogar eine «Schule», wo Kinder bei einem Schankwirt lernten, Taschendiebstähle zu verüben, unter hölzernen Halbtüren hindurchzukriechen oder mit anderen einfachen Tricks in Gebäude einzudringen: etwa, indem man so tat, als ob man gegen eine Hauswand gelehnt schlafe, während man die ganze Zeit fleißig am Mauerwerk kratzte, bis eine Öffnung entstanden war.

Neue Verbrechensarten kamen auf. Im 17. Jahrhundert wurde die Wegelagerei als «Wegerecht» bekannt. Das Zeitalter der Kutschen war auch das Zeitalter der Kutschenräuber. John Evelyn schrieb in den letzten Tagen des Jahres 1699: «Diese Woche wurden Überfälle begangen, obwohl zwischen London und Kensington zu beiden Seiten der Straße viele Lichter aufgestellt waren und Kutschen und Reisende vorbeikamen.» Zwischen den einzelnen flackernden Lichtern an der Chaussee herrschte nachts tiefste Finsternis, in der die Räuber bequem zuschlagen konnten. Besonders gefährliche Gebiete für den Unvorsichtigen waren Hounslow Heath und Turnham Green, Marylebone und die Tottenham Court Road. Anfang des 18. Jahrhunderts bürgerte es sich ein, dass Reisende, die nach London wollten, sich zum gegenseitigen Schutz zu Gruppen zusammenschlossen, die ihre gefahrvolle Reise erst beim Läuten einer Glocke antraten; bei Nacht wurden sie zudem von Fackelträgern begleitet. Lichtquellen waren auch nötig, wenn man in London selbst unterwegs war. «In Holborn wurde um zwölf Uhr nachts ein Herr von zwei *Straßenräubern* angehalten, die ihn, da er Widerstand leistete, totschossen und ausraubten. … Ein gewisser Richard Watson, Zöllner am Schlagbaum Marylebone, wurde in seinem Zollhaus barbarisch ermordet aufgefunden.» Charles Knight zitierte in seinem Buch *London* eine Frau, die in einem Wirtshaus in Marylebone arbeitete: «Ich habe mich oft gefragt, wie ich ohne Wunden und Blessuren davongekommen bin, obwohl die Straßenräuber abends oft und zahlreich in den Feldern auf Streife gehen, und mein Weg führte doch bis nach Long Acre, so dass ich immer ihren Weg kreuzte.»

Im 18. Jahrhundert gab es in London «Schwärme von Taschendieben, … die ebenso frech wie raffiniert und schlau waren». Sie stahlen sogar unter dem Galgen, an dem sie vielleicht selbst eines Tages endeten, und «es vergeht keine Hinrichtung, ohne dass nicht Taschentücher und andere Gegenstände entwendet würden». Wurden sie von Londonern selbst auf frischer Tat ertappt, schleifte man sie zum nächsten Brunnen und «tauchte sie ins Wasser, bis sie fast ertranken». Wurden sie von den Behörden gefasst, erwartete sie eine strengere Bestrafung: Mitte des 18. Jahrhunderts war die Anzahl der Delikte, für die Männer und Frauen gehängt werden konnten, von 80 auf über 350 gestiegen. Trotzdem war das wohl kein wirksames Abschreckungsmittel, denn wenige Jahre später meldete ein *Treatise on the Police of the Metropolis*: «115 000 Personen in London waren regelmäßig in kriminelle Machenschaften verstrickt.» Also ein Siebentel der Bevölkerung.

Peter Linebaugh hat die Statistik aller Todesurteile im 19. Jahrhundert ausgewertet. Die in London geborenen Delinquenten landeten meist schon mit Anfang zwanzig am Galgen, also früher als Zuwanderer, die in der Stadt Kapitalverbrechen begingen. Von Beruf waren die meisten derer, die das Blutgerüst bestiegen, Schlachter, Weber oder Schuhmacher. Ein nachweislicher Zusammenhang bestand auch zwischen dem Schlachtergewerbe und der Wegelagerei (auch Dick Turpin, der berühmteste aller englischen Straßenräuber, war bei einem Schlachter in die Lehre gegangen). Man hat für diese Verbindung soziologische und kulturelle Deutungsversuche unternommen, doch kann man generell sagen, dass die Londoner Schlachter schon immer für ihr ungestümes und oft auch gewalttätiges Wesen bekannt waren. Ein auswärtiger Besucher zeigte sich hoch verwundert, dass es in London «in allen Kirchspielen und straßauf, straßab eine solche Unzahl von Schlachtern gibt». Oft waren sie die Wortführer ihrer kleinen Gemeinde; so arbeiteten und wohnten die Schlachter vom Clare Market zwischen den lizenzierten Theatern der Gegend und fungierten als «Kunstrichter auf den Galerien, Anstifter von Theaterkrawallen, Musikanten bei der Hochzeit einer Aktrice und Haupttrauernde beim Begräbnis eines Schauspielers». Sie waren auch die Anführer ihrer Gemeinden in Zeiten der Not oder der Tumulte.

1751 veröffentlichte Henry Fielding seine «Untersuchung über die Ursachen der jüngsten Zunahme des Räuberunwesens», und ein Jahr später wurde durch Gesetz (den so genannten Murder Act) eine abschreckende Schärfung der Todesstrafe eingeführt: Die Leichen der Gehängten sollten künftig von Chirurgen und Anatomen öffentlich seziert werden. Eine solche Maßnahme mag durch eine vermeintliche Zunahme der Verbrechen ausgelöst worden sein, zeugt aber auch von einer panischen Angst unter den Bürgern.

London war zu allen Zeiten ein Hexenkessel der Panik und eine Gerüchteküche. So hieß es Ende des 20. Jahrhunderts in einer offiziellen Erhebung: «Die Angst vor dem Verbrechen ist selber ein gesellschaftliches Problem.» Ein signifikant höherer Prozentsatz von Londonern – im Unterschied zu Bewohnern anderer Regionen – fühlte sich sowohl in der eigenen Wohnung als auch auf den Straßen nicht sicher. Sie hätten sich auf die Einschätzung eines Londoners aus dem Jahre 1816 berufen können, der behauptete: «Aus seiner eigenen Erfahrung mit fast jedem Teil Europas wüsste der Autor keinen gefährlicheren Ort zu nennen als die Umgebung von London.» Londons Verbrecher scheinen denn auch ihre Gewohnheiten und Verhaltensweisen dem frühen 18. Jahrhundert entlehnt zu haben.

So nannte man *low Toby* – den «kleinen Gackler» beziehungsweise Straßenräuber – Anfang des 19. Jahrhunderts *Rampsman* – «Reißer» –, aber die Art des gewaltsamen Überfalls hatte sich nicht geändert. Wer ein Haus einbrach, hieß damals *Cracksman* – «Drücker» –, und ein *Bug Hunter* war einer, der Betrunkene bestahl; der *Snoozer* mietete sich in einem Hotel ein, bevor er die Gäste ausraubte, während der *Area Sneak* an Küchentüren klopfte, in der Hoffnung, sie offen und unbewacht zu finden. Es waren die für London typischen Verbrechen, und die Täter waren in der Regel Diebe, Taschendiebe, Einbrecher und jene unehrlichen Händler und Trickbetrüger, die sich die Leichtgläubigkeit oder Vertrauensseligkeit der zahllosen vorübereilenden Menschen zunutze machten.

1867 wurde berichtet, dass sich diese «kriminelle Klasse» auf 16000 belaufe. Trotzdem waren die Straßen damals sicherer denn je zuvor. Fünf Jahre vorher war das «Garrottieren» (der volkstümliche Name für einen brutalen Überfall von hinten) eine große Mode gewesen, jedoch durch ebenso brutale Auspeitschungen wirksam unterbunden worden. Man konnte jetzt nicht behaupten, wie es der Herzog von Wellington noch vierzig Jahre zuvor getan hatte, dass «die Hauptstraßen Londons der nächtliche Besitz von betrunkenen Weibern und Vagabunden» sowie von «organisierten Diebesbanden» seien. Waren einst die «Vagabunden» und «Diebe» wahllos über verschiedene «Inseln» abseits der großen Verkehrsadern verstreut, so hatten sie sich Mitte des 19. Jahrhunderts in einzelne Viertel an den Rändern der mittlerweile zivilisierteren Metropole zurückgezogen. Oft befanden sie sich in den östlichen Vororten – der Gegend, für die sich nun der Name «East End» einbürgerte. Sechzehn Jahre, bevor der berüchtigte «Jack the Ripper» das Gebiet um Whitechapel unsicher machte, war diese Gegend für ihre Diebesküchen und heruntergekommenen Wirtshäuser bekannt. Um sie wehte der «unverkennbare, überwältigende Modergeruch», der mit der Straßenkriminalität einherging. Auch in Bethnal Green gab es Kneipen und Häuser, die als «bequeme, verschwiegene Börse und Arbeitsnachweis» für «Zieher», «Zinker» und «Schieber» dienten. Das sind Ausdrücke, die Arthur Morrison Ende des 19. Jahrhunderts in *A Child of Jago* benutzt, als sich die Gaunersprache – das «Platschen» – wieder einmal geändert hatte, um die gängigen Verbrechen in London noch blumiger zu umschreiben. Ein «Arbeitsnachweis» war denn auch, wie die «Börse», ein Raum, in dem die Gauner ihre örtlichen Geschäfte abwickelten. So ahmten diese «alternativen» Spekulanten, die verborgener agierten, aber berüchtigter waren als ihre seriösen Kollegen, halb im Spott, halb in Ehrerbietung die Londoner Handels- und Finanzterminologie nach.

In Bethnal Green und Umgebung registrierte Morrison die Präsenz der erfolgreichsten Kriminellen des späten 19. Jahrhunderts, die im «High Mob» organisiert waren: organisierte Banden, bestehend aus überdurchschnittlich versierten oder skrupellosen Vertretern ihrer kriminellen Zunft, mit einem oder zwei Anführern an der Spitze. Der «Mob», das heißt die Bande, kontrollierte entweder ein bestimmtes Gebiet der Stadt oder einen bestimmten Zweig der Kriminalität. 1730 stand Dick Turpin an der Spitze der aus Dieben und Schmugglern bestehenden «Essex-Bande», während ein Jahrzehnt zuvor ein talentierter Einzelgänger wie Jonathan Wild die generelle Tendenz des Londoner Verbrechens bestimmen konnte. Mit zunehmender Expansion jedoch zerfiel die Stadt in einzelne Territorien, die jeweils von einer bestimmten Bande kontrolliert wurden.

Im 19. Jahrhundert wetteiferten rivalisierende Banden miteinander um Territorien und um Einfluss. Zu Beginn des 20. Jahrhunderts wurde das östliche London erneut Schauplatz eines mörderischen Konflikts. Der Kampf zwischen der «Harding-Bande» und der «Bogard-Bande» gipfelte in einer blutigen Auseinandersetzung im Wirtshaus *Bluecoat Boy* in Bishopsgate.

Es gab auch andere Verbrecherbünde, mit Namen wie «Elefantenbande», «Engelsbande» oder «Titanicbande». Ihre Spezialitäten waren der organisierte Ladendiebstahl (nach dem Muster «kaputtschlagen und zusammenraffen») und allgemein das Geschäft mit Drogen, Prostitution und «Schutzgeld»-Erpressung. Ende der fünfziger und in den sechziger Jahren waren es die Brüder Kray aus dem East End und die Richardsons «vom andern Ufer» in den südlichen Vororten, die ihre jeweiligen Gebiete mit beachtlichem Erfolg kontrollierten. Im Territorium der Krays selbst hatte «die Bewunderung des Volks für den großen Räuber» (um eine Formulierung des 19. Jahrhunderts zu gebrauchen) nie wirklich nachgelassen. Der Leichenzug für Ronnie Kray, der 1995 durch die Bethnal Green Road und die Vallance Road führte, war ein großes gesellschaftliches Ereignis; wie Iain Sinclair in *Lights Out for the Territory* über das East End schreibt: «Keine andere Schicht der Gesellschaft besitzt ein solches Traditionsgefühl.» Die Erinnerung an die Großkriminalität in diesem Stadtviertel reicht bis zu Turpins «Essex-Bande» und noch weiter zurück.

In den zwanziger und dreißiger Jahren trugen die Mafiafamilien der Sabini und der Cortesi ihre Streitigkeiten um die Kontrolle der Spielhöllen und Rennplätze in den Straßen Clerkenwells aus. Kurz darauf war es die Familie White in Islington, die von Billy Hill und seinen «schweren Jungs» aus Seven Dials in die Schranken gewiesen wurde.

Man kann sagen, dass es kaum einen Aspekt der Kriminalität gibt, der wirklich völlig neu wäre. So war der Ladendiebstahl nach der Methode «Kaputtschlagen und Zusammenraffen» zwar zwischen 1940 und 1960 besonders beliebt, Berichte über dieses Delikt aber finden wir schon im 17. und 18. Jahrhundert. Die Banden der Krays und der Richardsons sind von denen anderer ethnischer Herkunft nicht verdrängt worden, etwa den jamaikanischen «Yardies» oder den chinesischen «Triaden», die in ihrem eigenen Territorium tätig sind. Als 1990 der Handel mit Drogen wie Heroin, Khat, Crack oder Exstasy immer lukrativer wurde, schalteten sich Banden aus Nigeria, der Türkei und Kolumbien in die neuen kriminellen Aktivitäten der Stadt ein. Im 21. Jahrhundert sollen die «Yardies» für den größten Teil der Tötungsdelikte in einer Stadt verantwortlich sein, in der Mord etwas Zeitloses ist. Mord ist – um Thomas De Quincey zu paraphrasieren – in London eine der schönsten Künste.

28. Jack the Ripper, John Williams und andere Mörder

Der Tod kam in mancherlei Gestalt. Im 18. Jahrhundert stellte man oft fest, dass den Opfern beim Erwürgen die Nase abgebissen worden war. Erwürgen und Erstechen, häufige Mordmethoden am Ende des 18. Jahrhunderts, wurden zu Beginn des 19. Jahrhunderts vom Kehledurchschneiden und Erschlagen abgelöst, um dann dem Gift und diversen Formen des Verstümmelns oder Zerstückelns zu weichen.

Doch nirgendwo haben sich so viele mysteriöse Mordfälle wie in Englands Hauptstadt ereignet. Einer der ungelösten Mordfälle des 18. Jahrhunderts betraf einen Mann, dessen Name unterschiedlich als Edmund Berry Godfrey oder Edmunsbury Godfrey angegeben wird. Man fand ihn 1678 auf dem heutigen Primrose Hill, von seinem eigenen Schwert durchbohrt, aber «ohne Blutspuren am Körper oder an der Kleidung» und «mit sauberen Schuhen». Er war auch erwürgt worden, und das Genick war gebrochen; als man ihm die Kleider auszog, entdeckte man, dass seine Brust «über und über mit Hautabschürfungen gezeichnet» war. Merkwürdig war ferner der Umstand, dass es «auf seinen Beinkleidern viele Tropfen von weißen Wachskerzen» gab. Man vermutete eine katholische Verschwörung, und aufgrund gefälschter Beweise wurden drei Mitglieder des königlichen Hofs in Somerset House, einem Palast an der Strand, festgenommen und später hingerichtet; sie hießen *Green, Berry* und *Hill.* Der älteste Name jenes Primrose Hill, wo man die Leiche gefunden hatte, war *Greenberry Hill.* Die wahren Mörder wurden nie entdeckt, doch hat es den Anschein, als habe die Topographie von London selbst eine unselige, wenn auch zufällige Rolle gespielt.

An einem Frühlingsabend des Jahres 1866, abends gegen neun, ging Sarah Millson aus der Cannon Street die Treppe hinunter, weil es an der Tür geläutet hatte. Eine Stunde später entdeckte ein Nachbar, der über ihr wohnte, am Fuß der Treppe ihre Leiche. Sie war durch mehrere tiefe Verletzungen am Kopf getötet worden, aber «die Schuhe waren ausgezogen und lagen auf einem Tisch in der Eingangshalle»; sie wiesen keine Blutspuren auf. Die Gasbeleuchtung war nach dem Mord leise gelöscht worden – wohl um Kosten zu sparen. Der Nachbar öffnete die Haustür, um Hilfe zu holen, und sah eine Frau auf den Stufen sitzen, die dort offenbar Schutz vor dem starken Regen suchte. Er bat sie um ihre Hilfe, aber sie lief weg und sagte nur: «Um Himmels willen, nein! Ich kann

Bis heute ist nicht geklärt, wer sich hinter dem Namen Jack the Ripper verbarg. Im Pub Ten Bells *in der Commercial Road sind seine Opfer und ihre Fundorte an einer Tafel verzeichnet.* Original London Walks *veranstaltet noch heute nächtliche Führungen durch das East End, das Londons berüchtigster Mörder heimsuchte.*

nicht reinkommen!» Der Mörder wurde nie gefasst, aber die charakteristischen Zutaten eines rätselhaften Londoner Mordfalls sind geradezu idealtypisch beisammen: das Mietshaus in der Cannon Street, der starke Regen, die Gasbeleuchtung, die völlig sauberen Schuhe. Die unbekannte Frau, die Schutz vor dem Regen suchte, verstärkt nur die unheimliche, dunkle Aura, die dieses Verbrechen umgibt. Wieder einmal ist es, als habe der Geist oder die Atmosphäre der Stadt selbst eine Rolle gespielt.

Und deshalb sind die Morde, die «Jack the Ripper» zwischen August und November 1888 an fünf Prostituierten beging, ein bleibender Bestandteil des Mythos London, mit den Stadtvierteln Spitalfields und Whitechapel als finsteren Komplizen des Verbrechens. Die Zeitungsberichte über «Jacks» brutale Morde waren unmittelbarer Anlass für das Parlament, die Armut dieser Viertel und überhaupt des «East End» zu untersuchen; in diesem Sinne folgten Wohltätigkeit und soziale Fürsorge dem schauerlichen Tod auf den Fersen. Aber auf eine schwer fassbare Weise identifizierte man auch die Straßen und Häuser im düsteren East End mit den Morden selbst – es schien fast, als trügen sie eine Art Mitschuld. Eine Darstellung von Colin Wilson verweist auf die «Geheimnisse» eines Raumes im Ten Bells Pub in der Commercial Street und legt den Gedanken nahe, es hätten Wände und Interieurs der damals verarmten Straßen dem Mörder als Beichtstuhl gedient. Es gibt zeitgenössische Beschreibungen der Panik, welche die Morde in Whitechapel auslösten. M. V. Hughes, Verfasserin von *A London Girl of the Eighties*, hat geschrieben: «Niemand kann sich heute vorstellen, wie entsetzt und verstört wir alle durch diese Morde waren.» Das berichtet eine Frau, die damals im Westen Londons, viele Kilometer vom Schauplatz entfernt lebte, und sie setzt hinzu: «Welches Entsetzen in jenen paar engen Gassen geherrscht haben mag, wo, wie man wusste, der Mörder sein Unwesen trieb, kann man nur erahnen.» Es zeugt für die Suggestivkraft der Stadt und für die besondere Eigenart des spätviktorianischen London, dass der Überzeugung des Volkes nach «etwas Übernatürliches am Werk» war. Hier kommt wieder das unausrottbare Londoner Heidentum zum Vorschein. Während die Morde noch andauerten, erschienen schon die ersten Bücher und Broschüren, mit Titeln wie «Das Rätsel vom East End», «Fluch über dem Mitre Square», «Jack the Ripper oder die Verbrechen Londons», «Londons grausiges Geheimnis». Der Ort selbst ist also von zentralem Interesse, und bald begann denn auch der «Kriminaltourismus»: Schaulustige drängten sich durch die Berners Street und den George Yard, die Flower Street und die Dean Street, und ein «Guckkasten» in Whitechapel zeigte sogar Wachsfiguren von den Opfern – zum Ergötzen der Zuschauer. Ja, die Anziehungskraft der Örtlichkeit und ihrer Verbrechen ist so groß, dass rund um das Wirtshaus Ten Bells und in den angrenzenden Straßen noch heute mehrmals täglich Führungen stattfinden, vor allem für ausländische Besucher.

Laut Martin Fido, Autor des *Murder Guide to London*, haben sich «mehr als die Hälfte aller denkwürdigen Morde in Britannien in London ereignet», wobei bestimmte Tötungsarten in bestimmten Gegenden überwiegen. In Camberwell sieht der Mord vergleichsweise «respektabel» aus, in Brixton hingegen brutal; im 19. Jahrhundert folgt auf eine Reihe durchgeschnittener Kehlen eine Serie von Giftmörderinnen. Doch wie derselbe Erzähler konstatiert: «Für eine umfassende Liste der London-Morde gibt es deren zu viele.»

Es gibt jedoch Episoden und Vorfälle, die etwas Zeichenhaftes haben; dabei fällt auf, dass schließlich bestimmte Straßen oder Gegenden mit den Verbrechen identifiziert werden. So gab es die «Turner-Street-Morde» und die «Ratcliffe-Highway-Morde», deren letzter 1827 Thomas De Quincey zu seinem denkwürdigen Essay *Der Mord als schöne Kunst betrachtet* inspirierte. Er beginnt seine Darstellung einer Reihe von Mordfällen, «der bei weitem vortrefflichsten des Jahrhunderts», mit einer Beschwörung des Ratcliffe Highway selbst: Es sei «ein höchst chaotisches Viertel im östlichen, nautischen Teil Londons» und eine Gegend des «mannigfachen Grobianismus». In einem Geschäft an jener Straße war eine ganze Familie unter grässlichen Umständen ermordet aufgefunden worden; kaum drei Wochen später schrie in der benachbarten New Gravel Lane ein Mann: «Hier werden Leute ermordet!» Innerhalb von acht Tagen waren sieben Menschen, darunter zwei Kinder und ein Säugling, umgebracht worden. Einer der Mörder, John Williams, der im Gefängnis Coldbath Fields in Clerkenwell einsaß, beging in seiner Zelle Selbstmord; sein Leichnam sowie die Tatwerkzeuge – ein blutiger Hammer und ein Meißel – wurden an den Häusern vorbeigetragen, in denen er bei den Morden geholfen hatte. Begraben wurde er dann unter der Kreuzung Back Lane/Cannon Street Road oder, wie De Quincey formuliert, «in der Mitte eines Quadriviums oder Zusammenflusses von vier Straßen. Man hatte ihm einen Pfahl durchs Herz getrieben. Und über ihm treibt fortan das Brausen des rastlosen London.» So wurde Williams ein Teil von London; nachdem er seine Spur durch ein konkretes Viertel gezogen hatte, verschwand sein Name in der Mythologie rund um die «Ratcliffe-Highway-Morde». Er selbst aber wurde zu einer heiligen Opfergabe, welche die Stadt auf eine durchritualisierte Weise darbrachte. Gut hundert Jahre später wurden bei Erdarbeiten in der Gegend seine «vermodernden Überreste» ausgegraben; es ist nur passend, dass

Whitechapel, das Viertel der Ripper-Morde, war früher Teil der sächsischen Siedlung Stepney und lag außerhalb der Stadtmauern. Hierher wurden vorzugsweise Betriebe mit hoher Lärmbelästigung gelegt, wie etwa die ursprünglich in Houndsditch angelegte Glockengießerei.

Die so genannten Ratcliffe-Morde wurden im Dezember 1812 von John Williams begangen, der «sämtliche Mitglieder zweier Haushalte ausrottete und damit seine Überlegenheit über alle anderen Nachfahren Kains demonstrierte.»
Thomas De Quincey, Der Mord als schöne Kunst betrachtet.

seine Knochen daraufhin in der Gegend als Reliquien verteilt wurden. So vermachte man seinen Schädel dem Besitzer eines Wirtshauses, das noch heute an jenem fatalen «Quadrivium» zu sehen ist.

Auch andere Wege und Straßen können sich als unheilbringend erweisen. So sah die Dorset Street im Winter 1888 die Ermordung Mary Kellys von der Hand des «Rippers»; nach diesem besonders scheußlichen Verbrechen erhielt sie zur Wahrung der Anonymität ihren ursprünglichen Namen Duval Street zurück, mit dem Erfolg, dass sie 1960 Schauplatz tödlicher Schüsse wurde. In beiden Fällen kam es nie zur Verurteilung eines Mörders.

Es gibt viele Beschreibungen solcher anonymen Mörder, die sich unter die Menge mischen oder durch belebte Straßen gehen und dabei heimlich ein Messer oder eine andere tödliche Waffe bei sich tragen. Es ist ein wahres Sinnbild der Stadt. Gelegentlich sind auch die Äußerungen von Mördern überliefert. «Verdammtes Weibsstück! Tauch sie unter und mach sie alle! ... Prost Mahlzeit! Zückt die Messer!» Dann werden die Straßen selbst zum faszinierenden Gegenstand der Untersuchung. So lesen wir etwa in *The Murder Guide to London*: «Das Mordopfer in *Lady Molly of Scotland Yard* von Baroness Orczy hat sein Büro in der Lombard Street. In Wilkie Collins' *The Moonstone* wird das Schmuckstück an einen Bankier in der Lombard Street verpfändet.» Eine wirklich existierende Polizeiwache in der Wood Street haben gleich mehrere Krimiautoren zum fiktiven Schauplatz ihrer Romane gemacht, und Edgar Wallace machte aus der Kirche All Hallows by the Tower die Kirche «St Agnes on Powder Hill». In einer Stadt, wo Spektakel und Theater aufs Engste mit der normalen Realität verflochten sind, können sich Wirklichkeit und Phantasie auf wunderliche Weise miteinander verschränken.

Es kann auch ein ganzer Straßenkomplex vom Verbrechen heimgesucht werden, so dass Martin Fido, selbst ein hervorragender Kriminologe, von der «Morddichte» in einem bestimmten Bereich von Islington spricht, «in den rückwärtigen Straßen hinter Upper Street und City Road». In dieser Gegend tötete die Schwester von Charles Lamb im Herbst 1796 ihre Mutter, nur wenige Meter von dem Raum entfernt, wo Joe Orton 1967 seine Geliebte ermordete. In den ersten Jahrzehnten des 20. Jahrhunderts gab es mehrere Tötungsdelikte, die man zusammenfassend die «Nord-London-Morde» nannte, obwohl sie in Wirklichkeit unabhängig voneinander verübt worden waren, und zwar von Hawley Harvey Crippen und Frederick Seddon.

Die Namensliste Londoner Mörder ist wahrlich lang. Catherine Hayes, Besitzerin einer Kneipe mit dem Namen *Gentleman in Trouble*, schnitt im Frühjahr 1726 ihrem Mann den Kopf ab und warf ihn in die Themse, bevor sie die übrigen Teile der Leiche in ganz London verstreute. Der Kopf wurde geborgen und in einem städtischen Friedhof aufgespießt, so dass er schließlich identifiziert werden konnte. Mrs Hayes wurde festgenommen, vor Gericht gestellt und zum Tode verurteilt, eine der letzten Frauen überhaupt, die man in Tyburn verbrannte.

Thomas Henry Hocker, von einem ermittelnden Polizeibeamten als «ein Bursche in einem langen schwarzen Mantel» beschrieben, wurde an einem Februarabend 1845 gesehen, wie er hinter einigen Bäumen in der Belsize Lane hervorsprang. Ein Liedchen trällernd, ging er am Schauplatz des Mordes vorbei, den er soeben verübt hatte, und unterhielt sich sogar – noch unentdeckt – mit dem Polizisten, der die Leiche gefunden hatte. «Sieht ja übel aus», sagte er, wobei er die Hand des Toten ergriff. «Dieser Tatort war sein eigenes Werk», wie es in *The Chronicles of Newgate* heißt, «und doch konnte sich Hocker nicht der eigenartigen Faszination entziehen, die er auf ihn ausübte, und blieb an der Seite des Toten, bis die Bahre kam.»

Einer der berühmtesten Londoner Massenmörder war John Reginald Christie, dessen Haus am Rillington Place 10 einen so zweifelhaften Ruf erlangte, dass man schließlich den Straßennamen änderte. Zuletzt wurde sogar das Haus selbst abgerissen, nachdem es ständig wechselnde Mieter beherbergt hatte. Auf vorhandenen Fotografien erkennt man eine charakteristische Londoner Lokalität. Es war das typische Beispiel eines Notting-Hill-Mietshauses um 1950, mit zerrissenen Gardinen, rissigem und schlecht übermaltem Putz und rußgeschwärzten Backsteinen. In einem solchen Ambiente kann Mord unentdeckt bleiben.

Londoner Morde haben noch einen anderen Aspekt, den man an der Verbrecherlaufbahn Dennis Nilsens ermessen kann. Nilsen wohnte um 1980 in Muswell Hill und Cricklewood, wo er viele junge Opfer ermordete und zerstückelte. Die Lebensläufe dieser ermordeten Männer mögen im Einzelnen heute keine große Bedeutung mehr haben – bis auf den Umstand, dass, wie es in einem Bericht heißt, «nur die wenigsten von ihnen nach ihrem Verschwinden vermisst wurden». Das ist der Hintergrund für viele Londoner Morde; die Vereinzelung und Anonymität der Unbekannten, die durch die Stadt gehen, machen sie eigentümlich wehrlos gegen die Nachstellungen eines Großstadtmörders. Eines von Nilsens Opfern war zum Beispiel ein «Ausgeflippter», den er an der Straßenkreuzung bei der Kirche St Giles-in-the-Fields aufgegabelt hatte. Nilsen, offenbar «entsetzt über den abgemagerten Zustand» seines Opfers,

*Szenen aus White-
chapel, wo Jack the
Ripper 1888/89
mehrere Dirnen
ermordete; unten
links der Herzog
von Clarence, der
ertränkt wurde,
unten rechts
Sherlock Holmes.*

brachte den Mann um und verbrannte ihn im Garten seines
Hauses in der Melrose Avenue.
Ein anderes Opfer war ein
Skinhead, der lauter Grafitti auf
seinen Körper gesprüht hatte,
darunter eine gepunktete Linie
um den Hals und die Worte
«Hier durchschneiden». Hier,
in solchen brutalen und bruta-
lisierenden Umständen, scheint
sich das düstere Gesicht Londons zu zeigen.

Über Elizabeth Price, die 1712
wegen Diebstahls zum Tode verurteilt wurde, wissen wir nur
das Folgende: «Sie hatte ein Geschäft daraus gemacht, Lumpen
und Asche einzusammeln und
zu anderen Zeiten mit dem Ruf
‹Heiße Würste! Graue Birnen!›
Obst und Austern in den Straßen zu verkaufen.» Wir lesen
von «Mary der Klette», die bei
ihrer Festnahme ihre Brüste he-
rausnestelte «und den Wach-
männern die Milch ins Gesicht
spritzte, mit den Worten: ‹Zum
Teufel mit euch, warum wollt
ihr mir mein Leben wegneh-
men?›» Dieser Geist der Verachtung gegenüber den Vertretern von Recht
und Ordnung ist bezeichnend für das Londoner Leben. Es hängt auch
mit einem lebhaften Heidentum zusammen, wie bei jener des Mordes
beschuldigten Hausangestellten, von der berichtet wird, sie habe einen
«mächtigen Widerwillen gegen Dinge der Religion» gefasst. In demselben Geist reagierte auch Ann Mudd trotzig, als sie wegen des Mordes
an ihrem Mann zum Tode verurteilt wurde. «‹Was soll's›, sagte sie, ‹ich
hab' ihm ein Messer in den Rücken gerammt. Es war lustig.›» Ihre letzte
Stunde in der Todeszelle verbrachte sie damit, dass sie schlüpfrige Lieder sang.

Die Whitechapel-Morde von 1888 bewogen die Polizei, erstmals mit fotografischen Aufnahmen vom «Schauplatz des Verbrechens» zu arbeiten, während ein Mordfall, der sich 1961 im Cecil Court bei der Strand ereignet hatte, zum ersten Mal durch das Phantombild des Täters aufgeklärt werden konnte. Der Einfall, den Kopf von Catherine Hayes' Ehemann öffentlich auszustellen, um ihn so zu identifizieren, hat einige interessante Nachfolger gehabt. Der wesentliche Punkt bleibt, dass Verbrechen und insbesondere Morde auf die städtische Bevölkerung belebend wirken. Das ist der Grund, weshalb in der Londoner Mythologie die größten Helden oft auch die größten Verbrecher sind.

29. Beggar's Opera

Die Husarenritte eines Jack Sheppard bewiesen, wie sehr sich die Londoner von den Abenteuern eines Verbrechers fesseln lassen konnten. Der namhafteste Maler jener Zeit, Sir James Thornhill, besuchte den Ausbrecherkönig 1724, um ein Porträt von ihm zu vollenden, das dann als Kupferstich in Mezzotinto an das interessierte Publikum verkauft wurde (s. Farbbildteil).

Einige Jahre später, 1732, unternahm Thornhills Schwiegersohn William Hogarth eine ähnliche Reise nach Newgate; hier zeichnete er eine andere berühmte Missetäterin, nämlich Sarah Malcolm, die selbst in der Todeszelle saß. Sie hatte zwei ältere Herrschaften erwürgt und dann deren Hausmädchen die Kehle durchgeschnitten, eine ruchlose Tat, die ihr beim Londoner Publikum zu zweifelhaftem Ruhm verhalf. Sie war sehr jung – erst 21 – und sehr gefasst. Bei der Verhandlung behauptete sie, das Blut auf ihrem Hemd rühre von einer Menstruation, nicht von einem Mord her, und nach Verkündigung des Todesurteils gestand sie, Katholikin zu sein. Hogarth malte sie mit dem Rosenkranz in der Zelle sitzend und kündigte in der Presse an, dass der Druck in zwei Tagen fertig sein werde. Das war Werbung für seine Gewandtheit, aber auch ein Tribut an den Ruf seines Sujets. In ihrer Hogarthbiographie beschreibt Jenny Uglow, wie Sarah Malcolm zu der Hinrichtung erschien, die traditionsgemäß am Schauplatz des Verbrechens stattfand: «Sauber gekleidet, mit einer Trauerkapuze aus Krepp, stand sie in guter Haltung auf dem Wagen und wirkte wie ein Gemälde.» Als sie vom Galgen abgeschnitten wurde, gab es, wie berichtet wird, «in der Menge einen vornehmen Herrn in tiefer Trauer, der die Tote küsste und den Henkers-

John Gays Bettler-oper wurde am 29. 1. 1728 im Lincoln's Inn Fields Theatre uraufge-führt. Unter den Premierengästen befand sich auch der Premierminister Robert Walpole – und sah sich in der Figur des Straßen-räubers Macheath karikiert. In Deutschland wurde John Gays weltweit erfolgreiches Sing-spiel erst 1959 in Berlin urauf-geführt – 31 Jahre nachdem Brechts Nachfolgewerk Dreigroschenoper *entstanden war.*

knechten eine Krone schenkte». Hier sind alle Elemente dramatischer Verwicklung beisammen, die solche Rituale von Schuld und Sühne in London so denkwürdig machten. Hogarth selbst fand die Züge der Todeskandidaten unwiderstehlich. Als 1761 Theodore Gardell an der Ecke Panton Street/Haymarket gehängt werden sollte, war Hogarth zur Stelle und fing die verzweifelte Miene des Delinquenten «mit wenigen raschen Strichen» ein.

Im Februar 1728 wohnte Hogarth mit Genuss einer Aufführung von John Gays *Beggar's Opera* bei. In diesem Drama wird das «niedere» Londoner Verbrecherleben bunttheatralischer Verkleidung präsentiert. Es war eine echt Londoner Inszenierung, halb Burleske, halb Operette, doch zugleich eine Parodie auf die modische italienische Oper und eine Satire auf die Ränkespiele in der Regierung. Hauptfiguren waren der Straßenräuber Macheath und der Hehler Peachum, und das Ganze, passend vervollständigt durch Lockit, den Gefängniswärter von Newgate, verstand sich als geistreiche Darstellung der Londoner Unterwelt.

Die dramatischen Szenen in Newgate selbst bestätigen zwei überzeitliche Bilder für London: die Welt als Bühne und die Welt als Gefängnis. Aber auch andere Aspekte des Londoner Lebens zeigt das Drama. Ständige Anspielungen auf Geschäfte und Verkehr sowie die Tendenz, «Menschen und Beziehungen als Waren zu behandeln», wie John Gays jüngster und bester Biograph David Nokes betont, verraten die mächtige und möglicherweise verderbliche Atmosphäre von Handel und Finanz, die alle Aktivitäten der Stadt überlagert. Wie anders wäre es sonst möglich, dass Charaktere von den Londoner Straßen so beiläufig und wie selbstverständlich zu «merkantilen Metaphern» greifen? Diese Menschen «werden ausnahmslos nach ihrem Handelswert taxiert, nach dem, was aus ihnen ‹herauszuschlagen› ist». Hier herrscht der wahre Geist des Londoner Geschäftslebens, doch gibt es eine interessante und bedeutsame Weiterung. Diesen Handelsaktivitäten obliegen «die da oben» ebenso wie «die da unten», der Höfling ebenso wie der Wegelagerer, so dass Heiterkeit und Überschwang dieser «Oper» nicht zuletzt auf der Leugnung aller Klassen- und Rangunterschiede beruhen. Was die Bühne so bunt und geistvoll zur Darstellung bringt, ist der egalitäre, um nicht zu sagen der antinomische Instinkt der Londoner Bevölkerung.

Gay selbst wurde indessen bezichtigt, Diebe und Hehler zu verherrlichen, so als habe er durch die Gleichsetzung des Treibens von Bettlern mit den Machenschaften der «besseren Kreise» die ehrloseren Elemente Londoner Lebens auf vulgäre Weise aufgewertet. «Verschiedene Diebe und Straßenräuber», wusste ein zeitgenössischer Moralist zu berichten, «haben in Newgate gestanden, dass sie sich im Schauspielhaus bei den

Szenenbild aus The Beggar's Opera. Stich von William Blake, nach dem Gemälde von William Hogarth.

Liedern ihres Helden Macheath Mut machten, bevor sie zu ihren verwegenen nächtlichen Taten aufbrachen.»

Hogarth bewunderte *The Beggar's Opera* so sehr, dass er bei sechs verschiedenen Gelegenheiten dieselbe Szene aus dem Stück malte, wobei nach Jenny Uglow «der geborene Maler aus ihm hervorbrach». Es ist nicht schwer zu verstehen, warum diese intensive Schilderung Londoner Lebens den Künstler in seinem Schaffen inspirierte; zeigt er doch in seinen späteren Werken sein eigenes Interesse für die szenischen Möglichkeiten des Straßenlebens. Mit der Charakterisierung des «Tom Nero» in *The Four Stages of Cruelty* (1751) und des «Thomas Idle» in der Serie *Industry and Idleness* (1747) erschafft Hogarth sogar seine eigene Tradition von Londoner Schurken; beide enden als Mörder, die am Galgen aufgeknüpft werden, doch erhält ihre Verbrecherlaufbahn insofern etwas Unheimliches und Sensationelles, als ihr Schauplatz die Straßen und «niederen» Viertel Londons sind.

Hier hat sich alles verschworen, um böse Taten zu zeugen. In *The Four Stages of Cruelty* ist das Leben der Stadt selbst die Triebkraft hinter dieser Grausamkeit; Hogarth sagt in seinem Kommentar zu diesen Drucken, er habe die Arbeit «in der Hoffnung getan, diese grausame Behandlung armer Tiere zu verhüten, welche die Straßen Londons für das Menschenherz mehr als alles andere widerwärtig macht, so dass schon die Beschreibung schmerzt». Eine Szene vor dem Kaffeehaus Thavies Inn in Holborn, an der Hauptstraße, die von den ländlichen Gefilden Islingtons und Marylebones nach Smithfield führt, zeigt den Kutscher der Droschke Nr. 24, wie er erbarmungslos sein Pferd traktiert, während im

Vordergrund ein Schaf mit einer Keule getötet wird; ein Kind gerät unbemerkt unter die Räder eines Brauereiwagens, während ein Anschlag an einer Mauer für einen Hahnenkampf wirbt.

Der betrunkene und gewalttätige Pöbel, der Thomas Idle in Tyburn hängen sieht, ist Spiegelbild und zugleich Inbegriff seiner kriminellen Existenz. Unter den Zuschauern dieser Hinrichtung erkennt man bekannte Gestalten – Tiddy Doll, den schrulligen Lebkuchenverkäufer, Mutter Douglas, die dicke, betrunkene Kupplerin, und auf dem Blutgerüst selbst den schwachsinnigen «Lustigen Joe», der bei Hinrichtungen das Publikum mit Späßen und Scherzreden zu vergnügen pflegte. Die Unterschrift unter dem Druck ist eine beziehungsreiche Bibelstelle nach den Sprüchen Salomonis: «Dann werden sie nach Gott rufen, aber er wird nicht antworten.» Hogarth malt eine heidnische Gesellschaft, aus der diese Kriminellen zwangsläufig hervorgehen mussten.

Falls es John Gay darauf ankam, aus Dieben oder Hehlern dramatische Helden oder Charaktere zu machen, dann bewegte er sich damit in einer erlauchten Londoner Tradition. Wenige Jahre bevor *The Beggar's Opera* auf die Bühne kam, hatte es andere theatralische Versionen von *Harlequin Sheppard* und *A Match in Newgate* gegeben; «Sheppard als Harlekin» stellte dabei eine bemerkenswerte Verbindung von Kriminalität und Pantomime dar. Schon hundert Jahre vorher hatten Beaumont und Dekker in *The Beggar's Bush* den Schlichen und Sprüchen der Londoner Unterwelt zu dramatischer Geltung verholfen – wiederum mit dem handfesten Hintergedanken, dass sich die Verbrecher auch nicht schlimmer aufführten als die «Besseren», die über sie herrschten. In ähnlichem Sinne zeigt Marcellus Laroon 1687 mit stilistischer und formaler Eleganz den «Herrn der Freistatt», einen berüchtigten Dieb und Betrüger namens «Bully» Dawson, der gleichwohl in Laroons Druck in der Manier des großen Stutzers und Edelmannes vorgeführt wird. Die theatralische Manier und die Verkleidung sind symbolisch für die Kontraste und die Mannigfaltigkeit der Straße. Alle diese Werke verraten wiederum die eigentümliche Faszination, die vom Leben der Landstreicher und der Verfemten ausging, so als könnten die Londoner Verhältnisse jeden Menschen in einen Zustand der Not oder Ächtung stürzen. Warum sonst hätten die Straßen Londons Hogarths Phantasie derartig beschäftigt?

Im 19. Jahrhundert schrieb ein Anonymus einen Essay über die «Bewunderung des Volkes für große Diebe», worin er unter anderem darauf hinweist, die Engländer hätten sich im 18. Jahrhundert «nicht weniger eitel des Erfolgs ihrer Straßenräuber gebrüstet wie der Tapferkeit ihrer Truppen». Daher die große Beliebtheit des *Newgate Calendar*, wie der

Reihentitel einer Folge von Büchern lautete, die Ende des 18. Jahrhunderts zu erscheinen begannen. Den Anfang machte *The Malefactor's Register or New Newgate and Tyburn Calendar*; seine Popularität war so groß, dass man sie mit Foxes *Book of Martyrs* aus der Mitte des 16. Jahrhunderts oder vielleicht mit den allgegenwärtigen Heiligenlegenden des Mittelalters vergleichen könnte, ja sogar mit der Anfang des 19. Jahrhunderts aufschwappenden Märchenwelle. Die Zwiespältigkeit dieser Gattung bestätigt zudem die Schule des «Newgate-Romans», die zu derselben Zeit aufkam und so gefeierte Vertreter wie Harrison Ainsworth und Bulwer Lytton hatte. Bezeichnend dürfte sein, dass in Newgate selbst die Insassen süchtig nach «leichter Kost» waren, nach «Romanen und lyrischem oder dramatischem Talmi». Jeder kopierte eben jeden.

Der Inhalt dieser diversen Publikationen war ebenfalls zwiespältig und schwankte zwischen Verurteilung und Verklärung des Verbrechers. Demgemäß bewunderte man gemeinhin Geschicklichkeit und List, Verkleidung und Finte als die dramatischen Ausdrucksmittel des Straßenlebens. Da gab es den schandbaren «Klein-Casey», einen neunjährigen Taschendieb, dessen Künste Ende der 1740er Jahre das Staunen ganz Londons waren. Es gab Mary Young, genannt «Zupfer-Jenny», die rund vierzig Jahre zuvor in denselben Straßen gewirkt hatte; sie pflegte sich als schwangere Frau zu verkleiden und verbarg zwei künstliche Arme und Hände unter dem Rock, während sie mühelos Börsen und Taschen öffnete. Die Londoner Bevölkerung feierte sie für ihre «gewandte Zeitberechnung, Verkleidung, Schlagfertigkeit und Verstellung».

Zu einem späteren Zeitpunkt trat Charles Price auf den Plan, genannt *Old Patch*; er verlegte sich auf kunstvolle Geldfälschungen und brachte seine Banknoten in raffinierter Kostümierung unter die Leute. Er war ein «untersetzter Mann mittleren Alters», pflegte sich aber als gebrechlicher und betagter Londoner zu verkleiden; er trug «einen langen schwarzen Kamelottmantel mit breitem Kragen, den er fest unter dem Kinn zusammenband». Dazu hatte er «einen Schlapphut mit breiter Krempe und oft auch eine grüne Brille oder einen grünen Augenschirm». Er gab mit anderen Worten den komischen «Alten» von der Bühne.

Eine Zelebrität war Ende des 19. Jahrhunderts Charles Peace, ein Meister der Verkleidung und Täuschung. Er führte ein normales Leben als Haushaltsvorstand, abwechselnd in Lambeth und in Peckham. Doch «durch das Vorschieben des Unterkiefers konnte er sein Aussehen völlig verwandeln. ... Er war als Einarmiger gegangen, den gesunden Arm unter der Kleidung versteckt. ... Die Polizei erklärte, Peace könne sich auch ohne äußere Verkleidung so verändern, dass er nicht wiederzuerkennen sei.» Er konstruierte sogar eine 2,5 Meter lange Klappleiter, die man auf ein Sechstel ihrer Länge (40 Zentimeter) zusammenklappen und unter dem Arm verstecken konnte. Er war früher Straßenmusikant gewesen und hatte eine große Schwäche für Geigen; er verstand es sogar, sie zu stehlen, obwohl sie gelegentlich ein sperriges Stück darstellten. Nach seinem Tod auf dem Schafott wurde seine Instrumentensammlung versteigert, doch in einer Stadt der Charaktere und Spektakel war es vor allem sein Talent zur Verkleidung, was die größte Faszination ausübte. In Scotland Yards «Schwarzem Museum» war früher die blaue Schielbrille ausgestellt, «die Peace in seiner Lieblingsrolle als schrulliger alter Philosoph zu tragen pflegte».

Zugleich war er aber ein abgebrühter Verbrecher, der jeden umbrachte, der ihm im Wege war, und so wird die Bewunderung für seine Verkleidungskünste durch den Abscheu vor der Art seiner Verbrechen gedämpft.

Die Hebamme Elizabeth Brownrigg sollte armen Frauen beistehen, die im Arbeitshaus ihre Wehen bekamen, nutzte aber ihre Position aus, um junge Dienstmädchen zu missbrauchen und zu töten. Sie wurde 1767 hingerichtet, und ihr Skelett wurde in der Royal Surgeon Hall ausgestellt.

In Arthur Conan Doyles Kurzgeschichte *Der Mann mit der gespaltenen Lippe* kommt Sherlock Holmes jenen Kriminellen auf die Spur, die man damals «betrügerische Bettler» nannte. Es geht um Neville St Clair, einen wohlhabenden Herrn aus einem Vorort in Kent, der jeden Morgen in sein Geschäft in der Londoner City fährt und jeden Abend mit dem 5:14-Uhr-Zug aus der Cannon Street zurückkehrt. Es sickert jedoch durch, dass er eine heimliche Absteige in der Upper Swandame Lane besitzt, einer «üblen Gasse» östlich der London Bridge, wo er sich als «elender Krüppel» verkleidet, der sich Hugh Boone nennt und als Streichholzverkäufer in der Threadneedle Street eine bekannte Erscheinung ist, mit seinem «orangeroten Haarschopf, das blasse Gesicht von einer grässlichen Narbe entstellt». Die Geschichte erschien 1892, im Rahmen der *Abenteuer des Sherlock Holmes*. Zwölf Jahre später gab es einen Bettler, der Zündhölzer in Bishopsgate verkaufte; er war in der ganzen Gegend bekannt, denn er war «gelähmt … Man konnte ihn sehen, wie er sich unter Schmerzen die Gosse entlangschleppte, den Kopf nach einer Seite hängend, an allen Gliedern heftig zitternd, einen Fuß nachziehend, der rechte Arm kraft- und nutzlos baumelnd. Um das furchtbare Bild zu vervollständigen, war das Gesicht grässlich verzerrt.» Diese Schilderung gibt Kriminaloberinspektor Ernest Nicholls von der Londoner City-Polizei in *Crime within the Square Mile*. Im Herbst 1904 beschloss ein junger Kriminalbeamter dieser Truppe, den Zündholzverkäufer zu «beschatten», und entdeckte, dass der Bettler seinen gelähmten Körper zum Crosby Square zu schleppen pflegte, «um an einer anderen Ecke als flinker junger Mann fortzugehen». Er hieß Cecil Brown

Smith, wohnte in dem «vornehmen Vorort Norwood» und lebte sehr gut von der Mildtätigkeit der Menschen, die in Bishopsgate an ihm vorüberkamen.

In demselben Buch mit Polizeifällen gibt es die Geschichte von dem blutverschmierten Rasiermesser, das ein junger Mann hinter einem Sitz im Omnibus entdeckte; er zögerte einige Tage, bevor er damit zur Polizei ging, weil er einige Jahre zuvor just mit einer solchen Mordwaffe seiner «Liebsten» die Kehle durchgeschnitten hatte. Es ist, als habe die Stadt selbst aus der Asservatenkammer ihrer Geschichte das Beweismaterial gegen ihn hervorgeholt. Vielleicht hat Cecil Brown Smith Doyles Geschichte über die Londoner Straßenkriminalität gelesen und zum Leben erweckt; es kann aber auch sein, dass manche Schriftsteller imstande sind, ein bestimmtes Verhaltensmuster in der Großstadt vorauszuahnen.

30. Wachleute, Konstabler und Polizisten

Wo man aus Schurken Helden macht, ist es das Los des Polizisten, zur Witzblattfigur zu werden. Shakespeare machte sich in *Viel Lärm um nichts* über den Gerichtsdiener Dogberry lustig, aber die Gepflogenheit der Stadt, auf Kosten ihrer Büttel zu lachen, hat eine viel längere Tradition.

Ursprünglich bestand «die Wache», wie die Polizei jahrhundertelang genannt wurde, buchstäblich aus Wächtern auf den Stadtmauern Londons. In einem Dokument von 1312 wird festgelegt: «Zwei Mann von der Wache, gut und passend bewaffnet, sollen zu jeder Stunde des Tages am Tor bereitstehen, entweder innen oder draußen, weiter unten, um solchen Personen Auskunft zu geben, die auf großen Pferden oder mit Waffen kommen und die Stadt betreten wollen.» Aber wie stand es um den Feind im Inneren? Die «guten Männer» jedes *ward* waren traditionsgemäß für die Aufrechterhaltung der Ordnung zuständig; 1285 trat jedoch an die Stelle eines informellen, auf Gegenseitigkeit beruhenden Schutzsystems die Einrichtung einer öffentlichen «Wache», bestehend aus den Haushaltsvorständen jedes Amtsbezirks unter Oberaufsicht eines Konstablers. Jeder Haushaltsvorstand, der nicht die Pflichten eines Büttels, Konstablers oder Gassenmeisters versah, musste in der Wache Dienst tun, die nach dem Prinzip des «Zeter- und Mordiogeschreis» eingriff. So hören wir von der Jagd auf Lehrlinge und von der Verhaftung von «Nachtschwärmern». Ständig werden *roreres* (Randalierer) gemeldet, die dem Alkohol und dem Glücksspiel frönen und Menschen auf der Straße zusammenschlagen. Solche Leute werden festgenommen, eingesperrt und am nächsten Morgen dem Friedensrichter vorgeführt.

Als Mitglied der Wache zu fungieren galt eigentlich als öffentliche Pflicht, doch bürgerte es sich ein, dass ein viel beschäftigter Haushaltsvorstand auf eigene Kosten einen Ersatzmann stellte. Wer diese Arbeit übernahm, war jedoch meist von geringem Kaliber; die Londoner Wache – heißt es in einer Beschreibung – besteht aus alten Männern «aus dem Bodensatz des Volkes». Wir kennen auch die Wache, die Constable Dogberry in *Viel Lärm um nichts* auf die Beine stellt. Ab 1730 wurde das Wachwesen durch Gesetz geregelt; eine Bezahlung aus dem Steueraufkommen sollte die Beschäftigung besserer Wachleute ermöglichen, in einigen Fällen durch Einstellung von entlassenen Soldaten oder Seeleuten anstelle der örtlichen Rentner; es scheint aber keine große Besserung bewirkt zu haben. Eine Fotografie aus der Mitte des 19. Jahrhunderts zeigt einen der letzten Londoner Wächter, William Anthony; er hält in der rechten Hand einen Stock und in der linken eine Laterne. Dazu trägt er den breitkrempigen Hut und den Überzieher, die für seinen Berufsstand charakteristisch waren, während der Gesichtsausdruck irgendwo zwischen Strenge und Schwachsinn schwankt.

Bis in die Tudorzeit hinein hatten Londoner Wächter keine andere Waffe als eine Laterne und einen Stock bei sich; sie gingen in den Straßen Streife und riefen jedes Mal die Stunde aus, wenn die Glocke schlug.

Man nannte sie *Charleys* und trieb ständigen Spott mit ihnen. Sie patrouillierten durch bestimmte Straßen und sollten eigentlich als Wächter des Eigentums fungieren. «Wenn dieser Mann zum ersten Mal seine Runde dreht», schreibt César de Saussure 1725, «stößt er mit seinem Stecken an die Türen von Läden und Häusern, um festzustellen, ob sie ordentlich geschlossen sind, und die Hauseigentümer zu informieren, wenn sie es nicht sind.» Er weckte auch frühmorgens alle Bürger, «die irgendeine Reise zu tätigen haben». Aber die *Charleys* waren nicht unbedingt sehr zuverlässig. Ein Oberkonstabler, der unangekündigt ihre verschiedenen Wachstuben und Postenhäuschen inspizierte, berichtete von Erlebnissen wie diesen: «Rief laut ‹Wache!›, bekam aber keine Hilfe. … Kein Konstabler im Dienst; fand einen Wachmann dort in weiter Entfernung von seinem Bezirk; ging von dort zum Nachtkeller … und fand vier Wachen von St Clement's beim Trinken.» Im 16. Jahrhundert wusste man von ihnen, dass sie «sehr spät zur Wache kommen, um sich dann an einem gemeinsamen Wachplatz niederzulassen, wo einige von ihnen einschlafen, sei es auf Grund körperlicher Arbeit oder übermäßigen Trinkens oder weil die Natur ihre Nachtruhe fordert». Dreihundert

Jahre später waren sie noch immer als alte Trottel verschrien, «deren Langsamkeit es mit jeder Schnecke aufnehmen kann und deren Stärke nicht ausreicht, auch nur eine achtzigjährige Waschfrau nach eines harten Tages Plackerei am Waschtrog festzunehmen». Die Wachen ihrerseits bekamen es oft mit randalierenden oder betrunkenen «Rabauken» oder «Stutzern» zu tun. «Ein Wachmann», wird berichtet, «der zwischen den einzelnen Runden, in denen er seinen monotonen Ruf hören ließ, in seinem Häuschen döste, brachte es fertig, sich samt seinem Häuschen umwerfen zu lassen, so dass er hilflos zappelte und um sich schlug wie eine Schildkröte auf dem Rücken, bis Hilfe kam.» Die *Charleys* wurden oft von Randalierern überfallen, wenn sie durch die dunklen Straßen Streife gingen.

Es ist also unwahrscheinlich, dass London zwischen dem 14. und 18. Jahrhundert eine gute Polizei hatte. Anscheinend hat jahrhundertelang das mittelalterliche Konzept der Zusammenarbeit innerhalb des *ward* und des Stadtviertels geherrscht; die Bürger Londons sorgten selbst dafür, dass ihre Stadt wenigstens einigermaßen sicher war, und so behauptete sich das informelle System einer lokalen Justiz. Taschendiebe und Prostituierte wurden «getunkt», ebenso betrügerische Ärzte oder Kaufleute. Ein gehörnter Ehemann wurde mit einem «Charivari» oder einer «Katzenmusik» bedacht, einem Spottkonzert aus «Blechdosen, Kesseln und hohlen Knochen». Es war ein System der polizeilichen Selbsthilfe, das recht wirksam gewesen sein muss – und sei es nur darum, weil die Rufe nach einer städtischen Polizeitruppe so lange ungehört verhallten.

Doch das Wachstum Londons verlangte nach wirkungsvolleren Kontrollmaßnahmen. Um 1750 richtete der Schriftsteller Henry Fielding fast im Alleingang ein Polizeiamt in der Bow Street ein, das als eine Art Zentrale der Londoner Verbrechensbekämpfung fungierte. Seine «Diebesfänger» oder «Läufer», ursprünglich sieben an der Zahl, wurden wegen ihrer roten Westen im Volksmund «Rotkehlchen» oder «Rote Hummer» genannt. Ihre Zahl stieg bis Ende des Jahrhunderts von sechs auf siebzig; inzwischen wurden 1792 in verschiedenen Teilen der Hauptstadt sieben weitere «Polizeiämter» eingerichtet. Damals hatte die alte City of London, auf Wahrung ihrer mittelalterlichen Identität bedacht, schon ihre eigenen regulären Polizeipatrouillen geschaffen: Die «Tagespolizei» wurde 1784 gegründet und sogleich mit dem blauen Überzieher identifiziert, den sie trug, um sich, wie Donald Rumbelow in *The Triple Tree* mitteilt, «eine würdevolle Erscheinung zu geben, wenn sie am Hinrichtungstag Häftlinge eskortierten». Einem so unglücklichen Anlass also verdankt sich die konventionelle Polizeiuni-

*1828 stellte Innen-
minister Robert Peel
trotz der Kritik
der Öffentlichkeit
eine Einheit von
3000 Mann auf.
Seine Polizisten
wurden scherzhaft*
Bobbies *genannt;*
Robert = Bob. *Aus
dieser Truppe ent-
wickelte sich die*
Metropolitan Police
Force, *die ihren
Amtssitz erst in
der Straße Great
Scotland Yard,
Whitehall, hatte,
wo einst der Palast
des schottischen Kö-
nigs war. Seit 1967
befindet sich* New
Scotland Yard *in
der Victoria Street.*

form. 1798 wurde das «Polizeiamt Themse» errichtet, um Kais und Warenlager sowie die neuen Hafenanlagen am Fluss zu schützen; es agierte außerhalb des traditionellen Systems von *ward* und Stadtviertel. Sieben Jahre später wurde eine berittene Patrouille geschaffen, um Wegelagerer abzuschrecken. Auf einem Gemälde von 1835 ist ein solches Wachhaus zu sehen. Es ist ein zweistöckiges Gebäude, der Bauart nach aus dem frühen 18. Jahrhundert, mit hölzernen Läden vor den Erdgeschossfenstern. Es befindet sich an der Westseite des Platzes vor der Kirche St Paul's in Covent Garden, und man sieht, wie einige Polizisten in blauer Uniform und schwarzem Hut vor dem eisernen Torweg auf- und abgehen. Auf dem oberen Fenstersims stehen Topfpflanzen, an der weißen Backsteinfassade prangen die auffällig gemalten Worte «Wach-Haus». Man hat den Eindruck einer Örtlichkeit, die ihrer Umgebung geschickt angepasst wurde, wobei die Topfpflanzen ein malerisches Sinnbild des Covent Garden abgeben. Aber der Schein trügt möglicherweise. Das Bild entstand sechs Jahre nach der Verabschiedung eines Gesetzes über die Londoner Polizei, das das Gesicht von «Recht und Ordnung» in der Stadt gründlich veränderte.

Das Problem war die Korruption gewesen. Wie es so oft in London geschieht, hatten jene, die das Verbrechen regulieren sollten, schließlich begonnen, es zu dulden, ja sogar zu fördern. Die «Läufer» der Bow Street wurden ertappt, wie sie Geld und Waren annahmen, während sie mit «Schurken» in Wirtshäusern zusammensaßen. Das zeugte von der demotischen Gesinnung der Stadt ebenso wie von ihrer kommerziellen Ader. So vermochte Robert Peel (1788–1850) nur unter großen Schwierigkeiten seinen Plan einer organisierten und zentralisierten Polizei für London durchzusetzen. Dergleichen wurde von manchen als direkte Bedrohung der Stadtfreiheit empfunden, und die Londoner *Times* wetterte gegen einen solchen «Apparat, vom Despotismus erfunden». Doch indem Peel die alte City-Polizei aus seinem neuen Dienst ausgliederte und ein Auswahlkomitee mit Beispielen von Straßenkriminalität und Zahlenangaben über die Landstreicherei konfrontierte, sicherte er seinen Plänen schließlich den Erfolg.

Das Büro der «Neuen Polizei» wurde 1829 an einem kleinen Platz in Whitehall, dem Great Scotland Yard, errichtet. Die Truppe umfasste dreitausend Mann und war in siebzehn Abteilungen gegliedert. Das sind die Beamten im schwarzen Zylinder und blauen Frack, die auf dem Bild des «Wach-Hauses» in Covent Garden zu sehen sind. Man nannte sie «Blaue Teufel» oder auch die «Echten Blaukragen» – *Real Blue Collarers* –, eine Anspielung auf die Opfer der Choleraepidemie um 1830. Auf den Straßen Londons waren sie nicht beliebt.

Die Polizisten kamen aus der-selben Gesellschaftsschicht und denselben Stadtvierteln wie ihre «Zielgruppe»; insofern herrschte die Meinung, dass sie ihre eigenen Leute zu kontrollieren und einzu-sperren suchten. Wie die «Läufer» vor ihnen mussten auch sie sich den Vorwurf der Trunksucht und Sittenlosigkeit gefallen lassen. Sol-che Verstöße wurden jedoch mit sofortiger Entlassung geahndet – mit dem Erfolg, dass laut *London Encyclopaedia* «binnen vier Jah-ren von den ursprünglich 3000 Mann nur mehr ein Sechstel im Dienst war». Diese Untadeligen wurden von der Gegenpartei «Grei-fer» oder «Quetscher» genannt, während weniger anschauliche Spitznamen wie «Bobbies» oder «Peeler» natürlich auf ihre Verbin-dung mit Robert Peel zurück-

Londons Bobbies, *hier vor Westminster Abbey, von der Königspforte im Victoria Tower der Houses of Parlia-ment aus gesehen.*

gingen. Diese Bezeichnungen haben sich heute zu «Old Bill» weiterent-wickelt, worin etwas von dem verächtlichen Unterton der einstigen *Charlies* mitschwingt. Diese Formen der Polizistenschelte haben eine lange Tradition. Wenn Mitte des 20. Jahrhunderts ein Polizist auch als *blue bottle* bezeichnet wurde, dann ist das genau der Ausdruck, den Doll Tolarsheat im zweiten Teil von Shakespeares *Heinrich IV.* einem Büttel ins Gesicht schleudert: *«You blow bottle Rogue!»* Gleichwohl beweist die Geschichte der Londoner Polizei, dass Peels Truppe binnen zwanzig oder dreißig Jahren eine gewisse Autorität erwarb und auch Erfolge bei der Verbrechensbekämpfung vorzuweisen hatte.

Anspielungen auf Gebaren und Erscheinung des einzelnen Polizei-beamten beziehen sich oft auf diesen Hintergrund. «Bei denen, die vom Verbrechen leben, ist die gewöhnliche Einstellung zur Polizei nicht so sehr Abneigung als blankes, sklavisches Entsetzen», schreibt ein Beobachter. Er gab damit zu verstehen, dass die «Bullaugen»-Lampe der Konstabler auf Streife das Londoner Dunkel wirksam vertrieben hatte. 1853 be-schrieb Ventura de la Vega, ein ausländischer Reisender, die quasi mili-tärische Uniform der Polizisten mit ihrem blauen Rock, «den vorne ein

gerader Kragen schließt, auf den eine weiße Nummer eingestickt ist»,
und ihrem stahlverstärkten Hut. Wenn nötig, so der Reisende, «ziehen
sie aus der rückwärtigen Rocktasche einen szepterartigen Knüppel von
einem halben Meter Länge, in dessen Spitze eine Eisenkugel sitzt». Er
wird jedoch nie gebraucht, denn «wenn die Stimme eines Polizisten er-
tönt, gibt niemand Widerworte, und jeder gehorcht brav wie ein Lamm».
Gegen die Beweise von Gewalttätigkeit und Energie der Londoner Masse
müssen wir also dieses Zeugnis eines fast instinktiven Gehorsams halten. Natürlich soll damit nicht behauptet werden, dass jeder Höker oder
Straßenhändler vor Schreck erstarrte, wenn eine Uniform auf ihn zukam;
dagegen sprechen die Statistiken von Übergriffen gegen Polizisten, damals wie heute. Aber in einer generellen Hinsicht haben die Beobachter
Recht. Es scheint einen kritischen Punkt zu geben, wo die Stadt irgendwie ruhig wird und sich nicht in allgemeinen Tumulten oder Empörung
verzehrt. Eine gewisse Grenze der Instabilität wird berührt, aber gleich
wieder verlassen.

Andere Konfigurationen werden sichtbar, die das innerste Wesen Londons tangieren – auch noch im 21. Jahrhundert. So könnte man in der
«Fenier»-Explosion, die sich 1867 im Gefängnis Clerkenwell ereignete,
Teile eines Musters erkennen, das sich bis zu dem Anschlag der IRA im
Canary Wharf 1996 fortsetzte. Die Krawalle am Trafalgar Square von
1887 besetzten denselben öffentlichen Raum wie die Tumulte um die
«Kopfsteuer» vom März 1990. Klagen über Inkompetenz und Korruption der Polizei sind so alt wie die Polizei selbst. Seit der erste «Peeler»
seinen blauen «Frack» angelegt hat, ist die Londoner Polizei Gegenstand
des Hohns wie des Misstrauens gewesen. Trotzdem wären jene Beamten, die vor dem «Wach-Haus» in Covent Garden herumstehen, zweifellos überrascht, wenn sie erführen, dass sich ihr Ermittlungstrakt auf
stolze 20 Quadratkilometer ausgedehnt hat, nachdem die Zahl der Straftaten laut jüngster Statistik auf über 800 000 gestiegen ist. Nicht ganz
so überrascht dürften sie jedoch darüber gewesen sein, dass die «Auf-
klärungs»-Quote nur bei 25 Prozent liegt.

1998 kamen durch eine offizielle Untersuchung des Mordes an dem jungen Schwarzen Stephen Lawrence viele Fälle von Fehlbeurteilung und schlechter innerer Führung ans Licht; sie ließ auch auf unterschwellige rassistische Vorurteile der Polizei schließen, der dieser Vorwurf schon seit fünfzig Jahren anhängt.

31. Daran hängt eine Geschichte

Es ist unmöglich zu errechnen, wie viele Menschen in römischer und
sächsischer Zeit verbrannt und gesteinigt, enthauptet und ertränkt,
gehängt und gekreuzigt worden sind. Aber aus dem 14. Jahrhundert

kennen wir schriftliche Berichte über den zum Tode Verurteilten, der «in gestreiftem Rock und weißen Schuhen, eine Kapuze auf dem Kopf», an ein Pferd gefesselt war; der Scharfrichter ritt hinter ihm, während die Henkersknechte neben ihm herritten und den ganzen Weg von Cheapside bis nach Smithfield ihren Schabernack mit ihm trieben. Es war ein sehr öffentliches und durchformalisiertes Ritual des Todes, das sich da durch die Straßen Londons bewegte. Dabei waren jedoch Reue und Zerknirschung ebenso wichtig wie jede Härte der Bestrafung.

Die bevorzugte Bestrafung für unredlichen Handel war der Pranger. Hier musste der Ladenbesitzer buchstäblich denen ins Auge sehen, die er getäuscht hatte. Der Verurteilte wurde auf einem Pferd herbeigeschafft, mit dem Gesicht zum Schwanz und auf dem Kopf eine Narrenkappe; manchmal zog eine Schar von Pfeifern und Trompetern vor ihm her. Nach der Ankunft am Pranger – es gab einen in Cheapside und einen weiteren in Cornhill – wurden die betrügerisch verkauften Waren vor den Augen des Übeltäters verbrannt. Wenn er Betrug begangen hatte, wurden ihm falsche Münzen oder falsche Würfel um den Hals gehängt. Hatte er sich der Lüge schuldig gemacht, hängte man ihm einen Schleifstein um, sozusagen als Sinnbild einer gewetzten Zunge. Die Zeit der Bestrafung am Pranger war genau bemessen. Für das Verkaufen von Schalen aus unedlem Metall anstatt aus Silber – zwei Stunden. Für das Verkaufen von nicht mehr frischen Scheiben gekochten Aals – eine Stunde. Aber die zeitliche Dauer war nur *ein* Maßstab für Qual und Demütigung. Vor den Nachbarn und den anderen Gewerbetreibenden durch die Straßen geführt und von ihnen erkannt zu werden, war für jeden Bürger Londons überaus peinlich und beschämend. Manche wurden mit verfaultem Obst, Fischen oder Exkrementen beworfen; die verhasstesten oder uneinsichtigsten Übeltäter aber liefen Gefahr, mit einem tödlichen Steinhagel überschüttet zu werden. Es ist ein Indiz für den Konservativismus oder die Härte Londons, dass der Pranger erst im Sommer 1837 abgeschafft wurde.

Ein anderer Anblick in der Stadt waren die aufgespießten Köpfe von Hochverrätern. Über dem Hauptzugang zur London Bridge ragten eiserne Dornen in die Höhe, auf denen die Überreste der Hingerichteten befestigt wurden; auf den meisten Abbildungen sind in der Regel fünf bis sechs dieser Memento mori zu sehen, wobei nicht klar ist, ob das Angebot die Nachfrage überstieg. 1661 zählte ein deutscher Reisender neunzehn oder zwanzig Köpfe, was darauf schließen lässt, dass die bürgerlichen Konflikte jener unseligen Zeit wenigstens in einer Hinsicht Früchte trugen.

Wer einen Alderman beleidigt hatte, musste zur Strafe barfuß vom Rathaus bis nach Cheapside laufen, in den Händen eine drei Pfund schwere Kerze. Das Tragen einer brennenden Kerze wurde zur üblichen Strafe für Vergehen gegen die Autorität der städtischen Amtspersonen.

Als Daniel Defoe 1702 ein satirisches Pamphlet veröffentlichte, das mit dem konservativen Flügel der Staatskirche abrechnete, kam er an den Pranger vor Temple Bar und landete im Newgate-Gefängnis. Auf Intervention von Robert Harley kam er wieder frei. Fortan musste Defoe für diesen Tory-Politiker den Spitzel machen.

Im nächsten Jahrhundert wanderten die Köpfe zum Temple Bar, «wo die Leute ein Geschäft damit machen, für einen halben Penny Ferngläser zum Betrachten zu verleihen»; sie waren sogar durch ein Teleskop zu sehen, das in Leicester Fields aufgestellt war, woraus man schließen kann, dass die Köpfe eine städtische Attraktion waren. Jedenfalls scheinen sich die Bürger an diese Schaustücke der grausamen Bestrafung gewöhnt zu haben, «außer wenn jüngst ein weiterer Unglücklicher dazugekommen war», wie «Aleph» berichtet: «Dann blieben die Neugierigen stehen und fragten: ‹Welcher neue Kopf ist das denn?›»

Während eines denkwürdigen Unwetters im März 1772 stürzten zwei Köpfe von enthaupteten Jakobiten herab. Mrs Black, Frau des Herausgebers des *Morning Chronicle*, erinnerte sich, wie «Frauen kreischten, als sie herabfielen; auch Männer kreischten, wie ich gehört habe. Eine Frau neben mir fiel fast in Ohnmacht.» Dreißig Jahre später wurden schließlich die eisernen Dornen von dem unheilvollen Tor entfernt.

Keine Unterbrechung gab es dagegen beim Hängen. Im 15. Jahrhundert zogen acht Delikte dieses Schicksal nach sich, darunter Brandstiftung und das, was die damalige Juristensprache *petit treason* (kleiner Verrat) nannte, nämlich die Ermordung eines Mannes durch seine Frau. Jeder Delinquent, der eine bestimmte Bibelstelle lesen konnte, nämlich den «Galgenpsalm» (*Miserere mei, domine*, Ps. 51), wurde als Geistlicher behandelt und daher den kirchlichen Behörden übergeben. Zwei Jahrhunderte lang war es also eines der Hauptgeschenke der Alphabetisierung, den Tod abzuwenden.

Seit dem 12. Jahrhundert war Tyburn der bevorzugte Ort für Hinrichtungen mit dem Strang; die erste (von William Longbeard) wird 1196 registriert, die letzte (von John Austen) 1783. Der genaue Standort des Galgens war lange umstritten; der zweifelhafte Ruhm wurde abwechselnd dem Connaught Place oder dem Connaught Square zugesprochen, beide etwas abseits der trostlosen Edgware Road, knapp nördlich vom Marble Arch. Die Altertumsforschung hat jedoch ergeben, dass es die nordöstliche Ecke des Connaught Square war; ein Zimmermann konnte sich erinnern, dass sein Onkel die Steine aufgehoben hatte, «auf denen die Ständer (des Galgens) geruht hatten». Bei der Errichtung dieses Häuservierecks selbst in den 1820er Jahren wurde ein «schlechtes Haus» an der Ecke abgerissen, und eine größere Zahl menschlicher Leichen kam zutage. Manche Opfer des Galgens hatte man also gleich an Ort und Stelle vergraben. Weitere Überreste wurden entdeckt, als in den ersten Jahrzehnten des 19. Jahrhunderts die benachbarten Straßen und Häuservierecke angelegt wurden, und ein Haus in der Upper Bryanston Street, das auf die ominöse Stelle blickte, «hatte vor den Fenstern des ersten und zweiten Stocks eigentümliche eiserne Balkone, auf denen die Sheriffs saßen, um den Hinrichtungen beizuwohnen». Rund um das Gelände waren auch hölzerne Tribünen wie für ein Stadion aufgebaut, auf denen neugierige Zuschauer einen Sitzplatz mieten konnten. Eine berüchtigte Standbesitzerin nannte man ironisch «Mammy Douglas, die Kirchendienerin von Tyburn».

Berüchtigt waren aber natürlich und vor allem die Scharfrichter selbst. Der erste namentlich bekannte öffentliche Henker war ein gewisser Bull, auf den der berühmtere Derrick folgte. «Und Derrick muss sein Gastgeber sein», schreibt Dekker in seinem *Bellman of London* (1608) von einem Pferdedieb, «und Tyburn das Land, worin er leuchtet.» Es gab ein Sprichwort – «wenn Derricks Stricke nur nicht reißen» –, das sich auf eine sinnreiche Konstruktion bezog, an der wie an einem Kran 23 Todeskandidaten gleichzeitig gehängt werden konnten. Sie wurde dann allgemein als Hebevorrichtung für das Beladen und Entladen von Schiffen eingesetzt und trägt noch heute den Namen jenes Henkers. (*Derrick* ist das englische Wort für «Ladebaum».)

Auf Derrick folgte Gregory Brandon, dessen Name zu mancherlei Wortspielen wie «gregorianischer Kalender» oder «gregorianischer Baum» (für den Galgen) Anlass gab. Auf ihn folgte sein Sohn Richard, der das Amt von seinem Vater erbte. Es folgte «Squire» Dun, und nach ihm erhielt in den 1670er Jahren der berüchtigte Richard Jaquet, genannt Jack Ketch, den Posten. Gegen ihn richteten sich viele Traktate und Straßenballaden, wie zum Beispiel *Der Geist von Tybun, oder:*

Jack Ketchs Galgen hieß «dreifacher Baum»; drei Pfosten oder Beine fungierten als Stützpfeiler. Jeder der drei Balken bot Platz für sechs Menschen, so dass 18 Delinquenten gleichzeitig aufgeknüpft werden konnten – einer mehr als auf der Erfindung des Henkers Derrick.

Wunderbarer Einsturz des Galgens; eine höchst getreue Nachricht, wie der berühmte Dreifache Baum nahe Paddington von gewissen bösen Geistern mit den Wurzeln ausgerissen und zerstört ward; samt Jack Ketchens Klagelied und dem Verlust seines Geschäfts.

«Exekutionstag» war der Montag. Die Todeskandidaten wurden in einem offenen Karren von Newgate hergebracht, für gewöhnlich begleitet von einer riesigen, ausgelassenen Menschenmenge. «Die Engländer», berichtete ein ausländischer Reisender, «sind ein Volk, das über das Zartgefühl anderer Nationen lacht, welche ein so großes Aufhebens davon machen, gehängt zu werden. Wem es bevorsteht, der verwendet viel Mühe darauf, sich glatt zu rasieren und sauber zu kleiden, entweder in einen Trauer- oder in einen Bräutigamsstaat … Manchmal kleiden sich die Mädchen in Weiß, mit großen Seidenschals, und tragen Körbe mit Blumen und Orangen im Arm, um diese Wohltaten auf dem ganzen Weg freigebig zu verstreuen.» Der zeremonielle Weg nach Tyburn war also auch Schauplatz einer Festlichkeit. Bei berühmten Londoner Verbrechern war es Brauch, sich weiße Kokarden an den Hut zu stecken, zum Zeichen des Hohns oder des Triumphs – gelegentlich waren sie auch Sinnbild der Unschuld. Besonders fesche oder besonders berüchtigte Kriminelle bekamen einen Blumenstrauß «von einer Vertreterin des schwachen Geschlechts» überreicht – von einer der Prostituierten also, die vor der Grabeskirche gegenüber dem Gefängnis standen.

Die Prozession zog nun den Snow Hill hinunter und über die Holborn Bridge und den Holborn Hill hinab nach Holborn selbst, wo die Delinquenten mit lauten Verwünschungen begrüßt wurden; sie waren jederzeit von Berittenen umgeben, die die Menge zurückhielten. Ferdinand de Saussure schreibt in seinem *England aus fremder Sicht*, dass manche Verbrecher im 18. Jahrhundert «vollkommen ungerührt in den Tod gehen, andere aber so schamlos, dass sie sich mit Branntwein voll laufen lassen und die Bußfertigen verhöhnen».

Der Karren hielt direkt vor dem Galgen. Die Delinquenten wurden auf ein anderes Gefährt eskortiert, das für diesen Anlass wie eine Plattform gebaut war und direkt unter den «dreifachen Baum» gefahren wurde. Dann legte man den armen Sündern die Schlinge um den Hals, trieb die Pferde an und ließ die Delinquenten hängen, bis der Tod sie von ihrer Qual erlöst hatte. In diesem Augenblick konnte man auch sehen, wie Freunde und Verwandte «an den Füßen der Gehängten zogen, damit sie schneller starben und nicht leiden mussten». Sobald die Körper abgeschnitten waren, setzte das große Gedränge nach ihnen ein, da die Leiche eines Gehängten nach dem Volksglauben von wundersamer Kraft bei der Heilung von Krankheiten war. So zitiert die *London Encyclopedia* einen Franzosen, dem eine junge Frau auffiel, «eine schöne Erscheinung, aber bleich und am ganzen Leibe zitternd, welche flehend sich dem Scharfrichter an den Arm gehängt hatte, der endlich zuließ, dass sie in Gegenwart von Tausenden von Schaulustigen ihren Busen entblößte und die Hand des Toten darauf legte». Etwas irritierend Heidnisches lauerte unter der Oberfläche dieses theatralischen Auftritts. Mitte des 17. Jahrhunderts konnte die abgeschnittene Hand eines Gehenkten einen Preis von zehn Guineen erzielen; denn «bei der Heilung von Krankheiten und der Verhütung von Unglücksfällen wurde der Besitz der Hand von noch größerer Wirkung erachtet».

Es gab auch ein allgemeines Gerangel um die ganze Leiche, und zwar zwischen denen, die sie für ihre eigenen Zwecke behalten wollten, und jenen bezahlten Helfern, die gekommen waren, um sie zur Obduktion zu den Chirurgen zu transportieren. In dem Menschengewühl «geraten die Leute sich oft darüber in die Haare, wer die bezahlten Leichen zu den Eltern tragen darf, die in Kutschen und Droschken warten, um sie entgegenzunehmen». Das alles war – wiederum laut Ferdinand de Saussure, der auf einem der Tribünenplätze rund um die Richtstätte saß – «höchst unterhaltsam».

Ein Dieb und Einbrecher namens John Haynes gab Lebenszeichen von sich, nachdem er in das Haus eines berühmten Chirurgen geschafft worden war. Man fragte ihn, woran er sich erinnern könne, und er sagte: «Das Letzte, was ich weiß, ist, dass ich in einem Karren den Holborn Hill hinauffuhr. Mir war, als wäre ich auf einer wunderschönen grünen Wiese. Das ist alles, woran ich mich erinnere, bis ich mich im Sezierzimmer von Ew. Ehren wieder fand.» Von grünen Wiesen träumend, kam er zu Tode und wieder zurück in das Leben.

London aber wurde nachgerade zur Stadt der Galgen. 1776 meldete die *Morning Post*, «dass die im Old Bailey zum Tode verurteilten Verbrecher künftig an der Wegkreuzung bei *Mother Red Cap* – Mutter Rotkäppchen –, dem Wirtshaus auf halbem Wege nach Hampstead, exekutiert werden sollen und dass rund um die Richtstätte keinerlei Tribünen, Gerüste oder sonstige improvisierte Plattformen aufgeschlagen werden dürfen». Diese Maßnahme wurde getroffen, um in einer Zeit des wütenden Radikalismus in der Londoner Politik Krawalle unter den Zuschauern zu verhindern. Die neue Hinrichtungsstätte lag typischerweise an einer Wegegabelung, dort, wo sich heute die U-Bahn-Station Camden Town befindet. Auch andere Kreuzungen – zum Beispiel City Road / Goswell Road in Islington – dienten als Stätte für den Galgen, da sie die Reisenden auf einen zwiespältigen Weg schickten, doch war es im 17. und

18. Jahrhundert auch üblich, Missetäter an der Stelle hinzurichten, wo sie das Verbrechen begangen hatten. So wurden 1790 zwei Brandstifter in der Aldersgate Street direkt gegenüber dem Haus aufgeknüpft, das sie angezündet hatten. Der letzte bezeugte Fall einer solchen topographischen Hinrichtung war 1817 in der Skinner Street, wo ein Dieb vor dem von ihm ausgeplünderten Laden eines Waffenschmieds gehenkt wurde.

In Wapping befand sich das «Exekutions-Dock», die Richtstätte für alle, die schwere Verbrechen auf hoher See begangen hatten, während man die Körper der Gehenkten gegenüber Blackwell und an anderen Stellen der Themse, etwa Bugsby's Hole, baumeln sehen konnte. Zu sehen waren die Leichen der zum Tode Verurteilten auch in Aldgate und Pentonville, St Giles und Smithfield, Blackheath und Finchley, Kennington Common und Hounslow Heath, so dass diese Mahnungen des Todes die Aufmerksamkeit jedes Reisenden erregten, der London betrat oder verließ. Es war kein erfreulicher Anblick. So wurden Mörder «zuerst an den gemeinen Galgen gehängt, danach wird ihr Körper mit Talg und fetten Substanzen bestrichen, darüber wird ein geteertes Hemd gezogen, das unten mit eisernen Bändern befestigt ist, und so werden sie mit Ketten wieder an den Galgen gehängt. ... Und dort hängen sie, bis sie zu Staub zerfallen.» Warum dies für die nach oder aus London kommenden Reisenden ein angemessenes Schauspiel sein sollte, ist eine andere Frage; es erinnert aber auf merkwürdige Weise daran, dass die wichtigsten Stadttore oder Stadteingänge zugleich als Gefängnis dienten, und lässt damit auf eine ebenso defensive wie drohende Grundhaltung schließen.

Ein wahrhaft bedrückendes Bild für die Barbarei der Londoner Justiz ist die Folterpresse in Newgate für diejenigen, die sich weigerten, auf die gegen sie erhobene Anklage zu antworten. Hier wurden sie entkleidet «und in niedrige, dunkle Kammern gesteckt, wo man ihnen so viele Eisengewichte auflegte, wie sie aushielten, *und mehr*, und sie liegen ließ, bis sie tot waren». Ein Stich aus dem 18. Jahrhundert zeigt den Schwerverbrecher William Spiggot, der unbekleidet auf dem bloßen Fußboden unter dieser Presse liegt, die ausgestreckten Arme und Beine an Wandhaken gefesselt. Auf seiner nackten Brust sieht man ein hölzernes Brett, das mit großen Gewichten beschwert ist. Ein Kerkermeister mit Schlüsselbund beugt sich über ihn, während ein anderer mit einer brennenden Kerze näher kommt, um seine Qualen zu beobachten. Tatsächlich wurde diese geradezu mittelalterliche Foltermethode bis 1734 praktiziert.

In der zweiten Hälfte des 18. Jahrhunderts stieg die Zahl der Gehenkten merklich an. In einem einzigen Monat des Jahres 1763 wurden «fast 150 Personen wegen Raubes und anderer Straftaten ins New Prison und nach Clerkenwell geschickt». In *The Annual Register* hieß es: «Die skrupellosen Wichte scheinen sich geradezu herbeigedrängt zu haben, mit dem Ausruf: ‹Ihr könnt uns nicht alle hängen!›» Aber versuchen konnte man es doch.

Die Straße der Gehenkten veränderte allmählich ihren Lauf. Die Ausbreitung feinerer Gesittung in den Westen der Stadt bedeutete, dass die alte Stammroute von Newgate nach Tyburn die Bewohner der eleganten Stadtviertel an der Oxford Street zu stören begann. So verlegten die Behörden 1783 den Galgen nach Newgate selbst, womit sie die ganze Prozession an der Quelle abfingen. Die übrige Bevölkerung aber fühlte sich um ein Schauspiel betrogen, und die gelehrteren Herren unter den Londonern hatten den Eindruck, dass ein Ritual der Stadt auf unzeitige Weise abgeschafft werde. «Die Zeit ist verrückt nach Neuerungen», äußerte Samuel Johnson, der große Kritiker, Lexikograph und Essayist, gegenüber Boswell, und «auch Tyburn bleibt von dem Neuerungswahn nicht verschont. ... Nein, mein Lieber, das ist keine Verbesserung: Man wendet ein, die alte Methode habe zahlreiche Zuschauer angelockt. Aber Hinrichtungen sind darauf *berechnet*, Zuschauer anzulocken! Wenn sie keine Zuschauer anlocken, haben sie ihren Zweck verfehlt. Die alte Methode war für alle Beteiligten höchst befriedigend. Das Publikum wurde mit seiner Prozession erfreut; der Verbrecher war in ihr aufgehoben. Warum muss das alles hinweggefegt werden?» James Boswell, der Biograph und Eckermann Johnsons, war selber süchtig nach Hinrichtungen – «Ich hatte eine Art von grässlicher Lust, jetzt dort zu sein», schrieb er einmal über Tyburn – und konnte durch Vermittlung Richard Ackermans, des Gefängniswärtes von Newgate, so mancher Hinrichtung vor dieser Anstalt beiwohnen.

Die erste Hinrichtung durch den Strang in Newgate war für den 9. Dezember 1783 angesetzt, aber das revolutionäre System mit dem «neuen Fallbrett» forderte bald weitere Opfer. Eine Stunde vor der Hinrichtung wurde der Verurteilte von seiner Zelle in einen «eiskalten Raum» geführt und dort von einem «Henkersknecht» gefesselt, bevor man ihn zum «neuen Fallbrett» brachte. Dieser transportable Tötungsapparat wurde von Pferden bis zu bestimmten Vertiefungen gezogen, die auf der Newgate Street selbst markiert waren. Er bestand aus einer Art Bühne, auf der drei parallele Balken angebracht waren. Der Teil der Bühne, der dem Gefängnis am nächsten war, hatte eine überdachte Plattform; hier waren die Sitzplätze für die Sheriffs, während ringsum die interessierten Zuschauer standen. In der Mitte der Bühne gab es eine Falltür von 3 Metern Länge und 2,5 Metern Breite, über der sich die Balken befanden. Zeitpunkt der Hinrichtung war immer acht Uhr morgens; wenige

Minuten vorher brachten die Sheriffs die Gefangenen heraus. Auf ein Flaggensignal hin wurden die Bolzen, welche die Falltür hielten, zurückgezogen, und die verurteilten Männer oder Frauen stürzten in den Tod.

«Der Wechsel von Tyburn zum Old Bailey hatte keine Verbesserung bei der Masse und ihrem Betragen bewirkt. So viele Zuschauer wie eh und je drängten zu dem schrecklichen Schauspiel und waren auf noch begrenzterem Raum eingepfercht, wo sie sich wie bisher durch brutale Streiche, rohe Späße und gellende Schreie hervortaten.» Chronicle of Newgate

Verschiedene zeitgenössische Drucke zeigen den «Neuen Galgen im Old Bailey» und die Delinquenten, die, den Strick schon um den Hals, beten oder weinen. Um sie herum, von Soldaten zurückgehalten, steht die Menschenmenge, die fasziniert die tödliche Maschine anstarrt.

Am Abend vor einer Hinrichtung mussten alle notwendigen Gerätschaften – Galgen, Absperrungen, Plattformen – vor dem Gefängnisgebäude aufgestellt werden. Diese Vorbereitungen lockten natürlich Scharen von Müßiggängern und Gaffern an. Die Schenken und Bierhäuser rund um die Newgate Street in Smithfield und im Bezirk Fleet sind gepfropft voll mit Gästen, die von Zeit zu Zeit hinauslaufen, um nachzusehen, wie die Arbeiter vorankommen. Sonntag kurz nach Mitternacht, wenn die meisten Nachtschwärmer von der Polizei verjagt waren, öffneten die Schnapsläden und Kaffeehäuser ihre Pforten und vermieteten ihre Zimmer. «Ausgezeichnete Lage!» «Herrlicher Blick!» «Prachtvolle Aussicht!» Ab vier oder fünf Uhr morgens strömte die Menge herbei, und um sieben Uhr war die ganze Straße vor Newgate schwarz von Menschen. Nicht wenige Zuschauer, die stundenlang gegen die Absperrgitter gepresst gestanden hatten, waren zum Zeitpunkt der eigentlichen Zeremonie «vor Erschöpfung einer Ohnmacht nahe».

Als Joseph Wall aus dem Gefängnishof zur Hinrichtungsstätte geführt wurde, begrüßten ihn die anderen Insassen von Newgate mit Schmährufen und Verwünschungen. Der Gouverneur der afrikanischen Felseninsel Gorée war für den Tod eines Soldaten durch exzessives Auspeitschen verantwortlich gewesen – ein Autoritätsmissbrauch von jener Art, wie die Londoner sie am meisten verabscheuen. Sein Erscheinen auf dem Schafott quittierte die vor dem Gefängnis versammelte Menschenmenge mit drei harten, lang gezogenen Buhrufen. Nach vollzogener Hinrichtung bot der Scharfrichtergehilfe den Strick stückweise, um einen Schilling pro Zoll, zum Verkauf an; eine Frau mit dem Spitznamen *Rosy Emma*, die angeblich seine Gemahlin war, «überaus geschwätzig und noch feuerspeiend von der Pie Corner, wo sie schon ihr morgendliches Quantum an Wacholderschnaps und Bitterem zu sich genommen hatte», verkaufte Stücke des Todesstricks zu einem etwas billigeren Preis.

Gouverneur Wall trat seinem Schicksal mit Tapferkeit und Schweigen entgegen. Arthur Thistlewood, 1820 als einer der «Cato-Street»-Verschwörer (die ein Attentat gegen die gesamte britische Regierung geplant hatten) zum Tode verurteilt, bestieg das Schafott mit dem Ausruf: «Bald werde ich auch das letzte große Geheimnis wissen!» Mrs Manning, 1849 eines Mordes von überdurchschnittlicher Scheußlichkeit für schuldig befunden – mit stillschweigender Duldung ihres Mannes hatte sie ihren Geliebten mit einem Brecheisen getötet –, erschien in einem schwarzen Satinkleid auf dem Schafott; diese «Vorliebe brachte den kostbaren Stoff derart in Verruf, dass er fast dreißig Jahre lang unbeliebt blieb». Das erinnert auf merkwürdige Weise an den Fall der Mrs Turner, einer berüchtigten Giftmischerin unter Jakob I.; sie war eine modebewusste Frau, die gelb gestärkte Hals- und Handkrausen erfunden hatte. Daher lautete ihr Urteil, sie solle «in Tyburn in ihren kleinen gelben Krausen und Rüschen gehängt werden, da sie die Erfinderin und erste Trägerin dieser garstigen Tracht gewesen» sei. Um diese Moral zu unterstreichen, hatte sich der Scharfrichter an jenem Tag «Hände und Handkrausen» gelb angestrichen, und von Stund' an wurde die farbige Stärke, wie später Mrs Mannings schwarzer Satin, «allgemein verschmäht und ungebräuchlich». Es ist ein Gradmesser für die Bedeutung dieses Hinrichtungsrituals, dass Newgate und Tyburn die Tagesmode beeinflussen konnten. Einmal mehr drängt sich die Vorstellung von der Stadt als einem Spektakel auf. Das Hängen war im Grunde eine Form des Straßentheaters. Als vor dem Gefängnis Newgate fünf Seeleute wegen Meuterei gehängt wurden, hatten, wie die *Chronicles* melden, «die erhobenen Gesichter der neugierigen Zuschauer Ähnlichkeit mit den gereckten Hälsen der ‹Olympier› bei der Weihnachtsbescherung in der Drury Lane … Die Äußerungen, die aus der Menge zu vernehmen waren, drückten natürlich Zustimmung aus. ‹Meiner Treu, ist das nicht nett?›, hörte man einen Höker zu seinem Kollegen sagen.» Das Theatralische und das Blutrünstige sind auf subtile Weise miteinander vermischt.

Das «unaufhörliche Gemurmel» der Menge schwoll zu einem «lauten, tiefen Brüllen» an, sobald der Delinquent erschien; von hinten rief man «Hüte ab!» und «Kleiner machen da vorne!», wenn er sich der Schlinge näherte. Dann folgte ein Moment tiefer Stille, den abrupt das Aufklappen des Fallbretts unterbrach. Im Augenblick des Sturzes «ist jedes Glied in dieser menschlichen Kette erschüttert, durch die ganze, lange Linie läuft ein Ruck». Nach diesem plötzlichen «Ruck», der den Leib der Stadt durchzitterte, wich das Schweigen einem Geräusch der Menge «wie träumerisches Murmeln einer Meeresmuschel». Danach, deutlicher unterscheidbar, die altbekannten Rufe der Verkäufer von «Ingwerbier, Pasteten, gebratenem Fisch, belegten Broten und Obst» sowie die Namen berühmter Verbrecher, deren Broschüren noch immer an dem Ort feilgeboten wurden, wo auch sie einst das Schicksal ereilt hatte. Darunter mischten sich bald «Flüche, Rempeleien, unzüchtige Gebärden und noch mehr unflätige Reden» sowie – vielleicht – eine Spur leiser Enttäuschung. Es bestand nämlich immer die Hoffnung oder Erwartung, dass irgendwas schief gehen möchte – etwa dass der Delinquent um sein Leben kämpfte oder dass die Hinrichtungsmaschine nicht richtig funktionierte. Charles White, 1832 wegen Brandstiftung zum Tode verurteilt, sprang genau in dem Moment, wo sich das Fallbrett auftat, nach vorn und suchte auf dem Rand der Öffnung die Balance zu halten: «Die Masse feuerte ihn lauthals an, während er verzweifelt mit dem Scharfrichter und seinen Gehilfen rang.» Schließlich stieß man ihn doch durch die Öffnung, während sich der Scharfrichter an seine Füße klammerte. In solchen Augenblicken strömten die Sympathien der Londoner instinktiv dem Delinquenten zu, so als seien sie es selber, die da von den staatlichen Behörden zu Tode gebracht wurden.

Auch unter den Zuschauern waren zuweilen Todesopfer zu beklagen. Im Februar 1807 fand die Hinrichtung zweier Mörder, Haggerty und Holloway, statt; die Erwartung war so groß, dass sich knapp 40 000 Menschen vor dem Gefängnis drängten. Noch bevor die Mörder auf dem Schafott erschienen, wurden Frauen und Kinder in der Masse zu Tode getrampelt, und der Ruf «Mord» ertönte. Am Green Arbour Court, gegenüber der Schuldnertür des Gefängnisses, bückte sich ein Pastetenbäcker, um sein zerbrochenes Geschirr aufzuklauben, und «einige aus der Menge, die nicht bemerkt hatten, was geschehen war, stolperten über ihn. Keiner von denen, die zu Fall kamen, stand wieder auf.» An einer anderen Stelle brach ein mit Zuschauern voll besetzter offener Karren zusammen, «und viele von denen, die darin saßen, wurden zu Tode getrampelt». Aber trotz Chaos und Tod auf den Straßen wurde das Hinrichtungsritual nicht unterbrochen. Erst nachdem das Blutgerüst abgebaut worden war und die Masse sich teilweise verlaufen hatte, entdeckten die Beamten schließlich die Körper von 28 Toten und Hunderten von Verletzten.

Zwei große englische Romanschriftsteller des 19. Jahrhunderts, Thackeray und Dickens, scheinen unterschwellig die symbolische Bedeutung dieser Montagmorgen erkannt zu haben, wo die Stadt zusammenkam, um dem Tod eines der ihren Beifall zu spenden. William Makepeace Thackeray stand am 6. Juli 1840 um drei Uhr früh auf, um der Hinrichtung eines Bediensteten namens Benjamin Courvoisier beizuwohnen, der zum Tode verurteilt worden war, weil er seinen Herrn umgebracht hatte. Er hält die Szene in seinem Essay *Gang zu einer Hinrichtung* fest. In einer nach Snow Hill bestimmten Kutsche folgte Thackeray der Menge, die auch die Exekution sehen wollte; zwanzig Minuten vor vier standen an der Grabeskirche schon «Hunderte von

Menschen auf der Straße». Hier verspürte Thackeray einen «elektrischen Schlag», als er plötzlich des Galgens ansichtig wurde, der aus dem Tor von Newgate hervorragte. Er fragte die Umstehenden, ob sie schon viele Hinrichtungen miterlebt hätten. Die meisten bejahten. Und hatte der Anblick etwas Gutes bei ihnen bewirkt? «Was das betraf, eigentlich nicht; die Menschen machten sich überhaupt nichts daraus», und in der Wiedergabe urwüchsiger Londoner Redeweise: «Nach einem Weilchen dachte keiner mehr daran.»

Je näher der Zeiger der Uhr auf acht rückte, desto unruhiger wurde die Menge. Als die Glocke der Grabeskirche dann die Stunde schlug, nahmen alle Männer den Hut ab «und es entstand ein gewaltiges Murmeln, unheimlicher, bizarrer und unbeschreiblicher als irgendein Geräusch, das ich je zuvor gehört hatte. Frauen und Kinder begannen entsetzlich zu schreien», und dann «mischte sich eine schreckliche, hastige, fieberhafte Art von Missgetön unter das Geräusch der Menge und dauerte etwa zwei Minuten.» Es war eine fiebrige, alarmierende Szene, als wäre der ganze Leib Londons aus einem unruhigen Schlaf emporgefahren. Es war dieses fast unmenschliche Geräusch, das Thackeray sogleich registrierte.

Charles Dickens, 1894, Gemälde von Ernst Hader. Der große Londoner Romancier verabscheute ebenso wie sein Kollege Thackeray das Ritual der öffentlichen Hinrichtung.

Der Mann, der gehängt werden sollte, trat aus der Gefängnistür. Die Arme waren ihm vorne zusammengebunden, aber «er öffnete die Hand auf eine hilflose Art und Weise und schloss sie ein- oder zweimal wieder. Er wandte den Kopf hierhin und dorthin und blickte für einen Moment mit wildem, flehendem Blick um sich. Der Mund war zu einer Art von jammervollem Lächeln verzogen». Er trat schnell unter den Balken; der Scharfrichter drehte ihn herum und zog eine schwarze Mütze «über Kopf und Gesicht des Patienten». Dann konnte Thackeray nicht mehr hinsehen.

Es ist interessant, dass er, offenbar unbewusst, das Wort «Patient» benutzt, um den Delinquenten zu beschreiben – denselben Ausdruck, womit man die Gefangenen in Bridewell bezeichnete, die ausgepeitscht werden sollten. Es ist, als sei die Stadt ein riesiges Krankenhaus, angefüllt mit den Kranken oder den Sterbenden. Thackeray erschrickt über die «verborgene Lust nach Blut» in seiner Stadt.

An jenem Morgen war auch Charles Dickens in der Frühe nach Newgate gegangen. «Nur einmal», sagte er zu seinen Freunden, «möchte ich eine solche Szene beobachten und das Ende des *Dramas* sehen.» Hier greift ein großer Londoner Romanschriftsteller instinktiv nach dem treffenden Wort, um den tödlichen Anlass zu bezeichnen. In einem Haus nahe der «Szene» fand er ein Zimmer in einem oberen Stockwerk und bezahlte die Miete; von hier aus beobachtete er aufmerksam das Wogen der Londoner Massen, das er schon bald in seiner Beschreibung der antikatholischen Krawalle von 1780 («Gordon Riots») in *Barnaby Rudge* zum Leben erwecken sollte. Während er hinaussah, bemerkte er eine hoch gewachsene Gestalt, die ihm bekannt vorkommt: «Das ist doch Thackeray!» Es wimmelt in Dickens' Romanen von zufälligen Begegnungen in den Straßen Londons, und hier, vor dem Gefängnis Newgate, mitten in der riesigen Menge, bestätigte das wirkliche Leben Londons seine dichterische Vision.

Neun Jahre später, an einem kalten Novembermorgen, erhob er sich von seinem Bett, um eine andere Hinrichtung zu beobachten. Vor dem Kerker in der Horsemonger Lane in Southwark sollten die Mannings gehängt werden, und unmittelbar nach dem Ereignis schrieb Dickens einen Brief an den *Morning Chronicle*. Dort, unter dem vor dem Gefängnis versammelten Pöbel, hatte er «das Bild des Teufels» gesehen: «Ich glaube, dass ein so unvorstellbar grauenhafter Anblick wie die Bosheit und Frivolität dieser ungeheuren Masse ... sich in keinem heidnischen Land unter der Sonne böte.» Hier findet das unübersehbare Heidentum Londons seinen expliziten Ausdruck.

Dickens ist wie Thackeray entsetzt von dem Geräusch der Masse, besonders von der «*Schrillheit* ihres Schreiens und Johlens», wie jene «fieberhafte Art von Missgetön», das Thackeray hörte. Seine Beschreibung ist erfüllt von der Wut und Erregung des Pöbels, worin sich für Dickens eine «allgemeine Verseuchung und Verderbtheit» offenbarte.

Zwischen 1811 und 1832 gab es durchschnittlich achtzig Hinrichtungen pro Jahr, doch zwischen 1847 und 1871 ging die Zahl auf durchschnittlich 1,48 pro Jahr zurück. Die letzte öffentliche Hinrichtung vor dem Gefängnis Newgate wurde 1868 abgehalten; fortan fanden Hinrichtungen in einer eigens konstruierten Baracke oder Hütte innerhalb der Gefängnismauern statt. Auf diese Weise wurde 1955 Ruth Ellis im Gefängnis Holloway gehängt; ihre Hinrichtung sowie zwei Jahre später die des 18-jährigen Derk Bentley verstärkten die Bemühungen kritischer Geister für die Abschaffung der Todesstrafe in Großbritannien. Die letzte Hinrichtung in London fand 1964 statt – über hundert Jahre nachdem Thackeray zu Gott gebetet hatte, er möge «unser Land vom Blute reinigen».

Doch hier waltet ein neues Geheimnis Londons: Nach dem Volksaberglauben verheißt es großes Glück, wenn man vom Galgen träumt. So gehen Geld und Blut noch immer zusammen.

Die gefräßige Stadt

*Ein Detail einer Aquatinta von Thomas Rowlandson mit dem Titel
«Nachtschwärmer in Vauxhall». Dieser Vergnügungsgarten war einst für seine
Vornehmheit bekannt, bevor er zu einer Stätte alkoholischer Ausschweifung
und sexueller Freizügigkeit wurde.*

32. Geld und Expansion

Als Thomas De Quincey Anfang 1800 in einer offenen Kutsche nach London fuhr, hatte er die Empfindung «eines so kraftvollen Sogs, spürbar entlang so gewaltigen Bahnen, und zugleich das Bewusstsein noch gewaltigerer Bahnen, auf denen zu Lande wie zu Wasser derselbe Sog wirksam ist». Diese Metapher – aus seinem Essay *Die Nation London* – ist die eines «mächtigen magnetischen Feldes», das alle Kräfte der Welt in seine Mitte zieht. Noch gut sechzig Kilometer von London entfernt, «erfasst einen das düstere Vorgefühl einer gewaltigen Kapitale, dunkel und wie ein Unheil». Ein unbekanntes und unsichtbares Energiefeld hat ihn aufgespürt und zieht ihn weiter. Die charakteristische Redensart «London erobert die meisten, die es betreten» ist heute vielleicht eine Binsenwahrheit. Es gibt eine berühmte Karikatur aus dem frühen 19. Jahrhundert, die schon auf tausenderlei Weise ausgeschmückt und variiert worden ist. Zwei Männer begegnen einander an einem Londoner Meilenstein. Der eine, aus der Stadt zurückkehrend, geht gebeugt und gebrochen; der andere, der ihm munter und zielstrebig entgegenkommt, schüttelt ihm die Hand und fragt: «Na, ist es mit Gold gepflastert?»

«Vor langer Zeit schon», schreibt Walter Besant in *East London*, «hat man entdeckt, dass London seine Kinder verschlingt.» So scheinen große Familien der Stadt binnen eines Jahrhunderts auszusterben oder zu verschwinden; die führenden Namen des 15. Jahrhunderts, die Whittingtons und Chicheles, sind im 16. verschwunden. Die Londoner Familien des 17. Jahrhunderts treten im 18. nicht mehr in Erscheinung. Deshalb darf London nicht aufhören, eine ständige Anziehungskraft auszuüben und neue Menschen, neue Familien anzulocken, um den dauernden Verlust auszugleichen. Auf der Straße nach London waren de Quincey «riesige Viehherden» aufgefallen – alle Tiere mit dem Kopf gen London. Aber die Stadt benötigt nicht nur Tiere, sondern auch animalische Geister.

Aus Unterlagen von 1690 geht hervor, dass «73 Prozent derer, die durch eine Lehre freie Bürger der Stadt wurden, nicht in London geboren waren»: eine erstaunliche Zahl. Die Anzahl der jährlichen Zuwanderer nach London lag in der ersten Hälfte des 18. Jahrhunderts bei annähernd zehntausend, und 1707 heißt es, dass «London der Richtstern» für jedes Kind einer englischen Familie, ob Sohn oder Tochter, sei, «welches die übrigen an Schönheit, Geist oder vielleicht an Mut, Fleiß oder einer anderen seltenen Eigenschaft übertrifft». Die Stadt wirkt als Magnet. 1750 war die Hauptstadt die Heimat von 10 Prozent der Bevölkerung, was eine Bemerkung Defoes bestätigte: «Dieses ganze Königreich sowie das Volk, das Land und sogar das Meer werden in allen Teilen herangezogen, etwas – und ich möchte sagen: das Beste von allem – zu liefern, um die Stadt London zu versorgen.» Ende des 18. Jahrhunderts tummelten sich eine Million Menschen in der Metropole; binnen fünfzig Jahren hatte sich diese Zahl verdoppelt, und noch war kein Ende abzusehen. «Wer könnte sich wundern», fragte ein Beobachter 1892, «dass die Menschen in solch einen Strudel hineingerissen werden, wäre die Strafe auch höher als diese?» Bis Mitte des 20. Jahrhunderts zeigen die Zahlen immer nur in eine einzige Richtung – immer nach oben, immer in Millionen, bis es 1939 acht Millionen sind, die laut Statistik den Großraum London bewohnen.

Seither sind diese Zahlen zurückgegangen, aber noch immer übt die Kraft, die De Quincey verspürte, ihre Anziehung aus. Eine kürzliche Erhebung im Nachtasyl im Centre Point, nur wenige hundert Meter von der alten Freistätte in St Martin-in-the-Fields entfernt, ergab, dass «vier Fünftel der jungen Leute von außerhalb Londons» kamen; die meisten von ihnen waren erst kürzlich zugezogen.

London zieht Waren, Märkte und Güter an. Voller Überschwang schrieb der anonyme Verfasser des *Letter from Albion* (1810/13): «Es ist unmöglich, beim Anblick dieser zur Schau gestellten Schätze nicht erstaunt zu sein. Hier die kostbaren Halstücher aus Ostindien, dort Brokat und Seidengewebe aus China, jetzt eine Welt von Gold- und Silbergeschirr, ein Meer von Ringen, Uhren, Ketten, Armbändern.» Gefräßigkeit, in immer neuen Formen, ist eines der hervorstechendsten Merkmale Londons.

Vom Museum der Royal Surgeon Hall, einer durchaus verstörenden Sammlung anatomischer Präparate, hat man gesagt: «Die ganze Erde wurde geplündert, um seine Speicher zu füllen.» Plündern heißt ausrauben und zerstören – und auch das entspricht der Natur dieser Stadt. Addison ließ sich zu ähnlicher Begeisterung beim Anblick der Königlichen Börse hinreißen: «Sie macht diese Metropole zu einer Art *Emporium* für die ganze Erde.» *Emporium*, der zentrale Handelsplatz, aber lässt an *Imperium* denken; denn der Herr des Handels ist der Herr der Welt. Die Früchte Portugals werden gegen die Seide Persiens getauscht, die Töpferwaren Chinas gegen die Rauschmittel Amerikas; Zinn wird in Gold verwandelt und Wolle in Rubine. «Ich bin höchlich erfreut», schreibt Addison am 19. Mai 1711 im *Spectator*, «eine solche Gemeinschaft von

Gegen 1730 hatte London längst seine alten Grenzen gesprengt und arbeitete sich wie ein gefräßiges Lebewesen immer weiter west- und ostwärts vor.

«London vermisst niemanden, kann nie jemanden vermissen. Es liebt niemanden, es braucht niemanden; aber es duldet alle Arten von Menschen.» Ford Madox Ford (1873–1939), in London geborener Schriftsteller, Gründer der Zeitschrift Transatlantic Review.

Menschen zu sehen, die in ihrem eigenen, privaten Glück gedeihen und gleichzeitig den öffentlichen Schatz mehren, indem sie ins Land bringen, wessen es bedarf, und hinaustragen, woran Überfluss ist.»

Anfang des 18. Jahrhunderts ist London zum Mittelpunkt des Welthandels geworden. Es war die große Zeit der Lotterien, der Unternehmensgründungen und «Seifenblasen» (Schwindelgeschäfte). Alles war käuflich – politische Ämter, religiöse Überzeugungen, begüterte Erbinnen –, und Swift bemerkte: «Einst ging, der alten Maxime zufolge, Macht nach *Land*; heute geht sie nach *Geld*.» Schon in *The Pilgrim's Progress* (1678) hatte John Bunyan über die Eitelkeit Londons gespottet, wonach alles, «Häuser, Ländereien, Gewerbe und Standplätze, Ehren, Beförderungen und Titel, Königreiche, Gelüste, Freuden und Vergnügungen aller Art», unter der Bezeichnung «Handel» lief.

Im Jahre 1700 passierten 76 Prozent des englischen Verkehrs mit der Welt die Straßen Londons.

Zutritt verboten: Bank of London, auch «Old Lady of Threadneedle Street» genannt. Das Gebäude wurde 1788–1833 von Sir Joan Soanc festungsähnlich ummauert und von 1924–39 von Sir Herbert Baker auf kunstgeschichtlich umstrittene Art im Inneren umgebaut.

Es gab den Handel mit Geld wie den mit Gütern. Das Zentrum der Wirtschaft war auch das Zentrum des Kredits; der Geist des alten Überseehandels wohnte jetzt im Bankier und im «Börsenjobber». Die Bankiers gingen aus der Zunft der Goldschmiede hervor. Goldschmiede verstanden sich darauf, ihre Waren zu schützen, und eine Zeit lang dienten ihre Läden als informelle, sichere Aufbewahrungsorte für Geld. Im Laufe des 17. Jahrhunderts jedoch trat an die Stelle des primären Hortens und Schützens allmählich die Ausgabe von Bank-Ordres oder Schecks, um den Geldfluss durch die Hauptstadt und über sie hinaus zu erleichtern.

So waren Francis Child und Richard Hoare Goldschmiede gewesen, bevor sie ihr jeweiliges Bankhaus eröffneten; mit drei oder vier anderen waren sie, wie es Edward, Graf von Clarendon, 1759 in seiner Autobiographie ausdrückt, «Männer von so allgemein bekanntem Reichtum und so untadeligem Ruf, dass man alles Geld des Königreichs ihren Händen anvertraut oder bei ihnen deponiert haben würde». Aus diesen Bankunternehmungen ging die Bank von England hervor, das größte Sinnbild für Reichtum und Selbstvertrauen der Londoner City; die wichtigsten Anteilseigner dieser neuen Bank waren selbst Londoner Kaufleute, doch erhielt dieses im Wesentlichen spekulative Unternehmen schon bald den Rang einer verfassungsmäßigen Institution, als es bei den antikatholischen Krawallen vom Juni 1780 durch Soldaten geschützt wurde. Aus dem Gold der Bank von England wurden in der Münze im Tower of London Guineen geprägt, und es war vor allem dieses enorme Reservoir an ungeprägtem Gold und Silber, was während einer langen Folge von Spekulationsblasen, Börsenpaniken und Kriegen die finanzielle Stabilität der Nation verbürgte. Doch während sie ihre seriöse Geschäftspolitik beibehielt, förderte sie gleichzeitig die Abenteuer und Geschäfte der Londoner Unternehmer – vom Leinen- und Diamantenverkäufer bis zum Kohlenkleinhändler, von den Hutexporteuren bis zu den Zuckerimporteuren.

Eine der Schlüsselfiguren jener Zeit, verspottet in Gedichten und Bühnenstücken, war der Börsenmakler oder «Börsenjobber». Gay beschimpfte eine Kapitale und ein Zeitalter, wo «in frechem Stolz der gier'ge Makler sitzt». In Wirklichkeit saßen sie in den Kaffeehäusern in der Change Alley. Börsenjobber waren die direkten Nachfahren jener öffentlichen Londoner Schreiber, welche die Dokumente für den Tausch von Ländereien oder Häusern vorbereiteten; jetzt waren sie mit der Gründung von Unternehmen und dem Transfer von Aktien oder Vermögenswerten befasst. Cibber zergliedert die Szene in seinem Stück *The Refusal* von 1720. «Dort (in der Change Alley) siehst du, wie der Herzog sich an den Bankdirektor hängt; hier den Pair und den Lehrling um ein Achtelpart feilschen; da einen Juden und einen Pfarrherrn ihren Streit ausmachen; hier eine junge Frau von Stand, die Differenzgeschäfte mit einem Quäker treibt; und dort eine Alte, die dem Gardeoffizier den Vorkauf abtritt.»

Schließlich wurde der Lärm in Kaffeehäusern wie dem Jonathan's oder dem Garraway's in der Change Alley zu laut, und die Börsenjobber verzogen sich ins *New Jonathan's*, das 1773 in «Börse» umbenannt wurde – *The Stock Exchange*. Etwas mehr als zwanzig Jahre später entstand ein neues Gebäude am Capel Court, dessen Stimmengewirr der *Bank Mirror* von 1795 einfängt: «Post ist gekommen – etwas Neues?

Neuigkeiten? Ruhig, ruhig – Konsols [Staatspapiere] für morgen – Ein großes Haus hat falliert – Zahlung der Fünfprozenter beginnt – Über den Rhein – die Österreicher in die Flucht geschlagen! – Die Franzosen setzen nach! Vier Prozent im Eröffnungshandel!»

Die Bank von England und die Börse beherrschen dieses kleine, kompakte Stück Land noch heute. Ganz in der Nähe steht das *Mansion House* – der Wohnsitz des Londoner Bürgermeisters – an der Stelle des alten Viehmarkts – Stocks Market – wo seit dem 13. Jahrhundert Fische und Fleisch verkauft wurden. So markiert die Dreifaltigkeit dieser drei Institutionen vielleicht einen der sakralen Orte der Stadt. Beim Studieren diverser, aufeinander folgender Stadtpläne erkennt man, wie das Areal mit der Zeit immer dunkler schraffiert wird, bis das Gebäude der Bank von England allmählich so groß wurde, dass es die ganze Fläche zwischen Lothbury und Threadneedle Street einnahm. Südlich hiervon sah John Evelyn 1666, während des Großen Brandes, zwei riesige Feuerbälle schweben. Man muss kein Psychogeograph sein, um zu erkennen, dass dieser Platz der Macht und der Energie geweiht ist.

Und in dem Maße, wie die Stadt immer mehr Geld und immer mehr Kredit verkörperte, wurde sie stetig größer. Sie dehnte sich nach Westen und nach Osten aus. 1715 kam erstmals die Idee auf, den Cavendish Square und bestimmte Straßen nördlich der Tyburn Road zu bauen. Danach kamen die Henrietta Street und die Wigmore Road, deren Anlage das außerordentliche Wachstum Marylebones auslöste. In den 1730er Jahren entstand am westlichen Stadtrand der Berkeley Square. Im Osten wurden Bethnal Green und Shadwell gebaut, im Westen Paddington und St Pancras. Auch die Stadtpläne wurden jetzt immer voller; ein Quadrat auf dem Plan von 1799 deckte eine Fläche ab, die auf dem Plan von 1676 sechs Quadrate eingenommen hatte. «Zweimal war ich drauf und dran, meine Kutsche am Piccadilly anzuhalten, weil ich einen Menschenauflauf befürchtete», schreibt Horace Walpole 1791; dann erkannte er, dass es nur das übliche «Gehen oder Schlendern» der Londoner auf dieser Verkehrsader war. «Bald wird es eine durchgehende Straße von London nach Brentford geben», beschwerte sich Walpole, «und von London in jedes Dorf im Umkreis von zehn Meilen». Doch was er aussprach, war ein Gesetz des Lebens selbst. Die direkte Folge von Macht und Reichtum ist Expansion.

Ein Aspekt dieser Macht und dieses Reichtums waren auch die «Verbesserungen», die im 18. Jahrhundert in der Hauptstadt vorgenommen wurden. 1735 wurden die Lincoln Inn's Fields eingefriedigt, und vier Jahre später verlegte man den zunehmend verwahrlosten Viehmarkt aus dem

Stadtzentrum weg. 1757 wurden die Häuser auf der London Bridge abgerissen; in demselben Jahr wurde auch der stinkende Fleet Ditch verfüllt und überbaut, der Fluss Fleet selbst mit Uferbefestigungen versehen. Vier Jahre später wurden die Tore zur City beseitigt, um freien Zugang zum Herzen Londons zu gewähren. Mit den Toren verschwanden auch die vielen Schilder an den Häusern, was zwar die Verkehrsadern «luftiger und gesünder» machte, aber London auch ein Stück seiner alten Identität raubte. Alle diese Maßnahmen sollten dazu dienen, den Verkehr von Waren wie von Menschen zu erleichtern, indem sie eine ungehinderte Zirkulation durch die ganze Stadt erlaubten. Tempo und Effizienz hießen jetzt die neuen Parolen.

In diesem Sinne wurde 1762 durch ein Gesetz die Beleuchtung und Pflasterung der gesamten Stadt verfügt, womit das Zeichen zu einer gründlichen Säuberung und Lichtung der städtischen Verkehrsadern gegeben war. Und warum sollte in einer Stadt, die Seide und Gewürze, Kaffee und Edelmetall importierte, nicht auch Licht eingeführt werden? Ein deutscher Reisender schrieb in den 1780er Jahren: «Allein in der Oxford Road gibt es mehr Straßenlampen als in ganz Paris.» Sie verkörperten mehr Erleuchtung für das aufstrebende Zentrum des Welthandels. Laut *Pughs of Hanway* bewirkten diese Maßnahmen in ihrer Gesamtheit «ein Maß an Eleganz und Symmetrie in den Straßen der Metropole, das die Bewunderung ganz Europas erregt und alles Vergleichbare in der modernen Welt übertrifft». «Symmetrie» ist ein anderes Wort für Einförmigkeit, und so brachte ein Baugesetz von 1774 einen weiteren Anlauf zur Normierung; die Londoner Haustypen wurden in eine Reihe von «Klassen» oder »Stufen« eingeteilt, auf dass die Stadt so endlos reproduzierbar und so einförmig würde wie ihre Währung. Es war das Zeitalter des Stucks, des weißen Lichts.

Auch die öffentlichen Monumente waren eine Reverenz an die Wirtschaft, mit Huldigungen an den Handel wie dem neuen Zollhaus, dem neuen Steueramt in der Old Broad Street, der Getreidebörse in der Mark Lane und der Kohlenbörse in der Lower Thames Street. Das Südsee-Haus in der Threadneedle Street und das Ostindien-Haus in der Leadenhall Street wetteiferten an Prächtigkeit miteinander, während die 1732 errichtete Bank von England unaufhörlich verschönert und erweitert wurde. Auch die Zunftsäle der verschiedenen Gewerbe wurden im Hinblick auf verschwenderisches Schaugepränge erbaut. Und schließlich gab es die Westminster Bridge, die im Winter 1750 zum Klang von Trompeten und Kesselpauken eröffnet wurde. Ihre fünfzehn steinernen Bögen überspannten den Fluss, um eine «Prachtbrücke» abzugeben. Sie hatte noch in anderer Hinsicht entscheidenden Einfluss auf das Erscheinungsbild der Stadt; denn ihre Auftraggeber bewogen Giovanni Canaletto zu einem Besuch in London, um die Brücke zu malen. Sie war noch im Bau, als er sie 1746 wiedergab, aber schon hatte sein venezianisches Wirken seinen Blick auf London gedämpft. London wurde subtil stilisiert, der Themseprospekt in reines, ebenmäßiges gleichsam italienisches Licht getaucht. Eine Stadt, nach Flüssigkeit und Grazie strebend, hatte ihren vollkommenen Bildner gefunden.

Doch die Vielgestaltigkeit und die Gegensätzlichkeit Londons kommen nirgends besser zum Ausdruck als darin, wie die Stadt in derselben Epoche von Hogarth gemalt wurde. Er malte eine «neu verbesserte» Straße, in deren Vordergrund ein Bettlerkind Stücke von einer zerbrochenen Pastete verschlingt.

33. Eine Lektion in Kochkunst

Eine der lustigsten Ableitungen von «Cockney» führt auf *coquina*, das lateinische Wort für Kochkunst. Man sah in London einst eine riesige Küche und den «Ort einer reichlichen und guten Kost». So wurde es zum «Cockaigne», zum Schlaraffenland.

In einem einzigen Jahr, nämlich 1725, vertilgten die Londoner «60 000 Kälber, 70 000 Schafe und Lämmer, 187 000 Schweine, 52 000 Ferkel» sowie 14 750 000 Makrelen ... 16 366 000 Pfund Käse». Der Große Brand brach in der Pudding Lane – Wurstgasse – aus und erlosch in der Pie Corner – Pasteteneck –, wo die vergoldete Figur des dicken Jungen noch heute ihren Platz hat; früher gab es dazu noch eine Inschrift, die besagte: «Dieses Kind wird aufgestellt zur Erinnerung an den jüngsten Brand Londons, hervorgerufen durch die Sünde der Völlerei, 1666.»

Die Pie Corner selbst war bekannt für ihre Garküchen und insbesondere ihre Schweinefleischgerichte. Shadwell schreibt von dem Fleisch, «das in der Pie Corner von fetttriefenden Küchenjungen zubereitet wird», während Johnson einen Hungrigen beschreibt, der «seine Mahlzeit zu sich nimmt», indem er an den duftenden Ständen schnuppert. Die Dampfschwaden von gekochtem Fleisch trieben nur wenige Meter an Smithfield vorbei, wo einst auch das gekochte Fleisch der Heiligen in Rauch aufging. Im 21. Jahrhundert bietet ein Restaurant bei Smithfield Milz und Kutteln, Schweinskopf und Kalbsherz auf seiner Karte an.

Rekonstruktion einer mittelalterlichen Küche im Museum of London, das mit seinen Funden aus römischer Zeit und Exponaten der letzten Jahrhunderte einen umfassenden Überblick über die Geschichte Londons bietet.

Im Museum von London hat man eine Küche aus dem 2. Jahrhundert n. Chr. nachgebaut; man sieht einen großen Herd, auf dem Rind- und Schweinefleisch, Ente und Gans, Huhn und Wild gekocht wurden. In den nahen Wäldern und Forsten herrschte ein solcher Überfluss an jagdbaren Tieren, dass London zum Paradies der Fleischesser wurde. Und das ist es bis heute geblieben.

In den letzten Jahren hat man bei Ausgrabungen des römischen London auch Austernschalen, Kirsch- und Pflaumenkerne sowie Reste von Linsen und Gurken, Bohnen und Walnüssen zutage gefördert. Ein Krug aus Southwark trägt die Werbeinschrift: «Lucius Tettius Africanus macht die beste Fischtunke von Antipolis.»

Weniger exotisch war der Speiseplan der sächsischen Londoner. Die regelmäßige Fleischkost wurde durch Lauch, Zwiebeln, Knoblauch, weiße Rüben und Rettich bereichert. Ein Ochse war 6 Schilling wert, ein Schwein einen Schilling, doch gibt es auch Beweise dafür, dass schon wenig später bei den Londonern ein großer Bedarf an Aal bestand. An verschiedenen Stellen der Themse gab es Aalfischplätze, die mindestens bis ins 11. Jahrhundert zurückgingen.

Zu allen Zeiten der Geschichte Londons bildete Brot das wichtigste Gut. Aus dem 13. Jahrhundert sind viele städtische Verordnungen über das Verhalten von Bäckern bekannt, deren Gewerbe in die Hersteller von «Weißbrot» und die Hersteller von «grobem Brot» zerfiel. Die Brotsorten reichten vom französischen Brot über feinstes Weizenbrot bis zum Schrotbrot und einer Art Kommissbrot. Die wichtigsten Bäcker befanden sich im Osten Londons, in Stratford, von wo die Brotlaibe auf langen Karren zu den einzelnen Geschäften und Verkaufsständen in der Stadt gefahren wurden. Brot war wirklich ein Grundnahrungsmittel. So hatte die Brotknappheit von 1258 unmittelbar zur Folge, dass «fünfzehntausend Arme umkamen». Ganze Schiffsladungen mit Weizen und anderem Getreide wurden aus Deutschland importiert, und manche Londoner Edelleute verteilten Brot an die Menge, aber «unzählige Scharen armer Menschen starben, und überall lagen ihre Leichen herum, vom Hunger aufgedunsen».

In den reicheren Jahren des 13. Jahrhunderts standen Rindfleisch, Hammelfleisch und Schweinefleisch auf dem Speiseplan der Bürger, dazu Lampreten (Neunaugen), Tümmler und Stör. Gemüse war nicht sonderlich gefragt, doch gab es eine Spezialität, die sich «Kohlsuppe» nannte. Wie ein Haushaltsbuch aus dem ausgehenden 13. Jahrhundert verrät, standen an fleischlosen Tagen auch «Hering, Aal, Neunauge und Lachs» zur Auswahl und an Fleischtagen eine ähnliche Vielfalt, nämlich «Schwein, Hammel, Rind, Geflügel, Tauben und Lerchen», dazu «Eier, Safran und Gewürze».

Unsere Dokumente aus dem 14. Jahrhundert sind weniger aussagekräftig, doch beschreibt Stow die Jahre 1392 und 1393 als solche des Mangels, da die Armen gezwungen waren, sich von «Äpfeln und Nüssen» zu ernähren. Aber ob die Armen jemals gut lebten, auch in Jahren des Wohlstands, bleibt eine offene Frage. Der Durchschnittslohn eines Londoner Tagelöhners betrug sechs Pence, während eine Kapaunpastete acht Pence und eine Hühnerpastete fünf Pence kostete. Eine gebratene Gans konnte man für sieben Pence kaufen, während zehn Finken nur einen Penny kosteten. Austern und andere Schalentiere waren billig, desgleichen Drosseln und Lerchen. So haben wir also Nachricht von einer wunderlich gemischten Kost, die durch üppige Delikatessen abgerundet wurde, wie zum Beispiel «Mandelschleim ... Muschelsuppe ... Blancmanger [Flammeri] vom Fisch ... Schweinsgrütze ... Schweinefleisch in Sauce». In Chaucers *Canterbury Tales* (um 1387/1400) heißt es vom Koch: «Er kocht die Hühner und das Mark der Knochen ... er macht Mortress und bäckt gute Pasteten» – «Mortress» war eine Art Eintopf, bestehend aus Fisch, Schweinefleisch, Huhn, Eiern, Brot, Pfeffer und Bier. Man muss sich auch den eiligen Londoner vorstellen, wie er sich an der Bude eines Kochs rasch eine gebratene Lerche oder Drossel kauft und so beim Weitergehen verzehrt, wobei ihm zuletzt die abgenagten Knochen als Zahnstocher gedient haben mögen, bevor er sie an den Straßenrand warf.

Im 15. Jahrhundert blieb Fleisch das Hauptnahrungsmittel – «Schwan, gebratener Kapaun ... Wild in Brühe, Kaninchen, Rebhuhn und gebratener Hahn» –; dazu aß man sehr süße, aus vielen Zutaten gemischte Desserts wie etwa die «Lombardische Lecke»; das war «eine Art Gelee, bestehend aus Sahne, Hausen [ein Stör], Zucker, Mandeln, Salz, Eiern, Rosinen, Datteln, Pfeffer und Gewürzen.» Alle Gerichte wurden anscheinend stark gewürzt; dabei waren Kräuter zum Fleisch besonders begehrt. Über die Küchen und Klostergärten des 15. Jahrhunderts sind wir durch einen Autor unterrichtet, der einfach «Meister Johannes der Gärtner» heißt; da lesen wir von Salbei, Vogelmiere, Borretsch, Rosmarin, Fenchel und Thymian als der regelmäßigen «Gemüse»-Kost. Die anderen bevorzugten Gemüsearten waren «Knoblauch, Zwiebeln und Lauch», was nicht auf eine besondere Vorliebe für grünes Gemüse schließen lässt.

Eine Veränderung dieser Kost registriert im 16. Jahrhundert der Tudor-chronist Harrison, der schreibt, dass «in der alten Zeit» – womit er das 13. Jahrhundert meint – eine große Nachfrage nach Kräutern und Wurzeln bestanden habe, die aber im 14. und 15. Jahrhundert abgenommen habe. Doch «in meiner Zeit kommt ihre Verwendung bei den Armen des niederen Standes wieder in Schwang – ich rede von Melonen, Kürbissen, Gurken, Rettichen … Karotten, weißen Rüben und allen Arten von Salatkräutern – es werden diese aber auch als leckere Gerichte auf den Tafeln der feinen Kaufleute und Herren angesehen.» In Zeiten des kommerziellen Erfolgs und Wohlergehens jedoch ist oft Fleisch gefragt, um die animalischen Geister der Londoner bei Laune zu halten. Vielleicht machen die zeitgenössischen Chroniken aus diesem Grund so viel Aufhebens vom Festefeiern als einer Möglichkeit, Macht und Reichtum der Stadt zu demonstrieren. Stow schreibt über einen solchen Anlass, es «wäre ermüdend, alle die Zubereitungen von Fisch, Fleisch oder anderen Lebensmitteln niederzuschreiben, die bei diesem Fest verzehrt wurden», kann es dann aber doch nicht unterlassen, sie alle aufzuzählen; die 24 Ochsen, 100 Schafe, 51 Hirsche, 34 Keiler, 91 Schweine …

Der Speiseplan variierte mit den Jahreszeiten; zu Michaeli (29. September) gab es frische Heringe, an Allerheiligen Schweinefleisch und Sprotten, zu Ostern Kalbfleisch und Schinken. Im Sommer 1562 fiel einem venezianischen Reisenden auf, dass sich die einheimische Bevölkerung an rohen Austern mit Gerstenbrot labte.

Andere Speisegewohnheiten wurden durch Gesetz verändert. So trat nach der partiellen Lockerung der Fastenvorschriften oft billiges Fleisch an die Stelle von Fisch. Auch Entdeckungsreisen bewirkten Umstellungen; im 16. Jahrhundert wurden die Süßkartoffel (die Knollen der Yamswurzel) aus Virginia und der Rhabarber aus China in einer Stadt heimisch, die ihre Früchte in allen bekannten Ländern der Erde pflückte.

Anfang des 17. Jahrhunderts lesen wir von der fast emblematischen

Die Einführung der Kartoffel, erstmals 1596 erwähnt, veränderte auch die Londoner Küche.

Abbildung aus John Gerarde: Herball, *1597*

Bedeutung, die nicht nur die Austern, sondern auch der Rinderbraten (Roastbeef) als Ausdruck städtischer Existenz bekamen. Als Abschluss der Mahlzeit folgte unfehlbar ein Dessert in Form eines Milchpuddings oder Apfelgerichts; «*zur Puddingzeit kommen* bedeutet so viel wie ‹im glücklichsten Augenblick von der Welt kommen›», schreibt Misson de Valbourg. In den Häusern der begüterten Bürger gab es statt Rinderbraten und Milchpudding häufig «ein gekochtes Rindfleisch, das sie einige Tage vorher salzen und mit fünf oder sechs Lagen Kohl, Karotten, Steckrüben oder anderen Kräutern und Wurzeln bedecken, tüchtig gepfeffert und gesalzen und in Butter schwimmend». Wenn es etwas besonders Leckeres sein sollte, versammelte sich der Londoner Haushalt um einen Rost, «auf dem sie mit Butter bestrichene Brote braten. Man nennt dies ‹Toast›.»

Ebenfalls aus dem 17. Jahrhundert erfahren wir etwas über die Lebensmittel, die man bei den Londoner Straßenhändlern kaufen konnte. Der Illustrator Marcellus Laroon lässt den Höker oder «Aufkäufer» mit seinem Ruf «Kauft meine fetten Hühner!» neben der Gemüsehändlerin auftreten, die «reife Spargel» verkauft, weil Hühnerfleisch mit Spargel bei vielen Londonern als besonders schmackhaftes Gericht galt. Außerdem war Huhn billig; Huhn und Kaninchen scheinen die einzigen Fleischsorten gewesen zu sein, die man auf der Straße kaufen konnte. Der Kaninchenverkäufer mit seinem Ruf «Kauft Kaninchen! Kauft Kaninchen!» war wahrscheinlich ein Ire, der im Herbst mit seiner Ware nach London kam. Wer geschickt wurde, um bei ihm zu kaufen, bekam eingeschärft: «Wenn es frisch getötet sein soll, muss man nach dem Geruch gehen.» Milch und Wasser wurden in Gefäßen durch die Straßen getragen und feilgeboten, nicht aber Wein. Kirschen gab es im Frühsommer, später gefolgt von Erdbeeren und im Herbst von Äpfeln. Zwischen Herbst und Winter verkaufte die Obstverkäuferin ihre gebackenen heißen «Pfundbirnen» aus einem Topf, den sie auf dem Kopf balancierte.

Vom Lande kam der junge Mann, dessen Handelsware «lilienweißer Essig, drei Pence das Quart (1 Liter)» war. Aus Apfelwein oder Weißwein hergestellt, diente Essig als Sauce sowie als Vorbeugungsmittel gegen Krankheiten; hauptsächlich wurde er aber als Konservierungsmittel benutzt. Man konnte praktisch alles in Essig einlegen, bis hin zu Walnüssen, Blumenkohl, Pfirsichen, Zwiebeln, Zitronen, Austern und Spargel.

Im 18. Jahrhundert sagte man vom Roastbeef, es sei «Old England», obwohl es in Wirklichkeit nur eines von vielen Fleischgerichten war, die in früheren Jahrhunderten die Tafeln gefüllt hatten. Dass es zum Sinnbild des englischen Nationalcharakters wurde, verdankt sich wohl der Be-

Im Mai 1718 wurde eine riesige Wurst, 5,5 Meter lang und 1,20 Meter dick, von sechs Eseln zur Gaststätte The Swan am Fish Street Hill gezogen, doch anscheinend «war der Duft für die Völlerei der Londoner zu viel. Die Eskorte wurde in die Flucht geschlagen, die Wurst gestohlen und verzehrt.»

obachtung ausländischer Besucher, die Londoner seien «Fleischesser durch und durch», womit sich der vorherrschende Eindruck der Gefräßigkeit verband. «Ein Fremder», schreibt ein deutscher Pastor 1767, «wird sich wundern, wenn er sieht, was für Fleischesser die Engländer sind. Er wird den Kopf schütteln, wenn man ihm ein riesiges Stück Rindfleisch vorsetzt, wie er es vielleicht noch nie in seinem Leben gesehen hat.»

Jener deutsche Pastor erwähnt auch, dass die Londoner von ihren Lebensmitteln und Getränken eine lebhafte Farbe verlangen. Branntwein und Wein müssten «eine tiefe Färbung» aufweisen, das Gemüse aber so hell und grün «wie frisch gepflückt» sein; Kohl und Erbsen würden nicht gekocht, «damit sie ihre Farbe nicht verlieren». Vielleicht ist es ein Hinweis auf das Unnatürliche der Londoner Gaumenfreuden; in einer Stadt der Spektakel musste man sogar das Essen erst vollständig sehen, ehe man es begreifen konnte. Es mag aber auch das Symptom einer gewissen Effekthascherei sein, die wohl selber ungesund ist. Dem Pastor fiel auch die Weiße des Kalbfleischs auf, und er erwähnt, dass man die Kälber Kreide lecken ließ, um ihrem Fleisch diese Farbe zu geben. Er bemerkt, dass die ärmeren Londoner «sehr voreingenommen für diese Farbe sind. Je weißer das Brot ist, für desto besser halten sie es.» Eine Figur bei Smollett sieht im Weißbrot nichts anderes als eine «verderbliche Paste, zusammengeleimt aus Kreide, Alaun und Knochenasche». So verkennen die Londoner die Natur der Dinge, indem sie nur nach dem äußeren Anschein urteilen. Das war natürlich auch die Gesellschaftskritik der Moralisten, die Schurken und Emporkömmlinge als feine Herren akzeptiert sahen, nur weil sie gute Kleider und Manieren hatten.

Es gibt aber auch Hinweise auf einen Widerwillen gegen den gierigen Konsum. Wie der Dichter John Lewkenor fragte: «Was tun sie denn mit all dem fett'gen Fleisch?» Ein anderer von Smolletts Helden betritt eine Garküche, «erfüllt vom Dampf gekochten Rindfleischs», wo sich ihm «beim Anblick von Rinderhäuten, Eingeweiden, Kalbsfußgelees und Würsten der Magen umdrehte». In dieser Gesellschaft erwies sich die ehrbare Zunft der Schlachter, hoch verschuldet und von der Konkurrenz aus den Vororten arg bedrängt, als völlig unfähig, verbindliche Regeln für den Fleischverkauf durchzusetzen. Jedes noch so vertrocknete und schimmelige Stück Fleisch konnte in den Handel gelangen. Einmal mehr wird die hemmungslose Herrschaft des Kommerzes zum Symbol für das Leben Londons.

Und so entstand in der ersten Hälfte des 19. Jahrhunderts eine neuartige «Lebensmittelverarbeitung» neben den Betrieben an der Themse; Fleischextrakt und Fleischsaucen kamen von der London Bridge, während Fleischkonserven oder «Patent-Rindfleisch» in Bermondsey hergestellt wurden. Es war das Jahrhundert der Anchovispaste und der Rinderzungenkonserve, der Kochbutter und der Gänseleberpastete in Dosen.

Aber die überwältigende Mehrheit unserer Nachrichten aus jener Zeit betrifft Lebensmittel, die auf der Straße verkauft wurden. Bei einer so ruhelosen, großen und immer eiligen Bevölkerung wie der Londoner war Fast Food die nahe liegende Form der Nahrungsaufnahme. Die ärmeren Bürger, ob sie nun gebackenen Fisch in fettdichtem Papier oder Kochwurst im Baumwollbeutel kauften, pflegten «auf den Steinen» zu essen. Frische Eier wurden am Holborn Hill feilgeboten, Schweinefleisch in Broad St Giles. Es gab den allgegenwärtigen Stand mit gebackenen Kartoffeln und Läden, die Süßigkeiten wie Gelee- oder Rosinenpudding anboten. Ein Händler in Whitechapel vertraute Henry Mayhew an, er «verkaufe am Tag Pudding im Wert von 300 Pence. Zwei Drittel davon verkaufte er an Jugendliche unter fünfzehn Jahren. ... Die Knaben werden oft lästig: ‹Mister›, sagen sie dann, ‹kann es nicht etwas saftiger sein?› Oder: ‹Ist der auch frisch? Ich mag ihn am liebsten ganz heiß.›» Als Konkurrenz zu diesen heißen Schleckereien kamen die belegten Brote, die «Sandwiches» auf, von Charles Dickens als «eine unserer größten Institutionen» begrüßt. Dickens sah, wie das Publikum des Britannia-Theaters in Hoxton sie fuhrenweise vertilgte – ein Bild ewiger Tätigkeit und ewigen Verzehrs.

Die Zeiten dieses Konsums haben sich geändert, sowohl in den kommerziellen als auch in den eleganten Vierteln der Stadt. Eine ganze Geschichte der sozialen Gepflogenheiten könnte man aus der Tatsache entwickeln, dass der Zeitpunkt für das Dinner, die Hauptmahlzeit des Tages, sich in den letzten fünfhundert Jahren um etwa zehn Stunden verschoben hat. Ende des 15. Jahrhunderts dinierten viele Londoner «um zehn Uhr vormittags», wenn es auch manche gab, die diese Mahlzeit um eine Stunde hinausschoben; im 16. Jahrhundert schwankte die Stunde für das Fleischgericht zwischen elf und spätestens zwölf Uhr. Im 17. Jahrhundert bürgerte sich die Zeit zwischen zwölf und eins ein. In den ersten Jahrzehnten des 18. Jahrhunderts kam es dann zu einer enormen Verschiebung der Mahlzeit, die nun um zwei oder drei Uhr eingenommen wurde. In den letzten Jahrzehnten des 18. und den ersten des 19. Jahrhunderts rückte die Dinnerstunde auf fünf oder sechs Uhr abends vor.

Die Gründe für diese Verschiebung der Hauptmahlzeit suchten die Moralisten des 18. Jahrhunderts im Verfall der sittlichen Substanz und in der zunehmenden gesellschaftlichen Dekadenz, so als sei es wichtig, die Nahrung in Angriff zu nehmen, bevor man erfolgreich den Tag in Angriff nahm. Doch mag ein ganz konkreter Umstand zu der Entwicklung beigetragen haben, besonders in den ersten Jahrzehnten des 18. Jahrhunderts, als laut Grosley «die Stunde des Gangs zur Börse sich mit der Dinnerstunde überschnitt, so dass es die Kaufleute am ratsamsten fanden, erst zu dinieren, wenn sie von der Börse zurückkamen.»

Wieder einmal spielten im privaten Gefüge des Londoner Lebens kommerzielle Imperative die entscheidende Rolle.

34. Garküchen, Kaffeehäuser und Imbissstuben

Restaurants oder «Speisehäuser» sind seit Jahrhunderten ein nicht wegzudenkender Bestandteil Londons. Im 12. Jahrhundert beschreibt ein Mönch eine große «öffentliche Garküche» an der Themse, wo man gewöhnliche Fleisch- und Fischgerichte – gebraten, geschmort oder gekocht – kaufen konnte, während die Bessergestellten sich mit Wild verwöhnen konnten, zweifellos mit Wein oder Bier zur Erfrischung. Dieses Haus könnte den Anspruch erheben, das erste Londoner Restaurant zu sein, doch ist ein Historiker überzeugt, dass in dieser Londoner Stätte der Erquickung in Wirklichkeit eine römische Garküche überlebte. In diesem Fall hätte die Londoner Gastlichkeit in der Tat eine uralte Tradition. Das «Restaurant» des 12. Jahrhunderts bot zum Beispiel «einen Speisesaal für den Reichen, ein Speisehaus für den Armen» und die Möglichkeit, fertige Speisen mitzunehmen, wenn unerwartet Besuch kam. Es war auf jeden Fall ein großes Unternehmen, vergleichbar vielleicht mit den Mega-Restaurants von Terence Conran in Soho und im West End, denn William Fitz-Stephen berichtet: «Wie viele Soldaten oder Fremde auch zu jeder beliebigen Tages- oder Nachtzeit in die Stadt kommen mögen oder sich anschicken, sie zu verlassen, sie können hier einkehren.»

Mit dem Anwachsen der Bevölkerung vervielfachte sich die Zahl dieser Speisehäuser, so dass im 14. und 15. Jahrhundert die Bread Street und die East Cheap mit Garküchen geradezu gepflastert waren. Diese Verkehrsadern waren als die Viertel der Speisehäuser bekannt, wo unter Aufsicht der städtischen Behörden die Preise der Mahlzeiten streng kontrolliert wurden. Manchmal brachten die Gäste ihre eigenen Speisen mit, die sie auf einer Feuerstelle aufwärmen ließen; der Preis hierfür schwankte zwischen einem Penny und zwei Pence für Brennmaterial und Arbeitskraft.

Im elisabethanischen Zeitalter war London voller ordinaries – so hießen die «Wirtstische», wo es jeweils eine Mahlzeit zu einem festgesetzten Preis gab.

Die «Wirtstische» waren im 16. Jahrhundert eine Abart der Garküchen. Es gab solche zu zwölf Pence und andere zu drei Pence; der Preis hing von Stil und Komfort ebenso wie von den Kosten für das Hauptgericht ab. Auf dem mit Binsen ausgelegten Fußboden standen hölzerne Bänke und Tischgestelle, und zwischen den Gästen liefen der Kellner oder sein Gehilfe umher und riefen: «Was braucht Ihr?» Oder: «Was soll ich Euch bringen?» Nacheinander wurden Fleisch, Geflügel, Wildbret und Pasteten serviert. Die Bürger kamen gegen halb zwölf und wanderten einzeln oder in Grüppchen zwischen den Tischen umher, während sie auf ihr Essen warteten; «dabei *demonstrierten* sie ihre Kleidung und sprachen, so laut sie nur konnten, um sich recht behaglich zu fühlen».

Aus dem späten 17. Jahrhundert besitzen wir François Missons Aufzählung des Schlachtfleisches auf der Speisekarte einer solchen «Wirtstafel»: «Rind, Hammel, Kalb, Schwein und Lamm; man kann sich herunterschneiden lassen, so viel man will, fett, mager, blutig oder durch; dazu etwas Salz und Mostrich am Tellerrand, eine Flasche Bier und ein Brötchen.» Wenn nach beendeter Mahlzeit die Bezahlung oder «Abrechnung» erfolgte, trat der Kellner mit einem Körbchen an den Tisch und kehrte mit einem Messer die Brotkrumen und Fleischreste hinein. In vielen solcher Häuser gab es einen «besten Raum» für Gäste mit verwöhntem Gaumen oder kostspieligem Appetit, während der gewöhnliche Bürger mit einem Sechs-Pence-Gericht im «Publikumsraum» vorlieb nehmen musste.

Die Speisehäuser wanderten aus dem Umkreis von East Cheap und Bread Street ab und siedelten in die bevölkerungsreichen Gegenden der Hauptstadt über. Bishopsgate Street, Lincoln's Inn Fields, das Old Bailey, Covent Garden und Haymarket besaßen jetzt ihre eigenen, gut besuchten Lokale.

327

Im 18. Jahrhundert hießen sie «Fleischhäuser»; daneben gab es Gaststätten, die sich auf formellere und ausgedehntere Mahlzeiten spezialisiert hatten. «Dollys Fleischhaus» in der Paternoster Row war besonders beliebt, da man die Gerichte hier «heiß und heiß» servierte – sie wurden unmittelbar nach der Zubereitung aufgetragen. Eine berühmte Ansammlung von Garküchen gab es auch hinter St Martin-in-the-Fields; bei den Einheimischen hieß sie «Suppeninsel»; Gin und Bier trugen hier allerdings ebenso viel zur Stärkung bei wie das Essen, das der Koch «mit einem Zinnteller bedeckt» servierte.

Die berühmtesten Londoner Etablissements des 18. Jahrhunderts waren jedoch die Kaffeehäuser. Ihre Anfänge reichten in die Mitte des 17. Jahrhunderts zurück, denn damals gab es, einer Mitteilung in *The Topography of London* zufolge, «ein türkisches Getränk, welches auf fast allen Straßen verkauft wurde und das ‹Koffee› hieß, und ein anderes Getränk namens ‹Thee›, und auch ein Getränk namens ‹Chocolade›, das sehr nahrhaft war». Das erste Kaffeehaus entstand 1652 in der St Michael's Alley am Cornhill; zwei oder drei Jahre später wurde ganz in der Nähe, in St Michael's Courtyard, ein zweites errichtet. Ein drittes, *Rainbow*, in der Fleet Street beim Tor zum Inner Temple, wurde 1657 als «große Belästigung und Beeinträchtigung der Nachbarschaft» verklagt; Hauptbeschwerdepunkt waren die «üblen Gerüche» sowie die Brandgefahr. Doch sehr schnell wurde sichtbar, wie beliebt Kaffeehäuser bei den Londonern waren; boten sie doch «die Annehmlichkeit, in jedem Teil der Stadt Verabredungen treffen zu können», wie Macaulay schreibt, und die weitere Annehmlichkeit, «ganze Abende für ein geringes Entgelt in Gesellschaft verbringen zu können». Um die Wende zum 18. Jahrhundert gab es in der Hauptstadt bereits rund 2000 von ihnen.

Das anonyme Gemälde eines Kaffeehauses, entstanden um 1700, zeigt einige Herren mit Perücke, die bei ihrer «Schale» Kaffee sitzen; auf den Tischen stehen Kerzen, während der Fußboden blankes Holz ist. Ein Gast schmaucht eine lange Tonpfeife, andere lesen Zeitschriften. Eine dieser Zeitschriften, der *Spectator*, eröffnete ihre erste Nummer im Frühjahr 1711 mit einer Schilderung aus der Welt des Kaffeehauses: «Mitunter sieht man mich den Kopf unter eine Runde von Politikern im *Will* stecken und mit großer Aufmerksamkeit den Erzählungen lauschen, die in diesen kleinen Zirkeln vorgetragen werden. Manchmal rauche ich eine Pfeife im *Child*, und während ich ganz in den *Post-Man* vertieft zu sein scheine, höre ich das Gespräch an jedem Tisch des Raumes mit. An Sonntagabenden erscheine ich im Kaffehaus *St. James* und geselle mich zu dem kleinen politischen Komitee im Hinterzimmer als einer, der zuhören und lernen will. Wohl bekannt ist mein Gesicht auch im *Griechen* und im *Kakaobaum.*» In allen diesen Kaffeehäusern wurden die Neuigkeiten und die Gerüchte des Tages ausgestreut.

Es gab Kaffeehäuser für jedes Gewerbe und jeden Beruf. Der berühmte Arzt John Radcliffe verfügte sich von der Bow Street in *Garraway's Coffee House* in der Change Alley in Cornhill, wo er immer an einem bestimmten Tisch zu finden war, «umgeben von Wundärzten und Apothekern». Er legte seine Besuche «auf die Stunde, wo die Börse voll war», ohne Zweifel in der Hoffnung, auch von reichen Kaufleuten und Maklern aufgesucht zu werden.

In anderen Kaffeehäusern trafen sich Anwälte mit ihren Mandanten; Makler trafen sich mit ihresgleichen, Kaufleute tranken Kaffee mit ihren Kunden, und Politiker tranken Tee mit Journalisten. Das Kaffeehaus *Virginia and Maryland* in der Threadneedle Street wurde ein anerkannter Treffpunkt für Leute, die im Russlandhandel tätig waren, und änderte daraufhin seinen Namen in *Baltikum.* Das *Grecian* am Devereux Court sorgte für die Rechtsanwälte, das *Will's* an der Nordseite der Russell Street (Covent Garden) war der Sammelpunkt für Schriftsteller und Schöngeister. Es gab sogar ein schwimmendes Kaffeehaus, ein Schiff, das vor dem Treppenaufgang zum Somerset House vertäut war und *Folley* – Lusthaus – hieß. Es war «massig wie ein Kriegsschiff» und in mehrere Räume geteilt, in denen Kaffee, Tee und «geistige Getränke» serviert wurden. Wie so viele Londoner Etablissements am Fluss begann es mit vornehmer Kundschaft, lockte aber immer mehr betrunkene oder anrüchige Gäste an, bis es schließlich kaum mehr war als ein schwimmendes Bordell. Mit der Zeit verrottete es und wurde zuletzt als Brennholz verkauft. Ohne Kontakt mit der festen Erde hatte es keinen dauerhaften Zweck.

Kaffeehäuser waren, ob zu Wasser oder zu Lande, etwas unsaubere Orte, die nach Tabak rochen. Der Holzfußboden war oft mit Sand bestreut und mit Spucknäpfen bestückt. In manchen waren die Tische und Stühle schmutzig und fleckig; in anderen saß man in «Abteilungen mit senkrechten Lehnen und schmalen Sitzen»; die Lampen rußten, und die Kerzen flackerten. Warum also drängten die gewöhnlichen Bürger in die Kaffeehäuser, und warum wurden sie zum Sinnbild städtischen Lebens wie im 20. Jahrhundert das Pub? Das hatte, wie immer, einen kommerziellen Grund. Das Kaffeehaus fungierte als Kontor und Auktionsraum, Büro und Geschäft, wo Kaufleute und Agenten, Schreiber und Makler ihren Geschäften nachgehen konnten. An solchen Orten trafen sich Agenten, die Güter oder Grundstücke verkauften, mit ihren Kunden, aber auch der Verkauf anderer Güter wurde hier getätigt. So konnte man 1708 die folgende, recht unheimliche Anzeige lesen: «Abzugeben: Junger Mohr,

«Fremde machten die Beobachtung, dass es das Kaffeehaus sei, wodurch sich London von allen anderen Städten unterschied, dass der Londoner im Kaffeehaus wohne und dass jeder, der einen bestimmten Herrn zu finden wünsche, gemeinhin frage, nicht, ob er in der Fleet Street oder in der Chancery Lane wohne, sondern ob er im Grecian *oder im* Rainbow *verkehre.»*
Th. B. Macanley

zwölf Jahre alt, geeignet als Kammerdiener eines Herrn; im Kaffeehaus *Denis* in der Finch Lane.»

Mitunter wurden die Kaffeehäuser auch für Versteigerungen genutzt. Bei den «candle-light-Auktionen» im *Garraway* wurden Kaffee, Alkohol und Brötchen gereicht, um das Bieten zu fördern. Das *Garraway* befand sich gegenüber der Börse und war daher eine Zufluchtsstätte «für Personen von Stand, die Geschäfte in der City haben, und für wohlhabende Bürger»; versteigert wurden Bücher und Bilder, Tee und Möbel, Wein und Hartholz. Weiträumig, mit niedrigem Dach, hatte dieses Kaffeehaus eine breite, zentrale Treppe, die in den Verkaufsaal in den ersten Stock führte – in solcher Nähe zum Gastraum, dass Geschäft und Vergnügen wunderlich gemischt erschienen. Seine anregende Atmosphäre mit dem Kohlenfeuer und den getoasteten Brötchen wurde von Gästen bestimmt, die laut der Beschreibung von «Aleph» in *London Scenes and London People* «in bewunderungswürdiger Stimmung waren; geistreiche Scherze zirkulierten von Ohr zu Ohr; jeder schien jeden zu kennen». Aber in London kann der Schein trügen. Als Swift die Auswirkungen des großen Südseeschwindels kommentierte, bei dem 1720 durch den Zusammenbruch der Südsee-Kompanie riesige Vermögen verloren gingen, schrieb er über die Spekulanten «auf den Klippen *Garraway's*»: «Ein wildes Geschlecht, vom Schiffbruch genährt».

«Ich gehe im Kaffeehaus *Chapter* aus und ein», schreibt Thomas Chatterton im Mai 1770 an seine Mutter, «und kenne dort sämtliche Genies.» Das *Chapter*, der Treffpunkt von Buchhändlern und aufstrebenden Schriftstellern, befand sich an der Ecke Paternoster Row, gegenüber der Ivy Lane, und war mit seinen Butzenscheibenfenstern, den getäfelten Wänden und der niedrigen Balkendecke, die es auch tagsüber schummrig erscheinen ließ, ein typisches Londoner Kaffeehaus. Wenn Chatterton von den «Genies» sprach, meinte er vielleicht ein kleines Grüppchen von Verlegern und Schriftstellern, die immer in dem Abteil in der nordwestlichen Ecke des Hauses saßen und sich *Wet Paper Club* nannten – frei übersetzt: «Club der beschwipsten Blätter». Wenn sie sich herbeiließen, ein «gutes Buch» zu empfehlen, war es natürlich eines, das sich teuer und schnell verkauft hatte. Es sei daran erinnert, dass Chattertons mutmaßlicher Suizid damit zusammengehangen haben soll, dass es ihm nicht gelungen war, von den kommerziellen Praktiken der Londoner Verlagswelt zu profitieren.

Das *Chapter* war auch für seine Gäste aus dem Klerus bekannt; denn laut «Aleph» war es «der Treffpunkt für arme Pfarrer, die für das Halten der Sonntagsandacht zur Verfügung standen» und auf Verlangen auch Predigten schrieben. Der Preis für die Ansprachen schwankte zwischen 2 Schilling 6 Pence und 10 Schilling 6 Pence – «der Käufer musste nur den Gegenstand der Predigt und sein Bekenntnis nennen», und prompt wurde die geeignete fromme Lektion geliefert. Wenn es etwa ein «Überangebot» an Almosenpredigten gab, war beispielsweise ein «bewegender Aufruf für eine Sonntagsschule» zu einem sehr billigen Preis zu haben.

Die Preise im *Chapter* bewegten sich auf derselben Ebene wie in anderen solchen Häusern. Um die Wende zum 19. Jahrhundert kosteten vier Schinkenbrote mit einem Glas Sherry 2 Pence, eine Tasse Kaffee 5 Pence; eine Kanne Tee mit drei Tassen Inhalt sowie sechs Scheiben Brot mit Butter, ein Brötchen und zwei Stück Teekuchen kosteten 10 Pence – genauer gesagt einen Schilling, da 2 Pence zusätzlich an den Oberkellner William gingen, einem jener Londoner Originale, die unauflöslich mit dem Haus, in dem sie arbeiten, verwachsen scheinen – eine Figur, ganz und gar aus Londoner Urstoff gemacht. Er war etwas untersetzt und von durchschnittlicher Größe, und man munkelte von ihm, dass er Geld «in Fonds» besitze. Er war durch nichts zu erschüttern, immer höflich und, wie der scharfäugige «Aleph» bemerkte, «stets sorgfältig gekleidet; er trug einen besseren schwarzen Anzug als viele seiner Gäste, mit Kniehose, schwarzen Seidenstrümpfen und einer makellosen weißen Krawatte.» Er war wortkarg, aber von immer wacher Aufmerksamkeit; «seine Augen waren in jedem Winkel des Raums». Er erwartete sein Trinkgeld von ein oder zwei Pence, hatte aber auch Momente einer unerwarteten Großzügigkeit; «wenn er den Verdacht hatte, dass ein Gast sehr bedürftig sei, brachte er ihm zwei Brötchen und berechnete nur eines.» Zu Stammgästen hatte er ein gelöstes Verhältnis, und sie riefen ihn einfach «William»; Fremde aber «musterte er mit forschendem Blick». Leute, die er des Zutritts für unwürdig erachtete, wurden mit dem Hinweis weggeschickt, «sie müssten sich geirrt haben – der *Blaue Bär* befinde sich in der Warwick Lane».

In diesem Kaffeehaus der Lohnschreiber und «Tintenkleckser» machten, siebzig Jahre nach Chatterton, Charlotte und Emily Brontë auf ihrer Reise nach Belgien Station. Charlotte erinnerte sich später an einen Oberkellner, «einen grauhaarigen älteren Mann». Es dürfte William gewesen sein. Er führte sie in ein Zimmer im ersten Stock, das auf die Paternoster Row hinausging. Hier saßen die Schwestern am Fenster, aber sie «konnten in den düsteren dunklen Häusern gegenüber keine Bewegung, keine Veränderung bemerken». Die Straße selbst war so still, dass jeder Schritt deutlich zu hören war. Eine der Heldinnen Charlotte Brontës, Lucy Snowe in *Villette* (1853), verbringt ihre erste Nacht in London im *Chapter*. Am nächsten Morgen sieht sie aus dem Fenster: «Über

G. Cruikshank, 1825: Im Kaffee-haus; Illustration zu P. Egan: «Tom & Jerry – Life in London.»

meinem Kopf, über den Dächern der Häuser, fast gleich hoch mit den Wolken, sah ich eine feierliche, gewölbte Masse, dunkelblau und düster – DIE KUPPEL. Während ich sie ansah, geriet mein innerstes Selbst in Bewegung; mein Geist schüttelte seine immer gefesselten Schwingen halb frei; plötzlich hatte ich das Gefühl, als solle ich, die ich nie wirklich gelebt habe, doch endlich das Leben schmecken.» So konnte ein Londoner Kaffeehaus, im Schatten von St Paul's, Offenbarungen stiften.

Die Kaffeehäuser hielten sich bis weit ins 19. Jahrhundert. Manche wurden spezialisierte Begegnungsstätten, andere verwandelten sich in Clubs oder Privathotels und wieder andere in elegante Speisehäuser mit polierten Mahagonitischen, Öllampen und grünen Vorhängen zwischen den Abteilungen.

Anfang des 19. Jahrhunderts kam auch eine ganz andere Art von Kaffeehäusern auf, in denen Tagelöhner und Träger auf dem Weg zur Arbeit frühstückten. Hier wurden Koteletts und Nieren, Brot und Essiggurken serviert; eine beliebte Bestellung war «Tee und ein Ei». Oft wurden in den verschiedenen «Räumen» unterschiedliche Preise für den Kaffee berechnet. Um vier Uhr früh zahlte der mittellose Gast für eine Tasse Kaffee und eine dünne Scheibe Brot mit Butter anderthalb Pence; um acht Uhr morgens bot das Frühstück für die weniger Armen Brot um einen Penny, Butter um einen Penny und Kaffee um drei Pence. Arthur Morrison beschreibt in *A Child of the Jago* (1896) ein Kaffeehaus und sein

Angebot an «vertrockneten Bücklingen, zweifelhaften Kuchen, undefinierbarem Gebäck, faden Essiggurken». Dennoch war dies noch ein respektableres Etablissement als die benachbarte Garküche mit ihren Dämpfen, und so mag jene Cockney-Redensart entstanden sein, die äußerste Verarmung oder Verzweiflung ausdrückt: «Ich wollte, ich wäre tot und hätte 'ne Kaffeebude.» Als George Orwell ein Kaffeehaus am Tower Hill betrat, fand er sich in einem «kleinen, stickigen Raum» mit «hochlehnigen Kirchenbänken» wieder, wie sie um 1840 Mode gewesen waren. Er bestellte Tee, Brot und Butter – das Basisfrühstück der Arbeiter seit Anfang des 19. Jahrhunderts –, wurde aber barsch abgefertigt: «Butter gibt's nicht. Nur Margarine.» Auch hing an der Wand ein Schild mit der Aufschrift: «Das Einstecken des Zuckers ist nicht gestattet!»

Für ein mageres Frühstück gab es auch andere Orte. «Frühstückshäuser» waren im Prinzip Kaffeehäuser, die nur anders hießen, «erstickend heiß», der Duft von Kaffee untermischt mit dem «Geruch nach gebratenem Speck und anderen, weit weniger erfreulichen Dingen». Seit dem 18. Jahrhundert hatte es auch «Frühstücksstände» gegeben – im Prinzip Küchentische, die an einer Straßenecke oder am Fuß einer Brücke aufgestellt waren und wo es für einen halben Penny Brot und Butter sowie große Tassen mit Tee oder Kaffee gab, der über einem offenen Kohlefeuer erwärmt wurde. Auf diese Frühstücksstände folgten die etwas anspruchsvolleren Kaffeestände, die – nach dem Muster des mittelalterlichen Londoner Ladens – innen mit Holz verkleidet und mit Luken versehen waren. In der Regel rot angestrichen und auf Räder montiert, wurden sie von einem Pferd zu den bekannten Standplätzen gezogen – zum Charing Cross, zum Fuß der Savoy Street, auf die Westminster Bridge, unter die Waterloo Bridge, zur Hyde Park Corner und zu den Eingängen des Westindien-Docks. Hier gab es außer Kaffee und Zigaretten alles, von der Zervelatwurst bis zu hart gekochten Eiern.

Es gibt ein sehr lebendiges Gemälde von 1881 (s. Farbteil), auf dem verschiedene Londoner zu sehen sind, die sich um einen «Tagesstand» vor den Toren eines Parks oder Häuservierecks versammelt haben. Die Eigentümerin wäscht gerade eine Tasse – tatsächlich wurden die meisten Essensstände von Frauen betrieben, getreu dem von vielen Wirtshäusern bis heute beobachteten Grundsatz, dass aggressive Gäste erfahrungsgemäß weniger Ärger machen, wenn eine Frau zugegen ist. Auf dem Tisch liegt ein Brotlaib, aber die Schinkenbrote und die «Brunnenkresse», die sonst zum täglichen Speiseplan gehörten, fehlen. Ein junger Mann in roter Jacke, der Uniform der City of London, sitzt auf einer Schubkarre und bläst über eine Untertasse mit Flüssigkeit. Er gehörte zu den Bediensteten der City, die hinter den Pferden auf der Straße herliefen und die Pferdeäpfel einsammelten. Eine Straßenkehrerin und eine Käuferin stehen dabei und scheinen mit verdutzter oder ratloser Miene nach den Leckerbissen zu sehen. Auf der anderen Seite des Standes sieht man eine gut gekleidete junge Dame mit Schirm und Hutschachtel, die anmutig an ihrer Tasse nippt. Es ist ein beziehungsreiches Bild aus dem spätviktorianischen London. Konkurrenz erwuchs einem solchen Stand in den Austernständen oder im «Backkartoffel-Wagen», einem Herd auf Rädern, der durch die Straßen der Stadt geschoben wurde.

Die Wirtstafeln und Speisehäuser überlebten im 19. Jahrhundert als Fleischläden, «Fleischhäuser» oder einfache Garküchen. Es gab auch Wirtschaften, in denen es üblich war, dass der Gast sein eigenes Stück Fleisch mitbrachte, das dann von einem Kellner, der dafür einen Penny bekam, an einem Bratrost zubereitet wurde. Die Ursprünge unseres modernen Wirtshausessens liegen in diesen Betrieben des 19. Jahrhunderts, in denen generell «guter alter Käse», Hammelfleischstücke und gebackene Kartoffeln über die Theke verkauft wurden.

Die alten Fleischhäuser erfreuten sich nicht unbedingt eines guten Rufs. Nathaniel Hawthorne beschreibt ein solches Etablissement in *The English Notebooks* (1853/58): «Ein schmutziges Tischtuch, besät mit anderer Leute Krümel; eiserne Gabeln, ein Salzstreuer aus Blei, die gewöhnlichsten Teller aus Ton; ein kleiner, dunkler Verschlag, um zu sitzen und zu essen». Hawthorne stellte auch fest, dass die Zustände in diesem Haus – den «Speiseräumen *Albert*» – durchaus typisch waren. Es war ein Stück jener Unbequemlichkeit und Unreinlichkeit, an die sich die Londoner in ihrer Geschichte längst gewöhnt haben. Allerdings gab es Gradunterschiede, was den Service betraf. In einem anspruchsvolleren Speisehaus pflegte der Kellner, die Serviette über dem linken Unterarm, dem Gast bekannt zu geben, welche Gerichte «soeben fertig» waren; mit «rascher, aber monotoner Stimme» ratterte er die Liste herunter: «Rinderbraten, Tellerfleisch, gebratene Hammelkeule, gekochtes Schweinefleisch, Kalbsbraten mit Schinken, Lachs mit Garnelensauce, Taubenpastete, Rumpsteak.» In den Garküchen niedrigster Art gab es ein Gericht um 6 Pence und ein Gericht um 4 Pence – «Zweimal die sechs und einmal die vier», pflegte der Kellner dem Koch zuzurufen, wenn er die Bestellungen weitergab.

Nachdem diese Einkehrhäuser unterschiedlichster Form London jahrhundertelang dominiert hatten, wurden sie in der zweiten Hälfte des 19. Jahrhunderts durch «Speisesäle», die «Restaurants» der neuen Hotels und die «Erfrischungsräume» der neuen Bahnhöfe verdrängt. Eine Verbesserung gegenüber ihren Vorgängern waren sie aber nicht unbedingt, ja, den Ruf als Stadt der mausgrauen, unschmackhaften Speisen erlangte London eigentlich erst um die Mitte des 19. Jahrhunderts. 1877 schimpfte Henry James auf die Londoner Restaurants, «deren Schlechtigkeit buchstäblich fabelhaft ist». Aber trotzdem florierten sie. Das Hotel *St James* stand in dem Ruf, «als erstes separate Tische zum Speisen eingeführt» zu haben, doch war es Monsieur Ritz, der aus dieser Idee Kapital schlug; praktisch mit dem Aufkommen seines Hotelrestaurants endete die lange Londoner Tradition des «gemeinsamen Speisens an langen Tischen». Etwa seit 1860 vervielfachte sich die Zahl der Restaurants, «Speisesäle» und «Frühstücksbars» in London – 1865 wurde das *Café Royal* eröffnet, 1874 das Restaurant *Criterion* (das wie so viele nach dem benachbarten Theater hieß), 1869 das Restaurant *Gaiety*, neben dem Gaiety-Theater. Von diesem «Restaurant & Ballsaal» gibt es eine Fotografie; es parkt ein Kabriolett davor, und Männer mit Zylindern gehen vor dem Eingang auf und ab. Eine zeitgenössische Beschreibung in den *Building News* erwähnt eine Frühstücksbar, ein Café und zwei Speisesäle, alle mit einer «gestalterischen Pracht» ausgestattet, die «eines Glasmalers oder eines Bühnenbildners würdig wäre». Restaurant und Theater mussten später dem Bau des Aldwych-Theaters weichen.

Mit dem Aufkommen des Restaurants veränderten sich gesellschaftliche Usancen. So waren Frauen nicht mehr vom abendlichen Restaurantbesuch ausgeschlossen. Walter Besant schreibt Anfang des 20. Jahrhunderts: «Damen können ungetadelt diese Restaurants besuchen und tun es auch; ihre Gegenwart hat eine große Veränderung bewirkt; es herrscht jetzt immer eine heitere, ja fröhliche Stimmung» – eine Beschreibung, die indirekt den etwas tristen, bedrückten Ton im altmodischen reinen Männerwirtshaus empfinden lässt. Das erste Restaurant, das Musik zu den Mahlzeiten bot, war das *Gatti* am Charing Cross; die neue Mode setzte sich rasch durch, bis schließlich ab 1920 allein noch das *Café Royal* trotzig auf seiner Stille beharrte. Mit dem neuen Jahrhundert kam auch die Mode des Tanzens nach dem Abendessen, ja sogar zwischen den einzelnen Gängen. Andere Veränderungen brauchten länger und waren subtiler. Ralph Nevill, Verfasser von *Night Life* (1926), bemerkte, dass das Tempo in viktorianischen Restaurants viel gemächlicher gewesen sei; es habe «immer eine Pause zwischen dem Auftragen der einzelnen Gerichte» gegeben, im Gegensatz zu der Hektik und Betriebsamkeit in modernen Restaurants, die der Autor dem Aufkommen «des Motors» auf den Straßen Londons zuschreibt. In der Stadt hängt alles mit allem zusammen.

Im neuen Jahrhundert kam auch die große Kette der *Lyon's Corner*

Anfang des 20. Jahrhunderts löste das Restaurant, das auch von Frauen besucht wurde, das reine Männerwirtshaus ab.

335

Houses auf; sie wurden 1909 gegründet und gingen aus einer Reihe von Teeläden und Restaurants hervor, die gegen Ende des 19. Jahrhunderts entstanden waren – unter ihnen das erste reine Kellerrestaurant, *Lyons*, an der Throgmorton Street, mit einem Grillraum zwölf Meter unter der Erde. Bürger aller Gesellschaftsschichten trafen sich in den einfacheren Londoner Kaffeehäusern; auch die Londoner Teegeschäfte galten als «demokratisch, mit ihrer Vermischung der Klassen, die man darin zusammen sitzen und dieselben Dinge essen und trinken sieht». Theodore Dreiser besuchte 1913 ein *Lyons* knapp oberhalb der Regent Street und staunte über «ein großes Zimmer, ausgeschmückt nach der Art eines Palast-Ballsaals mit riesigen Lüstern von geschliffenem Glas an der Decke und einem Balkon in Crème und Gold». Trotzdem waren die Gerichte «bodenständig» und die Gäste «sehr normal». Mühelos verbanden sich hier also der volkstümliche und der theatralische Aspekt des städtischen Lebens.

Eine anschauliche Schilderung des Essens im East End gibt Anfang des 20. Jahrhunderts Walter Besant in *East London*. Er beschreibt den gesalzenen Fisch als Sonntagsfrühstück, die Pastetenstücke «à la Nelson», den abendlichen Handel mit «getrockneten Fischen, Zervelatwürsten und Erbsensuppe» und natürlich die allgegenwärtigen Pastetenbäckereien oder «Aalpasteten-Salons», wo Aal in Gelee, Zervelatwurst oder heiße Fleischpasteten mit Kartoffelbrei auf dem Speisezettel standen. Nur die «Fish-and-Chips»-Läden (die panierten Fisch mit Pommes frites verkauften) konnten ihnen Konkurrenz machen.

In den Jahren vor dem Zweiten Weltkrieg bestand eine typische «Cockney»-Mahlzeit aus Zervelatwurst und Erbsensuppe, Knackwürsten und Blutwurst, gebackenem Fisch und in Essig Eingemachtem, Pastetenkrüstchen mit Kartoffeln, getrocknetem Fisch und in Mostrich Eingemachtem. Starker Tee sowie Brot und Butter waren die anderen Hauptnahrungsmittel. In anderen Teilen Londons war die Lage komplizierter, weil dort viel weniger Wert auf die traditionelle Küche gelegt wurde, doch bestand auch hier die Standardmahlzeit aus Fleisch, Kartoffeln und zweierlei Gemüse in Fleischsaft – womit Londons Ruf als Stadt ohne wirkliche kulinarische Talente abermals bestätigt wurde.

Zwischen den Kriegen und nach dem Zweiten Weltkrieg blieben die Londoner Restaurants nach allgemeiner Einschätzung weit hinter dem Standard anderer europäischer Städte zurück. Manche Restaurants waren von der mittelmäßigen englischen Sorte und servierten Rind und Hammel und Grünzeug, Wurst und Mischmasch, Aprikosen und Eierrahm. In Soho aber florierte das Restaurantgewerbe durch den Einfluss der französischen, italienischen, spanischen, russischen und chinesischen

Küche. Auch hielt in der Umgebung von Soho eine gewisse Zwanglosigkeit des Essens Einzug, oder besser gesagt: wieder Einzug.

Sandwiches sind heute Hauptbestandteil des Londoner Mittagessens, von der «Prêt-à-manger»-Kette bis zum Eckladen an einer belebten Straßenkreuzung. Damit einhergehend hat die Verbreitung von Fast Food zugenommen, von Rindfleisch-Burgern bis zu Hühnerflügeln. Die Hauptbestandteile des Londoner Speisezettels bleiben also dieselben, und auch die Statistik seiner Gefräßigkeit bleibt dieselbe. Die Ausgaben Londoner Haushalte für «Restaurants und Cafés, Speisen-Abholservice und Imbisse» sind nach einer Erhebung der nationalen Statistik «um ein Drittel höher als im Vereinigten Königreich insgesamt».

Sohos erste Sandwich-Bar, Sandy's in der Oxendon Street, wurde 1933 eröffnet, und bald war die ganze Hauptstadt mit Sandwich-Bars und den neuen Schnellimbissen überschwemmt.

Londons Ruf als kulinarisches Gruselkabinett besserte sich ab 1980 allmählich, als Großrestaurants für jeden Geschmack und jedes Ambiente in Mode kamen. Heute kann der hungrige Londoner wählen zwischen Haifischtempura und Chilihuhn auf Kokosnussreis, gegrilltem Kaninchen mit Polenta und geschmortem Tintenfisch auf Kichererbsen und Koriander. Viele dieser Restaurants wurden bald zu blühenden Unternehmen; ihre Küchenchefs waren bekannte und umstrittene Figuren der Londoner Szene, ihre Besitzer gehörten zur Schickeria. Der Zusammenhang zwischen Essen und Kommerz wurde in den neunziger Jahren noch einmal ganz deutlich, als einige Restaurants an die Börse gingen; andere sind als gewinnträchtiges Spekulationsobjekt von Großunternehmen aufgekauft worden. Einige der jüngst eröffneten Restaurants sind in der Tat «mega», und die Tatsache, dass meist nur die wenigsten Tische leer bleiben, zeugt von der charakteristischen, unveränderten Gefräßigkeit der Londoner.

Kein Wunder also, dass London immer auch eine Stadt der Märkte gewesen ist.

35. Marktzeit

Die ersten Märkte wurden auf den Straßen abgehalten. Man kann sich sogar die Zentralachse Londons im 12. oder 13. Jahrhundert als eine ununterbrochene Abfolge von Märkten vorstellen, die von der alten Fleischbank in Newgate bis zum Geflügelmarkt am Cornhill reichte. 1246 wurde für die Fleischbank bestimmt: «Die Stände der Schlachter sollen alle nummeriert werden, und man soll fragen, wer sie betreibt und in welcher Stellung und für wen.» Weiter unten, im Schatten der Kirche St Michael «le Querne», befand sich der Getreidemarkt: Das Getreide, also das tägliche Brot, steht unter der Ägide der Kirche. Gleich hinter dem Getreidemarkt waren die Fischmärkte aufgeschlagen, und zwar in der Old Fish Street und in der Friday Street (am Freitag sollten die Gläubigen kein Fleisch essen). Der Name der Straße richtete sich nach dem Nahrungsmittel, das in ihr verkauft wurde.

Wenn die Bürger Londons im 13. Jahrhundert die West Cheap – heute Cheapside – hintergingen, fort von den Gerüchen der Fleischbank und der Fischbuden, kamen sie an Läden vorbei, in denen es Zaumzeug und Sättel gab, Lederarbeiter ihrem Gewerbe nachgingen und Tuchmacher und Seidenwarenhändler ihre Erzeugnisse ausgebreitet hatten. Dahinter kamen der Geflügelmarkt (Poultry) und die Coneyhope Lane, wo Kaninchen verkauft wurden. Die Gracechurch Street hieß ursprünglich «Grass Church» Street, nach den Kräutern, die man hier bekam.

In *A Caveatt for the Citty of London* (1598) gibt es einige kraftvolle, charakteristische Zeichnungen von angrenzenden Straßenmärkten. Am Fleischmarkt bei St Nicholas hängen vor den Schlachterläden Mittelstücke vom Rind und ganze Schweine und Lämmer. In der Gracechurch Street haben die Anbieter von Äpfeln, Fisch und Gemüse ihre Stände unter Pfosten und Markisen aufgeschlagen, die ihren Herkunftsort anzeigen – Essex, Kent und Surrey. Allerdings wurden nicht alle Waren an offenen Ständen verkauft; Schätzungen zufolge hat es entlang der Cheapside auch rund vierhundert kleine Läden – vielleicht wie hölzerne Kioske – gegeben. Lärm und Gewühl waren ungeheuer, und mehrere Gesetze wurden erlassen, um Menschenaufläufe zu verhindern. Es gab auch andere Übel, worauf die strengen Maßnahmen gegen Hehlerei schließen lassen.

Berüchtigt war zum Beispiel der Tuchmarkt von Cornhill; hier entdeckte der Erzähler von *London Lickpenny* die Kopfbedeckung wieder, die ihm in Westminster entwendet worden war. Mit Rücksicht auf die «vielen Gefahren, … Schlägereien und Ungesetzlichkeiten» beim Abendmarkt in Cornhill erging die Verordnung, dass keine Waren mehr auf den Markt gebracht werden durften, «wenn die Glocke von Cornhill geläutet hat». Eine Glocke läutete eine Stunde vor Sonnenuntergang, eine weitere dreißig Minuten später.

Das Durcheinander der Gewerbe war einer der Gründe, warum 1283 am östlichen Ende des Geflügelmarkts ein allgemeiner *Stocks Market* errichtet wurde, wo «Fisch und Fleisch» sowie Obst, Wurzeln, Blumen und Kräuter verkauft werden konnten. Sein Name rührte nicht von dem «Stock» (Vorrat) der angebotenen Lebensmittel her, sondern von dem Fußblock («Stock»), den die Stadt hier zur Bestrafung ihrer Delinquenten aufgestellt hatte. Dieser «privilegierte Markt» befand sich 450 Jahre

lang an derselben Stelle, bevor er Mitte des 18. Jahrhunderts in die Farringdon Street verlegt wurde, und erwarb sich den Ruf, von allen Märkten das vorzüglichste Warenangebot zu haben. Auf einem kolorierten
Kupferstich, der noch an dem alten Platz entstand, sieht man das Denkmal Karls II. im Herzen des Markts; zwei kleine Hündchen schauen
sehnsüchtig zu einem Käsestand hoch, während eine Frau mit Kind und
Körben auf den Stufen des Denkmals sitzt. Im Hintergrund sieht man
eine lebhafte Szene zwischen Käufer und Verkäufer. Im Vordergrund
trifft sich ein Liebespaar, anscheinend ohne auf den Lärm ringsum zu
achten, während ein Einheimischer einem fremden Besucher die Richtung weist. Auf einem Balkon über dieser Szene ist eine junge Frau dabei, ihren Teppich auszuklopfen. In solchen Vignetten kann man das alte
London wieder aufleben sehen.

*Billingsgate mit den
nahe gelegenen Kais
und Lagerhäusern,
Panorama von
Wyngaerde, 1540*

Der älteste Londoner Markt war vermutlich Billingsgate; seine Anfänge
sollen bis in das 4. vorchristliche Jahrhundert zurückreichen. Es ist nicht
ausgeschlossen, dass in grauer Vorzeit hier Fischer mit ihren Aal- und
Heringsfängen an Land gingen, doch beginnen die offiziellen Annalen
erst im frühen 11. Jahrhundert. Dass es ein eigener, von London abge-
sonderter Ort war, ist aber nicht zweifelhaft; hier, in einer Atmosphäre
von geräuchertem Fisch, wo überall Fischschuppen herumlagen und
«flaches Schmutzwasser» den Boden bedeckte, waren ganz besondere
Typen und Traditionen entstanden.

Da gab es zum Beispiel die «Weiber» von Billingsgate – vielleicht Nachfahrinnen der Anhänger des Gottes Belin, der hier einst verehrt worden sein soll –; sie trugen Kleider aus festem «Zeug» und gesteppte Unterröcke; Haare, Mütze und Häubchen waren bei ihnen zu einer ununterscheidbaren Masse zusammengedrückt, weil sie ihre Körbe auf dem Kopf zu tragen pflegten. Diese «Fischtanten» rauchten Tabak aus kleinen Pfeifen, schnupften, tranken Gin und waren für ihre derbe Sprache bekannt – daher die Redensart «keifen wie ein Fischweib». Ein Wörterbuch von 1736 definiert «*Billingsgate*» als «zeternde, unverschämte Schlampe». Im 19. Jahrhundert wurden die «Fischtanten» allmählich vertrieben und wichen einer Gattung von Londoner Trägern, die eine Kopfbedeckung aus Tierhaut mit langer Nackenklappe aufhatten, so dass sie ihre Fischkörbe leichter tragen konnten. Zu diesen Fischträgern gesellten sich die Fischverkäufer, die zu jeder Jahreszeit einen Strohhut trugen, auch im Winter. So nahm von diesem kleinen Viertel Londons eine ganz eigene Kleidung und Sprache ihren Ausgang.

Dasselbe Phänomen lässt sich an den verschiedensten Orten beobachten. Smithfield, knapp außerhalb der Stadtmauern gelegen, war schon im 11. Jahrhundert ein anerkannter Platz für den Verkauf von Pferden, Schafen und Rindern. Im Übrigen war er als Treffpunkt für Trunkenbolde, Grobiane und Gewalttäter so sehr verschrien, dass er sich den Beinamen «Rüpelhalle» erworben hatte. Diese Gewalttätigkeiten hörten auch nicht auf, als dem Viehmarkt 1638 ein königliches Privileg gewährt wurde.

Markttage waren der Dienstag und der Freitag; die Pferde waren in Ställen in der Umgebung untergebracht, aber die Rinder und andere Tiere wurden aus dem Umland in die Stadt getrieben. «Die Tierhändler verfuhren mit großer Grausamkeit», schreiben Forshaw und Bergstrom in *Smithfield Past and Present*, «sie stießen die Tiere mit einem Stachelstock in die Flanken und schlugen sie auf den Kopf, bis sie an ihrem richtigen Platz standen.» In der ersten Hälfte des 19. Jahrhunderts wurden jährlich eine Million Schafe und eine Viertelmillion Rinder verkauft – unter enormem Lärm und Gestank, aber auch unter erheblichen Gefahren. An einem Markttag des Jahres 1830 wurde in High Holborn «ein Herr von einem sehr kräftigen Stier umgestoßen und, bevor er sich aufraffen konnte, von dem Tier niedergetrampelt und durchbohrt». In der Turnmill Street, die vom Umland zum Markt führte, «wurde ein kleines Kind von einem Schwein zerfleischt und wäre beinahe aufgefressen worden». Manchmal rannten die Tiere, aufgereizt durch die Stöße und Stiche der Viehtreiber, in Panik durch die engen, schlammbedeckten Stra-

ßen hinter der Clerkenwell und der Aldersgate Street, während Taschendiebe das allgemeine Chaos ausnutzten.

Für Dickens war Smithfield der Inbegriff von «Kot und Unflat». In *Oliver Twist* (1837/39) ist der Markt erfüllt von einem «Wühlen, Schieben, Drängen und Stoßen» unter den «ungewaschenen, unrasierten, schmutzigen, verdreckten Figuren». Der Protagonist von *Große Erwartungen* (1860/61) wird sich bewusst, dass «der schändliche Ort, kot- und fett- und blut- und schaumverschmiert, wie er war, an mir zu kleben schien». Acht Jahre vor der Niederschrift dieses Romans war der Markt für lebende Tiere auf die Copenhagen Fields in Islington verlegt worden, aber die Atmosphäre des Todes hatte sich gehalten; als 1868 an der Stelle des alten Marktes in Smithfield der Zentrale Fleischmarkt eröffnet wurde, glich er, Beschreibungen zufolge, einem regelrechten «Wald von geschlachteten Kälbern, Schweinen und Schafen, die von den gusseisernen Balustraden baumeln».

Gemüsemärkte gab es in Hülle und Fülle. Der Borough Market in Southwark kann für sich beanspruchen, nach den Chroniken der älteste zu sein – seine Ursprünge liegen noch vor dem 11. Jahrhundert. Dafür ist Covent Garden der berühmteste. Einst war es wirklich ein Garten, vol-

Balthazar Nebot: *Covent Garden Market, 1737.* Covent Garden war Londons berühmtester Obst- und Gemüsemarkt. *Die Piazza im italienischen Stil entstand 1630 nach Plänen des Architekten und königlichen Baumeisters Inigo Jones, der sich auch vom Place des Vosges in Paris inspirieren ließ.*

ler Obst und Kräuter, anschließend war es der Kräutergarten der Mönche von Westminster, der an den Garten des Ende des 16. Jahrhunderts entstandenen Bedford House stieß. Der Markt selbst jedoch geht auf die Anregung des Grafen von Bedford zurück, der im Rahmen seiner kühnen Vorstadtplanung im italienisierenden Stil auch eine schmucke und schmückende *piazza* anlegen wollte; mit dem Bau des Platzes und der angrenzenden Häuser wurde 1630 begonnen, und schon wenig später verlagerte die Bevölkerung ihren Handel dorthin. Auf der Südseite des Häuservierecks, an der Gartenmauer, wurden zahlreiche Buden und Stände aufgeschlagen, die Obst und Gemüse verkauften; 1670 erhielt das Grundstück einen offiziellen Freibrief zur Eröffnung eines Marktes «für das Kaufen und Verkaufen aller Art von Früchten, Blumen und Kräutern». 35 Jahre später wurde eine doppelte Reihe von festen, einstöckigen Ladengeschäften gebaut. Langsam, aber sicher begann der Markt sich über die ganze *piazza* zu erstrecken.

G. B. Shaw, mit der Figur des Blumenmädchens Eliza Doolittle in seiner Komödie Pygmalion *(nach der 1956 das Musical* My Fair Lady *entstand), und Alfred Hitchcock in seinem Film* Frenzy *haben Covent Garden zum Schauplatz ihrer Werke und damit noch berühmter gemacht.*

1830 wurde ein ständiger Markt errichtet, mit festen Wegen, Kolonnaden und Treibhäusern in drei parallelen Reihen; das verlieh dem Markt gleichsam den Rang einer Institution und bekräftigte gleichzeitig seinen Status als Stapelplatz des Welthandels. «Mit größerer Zuverlässigkeit kann man hier an jedem Tag des Jahres eine Ananas kaufen», heißt es in John Timbs' *Curiosities of London*, «als in Jamaika oder Kalkutta, wo diese Früchte zu Hause sind.» Dampfschiffe brachten die Waren aus den Niederlanden, aus Portugal und von den Bermudas nach England.

Der Markt bekam auch eine Struktur; künftig gab es Gemüse im südlichen, Obst im nördlichen und Blumen im nordwestlichen Teil. Die Londoner gewöhnten es sich rasch an, «der Betriebsamkeit des Tages einige Augenblicke abzuknapsen». Hatten sie sich dann an Narzissen und Nelken, Rosen und Goldlack satt gesehen, stürzten sie sich wieder in den Lärm und Trubel der Stadt.

Der «Neue Markt», wie er jetzt hieß, bestand über hundert Jahre, bis er 1974 nach Battersea verlegt wurde. Statt der Straßenrufe der Verkäufer hört man in Covent Garden jetzt reisende Musikanten.

Die großen Märkte – Smithfield, Billingsgate, Covent Garden, «Stockmarkt» – waren zentraler Bestandteil des Londoner Lebens und zugleich dessen Sinnbild. Charles Booth verrät in seinem *Life and Labour of the People in London* (1903), dass am Sonntagmorgen in der Petticoat Lane «Baumwollbettzeug, alte Kleider, verbeulte Stiefel, beschädigte Lampen, zerbrochene Porzellanschäferinnen, verrostete Schlösser» zu finden waren, aber auch die Anbieter von Heilwurzwein, Bettknäufen, Tür-

Die Gusseisen- und Glaskonstruktion von John Fowler ist 1830–33 auf dem Gelände von Covent Garden entstanden.

griffen und Schüsseln mit Erbsbrei. Hier schlug Tubby Isaacs Anfang des 20. Jahrhunderts seinen Stand auf, wo er Brot und Aal in Gelee verkaufte – Anfang des 21. Jahrhunderts befindet sich dieselbe kleine Firma noch immer dort. Der Markt von Bermondsey war für seine Häute und Felle bekannt, Tattersall's Market für seine Pferde. Die Fischweiber hielten ihren eigenen Markt an der Tottenham Court Road ab, wobei sie «an dunklen Abenden Papierlaternen in ihre Körbe steckten». Die Litanei der Londoner Märkte ist eine Litanei der Hauptstadt selbst – Fleet Market, Newgate Market, Borough Market, Lisson Grove Market, Portman Market, Newport Market, Chapel Market in Islington.

Die Metaphorik des Marktes hat sich heute über ganz London und all seine Handelssysteme verbreitet, und doch springt sie einem an Orten wie der Brick Lane, der Petticoat Lane, der Leather Lane, der Hoxton Street und der Berwick Street besonders entgegen. Sie alle (und an die hundert weitere) haben sich als Straßenmärkte behauptet – die meisten von ihnen an Plätzen, wo sie schon vor Jahrhunderten florierten. Hier kaufen die Armen aus fünfter Hand, was die Reichen aus erster Hand gekauft haben. Andere Straßenmärkte aber sind verschwunden. Den *Rag Fair* am Tower Hill gibt es nicht mehr: Es war ein leidgeprüfter Ort, wo Verzweifelte Lumpen und alte Kleider *(rag)* neben vergammeltem Gemüse, vertrocknetem Brot und altem Fleisch verkauften – ein Ort, der schließlich von seinem eigenen Abfall begraben wurde.

Der Markt von Hungerford war für sein Gemüse bekannt, der von Spitalfields für seine Kartoffeln, der von Farringdon für seine Brunnenkresse. In der Goodge Street gab es einen Markt für Obst und Gemüse, in der Leather Lane wurden Werkzeuge, Armaturen und Hausiererwaren verkauft.

36. Abfall

Was die gefräßige Stadt verschlingt, muss sie als Müll und Exkrement wieder ausscheiden. Thomas Morus, der als Unter-Sheriff in London die üblen Gerüche und ungesunden Verhältnisse der Stadt aus erster Hand kannte, bestimmte, dass in seiner *Utopia* (1516) alles Schmutzige *(sordidum)* und Kranke *(morbum)* innerhalb der Stadtmauern verboten war. Anfang des 16. Jahrhunderts war das in der Tat ein utopischer Zustand.

Zur Zeit der römischen Zivilisation waren die sanitären Verhältnisse in London so gut wie nur irgendwo im Imperium; öffentliche Bäder (Thermen) und Latrinen trugen zur Sauberkeit bei. Trotzdem wäre es unangebracht, das Bild einer marmornen Stadt ohne Makel zu zeichnen; auf den freien Flächen noch innerhalb der Stadtmauern gab es Abfallhaufen, in denen die Knochen von Ochsen, Ziegen, Schweinen und Pferden steckten. Aber es gab zu allen Zeiten halb domestizierte Raben, die nur darauf warteten, auf der Straße verstreute anstößige Abfälle zu beseitigen. Wie aus vielen Gerichtsverfahren hervorgeht, pflegte man den Inhalt von Uringefäßen aus dem Fenster zu gießen. Doch wurden am Eingang von römischen Schenken und Werkstätten große Steingefäße entdeckt, die man auch als Pissoirs bezeichnen kann. Es ist der erste physische Beweis für Londons Toiletteneinrichtungen (in einer solchen Einrichtung, am Fish Street Hill, entdeckte man ein Säckchen Cannabis, was auch das hohe Alter der Londoner Drogenkultur beweist).

In der Zeit der Besetzung durch Sachsen und Wikinger wurden Exkremente überall abgesetzt, sogar in den Häusern. Die mittelalterliche Stadt können wir uns übersät mit Pferdeäpfeln und Abtritten vorstellen, bestreut mit den Eingeweiden von Schlachttieren, mit Holzsplittern und Küchenresten, menschlichen Exkrementen und täglichen Abfällen, die die Rinnsteine auf beiden Straßenseiten zu verstopfen pflegten. In einer Verordnung aus dem 13. Jahrhundert heißt es: «Niemand soll Dung oder anderen Unflat auf Straßen oder Gassen werfen, sondern er soll dafür sorgen, dass selbiger von den Gassenkehrern zu den dafür vorgesehenen Plätzen geschafft wird.» Diese «Plätze» waren Vorformen der Müllabladeplätze, deren Inhalt per Pferdewagen oder Schiff ins Umland gebracht wurde, wo der Abfall zum Düngen der Felder Verwendung fand. Schweine durften sich als natürliche Müllverwerter frei in den Straßen bewegen, erwiesen sich aber als rechte Stadtplage mit ihrer Angewohnheit, enge Straßen zu versperren und in Häusern herumzustreunen; sie wurden ausgemerzt, und an ihre Stelle traten die Milane, die dieselbe Funktion erfüllten wie im 1. Jahrhundert die Raben. Es gab sogar Gesetze, wonach es bei Todesstrafe verboten war, Gabelweihen und Raben zu töten, die schließlich so zahm wurden, dass sie einem Kind ein Stück Butterbrot aus der Hand pickten.

1349 beschwerte sich Eduard III. in einem Brief an den Bürgermeister, die Hauptverkehrsadern Londons seien «zur großen Gefahr für die Passanten mit menschlichen Fäkalien verunreinigt und die Luft in der Stadt sei verpestet». Daraufhin erließen die städtischen Behörden eine Proklamation, worin sie «den argen und abscheulichen Gräuel» verurteilten, der in Unflat, Dung und anderen Widrigkeiten zu sehen sei, welche die Straßen verstopften. Aus Einträgen in den *Letter Books* und den *Plea and Memoranda Rolls* geht hervor, dass die Stadtväter, die die Verbreitung von Seuchen befürchteten, die Notwendigkeit von Hygienegesetzen einsahen. Künftig sollten in jedem Londoner *ward* vier Gassenmeister für den Müll verantwortlich sein, und jeder Haushaltsvorstand hatte die Pflicht, dafür zu sorgen, dass die Straße vor seinem Haus frei von lästigem Kehricht war. Für Bürger, die beim Einbringen von Abfällen in die Fleet oder den Walbrook ertappt wurden, waren Geldstrafen vorgesehen, und ein «Rinnsteinmeister» wurde ernannt, der dafür zu sorgen hatte, dass die Abflüsse von Straßen und Wasserwegen nicht verstopft wurden. Aber die alten Gewohnheiten waren nicht auszurotten. Haushalte, die auf den Walbrook hinausgingen, zahlten eine Steuer oder Abgabe dafür, dass sie ihre Latrinen über dem fließenden Gewässer errichten durften, und auf der London Bridge selbst gab es außer 138 Häusern auch eine öffentliche Latrine, die sich auf die Themse entleerte.

Öffentliche Plätze wurden zu diesem Zweck eher genutzt als private. Erwähnt seien zum Beispiel die Pissing Lane, später als Pissing Alley bekannt, «die von der Paulskirche zur Paternoster Row führt», sowie zwei weitere Wege mit diesem Namen aus dem 13. beziehungsweise 16. Jahrhundert. Entsprechend gab es mehrere Dunghill Lanes («Misthaufengassen»), nämlich am Puddle Dock, in Whitefriars und in Queenhithe.

Die ersten öffentlichen Toiletten nach den Pissoirs des römischen London entstanden erst wieder im 13. Jahrhundert. Die neue Brücke über den Fluss war mit einer dieser modernen Bedürfnisanstalten ausgerüstet, die sogar zwei Eingänge aufwies, aber auch auf den kleineren Brücken über die Fleet und über den Walbrook waren sie anzutreffen. An den Bächen und Zuflüssen gab es ebenfalls Abtritte, die allerdings oft nur aus einer Holzplanke mit einem ausgesägten Loch bestanden. Es wurden auch anspruchsvollere öffentliche Toiletten gebaut, manche davon mit

Der Abort über der Fleet, unweit der Themsemündung, verursachte den Mönchen des Karmeliterklosters viel Ungemach; 1275 klärten sie Eduard I. darüber auf, «dass die fauligen Ausdünstungen von dort sogar den Weihrauch ihrer Gottesdienste überdeckten und schon den Tod so manchen Bruders verursacht hätten».

vier oder mehr Löchern; den Höhepunkt dieser Entwicklung bildete im 15. Jahrhundert Richard Whittingtons «Haus der Erleichterung» oder «Langhaus» über der Themse, am Ende der Friar Lane. Es bestand aus zwei Reihen zu 64 Sitzen, eine Reihe für Frauen, die andere für Männer. Die Fäkalien fielen auf einen Abzugskanal, der von den Gezeiten bespült wurde. Allerdings konnte es gefährlich sein, sich den städtischen Aborten auszusetzen. Ein Streit zwischen zwei Männern in einem Abort an der Mauer der Ironmonger Lane endete mit einem Mord. Auch in anderer Form lauerte an dieser Stelle der Tod.

Gewisse andere Gegenden Londons waren für ihre Unreinlichkeit berüchtigt und wurden dafür sogar belangt – Farringdon Without und Portsoken warteten mit Misthaufen und Abfallgruben auf, während die Bewohner von Bassinghall und Aldrich Gate (Aldersgate) für das «Ausbringen von Kot und Urin» zu Geldbußen verurteilt wurden. Auf diese Liste der Anrüchigkeiten könnte man noch ein Gebiet namens Moorfields setzen, das vor seiner Trockenlegung 1527 «eine traurige Gegend» gewesen sein soll, «mit erhöhten Wegen und Abfallhaufen, tiefschwarzen Gräben, nicht geruchsfreien und widerwärtigen offenen Kloaken». Einer Stadtgeschichte zufolge war es ein Spazierweg, so recht geeignet für Londons Selbstmörder und Philosophen.

In den Londoner Gerichtsakten des 14. Jahrhunderts wimmelt es von Klagen und Ermahnungen. «Der öffentliche Abtritt in Ludgate ist ganz und gar schadhaft und sehr gefährlich, und der Kot darin macht die steinernen Wände faulen.» Alle Köche in der Bread Street wurden belangt, weil sie «Mist und Müll» unter ihren Ständen anhäuften, während ein Misthaufen in der Watergate Street angeblich «den Gestank von Abtritten und andere widerliche Anblicke» abgab. Man hört die Empörung in solchen Protesten und sieht im Geiste die jeweilige lokale Spielart der Schmutzflut vor sich, «die durch die Trinity Lane und Cordwainer Street bei der Garlic Heath daherkommt und sich in die Gasse zwischen John Hatherles Laden und Rick Whitmans Laden wälzt, von welchem Kot vieles in die Themse fließt.»

Die nämliche Klage wird in jedem Jahrhundert laut, und einen vorwurfsvollen Nachklang dieser Londoner Memoranden vernimmt man noch in den Worten Samuel Pepys' aus der Seething Lane: «Als ich in den Keller gehe, trete ich in einen großen Haufen Kotfladen, woran ich merke, dass Mr Turners Aborthäuschen voll ist und zu mir überläuft.»

Der Londoner ist von Exkrementen fasziniert. Sir Thomas Morus kennt im frühen 16. Jahrhundert fünf verschiedene Bezeichnungen für unser Wort «Scheiße» – *cacus, merda, stercus, lutum, coenum* –, die er in seinem polemischen Werk verwendet. Das sind natürlich lateinische

Wörter, während die englische Sprache zu derselben Zeit den menschlichen Exkrementen mit dem Spitznamen «Sir Reverence» huldigte.

Ende des 20. Jahrhunderts veranstalteten «Gilbert und George», zwei Ur-Londoner Künstler aus Spitalfields, große Ausstellungen mit ihren «Shit Paintings».

Die Londoner Häuser selbst erheben sich auf Abfall. Weggeworfene und vergessene Gegenstände, unter alten Fundamenten zurückgeblieben, helfen das Gewicht der modernen Großstadt tragen, und so befinden sich unter den Füßen der Londoner kupferne Broschen und Tiegel, Lederschuhe und Bleisymbole, Gürtel und Gürtelschnallen, zerbrochene Gefäße, Figürchen und Werkzeuge, zerrissene Handschuhe und Sandalen, Krüge und Knochensplitter, Schuhe und Austernschalen, ein Kinderball und ein Pilgeramulett, die alle unter der Erde ihren schweigenden Dienst verrichten. Aber auch in einem wörtlicheren Sinne ist die Stadt auf Ruinen und Resten erbaut. In der Chick Lane entdeckte man 1597, dass dreizehn Wohnhäuser und zwölf Hütten auf einem riesigen öffentlichen Abfallhaufen standen, während die Holywell Street auf dem Schutt und Müll erbaut worden war, der sich hier nach dem Großen Brand hundert Jahre lang angesammelt hatte. Noch der Straßenbelag im modernen London besteht laut *The Stones of London* von Elsden und Howe zum Teil aus «Haushaltsabfällen, die die städtischen Behörden zu Platten verbacken ließen».

Sogar die Straßennamen tragen die Male des Abfalls. Die Maiden Lane heißt nicht nach irgendwelchen Jungfrauen, sondern nach den *middens*, den Misthaufen; der «Pudding» in Pudding Lane war der Müll, der hier zu den an der Themse vertäuten Entsorgungsbooten gebracht wurde. Öffentliche Abfallgruben nannte man auch «Ablagerstätten» *(laystalls)*, und so gibt es noch heute in Clerkenwell eine Laystall Street. Und die Sherborne Lane hieß einst Shiteburn Lane.

In der Zeit, als sich Samuel Pepys über die Zustände in seinem Keller beklagte, wurde der Abtritt in den meisten Haushalten nicht nur für menschliche, sondern auch für häusliche und Küchenabfälle benutzt. Die Straßen «mit ihrem Staub und den ungesunden Gerüchen im Sommer und ihrem Matsch bei nassem Wetter» waren trotz aller einschlägigen Verbote und Vorschriften noch immer ein Ärgernis. Die eben zitierte Stelle steht in einem Bericht aus dem Jahre 1654, und acht Jahre später unternahm die Stadt einer ihrer periodisch wiederkehrenden Anläufe zur Selbstreinigung, indem sie die Haushaltsvorstände verpflichtete, mittwochs und samstags ihre Abfälle «in Körben, Wannen oder anderen Gefäßen für den Gassenkehrer oder Gassenmeister bereitzustellen»; das

Nahen seines Karrens oder Wagens sollte durch «Glocke, Horn, Klapper oder dergleichen» angekündigt werden, damit die Hausbewohner Zeit hatten, ihren Müll vor die Tür zu stellen. Die Fäkalien selbst wurden aus den Versieggruben von «Abtrittsreinigern» beseitigt, deren Karren notorisch undicht waren; sie verloren unterwegs «fast ein Viertel ihrer Fracht», und wie Jonas Hanway erwähnt, der große Philanthrop des 18. Jahrhunderts, sorgten sie dafür, «dass jede Kutsche und jeder Passant, von welchem Stand auch immer, bei jedem zufälligen Ruck des Karrens von wahren Schmutzfladen überzogen wird». Man könnte meinen, dass der Große Brand die Müllprobleme der Stadt mit einem Schlag beendet habe, aber die Angewohnheiten der Bürger waren nicht leicht zu ändern. Die Romane des 18. Jahrhunderts registrieren mit Grausen, wenngleich einigermaßen verblümt, die üblen Gerüche und überhaupt die abstoßenden Verhältnisse in der Hauptstadt.

Was das Große Feuer von 1666 nicht vermochte, gelang in Ansätzen dem Kommerz. Verbesserte Methoden der Landwirtschaft sorgten dafür, dass tierischer Dünger um 1760 zu einem wertvollen Gut geworden war. Und da man begonnen hatte, für die Ziegelsteinbrennerei auch Haushaltsasche zu verwenden, entstand allmählich ein ganz neuer Markt für Abfälle. Jetzt kamen neue Händler, die sich um den Müll auf den Straßen rissen. Der städtische Straßenmeister oder Straßenkehrer von St James (Piccadilly) meldete 1772, er sei «durch eine Gruppe von Personen schwer verletzt worden, welche sich Fliegende Aschenmänner nennen und durch die Straßen und Plätze dieser Pfarrgemeinde laufen, um Kohlenasche einzusammeln». Er bat die Gemeindemitglieder nachdrücklich, «ihre Kohlenasche nur den von ihm, dem besagten John Horobin, beauftragten Personen zu übergeben, welche am Läuten einer Glocke zu erkennen sind». Eine Annonce aus dem 18. Jahrhundert preist die Vorzüge von Joseph Waller, wohnhaft an der Chaussee in Islington: «Unterhalte Karren und Pferde zur Leerung von Abtrittsgruben.» Sobald aus dem Abfall ein Stück Kommerz wurde, verbesserten sich die Zustände in der Stadt rascher als durch jedes Straßenbaugesetz und jede Stadtreinigungskommission.

Im 19. Jahrhundert wird die Geschichte des städtischen Abfalls Teil der Geschichte der städtischen Finanzen. Der Müllhaufen in Dickens' Roman *Unser gemeinsamer Freund* (1864/5), bei dem ein wirklicher Müllberg an der King's Cross Road Modell gestanden hat, enthält angeblich verborgene Schätze und hat seinem Besitzer schon ein Vermögen eingebracht. «Ich verstehe mich ziemlich gut auf den Müll», erläutert Mr Boffin, «ich kann die Berge auf einen Bruchteil veranschlagen und weiß, wie man sie am besten beseitigen kann.» Solche «Berge» von Müll gab es in verschiedenen Teilen Londons. Einer von ihnen, gleich westlich vom London Hospital, war der «Müllberg Whitechapel»; von ihm aus überblickte man «die früheren Dörfer Limehouse, Shadwell und Ratcliffe». Ein anderer befand sich an der Battle-Bridge und wurde der Tummelplatz für «unzählige Schweine», doch sein wahrer kommerzieller Wert trat erst Anfang des 19. Jahrhunderts zu Tage, als die Russen die gesamte Asche dieses Müllplatzes aufkauften, um sie beim Wiederaufbau des von den Franzosen niedergebrannten Moskau zu verwenden. Die Gegend selbst, nördlich der heutigen King's Cross Station, war das Quartier von «Müllmännern und Aschensiebern» und überhaupt von Abfallsammlern geworden, von all jenen also, die vom Müll der Stadt

Frauen durchsuchen einen Schutthaufen nach kommerziell verwertbarem Abfall – in London gab es immer Menschen, die sich nur so ihren Lebensunterhalt sichern konnten.

lebten. In diesem Sinne war es ein finsterer Ort, dessen Öde und Hässlichkeit sogar zu Beginn des 21. Jahrhunderts hervorsticht. Eine Stimmung der Verlorenheit liegt noch heute über ihm.

In Letts Wharf am südlichen Themseufer, unweit des Shot Tower in Lambeth, gab es eine andere Gruppe von Londonern, die die Abfälle zu sichten und zu sieben pflegten. Die meisten von ihnen waren Frauen; sie rauchten kurze Pfeifen und trugen «Gamaschen aus Strohpappe und verbeulte Hutschachteln als Schürze». Sie übten einen alten Beruf aus, der über Generationen von der Mutter auf die Tochter weitergegeben wurde. «Der Anblick dieser Frauen ist höchst bejammernswert», schrieb eine Medizinalperson in einem Bericht: «Sie waten durch feinen Aschenstaub, der ihnen bis zur Hüfte reicht, das Gesicht und die oberen Extremitäten von einem schmutzigen schwarzen Film bedeckt, halb erstickt von

Londons Müll war profitabel: Aus dem Blech machte man meistens «Klampen» für schwere Lasten, während die Austernschalen an Bauherren verkauft wurden; alte Schuhe gingen an die Hersteller des berühmten Färbemittels «Preußisch Blau». Nichts wurde vergeudet.

einer übel riechenden, feuchten, heißen Luft und eingehüllt von den gasförmigen Ausdünstungen verrottender organischer Stoffe». Der Aschenstaub wurde nach seinen feineren und gröberen Bestandteilen gesiebt; alte Blechstücke wurden ebenso aufgehoben wie alte Schuhe, Knochen und Austernschalen.

Einst ging das Gerücht, die Straßen Londons seien mit Gold gepflastert, und so ist es vielleicht nicht verwunderlich, dass sich im 19. Jahrhundert der Müll, «der täglich auf den Straßen zusammengekehrt und gesammelt wird, zu den Klängen von Tausenden von Pfund pro Jahr in Gold verwandelt». Auf Fotografien Londons aus der viktorianischen Zeit sind die Rinnsteine mit Stroh und Straßenkehricht verstopft, wozu sich als zusätzliches Ärgernis noch so manche Orangenschale gesellte. Der Lohn der städtischen Straßenkehrer war ganz von der Lokalität abhängig, doch ihr offensichtlichstes «Produkt» war der Straßenschlamm, den sie an Bauern oder Marktgärtner verkauften. Die am höchsten bewerteten Verkehrsadern waren jene, wo «die Ortsveränderung nicht aufhört» – der Haymarket übertraf die Durchschnittsstraßen um ein Sechsfaches, es folgten Watling Street, Bow Lane, Old Change und Fleet Street. In einer auf Tempo und Produktivität gestellten Stadt wirft sogar die Bewegung selbst Profit ab.

«Straßenordner» (die zum Teil auch kleine polizeiliche Befugnisse hatten) kehrten Straßen und Kreuzungen. Einige von ihnen waren «Almosen-Arbeitsmänner», deren Anstellung eine bequeme Methode war, Disziplinierung mit Effizienz zu verbinden, während andere «philanthropische Arbeitsmänner» waren, die von verschiedenen Wohltätigkeitseinrichtungen finanziert wurden. Sie alle standen Mitte des 19. Jahrhunderts in Konkurrenz zu den neuen «Straßenkehrmaschinen», deren mechanische Kraft dem «Fleiß von fünf Straßenkehrern» entsprach (s. Farbbildteil).

Das Straßenkehren war hierarchisch aufgegliedert: Pferdedung wurde von jungen Burschen in roter Uniform eingesammelt, die sich durch den Verkehr schlängelten, die Pferdeäpfel mit einer Schaufel aufnahmen und in Behälter am Straßenrand gaben. Es gab Knochensammler und Lumpensammler, Zigarren- und Zigarettensammler, Holzsammler, Straßenfeger und Dregger (die mit dem «Dregghaken» nach Gegenständen zum Beispiel in der Themse suchten), Aschenmänner und «Drecklerchen» (die im Themseschlamm wühlten) – alle waren darauf versessen, noch den «verächtlichsten Abfall der Stadt» einzusammeln, in der Hoffnung, er könne zur «Quelle großer Reichtümer» werden.

Von dem Besitzer eines Biergeschäfts an der Southwark Bridge Road erfuhr Henry Mayhew, der Chronist der Londoner Straßenfeger als einer eigenen Klasse von Bürgern, wie die Knochensammler ihre Säcke zu ihm brachten. Hier nahmen sie ihr Entgelt in Empfang und «saßen da, stumm in die Winkel des Zimmers schauend; denn sie heben selten den Blick». Die Lumpensammler hatten ihre eigenen «Reviere». Auch Hundehäufchen wurden geborgen. Anfang des 19. Jahrhunderts war dies der Beruf von Frauen gewesen, doch die steigende Nachfrage des Gerbergewerbes, dem Hundekot als adstringierendes Mittel diente, hatte zur Folge, dass auch männliche Arbeitskräfte gesucht wurden.

In der Hoffnung, «passende Genossen und Gefährten in ihrem Elend zu finden, oder auch zu dem Zweck, sich selbst und ihren fintenreichen Kampf ums Dasein vor der Welt zu verbergen», konzentrierten sich diese Hundekotsammler in Wohnhäusern östlich der City, hinter dem Tower of London, zwischen den Docks und der Rosemary Lane. Es war eine Gegend, in der es laut Mayhew «nach Unrat roch und die schwanger von pestilenzialischer Krankheit» war. Der Ausdruck «schwanger» verrät eine unbedachte Assoziation von schmutzigen Menschen mit sexueller Verderbtheit. In der Tat war der Versuch, die Prostitution von den Straßen Londons zu holen, mit der Beseitigung von Exkrementen im Interesse einer sauberen Stadt verbunden. Aus einer ähnlichen Gesinnung heraus warnten auch manche vor dem revolutionären Potential der Armen, die in «Fieber und Unflat» lebten: Auch hier wird implizit ein Zusammenhang zwischen Armut, Krankheit und Exkrementen hergestellt. Es war eine Assoziation, die den Abfallsammlern selbst begegnete. «Mir ist jetzt so wirr im Kopf», vertraute einer von ihnen Mayhew an, «dass es mir vorkommt, als wäre es gar nicht meiner. Nein, Geld habe ich heute nicht verdient. Zu essen hatte ich ein Stück Brot, das ich in Wasser getaucht habe. Der Gedanke, in das große Haus [Arbeitshaus] zu kommen, war mir immer unerträglich; ich bin so sehr an die Luft gewöhnt, dass ich lieber auf der Straße sterben würde, wie viele meiner Bekannten auch. Etliche von unseren Leuten haben sich auf die Straße gesetzt, den Korb neben sich, und sind einfach gestorben.»

So wurden die Toten ihrerseits zu Müll, den die Pfarrgemeinde beseitigen und wegschaffen musste. Der Kreislauf des Lebens hatte sich vollendet.

Die Konturen des Alters erkennt man schon in den Zügen der ganz Jungen. Die jugendlichen Sammler von Abfällen in der Themse, die «Drecklerchen» (s. Bild S. 623), fahndeten nach Kohle- oder Holzstückchen, die sie in einen Kessel, einen Korb oder auch einen alten Hut legten. Viele von ihnen waren Kinder, vielleicht sieben oder acht Jahre alt, und Mayhew fragte einen kleinen Jungen aus. «Von Jesus Christus hatte er schon einmal gehört. Aber er hatte nie erzählen hören, was dieser voll-

*Die Männer und
Jungen in den Boo-
ten fischen Abfall
aus der Themse –
und bestreiten da-
mit ihren kargen
Lebensunterhalt.*

bracht hatte, und war auch ‹nicht besonders scharf› darauf, es zu erfahren. ... London sei England, und England sei in London, sagte er, aber
Genaueres wusste er nicht.» Für den kleinen Jungen war also der Zustand namens «London» überall, und wie Mayhew bemerkte, lag «eine
schmerzliche Einförmigkeit in den Geschichten aller Kinder» der Stadt.

Eine andere Gruppe von Abfallsammlern fahndete in den Abwasserkanälen unter der Stadt nach wertvollem Müll. In der ersten Hälfte des
19. Jahrhunderts konnten sie durch die Öffnungen am Themseufer ein-
dringen, wo sie sich durch bröckelndes Ziegelwerk und vermodernde
Steine arbeiteten, um in dem unterirdischen Labyrinth umherzukriechen.
Doch um 1860 veränderte die so genannte «sanitäre Revolution» London tief greifend.

Merkwürdigerweise unterschieden sich in London die sanitären Verhältnisse des frühen 19. Jahrhunderts kaum von denen des 15. Jahrhunderts.
Es hatte Anläufe zu einer vordergründigen Verbesserung gegeben, die
darauf zielten, wichtige Londoner Bäche und Flüsse sauber zu halten.
Aber das sanitäre Hauptproblem blieb ungelöst: Unter 200 000 Häusern gab es noch immer Versitzgruben. In ärmeren Haushalten wurde
das Schmutzwasser durch die hölzernen Böden nach oben gedrückt.

1847 befand die städtische Abwasserkommission, dass alle Toiletten-
abfälle direkt in die Kanalisation abgeleitet werden sollten. Der Erfolg
war jedoch, dass das Schmutzwasser in die Hauptarme der Themse ein-
gespeist wurde. Infolgedessen verschwanden Schwäne und Lachse sowie andere Fische aus dieser offenen Kloake. Aus dem Fluss war, wie
Disraeli sagte, «ein stygischer Pfuhl» geworden, «mit Ausdünstungen
von unaussprechlichem, unerträglichem Graus». Wo einst Rosenblätter
an den Fenstern des Parlamentsgebäudes in Westminster geklebt hatten,
waren jetzt chlorgetränkte Tücher gespannt worden. Das Problem wurde dadurch verschärft, dass viele Londoner ihren Wasservorrat noch immer direkt aus der Themse entnahmen, deren Farbe seit jener Zeit als
«bräunlich» bezeichnet wurde. Das Wüten der Cholera in jener Zeit, wo
man an die Parole glaubte «Geruch ist Krankheit», steigerte nur noch
den Schrecken einer Stadt, durch deren Mitte die Entladungen von drei
Millionen Menschen rannen. Die Konzentration von Menschen, die Arbeit in der Hauptstadt suchten, sowie der gestiegene Konsum der viktorianischen Mittelschicht hatten zu einer entsprechenden Zunahme des
Schmutzwassers geführt: Der allgegenwärtige Geruch wäre insofern als
der Duft des Fortschritts zu bezeichnen.

Dies war die Lage in London noch 1858, im Jahr des «Großen Ge-
stanks». Es war ein besonders heißer und langer Sommer, und Joseph
Bazalgette nahm den Plan in Angriff, alle Abwässer aus der Themse durch
verschiedenartige Abzugskanäle (Fallrohr, Auffangkloake, Grundleitung,
Mündung) zu Mündungen in Barking und Crossness umzuleiten. Der
Observer nannte es «das umfangreichste und wunderbarste Bauwerk
der Neuzeit». Am Ende der Bemühungen dieses großen Ingenieurs waren 260 Kilometer Hauptkanalisation aus Portlandzement neu verlegt
worden, dazu weitere 1760 Kilometer an örtlicher Kanalisation. Heute,
zu Beginn des 21. Jahrhunderts, besteht Bazalgettes System in weiten
Teilen immer noch. Es war ein großartiges Beispiel öffentlicher Gesund-
heitsvorsorge angesichts einer sich rapide verschlechternden städtischen
Umwelt; typisch für die politische Führung Londons war jedoch, in welch
großer Eile, ja, fast Panik diese Reform durchgesetzt wurde. Alle großen Werke der Stadt scheinen Kinder der Improvisation und des Zufalls
zu sein.

Anfang des 20. Jahrhunderts verschwanden die Müllberge und offenen
Aschengruben aus der Stadt, und der Abfall wurde größtenteils pulveri-
siert, verbrannt oder mit Chemikalien behandelt; hatte man erst, um die
Verbreitung von Krankheiten zu vermeiden, alle Abfälle möglichst weit
fortgeschafft, so forderte nun die Theorie von den «Bazillen», dass der

Abfall wirksam neutralisiert werden musste. So können neue Erkenntnisse der epidemiologischen Forschung die Topographie verändern. Das Gefüge der Stadt gehorcht der Theorie, und im vergangenen Jahrhundert traten neben mächtige Kläranlagen riesige Müllverbrennungsanlagen. Von der enormen Festmüllverwertungsanlage am Smugglers Way in Wandsworth und von der großen Kläranlage in Beckton ist wenig zu sehen; es sind Monumente einer heimlichen Industrie.

In verschiedenen Teilen Londons gibt es noch immer Müllabladeplätze, und während heute die Tauben und die Möwen die Arbeit von Raben und Gabelweihen übernommen haben, sieht man auch noch Lumpensammler in den Straßen der Stadt, die in Abfallhaufen und Mülleimern nach Zigarettenstummeln, Essensresten oder etwas Trinkbarem suchen. Die Fähigkeit, ja die Notwendigkeit, sich des eigenen Mülls zu entledigen, lebt in London in unterschiedlicher Verkleidung fort. Mit durchschnittlich zehn Millionen Tonnen Abfall, die es jährlich produziert, darunter fast anderthalb Millionen Tonnen Altmetall und eine halbe Million Tonnen Papier, ist die Menge des Abfalls in der immerzu wachsenden Stadt größer geworden, als es je ein Müllberg im 19. Jahrhundert war. Es steht zu erwarten, dass die Geschichte des modernen Schmutzwassers weiterhin Teil der Geschichte des Kommerzes sein wird. Im 16. Jahrhundert entdeckte man, dass der in Ausscheidungen enthaltene Stickstoff bei der Herstellung von Schießpulver verwendet werden konnte; im 20. Jahrhundert aber entwickelten menschliche Fäkalien eine andere Form der Kraft. Müllverbrennungsanlagen wie die in Edmonton erzeugen Jahr für Jahr Hunderttausende von Megawatt Strom. Aus Autokatalysatoren werden Gold und Platin ausgeschieden und zusammen mit Abgasen abgelagert; bald wird es, einem Artikel der *Times* von 1998 zufolge, an den wichtigen Verkehrsadern Londons «wirtschaftlich sinnvoll sein, diese Ablagerungen aufzufangen». So sind Londons Straßen heute wirklich mit Gold gepflastert.

37. Ein Gläschen oder zwei

Mit dem Essen kommt das Trinken. Vor rund viertausend Jahren nahmen die Bewohner der Region London eine Art Bier oder Met zu sich. Seither haben die Londoner nicht aufgehört, Bier zu trinken. Kürzlich wurde in der Nähe der Old Kent Road eine Jaspisbrosche aus römischer Zeit gefunden. Eingraviert war der Kopf des Silen, jenes betrunkenen Satyrs, der der Erzieher des Weingottes Bacchus war – eine bessere Gottheit für London hätte man nicht finden können. Thomas Brown bemerkt 1730 über London: «Wer die Fülle der Schenken, Bierhäuser und dergleichen sieht, würde glauben, Bacchus sei der einzige Gott, welcher hier verehrt wird.»

Schon im 13. Jahrhundert war London berüchtigt für «das maßlose Trinken der Törichten». Die Weine vom Rhein und aus der Gascogne, aus Burgund und von der Insel Madeira, der Weißwein Spaniens und der Rotwein Portugals flossen ins Land, aber die weniger Wohlhabenden tranken Bier und Ale; schon Anfang des 14. Jahrhunderts scheint Hopfen angebaut worden zu sein, doch wurde das Ale meist mit Pfeffer gewürzt und hieß dann (wegen des stechenden Geschmacks) *stingo*. Dies wiederum verweist auf die Vorliebe der Londoner für stark aromatisierte Nahrungsmittel – vielleicht die passende Ergänzung zu ihrem energischen, vom Konkurrenzkampf beherrschten Leben in der Stadt. In Chaucers *Canterbury Tales* (um 1387/1400) kennt der Koch die Zutaten zu dem, was der Dichter an anderer Stelle «das frisch gemälzte Ale» nennt, während sein Müller, ein Aletrinker, «vor Trunkenheit ganz blass» ist.

Anfang des 14. Jahrhunderts zählte man in London 354 Schenken und 1334 Brauereien, die im Volksmund eher «Schnapsbuden» oder «Zechämter» hießen. Anfang des 15. Jahrhunderts gab es in London 269 Brauer.

1427 wurde die Londoner Bierbrauerzunft mit ihrem eigenen Wappen eingetragen. Verhaltensregeln für ihre Mitglieder hatte die Zunft schon aufgestellt, zum Beispiel die Bestimmung von 1423, «dass die Verkäufer von Bier selbiges in ihrem Haus verkaufen sollen, in Zinngefäßen und versiegelt; und dass jeder, der das Bier zum Käufer bringt, das Gefäß in der einen Hand und einen Krug in der anderen tragen muss, und dass alle, die ihre Gefäße nicht versiegelt haben, mit einer Geldbuße belegt werden sollen». Ein ähnliches Qualitätsbewusstsein wurde auch den Winzern abverlangt, denen Anfang des 15. Jahrhunderts ein städtisches Gesetz untersagte, ihren Wein «zu färben oder zu panschen».

Im 16. Jahrhundert war das Alkoholismusproblem so akut geworden, dass laut John Stow 1574 nicht weniger als 200 Londoner Bierhäuser geschlossen wurden. Damals gaben die Brauer ihren Erzeugnissen so blumige Namen wie «Prahlhans», «Wilder Köter», «Engelstrunk», «Beinemacher» oder «Spreizer». Die Zutaten scheinen variiert zu haben; zu den Bestandteilen gehörten aber Ginster, Lorbeeren und Efeubeeren in Verbindung mit Malz und Hafer; doch galt nur das aus Hopfen zubereitete Gebräu als echtes «Bier» (im Unterschied zum Ale). Der elisabethanische Chronist William Harrison beschreibt die Trunkenbolde auf den Straßen und bemerkt dazu: «Unsere Biersäufer liegen in einer Reihe da und nuckeln an den Zitzen ihrer Tülle, bis sie ganz still liegen und sich nicht mehr rühren können.»

Bestimmte Bierhäuser wurden damals in Straßenballaden und Theaterstücken mit London selbst gleichgesetzt. Der *Boar's Head* – Eberkopf – in Eastcheap gibt in den *Lustigen Weibern von Windsor* den farbigen Schauplatz für das Treiben von Falstaff, Doll Techsheet und Mistress Quickly ab und prägte sich der Volksüberlieferung der Londoner so nachhaltig ein, dass man einhellig der Meinung war, Shakespeare müsse hier persönlich gezecht haben. Im 18. Jahrhundert versammelten sich im *Boar's Head* die Mitglieder einer literarischen Gesellschaft, um als Figuren aus Shakespeare aufzutreten, ja die Schenke war mit so vielen Assoziationen verbunden, dass sie noch nach ihrer Zerstörung 1831 eine viel besuchte Pilgerstätte blieb.

Die *Myter* – Mitra – in Cheapside war ein Treffpunkt von Einheimischen, welche, nach Ben Jonson, «wenn je ein Fremder unter sie tritt, alle aufstehen und ihn anstarren, als wäre er ein unbekanntes Tier aus Afrika». Hier hieß der Schankkellner George, und er erlangte literarische Unsterblichkeit. Jonson nennt ihn 1599 in *Every Man Out of His Humour* beim Namen – «Wo ist George? Ruft mir George her, aber schnell!» –, und Dekker und Webster schreiben 1607 in *Westward Ho!*: «Ach, du bist George, der Kellner aus der Mitra!» So kann sich ein bestimmter Londoner in den Augen seiner Zeitgenossen zu einem Typus oder Charakter verfestigen.

Einen gründlichen Einblick in die Räumlichkeiten einer Taverne im frühen 17. Jahrhundert gewährt uns das Inventar der Schenke mit dem passenden Namen *Mouthe* – Mund – in der Bishopsgate Street. Hier sind die hölzernen Trennwände aufgeführt, die in dieser Taverne die Räume gliederten, wobei jedes Gelass seinen Namen hatte: Fallgatter, Granatapfel, die drei Tonnen, Weinstock, Königshaupt. Wir haben also auf diesem einen Anwesen fünf verschiedene Theken («Bars»), ausgestattet mit Tischen, Bänken und Hockern. Im «Fallgatter» standen «ein langer Tisch aus Eichenholz mit einer Bank» sowie «ein Austerntisch», «ein alter Weinhocker» und «ein paar Spieltische»; im «Königshaupt» gab es ebenfalls einen Austerntisch und einen «Kinderhocker». Für eines der Gästezimmer im Stockwerk darüber listet das Inventar Daunenkissen, flachsene Laken und ein mit Teppichstickerei überzogenes Deckbett sowie Truhen und Schränke auf.

«Es gibt zahllose Wirtshäuser», schreibt Thomas Platter kurz nach 1600, «Bier- und Weinläden für jedes erdenkliche Gewächs, Alicantewein, Muskateller, Claret, spanische, rheinische.» Endlos sind auch die Verse, die zu dem Thema «Londoner Bierhäuser» geschmiedet wurden. Ned Wards *Vade Mecum for Malt Worms* und John Taylors *Pilgrimage* sind nur zwei Beispiele für Gedichte, die an den Gaststätten und ihren

Standorten eine ganze Topographie Londons entwickeln und in denen Wesen und Gestalt der Stadt nur in Form von beschwipsten Träumereien erfahren werden:

> Am Dowgate Hill zur Cloak Lane steuern wir
> und ankern in «Drei Tonnen» auf ein Bier ...
> Ich ließ was springen, bis die Sonne sank.
> Im «Fläschchen» in Shoreditch ich weitertrank.
> Um zehn Uhr brach ich auf, im Mondenschein,
> Und in der «Glocke» schlief ich endlich ein.

Die Worte zweier Dichter sind hier zusammengezogen, um die Präzision ihrer Ortsangaben zu verdeutlichen – London ist ein Ort, wo man sich betrinken muss, um überleben zu können.

Die Verbrauchssteuer, die seit 1643 auf Bier erhoben wurde, zeugt von der zunehmenden Beliebtheit dieses Getränks. Pepys notierte während des Großen Brandes, dass sich die Frauen «um alkoholische Getränke zankten und teufelsmäßig betranken»; ein besonnener Beobachter, Henry Peacham, mahnte schon 1642 in *The Art of Living in London*: «Vor allem hüte dich vor viehischer Trunkenheit! ... Manche werden so betrunken angetroffen, dass sie, zu Boden gefallen oder – schlimmer noch – in den Rinnstein gestürzt, sich nicht mehr zu bewegen oder zu rühren vermögen.»

Konnte sich schon das 17. Jahrhundert ungeheurer Mengen Alkohols rühmen, die durch die Adern Londons rannen, so wurde es vom 18. Jahrhundert in den Schatten gestellt, als das Trinken massive, ja krisenhafte Ausmaße annahm. «In gegenwärtiger Zeit ist ein Mann nur glücklich, wenn er betrunken ist», schrieb damals Samuel Johnson. Und eine große Zahl seiner Landsleute scheint ihm Recht gegeben zu haben.

In Mode war eigentlich das «braune Ale», ein süßes Bier, aber neue Abgaben auf Malz nötigten die Brauereien, ihrem Getränk mehr Hopfen zuzusetzen. So entstand das «bittere Ale» – «so bitter, dass ich es nicht trinken konnte», beschwerte sich Casanova –, das, gemischt mit normalem Ale, «Halb und Halb» hieß. Etwa gleichzeitig stellte man ein «helles Ale» her, das sich bald so großer Beliebtheit erfreute, dass dafür eigene «Ale-Schenken» in London entstanden. Anfang der 1720er Jahre wurde ein mildes Bier mit einer Gärungszeit von vier bis fünf Monaten eingeführt; das «hart arbeitende Volk, Dienstmänner [*porters*] usw. entdeckten seine Brauchbarkeit» als Getränk zum Frühstück oder zur Hauptmahlzeit, und so kam es zu seinem Namen Porter. Es war ein Bier, das ausschließlich in London gebraut wurde und direkt zu den vielen als

«Hence to Cloak-lane, near Dowgate hill we steer / And at Three Tuns cast Anchor for good Beer ... / Thereafter haste made waste and sun was set / Ere to the Shoreditch Flagon I could get. / At ten I took my leave, and by the moon / Reached the Bell Inn, and fell into a swoon.»

357

stout bekannten Biersorten wie «brown stout», «Irish stout» und anderen führte.

Eine Londoner Besonderheit war auch, dass die Ale-Schenken mit dem Handwerk in enger Verbindung standen. Für viele Gewerbe war die einzige Arbeitsvermittlungsstelle ein bestimmtes Gasthaus, das als «Anlaufstation» diente. Bäcker und Schneider, Klempner und Buchbinder besuchten regelmäßig ein bestimmtes Wirtshaus, wo sich die Meister einfanden, «um nachzufragen, wenn sie Helfer brauchten». Der Wirt selbst gehörte oft demselben Gewerbe an und gab denen, die momentan keine Beschäftigung hatten, Kredit – hauptsächlich in flüssiger Form. An eigenen Zahltischen in denselben Gasthäusern zahlten die Meister ihre Beschäftigten aus – mit vorhersehbaren Folgen.

Auch andere Gepflogenheiten des Arbeitslebens verlangten den Konsum von Alkohol. Das «Einstandsgeld» eines neuen Lehrlings oder Gesellen wurde in der Ale-Schenke verjubelt, und dasselbe geschah mit diversen Geldstrafen für verspätete oder unvollständige Arbeit. «Von der Lehrzeit an», schreibt die große Historikerin M. Dorothy George in *London Life in the Eighteenth Century*, «war jede Phase des Arbeitslebens mit dem Konsum starker Getränke verbunden.»

Es gibt einzigartige Vignetten der Trunkenheit in London – Oliver Goldsmith setzt zum Gaudium seiner Freunde in den Temple Lodgings seine Perücke verkehrt herum auf, Charles Lamb stolpert am New River nach Hause, in dem er einst als Schulknabe gebadet hat, Joe Grimaldi lässt sich jeden Abend vom Vermieter des Marquis von Cornwallis huckepack heimtragen. Andere Episoden sind weniger lustig. Nathaniel Lee, der Dramatiker aus der Restaurationszeit, trank sich ins Irrenhaus, wo er erklärte: «Sie haben gesagt, ich sei verrückt, und ich habe gesagt, sie sind verrückt; hol's der Geier, sie haben mich überstimmt.» Schließlich wurde er entlassen, aber an seinem letzten Lebenstag «betrank er sich so stark, dass er auf der Straße stürzte und von einer Kutsche überrollt wurde. Die Leiche legte man in eine Vorhalle der Parfümerie Trunkits am Temple Bar, bis sie abgeholt wurde.» William Hickey, der Memoirenschreiber aus dem frühen 19. Jahrhundert, wurde eines Tages im Rinnstein an der Parliament Street aufgefunden. «Ich war absolut unfähig, mich irgendwie zu erklären oder auch nur zu lallen. ... Ich hatte nicht *mehr* Erinnerung an die vorangegangenen zwölf Stunden, als wenn ich tot gewesen wäre.» Er erwachte am nächsten Tag, «unfähig, Hände oder Füße zu bewegen, elendiglich zerschunden und zerschlagen und am ganzen Körper gelähmt». Ein Londoner Original des 18. Jahrhunderts war auch der Bibliothekar Richard Porson, den man oft des Morgens «von seinem alten Revier, dem ‹Weinkeller› in der Maiden Lane», nach Hause wanken sah. Als Euripides-Herausgeber war er ein angesehener Gelehrter, der «Griechisch radebrechte wie ein Helot», sich aber lieber damit brüstete, dass er den ganzen *Roderick Ransom* (1748) von Smollett auswendig wusste. «Man erzählte sich von Porson», berichtet Walford in *Old and New London*, «dass er alles trank, was ihm zwischen die Finger kam, sogar alkoholhaltige Medizin und Lampenspiritus. Samuel Rogers hat einmal gesehen, wie er noch einmal in den Speisesaal ging, nachdem die Gäste fort waren, und alles austrank, was sie in den Gläsern zurückgelassen hatten.» Seiner Verwirrung pflegte er mit einem lang gezogenen *«Huiii!»* Ausdruck zu geben, und bei seinem Tod hörte man ihn aus der *Anthologia Graeca* rezitieren. Ein Freund erinnerte sich, dass Porson in dieser letzten Stunde «das Griechische schnell, das Englische aber mit quälender Langsamkeit artikulierte, so als gehe ihm das Griechische leichter von den Lippen». Man weckte seine Lebensgeister mit Wein und einem in Branntwein und Wasser aufgelösten Gelee und brachte ihn noch in eine Schenke in der St Michael's Alley, aber später, Schlag Mitternacht, verstarb er an seinem Arbeitsplatz, in der London Institution.

Mit der Rede von den «geistigen Getränken» ist in London in der Regel der Gin gemeint. Richter Sir John Fielding verfluchte ihn als «das flüssige Feuer, womit sich die Menschen schon hier in die Hölle trinken». Ein halbes Jahrhundert lang wütete der böse «Geist» Londons so sehr, dass er Tausenden von Männern, Frauen und Kindern das Leben gekostet haben soll. Wie immer es um die Richtigkeit dieser Sterbeziffern bestellt sein mag – und sie sind problematisch –, unbestritten ist, dass Gin (zubereitet aus Getreide, Schlehdorn oder Wacholder) ungemein beliebt war. Um 1750 gab es Schätzungen zufolge rund 17 000 «Ginhäuser» in London. Ihre Parole, von Hogarth in seine Zeichnung der *Gin Lane* (s. Abbildung S. 148) übernommen, lautete: «Schwips: 1 Penny! Vollrausch: 2 Pence! Sauberes Strohlager gratis!» Diese «Wacholderbuden» befanden sich in Kellerräumen oder zu ebener Erde in umgebauten Werkstätten; in ärmeren Stadtvierteln schossen sie wie Pilze aus dem Boden, und die traditionellen Londoner Bierschenken nahmen sich neben ihnen geradezu respektabel aus. Hogarth selbst sagte zu seiner Darstellung: «In ‹Gin Lane› wird jede Einzelheit seiner grausigen Folgen *in terrorem* [zur Abschreckung] anschaulich gemacht; nichts als Armut, Elend und Verwüstung sind zu sehen, Jammer bis zum Irrsinn, ja zum Tod, und kein einziges Haus in annehmbarem Zustand, nur Pfandleiher und die Ginschenke.» Auf dieser berühmten Studie stürzt ein Säugling von den kraftlosen Armen seiner betrunkenen Mutter in den sicheren Tod; mit von Geschwüren übersäten Beinen hockt sie auf hölzernen Stufen, und ihr Gesicht drückt nur mehr ein Vergessen jenseits der Verzweiflung aus. Das war vielleicht melodramatisch, aber es war die bildliche Umsetzung einer mit Händen zu greifenden Wahrheit. So holte beispielsweise eine gewisse Judith Defour ihre zweijährige Tochter aus dem Arbeitshaus und erwürgte sie, um ihr die neuen Kleider wegzunehmen, die man dem Mädchen angezogen hatte. Dann verkaufte sie die Kleider des Kindes und gab den Gegenwert, 1 Schilling 4 Pence, für Gin aus.

Es hatte nicht an Versuchen gefehlt, der Sucht Einhalt zu gebieten, namentlich durch das «Gingesetz» von 1736, das allerdings «der Pöbel mit Verwünschungen» quittierte. Das Gesetz wurde verspottet und umgangen; die Händler verkauften den Gin entweder als Arznei oder unter Phantasienamen wie «Sangria», «Krakeel», «Lückenbüßer» oder «König Theodor von Korsika». In den Ginbuden drängten sich wie eh und je Männer und Frauen «und manchmal sogar Kinder», die alle so viel tranken, «dass es ihnen schwer wird, aufrecht wegzugehen». Die Getreidedestillateure von London behaupteten, «mehr als elf Zwölftel der gesamten Destillation Englands» herzustellen, während Lord Lansdowne 1743 erkannte, dass sich «der exzessive Genuss von Gin bisher weitgehend auf die City of London und die City of Westminster beschränkt» habe. Gefangenen und Landstreichern bot er ebenso den Trost des Vergessens wie den armen Leuten von St Giles, wo jedes vierte Haus eine Ginschenke war.

Das Destillieren war eine äußerst profitable Sache, weil es nicht hoch versteuert wurde. Erst 1751 reagierten die Behörden auf die gewaltsamen Eigentumsdelikte, denen die Sucht nach Gin zu Grunde lag, und auf die Zahl von «kranken und schwächlichen» Kindern, die zunehmend zur Belastung für die Pfarrgemeinden wurden. Einige Ginschenken wurden geschlossen. Verbesserungen in den Brennereien, genauere Inspektionen der Ginschenken und höhere Steuern führten schließlich dazu, dass 1757 festgestellt werden konnte: «Wir sehen heute nicht ein Hundertstel so viele elende Wichte betrunken auf den Straßen torkeln wie vor besagten Einschränkungen.» Die Mode verebbte. Die Gier nach Gin legte sich ebenso schnell, wie sie aufgekommen war, was zu der Vermutung führte, es habe sich um ein Stufenjahr in der Stadtgeschichte gehandelt, so als sei London selbst von einer plötzlichen Raserei und von brennendem Durst befallen gewesen.

Nicht nur Gin und Ale wurden als Sucht fördernde Getränke betrachtet, auch der Tee galt als gefährlich.

Der Erste, der in London ein Pfund Tee verkaufte, war um 1650 der Krämer Daniel Rowlinson; fünfzig Jahre später beschreibt Congreve die

«Eine neuartige Trunksucht ist jüngst aufgekommen ... sie rührt von einem Gift namens Gin her, sozusagen der Hauptnahrung von mehr als 100 000 Menschen in dieser Metropole.»
Henry Fielding, 1751

«Hilfstruppen des Teetisches», nämlich «Orangenbrandy, Anissamen, Zimt, Zitrone und Barbadoswasser». 1762 tadelt auch J. Ilive in *A New and Compleat Survey of London* den «exzessiven Teegenuss», der «den Magen der Menschen entnervt und ihn unfähig macht zum Amt der Verdauung, wodurch denn der Appetit so sehr geschwächt wird». William Hazlitt soll, der Volksüberlieferung zufolge, 1830 in der Soho Street am übermäßigen Genuss dieses Blätteraufgusses verstorben sein. Wieder liegt der Akzent auf der Neigung der Londoner – auch der Zugereisten wie Hazlitt – zu Zwanghaftigkeit und Exzess, so dass sogar ein scheinbar harmloses, Herz stärkendes Mittel zum Gesundheitsrisiko werden kann. Die Londoner Teegärten gerieten daher bald in Verruf. Vorstädtische Einkehrhäuser mit gefälligen Namen wie «Zum weißen Brunnen», «Schäferin und Schäfer», «Cupers Gärten» oder «Montpellier», die nur dem Teetrinken und anderem erfreulichen Zeitvertreib dienten, brachte man in Verbindung «mit losen Frauenzimmern und mit Burschen von verkommener Moral und zerrütteter Konstitution»; es hieß, sie begünstigten «Üppigkeit, Ausschweifung, Müßiggang und andere ruchlose und ungesetzliche Zwecke». Es ist, als habe sich in London jede Gelegenheit zu simpler Freude oder Erholung sogleich in Exzess, Gemeinheit und Unmoral verwandelt; diese Stadt kann keinen Seelenfrieden haben.

«Das Teetrinken ist sehr schädlich … es ist eine der schlimmsten Gewohnheiten, die den Menschen von sich selbst abziehen und untauglich machen für die Freuden, zu denen er erschaffen wurde.»
Anonymus, Flugblatt, *1758*

Nächtliches Teegelage, *Karikatur von* Thomas Rowlandson, *1786:*

Tee und Gin kennen wir noch heute, während ein anderes Getränk des 18. Jahrhunderts, der Salep, völlig verschwunden ist. Es war ein warmes, süßes Getränk, das aus Sassafrasrinde, Milch und Zucker aufgekocht und in Schalen für etwa anderthalb Pence verkauft wurde. Der Name – *saloop* – soll von dem schlabbernden Geräusch herrühren, womit die Leute dieses Getränk auf der Straße zu sich nahmen. Kaffee und Tee waren teuer, während man Salepstände

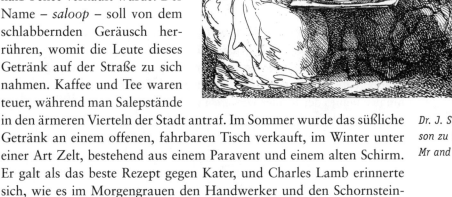

in den ärmeren Vierteln der Stadt antraf. Im Sommer wurde das süßliche Getränk an einem offenen, fahrbaren Tisch verkauft, im Winter unter einer Art Zelt, bestehend aus einem Paravent und einem alten Schirm. Er galt als das beste Rezept gegen Kater, und Charles Lamb erinnerte sich, wie es im Morgengrauen den Handwerker und den Schornsteinfeger ebenso wie den vornehmen Lebemann zum Salepstand drängte;

Dr. J. Samuel Johnson zu Gast bei Mr and Mrs Boswell

«obwohl sie keinen roten Heller besitzen», beugten diese jungen Schornsteinfeger «doch ihre schwarzen Köpfe über den aufsteigenden Dampf,
um wenigstens den Geruchssinn zu befriedigen». Das Schauspiel bewog
Lamb zu weiteren Reflexionen über eine Stadt, in der sich «die Extreme
berühren».

Zur selben Zeit, da Lamb seine Gedanken niederschrieb, um sie im
London Magazine zu veröffentlichen, betrat der kleine Charles Dickens
eine Gastwirtschaft in der Parliament Street und bestellte forsch «euer
bestes Ale – das ALLERBESTE». Das hieß Genuine Stunning («echt
famos»), und der zwölfjährige Knabe sprach dazu: «Zapft mir davon
ein Glas, wenn ich bitten darf, und mit einer ordentlichen Schaumkrone
drauf!» Kinder, die auf der Straße oder in den Bierschenken Alkohol
tranken, waren in den ersten Jahren des 19. Jahrhunderts zwar kein
üblicher, aber auch keineswegs ein ungewöhnlicher Anblick. «Die Mädchen, so höre ich», schreibt Henry Mayhew noch in den 50er Jahren,
«sprechen im Allgemeinen lieber dem Gin zu als die Jungen.» Sie tranken
ihn «zur Vorbeugung gegen Erkältungen».

Verlaine befand 1873, die Londoner seien «laut wie die Enten und
ewig betrunken», während Dostojewski 1862 registrierte: «Alle haben
es eilig, sich sinnlos zu besaufen.» Der deutsche Journalist Max Schlesinger sah 1853 die Gäste eines Wirtshauses, wie sie «im Stehen, im Stol-
pern, im Kriechen, im Liegen, unter Ächzen und Fluchen trinken und
vergessen». Einem heimatlichen Beobachter, nämlich Charles Booth, fiel
auf, dass die Trunksucht unter Frauen nach 1890 gravierend zugenommen hatte. «Ein trunksüchtiges Weib in der Straße reißt alle anderen mit»,
zitiert er den Ausspruch eines Mannes vom East End. Fast alle Frauen
«betrinken sich montags. Sie sagen: ‹Lasst uns doch den Spaß, montags
genehmigen wir uns gern einen Schluck.›» Frauen aller Schichten scheinen getrunken zu haben, vor allem deswegen, weil es für sie nicht mehr
als unschicklich galt, in einem Gasthaus «auf ein Gläschen» einzukeh-
ren. In den ärmeren Schichten wurden abends die Kinder losgeschickt,
um einen Krug Bier aus dem nächsten Wirtshaus zu holen; es war, wie
Charles Booth berichtet, «ein ständiges Kommen und Gehen; in der einen
Sekunde zur Tür herein und den Krug gefüllt, in der nächsten wieder
hinaus; keines der Kinder wartete auf ein anderes, um mit ihm zu reden
oder zu spielen; jedes machte, dass es schleunigst heimkam.»

Die vornehmen Herren sprachen dem Alkohol genauso anhaltend und
freigebig zu wie die Armen. Thackeray erwähnt die Leute «mit Schnaps-
nase» und «fleckigem Gesicht», «die sich in ihren Sauftouren sonnen».

In jedem einzelnen Jahr des 19. Jahrhunderts wurden rund 25 000
Menschen wegen Trunkenheit auf der Straße festgenommen. Aber oft

waren es die Lebensverhältnisse, die die ärmeren Londoner in diesen Zustand trieben. Einer von ihnen, ein Hundekotsammler, vertraute Mayhew an, dass er oft «drei Monate am Stück» betrunken gewesen sei – dann habe er «den Kopf über das Glas gebeugt, um zu trinken, weil er völlig außerstande war, das Glas an die Lippen zu heben».

Und während die Sucht nach Gin verflogen und die Ginschenken geschlossen waren, lebte sein «Geist» – wie man wohl sagen kann – in den «Ginpalästen» des 19. Jahrhunderts fort. Diese geräumigen Etablissements mit ihren blitzenden Fensterscheiben, den Stuckrosetten und den vergoldeten Kranzgesimsen erstrahlten im Schein ihrer von Gaslampen erleuchteten Reklame. Angepriesen wurde immer «der einzig wahre Brandy in London» oder «der berühmte herzstärkende Medizinal-Gin, von der hiesigen Fakultät nachdrücklich empfohlen». Das Kleingedruckte preist die Vorzüge von Ginmarken wie «Der Ausputzer», «Der Goldrichtige», «Der Gin zum Mischen» oder «Der echte Starke». Aber der äußere Glanz war in der Regel trügerisch; im Inneren dieser «Paläste» bot sich ein jämmerliches Bild, fast wie in den einstigen Ginschenken. Typisch für sie war die lange Theke aus Mahagoni, hinter der grün und golden bemalte Fässer aufgereiht waren; die Kunden standen – oder saßen auf Tonnen – in einem schmalen, schmutzigen Streifen entlang dem Tresen.

Zur selben Zeit waren die Brauereien zu einer der Attraktionen geworden, die man gern ausländischen Besuchern vorführte. Um 1830 gab es zwölf Großbrauer, die laut Charles Knights *London* «für jeden einzelnen Bewohner der Hauptstadt – Mann, Weib und Kind – pro Jahr zwei Barrel beziehungsweise 3,5 Hektoliter Bier ausstießen». Ein deutscher Besucher war beeindruckt von der «gewaltigen Anlage» der Brauerei Whitbread in der Chiswell Street, mit ihren «kirchturmhohen» Gebäuden und den Pferden, welche «Giganten ihrer Rasse» waren. Ähnlich war der Eindruck eines deutschen Fürsten im Sommer 1827: «Ich wandte mein *cab* zur Brauerei Barclay in der Park Street, Southwark, die durch die Weite der Anlage geradezu romantisch wirkt.» Er registrierte, dass Dampfmaschinen die Apparatur antrieben, die jeden Tag 20 000 bis 27 000 Hektoliter Bier verarbeitete; neunundneunzig riesige Kessel, «hoch wie ein Haus», sind in «mächtigen Fabrikhallen» untergebracht; 150 Pferde, «groß wie Elefanten», transportieren das Bier. Größe und Grenzenlosigkeit Londons, dem Fürsten wohl bewusst, sieht er in nuce in Londons Talent zum Bierherstellen. So ist es überaus passend, dass man vom Dach der Brauerei «einen sehr schönen Rundblick über London» genoss.

Diese emblematische Bedeutung der Brauerei wurde auch von Malern erkannt. Anfang des 19. Jahrhunderts entstand das, was Londoner Kunsthistoriker «Brauerei-Genre» getauft haben. So wurde die Brauerei Barclay zehn Jahre nach dem Besuch des deutschen Fürsten von einem unbekannten Künstler gemalt; wiedergegeben sind der Eingangsbereich und das pulsierende Londoner Leben ringsumher. Rechts steht das große Sudhaus, mit der anderen Straßenseite durch eine Hängebrücke verbunden. Im Vordergrund steht ein junger Metzgerlehrling, kenntlich an der für sein Gewerbe typischen blauen Schürze, zusammen mit einem anderen Kunden vor einem Wagen, wo man gebackene Kartoffeln verkauft; auf Lastschlitten werden Bierfässer von Pferden in den Hof gezogen, während ein Rollwagen den Hof gerade verlässt.

Blanchard Jerrold und Gustave Doré besuchten dasselbe Brauereigelände für ihren Zyklus *London – eine Pilgerfahrt –*, um sich die Herstellung des Bieres «Entire» zeigen zu lassen, das den «Durst Londons» stillte. Jerrold bemerkt, dass im Vergleich zu den Türmen und Sudkesseln die Menschen «wie Fliegen aussehen», und in der Tat obliegen auf Dorés Stichen diese dunklen, anonymen Schemen den Pflichten des Biermälzens und Biermachens wie Mönche; alles ist Schatten und Helldunkel, nur einzelne Lichtgarben treffen das Treiben dieser winzigen Figuren in riesigen, geschlossenen Räumen. Wie der deutsche Besucher vor ihm, überschaute Jerrold London, «St Paul von Norden her beherrschend im Blickfeld», und bezeichnete das Bier als den heiligen Trunk der Stadt. «Wir stehen auf klassischem Boden», betonte er.

Der Ginpalast wurde vom «Pub» *(public house)* verdrängt, dem direkten Nachfahren der Taverne und des Bierhauses. In den älteren Teilen Londons hielten sich natürlich die Tavernen, deren Befürworter ihre Ruhe und Intimität schätzten, während die Kritiker Düsternis und Stille beklagten. Die Pubs hielten an der traditionellen Aufteilung der Räumlichkeiten fest; es gab einerseits den Salon, den Aufenthaltsraum und die Privatbar, andererseits die öffentliche Bar, wo aus dem Krug oder der Flasche getrunken wurde. Viele Pubs waren unhygienisch; das Innere war schmutzig, und am «verzinkten» Tresen saßen die Männer mit ernsten Gesichtern und tranken – «Man tritt durch eine schwere Türe ein, die von einem breiten Lederband gehalten wird und einem beim Weitergehen ins Kreuz schlägt und oft den Hut vom Kopf fegt». Anstelle der langen Theke des Ginpalasts zeichnete sich die Theke des Pubs durch die Form eines Hufeisens aus, in dessen Innerem die Flaschen in ihren unterschiedlichen Farben aufragten. Das Innere mit seinen Stühlen und Bänken, Tischen und Spucknäpfen auf dem mit Sägespänen bestreuten Boden war ziemlich schlicht. Im Jahre 1870 gab es rund 20 000 Pubs und Bierschenken in der Metropole, die Tag für Tag fast eine halbe Million Kunden bedienten und somit von der «staubigen, schmierigen, rauchigen, bierigen Brauereistadt London» zeugten.

Ein Fremder, der sich 1854 nach dem Weg erkundigt hätte, durfte laut *The Little World of London* mit Wegbeschreibungen wie dieser rechnen: «Immer geradeaus, bis Sie zu den ‹Drei Türken› kommen. Dann rechts und rüber bis ‹Zum Hund und zur Ente›. Von dort gehen Sie weiter, bis Sie ‹Zum Bären und zur Flasche› sehen. Dahinter biegen Sie bei den ‹Fidelen Burschen› um die Ecke, und wenn Sie am ‹Veteranen›, am ‹Guy Fawkes› und am ‹Eisernen Herzog› vorbei sind, brauchen Sie nur noch die Erste rechts nehmen. Dann kommen Sie direkt hin.» In dieser Zeit hießen siebzig Pubs «Königshaupt», neunzig «Wappen des Königs», fünfzig «Haupt der Königin», siebzig «Krone», fünfzig «Rose», fünfundzwanzig «Königseiche», dreißig «Ziegelbauer» und fünfzehn «Wasserträger», sechzehn «Schwarzer Stier» und zwanzig «Hahn», dreißig «Fuchs» und dreißig «Schwan». Die bevorzugte Farbe für den Schriftzug des Namens war Rot, zweifellos als weiterer Beitrag zu der Londoner Analogie von Trinken und Feuer, während die Lieblingszahl der Londoner offenbar die Drei war: «Zu den drei Hüten», «Zu den drei Heringen», «Zu den drei Tauben» und so fort. Es gab aber auch rätselhaftere Wirtshausschilder – «Zum mürrischen Moritz», «Salut und Katze», «Schinken und Mühle».

Vielfalt und Fülle der Pubs im 19. Jahrhundert blieben bis weit ins 20. Jahrhundert erhalten, wobei sich ihre Gestalt und Natur sehr wenig veränderten – sie reichten vom großzügigen Etablissement im West End bis zum einfachen Eck-Pub in Poplar oder Peckham, wo der Boden wie früher mit Sägemehl bestreut war. Es gehört zu den Paradoxa des Londoner Lebens, dass es ausgerechnet im Zweiten Weltkrieg in den Pubs wieder bunter und lebhafter zuging. Vielleicht ging das Bier vor der Sperrstunde aus, und vielleicht waren Gläser knapp, aber, wie Philip Ziegler in *London at War* schreibt: «In der Kriegszeit waren die Pubs der einzige Ort in London, wo man für wenig Geld einkehren und sich unterhalten konnte und wo man die Gleichgesinnten fand, die man im Krieg so bitter nötig hatte.» Es gab den merkwürdigen Aberglauben, dass Pubs eher von Bomben getroffen würden, was aber ihrer Beliebtheit offenbar keinen Abbruch tat, im Gegenteil – während der Zwangsabwesenheit der Männer wurden sie wieder häufiger von Frauen frequentiert. «Man sah sie dort», heißt es in einem Bericht von 1943, «oft zusammen mit anderen Frauen oder auch ganz allein.» «Nie sind die Londoner Pubs anregender gewesen», erinnert sich John Lehmann, «nie bekam man dort so außerordentliche Geständnisse zu hören, nie konnte man so unwahrscheinliche Begegnungen erleben.»

Bei Kriegsende 1945 gab es noch immer rund 4000 Pubs in London, und mit dem Frieden kehrte auch ein verstärktes Interesse wieder. Romane und Filme haben diese Atmosphäre in den Pubs um 1950 eingefangen, vom East End, wo die Männer noch die Mützen und Binden ihrer Uniform trugen und die Mädchen «mit der Zigarette zwischen den Fingern» tanzten, bis zu örtlichen Tanzlokalen, wo, wie Orwell sagt, «der warme Dunst von Rauch und Bier» die Soldaten einhüllte.

Die Geselligkeit steht auch im 21. Jahrhundert noch im Vordergrund – nur dass an die Stelle von Pianos und Musikautomaten Videospiele und übergroße Fernseher getreten sind, auf denen meistens Fußball läuft. Jedoch ist es dank der allmählichen Übernahme der Pubs durch Großbrauereien und die Gründung von Ketten in den 1960er und 1970er Jahren zu einer Standardisierung und Modernisierung gekommen, von der sich viele Londoner Pubs nicht erholt haben. So ließen manche Ketten die Decken ihrer Pubs künstlich einräuchern oder braun streichen, um das Innere von alten Bierschenken nachzuahmen, während diskret platzierte Gegenstände aus dem 19. Jahrhundert und alte Bücher die Aura des Echten verbürgen sollten. Aber solche Geschichten aus der Retorte funktionieren in London noch weniger als in anderen Städten.

Unter den 1500 konzessionierten Betrieben, die heute im Zentrum Londons zu finden sind, entdeckt man auch noch viele alte Namen. Auch wenn das «London» von 1857 nicht wirklich mit dem «Central London» von 2000 zu vergleichen ist, ist es doch zumindest tröstlich, dass es noch in stattlicher Zahl den «Roten Löwen» und den «Grünen Mann» gibt. Die Drei ist noch immer eine bevorzugte Zahl, von den «Drei Windrosen» in der Rotherhitte Street bis zu den «Drei Tonnen» in Portman Mews. Es gibt keinen «Bunten Hund» und keinen «Lustigen Matrosen» mehr, aber dafür eine «Salatschnecke». Es gibt noch Pubs, die nach Heiligen oder nach Shakespeare heißen, aber es gibt jetzt auch nicht weniger als fünf «Finnegans Wake», ein «Dean Swift», ein «George Orwell», ein «Artful Dodger» und ein «Gilbert and Sullivan». Der «Muntere Läufer» *(Running Footman)* ist verschwunden, dafür gibt es drei «Scruffy Murphys».

Ungeachtet der berechtigten Klagen über die Standardisierung sowohl des Bieres als auch des Ambiente, in dem es getrunken wird, muss man doch sagen, dass es zu Beginn des 21. Jahrhunderts viel mehr Abwechslung unter den Londoner Pubs gibt als zu irgendeinem anderen Zeitpunkt ihrer Geschichte. Es gibt Pubs mit einem Theatersaal im ersten Stock und Pubs mit Karaoke-Abenden, Pubs mit Live-Musik und

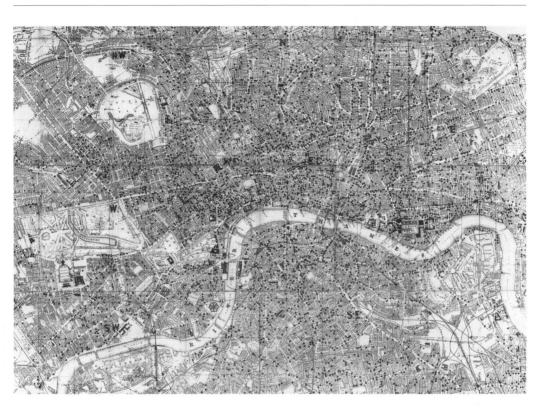

Pubs mit Tanzveranstaltungen, Theater-Pubs in der Shaftesbury Avenue und Business-Pubs am Leadenhall Market, altehrwürdige Pubs wie die *Mitre* in der Ely Passage und *Bishop's Finger* in Smithfield, Pubs mit Transvestiten-Shows und Pubs mit Striptease, Pubs mit besonderen Bieren und Themen-Pubs, die Jack the Ripper, Sherlock Holmes und anderen Londoner Größen gewidmet sind; es gibt Schwulen-Pubs und Pubs für Transvestiten. Und im Sinne des Traditionsbewusstseins treffen sich die Fahrradfreunde noch immer im «Downs» in Clapton, wo am 22. Juni 1870 zum ersten Mal der Fahrradclub «Pickwick» tagte.

> Die Mappe der Trunkenheit: *Jede Hervorhebung markiert eine Stätte, wo Alkohol verkauft wird, ein public house.*

Auch in einer anderen Hinsicht gibt es Kontinuität. Jüngste Untersuchungen lassen erkennen, dass die Londoner, durch das 20. Jahrhundert in unterschiedlichem Maße vergiftet, endlich zu ihren alten Gewohnheiten zurückgefunden haben. Es steht jetzt fest, dass der durchschnittliche Alkoholkonsum in der Stadt höher ist als irgendwo sonst, so dass nach Angaben des 1991 veröffentlichten *Survey of Alcohol Needs and Services* «anderthalb Millionen Londoner das empfohlene ‹vernünftige› Niveau überschreiten» und «eine Viertel Million ein gefährliches Niveau erreichen». So manifestiert die Stadt heute wie zu allen Zeiten «das maßlose Trinken der Törichten». Entsprechend zahlreich und mannigfaltig sind

367

in London die Bezeichnungen für Trunkenbolde und Trunkenheit – *soaks* (Hopfenbrüder), *whets* (Süffler), *topers* (Abschlürfer), *piss-heads* (Piss-köppe) sind *boozy* (im Vollsuff), *rat-arsed* (zu wie ein Rattenarsch) oder haben «Scheiß im Gesicht» *(shit-faced)*, sind «auf dem Monument» oder «überm Meer» oder «von den Titten» *(off their tits)*.

Heute nennt man die obdachlosen Säufer von Spitalfields, Stepney, Camden, Waterloo und Teilen Islingtons die *death drinkers*. Sie leben vom «Blauen» (Methanol), vom «Weißen» (Sprit) und von anderen Formen unverarbeiteten Alkohols. Schätzungen zufolge gibt es in London ein- bis zweitausend hoffungslose Alkoholiker; sie versammeln sich unter Brückenbögen, in kleinen Parks oder auf noch nicht bebautem Gelände, an Plätzen, die ihren Bewohnern unter verschiedenen Namen wie «in den Höhlen», «am Wasser» oder «bei der Rampe» bekannt sind. Die Stadtstreicher selbst tragen Namen wie *No-Toes* (Der Zehlose), *Ginger*, *Jumping Joe* und *Black Sam*; sie sind von Narben und Wunden bedeckt und rußgeschwärzt von den notdürftigen Lagerfeuern, die sie in Bombentrichtern entfachen. Wenn sie sterben – was relativ bald geschieht –, werden sie auf dem Städtischen Friedhof am Forest Gate beigesetzt. London begräbt sie; denn London hat sie umgebracht.

38. Im Club

Das Tätigkeitswort *clubbing* («einen Club bilden») taucht erstmals bei Samuel Pepys auf, der im Juli 1660 in sein Tagebuch schreibt: «Wir gingen zum *clubbing* ins Wood's, unser altes Haus.» Aber erst im folgenden Jahrhundert entstanden die verschiedenartigsten Clubs für die unterschiedlichsten Interessen. Addison formulierte die treffende Definition: «Der Mensch ist ein geselliges Tier, und wir ergreifen alle Gelegenheiten und Vorwände, um uns zu jenen kleinen nächtlichen Versammlungen zu vereinen, die gemeinhin Clubs genannt werden.» Allerdings gab es kaum einen Unterschied zwischen einem Club und einer Bande, ein Punkt, den der *Spectator* am 12. März 1712 anlässlich einer «allgemeinen Geschichte der Clubs» hervorhebt, die damals gerade geschrieben wurde. Das Blatt schlägt vor, in das Kompendium auch eine «Schar von Männern» aufzunehmen, die «den Titel Mohock-Club» angenommen hätten und darauf aus seien, die Straße der Stadt zu terrorisieren, indem sie die Bürger «niederschlagen, erstechen oder in Stücke hauen». In diesem Sinne entdeckt der *Spectator* den «Club»-Geist auch im

Opernhaus, wo die Frauen in einander gegenüberliegenden Logen «Parteisignale» zur Schau tragen, um ihre Verbundenheit mit den Whigs beziehungsweise den Tories zu dokumentieren. Das ist also der Hintergrund für die Trinkclubs des 18. Jahrhunderts.

Es gab den Kit-Kat-Club namhafter Whigs, der sich in der Shire Lane traf, und den Robin-Hood-Club in der Butcher Row, dem «Maurer, Zimmerleute, Schmiede und andere» angehörten. Die Diskussionen in der Shire Lane dauerten bis weit in die Nacht; in der Butcher Row hingegen waren «jedem Mitglied fünf Minuten zum Reden gestattet». Es gab den Beefsteak-Club, der sich in einem Raum des Theaters am Covent Garden traf und dem Trinken sowie geistreichen Gesprächen oblag, «durchsetzt mit kurzen Gesangseinlagen und vielen persönlichen Anzüglichkeiten». Die Atmosphäre an einem solchen Ort hat Ned Ward in *The London Spy* eingefangen: Er kam in «ein altmodisches Zimmer, wo eine herausgeputzte Schar duftender Großstadt-Essenzen auf und ab gingen, in der Hand den Hut haltend, den sie nicht seinem eigentlichen Zweck zuzuführen wagten, aus Furcht, er möchte die Front ihrer Perücke in Unordnung bringen ... Verbeugungen und gedrechselte Komplimente nach der neuesten Mode wurden hier gewechselt ... Es war ein Summen wie von lauter Hornissen in einem Kaminwinkel.»

Ein Club, der sich «House of Lords» nannte, traf sich in den «Drei Heringen» im Bell Yard; er bestand aus einer «eher liederlichen Sorte von Rechtsanwälten und Unternehmern». Es gab Boxclubs, «Kutter»-Clubs für Leute, die ein Boot auf der Themse besaßen, und Debattierclubs für angehende Redner.

Dies waren Orte des Streits in der kämpferischen Londoner Tradition; schmutzige Lieder und egalitäre Reden hielten einander gerecht die Waage. Man nannte sie oft auch Sesselclubs, aber es gab auch Kartenclubs für Freunde des Spiels und «Gockel und Henne»-Clubs für junge Männer und Prostituierte. Es gab einen «Nasenlosen»-Club und in Cripplegate einen Furzclub, dessen Mitglieder «einmal die Woche zusammenkommen, um die Nachbarschaft zu vergiften, und versuchen, einander mit geräuschvollen Krepitationen [Knisterrasseln] zu überfurzen». C. W. Heckethorn zählt in *London Souvenirs* eine wahre Litanei anderer Londoner Clubs auf: So gab es einen «Giftnickel»-Club in einer Wirtschaft unweit Billingsgate, bestehend aus den Gewerbetreibenden jener Gegend, die zusammenkamen, «um sich in Widerworten und unflätiger Sprache zu üben»; einen Knicker-Club, der sich wöchentlich im «Queen's Head» in Billingsgate einfand und «hauptsächlich aus Filzen und Geizkrägen zusammensetzte»; und einen Club der Fallierten, der sich im *Tumple Down Dick* in Southwark traf und aus Bankrotteuren und

«Wenn ein Nachbar flucht oder schwört, darf ihm sein Nachbar einen Tritt gegen das Schienbein geben.»
Regel des Two-Penny Clubs

anderen Pechvögeln bestand. Der Club der Komischen Helden traf sich in einer Bierschenke in Baldwin's Gardens, wo jedes Mitglied den Namen eines «verblichenen Helden» annahm, während der Lügenclub in der *Bell Tavern* in Westminster tagte, wo während der ganzen Sitzung «kein wahres Wort» gesprochen werden durfte. Ein *Man-Killing Club*, der sich in einer Seitengasse hinter St Clement Danes in einer Kneipe traf, nahm niemanden als Mitglied auf, «der nicht seinen Totschlag vorzuweisen hatte»; es gab aber auch den Langweilerclub, «bestehend aus

Der Literarische Club, *Zeichnung von Ernest H. Shepard, von links nach rechts: Langton, Gibbon, Percy, Reynolds (mit Hörrohr), Johnson, Steevens (Vordergrund), Boswell, Chanier.*

Herren von friedfertiger Gesinnung, denen es genügte, in einem Gasthaus zusammenzukommen, ihre Pfeife zu rauchen und bis Mitternacht kein Wort zu sagen», bevor sie wieder nach Hause gingen. Ein Immerwährender Club hieß so, «weil seine hundert Mitglieder die vierundzwanzig Stunden des Tages dergestalt untereinander aufgeteilt hatten, dass der Club permanent tagte, da niemand sich vom Platz erheben durfte, bevor er nicht von seinem gewählten Nachfolger freigegeben wurde».

Die Clubtradition setzte sich auch im 19. Jahrhundert fort, wobei die Mitglieder von zwanglosen Wirtshausstammtischen *(free and easy clubs)* einen Shilling pro Woche als Beitrag zahlten; es gab auch Wirtshäuser mit Debattierclubs, die vor allem für Handwerkerviertel wie Spitalfields, Soho, Clerkenwell oder Finsbury typisch waren. Ihren Ursprung hatten sie zum Teil in den atheistischen Gesellschaften des 18. Jahrhunderts, die sich in der Wells Street sowie in der Angel und der St Martin's Lane getroffen hatten und den städtischen Behörden genauso verhasst gewesen waren wie ihre Nachfolger. Es gab jedoch Anfang des 19. Jahrhunderts viele Gasthäuser, die gerade durch ihren Widerstand gegen die offizielle politische Linie florierten, zum Beispiel *The Swan* (Schwan) in der New Street, *The Fleece* (Vlies) in der Windmill Street, *George* in der East Harding Street und der *Mulberry Tree* in Moorfields. Diese Wirtschaften wurden zum Zentrum des Londoner Linksradikalismus. So traf sich der Hampden Club 1817 in der *Anchor Tavern*, wo zum ersten Mal die Forderung nach dem allgemeinen Wahlrecht der Männer laut wurde.

Man kann mit guten Gründen die These vertreten, dass es zumindest in London einen Zusammenhang zwischen diesen Gesellschaften und Wirtshaus-Debattierklubs und den informellen Debatten in den Kaffeehäusern des frühen 18. Jahrhunderts gab. Doch war der prägende Einfluss dieser Institution so groß, dass man ihn ebenso für die Entstehung eines Clubs verantwortlich machen kann, der sich von denen in der Windmill Street oder in Moorfields stark unterschied. Er wurde als Gentlemen's Club oder Herrenclub bekannt, ging nach einer Darstellung des 19. Jahrhunderts aus Kaffeehäusern oder Wirtshäusern hervor, um die es «übel bestellt» war, und bewirkte «eine Revolution in der Verfassung der Gesellschaft». White's Club, die älteste dieser Einrichtungen (1736), geht unmittelbar auf das Schokoladenhaus White zurück; Brooks's Club und Boodle's Club datieren zwar aus dem 18. Jahrhundert, doch alle anderen, darunter auch der Athenaeum Club und der Garrick Club, sind Gründungen des 19. Jahrhunderts. Diese jüngeren Clubs waren private Vereine, jedoch gebunden an Gebäude, die einen bestimmten Eindruck auf die Öffentlichkeit machen sollten. Die Entwürfe stammten von Baumeistern wie Wilkins, Barry oder Smirke, und mit ihren Basreliefs und ihrem verspielten Formenreichtum ähnelten sie eher großen Landsitzen oder italienischen Palästen. Eindrucksvoll bleiben sie hauptsächlich durch die abgrundtiefe Vulgarität ihres Äußeren. Insofern sind sie allerdings eine wahre Theaterkulisse Londons.

Die unaufhörlichen Kontraste Londons lassen sich denn auch am Gegenbeispiel jener anderen Herrenclubs des 19. Jahrhunderts aufzeigen, der Arbeiterclubs, die für gewöhnlich im ersten Stock des örtlichen Pub tagten, wo die Atmosphäre ungekünstelt und ausgelassen war. Hier wurden gelegentlich aufrührerische Vorträge gehalten, aber an die Stelle von Erwachsenenbildung und fröhlichem Diskutieren trat oft auch das Klappern der Würfel, das Klimpern eines Banjos und eine jauchzend aufsteigende Stimme.

Diese Stätten nannte man je nach Standort «Gesangsverein» oder «Kneipe». Wo es förmlicher zuging, sprach man von «Salon». Hier wurde in der Regel Eintritt verlangt, wofür es als Erfrischungen «Ale, tintenfarbenes Porter oder Starkbier» zu Tee und Brandy gab. Die Tische, mit Ölzeug oder Leder bezogen, waren an die Wände gerückt, während an einem Ende des Raums ein Tisch und ein Klavier oder eine Harfe standen. «Es gab keine feste Programmfolge», zitiert Roy Porter in *London: A Social History* einen Gast, «aber alle Augenblicke stand eine der jungen Damen auf und sagte: ‹Jetzt werde ich ein Lied zum Besten geben.›» Ein französischer Besucher berichtet, dass auf das Niedersausen eines Auktionshammers hin «drei Herren, ernsthaft wie anglikanische Geistliche, sich anschicken, bald allein, bald im Chor sentimentale Balladen zu singen». Er bemerkt auch, dass in manchen ähnlichen Wirtshäusern die Besitzer «bedauerlicherweise mechanische Orgeln installiert haben, die unaufhörlich vor sich hin dudeln». Klagen über die in den Pubs gebotene «Unterhaltung» sind also genauso alt wie die Pubs selbst. Das Gegenstück zu diesen Tavernen und Salons waren die «Nachtkeller», etwa der Cider Cellar in der Maiden Lane oder der Coal Hole (Kohlenkeller) am Fountain Court (Strand), wo professionelle Unterhalter als Sänger oder Schausteller auftraten.

39. Notiz über den Tabak

Die Tabakpflanze wurde 1565 von John Hawkins in England eingeführt und von Sir Walter Raleigh am Hof beliebt gemacht.

Alle Besucher von Clubs und Pubs sahen und rochen «den Dunst der Pfeifen», und dieser Rauch hängt in den Londoner Wirtshäusern, seit Sir Walter Raleigh der lokalen Überlieferung zufolge als erster Londoner in Islington zu rauchen begann. Im frühen 17. Jahrhundert beobachtete ein deutscher Besucher die neue Sitte der Londoner: «Sie rauchen beständig Tabak, und zwar auf folgende Weise: Sie haben zu diesem Zweck Pfeifen aus Ton, in deren äußeres Ende sie das Kraut stopfen, so trocken, dass man es zu Pulver zermahlen kann, und es sodann anzünden.» Tonpfeifen werden bei archäologischen Ausgrabungen immer wieder gefunden.

Dem Tabak wurden zunächst medizinische Eigenschaften zugeschrieben; als «Arznei für phlegmatische Menschen» konnte man ihn in Apothekerläden kaufen. Kinder durften ihn ebenfalls rauchen; «in den Schulen ersetzten sie das Frühstück durch Tabak und wurden von ihren Lehrern in der Kunst unterwiesen, den Rauch durch die Nase auszuatmen». Ein Tagebuchschreiber erinnert

sich 1702, wie er eines Abends mit seinem Bruder in Garraways Kaffeehaus saß und «bass erstaunt war, dessen krankes Kind von drei Jahren
ohne das geringste Bedenken seine Tabakspfeife stopfen zu sehen, und
nach dieser eine zweite und eine dritte».

Diese «fremdartige Droge» war im London des 17. Jahrhunderts allgegenwärtig, doch gab es auch Kritiker, die sie im Verdacht hatten,
Müßiggang und Abstumpfung zu erzeugen. Sogar der König, Jakob I.,
verfasste einen «Gegenstoß gegen den Tabak», worin er eine «ölige Art
Ruß» beschreibt, «die in einigen großen Tabakgenießern, welche nach
ihrem Tode eröffnet worden, zu finden gewesen». Aber in einer Stadt,
die so auf den Exzess gestellt ist, kann nichts die Menschen von ihren
Vergnügungen oder Rauschmitteln abbringen. Während für die medizi-
nischen Eigenschaften des Tabaks Werbung gemacht wurde, traten bald
auch seine suchtfördernden Eigenschaften als Abwehrzauber gegen Angst
und Vereinsamung zutage – «ein Gefährte in der Einsamkeit», schwärmte ein Beobachter, «ein Vergnügen in Gesellschaft, eine unschuldige Ablenkung in der Schwermut». Wir hören von Landstreichern des frühen
17. Jahrhunderts wie den Roaring Boys oder den Bonaventoes, die Tabak
rauchten. So gesehen, wurde Tabak eine der notwendigen Freuden der
Londoner Armen.

Es war auch Ehrensache, dass die Pfeife «herumgereicht wurde» und
dass Londoner Frauen «heimlich rauchten». Es gab einen bedeutenden
Tabakhandel – fast eine halbe Million Pfund –, und die vielen Läden, die
Pfeifen und Tabak verkauften, bildeten selbst «eine große Stadt». So
wurde in einer Stadt des Handels eine Stadt aus Rauch errichtet. Man
hat vermutet, dass ab 1770 die Tabakmode nachgelassen habe, doch
trotz der Bemerkung Samuel Johnsons von 1773, das Rauchen sei «verschwunden», ging in Wirklichkeit das Pfeiferauchen nahtlos in das spätere Zigarettrauchen über.

Die Zigarette gelangte kurz nach dem Krimkrieg nach London: Die
erste Manufaktur entstand 1857 in Walworth. Eine zweite und eine
dritte wurden in der Queen Victoria Street beziehungsweise am Leicester
Square errichtet, beide waren im Besitz griechischer Einwanderer, und die
erste Filterzigarette – bekannt geworden unter der Bezeichnung «Cam-
bridge-Cigarette» – wurde 1865 hergestellt. *Fag* war nur die Bezeichnung für die billigere Zigarettensorte. Die Sucht war zu allen Zeiten
stark präsent, ja die Stadt selbst scheint sie zu fördern. «Ich strebe nach
Tabak wie andere Menschen nach der Tugend», bekennt Charles Lamb
einmal. Das Tabakmagazin im Londoner Hafen enthielt im 19. Jahrhundert Waren im Wert von fast 5 Millionen Pfund Sterling, und es gab sehr
viele Arme, die ihre Zeit damit verbrachten, «die Zigarettenstummel

*«Der Tabak macht
sie aufsässig und
lustig und ziemlich
benebelt, geradeso,
wie wenn sie be-
trunken wären. Sie
genießen ihn so
übermäßig wegen
des Vergnügens,
das er bereitet.»*
Ein London-
Besucher des
17. Jahrhunderts

373

aufzuklauben, die die Raucher als unbrauchbar weggeworfen hatten»; diesen Abfall verkauften sie um 6 bis 10 Pence pro Pfund. In London kann alles Objekt des Handels werden.

40. Ein schlechter Geruch

Londons Gerüche bleiben haften. «Sie sind im Herzen der City immer ausgeprägter als beispielsweise in Kensington», schreibt Ende des 19. Jahrhunderts die kanadische Autorin Sara Jeanette Duncan. Und sie berichtet weiter: «Man konnte keine einzelnen Düfte unterscheiden – es war eher ein abstrakter Duft.» Man hat ihn mit dem Geruch nach Regen oder Metall verglichen. Es kann auch die Ausdünstung menschlicher Tätigkeit oder Gier sein. Wenn Regen auf die Stadt fällt, entsteht der charakteristische Duft nach «besprengtem Stein», aber diese Feuchtigkeit kann in London auch einen «müden Geruch» hervorrufen. Es ist der Geruch des Alters, besser gesagt des wiederhergestellten Alters.

Im 14. Jahrhundert hingen die unterschiedlichsten Gerüche in der Stadt; es roch nach gebratenem Fleisch und nach kochendem Kleister, nach Bier und Essig; verfaulendes Gemüse wetteiferte mit Talg und Pferdemist, und alles zusammen ergab eine «reich durchsetzte Wolke dichter, schwerer Gerüche, die die Menschen atmen mussten». Dieser «Geruch des Mittelalters» ist nachträglich schwer zu identifizieren, aber er mag noch in vereinzelten Torwegen und Durchgängen hängen, wo dem Passanten ein ähnliches Gemisch von Düften entgegenschlägt. Teilweise ist es in der Tat der Duft der weiten Welt; so kann man auf nordafrikanischen *souks* (Märkten) noch heute etwas von den Gerüchen des mittelalterlichen London erhaschen.

Jedes Jahrhundert hat seine eigenen Düfte. Im 15. Jahrhundert entströmten dem Hundehaus in Moorgate «höchst schädliche und ansteckende Dünste», während sich andere über den Gestank der Kalköfen in den Vorstädten beschwerten. Insbesondere wurde der Geruch der Steinkohle mit dem Geruch der Stadt selbst identifiziert. Im Wesentlichen war es der Gestank des Handels, der als unerträglich empfunden wurde. So waren es im 16. Jahrhundert die Gießereien von Lothbury, die die Öffentlichkeit stark beunruhigten. Vom Norden wehte der Geruch nach gebrannten Ziegeln herein, während in der City selbst ein «Brechreiz verursachender Talggeruch» aus der Paternoster Row drang. Der Geruch des Viehmarkts am östlichen Ende von Cheapside war so stark, dass die Gläubigen in der benachbarten Kirche St Stephen Walbrook «der Gestank von verfaultem Gemüse einhüllte». Doch wer die Kirche besuchte, musste auch andere olfaktorische Übel gewärtigen – Latimer zeigt sich im 16. Jahrhundert beunruhigt über die Gerüche, die vom Begräbnisplatz im Friedhof von St Paul's aufsteigen. In einer Predigt verweilt er bei diesem Thema: «Ich glaube wahrhaftig, dass so mancher den Tod auf diesem Kirchhof finden wird, und ich spreche aus Erfahrung, denn ich habe selbst, wenn ich den einen oder anderen Morgen dort war, um die Predigt zu hören, einen so widrigen, unzuträglichen Geruch empfunden, dass ich noch lange Zeit danach übel dran war.» Dieser den Gräbern entsteigende Verwesungsduft war in der Tat einer der hartnäckigsten und langlebigsten Gerüche Londons – die Klagen darüber reichen vom 16. bis zum 19. Jahrhundert.

Aber nicht nur die Toten riechen, sondern auch die Lebenden. Anspielungen in der Dramenliteratur des 16. und 17. Jahrhunderts verweisen auf den charakteristischen Eigengeruch der Londoner Masse, besonders auf das, was für Shakespeare im *Coriolan* «ihr stinkender Atem» ist. Julius Caesar wird vom Geruch schmutziger Leiber gefällt, die freilich mehr zu London als zu Rom gehören. Im 18. Jahrhundert grauste es George Cheyne in *The English Malady* vor den «Wolken von stinkendem Atem und Schweiß … mehr als hinreichend, um die Luft im Umkreis von zwanzig Meilen zu vergiften und zu verpesten». In Sozialberichten aus dem 19. Jahrhundert wird immer wieder der Mief in «einfachen» Mietskasernen und Wohnhäusern erwähnt, bei dem die Inspektoren fast in Ohnmacht fallen.

In einer Stadt der Arbeit und des Handels wird eine der Hauptwidrigkeiten immer wieder die Transpiration sein: «schweißige Köche bei ranzigem Werk». London ist eine Art Treibhaus, mit einer «Mischung aus Düften von Knaster, schweißigen Füßen, schmutzigen Hemden, Scheißkoben, stinkendem Atem und unsauberen Leibern». Zweifellos war sich der kultiviertere Londoner an stillen Tagen der Gegenwart seiner Mitmenschen bewusst, ohne sie unbedingt sehen zu müssen. Das Bild, das in diesem Zusammenhang meist gebraucht wird, ist der enge, Atem raubende Kontakt, so als drückten von allen Seiten die Bewohner mit ihren starken Leibern und ihrem schmutzigen Atem. Das war einer der Gründe, warum sich Reisende und Besucher in London sofort so anonym vorkamen: Sie wurden sich des intimen und doch anekelnden Geruchs des menschlichen Lebens bewusst, zu dem sie selbst beitrugen. Wenn eine Schilderung aus dem 16. Jahrhundert erwähnt, dass die Kranken und Gebrechlichen auf den Straßen Londons liegen, «wo ihre unerträgliche

Im elisabethanischen Zeitalter trugen reiche Frauen oft eine Parfümkugel am Gürtel, um unangenehme Gerüche im Haus oder auf der Straße zu entschärfen.

Not und Qual ... der Stadt in die Augen und Nasen stinkt», dann werden Geruchs- und Gesichtssinn miteinander verquickt, um ein überwältigendes sensorisches Entsetzen zu beschreiben.

Es ist auch ein altersloser Geruch. Wer im zeitgenössischen London einen schmalen, übel riechenden Durchgang passiert – und ihrer gibt es viele abseits der großen Verkehrsadern –, wer zu nahe an einem ungewaschenen Stadtstreicher vorbeikommt, hat dieselbe unerfreuliche Empfindung wie der Londoner im 18. Jahrhundert, der einem «Abraham-Mann» oder auch nur einem einfachen Bettler begegnete. Mit ihren Gerüchen kann die Stadt in vielen Vergangenheiten wohnen.

In der Orchard Street in Marylebone gab es 23 Häuser, in denen 700 Menschen zusammen mit 100 Schweinen wohnten, die «ganz Ekel erregende Gerüche» verbreiteten.

Natürlich darf man nicht annehmen, dass die gesamte Stadtbevölkerung ungewaschen war. Seife gab es schon im 15. Jahrhundert, außerdem Pastillen, die einen süßen Atem, und Salben, die einen duftenden Körper machten. Das eigentliche Problem waren auch hier, wie bei so vielen anderen in der Stadt, die Armen und die angeblich von ihnen ausgehende Verseuchungsgefahr. Im 17. Jahrhundert drang mit den «stinkenden Gassen» und «atemraubenden Höfen» abseits der neu konzipierten Häuserviereck der Mief der Armut bis in die vornehmen Wohnviertel. Die Gerüche Londons wirkten als großer Gleichmacher. Die Binsen, womit in armen Haushalten der Boden bedeckt war, bargen «Speichel, Auswurf, Speisereste und die Hinterlassenschaft von Hunden und anderen Tieren». In Gegenden wie Bethnal Green oder Stepney handelte es sich bei diesen Tieren um Schweine. Einmal mehr entscheidet in London das Geld über den Unterschied zwischen Geruch und Geruchsfreiheit. Geld stinkt nicht. Was stinkt, ist in der Finanzstadt London die Armut. Mitte des 19. Jahrhunderts kam ein Reisender in das Elendsviertel Agar Town bei St Pancras, das nicht einmal Wind und Regen säubern konnten und wo «der Gestank eines regnerischen Morgens genügt, um einen Stier in die Knie zu zwingen».

Im 19. Jahrhundert hatten auch andere Lokalitäten ihren speziellen Geruch. Die Gegend rund um die Tower Street roch nach Wein und Tee (im Jahrhundert davor war es der Duft von Öl und Käse gewesen), während es in Shadwell nach den benachbarten Zuckerfabriken roch. Von Bermondsey stieg der Geruch nach Bier, Teerhöfen, Eingemachtem sowie «der Duft von kochendem Fruchtgelee» auf, während am Fluss selbst der Romancier Thomas Hardy, der an der Adelphi Terrace wohnte, infolge des Schlammgestanks bei Niedrigwasser regelmäßig an Übelkeit litt. In Islington roch es im 19. Jahrhundert nach Pferdemist und gebackenem Fisch, während die Gegend um Fleet Street und Temple Bar anscheinend vom «Geruch nach braunem Stout» geschwängert war. Be-

sucher erinnern sich, dass das «charakteristische Aroma» der City selbst
der Geruch nach Ställen war, wovon «der Gestank der Droschkenstände
eine Vorahnung gab». Ein Spaziergang zur Themse wiederum bescherte
einem das Erlebnis vieler identifizierbarer Gerüche, von «verfaulten Orangen» bis zu «Heringen».

Doch London war auch voller köstlicher anregender Gerüche. Wenn
im 17. Jahrhundert um die Mitternacht die Bäcker begannen, ihre Öfen
zu heizen, während die Küchen und Herde, die Steinkohle verfeuerten,

*Unter Karl II.
für das Mail-Spiel
der Hofgesellschaft
angelegt, wurde
Pall Mall zum Wohn-
sitz der hofnahen
Gesellschaft. Im
18. Jahrhundert
zog die Straße
Kaffeehäuser und
Schriftsteller an,
behielt aber ihre
aristokratische
Aura.*

endlich stillstanden, «beginnt sich die Luft zu klären, und der Rauch der
Bäckereien, die nicht mit Kohl, sondern mit Holz geheizt werden, verbreitet einen ländlichen Duft in der ganzen Gegend». Einige Londoner
Straßen hatten den Ruf, süß zu riechen; ein solcher Ort war im 16. Jahrhundert Bucklersbury zur «einfachen» oder Kräuterzeit sowie die neu
errichtete Pall Mall. Ein japanischer Besucher bemerkte 1897, die Stadt
rieche nach Essen, äußerte sich aber zugleich abfällig über den schlechten Atem der Londoner Dienstboten. Der französische Lyriker Mallarmé meinte, in der Stadt hingen der Duft von Roastbeef und der Geruch
von Nebel sowie «ein besonderes Aroma, das man einzig und allein hier
antrifft». Etwas später erinnerte sich J. B. Priestley an den «ranzigen Geruch kleiner Speisehäuser», aber auch an einen «rauchigen Herbstmor-
gen, in dem ein Bahnhofsgeruch mitschwang». Der Geruch nach Verkehr in allen seinen Formen ist immer typisch für London gewesen. So
rochen die Pferdeomnibusse im Frühling nach Zwiebeln, im Winter
«nach Paraffin oder Eukalyptus»; im Sommer war ihr Geruch einfach

«unbeschreiblich». Im 20. Jahrhundert ist London erfüllt von Gerüchen, angefangen vom Duft nach Schokolade entlang der Hammersmith Road bis zum scharfen Geruch der chemischen Werke an der Chrisp Street im East End und an der von Einheimischen so genannten «Stinkhaus-Brücke».

Alte Gerüche sind in der Luft hängen geblieben, ganze Stadtviertel haben ihre ganz spezielle und unverwechselbare Atmosphäre behalten. Eine Beschreibung des East End spricht Ende der 1960er Jahre von dem «geradezu überwältigenden Duft von Fisch und gekochtem Kohl», gepaart mit dem «muffigen Geruch von altem Holz, bröckelnden Ziegeln und abgestandener Luft»; fast hundert Jahre früher, nämlich 1883, wurde die Gegend in *The Bitter Cry of Outcast London* ganz ähnlich beschrieben, nämlich erfüllt von dem «Duft von Stockfisch oder Gemüse» und dem typischen Geruch des 19. Jahrhunderts «von abgebrannten Streichhölzern».

Der allgegenwärtige Geruch des 20. Jahrhunderts war jedoch der von Autobus und Kraftwagen. «Die Luft ist verunreinigt von ihrem Atem», schreibt 1905 William Dean Howells, «der heute zum charakteristischen Gestank der ‹Zivilisation› gehört.» Hartnäckig präsent ist auch der Geruch von Hundekot auf den Bürgersteigen und der ranzige Dunst, der den Fast-Food-Restaurants entströmt. Und dann gibt es natürlich noch den scharfen, dumpfen Geruch der Londoner U-Bahn. Schlimmer noch ist der haften bleibende Gestank der morgendlichen Stoßzeit unter der Erde, mit ausgeatmeten morgendlichen Lungeninhalten, die einen metallischen Geschmack in der Kehle hinterlassen. Er ist menschlich und unmenschlich zugleich, wie London selbst.

41. Stadt der Sünde

Sexualität ist in London gemeinhin mit Krankheit und Schmutz in Verbindung gebracht worden – und wenn nicht mit diesen, dann mit dem Handel. Die Ähnlichkeit existiert sogar in der Sprache; der Begriff *hard core* wird im Allgemeinen mit Pornographie verbunden; gemeint war aber ursprünglich – jedenfalls in London – der «steinharte Abfall», der als Fundament beim Bau von Straßen und Häusern verwendet wurde. Wo Abfall ist, da ist auch Tod. Das Gebiet rund um den Haymarket, ein berüchtigter Standort von Prostituierten, umfasst «einen Rundgang der Toten. Es ist ein Pestloch – das wahre Pestloch.»

Seit den ältesten Zeiten war London eine Stadt sexueller Ausschweifung. Das römische Modell eines Phallus wurde in der Coleman Street gefunden – in späteren Zeiten ein Zufluchtsort von Lollarden und Puritanern –, außerdem ein Architrav mit der Darstellung von drei Prostituierten. Auf dem Gelände des römischen Tempels, dort, wo sich heute die Gracechurch Street und die Leadenhall Street befinden, dürften einst erotische Feste gefeiert worden sein, die sich um Saturn oder Priapus drehten, und neben dem Amphitheater – dort, wo heute das Rathaus steht – können wir eine antike *palaestra* vermuten, eine Promenade, die von weiblichen wie von männlichen Prostituierten frequentiert wurde. Es gab Bordelle, die eine Konzession der römischen Behörden besaßen, sowie *fornices*, das heißt Gewölbe mit «elenden Hütten» darunter, die den Zwecken der Unzucht dienten. E. J. Burford hat in seiner gelehrten Abhandlung *London: the Synfulle Citie* angemerkt, dass an gewissen Straßenecken eine «Herme» aufgestellt war, «eine niedrige Steinsäule des Hermes» mit erigiertem Penis und «hellrot bemalter Vorhaut».

Trotzdem deuten die *fornices* und Bordelle darauf hin, dass in dieser Hauptstadt des Kommerzes auch die Sexualität selbst längst kommerzialisiert war. In den Jahrhunderten der dänischen und sächsischen Besetzung wurden junge Frauen wie jede andere Ware gekauft und verkauft. «Wenn ein Mann eine Jungfrau mit Vieh erwirbt, ist der Handel gültig, sofern keine Täuschung im Spiel war», heißt es in einem sächsischen Gesetz. Tausend Jahre später enthält ein Londoner Kindervers die Zeile: «Nach London musst' ich fahren und kauft' mir eine Frau.» Auf gewissen heimlichen Märkten sollen noch bis weit ins 18. Jahrhundert Frauen versteigert worden sein, und noch Ende des 20. Jahrhunderts unterstreicht die Prostituierte das Finanzielle, wenn sie sich erkundigt: *Do you want any business?* (Willst Du ein Geschäft machen?) So prägt der Geist Londons sogar die Lüste seiner Bewohner. London hat sich dem Verkaufen verschrieben. Aber die Armen haben nichts zu verkaufen, also verkaufen sie ihren Körper.

Jene mittelalterlichen Chronisten, die London seine Trunksucht und Verderbtheit vorhielten, tadelten es auch für seine Frauenschänder und Hurenböcke, seine Dirnen und Sodomiten. Im 13. Jahrhundert wird auf Bordhawe verwiesen, ein Bordellviertel in der Pfarrgemeinde St Mary Colechurch. Spätestens im 13. Jahrhundert, aber wahrscheinlich schon viel früher gab es in der Gemeinde St Pancras wie in der Gemeinde St Mary Colechurch eine Gropecuntlane – Kontext und Bedeutung dieses Namens [«Fotzengrabschergasse»] sprechen für sich. Zu derselben Zeit hören wir von einer Love Lane, «wo sich junge Paare zu verlustieren pflegen», und von einer Maid Lane, «die so heißt wegen der Buhlerinnen dort».

Die Cock Lane war vom 13. bis zum 19. Jahrhundert ununterbrochen ein Hurenviertel, was beweist, dass ein kleiner Stadtbezirk seine angestammte Aktivität bewahren kann, auch wenn sich die ganze Stadt ringsumher verändert. Zahlreiche Londoner Originale bewohnten diese berüchtigte Gasse: Da gab es Mrs Martha King, «eine kleine dicke Frau, die im letzten Winter durch ihren samtenen Rock und Unterrock auffiel», Mrs Elizabeth Brown, «die mit Nymphen handelt, seit sie fünfzehn ist; bescheiden und angenehm, auch noch nach der dritten Flasche», oder Mrs Sarah Farmer, «ein rechter vierschrötiger Dragoner». In *Piers Plowman* (um 1362) verewigt Langland auch eine «Clarissa aus der Cock Lane und ihren geistlichen Herrn».

Die Cock Lane, hinter Smithfields, wurde 1241 offiziell dem geschlechtlichen Umgang «gewidmet». Diese Gasse war der erste Rotlichtbezirk und für ihre Prostituierten berüchtigt; «bei Einbruch der Nacht gehen sie aus dem Haus und machen sich auf den Weg; gemeine Kneipen dienen ihnen als Treffpunkt, wo sie ihre Galane empfangen».

Aus dem 14. Jahrhundert sind Gerichtsverfahren gegen Huren, Kurtisanen, Bordellmütter und Kuppler bezeugt. Im Juni 1338 wurde William de Dalton festgenommen, «weil er ein übel beleumdetes Haus unterhielt, in das sich verheiratete Frauen mit ihrem Geliebten zurückzuziehen pflegten».

Ein Jahr später wurde Gilbert le Strengmaker vorgeworfen, «ein unordentliches Haus zu führen und Prostituierte und Sodomiten zu beherbergen»; bei diesen Verhandlungen wurden auch zwei Kurtisanen, «Agnes und Juliana von Holborne», der Beherbergung von «Sodomiten», so der epochentypische, polemische Begriff, beschuldigt. Es gab also im mittelalterlichen London eine blühende homosexuelle Gemeinde, die sich nahtlos an die Welt der Bordelle und Kuppler anschloss. Man könnte versucht sein, sie als eine Art Unterwelt zu beschreiben – nur dass sie eben bekannt und allgegenwärtig war.

Anzeigen gegen Bordelle gab es unter anderem in den *wards* Aldersgate, Tower, Billingsgate, Bridge (hier gegen eine Frau namens Clarice la Claterballoc), Broad Street, Aldgate und Farringdon. Viele der wegen sexueller Delikte Festgenommenen kamen aus Gegenden, die weit von London selbst entfernt waren, was vermuten lässt, dass sich die Kunde von sexueller Freizügigkeit – und Profit – weithin herumgesprochen hatte. London war schon längst der sündige Mittelpunkt Englands geworden. Eine große Chronik aus jener Zeit, *Brut*, erwähnt «Damen, die innen einen Fuchsschwanz angenäht haben, um ihren Hintern zu verbergen», während eine andere Chronik von den Damen der Stadt erzählt, die «Brüste und Bauch entblößt» tragen. Ja, es gab sogar Luxusgesetze, durch die liederliche Frauen daran gehindert wurden, dieselben Kleider zu tragen wie die «vornehmen Damen und Fräulein des Reichs»; vielmehr waren sie verpflichtet, zum Zeichen ihres Gewerbes gestreifte

Kleidung zu tragen, was im Übrigen Rückschlüsse auf das Ausmaß der im mittelalterlichen katholischen London geübten Toleranz erlaubt: Die Prostitution war weder verboten noch ausgegrenzt.

Das Niveau des Lasters war im spätmittelalterlichen London weit höher, oder jedenfalls viel unverhüllter, als zu irgendeiner Zeit im 19. oder 20. Jahrhundert; es erreichte schließlich ein solches Extrem, dass die städtischen Behörden 1483 ein Gesetz «gegen die stinkende und abscheuliche Sünde der Unzucht» erließen, «die täglich zunimmt und mehr als in früheren Tagen getrieben wird durch Dirnen – irregeleitete, müßige Weiber, die täglich ausschwärmen». Es gab Versuche, diese «irregeleiteten» Frauen von den besseren Straßen der Stadt zu verbannen, indem man sie auf Smithfield und Southwark, jenseits der Stadtmauern, beschränkte. Aber in Southwark waren die Bordelle an der Bankside, auf dem südlichen Themseufer, ständig der Willkür oder Panik der Behörden ausgesetzt, und die Frauen selbst zogen es vor, sich in Gegenden wie St Giles, Shoreditch (wo sie noch heute zu sehen sind) und in der Ave Maria Alley neben der St Paul's Cathedral zu sammeln. Auch im «Harry» in Cheapside, in der «Glocke» in der Gracechurch Street und einem Dutzend weiterer Londoner Kaschemmen waren sie zu finden. Das englische Wort für Kaschemme, *stew*, hängt übrigens mit «stauen» zusammen, und diesen Eindruck einer aufgestauten Schwüle in solchen Puffs verstärkte das Auftreten der Syphilis, die im 16. Jahrhundert die Empörung der Moralisten und den Zorn der Satiriker hervorrief.

Das Sexualleben der Stadt ging jedenfalls unbekümmert weiter; Besucher registrierten die beiläufige Intimität der Beziehungen zwischen den Geschlechtern. Ein Venezianer bemerkt im 16. Jahrhundert: «Viele der jungen Frauen treffen sich außerhalb von Moorgate, um mit den jungen Burschen zu spielen, auch wenn sie diese gar nicht kennen. Sie küssen sich viel.» Verheiratete Frauen scheinen es genauso getrieben zu haben, und Anfang des 17. Jahrhunderts wurde am Themseufer, gleich hinter Deptford, ein großer Flaggenmast aufgestellt, «an dem Hörner der unterschiedlichsten Art befestigt sind, zu Ehren aller englischen Hahnreis oder Gehörnten. Die Engländer sind dabei sehr vergnügt und fidel, wenn sie an dem Mast vorbeigehen und gegeneinander grüßend den Hut ziehen.» Jedermann wusste, dass es sich hier – um eine Londoner Flugschrift aus dem frühen 17. Jahrhundert zu zitieren – um *Die Causa einer Ehefrau* handelte.

Die Allgegenwart der Hure bedeutete, dass sie hundert verschiedene Spitznamen hatte – Zunderholz, Madame, Feuerschiff, Kokette, Liebchen, Wippsterz, Schlumpe, Schmutzkessel, Spalte, Made, Trulle, Mulde, Lumpensammlerin, Hindin, mannbare Nonne, Molly, Mutter der Nacht,

Pausbäckchen, Buttersemmel, Eichhörnchen, Makrele, Katze, Marien-
käfer und so fort. Madame Cresswell von Clerkenwell war eine berüchtigte Kupplerin, die verschiedentlich gemalt oder in Kupfer gestochen
wurde; in ihrem Haus gab es «Schönheiten jeder Hautfarbe, von der
kohlrabenschwarzen Geschmeidigen bis zur goldlockigen Unersättlichen,
von der schläfrigen Trägen bis zur lüsternen *Fricatrix* [«Reiberin»], und
sie korrespondierte mit Agentinnen in ganz England, um die Jungen und
Attraktiven aufzuspüren. Sie war eine der vielen berühmten Londoner
Kupplerinnen. In der ersten seiner Serien *A Harlot's Progress* porträtiert
Hogarth Mutter Needham, Inhaberin eines berüchtigten Bordells am
Park Place. Sie wurde jedoch am Pranger zu Tode gesteinigt, und so musste er sie durch Mutter Bentley ersetzen, die in den Straßen Londons nicht
minder berühmt war. Diese «Mütter» waren wahrlich die Mütter in einer
Stadt der Lust.

Manche ihrer Töchter – und auch Söhne – waren erstaunlich jung. Ein
deutscher Reisender schreibt: «Alle zehn Meter wird man von zwölfjäh-
rigen Kindern belagert, die einen durch die Art ihrer Anrede der Nachfrage überheben, ob sie wissen, was sie wünschen. Sie hängen sich an
einen wie Kletten. ... Oft packen sie einen auf eine Art, von der ich den
besten Begriff gebe, wenn ich mich darüber ausschweige.»

Boswells Tagebuch des Straßenlebens von 1762 gibt einen Überblick
über sexuelle Gefälligkeiten, die damals angeboten wurden. Am Donnerstagabend, den 25. November, las er ein Mädchen an der Strand auf
«und zog sie in einen Hof, in der Absicht, sie in Rüstung zu genießen
[das heißt mit Kondom]. Sie hatte aber keine ... Sie staunte über meine
Mannhaftigkeit und sagte, wenn ich je einem Mädchen die Jungfernschaft
nähme, würde ich sie quietschen machen.» Am Abend des 31. März
1763 «schlich ich mich in den Park und nahm die erste Hure, die mir begegnete, mit der ich ohne viele Worte kopulierte und frei von Gefahr, da
ich wohl beschirmt war. Sie war hässlich und mager, und ihr Atem roch
nach Schnaps. Nach ihrem Namen fragte ich nicht. Als es vorbei war,
schob sie ab.» Am 13. April «zog ich ein kleines Mädchen in einen Hof,
hatte aber keine Kraft.» Für Boswell, der nach dem Akt gern den Moralisten herauskehrt, scheint die Tatsache, dass es sich um ein «kleines
Mädchen» handelte, ohne Bedeutung zu sein; das lässt darauf schließen,
dass viele solche Mädchen auf Londons Straßen gespült wurden.

Als Thomas De Quincey einem von ihnen begegnete, es hieß Ann, verbrachte er viele Abende mit ihr, wobei er «die Oxford Street hinauf und
hinunter ging», aber «sie war in einem Maße furchtsam und niedergeschlagen, das verriet, wie sehr der Kummer von ihrem jungen Herzen
Besitz ergriffen hatte». Dann ließ er sie für eine Weile allein und nannte

eine Stelle an der Ecke Oxford Street/Titchfield Street, wo sie aufeinander warten sollten. Aber sie kam nicht, und er sah sie nie wieder. Vergebens spähte er unter den tausend Mädchengesichtern in der Londoner Masse nach Ann und nannte die Oxford Street «Stiefmutter mit dem steinernen Herzen, die du den Seufzern der Waisen lauschest und die Tränen der Kinder trinkst». Dieses Mitgefühl mit dem Leiden von jungen weiblichen Prostituierten taucht in den Dokumenten des 18. Jahrhunderts kaum je einmal auf, auch nicht bei Boswell. Einen Monat, nachdem er das «kleine Mädchen» in einen Hof gezogen hatte, las Boswell eine Frau auf, «geleitete sie zur Westminster Bridge und nahm sie dann, in voller Rüstung, auf diesem edlen Bauwerk». Es war wohl das, was man im Jargon der Zeit «für drei Pence im Stehen» nannte. «Die Laune, es dort zu tun, zum Rauschen der Themse unter uns, erregte mich sehr.»

Für Boswell war sie nur «ein elendes Mensch» und per definitionem unrein; daher wurde sie nach dem Akt zu einem Gegenstand des Argwohns und der Bedrohlichkeit. Boswell hatte wie die meisten seiner Zeitgenossen eine panische Angst vor Geschlechtskrankheiten. John Gay warnt in einer Art Gebrauchsanweisung für London vor der

> «... losen Schar, von Lamp' zu Lampe flatternd –
> erwarte nicht Gesundheit, sondern Krankheit,
> nicht flücht'ge Lust, jedoch die bitt're Reue
> und Tag und Nacht die qualenreichsten Schmerzen ...»

Das waren die Schmerzen, die Casanova litt, der sich bei einer Prostituierten in der *Canon Tavern* die Gonorrhöe holte.

Casanova beschreibt, wie er bei einer früheren Gelegenheit in ein anderes Bordell, die *Star Tavern*, gegangen war und ein Privatzimmer bestellt hatte. Er machte Konversation mit dem «ernsten, ehrwürdigen Wirt» – eine Randbemerkung, die die Charakterfassade vieler Londoner Bordellbesitzer anspricht –, bevor er dann alle Frauen wegschickte, die in sein Zimmer kamen. «Geben Sie einen Shilling für die Träger und schicken Sie die Frau weg», sagte der Gastwirt nach der ersten Ablehnung. «Wir machen uns hier in London nicht viel aus Formen.»

Wenig zeremoniell ging es auch zu, als eine Prostituierte auf der Strand an Samuel Johnson herantrat – «Nein, nein, gutes Mädchen», murmelte er, «das wird nicht gehen.» Richard Steele wurde in der Nähe der Piazza in Covent Garden von einem Mädchen angesprochen, «das ganz neu in der Stadt war». Sie fragte Steele, «ob ich Lust auf ein Viertel Wein hätte», aber im Dämmerlicht unter den Steingewölben des

Markts bemerkte er in ihrem Gesichtsausdruck «Hunger und Kälte; ihr Auge war bleich und stechend, das Kleid dünn und geschmacklos, das Gebaren wohlerzogen und kindlich. Dieses sonderbare Wesen bereitete mir viel Herzensqual, und um nicht mit ihr gesehen zu werden, ging ich fort.»

Die Strand und Covent Garden mit ihren Querstraßen waren bekannte Orte der sexuellen Begegnung. In der Nähe gab es Wirtshäuser, in denen «Akrobatinnen» eine Art Striptease des 18. Jahrhunderts vorführten, ferner «Freudenhäuser», die auf Flagellantentum spezialisiert waren, und «Mollie-Häuser», die von Homosexuellen frequentiert wurden.

Das *London Journal* vom Mai 1726 entdeckte zwanzig «sodomitische Clubs» – darunter anscheinend auch die «Abtritte» von Lincoln's Inn –, «wo sie ihre fluchwürdigen Geschäfte abschließen und sich dann in irgendwelche dunklen Ecken zurückziehen, um ihre hassenswerten Verruchtheiten zu verüben». Lieblingstreffpunkte für homosexuelle Männer waren Mother Clap in Holborn und das «Talbot» an der Strand, und es gab ein Männerbordell beim Old Bailey, «wo es üblich war, dass die Männer einander mit ‹Madame› oder ‹Gnädige Frau› anredeten». Horseshoe in der Beech Lane und der Fountain in der Strand waren im 18. Jahrhundert das, was heutzutage die Schwulenkneipen sind, während die Gegend um die Königliche Börse für ihre «Anmache» bekannt war, wo, einem zeitgenössischen Vers zufolge, «die Schwulen auf schamlose ‹Brautschau› gehn». Die Pope's Head Alley und die Sweetings Alley hatten einen ähnlichen Ruf; der (wohlgemerkt männliche) Besitzer eines Lokals oder Bordells in der Camomile Street («Kamillenstraße») war als «die Kamillengräfin» bekannt. Im Mother Clap selbst gab es Betten in jedem Zimmer und «gewöhnlich dreißig bis vierzig Burschen pro Nacht – und mehr –, besonders sonntags nachts»; in einem Bordell in der Beech Street fand sich «eine Gesellschaft von Männern, die zur Fiedel tanzten und schweinische Lieder sangen». Solches Treiben hatte jedoch auch eine düsterere Seite. Bei einer Razzia im Club of Buggerantoes begingen mehrere der Festgenommenen Selbstmord, darunter ein Seidenhändler, ein Tuchmacher und ein Kaplan. Außerdem gab es viele Fälle von Erpressung, so dass in der Stadt neben der Erregung auch die Gefahr lauerte. Gleichwohl blieb London das Zentrum der Homosexualität, wo die Auserwählten in aller Privatheit und Anonymität ihrer Veranlagung frönen konnten. Ohnedies waren die städtischen Geschworenengerichte notorisch zögerlich, wenn es um die Verhängung der Todesstrafe gegen Sodomiten ging; gewöhnlich wurde auf «versuchte» Sodomie erkannt, was mit einer Geldbuße, einer kurzen Haftstrafe oder einer gewissen Zeit am Pranger geahndet wurde. In Dingen sexueller Unschicklichkeit sind die Londoner von einer bezeichnenden Milde. Wie könnte es auch anders sein in einer Stadt, wo alle Arten des Lasters und der Ausschweifung jederzeit verfügbar sind?

London, vom südlichen Ufer aus betrachtet, um 1630. In der von mittelalterlichen Türmen geprägten Stadt wetteifert die große Kirche von Southwark mit der alten St. Paul's Cathedral um Beachtung.

Samuels Scotts Mitte des 18. Jahrhunderts entstandenes Bild des Fleet River ist typisch für den italienischen Kunststil jener Jahre, der alles Dunkle und Abstoßende der Großstadt aus der künstlerischen Vision verbannt.

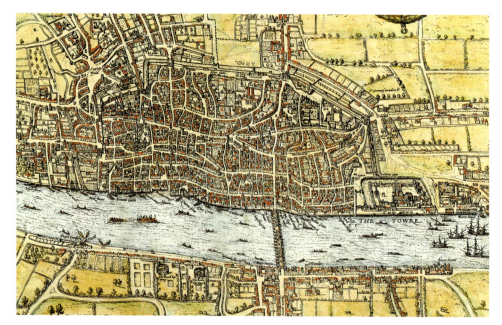

Ausschnitt einer London-Karte aus dem Jahre 1572. Die übersichtlichen Straßenzüge und die regelmäßige Anordnung der Häusergruppen täuschen über das schon damals unkontrollierbare Wachstum der Stadt hinweg.

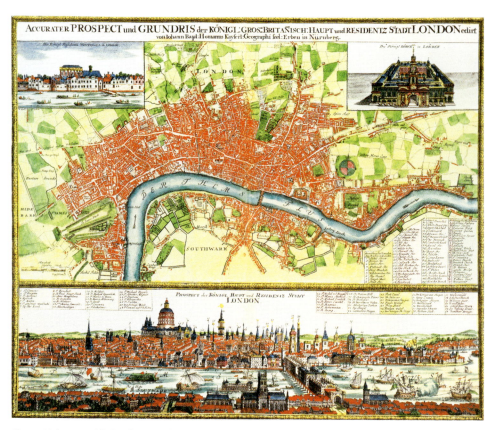

Um 1730 hatten sich Londons Stadtgrenzen im Westen und Osten verschoben.

Eine Aquatinta des Großen Brandes, der London 1666 heimsuchte und der von der bildenden Kunst immer wieder als Apokalypse und Strafe Gottes dargestellt wurde.

Im Oktober 1834 ging das Palastareal von Westminster in Flammen auf – ein Ereignis, das vielfach dargestellt wurde, hier von William Turner.

James Thornhills Porträt des legendären Jack Sheppard, eines berüchtigten Diebes, der durch seine abenteuerlichen Fluchten aus diversen Gefängnissen zum Volkshelden wurde.

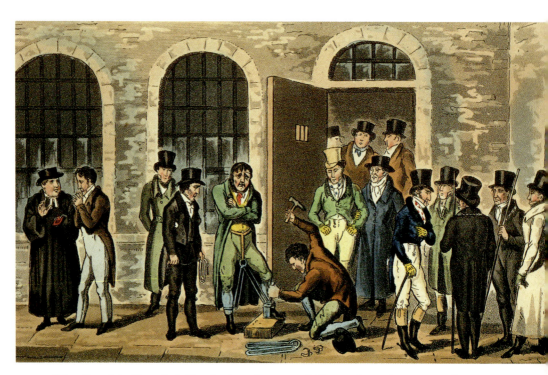

Hoher Besuch im Newgate Gefängnis, deren Insassen wie Theaterakteure bestaunt wurden. Eine Zeichnung von George Cruikshank.

ne blinde Straßenverkäuferin, umgeben von
hornsteinfegern. Eine verwirrende Studie über
n Kontrast von Hell und Dunkel im London
s 18. Jahrhunderts.

In der Stadt der Märkte und Kaufleute kommt den Läden eine
besondere Bedeutung zu. Fleischer waren oft in ihren Vierteln
besonders einflussreiche Geschäftsleute.

Smithfield war der größte von allen Märkten und zugleich Schauplatz der Bartholomäusmesse.

In manchen Wintern fror die Themse zu und verwandelte sich in eine Durchgangsstraße. Die Verkaufsstände und Buden, die dann auf dem Eis errichtet wurden, spiegelten im Kleinen den ganzen Kommerz Londons wider.

Unterhaltung und Zerstreuung gehören seit jeher zum lärmenden Londoner Straßenleben, wie es im 19. Jahrhundert Charles Dickens in seinen großen Romanen vergegenwärtigt hat.

A Rake's Progress *von William Hogarth. Der Lebemann wird auf der St. James Street verhaftet. Man beachte den Laternenanzünder, der Öl auf die Perücke des Passanten gießt.*

«Morning» aus The Four Times of Day *von William Hogarth: Bei Tagesanbruch kreuzen sich bei Covent Garden die Wege eines Lebemanns und einer wenig einnehmenden Dame.*

Giovanni Canaletto (1697–1768) stellte die verschiedenen Gebäude des Regierungssitzes Whitehall beschaulicher dar, als sie in Wirklichkeit waren.

Das Adelphi (griechisch adelphoi = Brüder), wie es die Brüder Robert, John, James und William Adelphi entwarfen, war eines der ehrgeizigsten Stadtbauprojekte des 18. Jahrhunderts. Ein Gemälde von William Marlow.

Georg Scharf stellte eindringlich Alltag und Arbeit in London dar, der Metropole, die keinen Stillstand kennt: Ständig wurden und werden Straßen aufgerissen, Gebäude zerstört und neu errichtet.

Das Aussterben alter Berufe ist der Preis des Fortschritts: Müllmänner und Straßenkehrer wurden, wie dieser Kartoon zeigt, durch Maschinen ersetzt.

The Enraged Musician, *Kupferstich von William Hogarth. Die Kakophonien der Straße bringen den Mann im Haus um den Verstand. Im 18. Jahrhundert konnte man in London auf den Straßen sein eigenes Wort nicht verstehen.*

Das Gemälde The Railway Station *von William Frith ist über die Darstellung des Bahnhofs hinaus auch eine Huldigung an die Macht und die Vitalität der bedeutendsten Hauptstadt des 19. Jahrhunderts.*

e Crowd *von Robert Buss. London ist immer eine adt der Massen und des Mobs gewesen, die sich nauso schnell auflösen, wie sie zusammenströmen.*

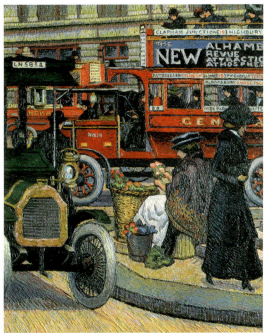

Piccadilly Circus *von Charles Ginner, 1912. Die Blumenverkäuferinnen sind inzwischen verschwunden, aber die Busse nach Battersea und Highbury fahren immer noch hier vorbei.*

ammersmith Bridge on Boat Day Race *von Walter Greaves.*

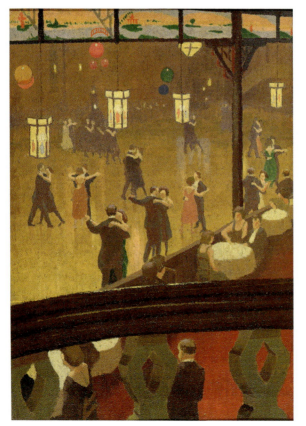

Walter Sickert's Darstellung
der Zuhörer oder besser: der
Zuschauer im «Old Mo» in der
Drury Lane. Die Musik-Theater
repräsentierten das volkstümliche London und zogen auch
die Cockneys an.

Der Hammersmith Tanzpalast,
einer der Treffpunkte zur
Zeit König Eduards VII.
(1901–1910), dargestellt von
Malcolm Drummond.

Ein Kaffeehaus in London, um 1860: Die Besucher decken das ganze soziale Spektrum der Bevölkerung ab; der Junge in der roten Uniform verdient sich gewöhnlich sein Geld mit dem Auflesen von Pferdekot.

Dieses Café in London, 1914, hat trotz seines recht farbigen Interieurs eine melancholische und anonyme Aura.

Allen's Tobacconist Shop – *ein Tabakladen des 19. Jahrhunderts in der Hunt Street, Nähe Grosvenor Square, vom Besitzer selbst gemalt.*

House – *die Skulptur von Rachel Whiteread verleiht der Vorstellung von urbanen Räumen ganz neue Dimensionen.*

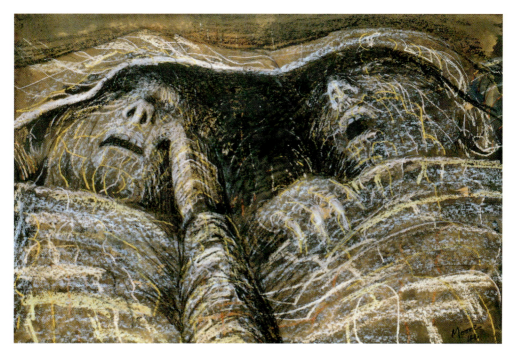

Two Sleepers – *Henry Moore's Vision vom Leben in den Luftschutzkellern während der Bombenangriffe des Zweiten Weltkrieges.*

Graham Sutherlands verstörende Darstellung einer von Bombenangriffen zerstörten Straße im East End.

Canary Wharf bei Nacht, 1991, ein Monument der Macht und des Kommerzes.

Im 19. Jahrhundert war die sexuelle Atmosphäre Londons, trotz des Klischees von der «viktorianischen Epoche» als einer Zeit der aufrechten Familienwerte, nicht weniger lasziv als im 18. Jahrhundert. Flora Tristan schreibt 1840 in ihrem *London Journal*: «In London sind alle Schichten zutiefst verderbt. Das Laster tritt früh an sie heran.» Sie war schockiert gewesen über eine «Orgie» in einer Gastwirtschaft, bei der sich englische Aristokraten und Parlamentsmitglieder bis zum Morgengrauen mit betrunkenen Frauen abgegeben hatten. Aus der ganz anderen Sphäre der Londoner Straßenkinder berichtete Henry Mayhew: «Ihr bemerkenswertestes Charakteristikum ... ist ihre außerordentliche Zügellosigkeit.» Aufgrund seiner Beobachtungen vermutete er, dass bei diesen Kindern die Pubertät viel früher einsetzen müsse, als gemeinhin geglaubt wurde; freilich mochte er die «Details an Schmutz und Unsauberkeit» nicht preisgeben. Selbst in den Gegenden, wo die ehrbarste Arbeiterschicht lebte, war es üblich, dass junge Paare von dreizehn oder vierzehn Jahren zusammenlebten und sich fortpflanzten, ohne dass es eines Ehegelübdes bedurfte; es gab zum Beispiel in Bethnal Green eine Kirche, wo diese «Cockney-Ehen» geschlossen wurden und wo man «für sieben Pence getraut werden kann, wenn man vierzehn Jahre alt ist». Ein Kurat aus dem East End erinnerte sich an einen Morgen, wo er «stand und reihenweise gotteslästerliche Jungen und Mädchen traute. Gespenstige Komödie.» Hier wird die sexuelle Verworfenheit mit genereller Irreligiosität oder Atheismus in Zusammenhang gebracht, charakteristischen Sinnbildern Londoner Lebens.

Aber die Hauptsorge der Beobachter galt im 19. Jahrhundert dem Umfang und der Beschaffenheit der großstädtischen Prostitution. Einschlägige Erhebungen – von Mayhew, Booth, Acton und anderen – lassen erkennen, dass die Prostitution für viele nachgerade zur Obsession wurde. Es gab Tabellen und Statistiken, die erfassten, wo Prostituierte gehalten wurden, wohnten oder sich trafen, mit Gliederungen und Untergliederungen wie «gut gekleidet, in Bordell», «gut gekleidet, in Privatwohnung», «in schlechter Gegend», «vermittelnde Häuser», «Unterkunft gewährende Häuser». Es gab detaillierte Beobachtungen über «Neigung und Geistesart», «Art der Betätigung in Mußestunden», «moralische Defekte» (geistige Getränke) und «gute Eigenschaften» (starke Sympathien füreinander). Die Bekämpfung der Prostitution scheint das überragende Anliegen viktorianischer Gesellschaftsreformer gewesen zu sein, einhergehend mit analogen Bemühungen anderer Sozialarbeiter auf dem Gebiet des Gesundheits- und des Wohnungswesens; in diesem Sinne hatten es alle mit dem Erbe von tausend Jahren ungehemmten Großstadtlebens zu tun, und alle hatten das starke Bestreben, es zu säubern.

Die Verbindung von Sexualität und Krankheit wurde auch explizit hergestellt. In seinem Buch *Prostitution in London* offenbarte William Acton, dass diese «geschminkten und gepuderten Kreaturen mit ihren bemalten Lippen und Augenbrauen, welche den Langham Place, Teile der New Road, den Quadrant, ... die City Road und das Gelände des Lyzeums heimzusuchen pflegen», sich bei näherer Untersuchung in den meisten Fällen als «eine syphilitische Masse» entpuppten. Auch die charakteristische Müllmetaphorik durfte nicht fehlen. «So wie ein Haufen Abfall in Gärung geraten wird, so wird es auch eine Schar von untugendhaften Frauen tun.» Die Prostituierte wird somit zum Symbol der moralischen wie der physischen Ansteckung. Wie es hieß, starben von den 80 000 Prostituierten in London, die es in den 1830er Jahren gab, Jahr für Jahr 8000. In den Londoner Krankenhäusern wurden jedes Jahr 2700 Fälle von Syphilis «bei elf- bis sechzehnjährigen Kindern» registriert. Die wirkliche Anzahl der weiblichen Prostituierten war Gegenstand endloser Spekulationen und Erfindungen – 70 000, 80 000, 90 000 oder noch mehr, und wie man Mitte des 19. Jahrhunderts errechnete, wurden «allein in London jährlich acht Millionen Pfund Sterling für dieses Laster ausgegeben». In diesem Sinne wird die Prostitution zu einem Inbegriff für die kommerzielle Raffgier Londons wie für die Ängste, die mit dem überwältigenden Wachstum des Lasters und der Großstadt selbst einhergingen.

Die Herabwürdigung der Zivilisation im Zentrum Londons kann sehr viele verschiedene Formen annehmen. Einige von ihnen verzeichnet Ryans *Prostitution in London* von 1839. «Maria Scoggins, fünfzehn Jahre alt, hatte eine Stellung als Schnürbrustmacherin. Auf dem Weg zum Hause ihres Vaters wurde sie eines Abends in ein Bordell der Rosetta Davis, alias Abrahams, gelockt und auf die Straße geschickt.» Ein anderes Mädchen, ebenfalls fünfzehn Jahre alt, «wurde sogar von ihrer eigenen Stiefmutter an die Inhaberin eines dieser Häuser in den östlichen Teilen Londons verkauft». Ahnungslose Kinder beiderlei Geschlechts wurden zu bloßen Waren. Leah Davis war eine ältere Frau und Mutter von dreizehn Töchtern, «alle entweder Prostituierte oder Bordellbetreiberinnen». In der Metapher von der Jugend, die hingeopfert wird, klingen barbarische Rituale auf den Altären Trojas oder Gomorrhas nach, während die Rede von den Mädchen, die da auf die Straße «geworfen», «geschickt» oder «gelockt» werden, das Bild einer finsteren, labyrinthischen Stadt heraufbeschwört, in der die Unschuld nur allzu schnell aufgespürt und zerstört wird. Drei fünfzehnjährige Mädchen wurden losgeschickt und sollten möglichst viele Jungen anlocken, «damit deren vereinte Zahlungen ins Gewicht fielen»; «sie wurden zum Schauplatz der Verworfenheit geführt, der sich in dem Etablissement auftat. ... Es war bekannt, dass die teuflischsten Praktiken ständig an ihnen vorgenommen wurden, mitten in einer ebenso dichten wie ahnungslosen Bevölkerung. ... Männer, Frauen und Kinder waren dort zu den schändlichsten, gemeinsten Zwecken vereinigt und verbreiteten ein moralisches Miasma rings um sich her.» Dieser Bericht beschreibt das, was als der Schlagschatten einer heidnischen Finsternis nicht über irgendwelchen Vororten oder in entsprechenden Bumslokalen, sondern im Herzen der Stadt selbst aufgefasst wurde.

Zeigte nun *ein* Bild der Londoner Prostituierten Krankheit und Ansteckung und verkörperte damit schlagend alle Ängste und Befürchtungen, die die Stadt selbst hervorrufen mochte, so zeigte das andere Vereinzelung und Entfremdung. De Quinceys Beschreibung von Ann, der Tochter der hartherzigen Oxford Street, ist ein frühes Beispiel für eine Sicht auf die Großstadt, die im Los der jungen Prostituierten die eigentliche Lebenssituation in der Stadt erkennt; Ann war die Beute nicht nur der tieferen Gleichgültigkeit und Vergesslichkeit der Stadt, sondern auch aller ihrer gnadenlosen kommerziellen Faktoren.

«Mütter brachten ihre kleinen Töchter mit, um sie an dasselbe Gewerbe zu gewöhnen», bemerkte Dostojewski, als er über den Haymarket schlenderte. Ein kleines Mädchen fiel ihm auf, «nicht älter als sechs, von Kopf bis Fuß in Fetzen, schmutzig, barfuß und hohlwangig; man hatte sie böse zugerichtet, und ihr Körper, der durch die Fetzen sichtbar war, war mit Wunden übersät. ... Niemand schenkte ihr die geringste Beachtung.» Hier haben wir ein Bild des Leidens in London, inmitten der endlos vorbeihastenden Menschenmenge, die wegen eines grün und blau geschlagenen Kindes ebenso wenig stehen bleibt wie wegen eines lahmen Hundes. Was Dostojewski erschütterte, der aus seiner eigenen Heimat den Anblick von Schrecken und Hoffnungslosigkeit gewöhnt war, das war «der Ausdruck eines solchen Jammers, einer solch hoffnungslosen Verzweiflung in ihrem Gesicht. ... Sie schüttelte andauernd den zerzausten Kopf, als ob sie wegen irgendetwas stritte, und gestikulierte und spreizte die kleinen Hände, um sie dann plötzlich zu falten und vor die nackte Brust zu legen.» Das sind die Aussichten und Anblicke Londons. An einem anderen Abend streifte ihn eine ganz in Schwarz gekleidete Frau und drückte ihm dabei hastig einen Zettel in die Hand. Er warf einen Blick darauf und las die christliche Botschaft: «Ich bin die Auferstehung und das Leben.» Aber wie konnte irgendjemand an die Lehren des Neuen Testaments glauben, wenn er soeben die Qual und Verlorenheit eines sechsjährigen Mädchens erlebt hatte? Wenn diese

Der Piccadilly Circus mit der Eros-Statue ist seit jeher ein Ort für Nachtschwärmer und erotische Bekanntschaften. Der Name Piccadilly geht auf flanierende Gentlemen zurück, die einst hohe Kragen mit steifen Ecken trugen («pickadills»).

Stadt eine heidnische genannt wurde, dann auch darum, weil niemand, der unter so viel Leid lebte, noch großes Vertrauen zu einem Gott haben konnte, der es zuließ, dass diese Stadt florierte.

Trotzdem – die wahren Götter der Stadt sind vielleicht von anderer Natur. Als 1893 auf dem Piccadilly Circus der Shaftesbury-Brunnen enthüllt wurde – auch «Eros» genannt –, da geschah dies nur wenige Meter von jenem schändlichen Haymarket entfernt, wohin Mütter ihre jungen Töchter zum Verkauf geschleppt hatten. Eros war die erste ganz aus Aluminium gefertigte Statue, und in dieser Verschmelzung von antiker Leidenschaft und neu bearbeitetem Metall haben wir ein Sinnbild des Begehrens vor uns, das so alt und so neu ist wie die Stadt selbst. Dieser Eros hat seither nicht aufgehört, die Menschen anzuziehen.

Im ganzen 20. Jahrhundert war der Piccadilly Circus der Ort nächtlicher sexueller Begegnungen und die Gegend, wo sich junge Leute herumtreiben, die auf ein Abenteuer aus sind. Es ist ein Platz, an dem scheinbar alle Straßen zusammenlaufen, in endloser Verwirrung, und er verströmt eine Atmosphäre, die gleichzeitig energisch und unpersönlich ist. Das ist vielleicht auch der Grund, warum er seit vielen Jahrzehnten ein Zentrum der Prostitution und des «Aufreißens» von Männern wie von Frauen ist. Der Piccadilly Circus war immer der Teil von London, der am meisten mit Gelegenheitssex identifiziert wurde. «Es gab regelmäßige Standorte, die sie aufsuchten», sagt Theodore Dreiser Anfang des 20. Jahrhunderts von den Londoner Prostituierten; «der beste war Piccadilly.» Diese Einschätzung wird in tausend Romanen und Dokumentarberichten bestätigt. Die Eros-Statue hat schließlich immer wieder ihre sonderbare Macht bewiesen. Die Stadt selbst ist eine Form des promiskuitiven Begehrens, mit ihrem endlosen Spiel von anderen Straßen und anderen Menschen, mit ihrer Gelegenheit zu tausend Begegnungen und tausend Abschieden. Gerade die Fremdheit Londons, die mannigfaltigen Gegenden, welche sogar Einheimischen unbekannt sind, bieten die Möglichkeit des glücklichen Zufalls und der unverhofften Begegnung. Allein oder einsam zu sein, das charakteristische Symptom des Großstadtlebens, bedeutet, ein Abenteurer auf der Suche nach einem zeitweiligen Gefährten zu werden; das ist auch das Kennzeichen des Beutejägers. Die Anonymität oder Unpersönlichkeit des Londoner Lebens ist selbst die Quelle des sexuellen Begehrens, da der Appetit ohne die üblichen Zwänge einer kleineren Gesellschaft gesättigt werden kann. So ermutigt die faktische Riesenhaftigkeit Londons die Phantasie und das unbegrenzbare Verlangen.

Das ist der Grund, weshalb die sexuelle Situation Londons in ihrer Gefräßigkeit und Unersättlichkeit grundsätzlich immer dieselbe geblieben ist. Heute gibt es Striptease-Bars und Clubs, in denen Bauchtänzerinnen auftreten; tausend Pubs und Nachtclubs bedienen jede Form der sexuellen Neigung; es gibt Straßen, die für ihre Prostituierten bekannt sind, und Parks, die der nächtlichen Anmache dienen. Ganze Gegenden Londons zeigen nachts ein anderes Gesicht als tagsüber, so dass die Stadt einer ewig fruchtbaren Quelle gleicht, die immer neue Realitäten und Erfahrungen hervorbringen kann. Und deshalb ist sie an sich schon «sexy», indem sie ihre heimlichen Orte zur Schau stellt und den Unbedachten verführt. Noch um eine weitere Straßenecke biegen, noch eine Gasse weiter gehen – wer weiß, was dann kommt? Die Telefonzellen sind bedeckt mit Annoncen von sadistischen oder transsexuellen Prostituierten, von denen einige behaupten, sie seien «neu in der Stadt» oder «neu in London». Sie erinnern an jenes Mädchen vom Covent Garden, von dem Steele im 18. Jahrhundert berichtet, dass es «ganz neu in der Stadt war». Aber nichts ist jemals ganz neu in London, wo die Jugend immer noch ihre Körper feilbietet.

42. Ein guter Wurf

Trinken, Sexualität und Glücksspiel gingen einst stets zusammen. Sie waren die Trinität des Lasters und der Schwachheit in London, eine unheilige Dreifaltigkeit, die fröhlich durch die Stadt tanzte. Sie verkörperten Rücksichtslosigkeit und Trotz angesichts eines ungewissen Lebens in einer von Unsicherheit gefolterten Stadt.

Alle finanziellen und kommerziellen Institutionen Londons gründeten sich auf ein riesiges Glücksspiel – warum also nicht partizipieren an diesem gefahrvollen, aber fesselnden Spiel? Die Begegnung mit einer Prostituierten mochte zu einer tödlichen Krankheit führen, während der gelungene Wurf mit dem Würfel einen reich machen konnte; danach durfte man sich angesichts aller dieser Risiken und Schwierigkeiten betrinken, um zu vergessen. M. Dorothy George, die die Sozialgeschichte Londons im 18. Jahrhundert erforscht hat, schreibt: «Die Versuchungen zum Trinken und zum Spielen waren in einem erstaunlichen Ausmaß mit der Textur der Gesellschaft verwoben und erzeugten in Verbindung mit den Ungewissheiten des Lebens und Handels zweifellos dieses Gefühl der Instabilität, des jederzeit drohenden Ruins.» Viele Geschäftsleute wurden durch Verschwendung und Spielsucht in den Ruin getrieben. *Fleiß und Müßiggang* – so hieß eine typische Londoner Geschichte über den Weg eines Londoner Lehrlings, den der Suff, die Würfel und die Weiber schließlich nach Tyburn an den Galgen brachten.

Die ersten Beweise für die Spielsucht in London können aus römischer Zeit beigebracht werden; bei Ausgrabungen fand man Würfel, die aus Knochen oder Gagat (schwarze Braunkohle) geschnitzt waren. Von den unerwarteten Wendungen, die das Leben der Menschen damals nehmen konnte, zeugen auch die ausgefeilten Utensilien eines Wahrsagers, die unter der Newgate Street gefunden wurden. In frühmittelalterlicher Zeit spielte man in Schenken und einfachen Häusern *Hazard* sowie ein Würfelspiel namens *Tables* (Brettspiel mit Würfel für zwei Personen), ähnlich unserem Puff. Auch in mittelalterlichen Bordellen gehörten Spielen und Trinken zum üblichen Service. Streitigkeiten beim Spiel endeten oft tödlich; nach einer Runde *Tables* «wurde der Sieger auf dem Nachhauseweg vom Verlierer erstochen». Es gab auch viel Raum für Betrug, und so hören wir von gezinkten Spielbrettern und beschwerten Würfeln. Dennoch war die Spielleidenschaft allgegenwärtig. Eine Ausgrabung am

Duke's Place förderte laut einem Bericht in *The London Archaeologist* einen mittelalterlichen Dachziegel zutage, «der zu einem Spielbrett umgearbeitet war», und schon im 13. Jahrhundert gab es in Westminster Richtlinien für die Bestrafung von Schuljungen, bei denen Würfel entdeckt wurden: Für jedes «Auge» auf dem Würfel wurde ein Rutenstreich ausgeteilt.

Spielkarten kamen im 15. Jahrhundert nach London und wurden sehr rasch so beliebt, dass Heinrich VII. 1495 «Dienstboten und Lehrlingen den Gebrauch der Spielkarten außer an den Weihnachtsfeiertagen verbot». Stow berichtet: «Vom Abend vor Allerheiligen bis zum Tag nach Mariä Lichtmess gab es in den Häusern neben anderen Vergnügungen die Karten, wobei um Zählmarken, Nägel oder Punkte gespielt wurde.» Sie waren auch in jeder Schenke zu finden – manche Kartenspiele zeigten auf der Rückseite der Blätter den Namen einer Wirtschaft. Für ihre Vorzüge wurde weithin geworben: «Spanische Spielkarten aus Vigo eingetroffen! Erfreulich für das Auge durch ihre merkwürdigen Farben und ganz anders als die unseren. Zu haben für 1 Schilling pro Paket bei Mr Baldwin in der Warwick Lane.» Das Geschäft mit den Spielkarten entwickelte sich so lebhaft, dass die Steuer auf ihren Verkauf Mitte des 17. Jahrhunderts Schätzungen zufolge jährlich 1000 Pfund Sterling eingebracht haben soll, was bedeutet, dass «rund 4,8 Millionen Kartenspiele» über die Ladentheke gegangen sein müssen.

Fulham erwarb sich schon im 16. Jahrhundert einen zweifelhaften Ruf durch seinen Handel mit Würfeln und Spieltischen. Ein anderes anerkanntes Zentrum des Glücksspiels war *Lincoln's Inn Fields*. Hier spielten Knaben «um rote Heller und Orangen»; ein beliebtes Spiel war das Glücksrad, wobei sich ein beweglicher Zeiger in einem Ring von Symbolen drehte; «zu gewinnen gab es nussgroße Pfefferkuchen». Solche Spielorte waren natürlich für liederliche Londoner eine Verlockung. *Lincoln's Inn Fields* war ein berüchtigter Treffpunkt für «müßiggängerische und lasterhafte Landstreicher», die man die Vermummten nannte. Unter ihnen gab es Würfelspieler, Gauner und Zinker, die sich auf das Glücksspiel spezialisiert hatten. Ihre Würfel waren schief geschnitten, so dass sie «zwar gut und viereckig aussahen, aber auf den Kanten bei der Drei und der Vier länger waren als die anderen».

In der Broschüre *Manifest Detection* werden Dutzende von weiteren Tricks der Bruderschaft der Schieber verraten. Eine andere Flugschrift mit dem Titel *Look on me, London* warnt vor den Tricks und Schlichen, mit denen Harmlose und Unvorsichtige geleimt werden; Ortsunkundige und Besucher laufen Gefahr, dass sie von «‹dem Ansprecher› [der Bekanntschaft vortäuscht, um sein Opfer auszurauben], ‹dem Kleinen›, ‹der

Mütze› oder ‹dem Grünen›» betrogen werden – Spitznamen übrigens, die offenbar die Generationen überdauert haben.

Das Spielfieber aber verebbte nicht. Als 1764 der Boden der Middle Temple Hall angehoben wurde, fanden sich «nicht weniger als hundert Paar» Würfel, die im Laufe der Generationen beim Spiel durch die Bodenfugen gerollt waren. Mitte des 17. Jahrhunderts beschreibt Pepys die Spieler in einem Spielhaus: «Wie feierlich sie sich geben, wenn sie etwa neue Würfel verlangen, ihren Platz wechseln oder ihre Art des Würfelns ändern.» Ihm entging auch nicht, «wie ein paar alte Spieler, die jetzt kein Geld mehr haben wie früher, dennoch kommen, sich setzen und zuschauen, als seien sie wie die anderen». Diese Orte nannte man in London «Spielhöllen», und Pepys hörte in ihnen den Ruf der Verdammten.

Lord Chesterfield, vielleicht beeindruckt von der egalitären Gesinnung der Stadt, meinte einmal, er spiele lieber mit einem Gauner als mit einem Gentleman – bei dem Gauner gewinne er vielleicht nicht so oft, aber er sei wenigstens sicher, dass er das gewonnene Geld auch wirklich bekomme.

Ein Charakteristikum der Londoner Spielhäuser, dass sich nämlich vornehme und adlige Herren an einen Tisch mit Leuten setzten, die von «gemeinerer Art» waren, wiederholte sich Ende des 20. Jahrhunderts in den Spielcasinos und Spielclubs, wo sich die Aristokratie zur Unterwelt gesellte. Die Ausschweifungen Londons wirken – wie London selbst – als große Gleichmacher.

Anfang des 18. Jahrhunderts wies London fast vierzig Spielhäuser auf. Sie wurden auch «Schlachthaus» oder «Subskriptionshaus» [nach den Unterschriften auf den Schuldscheinen] genannt. Laut Timbs' *Curiosities of London* gab es «in London mehr von diesen Treffpunkten als in irgendeiner anderen Stadt der Welt». Zu erkennen waren sie an einer verzierten Gaslampe neben dem Eingang und einer grün bespannten Tür am Ende des Korridors. Die Spielleidenschaft breitete sich im 18. Jahrhundert weiter aus – war diese Epoche doch geprägt von finanzieller Unsicherheit und plötzlichem Ruin.

Das Glücksspiel wurde für illegal erklärt, florierte aber trotz nächtlicher Razzien in einschlägigen Spielhöllen der Stadt weiter. Es war immer «eine bunt gemischte Menge von vornehmen Herren, Kaufleuten, Händlern, Klerikern und Gaunern aller Schattierungen und Vermögensverhältnisse versammelt», die bereit waren, Hazard, Faro, Basset, Roly-poly und ein Dutzend anderer Würfel- und Kartenspiele zu spielen. In diese Spielhöllen begaben sich die Windbeutel, die Witzlinge, die Spötter, die Aufschneider und die Schleusenkapitäne mit einem Regiment von Spitzeln, Dienstmännern und Läufern, die Alarm schlugen, sobald Konstabler kamen. Im *Brook's* besagte der 21. Punkt der Satzung: «Kein Glücksspiel im Speisezimmer (bis auf das Knobeln um die Rechnung); Zuwiderhandelnde zahlen die Zeche aller Anwesenden.» Es gab, wie die *Londoner Souvenirs* berichten, auch andere, weniger erfreuliche Anlässe für Wetten. Eines Tages fiel vor dem *White's* ein Spieler tot um; «unverzüglich schloss der Club Wetten darauf ab, ob der Mann tot oder nur ohnmächtig sei, und als man ihn zur Ader lassen wollte, traten die dazwischen, die auf seinen Tod gesetzt hatten, und protestierten, dies würde den Ausgang der Wette verfälschen.»

Das Wetten war natürlich mit gewalttätigen Belustigungen wie Rattenfangen, Hahnenkampf oder Frauenringkampf verbunden, woran in London kein Mangel herrschte; aber auch Naturerscheinungen konnten Gegenstand von Wetten werden. Nach heftigen Erschütterungen in der Stadt wurden eines Morgens im *White's* Wetten abgeschlossen, «ob es ein Erdbeben oder die Explosion einer Munitionsfabrik gewesen war». Es hatte sich tatsächlich um ein Erdbeben gehandelt – eines der nur schwer vorhersehbaren Lebensrisiken in London.

Ein Marktarbeiter in Leadenhall «wettete, dass er in 72 Stunden 202 mal um Moorfields laufen könne, und schaffte es». Ein Staatsminister, der Graf von Sandwich, «verbrachte vierundzwanzig Stunden an einem öffentlichen Spieltisch, und zwar so absorbiert vom Spiel, dass er in der ganzen Zeit nichts zu sich nahm als ein Stück Rindfleisch zwischen zwei gerösteten Scheiben Brot, die er aß, ohne das Spiel zu unterbrechen. Dieses neue Gericht kam sehr in Schwang … Man benannte es nach dem Minister, der es erfunden hatte.»

Die Tradition des öffentlichen Spielens setzten im 19. Jahrhundert Einrichtungen fort wie der *Royal Saloon* am Piccadilly, die *Castle* (Burg) in Holborn, *Tom Cribb's Salon* in der Panton Street, das *Finish* in der James Street oder das *White House* am Soho Square. Der *Brydges Street Saloon* am Covent Garden war auch als «Halle der Infamie» oder «Bei Mutter Verdammlich» bekannt. Am anderen Ende Londons, im East End, gab es Spielzimmer und Spiellokale in einem Umfang, dass ein Geistlicher, der Sozialarbeit unter den dortigen Armen verrichtete, Charles Booth anvertraute: «Das Glücksspiel läuft dem Alkohol als größtes Übel des Tages fast den Rang ab. … Alle Leute hier spielen mehr, als sie trinken.» Die Gassenjungen hatten ein Kartenspiel namens *Darbs* («Fessel», «Schutzmann»), das sie um geringwertige Münzen oder um Knöpfe spielten, während Wetten auf den Ausgang eines Boxkampfs oder Pferderennens von Tabakwarenhändlern, Gastwirten, Zeitungsverkäufern und Barbieren entgegengenommen wurden. «Alle müssen wetten», sagt ein anderer Informant in Charles Booths Beschreibung des East End, «die Frauen genauso wie die Männer … Erwachsene Männer und kleine Jungen überschlagen sich, um das neueste ‹Extrablatt› zu lesen und den Gewinner anzukreuzen.»

«Aleph» beschreibt in *London Scenes and London People*, wie Bekannte, die einander auf der Straße begegneten, nicht über das Wetter redeten, sondern über «das große Los, das man gerade zieht oder gleich

Im Almacks, einem berühmten Spielclub in der Pall Mall, hatten die Spieler ihren Rock verkehrt herum an, weil das Glück bringen sollte; sie trugen Lederarmbänder, um ihre Spitzenmanschetten zu schonen, und Strohhüte, um ihre Augen vor dem Licht zu schützen und ihre Haare zu bändigen. Manchmal setzten sie sogar Masken auf, um ihre Gefühle zu verbergen.

393

ziehen wird, und über den glücklichen Gewinner oder über die Niete, die man gezogen hat, und den felsenfesten Glauben, dass die Nummer 1962 das große Los mit 20 000 Pfund Sterling sein wird». Es gab Lotte-

Die Lotterie wurde im Jahr 1659 in London eingeführt. Die «Glückszahlen» blieben jahrhundertelang eine brennende Leidenschaft.

riezeitschriften, aber auch Lotterie-Handschuhmacher, -Hutmacher oder -Teehändler, die eine kleine Beteiligung an ihrem Los versprachen, wenn man ihre Dienste in Anspruch nahm. Gezogen wurde das Gewinnlos im Rathaus von einem kleinen «Blaurock» (Zögling von Christ's Hospital), dem man die Augen verbunden hatte (das Londoner Pendant zur blinden Fortuna). «Prostituierte, Diebe, schmutzige, halb nackte Arbeiter oder Tagelöhner umlagerten das Gebäude – Kinder noch, die auf die Bekanntgabe der Zahlen warteten». Auch in 1984, George Orwells Vision des zukünftigen Londons, gibt es «die große Lotterie»: «Anzunehmen war, dass es ein paar Millionen Proleten gab, für welche die Lotterie der hauptsächliche, wo nicht der einzige Grund war, am Leben zu bleiben. Sie war ihre Wonne, ihre Grille, ihr Schmerzmittel, ihr geistiges Stimulans.» Orwell verstand den Zusammenhang zwischen dem Grundprinzip der Londoner Zivilisation und der Notwendigkeit zu Glücksspiel und Schwindel. Die Londoner bedürfen des Stimulus und der verzweifelten Hoffnung auf einen Lotteriegewinn; die Chancen sind zwar unendlich gering, aber in einer so riesigen und unverhältnismäßigen Stadt nimmt man das hin. An einer Wette können Millionen teilnehmen, und es bleibt doch eine Wette. Auch Vorfreude und Sorge werden geteilt, so dass man das Glücksspiel als einen plötzlichen Anfall von Gemeinschaftsgefühl betrachten kann.

Heute sind die Londoner Wettläden und Spielcasinos voll – am Queensway und am Russell Square, in der Kilburn Street, in der Streatham Street, am Marble Arch und an hundert anderen Orten. So kann man das Leben in London als ein Spiel auffassen, das nur wenige gewinnen können.

London als Volksmasse

Diese Radierung aus dem Jahr 1851 von James Gillray stellt den englischen Politiker
und Theaterschriftsteller Richard Brinsley Sheridan (1751–1816) im Rückgriff
auf die stehende Figur des Punch dar, der hier einer kreischenden Zuschauermenge
Sprechblasen liefert. In der theatralischen Metropole gehört die
Masse zu den dramatis personae.

43. Pöbelherrschaft

In einer Stadt der Gerüchte und der Glücksumschwünge, der Übertreibungen in jeder Form, hat die Londoner Volksmasse im Laufe der Generationen eine interessante Pathologie erworben. Die Menge ist kein isoliertes Gebilde, das sich bei bestimmten Gelegenheiten manifestieren würde – sie ist der eigentliche Zustand Londons selber. «Als wir auf die Straße blickten», erinnert sich ein Beobachter Londons im 17. Jahrhundert, «sahen wir eine wogende Menschenmenge auf der Suche nach einem Ruheplatz, was jedoch eine neue Masse kunterbunt gruppierter Besucher unmöglich machte. Es war ein schönes Durcheinander: Da waren kindische Greise neben frechen Burschen und Knaben ... Frauen der unteren Schichten mit ihrem Kind auf dem Arm.» Das «Durcheinander» lässt auf ein Schauspiel oder Spektakel schließen, und so begannen die Maler Mitte des 17. Jahrhunderts, auf subtile Weise die Londoner Volksmenge zu erkunden. Sie war nicht mehr eine ununterscheidbare Masse, die aus sicherer Entfernung betrachtet wird, sondern eine allgemeine Gruppe von Menschen mit einzeln herausdifferenzierten Zügen.

Das laute, undeutliche Summen, das zu einem Brüllen anschwillt und von einer seltsamen allgemeinen Bewegung begleitet wird, ist der wahre Klang Londons. «Hinter dieser Welle war ein Vakuum, das sich aber rasch füllte, bis eine zweite, gleiche Welle heraufkam; und so zogen vier oder fünf Wellen nacheinander vorbei ... und Kehlen öffneten sich zu einem heiseren, fürchterlichen Geschrei.» Das Geräusch hat etwas Rohes, ja Beunruhigendes an sich; es ist, als sei die Stimme der Stadt urtümlich, unirdisch. Der Anlass, den Thomas Burke hier, in *The Streets of London Through the Centuries*, beschreibt, ist ein antikatholischer Umzug des späten 17. Jahrhunderts durch die Fleet Street, und die bedrohliche Atmosphäre wird verstärkt durch das Erscheinen eines Mannes «mit einem Sprachrohr, der ganz infernalisch ‹Abhorrers! Abhorrers!› [Royalisten unter Karl II.] brüllte». Der Klang Londons kann hart und misstönend sein. Doch manchmal atmet er kollektiven Jammer. Am Tage der Hinrichtung Karls I., dem 30. Januar 1649, herrschte großes Gedränge in Whitehall; in dem Augenblick des Streiches, der das Haupt des Königs von seinem Rumpf trennte, «entstand ein solches Aufstöhnen bei den Tausenden, die zugegen waren, wie ich es nie zuvor gehört hatte und nie wieder zu hören begehre».

Dennoch war für die Royalisten des 17. Jahrhunderts die Londoner Menge «der Abschaum des gewöhnlichsten Pöbels, die gemeinsten aller Menschen, der Auswurf des Volks ... gemeine Bürger und Lehrlinge». Die Menge wurde mit anderen Worten zu einer greifbaren Bedrohung; sie verwandelte sich in einen «Mob» – das Wort entstand im 17. Jahrhundert aus dem lateinischen *mobile vulgus*, «wankelmütiges Volk».

*Die Hinrichtung
Karls I. vor
Banqueting House,
1649.*

Der springende Punkt war, dass London im 16. und 17. Jahrhundert maßlos gewachsen war. In einer Atmosphäre politischer und religiöser Kontroversen gab es auch kein Muster einer städtischen Verfassung, die sie hätte in Schach halten können. Samuel Pepys berichtet von einer «johlenden und kreischenden Menge, die auf der Straße ein freies Parlament und Geld forderte», und im Sommer 1667 notiert er: «Wie es heißt, haben sie auf offener Straße gestern in Westminster geschrien ‹Ein Parlament! Ein Parlament!› und glauben, dass es Blut kosten wird.» Im Jahr darauf gab es Krawalle in Poplar und Moorfields, und das neue Gefängnis in Clerkenwell wurde vom Volk gestürmt, um Menschen zu befreien, die zu einer Haftstrafe verurteilt worden waren, weil sie nach guter alter Londoner Sitte Bordelle verwüstet hatten. «Aber hier hieß es jetzt, dass diese faulen Burschen die Dreistigkeit besaßen zu sagen, es sei falsch gewesen, sich mit dem Ausmisten der kleinen Puffs zu begnügen,

und sie hätten lieber hingehen und den großen Puff in Whitehall ausmisten sollen.» Das ist die echte, gleichmacherische Stimme der Londoner, aus denen jetzt eine Menge, eine Masse, ein «Mob» im Herzen der
Stadt geworden war. «Unter einigen von ihnen kursierte letzte Nacht
eine Parole, und die lautete ‹Reformen und Reduktionen [Preis- und
Steuersenkungen]!›. Es wird den Höflingen wirklich bange, diesen Geist
in der Bevölkerung zu sehen.»

London war also gefährlich geworden. «Wenn schon ein Pöbel von
Tagearbeitern oder Dienstboten, eine Bande von Dieben und Gaunern
fast zu groß für die städtische Obrigkeit wird», schrieb Henry Fielding,
«was soll dann erst bei einem aufwieglerischen Tumult oder allgemeinen
Krawall werden?» Die Geschichte der Volksmenge im 18. Jahrhundert
offenbart eine allmähliche Veränderung ihrer Stimmungslage, die für
Friedensrichter wie Fielding beunruhigend war. Mit Hohn und Beleidigungen wurden jetzt nicht mehr in erster Linie Fremde oder Außensei-
ter bedacht, sondern Wohlhabende und Autoritätspersonen. Pierre Jean
Grosley berichtet: «In England sind weder Rang noch Würde vor Kränkung sicher ... Keine Nation ist satirischer oder schlagfertiger, besonders das gemeine Volk.» Ein Franzose machte die scharfsinnige Beobachtung: «Diese Unverschämtheit halten viele für den Humor und Witz von
Dienstleuten und Kutschern, doch dieser Humor und Witz war in den
Händen des Langen Parlaments eine der Hauptwaffen gegen Karl I.» In
diesem Zusammenhang ist es vielleicht nicht überflüssig zu erwähnen,
dass die Londoner Gassenjungen das Standbild der Königin Anna vor
St Paul's Cathedral als Zielscheibe benutzten, um sich im Steinewerfen
zu üben.

Ein typisches Merkmal des Londoner Pöbels war seine Reizbarkeit
und Wankelmütigkeit; ein Funke, in seine Tiefen geworfen, entflammte
sehr rasch ein Feuer. Als ein Delinquent nicht pünktlich am Pranger an
den Seven Dials erschien, entlud sich die Wut der Menge hauptsächlich
gegen vorbeifahrende Mietdroschken; sie wurden mit Straßenkot und
Pferdemist beworfen, und die Kutscher waren gezwungen, «Hurra» zu
schreien, wenn sie weiterkommen wollten. Über eine umstrittene Wahl
in Westminster wird berichtet: «In wenigen Minuten waren die gesamte
Tribüne, Bänke, Stühle und alles kurz und klein geschlagen.» Die Wut
der Volksmasse trat ebenso zufällig wie sporadisch auf, sie war wild und
erheiternd zugleich. Ein deutscher Besucher schrieb 1770, nachdem er
Ludgate Hill gesehen hatte: «Jetzt weiß ich, was ein englischer Mob ist.»
Er fuhr gerade in einer Kutsche, als allgemeiner Jubel über die Entlassung
des großen Londoner Politikers Wilkes aus dem Gefängnis herrschte:
«Halbnackte Männer und Frauen, Kinder, Kaminkehrer, Kesselflicker,

*«Ein Mann in Hof-
tracht kann nicht
durch die Straßen
Londons gehen,
ohne vom Pöbel mit
Kot beworfen zu
werden», schreibt
Casanova 1764,
«die Londoner
johlen, wenn der
König und die kö-
nigliche Familie in
der Öffentlichkeit
erscheinen.»*

Mohren und Gelehrte, Fischweiber und elegante Damen, alle schrien und lachten, berauscht von ihrer Laune und ihrer unbändigen Freude.»

Es ist, als habe gerade die Zurückhaltung der Stadt diese plötzliche Lust am Wilden und Ausschweifenden gefördert; die Hemmungen, die eine merkantile Kultur auferlegte und die für viele in der Menge verderbliche Folgen hatten, begünstigten die Flatterhaftigkeit der Wut wie der Erheiterung. Auch waren zu viele Menschen gezwungen, auf zu engem Raum zusammenzuleben, und diese massive Übervölkerung in engen Straßen gebar seltsame Fieberausbrüche und Erregungen. Daher hatte die instinktive Furcht vor dem Pöbel oder der Volksmasse ebenso viel mit ihrer Anfälligkeit für Krankheiten wie mit ihrer überwiegenden Neigung zur Gewalt zu tun. Es war die Furcht vor der Berührung, vor der ungesunden Wärme Londons, die durch seine Bürger übertragen wurde und die auf die Fieber- und Seuchenzeit zurückging, von der Defoe schreibt: «Ihre Hände infizierten alle Dinge, die sie berührten, besonders, wenn sie warm und schweißnass waren, und sie neigten generell zum Schwitzen.»

Falls man hoffte, in London «ein Gemeinschaftsleben» zu finden, so war dies nach übereinstimmender Aussage «aller Fremden» so, als wolle man «in einer Sandwüste nach Blumen suchen». Es gab im 18. Jahrhundert kein Gemeinschaftsgefühl und kein Gemeinschaftsleben in London, sondern nur eine Reihe von einzelnen, deutlich unterscheidbaren Volksmassen. Es gab die Massen von Frauen, die wütend gegen Bordelle oder die Läden unlauterer Händler loszogen, die Massen von Bürgern, die durch ein «Zetergeschrei» alarmiert worden waren, Gemeindeglieder, die ein Gefängnis stürmten, die Massen, die einem Brand zuschauten, die Massen der Bettler oder beschäftigungsloser Arbeiter.

Es gab Aufstände von Seidenwebern und Kohlenträgern, Hutmachern und Glasschleifern und einer Unzahl der verschiedensten Gewerbetreibenden, die durch schleichende Industrialisierung und steigende Lebensmittelpreise zur Verzweiflung getrieben wurden. So stellte zum Beispiel indischer Kattun eine Bedrohung für die Weber von Spitalfields dar, und so wurde eine Frau von einer Meute angefallen, «die ihr mit Gewalt Kleid und Unterrock auszog, zerriss und zerschnitt, sie mit den übelsten Schimpfworten bedrohte und nackt auf dem Feld liegen ließ». London presste die Energien seiner Bürger in die krumme Form seiner Gassen und Durchgänge, wodurch sie nur umso wilder und verzweifelter wurden.

Aus diesem Grund wurde auch der Prozess des städtischen Lebens selbst als Bewegung in einer Volksmasse verstanden. Manchmal ist sie indifferent und banal, ein Aspekt der «großen Metropole» mit ihrem «riesigen, unpressierten Publikum, das noch immer zusammenströmen und alles Neue angaffen wird». Doch bei bestimmten Gelegenheiten waren ihr Tempo und ihre Konfusion entscheidend, wie in Grays Gedicht, wo die Volksmasse auf den Straßen mit ihrem «Tumult den Freund mir von der Seite drängt» – eine Metapher, die auch in *Moll Flanders* eine Rolle spielt: «Ich nahm in der Menge von Betty Abschied und sagte ihr in Eile, liebe Lady Betty, achten Sie auf Ihre kleine Schwester, und so wurde ich von der Menge sozusagen von ihr gestoßen.» Die unpersönliche Volksmasse scheidet Freund von Freund und trennt die Liebende vom Geliebten; die uns teuersten Menschen, fortgetragen von der schwellenden Woge in unbekannte Richtungen, sind uns nicht mehr nahe. Manche aber vermögen gerade in dieser Anonymität Trost zu finden. «Ich werde mich daher in die Stadt zurückziehen», schreibt Addison im Juli 1711 im *Spectator*, «und wieder in die Menge eintauchen, so rasch ich kann, um allein zu sein.» Die Volksmasse begünstigt also Geheimhaltung und Angst, aber auch die Einsamkeit.

Das 19. Jahrhundert erbte alle diese Neigungen, aber in dem gewaltigen Ofen oder der «Fettgeschwulst» wurde die Volksmasse zunehmend entpersönlicht. Engels, der große Beobachter des imperialen Londons, bemerkte: «Die brutale Gleichgültigkeit, die gefühllose Isolierung des Einzelnen auf seine Privatinteressen tritt nirgends so schamlos unverhüllt, so selbstbewusst auf als gerade hier in dem Gewühl der großen Stadt.» Damit meinte er nicht nur das Gewühl auf den großen Verkehrsadern, wo gleichgültige Menschenmassen in vorbestimmte Richtungen gehen, sondern die allgemeine Übervölkerung in der Hauptstadt – sie war schier schwarz von der Zahl der in ihr lebenden Menschen. Daher meinte Engels auch, dass das Straßengewühl an sich schon etwas Widerliches habe, etwas, «wogegen sich die menschliche Natur empört». Hunderttausende von allen Klassen und aus allen Ständen drängen aneinander vorbei. «Die einzige Übereinkunft zwischen ihnen», so Engels, sei «die stillschweigende, dass jeder sich auf der Seite des Trottoirs hält, die ihm rechts liegt, damit die beiden aneinander vorüberschießenden Strömungen des Gedränges sich nicht gegenseitig aufhalten; und doch fällt es keinem ein, die andern auch nur eines Blickes zu würdigen.» Die Volksmasse Londons im 19. Jahrhundert war ein neuartiges Phänomen in der Menschheitsgeschichte, das viele Sozialreformer zu analysieren versuchten. Für Engels war die Masse ein Mechanismus, der die finanziellen und industriellen Prozesse der Stadt nachahmte, und stellte eine fast unmenschliche Kraft dar. Lenin fuhr auf dem Oberdeck eines Omnibusses, um Natur und Bewegung dieses sonderbaren Wesens umso besser beobachten zu können; er berichtete von «Gruppen von aufgedunsenen, durchnässten Lumpenproletariern, unter ihnen wohl auch eine betrunkene Frau mit einem blauen Auge und einem zerrissen herunterhängenden Samtkleid von derselben Farbe ... Auf den Trottoirs drängten sich Scharen arbeitender Frauen und Männer, die geräuschvoll alle möglichen Dinge kauften und an Ort und Stelle ihren Hunger stillten.» Bei ihm wird die Londoner Volksmasse zur wilden Verkörperung von Energie und Appetit, wobei die Frau mit dem blauen Auge und dem blauen Kleid die dunkleren Mächte des Londoner Lebens ahnen lässt.

Dostojewski hatte sich unter den Menschenmassen verlaufen und schreibt danach: «Was ich gesehen hatte, peinigte mich drei Tage lang. ... Diese Millionen von Menschen, ausgestoßen und vertrieben vom Fest der Menschlichkeit, stoßen und drängen einander in die unterirdische Finsternis. ... Der Pöbel hat nicht genug Platz auf den Trottoirs und überschwemmt die ganze Straße ... Ein betrunkener Vagabund, der in dieser furchtbaren Masse mitschlurft, wird von den Reichen und Betitelten weggestoßen. Man hört Flüche, Streitigkeiten, Herausforderungen.» Dostojewski verspürte das ganze Chaos des kollektiven Erlebens in einer Stadt, die selbst ein Fluch, ein Streit und eine Herausforderung war. Diese ganze Masse namenloser und undifferenzierter Bürger, dieser ungeheure Zusammenlauf von unbekannten Seelen war ein Sinnbild für die Energie wie für die Bedeutungslosigkeit der Stadt. Es war auch ein Sinnbild für die grenzenlose Vergesslichkeit, die mit dem großstädtischen Leben verbunden ist. «Die Kinder der Armen laufen oft, wenn sie noch klein sind, auf die Straße hinaus, verschmelzen mit der Menge und kehren nie mehr zu ihren Eltern zurück.» Sie verwirklichten mit anderen Worten die eigentliche Bestimmung der Stadtbewohner – ein Teil der Masse zu werden.

Eine Kurzgeschichte von Edgar Allan Poe mit dem Titel *Der Massenmensch* («The Man of the Crowd») spielt im London der 1840er Jahre. Der Erzähler befindet sich in einem Kaffeehaus an einer der Hauptverkehrsadern der Stadt, wo er die Natur und Zusammensetzung der «pausenlosen dichten Doppelflut» von Menschen studiert, die an ihm vorbeikommen. Viele trugen ein «zufrieden geschäftiges Gebaren» zur Schau; «ihre Stirnen waren gefaltet, und ihre Augen rollten quick-behende; wurden sie von Mitpassanten angestoßen, so legten sie keinerlei Anzeichen von Ungehaltenheit an den Tag.» Es trat aber auch eine andere «zahlreich vertretene Klasse» hervor; «sie waren rastlos in ihren Bewegungen, hatten rot-hitzige Gesichter und redeten und gestikulierten mit sich selbst; ... wurden sie gestoßen, so verbeugten sie sich überschwänglich tief vor denen, welche sie gestoßen hatten, und schienen überwältigt von Verwirrung.» Hier sind zwei Typen der Londoner Volksmasse: die zufriedenen Reisenden im Strom des Lebens und der Zeit und die Unbeholfenen oder Verwirrten, die sich in diesen Strom nicht einfügen können. Sie entschuldigen sich wegen ihrer Verwirrung, aber eine Kommunikation gelingt ihnen nur dadurch, dass sie mit sich selbst reden.

Der Erzähler bemerkt junge Schreiber und Ladendiener, die die Mode des letzten Jahres tragen, und «höhere Clerks» oder «Jungs aus gutem altem Hause»; er sieht Taschendiebe, Stutzer, Hausierer, Spieler, «schwache und bleiche Invaliden, auf die der Tod schon sichtbarlich die Hand gelegt hatte», sittsame junge Mädchen, abgerissene Handwerker, erschöpfte Tagelöhner, Pastetenverkäufer, Dienstboten, Straßenkehrer, «Betrunkene, zahllos und unbeschreiblich – manche in Fetzen und Lumpen, taumelnd, lallend». Hier wird die Londoner Volksmasse um die Mitte des 19. Jahrhunderts enthüllt, «alle erfüllt von einer geräuschvollen und zügellosen Munterkeit, die misstönend ans Ohr scholl und das Auge schmerzend berührte».

Dann fesselt den Erzähler ein Gesicht, das eines alten Mannes; es verrät Vorsicht und Bosheit, Triumph und Habgier, Fröhlichkeit und «äußerste Verzweiflung». Er beschließt, mehr über ihn in Erfahrung zu bringen, und folgt ihm die ganze Nacht hindurch. In Straßen voller Menschen ist der Schritt des Alten schnell und ruhelos, auf menschenleeren Wegen aber «ging er langsamer und weniger zielstrebig denn zuvor – viel zögernder». Er läuft durch verlassene Straßen, bis er auf eine Menge stößt, die gerade aus einem Theater kommt – hier, wo er sich unter Menschen bewegt, «legte sich tiefe Seelenpein auf seine Züge». Er gesellt sich zu einer Gruppe von Gintrinkern, die sich vor dem Eingang zu einem Gasthaus drängeln, «und mit einem halben Freudenschrei … schritt er ohne jedes ersichtliche Ziel im Gedränge her und hin». In den frühen Morgenstunden spaziert er in eine Gegend des Elends und Verbrechens, wo «die verkommensten Teile der Bevölkerung hin und her taumeln»; bei Tagesanbruch kehrt er dann «in irrer Unermüdlichkeit» zu einer Hauptverkehrsader zurück; dort «wanderte er auf und nieder und wich während des ganzen Tages nicht aus dem Getümmel jener Straße».

Schließlich begreift der Erzähler, wem er da gefolgt ist. Es ist die Verkörperung der Masse, das Nichts, das sich vom turbulenten Leben der Straßen nährt. Der Alte, dessen Gesicht «riesige Geisteskraft … Herzenskühle und Bosheit» ausdrückt, ist der Geist der Stadt London.

Andere kamen in die Stadt, um genau dieses neue und fremdartige Leben der Masse auf sich wirken zu lassen. «Immer, wenn ich einen Einfall zum Malen oder zum Schreiben brauche», bekannte ein japanischer Künstler des 19. Jahrhunderts, «stürze ich mich in das dichteste Menschengewühl, etwa Earl's Court oder Shepherd's Bush. Soll die Masse mich hin und her stoßen – ich nenne es das Bad in der Menge.» Und Mendelssohn Bartholdy konnte nicht sein Entzücken verbergen, in diesen «Strudel» gezogen zu werden, wo es unter dem endlosen Strom der Leute so viel zu sehen gab: Läden mit mannshohen Schildern, mit Menschen hoch beladene Postkutschen und eine Reihe von Fahrzeugen, die von Fußgängern überholt werden.

Die Volksmasse des 19. Jahrhunderts wusste sehr wohl, dass sie eine neuartige Form des menschlichen Zusammenseins bildete. Der große Repräsentant viktorianischen Fühlens, W. P. Frith, stellte riesige Menschenmengen dar – auf Gemälden, die ihrerseits endlose Menschenmengen anlockten. In den Londoner Theatern wimmelte es von Melodramen, in denen die vergängliche Menge den charakteristischen Hintergrund abgab für individuelle Geschichten von Pathos und Gewalt. George Gissing hat die unaufhörliche Bewegung «von Millionen» beim fünfzigjährigen Thronjubiläum der Königin Viktoria geschildert. «Auf den Hauptverkehrsadern Londons, die für den Verkehr jetzt gesperrt waren, bewegte sich zwischen den Häusern ein doppelter Strom von Menschen … das Dröhnen von Tausenden Schritten und das leise, gleich bleibende Geräusch wie von einem riesigen Tier, das in dummer Zufriedenheit vor sich hin schnurrt.» So wird aus der Masse ein Tier, zufrieden und gehorsam durch die Stadt wandernd, die es erschaffen hat, aber durchaus im Stande, alarmierend zu wirken.

Die Masse sendet, im Bewusstsein ihrer Identität, Signale an sich selbst. Als die britischen Truppen während des Krimkriegs (1853–56) eine böse Schlappe erlitten hatten, «standen wir alle auf den Straßen, unbekümmert um unser Aussehen, und lasen mit atemloser Angst die Telegramme in den Zeitungen … Es war ein regelrechtes Meer von Zeitungen, mit neugierigen Gesichtern dahinter; es herrschte tiefster Ernst. … Menschen gingen umher; wenn sie sprachen, war es ein Flüstern und Murmeln.» Im Gefühl des Schreckens vereinen sich die Bürger Londons zu einem einzigen Leib; die Masse ist lebendig und wachsam, ihre Reaktion einstimmig. Eine ähnlich elektrisierende Wirkung auf diesen einheitlichen Leib hatte – am 17. Mai 1900, auf dem Höhepunkt des Buren-Krieges, abends um halb zehn – die Nachricht von der Befreiung der südafrikanischen Grenzstadt. Der Ruf «Mafeking befreit!» wurde in den Omnibussen aufgenommen, und die Menschen kletterten in fliegender Hast herab, um immer wieder diese Nachricht zu hören. «Andere stürzten fort in die Seitenstraßen, um die Kunde noch weiter zu verbreiten, und die Straßen füllten sich immer mehr mit Menschen, die jubelten, riefen und sangen.» Diese Erregung der Masse ist fast genauso irritierend wie der «tiefe Ernst» der Menge, der vier Monate zuvor beobachtet wurde. Beides verrät Symptome jener der Hysterie verwandten Übertreibung und Überreaktion, die für das städtische Leben charakteristisch sind.

Der Mob in Aktion hat etwas Kindisches – so als sei er durch die Lebensverhältnisse in der Stadt brutalisiert oder infantilisiert worden. Im 14. Jahrhundert begrüßte der Londoner Pöbel einen vermeintlichen Feind mit einem «wild gellenden Ruf», und fünfhundert Jahre später erscholl auf einer Versammlung der Chartisten in Coldbath Fields «ein ganz furchtbarer Schrei von den Lippen der Menge». Es ist dieselbe Schrecken erregende und unversöhnliche Stimme. Sie leitete auch die riesigen, tumultuarischen Massen, die 1911 zusammenströmten, um die Straßenschlacht in der Sidney Street zu verfolgen; ein Reporter der *News Chronicle* berichtete: «Die Stimmen dieser vielen Tausenden drangen in großen mörderischen Stößen zu mir, wie das Brüllen wilder Tiere im Urwald.»

Trotzdem bleibt die Stadt selbst seltsam unbewegt von ihren Massen. Einer der Gründe für den städtischen Frieden Londons (im Unterschied zu anderen Kapitalen) ist die Größe dieser Stadt. Sie ist zu weitläufig und zu komplex, um auf jeden lokalen Ausbruch leidenschaftlicher Gefühle reagieren zu können. Krawalle und Demonstrationen vermochten im 20. Jahrhundert diese unnachgiebige Stadt mit dem steinernen Herzen kaum zu beeindrucken. Die Enttäuschung der Chartisten über ihren gescheiterten Aufstand von 1848, dem eine langwierige Versammlung auf dem Kennington Common vorangegangen war, steht die Enttäuschung Oswald Mosleys gegenüber, dem es 1936 nicht gelang, mit Tausenden seiner faschistischen Sympathisanten durch die Cable Street zu marschieren. Es war, als ob die Stadt selbst ihnen eine Rüge erteilte und sie zurückhielt. Die Krawalle, die es in den 1980er Jahren bei Whitehall und am Trafalgar Square um die «Kopfsteuer» gab, waren ein weiteres Beispiel für eine gewalttätige lokale Auseinandersetzung, die die relative Gemütsruhe der übrigen Stadt nicht berührte. Angesichts der Größe der Metropole fühlen sich durchschnittliche Bürger machtlos. In den ersten Jahrzehnten des 20. Jahrhunderts umgab daher etwas merkwürdig Artiges und Willfähriges, um nicht zu sagen etwas Konservatives die Cockneys; anders als die Pariser erhoben sie sich nicht gegen die Lebensbedingungen in ihrer Stadt, sondern waren zufrieden damit, so weiterzuleben wie bisher. Dieses glückliche Gleichgewicht konnte nicht von Dauer sein.

Die erste sozialistische Arbeiterbewegung Englands, der Chartismus, war benannt nach der People's Charte, der Volks-Charta von 1838, die allgemeines, gleiches Wahlrecht und jährliche Parlamentswahlen forderte.

In der zweiten Hälfte des 20. Jahrhunderts kam es 1958 in Notting Hill und 1981 in Brixton zu Rassenkrawallen. Die Ausschreitungen von Notting Hill begannen damit, dass einzelne Schwarze von weißen Jugendbanden drangsaliert wurden. Ein Zwischenfall am 23. August in der Gastwirtschaft Chase in der St Ann's Well Road brachte das Fass zum Überlaufen. Tom Vague beschreibt in einer Zeitschrift mit dem treffenden Namen *London Psychogeography* «eine Menge von rund tausend weißen Männern und einigen Frauen ..., bewaffnet mit Rasiermessern, Messern, Ziegelsteinen und Flaschen». In der folgenden Woche drangen die Massen nach Notting Dale vor und verprügelten alle Westinder, die sie finden konnten. Zu den schlimmsten Ausschreitungen kam es jedoch am Montag, dem 1. September 1958, auf dem Gelände des U-Bahnhofs Notting Hill Gate. Die Massen strömten in der Colville Road, am Powis Square und auf der Portobello Road zusammen und zogen «mit dem Ruf ‹Killt die Nigger!› zu einer Orgie der Verwüstung los ... Frauen lehnten sich aus dem Fenster und schrien ‹Los, Leute! Schnappt euch die Schwarzen!›» Ein Beobachter schrieb damals: «Notting Hill war zu einer Spiegelwelt geworden, denn die profansten Gegenstände, die jeder für eine Selbstverständlichkeit hält, gewannen plötzlich profundeste Bedeutung. Milchflaschen verwandelten sich in Wurfgeschosse, Mülleimerdeckel in primitive Schilde.» So wird ein ganzes Stadtviertel Londons mit den Emotionen seiner Bewohner aufgeladen; alles wird von ihrem Hass durchstrahlt und verändert. Die Ausrüstungsgegenstände einer zivilisierten Stadt hatten sich plötzlich in primitive Waffen verwandelt.

Ein jugendlicher Führer meinte damals: «Diese Burschen machen alles, um ihre Langeweile zu vertreiben», und im 20. Jahrhundert musste die Langeweile in der Tat als ein Element jedes Massenverhaltens betrachtet werden. Der schiere tägliche Verdruss, in einer verarmten und abstoßenden Gegend zu leben, reicht schon aus, um vielen Londonern den Mut zu rauben, die sich – ohne Aussicht auf Besserung – in ihrer Stadt wie in einer Falle fühlen. Das erzeugt keine Apathie – sondern aktiven Überdruss.

An jenem Montagabend rotteten sich die Westinder ihrerseits am Blenheim Crescent zusammen, mit einem Arsenal von Waffen, darunter Milchflaschen, Benzin und Sand zur Verfertigung von Molotowcocktails. Der weiße Pöbel näherte sich der Gegend mit dem Ruf «Räuchern wir die Nigger aus!» und wurde mit selbst gebastelten Bomben empfangen. Die Polizei rückte in großer Zahl an, gerade noch rechtzeitig, bevor sich der Hass zu einem blutigen Rassenkrieg auswachsen konnte; einige Krawallmacher wurden festgenommen, die Zusammenrottung aufgelöst. Danach vertrieb ein wunderlicher Zufall, ein Unwetter, die große

Hitze dieser Augusttage und schwemmte die Überreste von zerbrochenen Flaschen und Holzknüppeln mit Regengüssen fort. Beim Prozess im September wurde den weißen Randalierern vorgehalten: «Sie haben durch Ihr Benehmen die Uhr um 300 Jahre zurückgestellt.» Aber damit wäre man erst im Jahr 1658 gewesen; in Wirklichkeit hatten sie sich wie ihre Gesinnungsgenossen im Mittelalter benommen, die ebenfalls gegen vermeintliche Feinde oder Fremde «ausschwärmten», wobei es oft sogar Tote gab.

Im Frühjahr 1981 machten die jungen schwarzen Londoner von Brixton ihrer Wut über das, was sie als Vorurteil und Bedrückung durch die Polizei auffassten, in Straßenkrawallen Luft. Zum ersten Mal wurden bei Angriffen auf die Polizei neben dem üblichen Gerät wie Flaschen und Steinen auch Brandbomben eingesetzt, und in einer allgemeinen Welle der Brandschatzung wurden 28 Gebäude beschädigt oder zerstört. Die Intensität und Ziellosigkeit dieser Krawalle lässt jedoch darauf schließen, dass sie eine tiefere Ursache hatten als die vermeintliche Bedrückung durch die Polizei – eine Ursache, die vielleicht in der Neigung gewisser Londoner zu Tumult und Gesetzlosigkeit zu finden ist. Diese gerät dann zu einer Methode des Kampfes gegen die strukturelle Bedrückung, durch welche die Anlage und das Erscheinungsbild der Straßen selbst zu einer Belastung werden.

Auch Armut und Arbeitslosigkeit werden als Ursachen von sporadischen Gewaltausbrüchen wie in Brixton genannt; auf jeden Fall bekräftigen sie den Gefängnischarakter einer Stadt, die alle, die in ihr leben, wie in einer Zelle oder Falle festhält. Was also liegt näher, als Wut auf die Verhältnisse und ihre Hüter zu empfinden? Es hat andere Rassenkrawalle gegeben, aber auch Ausschreitungen gegen die Polizei und gegen die Finanzeinrichtungen der City of London. In den jeweils nach dem Ereignis verfassten Berichten ist dann immer vom «Zusammenbruch von Recht und Ordnung» und von der «brüchigen Basis» des innerstädtischen Friedens die Rede. In Wirklichkeit ist es gerade ein merkwürdiges und überzeitliches Merkmal Londoner Lebens, dass «Recht und Ordnung» nie zusammengebrochen sind und dass der innerstädtische Friede auch angesichts schwerer Ordnungsstörungen aufrechterhalten worden ist. Man hat sich oft gefragt, wie es der Stadt bei aller Vielfältigkeit und verwirrenden Komplexität gelingt, als einheitlicher, stabiler Organismus zu funktionieren. Auf ähnliche Weise hat auch das Gefüge der Stadt den verschiedenartigsten Angriffen immer standgehalten. Noch hat sie der Pöbel nie wirklich beherrscht.

44. Was gibt es Neues?

Die Volksmasse lebt von Neuigkeiten und Gerüchten. Elisabeth I. erinnerte sich, wie sie einmal als Prinzessin ihre Gouvernante gefragt hatte: «Was gab es in London Neues?» Als sie erfuhr, dass die Leute dort munkelten, sie werde demnächst den Admiral Seymour heiraten, erwiderte sie: «Ach so – bloß Londoner Neuigkeiten.» So galten im 16. Jahrhundert «Londoner Neuigkeiten» als kurzlebig und unzuverlässig, trotzdem aber als Objekt der großen Neugierde.

Die Stadt ist der Umschlagplatz für Skandale, üble Nachrede und Spekulationen; die Bürger sind Kannegießer, Pasquillanten und Verleumder. Im 16. Jahrhundert gab es gedruckte Zettel, Plakate und Flugschriften mit den sensationellsten Tagesereignissen, die sich dank der Straßenhändler von Haus zu Haus herumsprachen. 1622 erschien in London ein wöchentliches Nachrichtenblatt mit dem Titel «Wöchentliche Zeitung aus Italien, Deutschland, Ungarn, Böhmen, der Pfalz, Frankreich und den Niederlanden & c.» Es hatte einen derartigen Erfolg, dass es zum Erscheinen vieler weiterer wöchentlicher Flugschriften einlud, die als *Corantos* bekannt waren. Die «Neuigkeiten» wurden freilich mit großem Misstrauen behandelt, so als basierten die Meldungen aus London auf Erdichtung oder Parteilichkeit. London war keine ehrsame Stadt, und von Samuel Peche, dem Herausgeber des *Perfect Diurnal*, erzählte man sich 1640, er sei «zuverlässig allein im Huren, Lügen und Saufen». Er war also mit anderen Worten ein echter Londoner.

Es gab noch einen anderen Aspekt der Londoner «Neuigkeiten», der Ben Jonson nicht entging. In *The Staple of Newes* (1625) gibt er zu verstehen, dass Neuigkeiten aufhören, «neu» zu sein, sobald sie gedruckt und unter die Leute gebracht werden; ihr Wesen ist eine Nachricht, die hinter vorgehaltener Hand oder als Gerücht weitergegeben wird – jene Art von Mitteilung, die sich im 15. oder 16. Jahrhundert in kürzester Frist in ganz London herumsprechen konnte. Jonson hatte daher seine eigene Meinung über den «Buchhändler» oder Verleger von Neuigkeiten, «der Neues weiß und sichten und nach Bedarf erdichten kann».

1666 erschien dann die *London Gazette* als seriöseste öffentliche Druckschrift. «Sie rückt eine Nachricht nur ein, wenn diese verbürgt ist», lobte ein Zeitgenosse, «und wartet oft auf die Bestätigung, bevor sie sie druckt.» Sie erschien, auf einzelne Bögen gedruckt, montags und donnerstags und wurde in Cornhill, Cheapside und an der Königlichen Börse von Straßenverkäuferinnen – den so genannten «Merkur-Frauen» – feilgeboten, die mit dem Ruf «*London's Gazette* hier!» auf sich aufmerksam machten. Macaulay fasst einmal ihren Inhalt so zusammen: «Eine königliche Proklamation, zwei oder drei Ansprachen der Tories, eine Mitteilung über zwei oder drei Beförderungen, die Schilderung eines Scharmützels zwischen den kaiserlichen Truppen und den Janitscharen … der Steckbrief eines Wegelagerers, Bekanntgabe eines Hahnenkampfs zwischen ehrbaren Personen und eine Annonce mit der Auslobung einer Belohnung für einen entlaufenen Hund.» Es darf als sicher gelten, dass der Wegelagerer, der Hahnenkampf und der Hund die meiste Aufmerksamkeit erregten.

Ende des 18. Jahrhunderts waren in der Stadt 278 Zeitungen, Zeitschriften und Periodika erhältlich – eine erstaunliche Zahl. Die meisten von ihnen erschienen in einem Zeitungsviertel, bestehend aus der Strand, der Fleet Street und den angrenzenden Straßen östlich der heutigen Waterloo Bridge und westlich von Blackfriars.

Die Fleet Street ist ein Beispiel für den topographischen Imperativ der Stadt, wonach eine bestimmte Tätigkeit über Jahrhunderte hinweg auf demselben kleinen Areal ausgeübt wird. 1500 richtete Wynkyn de Worde seine Druckerpresse gegenüber der Shoe Lane ein, und noch in demselben Jahr ließ sich Richard Pynson wenige Meter weiter, an der Ecke Fleet Street/Chancery Lane, als Verleger und Buchdrucker nieder. Sein Nachfolger als Hofbuchdrucker Heinrichs VIII. wurde Thomas Berthelet, der seinen Betrieb ebenfalls gegenüber der Shoe Lane, errichtete. Anfang der 1530er Jahre eröffnete William Rastell eine Buchdruckerei auf dem Kirchhof von St Bride's. Tottell druckte im Zeichen von «Hand und Stern», Hodgets im Zeichen der «Lilie» – Firmenschilder in einer engen, überlaufenen Straße.

«Dieser Teil Londons», schreibt Charles Knight, «ist ein wahrer Ruhmestempel. Hier strömen Klatschgeschichten und Gerüchte aus allen Weltgegenden zusammen, und aus diesem Schallgewölbe gehen in wunderbar veränderter Form neue Echos in alle Teile Europas aus.»

Im 18. Jahrhundert verbreiteten sich Nachrichten hauptsächlich durch die in Kaffeehäusern und Schenken ausliegenden Tages- und Wochenzeitungen. «Was in diesen Kaffeehäusern ungeheure Anziehungskraft hat», schreibt Saussure, «sind die Gazetten und andere öffentliche Schriften. Alle Engländer sind große Nachrichtenkrämer. Arbeiter pflegen den Tag damit zu beginnen, dass sie in Kaffeesäle gehen, um die neuesten Nachrichten zu lesen. Oft habe ich Schuhputzer und andere Personen dieses Standes ihr Geld zusammenlegen sehen, um ein Groschenblatt zu kaufen.» Ein anderer Zeitzeuge berichtet: «Sobald in den Kaffeehäusern die Zeitungen eintrafen, herrschte Grabesstille. Jeder saß da, in sein Lieb-

Londons erste Tageszeitung, der Daily Courant, wurde 1702 gegründet, 75 Jahre bevor Paris seine erste Tageszeitung hatte. Bezeichnend für Londons Nachrichtenhunger.

lingsblatt vertieft, als hinge sein ganzes Leben von der Geschwindigkeit ab, mit der er die Tageszeitung verschlingen konnte.»

Dieses Bild des Londoners, der die Zeitung wie Speise und Trank verschlingt, ist eine der frühesten Ankündigungen des «Konsumenten» – dessen, der die Welt nur durch den Akt der Einverleibung oder Anverwandlung erfahren kann. Addison charakterisiert als einen eigenen Londoner Typus den «Nachrichtenkrämer», der «vor Tagesanbruch aufstand, um den *Postman* zu lesen», und der erpicht war auf «*holländische* Depeschen» und «neugierig zu erfahren, was in *Polen* geschah». Es gab solche, die den neuesten Vergewaltigungs- oder Scheidungsfall in ihrer Sonntagszeitung genauso eifrig verfolgten, wie die mittelalterlichen Leser Straßenballaden mit der «neuesten und treuesten Kunde aus London» kauften. Die Sucht nach frischem Kitzel und Sensationen ist stark und dauerhaft, und in einer Stadt, in der die Einwohner von einer verwirrenden Vielfalt von Eindrücken umgeben sind, hat nur das Neueste noch Unterhaltungswert. Deshalb ist – in einer Stadt des Feuers – die neueste Nachricht «heiß», besonders im Kaffeehaus, «wo sie brandneu ist». «Unsere Nachrichten sollen denn auch sehr kurzfristig erscheinen», kommentiert der *Spectator*, «weil sie eine Ware sind, die nicht kalt werden darf.» Sie müssen hinausgeschrien werden wie der Ruf «Feuer!», um die Aufmerksamkeit des Passanten zu fesseln.

London selbst sei wie eine Zeitung, hat Walter Bagehot bemerkt: «Alles ist da, aber nichts hängt zusammen» – eine Serie von zufälligen Eindrücken, Ereignissen und Spektakeln, die keinen anderen Zusammenhang haben als den Kontext, in dem sie angetroffen werden. Wenn der Londoner die Zeitung las, setzte er einfach seine Alltagswahrnehmungen des Großstadtlebens fort; er las die öffentlichen Druckerzeugnisse mit derselben müßigen Neugier, mit der er die Stadt «las» – so als bestätige die Zeitung nur jene Weltsicht, die ihm London bereits aufgedrängt hatte. Die Form der Stadt selbst war auf den Zeitungsseiten wiederzufinden – ein Mann namens Everett aus der Fleet Street hatte seine Frau für einen Krug Punsch an einen gewissen Griffin aus der Long Lane verkauft (1729), ein Wildschwein lebte fünf Monate lang von den Abfällen im Fleet Ditch (1736), in denselben Graben war ein Betrunkener gestürzt und dort aufrecht stehend festgefroren (1763), in Paddington hatte man dem jährlichen Brauch gemäß vom Kirchturm herab Käse und Brot unter das Volk geworfen (1737), in einem offenen Grab fand man den Totengräber erstickt unter seinem eigenen Aushub (1769), in der Kirche zum Heiligen Grab war ein Mann aufgestanden und hatte auf einen Chor von Almosenkindern geschossen (1820). Und so geht es endlos weiter, wobei die «Neuigkeiten» über die Unfälle und Katastrophen

Bild linke Seite:
Bis weit ins 20. Jahrhundert war die Fleet Street ein Synonym für das britische Pressewesen.

der Stadt in Druckkolumnen daherkommen, die selbst wie Straßen aussehen. Den Londoner Feuerwehrleuten war bestens bekannt, dass eines der größten Gefahrenmomente bei einem Großbrand die Masse der Schaulustigen war, die sofort zusammenströmte, um die Zerstörung ihren Lauf nehmen zu sehen.

Aus diesem Grund wurde in einer Periode lärmenden Wachstums die Nachricht selbst immer knalliger. «Schreckliche Bluttat!», «Grausiger Mord!» und «Extrablatt!» brüllten Anfang des 19. Jahrhunderts «mit Stentorstimme zum lauten Hupen eines langen Blechhorns» die Träger und Händler, die sich die Zeitungsexemplare hinter das Hutband geklemmt hatten. Auch das Aufkommen der dampfbetriebenen Druckerpresse erlaubte es den Zeitungen, die «unwiderstehliche Kraft» Londons mit ihrer Energie und Expansionslust nachzuahmen. 2500 Exemplare der *Times* konnten stündlich gedruckt werden, und dieser Vorgang weckte das Interesse von Charles Babbage (1792–1871), dem englischen Mathematiker, der das Konzept eines Universalrechners, des Vorläufers des Computers, entwickelte. Babbage bemerkte, dass die weißen Bögen Papier von den großen Walzen der Dampfpresse «mit unersättlichem Appetit» verschlungen wurden. Charles Knight registrierte, dass die Plätze rund um die Fleet Street mit der Produktion neuer Zeitungen für immer weitere Leserkreise «lebhaft geschäftig» seien – «die Finger der Schriftsetzer ruhen nicht; das Rumpeln und Stampfen der Dampfpresse kennt keine Unterbrechung». Der Zeitungsverkauf belief sich 1801 auf 16 Millionen Exemplare; dreißig Jahre später war er auf 30 Millionen gewachsen, und die Zahlen stiegen weiter.

Ford Madox Ford schrieb Anfang des 20. Jahrhunderts in *The Soul of London*: «Um dem Londoner ein tauglicher Gefährte zu sein, muss man die Neuigkeiten kennen. Zusammenhängendes Denken ist fast unmöglich geworden, weil es fast unmöglich ist, eine allgemeine Idee zu finden, die sich in einen zusammenhängenden Gedankengang einfügen lässt.» Und so setzt sich das Bewusstsein des Londoners aus tausend Bruchstücken zusammen. Ford erinnerte sich, dass in seiner Kindheit «die Sonntagszeitung bei allen anständigen Zeitungshändlern verpönt» war und er meilenweit laufen musste, um «in irgendeinem obskuren, finsteren Loch» einen *Observer* aufzutreiben. Doch bald ging der Verkauf von Sonntagszeitungen genauso gut, ja besser als der von Tageszeitungen. Die Hegemonie der «Neuigkeit» in London wurde im Laufe des 19. Jahrhunderts durch neue Techniken des Buchdrucks und der Lithographie gefestigt und erweitert. Die vielleicht bedeutsamste Veränderung vollzog sich jedoch 1985, als News International ihre Produktion der *Sun* und der *Times* nach Wapping verlegte. Diese plötzliche, klammheimliche Operation machte den restriktiven «spanischen Methoden» der Londoner Buchdrucker ein Ende, während der Einsatz neuer Technologien die Expansion anderer Zeitungsunternehmen erleichterte, die von der Fleet Street ans südliche Themseufer und in die Docklands selbst umzogen. Das Schallgewölbe der Fleet Street hat endgültig ausgedient. Aber «Londoner Neuigkeiten» haben noch immer höchsten Stellenwert. Wie Ralf Dahrendorf, der große Soziologe, sagt: Britannien «wird praktisch in jeder Hinsicht von London aus geleitet».

Zu allen Zeiten haben sich Modetorheiten, Hirngespinste und falsche Prophetie in London der größten Beliebtheit erfreut. Die Leichtgläubigkeit der Bürger ist unvergänglich. Die verschiedenen Zeitungsenten des 18. Jahrhunderts betrafen die Finanzkatastrophe in der Südsee ebenso wie die Mode der italienischen Musik; «welch ein schlechter Geschmack des Geistes und Verstandes herrscht in der Welt», klagt Swift, «den Politik und Südsee, Partei und Oper und Maskenspiel eingeführt haben.» Als im Herbst 1726 allgemein geglaubt wurde, Mary Tofts habe eine Reihe von Kaninchen zur Welt gebracht, «kam alles, was Beine hatte in der Stadt, Männer wie Frauen, zu ihr gelaufen, um sie zu besehen und zu befühlen. … Alle hervorragenden Ärzte, Chirurgen und Geburtshelfer Londons sind Tag und Nacht bei ihr, um ihre nächste Hervorbringung zu bestaunen.» Mit dem Tulpenrausch des West End im 17. und 19. Jahrhundert konnte sich nur der Aspidistrenrausch des East End Anfang des 20. Jahrhunderts messen. (Aspidistren sind ein japanisches Liliengewächs.) In der ersten Hälfte des 20. Jahrhunderts waren Porzellankatzen so sehr in Mode, dass fortan kein Heim ohne eine solche Katze vollständig war. Eine lebende Katze war 1900 «die Neuigkeit»: Es war die Katze, die im Postamt am Charing Cross Briefmarken leckte und damit Unmengen von Menschen anlockte, die sie immer wieder bei dieser Meisterleistung sehen wollten. Die Katze wurde ein «Heuler», was nach der Definition der Journalisten «die Erzeugung des vorübergehend Wichtigen» bedeutet. Jumbo, ein Elefant in Gefangenschaft, war für Lieder, Geschichten und allerlei Süßigkeiten namens «Jumbos Ketten» verantwortlich, bevor er aus dem kollektiven Gedächtnis wieder verschwand.
Londons Moden sind vergänglich. Darauf machte Chateaubriand 1850 aufmerksam, als er «die Mode in den Worten, die Geziertheiten in Rede und Aussprache» erwähnte, «die sich in der Londoner großen Gesellschaft wahrhaftig mit jeder parlamentarischen Sitzungsperiode ändern». Er wies darauf hin, wie die Verteufelung und die Vergötterung Napoleon Bonapartes in London einander außerordentlich rasch ablösten, und kam zu dem Schluss: «Jede Reputation ist an den Ufern der

London hat die Vergesslichkeit zu einer Tradition stilisiert. Seit dem späten 18. Jahrhundert wird jeweils am ersten Dienstag im Juni in der St-Martin-Kirche in Ludgate über das Thema gepredigt: Das Leben als Seifenblase.

Themse ebenso schnell gewonnen wie zerronnen.» Mrs Cook schreibt in ihren *Highways and Byways in London* (1902): «Ein Schlagwort, das noch im Winter in aller Munde war, ist im Sommer schon völlig vergessen.» Horace Walpole sagt in demselben Zusammenhang: «Minister und Autoren, Witzlinge und Narren, Patrioten und Huren vertragen selten eine zweite Auflage. Von Lord Bolingbroke, Sarah Malcolm oder dem alten Marlborough sprechen nur mehr die alten Leute zu ihren Enkelkindern, die nie von ihnen gehört haben.» «Aus den Augen, aus dem Sinn» – das galt auch in London. 1848 schreibt Berlioz, es gebe in London nur allzu viele, «die der Anblick von Neuheiten nur noch dümmer macht». Sie folgen dem Gang von Ereignissen und Karrieren «mit dem Auge des Postillons, der an einem Eisenbahngleis steht und über die vorbeifahrende Lokomotive ins Sinnieren gerät».

Und so ist die Geschichte Londons auch eine Geschichte des Vergessens. Es gibt in der Stadt so viele Bestrebungen und Tendenzen, die nur für Augenblicke festgehalten werden können, so schnell sich überschlagende Neuigkeiten, Klatschgeschichten und Gerüchte, dass die Aufmerksamkeit jeweils rasch geweckt, aber kurzlebig ist. Auf einen Modetrend, einen «letzten Schrei» folgt ein nächster, da die Stadt nicht aufhört, mit sich selbst zu sprechen. Diese Vergänglichkeit der städtischen Angelegenheiten lässt sich bis ins Mittelalter zurückverfolgen. «Spätestens im 14. Jahrhundert», betont G. A. Williams in *Mediaeval London*, «war nichts in London von langer Dauer.» Es ist eine Stadt, endlos zerstört und endlos wieder aufgebaut, verwüstet und erneuert; ihr geschichtliches Gefüge verdankt sie den temporären Bestrebungen vergänglicher Generationen – dauerhafter Mythos und flüchtige Realität, Arena der Masse, des Gerüchts und des Vergessens.

Die Naturgeschichte Londons

Eine Cockney-Blumenverkäuferin im traditionellen Aufzug ihrer Zunft.
Blumenverkäuferinnen sah man in London zuletzt Anfang des 20. Jahrhunderts,
vorzugsweise an der Eros-Statue am Piccadilly Circus.

45. Schenkt der Dame eine Blume

Wer in London nur ein Labyrinth enger Straßen und verwinkelter Dächer sieht, wird überrascht sein zu erfahren, dass laut der neuesten, vom Satelliten «Landsat» aufgenommenen topographischen Karte mehr als ein Drittel der Bodenfläche Londons (ohne Gewässer) «halb natürliches oder gemähtes Grasland, Agrarland und Laubwald» ist. So war es zu allen Zeiten. Einer der ersten Zeichner Londons, Wenceslaus Hollar, staunte über das Ineinanderfließen von Stadt und Land. Seine Bilder «London, gesehen von den Milford Stairs», «Blick auf Lambeth von den Whitehall Stairs» und «Tothill Fields», alle aus dem Jahre 1644, zeigen die Stadt umgeben von einem Kranz aus Bäumen, Wiesen und sanft geschwungenen Hügeln. Auch seine «Flussansichten» lassen ahnen, dass gleich hinter dem Bilderrahmen das offene Land beginnt.

In den ersten Jahren des 18. Jahrhunderts begannen Wiesen und Weiden schon hinter dem Bloomsbury Square und dem Queens Square; die Gebäude am Lincoln's Inn, Leicester Square und Covent Garden waren von Feldern umgeben, während es in den nördlichen und östlichen Vorstädten jenseits der Stadtmauer noch meilenweit Wiese und Weide gab. «World's End» am Stepney Green war ein durch und durch ländlicher Flecken, und der Hyde Park war im Wesentlichen noch ein Stück des offenen Landes, das von Westen her gegen die Stadt drängte. Camden Town war für seine «ländlichen Straßen, heckengesäumten Wege und lieblichen Felder» bekannt, wo die Londoner «Ruhe und frische Luft» suchten. Wordsworth erinnerte sich an den Gesang der Amseln und Drosseln mitten in der Stadt, und De Quincey fand Trost darin, in mondhellen Nächten die Oxford Street entlangzugehen und durch jede Straße hinauszublicken, «die nordwärts durch das Herz von Marylebone in Felder und Wälder geht».

Seit frühmittelalterlichen Zeiten besaßen Armenhäuser und Schenken, Schulen und Spitäler eigene Ziergärten und private Obstgärten. Der erste Chronist der Stadt, William Fitz-Stephen, notiert: «Die Bürger Londons hatten große und schöne Gärten vor ihren Villen.» Stow berichtet, dass die großen Häuser an der Strand «ertragreiche Beete» hatten und dass es in der Innenstadt überraschend viele «rührige Gärtnersleute» gab, die genügend produzierten, «um die Stadt mit Gartenerzeugnissen zu versorgen». Im 16. und 17. Jahrhundert nahmen Gärten das Gebiet zwischen Cornhill und Bishopsgate Street ein, während die Minories, Goodman's Fields, Spitalfields und der größte Teil von East Smithfield aus offenen Wiesen bestanden. Milton, im Zentrum Londons geboren und aufgewachsen, bekundete zeitlebens seine Liebe und Bewunderung für die «Gartenhäuser» in London. Seine eigenen Häuser in der Aldersgate Street beziehungsweise in der Petty France waren schöne Beispiele für diese Bauweise, und man erzählt, der Dichter habe in der Petty France eine Silberweide in seinem Garten gepflanzt, «der sich zum Park hin öffnete».

Heute gibt es in der City selbst viele «verwunschene Gärten», die Überreste alter Friedhöfe, welche ruhig zwischen den glatten Hochhausfassaden der modernen Finanzwelt liegen. Diese City-Gärten, manchmal kaum mehr als ein paar Quadratmeter Gras, Sträucher oder Bäume, sind etwas Einzigartiges in der Kapitale; in mittelalterlicher oder sächsischer Zeit entstanden, haben sie wie die Stadt selbst viele Jahrhunderte des Bauens und Umbauens überstanden. 73 von ihnen gibt es noch, Oasen der Ruhe und Behaglichkeit. Man kann sie als Stätten ansehen, wo die Vergangenheit verweilen darf – darunter St Mary Aldermary, St Mary Outwich und St Peter's upon Cornhill.

Das Bild des Gartens beschäftigt die Phantasie vieler Londoner. Zu den ersten gemalten Gärten Londons gehört *Chiswick, vom Fluss aus gesehen* von Jacob Knyff. Dieser städtische Garten ist klein und von Häusern umgeben. Er datiert aus der Zeit zwischen 1675 und 1680; eine Frau spaziert einen kiesbestreuten Weg entlang, während sich ein Gärtner zur Erde beugt. Die zwei hätten auch im 20. Jahrhundert auftreten können, in dessen Mitte Albert Camus schreibt: «In meiner Erinnerung ist London die Stadt der Gärten, in der mich morgens die Vögel weckten.» In den westlichen Gegenden Londons hat im 21. Jahrhundert fast jedes Haus einen eigenen Garten oder Anteil an einem Gemeinschaftsgarten; in nördlichen Gegenden wie Islington und Canonbury und in den südlichen Vorstädten sind Gärten ein integrierender Bestandteil der Stadtlandschaft. In diesem Sinne kann man vielleicht sagen, dass der Londoner einen Garten braucht, um sich das Gefühl des Dazugehörens zu bewahren. In einer Stadt, wo Tempo und Einerlei, Lärm und Hetze charakteristisch sind und viele Häuser nach genormten Entwürfen vorgefertigt werden, kann ein Garten die einzige Aussicht auf Abwechslung bieten. Er ist auch ein Ort der Erholung, der Besinnung und der Genugtuung.

William Turner, der Mann, den wir als den «Vater der englischen Botanik» kennen, lebte in Crutched Friars und wurde 1568 in der Kirche

Mitte des 16. Jahrhunderts veröffentlichte der Londoner William Turner mit New Herball *eine Grundlage der Botanik. Sie wurde 1597 von dem hier abgebildeten* Herball or General History of Plantes *von John Gerarde abgelöst.*

von Samuel Pepys, St Olave's in der Hart Street, begraben. Es ist keineswegs paradox, dass der erste anerkannte Botaniker Englands ein Londoner war – waren doch die ausgedehnten Felder und Marschen jenseits der Stadtmauer fruchtbarer Boden. Turner folgte einer wissenschaftlichen Praxis seiner Zeit, wenn er keinen Standort für «die 238 britischen Pflanzen» angibt, «die er zum ersten Mal registriert» – das blieb der unentbehrlichen *Natural History of the City* von R. S. Fitter vorbehalten –, doch hat man herausgefunden, dass er eine von ihnen, das Feldpfefferkraut, in einem Garten in der Coleman Street entdeckt hatte. Ein anderer Botaniker des 16. Jahrhunderts, Thomas Penny, lebte zwanzig Jahre im Kirchspiel St Andrew Undershaft und sammelte viele seiner Pflanzenexemplare in dem Gebiet um Moorfields. Auch der Graben am Tower war für seine wasserliebenden Pflanzen wie das Seegras oder den wilden Sellerie bekannt, während ein Naturforscher in Holborn den wilden Sellerie auch «auf den Feldern von Holborn, nahe bei Gray's Inn» und das Frühlingshungerblümchen «auf der Ziegelmauer in Chancery Lane, dem Anwesen des Grafen von Southampton» entdeckte.

Waren die Vororte im Westen ergiebige Jagdgründe für Naturforscher, so wurde ausgerechnet die Gegend um Hoxton und Shoreditch berühmt für ihre Pflanz- und Baumschulen. Der aus Hoxton gebürtige Thomas Fairchild führte Ende des 17. Jahrhunderts «viele neue und merkwürdige Pflanzen ein» und schrieb eine Abhandlung über die zweckmäßigste Anordnung «solcher immergrünen Pflanzen, Obstbäume, Ziersträucher, Blumen, exotischen Gewächse etc., die schmückend sind und in den Londoner Gärten am besten gedeihen». Er gab seinem Buch den Titel *City Gardener* («Stadtgärtner»), und unter diesem Namen blieb er seither bekannt. George Ricketts, der ebenfalls aus Hoxton stammte und gleich außerhalb von Bishopsgate lebte, verpflanzte Bäume wie die Myrte, die Linde und die Libanonzeder nach London. Doch gab es noch viele andere Gärtner in diesem wundersam fruchtbaren Gebiet zwischen Schlamm und Schutt der nördlichen Vorstädte, wo Anemonen, Sommerflieder und Steinlinden blühten.

Man hat von den Londonern immer gesagt, dass sie Blumen lieben; die in den 1880er Jahren modernen «Fenstergärten» waren nur die spektakulärste Demonstration jener Blumenkästen oder Blumentöpfe, die zu allen Zeiten auf fast allen Stichen von Londoner Straßen zu sehen sind. Das frappierendste Sinnbild der Londoner Blumenvernarrtheit ist jedoch die Londoner Blumenverkäuferin. Auf den Straßen wurden wohlriechende Veilchen verkauft, im Frühling die ersten Primeln «ausgerufen». Für den echten Londoner, den «Cockney» – schreibt Blanchard Jerrold in *London: a Pilgrimage* –, «ist der Goldlack eine Offenbarung, die Winterlevkoje wie eine neue Jahreszeit, die Nelke aber ein Traum von allen Wohlgerüchen Arabiens». Sie alle sind Versatzstücke eines rührigen Londoner Gewerbes, das in den 1830er Jahren begann. Vor dieser Zeit waren die einzigen Blumen, die man in London sah – oder besser gesagt: zu sehen bekam –, die Myrte, die Geranie und die Hyazinthe.

Als dann der Geschmack an floraler Dekoration besonders in der Londoner Mittelschicht um sich griff, wurden Blumen (wie alles in London) eine Sache des Kommerzes, und viele der umliegenden Vorstädte verlegten sich in großem Stil auf die Erzeugung und den Vertrieb von Blumen. Die gesamte Nordwestecke des Markts am Covent Garden war jetzt den Großanbietern vorbehalten, die Rosen, Geranien, Lichtnelken und spanischen Flieder an Blumengeschäfte und andere Händler verkauften. Sehr schnell wurden Blumen auch zum Gegenstand kommerzieller Spekulation. So kam Anfang 1830 die Fuchsie nach London, und das Interesse an Blumen griff unaufhaltsam auch auf die «niederen Klassen» über, so dass man beim fliegenden Händler an der Straßenecke einen Wildblumenstrauß um einen Penny erstehen konnte, während auf dem Markt die Provencerosen (Zentifolien) und Nelken körbeweise verkauft wurden. Straßenverkäuferinnen an der Königlichen Börse oder den Inns of Court boten Moosrosen feil; das Mädchen mit den Veilchen war ein vertrauter Anblick auf jeder Straße, und der «fliegende Gärtner» verkaufte Artikel, die für ihre Kurzlebigkeit berüchtigt waren. In London ist oft der Tod der Preis für den Kommerz, und die Stadt wurde zum Friedhof der Natur. Viele Millionen Schnittblumen wurden nach London gebracht, nur um dort zu verwelken und einzugehen. Die Anlage großer öffentlicher Friedhöfe in den Vorstädten, vor den Toren der Stadt, führte ihrerseits zu einem enormen Anstieg der Nachfrage nach Blumen, mit denen man die frisch ausgehobenen Gräber schmückte.

«Man kann sagen», hat Ford Madox Ford beobachtet, «dass London dort anfängt, wo die Baumstämme schwarz zu werden beginnen.» Deshalb ist die Platane der Baum Londons. Da sie die Fähigkeit hat, ihre verrußte Rinde abzustoßen, wurde sie zum Symbol machtvoller Erneuerung in der «vergifteten Atmosphäre» der Stadt. Im Friedhof von St Dunstan's im East End stand eine Platane, die gut 13 Meter hoch war; die ältesten Platanen aber sind jene, die 1789 am Berkeley Square gepflanzt wurden. Merkwürdigerweise ist die Platane, wie viele Londoner auch, ein Zwitter. Als Beispiel einer gelungenen Kreuzung der 1562 nach London eingeführten Morgenländischen Platane mit der Amerikanischen Platane von 1636 ist die Ahornblättrige Platane der Baum des Londoner Zentrums geblieben. Sie ist der wichtigste Grund, warum man London als die «Stadt der Bäume» mit «feierlichen Formen» und von «romantischer Schwermut» apostrophiert hat.

Diese Schwermut kann sich auch auf die Londoner Parks senken, den

Hyde Park im Westen oder den Victoria Park im Osten, auf Battersea und auf St James's, auf Blackheath und auf Hampstead Heath. Keine andere Stadt der Welt besitzt wohl so viele grüne, lichte Räume. Für den, der Härte und Glanz Londons liebt, sind sie eine Nebensächlichkeit. Dafür sprechen sie andere an – die Stadtstreicher, die Büroangestellten, die Kinder, kurz alle, die Erholung vom Leben «auf den Steinen» suchen.

Wenn der Pferde-Omnibus, der zwischen Notting Hill Gate und Marble Arch verkehrte, durch den Hyde Park kam, «griff auf dem Oberdeck so manche gierige Hand in die Zweige, um ein Souvenir für die City mitzunehmen», wozu «der Ruf des Nusshähers und des Rotkehlchens, des Kuckucks und der Nachtigall» erscholl. Diese Beobachtung findet sich in Neville Braybrooks *London Green*.

Einst fanden sich auch ländliche Oasen in Clerkenwell und Piccadilly, Smithfield und Southwark; zu den Gewerben hier gehörten das Dreschen und das Melken. Die Straßennamen zeugen von der bis dahin ländlichen Natur Londons. Laut Ekwalls *Street Names of the City of London* zeigt Cornhill natürlich – etymologisch nahe liegend – einen «Berg» an, auf dem «Getreide» angebaut wurde, und Seething Lane ist als die Gasse zu deuten, «in der es viel Spreu gab ... Die Spreu kam von dem Getreide, das hier gedroschen und geworfelt wurde.» Oat Lane («Hafergasse») und Milk Street («Milchstraße») verraten die ländliche Gegend. Die Cow Lane war kein Ort, wo Kühe gehalten wurden, sondern «eine Gasse, durch die die Kühe auf die Weide getrieben wurden». Die Addle Street – hinter der Wood Street und wenige Meter die Milk Street aufwärts – leitet sich von dem altenglischen Wort *adela*, «stinkender Urin», und *eddel*, «Jauche», her; so erhalten wir einen «Weg voller Kuhmist».

Die Londoner Natur verdient es also, gerühmt zu werden. Auf alten Fotografien sieht man Rosskastanien in Watford und Zedern in Highgate, Ringeltauben, die an der Bank von England nisten, und Männer beim Heuen im Hyde Park. Insekten ohne Zahl und andere Wirbellose haben es sich in den Steinen Londons gemütlich gemacht, während die verschiedensten Wildpflanzen wie Ackersenf und Sauerampfer, stinkende Hundskamille und Sonnenwendwolfsmilch in der natürlichen Umwelt Londons üppig wuchern. Während die Krähe und die Dohle langsam aus dem Stadtbild vertrieben wurden, sind die Taube und die Schwalbe eingezogen und haben ihren Platz eingenommen. Die Kanäle, die London durchziehen, sind ebenso Tummelplätze für Wasservögel geblieben wie die großen Wasserspeicher. Die Anlage von Rieselfeldern in den 1940er Jahren erzeugte unerwarteterweise wieder die urzeitlichen Bedingungen der Themsemarschen, und zwar so vortrefflich, dass sich hier jedes Jahr viele Tausende von Zugvögeln niederlassen.

Es gibt im Raum London über zweihundert Arten und Unterarten von Vögeln, von der Elster bis zum Grünfink; am verbreitetsten ist aber wohl die Taube. Man hat vermutet, dass die Schwärme wilder Tauben von Vögeln abstammen, die schon im frühen Mittelalter aus ihren Schlägen entflogen sind; sie fanden einen ebenso natürlichen Lebensraum in Mauerritzen und auf Häusersimsen wie ihre Vorfahren, die Felsentauben, auf meerumschlungenen Klippen. «Sie nisten», schreibt ein Vogelbeobachter, «in kleinen Kolonien in unzugänglicher Höhe» über den Straßen Londons, so als seien die Straßen wirklich ein Meer. 1277 stürzte ein Mann, der ein Taubennest ausnehmen wollte, vom Glockenturm der Kirche St Stephen's Walbrook in den Tod, während sich der Bischof von London 1385 über «böswillige Personen» beklagte, die die Tauben in den städtischen Kirchen mit Steinen bewarfen. So waren Tauben zu allen Zeiten ein vertrauter Anblick, auch wenn sie früher nicht mit derselben Nachsicht behandelt wurden wie ihre neuzeitlichen Nachfahren. Ein gewisses Maß an Wohlwollen gegenüber diesen Geschöpfen scheint es erstmals Ende des 19. Jahrhunderts gegeben zu haben, als man sie mit Hafer fütterte und nicht mit dem heute üblichen altbackenen Brot.

Seit Ende des 19. Jahrhunderts kamen auch Ringeltauben in die Stadt; sie wurden rasch urbanisiert und nahmen an Zahl wie an Zahmheit zu. Wer heute nach oben schaut, kann am Himmel ihre «Fluglinien» bemerken, zum Beispiel von Lincoln's Inn Fields über Kingsway und den Trafalgar Square nach Battersea, mit Nebenlinien zum Victoria Park und nach Kenwood. Die Luft über London ist erfüllt von solchen «Fluglinien», und den Wegen der Vögel nachzuspüren hieße, die Stadt auf eine ganz andere Weise wahrzunehmen; dann schiene sie durchzogen und gehalten zu werden von Tausenden von Vogelzugwegen und kleinen Energieadern, deren jede ihre eigene Nutzungsgeschichte hätte.

Die Sperlinge erobern sich im Nu öffentliche Plätze, und heute sind sie so sehr ein Teil von London, dass die einheimische Bevölkerung sie in ihren Sprachschatz aufgenommen hat; eine Freundin heißt bei den Cockneys «Spätzchen», als Reverenz gegen einen Vogel, der süß und doch wachsam ist und gesegnet mit einem grauen Gefieder, das an den Londoner Staub erinnert, ein beherzter kleiner Vogel, der im endlosen Getöse der Stadt ein- und aushüpft. Sperlinge sind kleine Vögel, die sehr schnell an Körperwärme verlieren können, weshalb sie an die «Hitzeinsel» London wunderbar angepasst sind. Leben können sie in jeder kleinen Ritze oder Höhlung, hinter Abzugsröhren oder Belüftungsschächten, in Denkmälern oder Mauerlöchern; in diesem Sinne sind sie an die Topographie Londons wunderbar angepasst. Sie sind bemerkenswert anhänglich an ihre nähere Umgebung und ziehen selten «Fluglinien» über die Stadt; wo sie geboren wurden, bleiben sie, wie jeder andere Londoner auch.

Im Herbst 1738 war in der Mile End Turnpike nach einem Blitzschlag der Boden «übersät mit toten Sperlingen». Dieses Massensterben hat etwas Rührendes und zugleich etwas Erhabenes, so als repräsentiere es den Geist der Stadt selbst. Die kleinen Geschöpfe, schreibt E. M. Nicholson in seinem Buch *Bird-Watching in London*, verkörperten «die schiere unbändige Fruchtbarkeit: Man kann sie beseitigen, wie man will, ohne dass sie Widerstand leisten, aber sie werden nie weniger – darin besteht die Rettung ihrer Art.» So ist das «unaufhörliche, unbeschreibliche» Konzert, das sie veranstalten, wenn sie in einem Schwarm beisammenhocken, ein kollektives Triumphgeschrei, «völlig verrückt und sehr fröhlich», das durch die Zweige wogt und schallt, als seien die Bäume selbst lebendig.

Möwen sind heute Dauergäste in London, obwohl sie sich dort erstmals 1891 gezeigt haben. Sie kamen in einem sehr strengen Winter, um die Wärme der Stadt zu suchen, und ihr Einzug erregte bald die Aufmerksamkeit der Londoner. Auf Brücken und Uferpromenaden drängten sich die Bürger, um zuzuschauen, wie die Vögel im Sturzflug herniederstießen und ins Wasser tauchten. 1892 verbot die Londoner Stadtverwaltung jedermann das Abschießen der Möwen, und zu derselben Zeit kam auch der Brauch auf, die Vögel zu füttern; Arbeiter und Angestellte pflegten damals in der Mittagspause auf eine der Brücken zu gehen und ihnen verschiedenartige Bissen anzubieten. Theodore Dreiser beobachtete 1912 bei einem nachmittäglichen Sonntagsspaziergang auf der Blackfriars Bridge, wie die Menschen «Tausende von Möwen» mit Elritzen fütterten, die sie vorher für einen Penny pro Büchse eingekauft hatten. Zutraulichkeit scheint das natürliche Wesen der Möwe zu sein. Aber die bequeme Nahrungszufuhr von menschlicher Hand bewirkte, dass sie ständig wiederkamen, bis sie sich schließlich den Ruf erwarben, die Hauptaasfresser der Stadt zu sein, und damit den Raben aus diesem Amt verdrängten.

Es gibt Vögel wie das Rotkehlchen oder den Buchfinken, die auf dem Land nicht so scheu und misstrauisch sind wie in der Stadt. Andere Arten, zum Beispiel die Stockente, werden immer unnahbarer, je weiter sie aus London herauskommen. Die Anzahl der Sperlinge ist arg geschrumpft, während die Amseln noch zahlreich sind. Auch die Zahl der Enten und Schwäne hat zugenommen. Andere Arten wiederum sind so gut wie verschwunden. Hier sind vor allem die Krähen zu nennen, deren Nester durch Baustellen oder Baumfällarbeiten zerstört worden sind. Es gibt Gegenden Londons, in denen die Krähe über Jahrhunderte hinweg

Die Vögel werden zum Attribut ihrer Umgebung, die gleichzeitig auf sie abfärbt. Die «Tower-Sperlinge» waren berüchtigt als «gefiederte Mordbuben», die ständig mit den Staren und den Tauben des Tower in Fehde lagen, obwohl sie mit ihnen seit Jahrhunderten das Quartier teilten.

gehaust hat, zum Beispiel der Friedhof von St Dunstan's im East End und der College-Garten am Ecclesiastical Court in Doctors' Commons, die Türmchen des Tower of London und die Gärten von Grays Inn. Im Inneren des Inner Temple gab es ein Krähennest, das mindestens aus dem Jahr 1666 stammte und von Oliver Goldsmith 1774 erwähnt wird. In den Kensington Gardens gab es einen eigenen Krähenhain, rund siebenhundert Bäume, ein wildromantisches Stück Natur für jeden, der es durchstreifte und dem ewigen Krächzen lauschte, das den Lärm der Stadt übertönte. Aber 1880 wurden die Bäume gefällt, und die Krähen sind auf Nimmerwiedersehen verschwunden.

Dafür frequentieren andere Vögel die Stadt. Es sind die Käfigvögel, die Kanarienvögel und Papageien, die Lerchen und Drosseln, deren Lied aus ihrem Gefängnis dringt, so dass man sich an die Londoner selbst erinnert fühlt. In Dickens' Roman *Bleak House (1852)* sind die Käfigvögel von Miss Flite ein zentrales Sinnbild für die Gefangenschaft in der Stadt. Die Insassen des Gefängnisses Newgate waren als «die Nachtigallen von Newgate» oder als «Newgate-Vögel» bekannt. In *Erledigt in Paris und London* (1933) erwähnt Orwell, dass sich die Bewohner von Bettlerherbergen oder Mietskasernen Käfigvögel hielten, «winzige, zerzauste Dinger, die ihr Leben lang im Untergrund gelebt hatten». Er erinnert sich besonders an einen «alten Iren, der einem blinden Gimpel in seinem Käfig Lieder vorpfiff»; damit will Orwell andeuten, dass es hier eine sonderbare Affinität gibt zu Londons vom Pech verfolgten Bürgern.

Natürlich wurde mit Käfigvögeln auch Handel getrieben; Straßenmärkte in St Giles und Spitalfields hatten sich darauf spezialisiert. Am gefragtesten war die Goldammer, und es gab regelmäßigen Nachschub an diesen in Fallen gefangenen Vögeln, die zwischen sechs Pence und einem Schilling kosteten; ihre Vorzüge waren ihre Langlebigkeit – sie konnten bis zu 15 Jahre alt werden – und die Möglichkeit der Kreuzung mit anderen Vögeln. Beliebt waren auch der Buchfink und der Grünfink, obwohl dieser «nur ein mittelmäßiger Sänger» war, wie ein Straßenverkäufer Henry Mayhew anvertraute. Frisch gefangene Lerchen kosteten sechs bis acht Pence das Stück. Auch die Nachtigall war Mitte des 19. Jahrhunderts zu einem Liebling der Londoner Vogelhändler geworden, zeigte aber – wiederum laut Mayhew – «Symptome einer großen Nervosität; sie wirft sich gegen die Drähte des Käfigs oder Vogelhauses und ist manchmal schon nach wenigen Tagen tot».

Wo es Vögel gibt, sind auch Katzen. In London waren sie schon mindestens seit dem 13. Jahrhundert zu finden, und die Cateaton Street trug ihren Namen ihnen zu Ehren. Heute heißt sie Gresham Street, aber im 13. Jahrhundert war sie als Cattestrate, im 16. als Catlen Street oder

Auf der Bow Church und auf St Olave's nisteten Krähen. Es waren verehrungswürdige Londoner Vögel, die sich vorzugsweise um alte Kirchen und alte Gebäude sammelten, als seien sie die Wächter des Ortes. Aber wie es in einem Lied aus dem 19. Jahrhundert heißt: «Die Krähen haben keinen Platz mehr.»

Catteten bekannt. Katzen galten als Glücksbringer, wie die Sage von Richard Whittington und seinen Katzen belegt, und so gibt es allen Grund zu der Vermutung, dass sie als willkommene und vielleicht sogar nützliche Haustiere behandelt wurden. Doch rankt sich um die Londoner Katze manch wunderlicher Aberglauben. Es gibt Anhaltspunkte für rituelle Katzenopfer, bei denen das unglückliche Tier in einer Nische eingemauert wurde und oft in mumifizierter Form konserviert worden ist. Im Herbst 1946 entdeckte man hinter einem Kranzgesims im Turm von St Michael Paternoster Royal, der Kirche, in der 1423 Richard Whittington beigesetzt wurde, ein solches Tier.

Die nächtliche Hauptstadt war das Reich der Londoner Stadtkatzen, die auf alten Mauern saßen oder durch verfallene Gassen schlichen. Sie waren die Wächter Londons und patrouillierten durch Straßen und Gelände, auf denen schon ihre fernen Vorfahren auf leisen Pfoten umhergegangen waren. Es gab auch andere «Katzenstraßen» in der Metropole, namentlich in der Gegend um Clerkenwell Green und den Obelisken in St George's Fields, aber auch die Gassen hinter der Drury Lane. Hier nahmen laut Charles Dickens die Katzen alle Merkmale der Menschen an, unter denen sie lebten. «Sie verlassen ihre jungen Familien, um auf eigene Faust um die Gossen zu staksen, während sie struppig an Straßenecken streiten und schimpfen und kratzen und spucken.» Gelegentlich beobachtet man, dass ein Haustier sich seinem Besitzer anverwandelt, aber vielleicht bringen die Bedingungen des Großstadtlebens auch einen speziellen Londoner Tiertypus hervor.

Ende des 19. Jahrhunderts gab es in London schätzungsweise 750 000 Katzen, die natürlich ganz unterschiedlich behandelt wurden. In Whitechapel lebte eine betagte Prostituierte – nach der Beschreibung Charles Booths «ein struppiges, liederliches, betrunken wirkendes Frauenzimmer» –, die aus einem Korb Fleischstücke an streunende Katzen verteilte. Diese Art von Tierliebe scheint Ende des 19. Jahrhunderts aufgekommen zu sein. Ein alter Einwohner erzählte Booth: «Es gab eine Zeit, da konnte sich keine Katze auf den Straßen von Bethnal Green blicken lassen, ohne verscheucht oder geprügelt zu werden; heute ist dieses Verhalten selten.»

Hunde tauchen in fast jeder Beschreibung einer Londoner «Straßenszene» auf, wo sie auf der Straße herumtollen oder sich fröhlich unter Fußgänger und Pferde mischen. In jeder Phase der Londoner Geschichte hat es Hunde gegeben – als Begleiter der Familie auf dem Sonntagsspaziergang über die Felder, Prozessionen verbellend, als wütende Mitstreiter bei Tumulten oder knurrend im heimlichen Kampf mit ihresgleichen um irgendein Londoner Territorium. Im 12. Jahrhundert

bestimmte ein Edikt des Königs, dass ein Hundebesitzer sein Leben ver-
wirkt hatte, sollte sein «raubgieriger Hund» ein «königliches Tier»
beißen. So dürfen wir uns die Bewohner des frühmittelalterlichen London vorstellen, wie sie voller Nervosität ihre Hunde zum Zeitvertreib
oder zur Jagd auf die Felder und Wiesen jenseits der Stadtmauern führten. Allerdings mussten diesen Hunden die Ballen oder Klauen der Vor-
derpfoten beschnitten werden, damit sie das jagdbare Wild nicht selbst
zur Strecke brachten.

Eine Proklamation von 1387 verkündete, «dass Hunde nicht in der
ganzen Stadt umherlaufen dürfen», doch wird in derselben Verordnung ein Unterschied zwischen wilden oder streunenden Hunden und
Haushunden gemacht. So gab es schon im mittelalterlichen London
den Gedanken des «Haustiers». Der begehrteste Londoner Hund war
die Bulldogge. Viele von ihnen gingen als Geschenk an prominente
Persönlichkeiten im Ausland, und so berichtet ein deutscher Reisender
im 16. Jahrhundert, manche dieser Hunde seien «so groß und schwer,
dass man ihnen, wenn sie über lange Strecken transportiert werden
müssen, Schuhe anzieht, damit sie sich nicht die Pfoten abwetzen».
Bulldoggen wurden auch als Wachhunde eingesetzt, und in den Archi-
valien der London Bridge sind Entschädigungszahlungen an Personen
belegt, die von diesen Hunden gebissen oder verletzt worden waren.
Das größte Problem in der Stadt waren jedoch zu allen Zeiten die streunenden Hunde. Ein Warnschild an den neu erbauten St. Katherine-
Docks am Tower of London, datierend vom 23. September 1831, lautete: «Die Pförtner werden den Zutritt von HUNDEN unterbinden,
sofern diese von ihren Besitzern nicht an einer Leine oder einem Tuch
geführt werden.» Die Hauptklage gegen Hunde war, dass sie «be-
trächtlichen Schaden» an Gegenständen anrichteten, doch das Zeitalter
des Kommerzes war auch das Zeitalter der Fürsorglichkeit. Mitte des
19. Jahrhunderts wurde in London ein Heim für herrenlose und hun-
gernde Hunde errichtet – das erste Beispiel von Hundefürsorge in der
Stadt. «Als das Heim eröffnet wurde, war man geneigt, darüber zu
lachen», schrieb «Aleph» 1863, «doch fanden sich Geldgeber, und heute
floriert das Hundeasyl.» Nach Klagen aus der Nachbarschaft über den
Lärm wurde es 1871 nach Battersea verlegt, wo das Hundeheim noch
heute floriert.

Der Floh ist so alt wie der Hund, doch sein Teil an der Naturgeschich-
te Londons ist in Dunkel gehüllt. Von der Wanze wurde erstmals 1583
öffentlich Notiz genommen, während von der Küchenschabe 1634 berichtet wird. Wir dürfen aber vermuten, dass Läuse und Flöhe aller Art
London von Beginn seiner Geschichte an verseucht haben, und zwar so

sehr, dass man oft im Zustand der Stadt eine Ähnlichkeit mit dem Ungeziefer gesehen hat. London, schreibt Verlaine, sei «eine platte, schwarze Wanze».

Wurden Tiere in London nicht als Arbeitskraft oder Nahrung genutzt, dienten sie zu Unterhaltungszwecken. Seit im 13. Jahrhundert die ersten Löwen im Tower of London einquartiert wurden (zu denen sich später ein Eisbär und ein Elefant gesellten), haben Tiere der rastlosen und gefräßigen Masse als Schauspiel gedient. Über den ersten abgerichteten Elefanten auf Londons Straßen schreibt 1679 Robert Hooke. Die Londoner konnten am Exeter Change «Tiere gucken». Dieses dreistöckige Gebäude Ecke Wellington Street/Strand war in den 1780er Jahren als «Pidcocks Ausstellung wilder Tiere» bekannt. Die Tiere wurden in den oberen Stockwerken gehalten, «in einer kleinen Höhle und Käfigen in Räumen unterschiedlicher Größe, deren Wände mit exotischen Szenerien bemalt waren, um die Illusion zu erhöhen». Die Menagerie ging durch die Hände von drei verschiedenen Besitzern, und ein Kupferstich von 1826 zeigt das alte, in die Strand hineinragende Haus, mit knalligen Bildern von Elefanten, Tigern und Affen zwischen den zwei großen korinthischen Säulen der Fassade. Die Beliebtheit der Menagerie war sehr groß, nicht zuletzt deshalb, weil sie, abgesehen vom Zoo am Tower, die einzige Ausstellung exotischer Tierarten in London war. Gelegentlich wurden die weniger gefährlichen Tiere als lebende Reklame durch die Straßen geführt. So erwähnt Wordsworth ein Dromedar und mehrere Affen, und J. T. Smith schreibt in seinem *Book for a Rainy Day* von einem Elefanten, «der von seinem Wärter zwischen Seilen durch den engen Teil der Strand geführt wurde». Am 6. Februar 1826 hielt dieser Elefant namens Chunee das Eingesperrtsein nicht mehr aus und machte in einem Anfall panischer Wut Miene, aus seinem Käfig auszubrechen. Ein Exekutionskommando aus dem nahe gelegenen Somerset Home konnte ihn nicht erlegen, und eine Kanone wurde abgefeuert, ohne Wirkung zu zeitigen. Schließlich tötete sein Wärter ihn mit einem Speer, und er verendete mit 152 Kugeln im Leib, wie man später zählte. Nach seinem Tod holte ihn dann die kommerzielle Gesinnung Londons ein. Der Kadaver wurde einige Tage den Massen zur Schau gestellt, bis er anfing zu riechen; danach verkaufte man ihn als 11 000 Pfund Fleisch. Das Skelett bildete später ein Exponat im Hunterschen Museum der Chirurgischen Fakultät. Endgültig vernichtet wurde Chunee durch eine Fliegerbombe im Zweiten Weltkrieg. Von seinem Spaziergang über die Strand 1825 bis zu seinem Aufgehen in Flammen 1941 hat seine Geschichte ein echt Londoner Aroma.

Der Geist ihrer Stadt mag auch die Leidenschaft der Londoner für abgerichtete Tiere erklären. In den Straßen der Kapitale tanzten Ratten auf Seilen, und Katzen spielten Hackbrett. Abgerichtete Bären waren zwischen dem 16. und dem 19. Jahrhundert allgegenwärtig, während abgerichtete Affen und Pferde zum Standardrepertoire der Arenen gehörten. Bald musste denn auch die ernsthafte naturwissenschaftliche Forschung hinter den Erfordernissen der Unterhaltung zurückstehen. «Der Zoo ist der gegebene Platz für ein ruhiges Gespräch unter freiem Himmel», schreibt Blanchard Jerrold 1872, «mit den Tieren als Gesprächsthema wird hier ganz London im Laufe der Saison Revue passieren.»

Viele Besucher hatten ihre Lieblinge unter den Tieren, indem sie etwa den Affen dem Luchs vorzogen oder das Nilpferd dem Wombat, und kamen jede Woche wieder, um nach ihrem Ergehen zu schauen. Aber neben dieser freundlichen Sympathie gab es immer auch die Angst, diese Kreaturen könnten aus ihrem Gefängnis ausbrechen und ihre Häscher zu Schanden machen. Aus diesem Grund waren Dickens wie Thackeray, die das Interesse an öffentlichen Hinrichtungen verband, beide auch fasziniert von den Schlangen, die hier in Gefangenschaft gehalten wurden. Eigenartigerweise haben beide denselben Augenblick im Zoo beschrieben, nämlich eine Schlangenfütterung. In Thackerays Schilderung lesen wir: «Eine ungeheure Boa constrictor verschluckte ein lebendes Kaninchen – verschluckte ein lebendes Kaninchen, mein Herr, und sah dabei aus, als wolle sie danach eines meiner kleinen Kinder verspeisen.» So erhält der Zoo eine symbolische Bedeutung im Leben dieser gewalttätigen und gefährlichen Stadt; hier, im grünen Ambiente des Tierparks, ist die Gewalt gezähmt und die Gefahr gebannt. Hier sitzt der Löwe und «weinet Tränen roter Wut», wie es in einem Gedicht von Stevie Smith heißt.

Es wäre zu trivial, wollte man anmerken, dass die Bürger, alle gleich gekleidet und gemessenen Schritts durch den Tiergarten spazierend, selbst Gefangene ihrer Stadt seien. Das war schon im 19. Jahrhundert eine Platitude, als Gustave Doré die Londoner am Affenkäfig oder im Papageiengehege als Pendant zu den Tieren wiedergab – Tieren, die ihrerseits die Menschen zu beobachten schienen. Trotzdem gibt es einen Gleichklang zwischen dem Zoo und der Stadt, was den Lärm und den Wahnsinn betrifft. Das verworrene oder schrille Geräusch der Masse wurde oft mit dem Geräusch von Tieren verglichen, während es von den Verrückten in Bedlam 1857 in der *Quarterly Review* hieß, sie hätten Ähnlichkeit mit den «wildesten Fleischfressern im Zoologischen Garten». Der Vergleich spricht für sich selbst. Die Wahnsinnigen wurden in Käfigen gehalten, wo neugierige Besucher sie zum Zwecke der Unterhaltung aufsuchten.

1826 erhielt die Zoologische Gesellschaft einige Morgen Land im Regent's Park, um einen «Zoologischen Garten» mit diversen Gruben und Höhlen zu errichten; zwei Jahre später wurde er eröffnet und bildete bald eine Attraktion; auf vielen Drucken sieht man Bürger, die sich an den Verrenkungen der eingesperrten Tiere ergötzen.

Die Verrückten tobten angeblich wie «Raben, Eulen, Stiere, Bären», sie waren so «räuberisch und unersättlich wie Wölfe» oder so «von Zwang besessen wie Pferde». Der verrückte Londoner ist mit anderen Worten ein Tier; diese Definition berührt sich mit jener anderen, welche die Volksmasse oder den Pöbel als «wildes Tier» beschreibt. So wird die Stadt selbst zu einem riesigen Zoo, in dem man sämtliche Käfige aufgesperrt hat.

46. Wetterberichte

Eines Tages saßen Boswell und Johnson im Greenwich Park und genossen die Freuden des Landlebens. Es kam zu folgendem Dialog:
J.: «Ist es nicht wunderschön hier?»
B.: «Ja, Sir; aber kein Vergleich zur Fleet Street.»
J.: «Da haben Sie Recht.»
Auf dem Land zu leben ist eine traurige Form des Exils. «Ich liebe Spaziergänge durch London», sagt Mrs Dalloway in dem gleichnamigen Roman von Virginia Woolf (1925). «Sie sind wirklich besser als Spaziergänge auf dem Lande.» Der Stadtbewohner empfindet das Land möglicherweise nicht als Offenbarung, sondern als Beengung. «Schrecklich öde hier», soll eine junge Londonerin im 19. Jahrhundert gesagt haben. «Keine Schaukeln, keine Karussells, keine Orangen, keine Geschäfte, kein gar nichts – lauter kahle Felder, das ist alles.»

Die Stadt ist schöner als das Land, weil sie reich an menschlicher Geschichte ist. Der im Alter erblindete Milton machte die traurige Bemerkung, nun sei es ihm bestimmt, nie mehr den Anblick «dieser schönen Stadt» zu genießen. Damit nahm er vorweg, was Wordsworth 1802 über den Ausblick von der Westminster Bridge sagte: «Die Erde hat nichts Schön'res vorzuweisen.» Der große Dichter der natürlichen Welt wundert sich über die «Schönheit des Morgens», welcher «Schiffe, Türme, Kuppeln, Theater, Tempel» bescheint: «Die Sonne tauchte niemals herrlicher / Fels, Berg und Tal in ihren frühen Glanz.»

Es ist eine begeisterte Verbeugung vor der Stadt von einem, dessen dichterische Schau immer an die Landschaft gebunden war. Auch die Londoner Vorstädte «können so herrlich sein», schreibt Vincent van Gogh in den 1880er Jahren, «wenn die Sonne rot im dünnen Abenddunst versinkt.»

Schönheit und Ebenmaß der Stadt bekunden sich auch in einer anderen Sphäre, wie Aristoteles ganz allgemein feststellt: «Ein Mensch, der von Natur aus, nicht von Schicksals wegen stadtlos ist, nimmt entweder in der Rangfolge der Menschheit eine niedere Stufe ein oder ist über sie erhaben.» Will sagen: Die Menschheit gehört der Stadt, wie der Fisch dem Wasser gehört. Die Stadt ist das natürliche Element für alle jene Menschen, die den Drang verspüren, auf der Erde nach Zeitgenossen und Gefährten zu suchen. Wenn die Stadt auch nicht «natürlich» ist, so hat sie doch, mit Henry James gesprochen, die Natur nacherschaffen. «Da die große Stadt alles macht», schreibt er einmal, «macht sie auch ihr eigenes Wetter und ihre eigenen optischen Gesetze.»

Die Stadt ist heißer – und übrigens auch trockener – als andere Teile des Landes, weil die Luftverschmutzung, die sie erzeugt, den Effekt hat, die Wärme in Straßen und Häusern zu speichern, während sie paradoxerweise gleichzeitig das Sonnenlicht verdunkelt. Viele dunkle Gebäude halten die Wärme, und auch die vielen vertikalen Flächen der senkrecht aufstrebenden Stadt sind besser geeignet, die Strahlen der niedrig stehenden Sonne aufzufangen; auch die verschiedenen Materialien, aus denen London besteht, nehmen die umgebende Wärme in sich auf.

Eine weitere Erklärung für die fühlbare Zunahme der Wärme in der Kapitale mag in der schieren Zusammenballung von Menschen auf relativ kleinem Raum zu suchen sein. Die Körperwärme der Bürger treibt die Temperatur in die Höhe, so dass die Stadt auf modernen Satellitenbildern als fahle Insel unter lauter Braun und Grün erscheint. Schon im 17. Jahrhundert machte ein Beobachter dieselbe Entdeckung. «Der Strom der Männer, Frauen und Kinder, der Wagen, Kutschen und Pferde, welcher sich von der Strand zur Börse wälzt, ist so mächtig, dass im Winter ein Temperaturunterschied von zwei Grad Fahrenheit zwischen diesem Straßenzug und dem westlichen Ende der Stadt herrschen soll.»

Das Londoner Wetter zeigt auch andere Abweichungen. Große Teile Westminsters und der umliegenden Gebiete wurden ursprünglich auf Sümpfen errichtet, und so scheint in diesen Gegenden die Ausdünstung von Dunst und Nebel spürbarer zu sein als anderswo; Cornhill, auf einem Berg erbaut, wirkt demgegenüber frischer und trockener.

Im 16. Jahrhundert beeindruckte das Londoner Klima den Gelehrten und Alchemisten Giordano Bruno; er fand es «gemäßigter als an irgendeinem Punkt jenseits und diesseits der Äquinoktien, da Schnee und Wärme von der untergründigen Erde ebenso verbannt werden wie die übermäßige Sonnenhitze, wovon der ewig grün blühende Boden zeugt, und so erfreut es sich eines ewigen Frühlings». Seine Worte verraten eine alchemistische oder magische Tendenz, die auf das Bild von London als einer sanften «chymischen» Flamme verweist.

Aber es gab auch den Regen.

«Hernieder strömt des Regens stille Wut,
bedroht die fromme Stadt mit Sündenflut.»

Mit diesen Worten feierte Jonathan Swift im Herbst 1710 einen «Londoner Regenschauer». Seit 1696 werden die jährlichen Niederschlagsmengen berechnet, und es zeigt sich, dass die Londoner Regengüsse und Wolkenbrüche gegen Ende des 18. Jahrhunderts an Häufigkeit abnahmen, um in der Zeit zwischen 1815 und 1844 wieder zuzunehmen. Aber sogar 1765 fiel einem französischen Reisenden die Feuchtigkeit des Londoner Klimas auf, die dazu führte, dass Lichter entzündet werden mussten, «wo man eigentlich bequem ohne Licht auskommen konnte»; wie er schreibt, waren noch Ende Mai in allen Abteilungen des Britischen Museums Feuer entzündet, «um Bücher, Handschriften und Landkarten vor der Feuchtigkeit zu schützen».

Es hat aber auch große Überschwemmungen gegeben. Im Jahre 1090 wurde die London Bridge von einer aufgewühlten Themse fortgespült, und 1236 stieg das Wasser so hoch, dass man mitten in der Westminster Hall Kahn fahren konnte; an demselben Ort blieben 1579 «viele Fische nach einem Hochwasser verendet zurück». Der harmlose Walbrook wurde 1547 zu einem tosenden Strom, der einen jungen Mann, welcher ihn zu durchqueren versuchte, mit sich fortriss, und 1762 stieg das Wasser in der Themse so hoch, «wie dergleichen seit Menschengedenken nicht erlebt ward». «In weniger als fünf Stunden», meldet der zeitgenössische Bericht, «stieg das Wasser um zwölf Fuß in der vertikalen Höhe», und «Menschen verschwanden von den Chausseen». Noch zu Beginn des 20. Jahrhunderts wurde Lambeth vom Wasser der Themse so überschwemmt, dass die Häuser in der Gegend nur mit Booten zu erreichen waren. So war die Londoner Luft zu allen Zeiten mit Dämpfen und Niederschlägen aufgeladen.

Die Londoner werden auch besser mit der Kälte fertig als mit der Hitze der Sommertage. In der Kälte zeigt London reiner sein Selbst, es ist härter, strahlender und bei weitem grausamer. Im Winter 1739/40 «sind Landstreicher erfroren. Vögel fielen steif vom Himmel, die Brotlaibe an den Marktständen wurden steinhart.» «Ein armer Junge», schreibt das *Annual Register* dreißig Jahre später unter dem 18. Februar 1771, «der am Dienstagabend in einem Londoner Viehhof in einen Misthaufen gekrochen war, um sich vor der Kälte zu schützen, wurde am nächsten Morgen vom Stallknecht tot aufgefunden.»

Die Kälte konnte so intensiv sein, dass im Laufe der Jahrhunderte die Themse selbst regelmäßig zufror, zwischen 1620 und 1814 nicht weniger als dreiundzwanzigmal, weil die alte London Bridge die Bewegung des Wassers behinderte, bis es so träge wurde, dass es in der kälteren Luft nicht fließen konnte. 1281 «konnten die Menschen zwischen Westminster und Lambeth über die Themse gehen». Über das Jahr 1410 liest man in einer alten Chronik: «Dieses Jahr war groß Frost und Eis und der strengste Winter, den der Mensch je gesehen, und währte 14 Wochen, also dass man an verschiedenen Orten über die Themse sowohl gehen als auch reiten konnte.» Auch 1434, 1506 und 1515 war der Fluss zugefroren, so dass Karren, Pferde und Fuhrwerke bequem von einem Ufer zum anderen gelangen konnten. Schon 1564 fanden bei einem «Frostmarkt» auf dem zugefrorenen Fluss Sportwettkämpfe und Vergnügungen, wie etwa Bogenschießen und Tanzen, statt. Stow und Holinshed berichten, dass an Silvester 1564 «einige Leute dort so herzhaft Fußball spielten, als wäre es auf dem trockenen Land gewesen; Personen von Hof, die gerade in Westminster waren, schossen täglich auf Zweige, die man in das Eis steckte, und das Volk, Männer wie Frauen, erging sich auf der Themse in größerer Zahl als in irgendeiner Straße der City of London.» So wurde die Themse zu einer neuen, volkreichen Verkehrsader in der stark expandierenden Stadt. Im Vordergrund standen hier Abwechslung und Erholung, aber 44 Jahre später, 1608, hatte die allgemeine Atmosphäre von Handel und Kommerz sogar das Wetter vereinnahmt, und viele schlugen Buden «auf dem Eis auf, so Obstverkäufer, Viktualienhändler, die Bier und Wein verkauften, Schuhmacher und ein Barbier». Die Stadt bringt ihre eigenen Nachbildungen hervor, mit allen typischen Kennzeichen ihres eigenen turbulenten Lebens – «Stierhatz, Pferde- und Wagenrennen, Puppenspiel und Interludien, Köche, Schnapsschenken und andere liederliche Stätte, so dass es einem bacchanalischen Triumph oder einem Karneval auf dem Eise glich». Auch die Gefährlichkeit des Londoner Lebens wurde auf dem Fluss demonstriert, da nämlich dieses Eis binnen Stunden schmolz und das ganze Karnevalstreiben fortschwemmte; hundert Jahre später, 1789, verursachte das «plötzliche Aufbrechen des Eises» ein «furchtbares Schauspiel» von Tod und Zerstörung.

Die kalten Londoner Winter behinderten nicht nur das Fließen des Stroms, sondern auch den Gang des Handels. Im Winter 1813/14 froren Wachs und Leim in den Töpfen fest, so dass Schneider und Schuhmacher ohne ihr Handwerkszeug dasaßen. Da Seide in der Kälte ihre Qualität verliert, waren auch die Seidenwirker von Spitalfields und anderswo schwer betroffen. Dienstmänner und Kutscher, Straßenhändler und Tagelöhner konnten sich ihren Lebensunterhalt nicht mehr verdienen. Die Preise für Kohle und für Brot gingen dramatisch in die Höhe. Der Lehrer einer Schule in St Giles meldete, «dass von den siebzig Kin-

1684 war die Themse vor London noch mit regelrechten Buden-Straßen bedeckt, wo alle Arten von Gewerbe und Läden zu finden waren. Es war gleichsam eine zweite Stadt auf dem Eis errichtet worden.

dern seiner Schule sechzig an diesem Tag noch nichts Essbares genossen hatten, bis er selbst ihnen zu Mittag etwas gab».

Es gibt auch einen Zusammenhang zwischen Wetter und Psyche. Im Winter «hängt ein leichter Geruch nach Alkohol in den Straßen», da jeder «stark und unablässig trinkt», um die beißende, in alle Poren dringende Kälte zu bekämpfen. «Ekelhaftes» Wetter zu Weihnachten 1876, schreibt Henry James, «Dunkelheit, Einsamkeit und Graupeln zur Wintersonnwende» in einem «trüben Babylon». November war der schlimmste Monat, was Selbstmorde in London betraf, und im Kriegswinter 1940/41 waren die Londoner deprimierter über das Wetter als über die deutschen Luftangriffe.

In den strengen Wintern von 1855, 1861, 1869, 1879 und 1886 gab es Hungeraufstände; 1886 plünderten überdies Horden von Arbeitslosen die Geschäfte der Londoner Stadtmitte. Es gab in London also eine direkte Korrelation zwischen Wetter und sozialen Unruhen.

Der Himmel über London scheint wie das Wetter unterschiedliche Größenordnungen zu kennen. In manchen Straßen, den Schluchten der Großstadt, scheint er unendlich fern zu sein; er wird zu einer fernen Verheißung, in die sich dauernd Häuserdächer und Türme schieben. Über den großen Häuservierecken von Islington aber mit ihrer niedrigen Bebauung und in den Arbeitersiedlungen der westlichen Stadtbezirke ist der Himmel eine riesige Leinwand, die alle angrenzenden Gebiete mit überspannt. In dieser «niedrigen, klammen Stadt», schreibt V. S. Pritchett, «bedeutet uns der Himmel viel.» Die Qualität der Bewölkung, aus der Niederschläge fallen oder nicht fallen, und die feinen Abtönungen von Blau und Violett am Abendhimmel erinnern fühlbar an die einzigartige Atmosphäre Londons. Ein um 1630 entstandenes Panoramabild *London von Southwark gesehen* (siehe Farbteil) ist die erste Ansicht Londons, die der Stadt ihren Himmel wiedergibt; der Zug grauer und weißer Wolken nach Westen verleiht dem Gemälde ungeheure Weite und Helle, und in diesem neuartigen Licht scheint die Stadt selbst zu atmen. Sie ist nicht mehr das Gewirr dunkler Gebäude unter einem schmalen Streifen Himmels, sondern eine offene Stadt, deren Türme sich dem Firmament entgegenrecken.

Das sind die Schwindel erregenden Himmel, wenn bei Sonnenuntergang der Westen in Flammen steht und das Licht sich in den Wolken spiegelt; an einem Januarabend des Jahres 2000, gegen fünf Uhr nachmittags, war die Wolkendecke rosarot gestreift und mit Flecken dunkelblauen Himmels durchsetzt.

Aber die Lichter des Himmels spiegeln auch die Lichter der Großstadt, und die schiere Helligkeit der modernen Stadt verdunkelt den Glanz der Sterne. Aus diesem Grund scheint der typische Londoner Himmel niedrig, klamm und greifbar zu sein, Teil der Stadt selbst und ihrer tausend verirrten Lichter und Strahlen. Es ist der Himmel, der Turner in der Maiden Lane inspirierte und Constable in seiner Wohnung in Hampstead. G. K. Chesterton schreibt: «Die Kräfte, die den Londoner Himmel hervorgebracht haben, haben etwas geschaffen, das alle Londoner kennen und das jemand, der London nicht gesehen hat, nie gesehen hat.»

Der Wind kommt vorherrschend aus Westen oder Südwesten; die Süd- und die Westfassade der St Paul's Cathedral zeigen markante Verfallsspuren durch Wind und Regen, und der Stein selbst «ist ausgewaschen und zeigt ein verblasstes und verwittertes Aussehen». Doch hielten diese Winde die westlichen Teile der Stadt relativ frei von Nebel und Smog, die sich dafür über dem mittleren und östlichen Teil niederließen. Wind aus Osten galt denn auch als Unglücksbote, da er den ganzen Rauch und Gestank der im East End angesiedelten Industrien über den Rest der Kapitale verteilte.

London war und ist eine sehr windige Stadt. Im 11. Jahrhundert erhoben sich in Stepney sieben Windmühlen, während die ältesten Landkarten Windmühlen in Moorfield und auf den Finsbury Fields ausweisen. Es gab eine Windmühle an der Strand und eine in der Leather Lane, eine in der Whitechapel Road und eine am Rathbone Place. Noch heute gibt es am oberen Haymarket eine Great Windmill Street, und viele Windmühlen standen auch am südlichen Themseufer, in Waterloo, Bermondsey, Battersea und in der Old Kent Road. Im Februar 1761 trieb ein heftiger Sturm in Deptford eine Windmühle «mit solcher Geschwindigkeit an, dass sie nicht angehalten werden konnte, sondern Feuer fing und zusammen mit einer großen Menge Mehls restlos verbrannte».

1439 riss «ein großer Sturm, der an vielen Orten großen Schaden anrichtete», das Bleidach vom Franziskanerkloster, «drückte fast die Stadtseite der alten Börse ein» und knickte dabei «so viele starke und hohe Bäume, dass weder Pferd noch Wagen die Straßen mehr passieren konnten». 1626 kam «ein furchtbares Unwetter mit Regen und Hagel und viel Blitz und Donner» und riss die Friedhofsmauer von St Andrew's um, wobei viele Särge aufsprangen. Es sagt einiges über die Einstellung der Londoner zum Tod, dass daraufhin «rohe Gesellen» die Deckel von den Särgen hoben, «um nachzusehen, in welcher Stellung die Toten darin lagen». Bei diesem Unwetter bildete sich über dem wild bewegten Wasser der Themse ein eigentümliches Nebelgebräu, «in einem Kreisrund von stattlicher Größe», das sich schließlich «immer höher hob, bis es ganz verschwunden war». Sofort redete man von Beschwörung und schwarzer Magie.

Pepys beschreibt das große Unwetter vom Januar 1666: «Der Sturm wütete heftig. An zwei oder drei Stellen wurden ganze Schornsteine, ja ganze Häuser umgeweht.» Im November 1703 ging über der Stadt ein

Im Jahre 1090 wurden 600 Häuser und ein Dutzend Kirchen von einem gewaltigen Sturm umgeweht. Als sich die herabstürzenden Dachsparren der Bow Church in Cheapside sechs Meter tief in Schlamm und Geröll bohrten, führte das Spektakel unvermeidlicherweise zu Aufrufen an das Volk, Buße und Zerknirschung zu zeigen, um den weiteren Zorn Gottes abzuweisen.

Unwetter nieder, das neun Stunden dauerte; «alle Schiffe auf dem Fluss wurden an Land getrieben» und kleinere Boote an den Bögen der London Bridge zerquetscht; an etlichen Londoner Kirchen stürzte der Turm oder der Glockenturm um, und vielerorts wurden ganze Häuser vom Wind zuerst emporgewirbelt, bevor sie zur Erde stürzten. «Das Blei auf den Dächern der höchsten Gebäude wurde zusammengerollt wie Papier», und über zwanzig «Nachtschwärmer» wurden von einstürzenden Schornsteinen oder herabfallenden Dachziegeln erschlagen. Daniel Defoe veröffentlichte über «das jüngste schreckliche Unwetter» eine Schilderung, worin er vermeldet, dass das Heulen und Toben des Windes dergestalt waren, dass «niemand wagte, seine schwankende Behausung zu verlassen, denn draußen war es am schlimmsten»; «viele glaubten, das Ende der Welt sei nahe».

In den folgenden sechzig Jahren wurde London von mehreren Hurrikans heimgesucht, 1790, als die riesige Kupferabdeckung der neuen Stone's Buildings bei Lincoln's Inn «in einem Stück heruntergeweht wurde und wie ein riesiges Segel vor der Fassade hing». In der Nacht des 16. Oktober 1987 ereilte der Hurrikan die Kapitale. Vorangegangen waren zwei Jahre eines ungewöhnlich kalten und windigen Wetters. Im Januar 1987 fielen in den höher gelegenen Teilen Londons fast 40 Zentimeter Schnee, das Geläute von Big Ben erstarb, und die Themse vereiste von Runnymede bis Sunbury; im März desselben Jahres fiel Sand aus der Sahara mit dem Regen auf Morden. Im Oktober 1987 suchte der große Sturm die Hauptstadt heim. Die Balkone hoch gelegener Wohnungen brachen weg, Mauern wurden eingedrückt, Ziegel von den Dächern gestreift. Marktbuden wirbelten durch die Luft, und Tausende von Bäumen wurden durch die Windböen vernichtet.

Außerordentliche klimatische Umschwünge sind in London keineswegs ungewöhnlich; wenn die Stadt Pest und Feuer anlocken kann, dann gewiss auch Unwetter und Erdbeben. Während der Regierungszeit Elisabeths I. (1558–1603) gab es drei Erdbeben, deren erstes kaum eine Minute dauerte; seine Stöße aber waren so heftig, «dass viele Kirchen und Häuser stark erschüttert wurden und mehrere Menschen starben». Eines der beiläufigen Merkmale dieser Katastrophe war der Umstand, dass die großen Kirchenglocken der Stadt so bewegt wurden, dass sie von selbst anfingen zu läuten – die Uhrglocke von Westminster beispielsweise «schlug durch die Erschütterung von selbst mit ihrem Hammer» –, so als verkünde die Stadt selbst ihr eigenes Unglück. Die zwei anderen Erdbeben während Elisabeths Herrschaft ereigneten sich, jeweils im Abstand von vier Jahren, am Heiligen Abend. Die nächste nennenswerte Erschütterung wurde im Februar 1750 registriert, als im Abstand von mehreren Stunden zwei Erdstöße zu spüren waren; dem zweiten von ihnen ging «ein starker, aber verschwommener Blitz» voraus, «der seine Strahlen in rascher Folge in alle Richtungen sandte». Die Menschen flohen in Panik auf die Straße, aus Angst, die Häuser könnten über ihnen zusammenstürzen. Besonders spürbar war das Beben im West End, in der Nähe des St James's Park, es schien sich hier «in nördlicher und in südlicher Richtung zu bewegen und dann rasch ins Zentrum zurückzukehren, und wurde vom lauten Brausen eines heftigen Sturms begleitet». So ist London von Elementargewalten heimgesucht worden, die bis in seine zentralen Bereiche vordrangen; die letzte Aufzeichnung über eine solche, zumindest an ihren Auswirkungen bemerkliche Heimsuchung datiert vom Frühjahr 1884.

47. Nebel und Smog

Schon Tacitus erwähnt sie in seiner Beschreibung von Cäsars Invasion, und so hat diese gespenstische Erscheinung London seit den ältesten Zeiten heimgesucht. Ursprünglich entstand der Nebel aus natürlichen Ursachen, aber bald trat die Stadt in die Fußstapfen der Natur und schuf sich ihre eigene Atmosphäre. Schon 1257 beschwerte sich Eleanore aus der Provence, die Frau Heinrichs III., über den Rauch und die Verschmutzung in London, und im 16. Jahrhundert soll Elisabeth I. höchstpersönlich «sehr bekümmert und verärgert über den Rauch und Geruch von Steinkohle» gewesen sein. Im 16. Jahrhundert hing eine Rauchglocke über der Stadt, und das Innere wohlhabenderer Häuser in London war schwarz von Ruß. Einer der Autoren in Holinsheds *Chronicles* vermerkte, dass die Zahl der häuslichen Kamine in den letzten Jahrzehnten des 16. Jahrhunderts stark gestiegen war und dass Rauch im Zimmer dem Holzverfall vorbeugen und gut für die Gesundheit sein sollte. Es ist, als erfreue sich die Stadt an ihrer eigenen Düsternis.

Anfang des 17. Jahrhunderts kamen zahlreiche und ganz unterschiedliche Klagen aus der verschmutzten Stadt. 1603 verfasste Hugh Platt eine Ballade über das «Feuer der Kohlebriketts», worin er behauptet, dass der Rauch der Steinkohle schädlich für Pflanzen und Gebäude sei; siebzehn Jahre später wurde Jakob I. «von Mitleid erfasst ob des verdorbenen Gemäuers der St Paul's Cathedral, das durch die zersetzenden Eigenschaften des Kohlenrauchs, welchem es so lange ausgesetzt gewesen, dem Verfall nahe war». Es herrschte große Furcht vor Bränden, und der

Anblick und Geruch von Rauch wird diese Angst wach gehalten und verstärkt haben.

John Evelyn beklagt in seiner Abhandlung *Fumifigium, oder: Die Unzuträglichkeit von Luft und Rauch in London* (1661) den Zustand einer Stadt, welche «eine elende und höllische Wolke von STEINKOHLE» einhülle. Bedeutsam ist hier die Berufung auf die Hölle – handelt es sich doch um eine der ersten Artikulationen dieser Beziehung Londons zum unteren Reich. Der elende, schwarze Schleier über London speist sich aus «wenigen Abzugsröhren und Öffnungen, welche nur zu *Brauern, Färbern, Kalkbrennern, Salz-* und *Seifensiedern* und einigen anderen privaten Gewerben gehören und von denen ein einziges *Luftloch* ganz augenscheinlich die Luft stärker infiziert als alle Kamine Londons zusammengenommen». Hier steigt zusammen mit dem schwefelhaltigen Rauch das Gespenst der Ansteckung auf. Die Stadt ist buchstäblich ein todbringender Ort. Es ist dieselbe Metapher, die ein zeitgenössischer *Character of England* beschwört: «Eine solche Kohlenwolke, als sei es schier ein Abbild der Hölle auf Erden, ist London in diesem Sprühfeuer an einem nebligen Tag: Dieser pestilenzialische Rauch zerfrisst durch den Ruß, den er auf allem hinterlässt, sogar das Eisen und verdirbt alles Mobiliar, und er greift die Lungen der Menschen so fatal an, dass Husten und Auszehrung keinen Menschen verschonen.» In dieser Zeit taucht in den meteorologischen Beobachtungen erstmals der «Große Stinknebel» auf, aber auch jener konsistente Rauchüberzug, der seither als *urban plume*, als «Großstadtfeder» bekannt ist. Man könnte sagen, dass aus diesem schrecklichen Kindbett die industrialisierte Großstadt hervorgegangen ist.

Es gibt schriftliche Berichte über große Nebel schon aus früheren Zeiten, doch wird allgemein angenommen, dass erst das 19. Jahrhundet London seine Nebelfinsternis beschert hat. Jedenfalls ist der viktorianische Nebel wohl die bekannteste Wettererscheinung der Welt. Er war allgegenwärtig, im «gotischen» Schauerdrama und in der privaten Korrespondenz, in naturwissenschaftlichen Berichten und in der erzählenden Prosa, zum Beispiel in *Bleak House* (1852/53) von Charles Dickens: «Ich fragte ihn, ob irgendwo ein großes Feuer ausgebrochen sei; denn die Straßen waren so voll von dichtem, braunem Rauch, dass kaum etwas anderes zu sehen war. ‹O nein, Fräulein!›, antwortete er. ‹Das ist eine Londoner Spezialität.› Davon hatte ich noch nie gehört. ‹Ein Nebel, Fräulein›, versetzte der junge Herr. ‹Ach so›, sagte ich.»

Eine halbe Million Kohlefeuer, vermischt mit dem Dunst der Stadt, der «teilweise aus der schadhaften Kanalisation dringt», erzeugten diese «Londoner Spezialität», die zu ungefähr 60 bis 70 Meter Höhe aufstieg.

Über die Farbe der Nebel gingen die Meinungen auseinander. Es gab eine schwarze Spielart, «einfach völlige, dichteste Finsternis mitten am Tage», und eine flaschengrüne; eine erbsbreigelbe, die jeden Verkehr zum Erliegen brachte und «dich zu ersticken scheint»; «ein sattes, geisterhaftes Braun, wie der Schein eines sonderbaren Brandes»; einfaches Grau; «orangefarbenen Dunst»; eine «dunkel schokoladenfarbene Glocke». Doch scheint jedermann Veränderungen in der Dichte des Nebels bemerkt zu haben, wenn Streifen Tageslichts ihn durchzogen oder sich Schwaden der einen Farbe mit der anderen mischten. Je näher dem Herzen der City diese Schattierungen kamen, desto dunkler wurden sie, bis es im Zentrum «rabenschwarz» war. 1873 gab es 700

Der Nebel – eine Londoner Spezialität – verbreitet auch Krankheitserreger, gegen die sich dieser Bürger zu schützen bemüht.

«Extratote», neunzehn von ihnen die Folge von Stürzen in die Themse, den Hafen oder einen Kanal. Mitunter kam und ging der Nebel sehr schnell, wenn der herrschende Wind Rauch und Düsternis über die Straßen der Stadt fegte, aber oft blieb er tagelang liegen, und die Sonne war nur kurz durch den kalten gelben Schleier sichtbar. Das schlimmste Nebeljahrzehnt waren die 1880er Jahre, der schlimmste Nebelmonat immer der November.

«Der Nebel war dichter denn je», schreibt der Schriftsteller Nathaniel Hawthorne am 8. Dezember 1855, «eigentlich ganz schwarz, das Destillat des Schmutzes, wenn es je eines gab; der Geist des Schlamms, das vergeistigte Medium des Schlamms, durch das die dahingeschiedenen Bürger Londons wahrscheinlich in jenen Hades eingehen, wohin sie übergesetzt werden. Die Düsternis war so dicht, dass in allen Geschäften Gaslampen entzündet wurden, und die kleinen Kohleöfen der Frauen und Kinder, die Kastanien brieten, breiteten einen rötlich-trüben Schein um sie aus.» Wiederum wird der Zustand der Stadt mit dem der Hölle selbst verglichen, doch in dieser Beschreibung scheint es so, dass die Bürger ihren glücklosen Zustand privatim irgendwie genießen, ja eigentlich sogar recht stolz auf ihn sind.

Mit einer gewissen Genugtuung nannte man den Nebel eine «Londoner Spezialität», handelte es sich doch um die einzigartige Emanation dessen, was damals die größte und mächtigste Stadt auf Erden war. Oder in den Worten von Charles Darwin: «Es ist etwas Großartiges um Londons rauchgeschwängerten Nebel.» James Russell Lowell, im Herbst 1888 schreibend, merkt zwar an, dass er in einem gelben Nebel lebe – «die Droschken sind von einem Hof gesäumt» und die Menschen auf der Straße wie «verblassende Fresken» –, doch gleichzeitig «schmeichelt es der Selbstachtung»; der Autor war stolz darauf, in einer solchen Ausnahmesituation zu überleben.

Umgekehrt beschwor der Nebel selbst Bilder der Unermesslichkeit herauf. «Alles scheint gehemmt zu sein», schrieb ein französischer Journalist im 19. Jahrhundert, «in einer phantomartigen Bewegung zu erstarren, die alles Ungefähre der Halluzination hat. Die Geräusche von der Straße sind gedämpft; die Dächer der Häuser sind unsichtbar, kaum zu ahnen. Die Mündungen der Straßen verschlucken wie Tunnel die Menge der Fußgänger und Wagen, die so für immer zu verschwinden scheinen.» Die Menschen sind in diesem Nebel «ohne Zahl, eine kompakte Armee [...] alle von derselben, uniformen Schwärze, sie gehen an ihr tägliches Geschäft, und sie haben alle dieselben Gebärden.» So macht der Nebel die Stadtbewohner ununterscheidbar, ohne dass diese es recht begreifen.

Jeder Beobachter registrierte, dass den ganzen Tag die Gaslampen brannten, um in den Innenräumen Licht zu spenden, und er registrierte auch, dass die Straßenlaternen wie Flammenpunkte in diesem wogenden Miasma waren. Aber das Wallen des dunklen Nebels legte sich auch auf viele Straßen, die ohne jede Beleuchtung waren, und bot damit Schutz für jede Art von Diebstahl, Gewalttat und Schändung in beispielloser Größenordnung. In diesem Sinne war der Nebel in der Tat eine echte Londoner «Spezialität», weil er alle dunkleren Seiten der Stadt verstärkte und akzentuierte. Schwärze prägt auch die Vorstellung von diesem trüben Dunst als einer Emanation der Krankheit. Wenn «jeder Geruch Krankheit» ist, wie der viktorianische Sozialreformer Edwin Chadwick glaubte, dann war der beizende Geruch des Londoner Nebels ein sicheres Anzeichen für Kontamination und Seuchenangst; es ist, als entleere sich der Inhalt von einer Million Lungen auf alle Straßen.

Heinrich Heine, der eine der aussagekräftigsten und instruktivsten Bemerkungen über diese Stadt machte – «dieses überarbeitete London übersteigt jede Vorstellung und bricht einem das Herz» (1828) –, fiel auf, dass Straßen und Häuser «aufgrund der Feuchtigkeit und des Kohlen-rauchs von einem braunen Olivgrün» waren. Der Nebel war zu einem Bestandteil der physischen Textur der Stadt geworden; diese unnatür-lichste aller Naturerscheinungen hinterließ ihre Spur auf den Steinen. Vielleicht überstieg die Stadt darum jede Vorstellungskraft (um Heines Formulierung aufzugreifen), weil in dieser Dunkelheit, «die weder dem Tag noch der Nacht zu gehören scheint», die Welt selbst aufgehoben war; im Nebel wurde sie ein Ort des Verbergens und des Geheimnisses, des Flüsterns und der sich verlierenden Schritte.

Man kann sagen, dass der Nebel die größte Figur in der Erzählliteratur des 19. Jahrhunderts ist und die Romanschriftsteller auf den Nebel sahen wie die Leute auf der London Bridge: «Sie lugten über die Brüstung in den Himmel aus Nebel unter ihnen, vom Dunst umgeben, als wären sie in einem Luftschiff und hingen in den Schwaden der Wolken.» Als Carlyle den Nebel «flüssige Tinte» nannte, wiederholte er nur eine der endlosen Möglichkeiten, London durch das Medium des *fog* zu beschreiben, so als seien nur inmitten dieser unnatürlichen Dunkelheit die wahren Merkmale der Stadt auszumachen.

In den Erzählungen um Sherlock Holmes, die Arthur Conan Doyle zwischen 1887 und 1927 schrieb, ist die Stadt des Verbrechens und der ungelösten Rätsel im Wesentlichen eine Stadt des Nebels. In der *Studie in Scharlachrot* heißt es über einen Nebelmorgen: «Ein bräunlicher Schleier lag über den Dächern; es sah aus wie eine Widerspiegelung der schlammfarbenen Straßen unten.» In der Erzählung *Im Zeichen der Vier* ist es Dr. Watson, der «in der dampfigen, dunstigen Luft» eines «dich-ten, fein sprühenden Nebels» schnell die Orientierung verliert: «Sherlock Holmes aber war nie in Verlegenheit, und er murmelte die Straßenna-men, während unsere Droschke über Plätze und durch krumme Gassen ratterte.» London wird hier zum Labyrinth. Nur wenn man «die At-mosphäre ganz in sich aufsaugt» (um das Klischee von Reisenden und Besuchern zu verwenden), wird man nicht durcheinander kommen und sich verirren.

Der größte Roman des Londoner Lebens ist vermutlich *Der seltsame Fall des Dr. Jekyll und Mr. Hyde* von Robert Louis Stevenson (1886), wo die Fabel von den sich ändernden Identitäten und heimlichen Biogra-phien im Medium der «ziehenden, wesenlosen Nebel» stattfindet. In vie-ler Hinsicht ist die Stadt selbst der Wechselbalg, der sein Aussehen ver-ändert, «sobald der Nebel ganz zerrissen wäre und ein ungebärdiger Strahl des Tageslichts durch die wirbelnden Streifen fiele». Wo Gut und Böse Seite an Seite wohnen und zusammen gedeihen, wirkt das wunderbare Schicksal des Dr. Jekyll nicht ganz so ungereimt. Dann vergeht der Nebel für einen Augenblick, der Vorhang hebt sich und gibt den Blick frei auf einen Ginpalast, ein Speisehaus, «ein Geschäft für den Handel mit Ein-Penny-Artikeln und Zwei-Pence-Salaten» – ein Leben, das unter dem Deckmantel der Dunkelheit weitergeht wie ein leises, kaum vernehmbares Murmeln. Dann aber «senkte sich der Nebel wieder über dieser Gegend, braun wie Umbra, und schnitt ihn [Dr. Jekyll] von seiner gaunerhaften Umgebung ab». Das also ist die Lebenssituation in London – «abgeschnitten» sein, isoliert sein, ein einzelnes Stäubchen im Gewoge aus Nebel und Rauch. Allein zu sein in dem Wirrsal – das ist wohl das erste Gefühl eines jeden Fremden in der Stadt.

Elizabeth Barrett Browning schreibt von dem «Nebelgeschiebe in der großen Stadt», das irgendwie alle Sinnbilder und Zeichen der Stadt auslöscht. Es tilgt «Türme, Brücken, Straßen und Plätze, als habe ein Schwamm London weggewischt» (1865). Die Furcht vor dieser Unsichtbarkeit stand tatkräftig Pate beim Stadterweiterungs- und Verschönerungsprogramm in viktorianischer Zeit. Die Zeitschrift *Building News* diskutierte 1881 die Situation: «Die rauchgeschwängerte Atmosphäre hat ihr Bestes getan, unsere kostbarsten Gebäude in ein dünnes Kleid aus Ruß zu drapieren. Bald werden sie nur mehr eine dunkle und bedrückende Masse sein. Das Spiel von Licht und Schatten ist ganz verloren gegangen.» Genau dies war der Grund, warum die Architekten sich entschlossen, ihre Bauten mit hellrotem Ziegelstein und glänzender Terrakotta zu verkleiden, so dass sie sichtbar blieben; gewisse Aspekte des Bauens im 19. Jahrhundert, die kitschig oder vulgär anmuten mögen, stellten den Versuch dar, Identität und Lesbarkeit der Stadt zu festigen.

Natürlich gab es auch Leute, die die Vorzüge des Nebels priesen. Dickens nennt ihn einmal – ungeachtet seiner sonstigen jammervollen Schilderungen – «Londons Efeu». Für Charles Lamb war er das Medium, das seine Vision bestimmte und vervollkommnete. Wo einige nur das viele schwefelsaure Salz sahen, das im Nebel zumal der City und des East End abgelagert war, verhüllte für andere die trübe Atmosphäre den Fluss und das flussnahe Gelände mit einem «Schleier der Poesie»; «ärmliche Gebäude verlieren sich im dunklen Himmel, manch hohe Esse wird zu einem Campanile, und die Magazine sind Paläste bei Nacht». Diese innige Beschwörung stammt von Whistler, dem Maler des Nebels und des Rauchs im Zwielicht, und steht in scharfem Gegensatz zu einer Bemerkung über den Bau des Embankment, der Uferanlagen an der Themse, den er miterlebte. «Wer käme denn schon auf den Gedanken, am Kanal eines großen dunstigen, fieberträchtigen Flusses entlangzuspazieren?» Aber Whistlers Meinung teilten andere Maler, die den Nebel sogar als

Claude Monet, London, Parlament, 1904.

Londons größte Qualität ansahen. So beobachtete der japanische Maler Yoshio Markino Ende des 19. Jahrhunderts: «Die echten Farben mancher Londoner Gebäude mögen vielleicht ziemlich scheußlich sein. Aber diese scheußliche Farbe wird im Nebel so faszinierend! Zum Beispiel das Haus vor meinem Fenster: Es ist schwarz und gelb gestrichen. Als ich letzten Sommer herkam, habe ich über diese hässliche Farbe gelacht. Aber jetzt hüllt es der Winternebel ein, und die Farbenharmonie ist ganz wunderbar.» Gelegentlich wird bemerkt, dass sich die Gebäude Londons am besten bei Regen ausnehmen.

Monet, der sich zwischen 1899 und 1901 in London aufhielt, war gekommen, um den Nebel zu malen. «Und was ich in London über alles liebe, ist der Nebel. Der Nebel ist es, der London seine prächtige Schatten- und Farbengruppierung verleiht. Die massigen, regelmäßigen Blöcke werden in diesem geheimnisvollen Gewand grandios.» Hier wiederholt Monet in zarteren Tönen ein Gespräch, das sich einst zwischen Blanchard Jerrold und dem Zeichner des unheimlichen Nebels, Gustave Doré, abspielte. «Ich konnte meinem Reisegefährten berichten, dass er endlich eine dieser berühmten Finsternisse mit eigenen Augen gesehen habe, die in der Vorstellung jedes Fremden der fast tägliche Mantel dieses wunderbaren und Wunder wirkenden Babylon sind.» Hier trägt der Nebel zu Glanz und Feierlichkeit der Stadt bei; er erzeugt Pracht, aber mit der Anspielung auf Babylon repräsentiert er auch eine elementare Urkraft, die in der Stadt über die Jahrhunderte hinweg lebendig geblieben ist. Für Monet wurde der Londoner Nebel zu einem Zeichen oder einer Offenbarung des Geheimnisses; in seinen Darstellungen von atmosphärischen Feinheiten und immer neuen Farbenspielen schwingt auch der starke Eindruck mit, dass die Stadt dabei ist, sich aufzulösen oder für immer zu entziehen. In diesem Sinne versucht Monet, Wesen und Geist dieses Ortes jenseits bestimmter Epochen und Phasen einzufangen. So verleihen seine Bilder der Charing Cross Bridge die brütende Gegenwärtigkeit einer elementaren Kraft; es könnte eine große Brücke sein, die die Römer gebaut haben, aber auch eine Brücke aus dem nächsten Millenium. Uralte Formen ragen aus dem nebligen Dunkel oder dem düstervioletten Licht hervor, aber auch diese Formen verändern sich schnell in einem plötzlichen Lichtstrahl oder einer farblichen Dynamik. Dies wiederum ist das Geheimnis, das Monet präsentiert; diese eingehüllte Unermesslichkeit ist durchdrungen von Licht. Sie ist gewaltig.

In den ersten Jahren des 20. Jahrhunderts war ein markanter Rückgang der Häufigkeit und Intensität von Nebelwetter zu verzeichnen. Manche führen diese Veränderung auf die Kampagnen der «Gesellschaft zur Bekämpfung des Kohlerauchs» und ihre diversen Vorstöße zur Ersetzung der Kohle durch Gas zurück; paradoxerweise könnte aber gerade die Expansion der Kapitale zur Minderung der Nebellagen beigetragen haben. Industrien und Menschen waren jetzt weiter verteilt, und das hitzeintensive Zentrum von Rauch und Nebel loderte nicht mehr so hell. Das ganze Phänomen hat H. T. Bernstein in seiner trefflichen Abhandlung über *Das rätselhafte Verschwinden des Londoner Nebels* untersucht; er gelangt zu dem Schluss, dass der Kohleverbrauch nicht unmittelbar für das Vorkommen von Nebel verantwortlich war. So traten einige der großen Londoner Nebel sonntags auf, wenn keine Fabrikschornsteine in Betrieb waren. Insofern der Nebel teilweise ein meteorologisches Phänomen war, zeigte er typische lokale Besonderheiten; vorzugsweise legte er sich auf Parks und Flussauen sowie auf Gegenden mit geringer Windgeschwindigkeit. Er konnte Paddington so einhüllen, dass sich niemand mehr auskannte, während das einen Kilometer entfernte Kensington im hellsten Tageslicht lag.

Es heißt zwar, der letzte wirkliche Nebel habe sich um den 23. Dezember 1904 gezeigt; er war von rein weißer Farbe, und «die Droschkenkutscher führten ihre Pferde, Lampen gingen vor den kriechenden Omnibussen her, und einige Gäste gingen an einem der größten Londoner Hotels vorüber, ohne es zu bemerken». In Wirklichkeit senkten sich aber auch in den 1920er und 1930er Jahren dichte Nebelschwaden über die Stadt. H. V. Morton erinnert sich in *In Search of London* (1951) an einen solchen Tag: «Der Nebel mindert die Sichtweite auf einen Meter, verwandelt jede Straßenlaterne in ein verschwommenes V und verleiht jeder Begegnung fast das Entsetzen eines Alptraums.» Wieder einmal klingt hier an, dass der Nebel das Herz der Stadt mit Angst erfüllt; vielleicht war es kein Wunder, dass die Bauern in Berkshire von «Pesthauch» sprachen, wenn ihnen der Ostwind die Wolken des gelben Höhenrauchs aus der Stadt zutrieb.

Aber auch andere, weniger weit entfernt, hatten Anfang des 20. Jahrhunderts unter den Nebeln zu leiden. So mussten die Stoll-Filmstudios in Cricklewood im Winter schließen; denn – so Colin Sorensen in seinem *London on Film* – «der Nebel setzte sich für etwa drei Monate in den Studios fest». Hier wird das Element des Zudringlichen, ja der Invasion angesprochen: Viele Menschen erinnern sich, wie beim Öffnen einer

Im Winter 1962 kamen durch einen tödlichen Smog sechzig Menschen in drei Tagen um; auf den Straßen herrschte «null Sichtweite», die Schifffahrt kam «zum Stillstand», Züge wurden gestrichen.

Haustür rauchgeschwängerte Nebelschwaden durchs Haus trieben und in Mauerecken aufwallten. Der «ewige Rauch Londons» suchte sich auch andere Wege, nicht zuletzt durch die Belüftungsschlitze des U-Bahn-Systems, wo Arthur Symons beschreibt, wie «sein Atem in Wolken aufsteigt und voluminös über die Tiefe des Schachtes treibt, von einer Lampe mitunter gespenstisch verfärbt. Manchmal scheint eine der Rauchschlangen aufzusteigen und sich aus dem Knoten zu lösen, eine Säule aus gelblicher Schwärze.»

Aber die schlimmsten aller Londoner Nebel waren wohl die «Smogs» der frühen 1950er Jahre, bei denen Tausende an Asphyxie (Atemstillstand) oder Bronchialasthma starben. In manchen Theatern war der Nebel so dicht, dass man die Schauspieler auf der Bühne nicht sehen konnte. Am Nachmittag des 16. Januar 1955 herrschte «fast totale Dunkelheit. Leute, die das Phänomen miterlebt hatten, sagten später, es habe den Anschein gehabt, als sei der Weltuntergang nahe.» 1956 wurde auf öffentlichen Druck ein Luftreinhaltungsgesetz verabschiedet, aber schon im nächsten Jahr verursachte ein neuer Smog weitere Todesfälle und Schäden. Ein Zeitungsbericht vermeldete die nüchternen Fakten: «Die Rauchkonzentration in der Luft war gestern zehnmal höher als an einem normalen Wintertag. Die Schwefeldioxydkonzentration war vierzehnmal höher als sonst.» Sechs Jahre später folgte ein verschärftes Luftreinhaltungsgesetz, das dem Londoner Nebel in seiner herkömmlichen Form ein Ende machte. Strom, Erdöl und Gas hatten weitgehend die Steinkohle verdrängt, während der Abriss von Elendsvierteln und ein Programm der Stadterneuerung die Siedlungsdichte aufgelockert hatten.

Damit ist die Luftverschmutzung aber keineswegs verschwunden; sie hat nur, wie London selbst, einfach ihre Form verändert. Die Stadt mag zwar heute in weiten Teilen eine «rauchfreie Zone» sein, doch dafür ist sie angefüllt mit Kohlenmonoxyd und Kohlenwasserstoffen, die im Verein mit «toxischen Sekundärverschmutzern» wie Treibgasen den so genannten «fotochemischen Smog» erzeugen können. Hohe Bleikonzentrationen in der Londoner Luft und eine allgemeine Zunahme der Sonnenscheindauer durch die sauberere Luft haben ihrerseits zu einer weiteren Kontamination geführt. Es gibt ein Problem mit dem Ozon auf Bodenhöhe, und die Auswirkungen der «Temperaturinversion» bedeuten, dass die Emissionen beispielsweise durch Straßenverkehr und Kraftwerke nicht in die obere Atmosphäre entweichen können, weshalb sie auf Straßenniveau verbleiben. Der Nebel, den Tacitus im 1. Jahrhundert n. Chr. beschrieb, schwebt noch immer über London.

Nacht und Tag

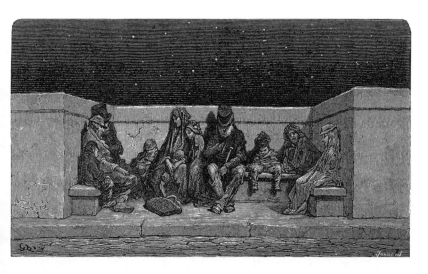

Gustave Doré (1832–1883) stellt auf diesem Holzstich Stadtstreicher dar, die auf der Westminster Bridge kauern. Zu jener Zeit, um 1870, hieß es, dass man mit Londons Landstreichern eine ganze, durchschnittliche Stadt bevölkern könnte.

48. Es werde Licht

Die hohe Todesrate in London hat man teilweise dem Mangel an natürlichem Licht zur Last gelegt. Man verwies in diesem Zusammenhang auf die Verbreitung der Rachitis. Wie in Werners *London Bodies* nachzulesen, wiesen im Unteren Friedhof der Kirche St Bride's mehr als 15 Prozent der Kinderskelette aus dem 19. Jahrhundert Anzeichen dieser Störung auf, während jene Kinder, die nicht an der Krankheit starben, ihr Leben lang mit «stark verkrümmten Gliedern» herumliefen. Es gab also die Sehnsucht nach Licht, besser gesagt: ein natürliches Bedürfnis nach Licht. War Licht nicht auf natürlichem Wege zu finden, musste es künstlich geschaffen werden, um den Lichthunger der Londoner zu befriedigen.

Schon im frühen 15. Jahrhundert wurde per Gesetz die erste Stadtbeleuchtung eingeführt. 1405 musste jedes Haus an der Hauptdurchgangsstraße beim Christfest ein Licht entzünden, und zehn Jahre später ordnete der Bürgermeister an, dass dieselben Wohnungen an den dunklen Abenden von Oktober bis Februar, in der Zeit zwischen der Dämmerung und neun Uhr, Lampen oder Lichter aufzustecken hatten. Diese Laternen waren nicht aus Glas, sondern aus durchsichtigem Horn. Dennoch verharrte das mittelalterliche London in relativer Finsternis, vielleicht bis auf das Licht der Fackeln, zu deren Schein Fußgänger durch die Straßen geführt wurden, oder der flackernden Scheite, womit Bedienstete die Durchfahrt eines großen Herrn oder Geistlichen begleiteten. Anfang des 17. Jahrhunderts waren es junge «Fackelträger», die ebenfalls etwas Helligkeit verbreiteten.

Der große Umbruch in der Straßenbeleuchtung der Kapitale kam jedoch erst 1685, als ein Spekulant namens Edward Heming «einen Freibrief erhielt, der ihm auf eine Reihe von Jahren das ausschließliche Recht einräumte, London zu beleuchten». Er verpflichtete sich, gegen eine Gebühr an jedem zehnten Haus eine Beleuchtung anzubringen, die in mondlosen Nächten von sechs bis zwölf Uhr brennen sollte. Neun Jahre später erteilten die Aldermen der Stadt der Convex Light Company das Recht, London zu beleuchten; der Name der Gesellschaft verrät schon die Entwicklung von der Hornlaterne zu den subtileren und ausgefeilteren Beleuchtungstechniken mit Linse und Reflektor. Das Licht war modern geworden. Im Zuge der in den ersten Jahrzehnten des 18. Jahrhunderts vorgenommenen generellen «Verbesserung» des Zustands der Metropole war denn auch die Straßenbeleuchtung von höchster Dringlichkeit. Im Vordergrund stand dabei immer noch der Sicherheitsaspekt: 1736 wurde ein Gesetz verabschiedet, das es den städtischen Behörden erlaubte, eine Beleuchtungs- oder Lampensteuer zu erheben, so dass alle Straßen die ganze Nacht hindurch ordentlich beleuchtet werden konnten; «dies bescherte der Stadt 4000 Stunden Beleuchtung pro Jahr, gegenüber den 300 bis 400 Stunden vor 1694 und den 750 Stunden zwischen 1694 und 1736», wie Stephen Inwood in *A History of London* vorrechnet. Auch vorstädtische Kirchspiele begannen, Sonderabgaben für die Beleuchtung einzuziehen; so wurde London bei Nacht allmählich, durch verschiedene Helligkeitsphasen hindurch, zu einer anderen Stadt.

Die erste Straße, die – schon 1694 – verglaste Öllampen einführte, war die Kensington Road, ein berüchtigter Tummelplatz von Wegelagerern.

In den ersten Jahrzehnten des 18. Jahrhunderts staunten Beobachter und Fremde über Londons Lichtfülle und seine «weißen Wege». 1780 berichtete J. W. von Archenholz, der preußische Hauptmann, Historiker und Reiseschriftsteller: «Da die Engländer weder Kosten noch Mühe scheuen, um allem Öffentlichen einen Zug ins Großartige und Prächtige zu geben, erwarten wir natürlich, London hell erleuchtet vorzufinden, und es kann denn auch nichts überwältigender sein.» Es hatte den Anschein, als würden mit jedem Jahr, das verging, die Nächte stetig heller. 1762 vermerkt Boswell den «Glanz der Geschäfte und Schilder», während 1785 ein anderer Beobachter feststellt: «Kein Winkel dieser gewaltigen Stadt ist unbeleuchtet. Und doch spenden diese unzähligen Lampen nur eine kleine Menge Lichts, verglichen mit den Geschäften.»

Aber wenn es eine Eigenschaft Londons ist, ständig heller zu werden – zunächst in zögerlichem Tempo, dann allmählich immer schneller, bis es am Ausgang des 20. Jahrhunderts fast *überhell* geworden war –, dann wird zwangsläufig die Helligkeit der einen Generation die Düsternis der nächsten sein: War die Beleuchtung Londons im 18. Jahrhundert der Ruhm der Welt, so wurde sie vierzig Jahre später als besseres Kinderspielzeug abgetan. John Richardson erklärt in seinen Memoiren, die Mitte des 19. Jahrhunderts erschienen: «Vor vierzig Jahren wurde die Straßenbeleuchtung durch das bewerkstelligt, was man damals ‹Gemeindelampe› nannte. Sie bestand aus einem kleinen Blechbehälter, der zur Hälfte mit schlechtem Fischtran gefüllt war. In diesem flüssigen Blubber befand sich als Docht ein Stück baumwollenes Webgarn.» Mithin wurde in jener Zeit der Lampenanzünder zu einer vertrauten Erscheinung in den Straßen Londons. Das Porträt eines solchen Mannes, der die Lampe an der Ecke St James's Street/Piccadilly entzündet, gibt Hogarth in *A Rake's Progress* (s. Farbbildteil); sein Gesicht zeigt eine einfältige, ja tierische

Bildung, und er verschüttet etwas Öl auf die Perücke des neben ihm stehenden Unholds. Das muss auf Londons Straßen ein ziemlich häufig vorkommendes Missgeschick gewesen sein. Richardson wartet mit seiner eigenen Beschreibung des Lampenanzünders auf: «Ein paar schmierige Burschen, die nach dem Greenland Dock rochen, waren angestellt, um die Lampen zu putzen und zu entzünden, welcher Aufgabe sie sich vermittelst einer Furcht einflößenden Schere, eines in Pech getauchten, brennenden Stücks Tau und einer rachitischen Leiter entledigten, sehr zu Verdruss und Gefährdung aller Passanten. Ölgefäß und Docht steckten in einem Gehäuse aus Milchglas, welches das geringe Licht, das es verbreitete, zusätzlich dämpfte.» Diese Lampen wurden so gut wie nie gereinigt. Die große Helligkeit Londons im 18. Jahrhundert scheint also alles in allem nichts als eine Illusion gewesen zu sein, zumindest für spätere Londoner. Aber ihren damaligen Bewohnern kamen die Straßen nicht schlecht beleuchtet vor, weil die Helligkeit Londons genau ihrer Erwartung an das soziale Umfeld entsprach. Das Licht verhält sich relativ zu den Erwartungen und Vorurteilen der Stadt.

Aus diesem Grund kam der große Umschwung mit der Ära der imperialen Stadt, als 1807 Gas den Fischtran ablöste. Zuerst wurde Gas in der Beech Street und der Whitecross Street eingesetzt – dort, wo heute das Barbican steht –, aber ein Jahr später diente es schon dazu, die Pall Mall zu beleuchten.

Als Erstes wurde 1812 die Westminster Bridge mit dem neuen Brennstoff beleuchtet. Hester Thrale erklärte 1817, gegen Ende ihres Lebens: «Die Gasbeleuchtung verbreitet ein so gleißendes Licht, dass ich nach Sonnenuntergang nicht wusste, wo ich war. Altvater Thames [die Themse], geschmückt mit vier herrlichen Brücken, wird sich schwerlich erinnern, welch kümmerliche Figur er vor nunmehr wohl achtzig Jahren abgab, als noch fröhliche Menschen auf Barken nach Vauxhall [Vergnügungsgarten] fuhren, während auf einer Begleitbarke eine phantastische Musikkapelle Händels Wassermusik spielte, wie sie nie wieder gespielt worden ist.» «Ich wusste nicht, wo ich war.» Sogar die Musik auf dem Wasser wirkte wie verwandelt.

Es gibt viele Illustrationen von Straßenbeleuchtungen in ihrer ganzen Vielfalt, in barockem wie in klassischem Geschmack, ergänzt um Darstellungen von Gaszählern und kunstvollen Retorten. Die alte Zeit der Lampenanzünder wurde dabei ebenso aufs Korn genommen wie die weniger vorteilhaften Aspekte der neuen Beleuchtung. Eine Cartoonserie zum Thema «Ein Londoner Ärgernis» lässt einen Lampenanzünder auf seiner Leiter das Öl auf einen bedauernswerten Passanten in altmodischer Aufmachung verschütten; ein anderes Bild zeigt eine Gasexplosion

451

in einer Apotheke. Die Gefahr der Selbstentzündung war einer der Gründe, warum Gas für den Hausgebrauch sich erst gegen 1840 durchsetzte. Doch gab es schon 1823 vier Privatunternehmen, die auf dem Gasmarkt miteinander konkurrierten, bei dem es im Übrigen – abgesehen von den 300 Kilometern unterirdischer Gasleitungen – wieder einmal um die Beleuchtung der vornehmsten Geschäfte ging.

Die Läden des 18. Jahrhunderts mit ihren kleinen Butzenscheiben wurden im Inneren durch Talgkerzen oder blakende Ölfunzeln beleuchtet. Mit den modernen Geschäften des 19. Jahrhunderts wurde das sich vertiefende Dunkel der Abenddämmerung plötzlich zum «Vorboten eines Lichts, wie es niemals die Sonne in die Winkel und Ritzen des Handelsverkehrs entsendet; breite Ströme von Gaslicht blitzen meteorgleich in jede Ecke des reich bestückten Markts». Die neue Gasbeleuchtung – dachte man – werde nicht nur Verbrechen und Laster von der Straße verbannen, sondern auch – echt Londoner Licht – Tempo und Volumen des Handels materiell steigern. «Aber man muss London wirklich bei Nacht erleben!», schreibt Flora Tristan in ihrem *London Journal* von 1840. «London, magisch erleuchtet von Millionen von Gaslampen, ist strahlend! Seine breiten Straßen, die sich in der Ferne verlieren; die Geschäfte, wo Lichtfluten die funkelnden Farben aller Meisterwerke offenbaren, die menschlicher Fleiß ersonnen hat.» Ähnlicher Überschwang erfüllt eine Schilderung der Strand – «die Geschäfte waren ganz Helligkeit und Wunder» – und einer anderen Hauptverkehrsader, wo die Geschäfte scheinbar «ganz und gar aus Glas sind». Verzeihlich wäre der Gedanke, dass der große neue Glanz auch der Glanz des aufkeimenden Kommerzes war.

Doch gab es auch andere Einstellungen zu dem neuen Licht. Für einige war es hart und unnatürlich, die fahle Emanation einer künstlichen Stadt. Für andere Londoner wiederum waren die Schatten, die es warf, das Rühmenswerteste am Gas. Es erzeugte eine Stadt der Weichheit und des Geheimnisses, mit plötzlichen Inseln des Lichts, die von Schweigen und Schwärze umspült waren. So gab es Gegenden Londons, wo die Gegenwart des Alten das neue Licht erstickte; die Schatten kehrten wieder, und mit ihnen das Geheimnis. Dies mag zum Teil das Tempo erklären, in dem sich London an höhere Helligkeitsintensitäten gewöhnte. Als sie aufhörten, sich von der Gasillumination blenden zu lassen, brachten sich die Mächte des Alten in London wieder zur Geltung. Der Verfasser von *The Little World of London* beschreibt, was er in einer Gasse bemerkt: «Das Glas der Gaslampe wurde mutwillig bis auf die letzte Scherbe zertrümmert. Die Flamme flackert im Nachtwind und wirft ihren unruhigen Schein auf alle Arten von Armut, Elend und Laster, die hier zusammengewürfelt sind wie in einem Gemeinschaftsasyl.» Hier mehrt das Gas nur noch die Not der Enteigneten, anstatt der glühende Ächter aller Laster und Verbrechen zu sein.

Wiederum ist es das Flackernde, Ungleichmäßige und Wesenlose des Großstadtlichts, das sich hier bekundet. Es ist, als habe die Stadt das Licht geschluckt, oder besser gesagt: die Natur des Lichts von Grund auf verändert. So werden in den Nachtstücken aus dem spätviktorianischen London die schwärzlichen Massen der Stadt unter dem Mond nur zeitweilig von Laternenreihen illuminiert. Alles, was einst an der Gasbeleuchtung so neu und revolutionär geschienen hatte, wurde paradoxerweise schon bald mit allem Zeit- und Geschichtsüberfrachteten gleichgesetzt. Wer sähe vor seinem geistigen Auge die Gaslampen nicht eingehüllt in Nebel? Gerade die Beständigkeit und Langlebigkeit Londons macht noch die allerneueste Erfindung zu einem Aspekt seines uralten Lebens. Das gelbe Gas der alten viereckigen Lampen wurde durch grünlich glühende Gase ersetzt, die wie Glühwürmchen in ihren gläsernen Kolben tanzten, bis auch sie durch eine neue Kraft abgelöst wurden: den Strom.

1878 wurde das Embankment mit elektrischem Licht bestückt; es folgte die Illumination von Billingsgate und des Holborn Viaduct sowie einiger Theater. Da London damals die Hauptstadt einer Weltmacht war, verwundert es nicht, dass sich das erste Stromkraftwerk der Erde am Holborn Viaduct 57 befand; erbaut wurde es 1883 von Thomas Edison, und getreu jenem kommerziellen Imperativ, der uns heute so vertraut ist, wurden zehn Jahre später die ersten elektrischen Leuchtreklamen am Piccadilly Circus installiert. Die Stadt beutete diese neue Helligkeit von Anfang an aus, und einmal mehr besang man den «Goldton des elektrischen Lichts»; wenn die «goldenen und silbernen Lampen» aus der Dämmerung aufscheinen, «erstrahlen die Geschäfte wieder hell». Vor der Konjunktion von Licht und Gewerbe gibt es offenbar kein Entrinnen. Doch wie von anderen Formen der Lichterzeugung zuvor sagte man auch von der Elektrizität, dass sie die Stadt entwirkliche und verfremde. Eine Londonerin behauptete, das neue Licht verleihe der Haut ein «leichenähnliches Aussehen», während in den lichtdurchfluteten Straßen «die Volksmasse fast gefährlich und überscharf wirkt». Dieses spezielle Licht war auch «grausamer und klinischer» als das frühere. Wer sich aber an die Elektrizität gewöhnt hatte, blickte bald mit derselben wehmütigen Verachtung auf das Gas zurück, wie jene, die im Gaslicht gelebt hatten, an die gute alte Zeit der Öllampen dachten. Arthur Machen erinnerte sich Anfang der 20er Jahre, dass das gasbeleuchtete London ganz «Gleiß und Glanz» gewesen sei: «Heute finde ich es traurig und trübe, ein Ort der Schatten und der dunklen Plätze und schlecht erleuchtet von flackernden, unsteten gelben Flammen.» Die Elektrizität kam in die Oxford Street und die Kensington High Street, nach Knightsbridge und Notting Hill. Vom Piccadilly Circus brachte sie ein oberirdisches Stromkabel zum Regent's Park und zur Strand. 1914 arbeiteten bereits siebzig Stromkraftwerke in der Metropole und machten sie zu einem Energie- und Kraftgenerator.

Diese Fülle von Stromanbietern hatte zunächst den Effekt, aus London eine ungleichmäßig beleuchtete Stadt zu machen; jeder der 28 Stadtbezirke traf eigene Abmachungen mit dem lokalen Stromlieferanten, und so konnte ein schnell fahrendes Auto in den 20er Jahren schon einmal von einer Straße, die in starkes Licht getaucht war, unversehens in eine andere dunkle geraten. Oder in den Worten von Arthur Symons: «Wir in London beleuchten die Dinge aufs Geratewohl, nach Lust und Laune und jeder, wie es ihm gefällt, und so tritt man aus blendenden Lichtgarben mit dem nächsten Schritt in eine Grube aus Finsternis.» Die vielen Unfälle in den 20er Jahren ließen jedoch die Forderung nach Vereinheitlichung der Stadtbeleuchtung laut werden, was wiederum zu einer Normierung der Lampenpfosten führte, die gut 7,5 Meter hoch und im Abstand von 45 Metern aufgestellt zu sein hatten. Es ist einer jener Aspekte des Londoner Lebens, die wohl auch der beschlagenste Bürger kaum zur Kenntnis nehmen wird, und doch ist die Einheitlichkeit der Beleuchtung in den Hauptstraßen das vielleicht bezeichnendste Merkmal der modernen Großstadt.

Im Herbst 1931 wurden erstmals bestimmte öffentliche Gebäude der Stadt mit Flutlicht angestrahlt; Interesse und Neugier waren so groß, dass sich die Straßen mit Schaulustigen füllten. London scheint sich immer wieder aufs Neue zu offenbaren. Neun Jahre später aber versank die Stadt während der kriegsbedingten Verdunkelung in tiefste Nacht und näherte sich in gewisser Weise wieder mittelalterlichen Zuständen an. Bekannte Wege wurden zu einem unergründlichen Mysterium, was die Londoner ängstigte und verwirrte. Eine Frau erinnerte sich später, ihr Ziel schließlich doch noch gefunden zu haben, aber «schweißgebadet und völlig erledigt». Da waren Gewitter willkommen, weil im kurz aufflammenden Licht des Blitzes eine vertraute Ecke oder Straßenkreuzung auszumachen war. Dieses Gefühl von Bestürzung und Panik hätte im 14. und 15. Jahrhundert genauso aufkommen können wie im Zweiten Weltkrieg, doch diente diese letztere, endzeitliche Dunkelheit nur der Bekräftigung, dass London auch im 20. Jahrhundert noch schreckensvoll und rätselhaft sein konnte.

Als im Herbst 1944 die Verdunkelung aufgehoben wurde, war die Erleichterung mit Händen zu greifen. «Es ist nicht mehr rabenschwarz, sondern alles ist sanft erleuchtet und glänzt, und all die kleinen Lichtstrählchen spiegeln sich reizend auf dem nassen Pflaster.» Diese «kleinen Strählchen» wichen in späteren Jahren dem Neon, dem Quecksilber und einer allgemeinen schillernden Farbigkeit, so dass die Stadt zu Beginn des 21. Jahrhunderts im Umkreis von vielen Kilometern das Firmament erleuchtet und zu einer größeren Helligkeitsquelle geworden ist als der Mond und die Sterne. Für manche ist das eine Quelle des Zorns, so als verunreinige die künstliche Stadt den Kosmos selbst. Trotzdem gibt es noch immer viele Straßen, die nur schwach oder teilweise illuminiert, und etliche schmale Durchgänge und Seitengassen, die überhaupt nicht beleuchtet sind. Man kann noch heute von einer hell erleuchteten Verkehrsader in eine dunkle Straße wechseln und Angst empfinden – wie in den letzten dreihundert Jahren.

Hat London aber sein eigenes, natürliches Licht? Henry James registrierte «die Art, wie das Licht von der Wolkendecke herabtropft und -sickert.» Es gibt das Gefühl einer feuchten, verschwommenen Helligkeit, das auch andere Beobachter gehabt haben, so als sehe man alles wie durch einen Tränenschleier. James beschreibt aber auch den «weichen, satten Farbton, den die Gegenstände in einer solchen Atmosphäre annehmen, sobald sie zurückweichen». So lösen sich Gebäude und Straßen in der Ferne auf, ohne jene Klarheit des Lichts, die sie in Paris oder New York umgibt. Man hat gesagt, es gebe nirgends «ein solches Spiel von Licht und Schatten, ein solches Ringen von Rauch und Sonne, solche luftigen Übergänge und Verstörungen». Richard Jefferies, der in seinem apokalyptischen Roman *After London* (1885) die Stadt als ein von Fieberdünsten geschwängertes Ödland beschreibt, hatte ein gutes Auge für derartige «luftige Übergänge» – von einem gelben Sonnenuntergang zu einem «grenzenlosen Violett» am Südwesthimmel, vom betäubenden Glanz des Sommers bis zur Röte der Wintersonne, wenn Straßen und Häuser mit «feuriger Glut» übergossen sind. Der blasse, graublaue Dunst galt als das Licht, «das die Londoner für den Tag halten» und das die Stadtlandschaft dämpfte und verwischte, während in den Parks ein «lieblicher perlgrauer Schleier hängt, weich und gleichsam zurückgenommen». Es gibt auf den Straßen aber auch ein kaltes Licht, das man im Grau des Winters und im blauen Hauch des Frühlings bemerken kann, im Dunst des Sommers und in den «orangefarbenen Sonnenuntergängen des Herbstes». Es stammt von jenem Ungeheuren her, das das Londoner Licht reflektiert, so dass es, wie Hippolyte Taine bemerkt hat, die Emanation einer «mächtigen Anhäufung von Menschenhand» wurde: «Das

Schimmern der Wellen im Fluss, das Zittern des in Dampf eingeschlossenen Lichts, der weiche weißliche oder rötliche Ton, der diese Riesenhaftigkeiten überzieht – sie legen eine Art von Anmut über die gewaltige Stadt.» Dasselbe Gefühl des Ungeheuren erkennt man in Virginia Woolfs Beschreibung Londons als eines «Schwarms von Lichtern mit einem blassgelb herniederhängenden Baldachin darüber. Es gab die Lichter der großen Theater, die Lichter der langen Straßen, Lichter, die mächtige Stätten häuslicher Behaglichkeit anzeigten, Lichter, die weit oben in der Luft hingen. Keine Dunkelheit würde sich je auf diese Lampen senken, wie sich seit Hunderten von Jahren keine Dunkelheit auf sie gesenkt hat.» Die Lichter Londons strahlen unablässig. Aus der Luft blitzen die Lichter meilenweit, wie ein riesiges Gewebe aus Helligkeit. Die Stadt wird niemals erkalten. Sie wird immer weiß glühend sein. Aber wo Licht ist, ist auch Schatten, und mit ihm die Dunkelheit der Nacht.

49. Die nächtliche Stadt

Es gibt zahlreiche Schilderungen der Londoner Nacht. Ganze Bücher, mit Titeln wie *City Nights* oder *Night Life*, hat man dem Thema gewidmet. James Thomson nannte London die Stadt der furchtbaren Nacht (1874). Möglicherweise ist die Stadt nur bei Nacht ganz sie selbst, wird nur des Nachts lebendig. Das ist der Grund ihrer unerschöpflichen Faszination. Der Effekt beginnt im ungewissen Licht der Dämmerstunde, mit der «schwärzlichen Masse von Kaminkappen und den kleinen schwarzen Häusern», den «schmutzigen Wegen und schlumpigen Durchgängen», wenn sich, wie es in Julian Wolfreys' *Writing London* heißt, «die unheimliche, die bedrohliche, monströse Unmenschlichkeit der grenzenlosen Stadt» offenbart. Dies sind Beschreibungen aus dem 19. Jahrhundert, doch waren die Schrecken der Nacht in früheren Jahrhunderten nicht weniger spürbar. Seit den ältesten Zeiten waren die Londoner Straßen bei Nacht kein sicheres Pflaster. Um neun Uhr wurde zum Feierabend geläutet, und theoretisch schlossen die Bierhäuser, und die Bürger hatten in ihren Häusern zu bleiben. Im späteren 16. und frühen 17. Jahrhundert jedoch hoben Theaterstücke und Gedichte, Episteln und Satiren die besondere Natur der nächtlichen Stadt hervor, mit Zeilen wie diesen, die sich in Thomas Burkes *The Streets of London* finden. Es gibt böse Buben, die es lieben,

«Laffen zu foppen, Metzen anzuschleichen,
Kerle zu prügeln, am Türstock wegzustreichen
Der Milchmädchen und vieler andrer Zeichen,
Die Wacht zu necken, durch die Stadt zu toben,
Wände zu beschmieren und andres frech zu proben ...»

Kindische Streiche, verglichen mit den gewaltsameren Exzessen der Räuberbanden, der Einbrecher und der Frauenschänder im Schutz der Nacht. Thomas Shadwell, ein Dramatiker des späten 17. Jahrhunderts, berichtet: «Gegen zwei Uhr morgens kommt der Nachtwächter und wiederholt mit kummervoller Stimme Verse, wie sie elender kein verunglückter Verfertiger von Kinderreimen machen könnte; nach ihm kommen jene Halunken, welche die Menschen mit ihren barbarischen Weisen aus dem Schlaf reißen und auf ihren tröstenden Instrumenten einen Höllenlärm vollführen, schlimmer als sie es im Spielhaus tun, wenn sie das Erscheinen der Hexen bejohlen.» Aus dem Zeugnis der dramatischen Literatur und aus Berichten wie diesem geht klar hervor, dass London bei Nacht fast genauso laut war wie bei Tage, nur mit dem Unterschied, dass die Geräusche bei Nacht hektischer und verzweifelter waren – gellendes Geheul, Schreie, Rufe und Pfiffe zerschnitten die frühen Morgenstunden mit ihrem eigenen, beunruhigenden Kehrreim. Wer aufmerksam lauschte, mochte Satzfetzen hören wie «Wer ist da?», «Geld her!» oder «Bist du blöd, Mann? Sag schon!»

«Meine Ohren wurden von allen Seiten angesungen», schreibt Ned Ward Anfang des 18. Jahrhunderts, «von der ernsten Musik einiger passierender Glöcklein, dem Rattern der Kutschen und den traurigen Weisen der Kartoffel- und Apfelverkäufer. Ich konnte nichts sehen als Licht und nichts hören als Lärm.» Hier wird die Unnatürlichkeit der Londoner Nacht betont, die erfüllt ist von Licht und Klang anstatt von Dunkelheit und Ruhe, wie sie die Lyrik der Abendlandschaft feiert. Als Samuel Pepys Lady Paulina Montague durch die nächtlichen Straßen begleitete, stand sie «bei jedem Schritt des Weges» Ängste aus.

Die Gründe für ihre Furcht skizziert John Gays Gedicht «Über das nächtliche Wandern in Straßen» aus seinem Zyklus *Trivia*. Das «Trivium» ist eigentlich der Punkt, wo drei Wege aufeinander treffen, doch wurde das Wort im Englischen generell für alle Arten von öffentlichen Wegen gebraucht. In einer «rührigen Straße» stieß man nachts immer wieder auf Bretter, Leitern und niedrige Markisen, die das Fortkommen behinderten. «Jetzt hallt das Pflaster schon von Fußgetrappel», unter Pferdegewieher und Ochsengebrüll; die Kutscher drängelten und schlugen einander mit der Peitsche; Streithähne maßen auf der Straße ihre

Kräfte, «bis sie hinstürzen und Halt suchend rollen / im Kot». Gay machte einen notorischen Ort für nächtliche Verkehrsstaus an der Strand aus, wo die Kirche St Clement Danes selbst als massives Hindernis fungierte; die Straßen zu beiden Seiten des Bauwerks waren nicht durch Markierungspfosten in Fahrdamm und Bürgersteig geteilt, so dass ein Gewimmel von Kutschen, Pferden und Fußgängern entstand, das noch dadurch verschlimmert wurde, dass schwer beladene Pferdefuhrwerke von der Themse her durch die engen Straßen in Richtung Hauptverkehrsader zogen. In diesem «Pöbel» oder «Gedränge» stecken zu bleiben war in der Tat gefährlich. Wenn der einsame Spaziergänger schon nicht angerempelt, gestoßen oder beschimpft wurde, bestand doch die Aussicht, dass man ihn um seine Perücke, sein Batisttuch, seine Taschenuhr oder seine Schnupftabaksdose erleichterte; in diesem Fall gesellte sich zu den heiseren Geräuschen der Nacht noch der Ausruf: «Haltet den Dieb!» Der Fußgänger lief Gefahr, von Wagenrädern zerquetscht oder von Sänftenträgern beiseite gedrängt zu werden, aber noch gefährlicher waren die offenen Keller, aus denen Waren verkauft wurden. Die Straßen waren mit einer Schlammschicht bedeckt, und von oben wurden «aus Mansardenfenstern Nachtgeschirre / ausgeleert, und Grund zu danken ist / Deinem Glücksstern, bleibst du unbepisst».

Doch waren bei Nacht nicht einmal die Häuser der Londoner unbedingt ein sicherer Hafen vor der Angst und Unrast der Straße. Am 21. März 1763, gegen zwei Uhr morgens, erlosch Boswells Kerze in seiner Wohnung in der Crown Street in Westminster. Er ging in die Küche hinunter, um eine Schachtel Zündhölzer zu suchen, konnte aber nichts dergleichen finden. «Mittlerweile erfüllten mich bange Gedanken an die Schrecken der Nacht.» Die äußere Dunkelheit beförderte also die innerliche Angst. «Ich besorgte auch, dass der Hausherr, der immer ein geladenes Paar Pistolen bei sich zu tragen pflegte, mich als einen Dieb erschießen könnte.» Die Gefahr durch Vandalismus und Einbruch war demnach sehr groß, wenn der Hausbesitzer mit Pistolen ins Bett gehen musste; das erinnert an die Gepflogenheit Samuel Johnsons, immer einen kräftigen Knüppel zur Hand zu nehmen, bevor er sich auf die Straße wagte. Boswell erzählt weiter: «Ich ging wieder in mein Schlafzimmer und wartete ruhig ab, bis der Wächter ‹Drei vorbei!› aussang. Ich rief ihm zu, er möge an die Tür des Hauses klopfen, in dem ich wohnte. Das tat er, und ich öffnete ihm und brachte nun ohne weitere Gefahr meine Kerze wieder zum Brennen.» Eine Vignette Londoner Lebens, die trotz ihrer Kürze fesselnd ist: der Ruf des Nachtwächters, die Anweisung Boswells, das hastige Entzünden der Kerze.

Im 19. Jahrhundert hat die Londoner Nacht einen weniger intimen

Charakter. Die Viktorianer waren von ihr fasziniert und entsetzt zugleich. Es war das Zeitalter, als unter den Londoner Malern das Genre des «Nachtstücks» aufkam und im Theater Melodramen gespielt wurden wie «London bei Nacht» (1845) oder «Nach Sonnenuntergang – ein Märchen aus dem Londoner Leben» (1868). Die Lyrik der Zeit – von Dowson und Lionel Johnson bis zu George Meredith und Tennyson – füllen Ahnungen und Bilder der dunklen Stadt. Es war, als würden die Bewohner Londons im 19. Jahrhundert heimgesucht von der nächtlichen Stadt.

 Mitte des 19. Jahrhunderts kamen «Nachtspaziergänge» in Mode: Skizzen oder Essays über einsame Fußgänger, die die dunkle Stadt mit unbekanntem Ziel durchstreiften. Für Charles Dickens war der nächtliche Spaziergang ein Mittel, sein privates Elend zu lindern; schon als Kind war er durch die Stadt gewandert, und ihr nächtliches Wesen spendete ihm auf wunderbare Weise Trost und Zuversicht. Es war, als werde «es», dieses Ding namens London, in seiner ganzen handgreiflichen Massivität immer da sein, so groß auch Dickens' persönliches Unglück sein mochte. Schließlich war London seine eigentliche Heimat, und irgendwie war es ein Stück seines eigenen Wesens geworden. Und so ging er «unter dem pladdernden Regen ... ging und ging und ging, und sah nichts als das endlose Netz der Straßen, nur hie und da, an einer Ecke, zwei Polizisten im Gespräch.» Denn London war jetzt eine bewachte und überwachte Stadt und die Straßenecken mit Gesetzeshütern bemannt; nichts mehr von der Anarchie und Zügellosigkeit, die John Gay in den 1770er Jahren verewigte. Das Schweigen Londons ist das Schweigen seiner Größe. Dickens überquerte die Waterloo Bridge – nicht ohne dem Zöllner in seinem Häuschen einen halben Penny zu entrichten –; die Themse hatte hier das «schaurige Ansehen von Schwärze und gespiegeltem Licht»: «Die Unermesslichkeit Londons schien ihren Schatten erdrückend auf den Fluss zu werfen.» Das ist im 19. und 20. Jahrhundert das Auffälligste an der nächtlichen Stadt: ihre «Unermesslichkeit», eine ungeheure Kapitale, die sich weit hinaus in das Dunkel erstreckt. Nachdem er die Brücke passiert hatte, kam er an den Theatern in der Wellington Street und der Strand vorbei: «Die Gesichterreihen waren verschwunden, die Lichter gelöscht und alle Plätze leer.» Hier haben wir eine Darstellung Londons *en miniature* – es ist ein einziges großes, verdunkeltes Theater – und ein Gefängnis zugleich, weshalb der Schriftsteller Newgate ansteuert. Nachts zeigt die Stadt ihren wahren Charakter, entblößt von allem Ungefähren des Tags.

 Dann besuchte er die Gerichtsgebäude, die sich damals in Westminster befanden, bevor er zu der Abtei selbst weiterging, wo ihm die «feier-

«Hier geschah es zum ersten Mal, dass mir die Nacht auf die Seele fiel.» Rudyard Kipling, *in Erinnerung an seinen ersten London-Aufenthalt.*

Es ist die Gegenwart der Vergangenheit oder die Gegenwart der Toten, die den nächtlichen Bildern Londons ihre besondere Kraft und Eindringlichkeit verleiht. Von allen Städten scheint London am meisten von seinen Toten eingenommen zu sein, am lautesten widerzuhallen vom Schritt vergangener Generationen.

lich-ernste Überlegung» kam, «welche unermesslichen Scharen von Toten doch zu einer einzigen großen alten Stadt gehören und wie, würden sie alle erweckt, während die Lebenden schliefen, auf allen Straßen und Wegen den Lebenden nicht der Raum einer Nadelspitze bliebe, um herauszukommen, sondern die gewaltigen Heere der Toten noch die Berge und Täler jenseits der Stadt überschwemmten und sich nach allen Seiten erstreckten, Gott weiß wie weit.» Das ist es vielleicht, was ein London-Visionär in der Nachfolge Dickens', George Gissing, meinte, als er ausrief: «London bei Nacht! Rom ist nichts dagegen.» Nicht, dass sich das physische Gefüge der alten Stadt intakt erhalten hätte! Gissings Vergleich mit Rom ist auch hier angebracht; die «ewige Stadt» hat so viele Ruinen ihrer Größe, dass der Geist der Vergangenheit keinen Platz mehr hatte, sich zu entfalten. In London ist die Vergangenheit eine Form von verkapselter, aber fruchtbarer Erinnerung, bei der die Gegenwart früherer Generationen eher gespürt als gesehen wird. Es ist die Stadt der Echos, erfüllt von Schatten, und welche Zeit könnte ihr gelegener sein, sich zu manifestieren, als die Nacht?

*

Mitte des 19. Jahrhunderts beschrieb Charles Manby Smith in einem Essay mit dem Titel «Vierundzwanzig Stunden auf Londons Straßen», wie der geringste Laut zwischen den großen Mauern der Privathäuser und öffentlichen Gebäude widerhallte und seine eigenen Schritte ein Echo erzeugten, als ob «ein unsichtbarer Begleiter uns auf Schritt und Tritt folgte». Er hörte auch das Schweigen in der alten, ummauerten City, das nach dem «brummenden, brausenden Brandungsgeräusch» des Tages nur umso beängstigender und bedrückender ist.

Es stellt dies eine große Veränderung in der Natur des städtischen Lebens dar, die im Laufe der Jahre immer weiter über die City hinaus um sich griff; was am Tag am menschenreichsten ist, ist nachts am menschenleersten. In der City selbst lebten wenige Menschen – und heute, zu Beginn des 21. Jahrhunderts, noch weniger. Die Bürger gaben die alten Wohnzentren allmählich auf und zogen ein Leben im Umland vor. Es ist dies der wichtigste Grund für die relative Ruhe und Friedlichkeit Londons im letzten Jahrhundert.

Dieser Fußgänger um die Mitte des 19. Jahrhunderts nahm bereits die spätere Umwelt und Atmosphäre Londons vorweg, wenn er auf «die scheinbar unzähligen, endlosen Straßenzüge» aufmerksam machte, «die in der lautlosen Stille daliegen, deutlich markiert von den langen, regelmäßigen Reihen der Straßenlaternen zu beiden Seiten des Weges». Es ist die Vision der Stadt als Element einer unmenschlichen, mechanischen Ausrichtung. «Wir kennen kein anderes Schauspiel, das so nachdrücklich die gewaltige Ausdehnung dieser übergroß gewordenen Metropole ins Bewusstsein ruft. Die tödliche Stummheit, die in diesen langen, leeren Straßenfluchten herrscht, entsetzt das Herz und lässt die Einbildungskraft des Fußgängers ewig weiter und immer weiter ausgreifen.» So wird London bei Nacht eine Stadt der Toten, und das Schweigen des 19. Jahrhunderts erbt sich über das 20. bis in das 21. fort.

In den 1925 erschienenen *London Nights* heißt es: «Die Vergangenheit hat die Nacht stärker im Griff als den Tag»; geht man beispielsweise unter der Themse hindurch in dem Tunnel, der das nördliche mit dem südlichen Ufer verbindet, ist es, «als erkunde man die Gräber eines gestorbenen London vor Tausenden von Jahren». In diesem Sinne wird London dann eine unendliche Stadt – «London ist jede Stadt, die es jemals gab und jemals geben wird» –, welche mit ihrer Unabschließbarkeit das wahre Wesen der menschlichen Gemeinschaft bekundet. Das ist der Grund, weshalb bei Nacht die sichtbarsten Bewohner der Stadt die Obdachlosen sind. «In allen Arten von Löchern und Winkeln kann man die Wohnungslosen in Winternächten schlafen sehen, zwischen den Ruinen halb abgerissener Häuser, auf den Stufen zu den Bahnüberführungen, in den Ecken des Blackwell-Tunnels, in Mauernischen wuchtiger Gebäude, unter Kirchenportalen». An dieser Realität hat sich in den Jahren seither nichts geändert. Damals wie heute bleibt das Embankment ein zentraler Sammelplatz für die Stadtstreicher, trotz der feuchten, kalten Luft, die von der Themse heraufdringt. Fast ist es, als riefe der Fluss die Heimatlosen des Nachts zu sich.

Es gibt bestimmte Straßen, die im gegenwärtigen Jahrhundert auch bei Nacht nie ganz leer zu sein scheinen – man denke beispielsweise an die Old Compton Street in Soho, die Upper Street in Islington und den Queensway in Bayswater –, und es gibt heute wie in den Jahrhunderten zuvor durchgehend geöffnete Restaurants, wie die in der St John Street und in der Fulham Road. Aber generell erweckt das zeitgenössische London bei Nacht den Eindruck eines dumpfen Schweigens. Nicht das Gefühl wirklicher Gefahr stellt sich ein, nur das Bewusstsein, dass man noch bis zum Morgengrauen gehen könnte, und dann weiter bis zu einem neuen Morgengrauen, ohne die endlosen Straßen mit ihren Häuserzeilen jemals auszuschreiten. Die Einkaufsmärkte und einige der großen Passagen werden von Videokameras überwacht, so dass es unmöglich ist, sich jemals ganz allein zu fühlen.

Diese Kameras verkörpern eine der Veränderungen, die das moderne London durchgemacht hat. Es ist befangen geworden, stets wachsam gegen seine eigenen Bürger, fast als wolle es sie herausfordern, endlich wieder die Energie und Gewalttätigkeit ihrer Vorfahren zu entfalten. Doch ist die Stille niemals absolut; sie wird unterbrochen vom Summen der Neonlampen und von den Sirenen der Polizei- oder Notarztwagen. Jenes leise, ferne Geräusch, das man vernimmt, ist der Verkehr, der ständig durch London fließt, während mit dem Nahen des Morgens im Osten der Schein der Straßenlampen verblasst.

50. Die Stadt am Morgen

Gott schenke Euch einen guten Morgen, Ihr Herren! Fünf vorbei und ein schöner Tag!» So pflegte im 17. Jahrhundert der Nachtwächter die Morgendämmerung zu begrüßen, die Zeit, wo die meisten Bürger aufstanden, um sich auf ihr Tagewerk vorzubereiten.

Damals wie heute ging man in den Vororten im Osten Londons früher zu Bett und stand früher auf als im Westen der Stadt.

Um sechs Uhr waren die Lehrlinge schon dabei, die Läden hochzuziehen, Feuer zu machen oder die Waren zum Verkauf und zur Besichtigung auszulegen. Sie reinigten auch das Straßenpflaster vor der Tür mit Wasser, und in den eleganteren Häusern schrubbten die Dienstmädchen die Treppe. Die Straßenverkäufer, Straßenkehrer und Hausierer bahnten sich ihren Weg durch die Menschenmenge, die nun immer dichter wurde, je weiter der Morgen fortschritt. Und im Laufe der Jahre scheint das Gedränge auf der Straße immer heftiger geworden zu sein. Im 18. Jahrhundert wurde den Käseverkäufern nahe gelegt, sie sollten «ihre Butter und ihren Käse nicht so dicht an den Rand des Ladenfensters legen und ihre Fässer nicht auf den Weg stellen, da hierdurch manches gute Gewand und Seidenkleid verdorben werden kann». Dies ist eines von vielen Indizien für den allgemeinen Platzmangel. Die schiere Menschenfülle Londons bei Tag ist zu allen Zeiten ein Hauptmerkmal des städtischen Lebens gewesen, und es gab Redensarten wie: «Barbiere und Kaminkehrer haben keinen Freibrief, eine gut gekleidete Person anzurempeln und dann Satisfaktion in einem Faustkampf anzubieten.» Es gab noch andere Gewerbetreibende, um die man füglich einen Bogen machte, zum Beispiel den Bäcker mit seiner mehl- und teigbedeckten Schürze, den Kohlenträger, den Schlachter mit seiner blutigen Lederschürze und den Kerzenzieher, aus dessen Korb Talg tropfen konnte. Ständige Klagen kamen auch über die Karrenschieber, die nicht den Fahrdamm, sondern den Gehsteig benutzten, um ihre Lasten zu befördern, und über Arbeiter, die mit einer Leiter oder einem Holzbalken auf der Schulter über eine belebte Verkehrsader gingen.

So wurde es zwangsläufig zu einer regelrechten Kunst, nicht nur bei Nacht, sondern auch bei Tag, durch die Straßen zu spazieren. Es gab gewisse Regeln, die allgemein eingehalten wurden. Damen überließ man die straßenabgewandte Seite des Trottoirs, damit sie nicht auf den Fahrdamm gestoßen werden konnten; auch galt es als Ehrensache, einen «tastenden Blinden» zu geleiten. Einen Lehrling fragte man nicht nach dem Weg, weil diese jungen Frechdachse bekannt dafür waren, Ortsunkundige mit Vorliebe in die falsche Richtung zu schicken; am besten bat man einen Ladenbesitzer oder Gewerbetreibenden um Rat. Wer urinieren wollte, suchte am besten einen Innenhof oder einen «heimlichen Winkel» auf. Watling Street und Ludgate Hill sollte man wegen des Menschengedränges dort meiden; viel besser war es, den Weg über die breiteren Bürgersteige der Strand oder der Cheapside zu nehmen. Freilich bot sich auf jeder Hauptstraße dasselbe Bild: «Mit Nachricht voll beladen / hetzt der Höker, / preist atemlos den allerneuesten Schmöker / Geschäfte öffnen, Kutschen, Karren hallen, / von eiligen Rufen alle Straßen schallen.»

Als Anfang des 19. Jahrhunderts die Ausdifferenzierung von Berufsgruppen und Stadtgegenden begann, entstand eine förmliche Typologie des Großstädters. Um acht und um zehn Uhr trug im Westend der Briefbote in scharlachrotem Rock die Post aus, während sich im East End die «Musikanten» und Altkleiderverkäufer auf den Weg ins Stadtzentrum machten. Die Büroangestellten gingen die Strand hinunter zur Admiralität und zum Somerset House, während die Regierungsbeamten es vorzogen, im Brougham (geschlossene vierrädrige Kutsche) nach Whitehall oder zur Downing Street zu fahren.

Das war die morgendliche Welle von Stadtbewohnern. G. A. Sala, ein Journalist aus dem 19. Jahrhundert, kannte sie gut. «Man erkennt die Kassierer der privaten Bankhäuser an dem weißen Hut und dem gelben Wams; die Börsenmakler an dem Jagdwagen, mitunter auch an dem Tandem, worin sie den Ludgate Hill hinaufpreschen; die jüdischen Kommissionsagenten (Vertreter) an ihren auffälligen Broughams; die Zuckerbäcker und Seifensieder an ihren behaglichen doppelsitzigen Equipagen.» Die Magazinverwalter erkannte man nur daran, «dass sie Hundedeckchen (Gamaschen) tragen».

Zwischen neun und zehn Uhr trafen an der Bank von England die Omnibusse mit ihren Tausenden von Fahrgästen ein, während auf der Themse selbst unzählige «flinke, verrußte Dampfschiffchen» ihre Passagiere an den Schiffsländen in Chelsea und Pimlico, der Hungerford Bridge und Southwark, Waterloo und Temple eingeladen hatten, um sie an der Lände der London Bridge wieder auszuspucken. In die Thames Street, die Obere wie die Untere, «ergoss sich ein Ameisenschwarm von adrett herausgeputzten Bürobeamten, die gegen die Fischweiber und Schauermänner wunderlich abstachen».

Der Londoner Morgen «hungerte» nach diesen Menschenmassen, und die «unersättlichen Kontore», nicht minder gefräßig, «verschlingen sie sogleich». Aber nicht nur die Kontore füllten sich, sondern alle Werkstätten, Fabriken und Magazine der Metropole. In den Wirtshäusern wurden die Bars geöffnet. Die Kartoffelbrater und die Besitzer von Kaffeebuden stellten sich auf schnellen Umsatz ein. Im West End waren schon die Schuhputzer und die Handlungsreisenden am Werk, während von den umliegenden Plätzen und Gassen das riesige Heer der Armen ausschwärmte. Im 19. Jahrhundert gab es die Redensart: «Man kriegt kaum die Tür vor ihnen zu», und selbst den armen Vierteln bescherte der Morgen «eine wilde, verzweifelte Fröhlichkeit», so als könne der neue Tag mit seinem alten Elend nur eine hysterische Reaktion wecken.

So hat die Londoner Routine in der Tat ihren beharrlichen Rhythmus. Die Börse öffnet und schließt ihre Pforten, die Banken in der Lombard Street füllen sich mit Kunden und leeren sich wieder, der Glanz der Geschäfte verstärkt sich und verblasst. In den späteren Jahrzehnten brachten außer den Pferdeomnibussen auch die Eisenbahnen die Menschenmassen aus den Vorstädten in die Stadt. Aber was die Stadt während des Morgens einsaugt, speit sie abends wieder aus, so dass es ein allgemeines Pulsieren von Menschen und Energie gibt, das ihr Herz am Schlagen hält. Das ist es, was Charlotte Brontë meint, wenn sie vermerkt: «Ich habe das West End, die Parks, die schönen Häuservierecke gesehen; aber ich liebe die City viel mehr. Die City scheint so viel gesetzter zu sein, ihre Geschäftigkeit, ihr Gedränge, ihr Lärm sind ein so ernstes Ding, Bild und Geräusch … Im West End kann man vergnügt sein, aber in der City ist man zutiefst aufgewühlt.» Tief aufgewühlt war sie vom Prozess des Großstadtlebens selbst, der auf seine Weise dem Rhythmus von Tag und Nacht gehorchte.

Schlag sechs Uhr, wenn das Hauptpostamt seine Briefkästen verriegelt hatte, waren auch die Geschäftsleute und «Bürobeamten» verschwunden und hatten die City ihren Ladenbesitzern und der schrumpfenden Zahl von Haushaltsvorständen überlassen. Die Flut der Stadtbewohner verebbte und zog sich auf tausend verschiedenen Straßen heimwärts zurück. Und wie es am Ende von Charles Dickens' *Little Dorrit* heißt: «In Sonnenschein und Schatten schlenderten sie dahin, während die Lauten und Eiligen, die Hochfahrenden und Trotzigen und die Eitlen sich spreizten und scheuerten und ihren üblichen Aufruhr veranstalteten», um alle am nächsten Morgen wiederzukommen.

Und wenn sie fünfzig oder hundert Jahre später erwacht wären, hätten sie zweifellos noch immer der instinktiven Bewegung der Stoßzeiten zu folgen vermocht. Trotzdem gibt es einen Unterschied. Würde ein Londoner aus dem 19. Jahrhundert in die City des 21. Jahrhunderts versetzt, vielleicht gegen Abend, wenn die Büroangestellten und Computerfachleute von der Cheapside auf dem Heimweg sind, so wäre er erstaunt über die Geordnetheit und Einheitlichkeit des Menschenstroms. Vielleicht würde er einen Ausdruck von Nachdenklichkeit oder Besorgnis auf den Gesichtern wiedererkennen – auch die Leute, die mit sich selbst sprechen, würden ihm wohl bekannt vorkommen –, aber die allgemeine Ruhe, verbunden mit einem Mangel an menschlichem Kontakt oder freundlichem Austausch, könnte auch entnervend auf ihn wirken.

Die Radikalen von London

SESSIONS HOUSE, CLERKENWELL GREEN.

Als Schauplatz von Aufstand und Bestrafung prägte
das Gerichtsgebäude – Sessions House –
in Clerkenwell jahrhundertelang dieses Viertel.

51. Wo ist der Quell von Clerkenwell?

Es gibt eine Erzählung von Arthur Machen, in der eine Gegend in Stoke Newington beschrieben wird, wo man zuzeiten eine verwunschene Landschaft erblicken und sie manchmal auch betreten kann; vielleicht dürfen wir sie beim Abney Park vermuten, einem etwas verwilderten Friedhof an der High Street in Stoke Newington. Es ist die Straße, in der Daniel Defoe gewohnt hat und Edgar Allan Poe ungern zur Schule gegangen ist. Die wenigsten Menschen haben diesen visionären Ort geschaut oder wissen auch nur, wie man ihn zu sehen bekommt; aber wer ihn gesehen hat, kann von nichts anderem mehr sprechen. Machen schrieb diese Erzählung mit dem Titel «N» Anfang der 1930er Jahre; im weiteren Verlauf des Jahrhunderts sind noch andere verwunschene Gegenden Londons ans Licht gekommen. Sie bleiben für jeden sichtbar und wirkungsmächtig, der sich die Mühe macht, nach ihnen Ausschau zu halten. Einer dieser Bereiche hat seinen Mittelpunkt in Clerkenwell Green.

«Grün» ist dieses kleine Areal gar nicht, das von Straßen und Gebäuden umringt ist, mit einer stillgelegten Bedürfnisanstalt in der Mitte. Es gibt hier Restaurants und zwei Gastwirtschaften, Firmengelände und die Büros von Architekten und PR-Beratern: eine für das Zentrum Londons durchaus typische Gegend. Aber es finden sich auch Zeichen und Hinweise auf eine andere Stadt. Gleich hinter dem Grün stehen die Überreste von der Kirche und dem Hospital St John aus dem 11. Jahrhundert, wo die Templer und die Johanniter ihren Sitz hatten; die Krypta ist unversehrt erhalten. Wenige Meter südlich der Krypta wurde Anfang des 16. Jahrhunderts St John's Gate errichtet, das ebenfalls noch steht. Am Nordrand des Grüns selbst findet sich die ursprüngliche Stelle des mittelalterlichen Brunnens, von dem der Bezirk seinen Namen ableitet; im 18. und frühen 19. Jahrhundert war es einfach eine verrottete eiserne Wasserpumpe, die in die Außenwand einer Mietskaserne eingelassen war; mittlerweile ist sie repariert und hinter einer dicken Glasscheibe gesichert. Sie markierte den Ort der Bühne, auf der jahrhundertelang und «seit unvordenklichen Zeiten» Mysterienspiele aufgeführt wurden, und in der Tat war Clerkenwell viele Jahrhunderte lang berühmt-berüchtigt für seine Theateraufführungen. Der Innenhof der Wirtschaft *Red Bull Inn*, östlich des Grüns, soll der erste Theaterort gewesen sein, wo Frauen auf der Bühne auftraten. Es ist nur ein Beispiel für die vielen Kontinuitäten, die Clerkenwell und Umgebung mit gehaltvoller Gegenwart erfüllen. Wenden wir uns also den Anfängen zu.

Am Clerkenwell Green hat man die Überreste einer Siedlung oder eines Lagers aus prähistorischer Zeit entdeckt, was darauf schließen lässt, dass dieser Teil Londons seit vielen tausend Jahren von Menschen bewohnt ist. Vielleicht rührt die lastende Schwermut des Alters, die so unterschiedliche Autoren wie George Gissing und Arnold Bennett an diesem Platz empfunden haben, von der Müdigkeit einer überlangen menschlichen Besiedlung mit allen ihren Sorgen und Mühen her.

Die Gegend selbst wird erstmals in den frühesten Kirchenbüchern von St Paul erwähnt, als sie im 7. Jahrhundert in den Besitz des Bischofs und der Chorherren dieser Institution überging. Wilhelm I. vergab das Land an einen seiner erfolgreichsten Anhänger, Ralph Fitz Brian; dieser wurde, wie es in der entsprechenden Terminologie hieß, «Herr des Lehens Clerkenwell, vergeben vom Bischof zu London in der Gutsgerichtsbarkeit Stepney durch ritterlichen Dienst». Clerkenwell lag also von Anfang an rechtlich jenseits der «Schranken» von London und gehörte praktisch zu Middlesex.

Die Erben Ralphs wurden Herren der Gutsgerichtsbarkeit Clerkenwell und vergaben ihrerseits Land und Besitz für den Unterhalt zweier religiöser Stiftungen. Es entstanden das Frauenkloster St Mary in Clerkenwell – etwa dort, wo heute die Kirche St James steht – sowie etwas weiter südöstlich, auf der anderen Seite des Grüns, die Priorei der Tempelritter, St John of Jerusalem. So wurde Clerkenwell seit dem Mittelalter für seine sakralen oder geistlichen Verflechtungen bekannt. Da die Priorei zunächst im Besitz des Johanniterordens war, wurde sie zu einem Zentrum für die Anwerbung von Kreuzrittern; allmählich nahm sie an Größe zu und dehnte sich über das angrenzende Gebiet aus. Ähnlich weiträumig war das Frauenkloster St Mary, das aber von der Wildheit Londons nicht verschont blieb.

1301 richtete die Priorin eine Bittschrift an Eduard I., er möge «Abhilfe schaffen und befehlen, weil das Londoner Volk mit seinen Mirakeln und Ringkämpfen unser Getreide und Gras zertrampelt und verwüstet, so dass wir keinen Nutzen daraus ziehen noch jemals ziehen können, wenn nicht der König ein Einsehen hat, denn es ist ein wilder Menschenschlag, und wir können uns ihrer nicht erwehren und durch kein Gesetz Gerechtigkeit erlangen». Das ist einer der frühesten Berichte, dass das Volk in der Tat «wild» war und dass die Heiligenschauspiele «seine» waren, was ein ganz neues Licht auf den angeblich sakralen Charakter des frühen englischen Dramas wirft. Zwei Generationen später, im Jahre 1381, kam es zu einem noch «wilderen» und gewaltsameren Angriff gegen die Priorei St John, als Wat Tylers aufständische Bauern die steinernen Gebäude des Ordens in Brand steckten. Die Priorei wurde schwer beschädigt, aber nicht völlig zerstört, der Prior selbst aber an Ort und Stelle geköpft, weil er als wichtigster Steuereinnehmer Richards II. fungiert hatte. Tylers Gesellen kampierten auf dem Clerkenwell Green und sahen zu, wie das Dormitorium der Ordensritter ebenso in Flammen aufging wie das Kontor, die Schnapsbrennerei, das Waschhaus, das Schlachthaus und viele weitere Wohnungen und Ställe. Es war fast, als stehe ganz Clerkenwell in Flammen.

Eine besonders berüchtigte Gasse war die Turnmill Street (so benannt nach den vielen Mühlen in der Nachbarschaft, die den Lauf der Fleet begleiteten); sie war auch als Turnbull Street bekannt (nach den Viehherden, die hier auf dem Weg nach Smithfield vorbeigetrieben wurden). Ende des 13. Jahrhunderts hatte die Zuträglichkeit der Gegend unter all dem «Unflat und Mist und Müll» gelitten, der in die Fleet geworfen wurde, und hundert Jahre später befahl Heinrich IV., das Gewässer «neuerlich zu reinigen». Auch machte er den Behörden die Auflage, «eine steinerne Brücke über die Fleet in der Nähe der Turnmill Street zu reparieren», den alten Vorläufer jener Brücke über die Londoner U-Bahn, die Ende der 1990er Jahre renoviert wurde.

Aber öffentliche Arbeiten konnten dem Ruf Clerkenwells nicht aufhelfen; da es jenseits der «Schranken» lag, wurde es zum Zufluchtsort für Verfemte und all jene, die das Gesetz übertreten wollten. So ist Clerkenwell von Anfang an die Heimat für Gruppen gewesen, die für sich und unter sich sein wollen. In der Turnmill Street beherbergte 1414 ein gewisser William «der Pergamentmacher» den Lollarden Sir John Oldcastle, woraufhin er für seine Gastfreundschaft später gehängt, ausgeweidet und geviertelt wurde. Clerkenwell wurde auch die Heimat von Jesuiten und anderen Rekusanten, und der Bezirk «war berüchtigt für seine Papisten»; Ende des 16. Jahrhunderts wurden drei verdächtige Papisten in Clerkenwell gehängt, ausgeweidet und geviertelt. Von Verfolgung bedroht, zogen die Katholiken fort – nur um 235 Jahre später in einem neuen Gewand wiederzukehren, als Clerkenwell ein italienischer Stadtteil wurde; in der Zwischenzeit versammelten sich um das Grün andere verbotene religiöse Gruppen, etwa die libertären Quäker, die Brownisten, die Familisten und die Schismatiker. Ein weiterer Beweis also für die Kontinuität von Ächtung und Verfolgung. In jüngster Zeit haben die Freimaurer das Grün entdeckt und im Sessions House ihren Sitz eingerichtet.

Hatte die Turnmill Street zunächst als Zufluchtsort für Lollarden und andere radikale Bekehrer begonnen, so erwarb sie sich bald den Ruf des Verkommenen. In einer Verordnung über die «Abschaffung der Lusthäuser in der Stadt» war sie für eine strenge Verurteilung vorgesehen, da sie sich jedoch buchstäblich «außerhalb» der Stadtmauern befand, konnten öffentliche Maßnahmen sie kaum berühren. 1519 ließ Kardinal Wolsey eine Razzia in der Turnmill Street und der treffend so geheißenen Cock Alley («Rutenweg») vornehmen. 1600 schreibt der anonyme Verfasser von *The Merrie Mans Resolution* («Frischer Mut des Fröhlichen»): «Turnbull Street, schab ab! / Kein' Trost ich dort mehr hab.» E. J. Burford hat in *London: the Synfulle Citie* die Topographie der Straße selbst rekonstruiert, von der nicht weniger als neunzehn «Ritzen» – Gassen, Höfe oder Plätze – wegführten. Ihr Zustand wurde generell als «garstig» bezeichnet, was im London des 16. Jahrhunderts auf ein Maß an Ekelhaftigkeit schließen lässt, das wir uns heute wohl gar nicht mehr vorstellen können. Eine dieser «Ritzen» war nur 6 Meter lang und 0,75 Meter breit, und «auf dem engen Raum konnte man einen Sarg nur hochkant hinaustragen». In den Annalen der Stadt erscheint die Turnmill Street oft als Tummelplatz nicht nur der Prostitution, sondern auch des Verbrechens. 1585 kannte man das Baker's House in der Turnmill Street als Obdach «für meisterlose Gesellen und solche, die von Diebstahl und ähnlichen Schlichen leben», während sieben Jahre später in einer Flugschrift mit dem Titel *Kinde Hartes Dreame* («Traum eines frommen Herzens») die Turnmill Street als ein Ort bezeichnet wird, wo die Hausbesitzer «vierzig Shilling jährlich für einen winzigen Raum mit undichtem Kamin» verlangten und wo «nicht wenige Liebesdienerinnen wohnen». Aber auch nach dem 16. Jahrhundert verband man mit Clerkenwell und besonders mit der Turnmill Street Prostitution. 1613 wurden Joan Cole und drei weitere «Huren von der Turnbull Street» zur Strafe für ihr Vergehen auf einem Karren durch die Straßen gefahren und ausgepeitscht; eine von ihnen, Helen Browne, hatte sich vor ihrer Festnahme «in einem liederlichen Haus in der Turnbull Street in einem dunklen Keller» versteckt.

Wenn man heute aus der U-Bahn-Station Farringdon Road kommt und wenige Meter nach links geht, findet man sich in ebendieser Turnmill Street wieder. Linker Hand sieht man die gemauerte Böschung des Gleiskörpers, der dem einstigen Lauf der Fleet folgt; auf der anderen Straßenseite stehen Bürogebäude und Lagerhäuser von wenig einnehmendem Äußeren. Es gibt ein oder zwei Gassen, die an die interessante Vergangenheit der Straße erinnern; zu sehen sind auch noch der Turks Head Yard (die frühere Bull Alley), der Broad Yard an der Stelle des alten Frying Pan Yard und die erst 1740 angelegte Benjamin Street. Aber auch

Echos aus früheren Zeiten klingen noch fort. So gab es bis vor wenigen Jahren am oberen Ende der Turnmill Street einen durchgehend geöffneten Nachtclub von zweifelhaftem Ruf, das «Turnmills». *Mad Frank*, die Lebenserinnerungen des berüchtigten Gangsters Frankie Fraser, beginnen mit den Worten: «Der *Independent* irrte, als sein Reporter meldete, ich sei 1991 vor dem Nachtclub Turnmills erschossen worden. Ich lag damals nur zwei Tage im Krankenhaus.» Straßen wie diese erinnern an Henry James' Beschreibung der Craven Street, die von der Strand hinunter zum Fluss führt: «bis zum Verderben voll gepackt mit der Anhäufung erlittener Erfahrung». Und wenn es eine Kontinuität des Lebens oder des Erlebens gibt, steht sie dann in Beziehung zum tatsächlichen Terrain und zur Topographie der Gegend? Wäre es übertrieben, zu vermuten, dass die Straßen und Gassen selbst bestimmte Arten von Tätigkeiten – oder Formen der Weitervererbung – gleichsam aus sich entlassen?

Clerkenwell Green ist noch in manch anderer Hinsicht bemerkenswert. Die Invasion des Bauernführers Wat Tyler und seiner Gesinnungsgenossen in Clerkenwell ist ein Beispiel für den ungebrochenen Radikalismus der Gegend, während aus den Schmähreden des Volks gegen die reichen Nonnen der Priorei Individualismus und Besitzlosigkeit sprechen. Doch hatten diese Taten vielfältige und komplizierte Weiterungen. So wurde der große Populist und Demagoge John Wilkes (verewigt in dem Slogan «Wilkes und die Freiheit») 1727 in St James's Close geboren, direkt gegenüber dem Grün. Einer der ersten Treffpunkte der egalitären *London Corresponding Society* wurde im *Bull's Head* in der Jerusalem Passage, gleich östlich vom Grün, eingerichtet. 1794 «stürmten die Menschen in Clerkenwell die Rekrutierungsbüros an der Battle Bridge und in der Mutton Lane am Fuß des Grüns», wobei es zweifellos mit derselben Heftigkeit zuging, die die Londoner Anfang des 14. Jahrhunderts beim Sturm auf die Priorei von Clerkenwell bewiesen hatten. Im Frühjahr 1798 griff man «in einem schlechten Wirtshause zu Clerkenwell» eine Gruppe von radikalen Verschwörern auf, die «Vereinigten Engländer», und zwei Jahre später wurden zahlreiche «Vereinigte Iren» im «Nag's Head» in der St John's Street verhaftet, die vom Grün in Richtung Smithfield führt. Hier haben wir also fraglos ein Sammelbecken des linken Protestes.

1816 sprach Henry Hunt, einer der Anführer der Chartistenbewegung, die für das allgemeine Wahlrecht eintrat, zu einer 20 000-köpfigen Menge, die sich oberhalb der Schenke «Merlins Höhle» nördlich des Clerkenwell Green versammelt hatte. Zehn Jahre später war es William Cobbett, der auf dem Grün selbst gegen die Getreidegesetze wetterte; 1832 lud dann die «Nationale Union der werktätigen Klassen» zu einer

Versammlung auf den Coldbaths Fields nördlich des Grüns, um eine «Nationalversammlung als einziges Mittel zur Erlangung und Sicherung der Rechte des Volkes» vorzubereiten. Am Tag der Versammlung selbst «erregte ein Mann mit einem neuen weißen Hut auf dem Kopf die Passanten, indem er Absätze aus einer Schrift mit dem Titel ‹Der Reformer› vorlas und mit lauter Stimme verlangte, in solchen ernsten Zeiten müsse das offene Tragen von Waffen erlaubt sein» – eine Forderung, die über viele Jahrhunderte hinweg in diesem Stadtviertel immer wieder erhoben worden ist.

Die Massenkundgebung fand statt, und es kam zu einem Tumult, bei dem ein Polizist getötet wurde – alles in unmittelbarer Nachbarschaft des Gefängnisses Coldbath, einer von mehreren Strafanstalten in der Gegend. Auf Roques Straßenkarte von London – gezeichnet in den 1730er und 1740er Jahren – erscheint denn auch das Gebiet um Clerkenwell als außerordentlich gut geordnet, und der Herausgeber von *The History of London in Maps* betont: «Clerkenwell Green hat ein Wachthaus für die Polizei, ein Gefängnis für Schwerverbrecher, ein Halseisen, in das sie gelegt werden können, und ein Drehkreuz, um Personen aufzuhalten, die vorbeigehen wollen.» Da Clerkenwell als Mittelpunkt linksradikaler Umtriebe bekannt war, legte man großen Wert auf offizielle Überwachung.

Auf Roques Karte ist auch, gleich östlich vom Grün, der Grundriss des berüchtigten Gefängnisses zu erkennen, das 1775 erbaut worden war und zum Teil aus mit Zellen bestückten, unterirdischen Tunneln bestand. Viele Radikale und Schismatiker wurden in diesem «Kerker für Ketzer» gefangen gehalten. Über die Insassen heißt es in W. J. Pinks *History of Clerkenwell*: «Sie waren beklagenswert unwissend und abergläubisch und fanden viel Gefallen daran, im Kreis zu sitzen und sich ihre Abenteuer zu erzählen und ihre Träume zu beichten; sie erzählen einander Geistergeschichten.» Im «Neuen Gefängnis» von Clerkenwell begegnen uns Leute wie John Robins, der von sich «sagte, er sei Gott der Allmächtige. Richard King sagte, seine Frau erwarte ein Kind von ihm, das der Erlöser all derer werden solle, die erlöst werden würden. Joan Robins sagte, sie erwarte ein Kind, und das Kind in ihrem Schoß sei der Herr Jesus Christus.» Ein paar Meter weiter, die Straße aufwärts, im Irrenhaus an der Ashby Street, war Richard Prothers festgesetzt, der selbst ernannte «Prophet des verlorenen Stamms» und das «Geschlachtete Lamm der Offenbarung». Die Quäker, die Mitte des 18. Jahrhunderts «nackt gingen, um ein Zeichen zu setzen», trafen sich im Peel Court hinter der St John Street, während 1830 am St John Square, dem Mittelpunkt der alten Templerpriorei, ein Freisinnig-Christliches Versammlungshaus errichtet wurde. Auch dies sind Beweise für eine Kontinuität.

Die Geschichte des Radikalismus in Clerkenwell endete nicht mit den Krawallen von 1832. Fünf Jahre später wurden die «Tolpuddle Martyrs» (Landarbeiter aus Tolpuddle, die es gewagt hatten, eine Gewerkschaft gründen zu wollen) nach ihrer Heimkehr aus der Sträflingskolonie Botany Bay in Australien auf diesem Grün willkommen geheißen, und ein Jahr später fand an derselben Stelle eine große Chartistenversammlung statt. Auch die Gewerkschaften trafen sich in derselben Gegend in Wirtshäusern: die Silberlöffelmacher in der *Crown and Can* in der St John Street, die Zimmerleute im *Adam and Eve* in der St John Street Row und die Silberschmiede im *St John of Jerusalem*; alles in allem listet das *Trade Union Directory* neun verschiedene Gewerkschaften auf, die sich regelmäßig in Clerkenwell trafen. Mit Kundgebungen, die von hier ausgingen, dauerten die Unruhen und Versammlungen in Clerkenwell Green während der ganzen 1850er und 1860er Jahre an; zusätzliches Gewicht erhielt die Gegend durch die linksradikalen irischen Fenier von der «Patriotischen Gesellschaft», die sich regelmäßig im *King's Head* in der Bowling Green Lane, wenige Meter nördlich von Clerkenwell Green selbst, zu treffen pflegten. «Eine rote Fahne, überragt von einer ‹Freiheitsmütze›, krönte einen Laternenpfahl in Clerkenwell Green», als 1871 in Paris die Kommune herrschte. Solche Vorfälle mögen erklären, warum für die Presse wie für das Tingeltangel die Gegend zum Inbegriff des linksradikalen Wandels wurde.

Aber nicht alle Kräfte, die dort walteten, waren gewaltsam libertär. John Stuart Mill war einer von vielen Subskribenten eines Fonds, mit dem «unabhängig von eingeschränkten Gastwirten und behördlicher Bewilligung ein Ort für politische Vorträge und Diskussionen» geschaffen werden sollte; man entschied sich für einen Standort «in einem der Demokratie von London rühmlich bekannten Stadtteil» und richtete den Saal am Clerkenwell Green 37a ein, einer ehemaligen Schule für die Kinder walisischer Dissenters. Bekannt unter dem Namen «Londoner Patriotischer Club», ist seine zwanzigjährige Geschichte «eine Geschichte linksradikaler Streitfragen»; Persönlichkeiten wie Eleanor Marx Aveling, Bradlaugh und Kropotkin nutzten den Saal für Kundgebungen und Massenversammlungen. Einer der wohl interessantesten Gäste war zugleich einer der letzten: Wladimir Iljitsch Lenin. In den 1880er Jahren war auf dem Gelände eine sozialistische Buchdruckerei gegründet worden, und im Jahre 1902 kam Lenin jeden Tag von seiner Wohnung am Percy Circus herüber, um seine revolutionäre Untergrundzeitschrift *Iskra* («Der Funke») zu redigieren, durch die der Funke der Revolution auf Russland

Premierminister Peel «untersagte Versammlungen auf dem Clerkenwell Green» im Jahre 1842, aber zu derselben Zeit trafen sich die Chartisten schon einmal wöchentlich in Lunts Kaffeehaus, Clerkenwell Green 34; in unmittelbarer Nähe gab es auch andere Versammlungsorte von Linksradikalen, zum Beispiel das Northumberland Arms, Clerkenwell Green 37.

überspringen sollte. Hier kann man einflechten, dass die Buchdrucker von Clerkenwell im 17. Jahrhundert für die Verbreitung «gotteslästerlicher und aufwieglerischer» Literatur beschimpft wurden. Dieses überzeitliche Muster einschlägiger Aktivitäten setzte sich bis weit ins 20. Jahrhundert fort; denn die kommunistische Zeitschrift *Morning Star* hatte ihre Büroräume gleich westlich des Grüns in der Farringdon Road. Und in den 1990er Jahren bezog *Big Issue*, das Magazin der Wohnungs- und Beschäftigungslosen, wenige Meter südlich vom Grün sein Quartier, in derselben Gegend, wo einst Wat Tyler sein Heer von aufständischen Bauern angeführt hatte.

So sind über einen langen Zeitraum und in einem winzigen Teil der Stadt, der zuerst außerhalb der «Schranken» und dann innerhalb der immer mehr expandierenden Kapitale lag, immer wieder gleichartige Tätigkeiten ausgeübt worden. Es mag einfach Zufall sein, dass Lenin auf den Spuren der Buchdrucker des 17. Jahrhunderts wandelte. Es mag einer Gewohnheit, einer Sitte oder einer Art von radikalem Gemeinschaftsgedächtnis entsprochen haben, dass die Chartisten, die «London Corresponding Society» und die Gewerkschaften ein und dieselbe Gegend für ihre Versammlungen und Kundgebungen auswählten. Es mag nichts auf sich haben, dass die Tumulte des 19. Jahrhunderts in derselben Nachbarschaft stattfanden wie die des 14. Jahrhunderts. Der Herausgeber des *Big Issue* hat dem Verfasser dieses Buches versichert, dass er von der radikalen Vorgeschichte Clerkenwells nichts gewusst habe, als er sich entschloss, das Büro seines Magazins hier anzusiedeln.

Doch gibt es eine Unzahl anderer solcher territorialer Cluster. Trat Clerkenwell durch seine Anstiftung oder Beihilfe zu linksradikaler Betätigung hervor, so wird parallel dazu Bloomsbury allmählich mit Okkultismus und Spiritismus gleichgesetzt. Als der große Londoner Mythograph William Blake dabei war, seine Lehre in der Great Queen Street abzuschließen, wurde gegenüber der Werkstatt seines Lehrherrn gerade eine kunstreiche Freimaurerloge erbaut. Es war der erste Londoner Sitz eines damals noch sehr umstrittenen, okkulten Ordens, dessen Adepten überzeugt waren, ein Korpus von Geheimwissen aus der Zeit vor der Sintflut ererbt zu haben. Vor der Errichtung ihres großen Saals waren sie im *Queen's Head* in der Great Queen Street zusammengekommen – derselben Straße, in der kaum hundert Jahre später der okkulte Orden von der Goldenen Morgendämmerung seine Versammlungen abhielt. Die Theosophische Gesellschaft traf sich in der Great Russell Street, wo es heute gleich um die Ecke, gegenüber dem Bloomsbury Square, die Swedenborg-Gesellschaft gibt. In dem Viertel findet man zwei okkulte

Buchläden, während die Seven Dials ganz in der Nähe an die Häufung von Astrologen im 17. Jahrhundert erinnern. So scheint es auch hier – durch Zufall oder mit Absicht – eine Bündelung gleich gerichteter Kräfte zu geben, die im Umkreis ganz weniger Straßen wirksam bleiben.

Eine einzelne Straße – und eine bestimmte Kirche – kam ebenfalls ein interessantes Licht auf London werfen. Laut Stephen Inwood in *A History of London* war die Kirche St Stephen in der Coleman Street «eine alte Hochburg der Lollarden»; Anfang des 16. Jahrhunderts wurde sie ein Mittelpunkt des aufkommenden Lutheranertums, wo ketzerische Schriften zum Verkauf auslagen. 1642 suchten die fünf Parlamentsabgeordneten, die Karl I. vorschnell wegen angeblichen Hochverrats verhaften lassen wollten, in der Coleman Street Zuflucht – «eine der puritanischen Partei treu ergebene Straße» –, die «ihre Hochburg» war. Sechs Jahre später verabredete sich in dieser Straße Oliver Cromwell mit seinen Anhängern, wie aus dem Prozess gegen Hugh Peters nach der Restauration hervorgeht:

«ANWALT: Mr. Gunter, was können Sie uns über die Zusammenkünfte und Beratungen im *Star* in der Coleman Street sagen?
GUNTER: My lord, ich war im *Star* in der Coleman Street bedienstet. …
Es war ein Haus, in dem sich Oliver Cromwell und Leute von seiner Partei zu Beratungen zu treffen pflegten.»

So beschaulich und unscheinbar Clerkenwell Green auch wirkt – dieses Viertel war mehr als jedes andere Schauplatz von Aufständen und von politisch radikalen Aktivitäten.

In dieser Zeit hegten auch das Kirchspiel und die Gemeinde starke Sympathien für die Puritaner. 1645 gab es dann wöchentlich öffentliche Vorträge «unweit der Coleman Street», die von bekehrungseifrigen Frauen gehalten wurden und sich durch «ein wüstes Durcheinander» bei den anschließenden Diskussionen auszeichneten. Einige Jahre später war es «der gefährliche Fanatiker Venner, ein Weinküfer und Chiliast», der in einem «Konventikel» in einer Seitengasse der Coleman Street «den ‹Soldaten Jesu› predigte und sie zur Errichtung des Fünften Königreichs aufrief». Über die Erhebung der Wiedertäufer lesen wir: «Diese Ungeheuer kamen in ihrem Versammlungshaus in der Coleman Street zusammen, wo sie sich bewaffneten und in der Abenddämmerung einen Ausfall gegen St Paul's unternahmen.» Auch nach der Restauration wahrte die Coleman Street ihre puritanischen Loyalitäten: der alte Dissenter-Prediger, dem man 1633 die Pfründe von St Stephen's übertragen hatte, eröffnete nach der Zerstörung des Commonwealth einen «privaten Konventikel», wo er «für die allzu leichtgläubigen, ermordeten Seelen, die Proselyten von der Coleman Street und anderswo», sein geistliches Amt versah.

So reicht das geheime Leben Clerkenwells, nicht anders als sein Brunnen, weit in die Tiefe. Viele seiner Bewohner haben sich an der verwegenen, fieberhaften Atmosphäre der Gegend berauscht; irgendwie konnten in dem Leben außerhalb der städtischen «Schranken» abenteuerliche Existenzen florieren. Mrs Lewson wohnte am Coldbath Square, bis sie im Alter von 116 Jahren starb; Anfang des 19. Jahrhunderts trug sie noch die Mode von 1720, was ihr den Spitznamen «Lady Lewson» einbrachte. Sie lebte in einem einzigen Zimmer eines großen Hauses, das über dreißig Jahre hinweg «gelegentlich ausgekehrt, aber nie neu gestrichen» wurde. W. J. Pink verrät in *The History of Clerkenwell* noch mehr über sie: «Sie wusch sich nie, weil sie glaubte, dass die Menschen, die dies taten, sich nur immer wieder erkälteten oder auf andere Weise den Grund zu einem furchtbaren Übel legten; ihre Methode bestand darin, Gesicht und Hals über und über mit Schweinefett zu bestreichen, weil das weich und feuchtigkeitsspendend sei; danach übertünchte sie, um auch ein wenig Farbe zu bekommen, die Wangen mit Rosenlack.» Ihr Haus war mit Eisengittern, Riegeln und Brettern bewehrt, damit niemand einbrechen konnte, und nie warf Mrs Lewson irgendetwas weg; sogar «die Aschenreste hatte sie seit Jahren nicht beseitigt; vielmehr waren sie sorgsam zu mehreren Haufen aufgeschichtet, die sich wie Betten ausnahmen, bereitet zu irgendeinem geheimnisvollen Zweck.» Der Fall der «Lady» Lewson hat Parallelen in der Londoner Geschichte; es gibt viele Beispiele von alten Frauen, für welche die Zeit auf einmal stillsteht und die bezeichnenderweise Weiß tragen, wie ein Sinnbild des Todes oder der Jungfräulichkeit. Für Menschen, deren Leben durch Tumult und Unmenschlichkeit der Großstadt beschädigt worden ist, mag dies der einzige Weg sein, Zufall, Wandel und Verhängnis zu bestehen.

Eine andere Dame in Clerkenwill, die jenseits der Londoner Zeit lebte, war die Herzogin von Newcastle, bekannt als «Verrückte Madge». Sie fuhr in einer schwarz-silbernen Kutsche, und alle ihre Lakaien trugen Schwarz; sie hatte auch «viele schwarze Pflaster um den Mund, wegen ihrer Pickel», wie Samuel Pepys seinem Tagebuch anvertraut (1. Mai 1667), «und einen schwarzen Leibrock». Diese Dame in Schwarz schrieb Bücher über «Erfahrungsphilosophie»; das berühmteste war die «Beschreibung einer Neuen Welt, die ‹Flammende Welt› geheißen». «Sie werden», schrieb sie einem Freund, «meine Bücher finden wie die unendliche Natur, die weder Anfang noch Ende hat, und ebenso verworren wie das Ur-Chaos, worin weder Methode noch Ordnung herrscht, sondern alles miteinander vermischt ist, ungeschieden, wie Licht und Finsternis.» Pepys, der einige ihrer Werke gelesen hatte, nannte die Herzogin ein «verrücktes, aufgeblasenes, lächerliches Frauenzimmer».

Aber wenn eine ganze Gegend wie Clerkenwell Tätigkeiten von einer bestimmten Art hervorbringen kann, könnte vielleicht auch ein einzelner Straßenzug oder ein Haus seinen Einfluss ausüben. In demselben Haus, in dem die Herzogin von Newcastle residiert hatte, lebte nur fünfzehn Jahre später eine andere übergeschnappte Aristokratin, die Herzogin von Albemarle. Nach dem Tod ihres Gatten «war sie so unermesslich reich, dass der Stolz ihr den Sinn verwirrte und sie das Gelübde tat, niemals mehr zu heiraten, es sei denn einen souveränen Fürsten. 1692 gewann der Graf von Montague, verkleidet als der Kaiser von China, die geistesschwache Frau für sich und hielt sie fortan in ständiger Gefangenschaft.» Aber sie überlebte ihn um dreißig Jahre und blieb bis zuletzt irrsinnig vor Stolz; so bestand sie darauf, dass alle ihre Domestiken niederknieten, wenn sie sie bedienten, und sich rückwärts aus ihrer Gegenwart entfernten. Vielleicht hat es etwas zu bedeuten, dass das Haus mit diesen zwei verrückten Frauen genau an derselben Stelle stand wie im Mittelalter das Kloster der Dominikanerinnen.

Cooke, der mit seiner gepuderten Perücke und den langen Handkrausen sehr achtbar aussah, erbettelte sich seine Tinte in den verschiedenen Kontoren, die er besuchte, und Schreibpapier besorgte er sich, indem er bei seinem täglichen Bankbesuch am Schalter Bögen entwendete. Ein echtes Londoner Original also, das sich an den Vorteilen der Großstadt schadlos hielt. Aus seinem Blumengarten machte er ein Kohlbeet, und

In der Pentonville Road im Kirchspiel Clerkenwell lebte der berüchtigte Geizhals Thomas Cooke. Er war so knauserig, dass er für sein Essen und Trinken nicht selbst aufkommen mochte, sondern, «wenn er durch die Straßen ging, einen Anfall vortäuschte und vor dem Hause eines Freigebigen, den er ausnützen wollte, zu Boden sank».

um ja nichts zu vergeuden, düngte er es mit seinen eigenen und den Exkrementen seiner Frau. Er starb im Sommer 1811; noch auf dem Totenbett weigerte er sich, Geld für zu viel Arznei auszugeben, weil er überzeugt war, dass er ohnedies nur noch sechs Tage zu leben habe. Beigesetzt wurde er in St Mary's in Islington; «einige aus der Menge, die dem Begräbnis beiwohnten, warfen ihm Kohlstängel nach, als sein Sarg ins Grab gesenkt wurde». Immerhin war es ein Leben von großer Konsequenz – das Leben eines Einheimischen aus Clerkenwell, der kaum einmal über die Grenzen seines Kirchspiels hinauskam.

Der wunderlichste und bemerkenswerteste Bewohner Clerkenwells war aber doch wohl Thomas Britton, bekannt allenthalben als «der musikalische Kohlenmann». Er war ein herumziehender Kohlenhändler und hauste über seinem Kohlenverschlag in der Jerusalem Passage, zwischen Clerkenwell Green und St John's Square; trotz dieses bescheidenen Gewerbes aber pflegte er, wie Walford in *Old and New London* erzählt, «die höchsten Zweige der Musik und versammelte um sich jahrelang die größten Musiker der Zeit, darunter sogar den gewaltigen Händel». Die Musiker trafen sich jeden Donnerstagabend in Brittons Zimmer über dem Kohlenverschlag; sie mussten über eine Leiter klettern, um zu diesem improvisierten Konzertsaal zu gelangen, weshalb Britton in seinen Einladungen reimte: «Am *Donnerstag* Genosse, / zeuch her zu meinem Schlosse, / erklettre Spross' um Sprosse!»

Nach Ned Wards Beschreibung war Brittons Haus «nicht viel höher als eine Rohrpfeife und das Fenster in seinem Prunksaal nur um ein weniges größer als das Spundloch eines Fasses». Britton selbst spielte in Gesellschaft ausgezeichneter Musiker die Viola da Gamba; hinterher servierte er den erlauchten Gästen Kaffee für einen Penny die Tasse. Danach zog er wieder jeden Morgen mit seinem Kohlensack durch seine angestammten Straßen und rief sein Gewerbe aus. Brittons Tod im Herbst 1714 war nicht weniger phantastisch als sein Leben. Der Bauchredner Honeyman, genannt «der sprechende Schmied», verkündete Britton mit verstellter Stimme, dass unfehlbar sein letztes Stündlein geschlagen habe, wenn er nicht augenblicklich ein Vaterunser aufsage. Britton sank in die Knie und betete, aber «der Faden seines Lebens ward durch diesen plötzlichen Schock zerrissen», und wenige Tage später war er tot. Es ging das Gerücht, Britton habe den Rosenkreuzern angehört, einer jener Sekten, die in Clerkenwell ihr Wesen trieben, und an das Wirken unsichtbarer Geister geglaubt. So ließ sich ein leichtgläubiges Gemüt durch den Trick eines Bauchredners – oder die Geisteratmosphäre dieses Viertels – zutiefst verunsichern.

Ende des 18. Jahrhunderts waren rund 7000 Handwerker – fast das halbe Kirchspiel – von der Uhrmacherei abhängig. Clerkenwell selbst produzierte etwa 120 000 Kleinuhren jährlich. In fast jeder Straße gab es Privathäuser, deren Türschilder das Zeichen des Hemmungmachers, des Uhrwerkdrehers, des Federherstellers, des Abgleichers usw. trugen. Mit ihrer in der Regel nach hinten hinausgehenden Werkstatt waren es bescheidene, aber solide Anwesen. Aber nicht alle in diesem Gewerbe Tätigen waren so vorteilhaft untergebracht; so heißt es im 19. Jahrhundert in dem Beitrag über Uhren in Charles Knights *Cyclopaedia of London*: «Wenn wir den Wunsch haben, den Arbeiter kennen zu lernen, der den meisten Anteil am Bau unserer besten Uhren hat, müssen wir uns oft bequemen, einen schmalen Durchgang in unserer Metropole zu passieren und in eine schmutzige Mansarde hinaufzusteigen, wo ungelehrte Kunstfertigkeit für einen Hungerlohn geübt wird.» Man kann diese Durchgänge, Kammern und Mansarden mit den Rädern und Zeigern der Uhren vergleichen, so dass Clerkenwell selbst zu einem riesigen Mechanismus wird, einem Sinnbild der Zeit und der Zeiteinteilung. Der Zensus von 1861 listete 877 Hersteller von Groß- und Kleinuhren in diesem kleinen Kirchspiel auf. Warum gerade hier? Historiker der Uhrmacherkunst haben über diese Frage nachgedacht, aber keine befriedigende Antwort gefunden. Es ist einer der vielen unergründlichen Aspekte dieser Stadt.

Doch hat uns Clerkenwell vielleicht gelehrt, nach übergreifenden Wirkungsmustern zu fahnden. Hat das Vorhandensein von qualifizierten Handwerkern im 18. und 19. Jahrhundert die Sache des Radikalismus gefördert? 1701 nahm man die Uhrenmanufaktur gern als bestes Beispiel für die Arbeitsteilung, so dass man sagen könnte, dass die Erzeugung von Zeitmessern dem Industriekapitalismus das Paradigma geliefert hat. «In jeder Gasse drängen sich hier Kleinindustrien», schreibt George Gissing in *The Nether World* (1889) über Clerkenwell, «hier kann man sehen, wie die Menschen die Mühsal vermehrt haben, um der Mühsal willen … ihr Leben damit verschlissen haben, neue Formen des Verschleißes zu ersinnen.» Der Boden für Lenin und Eleanor Marx war bereitet. Oder war es so, dass die hier erzeugte Teilung und Unterteilung von Zeit ein naheliegendes Götzenbild für diese Gegend war – ein Götzenbild, das jene patriotischen Radikalen zerstören mussten, die sich nach einer anderen, früheren Phase des Gemeinwesens und einem unschuldigeren Zustand der Gesellschaft zurücksehnten? Gleichwohl sind die Hersteller von Groß- und Kleinuhren noch immer da. Das Geheimnis des Ortes waltet fort.

Am Clerkenwell Green gibt es die Marx-Gedächtnisbibliothek; darin wird das kleine Büro konserviert, wo Lenin einst die *Iskra* redigierte.

Daneben befinden sich eine Snack-Bar und ein Restaurant, beides seit vielen Jahren im Besitz derselben italienischen Familie. Bis in die jüngste Zeit bewahrten Clerkenwell und seine Umgebung sich das verstaubte, verwitterte Aussehen aus alten Tagen. Es war eine Welt für sich, abseits der geschäftigen Betriebsamkeit des Londoner Südens und Westens, ein Brackwasser, wohin sich wenige Londoner verirrten – eigentlich nur die, deren Pflicht sie herführte. Das Grün beherbergte Buchdrucker, Juweliere und Präzisionsinstrumentenmacher, wie schon seit vielen Generationen. St John's Street war düster und gesäumt von Höhlen – leeren oder verfallenen Lagerhäusern.

Dann, in den 1990er Jahren, wurde auf einmal alles anders. Clerkenwell wurde Teil einer sozialen Revolution, in deren Verlauf sich London einmal mehr erneuerte. Der große Umbruch kam, als den Londonern aufging, dass sie eigentlich lieber in Lofts, in Atelierwohnungen, als in Reihenhäusern lebten; das war allerdings nicht dasselbe wie die Pariser Wohnungen, weil das Loft unantastbare Privatheit und zugleich Nachbarschaft garantierte. Da Clerkenwell selbst für seine Lagerhäuser und kommerziellen Anwesen bekannt war, wurde es in jene Sanierungs- und Modernisierungsbewegung einbezogen, die bei den alten Arsenalen der Docklands begonnen hatte, bevor sie andere Teile der Londoner Innenstadt erfasste. Die St John's Street mit ihren Seitengassen ist jetzt aufwändig renoviert worden, mit Glasfassaden an alten Baukomplexen und mit neuen Gebäuden, die so schnell aus dem Boden schießen, dass die Gegend heute fast nicht mehr wieder zu erkennen ist.

Aber so gründlich restauriert, wirkt die St John's Street doch merkwürdig leer; zwischen dem Abend- und dem Morgengrauen hallt sie eher von Echos wider als von der Energie einer wirklichen Bewegung oder Geschäftigkeit. Man erinnert sich unwillkürlich daran, dass es die Reisenden im 18. Jahrhundert ratsam fanden, zu mehreren durch diese Straße zu gehen, begleitet von Fackelträgern, um Belästigungen oder Überfälle abzuwehren. Ob es klug von Immobilienspekulanten und Stadtsanierern war, gerade diese Straße zum Schauplatz einer großen Renovierung zu machen, ist daher eine interessante Frage; denn es ist vielleicht gar nicht so einfach, einer Verkehrsader mit einer so alten und gewalttätigen Vergangenheit eine ganz neue Lebensweise aufzupfropfen.

So behauptet sich Clerkenwell in der Geschichte Londons als eine Art Schattenreich, mit einer unverwechselbaren, aber zwiespältigen Identität. Man muss sich freilich auch vergegenwärtigen, dass dieselben Effekte praktisch überall in der Stadt anzutreffen sind. So kennt zum Beispiel die Gewalt in London kein Ende.

Londoner Gewalt

The Burning & Plundering of Newgate & Setting the Felons at Liberty by the Mob.

Dieser anonyme Kupferstich über die Gordon-Unruhen 1780 in London zeigt,
wie der entfesselte Mob das Newgate-Gefängnis angreift, eines der
meistgehassten Symbole städtischer Autorität.

52. In den Ring steigen

London hat immer den Ruf der Gewalttätigkeit besessen; er reicht bis zu den ältesten schriftlichen Aufzeichnungen zurück. Ein markantes Zeichen Londoner Barbarei war zum Beispiel anno 1189, während der Krönung Richards I., die Ermordung aller Juden in London; bei einem der ersten, aber gewiss nicht letzten Pogrome gegen ausländische Mitbürger wurden Männer, Frauen und Kinder verbrannt und zerstückelt. Im allgemeinen Blutrausch des Bauernaufstands, der auch ein Londoner Aufstand war, fielen Lehrlinge und andere über die Flamen her und metzelten viele hundert von ihnen nieder – «das Schreien der Totschläger und der Verfolgten ging noch lange nach Sonnenuntergang weiter und machte die Nacht zu einem Grauen».

Aber die Gewalt richtete sich nicht nur gegen Fremde. Das Register der blutigen Übergriffe gegen Steuereinnehmer wie William de Aldgate (der erstochen wurde) zeugt nachdrücklich von dem Ruf der «skrupellosen Gewalt», in welchem – nach den Worten des Historikers G. S. Williams in *Medieval London* – die Londoner standen. In den lateinischen Protokollen Londoner Gerichtsverhandlungen aus dem frühen 13. Jahrhundert wird diese Gewalt anschaulich beschrieben. «Roger schlug Maud, das Weib des Gilbert, mit einem Hammer zwischen die Schulterblätter, und Moses stieß ihr den Degenknauf ins Gesicht, wobei er ihr viele Zähne ausschlug. Sie lag mehrere Tage auf Leben und Tod, bis sie am Mittwoch vor dem Namensfest der hl. Maria Magdalena verschied ...»

Gewalt war in London allgegenwärtig und nicht auf ein bestimmtes Viertel beschränkt. Von Raubüberfällen und Tötungsdelikten wird mit geradezu berechenbarer Häufigkeit berichtet; Meinungsverschiedenheiten entarteten schnell zu tödlichen Auseinandersetzungen, während sich Straßenschlägereien oft zu Massenkrawallen auswuchsen. Willkürliche Brutalität war gang und gäbe, und in politischen Krisenzeiten machte der Mob mit dem wohl bekannten Ruf *«Kill, kill!»* und beispielloser Wildheit Jagd auf vermeintliche Feinde. Viele Gewerbe – vor allem das des Sattlers, des Goldschmieds und des Fischhändlers – neigten zu «periodischen Anfällen von mörderischer Wut», während die Zünfte einander auf die handgreiflichste Weise bekämpften. Nicht einmal die religiösen Orden waren gegen Gewalt immun. Die Priorin von Clerkenwell holte sich Gerste von umstrittenem Land, das dem Prior von St Barholomew's gehörte, «mit Waffengewalt, nämlich mit Schwertern und Pfeil und Bogen». Die Erinnerungen eines jeden Jahrhunderts sind von Blutlust erfüllt.

«Wenn auf der Straße zwei kleine Knirpse in Streit geraten», schreibt ein französischer Reisender im 17. Jahrhundert, «bleiben die Passanten sogleich stehen, bilden einen Ring um sie und hetzen sie gegeneinander auf, dass sie ihren Zwist mit den Fäusten austragen. ... Während der Prügelei werden die Kombattanten von den Umstehenden voller Herzenslust angefeuert ... Auch die Väter und Mütter der Streithähne überlassen sie ihrem Kampf.» «Einen Ring bilden!», war einer der ständigen Rufe auf Londons Straßen, um Raum für einen Kampf zu schaffen.

Auch Tätlichkeiten zwischen Mann und Frau waren häufig. «In Holborn sah ich, wie sich eine Frau mit einem Mann prügelte. Immer wenn er ihr mit aller Kraft einen Schlag versetzt hatte, wich er zurück; die Frau nutzte diese Pausen, um sich mit den Fingern auf sein Gesicht und die Augen zu stürzen ... Die Polizei nimmt solche Tätlichkeiten zwischen Einzelnen nicht zur Kenntnis.» Mit «Polizei» ist hier die Wache in jedem *ward* gemeint, die solche Prügeleien ignorierte, weil sie ein vertrautes Bild und an der Tagsordnung waren. Aber damit nicht genug. «Wenn ein Kutscher sich mit dem Herrn, der ihn gemietet hat, nicht über den Fahrpreis einigen kann und der Herr zu einem Faustkampf erbötig ist, um den Streit zu entscheiden, ist der Kutscher aus ganzem Herzen dabei.» Diese Streitlust konnte oft tödlich ausgehen.

Eine «Zerstreuung» der Engländer war, vielen Schilderungen zufolge, der «Damenkampf», der an Erholungs- und Vergnügungsorten wie Hockley-in-the-Hole gepflegt wurde. «Die Frauen», wird berichtet, «kämpften – fast im Evaskostüm – mit zweihändigen Schwertern, die an der Spitze scharf wie Rasiermesser waren.» Natürlich erlitten beide Kombattantinnen häufig Schnittwunden; dann zogen sie sich kurz zurück, um sich «flicken» zu lassen, wobei es keine andere Anästhesie gab als die eigene Kampfeswut. Das Ganze dauerte so lange, bis eine der Frauen in Ohnmacht fiel oder so stark verletzt war, dass sie nicht weiterkämpfen konnte. Bei einer Gelegenheit war die eine Kombattantin einundzwanzig, die andere sechzig. Die zwei Kriegerinnen verbeugten sich vor dem Publikum und entboten einander ihren Gruß. Die eine war mit blauen Bändern geschmückt, die andere mit roten; beide trugen ein jeweils ein Meter langes Schwert mit acht Zentimeter breiter Schneide. Mit diesen Waffen, geschützt nur durch einen Schild aus Weidengeflecht, gingen sie aufeinander los.

Das einleitende «Geplänkel» zwischen den zwei Frauen (wobei die eine zum Beispiel erklärte, jeden Morgen ihren Mann zu verprügeln, damit sie in Form blieb) war auch Bestandteil der Reklame oder «Bekanntmachung», die einem solchen Kampf vorherging. «Ich, Elizabeth Wilson aus Clerkenwell, hatte einen Wortwechsel mit Hannah Hyfeld und verlange Genugtuung! Ich fordere sie heraus, mit mir in den Ring zu treten und um drei Guineen zu boxen. Jede von uns soll eine halbe Krone in der Hand halten, und wer sie als Erste fallen lässt, hat den Kampf verloren.» Die Münze in der Hand sollte verhindern, dass die Streithennen einander zerkratzten. Elizabeths Gegnerin ließ auch ein Plakat drucken: «Ich, Hannah Hyfeld vom Newgate Market, habe von dem Ansinnen Elizabeths gehört und werde nicht verfehlen, ihr mehr Püffe als Widerworte zu geben. Ich verlange gezielte Schläge und keine Schonung von ihr!» Im Juni 1722 berichtete das *London Journal* über den Kampf: «Beide hielten sich lange Zeit sehr tapfer, zur nicht geringen Befriedigung der Zuschauer.»

Männer trugen ebenfalls Schwertkämpfe aus, jeder mit einem «Sekundanten», der einen dicken Holzknüppel trug, um einen fairen Verlauf sicherzustellen. Auch diese Veranstaltungen endeten erst, wenn die Wunden die Kämpfenden zur Aufgabe zwangen. Bei vielen Gelegenheiten mischte das Publikum mit. «Mein lieber Mann», schreibt Pepys, «das war schon etwas, die ganze Bühne in Minutenschnelle voller Kutscher zu sehen, die eine Schiebung ahnden wollten, während die Schlachter ihrem Mann zu Hilfe kamen, wenn auch die meisten über ihn schimpften; und so stürzten sich alle ins Getümmel, zu einem Umhauen und Niedersäbeln auf beiden Seiten. Es machte Spaß, zuzusehen, nur dass ich im Parkett stand und befürchtete, in dem Tumult irgendwelche Blessuren davonzutragen.» Diese Schilderung hebt sozusagen die Stammesloyalitäten hervor, die die Stadtbewohner bei ihren Gewalttätigkeiten beobachteten und deren Wirken noch in den «feinsten» Kreisen zu beobachten war. Als der Immobilienspekulant Barebone einige Arbeiter einstellte, um mit der Bebauung der Red Lion Fields zu beginnen, nahmen die Juristen des angrenzenden Gray's Inn dies zur Kenntnis, «und da sie sich in ihren Rechten verletzt glaubten, kamen sie in der beachtlichen Stärke von hundert Personen angerückt, woraufhin die Arbeiter gegen die Herren vorgingen und Ziegelsteine nach ihnen warfen, welche die Herren zurückwarfen, so dass es zu einem wütenden Handgemenge kam.»

Vom Stammescharakter der Stadt zeugten auf fatale Weise auch die Schandtaten der «Mohocks», einer Gruppe von jungen Leuten, die sich – wie der *Spectator* wusste – «nach gewissen Kannibalen in Indien» benannten, «die davon leben, alle Nachbarvölker auszuplündern und aufzufressen». Diese jungen Londoner stürmten eingehängt und im Laufschritt durch die Straßen der Stadt, und es machte ihnen Spaß, «harmlose Pas-

Das Straßen-Rowdytum hat in London eine lange Geschichte; zur Zeit von Königin Anna (1702–14) nannten die Banden sich «Muns» (Kurzform von Edmund) und «Tityre-Tus» («Nachtschwärmer», nach einer Stelle bei Vergil), später «Hectors» und «Scourers» («Flitzer»), noch später «Nickers» (Fensterzerstörer) und «Hawkubites».

santen, ja sogar wehrlose Frauen anzupöbeln und krankenhausreif zu schlagen». Die Mohocks läuteten den Abend damit ein, dass sie sich sinnlos betranken, um sodann, den Degen griffbereit, die Straßen unsicher zu machen. «Hatte der wilde Haufen ein Opfer erjagt», schreibt Walford in *Old and New London*, «so bildeten sie mit gezücktem Degen einen Kreis. Einer versetzte ihm einen Stich in den Rücken, worauf das Opfer natürlich herumfuhr, dann kam ein Stoß von einem anderen, und so ließen sie das Opfer sich drehen wie einen Kreisel.» Daher nannte man sie «Schinder», aber auch «Schlitzer», weil sie in besonders bösartiger Laune «den Leuten gerne mit ‹frisch erfundnen Wunden›, wie Gray sagt, das Gesicht tätowierten oder zerschnitten». John Milton hat ihre Schandtaten noch ausdrucksvoller verewigt, indem er die Londoner Gewalt auf einen mythischen Hintergrund bezieht:

«*And in luxurious cities, where the noise / Of riot ascends above their loftiest towers / And injury and outrage, and when night / Darkens the streets, then wander forth the sons / Of Belial, flown with insolence and wine.*»
John Milton

«Und in den üppigen Städten, wo der Lärm
von Aufruhr über luftigen Türmen aufsteigt,
von Kränkung und Gewalttat, und bei Nacht
die Straßen finster, droh'n des Belials Söhne,
berstend von Rebensaft und Ungebühr.»

Was die Straßen betraf, so waren die Mohocks nicht die einzigen Beutejäger. «London ist heutzutage wirklich ein gefährliches Pflaster», schrieb William Shenstone Mitte des 18. Jahrhunderts. «Waren die Taschendiebe früher zufrieden, ihre Opfer zu filzen, so tragen sie jetzt keine Bedenken, sie auf der Fleet Street oder der Strand mit einem Knüppel niederzuschlagen, und das schon um acht Uhr abends; am Covent Garden kommen sie sogar in Scharen, mit Messern bewaffnet, und überfallen ganze Gesellschaften.» Hier wird anschaulich illustriert, wie die Stadt ohne entsprechende polizeiliche Kräfte bei Nacht ein Ort des Schreckens werden konnte. Sir John Coventry wurde von einer Straßenbande die Nase aufgeschnitten. Die Kurtisane Sally Salisbury, verärgert über die Lobhudeleien eines Anbeters, «zückte ein Messer und stieß es ihm in den Leib»; sie wurde unter allgemeinem Applaus nach Newgate geschafft.

Im Jahrzehnt nach Fieldings Tod (1754) war James Boswell ein aufmerksamer Beobachter der Londoner Straßen. «Die Rohheit des englischen *vulgus* ist furchtbar», schrieb er im Dezember 1762 in sein Tagebuch. «Das ist wahrhaftig die Freiheit, die sie haben: die Freiheit, mit ihrem elenden Schandmaul zu schimpfen und zu schmähen.» Einen Monat später notierte er: «Beim Nachhausegehen hatte ich wirklich ein mulmiges Gefühl. Raubüberfälle auf der Straße sind jetzt keine Seltenheit.» Im Sommer 1763 vermeldet er: «Es gab einen Streit zwischen einem

Herrn und einem Kellner. Eine Menschenmenge strömte zusammen und rief ‹Bildet einen Ring›.» Dieser Ruf *(a ring – a ring)* ist vielleicht eine volkstümliche Erinnerung an die Pestzeit, als man «*a ring – a ring of roses*» (ein Kreis – ein Kreis von Rosen) ausrief, wenn dunkelrote Flecken auf der Haut sichere Vorboten des Todes waren. Auf Londons Straßen sind Angst und Gewalt auf tödliche Weise miteinander verquickt.

In manchen Berichten aus dem 18. Jahrhundert ist von Menschenscharen mit brennenden Fackeln und Stöcken oder Knüppeln die Rede, denen ihr Anführer die Namen von Personen oder einzelnen Straßen vorzulesen pflegte, um die Gewalttätigkeit des Pöbels auf konkrete örtliche Ziele zu lenken. Häuser, Fabriken oder Mühlen konnten buchstäblich dem Erdboden gleichgemacht werden; Webstühle wurden in Stücke gebrochen. Es gibt auch eine bemerkenswerte Sammlung von Drohbriefen, die etwas von der frechen und brutalen Sprache verraten, welche die Londoner untereinander gebrauchten: «Sir, verdammt noch mal – wenn Sie den Lohn nicht um 2 Pence pro Paar erhöhen, schlagen wir Ihnen den Schädel ein … Sie windiger Hund, dann brennen wir Ihnen die Bude ab … Mister, gehorchen Sie, heute haben wir Ihnen eine Eierschale voll Honig gegeben, aber wenn Sie sich weigern, den Forderungen von gestern nachzukommen, erhalten Sie von uns eine Gallone Dornen bis an Ihr Lebensende!»

Vieles im Londoner Cockney-Dialekt kommt aus der Sprache des Boxens; so heißt der Magen «Brotkorb», die Beine sind «Nadeln» und eine Sensation ist ein «knock-out». Auch viele Wörter für Prügel oder Schläge, zum Beispiel «Hammer» oder «Abreibung», stammen aus dem Boxring und lassen darauf schließen, dass das Vokabular der Konfrontation und Angriffslust ganz nach dem Geschmack der Londoner ist.

Keine Biographie Londons wäre vollständig ohne Erwähnung des blutigsten und größten Krawalls seiner letzten tausend Jahre. Er begann als Kundgebung gegen katholikenfreundliche Gesetze, entartete aber schnell zu einem Frontalangriff auf die Institutionen des Staates und der Stadt.

Am 2. Juni 1780 versammelte Lord George Gordon vier Kolonnen seiner Anhänger auf den St George's Fields in Lambeth und marschierte mit ihnen zum Parliament Square, um gegen den «Catholic Relief Act» zu protestieren. Seiner Meinung nach gewährte diese Geste den Katholiken zu viel Entfaltungsmöglichkeiten. Gordon selbst war ein Abenteurer mit wirren, esoterischen Überzeugungen, dem es aber gelang, eine Woche lang die Rachegelüste des Londoner Mobs zu entfachen. In der Haft betonte er später immer wieder, es sei nie seine Absicht gewesen, die Furie der Massenwut loszulassen. Seine Anhänger wurden als «die

1778 wurde in England eine Toleranzbill vorbereitet, die Einschränkungen lockern sollte, unter denen die Katholiken zu leiden hatten. Lord George Gordon warf sich in der Folge zum Anführer antikatholischer Presbyterianer auf, die vom 2. bis 9. Juni 1780 einen blutigen Aufstand in London entfesselten, um diese Liberalisierung zu verhindern.

besseren unter den Gewerbetreibenden» beschrieben, und Gordon selbst hatte sie aufgefordert, sich beim Marsch aufs Parlament anständig zu verhalten «und ihr Sabbatgewand anzulegen». Aber keine Londoner Volksmenge bleibt lange homogen, und so mischten sich bald wütende Papistenhasser, wie etwa die Weber hugenottischer Abstammung aus Spitalfields, unter den Zug.

Charles Dickens hat in *Barnaby Rudge* eine Schilderung der Ausschreitungen gegeben; dem *Annual Register* von 1781 mag er entnommen haben, dass der Tag «brütend heiß» war, «und da die Sonne ihre glühendsten Strahlen auf das Feld entsandte, begannen die Träger schwerer Fahnen, zu ermatten und zu ermüden». Trotzdem marschierten sie in der Hitze in Dreierreihe weiter, und als sich die Kolonnen – die längste von ihnen maß sechs Kilometer – vor Westminster vereinigten, erhoben sie ein gellendes Geschrei. Sie waren aufgereizt von der Hitze, als sie die Gänge und Säle des Parlaments stürmten. So dicht standen die Menschen, «dass ein Junge, der sich in den Auflauf verirrt hatte und in akuter Erstickungsgefahr war, auf die Schultern eines Mannes neben ihm kletterte und über die Hüte und Köpfe der Masse hinweg zum Ausgang rannte». Diese gewaltige Menge bedrohte jetzt die Regierung selbst; ihre Bittschrift wurde in den Sitzungssaal des Unterhauses getragen, während draußen die Masse ein gellendes Triumphgeschrei erhob. Die Demonstranten drohten sogar, in den Sitzungssaal einzudringen, aber während sie sich noch gegen die Türen warfen, verbreitete sich das Gerücht, dass bewaffnete Soldaten im Anmarsch seien, um ihnen Einhalt zu gebieten. «Aus Furcht vor einer Konfrontation in den engen Gängen, in denen sie so dicht zusammengekeilt standen, drängten die Menschen jetzt genauso ungestüm nach draußen, wie sie zuvor hereingeströmt waren.» Während dieser Flucht umzingelte ein Trupp des Gardekavallerieregiments einige Aufrührer und führte sie als Gefangene nach Newgate; dies war, wie sich zeigen sollte, eine unselige Entscheidung.

Unter tausend Gerüchten, die durch die Stadt flogen, ging die Menge auseinander, doch nur, um sich gegen Abend erneut zusammenzurotten. Nervöse Stadtbewohner bereiteten sich auf neue Gewalttaten vor und verriegelten Türen und Fenster. Die Masse hatte ihre Wut nunmehr von Westminster zu den Lincoln's Inn Fields verlagert, wo ein verhasster «Katholentempel» stand – in Wirklichkeit die Privatkapelle des sardinischen Botschafters; doch keine diplomatische Kunst vermochte den Zorn des Pöbels zu beschwichtigen, der die Kapelle niederbrannte und ihr Inneres verwüstete. «Der sardinische Botschafter», heißt es in einem zeitgenössischen Bericht, «bot dem Haufen 500 Guineen, um das Bild unseres Erlösers vor den Flammen zu retten, und tausend Guineen, um eine ungemein kostbare Orgel zu retten. Die Meute sagte nur, sie würde den Botschafter selbst verbrennen, wenn sie ihn zu fassen bekäme, und zerstörte Bild und Orgel auf der Stelle.» Und so öffnete sich ein Pfad der Zerstörung, der sich schließlich durch halb London brannte.

Der nächste Tag, ein Samstag, war relativ ruhig. Am Sonntagmorgen aber versammelte sich der Mob auf den Feldern bei der Welbeck Street und fiel über die katholischen Familien von Moorfields her. Dort steckten sie Häuser in Brand und plünderten eine katholische Kapelle. Am Montag gingen Gewalttat und Plünderung weiter, aber nun richteten sie sich auch gegen die Friedensrichter, die an der Inhaftierung der antikatholischen Demonstranten in Newgate beteiligt waren, und gegen die Politiker, die den Anstoß zu den katholikenfreundlichen Gesetzen gegeben hatten. Wapping und Spitalfields standen in Flammen. Es war kein Protest gegen die «Papisterei» mehr, sondern ein konzertierter Angriff auf die Obrigkeit.

Aber in ihrem Wüten gegen die etablierte Ordnung hatten die Aufrührer selbst längst jede Ordnung oder verabredete Vorkehrung hinter sich gelassen. «Wenn sie sich in Gruppen teilten und lärmend in verschiedene Stadtviertel zogen, geschah es aus der spontanen Laune des Augenblicks. Dabei schwoll jede Gruppe unterwegs immer mehr an, wie ein Fluss, der dem Meer entgegenfließt. ... Jeder Tumult erhielt Form und Prägung durch die Umstände des Augenblicks.» Arbeiter legten ihre Geräte nieder, Lehrlinge liefen von der Werkbank weg, Laufburschen vergaßen ihren Auftrag, nur um sich irgendeinem Trupp von Aufrührern anzuschließen. Sie glaubten, weil ihrer so viele waren, würden sie nicht erwischt. Die Motive vieler Mitläufer wiederum waren laut Dickens «Armut, Unwissenheit, Schadenfreude und die Aussicht auf Plünderungen. ... Die Ansteckung verbreitete sich wie ein furchtbares Fieber; ein infektiöser Wahn, noch gar nicht voll zum Ausbruch gekommen, ergriff Stunde um Stunde neue Opfer, und die Gesellschaft begann, vor ihrem Rasen zu erzittern.» Das Bild der krankhaften Verstimmung zieht sich durch die Geschichte Londons; wenn es sich mit der Metaphorik des Theaters verbindet, wo jeder erregende Vorfall zur «Szene» wird, erhaschen wir einen Blick auf das komplizierte Innenleben der Stadt.

Am Dienstag, dem Tag der Parlamentssitzungen, strömten die Massen wieder in Westminster zusammen. Es wurde beschlossen, die Sitzung zu vertagen, als die Mitglieder des Unterhauses erfuhren, dass «Leute aus Wapping mit großen Balken in den Fäusten ankämen, die entschlossen schienen, die Soldaten anzugreifen». In der ganzen Stadt gab es jetzt randalierende Haufen; die meisten Bürger trugen eine blaue Kokarde, um ihre Sympathie mit den Aufrührern zu bekunden, und an den Häusern sah man blaue Fahnen und an Türen und Fenstern die Parole «Keine Papisterei». Die meisten Geschäfte waren geschlossen, und in ganz London herrschte eine Angst vor Gewalttätigkeiten, «dergleichen man selbst in den ältesten und aufsässigsten Zeiten nicht gesehen». An allen wichtigen Knotenpunkten waren Truppen stationiert, doch scheinen auch sie mit den Parolen und Forderungen der Masse sympathisiert zu haben. Der Bürgermeister war nicht imstande oder bereit, durch einen direkten Befehl die Aufrührer verhaften oder unter Feuer nehmen zu lassen. So brachen in verschiedenen Teilen der Stadt Brände und Zerstörungsorgien aus.

Eine zeitgenössische Schilderung der Ereignisse findet sich in einem Brief, den Ignatius Sancho am Donnerstag, dem 6. Juni, in seiner Wohnung in der Charles Street schrieb und den Xavier Baron in seiner umfassenden Stadtgeschichte *London 1066–1914* abdruckt: «Inmitten der grausamsten und lächerlichsten Konfusion mache ich mich jetzt daran, Dir ein sehr unvollkommenes Bild von dem verrücktesten Volk zu geben, womit die verrücktesten Zeiten je geschlagen waren. ... Gegenwärtig sind es mindestens 100 000 arme, elende, abgerissne Gestalten, mit blauen Kokarden am Hut, und noch einmal halb so viele Frauen und Kinder, die durch die Straßen, über die Brücke, durch den Park ziehen und zu jeder Art von Unfug bereit sind. Gütiger Himmel, was ist jetzt wieder los? – Ich musste unterbrechen, das Gebrüll des Pöbels, das grässliche Klirren von Schwertern und das Geschiebe einer Menschenmenge in geschwindester Bewegung trieben mich vor die Tür, wo jedermann in der Straße damit beschäftigt war, sein Geschäft zu verschließen. Es ist jetzt gerade fünf, und die Straßensänger verschwenden ihre ganzen musikalischen Talente an den Sturz der Papisterei ... Soeben ziehen zweitausend Matrosen auf Landurlaub grölend vorbei, bewaffnet mit langen Stöcken, weil sie hoffen, auf die irischen Sänftenträger und Tagelöhner zu treffen. Die ganze Garde ist unterwegs, samt allen Pferden, die armen Kerle sind ganz schlapp vor Erschöpfung, nachdem sie seit Freitag ununterbrochen im Dienst sind. Gott sei Dank regnet es.»

Der Brief besticht durch sein Tempo und seine Unmittelbarkeit; bemerkenswert ist zum Beispiel, dass der Schreiber die Demonstranten als «arme, elende, abgerissne Gestalten» wahrnahm; Dickens nennt sie viel abfälliger den «Abschaum und Auswurf» der Stadt. Hier haben wir ein riesiges Heer von Benachteiligten und Enteigneten vor uns, die brandschatzend und rachelüstern über die Stadt herfallen. Wenn London je einer totalen Feuersbrunst nahe war, dann bei dieser Gelegenheit. Es war die bedeutsamste Rebellion der Armen in der gesamten Stadtgeschichte.

In einer Nachschrift hat der Briefschreiber aus der Charles Street nicht minder interessante Neuigkeiten. «Gerade haben sich etwa tausend Wahnwitzige, bewaffnet mit Knüppeln, Keulen und Brecheisen, nach Newgate in Marsch gesetzt, um, wie sie sagen, ihre Kameraden zu befreien.» Die Brandschatzung Newgates und die Befreiung der Gefangenen bleibt der vielleicht erstaunlichste Gewaltakt in der Londoner Geschichte. Schon waren die Häuser einzelner Richter und Parlamentarier niedergebrannt worden, aber als die verschiedenen Kolonnen von Aufrührern mit dem Ruf «Auf nach Newgate!» über das Gefängnis herfielen, geschah doch etwas grundsätzlich Neues. Einer der Rädelsführer

Die Erstürmung des Newgate-Gefängnisses während der Gordon-Unruhen, 1780

der Krawalle sprach später von ihrer «Sache»; auf die Frage, was diese «Sache» gewesen sei, antwortete er: *Es sollte am nächsten Tag kein einziges Gefängnis mehr in London stehen.* Es ging also nicht nur darum, jene antipapistischen Aufrührer zu befreien, die einige Tage zuvor eingesperrt worden waren. Es war ein Schlag gegen die bedrückenden Strafvollzugseinrichtungen der Stadt, und wer das Schauspiel des brennenden Newgate miterlebte, hatte den Eindruck, «dass nicht nur die ganze Metropole brannte, sondern dass alle Völker der endgültigen Auflösung aller Dinge entgegengingen».

Die Kolonnen marschierten aus allen Richtungen auf das Gefängnis zu, aus Clerkenwell und New Acre, vom Snow Hill und von Holborn, und sammelten sich an jenem Dienstagabend gegen acht Uhr vor den Mauern des Gefängnisses. Sie umzingelten das Haus des Pförtners Richard Akerman, das neben dem Gefängnis stand und zur Straße hinausging. Auf dem Dach des Hauses erschien ein Mann und fragte die Menschen, was sie begehrten. «Meister, Ihr habt da ein paar Freunde von uns in Euerm Gewahrsam.» «Ich habe viele Leute in meinem Gewahrsam», war die Antwort. Einer der Rädelsführer, ein schwarzer Dienstmann namens John Glover, rief aus: «Verdammt, mach das Tor auf, oder wir legen Feuer und holen uns alle!» Es erfolgte keine befriedigende Antwort, und so stürzte sich die Meute auf Akermans Haus. «Was den Flammen mehr als alles andere Nahrung gab», berichtete der Augenzeuge Thomas Holcroft, «war der viele Hausrat, den sie aus den Fenstern warfen, vor den Türen aufschichteten und in Brand steckten; die Gewalt dieses Feuers griff sofort auf das Haus über, vom Haus auf die Kapelle und von dort auf das ganze Gefängnis, wobei die Leute nach Kräften nachhalfen.» Es war wohl der reale Anblick des Gefängnisses mit seinen hohen Mauern und vergitterten Fenstern, was die Wut der Masse reizte und sie mit einer Entschlossenheit erfüllte, die so glühend war wie die Feuerbrände, die sie gegen das Gebäude schleuderte.

Zunächst galten ihre Bemühungen dem großen Haupttor, vor dem das gesamte Mobiliar aus dem Haus des Pförtners aufgeschichtet wurde und, mit Pech und Teer bestrichen, bald lichterloh brannte. Das Gefängnistor wurde zu einer flammenden Wand, die so hell leuchtete, dass man deutlich die Uhr der Grabeskirche erkennen konnte. Ein paar Leute erstiegen mit Leitern die Mauern und warfen von dort brennende Fackeln auf das Dach. Holcroft berichtet weiter: «Eine Abordnung Konstabler, hundert Mann stark, kam dem Pförtner zu Hilfe; die Menschen bildeten eine Gasse und ließen die Männer passieren, bis sie vollständig eingeschlossen waren, stürzten sich dann mit großer Wut auf sie, zerbrachen ihre Stecken und machten daraus Feuerbrände, die sie in jeden Winkel schleuderten, welche das rasch um sich greifende Feuer noch nicht erfasst hatte.»

Der Dichter George Crabbe war Augenzeuge der Gewalt und erinnerte sich später: «Sie brachen das Dach auf, rissen die Sparren weg und stiegen auf mitgebrachten Leitern ins Innere. Nicht einmal Orpheus selbst hatte mehr Mut oder Glück; von Flammen umzingelt und einem Trupp Soldaten erwartet, verspotteten und verlachten sie jeden Widerstand.» Crabbe war einer von vier Dichtern, die die Vorgänge beobachten konnten; die anderen waren Samuel Johnson, Cowper und Blake. Man hat vermutet, dass Spott und Gelächter dieses sengenden Pöbels auf einer Zeichnung Blakes aus jenem Jahr dargestellt sind, die den Titel «Albion stand auf» trägt und einen jungen Mann zeigt, der in einer Geste ruhmreicher Befreiung die Arme reckt. Aber diese Zuordnung ist unwahrscheinlich; denn das Grauen und die Dramatik dieser Nacht erfüllten alle, die sie miterlebten, nicht mit Hochgefühlen, sondern mit Entsetzen.

Als zum Beispiel das Feuer das Gefängnisgebäude erfasst hatte, bestand die Gefahr, dass alle Häftlinge darin bei lebendigem Leibe verbrannten. Die Masse bahnte sich einen Weg durch das brennende Gebälk und drang in das Gefängnis selbst ein.

Holcroft vermerkt: «Die Emsigkeit der Leute war verblüffend. Sie schleiften die Häftlinge an den Haaren heraus, an Armen oder Beinen oder welchen Körperteil sie eben zu fassen bekamen. Um die Eingesperrten zu retten, brachen sie die Türen der einzelnen Eingänge mit einer Leichtigkeit auf, als seien sie mit den Besonderheiten dieses Ortes seit jeher bestens vertraut.» Jubelrufe ausstoßend, liefen sie durch die steinernen Gänge; ihr Gejohle vermischte sich mit den Schreien der Insassen, die aus den brennenden Holzresten und dem näher rückenden Feuer befreit und gerettet werden wollten. Schlösser, Bolzen und Riegel wurden aufgesprengt, als sei den Kräften der Masse eine überirdische Stärke zugewachsen.

Manche wurden entkräftet und blutend hinausgetragen; andere kamen in klirrenden Ketten herausgeschlurft und wurden sogleich im Triumphzug zum nächsten Schmied geleitet; mit Rufen wie «Platz da!» begleitete eine freudig erregte Menge die Geretteten. Auf diese Weise wurden mehr als 300 Gefangene befreit. Einige waren ihrer unmittelbar bevorstehenden Hinrichtung entronnen und fühlten sich wie Menschen, die auferstanden sind; andere wurden eilends von Freunden weggebracht; wieder andere, an das Gefängnis gewöhnt, irrten verwundert und ratlos durch die Trümmer von Newgate. Noch weitere Gefängnisse wurden in dieser Nacht in Brand gesteckt und geöffnet – eine Nacht lang schien es, als sei die ganze Welt des Rechts und der Strafe aus den Angeln gehoben. In späteren Jahren erinnerten sich die Londoner aus dieser Gegend an ein unwirkliches Licht, das von den Steinen und Straßen der Stadt selbst auszugehen schien. Für einen Augenblick war die ganze Stadt wie verwandelt.

Die Meute wandte sich nun von den brennenden Ruinen des Gefängnisses ab und marschierte zur Wohnung des Lord Oberrichters, Lord Mansfield, am Bloomsbury Square. Es war eine der Eigentümlichkeiten Londons im 18. Jahrhundert, dass man von allen Honoratioren ebenso wie von berüchtigten Mitbürgern wusste, wo sie wohnten. Das massive Speerspitzengitter wurde aus der Verankerung gerissen und nach innen gedrückt; die Fenster wurden zertrümmert; der Mob drang ins Haus; alle Zimmer wurden durchkämmt, die Möbel zerschlagen oder angezündet. Mansfields Bilder und Manuskripte wurden ebenso dem Feuer übergeben wie der Inhalt seiner juristischen Bibliothek; es war in anschaulicher Form der Flammentod des Rechts. Aus einem Fenster des

brennenden Hauses schwenkte ein Demonstrant vor den Augen der johlenden Menge «eine Puppe, ein armseliges Kinderspielzeug … als Bild
irgendeines abscheulichen Heiligen». Dickens vermutete bei der Lektüre
dieses Berichts sogleich, die Puppe sei ein Symbol für das gewesen, was
die letzten Hausbewohner angebetet hätten, aber in Wahrheit kann man
in diesem seltsam namenlosen, fast barbarischen Gegenstand die Gottheit der Masse erkennen.

Am nächsten Morgen inspizierte Samuel Johnson den Schauplatz der
nächtlichen Ausschreitungen. «Am Mittwoch unternahm ich mit Dr. Scot
einen Spaziergang, um mir Newgate anzusehen. Ich fand es in Trümmern; das Feuer schwelte noch. Als ich vorbeiging, plünderten die Protestanten gerade das Sitzungshaus im Old Bailey. Ich glaube, es waren
keine hundert; aber sie verrichteten ihr Werk in Muße, in völliger Sicherheit, ohne Wachen, ohne Unruhe, wie Leute, die rechtmäßig beschäftigt
sind, am helllichten Tag.» Dann fügt er eine eigenartige Feststellung
hinzu: «Das ist die Feigheit am Ort des Kommerzes.» Zweifellos meinte Johnson damit, dass es ringsum keinen Gemeinschaftsgeist, keinen
Bürgerstolz gab, der diese Ausschreitungen abgewendet oder verboten
hätte; London als Stadt des Kommerzes hatte keine anderen Verteidigungsmittel als solche der Furcht und des Zwanges. Fielen diese Zwillingsgaranten der Sicherheit fort, traten naturgemäß und zwangsläufig
Diebstahl und Gewalt an ihre Stelle. Ein «Ort des Kommerzes» – das ist
nur ein anderer Name für eine Walstatt aus Raub und Angst. Samuel
Johnson, der die Freuden und Vorzüge seiner Heimatstadt kannte, durchschaute auch besser als alle Zeitgenossen Londons lähmende Fehler.

Doch dieser Tag sah noch mehr als die rauchenden Trümmer des
Rechts. Horace Walpole prägte die Bezeichnung vom «Schwarzen Mittwoch». Fast hätte man auch vom «Londoner Blut-Mittwoch» sprechen
können. Die «Feigheit» der Stadt bekundete sich an diesem Morgen
in den geschlossenen Geschäften und zugezogenen Fensterläden. Viele
Stadtbewohner waren derart entsetzt und verblüfft über die Zerstörung
Newgates und das völlige Unvermögen der städtischen Behörden, einzuschreiten und die Verantwortlichen zu bestrafen oder wenigstens festzunehmen, dass ihnen war, als zerreiße vor ihren Augen der ganze Zusammenhang des Wirklichen. Und «rund um die rauchenden Trümmer
standen die Menschen, weit auseinander und schweigend, und wagten
nicht, die Aufrührer zu verurteilen oder sich den Anschein zu geben, als
täten sie es, nicht einmal flüsternd.» Die Gesetzlosigkeit hatte noch einen
anderen, merkwürdigen Aspekt. Einige der gerade erst befreiten Gefangenen begaben sich freiwillig zu ihren Kerkermeistern, «weil sie lieber
Haft und Bestrafung dulden wollten als das Grauen einer zweiten sol

chen Nacht wie der letzten»; andere wiederum kamen nach Newgate zurück, um unter den rauchenden Trümmern ihres einstigen Haftortes umherzuwandern. Nach Dickens war es eine «nicht zu beschreibende Anziehungskraft», was einige dorthin zurückzog, und man konnte sie dort, wo einst ihre Zellen gestanden hatten, sprechen, essen und sogar schlafen sehen.

In der ganzen Stadt waren jetzt Truppen stationiert, die aber Elan und Entschlossenheit der Aufrührer nicht merklich mindern konnten, ja die Brandschatzungen der vergangenen Nacht schienen ihren Groll und Hass nur noch zusätzlich befeuert zu haben. Drohbriefe wurden an jenen Gefängnissen aufgesteckt, die wie das Fleet und das King's Bench unangetastet geblieben waren; den Pförtnern und Kerkermeistern wurde versichert, dass man ihre Anstalt diese Nacht in Brand stecken werde; auch die Häuser von prominenten Abgeordneten wurden aufs Korn genommen. Gerüchte kursierten, dass die Demonstranten auch die Tore der Irrenanstalt Bedlam sprengen wollten, um so die Furcht der Bürger um einen weiteren, absonderlichen Schrecken zu vermehren. Dann hätte sich die Stadt wahrhaftig in eine Hölle verwandelt, wenn die Verzweifelten und die Todeskandidaten gemeinsam mit den Wahnsinnigen durch die Straßen gezogen wären, zwischen einstürzenden Gebäuden und brennenden Häusern.

Die Rädelsführer des Aufruhrs erklärten, als Nächstes würden sie die Bank von England, die Königliche Münze und das Arsenal in Brand stecken – und danach die königlichen Paläste in Besitz nehmen.

In dieser Nacht schien es, als wiederhole sich der große Brand von 1666. Die Aufrührer tauchten «wie ein riesiges Meer» auf den Straßen auf und schienen nur den einen Vorsatz zu haben, «die Stadt in einem Flammenkreis einzuschließen». 36 größere Brände wurden gelegt – die Gefängnisse Fleet, King's Bench und Clink brannten schon lichterloh –, während die Soldaten in die Menge feuerten und so manchen Demonstranten erschossen. Eine besonders große Feuersbrunst befand sich in der Nähe von Newgate selbst, bei der Holborn Bridge und Holborn Hill, so als habe das Feuer der vergangenen Nacht die Gegend gleichsam magnetisiert, so dass sie nun weitere Racheakte anzog, die, so Samuel Johnson, eine «allgemeine Panik» heraufbeschworen.

Am Tag darauf, dem Donnerstag, gab es zwar noch vereinzelte Krawalle, aber die Brandschatzungen des Vortags scheinen jene Lust an der Gewalt erschöpft zu haben, die so plötzlich über die Straßen Londons hereingebrochen war. Das Militär war an den entscheidenden Stellen postiert worden, während Trupps von Soldaten jetzt begannen, Aufrührer aufzuspüren und zu verhaften, so dass die Stadt am nächsten Tag wieder ruhig war. Viele Londoner, die um ihr Leben fürchtend die Stadt verlassen hatten, warteten noch ab, und die meisten Geschäfte waren noch geschlossen, aber die Erhebung war jetzt so schnell und gründlich vorbei, wie sie genau eine Woche zuvor entstanden war. Zweihundert Menschen waren tot, viele weitere lagen mit schweren, oft tödlichen Verletzungen darnieder, und die Zahl derer, die in ihren Zellen oder Verstecken verbrannt waren, konnte niemand errechnen. Lord George Gordon wurde verhaftet und in den Tower of London gebracht, und Hunderte von Aufrührern wanderten in die Gefängnisse, die vom Feuer verschont geblieben waren. 25 Aufrührer wurden an der Stelle ihrer Verbrechen gehängt; zwei oder drei junge Burschen wurden vor Lord Mansfields Haus am Bloomsbury Square aufgehängt.

Damit endete die gewalttätigste, mörderischste Episode in der Geschichte der Stadt. Wie alle Londoner Gewaltakte war es ein gleißend helles, aber kurzes Feuer – Stabilität und Wirklichkeit der Stadt wurden durch die Hitze der Flammen verbogen, bevor sie ihre alte Form zurückgewannen.

Die Gewalt, die 1985 in der Siedlung Broadwater Farm im Norden Londons ausbrach, verrät eine vorherrschende, instinktive Neigung zum Aufruhr, die nie ganz unterdrückt worden ist. Man braucht sich nur die Innenhöfe einer solchen Stadtrandsiedlung mit ihren graffitibedeckten Wänden, den vergitterten Fenstern und den Sicherheitsschlössern an den Türen anzusehen, um zu wissen, dass manche Teile Londons noch immer im Belagerungszustand leben. In gewissen Vierteln, an gewissen Straßen und Wegen, wo die Ausbrüche einer aufgestauten Wut und Furcht allgegenwärtig sind, geht noch immer spürbar die Angst um. Ein zusätzlicher und unberechenbarer Faktor im Kräftespiel der innerstädtischen Gewalt sind jene Teile Londons, die von Drogenbanden infiziert sind.

Die Unruhen in Broadwater Farm brachen im Herbst 1985 in einer überwiegend von Schwarzen bewohnten Siedlung aus, wo schon einige Monate lang «Krawallgerüchte» umgegangen waren. Vereinzelte Zwischenfälle im Frühherbst hatten die aufkommenden Spannungen noch verschärft. Auslöser der Unruhen war am Abend des 5. Oktober der Tod von Mrs Cynthia Jarrett, der angeblich eintrat, als gerade die Polizei ihre Wohnung durchsuchte. Der amtliche Untersuchungsbericht, *Broadwater Farm Enquiry* (1986), enthält neben der Beschreibung und Untersuchung der Gewalttaten selbst auch Zeugenaussagen. Das Vorgehen der Polizei wurde auf übereinstimmende Weise geschildert. «Sie riefen: ‹Wartet nur, bis wir drin sind, wir kriegen euch … Geht wieder rein, ihr Ärsche, geht wieder rein!› … Die Einzigen, die nicht gestoßen wurden, waren ein paar ältere Leute. … Viele sagten: ‹Nein, wir gehen nicht rein. Warum sollten wir?› … Es war ein großes Durcheinander. Es standen junge Mädchen da mit kleinen Kindern, und es wurde viel gerufen und herumgeschrien.» Es könnten die Stimmen jeder beliebigen aufgebrachten Menge sein, verstreut über das London der letzten Jahrhunderte, aber hier sind sie verkörpert in einer Gruppe von schwarzen Jugendlichen, denen Polizeiketten in Kampfmontur gegenüberstehen, die gewaltsam versuchen, sie in die Siedlung zurückzudrängen, so als seien sie Gefangene, die zurück in die Zellen getrieben würden.

Michael Keith über die Unruhen in Broadwater Farm, 1985: Die Auseinandersetzungen zwischen den Jugendlichen, die sich als Waffen Steine aus der Mauer an der Ecke Willam Road / The Avenue nahmen, und der Polizei weiteten sich aus. Ständig flogen «Salven gefährlicher Wurfgeschosse durch die Siedlung. Pflastersteine wurden aus der Straße gebrochen und gegen die Polizei geworfen. Als die Pflastersteine ausgingen, sah man junge Leute, die durch das Viertel rannten und in verschiedenen Behältern Wurfgeschosse herbeitrugen. In Aussagen uns gegenüber wurden ein Einkaufswagen, eine Milchkanne und ein großer Abfalleimer als Behältnis genannt. In einer späteren Phase waren Konservenbüchsen, die aus einem Supermarkt gestohlen wurden, eine beliebte Munition.» Einfache, häufig nicht funktionstüchtige Benzinbomben wurden gegen die näher rückende Polizei geschleudert. «Zwei Leute, beide Schwarze, begannen, den anderen Kommandos zuzurufen: ‹Wir brauchen mehr Munition!› Vier oder fünf reagierten sofort und liefen durch die Häuser, um leere Milchflaschen zusammenzusuchen, während vier andere ein Auto umkippten, um an das Benzin zu kommen. In kaum fünf Minuten wurden auf diese Weise über fünfzig Benzinbomben fertig; ich habe mitgezählt.» Kurioser- und vielleicht bezeichnenderweise stammt diese Aussage von «Michael Keith, Forschungsassistent am St Katherine's College, Oxford», der «damals an einer Geschichte sozialer Aufstände arbeitete». So wird die historische Dimension oder die historische Resonanz der Broadwater-Farm-Unruhen von einem Zeugen der Ereignisse bestätigt, der 1985 noch andere Krawalle vor seinem geistigen Auge hatte. Vielleicht war Broadwater Farm ein Echo oder eine Parallele der Gordonschen Krawalle von 1780.

Viele Demonstranten trugen Masken oder Schals, um ihre Identität zu verbergen, doch gab es – wie bei ähnlichen Vorkommnissen in früheren Zeiten – auch andere, die als Rädelsführer der Krawalle hervortraten. «Das waren Fremde, die das mit unserer Siedlung gemacht haben», behauptete ein Zeuge und unterstellte damit, dass es Leute gibt, denen ein städtischer Flächenbrand gerade recht ist, um das gesamte politische und soziale System aus den Angeln zu heben. Dass diese fremden Drahtzieher anscheinend Weiße waren, deutet darauf hin, dass es Fünfte Kolonnen

«Einige der Jugendlichen begannen dann, Personenwagen umzustürzen, und gegen eine Polizeikette wurden Wurfgeschosse geschleudert. In der Nähe der Straßenkreuzung wurden zwei Fahrzeuge umgestürzt und in Brand gesteckt. Sie versuchten, noch einen weiteren Wagen umzustürzen, wurden aber daran gehindert.»

gab, die Hass gegen die in der Siedlung lebenden schwarzen Londoner schüren wollten.

Das generelle Verhalten der Masse glich jedoch – wie immer – eher einem kontrollierten Chaos. Londoner Unruhen sind selten orchestriert, sondern entwickeln ihre jeweilige Form aus der Masse selbst. Man könnte es auch als Ausdruck jenes egalitären Geistes ansehen, der keine «Generäle» oder Führer duldet. Eine Beobachterin aus Broadwater Farm sagte über die Aufrührer, es habe sie «frappiert, wie jung sie waren». Sie sah «zwölf- und dreizehnjährige Kinder». Erinnern wir uns daran, dass nach den Gordonschen Krawallen auch Kinder gehängt wurden.

Nach der ersten Konfrontation mit der Polizei gab es keinen nachhaltigen Angriff mehr, sondern nur noch vereinzelte Geplänkel. Autos wurden umgestürzt und Geschäfte geplündert. «Ich stellte fest, dass es ein irischer Junge war, und er sagte, es sei das erste Mal in sechs Monaten, dass er so viel zu essen hatte, weil er arbeitslos war.»

Der blutigste Zwischenfall spielte sich jedoch im Bereich des Polizeireviers Tangmere ab. Konstabler Keith Blakelock, einer der Polizisten, die abgestellt waren, um Feuerwehrleute zu schützen, die einen Brand im Büro einer Nachrichtenagentur löschten, stolperte und kam zu Fall, während er von einer Meute verfolgt wurde. Was dann geschah, beschreibt D. Rose in *A Climate of Fear*: «Die Aufrührer drangen von allen Seiten auf Blakelock ein. Sie traktierten ihn mit Tritten und stachen immer wieder auf ihn ein.» Hier haben wir ein Beispiel für die plötzliche Gemeinheit des Londoner Mobs. «Nach Aussage von Konstabler Richard Coombes waren die Angreifer wie Geier, die sich auf seinen Körper stürzten, während seine Arme sich hoben und unter den Schlägen tot niedersanken.» Ein anderer Beobachter bezeichnete sie als «ein Rudel Hunde», womit er unbewusst einen Vergleich wählte, der sich bei der Beschäftigung mit der drohenden Menschenmasse eingebürgert hat. Älter als Shakespeares Zeile in *Coriolan* «Ihr Köter, was wollt ihr von mir?», spricht dieser Vergleich von Wildheit und zügellosem Blutdurst, die latent unter der städtischen Ordnung schlummern. «Die Werkzeuge, mit denen er gehäutet wurde, flogen auf und nieder. Das Letzte, was ich von Konstabler Blakelock sah, war die Hand, die er zu seinem Schutz gehoben hatte. ... Blakelocks Hände und Arme waren zu Streifen zerschnitten. ... Sein Kopf scheint sich zur Seite gedreht zu haben, so dass der Hals frei lag. Dort erhielt er einen wüsten Schnitt durch eine Machete.» Und so starb er.

Es war eine neue, entsetzliche Episode in der Geschichte der Londoner Gewalt, in der sämtliche Blut- und Racherituale ihren Platz haben. Das Polizeirevier Tangmere ist ein «großer, gedrungener Bau, konzipiert in bewusster Nachahmung einer babylonischen Zikkurat». Babylon ist seit jeher ein Synonym für Heidentum und Grausamkeit.

Es fielen noch Gewehrschüsse, und einzelne Brände wurden in der Siedlung gelegt, doch um Mitternacht hatten die Aufrührer begonnen, sich zu zerstreuen. Es begann zu regnen. Die Gewalt endete so schnell und abrupt, wie sie ausgebrochen war, aber es kam noch zu einzelnen brutalen Übergriffen der Polizei gegen namentlich nicht bekannte Verdächtige. Ein solches Racheverhalten zählte zweifellos auch zu den Folgen der Gordonschen Krawalle.

Es wäre absurd zu behaupten, dass diese zwei Ereignisse in der Londoner Geschichte, durch mehr als zwei Jahrhunderte voneinander getrennt, nach Art und Veranlassung «identisch» gewesen wären. Die Gordonschen Krawalle bewegten sich durch viele Straßen, die Unruhen in Broadwater Farm waren auf das Gelände einer Siedlung beschränkt; auch dies zeugt von Veränderungen in der hauptstädtischen Gesellschaft. Aber beide Unruhen waren gegen die Macht des Rechts gerichtet, symbolisiert im einen Fall durch die Mauern des Gefängnisses Newgate, im andern Fall durch die dichten Reihen von Polizeibeamten in ihrer Kampfmontur. Man könnte daher sagen, dass beide Ereignisse ein tief empfundenes Unbehagen an Wesen und Gegenwart der Autorität widerspiegeln. Die Gordonschen Demonstranten waren in der Regel arm, ein Teil der vergessenen Bürgerschaft Londons; die Bewohner der Siedlung Broadwater Farm waren laut Stephen Inwood überwiegend «wohnungslos, arbeitslos oder verzweifelt». Auch hier mag es einen Zusammenhang geben. Doch in beiden Fällen erlosch die Flamme des Aufruhrs nach heftigem, aber kurzem Aufflackern. Die Unruhen hatten in Wirklichkeit keine echten Anführer. Sie hatten keinen realen Zweck – außer dem der Zerstörung. Von solcher Art ist die plötzliche Wut der Londoner.

Schwarze Magie, weiße Magie

Ein Holzschnitt von der Titelseite des Astrologaster or the Figure Caster *von John Melton. Die Einwohner von London galten als abergläubisch, daher bot die Stadt ein günstiges Terrain für Seher und Magier. Astrologen fanden sich vorzugsweise in den Häusern rund um Seven Dials.*

53. Ich sah einen Mann,
der nicht da war

Im Jahr 1189 vermeldet Richard von Devizes: «In der Stadt London begannen die Juden, ihrem Vater, dem Teufel, ein Opfer darzubringen, und dieses berühmte Mysterium war von so langer Dauer, dass das Brandopfer [*holocaustum*] nur mit Mühe am folgenden Tag beendet werden konnte.» Dann aber wurde London wahrhaftig zu einer Stadt der Teufel, als ihre Bürger über die unschuldigen Einwohner alten jüdischen Glaubens herfielen und sie niedermetzelten.

In London, der Stätte von Stolz und Reichtum, hat man den Teufel immer sehr gefürchtet. Wie die *Chronicles of London* berichten, blies anno 1221, «will sagen am Tag des heiligen Lukas, ein starker Wind von Nordosten, der so manches Haus und auch Türme und Kirchen umstürzte und den Wäldern und vielen Obstgärten übel mitspielte. Und auch feurige Drachen und böse Geister waren viele zu sehen, die wundersam durch die Lüfte flogen.» Eine ähnliche Vision von fliegenden Unholden war einem Beobachter zu einem viel späteren Zeitpunkt von Londons Geschichte vergönnt; im *Diary* von Stopford Brooke heißt es: «19. Oktober 1904. England lag im Sonnenschein, bis wir an das Weichbild Londons gelangten, wo der Nebel dicht war. Ich sah auf die Straßen hinunter, angefüllt mit der rastlosen Menge der Menschen und Wagen. Es war wie ein Blick in die Alleen des Pandämoniums, und mir war, als erblickte ich Tausende von geflügelten Teufeln in diesem wild wogenden Schwarm hin- und widerschwirren. Mir wurde übel von dem Anblick.»

Im mittelalterlichen London begrub man viele Männer von vornehmem Stande, entsprechend gekleidet, auf dem Gelände des Klosters Blackfriars, weil man glaubte, die Beisetzung in der Tracht eines Dominikanermönchs – schwarzer Mantel über weißem Gewand – sei ein sicheres Mittel, den Teufel abzuwehren. Doch gab es andere, welche die Stadt so zuschanden gemacht hatte, dass sie sich mit dem altbösen Feind identifizierten. Als ein Londoner Dieb und Bettler, den man zum Galgen in Tyburn führte, wegen seiner Ehrlosigkeit gescholten wurde, entgegnete er: «Wo soll denn der Teufel seine Gesellschaft herkriegen, wenn es nicht solche wie mich gäbe?» In einem Gedicht von Samuel Rowlands von 1608, «Sonderbares Gesicht eines Reisenden», kommt ein Mann nach London, wo er den Huren von Shoreditch und dem Standbild

König Luds einen Besuch abstattet, «und schwor, in London schaute er den Teufel». Ein leibhaftiger Teufel erschien angeblich bei einer Vorstellung von Marlowes *Doctor Faustus* im Wirtshaus «Belle Sauvage» auf dem Ludgate Hill.

Wenn sich aber der Teufel einmal in London zeigt, wird er nach der Volksüberlieferung von den gerissenen Städtern hereingelegt und übertölpelt, die ihm an Unredlichkeit und Schlitzohrigkeit mehr als gewachsen sind. In Jonsons *The Devil Is An Ass* führt man dem bösen Feind zunächst einmal die Londoner Stadt als eine Art von Inferno vor. Aber: «Höllenkind, das ist noch gar nichts! Du sollst einen Luftsprung tun / Von der höchsten Kirchenzinne dorthin, wo die Würmer ruhn.»

Binnen vierundzwanzig Stunden wird dieser arme Teufel denn auch «über's Ohr gehauen, ausgeraubt, durchgeprügelt, ins Gefängnis geworfen und zum Tod durch den Strang verurteilt».

Der Teufel ist überall in London anzutreffen, das er von seiner eigenen – inzwischen umbenannten – Straße aus, der Devil's Lane in Lower Holloway, nach allen Seiten durchstreift. Richard Brothers, Prophet von eigenen Gnaden, wollte ihm begegnet sein, wie er «müßig die Tottenham Court Road entlangschlenderte». Manche behaupten, ihn in der Nähe der alten Marterfelder gesehen zu haben – «Du bist der Sitz des Tieres, o Smithfield!» – oder auch auf den mitternächtlichen Straßen des viktorianischen London: «Der Teufel schmückt seinen klauenbewehrten Finger mit einem Brillantring, steckt sich eine Krawattennadel ins Hemd und begibt sich auf seine Streifzüge.» Zu den Pflichten des Teufels gehört es, die Runde durch die Gefängnisse zu machen. Coleridge und Southey lassen ihn im berüchtigten Gefängnis Coldbath auftreten, wo er insbesondere die Ausstattung der Zelle bewundert, die für Einzelhaft bestimmt ist. Byron nennt London «des Teufels Gesellschaftszimmer».

Der Teufel hat seine Gäste und seine Vertrauten. Es gibt eine Hexentradition in London, die noch heute in den Namen von Geschäften wie «Mutter Rotkäppchen» oder «Mutter Schwarzkäppchen» nachklingt. Die berüchtigtste Hexe war wohl Mother Damnable (verwerfliche Mutter) von Camden Town, deren Hütte an einer Weggabelung jener Straße stand, wo sich heute die gleichnamige U-Bahn-Station befindet. Mitte des 17. Jahrhunderts war sie – «die Stirn zerfurcht, den Mund weit offen, mit finsterem, unbewegtem Blick» – eine bekannte Heilkundige und Wahrsagerin. In *The Ghosts of London* erzählt J. A. Brooks ihre Geschichte. «Hunderte von Männern, Frauen und Kindern wurden Zeuge, wie [am Tag ihres Todes] der Teufel in höchsteigener Erscheinung ihr Haus betrat. Obwohl man genau auf seine Rückkehr passte, wurde er nicht mehr gesehen. Am nächsten Morgen fand man Mother Damnable tot vor dem Herd sitzen, über den sie an einem Stock einen Teekessel mit einem Sud aus Kräutern, Giftstoffen und Präparaturen hielt.» Welch ein Anblick muss es gewesen sein, den Teufel durch Camden Town wandern zu sehen!

Noch merkwürdiger war der Fall von Spring-Heeled-Jack – Jack dem Springfuß. Dieser Mann machte in den 30er Jahren des 19. Jahrhunderts die Straßen unsicher und wurde bald als «der Schrecken Londons» bekannt. Die Zeugenaussage einer Jane Alsop vor der Polizeiwache an der Lambeth Street beschreibt, wie das bedauernswerte Mädchen ihm vor ihrer Haustür begegnete. «Sie ging ins Haus zurück, um eine Kerze zu holen und sie der Person auszuhändigen, die in einen schwarzen Umhang gehüllt auftrat und die sie zunächst für einen Polizeibeamten gehalten hatte. Doch kaum hatte sie das getan, als der Mann sein Obergewand abwarf und sich die brennende Kerze vor die Brust hielt, was einen überaus grässlichen und Schrecken erregenden Anblick gewährte; er spie dabei eine große Menge blauer und weißer Flammen aus seinem Mund, und seine Augen ähnelten roten Feuerkugeln.» Das könnte als reine Ausgeburt der Phantasie erscheinen, doch die Schilderung eines anderen Überfalls bestätigt die Einzelheiten; es war wieder «ein hoch gewachsener, dünner Mann, in einen langen schwarzen Mantel gehüllt. Vor sich trug er etwas, das wie eine Blendlaterne aussah. Mit einem Satz stand er vor der Frau, und bevor sie sich rühren konnte, blies er ihr blaue Flammen aus seinem Mund ins Gesicht.» Peter Haining erzählt die ganze groteske Geschichte in *The Legend and Bizarre Crime of Spring Heeled Jack*.

In der Phantasie des Stadtvolks galt «Jack der Springfuß» als Abkömmling des Teufels, der mit Hörnern und Pferdefuß behaftet war. Berichten zufolge wurde er im Februar 1838 in Limehouse gesehen, wie blaue Flammen aus seinem Mund züngelten; in demselben Jahr soll er auf Jacob's Island in Bermondsey eine Prostituierte ins Wasser geworfen haben. Peter Haining vermutet, dass es sich bei dem Täter um einen Feuerfresser gehandelt habe, der zur Tarnung einen Helm oder eine Maske trug. Die großen Sätze und Sprünge, die ihm ebenfalls zugeschrieben wurden, mögen das Werk von Federn gewesen sein, die in seinen Schuhabsätzen verborgen waren. Noch nicht befriedigend erklärt sind die «metallenen» Klauen. Das Entscheidende ist jedoch, dass «Jack der Springfuß» zu einem echten Londoner Mythos wurde, weil er ein so phantastisches, künstliches Monstrum war. Mit seinem Helm und dem «weißen Öltuch», Feuer speiend wie ein Zirkusartist, ist er ein Londoner Teufel, der eine merkwürdige Ähnlichkeit mit dem bösen Feind in den Mysterienspielen von Clerkenwell hat. Dass «Jack der Springfuß», wie später der berüchtigtere «Jack the Ripper», nie gefasst wurde, trägt nur dazu bei, jene Aura der Anonymität zu verstärken, welche das Monstrum zu einem Sinnbild von London selbst werden lässt.

Denn die Stadt wird von vielen als eine Art Hölle aufgefasst. In der Lyrik des 19. Jahrhunderts gerann dieser Topos zu einem Klischee.

Die Stadt ist die letzte Station der Erniedrigung und Verzweiflung, wo man die Einsamkeit sucht, um den Erpressungen des Mitleids oder des Erbarmens zu entgehen, und wo die einzige Kameradschaft, die man findet, die Kameradschaft im Elend ist.

Es gibt noch immer Plätze in der Stadt, von denen sich das Leiden nicht verzogen hat. In einem kleinen Garten, eher einem Flecken Ödland, an der Kreuzung Tottenham Court Road/Howland Street sitzen einsame Menschen in einer Haltung, die Verzweiflung ausdrückt. Ganz in der Nähe, in der Howland Street 36, hat Verlaine sein herrliches Gedicht geschrieben «*Il pleure dans mon cœur / comme il pleut sur la ville* [es regnet in mein Herz, / wie's regnet auf die Stadt]». Die ganze Trauer und Verlassenheit Londons ist in diesem Bild des grau fallenden Regens eingefangen. Die Friedhofsanlage hinter der von Hawksmoor erbauten Kirche St George's-in-the-East (bei Wapping) lockt die Einsamen und Unglücklichen an. Der Garten der Christuskirche in Spitalfields – zufällig von demselben Baumeister stammend – war jahrelang ein Rastplatz für Stadtstreicher, man nannte ihn «Krätzepark». Einst gab es auch einen berühmten «Elendswinkel» an der Waterloo Road, Ecke York Road; hier pflegten sich arbeitslose Schauspieler, Artisten und Varieté-«Nummern» herumzudrücken, in der zumeist vergeblichen Hoffnung, von einem Musikagenten gehört oder gar engagiert zu werden. Dieser Winkel, zwischen der Brücke und dem Bahnhof, ist eine anonyme, flüchtige Lokalität von ganz eigener Trostlosigkeit geblieben.

Aber auch ganze Viertel können jammervoll oder verwunschen anmuten. Von einer sonderbaren Faszination waren für Arthur Machen die Straßen nördlich der Grays Inn Road – Fredrick Street, Percy Street, Lloyd Baker Street –, aber auch jene, wo Camden Town in Holloway übergeht. Sie sind nicht großartig oder imposant; sie sind auch nicht schmutzig oder verlassen. Stattdessen scheinen sie die graue Seele Londons zu bergen, jenes leicht rauchige, schmutzig braune Etwas, das seit vielen Hunderten von Jahren über der Stadt hängt. Machen musterte «jene ausgetretenen, ehrwürdigen Türschwellen», die heute noch ausgetretener und ehrwürdiger sind, und sagte: «Ich sehe sie gezeichnet von Tränen und Sehnsüchten, Qual und Klagen.» London war immer der Aufenthaltsort von wunderlichen und einsamen Menschen, die sich samt ihren Geheimnissen gegen diese volkreiche Stadt abschotten; es war immer die Stadt der «Unterkunft», worin der Abgerissene und der

Weltflüchtige eine kleine Bleibe vorfindet, mit schmutzigem Tisch und engem Bett darin.

Der echte Londoner wird einem erklären, dass man keine Reise zu tun braucht, wenn man noch alle unerforschten Geheimnisse der Stadt vor der Tür hat; ein Spaziergang durch die Farringdon Road oder die Leather Lane wird einem ebenso viel Ursache zu Verwunderung und Erstaunen geben wie jede x-beliebige Straße in Paris oder Rom. «Ich verstehe meine eigene Stadt nicht», könnte man zu sich sagen, «also warum auf der Suche nach dem Neuen anderswo hinreisen?» Jederzeit kann einem in London das Gefühl der Fremdheit kommen, hinter unverhofften Ecken oder in unbekannten Straßen.

Es ist oft bemerkt worden, dass bestimmte Straßen oder Stadtviertel über viele Generationen hinweg eine eigentümliche Atmosphäre ausstrahlen. Etwas von Leere und Langeweile liegt beispielsweise über jenen Verkehrsadern, die auf städtisches Geheiß angelegt wurden und bei deren Bau viel vom älteren London zerstört worden ist – die Victoria Street und die Oxford Street, künstliche Schöpfungen des 19. Jahrhunderts, bleiben anonyme, unfrohe Orte. Der Kingsway, Anfang des 20. Jahrhunderts quer durch alte Wohnbebauung gelegt, ist einfach nur öde. Die Essex Road und die Straße mit dem fatalen Namen Balls Pond Road («Hodenteichweg») sind Gegenden von handgreiflicher Farb- und Trostlosigkeit. Kalt lässt einen seit vielen Jahren auch das Shepherd's Bush Green; es wurde Anfang des 20. Jahrhunderts als «kahl, unfruchtbar und scheußlich» beschrieben, und das ist es seither geblieben.

Im 19. Jahrhundert gab es Gassen und Höfe, die eine unmittelbare Anmutung von Dürftigkeit und Verruchtheit hatten. Die Luft war «giftig vor Miasmen und widerlich vor grässlichen, klammen Gerüchen», wie Charles Manby Smith in *The Little World of London* schreibt. «Lumpen und Packpapier ersetzen die Hälfte aller Fensterscheiben, und was von diesen übrig ist, starrt von Schmutz und sperrt das Licht aus, das es einlassen sollte.» Wer kann sagen, welchen Makel solche Plätze der Stadt aufprägen? «In jenem engen Winkel, wo die Dächer niederhängen und beisammen kauern, als wollten sie ihre Geheimnisse vor der schönen Straße gleich daneben verstecken, lauern so finstere Verbrechen, so viel Elend und Entsetzen, dass man es kaum flüsternd zu erzählen wagt.»

Das Gebiet rund um ein Gefängnis hat etwas merkwürdig Bedrückendes und Verstohlenes. Wohl aus diesem Grund vermittelt die ganze Gegend von Southwark und dem Borough seit Jahrhunderten den Eindruck des Armseligen und Kläglichen. Es hat in der Nähe viele Gefäng-

«Wer das Staunen, das Geheimnis, die Ehrfurcht, das Gefühl einer neuen Welt und eines unentdeckten Reichs an Orten wie der Grays Inn Road nicht zu finden vermag, wird diese Geheimnisse nirgendwo finden, nicht einmal im Herzen Afrikas.»
Arthur Machen

509

nisse gegeben, darunter Marshalsea und King's Bench; aber «nichts Vergleichbares gibt es in den Vorstädten Londons», heißt es in Walfords *Old and New London*, «keinen Flecken, der so mörderisch, so melancholisch und so jämmerlich wirkte. Der Geruch vergangener Zeiten liegt über diesen Plätzen, wie der Geruch, der dem Verfall entströmt – eine trübselige Nähe … Und alle alten Dinge waren niedergestürzt und vergangen, so wie sie dahergeweht kamen und ihrem Verderben überlassen waren.» Und so ist es bis heute geblieben – mit einer Atmosphäre, wie sie in keinem anderen Teil Londons zu finden ist. Heute ist East Acton, in der Nachbarschaft der Haftanstalt Wormwood Scrubs, das Beispiel für ein modernes Stadtviertel, über dem der Schatten eines Gefängnisses liegt.

Auf eine bestimmte Lokalität kann der Tod seinen Schatten werfen. Auch Überführungen und Weggabelungen können etwas unerklärlich Düsteres haben. Richard Church, ein junger Londoner, erinnerte sich Anfang des 20. Jahrhunderts an einen Kreuzweg südlich der Themse, nahe der Battersea Road: «ein Kreuzweg, Latchmere genannt, eine unheildrohende Kreuzung, die mich immer mit Schrecken erfüllte.»

Auch andere Straßen und Gegenden verbreiten eine Atmosphäre des Elends. Am Embankment stehen seit jeher in regelmäßigen Abständen eiserne Bänke; hier sieht man abends oder nachts einsame Menschen sitzen, die in den Fluss hinunter- oder zum Himmel aufblicken. 1908 schlenderte H. G. Wells an ihnen vorbei und bemerkte «bald eine arme alte Frau mit einem schändlich zerbeutelten Strohhut schief über dem schläfrigen Gesicht, bald einen jungen Bürogehilfen, verzweiflungsvoll vor sich hinstarrend; bald einen schmutzstarrenden Vagabunden, bald eine bärtige, befrackte, kragenlose Respektsperson; besonders erinnere ich mich an einen gespenstisch langen, weißen Hals und ein weißes Gesicht, rückwärts abgewandt wie von einem Alptraum erstickt.» Die Vagabunden sind noch da; beunruhigender sind aber die Jugendlichen, die oft in der Benommenheit des *Nirgendwohingehörens* dasitzen. Es gibt Männer mittleren Alters in respektablen Kleidern, welche so abgewetzt sind, dass der Zwang, sie zu tragen, Mitleid erweckt; und es gibt alte Frauen, die ihre irdischen Besitztümer in Plastiktüten bei sich tragen. Das Embankment ist ein Refugium für sie alle und wird es zweifellos noch viele Jahrhunderte bleiben.

Die kleinen Straßen hinter der Drury Lane waren berühmt für ihre Schäbigkeit. Summer Gardens im Winter, die Gossen starrend von überfrorenem Unrat, war ein Bild städtischer Trostlosigkeit. Hier war der Standplatz der Gemüsehändler, und die schmale Gasse war übersät mit Einwickelpapier von den Orangen auf ihren Schubkarren. Charles

Booth berichtet: «In einer Straße sieht man den Kadaver eines toten Hundes und gleich daneben zwei tote Katzen, die daliegen, als hätten sie einander totgebissen. Alle drei sind platt gewalzt von dem Verkehr, der über sie hinweggegangen ist, und hart gefroren und harmlos wie alles andere.» Auch waren zahllose Brocken und Brotkrumen auf der Straße verstreut, was nach Booth «das sicherste Zeichen extremer Armut in ganz London» ist.

Es gab auch die berüchtigte Whitecross Street (vormals Whitecross Place) mit einem Gefängnis, das die ganze Umgebung vergiftete. «Man sagt, Gott habe alle Dinge erschaffen. Das glaube ich nicht – Whitecross Place hat er bestimmt nicht gemacht.» Aber wenn nicht Gott, wer dann? Wer ist der «Urheber unflätiger Wege und todbrütender Gassen?» Über Clifford's Inn in der Chancery Lane, lange berüchtigt für Rechtsbeugung und Rechtsverschleppung, bemerkt Walford: «Ich muss sagen, dass von diesem kleinen Areal mehr Jammer und Elend ausgegangen ist als von der bevölkerungsreichsten Grafschaft Englands.» Heute sind davon nur noch der Eingang und der Torweg erhalten; es wurden einige Wohnungen über dem alten Gebäudeviereck errichtet, das Virginia und Leonard Woolf 1913 so «unglaublich zugig und schmutzig» vorkam: «Die ganze Nacht fiel ein leiser, feiner Rußregen, so dass, wenn man am Fenster saß und schrieb, ein dünner Rußfilm das Blatt bedeckte, bevor man die Seite fertig geschrieben hatte.»

Die Gegend um Old St Pancras, mit dem Friedhof in der Mitte, liegt seit Jahrhunderten verlassen. Norden mahnte im 16. Jahrhundert, «dort nicht zu später Stunde vorbeizugehen»; am Beginn des 21. Jahrhunderts wird sie von Eisenbahnbögen eingefasst, in denen sich kleine Tankstellen und Kraftfahrzeugwerkstätten eingenistet haben. Weithin ist das Gebiet noch Ödland. Swain's Lane, die von der Mauer des Friedhofs Highgate zu der Erhebung namens «Parliament Hill» auf Hampstead Heath hinunterführt, gilt als Unglücksort. Die Lokalpresse und Heimatforscher haben herauszubekommen versucht, was es mit diesem Ort auf sich hat, freilich ohne besonderen Erfolg, wenn man von gewissen unerklärlichen oder jedenfalls unerklärten «Gesichten» absieht: «Am oberen Ende der Swain's Lane habe ich etwas gesehen, was eine geisterartige Gestalt zu sein schien.» Nachdem dieser Bericht im Februar 1970 im Hampstead and Highgate Express erschienen war, meldeten auch andere einheimische Leserbriefschreiber ihre Wahrnehmungen: «Meine Verlobte und ich erkannten vor einem Jahr eine höchst ungewöhnliche Figur, die über den Weg zu gleiten schien. Ich bin froh, dass auch andere sie gesehen haben. ... Meines Wissens nimmt der Geist immer die Form einer blassen Figur an und erscheint seit mehreren Jahren. ... Ein hoch gewachsner Mann mit Hut, der die Swain's Lane überquert. ... Plötzlich sah ich aus dem Augenwinkel, wie sich etwas bewegte ... Es schien von den Toren auf uns zuzukommen, so dass wir die Swain's Lane hinaufrannten ... Ich hatte auch eine sonderbare Begegnung am unteren Ende der Swain's Lane ... Mein Rat wäre, die Swain's Lane an dunklen Abenden zu meiden, wenn es irgend geht.»

Es gibt aber auch friedliche, fürsorgliche Gegenden. Das alte Hospital für Findelkinder ist längst abgerissen worden, aber auf seinem Gelände steht heute das Kinderkrankenhaus an der Great Ormond Street. In der Wakley Street, einem kurzen, schmalen Verbindungsweg zwischen Goswell Road und der City Road, befindet sich auf der einen Seite die Zentrale des Nationalen Kinder-Büros und auf der anderen der Nationale Hundeschutzbund.

St Bride's Church

In einem anderen Zusammenhang ist es vielleicht ermutigend zu erfahren, dass die Buden für das Puppentheater jahrzehntelang feste Standorte hatten, die zusammen eine Art Zauberring um die Stadtmitte Londons legten: Holborn Bridge, Lincoln's Inn Fields, Covent Garden, Charing Cross, Salisbury Change und Fleet Bridge.

Am Rande dieses Zauberkreises liegt, zwischen den Gebäuden des Temple, der Fountain Court; es gibt dort seit dreihundert Jahren einen Brunnen, der von so unterschiedlichen Autoren wie Dickens und Verlaine besungen worden ist, und viele Generationen haben sich an der Heiterkeit und Milde dieses kleinen Platzes erfreut. Den Brunnen mit seinem Teich umgab ursprünglich ein viereckiger Staketenzaun und später eine runde Einfassung aus Eisengittern; heute ist er frei zugänglich. Doch ob viereckig, rund oder an allen Seiten offen, der Brunnen rauscht fort, und die Atmosphäre um ihn ist immer stimmungsvoll geblieben. Einst kam ein Londoner als Schuljunge hierher, ohne die Geschichte und die Assoziationen dieses Brunnens zu kennen, und verfiel sogleich dem Zauber seines Reizes; es war, als seien von hier unzählige gute Taten und freundliche Worte ausgegangen, so still und ruhig wie der kleine Brunnen selbst. Nun endlich, auf den Blättern dieses Buches, hat der Londoner Schuljunge von einst Gelegenheit, seine Dankesschuld abzutragen.

Wenn geduldiges Ausharren über die Zeiten Harmonie und Nächstenliebe erzeugen kann, hat die Kirche St Bride's – nur wenige Meter vom Fountain Court entfernt – einen Anspruch auf ein glückliches

Schicksal. Man hat hier eine prähistorische Kultstätte sowie Spuren eines römischen Tempels und einer sächsischen Holzkirche gefunden. So ist an diesem einen Ort die Gottheit in ihren vielfältigen Erscheinungsformen jahrtausendelang verehrt worden. Auf London ruht auch ein Segen, nicht nur ein Fluch.

54. Wissen ist Macht

Es gab in dieser Stadt noch einen anderen Weg, die Pforten des Himmels zu öffnen: das Streben nach Wissen und Erkenntnis. Es hat die Stadt zu allen Zeiten ausgezeichnet, doch konnte es ungewöhnliche Formen annehmen.

So wurde während der Regierungszeit Eduards III. (1272–1307) ein Mann festgenommen, «der Versuche am Kopf eines Toten vorgenommen hatte, und vor das Oberhofgericht gestellt. Nachdem er seiner Kunst abgeschworen hatte, wurden seine Utensilien eingezogen, nach Tothill gebracht und vor seinen Augen verbrannt.» Unter Richard Löwenherz (1189–1199) hatte ein gewisser Raulf Wigtoft, Kaplan des Erzbischofs von York, «einen vergifteten Gürtel und einen vergifteten Ring angefertigt, mit welchen Gegenständen er Simon [den Domdekan von York] und andere zu vernichten gedachte; doch sein Bote wurde abgefangen, und Gürtel und Ring wurden vor den Augen des Volkes allhier verbrannt.» «Allhier» war wiederum Tothill, wo sich nach allgemeinem Glauben einst eine Kultstätte der Druiden befunden hatte; hier wurden herkömmlicherweise die Gerätschaften von Geisterbeschwörern und Alchimisten zerstört – wohl darum, weil man der Stätte eine noch machtvollere Gegenmagie zutraute.

Doch ist es in London unmöglich, zwischen Magie und anderen Formen intellektueller und technischer Fertigkeit zu unterscheiden. So war Dr. Dee, der große elisabethanische Magier aus Mortlake, nicht nur Alchimist, sondern auch Ingenieur und Geograph. 1312 kam Raimundus Lullus nach London, angelockt von dem wissenschaftlichen Ruf der Stadt, und praktizierte seine Alchimie in der Westminster-Abtei und im Tower. Agrippa von Nettesheim, Urbild von Goethes Faust, kam Ende des 15. Jahrhunderts nach London, um die Gemeinschaft der großen

John Dee (1527–1608), Wissenschaftler und Alchimist, wusste mit seinen okkulten Neigungen auch Königin Elisabeth I. zu faszinieren, die ihn mehrere Male in seinem Haus in Mortlake besuchte.

Gottesgelehrten und Philosophen seiner Zeit zu suchen; besonders freundete er sich mit John Colet an, dem Domdekan von St Paul's und Gründer der Schule von St Paul's, der bei seinen italienischen Reisen Geschmack an der Magie gefunden hatte. Wegen Hexerei und Magie wurde der Alchimist Hugh Draper im Salzturm des Tower eingekerkert; an seine Zellenwand zeichnete er ein großes Horoskop mit dem Datum 30. Mai 1561 und dem Zusatz, er habe eigenhändig «diese Himmelskugel gemacht».

Durch Zufall oder eine glückliche Fügung traf es sich, dass viele Astrologen in Lambeth lebten. Vielleicht war es das Wort selbst, was sie anlockte; denn «Beth-el» ist im Hebräischen der Name für ein Gotteshaus, der sich hier zufällig mit dem «Lamm» Gottes verbindet. In Tradescants Haus im südlichen Lambeth wohnte Elias Ashmole, der John Aubrey von den Kräften der Astrologie überzeugte. Die Beisetzung des großen elisabethanischen Magier Simon Forman ist in die Kirchenbücher von Lambeth eingegangen. Wie Raimundus Lullus erwähnt, schrieb Forman in ein Buch, welches man unter seinen Besitztümern fand: «Dies ließ ich den Teufel eigenhändig niederschreiben, zu Lambeth Fields 1569, im Juni oder Juli, wie ich mich entsinne.» Lambeth beherbergte auch allerlei Raritäten. So zierten die Sammlung von Tradescant, aus der später ein Museum wurde, diverse Salamander und «Ostereier der Patriarchen von Jerusalem», «Drachen» von fünf Zentimeter Länge und zwei Federn von einem Phönix, ein Stein vom Grab Johannes des Täufers und «Blutregen von der Insel Wight, bezeugt von Sir Jo. Oglander», eine weiße Schwarzdrossel und «eine Haselnuss-Hälfte mit siebzig Haushaltsgegenständen darin». Das waren einst die Sehenswürdigkeiten von Lambeth.

Die engen Verbindungen zwischen Alchimie und den Anfängen der modernen Naturwissenschaften waren auch im Herzen Londons anzutreffen. Wenn Newton nach London hereinfuhr, um Material für seine Forschungen zu kaufen, nahm er die Kutsche zum Gasthof *Swan* in der Grays Inn Lane, um den Rest des Weges bis nach Little Britain zu laufen oder zu reiten. Hier besorgte er sich durch den Buchhändler William Cooper alchimistische Fachbücher wie das *Theatrum Chemicum* von Zetner und *Ripley Reviv'd* des Londoner Alchimisten George Starkey. Dabei wurde er mit einem geheimen Zirkel Londoner Alchimisten und Astrologen bekannt. Viele Gründer der Royal Society, welche später ausdrücklich als Hort «moderner» naturwissenschaftlicher Forschung und Erkenntnis galt, waren Mitglieder dieses «Unsichtbaren Kollegiums» von Adepten, die neben ihrer mechanistischen Philosophie auch der Alchimie oblagen. Sie verkörperten jene von John Dee vorbereitete philosophische Tradition, die keine zwangsläufige Diskrepanz zwischen den unterschiedlichen Formen des okkulten und des experimentellen Verstehens anerkannte. Samuel Hartlib war die treibende Kraft in einer Gruppe von Londoner Experimentatoren, welche die Alchimie mit Rationalität und System zu durchdringen trachteten, um so eine praktische Magie zu erschaffen; zu seinen Freunden und Förderern gehörten Robert Boyle, Kenelm Digby und Isaac Newton selbst. Sie korrespondierten unter Decknamen miteinander und veröffentlichten ihre Werke unter Pseudonym; so schrieb Newton als «Jeova Sanctus Unus».

Aus diesem «Unsichtbaren Kollegium» entwickelte sich aber eine Gesellschaft, der es nach Macaulays Worten «beschieden war, zur hauptsächlichen Triebkraft in einer langen Reihe ruhmreicher und wohltätiger Reformen» zu werden: die Royal Society. Ihre ersten Versammlungen hielt sie im Gresham House in Bishopsgate ab, bevor sie an den Crane Court an der Fetter Lane umzog; an den Abenden, wo sich die Mitglieder trafen, hing über dem Eingang zum Crane Court eine Lampe in Richtung Fleet Street. Einige ihrer frühesten Bemühungen zeugen von dem Pragmatismus und der praktischen Ausrichtung der Gesellschaft: «über Förderung des Impfens», «elektrische Versuche an einem vierzehn Meilen langen Draht am Shooters Hill», «über Frischluftzufuhr, *à propos* einer Fieberepidemie in einem Gefängnis», «Erörterung über Cavendishs verbesserte Wärmemesser». Nicht alle Experimentatoren waren aus London, und nicht alle lebten in London, doch wurde die Stadt zum Mittelpunkt einer empirischen Philosophie und praktischen Experimentalforschung, die sich aus den alchimistischen Bemühungen entwickelt hatte. Bei all diesen verschiedenen und verschiedenartigen Gebieten muss man den Pragmatismus der Londoner Wissenschaft betonen; fortan war es dieser Geist, der Londons Gelehrsamkeit erfüllt hat.

Man stellte Versuche in der Landwirtschaft und im Gartenbau an, die Medizin wurde eine «fortschrittliche, experimentelle Wissenschaft», und das Beispiel der Pest von 1665 veranlasste die Mitglieder der Royal Society, «die mangelhafte Architektur, Abwasserbeseitigung und Belüftung der Hauptstadt» unter die Lupe zu nehmen. Sir William Petty entwickelte die Wissenschaft der «Politischen Arithmetik», so dass man London füglich als Wiege der statistischen Erhebung ansprechen darf. Es war eine neue Methode, die Bevölkerung zu verstehen und zu kontrollieren. Doch hatte die Einführung der Statistik in einer Stadt des Kommerzes auch finanzielle Vorteile; 1696 machte der Steuerausschuss dem Schatzamt die Notwendigkeit deutlich, «grundlegendes Material zu erheben, um ‹eine Bilanz für den Handel zwischen dem Königreich und allen Teilen der Welt aufstellen› zu können». Newton selbst war in seinen späteren Lebensjahren lange Zeit als Aufseher des Münzwesens tätig und nahm in dieser Eigenschaft eine Verbesserung und Ordnung des britischen Währungssystems vor. Er ging an die Münzmanufaktur mit der ganzen Gründlichkeit und Genauigkeit seiner naturwissenschaftlichen Versuche heran und wurde damit zum Schöpfer der wissenschaftlichen Ökonomie, wie sie noch heute existiert. Andererseits verfolgte er jeden, der gegen seine unerbittlichen Gesetze verstieß, und brachte alle an den Galgen, die Münzen beschnitten («wippten») oder die Währung fälschten. Wissenschaft war in London wahrhaftig Macht.

Am erfolgreichsten war der Londoner Genius auf dem Gebiet der Induktion und des mathematischen Beweises, die beide auf genauer Beobachtung von Einzeldingen beruhen. John Wallis stellte, wiederum laut Macaulay, «das ganze System der Statik auf eine neue Grundlage», während Edmond Halley die Prinzipien des Magnetismus und der Meeresströmung erforschte. So gingen vom Crane Court im Herzen Londons Gedankenfäden aus, die die Erde mit dem Meer und dem Himmel verbanden. Der Gedanke mag verstiegen erscheinen, dass eine einzelne Stadt das Denken oder die Wissenschaft ihrer Bewohner soll beeinflussen können, aber niemand Geringerer als Voltaire hat bemerkt: «Ein Franzose, der nach London kommt, findet alles ganz anders, in der Naturwissenschaft wie überall sonst. In Paris sieht er das Weltall zusammengesetzt aus feinstofflichen Wirbeln; in London sieht er nichts dergleichen. Für den Cartesianer ist das Licht in der Luft gegenwärtig; für den Newtonianer kommt es in sechseinhalb Minuten von der Sonne. Eure Chemiker führen alle ihre Versuche mit Saurem, Basischem und Feinstofflichem durch.» Wieder einmal steht der Pariser Geist des theoretischen Forschens in implizitem Gegensatz zur praktischen Ausrichtung der Londoner Wissenschaft. «Wo hat Philosophie ihr Adlerauge?», fragt Cowper und gibt gleich selbst die Antwort:

«In London: dort, wo ihres Werkzeugs Zwang
Berechnend, kalkulierend, überschlagend
Abstand, Bewegung, Größe misst, wo sie
Wägt ein Atom und gürtet eine Welt.»

Es wird gelegentlich behauptet, Ende des 18. Jahrhunderts hätten sich Klima und Tempo der industriellen Entwicklung aus London in die Fabrikstädte des Nordens verlagert. Aber damit verkennt und unterschätzt man den mächtigen Elan der in der Hauptstadt ansässigen praktischen Intelligenz. Robert Hooke, einer der Gründer der Royal Society, war der

Dieser Kupferstich von Johannes Stradanus zeigt das typische Arbeitszimmer eines Astronoms und Mathematikers im elisabethanischen Zeitalter – mit Magnetstein, Globus, Stundenglas, Sextanten und einem Schoßhund.

unmittelbare Anreger so mancher technischen Errungenschaft seiner Zeit, während die außerordentlich präzisen Werkzeugmaschinen von Henry Maudsley in Lambeth hergestellt wurden. 1730 kam John Harrison nach London, um seinen Schiffschronometer weiterzuentwickeln, für den er erstmals Breitengrade einführte. Von diesem Geist waren auch die Maschinentechniker des 19. Jahrhunderts erfüllt, die in ihren Werkstätten den Dampfhammer und die automatische Mule-Spinnmaschine bauten. Lambeth war also noch immer ein Zentrum der Umgestaltung.

In echter Londoner Tradition verwandelte sich Wissenschaft auch in Theater, in Form von Vorträgen und Demonstrationen in der ganzen Stadt. Vor allem das frühe 19. Jahrhundert erlebte eine starke Nachfrage des Publikums nach wissenschaftlichem Wissen. Die London Institution in Moorfields, die Surrey Institution an der Blackfriars Bridge, die Russell Institution in Bloomsbury, die City Philosophical Society waren nur einige der vielen Vereine und Gesellschaften, die sich der Verbreitung der neuen Kenntnisse widmeten. Die ganze Stadt wimmelte von Gesellschaften, die in den 1820er und 1830er Jahren gegründet worden waren, darunter die Geologische, die Astronomische, die Zoologische, die Medizinisch-Botanische, die Statistische, die Meteorologische und die Britische Medizinische Gesellschaft. Auch gab es in der Hauptstadt viele Erfinder und Theoretiker, die sich hier begegnen und zusammen arbeiten konnten. Die Beiträge zum Abschnitt über «das wissenschaftliche London» in *London World City* vermerken: «London war ein maßgebliches Instrument, um neue Spezialdisziplinen zu schmieden.» Es war, als würden in dieser hitzigen Atmosphäre neue Waren produziert und vermarktet. Bessemer entwickelte in St Pancras sein Verfahren zur Stahlherstellung, während Hiram Maxim in seiner Werkstatt in Clerkenwell das Maschinengewehr erfand.

«Es ist traurig, aber wie ich fürchte nur allzu gewisslich wahr, dass kein anderer Ort als diese schmutzige, rauchverhangene Stadt geeignet ist, naturgeschichtliche Bestrebungen zu unterstützen.» Charles Darwin, *1837 nach seiner Rückkehr nach London von einer Weltreise.*

Die pragmatische, praktische Ausrichtung der Londoner Wissenschaft wurde dann in der wissenschaftlichen Lehre weitergegeben. 1826 entstand in Bloomsbury das erste Londoner Universitätscollege mit ausgesprochen utilitaristischen Zielen; sein Zweck war nicht die Ausbildung von Gelehrten und Geistlichen nach dem Vorbild Oxfords oder Cambridges, sondern die Ausbildung von Ingenieuren und Ärzten. Es war eine echt Londoner Institution, zu deren Gründern Linksradikale, Dissenters, Juden und Utilitarier gehörten. So ist es kein Wunder, dass sie von einem radikal egalitären Geist erfüllt war, was schon mit der Aufnahme nichtanglikanischer Studenten begann. Aus dem College in Bloomsbury wurde 1836 eine Universität, die zwölf Jahre später ihre Pforten auch für Frauen öffnete und um die Jahrhundertmitte zusätzliche Abendkurse für Arbeiter einrichtete.

Die Universität begann auch, Wissenschaft als eigene Disziplin zu unterrichten, und richtete 1858 die erste «Fakultät der Wissenschaft» ein; ferner entstand eine medizinische Fakultät, die in so unterschiedliche Bereiche wie Mathematik und Vergleichende Anatomie ausgriff. Eine vorwärts gewandte, forschende Energie beseelte all diese Vorhaben. Man hat von der «Energie des Imperiums» gesprochen, da die ungeheure Kraft und Ressourcenfülle des damaligen Londons, als des Mittelpunkts der imperialen Welt, deren sämtliche Lebensaspekte zu durchdringen wusste. Anfang des 19. Jahrhunderts erblickten – wiederum laut *London World City* – Statistiker, Mathematiker und Ingenieure in dieser Stadt den «potenziell universalen Mittelpunkt aller Kalkulation, von wo Handel und Maschinen ein weltweites Netzwerk britischer Macht knüpfen würden». 1820 gründete Charles Babbage im Verein mit Kollegen wie Herschel die Astronomische Gesellschaft, und zwar im Rahmen einer Versammlung in der Freimaurer-Schenke in der Great Queen Street. In seiner Werkstatt baute Babbage eine «Differenzmaschine», einen Rechenapparat, der zum Vorboten des modernen Computers wurde, und so darf man sagen, dass die Informationstechnologie selbst in London entstanden ist. Im Zuge seiner Erfindung hatte Babbage Präzisionsingenieure und natürlich geschickte Arbeiter beschäftigt, so dass die Kapitale einmal mehr zur Heimat von bedeutender technischer Innovation und technologischem Fortschritt wurde.

Baufieber

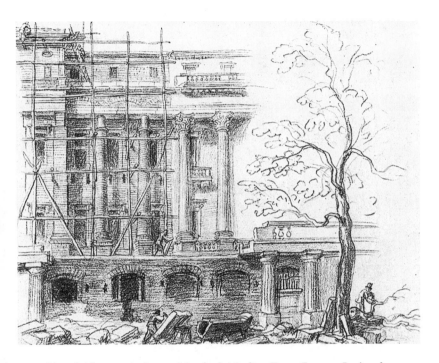

Diese Zeichnung von George Scharf zeigt Carlton House Trace zu Beginn der dreißiger Jahre des 19. Jahrhunderts, wie es John Nash im Zuge seiner umfassenden Verschönerungsversuche gebaut hatte.

55. Der Umbau Londons im 18. und 19. Jahrhundert

Mitte des 18. Jahrhunderts begann London stoßweise und geradezu fiebrig zu expandieren, in einem Zyklus von Profit und Profitmacherei. Die Fiebermetaphorik griff 1787 Henry Kett auf: «Die Ansteckung mit der virulenten Bauseuche hat jetzt auch auf das flache Land übergegriffen, wo sie mit unverminderter Heftigkeit wütet. Eigentlicher Krankheitsherd ist offenkundig die Hauptstadt. Täglich entstehen neue Wohnhäuser auf den Marschen von Lambeth, an den Straßen Kensingtons und auf den Hügeln von Hampstead. Die Kette der Bauten schließt das Land so fest mit der Stadt zusammen, dass der Unterschied zwischen Cheapside und St George's Fields verloren geht. Dieser Gedanke senkte sich einem Jungen, der in Clapham lebt, mit solcher Gewalt in die Seele, dass er ausrief: ‹Wenn sie in dem Tempo weiterbauen, haben wir London bald vor unserer Haustür!›» Als aus diesem Jungen ein Erwachsener geworden war, hatte sich seine Voraussage erfüllt.

Eine Gefahr für die «Hügel von Hampstead» war unter anderem die «New Road» von Paddington nach Islington, mit der 1756 begonnen wurde; sie diente als Alternative zu den engen, ungepflasterten Wegen, die ins Stadtzentrum führten, und galt eine Zeit lang als nördliche Umgehungsstraße, die als Grenze zwischen Stadt und Land fungierte – besser gesagt zwischen der Stadt und einem Sammelsurium von Ziegeleien, Ausflugslokalen, Obstgärten, Kuhställen, Trockenplätzen, Parzellen und aufgeweichten, marschartigen Wiesen, die zu allen Zeiten typisch für den Boden rings um London waren. Doch dann, mit der Errichtung von Somers Town und Pentonville, Camden und Kentish Town, sprang die Stadt wie mit einem Satz auf die andere Seite der New Road. Der «neue Weg» wurde zu einem Weg innerhalb, nicht außerhalb der Stadt, und so ist es bis heute geblieben.

Die «Marschen von Lambeth» erschloss man durch eine gezieltere Maßnahme, die das Tempo des Wirtschaftslebens in der Stadt beschleunigen und die Hauptstadt nach ihren äußeren Regionen hin öffnen sollte. Bis 1750 hatte nur die London Bridge als Verbindung zwischen der nördlichen und der südlichen Seite der Themse fungiert; Mittelpunkt des Handelsverkehrs war der Fluss selbst. Der Bau der Westminster Bridge jedoch brachte ein völlig neues Verhältnis zwischen dem nördli-

Der zwischen 1738 und 1750 durchgeführte Bau der Westminster Bridge erwies sich als so erfolgreich, dass vier weitere Brücken – Blackfriars, Vauxhall, Waterloo und Southwark – folgten. Die London Bridge selbst wurde ihrer Häuser und Läden entkleidet, um sie für die temporeichere Bewegung der neuen Zeit tauglicher zu machen.

chen und dem südlichen Teil Londons mit sich; beide waren nicht mehr isoliert und getrennt, fast wie zwei verschiedene Länder mit einem gemeinsamen Grenzfluss, sondern verwuchsen miteinander. Man baute eine neue Straße von dieser Brücke knapp einen Kilometer nach Lambeth hinein, wo sie auf vorhandene Straßen traf, die ihrerseits verbreitert und verlängert wurden, so dass ein frei zugängliches Wegenetz «zur Förderung von Handel und Verkehr» zwischen beiden Teilen der Stadt entstand. Dabei wurden sowohl Kent als auch Surrey so bequem zugänglich, dass weite Teile des flachen Landes unter Straßen und Häuservierecken verschwanden.

Jeder ging jetzt schneller; alles ging jetzt schneller. Auch die Stadt wuchs schneller, und der Verkehr in ihr wurde immer geschwinder und entwickelte einen Schwung, der bis heute nicht erlahmt ist. In der zweiten Hälfte des 19. Jahrhunderts waren die Beweise für Londons Handelsmacht und seine künftige imperiale Geltung bereits sichtbar. Die Stadt war dabei, ihre Bande komplett zu sprengen und die erste Weltmetropole zu werden. Und so beseitigte man fast instinktiv die alten Grenzen und Torwege; in einem symbolischen Akt des Verzichts rüstete sich London für seine Zukunft.

Die «Straßen Kensingtons» sahen also schon die Stadt auf sich zukommen. Anfang des 18. Jahrhunderts wurde die Gegend von Mayfair, südlich der Oxford Street und östlich des Hyde Park, mit einer Reihe von Straßen und Häuservierecken bebaut; das unmittelbar benachbarte Gebiet nördlich der Oxford Street nahm das Gut Portland ein. Es entstanden der Cavendish Square, der Fitzroy Square und der Portman Square. 1737 wurde der Grosvenor Square fertig gestellt, der mit seinen knapp 25 000 Quadratmetern noch heute das größte Wohnhäuserviereck Londons ist. Daran schloss sich, nur drei Straßen weiter, der Bau des Berkeley Square an, so dass die ganze Gegend von einheitlicher Zucht und Erscheinung war. Die Idee des Häuservierecks samt anschließenden Straßen ergriff von London Besitz. Das Gut Bedford in Bloomsbury, aus Covent Garden hervorgegangen, wurde 1774 zum Bedford Square ausgebaut; 25 Jahre später folgten der Russell Square, der Tavistock Square, der Gordon Square und der Woburn Square samt ihrem Netz von Straßen voller Reihenhäuser. Auf dem Gut Portman wiederum entstanden der Dorset Square, der Portman Square und der Bryanston Square. Ein Häuserviereck um das andere, die London das uns heute so vertraute Gesicht gaben.

Aber dabei ließ es die Stadt nicht bewenden. Die östlichen Stadtbezirke Shoreditch, Whitechapel und Bethnal Green setzten ihr stetiges Wachstum fort, während sich an den neuen Verkehrswegen südlich der Themse

Gebiete wie Southwark, Walworth, Kennington und St George's Fields erhoben. Felder waren nicht mehr mit Getreide bedeckt, sondern mit Straßen und Häuserzeilen. Die Bevölkerung selbst expandierte, um den Bedürfnissen Londons gerecht zu werden, so dass aus den 650000 Einwohnern von 1750 fünfzig Jahre später eine Million geworden waren. Zwar überstieg die Zahl der Taufen erst 1790 die der Beisetzungen, aber seither war dieser Schwung nicht mehr zu bremsen. Nach 1800 wuchs die Bevölkerung in fünf Jahrzehnten hintereinander um jeweils 20 Prozent.

Ende des 18. Jahrhunderts war die «City of London» nur ein Teil der Stadt; anstatt die Quintessenz der Kapitale zu sein, hatte sie sich in eine Enklave innerhalb Londons verwandelt. Das bedeutete freilich keine Schmälerung ihrer Macht: Die geringe Wohnbevölkerung und die damit einhergehende Auslagerung diverser Gewerbe und Berufe erlaubten es der City, ihre Energien umso wütender auf Handelsspekulationen zu stürzen. Die City wurde zum reinen Standort für Geschäfte. Sie blieb die finanzielle Welthauptstadt, auch wenn sie nicht einmal die Hauptstadt Englands war; zu diesem Zweck erschuf sie sich in jeder Generation neu. Viele der großen Zunfthallen wurden umgebaut oder bekamen eine neue Fassade; die größten Handelsunternehmen, Privatbanken und Versicherungsgesellschaften bebauten ihre Grundstücke in einem prunkvollen Stil und imitierten (beziehungsweise antizipierten) dabei die Bank von England und die Börse. Die City wurde wirklich eine Stadt des Gottes Mammon, mit ihm geweihten Bezirken, Labyrinthen und Tempeln. Es gab ein neues Zollamt, ein neues Akzisenamt und eine neue Fondsbörse, während Sir John Soane und George Dance alle ihre Talente an einen «Klassizismus» wandten, der nicht unbeeinflusst war von ihrer Bekanntschaft mit den Mysterien Piranesis und der ägyptischer Formgebung. Die Schleifung der alten Stadtmauern erlaubte eine weitere Entwicklung an den nördlichen Stadträndern, wo Moorfields und der Finsbury Circus angelegt wurden. Krankenhäuser und Gefängnisse wurden umgebaut oder renoviert, wobei allerdings nicht klar ist, welche dieser Anstalten die andere nachahmte.

Aber auch während London wuchs, bewahrte und vertiefte es seinen inneren Halt. Es gab einschlägige Gesetze über Straßenbau, Straßenbeleuchtung, Straßenbepflasterung. Das Baugesetz von 1774 hatte eine größere Auswirkung auf London als jede andere gesetzgeberische Maßnahme. Es führte für Häuser vier vereinfachte Standardkategorien ein, wodurch weite Stadtgebiete ein einheitliches Erscheinungsbild bekamen. Diese Methode, das ungeheure Wachstum zu kontrollieren und seine

Identität zu wahren, schloss die Säuberung der Stadt von allem Übertriebenen und Theatralischen ein.

Doch eine solche Übung in städtebaulicher Uniformität konnte nicht gelingen. London war zu groß, um von einem einzigen Stil, einer einzigen Norm beherrscht zu werden. Keine andere Stadt war so parodistisch und so eklektisch wie London, das sich seine Architekturmotive aus einem Dutzend Zivilisationen zusammenklaubte, um seine eigene Stellung als großartigste und formidabelste von allen zu unterstreichen. In ein und derselben Straße suchten indische, persische, gotische, griechische und römische Motive einander den Rang abzulaufen. Es sagt zum Beispiel viel über die Uneinheitlichkeit der Stadtentwicklung in dieser Zeit aus, dass so ungleichartige Baumeister wie Robert Adam und William Chambers gleichzeitig und nur wenige hundert Meter voneinander entfernt an eklatant unterschiedlichen Projekten arbeiteten, die noch heute das Stadtbild prägen; Chambers hatte die Bauaufsicht über Somerset House, während Adam am Adelphi arbeitete. Wo Adelphi leicht und eigenwillig anmutete, war das aus Portland-Stein gebaute Somerset House mit seiner langen Fassade, mit seinen Säuleneinschüben, Arkaden und flachen Dreiecksgiebeln von einer soliden und konservativen Grundstimmung; das eine ist das Werk eines erfindungsreichen Genies, das andere die Frucht akademischer Feierlichkeit. Aber in der Stadt hatten beide Baumeister ihren Platz.

1775 ließ Georg III. das alte Somerset House, das 1547 errichtet worden war, abreißen und von dem Architekten William Chambers neu errichten, in einem Stil, der an Palladio und Piranesi erinnert.

Der einzige von dauerhaftem Erfolg gekrönte Versuch, Einheitlichkeit und Ordnung in das Londoner Chaos zu bringen, war das großartige Projekt, den St James's Park im Süden mit dem Regent's Park im Norden zu verbinden. Mit dem Bau der Regent Street und des Waterloo Place bleibt dies die bedeutendste Übung in Stadtplanung, die die Metropole aufzuweisen hat. Der Architekt John Nash (1752–1835) legte die Regent Street zugleich als Geschäftsstraße und als Ausdruck imperialer Macht an; die Opfer, die für diesen Straßenzug gebracht wurden, waren beträchtlich: 700 Grundbesitzer wurden entschädigt. Den so genannten Quadranten, die sanfte Kurve der Häuserzeile am Piccadilly Circus, musste Nash selbst finanzieren. Er formulierte auch die Pläne zum Trafalgar Square, schuf die Voraussetzungen für den Piccadilly Circus, entwarf den Neubau des Buckingham-Palasts, legte die Häuserzeilen im Umkreis des Regent's Park an und schuf den Oxford Circus. Die Stadt London, schreibt Fürst Pückler-Muskau 1826, habe sehr gewonnen. «Sie sieht nun erst ... einer Residenzstadt ähnlich, nicht mehr wie sonst einer bloßen unermesslichen Hauptstadt für *Shopkeepers*, nach weiland Napoleons Ausdruck.»

Aber die Aura eines Regierungssitzes wurde nur dadurch gewonnen, dass man eine Demarkationslinie zwischen ärmeren und reicheren Stadt-

Die Regent Street im 19. Jahrhundert, mit von Pferden gezogenen Omnibussen.

vierteln zog. Die Armen wurden aus dem Gesichts- und Geruchsfeld der Reichen verbannt. Nash selbst erklärte, dass es sein Ziel sei, eine Trennungslinie oder Barriere zu schaffen «zwischen den Straßen und Plätzen, die der Adel und der Stand der Gebildeten und Besitzenden bewohnen», und den «engen Straßen und bescheideneren Häusern, wo Handwerker und der gewerbetreibende Teil des Gemeinwesens leben».

Man hat unterstellt, dass Nashs Leistung nicht der Geschichte und Atmosphäre der Stadt entsprochen habe; er war aber ein gebürtiger Londoner, der durch das Legat eines Onkels, der Kaufmann war, zu Wohlstand gelangte; er war ein Freund des Prinzen von Wales und späteren Georg IV., für den er die Regent Street als Via triumphalis plante; er war ein Mann, der in jeder Hinsicht die Mechanismen der Stadt verstand. Aus dieser Wurzel entsprang zum Beispiel sein theatralischer Genius, und man hat bemerken wollen, dass der geschwungene Bogen der Regent Street an ein Amphitheater erinnere. Seine großen Entwürfe Trafalgar Square, Buckingham-Palast und Oxford Circus wiederum können als eine Form von populärer Bühnenkulisse angesehen werden, welche die ganze Energie und Schaulust Londons zu einem großen Werk von sinnreicher Kunstfertigkeit verbindet. Als sich Nash den Rückfall des Marylebone Parks an die Krone im Jahre 1811 zunutze machte und aus einem nicht weiter bemerkenswerten Stück Land den Regent's Park formte, bot er sein ganzes Geschick als Bühnenbildner auf, um einen großartigen doppelten Umkreis zu konzipieren, in dessen Mitte sich eine so genannte «Nationale Walhalla» erheben sollte. Finanzielle Beschränkungen machten jedoch die Verwirklichung dieses Planes unmöglich; was auf dem Trümmerhaufen von Nashs Ambitionen entstand, waren acht Villen und der Ring von Häuserzeilen, die noch heute das besitzen, was Sir John Summerson einen «außerordentlichen malerischen Reiz» nennt: «Traumpaläste voller grandioser, romantischer Ideale», doch hinter der pittoresken Szene sind diese Häuser «identisch in ihrer Schmalbrüstigkeit, ihrer Anmaßung, der Ärmlichkeit ihres Entwurfs». Die Häuserzeilen des Parks, befindet er, seien ein «architektonischer Witz – eine bizarre Mischung aus Phantasie und Schwulst». Insofern vermitteln sie die vulgäre Theatralik und opportunistische Gesinnung der Stadt und des Baumeisters selbst; und deshalb scheinen die großen Touristenattraktionen Buckingham-Palast, dessen Westfront Nashs Handschrift trägt, und Trafalgar Square die Besucher selbst auf den Arm zu nehmen.

In anderer Hinsicht haben die Zwänge des Kommerzes und der Grundstücksspekulation Nashs Traumstadt rettungslos beschädigt. Die Regent Street war ursprünglich unter kommerziellen Gesichtspunkten angelegt worden, indem man Grundstücke in erstklassiger Lage an die-

ser Straße verkaufte; aber was aus Kommerz geboren ist, geht am Kommerz zugrunde: Die Säulen tragenden Arkaden, die die Einkäufer und Passanten vor Wind und Regen schützen sollten, wurden 1848 mit der Begründung abgerissen, sie würden die Geschäfte zu dunkel machen. Dieser Verlust verrät auch eine allgemeinere Wahrheit über London, wo groß angelegte, weiträumige Erschließungsvorhaben selten erfolgreich sind. Die schönsten öffentlichen Gebäude Londons, zum Beispiel die Bank von England, stehen irgendwie verschwiegen und zurückgezogen, so als wollten sie nicht allzu viel von sich hermachen.

*

Das «verbesserte» London des frühen 19. Jahrhunderts hatte seine eigene Schwungkraft entwickelt. Die National Gallery, das Britische Museum, der Marble Arch (das Eingangstor zum Hyde Park), der Westminster-Palast, die Chirurgische Fakultät, das Gerichtsgebäude, Schranke und Bogen an der Hyde Park Corner, das Hauptpostamt in St Martin's le Grand, die Londoner Universität, die Inner und die Middle Temples sowie diverse Theater, Krankenhäuser, Gefängnisse und Herrenclubs – sie alle veränderten Londons Aussehen. Zum ersten Mal wurde es eine öffentliche Stadt. Die detailgetreuen Zeichnungen George Scharfs aus dieser Zeit (s. Farbbildteil) legen aufschlussreiche Rechenschaft von den Arbeiten ab. Vor dem halb fertigen Marble Arch steht ein großer fahrbarer Kran, während ein Mann mit Zylinder auf einem hölzernen Gerüst steht und sich Notizen macht; ein neuer Portikus wird gebaut, und Scharf registriert die Eisenstange, die, mit Ziegelsteinen umkleidet, einen Pfeiler abgeben wird; Stukkateure sind am Werk, auf hölzernen Gestellen balancierend, während zwei Arbeiter an einem Seil einen Balken hochziehen. Dies sind Ansichten von Baustellen, wie sie in London zu jedem beliebigen Zeitpunkt der vergangenen sechshundert Jahre hätten entstehen können. Gebaut und umgebaut wird hier zu allen Zeiten. Doch Scharf betont das menschliche Maß dieses neuen Londons, vor der Heraufkunft der viktorianischen Megalopolis. Er zeigt keine Menschenmassen, sondern die Bürger in Gruppen oder als Paar; aus höher gelegenen Fenstern sieht man auf Menschen im Gespräch hinunter, und das besondere Interesse des Malers gilt bestimmten Gewerben und dem Namen einzelner Geschäfte oder Ladenbesitzer. Trotzdem gelingt es ihm, in diesem Kompendium lokaler Einzelheiten die Stimmung von Fortschritt und Erneuerung einzufangen; etwas Begeisterndes liegt in der Luft. Die Stadt hatte zwar etwas von ihrer alten, kompakten Intensität verloren, aber sie hatte ihren Sinn für das Hinreißende wiedergewonnen. Als Talleyrand 1830, nach einem Intermezzo von 36 Jahren, wieder nach London kam, fand er die Stadt «viel schöner»; ein amerikanischer Besucher meinte sogar, sie sei «tausendmal schöner». Und ein durchreisender italienischer General schrieb 1834: «London ist eine überaus schöne und prächtige Stadt geworden; mit einem Wort, es ist die führende Kapitale der Welt.»

Aber hatte es eine entsprechende Verbesserung auch im Leben der Londoner Bürger gegeben? Einige Zeitgenossen glaubten, dass hier wirklich ein Zusammenhang bestand. Francis Place, der Londoner radikaldemokratische Reformer, behauptete: «Der Fortschritt bei der Kultivierung der Sitten und der Moral scheint mit der Verbesserung in Künsten, Manufakturen und Handel Hand in Hand gegangen zu sein. Zuerst bewegte er sich langsam, aber seither hat er ständig an Geschwindigkeit zugenommen. ... Wir sind heute viel bessere Menschen, als wir es damals [1780] waren, gebildeter, ernsthafter und hochgesinnter, weniger ungehobelt und brutal.» Diese schwärmerische Beschreibung mag verwundern, wenn man bedenkt, mit welch drastischer Kritik später so unterschiedliche Autoren wie Engels und Booth das viktorianische London bedacht haben, aber man sollte Place dennoch ernst nehmen. Er kannte London sehr genau, und er registrierte eine deutliche Abnahme gewalttätiger Massenkrawalle.

In der Tat hatten die «Verbesserungen» mit ihren neuen Straßen sowie den Veränderungen des Transportwesens eine generelle, tief reichende Auswirkung auf die Natur der Stadt. Der Stadthistoriker Donald Olsen schreibt in *The Growth of Victorian London*: «Das 19. Jahrhundert erlebte die systematische Einteilung Londons in homogene, auf einen einzigen Zweck spezialisierte Stadtviertel. Bei jeder neuen Entwicklung wurde die strikte Trennung der sozialen Schichten zur Vorbedingung des Erfolgs.» Die Verallgemeinerung ist vielleicht zu gewagt, da es weiterhin

Gegenden in London gab, wo Arm und Reich genötigt waren, sich zu mischen, aber sie rührt doch an eine wichtige Wahrheit. Es ist dieselbe Wahrheit, die Francis Place – teilweise und unbewusst – aussprach. Die Laster der Armen waren nicht mehr zu sehen, daher musste es eine Besserung gegeben haben. In Wirklichkeit waren die Armen in Elendsviertel abgedrängt worden, die die neue Stadt durch den Abriss ihrer alten, schmutzigen Hintergässchen geschaffen hatte. Sie waren «hinter den Kulissen» des neu dramatisierten London verschwunden.

56. Notting Hill, Paddington, Islington und Soho

D ie Vielfalt der Londoner Viertel ist unerschöpflich. Die Lebhaftigkeit Walthamstows, der traurige Niedergang Pimlicos und des Mornington Crescent, das Durcheinander von Stoke Newington, die scharfe Luft von Brixton, die erfrischende Vornehmheit von Muswell Hill, die Erregung am Canary Wharf, die Überspanntheit Camden Towns, die Bedrohlichkeit Stepneys, die Müdigkeit von Limehouse – sie alle können in der großen Litanei Londons aufgerufen werden. Jeder Londoner hat seinen Lieblingsplatz, sei es der Victoria Park in Hackney oder die Long Lane in Southwark – wobei man zugeben muss, dass die meisten Einwohner kaum etwas anderes kennen als ihr eigenes Stadtviertel. Die meisten Londoner Bürger definieren sich über ihre unmittelbare Nachbarschaft.

In *The Napoleon of Notting Hill* malt sich G. K. Chesterton ein London aus, worin jeder Stadtteil auf seine eigene Weise auftrumpft, zum Beispiel «Clapham mit einer Stadtwache. Wimbledon mit einer Stadtmauer. Surbiton läutet eine Glocke, um seine Bürger zu alarmieren. West Hampstead zieht mit einem eigenen Banner in die Schlacht.» Über das im Titel seines Buches angesprochene Stadtviertel schreibt er: «Etwas wie Notting Hill hat es bisher in der Welt nicht gegeben. Es wird bis zum Jüngsten Tag mit nichts zu vergleichen sein.» Und zumindest hiermit wird er Recht behalten.

Wo heute Notting Hill Gate steht, befand sich in römischer Zeit ein Leuchtturm; in St John's Vicarage, unweit des Ladbroke Grove, wurde ein römischer Sarkophag gefunden. Der Name des Stadtteils verweist auf eine Gruppe von Sachsen, die «Söhne des Cnotta». 1700 Jahre lang war es offenes Weideland, das für seinen Frühling und seine gute Luft bekannt war; im 18. Jahrhundert gab es hier eine Kolonie von Ziegel-brennern und irischen Schweinehirten, die den ländlichen Frieden der Gegend gestört zu haben scheinen. Beschwerden wurden vorgebracht, aber nichts geschah. Es war eines der besonderen Merkmale Notting Hills, dass diese Siedlung zwar mit der Stadt verbunden war, aber nicht zu ihr gehörte und sich daher durch eine «gemischte» städtisch-ländliche Atmosphäre auszeichnete.

In den 1850er Jahren wohnten am östlichen Ende der High Street von Notting Hill «Privatiers, Ausländer, Abenteurer oder achtbare heimliche *employés* der Handelshäuser im West End». Fünfzig Jahre später klagt Percy Fitzgerald darüber, dass die großen Terrassen und Häuser «durch-setzt» seien von «geschmacklosen Geschäften und dem ganzen vulgären Beiwerk des Verkehrs». Dort, wo heute die Kensington Park Gardens und der Ladbroke Grove aneinander stoßen, wurde 1837 eine Renn-bahn eröffnet; sie war als «Hippodrom» bekannt und, wenn man der Werbung glauben wollte, «als Rennplatz größer und attraktiver als As-cot oder Epsom». Die Anlage war jedoch ein finanzieller Misserfolg, so dass das Gelände nach 1840 mit Häusern und Villen bebaut wurde.

So nahm das Viertel sukzessive seine gegenwärtige Gestalt an, nicht ohne dass freilich ein Zyklus von Spekulationen und Bankrotten einen weiteren typischen Akzent gesetzt hätte. In den 1820er Jahren versuchte James Ladbroke vergebens, die Gegend zu erschließen; im Boom der 1840er Jahre wurden große Bauvorhaben in Angriff genommen, bevor die Spekulanten durch die Pleite der 1850er Jahre Bankrott gingen. 1860 war Notting Hill laut den *Building News* ein «Friedhof begrabener Hoffnungen, voller nackter Gerüste, abbröckelnder Ornamente, zerbors-tener Mauern und schmierigem Zement. Wer es berührt, verliert bei dem Unterfangen Mut und Geld.» Seit jener Zeit wiederholt sich mit schöner Regelmäßigkeit ein Muster von Verfall und Wiederaufbau. So setzte um 1870 eine neue Welle der Regsamkeit und Besiedlung ein, während ein Jahrzehnt später vieles von der imposanten Erneuerung des Ortes schon wieder verschwunden war. Als am Earl's Court – der immer eine Wild-nis blieb – die Stadtentwicklung ins Stocken geriet und scheiterte, gab es einen neuen Aufschwung zugunsten Notting Hills, der in den 1890er Jahren noch an Intensität zunahm. Doch in den ersten Jahrzehnten des 20. Jahrhunderts begannen die Stukkaturen an den herrschaftlichen Häusern der Kensington Park Gardens und ihrer Umgebung einmal mehr zu verblassen und abzufallen. In den 1930er Jahren, kaum hun-dert Jahre nach ihrer Errichtung, wurden die großen Häuser in Miets-häuser umgewandelt, und dort, wo einst die so genannte «obere Mittel-schicht» zu Hause gewesen war, wohnten jetzt «Wiener Professoren, indische Studenten und ‹möblierte Ladenfräuleins›». Das schreibt Osbert Lancaster, der in dieser Gegend gewohnt und den Niedergang ihrer «eduardianischen Gediegenheit» miterlebt hat.

Ende 1940 aber verkam Notting Hill zu einem Slumviertel mit zerbrochenen Fensterscheiben und räuberischen Vermietern. Während der 50er Jahre sammelten sich hier Einwanderer aus der Karibik, wie vor ihnen Iren, was wiederum zu Krawallen führte; in den 60er und Anfang der 70er Jahre wurde Notting Hill dann – gerade wegen dieser gemischten und heterogenen Vergangenheit – zum Zufluchtsort für alle, die wie die damaligen Hippies eine gewisse verquere Formlosigkeit verlangten, in der sie ihr Leben einrichten konnten. Ramponierte Straßen und Balkone verbanden sich mit dem Straßenmarkt an der Portobello Road zu einer Atmosphäre fröhlichen Untergangs.

Dann schienen sich – in einem jener seltsamen, instinktiven Umschwünge städtischen Lebens – die Zustände in Notting Hill allmählich wieder zu verändern. 1967 hatte man weite Teile von Notting Hill unter Denkmalschutz gestellt, so dass die ursprünglichen, um 1850 entstandenen Straßen privilegiertes Territorium und dem Zugriff von Spekulanten und Sanierern entzogen wurden. Ende der 1970er Jahre lockte dieser Sonderstatus wieder jene reichen Londoner an, die dem Viertel fünfzig Jahre zuvor den Rücken gekehrt hatten. Nach und nach wurden die für Notting Hill einst typischen züngelnden Stukkaturen wieder hergestellt, und wer im Jahre 2000 die Kensington Park Gardens entlangging, erlebte diese breite Verkehrsader so, wie sie 150 Jahre zuvor entstanden war.

In den letzten Jahren hat sich das Viertel eine gewisse Solidität und Festigkeit des Zwecks zugelegt; es ist nicht mehr so fließend und heterogen wie früher. Es hat sich mit seiner Vergangenheit ausgesöhnt; natürlich gibt es hier noch immer Bereiche relativer Armut und Entbehrung – so beherrscht der Trellick Tower auf dem Gut Kensal den nördlichen Horizont und taucht den Markt auf der Golborne Road zu seinen Füßen in die Atmospäre eines traditionellen, ärmlichen Zusammenlebens. Hier kündigt sich auch schon das Labyrinth von West Kilburn, nördlich der Harrow Road, an. Aber Notting Hill selbst hat sich seinen Charme und seine gute Laune bewahrt – hauptsächlich deshalb, weil es sich mit seinem Schicksal abgefunden hat.

Und nun gehe man gen Nordosten und entdecke das traurige Paddington, das immer als Ort des Durchgangs und des Übergangs verlästert worden ist. Hierin ähnelt es anderen Einfallstoren in die Stadt. So hat die Gegend um die Eisenbahnstation King's Cross durch Reisende und

Eingezwängt zwischen dem verwirrend kosmopolitischen Queensway und dem trübsinnigen Shepherd's Bush, ist Notting Hill heute eine Enklave ruhiger städtischer Behäbigkeit.

Touristen, die es in die angrenzenden Straßen zieht, eine wechselnde Bevölkerung angelockt. Die Umgebung der Victoria Station ist anonym und freudlos. Aber Paddington ist von einer ganz eigenen Trostlosigkeit. Es ist in mehr als einem Sinne ein Ort des Durchgangs – eine der wichtigsten Stätten war hier einst der Galgen von Tyburn. Auch hat Lord Craven etwas Land gestiftet, das heute von Craven Gardens eingenommen und, sollte London dermaleinst von einer neuen Pestepidemie heimgesucht werden, der Stadt als Gräberfeld zur Verfügung stehen wird. Die derzeitigen Bewohner von Craven Gardens wissen vermutlich gar nichts von dieser edlen Absicht. Neben dem Bahnhof steht das Krankenhaus, und das düstere, aus Ziegeln gemauerte Äußere der ursprünglichen Anstalt kündet auf seine Weise von dem Wissen um Übergang und Sterblichkeit. Die Botschaft Paddingtons – «trauernd und immer weinend» nach den Worten William Blakes, die älter sind als Eisenbahn und Krankenhaus – scheint zu sein, dass wir alle auf einer Art von Durchreise sind.

Wandern wir weiter nordöstlich, über die Cato Street, wo sich Anfang 1820 die Verschwörer gegen die Regierung trafen, weiter über die einstige New Road, die heute Marylebone Road heißt, vorbei an den geborstenen Säulen des alten Euston Arch vor dem modernen Bahnhof, vorbei am kalten, zugigen King's Cross, vorbei am Penton Hill, wo sich einst Druiden versammelt haben mögen, und vorbei an dem uralten Knüppeldamm, der unter dem modernen Stadtteil Angel noch existiert, so gelangen wir nach Islington.

Hier trugen die Römer ihre Kämpfe gegen Boudicca aus; es gibt Beweise für ein römisches Feldlager in Barnsbury, und die Gegend um King's Cross war einst als *Battle Bridge* [Schlachtenbrücke] bekannt. Unter der Liverpool Road gibt es einen heute vergessenen Fahrdamm, die Hagbush Lane. Eine Siedlung der alten Briten befand sich unmittelbar südöstlich von Islington Green. Der Sachsenkönig Æthelbert schenkte Islington den Domkanonikern von St Paul (daher der Name Canonbury), und aus dem *Domesday Book* geht hervor, dass die kirchlichen Behörden rund 500 Morgen Land besessen haben. Fitz-Stephen beschreibt dieses Gebiet als «Felder für Weiden und offene Wiesen, sehr gefällig, wohin sich gar das Wasser des Flusses ergießt und mit munterem Klappern Mühlen antreibt. Dahinter erstreckt sich ein unermesslicher Wald, verschönt durch Gehölze und Haine und voller Höhlen und Verstecke wilder Tiere – Rehe, Hirsche, Bären und wilde Stiere.» Hier ist das Thema «Wasser» bedeutsam, da es die spätere Geschichte Islingtons als eines Brunnquells der Gesundheit und Erholung beherrschte.

Auch dem Sport und der Jagd oblag man hier, außerhalb der Grenzen der Stadt, zu allen Zeiten, so dass der Ort für rund tausend Jahre ein Hort der Entspannung und Unterhaltung für jene wurde, die gewöhnlich Gefangene in ihrer Stadt waren. Aus der Zeit Heinrichs II. (1154–1189) wird berichtet: «Die Bürger spielten Ball, betätigten sich zu Pferde und vergnügten sich mit Vögeln wie Sperbern oder Bussarden und mit Hunden, um sich auf den Feldern von Islington die Zeit zu vertreiben.» Im 16. Jahrhundert schreibt Stow über Islingtons Felder, sie seien «bequem für die Bürger, um sich darauf zu ergehen, zu schießen oder sich auf andere Weise zu erholen und den abgestumpften Geist in der süßen und gesunden Luft zu erfrischen». Hier gab es Felder, die für Schießübungen reserviert waren; auf Plänen des 18. Jahrhunderts kann man noch fast 200 «Ziele» ausmachen, wobei den tüchtigsten Bogenschützen Titel verliehen wurden wie «Marquis von Islington», «Marquise von Clerkenwell» oder «Graf von Pancridge».

In Islington war es, dass Sir Walter Raleigh zum ersten Mal Tabak rauchte; an der Stelle seines Hauses stand später eine Wirtschaft für jene Bürger, die Erfrischungen anderer Art suchten. Islington war für seine Gasthäuser berühmt, darunter *The Three Hats*, *Copenhagen House* und das *Angel*, das seinen erbaulichen Namen einem ganzen Stadtteil lieh. Hier gab es auch Sadler's Wells, das Thermalbad Islington, das Pantheon in Spa Fields, die Englische Grotte in der Rosoman Street, das Thermalbad London und das Ausflugslokal *Penny's Folly* an der Pentonville Road; die ganze Gegend war mit Teegärten, Spazierwegen und Vergnügungsorten übersät. Charles Lamb, der große romantische Erforscher Londoner Altertümer, ließ sich hier 1823 nieder und zeigte laut William Hazlitt «großes Interesse an der Vorzeit von ‹Merrie Islington› ... Auch die alten Gastwirtschaften wurden aufgesucht, und im *Old Queen's Head* schmauchte er sein Pfeifchen und stürzte sein nussbraunes Bier hinunter.» Der Hauch von Freiheit, den Islington verströmte, umgab Lamb auch noch zwei Jahre später, als er bemerkte: «Es war wie der Übergang vom Leben in die Ewigkeit. ... Aber wenn immerzu Feiertag ist, gibt es gar keinen Feiertag mehr. ... Das Vergnügen war für flüchtige Mußetage; aber meine Mußetage sind flüchtig nur insoweit, wie das Leben selbst flüchtig ist. Freiheit und Leben gehen zusammen!» Aus diesem Grund gibt es so viele Balladen über Islington, darunter «The Bailiff's Daughter of Islington»; viele Jahrhunderte blieb es eine Insel der Sorglosigkeit.

An das Wohnhaus von Charles Lamb, Colebrook Cottage, wurden andere Häuser angebaut; daraus wurde eine Häuserzeile, die schließlich mit weiteren Häuserzeilen verschmolz, als London allmählich gen Nor-

den wuchs. Anfang des 19. Jahrhunderts errichtete man um das Colebrook Cottage Häuser «von sehr geringer und spärlicher Beschaffenheit», die später zu Slums verkamen. In den 1830er Jahren erbaute Gut
Northampton auf seinem leer stehenden Grund billige Mietshäuser,
während sechzehn Jahre später Gut Packington ein Netz von breiten
Straßen über diese Gegend legte, die noch heute seinen Namen trägt.
Bald war die ganze Region mit Häuserzeilen, Villen und jener allgemeinen Einheits-Erschließung überzogen, die für das krakenhafte Wachstum Londons charakteristisch war. Ein Heft der *Building News* von
1863 apostrophiert Islington als eine Gegend von «Schandparzellen, die
man den Bauherren zugewiesen hat, und zugebauten Straßen mit engen
Häuserzeilen darauf». Und alle, die in diesen neuen Häuserzeilen wohnten, begaben sich täglich zu ihrem Lebensmittelpunkt. Dickens beschreibt sie in einer seiner frühen Skizzen. «Die frühen Büromenschen
aus Somers Town und Camden Town, Islington und Pentonville strömen eilig in die City oder lenken ihre Schritte zur Chancery Lane und
den Inns of Court. Männer mittleren Alters, deren Salär beileibe nicht
in demselben Maße gewachsen ist wie ihre Familie, stapfen stetig voran,
scheinbar kein anderes Ziel vor Augen als ihr Kontor; sie kennen vom
Sehen fast jeden, dem sie begegnen oder den sie einholen, denn sie sehen sie seit zwanzig Jahren jeden Morgen (bis auf den Sonntag), aber
sie sprechen mit niemandem … Kleine Ladenschwengel mit großen Hüten … Schnürbrust- und Putzmachergesellen.» Man kann sie sich alle
vorstellen, wie sie in die Stadt gehen und dabei allmählich in eine beruhigende Anonymität schlüpfen. Dickens interessierte sich sehr für Islington; er verpflanzte mehrere seiner Romanfiguren in dieses Viertel,
wobei er die meisten von ihnen «Commis» sein ließ. So sind zum Beispiel Potters und Smithers und Guppy alle Angestellte aus Islington oder
Pentonville, so als hätten diese Gegenden in unmittelbarer Nachbarschaft zu den Zentren von Macht und Finanz selbst eine ergänzende
Kommis-Funktion.

Die wohlhabenderen Londoner siedelten sich weiter draußen, in Sy-
denham oder Penge, an, wohingegen die Armen nach Norden zogen. So
wurde Islington etappenweise selbst arm. Auf alten Fotografien erkennt
man Straßen mit Reihenhäusern, jedes zwei, drei oder vier Stockwerke
hoch; den rußigen Stukkaturen entsprechen ihre nachgedunkelten Back-
steinmauern, und sie scheinen sich ins Unendliche zu erstrecken. 1945
beschreibt Orwell diese Gegend; sie ist für ihn zu «diffusen, braun gefärb-
ten Slums» verkommen: «Er befand sich auf einer gepflasterten Straße mit
kleinen, zweigeschossigen Häusern, deren demolierte Türen direkt auf
die Straße hinausgingen und komischerweise irgendwie an Rattenlöcher

erinnerten. Pfützen schmutzigen Wassers standen hie und da zwischen den Pflastersteinen. In den Hauseingängen und durch enge Gässchen, die sich zu beiden Seiten auftaten, huschten Menschen in erstaunlicher Zahl ... Wohl jedes vierte Fenster in der Straße war zerbrochen und mit Brettern vernagelt.» Diese Passage aus Orwells Roman *1984* beruht unmittelbar auf Beobachtungen, die der Schriftsteller in den Straßen hinter der Essex Road anstellte. Es ist, als habe die Mutlosigkeit von seiner Seele Besitz ergriffen und als sei er zu der Überzeugung gelangt, dass London irgendwie immer unflätig, schmutzig und rußig sein wird. Islington wird immer Islington sein.

Jedenfalls befand es sich zu Beginn der Nachkriegszeit in einem verarmten Zustand. «Drei Viertel aller Haushalte», hat man festgestellt, «hatten weder fließendes Wasser noch eine Toilette im Haus noch ein Bad.» «Bei uns haben sich sechzehn Leute ein Klosett geteilt», erinnerte sich ein Bewohner. Islington, einst ein Dorf im Weichbild Londons, war zum Inbegriff von Elendsbehausungen geworden. Dann wiederholte sich ein vertrautes Muster. Scharenweise wurden viktorianische und georgianische Reihenhäuser niedergemäht, um Platz für Siedlungen und Hochhäuser zu schaffen; auf den Drang zur Zerstörung folgte jedoch bald die Notwendigkeit des Erhaltens. In dieser Hinsicht ist Islington repräsentativ für London selbst, wo die Mode der radikalen Neuentwicklung von dem nicht minder brennenden Wunsch nach Erhaltung und Sanierung des Vorhandenen verdrängt wurde. Es war, als hätte eine Amnesie auf einmal ihr Gedächtnis wieder gefunden. Dann setzte eine Verbürgerlichung ein; Mittelschichtspaare, angelockt von der Aussicht auf die «Sanierungszuschüsse» von der Gemeindeverwaltung Islington, ließen sich in dem Viertel nieder und begannen, ihren Besitz zu restaurieren oder zu verjüngen. Es waren die direkten Nachfolger jener Menschen, die in den 1830er und 1840er Jahren gekommen waren, und in der Tat gewannen die frisch herausgeputzten Straßen ihren ursprünglichen Charakter zurück. Natürlich gab es auch Nachteile. Die ärmeren «Einheimischen» fanden sich jetzt in den Wohnsiedlungen von Islington wieder oder waren weggezogen. Was ist dabei verloren gegangen? Auf jeden Fall verschwand das Gefühl der Zugehörigkeit zu einem kleinen Flecken heimischen Territoriums, und sei er noch so schmutzig. Oder vielleicht sollte man besser sagen: Dieses Gefühl wechselte seinen Besitzer. Die Armen hatten die Gegend hundert Jahre lang kolonisiert; sie hatten in den 1880er und 1890er Jahren die wohlhabenderen Anwohner vertrieben. Jetzt waren sie es, die vertrieben wurden.

Aber es war auch ein übergreifendes Muster etabliert worden. Wo einst eine verwurzelte, unverwechselbare Gemeinschaft in Islington lebte,

War Islington einst für seine Gastwirtschaften und Teegärten bekannt, so wird es heute für seine Bars und Restaurants gerühmt. An seiner Hauptverkehrsader, der Upper Street, gibt es heute prozentual mehr Restaurants als in jedem anderen Teil Londons, vielleicht mit Ausnahme Sohos.

herrscht heute ein stärkeres Gefühl des Unsteten und Austauschbaren. Wie das übrige London ist Islington mobiler, aber auch unpersönlicher geworden. Gleichzeitig hat sich jedoch ein anderes Paradox herauskristallisiert, das die Einzigartigkeit der Bedingungen in einer urbanen Umwelt unterstreicht. Islington hat im Zuge der gegenwärtigen Veränderungen wieder seine eigentliche oder ursprüngliche Identität gewonnen. Es hat sich den Ruf der Gastfreundschaft und Geselligkeit zurückerobert, den es besaß, bevor es überhaupt ein Teil Londons wurde. Hinter jeder Veränderung des Erscheinungsbildes lebt das alte Wesen fort.

Die von Islington ausgehende City Road führt direkt auf den Standort der alten Londoner Stadtmauer zu. Bevor sie dort anlangt, kreuzt sie die Old Street, wo aus östlicher Richtung Shoreditch und Spitalfields grüßen. Diese alten, gottverlassenen Gegenden tragen noch den Stempel ihrer Vergangenheit. Mitte des 17. Jahrhunderts war Shoreditch «ein verrufener Ort, wo Kurtisanen verkehren». Noch heute gehen die weiblichen Prostituierten ihrem Gewerbe am oberen Ende der Commercial Street nach, einer trübseligen Verbindungsstraße zwischen den zwei Stadtteilen; die High Street von Shoreditch hingegen ist berüchtigt für ihre Striptease-Lokale, die nicht nur von den Einheimischen frequentiert werden, sondern auch von Herren aus der City, die symbolträchtig bei Bishopsgate die alten Stadtmauern passieren, um «draußen» ihrem Vergnügen zu frönen. Ende des 19. Jahrhunderts trieben Banden aus den Slums von «Old Nichol» ihr Unwesen, einem Gewirr von Straßen rund um die Old Nichol Street, deren Namengeber «Old Nick» (der Teufel) persönlich gewesen sein mag. Hie und da blitzt die Gewalt noch immer auf; dann weckt ein Mord oder ein Selbstmord Erinnerungen an die gar nicht so ferne Vergangenheit.

Der Name Shoreditch selbst kommt von «Soerditch», einem Wassergraben, der in die Themse mündete, aber der Gedanke an einen «sauren Graben» liegt nahe. Der spätere Zusatz «Shore» lässt an etwas Gestrandetes oder Angesammeltes denken. Der Name Spitalfields wiederum, ursprünglich abgeleitet vom «Spital» (Krankenhaus), erinnert auch an Speichel – etwas Ausgespienes, gewaltsam Ausgeworfenes. So wurde es zur Freistätte für Flüchtlinge. Die falsche Etymologie trifft oft genauer das Wesen einer Gegend als die richtige.

Von allen Regionen Londons hat Soho sein ursprüngliches Erscheinungsbild am treuesten bewahrt. Zwar ist aus der Gerrard Street das Herzstück von Chinatown geworden, aber das Haus, in dem der Dichter John Dryden gelebt hat, ist noch zu erkennen. In Soho ist jede Straße eine Erinnerungsstätte – hier hat Karl Marx gewohnt, dort Casanova, hier Giovanni Canaletto, dort De Quincey.

Es gibt aber noch tiefer gehende Kontinuitäten. So war die Gegend schon lange vor ihrer Besiedlung für ihre Küche berühmt. 1598 schreibt Stow von dem Brunnen in Soho Fields: «Der Bürgermeister, die Aldermen und viele ehrwürdige Personen ritten, wie es Brauch war, zu dem Brunnen, und dann gingen sie hin und erlegten vor dem Abendessen einen Hasen und töteten ihn, und von dort gingen sie zum Festmahl in den Bankettsaal oberhalb des Brunnens, wo eine zahlreiche Menschenmenge vom Kämmerer artig bewirtet wurde.» Speisen und Geselligkeit sind also seit jeher ein Bestandteil der Aura von Soho. An derselben Stelle, wo die Honoratioren des 16. Jahrhunderts zu Abend aßen, kann heute auch der moderne Reisende speisen – im *Gay Hussar*, im *Quo Vadis* oder im *L'Escargot*.

«So-ho» oder «So-hoe» war der Ruf der Jäger, die hier einst über die Felder sprengten. Heute wird in den Jagdgründen von Soho, das voller Sex-Shops und Stripteaselokale ist, nach anderem Wild gejagt.

1623 gab es hier ein Kirchspiel, und 1636 heißt es von gewissen Leuten, sie wohnten «an den Ziegelöfen bei Soho». Doch zu florieren begann die Gegend erst 1670, als im Rahmen einer Erschließung nördlich der Leicester Fields die Gerard Street, die Old Compton Street, die Greek Street und die Frith Street angelegt wurden. Eine Proklamation des königlichen Hofes, schon im April 1671 erlassen, untersagte zwar die Errichtung von «kleinen Hütten und anderen Behausungen» auf den «Windmill Fields, den Dog Fields und den an Soho angrenzenden Feldern», aber wie gewöhnlich behielten soziale und kommerzielle Imperative der Stadt die Oberhand über königliche Proklamationen.

Wie Soho zu seinem Flair kam, ist unklar. In der Gegend gleich östlich, neben der St Martin's Lane, wohnten bereits Künstler oder Handwerker, die für die Reichen oder die Modebewussten arbeiteten. Neben den unvermeidlichen Schenken und Kaffeehäusern drängten sich dort Malerateliers und Kunstschulen. Aber sie hatten keinen unmittelbaren Einfluss auf Soho selbst. Folgenreicher war ein plötzlicher Zustrom von französischen Anwohnern. Von der Gegend um den Newport Market und die Old Compton Street bemerkt Maitland: «Viele Teile des Kirchspiels sind voll von Franzosen, so dass es für den Fremden ein Leichtes ist, sich wie in Frankreich vorzukommen.» 1688 waren über 800 leer stehende beziehungsweise neu errichtete Häuser mit französischen Hugenotten belegt, die charakteristischerweise das Erdgeschoss zu «echt französischen Geschäften», billigen Cafés und Restaurants umfunktionierten «wie am ‹Zolltor› in Paris». So kam es, dass diese aufstrebende Region Londons allmählich mit der französischen Hauptstadt verglichen wurde. Diesen Charakter bewahrte sich Soho gut 150 Jahre lang, so dass es noch 1844 als «eine Art Klein-Frankreich» bezeichnet werden konnte. «Die meisten Geschäfte», so wurde berichtet, «sind durch und durch französisch und augenscheinlich nur zu dem Zweck errichtet worden, die ausländische Kolonie zu versorgen. Hier gibt es französische Schulen für den Unterricht der Kinder sowie Weingeschäfte und Restaurants, in denen man einen eintretenden Engländer mit Überraschung ansehen würde.» Die vielleicht bemerkenswerteste Einrichtung Sohos zu Beginn des 21. Jahrhunderts ist das *York Minster,* auch *French Pub* genannt; es soll im Zweiten Weltkrieg Treffpunkt der französischen Résistance gewesen sein. Auch hier hat sich ein kleines Gebiet Londons – nicht mehr als ein paar Straßen und ein Markt – über mehr als 300 Jahre seine traditionelle Kultur bewahrt.

Die Gegenwart französischer Einwanderer an einem Ort, wo das Auftauchen eines Engländers «Überraschung» ausgelöst hätte, sorgte nun ihrerseits für eine Atmosphäre der Fremde oder Un-Heimeligkeit, die es Menschen aus anderen Ländern erlaubte, sich gerade hier umso sicherer zu fühlen. In gewisser Hinsicht war die Gegend «unenglisch». «Von allen Vierteln dieses wunderlich verwegenen Amalgams namens London», schreibt Galsworthy in *The Forsyte Saga*, «taugt Soho vielleicht am wenigsten für den Forsyte-Geist. … Unordentlich und angefüllt mit Griechen, Ismaeliten, Katzen, Italienern, Tomaten, Restaurants, Orgeln, buntem Zeug, komischen Namen und Menschen, die aus höher gelegenen Fenstern gucken, ist es weit entfernt von einem echten Britischen Gemeinwesen.» Von Anfang an war es demographisch wie wirtschaftlich ein gemischtes Gebiet. «Dieser Stadtbezirk», wusste ein *Handbook* zu berichten, «ist auch ein wichtiges Stelldichein für Ausländer in London, von denen hier viele ihrem Beruf als Handwerker oder Mechaniker nachgehen.» Es gab Warenhäuser mit Möbeln aus den verschiedensten Gegenden und Kulturen, Kuriositätenläden mit kunterbunten Relikten aus der Zeit der alten Römer oder der Habsburger, Musikinstrumentenmacher und Kupferstichhändler, Porzellanmanufakturen, Buchhändler und Schenken, in denen Künstler und Literaten verkehrten. Noch heute locken moderne Etablissements wie das *French* oder der *Colony Room Club* Dichter und Maler an.

Solche Übertragung von einem Zeitalter in das andere ist in gewisser Hinsicht unerklärlich. Es könnte sein, dass der frühere Ruf einer Gegend neue Bewohner anlockt, so dass es sich um eine Art von Kontinuität durch Reklame handelt; aber das gilt nicht für alle Stadtbezirke – manche von ihnen blühen einfach auf und verkümmern dann. Oder ist es so, dass eine Atmosphäre von Freiheit und Un-Heimeligkeit fortlebt, erschaffen ursprünglich von den Hugenotten, die glücklich der Grausamkeit ihrer Landsleute entronnen waren? Jedenfalls kamen nach ihnen andere Einwanderer, aus Russland und aus Ungarn, aus Italien und aus Griechenland.

Auf dem Friedhof der Kirche St Anne in Soho gibt es eine Tafel mit folgender Inschrift: «Unweit hiervon liegt begraben Theodor, König von Korsika, welcher in diesem Kirchspiel verstarb den 11. Dezember 1756, sogleich nach seiner Entlassung aus dem King's-Bench-Gefängnisse vermöge gerichtlicher Insolvenzerklärung; worauf er sein Königreich Korsika zugunsten seiner Gläubiger verpfändete.» Der Abenteurer Baron Theodor Neuhof hatte im März 1736 die Krone Korsikas akzeptiert, konnte aber nicht genügend Geld aufbringen, um seine Armee zu bezahlen; so begab er sich nach London, wo er jedoch in Schulden geriet und daraufhin verhaftet und ins Gefängnis gesteckt wurde. Nach seiner Freilassung am 10. Dezember 1756 ließ er sich in einer Sänfte zum Haus eines ihm bekannten Schneiders in der Little Chapel Street in Soho bringen. Doch schon am nächsten Tag starb er, und für die Begräbniskosten kam ein Ölfarbenhändler aus der Old Compton Street auf. So liegt mitten in Soho ein fremder König begraben, sein Grab unterstreicht den Ruf des Viertels als eines Stückchens Ausland im Herzen Londons. Ja, man könnte diesen mittellosen Monarchen sogar als den wahren Herrscher dieser Gegend betrachten.

Sohos Ruf der Mannigfaltigkeit und Freiheit war auch mit Freizügigkeiten anderer Art verbunden – Ende des 18. Jahrhunderts war es für seine Kurtisanen berüchtigt. Eine gefeierte Vertreterin dieser Zunft, Mrs Cornelys, veranstaltete wöchentliche «Assemblées» im Carlisle House, an der Südseite des Soho Square. Vor dem Haus hing ein Zettel, auf dem stand: «Man ersucht die Sänftenträger und Droschkenkutscher, nicht zu streiten und sich nicht wechselseitig die Stangen in die Fenster zu rammen», was darauf schließen lässt, dass der Geist des Unfriedens jeden affizierte, der in den Bereich dieses Kirchspiels kam. Im Carlisle House wurden Kostümfeste und Umzüge veranstaltet, bei denen spärlich bekleidete Damen auftraten – «in flagranter Verletzung der Gesetze», wie ein Beobachter feststellte, «und zum Schaden aller nüchternen Prinzipien». Mrs Cornelys gehörte zu jenen furchtbaren Londoner Charakteren, die mit Dieben wie mit Edelleuten Umgang pflegten und jede Gesellschaft mit ihrem flinken Witz und ihrer lauten, aber vulgären Art dominierten. Sie war zu gleichen Teilen unternehmungslustig und draufgängerisch, bezaubernd und gefährlich; in den 1760er und 1770er Jahren sorgte sie für großen Wirbel, bis sie sich nach dem Fehlschlag eines ihrer gewagten Projekte «ins Privatleben zurückzog». Sie begann, in Knightsbridge Eselsmilch zu verkaufen, und starb 1797 im Gefängnis Fleet.

Sie war der absolute Inbegriff der Londoner Club-«Wirtin» und eine so überlebensgroße Figur, dass niemand – nicht einmal der betrunkenste oder der aristokratischste Kunde – es wagte, sich mit ihr anzulegen. Sowohl Kate Hamilton als auch Sally Sutherland führten in den 1860er Jahren dubiose «Nachthäuser», und Kate – so lesen wir in einer Schilderung – «präsidierte als eine Art von paphischer Königin» im Kreise ihrer kaum verhüllten Tänzerinnen. Es gibt eine köstliche Beschreibung dieser «260-Pfund-Frau von einer Haltung, die sich in zahllosen geselligen Nächten bewährt hatte. Mrs. Hamilton bot in den tief ausgeschnittenen Abendkleidern, die sie immer trug, eine stupende Erscheinung. Sie schlürfte von Mitternacht bis zum Morgen Champagner und wusste mit ihrer Nebelhornstimme ihre Kunden beiderlei Geschlechts in Zaum zu halten.» Ihr Etablissement befand sich am Leicester Square, den man Mitte des 19. Jahrhunderts mit der Gesetzlosigkeit des benachbarten Soho in Verbindung zu bringen pflegte. Ihre Nachfolgerin im 20. Jahrhundert war Muriel Belcher, die den *Colony Room Club* führte, eine Trinkhalle in der Dean Street. Auch sie hielt ihre Kunden mit einer Stimme in Zaum, die so durchdringend, wenn auch nicht so laut wie ein Nebelhorn war, und gefiel sich in einer Form von obszöner Schäkerei, die nur die Vulgärsten für geistreich hielten.

In der Tat hatte es in Soho nie an aufdringlichen und mitunter schwierigen Frauen gefehlt. 1641 wurde ein «liederliches Weib» namens Anna Clerke gerichtlich ermahnt, weil sie aus unbekannten Gründen «gedroht hatte, die Häuser in Soho in Brand zu stecken». Eine einst berühmte Kneipe in der Charles Street, *The Mischief*, führte in ihrem Wirtshausschild eine betrunkene Kurtisane, die rittlings auf einem Mann saß und ein Glas Gin in der Hand hielt; die Inschrift neben ihr lautete «Besoffen wie eine Sau». Die (männlichen wie weiblichen) Prostituierten jener Gegend waren Mitte des 19. Jahrhunderts ein Begriff; einmal mehr sorgte die Fremdheit des Viertels dafür, dass hier ein entspannteres Sexualverhalten gedeihen konnte als beispielsweise in der Lombard Street oder in Pimlico. Die Nähe der Elendsbehausungen in St Giles und anderswo bedeutete gleichzeitig, dass kein Mangel an käuflichem Nachwuchs für die Kunden herrschte. 1957 gelang es den Empfehlungen des Wolfenden-Berichts, «die Mädchen» von der Straße fern zu halten; aber sie zogen in kleine Zimmer oder Dachwohnungen in derselben Gegend um.

Es gab die «Argyll Rooms», Laurents Tanz-Akademie, die Portland Rooms und ein Dutzend anderer Unternehmen. Die Nachthäuser und Spelunken verwandelten sich in Nachtclubs, die billigen «Theater» und Remmidemmischuppen in Stripteaselokale und die Spielclubs in Bars, aber trotz solcher zeit- und modebedingten äußerlichen Veränderungen

Schätzungen zufolge hatten 1982 in Soho etwa 185 Geschäftsgebäude mit der Sex-Industrie zu tun; durch neuere Gesetze hat man diesen Wirtschaftszweig zu beschneiden gesucht, doch das Viertel bleibt auch zu Beginn des 21. Jahrhunderts Mittelpunkt eines blühenden Handels mit der Prostitution.

sind Atmosphäre und Gesinnung Sohos gleich geblieben. Der Geist dieses Viertels hat sich auch in anderem Gewande behauptet, nachdem die Old Compton Street in den 1980er und 1990er Jahren zu einem Zentrum Schwulenclubs und Pubs geworden ist. Die engen Straßen Sohos sind jetzt immer überfüllt mit Menschen auf der Suche nach Sex, Spektakel oder Spannung; das Viertel hat sich seinen «wunderlich verwegenen» Geist bewahrt und scheint weltenweit entfernt zu sein von den Clubs der Pall Mall oder den Geschäften in der Oxford Street weiter südlich beziehungsweise weiter nördlich.

Das war jedoch nur zu erwarten. Jede Gegend Londons hat ihren eigenen, unverwechselbaren Charakter, an dem Zeit und Geschichte gearbeitet haben; zusammen ähneln sie tausend Wirbeln in der allgemeinen Bewegtheit der Stadt. Es ist unmöglich, sie alle ruhig zu erfassen oder als ein Ganzes in den Blick zu nehmen, weil sich dann nur der Eindruck von Gegensatz und Kontrast mitteilen kann. Und doch entsteht aus diesen Gegensätzen und Kontrasten London selbst, so wie es einst aus Paradox und Kollision geboren wurde. In diesem Sinne sind seine Ursprünge geheimnisvoll wie die Anfänge des Universums selbst.

Londons Flüsse

*Der Stich von Charles Grignion, nach einer Vorlage von
Francis Hayman, zeigt den Fleet Fluss. Obwohl er dreckig und zudem
letzte Ruhestätte von Hunden und Selbstmördern war,
schwammen hier Menschen.*

57. «Die Themse können Sie nicht mitnehmen»

Sie ist zu allen Zeiten der Fluss des Kommerzes gewesen. Die Brunnenkressenzüchter von Gravesend, die Zwiebackbäcker aus der Tooley Street, die Schiffsausrüster von Wapping, die Blockmacher und Seiler von Limehouse: Sie alle verdanken ihr Gewerbe der Themse. Die großen Gemälde von der Betriebsamkeit an der Themse mit ihren Lagerhäusern, Raffinerien, Brauereien und Bauhöfen künden von der Macht und Autorität dieses Flusses. Seine beherrschende Bedeutung für die Stadt hatte man verstanden, lange bevor die Römer kamen. Schon im 3. Jahrtausend v. Chr. wurden auf der Themse Kupfer und Zinn transportiert; durch den Handelsverkehr auf dem Fluss errang die Gegend um London 1500 v. Chr. die Vorrangstellung vor der Region Wessex. Vielleicht aus diesem Grund wurden Kultgegenstände in die Fluten geworfen, wo sie unentdeckt lagen, bis sie jüngst bei archäologischen Forschungen ans Licht kamen.

Die Stadt selbst verdankt ihren Charakter und ihr Erscheinungsbild der Themse. Sie war ein Ort «drangvoller Häfen, menschenreicher Ufer», und «Schwärme tüchtiger Ruder» bearbeiteten unablässig das Wasser. Die Themse brachte tausend Handelsschiffe nach London. Venezianische Galeeren und Dreimaster aus den Niederlanden wetteiferten um einen Platz am Hafen, während das Wasser selbst von Booten und Fähren wimmelte, welche die Stadtbewohner von einem Ufer zum anderen brachten.

Der andere große kommerzielle Wert der Themse war ihr Fischreichtum; im 15. Jahrhundert lesen wir von «Barben, Flundern, Plötzen, Häslingen, Hechten, Schleien», die mit Ködern aus Käse oder Talg in Netzen gefangen wurden; es gab Aale und Hakenlachs, Meeräschen, Lampreten, Steingarnelen, Stinte, Störe und Weißfische. Fahrzeuge der verschiedensten Berufsgruppen fuhren den Fluss entlang – Barken und Schuten, Arbeitsboote und Fähren sowie die Kähne der Binsensammler, Austernfischer, Muschelfänger und Tidenarbeiter.

Die meisten Londoner verdienten ihren Lebensunterhalt unmittelbar durch den Fluss oder mittelbar durch die Waren, die auf ihm transportiert wurden. Dokumente aus dem 14. und 15. Jahrhundert zeigen, dass die Themse verschiedensten Menschen Arbeit gab, angefangen bei den

«Konservatoren», die für die sichere Schiffbarkeit des Flusses zuständig waren, bis zu den «Tidenleuten», deren Arbeiten, zum Beispiel an der Uferbefestigung oder am Flussausbau, vom Stand der Gezeiten abhängig waren. Es gab Bootsgasten und Bootsführer, Wasserschöpfer und Löscher, Lichterschiffer und Rammer, Aalfänger, Schwammfischer und Fischwehrbesitzer, Fährmänner und Binnenschiffer, Schiffsbauer und Netzemacher, Güterbeschauer und Fischereiaufseher. Aus jener Zeit sind nicht weniger als 49 Arten des Fischfangs überliefert, unter anderem mit Netzen, mit Reusen und mit geflochtenen Körben. Es gab aber noch viele andere Tätigkeiten am Fluss zu sehen, etwa die Errichtung von Dämmen und Schutzgittern, den Bau von Landungsbrücken und Hafendämmen oder die Ausbesserung von Schleusen und Anlegestellen, von Kais und Ufertreppen. Man könnte dies die Frühphase der Themse nennen, als sie noch der lebendige Mittelpunkt von Handel und Entwicklung war.

Damals begann sie erstmals, die Phantasie von Dichtern und Chronisten zu beschäftigen. Sie wurde zur prächtigen goldenen Bahn, auf der Fürsten und Diplomaten einhergezogen kamen. Barken wurden «frisch mit seidenen Bannern und Fähnchen herausgeputzt», andere Schiffe «reich mit den Wappen oder Abzeichen ihrer Gewerbe geschmückt»; viele waren mit Sonnensegeln aus Seide überspannt oder mit Seidentapeten ausgeschlagen, während um sie herum die Fähren ihre Kreise zogen, schwer beladen mit Kaufleuten, Priestern oder Höflingen. Es war die Zeit Anfang des 16. Jahrhunderts, da sich die Ruder der Londoner Binnenschiffer in Seerosen verfingen, während sie «zu Flötentönen» Takt hielten, so dass «das Wasser, das sie schlugen, schneller eilte». Die Themse ist immer mit Gesang und Musik in Verbindung gebracht worden; das beginnt im 14. und 15. Jahrhundert mit Schifferliedern wie «Row, the boat, Norman, row to the lemon».

Gestrengere Musik, die nicht zu Ebbe und Flut der Strömung ertönte, sondern zum Wellenschlag der Geschichte, vernahm man bei diplomatischen Anlässen oder Vermählungen. Als sich im Jahre 1540 Heinrich VIII. und Anna von Cleve, seine vierte Frau, an ihrem Hochzeitstag auf dem Wasserweg nach Westminster zurückzogen, wurden sie von «süß tönenden Instrumenten» auf Barken begleitet, die «mit Bannern, Wimpeln und reich behängten Schilden üppig geschmückt» waren. 1533, beim feierlichen Einzug von Heinrichs zweiter Frau Anna Boleyn von Greenwich nach London, «erklangen Trompeten, Schalmeien und verschiedene andere Instrumente, welche die ganze Zeit spielten und süße Weisen hören ließen». Das Willkommen für Anna geriet zu einem der größten Schaugepränge auf der Themse, die es je gab; das Staatsboot des Bürgermeisters führte die Prozession an, «verziert mit Flaggen und Wimpeln, verhängt mit reichen Tapisserien und auf der Außenseite geschmückt mit Wappenschilden aus Metall, die an Gold- und Silberzeug herabhingen». Voraus fuhr ein flacher Kahn, eher eine schwimmende Bühne; darauf war «ein Drache, der sich wütend aufbäumte, mit dem Schwanz um sich schlug und griechisches Feuer ausspie». Hier ermutigt die Ungezwungenheit des Flusses zur Ausschweifung, nicht nur zu Musik. Auf das Staatsboot des Bürgermeisters folgten fünfzig weitere Barken, die den einzelnen Gewerben und Zünften gehörten, «alle verschwenderisch mit Seide und gewirkten Teppichen ausstaffiert und mit Musikkapellen an Bord».

Es ist natürlich klar, dass die Themse neben eher konventionellen Waren auch übernatürliche Kräfte beherbergen und betreuen kann. Die Farbe des Flusses wurde gern als die des Silbers beschrieben, dieses großen alchemistischen Agens; auf «die silbern strömende Themse» bei Spenser folgte «der silberfüßige Tamesis» bei Herrick und die «silberne Themse» bei Pope. Herrick bevölkert den Fluss mit Nymphen und Najaden, doch ist das Leitmotiv seines Gedichts die trauernde Klage, Abschied von der Themse nehmen zu müssen, weil er von London zurück aufs Land geht – keine süßen sommerlichen Badeabende mehr, keine Fahrten nach Richmond, Kingston oder Hampton Court mehr, kein Ablegen hier mehr, «um dort zu landen, sicher anzulegen». Auch Drayton beschwört die «silberne Themse» und gebraucht das vertraute Bild von der «kristallen reinsten Flut»; Pope dagegen beschreibt den «Altvater Thames»: «Von blitzend Hörnern strahlt' ein gold'ner Glanz.» Es ist oft behauptet worden, Flüsse verkörperten in einer generell maskulinen Welt das weibliche Prinzip, aber für «die» Themse (die im Englischen männlich ist) gilt das definitiv nicht. Sie ist der «Altvater» – freilich wohl auf eine etwas bedrohliche und urtümliche Art, die William Blakes Vision vom «Nobodaddy [Niemandvater]» entspricht.

Aus der Ferne glich sie einem Wald von Schiffsmasten; jeden Tag lagen annähernd 2000 Schiffe und Boote auf dem Wasser, dazu dreitausend der damals berüchtigten Binnenschiffer, die Waren und Menschen in jede Richtung transportierten. Der Londoner «Pool», die Binnenthemse zwischen London Bridge und Tower, war bis an die Grenze seines Fassungsvermögens mit Schuten, Barken und Galeonen besetzt, während ein Stadtplan aus der Mitte des 16. Jahrhunderts vertäute Schiffe an den verschiedenen Ufertreppen zeigt, die als Frachtstationen der Hauptstadt fungierten. Auf diesem Plan sind die Straßen fast ausgestorben dargestellt, während der Fluss ein Bienenstock emsiger Geschäftigkeit ist – eine verzeihliche Übertreibung und darauf berechnet,

Jacques Laurent Agasse: *Landung bei der Westminster-Bridge, 1818.*

die überragende Bedeutung der Themse zu unterstreichen. Dazu passt die folgende Anekdote: Ein Herrscher, der über die mangelnde Bereitschaft Londons erzürnt war, seine waghalsigen Unternehmungen zu finanzieren, drohte damit, den Hof nach Winchester oder Oxford zu verlegen; der Bürgermeister von London entgegnete: «Ew. Majestät können gewiss mit Leichtigkeit samt Ihrem Hof und dem Parlament ziehen, wohin es Ihnen beliebt; aber die Londoner Kaufleute haben einen großen Trost – die Themse können Sie nicht mitnehmen.»

Als Wenceslaus Hollar im Dezember 1636 nach England kam, fuhr er auf einer Schute von London nach Gravesend. Seine Unterkunft war das Arundel House an der Themse, so dass seine ersten und frühesten Eindrücke vom Fluss kamen. Hollars Skizzen und Radierungen atmen Weite und Licht des Flusses, während dessen ständig rege Geschäftigkeit auf Ufer und Anlegestellen übergreift; die Fähren und Schuten sind voller Menschen und scheinen vor dem Hintergrund der kleinen, stillen Gebäude am Ufer über die Wellen zu hüpfen. Es ist der Fluss, der Hollars großes Stadtpanorama (s. Abbildung S. 128/129) mit seinem Leben erfüllt; Straßen und Häuser scheinen verlassen, als habe sich ganz London am Wasser versammelt. Die Namen jedes einzelnen Kais sind deutlich zu lesen – «Paulus-Kai – Queens Hythe – Die 3 Kräne – Stahlhof [die deutschen Hanse-Speicher] – Kohlenhafen – Der Alte Schwan» –, während die Ufertreppen und Landungsstellen von der Geschäftigkeit winziger menschlicher Figuren wimmeln. Dem breiten Band schimmernden Wassers geben zahlreiche Fahrzeuge Tiefe und Interesse, von denen einige einen Namen tragen; «die Aalschiffe» liegen unter Schuten mit allerlei Vegetabilien, während kleine Kähne mit ein oder zwei Passagieren zwischen den Ufern hin- und herfahren. Unterhalb der London Bridge liegen viele große Schiffe vertäut, während um sie herum das Seefahrtsgetriebe des Hafens herrscht. In der rechten Ecke dieses Kupferstichs hält ein Wassergott, Vater Themse, einen Krug, aus dem sich ein Strom von Fischen ergießt, und vervollständigt so das Bild des Flusses als der Quelle von Macht und Leben. So wie einst, in vorchristlicher Zeit, die Themseschwäne dem Schutz Apollons und der Venus unterstanden, steht der Fluss selbst heute unter göttlicher Obhut. Es ist auch nicht unwichtig, dass die klassische Gottheit, welche bei Hollar auf die Kartusche um den Namen «LONDON» zeigt, Merkur, der Gott des Handels, ist.

Hollars Blick auf London ist von einem erhöhten Standpunkt südlich der Themse und knapp westlich der London Bridge gewählt; es gab diesen Standort wirklich, nämlich auf dem Dach der Kirche St Mary Overy (heute die Domkirche von Southwark), er eignete sich aber auch als standardisierter oder idealisierter Aussichtspunkt. In einer etwas älteren Radierung wählt Claes Jansz Visscher ungefähr dieselbe Position, jedoch von einem gedachten höheren Standort weiter westlich; das erlaubte Visscher, den geschäftigen Fluss in den Mittelpunkt zu rücken, was er noch durch die lateinische Inschrift *emporium que toto orbe celeberrimum* [berühmtester Markt der Welt] unterstrich. Eindrücklichkeit und Überzeugungskraft dieser leicht verfremdeten Topographie teilten sich vielen späteren Malern und Kupferstechern mit, die voneinander ihre Fehler und falschen Perspektiven übernahmen – in dem immer neuen Bemühen, die Themse als Inbegriff der kommerziellen Bestimmung Londons zu feiern. So wie der Fluss das große Thema der London-Lyrik des 16. und 17. Jahrhunderts gewesen war, wurde er auch das zentrale Thema der London-Malerei.

In dem Maße, wie Handel und Gewerbe zunahmen, nahm auch die Bedeutung der Themse zu. Man hat errechnet, dass sich das Volumen der Geschäftätigkeit zwischen 1700 und 1800 schätzungsweise verdreifachte; zwischen der Brücke und dem Tower gab es beiderseits des Flusses 38 Kais, weitere 19 unterhalb des Tower. Um 1700 wickelten die Londoner Hafenanlagen 80 Prozent des gesamten britischen Imports und 69 Prozent des Exports ab. Aus Südostasien werden außer Baumwolle und Pfeffer auch Tee und Porzellan an die Themseufer gebracht, aus der Karibik kamen Rum und Kaffee, Zucker und Kakao, Nordamerika lieferte Tabak und Mais, Reis und Öl, und die Ostseestaaten verkauften Hanf, Talg, Eisen und Leinen.

Es ist schwer, ein Bild von London zu finden, in dem der Fluss nicht wenigstens beiläufig aufblitzt. In der zweiten Hälfte des 18. Jahrhunderts erschienen drei sehr populär gewordene Sammlungen von Flussansichten – Boydells *Collection of Views* (1770), Irelands *Picturesque Views of the Thames* (1792) und Boydells *History of the Thames* (1794/96) –, in denen die üblichsten «Ansichten» jene von westlich der London Bridge waren, wo die jüngst renovierte Stadt die passende Ergänzung zu Bildern eines würdevollen, eleganten Stromes bot.

Der Meister solcher Flussstücke ist natürlich Giovanni Canaletto; er erschafft eine Stadt, die nach Prächtigkeit trachtet. Besonders die beiden Bilder «Blick auf die Themse vom Somerset House, im Hintergrund Westminster» und «Blick auf die Themse vom Somerset House, im Hintergrund die Stadt», zeigen London als eine vornehme europäische Stadt. Canaletto kam in den 1740er Jahren wohl eigens nach London, um die neu errichtete Westminster Bridge zu malen und so dem jüngsten öffentlichen Bauwerk der Stadt die ästhetische Imprimatur zu verleihen – aber was er malt, ist eine idealisierte Stadt und ein idealisierter Fluss. Der Himmel zeigt keine Spur von Ruß oder Nebel, so dass die Gebäude in expressiver Klarheit erstrahlen; der Fluss selbst ist leuchtend hell, die Wasseroberfläche schillert in allen Regenbogenfarben, und das Treiben auf der Themse ist so klar und gebändigt, dass es nicht mehr das Bild des Kommerzes, sondern einer sich selbst genügenden Zufriedenheit ist.

Eine zupackendere, intimere Darstellung der Themse bietet im 18. Jahrhundert die so genannte Britische Schule, die aber genauso gut Londoner Schule heißen könnte. Bilder wie William Marlows «Der Fresh-Kai», «Die London Bridge» oder «Londoner Flusspartie zwischen Westminster und dem Adelphi» verdanken ihre Reize zu einem guten Teil ihrem Detailreichtum. Der Blick auf den Fresh-Kai zeigt, wie Holzfässer, Ölkrüge und Warenballen inspiziert oder entladen werden; die Gerüste und Absperrzäune auf der nördlichen Seite der London Bridge sind ein Hinweis darauf, dass die Geschäfte und Häuser, die hier früher standen, erst kürzlich abgerissen worden sind.

In *Modern Painters* (1843) schreibt John Ruskin über die Kindheits- und Jugendjahre William Turners, dass sie eng mit dem «Wirken des städtischen Handels» verflochten gewesen seien, «von den endlosen Lagerhäusern, die sich an der Themse erhoben, bis zum versteckten Kramladen in der Gasse mit seinen vertrockneten Heringen». Hier machte Turner seine ersten Ausflüge in die Welt der Schuten und Schiffe – «dieser geheimnisvolle Wald unterhalb der London Bridge, der dem Knaben besser tat als Kiefernwälder oder Myrtenhaine». Anders gesagt: Turner war ein Kind, das seine Inspiration der Stadt und ihrem Fluss verdankte, nicht irgendwelchen konventionelleren, idyllischen Szenen. «Wie muss er die Binnenschiffer bedrängt haben», spekuliert Ruskin weiter, «mit seinem Betteln, sich irgendwo unter einem Bug verstecken zu dürfen, stumm und steif wie ein Stück Holz, um nur einmal dort draußen zu treiben zwischen den Schiffen, neben den Schiffen, unter den Schiffen, schauend und kletternd – diesen einzig wirklich schönen Dingen auf der Welt.» Die große Welt selbst war für Turner in der Stadt und ihrem Fluss enthalten.

Die Themse durchströmte ihn, schenkte ihm Licht und Bewegung. Als Kind zog er gern von seinem Geburtshaus in der Maiden Lane los und überquerte die Strand, um die tausend kleinen Gassen zu durchstreifen, die zum Fluss führten; als alter Mann starb er, die Themse vor Augen, in Cheyne Walk. Und in den Jahren dazwischen lebte er meistens «in bequemer Reichweite ihrer Ufer». Daher ist Turner, mehr noch als Whistler oder Canaletto, das wahre Kind dieses Flusses – er ist der Maler, durch welchen sich der Geist des Flusses am verschwenderischsten und klarsten offenbarte. Bei manchen Gelegenheiten kleidete er ihn in eine klassische Schönheit und beschwor jene Götter und Nymphen, die einst seine Ufer bewohnten; auf anderen Bildern wiederum schilderte er den Alltag auf dem Wasser. Eine seiner ersten Skizzen galt der alten Blackfriars Bridge; er betonte besonders die Gezeitenbewegung des Flusses, indem er die Brückenpfeiler malte, als seien sie noch dunkel und nass vom abziehenden Wasser. Ein frühes Aquarell der alten London Bridge verrät dieselbe genaue und liebevolle Beobachtungsgabe: Hier gilt das Hauptaugenmerk dem schäumenden Aufwärtsschwung der Wasserhebemaschine am Londoner Wasserwerk.

Die Fahrzeuge lagen Seite an Seite vertäut an der Mole; jedes Schiff bekam bei der Ankunft seinen Liegeplatz zugewiesen. Schuten und kleinere Boote kamen längsseits, um die Waren aufzunehmen, die dann stromaufwärts zu den verschiedenen offiziellen Kais und Häfen gerudert wurden. Das war angesichts der Überfülltheit der Binnenthemse ein beschwerliches Geschäft, das überdies zu Diebstahl und Unredlichkeit in großem Stil verführte. Auf Grund diverser parlamentarischer Untersuchungen wurden aber schließlich ordentliche Docks gebaut, auf denen die Ladungen schneller gehandhabt und umgeschlagen werden konnten.

Holzschnitt 1864. Ausbau der Uferbefestigung der Themse, gesehen vom Dach des King's College. Im Hintergrund Blackfriars Bridge und St Pauls Cathedral

So begann das große Projekt der «Schwimmdocks». 1799 trat ein Gesetz über die neuen Docks der Westindien-Gesellschaft in Kraft, und die ganze «Hundeinsel» (Isle of Dogs) als deren Standort veränderte daraufhin ihr Gesicht. Es folgten das London Dock in Wapping, das Ostindien-Dock in Blackwall und das Surrey Dock in Rotherhithe. Es war die größte privat finanzierte Unternehmung in der Geschichte Londons. An künstlichen Seen mit einer Wasserfläche von über einem Kilometer im Quadrat entstanden große, festungsartige Bauten mit Toren und hohen Mauern. Aus der Hundeinsel, einem einst sumpfigen Ödland, wurde so etwas wie eine elegante Gefängnisinsel; die Skizzen und Aquatinta-Stiche des zeitgenössischen Malers William Daniell zeigen breite Wege, gesäumt von Backsteinmagazinen. Eine neue Straße von Aldgate nach Limehouse wurde gebaut, welche die Docks mit der City of London verband; zu diesem Zweck wurden Hunderte von Häusern abgerissen, so dass der Osten Londons fast nicht wieder zu erkennen war. In diesem Sinne trug die Commercial Road ihren Namen zu Recht; denn dieser Umbau der Stadt stand ganz im Zeichen des Profits. Der Grundstein des Westindien-Docks trug als Inschrift das Motto: «Eine Unternehmung, welche mit Gottes Hilfe dem Britischen Handel zu Stabilität, Wachstum und Zierde gereichen soll.» Weitere Veränderungen gingen mit dem

Bau des Regent's Canal einer, der die Docks mit der Außenwelt verband, und zwar durch eine Wasserstraße, die, westwärts verlaufend, im Paddington Basin in den Grand Union Canal mündete. Wieder einmal öffnete sich die Stadt zu noch mehr Transport und Verkehr.

Das ganze Unterfangen galt seinerzeit als ein geradezu visionäres Projekt und als Apotheose eines erfolgreichen Handelsgeistes. Das Tabaklagerhaus in Wapping wurde gepriesen, weil es «eine größere Grundfläche unter einem Dach aufweist als jedes andere öffentliche Bauwerk oder Unternehmen der Welt mit Ausnahme der Pyramiden». Viele dieser Magazine in Wapping waren das Werk Daniel Asher Alexanders, von dem auch die riesigen Gefängnisbauten in Dartmoor und Maidstone stammen. Der Architekturhistoriker Sir John Summerson hat die Bauten Alexanders mit Piranesis Kupferstichen von Baudenkmälern verglichen; in seinem Buch *Georgian London* schreibt er: «Während Coleridge die Tafeln der *Opere Varie* durchmusterte und der junge De Quincey sich mit Hilfe von Drogen in einen Piranesischen Rausch versetzte, baute Alexander seine Reminiszenzen an die *Carceri* in Form von Gefängnissen und Lagerhäusern nach.» Hier erhalten Geld und Macht ein visionäres, ja mythisches Potenzial.

Die Zeichnungen und Kupferstiche, die den Fortgang der Arbeiten an den Docks dokumentieren, bieten auch grandiose Perspektiven und enorme Mengen von Arbeitern auf, um die Größenordnung des Projekts zu betonen. Es gab Menschenaufläufe, als die Arbeiten beendet waren, Menschenaufläufe, als die Becken endlich mit dem Wasser der Themse geflutet wurden, und Menschenaufläufe, als die ersten Schiffe in die Schwimmdocks einfuhren. Es waren gigantische Projekte, die an «die Wasserbauten der alten Flusskulturen» erinnerten, womit gesagt sein sollte, dass Londons großes Flussunternehmen die Erinnerung an antike Großreiche weckte. «Die Docks sind unmöglich zu beschreiben!», rief Verlaine 1872 aus. «Sie sind unglaublich! Tyros und Karthago in einem!» Er und sein Begleiter Rimbaud verbrachten viele Stunden auf dem Gelände der Schwimmdocks, wo es von tausenderlei Waren und tausenderlei Menschentypen wimmelte; «sie hörten fremde Sprachen sprechen», schreibt Enid Starkie in ihrer Rimbaudbiographie, «und sahen auf den Warenballen geheimnisvolle Zeichen aufgedruckt, die sie nicht entziffern konnten.»

James McNeill Whistler (1834–1903) gilt allgemein als der Maler, der die Poesie des Flusses bei Nebel und absorbiertem Licht einfängt, aber diese Einschätzung unterschlägt die Hälfte seiner Kunst als Maler der Themse. Auf seinen frühen Skizzen der Themse zwischen Tower Bridge und Wapping sind seine zentralen Bildmotive die Werften und Lagerhäuser, wo Arbeit und Handel den immer wiederkehrenden, typischen Londoner Akzent setzen. Baudelaire meinte, dass diese Radierungen «die tiefe, komplexe Poesie einer großen Kapitale» zeigten. Sie verstärken den Eindruck einer allgemeinen Konfusion durch das Gefühl von etwas Geheimnisvollem – etwas Fremdem, Lebendigem –, das im Herzen des städtischen Lebens wohnt.

Das ist auch die Wirkung, die von Gustave Dorés Kupferstichen der Docks ausgeht; hier werden die Fuhrmänner und Träger, die Matrosen und Tagelöhner zu schwärzlich-anonymen Figuren, die den Dienst am Handel Londons versehen wie antike Priester; die Magazine und Zollhäuser sind in einem Netz aus Schatten und Helldunkel gefangen, gleich dem dichten Netzwerk von Segeln und Masten, das den Vordergrund beherrscht. Flüchtige Farbtupfer blitzen auf dem dunklen Wasser auf – «schwarz von der Kohle, blau vom Indigo, braun von den Gezeiten, weiß vom Mehl, fleckig von dunkelrotem Wein, braun vom Tabak». Das sind die Farbenspiele, die Doré auf den ersten Blick als «einen der großartigen Aspekte Eures Londons» erkannte. Wiederum beschwören seine Szenen Bilder Piranesis herauf – Takelagen, Spieren, Taue, Landungsbrücken, Planken, alles verschwimmt zu einem Bild endloser Unruhe.

Da die Docks eines der Wunder der Schöpfung geworden waren, fühlten sich viele Reisende verpflichtet, sie zu besichtigen. Es war erforderlich, sich ein Empfehlungsschreiben für den Aufseher jedes Docks zu besorgen und dann ein Schiff von einer der Ufertreppen zu nehmen, um die Zeit der Ebbe zu nutzen. Als Fürst Hermann Pückler-Muskau 1826 die Docks besichtigte, gestand er Erstaunen, ja Ehrfurcht ob der Größe und Macht Englands. «Alles ist von einer kolossalen Größenordnung. ... Zucker ist genug da, um das ganze angrenzende Becken zu süßen, Rum ist genug da, um halb England zu beschwipsen.» Er hätte auch anmerken können, dass jedes Jahr 9 Millionen Orangen nach London kamen, außerdem 12 000 Tonnen Rosinen. Der spazierfreudige Fürst hatte kurz zuvor die Londoner Brauereien besichtigt; nach dem Ausflug zu den Docks besuchte er ein Monstrositätenkabinett. Und so verschmelzen die verschiedenen Spektakel Londons zu einem einzigen, unnatürlichen Gaukelbild.

Die Geschichte der Docks ist in der Tat die Geschichte des Kommerzes auf der Themse im 19. und 20. Jahrhundert. Es ist die Geschichte eines Wasserweges, der 150 Jahre lang für den Handelsverkehr genutzt wurde. In der Commercial Street, der Thames Street und einem Dutzend kleiner Straßen, die zum Fluss hinunterführten, bewegten sich Fuhrwerke und Packwagen; die Mile's Lane, die Duck's Foot Lane und die

Pickle-Herring Street waren erfüllt vom Lärm der Karren, Pferde, Kräne und menschlichen Stimmen, unter die sich die Pfiffe der Eisenbahn mischten. An den Ufern selbst herrschte buntes Handelstreiben; Fabriken und Lagerhäuser wagten sich, so weit es nur ging, bis ans Wasser vor, während Werften, Mühlen und Landebühnen von der Energie menschlichen Lebens und Arbeitens pulsierten. Weiter flussaufwärts, zwischen Southwark Bridge und Blackfriars Bridge, veränderte sich die Flusslandschaft plötzlich; hier waren die Magazine und Häuser älter und verfallener. Sie neigten sich gegen den Fluss, schmalbrüstig und kopflastig, während sich zwischen ihnen schmale Gassen auftaten, durch die Säcke und Fässer vom Fluss in die Stadt geschafft wurden. In Ludgate konnte man eine mächtige dampfgetriebene Mahlmühle sehen, während am anderen Ufer die verschiedenartigsten Fabrikschornsteine aufragten. Es war ein wahrer Boulevard des Kommerzes, mit Handelseinrichtungen zu beiden Seiten.

Es ging aber nicht überall so ernsthaft zu auf der Themse. Dampfboote fuhren für einen halben Penny, einen Penny oder zwei Pence nach Greenwich oder Gravesend, Ramsgate und Margate. Es gab ein Schiff nach Dover und eines nach Boulogne, eines nach Ostende und eines zum Rhein. Langsamere Schiffe boten Fahrten nach Kew an, nach Richmond oder Hampton Court mit einer Musikkapelle an Bord.

Weiter landeinwärts gab es eine Unmenge von kommerziellen Anwesen, die vom Fluss und den Gezeiten abhängig waren – Schiffswerften, Seemannsheime, Wirtshäuser, Läden für den Seemannsbedarf, die armseligen Wohnungen der Lastenträger, Apfelbuden und Austerngeschäfte, die auf Kundschaft warteten. Die ganze Vielfalt des Straßenlebens war auf den Fluss ausgerichtet; hier eine Gruppe von Matrosen, die aus der Droschke stiegen und in einem Pub verschwanden; dort ein Wagen, der auf der Straße zusammengebrochen war und die Schaulustigen anlockte.

Im nächsten Jahrzehnt verstärkte sich der Betrieb am Fluss; der Einsatz von Gabelstaplern und schnelleren Kränen beim Löschen der Ladung beschleunigte die Arbeitsabläufe. In den 1960er Jahren aber hatten die genauso rapiden Veränderungen des industriellen Prozesses zur Folge, dass die Docks buchstäblich auf dem Trockenen saßen. Mit dem neu aufkommenden Containersystem, bei dem Güter in riesigen Behältern vom Schiff auf den Lastwagen verladen wurden, war das System der Lagerhaltung in Magazinen erledigt; jetzt waren die Schiffe für die ursprünglichen Docks aus dem frühen 19. Jahrhundert zu groß.

Heute liegen die Docks stumm und verlassen da, und die Grundstücke der großen Gebäude aus dem frühen 19. Jahrhundert sind Ödland

1930 gaben die Docks und Industriehäfen Londons 100 000 Menschen Arbeit und schlugen auf 28 Quadratkilometern 35 Millionen Tonnen Fracht um; es gab fast 2000 Häfen an der Themse, an deren Ufer sich auch Schwerindustrie sowie die Gaserzeugung und die Lebensmittelverarbeitung konzentrierten.

Moderne Architektur in den Docklands, dem 20 km² umfassenden Hafengebiet zwischen Tower und Greenwich Road, das in den achtziger Jahren im großen Stil umgebaut und erneuert wurde.

geworden. Das Ostindien-Dock wurde 1967 geschlossen, zwei Jahre später folgten das London Dock und das St Katherine's Dock. Das Westindien-Dock behauptete sich bis 1980, aber dann schien es mit dem tätigen und geschäftigen Leben in diesem Teil der Stadt endgültig vorbei zu sein. Das East End erlitt schwere wirtschaftliche Einbußen, und die Arbeitslosigkeit der Bevölkerung kletterte in erhebliche Höhen. Doch aus diesem Niedergang erhoben sich schon zehn Jahre später die glitzernden Gebäude und renovierten Magazine der so genannten «Docklands» und bestätigten somit jenes Schema von Untergang und Erneuerung, das für Londons Leben so kennzeichnend ist. Wie sagt doch in *Highways and Byways of London* (1902) Mrs Cook von der Themse: «Nichts vernichtet die Vorzeit gründlicher als frische Tatkraft; nichts tilgt das Alte gründlicher als das Neue.»

An der Stelle der verlassenen St Katherine's Wharf entstanden ein neues Hotel und ein Welthandelszentrum – zumindest Letzteres ein passendes Gebäude an diesem Strom der «Vorzeit», über den zweitausend Jahre lang der Handel der Welt gegangen war. Die Restaurierung anderer Docks erfolgte nach ähnlichen Gesichtspunkten, wobei das größte Projekt die Erneuerung des so genannten «East Thames Corridor» zwischen Tower Bridge und Sheerness war. Die geheimnisvolle kommerzielle Fähigkeit der Themse, Geld und Unternehmungsgeist anzulocken, wird auch im 21. Jahrhundert keine Minderung erfahren. Das Gebäude mit Großraumbüros auf der Hundeinsel kann man nur mit der ursprünglichen Errichtung des Westindien-Docks an derselben Stelle vergleichen; in beiden Fällen, 1806 ebenso wie 1986, erregte die außerordentliche Größenordnung des Unternehmens Aufsehen. Nach typisch Londoner Manier wurden beide Riesenprojekte aus privaten Mitteln von Spekulanten und aus der Wirtschaft finanziert, freilich mit diskreter öffentlicher Hilfestellung in Form von Steueranreizen; auch mussten in beiden Fällen neue Formen des Transports entwickelt werden. Die Docklands Light Railway (DLR), mit der das Hafengebiet am besten zu erreichen ist, fährt zum Teil auf Stelzen, so dass man in ihr einen hervorragenden Überblick hat. Am westlichen Kai des Brunswick Dock aus dem späten 18. Jahrhundert stand eine große, 35 Meter hohe Mastbauwerkstatt, die viele Jahre lang dieses Zentrum des Seehandels und der

Seemacht Londons beherrschte und symbolisierte; heute erfüllt, nicht weit hiervon entfernt, der Canary Wharf Tower (siehe Farbbildteil) eine ähnliche Funktion als architektonisches Loblied auf Londons Macht und Kommerz. Die Themse fließt, sanft oder stark je nach der Gezeitenströmung, und ihr dunkler, großsprecherischer Gesang ist noch nicht verklungen.

58. Die dunkle Seite der Themse

Sie war seit jeher ein Fluss der Toten, dem die Einheimischen ihre Leichname überantworteten. Die Anzahl der dort gefundenen menschlichen Schädel hat Chelsea den Beinamen «unser keltisches Golgatha» eingetragen. «Einen der dunklen Orte dieser Erde» nannte Joseph Conrad die Themse. Ihr Name – vorkeltischen Ursprungs – leitet sich denn auch von *tamasa*, «dunkler Fluss», her. Heinrich Heine beschreibt 1827 die düstere Stimmung, die ihn eines Abends überfiel, als er auf der Waterloo Bridge stand und auf das Wasser der Themse hinuntersah, wobei ihm die traurigsten Geschichten in den Sinn kamen.

Der Fluss kann viele solcher Geschichten erzählen, wie die alten «Totenhäuser» an seinen Ufern bezeugen. Hierher wurden die Leichen jener gebracht, die man, wie es dann auf zahllosen Anschlägen hieß, «ertrunken aufgefunden» hatte. Jede Woche legte man drei bis vier Selbstmörder oder Verunglückte auf ein Bord oder in eine hölzerne «Schale», wo sie blieben, bis der Gerichtsdiener oder der Leichenbeschauer ihres Amtes gewaltet hatten. Die Zolleinnehmer an den Brücken waren bekannt für die Bereitwilligkeit, mit der sie über die Selbstmörder diskutierten – wie viele es waren, wie schwer man sie von ihrem Vorhaben abbringen konnte, ja, wie schwer sie zu finden waren, hatten sie einmal den Sprung gewagt. In diesem Sinne kann der Fluss zu einem getreuen Sinnbild des bedrückenden London werden. Er kann alle Hoffnungen und Ambitionen eines Lebens mit sich forttragen – oder in sehr veränderter Gestalt herausgeben.

Die Flussufer bezeichnen den Punkt, wo sich städtischer Stein und das Wasser in ewiger Umarmung begegnen, während sich der ans Ufer gespülte Unrat von Schiffen und der städtische Abfall vermischen; hier findet man Metallplatten, verfaulte Holzplanken, Flaschen, Büchsen, Asche, Stücke eines Taus, Reste von Brettern rätselhafter Herkunft und Bestimmung. Der Fluss berührt das Gefüge der Stadt auch durch das,

Partie an der Themse, 1879.

was Dickens in *Unser gemeinsamer Freund* «die verderblichen Einflüsse des Wassers» nennt: «verfärbtes Kupfer, verfaultes Holz, zerfressene Steine, grün-feuchte Ablagerungen».

Es gab kleine Gemeinschaften am Fluss, die zum Inbegriff großstädtischer Verlassenheit wurden. Das Gebiet um Deptford galt im 19. Jahrhundert als «das schlimmste Kapitel in der Geschichte der Stadt». Mit seinen «tristen, schlammigen Ufern» und der «Trostlosigkeit der leeren, stummen Werkshöfe» veranschaulichte es den Verfall der Stadt, sobald das Leben des Kommerzes aus ihr gewichen ist. Es war, wie Blanchard Jerrold sagte, die «tote Küste» – trotzdem nicht so tot, dass es nicht Anwohner dort gegeben hätte, die von dem lebten, was der Fluss ausspie. Es waren die eigentlichen Themse-Menschen, und sie lebten auch in Shadwell, dem «Quell der Schatten». Hier waren zu Beginn des 20. Jahrhunderts «die Häuser schlicht, niedrig und schwarz. Die Mauern der Speicher blicken steil und blind auf die schmalen Straßen.» Vor dem Hintergrund schwärzlicher Gebäude wurde die schwärzliche Themse fast «unsichtbar». Am anderen Ufer, in Rotherhithe, findet man die Jakobsinsel; auch sie war schwarz «vom Staub der Kohlenschiffe und vom Rauch aneinander geschmiegter, geduckter Häuser». Wo einst die hellen Gebäude am Ufer vom hellen Wasser gespiegelt und beschienen wurden, gab es im 19. Jahrhundert nur den Reflex von Schwarz in Schwarz. Zugleich war die Jakobsinsel «die schmutzigste, fremdartigste, außergewöhnlichste der vielen Lokalitäten, die sich in London verbergen und die den meisten seiner Einwohner sogar dem Namen nach vollkommen unbekannt sind».

Stephen Graham, der Verfasser von *London Nights*, beschreibt seine Gänge «durch die langen, befremdenden Tunnels unter der Themse im östlichen London»: «Man steigt in die Tiefe, man kommt wieder zurück, man trägt ganz London auf den Schultern.» So wie Heine von seiner instinktiven und intuitiven Trauer beim Anblick des dunklen Flusses spricht, geben in Stephen Grahams Buch die Themse und alle in ihren Tiefen ruhenden Geheimnisse ein Rätsel auf, «das niemand jemals lösen wird: das Rätsel von Londons Trauer, seiner Bürde, seiner Knechtschaft». Der Fluss hat London Geld und Macht beschert, aber um den Preis einer Versklavung der Stadt durch jene tückischen Prinzipien.

Kein Wunder also, dass die Binnenschiffer der Themse vom 13. bis zum 19. Jahrhundert für ihre beleidigende, ordinäre Sprache bekannt waren. Die gewalttätigen, gotteslästerlichen Flüche, die sie ausstießen, nannte man «Wassersprache», und niemand war davor sicher. Auch Monarchen wurden mit diesem verbalen Schmutz beworfen, und H. V. Morton erzählt in seinem *In Search of London* (1951): «Bemerkungen, die zu Lande als Hochverrat gegolten hätten, wurden auf der Themse als Scherze betrachtet.» Man hat sogar vermutet, dass Händel seine Wassermusik nur zu dem Zweck komponiert habe, «um den Strom der Verwünschungen zu ertränken, die sonst den neuen König Georg I. bei seiner ersten Flussfahrt [1714] begrüßt hätten». Vielleicht hat das ehrwürdige Alter der Themse den Binnenschiffern die Freiheit geschenkt, ohne Angst zu sprechen; in diesem Sinne kann der Fluss als Quintessenz jener radikalen, egalitären Gesinnung aufgefasst werden, die so häufig mit London in Verbindung gebracht wird.

Aber diese Anmutung von Düsternis, die ständig auf der bewegten Wasseroberfläche liegt, kann sich auch verhärtend und vergröbernd auf alle auswirken, die dort arbeiten. Nathaniel Hawthorne schreibt von den «schlammtrüben Gezeiten der Themse, die nichts widerspiegeln und tausend unreine Geheimnisse in ihrer Brust bergen – gleichsam eine Art Schuldbewusstsein, verdorben von den Rinnsalen der Sünde, die ihr ohne Unterlass zufließen».

Als Samuel Johnson seinem Freund und späteren Biographen Boswell einschärfte, «Wapping zu erkunden», weil er nur so «die wunderbare Weite und Vielfalt Londons» verstehen werde, kann er nicht geahnt

Joseph Conrad vergleicht die Gebäude, welche die Themse-Ufer säumen, mit dem «verfilzten Wuchern von Büschen und Kriechpflanzen, welche die schweigenden Tiefen einer unerforschten Wildnis verschleiern. Sie verbergen die Tiefen von Londons unendlich buntem, kräftig brausendem Leben. … Dunkel und undurchdringlich bei Nacht, wie das Antlitz eines Waldes, ist das Londoner Flussufer.»

haben, welche wunderliche Auslegung man seinen Worten im 19. und 20. Jahrhundert angedeihen lassen würde. In den ersten Jahrzehnten des 20. Jahrhunderts war Wapping genauso vom Verfall gezeichnet wie Shadwell oder die Jakobsinsel. Sind die Ufer der Seine offen und frei zugänglich, so gibt es Abschnitte an der Themse, die den Besucher förmlich abschrecken. Das Gebiet um Wapping selbst war schwer zu finden – die Hauptstraße verlief unterhalb der großen Mauern der alten Lagerhäuser, während die angrenzenden Straßen sich hinter Gasanstalten und Mietshäusern zu verstecken schienen. Es war zu allen Zeiten eine Gegend der Gesetzlosigkeit gewesen, die sich der Gerichtsbarkeit der Stadt entzog, aber ihre Verödung Anfang des Jahrhunderts war auch eine Antwort auf die Schmach und Verschwendung durch das Tagelöhnersystem, das kurzfristig auf den Docks praktiziert wurde; Scharen Arbeit suchender Männer pflegten sich vor den Toren einzufinden, aber nur ganz wenige wurden von den Vorarbeitern ausgewählt. Die Übrigen schlichen wieder zurück in jenes Leben der Armut und des Alkohols, das Sidney und Beatrice Webb ebenso eindrucksvoll dokumentiert haben wie Charles Booth. «Tausende von Männern um die Heuer eines Tages kämpfen zu sehen», schreibt Henry Mayhew, «ist in der Tat ein Anblick, der auch den Abgebrühtesten traurig stimmen kann ... In die Gesichter dieser hungernden Menge zu sehen ist ein Anblick, der in der Erinnerung haften bleiben muss. ... Viele sind seit Wochen hierher gekommen und haben denselben Kampf durchgemacht – dasselbe Schreien, und sind schließlich wieder abgezogen, ohne die Arbeit, nach der sie gerufen haben.» So ist die Themse, Urvater des Handels, zugleich der sichtbarste Sammelpunkt jenes Elends, das kommerzielle Prinzipien bewirken können.

Der einsame Friedhof von St George im Osten Londons, über Generationen einer der ungestalten, freudlosen Orte Londons, beherbergte «die Seemannsfrauen, von Kindheit an gewöhnt an Unmoral und von Krankheiten zerfressen». Wapping war auch eine Stätte des Todes, nämlich am Execution Dock, wo jene summarisch in die Ewigkeit befördert wurden, denen man Verbrechen «auf hoher See» zur Last legte. Auf dem Polizeirevier in Wapping wurde ein Journal geführt, das man «eines der traurigsten Bücher der Welt» genannt hat; es hält die Aussagen gescheiterter Selbstmörder fest, samt den Ereignissen und Umständen, die sie in den Fluss trieben. Als Walter George Bell, der Verfasser von *Unknown London*, 1910 die Gegend durchstreifte, registrierte er auch die «stinkenden Kneipen – unbeschreiblich schmutzstarrend, die natürliche Heimstätte jeder Abscheulichkeit»; «die inneren Winkel dieser Höhle» waren «ein trübes Elendsviertel». So sollten wir Samuel Johnsons Mahnung beherzigen, «Wapping zu erkunden», um London zu verstehen.

59. Tote Flüsse

Es gibt andere Flüsse in London, die, eingefasst in Tunnels oder Röhren, verborgen bleiben; sie sind nur gelegentlich zu hören, in der Regel fließen sie still und unsichtbar unter der Oberfläche der Stadt. Sie heißen, der Reihe nach von Westen nach Osten: Stamford Brook, Wandle, Counter's Creek, Falcoln, Westbourne, Tyburn, Effra, Fleet, Walbrook, Neckinger, Earl's Sluice, Peck und Ravensbourne.

Man hat immer gesagt, dass durch das lebendige Begraben von Wasser ein Zauber zu erwerben ist; doch dieser Handel kann gefährlich sein. Auch «verlorene Flüsse» verbreiten mitunter noch Gestank und Feuchtigkeit. So kann die Fleet bei Unwettern über ihre künstliche Eindämmung treten und Kellergeschosse überfluten; an ihrer Quelle in Hampstead fand man Erreger von Fieberkrankheiten. Die Täler dieser «verlorenen Flüsse», heute vielfach zu Straßen oder Bahnlinien umgebaut, waren von Feuchtigkeit und Nebel geplagt. Wie Nicholas Barton in seinem Buch *The Lost Rivers of London* schreibt, trat Rheumatismus «beiderseits des Counter's Creek, von Shepherd's Bush bis nach Chelsea, ungewöhnlich häufig auf». Das «Londoner» Fieber des 17. Jahrhunderts wurde hingegen mit Bächen und Flüssen in Verbindung gebracht, die heute unter der Erde verschwunden sind.

Die «verlorenen Flüsse» können auch Allergien verursachen. «38 von 49 allergischen Patienten (also 77,5 Prozent) lebten maximal 160 Meter von einer nachgewiesenen Wasserader entfernt», wie jüngst eine Untersuchung an Patienten Londoner Krankenhäuser ergab. Von den Asthmatikern «lebten 17 von 19 maximal 160 Meter von einer Wasserader entfernt»; bei dieser handelte es sich in den meisten Fällen um einen der «unterirdischen Themsezuflüsse». Die Gründe für diese sonderbare Korrelation sind noch unbekannt, auch wenn jene, die sich auf die Zauberkräfte Londoner Lokalitäten verstehen, ihre eigenen Theorien haben mögen. Aber damit nicht genug der Magie, sie sei weiß oder schwarz: Eine 1960 veröffentlichte Studie *The Geography of London Ghosts* von G. W. Lambert hat ergeben, dass 75 Prozent aller Gespenstererscheinungen aus Häusern «in signifikanter Nähe zu einer Wasserader» berichtet wurden; vielleicht hat sich da nicht nur das Geräusch, sondern auch der Geist unterirdischer Flussläufe zu Wort gemeldet.

Als typisches Beispiel können wir das Schicksal des Fleet herausgreifen. Wie es sich für einen uralten Fluss gehört, hat er auf viele Namen gehört. Sein Unterlauf wurde «Fleet» getauft, nach dem angelsächsischen Wort für eine Gezeitenbucht; am Oberlauf hieß er Holebourne, während der mittlere Abschnitt Turnmill Brook genannt wurde. In gewisser Weise war er der Hüter Londons, da er von alters her die Grenze zwischen Westminster und der City of London markierte. Er war immer in die Verteidigungsanlagen Londons einbezogen; so hat man während des Bürgerkriegs große Erdwälle zu seinen beiden Seiten aufgeschüttet. Von allen verlorenen Flüssen Londons ist der Fleet daher am besten dokumentiert und auch am häufigsten abgebildet worden. Auch die Verschmutzung Londons ist nicht spurlos an ihm vorübergegangen; diente er doch als Auffangbecken für weggeworfene oder verlorene Gegenstände. Noch in Kentish Town hat man einen Anker gefunden, was einen Hinweis darauf gibt, wie breit und tief der Fleet an dieser Stelle weit nördlich von London einst gewesen sein muss; im Allgemeinen war er aber mehr die letzte Ruhestätte für Gegenstände des großstädtischen Lebens – Schlüssel, Dolche, Geldstücke, Schaumünzen, Nadeln, Broschen sowie die Abfälle von flussnahen Industrien wie etwa der Gerberei. Er musste regelmäßig von Schlamm und allerlei Unrat befreit werden, so dass alle zwanzig bis dreißig Jahre eine Reinigung des Flusses stattfand. Jeder, der über London und seinen ganzen Schmutz herziehen wollte, wählte unfehlbar den Fleet als Musterbeispiel; er war der Inbegriff dafür, wie süßes und klares Wasser durch diese Stadt verdorben wurde. Er führte, leicht erkennbar, das Aroma jeder Straße mit sich; er war voller Dung und toter Dinge. Er war die Quintessenz Londons schlechthin. «Den größten Nutzen, von dem ich weiß», schreibt Ned Ward, «hat er dem Leichenbestatter gestiftet, der zugeben muss, dass er in dieser schlammigen Brühe bessere Fischzüge getan hat als jemals in einem sauberen Gewässer.» Der Fleet war, wie sein Vater die Themse, ein Fluss des Todes.

Es war immer ein glückloser Fluss. Erst einmal floss er durch das Gebiet von Kentish Town und St Pancras, das der Anhauch des Wassers melancholisch stimmte; an der Battle Bridge geriet er in die «großen Lustgefilde ‹Ohnetrost›», wie sich William Hone ausdrückt: «Bäume stehen da, wie zum Verdorren gemacht; gestutzte Hecken scheinen willens zu verkümmern; Unkraut kämpft sich kraftlos endlose Ränder entlang.» Danach machte er einen Bogen um Clerkenwell Hill und bespülte die Mauern des Gefängnisses Coldbath, passierte Saffron Hill, hinter dessen safranduftendem Namen sich einige der schlimmsten Elendsbehausungen Londons verbargen, und begleitete die Turnmill Street, von deren bösem Ruf wir schon erfahren haben. Sodann floss er die Chick Lane entlang, später umbenannt in West Street und jahrhundertelang der Tummelplatz von Verbrechern und Mördern; hier wurde der Fluss zum

Abladeplatz von Opfern, die im Vollrausch ausgeraubt oder erschlagen worden waren. Einmal mehr wurde er so zum Fluss des Todes, ehe er vor dem Fleet-Gefängnis vorüberfloss.

Hier starben die Gefangenen an seinem Gestank und an den Krankheitskeimen, die er mitführte. In der Senke des Fleet – schrieb ein Arzt 1560 – und «ihren stinkenden Gassen starben die meisten in London und wurden am schnellsten von Krankheit betroffen und hatten am längsten zu leiden, ja doppelt so lange; seit ich London kenne, habe ich dies für wahr befunden.» «In jedem Kirchspiel am Fleet», heißt es in einem späteren Zeugnis, das in *The Lost Rivers of London* zitiert wird, «verharrte die Pest und tat ihr Zerstörungswerk.» Man könnte sich also fragen, warum die Gegend überhaupt so dicht bevölkert war; es scheint jedoch so gewesen zu sein, dass der Fluss kraft einer heimlichen Ansteckung bestimmte Menschen an seine Ufer zog. Er lockte jene an, die ohnedies schon schmutzig waren, stumm und übel riechend, so als sei der Fleet ihre naturgemäße Umwelt. In seinem Naturzustand konnte er auch tückisch sein. Bei Unwettern trat er oft über die Ufer und verursachte Überschwemmungen. Bei Tauwetter oder starken Niederschlägen verwandelte er sich in einen gefährlichen Strom, der Straßen und Gebäude mitriss. Die Sintflut von 1317 entführte außer Häusern und Schuppen auch viele Bewohner; im 15. Jahrhundert sahen sich die Gemeindeglieder von St Pancras zu der Rechtfertigung veranlasst, sie könnten nicht zu ihrer Kirche gelangen, «wenn es schlechte Wege hat und viel Wasser».

Alle Versuche, aus dem Fleet einen sauberen, stattlichen Fluss zu machen, schlugen fehl. Nach dem Großen Brand, bei dem die Häfen entlang der Themse samt allen dort befindlichen Waren restlos vernichtet wurden, füllte man die Uferanlagen aus Backstein und Naturstein wieder auf und baute vier neue Brücken, um die formale Harmonie des Flusses zu bewahren. Die Sanierung des Neuen Kanals, wie der Fleet damals hieß, misslang jedoch; sein Wasser wurde wieder träge und gesundheitsgefährdend, und die benachbarten Straßen und Ufer fristeten weiterhin ihr Dasein als Tummelplatz von Dieben, Kupplern und Faulenzern. Und so wurde der Fluss fünfzig Jahre nach der großen Stadterneuerung überbaut. Fast war es, als repräsentiere er einen Strom von Schuld, der den Blicken der Öffentlichkeit entzogen werden musste; er wurde von der Stadt buchstäblich begraben.

Doch der Geist des Fleet war nicht gestorben. 1846 brach er aus, «sein widerliches, übel riechendes Gas», in steinernen Tunnels gefangen, «entlud sich in die Straßen darüber», so dass eine wahre «Flutwelle von Abwässern» drei Poststationen fortspülte und ein Dampfschiff an der Blackfriars Bridge zerquetschte. Das Wasser des Fleet Ditch behinderte

1732 wurde der Fleet River bis zur Holborn Bridge eingemauert, 33 Jahre später von der Fleet Street bis zur Themse. Anfang des 19. Jahrhunderts wurde der nördliche Flusslauf unter die Erde verbannt, so dass schließlich von diesem einst großen Hüter Londons keine Spur mehr blieb.

später nachhaltig die Bemühungen um den Bau einer U-Bahn, die unter ihm verkehren sollte; eine trübe, stinkende Brühe sickerte in die Tunnel, und eine Zeit lang mussten alle Arbeiten eingestellt werden. Heute wird er nur noch als Abwasserkanal für Notfälle benutzt, der in Höhe der Blackfriars Bridge in die Themse mündet, aber er macht sich noch immer bemerkbar. Bei Unwetter kann er die Fahrbahn überfluten, während Baustellen, die seinem alten Verlauf folgen, regelmäßig ausgepumpt werden müssen. So sammeln sich die Wasser aus alten Bächen und Quellen in ihrem früheren Lauf und begleiten die vertrauten Betten der heute überbauten Hauptflüsse.

Die Flüsse selbst sind also nicht ganz tot; gelegentlich treten sie sogar zu Tage. So kann man über der Plattform des U-Bahnhofs Sloane Square den Westbourne durch ein weites Eisenrohr fließen sehen; auch der Tyburn wird in großen Röhren an den Stationen Baker Street und Victoria vorbeigeführt. Im Februar 1941 wurde beobachtet, wie sich Tyburn-Wasser am Boden eines Bombentrichters sammelte. Der Westbourne wurde erst 1856 überbaut. Wie *The Lost Rivers of London* berichtet, befindet sich in der Meard Street in Soho «ein Rost im Boden, durch den man Wasser in Richtung Süden fließen sehen kann»; es ist eine rätselhafte Erscheinung, doch wird vermutet, dass dieses Wasser dem Verlauf eines ehemaligen Abwasserkanals aus dem 17. Jahrhundert folgt und einen bisher unbekannten Bach bildet. Wie sagt doch Nicholas Barton: «Sobald ein Kanal geschaffen ist, hält das Wasser mit großer Hartnäckigkeit daran fest.» So ist es durchaus möglich, dass noch andere Bäche und Zuflüsse unter der Stadt dahinströmen, mit ihren eigenen unterirdischen Geistern und Nymphen.

Unter der Erde

THE SEWER-HUNTER.

[*From a Daguerreotype by* BEARD.]

Dieses Porträt eines Menschen, der in der Kloake nach verwertbaren Resten sucht,
ist Henry Mayhews London Labour and the London Poor *entnommen.*

60. Untergrund

Zu allen Zeiten wollten Gerüchte von einer Welt unter der Erde Londons wissen. Man hat von unterirdischen Gelassen und Tunnels berichtet; einer soll die Krypta der Bartholomäus-Kirche mit Canonbury verbunden haben, ein anderer auf der kürzeren Strecke zwischen der Priorei und dem Frauenkloster von Clerkenwell verlaufen sein. Ausgedehnte Katakomben gibt es in Camden Town, unter dem Frachtgutlager Camden. Auch römische Tempel hat man im «verborgenen» London entdeckt. Statuen von antiken Gottheiten haben sich in einem Zustand erhalten, der darauf schließen lässt, dass sie bewusst unter der Erde vergraben wurden. In All Hallows (Barking) fand sich, errichtet aus römischen Baumaterialien, der unterirdische Gewölbebogen einer christlichen Kirche; auch ein Kreuz aus Sandstein wurde entdeckt, mit der Inschrift «WERHERE» aus sächsischer Zeit; sie erinnert merkwürdig an «WE ARE HERE [Wir sind hier]». Vor langer Zeit unter der Erde von Cheapside verloren gegangen und erst nach den Luftangriffen auf London wieder zu Tage getreten ist eine Figur des «Toten Christus», horizontal ausgestreckt in einer Schicht Londoner Erdreichs. Ein Zeugnis für die Abfolge der Geschlechter, die ihrerseits in Lehm und Kies begraben liegen, fand man 1855 an der Ecke Ray Street / Little Saffron Hill; in vier Meter Tiefe stießen die Arbeiter auf das Pflaster einer alten Straße, das aus großen, unregelmäßig behauenen Sandsteinquadern bestand. Eine Untersuchung der Pflastersteine ergab, dass die Straße viel benutzt worden sein muss: Sie sind von den Tritten und vom Verkehr einer früheren Generation ganz glattgeschliffen. Unter diesen alten Steinen wurden Stöße von Eichenholz gefunden – dick, hart und schlammbedeckt –, die man als Reste einer großen Wassermühle gedeutet hat. Unter dem Eichenholz wiederum gab es ungeschlachte hölzerne Wasserrohre. Das enorme Gewicht der Vergangenheit hat all dieses Material, aus dem London gemacht ist, zu einer harten, fast kompakten Masse zusammengepresst, und es ist eine sonderbare Beobachtung, dass nahe der alten Oberfläche eine Unmenge von Nadeln lagen. Was es mit diesen Nadeln auf sich hat, bleibt ein Rätsel.

Eine der charakteristischen Zeichnungen der Stadt zeigt einen Längsschnitt durch ihre verschiedenen Schichten – von den obersten Dachfirsten der Häuser bis zu den untersten Höhlen der Abwasserkloaken –, die einander aufliegen und mit ihrem Gewicht schier erdrücken. In einem Führer durch die Stadtgeschichte heißt es sehr richtig: «So viel ist sicher: Niemand, der London kennt, würde bestreiten, dass seine Schätze in der Tiefe zu suchen sind.»

In der Tat gibt es ein Untergrund-London mit großen Gewölben und Gängen, Abwasserkanälen und Tunneln, Röhren und Korridoren, die ineinander übergehen. Und es gibt ein riesiges Netzwerk von Gas- und Wasserleitungen, von denen zwar viele außer Gebrauch geraten sind, einige aber auf die Tausende von Kilometern Koaxialkabeln umgerüstet werden, die heute das Leben in der Stadt organisieren und beherrschen helfen. Walter George Bell, Verfasser von *London Rediscoveries*, erzählt, wie englische Postarbeiter Anfang der 1920er Jahre Tonröhren für ihre Telefonkabel durch eine Mulde verlegten, welche die Mauer einer römischen Villa in der Gracechurch Street bildete, so dass, wie er sich ausdrückt, «unsere Botschaften durch Räume flogen», in denen sich einst die Bürger eines versunkenen Londons in einer fremden Sprache unterhalten hatten. In großer Tiefe gibt es Tunnel für British Telecom und für die Londoner Stadtwerke; durch Leitungen und Gräben verlaufen die Kabel von National Grid. Nach 1945 entstand ein weit verzweigtes Tunnelsystem der britischen Post, das die Topographie dieser unterirdischen Region noch unübersichtlicher machte.

Doch etwas verändert sich, wenn man unter der Oberfläche Londons unterwegs ist; die Luft selbst, schwer vom Erbe alter Schmerzen, scheint alt und kummervoll zu werden. So konnte zum Beispiel der Themsetunnel, angelegt zwischen 1825 und 1841, nur um den Preis von viel Mühsal und Leiden entstehen. Seine Geschichte überliefern Richard Trench und Ellis Hillman in ihrem Buch *London Under London*. Marc Brunel begann den Tunnel in einer Tiefe von knapp 20 Metern zu bohren; er verwendete einen großen «Schild», um das Erdreich abzutransportieren, während die Ziegelmaurer kontinuierlich die Wände des Tunnels errichteten. Häufig kam es zu Erdrutschen und Wassereinbrüchen; die Arbeiter fühlten sich «wie Kumpel in einem Kohlebergwerk, in ständiger Angst vor Feuer oder Wasser». Ein Arbeiter stürzte in betrunkenem Zustand in den Schacht und starb; einige ertranken in den Fluten, andere starben an «Fieber» oder Ruhr, ein oder zwei erstickten in der «dicken, unreinen Luft». Marc Brunel erlitt einen Schlaganfall, ließ sich aber nicht davon abhalten, die Arbeit fortzusetzen. Er hinterließ ein Tagebuch, das in seiner Eindringlichkeit keines Kommentars bedarf: «16. Mai 1828. Entzündliche Gase. Die Leute klagen sehr. 26. Mai. Heute morgen starb Heywood. Zwei Neue auf der Krankenliste. Mit Page scheint es bergab zu gehen. … Ich fühle eine große Schwäche, nachdem ich einige Zeit

Es gibt mehr Tunnel unter der Themse als unter irgendeinem anderen Hauptstadtfluss – nicht nur für die verschiedenen Versorgungsleitungen, sondern auch für Eisenbahnen, Autos und Fußgänger. Der gesamte Bereich unter dem Fluss, wie überhaupt unter der ganzen Stadt, ist eine einzige Katakombe von Wegen und Straßen, die das oberirdische Verkehrsnetz imitiert.

ganz herunter war. ... 28. Mai. Heute oder gestern starb Bowyer. Guter Mann.» Das Bild vom «Heruntersein» ist in diesem Zusammenhang viel sagend – als sei das ganze Gewicht der Untergrundwelt tödlich. Eine Stimmung des Verstiegenen, des Hoffnungslosen und Düsteren scheint über diesem Tunnel gelegen zu haben. «Die Mauern selbst standen in kaltem Schweiß», meldete die *Times* bei seiner Eröffnung 1843.

Bezeichnend ist, dass Marc Brunel seine einzigartige Methode der Tunnelbohrung entdeckte, als er in London in einem Schuldgefängnis eingekerkert war; hier beobachtete er das Treiben eines Wurms, *teredo navalis*, der selbst ein «geborener Tunnelbohrer» ist. Auch die Gefängnisatmosphäre teilte sich diesen Tunnelbauten mit. Nathaniel Hawthorne stieg nach seiner Fertigstellung in die Tiefen des Themsetunnels hinunter, über «eine beschwerliche Reihe von Stufen»; endlich «weitet sich der Blick auf einen gewölbten Korridor, der in ewige Mitternacht geht». Es ist die Beschreibung einer Stein gewordenen beklemmenden Trauer, «angstvoller als jede Straße des oberirdischen Londons». Dennoch gab es Londoner, die sich bald an die Tiefe und die Feuchtigkeit akklimatisierten. So bemerkte Hawthorne im Dämmerlicht des Tunnels «Stände oder Läden in kleinen Nischen, deren Besitzer hauptsächlich Frauen sind. ... Sie bestürmen einen mit hungrigen Bitten, ihre Ware zu kaufen.» Er war überzeugt, dass diese unterirdischen Frauen «dort ihr ganzes Leben verbringen und wohl selten oder nie das Licht des Tages zu sehen bekommen». Daher bezeichnet er den Themsetunnel als ein «bewunderungswürdiges Gefängnis».

Wohl aus diesem Grund konnte sich der Tunnel nie als Verkehrsweg für Fahrzeuge oder Fußgänger durchsetzen; die bedrückenden Assoziationen und Konnotationen waren einfach zu stark. So wurde er nach seiner Inbetriebnahme wenig benutzt, und 1869 übernahm ihn eine Eisenbahngesellschaft, die East London Railway. In dieser Eigenschaft existiert er noch heute und bildet jetzt die U-Bahn-Verbindung zwischen Wapping und Rotherhithe.

Auch die anderen Tunnel unter der Themse haben diese übermächtig bedrückende Atmosphäre nicht verloren. Vom Straßentunnel zwischen Stepney und Rotherhithe sagt Iain Sinclair in *Downriver*: «Wenn Sie das Schlimmste kosten wollen, was London zu bieten hat, dann folgen Sie mir diese leichte Senke hinunter. Der Tunnel strotzt von Warnungen: NICHT ANHALTEN»; dann gibt er zu bedenken: «Einen Sinn kann dieser Tunnel nur bekommen, wenn er unbenutzt und stumm bleibt.» Dieses Schweigen kann abstoßend sein: So mutet der 1902 eröffnete Fußgängertunnel in Greenwich einsamer und verlassener an als jeder andere Teil Londons. Trotzdem gibt es Menschen wie jene aufdringlichen Verkäuferinnen im Halbdunkel des Themsetunnels, die in diese unterirdische Welt zu gehören scheinen.

Ein deutscher Reisender bemerkte im 18. Jahrhundert: «Ein Drittel der Einwohner Londons lebt unter der Erde.» Wir können diese Neigung auf die Bronzezeit datieren, als etwas westlich vom heutigen Observatorium Greenwich unterirdische Verbindungsgänge gebaut wurden. (Man hat vermutet, dass die Brunnen oder Gruben, die der Belüftung dieser Gänge dienen, ihrerseits Vorformen einer Sternwarte waren, womit einmal mehr die Kontinuität bestätigt wäre, für die London berühmt ist.) Der deutsche Reisende meinte allerdings die «Kellerwohnungen» des damaligen Londons, die schon zweihundert Jahre lang zum Stadtbild gehörten. Sie wurden an die ganz Armen vermietet; «diese betraten sie über Stufen, die von der Straße her in einen Schacht führten, der bei Einbruch der Dunkelheit mit einer Klappe abgedeckt werden muss.» Die Aussagen der Armen lassen uns einen Blick in dieses unterirdische Leben tun: «Ich bin Flickschuster. Ich wohne in einem Keller. ... Ich bin Schuhmacher. Ich habe eine Küche [Kellerwohnung] in der Monmouth Street. ... Den Namen der Vermieterin weiß ich nicht, mein Geld zahle ich jeden Montag.» Aber mit diesen dunklen, feuchten Löchern hatte es noch eine andere, schändlichere Bewandtnis. «Ich unterhalte einen öffentlichen Keller» scheint bedeutet zu haben, dass sich hier Landstreichern, Trunkenbolden und Sittenstrolchen die Möglichkeit einer Untergrund-Existenz bot.

Die Tendenz, Zuflucht unter der Stadt zu suchen, wurde am auffälligsten im 20. Jahrhundert. Man hat geschätzt, dass während des Ersten Weltkriegs, genauer im Februar 1918, ein Drittel der einen Million Londoner in den Untergrund gingen und in den U-Bahn-Stationen der Stadt unterkamen. Sie gewöhnten sich an das Leben im Grab und begannen sogar, Gefallen daran zu finden. Laut Philip Ziegler in *London at War* war es eine Hauptsorge der Behörden, «es könnte sich eine ‹Bunkermentalität› entwickeln und bei den Betroffenen eine Willenslähmung verursachen». Man vermutete, die Untergrund-Londoner «würden vor Angst hysterisch werden und überhaupt nicht mehr ans Tageslicht kommen, um ihre Pflicht zu tun».

Im Herbst 1940 mussten sich die Londoner ein zweites Mal eingraben. Sie sammelten sich in unterirdischen Schutzräumen oder in Kirchenkrypten, und es gab Menschen, die «im Untergrund wohnten und weniger vom Himmel sahen als jeder Bergmann». In jeden dieser unterirdischen Schutzräume konnten mehr als tausend Menschen eingewiesen werden: «Sie lagen enger beisammen als die Toten auf dem Friedhof», während jene in den Krypten «Schutz unter den Toten suchten».

Das ist ein ständig wiederkehrendes Bild in Beschreibungen des unterirdischen Lebens. Es ist, *als wenn man tot ist*, lebendig begraben unter der großen Stadt. Die berühmteste dieser Höhlen unter der Erde war die «Tilbury» unter der Commercial Road und der Cable Street, wo Tausende von Menschen des Londoner East End Schutz vor den Bomben suchten.

Sicherheit boten natürlich vor allem die U-Bahn-Stationen. Henry Moore sah sich unter ihren neuen Bewohnern um und machte sich Notizen für seine späteren Zeichnungen (s. Farbbildteil). «Dramatische, trübe beleuchtete Massen von zurückgelehnten Figuren; Vordergrund verschwimmend. Von alten Kränen hängen Ketten … Überall Matsch, Unrat und Unordnung.» Der Gestank von Urin war unverkennbar, ebenso wie übel riechende menschliche Ausdünstungen: Es ist das Bild eines London fast im Urzustand, gleichsam als habe der Weg in den Untergrund die Menschen um Jahrhunderte zurückgeworfen. «Ich hatte noch nie so viele ruhende Gestalten gesehen, und sogar die Eisenbahntunnel wirkten auf mich wie die Löcher in meinen Skulpturen. Und mitten in der allgemeinen Anspannung bemerkte ich Gruppen von Ausländern, die in engen Grüppchen beisammenstanden, und Kinder, die fast in Reichweite vorbeifahrender Züge schliefen.» Es erinnerte Moore an

Dieser vertikale Schnitt durch die Uferbefestigung gibt einen Einblick in die Stadt unter der Stadt, mit Abwässerkanälen und U-Bahn-Tunneln.

die «Fracht eines Sklavenschiffes», nur dass diese Passagiere nirgendwohin segelten. Wie bei den früheren Luftangriffen auf London fanden die Behörden auch diesmal das Bild einer ganzen Bevölkerung im Untergrund alarmierend. In Michael Moorcocks *Mother London*, einem Ende des 20. Jahrhunderts verfassten Hymnus auf die Stadt, berichtet der Erzähler, dass er einst, während der deutschen Luftangriffe, «die Sicherheit der U-Bahn» gesucht habe; seither seien ihm «verschwundene U-Bahn-Linien» und überhaupt die Welt unter der Oberfläche der Stadt zur Obsession geworden. «Ich entdeckte, dass London durchzogen war von untereinander verbundenen Tunneln, Heimat eines Troglodytengeschlechts, welches zur Zeit des Großen Brandes in den Untergrund gegangen war. ... Andere, bis hin zu Chaucer, hatten schon früher in verschiedenartigsten Texten ein London unter London angedeutet.» Es ist eine wunderbare Phantasie, aber damals, Anfang der 1940er Jahre, herrschte die ernsthafte Befürchtung, diese «Unterirdischen» könnten Wirklichkeit werden.

«Wir sollten keinen permanenten Aufenthalt im Untergrund dulden», betonte Herbert Morrison im Herbst 1944. «Wenn dieser Geist um sich greift, haben wir den Krieg verloren.» Der drohende Defätismus war nicht die einzige Sorge. Man stellte nämlich auch fest, dass das Leben im Untergrund einen antiautoritären, egalitären Geist förderte, so als könnten die Bedingungen über der Erde hier unten auf den Kopf gestellt werden. Hier, den Blicken entzogen, mochte der Radikalismus gedeihen; ein Informationsbrief, der bei den Unterirdischen zirkulierte, warf den Kriegsbehörden «an Gefühllosigkeit grenzende Gleichgültigkeit, Vernachlässigung, seelenlose Verachtung elementarer menschlicher Anstandsrücksichten» vor. So flößten die Menschen unter der Erde denen, die auf ihr geblieben waren, eine gewisse Furcht ein; es erinnerte an die alte abergläubische Furcht vor dem Bergmann als der Verkörperung jener dunklen Welt, in der er arbeitet – an die Furcht vor der Tiefe.

Aus diesem Grund ist der Kanalarbeiter eine so beziehungsreiche Figur. Er trug im Laufe der Jahrhunderte Bezeichnungen wie «Kehrmann» oder «Ausspüler», und seine Aufgabe war es, die Abwasserkanäle zu reinigen und Verstopfungen zu beseitigen. Es gab auch regelrechte Kloakenjäger, die durch die Abwasserkanäle wateten und nach Gegenständen suchten, die sie verkaufen konnten. «Von ihnen erzählt man sich im Volk viele wundersame Geschichten», schreibt Henry Mayhew, «von Männern, die sich in den Abwasserkanälen verirrten und endlich, ziellos durch das Labyrinth des Unflats wandernd – die Lampe längst erloschen in den giftigen Dünsten –, ohnmächtig und entkräftet zu Boden sanken und auf der Stelle tot waren. Andere Geschichten wissen von Kloakenjägern, die von Myriaden riesiger Ratten angefallen wurden ... Wenige Tage später entdeckte man ihr Skelett, abgenagt bis auf die blanken Knochen.» Diese Schauergeschichten zeugen von der Furcht, die mit Londons unterirdischen Gängen verbunden ist, und in der Tat lauerten reale Gefahren bei dem Geschäft, aus Abfall – Eisen, Kupfer, Tauen, Knochen – Geld zu machen. Die gemauerten Wände waren häufig faulig und drohten abzubröckeln oder einzustürzen, die Luft war von giftigen Schwaden erfüllt, und im 19. Jahrhundert fluteten noch die Gezeiten der Themse durch die Abwasserkanäle und hinterließen manche ihrer Opfer «mausetot, zerschlagen und grässlich entstellt». Die Kloakenjäger arbeiteten schweigend und verstohlen; wenn sie einen Straßengully passierten, schalteten sie ihre Blendlaterne aus, «denn sonst wäre über ihren Köpfen eine Menschenmenge zusammengelaufen». Sie trugen schmierige Jacken aus Manchester mit geräumigen Taschen und schmutzige Straminhosen. Sie waren «die Untersten der Unteren», wie ein Londoner sagte, ohne ein Wortspiel zu beabsichtigen.

Es gibt auch Schilderungen jüngeren Datums über die ehrlichen Ausspüler und Gänger, deren Erwerbsarbeit es ist, die Abwasserkanäle von weichem Schlamm und Kies zu reinigen. Ein Zeitungsreporter beschrieb 1960 einen Abwasserkanal in Piccadilly, der in den Tyburn mündete: «Es war wie die Überquerung des Styx. Der Nebel war uns von den Straßen herunter gefolgt und trieb über dem stark riechenden, fleckigen Fluss wie über dem Hadesstrom.» So beschwört der Abstieg in die Kanalisation ein mythologisches Bild. Auch Eric Newby stieg in die Kanalisation des Fleet hinunter; «im flackernden Licht der Sturmlaternen und Speziallampen glich sie einem der Kerker des Piranesi.» Wiederum drängte sich die Metaphorik des Gefängnisses auf. Einer der Kanalarbeiter vertraute einem interessierten Gast an: «Sie sollten erst mal die Gänge unter der City sehen! Das ist mittelalterlich. Aber das zeigen sie keinem Besucher.» In diesem mittelalterlichen Geist lesen wir dann von einer «höhlenartigen Kammer ... mit Pfeilern, Bögen und Widerlagern, wie eine unterirdische Kathedrale». Es ist eine fremdartige Stadt unter der Erde, vielleicht am besten versinnbildlicht durch jene abgenutzten Einsteigluken, auf denen nicht mehr SELF LOCKING [«schließt selbsttätig»] zu lesen steht, sondern ...ELF ...KING [Elfenkönig].

Keine Darstellung des Londoner Untergrundes wäre vollständig ohne die Untergrundbahn selbst. Es ist eine große unterirdische Metropole von 1600 Quadratkilometern Grundfläche, mit über 400 Kilometern Schienen, die dieses außergewöhnliche Gewirr von Schächten und Stationen

mit so geheimnisvollen Orten verbinden wie Gospel Oak («Evangeliums-
eiche»), White City («Weiße Stadt»), Angel («Engel») oder Seven Sisters
(«Sieben Schwestern»).

Der Plan eines unterirdischen Transportsystems für London war schon
in den 1840er und 1850er Jahren aufs Tapet gebracht worden, jedoch
auf schwerwiegende Bedenken gestoßen. Man befürchtete, das Gewicht
des oberirdischen Verkehrs (den das U-Bahn-System ja entlasten sollte)
werde jeden Tunnel in der Tiefe eindrücken und die Häuser über den vorgesehenen Strecken würden von den Erschütterungen vibrieren und einstürzen. Die Metropolitan Railway zwischen Paddington und Farringdon
Street wurde binnen drei Jahren nach der Methode «aufreißen und zuschütten» gebaut und erwies sich sofort als Volltreffer. Das Unternehmen stellte einen Triumph viktorianischer Energie und Findigkeit dar; es
gibt einen Kupferstich von der «Probefahrt auf der Untergrund-Eisen-
bahn, 1863», auf dem Männer in offenen Wagen ihre Zylinder schwen-
ken, während sie durch den Tunnel rollen. Am Tag der Eröffnung war
«der Andrang am Bahnhof Farringdon Street genauso groß wie an den
Pforten eines Theaters vor der Premiere eines beliebten Darstellers», und
in der Tat machten die schiere Lustigkeit und Effekthascherei des Unternehmens einen großen Teil seiner Beliebtheit aus; das Schauspiel von
Dampflokomotiven, die wie der Teufel in der Pantomime in der Erde verschwanden, befriedigte die Sensationsgier der Londoner.

Anfang des 20. Jahrhunderts begann sich die Gestalt des modernen
U-Bahn-Netzes abzuzeichnen. So wurde 1890 die U-Bahn zwischen City
und Londoner Süden eröffnet; da die Strecke von der King William
Street nach Stockwell nicht durch «aufreißen und zuschütten», sondern
durch den Bau eines Tunnels angelegt wurde, zeichnet sie sich dadurch
aus, dass sie als Erste den Beinamen «die Röhre» erhielt. Sie zeichnet sich
ferner dadurch aus, dass sie, nach Jahren der Dampfkraft, das erste elektrisch betriebene U-Bahn-System der Welt enthielt; die Wagen hatten
keine Fenster, aus der verständlichen Überlegung heraus, dass es nichts
Besonderes zu sehen gab, während die luxuriöse Ausstattung ihnen den
Spitznamen «gepolsterte Zellen» eintrug.

Auf «die Röhre» folgten 1900 die Central Line, 1906 Bakerloo und
Piccadilly, 1907 die Hampstead (oder Northern) Line. Die U-Bahn war
nun keine spektakuläre oder auch nur verblüffende Neuerung mehr, sondern war zu einem selbstverständlichen Bestandteil des Londoner Alltags geworden. Ganz allmählich nahm sie auch die vertrauten Eigentümlichkeiten und Aspekte der Stadt an. Oder vielleicht ist es so, dass
die oberirdische Stadt eine Nachbildung ihrer selbst in der Tiefe schuf.
Die U-Bahn hat ihre Straßen und Wege, die der Fußgänger schnell wie-

der erkennt und benutzt. Sie hat ihre Abkürzungen, ihre Kreuzungen, ihre Besonderheiten (keine Rolltreppen in Queensway, tiefe Fahrstühle in Hampstead, lange Rolltreppen am Angel), und wie in der Stadt selbst wechseln Zonen der bunten Lichter und der Betriebsamkeit mit dunklen und verlassenen Gegenden. Die Rhythmen der Stadt werden unter der Stadt ebenso getreulich nachgeahmt wie ihre Geschäftigkeit und ihre Behausungen.

Und wie in der großen Stadt selbst haben auch die Wege der U-Bahn ihre besonderen Assoziationen und Beziehungen. Die Northern Line wirkt intensiv und irgendwie verzweifelt; die Central Line ist energisch, während der Circle abenteuerlich und luftig anmutet. Die Bakerloo Line hingegen ist dumpf und deprimierend. Das Bedrückende des Lancaster Gate liegt zwischen der Hektik der Bond Street und der strahlenden Helle von Notting Hill Gate. Wo es größere Unfälle gegeben hat, wie in Moorgate und in Bethnal Green, hängt das Unglück noch in der Luft. Dafür gibt es Stationen wie Baker Street oder Gloucester Road, die das Herz erheben. Die Luft selbst wird ganz anders, sobald sich die Fahrgäste den ältesten Teilen Londons in der City nähern. Während die Circle Line über Edgware Road und Great Portland Street das alte Stadtzentrum ansteuert, dringt sie durch immer tiefere Schichten der Anonymität und Vergessenheit.

Diese Bilder sind mehr als angemessen für ein Unternehmen, das mit seinen Operationen in solche Tiefen vorgedrungen ist, dass es das Niveau des alten Ursumpfes erreicht hat, der einmal London war; unter der U-Bahn-Station Victoria hat man Fossilien entdeckt, die fünfzig Millionen Jahre alt sind. Diese uralten Tiefen mögen in der Tat die besondere Empfindung und Atmosphäre erklären, welche die U-Bahn auslöst. Es gibt Beschreibungen von Gespenstern oder Erscheinungen in den unterirdischen Tiefen. Auf jeden Fall gibt es «Geisterbahnhöfe» mit längst vergessenen Bahnsteigen, manche noch mit ihren verwitterten Anschlagbrettern und verblassten Plakaten. Rund vierzig von ihnen existieren noch, darunter die Stationen British Museum, City Road, South Kentish Town, York Road, Marlborough und King William Street, die schweigend und im Allgemeinen unsichtbar daliegen.

Die U-Bahn ist auch ein Ort der unverhofften Begegnung und des glücklichen Zufalls, aber mehr noch erzeugt sie Furcht und Angst – vor Fremden, vor Dieben und vor den Verrückten, die ihre nimmermüden Züge heimsuchen. Trotzdem ist sie den Londonern ans Herz gewachsen. Ford Madox Ford schreibt in *The Soul of London*: «Ich habe einen Mann gekannt, der, fernab von London sterbend, mit einem verzehrenden Seufzer nach einem letzten Blick auf die Rauchschwaden verlangte, die man auf einem Bahnsteig der U-Bahn sehen kann, wie sie in großen wolligen Knäueln aus einer kreisrunden Öffnung in einem rußverschmierten Eisenschild nach oben in ein trübes Licht entweichen.»

Wer in den letzten Tagen des 20. Jahrhunderts im Schatten des großen Turms des Canary Wharf gesessen hätte, der hätte Hunderte von Arbeitern erblickt, die sich an der Streckenerweiterung der Jubilee Line zu schaffen machten; die Arbeit war anstrengend und geräuschvoll, und große Lichtbögen und Blitze silbernen Feuers luden die Nachtluft mit ihrer Energie auf – im Bündnis mit einer unbekannten Stadt der Zukunft.

Viktorianische Megalopolis

Das viktorianische London, wie es sich etwa vom Fenster eines einfahrenden Zuges aus darstellte; die Reihenhäuser mit schmalem Garten sind auch heute noch für manche Viertel charakteristisch.

61. Wie viele Meilen bis Babylon?

Mitte der 1840er Jahre kannte man London als größte Stadt der Erde, Hauptstadt des Empire, internationales Finanz- und Handelszentrum – und als einen riesenhaften Marktplatz, auf dem sich die ganze Welt tummelte. Anfang des 20. Jahrhunderts sah der Hygienehistoriker Henry Jephson diese Megalopolis mit ganz anderen Augen. «Von jener Zeit muss man sagen, dass es keine andere in der Geschichte Londons gab, in der weniger Rücksicht auf die Lebensbedingungen der großen Masse der Bewohner dieser Metropole genommen wurde.» Charles Dickens, Henry Mayhew und Friedrich Engels gehörten zu jenen viktorianischen Stadtbewohnern, die über diesen Raubbau Alarm schlugen. Auf zeitgenössischen Photographien und Zeichnungen stechen vor allem Bilder der Schinderei und des Leidens hervor. Frauen sitzen mit verschränkten Armen, gramgebeugt; eine Bettlersfamilie schläft auf den Steinbänken in der Nische einer Brücke, im Schatten der aufragenden Massen von St Paul. Zahllos sind die Kinder und Vagabunden, die resigniert am Straßenrand sitzen, ebenso zahllos wie die Straßenverkäufer, die meist vor einem trostlosen Hintergrund aus Stein oder Ziegeln dargestellt werden.

Mit ihren Lumpen, die zwischen blakenden Talglampen hängen, sind die Behausungen der Armen in der viktorianischen Stadt im Allgemeinen schummerig und schmutzig; viele ihrer Bewohner scheinen kein Gesicht zu haben, denn sie wenden es den Schatten zu, inmitten eines wirren Durcheinanders verfallener Balken und Treppen. Viele Menschen, drinnen wie draußen, scheinen buckelig und klein zu sein, als habe das Gewicht der Stadt selbst sie zu Boden gedrückt. Dennoch gibt es noch einen anderen Aspekt der viktorianischen Stadt, den Fotografien und Bilder heraufbeschwören: ungeheure Mengen unzähliger Menschen, Straßen, die erfüllt sind von einem brodelnden, kämpferischen Leben – die große Inspiration für die Mythenschreiber des 19. Jahrhunderts wie Marx oder Darwin. Auch aufblitzende Gefühle – Mitleid, Wut oder Zärtlichkeit – sieht man über die Gesichter der Passanten huschen. Und um sie herum meint man ein hartes, unerbittliches Rauschen zu hören wie einen endlosen Schrei. Das ist das viktorianische London.

*

«Viktorianisches London» – das ist natürlich ein Sammelbegriff für ganz verschiedene, wechselnde Muster des Großstadtlebens. So bewahrte London in den ersten Jahrzehnten des 19. noch viele Merkmale des ausgehenden 18. Jahrhunderts. Es war noch eine kompakte Stadt, nur stellenweise durch Gasbeleuchtung erhellt; in den meisten Straßen gab es nur hier und da eine Öllampe, und späte Fußgänger ließen sich zur Sicherheit von Fackelträgern «heimleuchten»; es waren noch nicht Polizisten, sondern die «Karlchen» – *Charleys* –, die Streife gingen. Die Stadtränder hatten ihr ländliches Gepräge bewahrt; in Hammersmith und Hackney gab es Erdbeerfelder, und noch bahnten sich die Fuhrwerke neben anderen pferdegezogenen Fahrzeugen ihren Weg zum Haymarket. Die großen öffentlichen Gebäude, mit denen sich der Sitz des Empire bald schmücken sollte, waren noch nicht entstanden. Auch die typischen Unterhaltungen der Masse waren die des späten 18. Jahrhunderts – Hundekämpfe und Hahnenkämpfe, Pranger und öffentliche Hinrichtungen. Straßen und Häuser zeigten nach wie vor getünchte und bemalte Fenster, so als gehörten sie zu einer Pantomime. Fliegende Händler gingen mit Schauergeschichten hausieren, Balladensänger mit der neuesten «Weise»; es gab billige Theater und Kunsthandlungen, die mit ihren Karikaturen im Schaufenster immer Scharen von Neugierigen anlockten; Vergnügungsgärten und Freundschaftsgrotten, Kneipen, Wirtshausklubs und Tanzsalons. Die Stadt war damals exzentrischer. Die Bewohner hatten keine geregelte Schulbildung genossen, und ein soziales «System» (welches Wort sich erst in den 1850er und 1860er Jahren so recht einbürgerte) ließ noch auf sich warten. So war die Stadt abwechslungsreicher, ungewöhnlicher und manchmal auch beunruhigender als jede ihrer Vorgängerinnen. Sie war noch nicht genormt, und sie trug noch nicht das Joch der zwei viktorianischen Zwillingswerte Uniformität und Schicklichkeit.

Wann der Umbruch einsetzte, lässt sich nicht genau bestimmen. Jedenfalls gewann London ein ganz anderes Aussehen, als es stetig weiterwuchs und sich zunächst über Islington und St John's Wood nach Norden erstreckte, dann über Paddington, Bayswater, South Kensington, Lambeth, Clerkenwell, Peckham in alle Richtungen der Windrose. London wurde zur größten Stadt der Welt, just zu dem Zeitpunkt, da England selbst die erste urbanisierte Gesellschaft der Welt wurde.

London wurde die Stadt der Uhrzeit und des Tempos um des Tempos willen. Es wurde die Heimat von Maschinen und dampfgetriebener Industrie; es wurde die Stadt, in der man die elektromagnetischen Kräfte entdeckte und publik machte. Es wurde auch das Zentrum der Massenproduktion, wobei sich zwischen Käufer und Verkäufer die unpersönlichen Kräfte von Angebot und Nachfrage, Gewinn und Verlust drängten. Gleichzeitig wurden Wirtschaft und Verwaltung von einem riesigen Heer von Buchhaltern und «Bürobeamten» überwacht, die eine einheitlich dunkle Kleidung zu tragen pflegten.

Die Stadt war erfüllt von Dunkelheit und Nebel, aber auch in einer anderen Hinsicht war sie voll gepackt bis an den Rand. Eine Bevölkerung von einer Million Menschen zu Beginn des Jahrhunderts wuchs auf annähernd fünf Millionen an dessen Ende. 1911 war sie auf sieben Millionen gestiegen. Alles wurde nun dunkler. Die Tracht des Londoners wechselte wie die des Kontoristen von abwechslungsreichen, hellen Farben zum feierlichen Schwarz des Gehrocks und Zylinders. Verloren hatte die Stadt auch die besondere Anmut und Farbigkeit des frühen 19. Jahrhunderts; die dekorative Symmetrie der georgianischen Architektur wurde verdrängt von der imperialistischen neugotischen oder neoklassizistischen Wucht viktorianischer öffentlicher Bauten. Sie verkörperten die Beherrschung des Raumes ebenso wie die der Zeit. In diesem Zusammenhang bildete sich auch ein London heraus, das massiver, strenger kontrolliert und sorgfältiger organisiert war. Die Metropole war nun viel größer als einst, aber sie war auch viel anonymer geworden; die Stadt war öffentlicher und großartiger, aber auch weniger menschlich.

So wurde sie zum Höhepunkt oder Inbegriff aller früheren imperialistischen Städte. London wurde Babylon. Im 12. Jahrhundert gab es einen Abschnitt der Stadtmauer, der «Babeylone» hieß, doch sind die Gründe hierfür unklar; möglicherweise schrieben die Bewohner der mittelalterlichen Stadt diesem Teil des Gemäuers eine heidnische oder mystische Bedeutung zu, wie sie unbewusst noch Ende des 20. Jahrhunderts in einem Graffito von Hackney Marsh nachklang: dem gekritzelten Schriftzug «Babylondon». Und es gab natürlich das rätselhafte Lied:

> «‹Wie viele Meilen bis Babylon?›
> Drei Dutzend Meilen und zehn.
> ‹Find ich den Weg bei Kerzenschein?›
> Magst gar zurück ihn gehn!
> Fuß so flink, Fuß so fein,
> Find'st den Weg bei Kerzenschein.»

How many miles to Babylon? Three score miles and ten. Can I get there by candle light? Yes, and back again. If your heels are nimble and light, you may get there by candle light.

Herkunft und Bedeutung dieses Verses sind unbekannt, aber das Bild der Stadt als einer machtvoll lockenden Kraft drängt sich auf; in einer Variante dieser Strophe steht statt Babylon «Bethlehem», was vielleicht einfach das Tollhaus in Moorfields meint, nicht irgendeinen orientalischen Ort.

Auch im 18. Jahrhundert galt London als «*cette Babilone, le seul refuge des infortunés* [dies Babylon, einzige Zuflucht der Unglücklichen]»; zur Assoziation von Größe und Macht gesellt sich hier das Schicksal der «Unglücklichen», der vor der Revolution Geflohenen; dies ist denn auch die andere Konnotation zu London – ein babylonisches Gewirr disparater, unverständlicher Stimmen. London als Babylon zu bezeichnen, bedeutete also, auf seine grundsätzliche Mannigfaltigkeit anzuspielen. So besang William Cowper, ein Lyriker des 18. Jahrhunderts, dieses «wachsende London», das vielfältiger sei als «vor alters Babylon».

Wirklich zwingend wurde die Assoziation oder Ähnlichkeit mit Babylon aber erst im 19. Jahrhundert, als London ständig als «modernes Babylon» bezeichnet wurde. Henry James nannte es «dies finstere Babylon», und Arthur Machen schreibt: «London ragte vor mir auf, mystisch und wunderbar wie das assyrische Babylon und ebenso voller unerhörter Dinge und großer Entschleierungen.»

London zählte 1870 etwa 40 000 Gemüsehändler und 100 000 «Winterhausierer», und es lebten hier mehr Iren als in Dublin und mehr Katholiken als in Rom. Es gab 20 000 Wirtshäuser, die von 500 000 Kunden besucht wurden.

Im Jahre 1870 war die schiere Quantität des Lebens in der Stadt überwältigend. Alle acht Minuten, an jedem Tag eines jeden Jahres, starb in London ein Mensch; alle fünf Minuten wurde einer geboren. Acht Jahre später gab es eine halbe Million Wohngebäude, «mehr als genug, um die ganze Insel Großbritannien mit einer ununterbrochenen Häuserreihe zu säumen». Es ist vielleicht nicht verwunderlich, dass Mitte des 19. Jahrhunderts die Londoner selbst überwältigt waren von Ehrfurcht, Bewunderung oder Angst vor einer Stadt, die scheinbar ohne Vorwarnung zu solcher Größe und Komplexität explodiert war. Wie hatte das geschehen können? Niemand schien sich ganz sicher zu sein. Friedrich Engels fand in seiner Abhandlung über *Die Lage der arbeitenden Klasse in England* (1845), seine – beachtlichen – Geistesgaben überfordert. «So eine Stadt wie London», schreibt er, «wo man stundenlang wandern kann, ohne auch nur an den Anfang des Endes zu kommen …, ist doch ein eigen Ding.» Diese «eigene» Stadt ist unbeschreiblich, und so konnte Engels nur immer wieder Zuflucht zu Bildern gewaltiger Größe nehmen. Er erwähnt die «zahllosen Schiffe», die «endlosen Reihen von Wagen und Karren», die «hundert Dampfschiffe», die «Hunderttausenden von allen Klassen und aus allen Ständen», das «ungeheure Straßenknäuel», die «Hunderten und Tausenden verborgener Gassen und Gässchen» und bei allem das «namenlose Elend». Die schiere Unkalkulierbarkeit der Masse scheint sie zugleich unverständlich zu machen und flößt daher Furcht ein.

So groß war London, dass es in sich alle Kulturen der Vergangenheit zu enthalten schien. Die Längs- und Querschiffe der Westminster-Abtei verglich man mit der Totenstadt hinter Kairo, während der Kopfbahnhof in Paddington das Bild der Cheopspyramide heraufbeschwört. Baumeister des 19. Jahrhunderts, denen phantastische Bilder von London vorschwebten, schufen Pyramiden für den Trafalgar Square und Shooters Hill, entwarfen gleichzeitig aber auch große pyramidenförmige Friedhöfe am Primrose Hill. Hier sehen wir die Macht des imperialen London am Werk, das neben dem Kult des Prächtigen auch einen Kult der Toten betrieb.

In Rees *Cyclopædia* von 1819 sind es wieder einmal die Docks, die zu einer urtümlichen Metaphorik Anlass geben. Das Klima und die Atmosphäre Londons erzeugen «frappierende Hieroglyphen, von Ruß und Rauch auf seine Oberfläche gezeichnet». So wurden die Steine Londons gleichsam künstlich, durch Assoziation, gealtert. Irgendwie gemahnt das Schauspiel der Metropole an unergründliches Alter – das Wort «versteinert» (zu Stein geworden) mag man in diese Vision heimlich auch in seiner modernen Bedeutung (starr vor Angst) einschmuggeln.

Und nach Ägypten gab es Rom. Die unterirdischen Gewölbe unter dem Adelphi erinnerten einen Architekturgeschichtler an «altrömische Werke», während das von Joseph Bazalgette entworfene System der Kanalisation oft mit römischen Aquädukten verglichen wurde. Was diese Beobachter der Stadt im 19. Jahrhundert am meisten beeindruckte, war eine gewisse Großartigkeit, verbunden mit imperialem Triumphalismus. Als sich Hippolyte Taine in den Themsetunnel wagte – der selber mit den größten Werken römischer Baukunst verglichen wurde –, fand er ihn «so gigantisch und düster wie den Bauch eines Babel».

Als Vorbild für den Bogengang, der zum Münzhof der Bank von England führt, wählte Sir John Soane den römischen Triumphbogen; die Mauern des Lothbury Court daneben waren mit allegorischen Figuren aus der römischen Mythologie bedeckt. Der massive Eckbau der Bank, zwischen Lothbury und Princes Street, war dem Vestatempel in Tivoli nachgebildet. Auch das Innere der Bank hatte, wie ihr Äußeres, römische Vorgänger. Viele Säle und Büroräume in der Bank, so die Dividendenabteilung und die Aktienabteilung, waren nach dem Vorbild römischer Bäder erbaut; außerdem war das Büro des Hauptkassiers, 14 auf 9 Meter groß, als Huldigung an den Tempel der Sonne und des Mondes in Rom gedacht.

Doch gab es auch andere Assoziationen. Verlaine glaubte in London «eine biblische Stadt» zu sehen, bereit, vom «Feuer des Himmels» geschlagen zu werden. Carlyle beschreibt es 1824 als «riesiges Babel … und die Flutwellen menschlicher Mühsal ergießen sich heraus und herein, mit einer Gewalt, die fast alle Sinne entsetzt». So wird London bald mit den größten Kulturen der Vergangenheit, mit Rom oder Ägypten, verglichen, bald behände zu einer gewalttätigen Wildnis demoliert, zu einem wüsten Ort ohne Mitleid und Hemmungen irgendwelcher Art.

Die ständige Analogie zwischen London und einer antiken Kultur hat aber noch einen anderen bedeutsamen Aspekt, und zwar die Befürchtung, die Hoffnung oder die Erwartung, dass diese große imperiale Hauptstadt einmal selbst in Trümmer fallen werde. Genau dies ist der Grund für die Assoziation Londons mit vorchristlichen Städten; auch London wird einmal in Chaos und alte Nacht zurücksinken, so dass der Zustand in einer fernen Zukunft derselbe wie in «urzeitlicher» Vergangenheit sein wird. Er repräsentiert die Sehnsucht nach Vergessen. In Dorés lebensprühendem Zyklus über das London des 19. Jahrhunderts wird die Stadt primär als Rom oder Babylon aufgefasst. Das abschließende Bild dieses Zyklus zeigt einen nachdenklichen Mann, der, in einen Mantel gehüllt, auf einem Stein an der Themse sitzt. Er schaut auf eine verwüstete Stadt – die Häfen verlassen, die Kuppel von St Paul verschwunden, die großen Bürogebäude nur mehr Haufen kantiger Steine. Das Bild heißt «Der Neuseeländer» und repräsentiert die Vision Macaulays von dem «Kolonialen», dem Menschen aus den britischen Kolonien, der in die imperiale Stadt zurückkehrt, nachdem sich ihr Schicksal und ihre Zerstörung vollendet haben; Macaulay schreibt von dem Reisenden aus der Ferne, «der auf dem eingestürzten Bogen der London Bridge Posten fassen wird, um die Ruinen von St Paul zu zeichnen.» Es ist eine Vision, die paradoxerweise in der Zeit von Londons Stolz und Größe entstand.

Ende des 18. Jahrhunderts beschreibt Horace Walpole einen Reisenden aus Lima, der die Ruinen von St Paul bewundert. Shelley sah eine ähnliche Zeit kommen, in ferner Zukunft: «Und St Paul und die Westminster-Abtei werden dastehen als gestaltlose und namenlose Ruinen inmitten unbevölkerter Sümpfe.» Rossetti zerstörte in seiner Phantasie das Britische Museum und überließ es den Archäologen eines künftigen Geschlechts. Ruskin sah die Steine Londons zu Staub zerfallen, «durch stolzere Erhebung zu umso weniger bedauerter Vernichtung». Es ist die Vision einer Stadt, die ohne Menschen ist und daher frei, sie selbst zu sein; der Stein überdauert und wird in dieser phantasierten Zukunft zu einer Art Gottheit. Primär ist es die Vision der Stadt als Tod. Sie repräsentiert aber auch das Grauen Londons und seines brodelnden Lebens; es ist ein Aufschrei gegen seine vermeintliche Unnatürlichkeit, die nur ein gigantischer Akt der Natur, etwa eine Sintflut, verwerfen kann. Dann mag eine Zeit kommen, da London nur mehr kenntlich ist an «grauen Trümmern und moderndem Stein», tief hinabgesunken in «Nacht, gotische Nacht».

Gleichwohl hat der Begriff «gotisch» eigene Assoziationen, die nicht minder mächtig sind als der Gedanke an Rom oder Babylon, Ninive oder Tyros. Nach Ansicht von James Bone, dem Verfasser des *London Perambulator*, könnten Formen und Gebilde der Londoner Steine «einen gotischen *genius loci* Londons verraten, der gegen den Geist der Klassik ankämpft». Was aber ist dieser gotische «Ortsgeist» Londons? Er lässt an Übermaß und überwältigende Fülle, an religiöse Sehnsucht und Monumentalität denken; er gemahnt an antike Frömmigkeit und schwindelnd aufragenden Stein. Im 18. Jahrhundert hatte «gotisch» die Konnotation des Schaurigen, später des mit hysterischer Komik verquickten Grusels.

Nicholas Hawksmoor, der große Baumeister Londoner Kirchen, definierte einen Stil, den er «englische Gotik» nannte und der sich durch dramatische Symmetrien und feine Ungleichgewichte auszeichnete. Als George Dance Ende der 1780er Jahre die Guildhall (das Rathaus) in einem eleganten Amalgam aus indischen und gotischen Elementen entwarf, stellte er zu Ehren des großen Alters der Stadt eine Form von Überschwang und Vitalität wieder her. Aber wenn «gotisch» ein Anklang an das Altertum war, so war es doch auch ein Aspekt christlicher Frömmigkeit. Das ist der Grund, weshalb Hawksmoors Kirchen dort, wo sie stehen – unter anderem in der City, in Spitalfields, Limehouse und Greenwich –, eine so machtvolle Aussage verkörpern. Wie sagte doch Flaxman, ein Maler des 18. Jahrhunderts, von den Gräbern in der Westminster-Abtei: Es seien «Muster der Großartigkeit …, die gewaltsam die Aufmerksamkeit fesseln und die Gedanken nicht auf andere Zeiten, sondern auf andere Stufen des Daseins lenken». Es gibt in London etwas, das *nicht von dieser Erde* ist und sich als solches Anerkennung erzwingt.

Seine außergewöhnlichsten und namhaftesten Erscheinungsformen hatte es jedoch im 19. Jahrhundert, als London vom Geist der Neugotik erfüllt wurde. Seine erste bemerkenswerte Verkörperung fand dieser Geist im Neubau der Parlamentsgebäude nach dem großen Brand von 1834; um 1860 aber war «Gotisch die anerkannte Sprache aller führenden Architekten geworden». Man hat gesagt, dass der gotische Stil den «Einfluss von Londons Vergangenheit» repräsentiere. Darum wurden die Gerichtsgebäude (Law Courts) im gotischen Stil erbaut, um die überlegene Autorität der Zeit gegenüber den richterlichen Entscheidungen der Gegenwart sinnfällig zu machen, und darum zeigten sich Londons Kirchen Mitte des 19. Jahrhunderts unfehlbar im gotischen Stil. Eisenarbeiten wurden in demselben Stil angefertigt, und Vorstadtvillen prangten in dem, was man heute «Wimbledon-Gotik» nennt; besonders die Gegend von St John's Wood ist für ihre Spielzeug- oder Ziergotik bekannt. Alles, was als zu jung oder zu neu empfunden werden konnte, wurde mit einer künstlichen Alterspatina überzogen.

So barg die «Gotik» in der Stadt des 19. Jahrhunderts den Trost vermeintlichen Alters; in einer Stadt, die über alle vertrauten oder erwartbaren Grenzen hinauszuschießen schien, bot sie die beruhigende Gewissheit einer vermuteten Dauer. Aber sakrale Bilder besitzen die höchst sonderbare Fähigkeit, auch ein ganz anderes Gesicht zu zeigen. Zur Macht gotischer Originale lässt sich auch die Gegenwart des Heidnischen oder des Barbarischen assoziieren. Und deshalb war die imperiale Stadt auch als eine Stadt von Wilden bekannt.

62. Das Labyrinth des Minotauros

Gibt es nicht auch ein schwärzestes England, so wie es ein schwärzestes Afrika gibt? … Entdecken wir nicht vielleicht eine Parallele vor der eigenen Haustür und finden, einen Steinwurf von unseren Kathedralen und Palästen entfernt, ähnliche Schrecken, wie sie Stanley im großen Urwald des Äquators vorfand?» Das sind Worte Charles Booths aus den 90er Jahren des 19. Jahrhunderts. Besonders registriert er «die verzwergten, entmenschten Bewohner, die Sklaverei, der sie unterworfen sind, ihre Entbehrungen und ihre Not». In diesem Sinne hat die Stadt eine unzivilisierte Bevölkerung hervorgebracht und am Leben erhalten. Die Armen aus den Slums und Mietskasernen wurden von anderen Beobachtern als «Barbaren» beschrieben, und selbst zur Zeit einer großen religiösen Erweckung in den bürgerlichen Schichten, als England angeblich die christliche Nation schlechthin war, hielt sich die Unterschicht von der Kirche fern. Eine Untersuchung befand 1854, die Londoner Armen stünden «religiösen Zeremonien so absolut fremd gegenüber wie das Volk eines heidnischen Landes», oder wie Mayhew es ausdrückte: «Dem Gemüsehändler ist Religion ein regelrechtes Rätsel.» Wie hätten in einer so niederdrückenden Stadt des Kommerzes, wo es kaum eine Chance auf Schönheit oder Würde, geschweige denn Andacht gab, auch Gottesfurcht und Frömmigkeit gedeihen können.

Diese imperiale Stadt hatte Wohnhöhlen und Logierhäuser, «in denen ständig die teuflischsten Taten verübt wurden». «Ich habe den polynesischen Wilden in seinem Urzustand gesehen», schreibt Thomas Huxley, «bevor sich der Missionar, der Sklavenfänger oder der Strandräuber auf ihn stürzten. Bei aller Wildheit war er nicht halb so wild, so unreinlich, so unverbesserlich wie der Bewohner einer Mietskaserne in einem Londoner Slum.» Das Paradox besteht hier darin, dass diese Stadt, die eine ganze Welt unterhielt und finanzierte, in ihrem Herzen eine Bevölkerung aufwies, die ungehobelter und schmutziger war als jede Rasse, die zu erobern diese Stadt für ihre Bestimmung hielt.

Die ärmsten irischen Einwanderer spürten diese unchristliche Atmosphäre. «Die Iren, die hierher kommen, scheinen London als heidnische Stadt zu betrachten», schreibt Thomas Beames in *The Rookeries of London*, «und sogleich die Bahn der Skrupellosigkeit und des Verbrechens zu betreten.» Die Bewohner Londons wurden durch die Umstände in der Stadt brutalisiert, und die Barbarei war ansteckend.

Verlaine glaubte, dass er in London «unter Barbaren» lebe, die sich gänzlich dem Kult um Geld und Macht hingaben. Wieder wird der Name Babylon für diese ganzen heidnischen Heerscharen beschworen. Dostojewski äußerte 1863 auf der Reise nach London: «Es ist ein biblischer Anblick, mit einem Einschlag von Babylon, eine Prophezeiung aus der Apokalypse, die sich vor deinen Augen erfüllt. Man fühlt, dass es einer kraftvollen, erprobten Tradition des Sichversagens und Protestierens bedarf, um nicht zu erliegen … und nicht Baal zu vergötzen.» Und er kommt zu dem Schluss: «Baal regiert, und er fordert nicht einmal Gehorsam, weil er sich dessen sicher ist. … Elend und Qual, Kümmernisse und Abgestumpftheit der Massen kümmern ihn nicht im Geringsten.»

Armut in London

Wenn dieses viktorianische London wirklich, wie Dostojewski meinte, die Stadt des Heidentums und der paganen Apokalypse war, welches passendere Monument hätte es dann errichten können als jenen ägyptischen Obelisk aus der Zeit der XVIII. Pharaonendynastie, der 1878 auf einem Schiff nach London transportiert und dort aufgestellt wurde; bis dahin hatte er sich vor dem Sonnentempel in On oder Heliopolis befunden, wo er 1600 Jahre lang gestanden hatte. «Er sah auf die Begegnung von Joseph und Jakob herab und erlebte die Kindheit Moses.» Im Jahre 12 v. Chr. war er nach Alexandria geschafft worden, dort aber lag er nur ausgestreckt im Sand, bis er nach London geholt wurde. Der Monolith aus rosafarbenem Granit, von Sklavenscharen in den Steinbrüchen Südägyptens gehauen, steht heute an der Themse, bewacht von zwei bronzenen Sphingen; an einer Seite befinden sich Hieroglyphen, die Thutmosis III. und Ramses den Großen nennen.

Den Granit zerfressen allmählich der ewige Rauch und der Nebel Londons, und die Hieroglyphen beginnen zu verblassen; «Scharten verraten, an welcher Stelle im Herbst 1917 eine Bombe den Obelisken traf. Dennoch hat er überlebt. Neben ihm im Erdreich vergraben, in Krügen, die 1878 versiegelt wurden, befinden sich noch heute ein Herrenanzug und ein Damenkostüm, illustrierte Zeitungen und Kinderspielzeug, Zigarren und ein Rasiermesser; im Sockel der Säule ist ein vollständiger Satz aller viktorianischen Münzen aufbewahrt.»

Auch andere heidnische Assoziationen sind aufs engste mit der Stadt des 19. Jahrhunderts verknüpft, so zum Beispiel die Minotauros-Sage. Nach dem heidnischen Mythos schlachtete man für das Ungeheuer in seinem Labyrinth jedes Jahr sieben Jünglinge und sieben Jungfrauen – als Speise und als Opfergabe. Erst Theseus konnte mit Ariadnes Hilfe das Ungeheuer überwinden. Die viktorianischen Kreuzritter gegen Armut und Prostitution wurden in den öffentlichen Druckerzeugnissen wohl nicht zufällig nach diesem Helden, nach Theseus benannt. Aber so schnell starb Minotauros nicht. Ein Journalist der *Pall Mall Gazette* verglich im Juli 1885 «das nächtliche Jungfrauenopfer in London mit den Opfern der athenischen Tributleistung an den Minotauros», und es schien ihm, als sei «der Minotauros London unersättlich». Man schilderte ihn auch als den «Londoner Minotauros ... der so achtbar, in gutes Tuch und feines Leinen gekleidet, umhergeht wie nur je ein Bischof». Das ist in der Tat eine Schreckensvision, würdig eines De Quincey oder Poe, aber die Vorstellung von einem heidnischen Tier, das quicklebendig durch die Straßen streift, passt auf eigentümliche Weise zu der Auffassung des 19. Jahrhunderts, dass aus der Stadt in der Tat ein Labyrinth geworden war, das es mit jenem auf der Insel Kreta aufnehmen konnte. Unter dem Eindruck dieser Artikel über Kinderprostitution malte Frederic Watts das gehörnte Untier, halb Mensch und halb Stier, wie es an einer steinernen Brüstung lehnt und über die Stadt blickt.

In seinen *Remaines* von 1686 schreibt John Aubrey: «An der Südseite der Tooley Street, etwas westlich von der Barnaby Street, gibt es eine Straße, die Maes oder Maze [Irrgarten] genannt wird, östlich vom Borough (ebenfalls ein Name für Labyrinth). Ich glaube, dass wir diese Irrgärten von unseren dänischen Vorfahren übernommen haben.» Kaum zweihundert Jahre später kamen jedoch neue Labyrinthe zum Vorschein. Arthur Machen, als er vermeintlich die Außenbezirke der Stadt erreicht hatte, wollte gerade ausrufen: «‹Endlich bin ich dieser gewaltigen, steinernen Wildnis entronnen!› Aber als ich um eine Ecke bog, sprangen mir grobe rote Häuserzeilen entgegen, und ich wusste, dass ich das Labyrinth noch nicht hinter mir hatte.» Über das Labyrinth als Kunstform hat der Architekturtheoretiker Bernard Tschumi gesagt: «Man kann es nie in seiner Gesamtheit überblicken, und man kann es nicht artikulieren. Man ist dazu verurteilt, in ihm zu sein, man kann nie aus ihm heraustreten und das Ganze sehen.» Das ist London. Wenn De Quincey schildert, wie er nach der jungen Prostituierten Anne Ausschau hält, mit der er sich angefreundet hat, beschreibt er auch, wie sie beide auf der Suche nach einander «durch die gewaltigen Labyrinthe Londons irren, vielleicht nur wenige Fuß voneinander entfernt – eine Barriere, nicht breiter als eine Straße, bedeutet oft die Trennung für alle Ewigkeit!» London ist blind für menschliche Not und menschliche Zuneigung; seine Topographie ist grausam, ja fast besinnungslos in ihrer Brutalität. Die Tatsache, dass das junge Mädchen fast mit Sicherheit erneut zur Prostitution verführt wird, beschwört einmal mehr das opfersüchtige Untier im Herzen der Stadt herauf.

Für De Quincey bestand die Oxford Street aus «unaufhörlichen Häuserreihen» und «ungezählten Seufzern». Hier necken und erschrecken die Straßen den Passanten. Von der Londoner City hat man gesagt, «ein Fremder würde sich in einem solchen Labyrinth sehr bald verirren», und in der Tat sind für das alte Stadtzentrum seine eigenartig gewundenen Durchgänge, seine abgeschiedenen Wege und verborgenen Sackgassen bezeichnend. H. G. Wells meinte, wenn es nicht die Mietsdroschken gäbe, «würde sich binnen kurzem – denn so riesig und unbegreiflich ist das komplizierte Gewirr dieser Stadt – die gesamte Bevölkerung hoffnungslos und für immer verlaufen haben». Ein merkwürdig suggestives Bild – eine ganze Bevölkerung, verirrt in der eigenen Stadt, gleichsam wie verschlungen von den Straßen und den Steinen. Der Schriftsteller Robert Southey hatte Anfang des 19. Jahrhunderts eine ähnliche Vision, als ihm klar wurde, «dass es unmöglich ist, sich mit solch einem endlosen Labyrinth von Straßen jemals gründlich vertraut zu machen; und wie man sich wohl denken kann, wissen jene, die am einen Ende wohnen, wenig oder nichts vom anderen Ende.» Auf den Englandkarten erscheint London als schwarzer Fleck, der sich langsam, aber unerbittlich in alle Richtungen ausbreitet.

63. Eisenbahn, Omnibus und Kutsche

In vielen erzählenden Werken des 19. Jahrhunderts stehen Figuren auf einer Anhöhe, etwa dem Primrose Hill oder dem Fish Street Hill, und blicken sprachlos vor Staunen auf die Unermesslichkeit der Stadt. Macaulay erwarb sich den Ruf, durch jede einzelne Straße Londons gewandert zu sein, aber in seinem Todesjahr 1859 gab es wahrscheinlich niemanden mehr, der diese fußgängerische Meisterleistung hätte wiederholen können. Dies war eine Quelle der Angst für den geborenen Londoner: Niemals würde er die ganze Stadt gründlich kennen; gerade durch das Wachstum Londons würde es immer auch ein geheimes London geben. Man kann die Stadt auf Pläne zeichnen, aber man kann sie sich nicht vorstellen. Sie kann nur mit dem Glauben, nicht mit der Vernunft erfasst werden.

Der große viktorianische Umbau und Ausbau der Stadt läutete gleichzeitig eine genauso umfangreiche Zerstörung der Vergangenheit ein; auch das gehörte zum viktorianischen «Charakter». Ihre Verbesserungen beseitigten «die alten giebelgekrönten Läden und Mietshäuser, die skurrilen Gastwirtschaften und Innenhöfe mit ihren Bogengängen, die Kirchen und sonderbaren Straßen, welche der sichtbare Beweis für das Leben eines anderen Jahrhunderts gewesen waren». Aber so wie die Kirche dem Kommerz Platz machte, so wichen die engen Sträßchen breiten und immer breiteren, von neuen Wohnbauten gesäumten Verkehrswegen; große Hotels, Bürogebäude und Wohnblöcke aus schimmerndem Kalkstein, gebranntem Ziegel oder Terrakotta überragten die Stadt. Neue Straßen wie Shaftesbury Avenue, Northumberland Avenue, Holborn Viaduct, Queen Victoria Street oder Charing Cross Road wurden durch die Hauptstadt gelegt. Man hatte das bestürzende und viel diskutierte Gefühl, dass sich eine fremde Stadt unerbittlich wie ein Phantom aus dem Nebel erhob. Und sie verwandelte alles, was sie berührte. Der Vorsatz, ein gigantisches London zu schaffen – Straßen zu verbreitern, große Denkmäler zu errichten, Museen und Gerichte zu bauen, gewaltige neue Verkehrsadern von einem Teil der Hauptstadt zum anderen zu führen –, führte zu einem Tohuwabohu des Abreißens und Neubauens und verwandelte ganze Stadtviertel in Großbaustellen samt Bauzäunen und schweren Maschinen. Der Holborn Viaduct entstand, um das Tal der Fleet zu überspannen und den Holborn Circus mit der Newgate Street zu verbinden; das Großprojekt des Victoria Embankment verwandelte das Nordufer der Themse und wurde durch die

«Das alte London, das London unserer Jugend, wird von einer anderen Stadt verdrängt, die aus ihm emporzuwachsen scheint.»
Ein Reporter, 1873

Queen Victoria Street bis ins Herz der Altstadt hinein verlängert; die Victoria Street veränderte ganz Westminster, während die Shaftesbury Avenue und die Charing Cross Road das «West End» schufen, wie wir es heute kennen. Die City selbst entvölkerte sich mehr und mehr, da Bankiers und Kaufleute nach Kensington oder Belgravia hinauszogen, und war nur mehr ein einziges Kontor. «Dieses Monstrum London ist wirklich eine neue Stadt», schrieb Charles Eliot Pascoe 1888, «neu, was ihr Leben, ihre Straßen und die sozialen Verhältnisse jener Millionen betrifft, die in ihnen wohnen und deren Sitten, Gewohnheiten, Beschäftigungen und sogar Vergnügungen im vergangenen halben Jahrhundert eine ebenso gründliche Veränderung durchgemacht haben wie die große Stadt selbst.» Die Stadt war der Vorbote der Konsumgesellschaft. Sie verkörperte Energie, Zielstrebigkeit und Erfindungsreichtum. Aber sie war auch die «Große Fettgeschwulst», eine monströse Wucherung, bis zum Bersten gefüllt mit den «bitteren Tränen der Verstoßenen».

Ein anderer Aspekt ihrer Größe war also, dass sie schlechterdings alles in sich enthielt. Als Henry Mayhew in einem Ballon über London aufstieg, fiel sein Blick auf «die gewaltigen steinernen Massen von Kirchen und Spitälern, Banken und Gefängnissen, Palästen und Arbeitshäusern, Docks und Armenasylen»: «Alles verschwamm zu einem einzigen, unermesslichen schwarzen Flecken ... ein bloßer Kehrichthaufen», worin «Laster, Neid und gemeine List» ebenso versteckt waren wie «edle Bestrebungen und menschlicher Heldenmut». Aber in einer so riesigen, unaufhörlich wachsenden Metropole werden «Laster» und «Heldenmut» selbst ganz unerheblich; die schiere Größe Londons erzeugt moralische Gleichgültigkeit. In einem sensiblen Gemüt wie Henry James kann das akute Depressionen oder Verlorenheitsgefühle auslösen. «Bis jetzt erdrückt mich noch das Gefühl der schieren Riesigkeit Londons», schrieb er 1869 an seine Schwester, «seine unvorstellbare Unermesslichkeit, so dass mein Kopf wie gelähmt ist ... Der Ort hockt auf dir, er brütet auf dir, er trampelt auf dir herum.» Die schiere Größenordnung der Stadt machte ihren Bewohnern Angst. Niemand hätte es fertig gebracht, sich einen Stadtplan des viktorianischen Londons einzuprägen, dessen Straßen so eng aneinandergerückt waren, dass man sie kaum erkennen konnte; das überstieg schlicht die menschlichen Fähigkeiten. Aber ein Ort von solcher Riesenhaftigkeit, ohne jede Außengrenze, erregt auch Schrecken. Er lastet auf der Seele. Er kann zur Verzweiflung führen – oder Energien freisetzen.

Ein charakteristischer Zug auf Londoner Gesichtern war ihr Ausdruck von Müdigkeit oder Erschöpfung. Durch die Stadt zu fahren war schon anstrengend genug. Abgekämpft, mit leerem Kopf und für die Welt gestorben – so kam der Londoner nach Hause. London laugt und saugt seine Bewohner aus; es trinkt ihre Energien, wie ein Sukkubus. Trotzdem gab es manche, für die «diese sinnlose Größe», wie Henry James sich ausdrückte, eine Quelle der Faszination war.

Die Stadtentwicklung zwischen 1760 und 1835 konnte sich mit der der vorangegangenen zweihundert Jahre messen. 1835 hatten die neuen Straßen und Häuserreihen Victoria, Edgware, die City Road, Limehouse, Rotherhithe und Lambeth erreicht. Allein in den folgenden sechzehn Jahren vereinnahmte die Stadt Belgravia, Hoxton, Poplar, Deptford, Walworth, Bethnal Green, Bow Road und St Pancras. Bis 1872 war sie noch einmal gewachsen und umfasste jetzt auch Waltham Green, Hammersmith, Highgate, Finsbury Park, Clapton, Hackney, New Cross, Old Ford, Blackheath, Peckham, Norwood, Streatham und Tooting, die – unkontrolliert von den Gemeinden oder der Verwaltung – alle zusammenwuchsen. Die Straßen und Verkehrsadern wurden von keinem Parlament und keiner Zentralbehörde geplant; aus diesem Grund verglich man die Entwicklung der Stadt mit einem unbarmherzigen instinktiven oder naturwüchsigen Prozess.

An diesem Ort, wo alles kolossal ist, scheint die gewöhnliche menschliche Existenz uninteressant oder unwichtig zu sein. «Einen jeden, der zum ersten Mal auf den noch unbekannten Straßen Londons sich selbst überlassen war», schreibt Thomas De Quincey, «muss das Gefühl der Ausgesetztheit und absoluten Verlorenheit, das mit seiner Lage verbunden ist, betrübt und verdrossen, vielleicht in Schrecken versetzt haben.» Gegen die kolossale Stadt wirken die Bewohner wie Spukgestalten, die einander in rascher Folge ablösen. Es ist eine Funktion von Londons Größe und Londons Alter, dass alle seine Bürger nur zeitweilige Gäste zu sein scheinen. In der Unermesslichkeit Londons schrumpft jedes Individuum zu unbemerkter Bedeutungslosigkeit; auch das mag die Mattigkeit und Abgespanntheit erklären helfen, die auf vielen Londoner Gesichtern liegen. Ewig daran erinnert zu werden, dass das einzelne Menschenleben sehr wenig wert ist und nur als Teil der Gesamtsumme zählt, kann schon ein Gefühl der Vergeblichkeit auslösen.

In London zu leben heißt, die Grenzen der menschlichen Existenz zu erfahren. Auf vielen viktorianischen Genreszenen sehen die Stadtbewohner einsam und unbeachtet aus, wie sie sich so mit gesenktem Kopf durch die überfüllten Straßen schleppen und geduldig, aber doch isoliert die Bürden des Lebens tragen. Auch dies ist ein Paradox des viktorianischen London. Die Masse als ganze strahlt Vitalität und Energie aus,

aber die charakteristische Stimmung des Einzelnen ist Sorge oder Niedergeschlagenheit.

«Wo liegt denn überhaupt das Zentrum Londons?», fragte De Quincey, und natürlich hat die Stadt überhaupt kein Zentrum. Oder besser
gesagt: das Zentrum ist überall. Wo immer die Häuser hingebaut werden, ist London – Streatham, Highgate, New Cross sind ebenso typisch
und undefinierbar London wie Cheapside oder die Strand. Sie waren
Teil der stinkenden, blitzenden Stadt, wurden durch ihre Größe geweckt
und traten als Wildnis von Dächern und Mietskasernen ans schäbige
Tageslicht. Nicht alle waren stabil, nicht alle waren vornehm. Ein neuer
Aspekt der immer expandierenden Stadt: Es gab Gegenden, wo das
Wachstum nur verhalten war. Die einzelnen Gesellschaftsklassen und
ihre Gliederungen waren generell auf verschiedene Stadtviertel verteilt;
so war zum Beispiel der Unterschied zwischen dem proletarischen Lambeth und dem vornehmen Camberwell, beide am Südufer der Themse,
immens. Es gab jedoch auch Gegenden von unklarer Zuordnung, wo
sich die Chancen von Aufstieg oder Abstieg unberechenbar die Waage
hielten. Ein solches Viertel war Pimlico; es hätte prachtvoll oder doch
respektabel werden können, stand aber immer an der Schwelle zur Schäbigkeit.

Und schließlich gab es die Unermesslichkeit, die sich den endlosen
Menschenmengen verdankte. Daher wimmelt die erzählende Literatur
des 19. Jahrhunderts, soweit sie in London spielt, von unverhofften Begegnungen und zufälligen Treffen, von plötzlichen Blicken und kurzen
Randbemerkungen – von dem, was H. G. Wells die «große rätselhafte
Bewegung von unerklärbaren Wesen» nannte. Reisende fürchteten sich
vor den Straßenkreuzungen, wo die schiere Menge und Geschwindigkeit
der Fußgänger den Effekt eines Strudels erzeugte. «Ein Londoner»,
schrieb ein deutscher Journalist, «stößt dich auf die Straße, ohne dass es
ihm einfiele, eine Entschuldigung zu murmeln; er rempelt dich an, dass
du um dich selber trudelst, ohne sich auch nur umzusehen, wie du dich
von dem Schock erholt hast.» Berufstätige gingen von Islington und Pentonville zu Fuß in die City, aber jetzt kamen sie auch aus Deptford und
Bermondsey, Hoxton und Hackney. Einbezogen zu sein in einen unaufhörlichen Prozess von Wachstum und Veränderung um ihrer selbst willen und keine Gewissheit zu kennen als die Ungewissheit, kann schon
entmutigend sein.

Schätzungen zufolge gingen in den 1850er Jahren täglich 200 000 Menschen zu Fuß in die City. Roy Porter hat es in London: A Social History *so formuliert: «Umzüge und Zuzüge waren eine Dauererscheinung – nichts stand jemals still, nichts war konstant als die Mobilität selbst.»*

Doch da die Stadt so beharrlich und zügig expandierte, gab es schließlich keine Möglichkeit mehr, sie von einem bis zum anderen Ende zu Fuß
auszuschreiten, und so kamen parallel zu ihrem Wachstum andere For-

men des Verkehrs auf, um einen Weg durch diese Unermesslichkeit zu legen. Das außergewöhnlichste Vehikel der Innovation kam mit der Heraufkunft der Eisenbahn; zusätzlich verändert wurde London, im Zuge seiner großen Umgestaltung im 19. Jahrhundert, durch den Bau des Bahnhofs Euston 1837, gefolgt von den Stationen Waterloo, King's Cross, Paddington, Victoria, Blackfriars,Charing Cross, St Pancras und Liverpool Street. Das gesamte Eisenbahnnetz, das heute, 150 Jahre später, noch immer in Gebrauch ist, wurde der Stadt im Zeitraum von nur 25 Jahren, zwischen 1852 und 1877, übergestülpt. Die Bahnhöfe selbst gerieten zu wahren Palästen viktorianischer Erfindung und Findigkeit, errichtet von einer Gesellschaft, für die Geschwindigkeit und Fortbewegung zur Obsession geworden waren. Eine Folge hiervon war, dass die Stadt nun wirklich zum Mittelpunkt der Nation wurde, in der sich alle Energielinien unmittelbar trafen und bündelten. Die Eisenbahn definierte und bewahrte, zusammen mit dem Telegrafen, die Vormachtstellung Londons. Die Stadt wurde zum großen Kanal der Kommunikation und des Kommerzes in einer Welt, in der die Redensart «es ist höchste Eisenbahn» zum geflügelten Wort für die allgemeine Pressiertheit wurde.

Mit der Ausweitung von Stich- oder Vorortbahnen in die nördlichen und südlichen Vorstädte machte sich dieser Einfluss auch in unmittelbarer Nähe der Hauptstadt geltend. In den 1890er Jahren gab es bereits Verbindungen zwischen Willesden und Walthamstow, Dalston Junction und Broad Street, Richmond und Clapham Junction, New Cross und London Bridge –, auf den charakteristischen steinernen Bögen der Eisenbahndämme, die den Fluss zu seinen beiden Seiten begleiteten, wurde der ganze Umkreis der Stadt unerbittlich an das Zentrum herangeholt.

Als William Powell Frith 1838 sein Gemälde der Station Paddington, betitelt *The Railway Station* (s. Farbbildteil), ausstellte, «musste das Werk durch Absperrgitter vor dem Andrang der begeisterten Massen geschützt werden»; die Menschen waren fasziniert von den Massen, die das Bild selbst darstellte, als sichtbarer Ausdruck für die ganze ungeheure Größe des großen Projekts Eisenbahn. Die Londoner des 19. Jahrhunderts liebten das Spektakel ihrer selbst und der in ihrem Namen vollbrachten Leistungen; die Stadt war in der Tat eine neue geworden, oder zumindest hatte das Leben in ihr eine qualitative Veränderung durchgemacht. Irgendwie war der große städtische Moloch unter Kontrolle gebracht worden; die neuen Transportwege, die ihn durchquerten, schafften es ebenfalls, ihn zu bändigen, ihn in puncto Zeit und Distanz transparenter zu machen, sein pulsierendes Leben zu kanalisieren. «Die Fahrt von Vauxhall oder Charing Cross nach Cannon Street», schrieb Blanchard Jerrold, «zeigt dem nachdenklichen Manne die erstaunlichs-

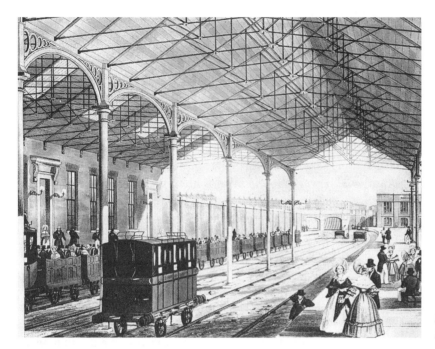

*Bahnhalle,
London um 1935.*

ten Szenen aus dem Londoner Leben. Er darf einen Blick hinter die Kulissen der ärmsten Stadtviertel tun; er blickt auf endlose Häuserreihen mit Hintergärten, in denen sich Frauen und Kinder tummeln.» London war erlebbar, und damit lesbar, geworden. Es gab sogar eine regelrechte Eisenbahnmanie, bei der die Aktien und Anteile der verschiedenen, miteinander konkurrierenden Gesellschaften in der City hoch im Kurs standen; 1849 hatte das Parlament dem Bau von 1071 Schienensträngen zugestimmt, davon neunzehn allein in London, und man konnte sagen, dass das ganze Land von der Idee der Eisenbahnreise besessen war. Der Eisenbahn gelang es sogar, London nach ihrem Bilde umzuerschaffen; Tausende von Häusern wurden abgerissen, um Platz für neue Gleise zu machen, und Schätzungen zufolge wurden im Zuge dieser Arbeiten 100 000 Menschen umgesiedelt.

Die Eröffnung eines neuen Bahnhofs war ein zweifelhafter Segen. Ältere, idyllische Vorstadtoasen wie Fulham oder Brixton wurden jetzt auch für Pendler erreichbar, die es sich bis dahin nicht hatten leisten können, so weit entfernt von ihrem Arbeitsplatz zu wohnen. Stadtbewohner kamen, für die kleine oder billige Häuser gebaut wurden. Durch den Ausbau des Eisenbahnnetzes entstanden sogar neue Vorstädte, nachdem ein Gesetz von 1883 über preiswerte Zugverbindungen dazu beigetragen hatte, den Exodus der ärmeren Bevölkerung aus den alten Mietskasernen in neue «Eisenbahnvororte» wie Walthamstow oder West Ham zu beschleunigen. Gegenden wie Kilburn oder Willesden wurden von einer neuen Wohnbevölkerung überschwemmt, was zu jener Monotonie von Reihenhäusern führte, die noch vorherrscht; in den letztgenannten zwei Stadtbezirken wohnten die Kolonien von Eisenbahnarbeitern, die ihrerseits am Bau neuer Eisenbahnverbindungen beteiligt waren.

Die Eisenbahn war jedoch keineswegs das einzige Verkehrsmittel in der Hauptstadt; so hat man geschätzt, dass 1897 der Platz zwischen Cheapside und Newgate Street «während der Arbeitsstunden von durchschnittlich dreiundzwanzig Fahrzeugen pro Minute passiert wurde». Zu der Flut dieser beweglichen Vehikel zählten Omnibusse und Hansoms (zweirädrige Kabrioletts), Karren und Pferdebahnen, Pferde und die ersten Automobile, Broughams (verdeckte einspännige Wagen) und motorisierte Busse, Mietwagen und Viktoria-Chaisen, die es alle irgendwie

schafften, durch das Menschengedränge der granitenen Straßen zu lavieren. Hier brach vielleicht ein Frachtwagen zusammen und verhalf einer langen Reihe von Fuhrwerken zu einer Zwangspause; dort fuhren ein Lastkarren, ein Fuhrwerk, ein Rollwagen und ein Omnibus in gemächlichem Tempo hintereinander her, während die schnelleren Droschken zwischen ihnen hindurchflitzten. Auf alten Wochenschauen vom Londoner Verkehr sieht man, wie kleine Jungen zwischen den Fahrzeugen umherlaufen und Pferdeäpfel aufsammeln, während sich Fußgänger genauso todesmutig wie heute auf den Fahrdamm hinauswagen. Es ist – im Film wie auf Photographien – eine Szene von unglaublicher Energie, aber auch Konfusion.

Der erste Omnibus fuhr 1829 auf den Straßen Londons; 25 Jahre später gab es schon 3000 Omnibusse, von denen jeder täglich annähernd 300 Fahrgäste befördern konnte. Ein Gemälde von James Pollard von 1845 mit dem Titel

Omnibusse, von Pferden gezogen, Mitte des 19. Jahrhunderts

«Straßenszene mit zwei Omnibussen» gibt eine lebhafte Vorstellung vom Transportwesen jener Zeit. Jeder der Busse wird von zwei Pferden gezogen; im einen sitzen acht Herren mit Zylinder auf dem offenen Dach hinter dem Kutscher, während man weitere Fahrgäste im Inneren erkennt. Der Bus ist grün gestrichen, und ein Schriftzug in Großbuchstaben an der Seite gibt ihn als Fahrzeug der «FAVORITE»-Gruppe zu erkennen; ein an einer rückwärtigen Stange befestigtes Schild teilt mit, dass der Bus zwischen Euston und Chelsea verkehrt, während an der Seite die anderen Haltestellen aufgemalt sind. Ursprünglich lagen die Fahrpreise bei sechs Pence und stiegen auf einen Shilling, so dass dieses Verkehrsmittel von den werktätigen Klassen Londons nicht «favorisiert» wurde; der stetige Wettbewerb reduzierte jedoch die Preise für eine Fahrkarte auf zwei Pence oder einen Penny. Die erste Tour jedes Tages beförderte die Büroangestellten, mit der zweiten kamen dann ihre Vorgesetzten, die Kaufleute und die Bankleute; gegen Mittag bestiegen «die Damen» zu einer Einkaufsexpedition den Bus, und Mütter unternahmen mit ihren Kindern einen «Ausflug». Am Abend füllten sich die Gefährte mit denen, die aus der City in die Vororte strebten, während in der Gegenrichtung jetzt jene unterwegs waren, die «abends ausgingen», zum Beispiel ins Theater oder zum Essen.

1863 vermerkt ein Reisender: «Der Omnibus ist eine Notwendigkeit, und der Londoner kommt ohne ihn nicht aus»; er fügt auch hinzu: «Das Wort ‹Bus› findet jetzt schnell allgemeine Aufnahme»; er erwähnt ferner das einnehmende Äußere dieser Vehikel mit ihrer hellroten, grünen oder blauen Lackierung und die gute Laune der Schaffner wie der Kutscher. Der Schaffner rief «All right!» und hämmerte mit der Faust gegen das Wagendach, zum Zeichen, dass es Zeit fürs Aussteigen war, und auch während der Fahrt schwieg er nie, sondern rief ununterbrochen die Haltestellen aus.

Aufmerksamkeit und Ruhm gebührt auch den Londoner Pferden; denn ihre Ausbildung im Verkehr und ihre «natürliche Klugheit» befähigten sie, in flottem Tempo durch die überfüllten Straßen zu traben, ohne Unfälle zu verursachen. Ein Beobachter aus spätviktorianischer Zeit beschrieb, wie er bei einem der nicht seltenen totalen Verkehrszusammenbrüche «Hunderte von Pferden» sah, «die den Kopf zurückwarfen und die Luft durch ihre Nüstern bliesen», während die Kutscher einander Begrüßungen und Komplimente zubrüllten.

Von allen Fahrzeugen war es jedoch der Hansom, der am meisten mit dem viktorianischen London identifiziert wurde. 1834 eingeführt, war dies ein vierrädriges Fahrzeug, dessen Innenraum größer und daher komfortabler war als bei dem früheren zweirädrigen Wagen; auch saß der Kutscher nicht vorn, sondern stand, in unpersönlicherer Distanz zu seinen Fahrgästen, hinten. Auch hierin spiegelte das wechselnde Erscheinungsbild der Verkehrsmittel den Wechsel der Kultur in London. Doch während sich die Form der Kutsche veränderte, blieben sich Erscheinungsbild und Auftreten der Kutscher gleich; sie waren bekannt für ihre frechen Späße und ihre Unredlichkeit. «Ist ein Fremder verwegen genug, nach einer Droschke zu winken, so kommt nicht eine, sondern gleich ein

Ende des 19. Jahrhunderts gab es über 10 000 Kutschen der unterschiedlichsten Form, und selbst die neuen Verkehrswege konnten die andrängende Flut von Fahrzeugen aller Art kaum bewältigen.

halbes Dutzend»; diese Beobachtung eines deutschen Reisenden bestätigen andere Schilderungen des brutalen Konkurrenzkampfs unter den Droschkenkutschern in der ganzen Hauptstadt. Sie wurden zum Schutzgeist beziehungsweise zum Kobold der Straße. Obwohl die Gebühren gesetzlich geregelt waren, versuchten sie zu handeln, mit der obligatorischen Floskel «Was geben Sie?» Berüchtigt waren sie auch für ihre Trunksucht und andererseits für ihre Streitlust. «Nur ein alter Londoner kann es wagen, sich mit einem Droschkenkutscher auf einen topographischen oder geometrischen Disput einzulassen, denn diese Herrschaften sind in der Regel weder schmeichlerisch in ihrer Ausdrucksweise noch konziliant in ihrer Argumentation; den Fahrpreis zu zahlen und den Mann stehen zu lassen ist die billigste Art, den Disput zu beenden.» Die Fahrer der Hansoms waren «ganz genauso anstrengend und unverschämt wie ihre geringeren Brüder», die Fahrer der schwerfälligen, vierrädrigen «Growler» (Klapperkisten), doch sie waren beherzter und «kurvten mit ihren leichten Fahrzeugen unglaublich geschickt durch den dichtesten Stau von Lastwagen und Fuhrwerken». Londons Lohnkutscher verkörpern den Geist der Stadt – eilig, rastlos, wagemutig, mit einem Hang zu Trunksucht und Gewalttätigkeit. Ihre nächsten Verwandten sind die Schlachter und die Straßenrufer, deren Leben ebenfalls eng an das Leben in der Stadt gebunden ist: Sie alle sind Teil der Londoner Familie.

Manchmal war das Gedränge zu groß, und es kam zum Verkehrsstillstand (im 20. Jahrhundert sprach man von einer *jam*). Gleichwohl ist es erstaunlich, dass es die Stadt im Laufe der Jahrhunderte immer geschafft hat, die Zufahrtsstraßen und innerörtlichen Verkehrswege für die steigenden Bedürfnisse des Verkehrs offen zu halten. Zu Beginn des 21. Jahrhunderts rollen die endlosen Kolonnen von Personenwagen, Omnibussen, Taxis und Lastkraftwagen über Straßen, die im 18. und 19. Jahrhundert für ganz andere Formen des Verkehrs gebaut worden waren. Die Stadt besitzt die Fähigkeit, sich lautlos und unsichtbar neu zu erschaffen, als sei sie wahrhaftig ein lebender Organismus.

Londons Ausgestoßene

Géricaults Kupferstich «Mitleid mit den Sorgen eines armen alten Mannes»
stellt die Isolation und das Elend von Londons Außenseitern dar,
deren einzige Gesellschaft der Hund war.

64. Sie sind allzeit unter uns

Mrs Ambrose begriff, dass es ganz normal ist, arm zu sein, und dass London die Stadt unzähliger armer Menschen ist» – schreibt Virginia Woolf in ihrem Roman *The Voyage Out.* Und in der Tat haben die Armen immer in das Gefüge dieser Stadt gehört. Sie sind wie die Steine oder die Ziegel, weil London aus ihnen gewachsen ist; ihr stummes Leiden kennt keine Grenzen. In der mittelalterlichen Stadt waren die Alten, die Verkrüppelten, die Entstellten und die Wahnsinnigen die ersten Armen; jene, die nicht arbeiten konnten und daher keinen wirklichen oder gesicherten Platz in diesem Gefüge hatten, wurden zu Verstoßenen. Im 16. Jahrhundert gab es Armenviertel in der Stadt, so East Smithfield, St Katherine by the Tower und die Freistatt (Mint) in Southwark; man könnte sagen, dass die Armen irgendwie instinktiv zueinander fanden, oder vielleicht muss man schließen, dass bestimmte Teile der Stadt ihnen Aufnahme gewährten. Es waren Hausierer oder Kleinhändler, Straßenrufer oder Schornsteinfeger, aber immer gehörten sie zu jener Klasse, von der Defoe schreibt, sie seien «die Elenden, die wirklich darben und Mangel leiden».

In Schilderungen aus dem 18. Jahrhundert lesen wir von dreckigen Hinterhöfen und elenden Behausungen, von «ungewaschenen, verwahrlosten Kindern» und «schlampigen Frauen», von «schmutzigen, kahlen, unmöblierten» Zimmern und von Männern, die aus ihnen nicht mehr hervorkamen, weil ihre «Kleidung zu abgerissen war, um einer Prüfung durch das Tageslicht standzuhalten». Wer selbst eine so primitive Unterkunft entbehrte, schlief in leeren oder verlassenen Häusern, suchte Schutz unter Gebäudevorsprüngen oder in Hauseingängen.

Im 18. Jahrhundert gab es in London «über 20 000 unglückliche Individuen der verschiedensten Klassen, die jeden Morgen aufstehen, ohne zu wissen, wie sie sich den kommenden Tag über Wasser halten oder wo sie in vielen Fällen die nächste Nacht verbringen sollen».
M. Dorothy George, London Life in the 18th Century

*

Charles Booth fertigte 1889 eine «Karte der Armut» an. Schwarze und dunkelblaue Flächen bedeuteten «unterste Klasse: bösartig, halb kriminell» beziehungsweise «sehr arm, ungesichertes Einkommen; chronischer Mangel»; rote und goldene Balken bezeichneten die Wohlhabenden und Reichen. Eine genauere Karte, die die Stadtbezirke mit armer Bevölkerung hervorhob, signalisierte Armut in 134 Gegenden «mit jeweils rund 30 000 Einwohnern»; hier ballen sich die dunkelblauen Flächen an

601

beiden Themseufern, während es an anderen Stellen der Stadt ein System konzentrischer Ringe «mit der gleichmäßigsten Armut in seiner Mitte» gibt. Sie waren in London geboren und in London groß geworden, die Armen von Paddington und Pimlico, von Whitechapel und Wapping, von Battersea und Bermondsey.

Reisende bemerkten allenthalben die Spuren der Verelendung und ließen sich darüber aus, wie erniedrigend und erniedrigt die Londoner Armen waren – ganz anders als ihre Leidensgefährten in Rom, Paris oder Berlin. 1872 erinnerte sich Hippolyte Taine an «die Sträßchen, die von der Oxford Street weggehen, stickige Gassen, erfüllt von menschlichen Ausdünstungen; Scharen von blassen Kindern, die sich auf schmutzigen Treppen herumdrücken; die Bänke auf der London Bridge, auf denen nachts ganze Familien kauern, den Kopf eingezogen und vor Kälte zitternd … verzweifelte, erbärmliche Armut». Eine Stadt, die ihre Sache auf Geld und Macht gestellt hat, ist für die Geldlosen und Machtlosen besonders niederdrückend. Als die Stadt an Macht und Größe zunahm, wuchs auch die Zahl der Armen.

Sie stellten fast eine Stadt in der Stadt dar, und ein derartiges Quantum menschlichen Elends ließ sich nicht auf Dauer ignorieren. Wie John Hollingshead in seinem 1861 erschienenen *Ragged London* vermutete, lebte ein Drittel der städtischen Bevölkerung «in gesundheitsschädlichen Schichten, einer über dem anderen, in alten Häusern und beengten Räumen», die ihrerseits an «schmutzigen, ungeschickt angelegten Gassen und Höfen» zu finden waren. Die Orte der Armen seien «pestilenzialisch», befand 1883 der Autor von *The Bitter Cry of Outcast London* und bestätigte damit die weit verbreitete Befürchtung, diese Art von niederdrückender Armut und Erniedrigung könnte unter den Bedingungen Londons irgendwie ansteckend sein; Hoffnungslosigkeit und Verzweiflung könnten auf alle Teile der Londoner «Krähenhorste» übergreifen, wo «Zehntausende unter Schrecknissen zusammengepfercht sind».

Friedrich Engels schrieb über St Giles, dass «der Schmutz und die Baufälligkeit alle Vorstellung übertrifft – fast keine ganze Fensterscheibe ist zu sehen, die Mauern bröckelig, die Türpfosten und Fensterrahmen zerbrochen und lose». Wenige Kilometer weiter, in Soho, lebte Karl Marx. So wurde die Situation Londons Mitte des 19. Jahrhunderts zur unmittelbaren Inspiration für die Begründer des Kommunismus; man könnte sagen, dass ihre Weltanschauung aus den Londoner Slums hervorgegangen sei, und nicht ganz Unrecht hatten jene viktorianischen Beobachter, die der Meinung waren, dass aus der Allgegenwart der Armen einmal eine große oder alarmierende neue Realität entstehen werde. Die Londoner Armen brachten in der Tat ein neues Geschlecht oder eine neue Klasse hervor – freilich in Ländern und Zivilisationen, die weit von London entfernt waren.

In Long Acre fiel Engels' Blick auf «kränkliche Kindergestalten» und «halb verhungerte, zerlumpte Frauen». «Es fällt mir nicht ein, zu behaupten», fährt Engels fort, «*alle* Londoner Arbeiter lebten in einem solchen Elend»; wohl aber behauptet er, «dass jeder Proletarier, jeder ohne Ausnahme, ohne seine Schuld und trotz allen seinen Anstrengungen, von gleichem Schicksal getroffen werden kann». So war die Unsicherheit des Arbeitsplatzes einer der drängendsten Gründe, der Menschen «zu Grunde richtete» (um ein Lieblingswort des frühen 19. Jahrhunderts aufzugreifen) und zum Betteln verurteilte. Ein kalter Winter bedeutete, dass Löscher und Bauarbeiter ihre Arbeit verloren oder, wie man damals schon sagte, «ausgeschaltet» wurden. Jemanden «ausschalten» – in einer Zeit, da alle Welt von Energie und Elektrizität redete, war dies die definitive Entmenschlichung und Erniedrigung.

Auch Gegenden, in denen die Armen lebten, wurden «ausgeschaltet». Die Stadt war so groß geworden, dass man die Armen bequem in ihren Tiefen verstecken konnte. Engels zitiert einen Prediger, der ihm gestand: «Ich habe nie eine so gänzliche Hilflosigkeit der Armen gesehen wie seitdem in Bethnal Green.» Der Geistliche wiederholte aber auch, dass diese Gegend anderen Londonern völlig unbekannt war und von ihnen nie besucht wurde und «dass man am Westende der Stadt ebenso wenig von ihr [dieser armen Pfarre] wusste wie von den Wilden Australiens oder der Südsee-Inseln». Einmal mehr taucht die Metapher der Wildnis auf, doch diesmal mit Konnotationen der Schwärze und Undurchdringlichkeit.

Hier war auch wieder jener andere monströse Zug der Riesenmetropole anzutreffen, wo Reich und Arm Seite an Seite leben konnten, ohne gegenseitig Notiz von ihrer Existenz zu nehmen. Engels zitiert aus einem Leitartikel der *Times* vom 12. Oktober 1843: «Aber alle Menschen mögen des gedenken: dass in dem glänzendsten Bezirk der reichsten Stadt auf dieser Erde, Nacht auf Nacht, Winter auf Winter, Weiber zu finden sind, Weiber – jung an Jahren, alt an Sünden und Leiden, Ausgestoßene der Gesellschaft, verfaulend in *Hunger, Schmutz und Krankheit.*» Aus dieser Perspektive betrachtete Engels die ganze Londoner Gesellschaft und kam zu dem Schluss, dass sie nicht heil oder gesund war: «Die brutale Gleichgültigkeit, die gefühllose Isolierung jedes Einzelnen auf seine Privatinteressen tritt umso widerwärtiger und verletzender hervor, je mehr diese Einzelnen auf den kleinen Raum zusammengedrängt sind.»

So hat London ein neues Stadium der menschlichen Existenz selbst erzeugt; die Armut hat in einem sehr realen Sinn alle verarmt, die auf der besinnungslosen Jagd nach Besitz und Wohlstand eine menschliche Gesellschaft aus «Monaden» geschaffen haben. Ein neues Geschlecht wurde daher nicht nur in den Mietskasernen von St Giles geboren, sondern überall in London, wo die Menschen «den besten Teil ihrer Menschheit aufopfern mussten», so dass «hundert Kräfte, die in ihnen schlummerten, untätig blieben und unterdrückt wurden». Engels gibt zu verstehen, dass dies die wahre Armut in der Stadt sei und dass nur eine Revolution sie ausrotten könne.

London schuf also im 19. Jahrhundert die erste typisch urbane Gesellschaft auf Erden. Was uns heute eine Selbstverständlichkeit ist – «Und doch», schreibt Engels, «rennen sie aneinander vorüber, als ob sie gar nichts gemein, gar nichts miteinander zu tun hätten» –, wurde damals mit Abscheu aufgenommen. Auf jeden, der die gewaltige Größe der viktorianischen Stadt bewunderte, kamen gleich mehrere andere, die bestürzt und entsetzt waren. Hier, in den Straßen Londons, war «der soziale Krieg, der Krieg aller gegen alle ... offen erklärt» und wirklich ausgebrochen. Er war ein Vorbote der künftigen Welt, ein Krebsgeschwür, das sich nicht nur über England verbreiten, sondern schließlich den ganzen Globus selbst überziehen sollte.

Eine der großen Untersuchungen über die Armut in London im ausgehenden 19. Jahrhundert war und bleibt Charles Booths *Life and Labour of the People in London* (1903); sie umfasste 17 Bände und brachte es auf drei Auflagen. Wie die Stadt, die sie unter die Lupe nimmt, ist diese im größtmöglichen Maßstab angelegt. Das Monumentalwerk steckt voller aufschlussreicher Details und ist von einem eigentümlichen Mitleid getragen. In der Tat ist es Booth' Blick auf Londoner Lebensläufe, was sein Werk so bedeutsam macht: «Der letzte Bewohner des Hinterzimmers war ein Witwer, Gassenkehrer beim städtischen Bauamt, ein Mann, der nicht an Himmel oder Hölle glauben mochte ... In Nr. 7 wohnt ein Kärrner mit zerrütteter Gesundheit. Er stürzte von seinem Karren, wurde überrollt und trug einen Beinbruch davon. Im Stockwerk über ihm wohnt eine sehr arme alte Dame, von Almosen lebend, aber eine glückliche Seele, die das Himmelreich erwartet.» In der Nachbarschaft wohnte ein Mann, «ein notorischer Atheist, einer, der sich unter Eisenbahnbrücken über seinen Glauben verbreitet. Er sagt, wenn es einen Gott gäbe, müsste er ein Ungeheuer sein, dass er so viel Elend zuließe. Dieser Mann leidet an einer Herzkrankheit, und der Arzt erklärt ihm, dass er an seiner Ereiferung noch einmal tot umfallen wird.» Das sind die Dauerbewohner Londons.

Es ist, als sei die Stadt zu einer Art verlassener Insel geworden, auf der ihre Bewohner sich durchzuschlagen suchten. Es gab aber noch ein anderes Leben, das sich allen Widrigkeiten zum Trotz nicht niederhalten ließ. «Wie die Armen leben können, wenn sie hilflos sind», schreibt Booth, «bliebe ein Geheimnis, gäbe es da nicht ihre große Freundlichkeit gegeneinander, auch wenn es Fremde sind. Das ist die große Erklärung.» Ein nonkonformistischer Prediger vertraute ihm an: «Es sind nur die Armen, die wirklich geben. Sie kennen genau die Bedürfnisse des andern und geben, wenn Not am Mann ist.» Ein römisch-katholischer Priester sagte Booth: «Die Güte der Armen zueinander ist wunderbar.» Hier liegt hinter all den Schilderungen von Schmutz und Unrat eine andere Realität verborgen. Die intime Erfahrung geteilten Leids hatte nicht unbedingt den Effekt, alle Armen zu demoralisieren. Die Verhältnisse des Großstadtlebens konnten Trunksucht, Verzweiflung und Tod zur Folge haben, doch bestand zumindest die Möglichkeit, dass sie auf andere Weise Ausdruck fanden: in Freundlichkeit und Großmut gegen jene, die Gefangene derselben harten und widrigen Realität waren.

Booth beendet seine Untersuchung mit einem denkwürdigen Absatz: «Vor meinem Leser liegen die trockenen Knochen, welche in dem langen Tal verstreut sind, das wir durchschritten haben. Möge eine große Seele, Meister einer feineren und höheren Alchimie als meiner, die verwickelten Probleme entwirren, die scheinbaren Widersprüche des Ziels versöhnen, die verschiedenartigen Einflüsse zu guter Letzt zu einer einzigen, göttlichen Einheitlichkeit der Anstrengung verbinden und verschmelzen und diese trockenen Knochen zum Leben erwecken, auf dass in den Straßen unseres Jerusalem wieder ein Freudengesang sei.» Eine erstaunliche Offenbarung! Charles Booth begriff besser als jeder andere Grauen und Elend Londons im 19. Jahrhundert, und doch beschwor er am Ende seines Diskurses das Bild eines freudigen Jerusalem.

Als Booth mit seinen Mühen, die ihn achtzehn Jahre gekostet hatten, zum Abschluss gekommen war, konnte er feststellen, dass sich die allerschlimmsten Verhältnisse gebessert hatten – aber nur die allerschlimmsten. Viele Slums waren abgerissen worden und viele ihrer einstigen Bewohner in «Modellwohnungen» oder die neu errichteten Sozialsiedlungen auf Gemeindegrund umgezogen. Verbesserte sanitäre Einrichtungen und eine generelle Berücksichtigung hygienischer Belange in der Stadt beeinflussten das Los der Armen ebenfalls auf marginale Weise. Aber wo stünde die Stadt ohne ihre Armen?

In einer Ende der 1920er Jahre durchgeführten Erhebung, dem *New Survey of London Life and Labour*, wurde errechnet, dass immer noch 8,7 Prozent der Londoner in Armut lebten; in anderen Zusammenhängen hat man diese Zahl auf 5 Prozent, aber auch auf 21 Prozent geschätzt. So führte die Wirtschaftskrise der 1930er Jahre zur Entstehung dessen, was man damals «die neuen Armen» nannte, und eine weitere Erhebung von 1934 kam zu dem Schluss, dass 10 Prozent der Londoner unterhalb der «Armutsgrenze» lebten. Es gab keinen Hunger, wohl Unter- oder Mangelernährung und zerlumpte Kleidung. Die ersten Jahrzehnte des 20. Jahrhunderts waren von Hungermärschen und Arbeitslosenprotesten geprägt; eine gewisse Milderung brachten die Einführung der Arbeitslosenunterstützung und die aufgeklärtere Anwendung der Armengesetze.

Aber die Armut verlässt London nicht. Sie verändert nur ihre Form und ihr Erscheinungsbild. Bei einer neueren Erhebung über «Ausmaße der Deprivation» ergaben sich die höchsten Werte für Southwark, Lambeth, Hackney und Tower Hamlets (früher Bethnal Green und Stepney); es sind genau die Gegenden, die auch im 18. und 19. Jahrhundert die meisten Armen aufwiesen. So gibt es eine Kontinuität der Not oder der Bedrängnis an signifikanten Orten. Heute spielen asiatische Kinder in der Old Nichol Street und der Turville Street, und die Gegend wirkt merkwürdig still, nachdem einst in diesem «Jago» – dem Teil von Shoreditch, den Arthur Morrison in *A Child of the Jago* (1896) unsterblich gemacht hat – ein ungestümes, schreckliches Leben geherrscht hatte. Die Armut kommt heute weniger geräuschvoll und drangvoll daher als früher, aber gegenwärtig ist sie doch, als inwendiger, instinktiver Bestandteil Londons. Gäbe es keine Armen, so gäbe es keine Reichen. So wie jene Frauen, die im 18. Jahrhundert mit den Heeren mitzogen, abhängig und schutzlos, so begleiten die Armen London auf seinem Weg in die Zukunft. London erzeugte die Armen; es benötigte die Armen, nicht zuletzt als billige Arbeitskräfte oder gelegentliche Handlanger; heute sind sie die Schatten geworden, die London auf Schritt und Tritt folgen.

65. Die Bettler

Die sichtbarste Erscheinungsform der Armut in London waren die Mendikanten und Bettler. Schon Ende des 14. Jahrhunderts gab es Streit unter ihnen. «John Dray persönlich bestritt den Vorwurf und erklärte, dass an dem erwähnten Tag und Ort er und besagter Ralph beisammen saßen und bettelten, als John Stowe, ein Mönch von Westminster, des Weges kam und ihnen gemeinsam einen Penny schenkte. Ralph nahm den Penny entgegen, wollte aber Dray nicht seinen Anteil geben. Es kam zu einem Handgemenge, bei dem Ralph mit einem Stock auf ihn einschlug.» Diese Szene hätte sich auch Jahrhunderte früher oder Jahrhunderte später abspielen können. Welches bessere Betätigungsfeld hätte ein Bettler finden können als London, reich an Menschen und der Legende zufolge auch an Geld?

Es gab Bettelmönche oder Klausner, die murmelnd in steinernen Nischen an den Haupttoren der Stadt saßen; es gab lahme Bettler an den Straßenecken; es gab Gefängnisbettler, die ihre Hände almosenheischend durch die Gitter streckten, alte Frauen, die vor Kirchen bettelten, und Kinder, die auf der Straße bettelten. Zu Beginn unseres 21. Jahrhunderts sind einige der wichtigsten Verkehrsadern Londons von Bettlern gesäumt, alten wie jungen; manche liegen, in Decken gehüllt, zusammengekauert in Hauseingängen und starren mit flehendem Blick hoch: «Eine milde Gabe, bitte!» Die älteren unter ihnen sind meist trunksüchtige Landstreicher, die ganz aus der Zeit herausgefallen sind, was besagen will, dass sie unheimliche Ähnlichkeit mit ihren Leidensgefährten aus früheren Zeiten haben.

Sir Thomas Morus erinnerte sich an die Scharen von Bettlern, die vor den Toren der Londoner Klöster herumschwärmten, und in der spätmittelalterlichen Stadt war es üblich, dass die Bediensteten von großen Häusern oder Institutionen die Brotkrumen und Fleischreste eines öffentlichen Festessens einsammelten, um sie unter den Bittflehenden zu verteilen. Die Bürger schenkten ihnen aber nicht nur aus Mitleid, sondern auch aus Betretenheit oder Verlegenheit.

Es gab zwar bereits «schummelnde» Bettler, die Entstellung oder Krankheit vortäuschten, aber noch war das Betteln kein unehrenhaftes Gewerbe. Manche Namen von Bettlern aus dem 12. Jahrhundert sind auf uns gekommen: «Georg vom Grün», «Robert der Teufel», «Wilhelm Langbart» (William Longbeard). Letzterer galt in der Regierungszeit Heinrichs II. als der ungekrönte König der Londoner Bettler; nachdem er in Cheapside einen Aufruhr verursacht hatte, suchte er Zuflucht in der Kirche St Mary-le-Bow. Schließlich wurde er von den Gerichtsbeamten ausgeräuchert, aber er gehörte zu jenen frühen Ausgestoßenen, deren Besitzlosigkeit ein Zeichen von Stolz war. Es waren Menschen, die sozusagen mit Armut und Isolation vermählt waren und daher zum Symbol für unangepasstes Menschentum wurden. «Kommen wir nicht alle zur Welt wie irrende Bettler, ohne einen Fetzen am Leib?», schreibt Thomas Dekker Anfang des 17. Jahrhunderts. «Gehen wir nicht alle aus der Welt wie Bettler, ein altes Laken aufsparend, das uns deckt? Und werden wir nicht alle in der Welt herumgehen wie Bettler, ein altes Tuch umgeheftet?»

«Ich sehe bisweilen selbst so viele arme Leute in Westminster um eine milde Gabe bitten, dass ich, um sie zu schonen, mit Freuden einen anderen Weg geritten wäre.»
Thomas Morus

Wenn Gott die Menschen nach Seinem Bild erschaffen hatte, welche wunderliche Kümmergottheit spiegelten dann diese Männer und Frauen wider? Das war die abergläubische Scheu, die der Bettler in jenen weckte, die ihm begegneten.

Im 16. Jahrhundert wurden erstmals «Bruderschaften» von Bettlern gegründet, die sich Namen zulegten wie «die tobenden Burschen», «die Bonaventos», «die Einträchtigen», «die Renommisten». Sie sammelten sich in Whitefriars und Moorditch und Hoxton, auf dem Feld vor Lincoln's Inn und vor St Bartholomew-the-Great – die letzten zwei Lokalitäten werden noch heute von Stadtstreichern aufgesucht. Alle rauchten Pfeife, als eine Art Statussymbol, und waren wegen ihrer Trunksucht und Gewalttätigkeit gefürchtet. Coplande beschreibt in *Hye Way to the Spitel House* (1531) Bettler, die vor dem östlichen Zugang zu St Paul herzzerreißend sangen, und berichtet von einem Bettler, er habe ihn gebeten, «aus diesem Farthing doch einen halben Penny zu machen, um der fünf Freuden unserer Lieben Frau willen». Thomas Harman veröffentlichte Schilderungen über die Londoner Bettler in Broschürenform, wobei es ihm eher um ihre sensationellen Eigenschaften und Bravourstücke zu tun war. Über einen Richard Horwood, einen Londoner, schreibt er: «An die achtzig Jahre alt, zerbeißt er dir noch einen schlechten Nagel mit den Zähnen; obendrein ein schamloser Säufer.» Im Frühjahr 1545 erließ Heinrich VIII. eine Proklamation gegen Landstreicher und Bettler, die sich «am Themseufer oder anderen liederlichen Orten» herumtrieben; sie sollten ausgepeitscht, gebrandmarkt oder bei Wasser und Brot eingesperrt werden. Aber nichts konnte verhindern, dass sie nach London kamen.

Zwei Bettler – ein heruntergekommener und verarmter Gentleman und ein (vermeintlich) an Epilepsie erkrankter, in Lumpen gehüllter Mann mit Schaum vorm Mund.

Das Tempo der Einhegungen auf dem Lande machte viele Menschen arbeitslos und obdachlos, und die Heimkehr von Soldaten aus Kriegen in der Fremde vermehrte die Not. Hinzu kamen die einheimischen Beschäftigungslosen oder nicht zu Beschäftigenden, die «Meisterlosen», wie man sie nannte, um ganz deutlich herauszustreichen, dass sie kein Teil des auf Hierarchien gründenden sozialen Gefüges waren. 1569 wurden etliche tausend «Meisterlose» ins Gefängnis gesteckt, und in demselben Jahr bemannten die Londoner Bürger ihre Stadttore, um jeglichen Gruppen von Bettlern den Zutritt zu verwehren; alle Schuten, die von Gravesend und anderen möglichen Einschiffungsorten abgingen, wurden gründlich durchsucht. Aus dieser Zeit stammt vielleicht der Vers: «Schnell, schnell! Hundegebell! / Die Bettler kommen zur Stadt!»

In einer Stadt des Reichtums wird die Unbotmäßigkit der Armen am meisten gefürchtet. 1581 unternahm Elisabeth I. einen Ritt am Aldersgate Bar vorbei auf die Felder von Islington, als sie von einer Gruppe vierschrötiger Bettler umringt wurde, «die der Königin viel Ungemach verursachten». Noch an demselben Abend suchte der oberste Kriminalrichter, Fleetwood, persönlich die Felder ab und nahm 74 der Leute fest. Acht Jahre später drohte eine Bande von 500 Bettlern, die Bartholomäusmesse zu plündern; gleichzeitig veranstalteten sie ihre eigene Gegenmesse, die Durrest Fair, wo gestohlene Güter verkauft wurden.

Um 1600 wohnten schätzungsweise 12 000 Bettler in London: eine große Gruppe von Unzufriedenen, die die anderen Bürger abwechselnd umschmeichelten oder bedrohten. Eine aufdringliche Methode des Bettelns war der «Jammerchor», kräftig unterstützt von Rasseln und kläglichen Liedern wie:

> «Ein Geldstück, ein kleines –
> Für uns arme Wichte –
> Blind und lahm!
> Um Seinetwillen, der alles gab!
> Mitleid, edler Herr!
> Einen kleinen Deut!»

«One small piece of / money – / Among us all poor wretches – / Blind and lame! / For His sake that gave all! / Pitiful Worship! / One little doit.»
Bettlerlied

Mitte des 17. Jahrhunderts beobachtete Thomas Harman einen Landstreicher namens Genings, der in der Gegend um den Temple bettelte. «Sein nackter Körper schien durch, auf dem Kopf trug er einen stinkenden, dreckigen Fetzen, der so zugeschnitten war, dass er nur wenig vom Gesicht sehen ließ. … Sein Gesicht hatte er von den Augen abwärts ganz mit Blut beschmiert, so als sei er soeben schwer gestürzt und werde von grässlichen Schmerzen gefoltert, und die Jacke war ganz mit Kot und Schlamm beschmutzt. … Der Anblick war fürwahr grässlich und furchtbar.» Harman schöpfte Verdacht und heuerte zwei Jungen an, die den Mann beobachteten und ihm folgten; sie fanden heraus, dass er sich nach getaner Arbeit am Abend auf die Felder hinter Clement's Inn zurückzog: «Dort frischte er seine Blutflecken aus einer Blase mit Schafsblut auf und verteilte neuen Schlamm auf seinen Armen und Beinen.» Er wurde von der Wache des Kirchspiels festgenommen, und es stellte sich heraus, dass er eine große Summe Geldes am Leibe trug; nach einer zwangsweise vorgenommenen Säuberung «erwies er sich als hübscher Kerl mit gelbem Bart und einer erstaunlich hellen Haut». Sein Talent zur Verkleidung kam ihm sehr zupass in einer Stadt, die vom Spektakel fasziniert und in Äußerlichkeiten verliebt war; wie anders hätte er sich auf der rasch wechselnden Szene bemerkbar machen sollen als durch ein im höchsten Maße theatralisches Gebaren?

Dann traten Bettler auf, die sich als Verrückte gerierten oder, wie man damals sagte, «auf den Abraham-Schwindel spekulierten» (nach dem Namen eines Londoner Hospitals). Sie pflegten sich an Straßenecken aufzustellen und das Zeichen für die Irrenanstalt Bedlam – ER – auf ihrem Arm vorzuweisen. «Meister, Ew. Gnaden, gebt Euer Scherflein einem armen Mann, der drei Jahre, vier Monate und neun Tage in Bedlam vor Bishopsgate gelegen hat! Schenkt ihm ein kleines Silberstück zu den Gebühren, die er dort zu zahlen hat!» Sie stießen sich Nadeln und Nägel ins Fleisch, um ihren Wahnsinn zu dokumentieren, oder redeten wie Irre zueinander und nannten sich «armer Tom». In der Regel trugen sie alle dieselbe Kleidung – eine Jacke mit langen Ärmeln – und hatten das Haar zu einem Knoten zusammengebunden. Auch hatten sie einen Stock aus Eschenholz bei sich, an den ein Stück Speck gebunden war, was wiederum darauf schließen lässt, dass ihr verrückter Auftritt eine Art von theatralischer Routine auf Londons Straßen wurde. Doch mischten sich unter sie auch die wirklich Geisteskranken.

Man vermutet, dass es in den Bettlerbruderschaften des 16. und frühen 17. Jahrhunderts höchst formell zuging, mit eigenen Initiationsriten, Zeremonien und Verfahrensweisen. Alle Bettler erhielten beim Eintritt in ihre Gemeinschaft einen Spitznamen – Großer Stier, Madam Wapapace, Obersheriff und so fort – und mussten diverse Gebote für Bettler aufsagen. Zu diesen gehörten Ermahnungen wie «Du sollst alle Gewinne redlich teilen» oder «Du sollst das Geheimnis der Bettlersprache nicht verraten». Diese Sprache war den Londonern in Wirklichkeit nicht ganz unbekannt – der Cockneydialekt nahm manche ihrer Ausdrücke auf –, aber trotzdem war sie einmalig. Sie bestand teilweise aus Wendungen und Begriffen aus anderen Sprachen, darunter dem Walisischen, Irischen, Niederländischen und Cockney, aber auch dem Lateinischen, so dass es in gewisser Weise eine internationale Sprache war; so bedeutete *patrico* «Priester» und *solomon* «Altar». Die Bettlersprache «soll irgendwann um 1530 erfunden, ihr Urheber aber hingerichtet worden sein».

Man hat die These vertreten, dass die industrielle Expansion des 18. Jahrhunderts materiell zu einer Verringerung der Bettlermassen beigetragen habe; konkret sollen in der zweiten Hälfte des 18. Jahrhunderts Veränderungen im Kirchspielsystem und der Rückgang des Ginkonsums nach 1750 die Reihen der Bettler gelichtet haben. Aber Beweise für diese Behauptung gibt es nicht. Es ging nur einfach eine Veränderung der Bettelei selbst vor sich. Deren typische Erscheinungsform war im 16. und frühen 17. Jahrhundert der Zusammenschluss der Bettler zu Banden,

Gruppen oder Siedlungen gewesen. An ihre Stelle trat nun der isolierte oder einzelne Bettler, für den Moll Flanders (aus dem gleichnamigen Roman von Defoe) ein fiktives Beispiel ist. «Ich kleidete mich wie eine Bettlersfrau, in die ärgsten und erbärmlichsten Fetzen, die ich finden konnte, und ging auf den Straßen umher, um mich zu zeigen und dabei in alle Türen und Fenster zu spähen, denen ich nahe kam.» Aber Moll muss die Lektion lernen, die jedem Bettler mit der Zeit eingebläut wird: «Dies war ein Aufzug, vor dem jeder zurückschrak und sich fürchtete; und alle, so schien mir, sahen mich an, als fürchteten sie, ich könnte ihnen zu nahe kommen, aus Angst, dass ich ihnen etwas wegnähme, oder als fürchteten sie, mir zu nahe zu kommen, aus Angst, etwas von mir zu empfangen.»

So gab es Anfang des 19. Jahrhunderts wohl noch Berichte über Bettlerbanden, die – vor allem nach den napoleonischen Kriegen – in der Metropole ihr Unwesen trieben, aber das Hauptaugenmerk galt doch jetzt dem einzelnen Bettler. Dies steht in seltsamem Widerspruch zu der allgemeinen Zeitstimmung, da sich doch aus der Heterogenität Londons im 18. Jahrhundert gerade «Klassen» herausbildeten und der ganze Nachdruck schließlich auf den «Systemen» der Stadt lag; diese Entwicklung isolierte den einzelnen Bettler noch weiter und machte ihn buchstäblich zu einem «Deklassierten».

1817 erschienen von J. T. Smith *Vagabondiana* oder, wie es im Untertitel hieß, «Anekdoten über wandernde Bettler in den Straßen Londons, mit Porträts der bemerkenswertesten unter ihnen, nach dem Leben». Der Nachdruck lag auf dem Gebaren und den Ausdrucksformen der Blinden und der Verkrüppelten. Ein Beispiel ist der «beinlose jüdische Bettler in der Petticoat Lane», ein betagter Patriarch mit zerknitterter Kopfbedeckung, der auf einem hölzernen Wägelchen sitzt. Hinter ihm an der Mauer sieht man das Graffito eines grinsenden Mannes – vielleicht des Knochenmannes. Noch hundert Jahre zuvor hätten sich die Horden der Fahrenden gegen eine individuelle Darstellung gesträubt.

Vier Jahre später fing der französische Maler Jean Louis Théodore Géricault das Londoner Bettlerwesen in zwei Straßenszenen ein; im Jahr zuvor, 1820, hatte er im Ägyptischen Saal am Piccadilly «Das Floß der ‹Méduse›» ausgestellt, und die ganze Zärtlichkeit seines ansonsten kraftvollen Wesens liegt in den beiden Lithographien «Mitleid mit den Sorgen eines armen alten Mannes, dessen zitternde Glieder ihn vor Eure Türe getragen haben» (s. S. 599) und «Gelähmte Frau». Auf dem ersten Bild lehnt der alte Mann an einer Mauer; begleitet wird er von einem Hund, den er an einem alten gedrehten Seil mit sich führt. Der Hund war zu allen Zeiten der treue Gefährte der Londoner Ausgestoßenen; er steht

Théodore Géricault,
*Eine gelähmte
Frau*

nicht nur für das Wanderleben des Bettlers, sondern verkörpert auch eine Art von Freudlosigkeit und Isolation. Der Hund ist des Bettlers einziger Gefährte in dieser Welt der Not; er weckt auch die Konnotation der Blindheit und des allgemeinen Leids. Auf der anderen Lithographie Géricaults (s. Bild oben) drehen sich eine junge Mutter und ihr Kind mit mitleidig-scheuem Blick nach der gelähmten alten Frau um. Deren Einsamkeit hat nichts mehr mit der Solidarität und Geselligkeit der «Bettlerbruderschaften» zu tun. Niemand will der Ausgestoßenen zu nahe kommen. Zu stark ist die Furcht vor der Ansteckung – nicht nur der Ansteckung mit Krankheit, sondern auch mit Sorge und Angst. Was wäre, wenn ich leben müsste wie du?

Aufzeichnungen über das Straßenleben des 19. Jahrhunderts wimmeln von Erinnerungen an solche Schreckgespenster. «Einige meiner Leser», schreibt Mayhew einmal, «entsinnen sich vielleicht jenes unglücklichen jungen Mannes, der mit Kreide die Worte ‹BIN AM VERHUNGERN› an den Fußgängerweg der Waterloo Bridge geschrieben hatte, auf der Seite von Surrey. Er lag zu einem Häufchen Unglück zusammengekauert da und war anscheinend halb tot vor Kälte und Mangel; durch die Risse in seiner dünnen Baumwolljacke sah man den hemdlosen Hals und die Schultern; Schuhe oder Strümpfe trug er nicht.» Die Verfasserin der *Highways and Byways of London* erinnerte sich an einen alten Mann, der seine spezielle Ecke an der Oxford Street hatte; «Mitleid erregend schwach, klapperig und dürr, trug er eine leere schwarze Tüte bei sich, die er mir flehentlich entgegenstreckte.» Es gab einen verkrüppelten Bettler, der stets unter der Bildergalerie am Trafalgar Square saß, «den hinfälligen Körper auf eine wattierte Krücke gestützt», während die «langen schmalen Finger über die Tasten eines alten Akkordeons flogen».

Johanna Schopenhauer, die Mutter des großen Philosophen, veröffentlichte 1816 ihre *Reise durch England und Schottland*. Unter anderem hinterließ sie die Beschreibung einer bemerkenswerten Bettlerin, angeblich der Schwester der Schauspielerin Mrs Siddons. Sie war durch Unglück, vielleicht auch durch eine Geisteskrankheit ins Elend geraten, wurde aber von den Passanten stets mit einer eigentümlichen Ehrerbietung begrüßt. Sie zog es vor, von der Mildtätigkeit Fremder zu leben. Sie trug immer einen schwarzen Seidenhut, der ihr Gesicht und ihre Züge deutlich sehen ließ, ein grünes Wollkleid, eine große, schneeweiße Schürze und ein ebenfalls weißes Halstuch. Sie ging auf zwei Krücken gestützt und bettelte oder bat nie um etwas, doch wer ihr begegnete, fühlte sich genötigt, ihr etwas zu geben. Sie war ein Kind dieser Straßen, eine Schutzgottheit, der man Opfergaben darzubringen hatte.

Charles Lamb verfasste in den 1820er Jahren seinen Essay *Klage über den Niedergang der Bettler in der Metropole*, worin er auch auf einen der sporadischen und ergebnislosen Versuche der städtischen Behörden zu sprechen kommt, «die Straßen zu säubern»; es gibt seit Jahrhunderten entsprechende Proklamationen und Maßnahmen, aber die Bettler kehren immer wieder. Lamb sah mit einer gewissen Wehmut ihr Verschwinden voraus. «Die Bettler dieser großen Stadt waren ihre Sehenswürdigkeiten, ihre Löwen. Ich kann sie ebenso wenig entbehren, wie ich Londons Straßenrufe entbehren könnte. Keine Straßenecke ist vollständig ohne sie. Sie sind so unentbehrlich wie die Bänkelsänger und in ihrer malerischen Tracht so dekorativ wie die alten Straßenschilder Londons.» So verkörpert der Bettler die Stadt, vielleicht weil er ein zeitloser Typus ist und ewig wiederkehrt wie Kinderlieder und Kinderspiele. Der Bettler ist, wie Lamb unterstellt, «der einzige Mensch im Universum, der nichts auf Äußerlichkeiten geben muss. Das Auf und Nieder kümmert ihn nicht mehr.» Hinter dem flüchtigen Schein der Welt behauptet er eine unwandelbare Identität.

Die Ausweitung der sozialen Kontrolle und des sozialen Systems im viktorianischen London erfasste auch das Phänomen des Bettlerwesens. Ein «Verein gegen Bettelei» mit Sitz am Red Lion Square wurde gegründet, der alle Bettler der Metropole klassifizierte und beschrieb. Charles Dickens war in vieler Hinsicht ein großmütiger Wohltäter der Armen, aber er zögerte nie, einen offenbar betrügerischen Bettler oder Bettelbriefschreiber bei dem Verein «anzuzeigen».

Charles Babbage nahm eine systematische Untersuchung der Londoner Bettler vor. Er berichtet, dass ihm, wenn er auf dem Heimweg «von den überhitzten Räumen einer Abendgesellschaft» war, oft «durch den Nieselregen» eine Frau folgte, «notdürftig bekleidet und elend, mit einem Säugling auf dem Arm und manchmal in Begleitung eines zweiten Kindes, das kaum laufen konnte», und ihn um eine milde Gabe bat. Er ließ sich Einzelheiten ihrer Lebensumstände erzählen und stellte fest, dass sie ihn angelogen hatte. Einmal wurde ihm bei dichtem Nebel ein «blasser, abgemagerter Mann» vorgestellt, der nach Auskunft des Besitzers eines einfachen Logierhauses «in den letzten zwei Tagen nichts zu sich genommen hat als Wasser aus der Pumpe auf der anderen Straßenseite». Babbage schenkte ihm ein paar Kleidungsstücke und etwas Geld, und der junge Mann sagte, er sei dabei, eine Stelle als «Steward auf einem kleinen Westindienfahrer» anzunehmen. Aber auch das war gelogen. «Er hatte in einem anderen Teil der Stadt als Krakeeler in einem Wirtshaus gelebt und war ständig betrunken gewesen.» So brachte Charles Babbage den Mann vor Gericht. Er wurde eine Woche in Untersuchungshaft genommen, gebührend verwarnt und wieder entlassen.

Was haben wir von diesen Beispielen Londoner Bettler zu halten? Es waren die Ausgestoßenen der Stadt, man sah sie zuerst im Nieselregen oder bei dichtem Nebel, wie Emanationen des Betons und des Bleis. Sie lebten am Rand der Gesellschaft und schienen ausnahmslos zu einem baldigen Tod verurteilt. Als junge Männer durchlebten sie in rascher Folge die Stadien der Abmagerung und Trunksucht. Diese Bettler waren hartnäckige Betrüger und Lügner, weil sie keine Verbindung mehr zu der wohlgeordneten und behaglichen Gesellschaft hatten, die Babbage repräsentierte; für sie war die Realität so aussichtslos geworden, dass sie nichts mehr zu verlieren hatten. Sie lebten in einem anderen menschlichen Seinszustand. Nur London konnte solche Menschen beherbergen.

Hinter diesen Versuchen, die Bettler statistisch zu erfassen, stand eine Sorge, die an die primitivsten Instinkte rührte: Was, wenn sich diese Menschen unkontrolliert vermehrten? Wenn eine Spezies entstünde, die sich so fest an London klammerte, dass sie von dieser Stadt weder zu unterscheiden noch zu trennen war. Auch befürchtete man, dass die Veränderungen in der großstädtischen Gesellschaft sich in der Natur der Bettelei reproduzieren könnten: «Der Betrüger hat sich weiterentwickelt», schreibt Blanchard Jerrold ironisch, «aus dem Landstreicher ist ein systematischer Reisender geworden, der Bettler wartet mit hundert Geschichten auf, die der Gauner von einst nicht vorweisen konnte.» So gebe es beispielsweise «Katastrophenbettler», darunter «gescheiterte Matrosen, schwer verletzte Bergleute und abgebrannte Gewerbetreibende». Der unglückliche Seemann «ist dem Londoner Publikum im Zusammenhang mit stümperhaft ausgeführten Gemälden bekannt, die entweder einen Schiffbruch oder häufiger noch die Vernichtung eines Fischerbootes durch einen Wal in der Nordsee zeigen. Ein solches Gemälde breiten sie auf dem Pflaster aus und beschweren es, besonders an windigen Tagen, an den Ecken mit Steinen.» Daneben standen in der Regel zwei Männer, und meistens hatte einer von ihnen einen Arm oder ein Bein verloren. Merkwürdigerweise haben die Handbücher des 19. Jahrhunderts über das Bettlerunwesen große Ähnlichkeit mit ihren Vorläufern aus dem 16. Jahrhundert; beide betonen besonders die theatralische Begabung des Hausierers und das Repertoire seiner Lieblingstricks und -kniffe.

Wie jede einheimische Bevölkerung hatten auch die Bettler ihre eigenen Bezirke oder Reviere. So gab es die Hausierer von der Pye Street oder von St Giles, wobei einige auch auf eigene Faust ihre Runden drehten. «Ich halte mich immer auf dieser Seite der Tottenham Court Road», vertraute ein Blinder um 1850 einem Forscher an. «Ich gehe nie über die Straße; mein Hund weiß das. Jetzt gehe ich da hinunter. Das ist die Chenies Street; ich weiß genau, wo ich bin. Die nächste Biegung nach rechts ist die Alfred Street, die nächste links die Francis Street, und wenn die zu Ende ist, bleibt mein Hund stehen.» So kann man London auch durch das Netz seiner Almosenpfade darstellen.

Ende des 19. Jahrhunderts begannen sich die Londoner Bettler darüber zu beschweren, dass die neue Polizei und der frisch gegründete «Verein gegen Bettelei» ihnen das Leben schwer machte. Allerdings lässt sich nicht zuverlässig feststellen, ob die Zahl der Bettler wirklich zurückging.

Die Reichen und die Bürger der Mittelschicht gaben überhaupt nichts, weil sie davon ausgingen, dass alle Bettler Schwindler waren; das war natürlich auch der Tenor der amtlichen und halbamtlichen Untersuchungen. In einer Stadt, die sich anschickte, von «Systemen» beherrscht zu werden, gedieh auch das systematische Vorurteil. Auch die wohlhabenderen unter den Gewerbetreibenden waren immun gegen Appelle an ihre Mildtätigkeit. Erfolgreich waren die Bettler jedoch «bei mittleren Gewerbetreibenden und bei der armen werktätigen Bevölkerung». Ihre besonderen Wohltäter waren die Frauen von Arbeitern.

In Memoirenwerken aus dem frühen 20. Jahrhundert ist nicht von Banden oder Gruppen die Rede, sondern nur von einzelnen Bettlern, die sich gewöhnlich als Streichholz- oder Bonbonverkäufer ausgaben, um ihre Bettelei zu kaschieren. Sie mussten eine so genannte «Hökerlizenz» erwerben, die jährlich 5 Shilling kostete, und wählten dann ihre «Tour». Der eine, an der Ecke West End Lane / Finchley Road, pflegte ein Grammophon aufzuziehen; ein anderer ging mit einer einzigen Schachtel Streichhölzer die Corbyn Road auf und ab; ein Orgeldreher namens «Shorty» pflegte Whitechapel und die Commercial Road zu «machen».

Das sind alles zufällige Vignetten, aber sie vermitteln einen Eindruck von der Atmosphäre der Londoner Bettelei zwischen den Kriegen.

Die Verkäufer von Schnürsenkeln und Streichhölzern sind längst verschwunden. An ihre Stelle treten heute, im 21. Jahrhundert, die «Obdachlosen», die in Hauseingängen schlafen; ihr Statussymbol ist die Decke, die sie immer bei sich tragen. Manche von ihnen weisen alle Merkmale ihrer Vorgänger auf; sie sind schwer von Begriff, trunksüchtig oder auf andere Weise unfähig, eine «gewöhnliche» Existenz zu führen. Andere aber sind schlau, von wachem Verstand und nicht abgeneigt, die alten Künste des Schnorrens und Schummelns zu praktizieren. Doch bilden solche Fälle vielleicht die Minderheit. Wieder andere finden, dass sie wirklich außerstande sind, mit den Anforderungen der Stadt fertig zu werden; sie fürchten die Welt zu sehr oder finden es schwierig, Freundschaften zu schließen oder Beziehungen einzugehen. Wie mag sich ihnen die Welt Londons darstellen? Die Stadt wird zu einem Ort, wie ihn die Besitzlosen und die Obdachlosen zu allen Zeiten erlebt haben: ein Labyrinth aus Argwohn, Aggression und kleinen Kränkungen.

Zu Beginn des 21. Jahrhunderts sind die sardinenbüchsenartigen Mietskasernen von Stepney verschwunden, aber an ihre Stelle sind die Wohnsilos getreten. Die «erblich Belasteten» haben den «Fürsorgeempfängern» Platz gemacht. Die Obdachlosenasyle Londons sind zu Heimstätten der Besitzlosen geworden, geprägt – wie Honor Marshall in *Twilight London* schreibt – von «mentalen Störungen, zerrütteten Familien, chronischen Erkrankungen, Rückfalldelinquenz, Prostitution, Alkoholismus». Am Wellclose Square gab es ein Missionsgebäude, das Menschen aufnehmen sollte, «die keiner haben will», die Zurückgestoßenen und Ausgemusterten, die sonst einfach in den Straßen verenden würden. Es gibt belebte Gegenden in London, etwa den Vorplatz des Bahnhofs Charing Cross, wo Menschen in langen Schlangen vor einer mobilen Feldküche der Heilsarmee nach Suppe anstehen; aber für die Massen, die an ihnen vorbeihasten, ist es, als wären sie überhaupt nicht da. Zwischen Menschengruppen, die fröhlich vor einer Kneipe sitzen und trinken, kann regungslos ein Bettler liegen, geflissentlich übersehen und unbeachtet. Umgekehrt verlieren diese Besitzlosen allmählich jeden Kontakt zur realen Welt – und in London ist es leichter unterzugehen als irgendwo sonst im Lande. In einer neueren Untersuchung über ein Nachtasyl im Zentrum Londons, von der S. Randall in *No Way Home* berichtet, steht zu lesen: «Vier Fünftel der jungen Leute kamen von außerhalb Londons, und die meisten waren erst vor kurzem angekommen.» Die Stadt ist wie immer ein gieriger Schlund. Ein Viertel der Leute waren in «Obhut» genommen worden, die Hälfte hatte schon «im Freien genächtigt», und fast drei Viertel «wussten nicht, was sie als Nächstes tun sollten». Sie waren zumeist bei schlechter Gesundheit, unzulänglich gekleidet und mittellos. Dieses Nachtasyl stand in Centrepoint, an der Stelle des alten «Krähenhorstes» von St Giles, wo die Migranten früherer Zeiten im Elend gelebt hatten.

66. Im Tollhaus

London treibt manche seiner Bewohner in den Wahnsinn. Eine psychiatrische Erhebung ergab in den 1970er Jahren, dass es im Londoner East End dreimal mehr Fälle von depressiven Erkrankungen gab als im ganzen übrigen Land. Auch Schizophrenie war ein verbreitetes Krankheitsbild.

Schon im 14. Jahrhundert hatte das Hospital St Mary-of-Bethlem begonnen, sich um Geisteskranke zu kümmern. «Arm nackt Bedlam, Tom hat kalt!» «Der Allmächtige segne deine fünf Sinne – Tom hat kalt!» Solche Rufe hätte man auch in St Mary (Barking) hören können, einem «Hospital für Priester und männliche wie weibliche Einwohner Londons, die mit Wahnsinn geschlagen sind». Doch war Bedlam dafür verantwortlich, dass man London immer mit Geisteskrankheiten in Verbindung gebracht hat. Thomas Morus stellte die Frage, ob nicht die Stadt selbst mit all ihren Betrübten und Rasenden ein einziges großes Tollhaus sei, so dass Bedlam der Inbegriff Londons, seine kleine Welt wurde. Für 1403 geht aus den Aufzeichnungen hervor, dass es in diesem Hospital neun Insassen gab, über die ein Vorsteher, ein Pförtner und seine Frau sowie einige Bedienstete die Aufsicht hatten. Die Zahl der Insassen nahm jedoch stetig zu. In den *Chronicles of London* von 1450 lesen wir von einer «Kirche Unserer Lieben Frau, die Bedlam genannt wird. Und in dieser Stätte sind viele Menschen zu finden, die den Verstand verloren haben. Und ganz und gar anständig sind sie an dieser Stätte verwahrt; und einige erlangen dort ihren Verstand und ihre Gesundheit zurück. Manche aber bleiben dort für immer, denn sie sind sich selbst so ganz entfallen, dass es für Menschen unheilbar ist.»

Manche durften den «Irrenstall» verlassen, um als Bettler durch die Straßen zu ziehen; eine Blechmarke am linken Arm gab über ihren Status Aufschluss. Man nannte sie abwechselnd «Spielleute Gottes» oder «Fratzenschneider». Sie verbreiteten Mitleid, aber auch Schrecken und Aberglauben um sich. Es waren Geister auf Wanderschaft – bald nie-

dergeschlagen und bald prophetisch, bald melancholisch und bald dro-
hend –, und sie lenkten die Aufmerksamkeit auf die Nacktheit der *conditio humana*, in einer Stadt, die sich so viel auf ihre Künstlichkeit und
Zivilisation zugute tat.

Stadtpläne Londons aus dem frühen 16. Jahrhundert zeigen an der
Hauptstraße bei Bishopsgate ein eigenes «Bedlam-Tor». Man öffnete
das Tor und kam in einen Hof mit einigen kleinen Gebäuden aus Stein;
hier gab es eine Kirche und einen Garten. 31 Geisteskranke waren hier
auf einem Raum zusammengepfercht, der für 24 ausgelegt war; «eines
starken, grässlichen Rufens, Kreischens, Brüllens, Streitens, Kettenras-
selns, Fluchens, Zürnens und Neckens ist hier so viel, dass es wohl einen
gesunden Menschen um den Verstand zu bringen vermag.» Die übliche
Behandlung der Kranken waren Peitsche und Kette. In einem Bestands-
verzeichnis finden wir aufgelistet «sechs Ketten mit dazugehörigen
Schlössern und Schlüsseln, vier Paar eiserne Handfesseln, fünf weitere
eiserne Ketten und zwei Paar Fußblöcke». Thomas Morus schreibt von
einem Mann, «der nach Bethlem eingeliefert ward und hernach durch
Anbinden und Züchtigung wieder zu Sinnen kam», so dass man annehmen darf, dass Bestrafung oder «Züchtigung» als wirkungsvoll galten.
Wer wahnsinnig war, musste etwas aushalten können.

Anfang des 17. Jahrhunderts war Bedlam das einzige Hospital, das zur
Einkerkerung von «Lunatischen [Geisteskranken]» benutzt wurde. Die
meisten von ihnen waren «Stadtstreicher, Gesellen und Bedienstete, dazu
etliche Studierte und vornehme Herren. Elf der fünfzehn Stadtstreicher
waren Frauen.» Unter denen, welche die Straßen abwanderten, hätte
wohl so mancher als geisteskrank eingestuft und über Nacht ins Gefängnis gesteckt werden können, doch die meisten blieben in Freiheit.
Der große Anteil von weiblichen Vagabunden unter den Insassen Bedlams – etwa jede Dritte – wirft ebenfalls ein bezeichnendes Licht auf das
Leben in den Straßen Londons.

Eine der Insassinnen war Lady Eleanor Davis, die im Winter 1636 eingewiesen wurde, weil sie sich als Prophetin ausgegeben hatte; sie war
zwar nicht im gewöhnlichen Trakt, sondern im Haus des Verwalters
untergebracht, beklagte sich aber später, Bedlam sei «wie die Hölle –
solcherart waren die Gotteslästerungen und die widrigen Szenen». Es sei
«das Haus eines rastlosen Fluchens», und sie beklagte sich auch darüber, vom Verwalter und seiner Frau beschimpft worden zu sein, wenn
beide «im Trinken zu weit gegangen waren». So stellte Bedlam eine Zu-
spitzung der schlimmsten Aspekte Londoner Lebens dar – Grund genug,
es Anfang des 17. Jahrhunderts auch auf die Bühne zu bringen, zuerst in
Thomas Dekkers Schauspiel *The Honest Whore* (1604).

Mitte des 17. Jahrhunderts befand sich das alte «Tollhaus» in einem so schmutzigen und heruntergekommenen Zustand, dass es zu einem städtischen Skandal geworden war. So wurde 1673 beschlossen, es durch ein großes modernes Gebäude in Moorfields zu ersetzen. Nach dem Vorbild der Tuilerien entworfen und mit Gärten und Säulen geziert, war der Bau nach drei Jahren fertig gestellt. Über dem Eingangstor prangten zwei kahlköpfige, halbnackte Allegorien, die der Bildhauer Cibber geschaffen hatte: «Der tobende Wahnsinn» und «Der schwermütige Wahnsinn». Sie wurden eine der großen Sehenswürdigkeiten Londons und standen den früheren Hütern der Stadt, Gog und Magog, an Berühmtheit nicht nach. Von dieser Zeit an datiert der eigentliche Ruhm Bedlams; Besucher, ausländische Reisende und Schriftsteller pilgerten durch die Räumlichkeiten, um die dort festgehaltenen Kranken zu bestaunen. Es war für die Stadt und die städtischen Behörden von großer Wichtigkeit, zu demonstrieren, dass man den Wahnsinn im Griff hatte und in Schach hielt. Das gehörte zu dem großen Programm der «Vernunft» nach dem Großen Brand und der Pest, als die Stadt selbst zum Schauplatz beispielloser Tollheit und Unvernunft geworden war. Daniel Defoe hatte die Ereignisse von 1665 nacherzählt, als so viele Bürger «tobten und rasten, oft sogar Hand an sich legten, sich aus dem Fenster stürzten, sich erschossen und Mütter in ihrer Umnachtetheit ihre eigenen Kinder ermordeten – manche starben an keinem anderen Leiden als ihrem schieren Gram, manche an der bloßen Furcht oder Betroffenheit, ohne sich jemals angesteckt zu haben, wieder andere waren bis zu Verzweiflung und schwermütigem Wahnsinn geängstigt». Die Londoner hatten eine Neigung zur Manie; vielleicht war das ihre Existenzbedingung in der Stadt.

Doch wie um die Moral zu unterstreichen, dass Irrsinn würdelos und absurd ist, wurden die Insassen zur Schau gestellt wie lauter wilde Tiere im Zoo; sie waren tobende Ungeheuer, die man fesseln oder anbinden musste. Es gab zwei übereinander liegende Galerien; auf jedem Stockwerk verlief ein Korridor an einer Reihe von Zellen, die ein eisernes Tor in zwei Hälften, für Männer und für Frauen, trennte. Außen schien es ein Palast; innen ähnelte es mehr einem Gefängnis. Die Aufnahmegebühr war ein Penny, und der Romancier Samuel Richardson schreibt Mitte des 18. Jahrhunderts in einem «vertraulichen» Brief: «Ein Bild der Trostlosigkeit, das jedoch andere Quellen voll und ganz bestätigen.»

Ein anderer Kommentator, der ebenfalls solche Szenen miterlebte, meinte dazu: «Die tollsten Menschen in diesem Königreich leben nicht *in* Bedlam, sondern *draußen*.» Das war das Allermerkwürdigste: Moorfields provozierte unvernünftiges Verhalten nicht nur bei den Insassen, sondern auch bei den Besuchern; die ganze Szene mit ihrem «wilden

«Die krankhaften Hirngespinste der bejammernswerten Patienten lösten unerklärlicherweise Heiterkeit und lautes Gelächter bei den gedankenlosen Zuhörern aus; das viele entsetzliche Brüllen und wilde Gestikulieren anderer schien sie höchlichst zu amüsieren, ja so beschämend unmenschlich waren manche, dass sie die Patienten zur Wut reizten, um ihre Kurzweil mit ihnen zu haben.» Samuel Richardson (1689–1761) über Bedlam

619

Gestikulieren» (das wohl auch sexuell aufzufassen war) und dem «entsetzlichen Brüllen» schuf ein unvorstellbares Durcheinander von Typen und Rollen. Verwirrte Prostituierte pflegten sich auf den Galerien herumzudrücken und nach Kundschaft Ausschau zu halten, in der Hoffnung, dass die Grimassen des Wahnsinns Lüsternheit erregen mochten. Irgendjemand machte den – nur halb ernst gemeinten – Vorschlag, eine zweite Anstalt zur Unterbringung jener zu bauen, die gekommen waren, um mit den Kranken Spott und Kurzweil zu treiben. Jedenfalls konnte es scheinen, als ob die Ansteckung mit dem Wahnsinn sich von Moorfields über die ganze Stadt ausbreite.

So wurde «Bedlam» in der Literatur der Zeit zu einer kraftvollen Metapher für alle Übel der Stadt.

John Locke vergleicht das temporäre Irresein mit dem Gefühl, sich in den Straßen einer fremden Stadt «verirrt» zu haben, eine sinnfällige Analogie, die von vielen Beobachtern Londons aufgegriffen wurde. So erhebt sich Bedlam über eine Stadt, deren Einwohner ähnlich verwirrt sind wie die Eingesperrten. Die Bürger Londons leben in einem Zustand unnatürlicher Energie und Unruhe; sie wohnen in hässlichen Häusern ohne Licht und Luft; sie werden getrieben von der Peitsche der Geschäfte und des Geldverdienens; sie sind umringt von allen Bildern der Lust und Gewalt. Sie leben im Tollhaus.

*

1807 wurde beschlossen, die Anstalt ans andere Ufer, nach Southwark, zu verlegen. Dieses dritte Bedlam in der Geschichte Londons entstand an passender Stelle – schließlich war Southwark schon immer die Pflanzstätte von Gefängnissen und Heimen gewesen.

Ende des 18. Jahrhunderts hatte auch dieses neue Hospital die Patina eines trostlosen Verfalls angesetzt. 1799 untersuchte eine Kommission die Baulichkeiten und fand sie «düster, schlecht und trübsinnig» – so als hätte sich das Gemäuer selbst anstecken lassen vom trübseligen Wahnsinn seiner Bewohner. Die ganze Gegend war mittlerweile von Düsternis erfüllt; das Hospital war «von schmutzigen Häusern umgeben», wozu sich noch ein paar Geschäfte gesellten, die mit alten Möbeln handelten.

Mit seinem von ionischen Säulen gezierten Portikus und überwölbt von einer mächtigen Kuppel, war das neue Gebäude genauso großartig wie sein Vorgänger. Die Verhältnisse im Inneren aber waren ebenso spartanisch wie zuvor, so als bestehe einmal mehr der ganze Zweck des Gebäudes darin, theatralisch den Triumph der Stadt über den Wahnsinn zu demonstrieren. Die zwei allegorischen Giganten des Wahnsinns, im Volksmund auch als «Gebrüder Hirnlos» bekannt, fanden im Vestibül eine Bleibe.

Die Behandlungsmethoden blieben harsch und stützten sich im Wesentlichen auf mechanischen Zwang; ein Patient lag 14 Jahre lang in

Ketten. Erst Mitte des 19. Jahrhunderts wurde eine «aufgeklärtere» Politik entwickelt; nachdem zwei Untersuchungskommissionen das Regiment in der Anstalt schwer kritisiert hatten, wurde eine kombinierte «medizinisch-moralische» Behandlung eingeführt; die Patienten erhielten kleine Aufgaben oder Beschäftigungen zugewiesen und wurden medikamentös, zum Beispiel mit Chloralhydrat oder Digitalis, behandelt.

Bedlam war eine Welt in der Welt. Das Trinkwasser bezog es aus seinem eigenen artesischen Brunnen, so dass die Patienten von Ruhr und Cholera verschont blieben, die rings um sie in der Stadt wüteten. Und monatlich gab es einen Ball, bei dem Patienten miteinander tanzten – viele Beobachter haben sich über dieses rührende und etwas bizarre Schauspiel geäußert.

Die Zahl der Geisteskranken hatte sich Mitte des 19. Jahrhunderts verdreifacht, und so wurden zusätzliche Einrichtungen für sie geschaffen; die bekanntesten waren wohl Hanwell und Colney Hatch. Bedlam siedelte 1930 aufs Land um, in die Nähe von Beckenham, aber zu diesem Zeitpunkt war die Hauptstadt mit Anstalten bereits wohl versehen. Diese verstehen sich heute als «Zentren für geistige Gesundheit», die nicht von Kranken, sondern von «Dienstleistungsnutzern» in Anspruch genommen werden.

Auch werden in den letzten Jahren Geisteskranke bei ständiger medikamentöser Behandlung in die Gemeinschaft «integriert». Nicht selten sieht man auf den Straßen Londons Menschen, die ununterbrochen mit sich selbst sprechen oder wild gestikulieren. An den meisten großen Durchgangsstraßen kann man eine einsame Gestalt sehen, die in einer Haltung der Verzweiflung irgendwo kauert oder mit leerem Blick vor sich hin stiert. Mitunter gibt es einen Unbekannten, der andere anschreit oder mit Tätlichkeiten bedroht. Es gab früher eine berühmte Redensart über das Leben in London:

«Geh deines Wegs und lass mich meinen geh'n!»

«Go thy way! Let me go mine!»

Was man so variieren könnte:

«Lass mich doch toben! Du kannst essen geh'n.»

«I to rage, and you to dine.»

Frauen und Kinder

THE MUD-LARK.

[From a Daguerreotype by BEARD.]

*Kupferstich eines Jungen, der an den Ufern der Themse
nach Kohle- oder Metallteilchen sucht, die er verkaufen könnte.*

67. Das weibliche Prinzip

Nach allgemeiner Überzeugung ist oder war London eine männliche Stadt. Phallische Symbole aus Kupferlegierung fanden sich unter der Leadenhall Street und der Cheapside, phallische Plastiken in der Coleman Street. Heute dominiert die phallusartige Aufwölbung des Canary Wharf Tower (s. Farbbildteil) das Stadtbild; er ist zugleich das Symbol für erfolgreiche kommerzielle Spekulation und verkörpert damit die zwei Pole Londoner Identität. Die Gebäude in unmittelbarer Nachbarschaft des Turms haben «Futterale» aus Sandstein und sind damit ein weiteres Beispiel für den Penis aus Stein. London ist zu allen Zeiten eine Hauptstadt männlichen Zuschnitts gewesen, deren Machtstrukturen in der Regel Männer beherrschten. Flüsse sind normalerweise weibliche Gottheiten, die Themse aber ist als «der alte Vater Thames» bekannt. Trotzdem sind alle diese Bilder von einer merkwürdigen Zwiespältigkeit. So ragt das «Monument» (zur Erinnerung an den Großen Brand) senkrecht an der London Bridge in die Höhe, aber an seinem Sockel ist London als weinende Frau dargestellt. Im Untergang durch das Feuer verändert London sein Geschlecht.

In den frühesten schriftlichen Aufzeichnungen erlangen Frauen nur durch ihre geschäftlichen Transaktionen Status und Identität. So zeugt die Rolle der Witwen im mittelalterlichen London von einer Welt, in der Gewerbe, Ehestand und Frömmigkeit nicht zu trennen waren. Beim Tod ihres Mannes stand der Witwe der halbe Anteil an seinen Gütern zu; auch hatte sie – anders als im Rest des Landes – das Recht, bis zu ihrem Tode im gemeinsamen Haus wohnen zu bleiben. Sie konnte eine freie Frau ihrer Stadt werden, und man erwartete von ihr, dass sie das Gewerbe oder Geschäft ihres Mannes fortführte. So machten alle Handwerkerwitwen, die wir aus dem 14. und 15. Jahrhundert kennen, mit dem Betrieb ihres Mannes weiter. Für die städtischen Behörden war vor allem die Kontinuität des Gewerbes von Belang, doch lassen diese Regelungen auch erkennen, welche starke Stellung Frauen in London erreichen konnten. Sie durften sogar den Zünften oder Bruderschaften beitreten, und es gibt in St Stephen an der Coleman Street eine Aufzeichnung über einen Almosenkasten der Bruderschaft zur Heiligen Dreifaltigkeit, «in welchen Kasten jeder Bruder und jede Schwester einen Penny im Vierteljahr einzahlen soll». Einige reiche Witwen, die allerdings in der Minderheit waren, spielten eine bedeutende Rolle in der Stadt. In anderen Zusammenhängen werden in Aufzeichnungen aus dem 14. Jahrhundert «weibliche Bader» erwähnt. Mit Sicherheit gab es «weise Frauen», die in bestimmten Londoner Kirchspielen die Rolle von Ärzten übernahmen, doch übten Frauen auch das Gewerbe eines Posamentierers oder Juweliers, eines Gewürzkrämers oder Zuckerbäckers aus. Gleichwohl kommt in Aufzeichnungen des 14. Jahrhunderts auf zwanzig oder dreißig Männer, die Steuern zahlten, nur eine Frau.

Jahrhundertelang hatten unvermählte Frauen barhäuptig zu gehen, während verheiratete Frauen eine Haube oder einen Hut trugen. Das Verprügeln der Ehefrau galt als statthaft, und das Untertauchen von «zänkischen» Frauen wurde zumindest gelegentlich als angemessene Bestrafung angesehen.

Die allgemeinen Leitbilder von Ordnung und Unterwürfigkeit, Anstand und Sittsamkeit wurden natürlich auch an die Frauen Londons herangetragen. Die kirchlichen Behörden verurteilten oft Frauen, die Antimonblende oder anderes «Rouge» auflegten, ihre Haare mit einer Brennschere zu Locken drehten oder auffälligen Putz trugen; diese Frauen hatten sozusagen die unnatürlichen Farben der Stadt angenommen.

Die Töchter aus wohlhabenderen Haushalten wurden zusammen mit solchen der Kaufmannsklasse auf Elementarschulen geschickt; wir dürfen annehmen, dass eine nicht unbeträchtliche Zahl von Frauen lesen und schreiben konnten oder Handschriften besaßen und dass sie mit den männlichen Haushaltsmitgliedern auf der Ebene einer praktischen, wenn auch nicht theoretischen Gleichberechtigung verkehren konnten. Eine von C. M. Barron und Anne F. Sutton herausgegebene Auswertung mittelalterlicher Testamentsverfügungen, *Medieval London Widows, 1300– 1500*, schildert diese Frauen als «redselig, herrschsüchtig, unorganisiert, liebevoll und schrullig»; sie sorgten sich um ihre Verwandten in der Ferne und bekundeten ausdrückliche Anhänglichkeit an ihre Domestiken. Die genannten Dokumente künden auch von einem sich über ganz London erstreckenden «Netzwerk weiblicher Freundschaften und Loyalitäten».

Die meisten dieser frühen Schilderungen von Londoner Frauen deuten also darauf hin, dass sie ein wichtiger Teil der Stadt waren. Im 15. Jahrhundert betrat ein deutscher Reisender eine Schenke; eine Frau, vermutlich die Wirtin, küsste ihn herzhaft auf den Mund und sagte: «Jeden Wunsch, den Ihr habt, werden wir Euch mit Freuden erfüllen!» Das ist nicht eben die Gefügigkeit und Schicklichkeit, die man in einer patriarchalischen Gesellschaft von Frauen erwartet, aber es zeigt wie viele andere Zeugnisse, dass die Londoner Frauen von der Energie und Freizügigkeit ihrer Stadt erfüllt waren.

In einer Beschreibung aus dem frühen 16. Jahrhundert heißt es: «In London haben die Frauen viel mehr Freiheit als wohl an jedem anderen Ort.» Derselbe ausländische Beobachter setzt hinzu: «Sie wissen auch guten Gebrauch davon zu machen, denn sie kleiden sich in überaus kostbare Stoffe und schenken ihrem Putz und Flitter die größte Aufmerksam-

Illustration aus
Sandfords Corona-
tion Procession of
James II.
*Frauen von Stand
(links) und Frauen
der unteren Gesell-
schaftsschichten*

keit, so dass manch eine, wie ich höre, nicht zögert, auf der Straße Samt zu tragen, der bei ihnen üblich ist, während sie zu Hause vielleicht nicht einmal einen Bissen trocken Brot haben.» Nach einem Sprichwort aus dem 16. Jahrhundert war England – für das wir getrost London setzen dürfen – die Hölle für Pferde, das Fegefeuer für Dienstboten, aber das Paradies für Frauen. Gleichsam ein Symbol ihrer Zeit ist Dame Alice More, die ihren Ehemann Thomas Morus ausschimpft, weil er so töricht war, sich dem Willen des Königs zu widersetzen. Ihre Bemerkungen waren oft scharf und mitunter sarkastisch, aber Morus quittierte sie mit Humor. Vielleicht konnte sich nur in London ein so unverwüstlicher Geist der Gleichberechtigung halten.

Selbstverständlich war ein solches Verhalten das Vorrecht reicher Familien mit guten Beziehungen; auf der Straße hatte man andere Vorstellungen von Freiheit. So weiß derselbe ausländische Beobachter zu berichten: «In London findet man viele Hexen, die oft viel Unheil in Gestalt von Hagel und Gewitter anrichten». Er scheint hier auf eine irrationale Angst vor Frauen anzuspielen. Quellen aus dem 17. Jahrhundert belegen, dass dieser beunruhigende Geist nicht gebannt war. Ein Fremder beschrieb einmal, wie er in London auf der Straße einer Frau begegnete, «die eine Strohpuppe vor sich hertrug, welche einen mit großen Hörnern gekrönten Mann darstellte. Vor ihr wurde getrommelt, hinter ihr aber ging eine Menschenmenge, die mit Zangen und Eisenrosten, Bratpfannen und Kesseln einen Höllenlärm vollführte. Ich fragte, was das alles zu bedeuten habe, und man sagte mir, hier habe eine Frau ihrem Mann eine tüchtige Tracht Prügel verpasst, weil er behauptet hatte, sie habe ihm Hörner aufgesetzt.» In einem anderen Bericht heißt es wiederum: «Die Engländer scheinen die Gesellschaft von Frauen zu fürchten.» Die Frauen von London seien «die gefährlichsten Weiber der Welt». Das mochte nun zutreffen oder nicht, Tatsache war jedenfalls, dass es bei aller Derbheit auch fröhlich zuging. Ein anderer Reisender erzählt: «Besonders merkwürdig aber ist, dass die Frauen ebenso wie die Männer, ja noch häufiger als diese, zu ihrem Vergnügen das Bierhaus oder die Schenke aufsuchen. Sie rechnen es sich sehr zur Ehre an, dorthin mitgenommen und mit gesüßtem Wein traktiert zu werden, und wenn nur eine Frau eingeladen ist, so bringt sie drei oder vier weitere mit, die dann einen lustigen Umtrunk halten.»

Doch gab es auch weniger glückliche Umstände. Auf jeden Kupferstich einer Matrone oder einer Kaufmannsfrau kommen viele Bilder von Frauen, die fast buchstäblich die Sklavinnen der Stadt waren.

Traditionsgemäß verkauften Frauen leicht verderbliche Waren wie Obst oder Milch, während Männer gewöhnlich dauerhafte oder feste Artikel feilboten; hierin lag vielleicht ein dunkler Abglanz der Tatsache, dass in London die Frauen selbst verderblicher waren. Die Straßenverkäuferinnen, die Marcellus Laroon in den 1680er Jahren darstellte (s. Bilder S. 167), bilden ein denkwürdiges Panorama von Großstadttypen. Eine Erdbeerverkäuferin, mit einer losen Haube auf dem Kopf, wirkt seltsam nachdenklich. Eine verkrüppelte Frau, die Fisch verkauft, hat einen unsagbar müden Gesichtsausdruck, doch weist Sean Shesgreen, der Herausgeber und Kommentator dieser Bilder, auf ihre «eigenwillig modische Kleidung» und ihre «fast penibel gepflegte Erscheinung» hin; es ist eine typisch Londoner Mischung aus Theatralität und Pathos. Die Verkäuferin von «großen Aalen» wirkt lebhafter und flinker, mit einem so spöttischen und doch wachen Gesichtsausdruck, dass sie wohl alles sah und hörte, was ihr auf den Straßen begegnete. Besonders allein stehende Frauen waren allen möglichen «Aufmerksamkeiten» und sogar Zudringlichkeiten ausgesetzt. Die Wachsverkäuferin ist «eine Studie in Melancholie; sie hat einen teilnahmslosen, fast blöden Blick und einen hölzernen Gang». Ihre Kleider sind «zerrissen und zerschlissen, an vielen Stellen geflickt und an den Ärmeln durchgescheuert». Eine Frau also, die an der Brutalität der Stadt zerbrochen und in einen Zustand der Gleichgültigkeit und Vernachlässigung geraten ist. Die Apfelverkäuferin trägt ein eigenartiges Grinsen zur Schau, das demonstrative Verachtung ihrer Kundschaft oder ihres Berufs auszudrücken scheint. Das «muntere Milchmädchen» (s. Bild Seite 137) wirkt alles andere als munter. Die Makrelenverkäuferin, ein verhutzeltes Geschöpf mit gelähmtem Gesicht und verkniffenen Augen, ist eine ausgesprochen großstädtische Figur, der sich das Bild Londons in das Gesicht gebrannt hat. Dasselbe gilt für die Kirschenverkäuferin, deren kluge Züge verraten, dass sie sich mit Erfolg auf den Straßen und Märkten Londons zu bewegen weiß.

Eine andere Londoner Figur, die in Volksbüchern und auf der Bühne endlos wiederkehrte, war die «Frau Wirtin», von Shakespeare in der Gestalt der Mistress Quickly in seinen Dramen *König Heinrich IV.* und *König Heinrich V.* verewigt. «Bei jeder Fahrt durch den Hydepark sitzen unfehlbar auch diese Schlampen im Wagen, lassen bei Phillips anhalten, um mit dem Kutscher ein paar Gläser zu leeren, und zetern gleichzeitig über die Freiheiten, die sich gewisse Weiber erlauben; und obgleich sie bereit wären, jeden Burschen zu vernaschen, der ihnen in die Quere kommt, halten sie doch keine ihres Geschlechts für tugendhaft als nur sich selber.» In der Literatur des 16. und 17. Jahrhunderts scheint Einmütigkeit darüber zu bestehen, dass die Großstadt den Blick der Frau härter oder schärfer macht.

London war kein tauglicher Platz für Frauen. Jene, die mit ihm einen Vertrag oder Pakt schlossen, betrachtete man als Gefallene; die ersten Schauspielerinnen hielt man für «schamlos und aufgehetzt». Gewiss galt dies für Eleanor Gwynn, die sich durch ihre (wie Macaulay sagte) «schnippische Lebhaftigkeit» Karl II. empfahl. «Freimütig und unsentimental», wie das *Dictionary of National Biography* sie nennt, war sie ein echter Londoner Typus. Ihr Verhalten wurde als «unerbaulich» empfunden, während ihre Bemerkungen häufig «spitz und unanständig» waren. «Ich bin die protestantische Hure», erklärte sie einmal, und es gibt die berühmte Szene, wie sie angesichts eines fast leeren Hauses auf der Bühne in Flüche ausbrach. Sie war «indiskret» und «wild»; «wenn sie lachte, verschwanden fast ihre Augen». Auch sie, eine Verkäuferin verderblicher Güter wie andere Frauen, ging jung zu Grunde.

Im 17. Jahrhundert verkörperte Mary Friths Verhalten einen der kompliziertesten, aber bedeutsamsten Aspekte weiblichen Lebens in London. Sie zog Männerkleidung an, weil sie begriffen hatte, bei wem in London die Macht lag; aus diesem Grund gab sie sich demonstrativ männlicher als jeder Mann. Gleichwohl mögen sich hinter ihrem Treiben auch Angst oder Unglück verborgen haben; denn sie erklärte einmal: «Wenn ich die Sitten und Gebräuche unseres Zeitalters betrachte, sehe ich mich so ver-

Eine andere Symbolfigur Londons war Mary Frith, auch als Moll Cutpurse (Beutelschneiderin) bekannt; sie wurde 1589 in Barbican geboren und war für ihre Gewalttätigkeit und Überspanntheit berüchtigt. Sie pflegte sich wie ein Mann zu kleiden und sprach mit Stentorstimme.

stimmt und ihnen so entfremdet, als wäre ich bei den Antipoden geboren und aufgewachsen.» Das erinnert an die Worte Aphra Behns, die
1689 nicht weit von dem Geburtsort Mary Friths in einer Dachstube
starb und einmal sagte: «Mein ganzes Leben besteht aus Extremen.» In
heroischer Quantität verfasste sie Romane, Theaterstücke, Broschüren
und Gedichte und gilt heute als Vorbotin eines feministischen Bewusstseins in der Literatur; dabei versuchte sie, wie das *Dictionary of National
Biography* angibt, «in einem Stil zu schreiben, der für den eines Mannes
gehalten werden sollte». Daher warf man ihr «Unreinlichkeit», «Grob-
schlächtigkeit» und «Unanständigkeit» vor. Aber das war der Stil der
Stadt – eine Alternative gab es nicht. Diese Frauen mussten, wie man damals sagte, *unruly* (widerspenstig, unlenksam) werden, damit sie ihre
Identität oder ihre Talente behaupten konnten.

Das Schicksal der lenksamen Frauen erfuhr im 18. Jahrhundert keine
materielle Veränderung. Sie waren in einem fast wörtlichen Sinn die
Dienstboten der Stadt; schätzungsweise ein Viertel aller Londoner
Frauen waren als Hausangestellte tätig. Andere arbeiteten als Näherin
oder Hausiererin, Krämerin oder Wäscherin. Sie waren überarbeitet
und unterbezahlt. Ihre Ausbeutung folgte auch einem gewissen Muster; je älter sie wurden, desto mehr versanken sie in Armut und Elend.
Wen sie nicht umbrachte, den machte die Stadt hart. Dennoch zog es
allein stehende Frauen, namentlich Witwen und verlassene Ehefrauen,
immer noch nach London, dem einzigen Markt für ungelernte Arbeitskräfte. Es ist kein Zufall, dass dies auch die Epoche von Londons
großem kommerziellen Aufschwung war: Je mehr Wirtschaft und Industrie wuchsen, desto machtvoller wurden die Männer. So waren Frauen
entweder Handelsobjekte, die das oder das für den oder den Preis zu
bieten hatten, oder sie wurden künstlich «weiblich» und «hübsch» gehalten.

Auf die eher realistischen, trostlosen Bilder der Frau Ende des 17. Jahrhunderts folgten Mitte des 18. Jahrhunderts idealisierte Darstellungen
des Weiblichen. Große Mode war eine Ratgeberliteratur, die 1750 aufkam und ihren Höhepunkt in den 1780er Jahren erreichte; die Bücher
hatten Titel wie *Rat einer unglücklichen Mutter an ihre fernen Töchter*
oder *Untersuchung über die Pflichten des weiblichen Geschlechts* und
priesen unentwegt die Tugenden der Demut und des Gehorsams. Zweck
der Übung war es, die in der Großstadt nur allzu offen sichtbar wer-
dende ursprüngliche Stärke oder Triebhaftigkeit der Frauen zu brechen
oder zu beschneiden; oft wurde beispielsweise ein Unterschied zwischen
der Stadtfrau und der Landfrau gemacht, wobei Letztere alle Merkmale

Bollinger sc.

*Die Schriftstelle-
rin Lady Mary
Wortley Montagu
(1689–1762) ver-
stieß gegen das
Frauenideal des
18. Jahrhunderts.
Kupferstich von
F. W. Bollinger,
Anfang 19. Jahr-
hundert.*

der Fügsamkeit und Treue an den Tag legte, die Erstere schmerzlich vermissen ließ.

Im Laufe des 18. Jahrhunderts war das Vorurteil gegen Schauspielerinnen geschwunden; sie galten nicht länger als «ungehobelt» oder «heruntergekommen», sondern hatten Zutritt zur Gesellschaft von Männern
wie Horace Walpole. Es gab während des ganzen Jahrhunderts viele her-
vorragende Frauen – denken wir nur an Lady Mary Wortley Montagu,
Theresa Cornelys, Hannah More oder Mary Wollstonecraft –, aber wenn
auch die Frömmigkeit einer Hannah More sie über jede Missbilligung

erhaben machte, ja ihr sogar einen Einfluss brachte, der dem einer früh-mittelalterlichen Äbtissin kaum nachstand, so waren die Wege anderer berühmter Frauen skandalumwittert und viel geschmäht. So schreibt Walpole über Lady Mary Wortley Montagu: «Die ganze Stadt lacht über sie. Ihre Kleidung, ihr Geiz und ihre Schamlosigkeit müssen jedermann bestürzen. … Sie trägt einen schlechten Fetzen, der kaum ihre fettigen schwarzen Locken bedeckt, die lang und ungekämmt herunterhängen; dazu einen alten mazarinblauen Morgenrock, der aufklafft und den Un-terrock aus Stramin sehen lässt. Das Gesicht ist auf einer Seite mächtig geschwollen und dick mit einer so billigen weißen Farbe bemalt, dass man keinen Kamin damit tünchen möchte.»

Mary Wollstonecraft, die ihre brillante *Verteidigung der Rechte der Frauen (A Vindication of the Rights of Women)* in der Store Street un-weit der Tottenham Court Road schrieb, wurde als Gotteslästerin und Dirne beschimpft; ihre Forderungen nach Gleichberechtigung der Frau wurden als die Tiraden einer «Amazone» abgetan, und ihr ganzes Leben stand im Zeichen von Isolation und Freudlosigkeit. Wie William St Clair in *The Godwins and the Shelleys* erwähnt, «wird der Leser am Ende des Artikels über ‹Mary Wollstonecraft› [in der *Anti-Jacobin Review*] auf das Stichwort ‹Prostitution› verwiesen, aber der einzige Hinweis unter diesem Eintrag lautet ‹*siehe* Mary Wollstonecraft›».

Der Wunsch nach Kontrolle der Frauen kam besonders in wirtschaft-lichen Krisenzeiten auf. Es muss auch daran erinnert werden, dass gewalt-same Veränderungen für alle spürbar in der Luft lagen und die ersten Revolutionsahnungen in Frankreich und Amerika die Existenz des staat-lichen Gemeinwesens gefährdeten. Mary Wollstonecrafts *Verteidigung der Rechte der Frauen* war selbst ein Ausdruck dieser Gärung, die er-klären mag, warum Frauen niemals so heftig verspottet wurden wie Ende des 18. Jahrhunderts: Auch Hohn war in der Großstadt eine Methode der Kontrolle.

Auch im 19. Jahrhundert wurden die Frauen in London in ihren Entfal-tungsmöglichkeiten stark eingeschränkt. Es wurden ihnen Rollen zuge-wiesen, an die sie sich anzupassen hatten. Heilige und Sünderin, Engel und Hure, rein und gefallen – diese Metaphorik zieht sich durch die Kul-tur jener Zeit. Fiktive Darstellungen der Frau konzentrieren sich oft auf die zerbrechliche Unschuld von Milchmädchen oder Blumenverkäu-ferinnen, die über das harte Pflaster Londons gehen; doch die obsessive Beschäftigung mit der Unschuld, vor allem um die Jahrhundertmitte, ba-sierte auf dem Wissen, dass sie zerstört werden würde. Wenn der Erzäh-ler in Dickens' *Master Humphrey's Clock* dem vorpubertären Mädchen, der kleinen Nell, begegnet, die durch die Straßen Londons zieht, erfüllen ihn Ängste «vor allem möglichen Schaden, der dem Kind zustoßen könnte». Kein Londoner, der dies 1841 las, hätte nur den geringsten Zweifel daran gehabt, dass der wahrscheinlichste Schaden der war, buchstäblich «auf die Straße» gezwungen zu werden. Denn das Geschäft mit der Kinderprostitution blühte. Das London jener Zeit hat dieses Geschäft gefördert, wo nicht hervorgebracht; man könnte sogar sagen, dass die Stadt durch dieses Geschäft erst gedieh. All die Tränen um den Tod der kleinen Nell, all das Mitleid und die Sympathie für das Schauspiel einer vergänglichen Unschuld wurden durch einen Kontext hervorgerufen, den die Viktorianer selbst geschaffen hatten. Sie weinten um junge Frauen, die von der großen Metropole verraten wurden, so dass in dieser Schilderung der Unschuld auch eine Art von notwendiger Grausamkeit oder Härte liegt. Unschuld *muss* zerstört werden, wenn die Stadt selbst überleben und gedeihen soll.

London war der Schauplatz für die «Schlacht ums Leben» oder den «Kampf ums Leben» (zwei typisch viktorianische Formulierungen), und seine Frauen waren keine Soldaten. Aus diesem Grund wurde der bürgerlichen, nicht berufstätigen Frau für gewöhnlich die Rolle eines «Engels der Herdes» zugewiesen, einer häuslichen Göttin, deren vornehmste und unvermeidliche Rolle die Ehefrau und Mutter war. Sie umsorgte ihren Gatten, wenn er vom Schlachtfeld des Lebens nach Hause kam, und beschützte ihre Kinder vor der Raubgier der Großstadt. Das Londoner Haus wurde zu einer Zone der Privatheit und Abgeschiedenheit. In viktorianischen Wohnungen scheint die Außenwelt von einer ganzen Artillerie von Abwehrkräften buchstäblich auf Distanz gehalten zu werden; sie wurde abgeschirmt durch dicke Vorhänge und Spitzengardinen, gedämpft durch gemusterte Tapeten, fern gehalten durch Chaiselongues und Ottomanen, imitiert durch wächsernes Obst und Wachskerzen; die bildliche und buchstäbliche Dunkelheit Londons wurde mit Lampen und Lüster vertrieben. Das war die Heimstatt des weiblichen Prinzips.

Frauen, die nicht vor der Stadt geschützt waren, mussten sehr hart arbeiten, um zu überleben. Sie mussten sich in Industrieberufen schinden, und diese Schinderei bedeutete lange Arbeitstage und -nächte des Nähens und Stickens in überfüllten Mansarden oder kleinsten Zimmern. Viele waren in der Tretmühle der Hausangestellten gefangen; andere arbeiteten als Köchin oder Wäscherin. Manche konnten dem Druck nicht standhalten, der auf ihnen lag. 1884 führt das Verzeichnis der geisteskranken Insassen des Hospitals Bethlem 33 Dienstboten, sieben Näherinnen, vier Putzmacherinnen sowie 60 «Ehefrauen, Witwen und Töchter von Gewerbetreibenden» auf.

Es gab auch andere Formen der Flucht. Über die Frauen der von den Viktorianern so genannten «unteren Klassen» wurde berichtet, dass sie «mehr im Übermaß trinken als die Männer. Sie tun es hauptsächlich, um ihre Arbeit auszuhalten. ... Die Frauen sind schlimmer als die Männer, aber an ihrer Trunksucht ist vor allem ihre Fronarbeit am Waschtrog schuld.» Der Alkohol war der Fluch der berufstätigen Frau – gerade weil sie zu einem Leben unermüdlicher Arbeit verurteilt war. Wenn die «Schnapsdrosseln» nach Gin oder Bier rochen, so war es auch der Geruch der Stadt.

Verlaine schreibt über das Verhalten gewisser Mädchen – vielleicht waren es Prostituierte –: «Man kann sich nicht vorstellen, welcher Zauber in der kleinen Redensart ‹du kleine Fotze› liegt, mit der jeden Abend ältere Herren angesprochen werden.» Flüche und Gotteslästerungen waren allenthalben zu hören, aber was war in einer durch und durch heidnischen Stadt schließlich anderes zu erwarten? Auf Photographien aus dem späten 19. Jahrhundert blicken Londons Frauen misstrauisch in die Kamera. Eines der bekanntesten und beziehungsreichsten dieser Motive ist, namentlich um die Jahrhundertwende, die Blumenverkäuferin. Statt des malerischen Bildes von Unschuld und frischer Jugendblüte, die auf den Straßen Londons nicht mehr zu finden waren, zeigen diese Photographien mürrische ältere Frauen, die alle einen von einer Hutnadel durchbohrten Strohhut oder eine Männermütze aufhaben und dazu Schal und Schürze tragen (s. Photo Seite 415). Sie versammelten sich am Erosbrunnen auf dem Piccadilly Circus, wo sie um sich herum ihre Veilchen- oder Nelkenkörbe aufbauten (s. Bild von Ch. Ginner im Farbbildteil). Man nannte sie immer nur «Blumenmädchen», nicht «Blumenfrauen», und in dieser übertragenen Redeweise ist ein gutes Stück Londoner Volksweisheit verborgen. Ein Beobachter Londons apostrophierte sie als «vestalische Jungfrauen à la Cockney», obwohl es bestimmt keine Jungfrauen waren. Diese weiblichen Sinnbilder Londons – wozu sie bald wurden – gruppierten sich um eine Statue der Sehnsucht; aber sie selbst waren alt und vertrocknet. Sie verkauften Blumen, Inbegriff der vergänglichen Schönheit, wo sie selbst schon das dürre Laub des Alters trugen. Dieser Kontrast der Jugend und Sehnsucht mit Alter und Armut, mitten im Herzen der Stadt, gemahnt nachdrücklich an die Vergeudung und den Überdruss des Großstadtlebens. Die «Blumenmädchen» blieben bis Anfang der 1940er Jahre auf ihrem Posten; dann verschwanden sie in einer jener großen stummen Umwälzungen Londons.

In den ersten Jahrzehnten des 20. Jahrhunderts ist das beherrschende Bild von der Frau noch immer das der Berufs- und Werktätigen. Auf jede Beschreibung von glamourösen Frauen in einer Überflussgesellschaft kommen andere, die die Frau als Putzhilfe im Hotelrestaurant, als Verkäuferin oder als Sekretärin zeigen. In dem Film *Every Day Except Christmas* gibt es eine Sequenz, die eine Person des wirklichen Lebens, nämlich die «alte Alice», die letzte Lastträgerin vom Covent Garden Market, mit einem Schubkarren voller Blumen zeigt; der Film entstand 1957, was auf die Langlebigkeit bestimmter Gewerbe schließen lässt.

Manche Frauenberufe waren dagegen ganz neu; vor allem hat die Zeit der beiden Weltkriege das Wesen der körperlichen Arbeit stark verändert. Als die jungen Männer in die Schützengräben und auf die Schlachtfelder des Ersten Weltkriegs zogen, wurden Frauen zum ersten Mal in reinen Männerdomänen akzeptiert. Sie begannen, «kriegswichtige Arbeit» in der Schwerindustrie zu leisten, vor allem in Munitionsfabriken und im Maschinenbau. Die Anzahl der Frauen, die im Woolwich Arsenal beschäftigt waren, stieg von 125 auf 28 000, während das alte Arbeitshaus in Willesden als Unterkunft für die Frauen diente, die in Fabriken in Park Royal arbeiteten. Es gab weibliche Bus- und U-Bahn-Fahrer, und zunehmend wurden Frauen auch in Büro und Handel zugelassen. Nach dem Ersten Weltkrieg waren Frauen zwar nicht mehr kontinuierlich in der Schwerindustrie tätig, aber die Büroberufe blieben. Eine andere große Umwälzung trat ergänzend hinzu.

Gegen Ende des Ersten Weltkriegs war die Anzahl der Frauen in traditionellen Frauenberufen (Schneiderin, Hausangestellte) rapide zurückgegangen. Stattdessen arbeiteten sie jetzt vermehrt im Bankwesen und im Handel, in der Stadtverwaltung und im Zwischenhandel, in Geschäften und Betrieben.

Ein eigener Typus war das «Fabrikmädchen». Ihr symbolischer Augenblick der Emanzipation kam im Sommer 1888, als 1500 «Mädchen», die in der Zündwarenfabrik Bryant & May beschäftigt waren, die Arbeit niederlegten, um höhere Löhne durchzusetzen; organisiert wurden sie bis zu einem gewissen Grad von der militanten Fabierin Annie Besant, und der Erfolg ihres Streiks hatte weit reichende Folgen. In jenem Jahr durften die Frauen auch an Londoner Lokalwahlen teilnehmen, und natürlich hatte auch die Suffragettenbewegung ihren Ausgangs- und Ansatzpunkt in London. Zum ersten Mal in der Geschichte der Stadt konnten Frauen in einem egalitären Geist an der Verfolgung ihrer Interessen selbst mitwirken.

1913 gründete Sylvia Pankhurst die East London Federation der «Women's Social and Political Union» (die zehn Jahre zuvor von ihrer Mutter gegründet worden war); Gründungsort der Föderation war eine Bäckerei an der Bow Road, nicht weit entfernt von der erwähnten Zündwarenfabrik. Sylvia Pankhurst schrieb später: «Die Mobilisierung des East End war für mich von größter Bedeutung. Die Gründung einer Frauenbewegung in diesem gewaltigen Abgrund der Armut sollte Fanal und Sammelruf für ähnliche Bewegungen in allen Teilen des Landes sein.»

Die mit Sylvia Pankhurst verbundene Geschichte der Suffragetten hing aufs engste mit der Geschichte des East End zusammen und wurde zum echten Ausdruck der Belange dieses Viertels. In Poplar Street und Bow wurden Versammlungen abgehalten, Umzüge begannen oder endeten am Victoria Park, die Buchdruckerei für Suffragettenliteratur befand sich in Räumlichkeiten an der Roman Road, und die Women's Hall ging zur Old Ford Road hinaus. Die Topographie der Frauenbewegung ist in ihrer Bedeutung bisher noch nicht angemessen gewürdigt worden, doch ist klar, dass es die östlichen Gegenden Londons waren, die ihr Macht und Autorität verliehen. Während des Ersten Weltkriegs wurde in der Old Ford Road ein Büro für in Not geratene Frauen eröffnet, die nach dem Verlust des Einkommens ihres Gatten von der Kündigung der Wohnung bedroht waren. In der Norman Road wurde von Sylvia Plankhurst eine genossenschaftliche Fabrik mit angeschlossener Kindertagesstätte aufgebaut. An der Ecke Old Ford Road / St Stephen's Road entstand eine unentgeltliche Klinik mit Kinderabteilung; früher war das Gebäude eine Gastwirtschaft gewesen. Diese doppelte Entwicklung – ein fürsorglicher Feminismus und die Übernahme männlicher Berufe durch Frauen – förderte langsam, aber stetig die moralische und soziale Lage der Frauen in London.

In Shoreditch gibt es noch immer Ringerinnen; die Insassen des Frauengefängnisses Holloway sitzen in der Regel wegen Kindesmisshandlung, Prostitution oder Dogenhandels ein. Es gibt noch immer viele arme Frauen, die London sich gewaltsam gefügig gemacht hat. Aus der zweiten Hälfte des 20. Jahrhunderts wissen wir von Frauenhäusern für «kranke Frauen und geschlagene Frauen». Dies alles spricht eine Wahrheit über London aus; das Grundmuster relativen Elends ist noch immer erkennbar und unverändert, mag auch darüber eine generelle, umfassende Entwicklung zur Veränderung zu erkennen sein. So zeigen die jüngsten Statistiken, dass die Berufstätigkeit von Frauen zwischen 1986 und 1996 um über 6 Prozent zugenommen hat, während sie bei den Männern zurückgegangen ist. Schätzungsweise sind heute 44 Prozent der Frauen Londons erwerbstätig. Die Stadt ist also freundlicher zu den Frauen geworden, und sie haben Zugang zu allen Strukturen und Institutionen gefunden; es gibt weibliche Taxifahrer und weibliche Manager. So wie London zu Beginn des 21. Jahrhunderts lichter und offener wird, so entdeckt es – nach 2000 Jahren – endlich sein weibliches Prinzip.

68. Londons Kinder

Die ersten Spuren von Kindern in London sind kurz und flüchtig: Stücke einer ledernen Fußbekleidung, Bronzespielzeug, Pfeifen aus Tierknochen. Die Freude am Spiel ist tief und überzeitlich. Auch Grabsteine von Kindern aus römischer Zeit haben sich erhalten; einer erinnert an Onesimus, «hilfreiches» Kind und «verdienstvoller» Sohn; ein anderer bezeichnete die Stelle, wo der «gute Dexius, Sohn des Diotimus», ruhte. Der Tod von Kindern zieht sich wie ein roter Faden durch die Geschichte Londons. In mehr als einer Hinsicht ist Jugend ein Stoff, der in den Grenzen der Stadt keine Haltbarkeit hat.

In großer Tiefe unterhalb Poultrys hat man die goldene Statuette eines Säuglings gefunden; die kleine Figur verkörpert alle Ideen von Heiligkeit, die das Kind umgeben. Es gibt Berichte über Kinder, die als Propheten oder Seher auftraten; ein junger Londoner «war zum Ruhme Gottes mit einem Wissen begabt, das sein Lehrer ihn nicht gelehrt hatte». Ein anderer kleiner Londoner «hatte zusammen mit zwei Knaben von der Domschule die Aufgabe», die Abtei von Westminster zu bewachen. Es gibt auch Schilderungen aus dem frühen 12. Jahrhundert, wie Kinder in Körben Sand und Kies nach Smithfield schleppten, um Rahere beim Bau seiner großen Bartholomäuskirche zu helfen.

Dieses Mitwirken von Kindern am Aufbau und am Schutz von Londons heiligen Stätten ist bezeichnend: Die Stadt empfängt die Energie und Unschuld ihrer Kinder in einem Akt, der den Kindesopfern bei der Grundsteinlegung von Tempeln oder Brücken verwandt ist. Jedenfalls standen Kinder im Mittelpunkt städtischer und kirchlicher Zeremonien. «Am Tag des heiligen Nikolaus, der heiligen Katharina, des heiligen Clemens und der Unschuldigen Kindlein», so lesen wir, «pflegte man Kinder mit weiten Oberkleidern, Chorhemden und weißen Übergewändern herauszuputzen, so dass sie wie Bischöfe und Priester aussahen, und unter Liedern und Tänzen von Haus zu Haus zu führen, wo sie die Bewohner segneten.» Noch im 16. Jahrhundert, kurz vor der Reformation, «ging ein Junge, gekleidet wie ein Bischof in *pontificabilis* durch die meisten Teile Londons und sang nach der alten Weise». Bei der Bürgermeisterfeier von 1516 begleiteten «16 nackte Knaben» den großen Umzug, und auch bei allen Schaugeprängen der Stadt und der Zünfte, die auf Cornhill und Cheapside aufgeführt wurden, waren Kinder ein wesentlicher Bestandteil. An dieser Stelle wäre auch des merkwürdigen und doch konsequenten Aberglaubens zu gedenken, der sich um Kinder rankte. Früher «hörte man begierig auf die Weissagungen von Kindern», und Astrologen beschäftigten Kinder als «Kristallkugelleser» oder Seher. «Ist ein Geist aufgerufen worden», heißt es in einem alten Zauberbuch, «hat niemand die Macht, ihn zu sehen, als elf- oder zwölfjährige Kinder oder solche, die wahre Jungfrauen sind.» Hier triumphiert die Idee der Unschuld in einer verderbten und verderbenden Stadt.

Auch der rechtliche und kommerzielle Status des Kindes war bald geklärt. Die zweite der drei Bestimmungen im Freibrief von Wilhelm dem Eroberer für die Londoner (1066) lautete: «Ich will, dass jedes Kind nach seines Vaters Tod Erbe sei.» Er bestätigte damit die traditionelle Primogenitur. Ein kompliziertes Vormundschaftssystem schloss aus, dass die Kinder des Verstorbenen um ihr Erbe betrogen werden konnten.

Die wirtschaftliche Bedeutung des Kindes formuliert eine alte Ballade: Das Kind armer Eltern geht «ins schöne London fort, sucht' einen Meister dort». Schriftlich bezeugt ist ein Londoner Lehrling erstmals 1265. Eine andere kommerzielle Betätigung von Kindern war das Betteln, während Kinder ihrerseits aus Profitgier geraubt, entführt oder ermordet wurden. Eine gewisse Alice de Salisbury wurde zum Pranger verurteilt, weil sie «eine Margaret, Tochter des Gewürzkrämers John Oxwyke, ergriffen und fortgeführt und ihr die Kleider ausgezogen hatte, auf dass sie nicht von ihrer Familie erkannt würde, damit sie mit besagter Alice zum Betteln ginge und so ein Gewinn zu machen sei». Bis weit ins 19. Jahrhundert wurden Kinder auf Londons Straßen entführt; eine besonders begehrte Beute waren die Kinder von Wohlhabenden, deren teure Kleider und Schmuckstücke man gut verkaufen konnte. Viele dieser Kinder wurden an Ort und Stelle getötet, damit sie nicht schreien oder später ihre Entführer identifizieren konnten.

William Fitz-Stephen betonte in seiner Stadtbeschreibung aus dem 12. Jahrhundert die Energie und Lebhaftigkeit der jungen Städter, die sich am Hahnenkampf «und dem wohl bekannten Fußballspiel» ergötzten, bei dem eine Schweinsblase als Ball diente. An sommerlichen Ferientagen vertrieben sich die Kinder mit Froschhüpfen, Ringen und dem «Schleudern von Speeren nach einem Ziel» die Zeit; im Winter veranstalteten sie Schneeballschlachten und liefen auf dem Eis, wobei ihnen die langen Schienbeinknochen von Tieren als Kufen dienten. Fitz-Stephen betont angelegentlich die Momente des Wettbewerbs und der Aggression in diesen Spielen, als weiterer Beweis für den Geist der Kühnheit, der seiner Darstellung zufolge London von anderen Städten unterschied. «Die weltlichen Söhne der Bürger strömen vor die Tore der Stadt ... dort veranstalten sie Scheinkämpfe und üben sich im Kriegshandwerk.» Schon kleine Kinder bekamen oft Pfeil und Bogen geschenkt, da sie möglicherweise eines Tages bei der Verteidigung der Stadt diese Waffe benutzen würden. Sie waren bereits richtige «Londoner» mit einem ausgeprägten Bürgerstolz. In einem ähnlichen Sinne wurde Schuljungen beigebracht, einen Disput zu führen und im rhetorischen Wettstreit zu bestehen; in den anderen Schulen wiederum «messen sich die Jungen in Versen miteinander und streiten über die Grundsätze der Grammatik oder die Regeln von Perfekt und Futur». Auf öffentlichen Plätzen, zum Beispiel dem Friedhof von St Bartholomew-the-Great in Smithfield, stellten sich die Kinder auf improvisierte Tribünen und hielten um die Wette «rhetorische Ansprachen» oder deklamierten Verse.

Im 14. Jahrhundert tadelte ein Bischof «ungebührliche Kinder», die die Ränder ihrer Bücher mit Kritzeleien füllten, während Robert Braybroke in seinem *Exkommunikationsschreiben* vom 9. November 1385 Klage über Knaben führte, «die in ihrer von bösen Einflüssen aufgestachelten Unverschämtheit und Faulheit zu nichts nutze sind und mehr darauf bedacht sind, Schaden zu stiften, als Gutes zu tun … Sie werfen und schleudern Steine, Pfeile und andere Geschosse auf Krähen, Tauben und andere Vögel, die in den Mauern und Torbögen der Kirche nisten. Auch spielen sie in der Kirche und vor der Kirche Ball und treiben dort andere zerstörerische Spiele, wodurch sie die Glasfenster und die steinernen Bildnisse in der Kirche zerbrechen oder stark beschädigen.»

Es gab Anstandsbücher für Kinder, die indirekt die Quintessenz einer Londoner Kindheit im Mittelalter einfangen; die Kinder sollten «nicht rennen, springen, schwätzen oder spielen, keine Stöcke, Steine oder Bögen bei sich führen, den Passanten keine Streiche spielen, nicht lachen oder kichern, wenn jemand *minus bene* [weniger als gut] liest oder singt». Umgekehrt haben sich Knittelverse von Schülern auf ihre Lehrer erhalten:

> «Ich wollt', mein Lehrer wär' ein Hase,
> Denn wenn er tot wär', wär's nicht schade.»

«I would my master were an hare, / for if he were dead I would not care.»
Londoner Kinderlied

In einer Stadt, in der jedermann um Beachtung buhlte, erhoben auch die Kinder ihre Stimme. Gleichzeitig fühlten sie sich von den verbotenen Orten angelockt, wie um die Gefahr herauszufordern. Es ist der Geist der Unverfrorenheit oder des Hohns, der zu allen Zeiten an Londoner Kindern auffällt. In den 1950er und 1960er Jahren spielten sie ein Spiel, das sie *Last Across* – «Letztes Querfeldein» – nannten und bei dem sie dauernd über die Straße liefen, in steter Gefahr, von Autos erfasst zu werden. Es kommt darauf an, die Stadt mit ihren eigenen Waffen zu schlagen.

Als der junge Thomas Morus in den 1480er Jahren von seiner Wohnung in der Milkstreet zur Antoniusschule in der Threadneedle Street

639

ging, bedrängte ihn die Stadt mit ihren Bildern auf unvergessliche Weise. So kam er an der Richtstätte auf der Cheapside vorbei, wo öffentlich blutige Hinrichtungen vollstreckt wurden; der Anblick eines gewaltsamen Sterbens wurde Kindern nicht erspart. Er kam an Kirchen, gemalten Heiligenbildern und der «Pissrinne» (einem tröpfelnden Brunnen bei der London Bridge) ebenso vorbei wie an den Ständen der Fischverkäufer und Schlachter; er dürfte die Bettler gesehen haben, deren manche nicht älter waren als er selbst, aber auch die Prostituierten und die im Stock stehenden Diebe und Faulenzer. Gekleidet war er wie ein Großer in Wams und Kniehose, weil Kinder nicht als etwas «anderes» galten, sondern nur als kleine Erwachsene. In der Schule lernte er Musik und Grammatik und allerlei nützliche Sprichwörter wie «Gut Ding will Weile haben» oder «Viele Köche verderben den Brei». Er wurde auch in Rhetorik unterrichtet und gehörte zu den Kindern, die sich auf dem Friedhof von St Bartholomew produzierten. Das Entscheidende ist aber, dass er auf eine Juristenlaufbahn in der Administration Londons vorbereitet wurde. Er lernte, Ordnung und Harmonie zu schätzen, und seine spätere Karriere war weithin dem Ziel gewidmet, diese Ordnung auch auf den Straßen durchzusetzen, die er als Kind durchschritten hatte. Gleichwohl machten ihn diese Straßen härter. Seine Schriften sind erfüllt von dem Jargon und dem Volkstümlichen der Gosse; die Härte und das Theatralische seines Wesens waren wie sein Witz und seine Aggressivität die Frucht einer typischen Londoner Kindheit.

Stammten sie aus einer armen Familie, so mussten Londoner Kinder ebenso viele Stunden arbeiten wie die Erwachsenen. Stammten sie aber aus einer wohlhabenderen Familie, so wurden sie in den Haushalt noch reicherer Bürger aufgenommen; der junge Thomas Morus kam beispielsweise in den Haushalt des Bischofs von Canterbury. Es galt zu arbeiten, oder man wurde bestraft. Aus den Unterlagen des «Korrektionshauses» Bridewell geht hervor, dass fast die Hälfte seiner Insassen Jungen waren, denen nichts anderes als Landstreicherei vorgeworfen wurde; «sie wurden nach Bridewell verfrachtet und genauso bestraft wie Gauner, Bettler, Dirnen und kleine Diebe». Diese Härte kommentieren auch zwei Londoner, nämlich im späten 15. Jahrhundert William Caxton und Anfang des 17. Jahrhunderts Roger Ascham. Caxton bedauerte, «dass die, welche in London geboren sind, nicht so gedeihen und profitieren wie ihre Väter und Vorväter». Ascham dagegen monierte: «Die Unschuld ist dahin; Verschämtheit ist verpönt; viel Anmaßung bei der Jugend.» Diese Gefühlsausbrüche könnte man als die ewige Wut des Alters auf die Jugend vor dem Hintergrund des Generationenwechsels abtun; interessanterweise fallen sie aber in eine Zeit, als London expandierte. Zwischen

1510 und 1580 stieg die Zahl der Einwohner von 50 000 auf 120 000, und ein Übermaß an Turbulenz, Rastlosigkeit und Energie machte der Stadt zu schaffen.

So war zum Beispiel der ungebärdige junge Lehrling ein wahres Schreckbild für die Stadt, und dementsprechend konzipierten die städtischen Behörden streng reglementierende und durchorganisierte Statuten, was Arbeit und Disziplin der Lehrlinge anging. Nichts durfte geduldet werden, was die Harmonie des Kommerzes störte. Der Lehrling war gebunden «und muss gehorchen. Da ich mich verpflichtet habe, meinem Meister sieben Jahre treu zu dienen, wird meine Pflichterfüllung auf jede Weise diesem Wunsch und dem Vorteil meines Meisters genü-

Widerspenstige Kinder wurden in der Schule mit Birkenreisern ausgepeitscht; denn «der Saft der Birke ist ein ausgezeichnetes Heilmittel, wenn man es nur zwei- oder dreimal anwendet».

gen. Ruhm der Stadt, die Fürsten zu Handwerkern machte!» Es waren also auch Leute von vornehmer Abstammung als Lehrlinge zugelassen. Der kommerzielle Instinkt war eben ausgeprägt in London.

Es war Lehrlingen verboten, sich auf der Straße zusammenzurotten, in den Schenken Alkohol zu trinken oder auffällige Kleidung zu tragen; auch war ihnen nur «kurz geschnittenes Haar» erlaubt. Aus einer ähnlichen Gesinnung heraus war es noch üblich, dass Kinder vor ihrem Vater niederknieten, um seinen Segen zu empfangen, bevor sie ihr Tagwerk in Angriff nahmen. Oft bekamen sie das Abendessen an einem kleineren Katzentisch und erst nach den Erwachsenen vorgesetzt; dann wurden sie darüber verhört, wie sie den Tag verbracht oder was sie in der Schule gelernt hatten, oder sie mussten ein Gedicht oder ein Sprichwort aufsagen.

Die Lieder der Kinder sind ebenso wie ihre Rufe und Schreie ein Teil des Klangteppichs der Stadt. John Aubrey erzählt: «Wenn es regnet, haben kleine Kinder die Gewohnheit, den Regen wegzusingen oder wegzuzaubern; dann stellen sie sich auf und singen im Chor: ‹Regen, Regen, du musst gehen, will dich erst am Samstag sehen.›» Es gibt zahlreiche Lieder und Kinderreime, die in London angesiedelt sind. Laut Iona und Peter Opie, den zwei Kapazitäten auf diesem Gebiet, lassen sich die meisten dieser Kinderreime auf die Zeit nach 1600 datieren; verbreitet wurden sie jedenfalls durch diverse Londoner Buchdrucker jener Zeit.

Es gibt aber noch bedeutsamere, großstädtische Aspekte an diesen Liedern. Sie rühren von den Straßenrufen und Bänkelliedern Londons her; ihr Hintergrund ist eine mündliche Kultur. Manche Verse knüpfen indirekt an Kriege oder politische Angelegenheiten an, während sich andere auf Ereignisse in der Stadtgeschichte wie den fatalen «Eismarkt» auf der Themse oder den Brand einer «Brücke in der Londoner Stadt» im Februar 1633 beziehen. Andere Kinderlieder wurden ursprünglich auf dem Theater gesungen. Das berühmte «Haus, das Jack baute» war eigentlich der Titel einer Londoner Pantomime; ja es gab so viele Pantomimen und Harlekinaden, dass man meinen konnte, die Londoner selbst seien wieder kleine Kinder geworden.

Die Buchdrucker in der Shoe Lane, der Paternoster Row und anderswo erzeugten eine Flut von Geschichtenbüchern und Liederbüchern, um mit ihrer üblichen Geschäftstüchtigkeit die Jugend für sich zu gewinnen, und auch durch diese Blätter wehte der Geist Londons. So gibt es Kinderlieder über die Milchmädchen von Islington und die Kaminkehrer von Cheapside, aber auch über Schneider, Bäcker und Leuchtermacher. Einige von ihnen beginnen mit «Ich ging einst über die London Bridge», die hier als großes Symbol für die Lebensstraße steht; das älteste und bekannteste von ihnen ist natürlich das rätselhafte Lied:

«London Bridge is broken down, / Broken down, broken down, / London Bridge is broken down, / My fair lady.»

«London Bridge ist eingestürzt,
Eingestürzt, eingestürzt,
London Bridge ist eingestürzt,
My fair lady.»

Durch die zwölf Strophen hindurch erleben wir eine Brücke, die immer wieder zerstört und immer wieder aufgebaut wird: «Holz und Lehm die Flut zerbricht / Stein und Mörtel halten nicht / Stahl und Eisen werden

Staub / Gold und Silber werden Raub.» Sind das Anspielungen auf den alten Glauben, dass nur die Opferung eines Kindes den Fluss besänftigen und die ihn so unnatürlich querende Brücke vor dem Untergang bewahren kann, wie dies Iona und Peter Opie glauben, dann beschreiben sie den Zusammenhang zwischen Brückenbau und Kinderopfer. Demnach spielt das singende Kind im Grunde auf seine eigene schreckliche Bestimmung in der Stadt an, und vielleicht steckt auch die Ahnung darin, dass London selbst nur durch die Opferung von Kindern gedeihen und geschützt werden kann.

Der Zweck von Reimen und Rätseln war, das Wahrnehmungsvermögen kleiner Kinder zu schulen, damit sie lernen konnten, in einer schwierigen Umwelt zu überleben. Daher die traditionelle Schärfe und Unver-

Diese Photographie aus dem Jahr 1938 zeigt Kinder beim Spielen in der Millwall Street, am Hafen.

schämtheit der jungen Londoner. Als Winston Churchill vor Downing Street 10 einem Jungen begegnete und ihn bat, mit dem Pfeifen aufzuhören, bekam er zu hören: «Wieso sollte ich? Du kannst dir doch die Ohren zuhalten, oder?» Schon Aubrey und Swift haben Beispiele für die Schlagfertigkeit und witzigen Einfälle Londoner Straßenkinder gesammelt, wie nach ihnen andere Kompilatoren von Charles Dickens über Henry Mayhew bis zu den Opies.

Kurz nach dem Zweiten Weltkrieg wurde der Film *Hue and Cry* («Zeter und Mordio») gedreht, in dem ein pfiffiger Junge dank seiner Beobachtungsgabe eine ganze Verbrecherbande aufs Kreuz legt. Er wird gefragt: «So, du bist also das Bürschchen, das auf Londons Straßen Erscheinungen sieht!?» Dieselbe Frage mag den Londoner Kindern schon im frühen Mittelalter gestellt worden sein. In einer Schlüsselszene des Films werden die Verbrecher von einer Kinderbande durch die Bombentrichter und Ruinen der im Luftkrieg zerstörten Stadt gejagt – wiederum ein unvergängliches Symbol großstädtischer Kindheit. Es gibt viele Gemälde und Beschreibungen, die das Londoner Kind vor einer Flammenkulisse zeigen, oder wie es während der Einfälle Boudiceas oder der Verwüstungen des Großen Brandes weggetragen und in Sicherheit gebracht wird; aber das Bild von Kindern, die über Ruinen klettern, ist noch anrührender. Ob es sächsische Kinder sind, die zwischen den Überresten des römischen London spielen, oder Kinder des 20. Jahrhunderts, die in den Bombentrichtern des Zweiten Weltkriegs herumhüpfen, immer assoziiert man zu diesen Bildern ewige Erneuerung und unbesiegbare Energie – die Eigenschaften von London selbst. Im Zweiten Weltkrieg sangen die Kinder, wenn die nächtliche Entwarnung kam: «Kinder, kommt zum Spielen raus, / Der Mond scheint hell, der Tag ist aus! / Lasst nur alles stehn und liegen, / Kommt heraus, wir spielen ‹kriegen›!»

Bestimmte Gegenden und Örtlichkeiten ziehen die Kinder besonders an, zum Beispiel der Exmouth Market, die Commercial Road und natürlich die zahllosen Parks und Erholungsgelände in der Stadt.

1931 schrieb Norman Douglas die gelehrte Abhandlung *London Street Games*, vielleicht um die Erinnerung an eine Welt zu bewahren, deren Veränderung er spürte. Sein Essay bezeugt die Findigkeit und Energie Londoner Kinder und ist zugleich eine Huldigung an die Straßen, die das Kinderspiel beherbergten und beschützten. Es gab eigene Mädchenspiele wie «Mutters Wringmaschine» und Seilhüpfspiele wie «Nebukadnezar»; die Stimmen der Kinder übertönten das Tappen ihrer Füße auf dem Pflaster:

«Charlie Chaplin, meek and mild, / Stok a Sixpence from a child / When the child began to cry / Charlie Chaplin said goodbye.»

«Charlie Chaplin, mild und traut,
hat dem Kind sein Geld geklaut.
Armes Kind, es schreit ‹o weh›.
Charlie Chaplin sagt ade.»

In den Rinnsteinen konnte man Murmeln laufen lassen, und für ein Hüpfspiel wurden die Bürgersteige mit Kreide markiert. Wände und Mauern waren Ziel oder Ausgangspunkt für allerlei Abschlagspiele. Manche dieser Kinderspiele «machen die Knaben ungewöhnlich geschickt mit den Händen, was ihnen später in bestimmten Berufen zugute kommen muss, zum Beispiel im Uhrmachergewerbe». Besonders in den Vororten Londons war das Spiel «Mir nach!» beliebt, bei dem es galt, an kritischen Stellen die Straße zu überqueren, dem Lauf eines Bahngleises zu folgen oder an Haustüren zu klopfen. Es gab auch Spiele, die man nur abends spielen konnte; denn, wie ein Cockneyjunge erklärte: «Man muss im Dunkeln spielen – Taschenlampen am Tag sind witzlos.» Daher sind alte Tunnel, stillgelegte Bahnlinien, verlassene Parks und kleine Friedhöfe beliebte Spielplätze. Es ist, als würden sich die Kinder vor London verbergen. Aus ihrem sicheren Versteck können die Frechsten dann den Erwachsenen Gegenstände nachwerfen oder Beleidigungen hinterherrufen.

Einige der bewegendsten Kinderbildnisse stammen aus dem 17. und 18. Jahrhundert. So sind in Holborn und Westminster noch heute holzgeschnitzte Almosenkinder zu sehen. Statuetten von Schulkindern gab es auch an der Marienkirche zu Rotherhithe, wo 1613 eine «unentgeltliche Schule für acht Söhne mittelloser Seeleute» errichtet wurde. Zwei in Stein gehauene Kinder standen vor St Botolph in Bishopsgate; sie tragen Marken mit den Zahlen «25» und «31». Die Kinder, die zur St Bride's School gehörten, waren 1,07 Meter groß, was einen Anhaltspunkt für die durchschnittliche Größe des Londoner Kindes gibt. Der «dicke Junge» in der Giltspur Street, der kleine Dieb am Bread Market bei St Paul, die Murmel spielenden Knaben über einem Hauseingang am Laurence Pountney Hill, das einen Telefonhörer schwenkende Kind am Temple Place – es sind alles Bilder des in der Stadt lebenden Kindes, nun aber gleichsam aller Zeit entrückt. In diesem Sinne verkörpern sie die unvergängliche Natur der Kindheit selbst.

Die nicht zeitentrückte Stadt aber konnte Kinder noch immer erniedrigen. So teilt ein Autor im späten 16. Jahrhundert mit: «Viele hübsche kleine Kinder, Knaben und Mädchen, ziehen durch die Straßen, treiben sich am Wasser herum und verbringen die Nacht unter Hecken und Marktbuden.» Im Frühjahr 1661 schreibt Pepys in sein Tagebuch: «An verschiedenen Orten fragte ich Frauen, ob sie mir nicht ihre Kinder verkaufen wollten; das schlugen sie mir rundheraus ab, aber sie sagten, sie würden mir *ein* Kind zur Obhut geben.» Samuel Curwen, auch er ein Tagebuchschreiber aus dem 17. Jahrhundert, spazierte eines Tages die Holborn hinunter, als er eine Menschenmenge bemerkte, die sich um eine mit Kindern voll besetzte Kutsche drängte. Die Kinder waren zwischen sechs und sieben, «junge Sünder, die gewohnt waren, des Abends alles zu stehlen, zu mausen und zu stibitzen, was ihnen in ihre kleinen schmutzigen Pfoten kam, und die nun den Händen der Justiz übergeben werden sollten». Die meisten solcher Kinder waren von ihren Lehrherren oder auch ihren Eltern verstoßen worden und waren auf Gedeih und Verderb der Straße ausgeliefert. So geht aus den Grafschaftsunterlagen hervor, dass sich Ende des 17. Jahrhunderts Benjamin und Grace Collier «davonmachten, nachdem sie heimlich ihre Habe veräußert hatten, und ihre Kinder mittellos zurückließen». Sara Rainbow arbeitete neun Jahre lang in einer Bierschenke in der Long Alley (Little Moorfields); «sie hatte viele Härten und letzthin eine einmonatige grundlose Einweisung nach Bridewell [das «Korrektionshaus»] sowie andere schwere Grausamkeiten zu erdulden, was sie nicht mehr ertragen konnte». 1676 nahm sie zusammen mit ihren zwei Brüdern Reißaus; einer der Jungen verkaufte sich für fünf Shilling auf einen Klipper nach Barbados, der andere wurde nie wieder gesehen.

Es gibt Bilder, auf denen man die Kinder auf den Straßen verkaufen, betteln, oder stehlen sieht. «Sie sind fast *nackt* und im höchsten Maße *elend*, von Ungeziefer zerfressen und in so garstige Lumpen gehüllt, dass man an ihrer *Kleidung* nicht ihr Geschlecht unterscheiden kann.» Zeitgenössische Illustrationen bezeugen diesen jammervollen Zustand. Auf einem Bild sieht man einen Straßenjungen in der zerlumpten Kleidung eines Erwachsenen, mit einem löcherigen Überzieher und jämmerlich zerrissenen Kniehosen; er hat eine Blechbüchse bei sich, die ihm als Trinkgefäß wie als Kochtopf dient. Er wirkt alterslos oder könnte jedes Alter haben, wobei seine «Errungenschaft» einer abgelegten Erwachsenenkleidung diesen zwiespältigen Status noch betont. Diese umherziehenden Kinder sind so alt oder so jung wie die Stadt selbst.

Die Angaben aus dem 18. Jahrhundert über «Gemeindekinder», das heißt Kinder, die von dem Kirchspiel oder der Gemeinde Armenunterstützung erhielten, geben zu traurigen Betrachtungen Anlass. Findelkinder wurden oft nach dem Teil Londons benannt, wo man sie entdeckt hatte; so wimmelt es in den Akten des Kirchspiels Covent Garden von Namen wie Peter Piazza, Mary Piazza oder Paul Piazza. Die Bezeichnung für diese weggeworfenen oder ausgesetzten Kinder lautete *laid in the streets* – «auf der Straße abgelegt». Die Gemeindebeamten erhielten zehn Pfund für jedes Kind, das in ihre Obhut kam; bei dieser Gelegenheit wurde ein kleines Fest gefeiert; man ging nämlich davon aus, «dass das Leben des Kindes nicht lange währen werde und man daher das Geld für eine Lustbarkeit ausgeben könne». Wiederum ist hier die heidnische Natur dieser großstädtischen Rituale besonders hervorzuheben. Es herrschte damals allgemein die Auffassung, «dass das Leben eines Gemeindekindes nicht mehr als den Kauf für acht oder neun Monate wert sei», und es ist zu vermuten, dass der Tod solcher Kinder künstlich beschleunigt wurde. «Sehr viele bedauernswerte Säuglinge und ausgesetzte Bankerte», ergab ein parlamentarischer Untersuchungsbericht 1716, «erleiden durch die Grausamkeit ihrer Ammen einen unmenschlichen Tod.» Es gab ein Kirchspiel in Westminster, wo von 500 «auf der Straße abgelegten» Kindern nur ein einziges überlebte.

Wenn sie am Leben blieben, brachte man die mittellosen Kinder in den Arbeitshäusern des Kirchspiels unter. Das waren im Grunde primitive Fabriken, in denen die kleinen Insassen von sieben Uhr morgens bis sechs Uhr abends damit beschäftigt waren, Wolle oder Flachs zu spin-

nen und Strümpfe zu stricken; eine Stunde am Tag war für einen rudi-
mentären Schulunterricht reserviert, eine weitere für «Essen und Spiel».
Solche Einrichtungen waren in der Regel schmutzige und überfüllte
Orte. So war das Arbeitshaus des Kirchspiels St Leonard in Shoreditch
«gezwungen, 93 Kinder in drei Betten zu packen». Es verband die Merkmale einer Fabrik mit denen eines Gefängnisses und bestätigte damit
seine Qualität als typisch großstädtische Einrichtung. Viele Kinder infizierten einander mit ansteckenden Krankheiten und wurden dann in ein
Hospital gebracht – womit das Kleeblatt Londoner Institutionen: Arbeitshaus, Fabrik, Gefängnis, Krankenhaus, komplett wäre.

Kinder wurden gerade darum eingesperrt, weil sie ihrer normalen, un-
eingeschränkten Natur nach als wild galten. Sie waren noch immer «halb
nackt oder in wüsten Lumpen und bedachten einander mit Flüchen ...
Sie suhlten sich im Dreck der Straße oder trieben sich auf Häfen und
Kais herum.» Das war die «bösartige Herde», die «täglich unsere Gefängnisse füllt und unter deren Gewicht Tyburn so häufig ächzt». Nur die
wenigsten Beobachter der Gesellschaft ließen sich auf eine Erörterung der
Frage ein, ob es nicht die Verhältnisse in London selbst waren, die diese
kleinen Kinder brutalisierten oder entmenschlichten; die Realität war zu
überwältigend, um etwas anderes zu beschwören als Bilder der Wildheit.
Waren beispielsweise die kleinen Herumtreiber im Arbeitshaus der Gemeinde einmal an körperliche Arbeit gewöhnt worden, «unterscheiden
sie sich von dem, was sie vorher waren, wie ein gezähmtes Tier von einem wilden».

Man denke nur an das elende Schicksal der Kaminkehrerlehrlinge,
der so genannten «Kletterjungen». Für gewöhnlich kamen sie mit sieben
oder acht Jahren zu ihrem Meister in die Lehre, doch war es keineswegs
selten, dass trunksüchtige oder verarmte Eltern schon ihre vierjährigen
Kinder für 20 oder 30 Shilling verkauften. Gefragt waren hier schmale
Kinder von kleinem Wuchs, da die Rauchfänge in der Regel eng und
gewunden waren, so dass sich leicht Ruß oder sonstige Fremdköper in
ihnen festsetzten. In diese winzigen Räume wurde der kleine Kletterjunge geschoben oder gestoßen; ängstliche oder widerspenstige Kinder
wurden mit Nadeln gestochen oder mit Feuer angesengt, damit sie schneller kletterten. Manche fanden dabei den Erstickungstod, viele aber starben einen viel langsameren Tod durch Hodenkrebs. Andere trugen körperliche Missbildungen davon. Ein Sozialreformer hat beschrieben, wie
ein typischer Kletterjunge am Ende seiner kurzen Karriere aussah: «Er
ist heute zwölf Jahre alt, ein Krüppel, der an Krücken geht, und misst
kaum 1,10 Meter Körpergröße. ... Sein Haar fühlte sich wie Igelstacheln
an, der ganze Kopf wie warme Zinder [Kohleabfälle]. ... Er sagt immer

wieder das Vaterunser auf.» Diese Kinder, schwarz vom Ruß und den Rückständen der Stadt, wurden, wenn überhaupt, nur selten gewaschen. Sie waren in die Farben Londons gehüllt, ein Sinnbild für den elendesten Zustand, in den die Stadt ihre Jugend bringen konnte. Sie waren ein vertrauter Anblick, wie sie durch die Straßen zogen und mit piepsiger Stimme ihre Dienste anboten.

Dennoch erregten sie unter den harten Verhältnissen Londons nur sehr selten einmal Mitleid. Stattdessen landeten sie als Diebe, Nebenerwerbs-Bettler und «die größte Pflanzstätte für Tyburn von allen Gewerben Englands» vor Gericht. Doch einmal im Jahr durften sie feiern; es war eine jener erstaunlichen Demonstrationen theatralischer Rituale, die sich die Stadt zu allen Zeiten leistete. Am 1. Mai bestrichen sie sich mit weißem Mehl und Haarpuder und zogen als «Schneeweißchen», wie man damals sagte, durch die Straßen Londons. Auch mit ihren Bürsten und Klettergeräten klapperten sie bei ihrem Marsch durch die Stadt. In dieser verkehrten Welt erkennen wir die Härte wie die Fröhlichkeit Londons: Eigentlich hatten die Kletterjungen in ihrem unglücklichen Leben sehr wenig zu feiern, aber für einen Tag ließ man sie spielen und wieder Kinder sein.

Doch hat dieses Fest noch andere Konnotationen, die tief in das Mysterium der Londoner Kindheit reichen. Die Kletterjungen waren in der Regel mit Folie, Blattgold und Bändern geschmückt, wie einst die Kinder bei den Schaugep"rängen des Mittelalters; in diesem Sinne verkörperten sie einmal mehr Heiligkeit und Unschuld, sei es auch in noch so vulgarisierter Form. Indem sie aber bei ihrem Umzug durch die Straßen mit ihren Gerätschaften klapperten, wurden sie für einen Tag Herren eines närrischen Gegenregiments; damit wird ihre Ungebärdigkeit unterstrichen, die, sofern sie nicht im Kontext ritueller Muster formalisiert und diszipliniert wird, eine Gefahr für die Stadt darstellt. Alle diese Elemente – das Spielerische, das Unschuldige, das Wilde – vereinigen sich und erzeugen das Kind der Großstadt.

Peter Earle hat in *A City Full of People* bemerkt, dass London Anfang des 18. Jahrhunderts für junge Gemüter «viele Verlockungen bot». Besonders anziehend wirkten «der Reiz schlechter Gesellschaft, das Glücksspiel, der Alkohol, der Müßiggang sowie kleine Diebereien und ‹lüsterne Frauenzimmer›». So waren Londoner Kinder von Anfang an in einer ungünstigen Ausgangslage. In den Schnapsläden lungerten Kinder herum, «die mit so viel Wonne dem Alkohol zusprechen, dass es ihnen schwer fällt, zur Tür hinauszufinden». Auch auf den Stichen Hogarths erscheinen Kinder häufig als böswillige oder unheilvolle Sinnbilder der Stadt; ihre Gesichter sind von Not oder Spott verkniffen, und sie imitieren gern das Verhalten der Erwachsenen. *A Rake's Progress* – (s. Farbbildteil) «Lebenslauf eines Wüstlings» zeigt auf dem vierten Blatt einen Jungen, der am Rinnstein sitzt; er raucht eine kleine Pfeife und studiert aufmerksam eine Zeitung namens *Die Groschenpost*. In der Ferne, am Ende der St James's Street, erkennt man das Schild von Whites Spielhölle, während im Vordergrund fünf andere Kinder mit Würfeln und Kartenspiel beschäftigt sind. Einer der Jungen ist ein Stiefelputzer, der buchstäblich sein Hemd verloren hat; ein anderer verkauft Spirituosen, während ein dritter Zeitungsverkäufer ist. Auch im 19. Jahrhundert wurde von Straßenjungen gesagt, das Glücksspiel sei «bei ihnen eine Leidenschaft, der sie hemmungslos frönen». Noch in den ersten Jahrzehnten des 20. Jahrhunderts wurden ganz kleine Kinder wegen verbotenen Glücksspiels auf der Straße verhaftet. Aber warum sollten sie bei der allgemeinen Ungewissheit des Lebens in der Großstadt keine Spieler sein? Ein anderer Junge, vom Vordergrund auf Hogarths Stich etwas entfernt, stiehlt gerade dem Wüstling selbst ein Taschentuch. Hier haben wir *en miniature* das Bild des Londoner Kindes im 18. Jahrhundert, wie es sich eifrig einbringt in das Erwachsenenleben. Ihre Züge sind von Gier und Besitztrieb gezeichnet. In der Serie von Stichen mit dem Titel «Morgen», «Mittag», «Abend» und «Nacht» spielen Kinder eine bedeutsame Rolle. Einige tragen genau dieselbe Kleidung wie die Erwachsenen, so dass sie alle miteinander den Eindruck von zwergenartigen oder deformierten Bürgern erwecken; andere sind zerlumpte Gassenjungen, die sich in der Gosse um etwas zu essen prügeln oder sich unter hölzernen Straßenbuden aneinanderdrängen, um sich zu wärmen.

So haben die zerlumpten Kinder von der Staße eine eindringliche emblematische Qualität; auf Photographien Londons aus dem 19. Jahrhundert wirken sie jedoch noch trauriger. Das sind nicht mehr Charaktere oder Karikaturen, sondern irgendwie vertraute menschliche Gesichter, weich oder kläglich, kummervoll oder verwirrt. Es ist gesagt worden, dass sich der strenge Geist Ende des 18. Jahrhunderts verändert habe und einer gütigeren Einstellung gewichen sei, aber die tatsächlichen Verhältnisse in London waren keine anderen geworden. «Das Ausmaß von Verbrechen, Hunger und Blöße oder Elend aller Art in der Metropole», erklärte Dickens Mitte des 19. Jahrhunderts einem Journalisten, «übersteigt jedes Verständnis.» Es überstieg jedes Verständnis, weil Hunger und Elend gerade die Jüngsten und Verletzlichsten betrafen. Fast die Hälfte aller Beisetzungen in London betrafen 1839 Kinder unter zehn Jahren, und es war ein beliebtes «niedliches» Motiv der ersten Photographen, kleine Kinder zwischen den Grabsteinen eines Londoner Friedhofs abzulichten – was von der ganzen Brutalität viktorianischer Naivität zeugt.

Ein anderes photographisches Genrebild zeigt drei kleine Mädchen, die an der Straße sitzen, die Füße im Rinnstein, den Körper auf dem flachen Bürgersteig; ein Mädchen blickt sich um und schaut erstaunt in die Kamera, aber der frappierendste Eindruck sind die dunklen, verschossenen Kleider. Es ist, als wollten sie sich an die dunklen, rissigen Steine ringsherum anpassen, um zwischen ihnen vielleicht zu verschwinden. Wir vergessen oft, wie trübselig und schmutzig die viktorianische Hauptstadt war; die großen Verkehrsadern waren immer mit Abfällen übersät, und alles wirkte irgendwie schmierig und rußig.

Boy Selling Bryant & May Matches. *Ein berühmtes Bild von einem Jungen, der Zündhölzer verkauft; er hält eine*

Schachtel mit einem Ausdruck feierlichen Trotzes hoch, so als wollte er sagen: «Kauft oder lasst es bleiben – ich komme schon durch.»

Es gibt eine andere Photographie, auf der sieben kleine Jungen offenbar vom Photographen zu einem Tableau angeordnet worden sind, freilich einem Tableau des Mangels. Alle sind barfuß; eines der Kinder trägt zwar einen – verbeulten – Hut, aber seine Hose ist zerrissen und hängt am Knie in Fetzen herunter. Wie es diese Kinder schafften, am Leben zu bleiben, ist ein Rätsel; sie sehen abgehärmt aus, aber sie sind nicht am Verhungern.

Anfang des 19. Jahrhunderts sah Fürst Hermann Pückler-Muskau ein achtjähriges Kind, das sein eigenes Fahrzeug mitten durch einen Strudel von Kutschen lenkte, und bemerkte dazu, dergleichen könne man «nur in England sehen, wo die Kinder mit acht Jahren auf eigenen Füßen stehen und mit zwölf Jahren hängen». In der Tat gibt es die berühmte Beschreibung desselben Reisenden, der 1826 das Gefängnis von Newgate besuchte; er «sah sechs Knaben, wovon der älteste kaum vierzehn Jahre zählte, und die alle unter Todesurteil schwebten, sehr lustig hier rauchen und spielen». 1816 gab es in den Londoner Gefängnissen 1500 Insassen, die unter 17 waren. «Manche waren kaum neun oder zehn», heißt es in den *Chronicles of Newgate*. «Die Kinder begannen zu stehlen, kaum dass sie krabbeln konnten. Es sind Fälle von kaum sechsjährigen Kleinkindern bekannt, die wegen eines Verbrechens vor Gericht standen.» Kinder bildeten regelrechte Banden; «jede von ihnen wählte sich einen Anführer und bildete zwei Schichten, die bestimmte Stadtteile bearbeiteten, eine bei Tag und eine bei Nacht.» Ihre bevorzugten Tricks waren Taschendiebstähle, Einbruchsdiebstähle (wobei sie einfach das Ladenfenster einschlugen und mit der zusammengerafften Ware wegrannten, während ein «professioneller» junger Dieb unbemerkt die Scheibe aufgeschnitten hätte) und die Beraubung von Betrunkenen. Hierbei «rempelten die Mädchen den Mann an, während die Jungen ihm alles wegnahmen, was er bei sich trug».

Im 19. Jahrhundert nannte man die Straßenkinder «kleine Araber», eine Bezeichnung, die – mit rassistischem Unterton – auf ihre Neigung zur Brutalität verweisen sollte. In diesem Zusammenhang mag die Bemerkung nicht unpassend sein, dass man widerspenstige Kinder in reicheren Familien «kleine Radikale» nannte, wie um die Quelle der sozialen Unruhe in der Energie der Jugend festzumachen. In den 1870er und 1890er Jahren erschienen drei verschiedene Bücher, die alle *The Cry of the Children* («Der Ruf der Kinder») hießen, was die herrschende diesbezügliche Besorgnis bestätigte; man konnte ihn als einen Schlachtruf, aber auch als einen Weheruf deuten. Charles Booth stieß auf eine Gruppe von «Cockney-Arabern», «kleine, wild aussehende Kinder», und «meinte, sie sollten zu dieser nächtlichen Stunde lieber zu Hause und im Bett sein, worauf ein achtjähriges Mädchen auf eine frech altkluge Weise versetzte: ‹Meine Güte, wir haben doch unsere Kerle dabei! Das ist mein Kerl!›, und auf einen Gefährten zeigte. ‹Ja›, sagte ein anderes Mädchen, ‹und das ist meiner.› Hierauf brachen alle in Gelächter aus, dann fragte eine weinerliche Stimme: ‹Schenken Sie uns einen Penny, Chef?›»

«Wenn ich diese schmutzigen zerlumpten Kinder sehe, mit ihren glänzenden Augen und den Engelsgesichtern, befällt mich Bangigkeit, als sähe ich Ertrinkende. Wie sie retten? Und welchen zuerst? Was da ertrinkt, ist das Allerkostbarste: das Spirituelle in diesen Kindern.»
Tolstoi, anlässlich seines London-Besuches 1860

Londons Kinder waren eine Geldanlage. «Keine Investition», schreibt der Autor von *The Children of the Poor* 1892, «erzielt heute eine bessere Rendite auf das eingebrachte Kapital, als die Kinder der Armen arbeiten zu lassen.» Manche kleinen Kinder wurden Laufburschen oder Bierträger; andere zogen sich eine rote Uniform an und wurden eingesetzt, um die Pferdeäpfel von belebten Straßen zu bergen. Sie hielten das Pferd, wenn jemand einen Einkauf tätigen wollte; sie schleppten Gepäckstücke zur Bahn oder trugen Omnibusfahrgästen ihre Pakete; sie standen an den Türen von Theatern und öffentlichen Gebäuden, um bei Bedarf eine Kutsche zu rufen, besonders wenn der Abend «nass zu werden versprach»; und sie halfen Lastenträgern, denen ihre Pflichten zu beschwerlich geworden, oder Kutschern, die vom Alkohol umnebelt waren. Man kann sich eine ganze Stadt von Kindern vorstellen – die Zahl der auf der Straße Tätigen schätzte man auf zehn- bis zwanzigtausend –, die nach Arbeit Ausschau hielten und sie begierig annahmen, wenn sich eine Gelegenheit bot. Sie waren der wahre Spross Londons.

Andere wurden Straßenverkäufer, unterscheidbare Figuren, mit Spitznamen wie Sperling oder Frühaufsteher. Sie wurden von den arbeitslosen Kindern beneidet, «die sich darauf freuen, als Zeichen ihrer Selbständigkeit auch einmal einen Korb mit Obst anvertraut zu bekommen, der irgendwohin gebracht werden muss». Eine interessante Sicht der Dinge, die die Kinder da hatten: Die geringsten Möglichkeiten, seinen Lebensunterhalt zu verdienen, erlaubten einem, sich auf der Straße zu behaupten und zu gehen, wohin man wollte. Kleine Jungen und Mädchen – «Jedermannskinder» – wurden von Gemüsehändlern oder kleinen Gewerbetreibenden angeheuert, um Ware auf Kommission zu verkaufen. Das Kind verpflichtete sich, für die ihm anvertraute Ware einen Mindestbetrag abzuliefern; was es darüber hinaus verdiente, durfte es behalten. Bei Tagesanbruch pflegten sich die Kinder auf den verschiedenen Straßenmärkten einzufinden. Sie liefen zwischen den Schubkarren der Gemüsehändler hin und her und fragten: «Brauchst du mich, Jack?» Oder: «Bursche gefällig, Bill?» Sie warteten den ganzen Tag, um zu sehen, ob sie «gebraucht» wurden, und wenn sie Glück hatten, gewannen sie bei bestimmten Händlern eine Vorzugsstellung. Oft hatte der Junge die Aufgabe, die Ware «auszurufen», die er und sein Meister auf dem Schubkarren vor sich herschoben. Das könnte als ein liebenswürdiger Brauch erscheinen, nur «stellen wir fest, dass das Kind schon in jungen Jahren den natürlichen Ton seiner Sprechstimme total ruiniert hat und eine harte, heisere, gutturale, unangenehme Sprechweise annimmt». Hier sind die physischen Auswirkungen des Lebens in der Großstadt klar bezeichnet; London verdarb sogar die Stimmen der Kinder und machte aus hohen Tonlagen harte.

Eine andere Beschäftigung Londoner Kinder bestand darin, die Bürger auf anspruchslose Weise zu unterhalten. So pflegten viele kleine Jungen mit von Pferden gezogenen Fahrzeugen Schritt zu halten, «indem sie nicht nur fleißig ihre Beine gebrauchten, sondern alle paar Augenblicke einen Überschlag auf ihre Hände machten und sozusagen mit den Füßen in der Luft weitergingen». Der bevorzugte Ort für diese Kraftleistung war die Bakerstreet, wo die Kinder Rad schlugen, «um Aufmerksamkeit zu erregen und den Zuschlag zu erhalten, falls eine Arbeit in Aussicht war, aber auch in der Hoffnung, dass man dem Straßenbengel für seine Gelenkigkeit einen halben Penny schenken werde». Diese akrobatische Nummer war ein Stück theatralisches London, aber das Schauspiel blieb nicht ohne Folgen. Mayhew untersuchte die Hände eines solchen «Straßenbengels» und stellte fest, «dass die fleischigen Teile der Handflächen hart wie Sohlenleder waren, ja so hart wie die Fußsohlen des Jungen, da er barfuß ging». So verhärtet die Stadt ihre Kinder in jeder Hinsicht. Diese unselige Entwicklung findet ihren Abschluss, wenn die Mienen der Kinder als «stumpf und ausdruckslos» beschrieben werden.

Wenn Kinder «auf eigene Faust» arbeiteten, gab es bestimmte Artikel, die sie nicht verkaufen konnten. Kein Kind meisterte den Verkauf von Medikamenten, weil es nicht die Erfahrung hatte, das Publikum zu beschwätzen; auch besaßen Kinder nicht die notwendigen Fertigkeiten, um die «Letzten Reden von zum Tode Verurteilten» zu verkaufen. Merkwürdiger ist jedoch die unübersehbare Tatsache, dass diese Straßenjugendlichen keine Kinderartikel wie Murmeln oder Kreisel verkauften. Der Grund mag ein versteckter sein: Wer hätte schon gern Gegenstände kindlicher Unschuld und kindlichen Spiels von jenen gekauft, denen dergleichen nie vergönnt gewesen war?

Straßenkinder hatten ihre «Groschentheater», wo Amateurvorstellungen vor einem Publikum gegeben wurden, das ebenfalls von der Straße kam. Die Vorführungen wurden zum Synonym für Schmutz und Unanständigkeit. Für Kinder reicherer Eltern gab es jedoch auch andere Formen des Theaters, hauptsächlich das Spielzeugtheater. Die Figuren wurden ausgeschnitten, auf Pappe geklebt, mit Drähten oder Stäben verleimt und dann auf einer Bühne aus Holz oder Pappe hin- und hergeschoben. Das Spielzeugtheater war ein typisch Londoner Zeitvertreib, bei dem sich die Tradition der Karikatur oder des satirischen Drucks, wie man ihn im Schaufenster jedes Kunstkabinetts sah, mit der Tradition des Dramas oder der Pantomime verband.

Die ersten Kinderspektakel wurden 1811 gedruckt und erfreuten sich schnell einer enormen Beliebtheit. Als George Cruikshank mit einer Publikation in Verzug geriet, «kamen die Knaben in seinen Laden und beschimpften ihn wie nicht gescheit, weil es immer so lange dauere, bis die Fortsetzungen seiner Stücke herauskamen». Das Spielzeugtheater erwuchs aus dem «Gotischen», das heißt dem Schauerlich-Unheimlichen, und dem Phantastischen und gehörte also in die Geschichte des Londoner Spektakels. Auch ahmte es Humor und Heterogenität der Londoner Bühne mit Burlesken und Possen nach; aus den *Leiden Werthers* wurden die *Leiden des Wassers oder Liebe, Schnaps und Schmachterei*.

London war in vieler Hinsicht eine Stadt des Melodramas, wo schon die Jugend sich gerne produzierte und rezitierte. Zur täglichen Leseübung an Londoner Schulen gehörte auch eine Stelle aus einem Drama, und die kleinen Jungen und Mächen waren ausgesprochen «süchtig nach Theaterspielen». In *Vanity Fair* (1847/48) schildert Thackeray zwei Jungen, die «ein rechtes Faible für das Anmalen von Theaterfiguren» hatten. Ein anderer Londoner beobachtete Anfang der 1830er Jahre: «Fast jeder Junge hat sein Spielzeugtheater.»

Auf einem 1898 entstandenen Gemälde, «Abendliches Theater», sieht eine Gruppe kleiner Kinder staunend zu einer Kasperlebühne auf, die von einer Öllampe erhellt wird. Einige sind barfuß, andere in Lumpen gehüllt, aber wie sie da so auf den rauen Steinen stehen, werden ihre gebannten Gesichter vom Licht beschienen; es kann aber auch sein, dass das Leuchten von ihnen selbst ausgeht an diesem dunklen Londoner Abend.

A. T. Camden Pratt schildert in *Unknown London* eine Szene, die sich Ende des 19. Jahrhunderts in der Holywell Street zutrug: «Es war ein merkwürdiger Anblick, die Kinder, die an beiden Enden der Häuserzeile in Reihen über die Straße tanzten, zur Musik einer Drehorgel, die nicht aufzuhören schien. … Es fällt auf, dass sie alle denselben, ganz einfachen

Kinder tanzen barfuß im Sprühregen eines Wasserwagens, etwa 1910. Photo von William Whiffin

Schritt tanzen; aber bemerkenswert ist die Anmut, mit der sich einige dieser ungekämmten Mädchen bewegen.» Als wäre es ein ritueller Tanz, der Tanz der Stadt, zu einer Musik, die nie zu verstummen scheint.

Ein Gedicht von 1894 besingt eine kleine Londonerin, «ein Kind der Stadt, halb Mädchen und halb Elfe», die vor sich hin brabbelt, während sie auf den Stufen der St Paul's Cathedral Hüpfstein spielt. London «tobt vergebens», um ihr «achtlos Ohr» zu finden, und an die große Kirche, die über ihr aufragt, verschwendet sie keinen Blick. Das Gedicht feiert die Würde und Selbstgenügsamkeit des «Kindes der Stadt», meilenweit entfernt von allen Demonstrationen der Macht und des Geschäfts, die

es umgeben. Dieses Mädchen mochte wohl als Geschöpf der Verhältnisse auf der Straße erscheinen, und doch gibt es etwas an ihr, das diese
Verhältnisse vergessen macht. Es ist ein Mysterium, das Ende des 19. Jahrhunderts auch dem Dichter Laurence Binyon zuteil wurde. Er beschreibt
zwei Kinder in einer Gasse, die zum Klang der Drehorgel tanzen – «un-
verwandt» sehen sie einander an, «mit glänzenden Augen, den Blick
schwer von einer vollkommenen Freude». Ihr gemeinsames Glück und
Einverständnis hebt sie über die schmutzige materielle Welt hinaus, die
sie umgibt. In George Gissings Roman *Thyrza* (1887) wendet sich Gilbert Grail zum Lambeth Walk, und in dem Moment «erklang eine Drehorgel vor einem nahe gelegenen Gasthaus. Grail kam näher; Kinder waren dabei, sich zum Tanz aufzustellen, und er blieb stehen, um ihnen
zuzusehen. Kennt ihr diese Musik, von fern her klingend, zu der die Kinder tanzen? ... Eine Rührung, von der ihr nie geträumt habt, wird euch
ergreifen, und das Geheimnis des verborgenen London wird darin offenbar werden.» Es ist das große Geheimnis derer, die einst im finstern
Herzen Londons wohnten. Es ist Trotz und Vergessen zugleich. Es ist der
Tanz Londons.

Lambeth ist heute – wie vieles in London – stiller, als es einst war. Kinder
scheint es auf den Straßen nicht mehr zu geben, aber eine kleine Grün-
anlage, der Pedler's Park in der Salamanca Street, ist als «Kinderspiel-
zone» ausgewiesen; wo einst ganz London ein Spielplatz war, hat man
heute extra «Spielzonen» abgetrennt. Lambeth Walk, einst der Mittelpunkt des alten Lambeth, ist heute Fußgängerzone mit dreistöckigen Sozialwohnungen aus dunklem Ziegelstein. Sie führt zu einer allerdings
heruntergekommenen Einkaufsstraße, über die ein mit sich selbst schimp-
fender Betrunkener torkelt; die Geschäfte sind mit Brettern verschalt,
einige stehen leer. Aber über der Einkaufsstraße selbst gibt es Wandmale-
reien von Kindern. Ein Bild zeigt die Ragged School von Lambeth in der
Newport Street und stammt von 1851. Ein anderes zeigt Kinder, die mit
nackten Beinen fröhlich hinter einem Sprengwagen hertanzen; als Vorlage diente eine Photographie von William Whiffin, etwa um 1910 entstanden, auf der ein paar kleine Jungen in dem Sprühregen plantschen.
Und plötzlich, am 1. Juli 1999, kramen vier kleine Mädchen ein Seil hervor und beginnen, mitten auf dem Lambeth Walk zu tanzen.

London und die Zeit

Georg Scharfs Zeichnung des «Original Oyster Shop»
in der Tyler Street; der Laden selbst ist verschwunden,
aber seine Nachfolger sehen ähnlich aus.

69. Greenwich,
Big Ben und die Uhrenmacher

Das Wesen der Zeit in London ist ein Geheimnis. Sie scheint nicht kontinuierlich in eine Richtung zu fließen, sondern zurückzuweichen und zu verweilen; sie ähnelt weniger einem Fluss als einem Lavastrom aus einem unbekannten feurigen Urgrund. Manchmal bewegt sie sich stetig vorwärts, dann wieder macht sie Sprünge; manchmal verlangsamt sie sich, und gelegentlich treibt sie dahin und beginnt, ganz stehen zu bleiben. Es gibt Stellen in London, wo es verzeihlich wäre, wenn man das Gefühl hätte, die Zeit habe aufgehört.

In mittelalterlichen Dokumenten wird von alten Londoner Gebräuchen erklärt, sie stammten «aus unvordenklicher Zeit, über die gegenteilige menschliche Erinnerungen nicht existieren»; oder es konnte über ein Objekt befunden werden, es stehe, «wo es jetzt steht, länger, als einer der Geschworenen sich erinnern kann». Dies waren ritualisierte oder genormte Formulierungen, die darauf schließen lassen, dass das älteste Zeitmaß des Menschen seine Erinnerung selbst war. In einem anonymen mittelalterlichen Gedicht über das Leben des heiligen Erkenwald gibt es auch Strophen über die Maurer, die im 14. Jahrhundert die St Paul's Cathedral wieder aufbauten; sie entdecken in den antiken Fundamenten der Kirche ein großes Grab, worin der unversehrte Leichnam eines Richters aus heidnischer Zeit ruht, der zu ihnen spricht: «Wie lange ich hier liege, das ist aus vergessener Zeit. Es ist zu viel für einen Menschen, dem irgend Länge zu geben.» Freilich war London schon in jener Urzeit «die Metropole und die Herrin der Städte, die es immer blieb». Der Leichnam wird getauft, seine Seele ist gerettet, und «alle Glocken Londons zusammen läuteten laut».

Hinter der Zeit, die die menschliche Erinnerung misst, gibt es also die heilige Zeit, die der Klang dieser Glocken beschwört. Die Visionen von der Jungfrau Maria in der Bartholomäuskirche oder die Wunder um das Marienheiligtum in Willesden lassen erkennen, dass London auch die Wohnstatt der Ewigkeit war. Die Glocken lieferten den Klangschleier, an dem heilige und weltliche Zeit zusammentrafen. Gleichwohl war jahrhundertelang auch eine Form des kollektiven Gedächtnisses üblich – «in der Zeit des schweren Frostes ... bei dem letzten furchtbaren Unwetter ... seit jenem Pestjahr ... zwei oder drei Tage nach dem großen

Sturm» –, wobei die Ereignisse der Stadtgeschichte eine unvollständige, aber nützliche Zeittafel abgeben. Auch nach öffentlichen Zusammenkünften wurde die Londoner Zeit gemessen – so gab es die «Predigtzeit» und die «Börsenzeit, wenn sich die Kaufleute an der Königlichen Börse versammeln». Selbst Licht und Schatten konnten als Zeitindex fungieren, in Formulierungen wie: «am Abend zur Zeit des Kerzenanzündens» oder «als es dämmerig war».

Der Geist der Stadt lebt auch in den Sinnbildern, die sie schmücken. Im Inner Temple gab es vier Wandsonnenuhren, deren eine die Inschrift trug «Geh an dein Geschäft» – ein echt Londoner Denkspruch. In die Sonnenuhr im Pump Court sind die Worte eingeätzt «Schatten sind wir und scheiden wie Schatten»; auch im Lincoln's Inn wurden zwei Embleme der heiligen Zeit aufgestellt. Am südlichen Giebel der Old Buildings war das Motto zu lesen *Ex hoc momento pendet aeternitas*, «an diesem Augenblick hanget die Ewigkeit»; daneben stand *Qua redit nescitis horam*, «wir wissen nicht die Stunde seiner Wiederkehr». Solche Denksprüche sind das geschriebene Gegenstück zu den Kirchenglocken und tönen wie diese durch die Straßen der Stadt. Im Middle Temple bekräftigt eine weitere Sonnenuhr mit ergänzenden Sprüchen die tatsächliche Natur Londons. «Zeit und Gezeiten warten auf niemanden» lautet der eine, der andere *Vestigia nulla retrorsum*, «kein Augenblick kommt zurück». So werden selbst die Sonne und ihr Licht dem eilenden Rhythmus der Stadt unterworfen.

In diesem Zusammenhang ist die beherrschende Bedeutung der Uhrzeit in der Stadt zu verstehen. An Wrens Londoner Kirchen sind die Uhren in den Entwurf einbezogen; natürlich sind die Zeiger ein Ersatz für die Glocken, die einst die Zeit schlugen, aber es steckt auch die Vorstellung darin, dass die Zeit selbst irgendwie zur Gottheit geworden ist, die man anbeten muss. Als Anfang des 18. Jahrhunderts das Uhrengeschäft von Bennett in der Cheapside 65 seine Ladenfront mit den Bildern von Gog und Magog schmückte, drückte der Geschäftseigentümer damit eine allgemeine Wahrheit aus; diese Schutzgottheiten Londons dienten dazu, die Stunde zu schlagen, und bestätigten so die Identität von Zeit und Stadt. Für eine Stadt, die auf Arbeit und Fleiß, auf Macht und Kommerz gestellt ist, wird die Zeit zu einem Aspekt des Handelsgeistes.

Aus diesem Grund wurde die Stadt berühmt für ihre Uhren – vor allem die des 1847 nach Entwürfen von Barry und Pugin konstruierten Big Ben in Westminster – und für Uhrmacher wie Charles Gretton und Joseph Antram in der Fleet Street, John Joseph Merlin am Hanover Place und Christopher Pinchbeck in der St John's Lane, die oft von ausländischen Reisenden aufgesucht wurden. Pinchbeck eröffnete eine Uhrmacher- und

Uhrwerksgalerie, um seine Kunstfertigkeit zur Schau zu stellen, während Merlin sein eigenes Mechanisches Museum hatte. Zeitmessung und die sinnreichen Instrumente dafür faszinierten die Londoner; in einer Stadt der ewigen Bewegung und des ewigen Machens war das Aufmerken auf den Prozess des Messens auch ein Aufmerken auf die eigene Energie und Größe. Das ist der Grund, weshalb London auch das Weltzentrum der Kleinuhrenherstellung wurde. Ende des 18. Jahrhunderts gab es beispielsweise in Clerkenwell über 7000 Arbeiter, die Kleinuhren in einem Tempo von 120 000 Stück pro Jahr montierten, von denen 60 Prozent in den Export gingen. Es ist fast, als fabriziere London die Zeit selbst und verteile sie dann über den Rest der Welt. Das Prinzip dieser Uhrenmanufaktur, bei dem verschiedene Handwerker in verschiedenen Stadtteilen jeweils ein kleines Stück des Ganzen fabrizierten, bedeutete, dass Clerkenwell selbst als ein Uhrwerk angesehen werden konnte, dessen Zifferblatt zum Himmel zeigte.

Big Ben – die weltberühmte Glocke wiegt 13 Tonnen und befindet sich in einem 97 Meter hohen Turm (334 Stufen).

Der Meridian, der durch die 1675 in Greenwich gegründete (inzwischen nach Schottland verlegte) Sternwarte verläuft, gilt bekanntlich als Nullmeridian; an dieser berühmten Stätte wurde das erste Zeitzeichen installiert, eine Holz- oder Lederkugel von 1,5 Meter Durchmesser mit einer galvanisch betriebenen Uhr als Impulsgeber, der die Kugel nach oben und unten bewegte; dieser Apparat galt als «die erstaunlichste Uhr der Welt» und regulierte «die Zeit für alle Groß- und Kleinuhren Londons». Jede Einrichtung in der City konnte sich gegen eine sehr geringe Auslage die wahre Greenwich-Zeit sichern. So gingen Zeit und Kommerz Hand in Hand. Eine andere große Uhr wurde in den 1870er Jahren am Postamt von St Martin's le Grand installiert; dieser Apparat kontrollierte durch einen elektrisch telegrafierten «Zeitstrom» die Zeit in «den sechzehn wichtigsten Städten des Königreichs». London gab also dem ganzen Land die Zeit vor. Angesichts der zentralen Lage von Greenwich hätte man sogar sagen können, es habe die Zeit in der ganzen Welt kontrolliert. Es gab auch die so genannte «Eisenbahnzeit»: Die Provinzbahnhöfe mussten ihre Uhren nach den durchbrausenden Lokomotiven stellen, die von London kamen.

Auch im London des 21. Jahrhunderts stürmt die Zeit voran und ist überall gegenwärtig; sie hängt an Neontafeln und wird an der Frontseite großer Bürogebäude angestrahlt. Uhren sind überall, und die meisten Bürger haben sich ein Bild von der Zeit ums Handgelenk geschnallt. Ja, man könnte sogar vermuten, Zeit sei die allgemeine und charakteristische Obsession der Londoner. Deshalb sind alle kommerziellen Operationen so angelegt, dass sie in kürzestmöglicher Zeit abgewickelt und überwacht werden können, so wie eine Infomation nur dann wichtig ist, wenn sie sofort verfügbar ist. Je schneller eine Handlung oder ein Abschluss gemeldet werden können, desto mehr Bedeutung erlangen sie. Jene wohlhabenden Londoner, die sich im 14. Jahrhundert die ersten Uhren mit Waagebalken in ihre Haushalte stellten, standen am Anfang einer Entwicklung, in deren Verlauf London die Zeit einzufangen und zu vermarkten lernt. Die Stadt unterjocht ihre Bürger, und den Beweis für diese Unterjochung liefert der Rhythmus, den sie ihnen aufzwingt; es gibt eine Zeit zu essen, eine Zeit, zur Arbeit zu fahren, eine Zeit, sich schlafen zu legen. Das stellt den großen Sieg des Materialismus und des Kommerzes in der Stadt dar.

Die Folgen dieser Entwicklung sind am Verhalten der Bürger abzulesen. Ein Beobachter meinte im 18. Jahrhundert: «In London reden sie wenig, ich vermute, um keine Zeit zu verlieren.» Dementsprechend gibt es auch kein Feilschen; die Gewohnheit, mit Festpreisen zu arbeiten, «ist nicht nur das Ergebnis der Konkurrenz und des Vertrauens, sondern auch der Notwendigkeit, Zeit zu sparen». Es ist oft bemerkt worden, wie schnell die Londoner gehen. Falls es einen Grund für diese ängstliche Hast gibt, dann hat er wohl mit dem tief verwurzelten Instinkt zu tun, dass Zeit auch Geld ist.

Es gibt eine alte Londoner Inschrift: «Kostbar wie jeder Faden Goldes / Ist jede Minute der Zeit.» Zeit darf nicht «vergeudet» werden. Chateaubriand behauptete, die Londoner seien gerade wegen dieser Obsession unempfänglich für Kunst und Kultur; «sie verscheuchen die Gedanken eines Raffael, weil sie doch nur bewirken, dass man *Zeit verliert*.» Bezeichnenderweise bringt er dies mit der Notwendigkeit zur Arbeit in Zusammenhang; sie wähnen sich «ewig am Rand des Verhungerns, wenn sie für einen Augenblick die Arbeit vergessen». In der Tat sind Zeit und Arbeit im Bewusstsein des Londoners eng miteinander verwoben; sie sind nicht zu trennen, nicht einmal für einen Augenblick, und aus dieser Verschmelzung erwächst eine hektische und unablässige Betriebsamkeit. Wie Automaten werden die Bürger zu Rädern im Uhrwerk der monströsen Uhr London. Dann wird die Zeit wirklich zum Gefängnis. Sogar der Galgen war mit Anspielungen auf die Zeit verbunden. Ein Todeskandidat erklärte in seiner letzten Rede: «Männer, Frauen und Kinder, ich komme hierher, um zu hängen wie das Pendel einer Uhr, weil ich versuchte, zu schnell reich zu werden.» Die Uhr der Grabeskirche in Newgate wiederum bestimmte die Zeiten der Hinrichtung.

Es gibt auch Orte, wo die Zeit aufhören kann zu existieren. Unter den Gefängnisinsassen Londons «verging ein Tag wie der andere, aber ihr Zustand war unveränderlich ... Jeder Augenblick war ein Augenblick der Angst und Qual, und doch wünschten sie, ihn zu verlängern, aus Furcht, die kommende Frist könne ein noch schlimmeres Schicksal bringen». «Man lebt in der Gegenwart», schreibt Harold Nicolson über den Zweiten Weltkrieg. «Die Vergangenheit ist eine zu traurige Erinnerung, die Zukunft eine zu traurige Verzweiflung. Ich gehe nach London hinein. Nach dem Abendessen spaziere ich zum Temple zurück.» Er schlendert durch eine zeitlose Stadt, ist während der Verdunkelung der Finsternis ausgeliefert, und noch immer gibt es Gegenden in London, wo die Zeit scheinbar stillsteht oder sich unaufhörlich wiederholt.

Besonders in Spitalfields kann man dieses Phänomen beobachten, wo die verschiedenen Generationen immer dieselben Gebäude bewohnt und immer derselben Tätigkeit des Webens und Färbens oblegen haben. Am Rande sei bemerkt, dass Archäologen am Marktplatz von Spitalfields mehrere übereinander liegende Schichten menschlichen Wirkens entdeckt haben, deren älteste aus der Zeit der römischen Besetzung stammt.

Aber auch in Shoreditch und Limehouse bewegt sich die Zeit träge; diese Gegenden haben eine Endgültigkeit erlangt, in der nichts Neues mehr gedeihen zu können scheint. In Cheapside und Stoke Newington fließt die Zeit rasch und kontinuierlich, während sie in Holborn und Kensington launische Sprünge macht. Jonathan Raban schreibt in *Soft City*: «Die Zeit am Earl's Court ist etwas ganz anderes als die Zeit in Islington.» Will sagen: Die Zeit erlegt den Bewohnern dieser Gegenden einen je eigenen, unterscheidbaren Rhythmus auf. Es gibt Straßen, in denen die alte Zeit auf vertraute Weise gegenwärtig ist; bemerkenswert sind in dieser Hinsicht das Gebiet von Clerkenwell und die schmalen Straßen und Durchgänge abseits der Maiden Lane. Dafür gibt es andere Gegenden, so die Tottenham Court Road und Long Acre, die scheinbar ständig in einem Zustand der Neuheit und Fremdheit sind.

70. Ein Baum an der Straßenecke

Niemand weiß, wie lange schon die Platane an der Ecke Wood Street/Cheapside steht – wo sich einst, bis zum Großen Brand 1666, der alte Friedhof von St Peter befand. Aber in den Quellen wird diese Platane als «sehr alt» bezeichnet, und seit Jahrhunderten ist sie ein vertrauter Anblick. 1799 inspirierte dieser Baum im Zentrum Londons Wordsworth zu einem Gedicht, in dem in visionärer Pracht die natürliche Welt in der Großstadt aufbricht:

«At the corner of Wood Street, when daylight appears, / Hangs a Trush that sings loud, it has sung for three years: / Poor Susan has pass'd by the spot, and has heard / In the silence of morning the song of the Bird.»

«An der Ecke der Wood Street, im Taglicht klar,
Hängt die Drossel und singt, singt so manches Jahr:
Susanna ging hier, und sie horchte lang
Im schweigenden Morgen des Vogels Gesang.»

Der Zauber hält sie gebannt, und sie sieht:

«Einen Berg sich erheben, der Bäume Bau;
Dampfender Dunst über Lothbury weit,
Und ein Bächlein, das fließt durch das Tal von Cheapside.»

«A mountain ascending, a vision of trees; / Bright volumes of vapour through Lothbury glide, / And a river flows on through the vale of Cheapside.»

Man könnte dies als Beispiel für die Entzauberung der Großstadt bei Wordsworth auffassen, als den Wunsch, die Stadt im Interesse der «Natur» auszulöschen. Aber das Gedicht könnte auch die poetische Vision einer urtümlichen Vergangenheit darstellen. Der Baum beschwört Bilder seiner fernen Vorfahren herauf. Alles an dieser Straßenecke atmet Kontinuität. Sogar ihr Name («Holzstraße») hat mit dem Baum zu tun; in der Tat wurde hier einst Holz verkauft, doch steht der Baum selbst unter Naturschutz und darf nicht gefällt werden. Im Frühling 1850 kamen Krähen und nisteten in seinen Zweigen, womit wieder die alte Verbundenheit Londons mit diesen schwarzen Vögeln bestätigt war. Die Londoner Platane gedeiht im Rauch und im Staub der Stadt, und der Baum an der Ecke Wood Street ist zum Sinnbild der Stadt selbst geworden. Er hat heute eine Höhe von über 20 Metern erreicht und steht noch immer im Saft.

Zu seinen Füßen kauern die kleinen Läden, die seit fast 600 Jahren das Bild dieser Straßenecke bestimmen. 1401 entstand hier, an die Friedhofsmauer geschmiegt, der so genannte *Long Shop*, dem weitere Läden folgten; nach dem Großen Brand wurden sie 1687 wieder aufgebaut. Die Stelle ist nur gut einen Meter breit, und jeder kleine Laden hat noch heute nur ein einziges Stockwerk über dem Geschäft im Erdgeschoss. Die verschiedensten Gewerbe waren hier vertreten – Silberhändler, Perückenmacher, Schreibwarenhändler, Obsthändler, in jüngerer Zeit ein Hemdenmacher, eine Musikalienhandlung, ein Konditorladen und ein Robenmacher. Unmittelbar nach dem Zweiten Weltkrieg wurde die Blumenhändlerin Carrie Miller interviewt, die in St Pancras geboren und nie aus London herausgekommen war: «Ich hatte ziemliches Glück, dass ich diesen kleinen Laden unter dem berühmten Baum in der Wood Street fand. Vor mir war ein Spielzeugladen darin. Jetzt habe ich die City im Blut. Ich möchte an keinem anderen Platz der Welt leben.» Heute gibt es hier die Hemdenmacher mit dem passenden Namen Woodersen, die mit dem Slogan «unter dem Baum» für ihre Firma Reklame machen, einen Zeitungsladen und eine Sandwich-Bar namens *Fresh Options*.

Solche Linien der Kontinuität, zum Teil von hohem Alter, sind überall in London zu finden. Der Flughafen Heathrow wurde über einem eisenzeitlichen Feldlager erbaut; ein jungsteinzeitlicher *cursus* (Wagenspur) von drei Kilometern Länge erstreckt sich westlich von den «Laufbändern» des heutigen Flughafens. In manchen Teilen der Stadt hat sich das ursprüngliche Londoner Straßennetz unverändert erhalten; Cheapside, Eastcheap und Cripplegate folgen noch diesem alten Verlauf. In der Milk Street und der Ironmonger Lane kann man sieben aufeinander folgende Wellen von Bautätigkeit an ein und derselben Stelle unterscheiden, und das, obwohl sich das Niveau der Straßen in dieser Zeit um knapp einen Meter hob.

Das Wappen der City of London

Londoner scheinen sich instinktiv bewusst zu sein, wenn eine Gegend bestimmte charakteristische Merkmale oder Kräfte bewahrt hat, wobei die Kontinuität selbst vielleicht die größte dieser Kräfte darstellt. Die Münzen früher Volksstämme, die auf dem Gebiet des heutigen London lebten, besonders die der Iceni, zeigten auf einer Seite das Bild eines Greifen. Die heutige City of London hat ebenfalls diese knickrigen und raubgierigen Vögel als Sinnbild. Mehr als 2000 Jahre nach ihrem ersten Erscheinen bewachen die Greifen noch immer die Grenzen der City.

Ein hohes Alter hat auch das administrative Netzwerk der *wards* innerhalb der City; diese lokalen Selbstverwaltungseinheiten lassen sich bis zum frühen 9. Jahrhundert zurückverfolgen, und noch zu Beginn des 21. Jahrhunderts dienen ihre genauen Fluchtlinien als Einteilungsgrundlage. Dem Londoner ist dieses Schema so selbstverständlich, dass er darüber gern seine Einzigartigkeit übersieht: Keine andere Stadt auf der Erde hat eine solch ausgeprägte politische und administrative Kontinuität vorzuweisen.

Bemerkenswert konsistent ist auch die Textur der Stadt. Peter's Hill und die Upper Thames Street wurden im 12. Jahrhundert angelegt. Sogar die Verheerungen des Großen Brandes konnten die alten Gassen und Grenzen nicht beseitigen. Die Ironmonger Lane hat seit 335 Jahren dieselbe Breite: nämlich genau 14 Fuß (4,25 Meter), genug, damit zwei Frachtkarren gefahrlos und ohne sich zu behindern aneinander vorbeifahren konnten.

Ein noch bemerkenswerteres physisches Zeichen für die Vergangenheit findet sich in der Park Lane. Das untere Ende dieser Straße, von Wood's Mews bis Stanhope Gate, zeichnet sich durch Unregelmäßigkeit aus; die beiden Straßenzüge sind hier etwas gegeneinander versetzt, so dass keine schnurgerade Straßen-«Front» entsteht. Das ist weder Zufall noch eine architektonische Besonderheit; aus der «Karte oder Plan der Herrschaft Eburie» geht vielmehr hervor, dass diese Straßen in Wirklichkeit dem Verlauf der alten Streifen bäuerlichen Ackerlandes folgten, die sich früher hier befanden. Diese streifenförmigen Äcker verdankten sich dem dörflichen Gemeindesystem aus sächsischer Zeit, und noch in der Unregelmäßigkeit der heutigen Park Lane machen sie ihre fortdauernde Gegenwart und ihren Einfluss geltend. So wie die sächsischen *wards* ihre Energie und Kraft mitten in der Stadt behaupten, so hat die sächsische Form des Landbaus dazu beigetragen, die Struktur und Topographie des modernen London zu schaffen. Ähnlich verhält es sich mit der Biegung in der West Street – dort, wo sich heute das Restaurant «Ivy» befindet –; sie folgt genau der Biegung einer Landstraße, die es früher hier gab.

Von Tiswell, einem Landvermesser des 16. Jahrhunderts, stammt eine Landkarte des Gebiets, das heute das West End einnimmt. Damals war es Ackerland, durch das sich Landstraßen zu den Dörfern St Giles und Charing schlängelten. Legt man nun über die Landkarte aus elisabethanischer Zeit einen modernen Stadtplan, so stimmen beide in den wichtigsten Verkehrsadern und topographischen Aspekten überein. Der beharrliche Echoeffekt ist überall zu erkennen. Steen Eiler Rasmussen, einer der großen Autoren, die im 20. Jahrhundert über London geschrieben haben, sagt in *London: The Unique City* über die Londoner Standardwohnung: «Das kleine Haus, von denen es Tausende und Abertausende gibt, ist nur 16 Fuß (4,9 Meter) breit. Dies war wahrscheinlich seit dem Mittelalter die gewöhnliche Größe eines Grundstücks.» Und er setzt hinzu: «Die Einheitlichkeit der Häuser ist eine Selbstverständlichkeit, sie wurde ihnen nicht aufgezwungen.»

Diese Häuser entstehen also instinktiv, einem uralten Gebot gehorchend; es ist, als hätten sie Ähnlichkeit mit den Zellen, die sich im menschlichen Körper ballen. Als Elisabeth I. 1580 verkündete, dass einer Familie ein (und nur ein) Haus gehören solle, gab sie einer anderen großen Wahrheit über das Londoner Leben Ausdruck, und laut Rasmussen wurde ihr Erlass oder Programm «im Laufe der Jahrhunderte ständig wiederholt». Von alter Herkunft sind nachweislich auch die Namen der Straßen, in denen viele dieser Häuser zu finden sind. Auf ähnliche Weise hingen die Londoner *squares* (Häuservierecke) mit den Innenhöfen der mittelalterlichen Stadt zusammen. Die Stadtentwicklung entlang der Western Avenue in den 1930er Jahren gehorchte demselben Wachstumsprozess wie jene entlang der High Street von Whitechapel in den 1530er Jahren. Wo Londons unerbittliche Gesetze walten, bedeutet das Verstreichen von 400 Jahren sehr wenig.

In ihrer jüngsten Studie zur Demographie Londons, *London: a New Metropolitan Geography*, kommen K. Hoggart und D. R. Green zu dem Schluss: «Manche charakteristischen Merkmale der Londoner Bevölkerung sind seit mindestens 500 Jahren zu beobachten», zum Beispiel der Bau von Vorstädten, die «Überrepräsentation von Heranwachsenden und jungen Erwachsenen» sowie «das Vorhandensein einer marginalisierten, mittellosen Unterschicht» und «die außerordentliche Repräsentation von Migranten aus Übersee und von religiösen, kulturellen und ethnischen Minderheiten». Jeder Querschnitt durch das Londoner Leben würde im Wesentlichen dem Querschnitt aus früheren oder späteren Jahrhunderten entsprechen. Einen grundlegenden Wandel hat es nicht gegeben.

Auch die Londoner Arbeit ist konsistent geblieben. Ein Beispiel hierfür ist das Überwiegen von verarbeitenden Gewerben und so genannten «Dienstleistungsindustrien»; eine andere Kontinuität besteht in der anhaltenden Bevorzugung der kleinen Werkstatt gegenüber der Fabrik als Produktionsort. Schon im 15. und 16. Jahrhundert klagten die Aldermen über das Fehlen öffentlicher Gelder, und seither wurde diese Klage unablässig wiederholt. Stephen Inwood meint in *A History of London*: «Für eine Stadt, die Sitz einer nationalen Regierung ist, wurde London oft überraschend schlecht verwaltet.» Vielleicht doch nicht so überraschend – es mag zu Londons Natur und seinem organischen Wesen gehören.

Aber nicht nur an diesen großen Belangen lassen sich die Kontinuitäten im Leben der Stadt nachweisen. Einen Blick auf sie kann man auch an einer lokalen, konkreten Einzelheit erhaschen, wo ein zufälliger Gegenstand oder eine flüchtige Wahrnehmung plötzlich die Tiefengeschichte des Londoner Wesens beleuchtet. Anfang des 15. Jahrhunderts errichtete Richard Whittington an der Einmündung des Walbrook in die Vintry eine große öffentliche Bedürfnisanstalt, die als «Whittingtons Langhaus» bekannt wurde. Und «Jahrhunderte später erheben sich an dieser Stelle die Büros der Londoner Abwasserbehörde», schreibt John Schofield in *The Building of London*.

Den Platz der Heilquellen von Barnet, wo die Menschen im 17. Jahrhundert Linderung ihrer Leiden suchten, nimmt heute ein Krankenhaus ein. Am Fuße des Highgate Hill errichtete man in den 1470er Jahren ein

In der Endell Street fand man einst eine «antike Therme», der man heilkräftige Eigenschaften nachsagte. Im 19. Jahrhundert wurde der untere Teil des Badehauses mit Müll und Gerümpel voll gestellt, aber heute gibt es in der Endell Street ein Dampfbad und an der Ecke ein öffentliches Schwimmbad, die «Oase».

«Lazarett», das heißt ein Spital für Lepröse. Mitte des 17. Jahrhunderts war es in Verfall geraten, aber der *genius loci* war ungebrochen: 1860 entstand an dieser Stelle das Pocken- und Impf-Spital. Heute steht hier das Whittington-Krankenhaus. Am Liquorpond Field errichtete man einst Armenhäuser für die Schwachen und Gebrechlichen; heute befindet sich auf diesem Areal das Royal Free Hospital. Auf dem Chislehurst Common gab es ein altes Armenhaus, das 1759 gebaut wurde; heute steht hier das Waisenhaus St Michael.

Einst wurde an der Kreuzung Leadenhall Street / Gracechurch Street ein riesiger Maibaum aufgestellt; er überragte die ganze Stadt, und im 15. Jahrhundert wurde die Kirche St Andrew Cornhill umgetauft und neu geweiht als St Andrew «Undershaft», weil sie buchstäblich «unter dem Schaft» des großen Maibaums stand. Dieser selbst wurde an der Shaft Alley aufbewahrt. Das Ganze könnte als reine Mittelalter-Nostalgie erscheinen, würde sich nicht an exakt derselben Stelle heute das große, glitzernde Lloyds Building erheben …

Seltsam beziehungsreich ist auch die Geschichte eines Gebäudes an der Ecke Fournier Street / Brick Lane; es wurde 1744 als Kirche für hugenottische Weber errichtet, später aber, von 1898 bis 1975, von der jüdischen Bevölkerung Spitalfields' als Synagoge genutzt; heute ist es eine Moschee für die muslimischen Bengali, die die Juden abgelöst haben. So haben immer neue Wellen von Einwanderern diesen Platz als heilige Stätte erhalten.

Der Osten und der Süden

*James McNeill Whistler zeichnete 1859 dieses Bild
von Billingsgate, das die Atmosphäre des Handels an
der Themse einfängt.*

71. Ein stinkender Haufen

Es wird oft behauptet, das East End sei eine Schöpfung des 19. Jahrhunderts; jedenfalls wurde die Bezeichnung selbst erst um 1880 erfunden. In Wirklichkeit hat es den Londoner Osten als eigene, unterscheidbare Größe immer gegeben. Das Gebiet um Tower Hamlets, Limehouse und Bow befindet sich geologisch gesehen auf einer Kiesschicht, die bei der letzten Eiszeit vor 15 000 Jahren entstanden ist. Ob diese lange Lebensdauer zur einzigartigen Atmosphäre des East End beigetragen hat, mag eine offene Frage sein, aber die symbolische Bedeutung dieses «Ost-West-Gegensatzes» darf bei einer Analyse dessen, was man im 19. Jahrhundert den Londoner «Schlund» nannte, nicht übersehen werden. Die römischen Gräber des alten Londinium, von denen sich einige im heutigen East End befinden, waren so angelegt, dass die Beigesetzten nach Osten blickten, dieselbe Gepflogenheit ist bei frühchristlichen Bestattungsritualen, ebenfalls auf Londoner Territorium, zu beobachten, was auf eine tief reichende Affinität schließen lässt. Sie scheint instinktiver Art gewesen zu sein, Ausdruck eines *genius loci*, der sich seit den frühesten dokumentarisch bezeugten Perioden der Londoner Stadtgeschichte bekundet. So lassen archäologische Funde vermuten, dass die eindringenden Sachsen im 5. und 6. Jahrhundert das Westufer des Flüsschens Walbrook besiedelten, während die besiegten und demoralisierten römisch-britischen Einheimischen am Ostufer wohnten – ein später immer wiederkehrendes, tief verwurzeltes Besiedlungsmuster.

Es gibt an der östlichen Gegend einen interessanten und bedeutsamen Aspekt, der auf eine lebendige, aus vorrömischer Zeit stammende Tradition schließen lässt. Ende des 19. und Anfang des 20. Jahrhunderts fanden sich Spuren einer großen «Mauer», die am östlichen Teil der Themse das Flussufer entlang bis zur Küste von Essex lief und das Land vor den Verwüstungen durch die Gezeiten schützen sollte; sie bestand aus Holzbänken und Aufschüttungen. Am Ende der Mauer in Essex, unweit der heutigen Bradwell Waterside – deren Namen man noch im Abstand von 2000 Jahren plausiblerweise als *broad wall* («breite Mauer») deuten kann –, entdeckte man die Erdwälle einer römischen Schanze sowie die Überreste der späteren Kapelle St Peter «an der Mauer», aus der eine Scheune geworden war. Andere Erforscher der Lokalgeschichte haben ebenfalls kleine Kirchen oder Kapellen entlang dieser «großen Mauer» im Londoner Osten entdeckt. Heute ist sie fast völlig vergessen, aber indem sie das Wasser fern hielt und die Trockenlegung des Marschlandes östlich der Stadt ermöglichte, schuf sie das East End – die dunkle Seite Londons.

Aber wo fängt der «Osten» an? Gewissen Autoritäten der Stadtgeschichte zufolge markierte den Übergangspunkt die Aldgate Pump, ein steinerner Brunnen an einer Quelle, dort, wo die Leadenhall Street in die Fenchurch Street mündet; die ursprüngliche Pumpe befand sich einige Meter weiter östlich von der heute existierenden. Andere Stadtgeschichtler behaupten demgegenüber, das eigentliche East End beginne erst dort, wo sich Whitechapel Road und Commercial Road treffen. Jedenfalls griff der Anstrich von Ärmlichkeit um sich, der schon in spätmittelalterlicher Zeit erkennbar war. Ende des 16. Jahrhunderts pflegte man die östlichen Stadtteile als «elend» und «schmutzig» zu bezeichnen, und selbst Proklamationen und Gesetze vermochten nichts gegen den Dreck und den Gestank auszurichten. Auch das Gebiet um Spitalfields, zwischen 1660 und 1680 etwas regelmäßiger angelegt, stand bald im Ruf der Armut und Übervölkerung. Die Häuser waren klein und schmal, die Straßen selbst oft nur 4,5 Meter breit. Diesen Eindruck von Beengtheit macht die Gegend noch heute.

Auch die Industrien im östlichen Stadtteil wurden allmählich unrein. Handel und Gewerbe lebten hauptsächlich vom Fluss; im Laufe des 17. Jahrhunderts kam es dann zu einer stetigen Industrialisierung. Bei den Mühlen an der Lea wurden übel riechende Manufakturen angesiedelt. 1614 vermelden die Gerichtsakten: «Die Geschworenen erheben Klage gegen Lancelot Gamblyn aus Stratford Langthorne, seines Zeichens Stärkefabrikant, weil durch die unrechtmäßige Herstellung von Stärke solcher Gestank und Schaden fortdauert und täglich entsteht.» Kaum fünfzig Jahre später klagte Sir William Petty über «Rauch, Dampf und Gestank dieses ganzen östlichen Häusermeers», das in der Tat danach für Hunderte von Jahren die Heimat «stinkender» Industrien wurde; alle Formen der Verderbnis und Widrigkeit nahmen dort Gestalt an. Es verkörperte den Brennpunkt der Londoner Angst vor Krankheit und Verwesung. Diese Ängste waren auch nicht ganz unbegründet; demographische Erhebungen ergaben für die östlichen Bereiche Londons ein merklich erhöhtes Auftreten von Schwindsucht und «Fieber».

So dauerte die Flucht nach Westen an. Seit dem 17. Jahrhundert ging die Anlage neuer Straßen und Häuserviereecke unerbittlich in diese Richtung; wer wohlhabend, von vornehmer Abkunft oder modebewusst war, wollte unbedingt in den «achtbaren Straßen im Westend der Stadt» wohnen, wie Nash sie nannte. Die topographische Trennung, oder besser gesagt die Obsession von der Überlegenheit des Londoner Westens gegenüber dem Osten, war an winzigen Kleinigkeiten abzulesen. Als in den 1680er Jahren die Jermyn Street fertig gestellt war, wollte die *London Encyclopaedia* beobachtet haben, dass «das westliche Ende der Straße eleganter als das östliche» war. Eine weitere Demarkationslinie verläuft durch den Soho Square; «jede Minute östlicher Länge mehr bedeutet ebenso viele Grade Höflichkeit weniger», formulierte ein amerikanischer Beobachter; «in westlicher Richtung ist es umgekehrt». Von der neu gestalteten Regent Street wurde behauptet: «Es gibt viele Häuservierecke an der östlichen Seite dieser Verkehrsader und einige gute Straßen, aber die elegante Welt scheint sie zu meiden.»

Doch in den ersten Jahrzehnten des 19. Jahrhunderts sah man im East End noch nicht die verzweifeltste Quelle von Armut und Gewalt. Man kannte es hauptsächlich als Zentrum des Frachtverkehrs und der Industrie und damit als die Heimat der werktätigen Armen. In der Tat intensivierten sich die Industrie wie die Armut stetig; Färbereien und chemische Werke, Düngemittel- und Lampenschirmfabriken, Leim- und Paraffinfabrikanten, die Hersteller von Farben und von Knochenmehl konzentrierten sich in Bow, Old Ford und Stratford. Der Fluss Lea war schon jahrhundertelang Standort für Industrie und Transport gewesen; im 19. Jahrhundert aber wurde er weiter ausgebeutet und abgewertet. Eine Zündwarenfabrik an seinen Ufern ließ das Wasser wie Urin aussehen und schmecken, während ein abstoßender Geruch die ganze Gegend verpestete. Zwischen den Flüssen Lea und Barking Creek entstanden die Industriegebiete Canning Town, Silvertown und Beckton, wobei Beckton durch sein Abwassersystem besonders bekannt wurde. Aller Unrat Londons kam nach Osten geschwommen.

Das West End, so sagt man, hat das Geld, das East End den Dreck; im Westen regiert die Muße, im Osten dagegen Mühsal.

Aber dann, in den 80er Jahren des 19. Jahrhunderts, war der kritische Punkt erreicht: Das East End implodierte. Es wurde zum «Schlund», zur «Unterwelt» mit seltsamen Geheimnissen und Sehnsüchten. In diese Gegend Londons waren mehr Arme hineingepfercht als in jede andere, und aus dieser Zusammenballung von Armut entstanden Grausamkeit und namenlose Laster.

Alle Ängste, die eine Großstadt erregen kann, knüpften sich an das East End. Es wurden Bücher mit plakativen Titeln geschrieben wie: «Bitterer Aufschrei des ausgestoßenen London», «Menschen des Abgrunds», «Im schwärzesten London», «Lumpen-London». In dem Roman *The Nether World* – «Die Unterwelt» – beschreibt George Gissing einen Gang durch «die pestbefallenen Regionen Ost-Londons, schmachtend in der Sonne, die nur dazu diente, alle Intimitäten der Schändlichkeit zu enthüllen; meilenweit durch eine Stadt der Verdammten, wie vor dieser unserer Zeit kein Gedanke sie hätte fassen können; durch Straßen, wimmelnd von einer namenlosen Bevölkerung und grausam ausgesetzt dem ungewohnten Licht des Himmels». Es ist eine Vision vom East End als dem Inferno von der Stadt als Hölle. Der autobiographische Bericht von «John Martin, Schulmeister und Poet» aus dem 19. Jahrhundert spielt zum Teil in der Umgebung von Limehouse und zeichnet ein ähnlich düsteres Bild: «Einen Geist – schwarz, menschenfeindlich in seiner Sicht der Dinge, gewöhnt an die furchtbaren Visionen der Nacht – muss haben, wer mit offenem, unverwandtem Auge auf diese krankhaften Szenen von Grauen und Verzweiflung blicken will.»

Als Jack London 1902 den Wunsch äußerte, das East End zu besichtigen, klärte ihn der Geschäftsführer der Cheapside-Filiale des Reisebüros Thomas Cook darüber auf, «dass wir nicht gewohnt sind, Reisende zum East End zu bringen; dieses Ziel wird nie verlangt, und überhaupt wissen wir absolut nichts über den Ort».

Die Anwesenheit von 100 000 jüdischen Einwanderern in Whitechapel und Spitalfields war nur geeignet, den scheinbar «fremden» oder «ausländischen» Charakter des Viertels zu unterstreichen. Sie diente ferner dazu, einen weiteren territorialen Mythos zu bekräftigen, der das East End umgab. Da dieser Teil Londons in der Tat in östlicher Richtung liegt, assoziierte man mit ihm jenen größeren «Osten», der jenseits der Christenheit liegt und der die Grenzen Europas bedrohte. Die Bezeichnung, die man den besitzlosen Kindern der Straße gab – «Straßen-Araber» –, ist eine Bestätigung dieser Diagnose. In diesem Sinne war das East End die Bedrohung schlechthin, das Mysterium schlechthin. Es verkörperte das Herz der Finsternis.

Doch es gab Menschen, die als Missionare in diese Finsternis kamen. Von religiösen oder philanthropischen Gründen bewogen, errichteten einzelne Männer und Frauen schon 1860 Versammlungssäle und Kapellen im East End. Der Vikar von St Jude in Whitechapel, Samuel Barnett, war der maßgebliche Initiator dieser so genannten «Befriedungsarbeit», mit der idealistische junge Männer und Frauen versuchten, den Bewohnern des East-End das Leben etwas zu erleichtern. Arnold Toynbee erklärte in einem seiner Vorträge vor Bewohnern von Bethnal Green: «Ihr müsst uns verzeihen, denn wir haben an euch gefehlt; wir haben uns schlimm an euch versündigt. ... Wir wollen euch dienen; wir wollen unser Leben dem Dienst an euch weihen. Mehr können wir nicht tun.» Durch Toynbees Vorbild und Beredsamkeit wurden verschiedene «Missionen» errichtet, unter anderem das Oxford House in Bethnal Green und das St Mildred's House auf der Hundeinsel *(Isle of Dogs).*

Der flehentliche Ton in Toynbees Worten könnte auch als Ausdruck der Sorge aufgefasst werden, dass diejenigen, die man so schlimm behandelt hatte, vielleicht die Hand gegen die «Sünder» erheben mochten, die sie verraten hatten.

Es gab nämlich viele radikale Umtriebe im East End; ab 1790 versammelten sich die Mitglieder der London Corresponding Society und ab 1830 die Chartisten in Kneipen und Wirtshäusern, um ihre revolutionäre Sache zu fördern. Zu allen Zeiten ist ein radikal egalitärer und antiautoritärer Geist von dieser Gegend ausgegangen. Er äußerte sich sowohl als politischer wie als religiöser Dissens. Im 18. Jahrhundert vertraten die «Alt-Deisten» von Hoxton chiliastische Leveller-Prinzipien; bezeugt sind auch Methodisten («Ranters»), Muggletonianer, Quäker und Fünftmonarchisten, die zur allgemeinen Atmosphäre des Dissenses beitrugen. In den ersten Jahrzehnten des 20. Jahrhunderts beherrschte ein «Lokalsozialismus» das politische Ethos des East End. Besonders George Lansbury galt als Exponent des so genannten «Poplarismus», einer von der lokalen Labour Party 1919 in Poplar praktizierten Abart des Populismus, wonach die Arbeitslosenunterstützung in diesem Stadtteil höher sein sollte als nach den Vorgaben der britischen Regierung zulässig. Es kam zur Konfrontation, die Gemeinderäte von Poplar wanderten sogar für kurze Zeit ins Gefängnis, aber die zentralen Forderungen Lansburys wurden schließlich erfüllt.

Es war insofern eine charakteristische Episode, als es nicht zu dem «Aufstand» kam, den die städtischen Behörden befürchtet hatten. Das East End galt zwar immer als kräftiger Nährboden der Unbotmäßigkeit, wie Oswald Mosley und seine faschistischen Anhänger in den 30er Jahren des 20. Jahrhunderts demonstrierten, aber wie das restliche London war es einfach zu groß und zu disparat, um einen Funken überspringen zu lassen.

Ein wichtiger revolutionärer Impuls ging denn auch von der Einwandererbevölkerung aus, speziell von der deutschen und russischen Bevölkerung. So gab es den berühmten Anarchistenclub in der Jubilee Street, zu dessen Mitgliedern Kropotkin und Malatesta gehörten, während in einem Saal gegenüber dem London Hospital an der Whitechapel High Street der V. Parteitag der Sozialdemokratischen Arbeiterpartei Russlands stattfand, der das Übergewicht der bolschewistischen Fraktion durchsetzte.

Blanchard Jerrold bemerkte in den 1870er Jahren: «Die wunderlichen, schmutzigen, von Armut geschlagenen, mit Buden gesäumten Straßen werden hier und da durch Märkte, Läden und große Warenhäuser aufgelockert, in denen es reiche Männer gibt, die die ärmsten Tagelöhner

Willkommener Gast einer Pension in der Fieldgate Street war J. W. Stalin. Lenin besuchte Whitechapel bei zahlreichen Gelegenheiten und frequentierte den Anarchistenclub, und auch Trotzki und Litwinow kamen häufig ins East End. Insofern kann man das East End als eine Wiege des Weltkommunismus betrachten.

Don McCullins Photo aus dem Jahre 1969 dokumentiert Wut und Armut am Rande von Spital-fields, in Londons East End.

beschäftigen.» Schon hier wird der beunruhigende Gegensatz zwischen den «Reichen» und den «Ärmsten» enthüllt. Das East End war auch Ab-bild der ganzen Welt; hier lebten nebeneinander «der Deutsche, der Jude, der Franzose, der indische Laskar, der schwärzliche Einheimische von Spitalfields, der lauernde fingerfertige Dieb … und endlose Schwärme zerlumpter Kinder». Der internationale Kommunismus entsprang einem internationalen Kontext.

Doch andere Besucher nahmen andere Realitäten wahr. Der tschechoslowakische Dramatiker Karel Capek, der Anfang des 20. Jahrhunderts das East End aus erster Hand inspizierte, kam zu dem Schluss: «In dieser überwältigenden Fülle wirkt es nicht mehr wie ein Übermaß an Menschen, sondern wie eine geologische Formation ... Es war aufgeschichtet aus Ruß und Staub.» Es ist etwas unpersönlich Dumpfes, das Gesamtaggregat aus Mühsal und Leiden, begraben unter dem Ruß der Schiffe und Fabriken. Dieselbe Beobachtung machte 1933 George Orwell, als er beklagte, das Gebiet zwischen Whitechapel und Wapping sei «stiller und öder» als etwa die entsprechenden Armenviertel in Paris.

So weit die Bemerkungen der Außenstehenden. Die autobiographischen Erinnerungen von East-End-Bewohnern dagegen betonen weniger das Elend als die Belustigungen der Clubs, der Märkte, der örtlichen Geschäfte und der «Originale» die es in jedem Viertel gab. In der jüngst von W. G. Ramsey herausgegebenen Geschichte des East End, *The East End Then and Now*, äußert ein alter Bewohner von Poplar: «Es kam mir nie in den Sinn, dass meine Geschwister und ich ‹unterprivilegiert› sein sollten. Was man nie gehabt hat, kann man auch nicht vermissen.» Im East End herrschte «eine tapfere Heiterkeit voller Kraft», hebt Blanchard Jerrold hervor, nachdem er eine ganze Litanei schmerzensreicher Geheimnisse der östlichen Straßen hergebetet hat, «und eine Lust am Lachen». Und er bemerkt auch: «Der Händler mit flinkem Verstand wird seinen Korb schwingen, während der einfältige Verkäufer mit verschränkten Armen neben ihm stehen bleibt.»

So entstand die Figur des Cockney; das war ursprünglich jeder gebürtige Londoner, aber Ende des 19. und im 20. Jahrhundert wurde er mehr und mehr mit dem East End identifiziert. Es war die Figur, die V. S. Pritchett beschrieb, mit ihren «Winselvokalen und Stummelkonsonanten» und ihrem «charaktervoll vorgereckten Kinn». Die Entstehung dieses lustigen und ergiebigen Stereotyps geht teilweise auf ein anderes Kontrastprogramm zur East-End-Monotonie zurück: die Musikhallen. Die Lebensbedingungen in Whitechapel, Bethnal Green und anderswo mögen ihre Bewohner zu brutalen Vergnügungen prädisponiert haben; die Schmierentheater und grell erleuchteten Wirtshäuser bezeugen das ebenso wie die Aura des Groben und Ungeschliffenen, die sie unweigerlich umgab. Bedeutungsvoll ist aber auch, dass das East End mehr Musikhallen beherbergte als jeder andere Teil Londons: Das «Gilbert's» in Whitechapel, das «Eastern» und das «Apollo» in Bethnal Green, das «Cambridge» in Shoreditch, das «Wilton's» am Wellclose Square, das

«Queen's» in Poplar, das «Eagle» in der Mile End Road und natürlich das «Empire» in Hackney waren nur die prominentesten von zahlreichen solchen Etablissements, die für das East End genauso bezeichnend waren wie die Ausbeuterbetriebe oder die kirchlichen Missionen. Mitte des 19. Jahrhunderts gab es auf dem Areal, das ungefähr dem heutigen Stadtbezirk Tower Hamlets entspricht, nicht weniger als 150 Musikhallen.

Zu denen, die hier auftraten, gehörten die *lions comiques* Alfred Vance und George Leybourne, die auch Cockney-Lieder wie das vom «Champagner-Charlie» sangen. Diese Schlager wurden die Volkslieder des East End – beseelt von Pathos und Abwechslungsreichtum der jeweiligen Häuserzeile, geschwängert von den Umständen und Realitäten der ganzen Gegend. Sie bleiben kraftvoll, weil sie von einem echten *genius loci* erfüllt sind, der so greifbar ist wie die Artillery Lane oder der Rotherhithe Tunnel. Von höchster Bedeutung war die Identifikation des Künstlers mit dem Publikum und umgekehrt; wenn Charles Coborn im «Paragon» in Mile End einen beliebten Schlager sang, «hängten sich die Mädchen und Burschen ein und sangen aus vollem Hals den Refrain mit». Und wenn Lively Lily Burnand im «Queen's» in Poplar ihr Lied über die Hauswirtschaft bei den Armen sang, wusste jeder, wovon die Rede war.

Sobald Bewohner des East End zu etwas Geld kamen, zogen sie fort. So machten sich die «Bürobeamten» im 19. Jahrhundert das aufkommende Transportwesen zu Nutze, um in bekömmlichere Gegenden wie Chingford oder Forest Gate auszuwandern. Die Bevölkerung von Middlesex wuchs daraufhin innerhalb von zehn Jahren um 308 Prozent, Wembley um 552 Prozent und Harrow um 275 Prozent. Nur die Armen blieben in den Zentren des East End zurück, und ihre Zahl wuchs in dem Maße, wie ihre Lage immer hoffnungsloser wurde. Dies wiederum erzeugte genau jenes Gefühl der Isoliertheit und des Übelstands, das heute nicht verschwunden ist.

Das East End pflegte früher zu erwachen als die restliche Stadt, und im Morgengrauen präsentierte sich die Gegend als eine weite Ebene rauchender Schornsteine. Auf der Suche nach billigen Arbeitskräften siedelten sich immer mehr Fabriken an, und 1951 wohnten hier 10 Prozent der werktätigen Bevölkerung Londons. Horace Thorogood kam Anfang des 20. Jahrhunderts in ein «Häuschen» im East End, das unter der Eisenbahn stand. Er fand hier «eine sechsköpfige Familie, die in einem der oberen Zimmer wohnte, dessen Fenster immer geschlossen sein musste, da sonst Funken von den Zügen hereinflogen und das Bettzeug in Brand setzten».

Die Auswirkungen des Zweiten Weltkriegs waren hier besonders verheerend: Weite Teile des East End lagen in Trümmern; annähernd 19 Prozent der bebauten Fläche von Stepney, Poplar und Bethnal Green waren zerstört. Einmal mehr schadete dem East End seine industrielle Vergangenheit; die deutschen Bomber flogen die Häfen und die Fabrikgelände an der Lea an – abgesehen davon, dass sie an den Einwohnern des East End «ein Exempel statuierten». Es zeugt von der Wichtigkeit des Londoner Ostens während des ganzen Krieges, dass König Georg VI. mit seiner Gemahlin unmittelbar nach den Siegesfeiern im Mai 1945 Poplar und Stepney besuchte. Vielleicht wollte er auf diese Weise die Stimmung einer Bevölkerung testen, die seit dem 19. Jahrhundert als rätselhaft gegolten hatte.

Noch 1950 boten sich ganze Straßenzüge als Mondlandschaften dar, wo seltenes Unkraut gedieh und die Kinder spielten. Ein Notprogramm für den Wohnungsbau wurde aufgelegt, das den Bau von Wellblechbaracken und einstöckigen Fertighäusern erlaubte, doch waren viele dieser Fertigbauten noch über 20 Jahre später bewohnt. Es gab auch andere Pläne zur Unterbringung der Bewohner des East End, nicht zuletzt das «Projekt Groß-London» von Professor Abercrombie, der viele Bewohner der Stadt in Satellitenstädte jenseits des neu angelegten Green Belt («Grünen Gürtels») verfrachten wollte. Die Idee war, Hackney, Stepney und Bethnal Green von einer großen Zahl ihrer Bewohner zu entlasten, doch lehrt die ganze Stadtgeschichte, dass solchen sozialtechnologischen Unternehmungen in London nie ein durchschlagender Erfolg beschieden ist. Mit demselben Nachdruck betrieb man den Wiederaufbau und die stadtplanerische Neugestaltung des East End, so als könne man dessen Charakter grundlegend verändern. Aber es ist unmöglich, 300 Jahre menschlicher Besiedlung zu zerstören.

Ungeachtet aller dieser neuen Entwicklungen im East End in den 1950er und 1960er Jahren brauchte man nur um eine Ecke zu biegen, um auf eine Häuserzeile aus den 1880er oder 1890er Jahren zu stoßen.

Das Nachkriegs-East-End war ein Palimpsest seiner eigenen Vergangenheit. Wer sich die Mühe machte, danach zu suchen, fand noch die schwarzen Kanäle und die Gaswerke, alte Pfade und verrostete Brücken, alles umgeben von der Aura des Vergessens und Verfalls; es gab schutt- und unkrautbedeckte Ödlandflächen sowie verlassene Fabriken und Treppen, die scheinbar ins Nichts führten. Man fand noch alte Straßen zwischen den winzigen gelben Ziegelsteinhäusern mit ihrer typischen Anlage: ein kleines Wohnzimmer vorn und ein Flur, der daran vorbei von der Haustür direkt nach hinten zur Küche führte, die auf einen kleinen Hof hinausging; oben zwei kleine Schlafzimmer, unten ein Keller.

Zu den überraschendsten Aspekten des heutigen East End gehört, wie sehr sein Wirtschaftsleben noch auf dem Pendant zur kleinen Werkstatt des 19. Jahrhunderts fußt; an vielen großen Verkehrsadern des East End, von der Hackney Road über die Roman Road bis zur Hoxton Street, haben kleine Unternehmer ihr Geschäft aufgeschlagen – Fernsehreparateure, Zeitungshändler, Polsterer, Obsthändler, Tischler, Geldwechsler.

Es gibt merkwürdige Gegenden im East End. So hat Barking etwas Hartes, das es von Walthamstow unterscheidet; hier scheint sich eine einheimische Bevölkerung mit einer ganz eigenen Kälte oder Rauheit der Haltung behauptet zu haben. In Pennyfields, wo vor über hundert Jahren Malaien und Chinesen wohnten, leben heute viele Vietnamesen.

Ein typischer Rundgang durch das East End wird dem Auge ein oder zwei georgianische Häuser offenbaren, dazu vielleicht ein paar große viktorianische Gebäude, aus denen heute Gemeindeverwaltungen oder Sozialversicherungsbüros geworden sind, Reste der Bebauung vom Ende des 19. Jahrhunderts und Siedlungsbauten aus den 1920er und 1930er Jahren, Wirtshäuser und Wettbüros sowie den unvermeidlichen Kramladen und Zeitungsstand, Minitaxi-Zentralen und Läden, die sich auf Ferngespräche nach Afrika oder Indien spezialisiert haben, verschiedenste Wohnblöcke, wobei die ältesten Siedlungen neben Flachbauten aus den 1980er Jahren und den 19-stöckigen Hochhäusern aus derselben Zeit stehen. Man wird einen freien Platz oder kleinen Park entdecken. In manchen Teilen des East End werden die Bögen unter den zahllosen Eisenbahnbrücken zur Autoinstandsetzung oder als Lagerplatz benutzt.

Natürlich hat es auch Veränderungen gegeben. So war früher die Poplar High Street eine überfüllte Verkehrsader mit einer Unzahl von Geschäften, Buden und verrußten Gebäuden auf beiden Seiten; heute ist es eine weite, offene Straße mit fünfstöckigen Wohnhäusern, Gastwirtschaften und Läden aus gelbem Ziegelstein. Statt des Stimmengewirrs durcheinander drängender, kaufender und verkaufender Menschen hört man auf- und abschwellenden Verkehrslärm. Und so wie hier ist es in vielen Teilen des East End. Wo es einst ein Sammelsurium von Geschäften und Häusern der unterschiedlichsten Stile gab, steht heute ein «Block» von Einheitszuschnitt.

Der Kontrast wird deutlich, wenn man Photographien aus den Jahren 1890 und 1990 miteinander vergleicht: Die Menschen sind von den Straßen verschwunden. Das Leben im East End hat sich nach drinnen verlagert. Dabei ist nicht die Frage, ob es das Telefon oder das Fernsehen war, was diese Veränderung herbeigeführt hat; entscheidend ist, dass das menschliche Leben auf den Straßen sehr an Fülle und Intensität verloren hat. Wenn das East End heute nackter wirkt, so ist es aber zugleich weniger arm; wenn es distanzierter oder weniger menschlich wirkt, so ist es aber zugleich gesünder geworden. Niemand würde freiwillig seine Neubauwohnung gegen ein Armenviertel tauschen, mögen die Slums auch noch so sehr von Gemeinschaftsgeist erfüllt gewesen sein. Es gibt kein Zurück.

72. Southwark

Der Name Southwark rührt von dem «Südwerk» *(south work)* einer Flussmauer her, der ein Gegenstück auf der Nordseite entsprach. Aber die Ursprünge dieses Viertels liegen im Dunkeln.

An der Old Kent Road, an der Einmündung der Bowles Road, wurden Überreste einer uralten Siedlung entdeckt, wo man Werkzeuge aus Flintstein herstellte. «Im festgebackenen Sand gab es viele Funde aus prähistorischen Zeiten», berichtete ein Forscher im *London Archaeologist*. Es wäre aber übertrieben, die Aura des Abgelebten, die über der Gegend liegt, auf diese Vorgeschichte menschlicher Besiedlung zurückzuführen. Schließlich gibt es auch eine andere Erklärung: Die Straßen des Südufers waren mit grabsteinartigen Monumenten geschmückt, und so mag die hier herrschende Stimmung des Vergänglichen auf das Konto dieser Sinnbilder gehen.

Drei Grabstätten wurden in der Nähe der heutigen Borough High Street gefunden. Eine weitere Konzentration von Grabstätten findet sich weiter nordwestlich, an einer anderen großen Römerstraße, die von der Brücke über den Fluss wegführte. Reisende pflegten sich in Southwark einzufinden, um von dort ihre Reise nach Süden fortzusetzen, und bekanntlich stellt Southwark auch den Ausgangspunkt der Pilgerreise nach Canterbury dar, von der Geoffrey Chaucer erzählt. Zur Labung der Durchreisenden hat es hier zu allen Zeiten Schenken und Gasthäuser gegeben; auch mehrere Spitäler drängten sich hier zusammen.

Ein anderes Vermächtnis dieser römischen Siedlung ist die Zerstreuung: Man entdeckte in Southwark den Dreizack eines Gladiators, was zu Spekulationen Anlass gab, es könnte einst eine Arena dort gestanden haben, wo im späten 16. Jahrhundert zwei Theater, das «Swan» und das «Globe», florierten. Das südliche Themseufer hatte immer schon eine Affinität zu Unterhaltung und Vergnügungen; die jüngste Verkörperung dieser Tendenz sind das neuerlich gedeihende Globe Theatre und der ganze von Royal Festival Hall, National Theatre und Tate Modern dominierte Komplex.

Die Kirche St Mary Overie – später St Saviour und noch später Southwark Cathedral geheißen – wurde eine beliebte Zufluchtsstätte für alle, die sich der Londoner Justiz entziehen wollten, weshalb Southwark in einen nachteiligen Ruf geriet. Im 17. Jahrhundert standen hier sieben Gefängnisse (das berühmteste war das Clink, dessen Name zur Gattungsbezeichnung für Haftanstalten wurde), was jedoch nichts daran änderte, dass es ständig Unruhen und Krawalle gab. Religiöse Autoritäten wie der Erzbischof von Canterbury und der Cluniazenser, die die Priorei von Bermondsey bewohnten, hatten in dieser Gegend Grundbesitz, und dennoch blieb sie für ihre Zügellosigkeit berüchtigt. Die Prostituierten von der Bankside hießen im Volksmund «Winchestergänse» – weil sie die Pfründe des Bischofs von Winchester bereicherten.

Londons größte Konzerthalle, die Royal Festival Hall, ist für ihre großartige Akustik weltberühmt.

Auf Wyngaerdes Stadtplan von 1558 ist das Gebiet südlich der Themse mit dem auf der Nordseite durch verschiedene über die Brücke hin- und hergehende Korrespondenzlinien verknüpft, ganz ähnlich wie heutzutage ein Plan des Londoner U-Bahn-Netzes. Eine ununterbrochene Reihe von Häusern erstreckt sich am Südufer der Themse fast anderthalb Kilometer weit, von den Paris Garden Stairs bis zum großen «Bierhaus» gleich östlich von der Tooley Street, an den Pickle Herring Stairs. Es bleibe nicht unerwähnt, dass mehr als hundert Jahre, bevor Shakespeares Falstaff die Bühne des «Globe» betrat, sein Namensvetter Sir John Falstolfe in dieser Gegend «vier Anwesen, nämlich Bierhäuser besaß». Ähnlich war es auch mit Harry oder «Herry» Bailey aus dem Tabard Inn, der ein reales und bekanntes Southwark-Original war, bevor er in Chaucers *Canterbury Tales* einging; vielleicht liegt ja in Southwark etwas in der Luft, das diese Transaktion zwischen Realität und Phantasie begünstigt. Auf dem «Agas»-Stadtplan aus den 1560er Jahren sind Teiche, Windmühlen, rauchige Industrien, Bärengruben, Vergnügungsgärten und «Freudenhäuser» wie das berühmte «Castle upon the Hope Inn» eingezeichnet, das heutige Anchor.

In gewisser Weise fürchtete London, sich an diesen Lustorten anzustecken. Ein städtisches Edikt aus dem 16. Jahrhundert gebot daher den Fährleuten, die regelmäßig die Londoner Bürger zu den Bordellen auf der anderen Flussseite ruderten, ihre Fahrzeuge nachts an den nördlichen Ufertreppen zu vertäuen, um sicherzustellen, dass nicht «Diebe und andere Bösewichter» zum Südufer gebracht wurden. Das Londoner Unbehagen an seinen südlichen Mitbürgern äußerte sich auch in anderer Form: Obwohl «Bridge Without» (Jenseits der Brücke) zum 26. *ward* der Stadt gemacht worden war, «durften dessen Bewohner nicht selbst ihre Aldermen wählen»; diese wurden vielmehr von der Obrigkeit eingesetzt. Southwark war zu einer Art von Satrapie geworden, so dass es noch Ende des 20. Jahrhunderts ein relativ unerschlossener und scheel angesehener Ort war. Trotzdem wurde es nicht unbedingt schlecht verwaltet. Die Reichen – die «Mittelschicht» – überwachten wie immer die Armen und sorgten dafür, dass nicht sesshafte Bedürftige abgewiesen wurden. Die Ratsversammlung zog die Steuern ein und verteilte Armenunterstützung, während das örtliche Gericht den Handel überwachte. Die Menschen in Southwark blieben über Generationen in denselben Häusern wohnen und heirateten in ihrem eigenen Viertel, wie es für die Stadt typisch war.

Der Gemeinschaftsgeist hat so viele Jahrhunderte überlebt, dass sich beispielsweise die Gegend von Rotherhithe noch heute von Deptford oder Bermondsey unterscheidet. Jedes Viertel hat seinen eigenen Geist. Im heutigen London südlich der Themse gibt es einige Gebiete, darunter Lambeth und Brixton, Camberwell und Peckham, die sich nebeneinander entwickelt haben und durch eine Art von Symbiose eine wieder erkennbare Atmosphäre erzeugen.

Dennoch blieb der Süden dem übrigen London relativ unbekannt, es sei denn als Quelle der Beunruhigung. Das Südufer erfüllte zum Teil dieselben Funktionen wie der «östliche Haufen»: als Randzone, der London seinen Dreck und Müll übergeben konnte. Daher wurde es Anfang des 18. Jahrhunderts zum Standort einiger geruchsintensiver Industrien, die man aus der eigentlichen City verbannt hatte. So kamen die Gerbereien nach Bermondsey, während Lambeth lärmende Bauhöfe, Essigmacher, Färbereien und die Hersteller von Seife und Talg beherbergte. Wie die Lokalpresse zu berichten wusste, gab es «in London eine Gruppe von Personen, die sich ein Gewerbe daraus machten, Leichen auszugraben: Aus dem Fett fertigten sie Kerzen, aus den Knochen Ammoniak, und das Fleisch verkauften sie als Hundefutter.» Das klingt haarsträubend genug, um erfunden zu sein, aber kein Zweifel besteht daran, dass der Ruf Südlondons bereits gelitten hatte. Ein Handelsgärtner aus der Gegend entschloss sich 1789, sein Geschäft zu verlegen; ihn störten «der Rauch, der ständig meine Pflanzen einhüllte, das Abseitige der Lage, die schlechten Zufahrtswege und die Ausdünstungen der Wassergräben, die bis-

Häuserzeile in Bermondsey

weilen sehr abstoßend waren». Der Süden Londons galt als ärmliches und unrühmliches Anhängsel: Es gab zu allen Zeiten eine Art von innerstädtischer Diskriminierung.

Daher weist diese Gegend auch so viele Gefängnisse sowie Einrichtungen für verwaiste Mädchen und Arme auf; auch Bethlem wurde (1815) in Lambeth errichtet. Seine Problembürger schob London nach Süden ab. Die Gegend machte sich auch mit dubiosen Kneipen und zweifelhaften Vergnügungsgärten einen Namen. Etablissements wie die Apollo Gardens standen unter städtischer Beobachtung und wurden von Zeit zu Zeit behördlich geschlossen. Ganz Lambeth war als «bedenkliches und sogar verrufenes Viertel» bekannt. Der «Floratempel» und die Kneipe Dog and Duck Tavern, am Schnittpunkt des Fußwegs durch die St George's Fields mit der Lambeth Road gelegen, war «sicherlich der schlimmste Ort in der ganzen Metropole ... Treffpunkt von Weibern, nicht nur der niederen Prostitution, sondern sogar der Mittelschicht». Einmal mehr hatte Südlondon seinen alten Status als Zufluchtsort sexueller Freiheit bewahrt. Der Philanthrop Francis Place erinnerte sich, wie ihm Straßenräuber in den 1780er Jahren seine Pferde auf diesen südlichen

Gefilden abnahmen, «wo aufgeputzte Frauen am Abend Abschied von
den Dieben nehmen und ihnen viel Erfolg wünschen». Man weiß, dass
in dieser Gegend Jagd auf radikale Aufrührer gemacht wurde, da man
vermutete, dass sie hier in halb verfallenen Spelunken ihre finsteren
Pläne ausbrüteten; so wie es Mitte des 19. Jahrhunderts die Stars der
Musikhallen südwärts, nach Brixton, zog, so waren hundert Jahre vorher Figuren von zweifelhafter Reputation wie der Transvestit Chevalier
d'Eon nach Lambeth gegangen. Es war eben in jeder Hinsicht ein Abladeplatz.

Aber die Aussicht auf Schmutz oder Verunstaltung tat der Expansion
Londons nach Süden keinen Abbruch. Die Errichtung der Westminster
Bridge 1750 und die Fertigstellung der Blackfriars Bridge 19 Jahre später
markierten die eigentliche Erschließung des Londoner Südens. Chausseen
knüpften an die neu errichteten Brücken an und führten nach Kenning-
ton und Elephant and Castle; durch offene Felder wurden neue Land-
straßen gelegt, die diese großen Verkehrswege miteinander verbanden.
Die neuen Straßen führten zu frischer Industrieansiedlung, so dass zu den
Essig- und Farbenfabriken nun Töpfereien, Kalköfen und Fabriken für
Schuhwichse kamen. Spätestens 1800 wies Lambeth alle Merkmale eines
Elendsviertels auf.

Trotzdem expandierte dieses Viertel weiter. Im ersten Jahrzehnt des
19. Jahrhunderts erhielt diese Entwicklung eine unwiderstehliche Stoß-
kraft, als drei Zollbrücken fertig gestellt wurden: die Southwark Bridge,
die Waterloo Bridge und die Vauxhall Bridge. Sie ebneten den Weg für
umfangreiche Bebauungsprogramme, denen der Süden Londons seine
heutige Gestalt verdankt. Das Wachstum der Bevölkerung und der Druck
der neuen industriellen Kräfte ließen die Stadt immer schneller über die
Themse hinausdrängen. Bald waren die Straßen um den St George's Circus dicht bewohnt, und die angrenzenden Felder waren von Häusern bedeckt; dann aber zogen sich Läden, Häuser und Betriebe immer weiter
die Straßen hinunter, die von diesem Stadtteil ausstrahlten. Von dieser
Entwicklung unmittelbar betroffen waren Newington, Kennington und
Walworth, und in den 1830er Jahren wurde das gesamte Gebiet des heutigen Londoner Südens mit Straßen und Häusern überzogen. Die Erschließung der Vorstädte erreichte schließlich Peckham und Camberwell,
Brixton und Clapham, ja sogar Dulwich und Herne Hill. Es dauerte
nicht lange, und auch Norwood, Forest Hill und Honor Oak wurden ein
Teil dieser Londoner Diaspora.

Reisende, die ihre Eindrücke notierten, wenn sie sich London mit der
Bahn von Süden näherten, erwähnen das scheinbar endlose Panorama

vorbeihuschender roter und brauner Dächer, toter Mauern und kleiner Straßen. Der Anblick wurde mit dem des Meeres oder der Wüste verglichen, was das Bild einer unbarmherzigen, unwiderstehlichen Gewalt beschwor.

Da die Kolonisation des südlichen Themseufers ausschließlich der Notwendigkeit einer industriellen Expansion und Ausbeutung gehorchte, durchzog der «Geruch nach Industrie» das ganze Territorium. Es gab Leimfabriken und Lagerhäuser für Wolle, während Charles Knights *Encyclopaedia of London* vermeldet: «Schornsteine schossen alle paar Meter in die Höhe; sie überragten ein wahres Labyrinth von roten Dächern und leisteten ihren Beitrag zur Verräucherung der Gegend.» Besonders in Bermondsey wechselten penetrante Gerüche einander ab. «In der einen Straße schlägt einem in heißen, starken Schwaden Erdbeermarmelade entgegen, in einer anderen Rohleder und Lohbeize, in der dritten Leim; in manchen Straßen aber beleidigt ein unglückliches Gemisch aus allen drei Düften die Nase.» Der Londoner Romanschriftsteller und Essayist V. S. Pritchett arbeitete von 1916–20 bei einem Lederwarenfabrikanten, und auch er erinnert sich an die Gerüche von Bermondsey. «Über diesem Bezirk von London lag auch bei Tag etwas Trübes. Man atmete den schweren, benebelnden Biergeruch von Hopfen; daneben gab es einen anderen Duft: den nach Stiefeln und Hundekot, ... den beißenden Geruch von Essig aus einer Konservenfabrik, den Rauch, der von einer Schmirgelfabrik herabwehte ... und aus den vereinzelten kleinen Elendshütten den scharfen Gestank der Armut.»

Die Ähnlichkeiten zwischen dem Osten und dem Süden Londons sind augenscheinlich, doch gab es auch bedeutsame Unterschiede. Das East End bot eine intensivere Gemeinschaft als der Süden; es hatte mehr offene Märkte und mehr Musikhallen. Auch gab es im Süden weniger Kontakt zum restlichen London. Durch seine größere Nähe konnte das East End an der Energie und Lebhaftigkeit der alten City partizipieren; immerhin hatte es – auf der anderen Seite der Stadtmauern – schon jahrhundertelang existiert. Den Süden aber hatte immer das breite Band des Flusses isoliert und ihm etwas Verlassenes gegeben. Das spiegelt sich in jenen Bemerkungen über den Londoner Süden wider, die in ihm einen separaten, befremdenden Ort sehen.

Wenn man heute auf der Bankside steht, sieht man in gerader Linie das Kraftwerk von 1963, das Sir Giles Gilbert Scott zum 2000 eröffneten neuen Tate Modern umbaute, neben dem Haus aus dem 17. Jahrhundert am Cardinal's Wharf, in dem Sir Christopher Wren gewohnt haben soll, während er den Bau der St Paul's Cathedral auf der anderen Seite

*The George Inn,
Southwark,
gezeichnet von
J. C. Buckler, 1827.*

des Flusses beaufsichtigte; daneben wiederum steht das «Globe» in seiner rekonstruierten Form aus dem 16. Jahrhundert. Etwas weiter entfernt, in der Borough High Street, beschwören die Überreste des George Inn die Atmosphäre Southwarks in jenen Jahrhunderten, da es Poststation und Anlaufstelle für Reisende auf ihrem Weg von oder nach London war. Dicht daneben, in der St Thomas's Street, hat man im Dachgeschoss einer Pfarrkirche aus dem 18. Jahrhundert einen alten Operationssaal entdeckt. In einer Beschreibung dieses wunderlichen Fundes heißt es im Jahr 1821: «Viele chirurgische Instrumente waren denen aus römischer Zeit noch sehr ähnlich.» Zu den häufigsten Operationen in diesem Saal gehörte das Trepanieren (das Anbohren des Schädels), eine damals schon seit 3000 Jahren gebräuchliche Prozedur. Wenn also die Patientinnen mit verbundenen Augen hereingeführt und auf dem schmalen Holztisch festgebunden wurden und der Arzt nun sein Messer hob, vollzogen sie vielleicht einen Ritus, der seit den Tagen der jungsteinzeitlichen und römischen Besiedlung hier zelebriert worden war.

Diese Zeichen oder Sinnbilder der Vergangenheit haben sich ihre Kraft infolge der relativen Isolation des Südens bewahrt; laut A. A. Jackson in *Semi-Detached London* kam es noch um 1930 selten vor, «dass ein Londoner den Fluss überquerte»; denn es blieb «fremdes Territorium, mit einem ganz unbekannten, völlig verschiedenen Transportsystem». Natürlich ist vieles zerstört worden – eine Reihe elisabethanischer Häuser in der Stoney Street in Southwark wurde abgerissen, um Platz für die Brücke zum Bahnhof Cannon Street zu schaffen –, aber vieles ist, sei es auch in anderer Beleuchtung, erhalten geblieben. Wo einst Thomas Dekker im 17. Jahrhundert so viele Schenken zählte, dass die Hauptstraße «ein einziges Bierhaus, ohne einen Laden dazwischen», wurde, konzentrieren sich auch heute die Kneipen an dem Weg, der zur London Bridge führt. Noch im frühen 19. Jahrhundert konnte das Talbot – einst «Tabard» genannt – vom neugierigen Erforscher der Stadtgeschichte ebenso wie vom abendlichen Gast besucht werden; über dem Eingangstor befindet sich die Inschrift: «Dies ist das Gasthaus, wo 1383 der Ritter Geoffrey Chaucer und neunundzwanzig Pilger auf ihrer Reise nach Canterbury logierten.»

Die neue, 2000 errichtete Fußgängerbrücke über den Fluss zwischen St Peter's Hill und Bankside wird zu einer großen Veränderung der South Bank führen. Die relativ unerschlossenen Flächen südlich der Themse bieten sich für eine mutige und phantasievolle Umgestaltung an.

Ein Spaziergang zwischen Queenhithe und Dark House Walk am Nordufer der Themse ist eine Erfahrung der Isolation; auf dem «Thameside Walk», der sich durch die alten Kais und Schiffsländen windet, hat man nirgends das Gefühl der Verbundenheit mit den Menschen oder mit der Stadt. Diese Kais sind kaum mehr als die isolierten Flussterrassen verschiedener Firmenzentralen. Das Nordufer der Themse ist, um es neumodisch zu sagen, «privatisiert» worden. Auf der Südseite dagegen gibt es Schwung und Austausch; der breite Spazierweg von der neuen Tate Modern bis zum Globe und weiter zum Wirtshaus Anchor ist gewöhnlich voller Menschen. Die alte Gastfreundschaft und die Freiheit des Südens breiten sich wieder aus; im 21. Jahrhundert wird er eines der lebendigsten und abwechslungsreichsten, um nicht zu sagen populärsten Zentren Londoner Lebens werden. So hat es die South Bank verstanden, ihre Vergangenheit triumphal zur Geltung zu bringen. Das wiederhergestellte Kraftwerk Bankside, dessen oberes Stockwerk einer lichtgefüllten Schachtel gleicht, verbindet sich mit Cardinal's Wharf und dem Neubau des Globe zu einer dreieinigen Beschwörung des *genius loci*. Es ist gewiss ein Anlass zu ungläubigem Staunen, wenn fünf Jahrhunderte mit einem einzigen, einfachen Blick zu erfassen sind. Das ist das Geheimnis von Londons Kraft: Wo Vergangenheit existiert, kann Zukunft gedeihen.

Zentrum des Empires

*Detail aus Hogarths «A Harlot's Progress», das einen jener
farbigen Diener zeigt, die in den wohlhabenderen Londoner Haushalten
des 18. Jahrhunderts anzutreffen waren.*

73. Vielleicht, weil ich Londoner bin

London ist zu allen Zeiten eine Stadt der Einwanderer gewesen. Man nannte es einst «die Stadt der Völker», und Addison bemerkte Mitte des 18. Jahrhunderts: «Wenn ich diese große Stadt in ihren verschiedenen Vierteln oder Abteilungen ansehe, betrachte ich sie als eine Ansammlung von verschiedenen Nationen, die sich durch ihre jeweiligen Gebräuche, Sitten und Interessen voneinander unterscheiden.» Dieselbe Beobachtung hätte man in jedem Zeitraum der letzten 250 Jahre anstellen können. In Peter Linebaughs *The London Hanged* heißt es über London im 18. Jahrhundert, hier sei «ein Zentrum der weltweiten Erfahrungen» mit Ausgestoßenen, Flüchtlingen, Reisenden und Händlern gewesen, die «einen Ort der Zuflucht, der Neuigkeiten und eine Arena für den Kampf um Leben und Tod» fanden. Es war die Stadt selbst, die sie herzuzitieren schien, so als könne ihr Leben nur durch die Erfahrung Londons einen Sinn haben. Seine Bevölkerung hat man mit dem im 18. Jahrhundert bekannten Getränk «All Nations» verglichen, das aus den Resten in verschiedenen Spirituosenflaschen gemischt wurde; aber damit wird man der Energie und dem Unternehmungsgeist der diversen Einwandererpopulationen kaum gerecht, die nach London kamen. Das war kein Bodensatz oder Rückstand, ja, oft scheint sie das Feuer und der Unternehmungsgeist Londons durchdrungen zu haben, und mit ein oder zwei Ausnahmen vermochten alle diese verschiedenen Gruppen aufzusteigen und zu prosperieren. Es ist eine nie endende Geschichte. Man hat oft bemerkt, dass in anderen Städten viele Jahre vergehen müssen, bevor ein Fremder akzeptiert wird; in London braucht es ebenso viele Monate. Freilich ist auch wahr, dass man in London erst glücklich sein kann, wenn man beginnt, sich als Londoner zu betrachten. Das ist das Geheimnis einer gelungenen Assimilation.

Schon zur Zeit der römischen Besiedlung wurde London zu einem Marktplatz Europas. Die werktätigen Bewohner der Stadt mochten aus Gallien gekommen sein, aus Griechenland, aus Deutschland, aus Italien, aus Nordafrika – eine polyglotte Gemeinschaft, in der alle eine Abart des Volkslatein sprachen. Als London im 7. Jahrhundert wieder zu einem wichtigen Hafen und Markt aufstieg, waren einheimische und zugewanderte Bevölkerung bereits gründlich gemischt. Es fand auch eine generellere Veränderung statt. Es war jetzt nicht mehr möglich, zwischen Briten und Sachsen zu unterscheiden, und nach den Invasionen aus dem Norden im 9. Jahrhundert gingen auch die Dänen in die rassische Durchmischung der Stadt ein. Im 10. Jahrhundert bevölkerten Kymren und Belgen die Stadt sowie Reste der gallischen Legionen, Ostsachsen und Mercier, Dänen, Norweger und Schweden, Franken, Jüten und Angeln. «Durch London kamen», wie in einem Text mit der Bezeichnung «IV Æthelred» erwähnt wird, in der Zeit vor der normannischen Besiedlung «Leute aus Flandern, Pontheiu, der Normandie und der Île de France», aber auch «Männer des Kaisers – Germanen».

Jahrhundertelang benötigte London einen ständigen Zustrom ausländischer Siedler als Ausgleich für die hohen Sterbeziffern. Sie waren auch gut fürs Geschäft; denn Einwanderung hatte in der Regel auch mit den Erfordernissen des Londoner Handels zu tun. Ausländische Kaufleute gründeten hier Familien, weil London einer der führenden Märkte der Welt war. Andererseits kamen Einwanderer hierher, um ihren diversen Gewerben nachzugehen, wenn ihnen in ihrer Heimat eine freie unternehmerische Betätigung versagt war. Wieder andere Einwanderer kamen mit der Bereitschaft in die Stadt, jene Arbeiten zu übernehmen, die die «einheimischen Londoner» (soweit es diese überhaupt gab) nicht erledigen mochten. In allen Fällen gingen mit der Einwanderung Beschäftigung und Profit einher, weshalb es sentimental und scheinheilig wäre, London in einem idealistischem Sinn als «weltoffene Stadt» zu bezeichnen. Es hat sich die Einwanderungswellen gefallen lassen, weil sie im Wesentlichen dazu beitrugen, seinen Wohlstand zu mehren.

«Mir gefällt diese Stadt überhaupt nicht», klagt Richard *von Devizes 1185.* «Alle Arten von Menschen drängen sich da aus jedem Land unter der Sonne. Jeder schleppt seine eigenen Laster und seine eigenen Gewohnheiten mit in die Stadt.»

Es gab jedoch auch Anlässe zur Kritik. 1255 beschwert sich der Mönch Matthew Paris in seiner Chronik, dass London «überfließt von Poitevins, Provenzalen, Italienern und Spaniern». Es ist eine Vorwegnahme der Klagen im späten 20. Jahrhundert, London werde von Menschen aus Afrika, der Karibik oder Asien «überschwemmt». Bei jenem Chronisten aus dem 13. Jahrhundert waltet die atavistische und falsche Vorstellung, dass eine ursprüngliche, einheimische Rasse von anderen verdrängt werde. Doch sind bei seinem Angriff auf die Fremden auch andere Faktoren am Werk; Matthew Paris hegte keine besonderen Sympathien für die kommerziellen Instinkte der Hauptstadt und fühlte sich ihrem bewegten Leben fern oder entfremdet. Die ausländischen Kaufleute ins Visier zu nehmen bot also die Möglichkeit, den kommerziellen Charakter der Stadt zu neutralisieren oder in Frage zu stellen. Wer die Einwanderer attackierte, attackierte in Wirklichkeit die Wirtschaftsethik, die den ständigen Zustrom neuen Handels und neuer Arbeitskräfte verlangte. Der Angriff misslang denn auch; er ist immer misslungen.

Die Einwanderungsverzeichnisse von 1440/41 bieten eine faszinierende Lektüre. Rund 90 Prozent wurden als *Doche* («Deutsche») klassifiziert; das war ein Gattungsname für Flamen, Dänen und Deutsche; in Wirklichkeit stammte mehr als die Hälfte dieser Gruppe aus Holland. Anhand ihrer Testamente ist zu erkennen, dass ihr gemeinsames, charakteristisches Merkmal «das Streben nach Gottesfurcht und wirtschaftlichem Fortkommen durch ehrliche Arbeit und gegenseitige Hilfe in der Gruppe» war – eine Beobachtung, die genauso gut für jüngere Einwanderer etwa aus Südasien gelten könnte. Diese Einwanderer aus dem 15. Jahrhundert ließen sich vorzugsweise in etablierten Gewerben nieder und wurden Goldschmiede, Schneider, Posamenter, Uhrmacher oder Brauer. Gerühmt wurden sie auch als Buchdrucker. Andere arbeiteten als Bierverkäufer, Korbmacher, Schreiner, Speiseneinkäufer und Dienstboten in Londoner Haushalten oder Londoner Gastwirtschaften. Das Zeugnis der Zünfte und der Testamente «weist auch darauf hin, dass Englisch das Verständigungsmittel in dieser Gruppe wurde» – auch dies eine charakteristische, oft instinktive Reaktion jeder Einwanderergemeinschaft. In den städtischen *wards* stellten die Italiener eine «Handels- und Finanzaristokratie» dar, wobei es allerdings Abstufungen innerhalb dieser Gruppe gab. Es gab Franzosen und etliche Juden, ferner «griechische, italienische und spanische Ärzte», während die damalige Unterschicht anscheinend die Isländer waren, die gewöhnlich als Dienstboten beschäftigt wurden.

Eine Periode angespannten Misstrauens gab es in den fünfziger Jahren des 15. Jahrhunderts, als italienische Kaufleute und Bankiers wegen Wuchers verurteilt wurden. Aber das Gewitter verzog sich rasch wieder und ließ lediglich Gerüchte zurück zur Bestätigung der Tatsache, dass Londoner besonders empfindlich auf unehrliche Geschäfte reagieren. Die Krawalle vom Mai 1517 *(Evil May Day)*, als der Mob der Lehrlinge gegen Läden und Geschäfte von Ausländern wütete, lösten sich genauso schnell und ohne bleibende Beeinträchtigung der fremden Bevölkerung auf. Dies blieb viele Jahrhunderte lang Brauch in der Stadt: Ungeachtet blutiger Gewalttaten, hinter denen demagogische Hetze oder finanzielle Panik standen, erlaubte man den Einwanderergemeinschaften in der Regel, in London Fuß zu fassen, durch Handel und Gemeindearbeit Kontakt mit den Nachbarn aufzunehmen, das Englische als Muttersprache zu erwerben, Mischehen einzugehen und ihre Kinder als Londoner zu erziehen.

Allgemeine Alarmstimmung löste allerdings eine Einwanderungswelle in den sechziger Jahren des 16. Jahrhunderts aus, als die Hugenotten Zuflucht vor katholischer Verfolgung suchten. So wurde am 17. Februar 1567 «eine große Wache in der City of London» aufgestellt, «aus Sorge vor einer Erhebung gegen die Fremden, die in großer Zahl in der Stadt und ihrer Umgebung weilten». Die Hugenotten wurden beschuldigt, heimlich untereinander Handel zu treiben und sich verbotener Geschäftspraktiken wie etwa des Hortens zu bedienen. «Sie nehmen sich die schönsten Häuser in der Stadt, unterteilen und rüsten sie für ihre verschiedenen Bedürfnisse und nehmen Logiergäste und Mitbewohner auf», weshalb man sie unmittelbar für die Übervölkerung Londons verantwortlich machte. Selbst wenn die Kinder dieser Einwanderer, «sofern sie im Königreich geboren sind, von Rechts wegen als Engländer gelten», blieben sie «nach Neigung und zärtlichem Gefühl» doch Ausländer.

Im 19. Jahrhundert strömten weniger religiöse, als vielmehr politische Flüchtlinge in die Stadt. Carlyle registriert deren Präsenz in London,

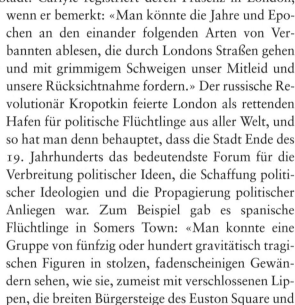

wenn er bemerkt: «Man könnte die Jahre und Epochen an den einander folgenden Arten von Verbannten ablesen, die durch Londons Straßen gehen und mit grimmigem Schweigen unser Mitleid und unsere Rücksichtnahme fordern.» Der russische Revolutionär Kropotkin feierte London als rettenden Hafen für politische Flüchtlinge aus aller Welt, und so hat man denn behauptet, dass die Stadt Ende des 19. Jahrhunderts das bedeutendste Forum für die Verbreitung politischer Ideen, die Schaffung politischer Ideologien und die Propagierung politischer Anliegen war. Zum Beispiel gab es spanische Flüchtlinge in Somers Town: «Man konnte eine Gruppe von fünfzig oder hundert gravitätisch tragischen Figuren in stolzen, fadenscheinigen Gewändern sehen, wie sie, zumeist mit verschlossenen Lippen, die breiten Bürgersteige des Euston Square und

Friedrich Engels
(1820–1895)

der Gegend um die St Pancras New Church entlangwandelten.» Auffallend wurden sie 1825, aber wie viele andere solcher Gruppen waren sie fast so plötzlich wieder verschwunden, wie sie gekommen waren. Im Frühjahr 1829 stieg, einem damaligen Tagebuchschreiber zufolge, «die Zahl der Franzosen in London abrupt an». Mit den politischen Agitationen und bürgerlichen Aufständen in Europa fluktuierte auch die Zahl der Franzosen: London wurde zum politischen Barometer für den ganzen Kontinent. Garibaldi und Mazzini kamen ebenso wie Marx und Engels; 1851 trafen Herzen und Kossuth ein, jener ein Russe, dieser ein Ungar; auch politische Flüchtlinge aus Polen und Deutschland gab es. England und insbesondere London war der Ort, der die Flüchtlinge am freundlichsten aufnahm.

1096 kamen jüdische Flüchtlinge nach dem Pogrom von Rouen nach London; das erste schriftliche Zeugnis eines Judenviertels stammt jedoch aus dem Jahr 1128. Juden durften nicht im gewöhnlichen Handel tätig sein, wohl aber Geld verleihen – von diesem «Wucher» waren wiederum christliche Kaufleute ausgeschlossen; anschließend wurden sie natürlich für ebenjenes Gewerbe kritisiert oder gehasst, das die städtische Obrigkeit ihnen aufgezwungen hatte. 1189 gab es einen mörderischen Überfall auf das Judenviertel: «Die Häuser wurden vom tobenden Volk belagert ... Weil die Wahnsinnigen kein Werkzeug hatten, warfen sie Feuer auf das Dach, und sogleich brach ein schrecklicher Brand aus.» Viele Familien verbrannten bei lebendigem Leibe, während andere, die sich in die Enge der Old Jewry oder der Gresham Street geflüchtet hatten, mit Keulen erschlagen oder zu Tode geprügelt wurden. Einen weiteren Pogrom gab es 1215, und bei bestimmten Gelegenheiten suchten die Juden Zuflucht im Tower, um den Plünderungen des Pöbels zu entgehen. Zu leiden hatten sie auch unter den Adelsfamilien, die ihnen Geld schuldeten, und in unheimlicher Vorwegnahme eines späteren Schicksals mussten sie auf ihrer Kleidung ein Zeichen tragen, das ihre Rasse kenntlich machte: Es war nicht der Davidsstern, sondern eine *tabula*, eine bildliche Darstellung der steinernen Gesetzestafeln, die angeblich auf wunderbare Weise mit den Zehn Geboten beschrieben worden waren.

1272 wurden Hunderte von Juden gehängt, die im Verdacht der Münzfälschung standen, und 18 Jahre später, durch die Ankunft italienischer und französischer Finanziers unnütz geworden, wurden sie im Rahmen eines Massenexodus aus der Stadt gejagt, verprügelt, bespuckt oder umgebracht. Es hätte scheinen können, als fände die ruhelose Rasse nicht einmal in der kosmopolitischen Handelsstadt London eine bleibende Zuflucht. London war stattdessen zum Urbild großstädtischer Ausbeutung und Aggression geworden. Aber in den folgenden zwei Jahrhunderten kehrten einige Juden zurück, still und fast unsichtbar und im Gewand von Christen; im 17. Jahrhundert machte sich Karl I. ihre finanziellen Begabungen und Ressourcen zu Nutze, doch war es Cromwell, der, gestützt auf die profundere Bibelkenntnis, die «Demütige Petition der Hebräer, gegenwärtig in dieser Stadt London zu residieren», mit dem Niederlassungsrecht belohnte. Die Juden baten gleichzeitig darum, «dass wir uns zu unserer privaten Andacht in unseren einzelnen Häusern versammeln mögen, ohne eine Belästigung unserer Person, unserer Familie oder unseres Besitzes fürchten zu müssen». Es waren sephardische Juden, die wie Isak Lopes Chillon, einer der Unterzeichner der Bittschrift, aus Spanien und Portugal kamen; doch in der zweiten Hälfte des 17. Jahrhunderts gelangten aus Mittel- und Osteuropa aschkenasische Juden nach London, die weniger wohlhabend und weniger gebildet waren und abwechselnd als «niedergedrückt» oder «armselig» geschildert wurden. «Die Altansässigen», schreibt Charles Booth, «hielten sich von den Neuankömmlingen fern und betrachteten sie als niedere Kaste, allein dazu tauglich, Almosen entgegenzunehmen.»

Hier zeigte die Einwandererbevölkerung ihr anderes Gesicht. Die Neuankömmlinge waren nicht unbedingt Kaufleute und Ärzte, sondern ruhelose Fremde, elende Flüchtlinge, die nichts konnten als «alte Kleider verkaufen oder mit Artikeln wie Obst, Schmuck oder Messern hausieren gehen». Die Aschkenasim waren repräsentativ für eine verarmte und ruhelose Bevölkerung, die von den einheimischen Bewohnern abwechselnd ausgebeutet oder misshandelt wurde.

Bei verschiedenen bemerkenswerten Gelegenheiten kamen im 18. Jahrhundert weitere Aschkenasim nach London; es gab Verfolgungen, Teilungen und Belagerungen, die sie zu ihren Religionsgenossen nach London fliehen ließen, wo 1722 in Aldgate die erste aschkenasische Synagoge errichtet worden war. Aber willkommen waren sie nicht – hauptsächlich, weil sie arm waren. Man unterstellte ihnen, sie würden «das Königreich mit Maklern, Wucherern und Bettlern überfluten» – wieder einmal die instinktive, aber irrationale Furcht vor dem «Überschwemmtwerden». Man beschuldigte sie auch, den einheimischen Londonern die Arbeitsplätze wegzunehmen; da sie jedoch nicht bei christlichen Handwerksmeistern in die Lehre gehen durften, war die Sorge, sie würden anderen die Arbeit wegschnappen, unbegründet. Allerdings hat man in London solche Ängste immer fleißig geschürt und gern geglaubt; in einer Gesellschaft, in der bei der werktätigen Bevölkerung finanzieller Mangel und Unsicherheit grassierten, konnte jeder Verdacht auf unfaire Arbeitspraktiken großen öffentlichen Unmut auslösen. So wurde in den fünfziger und sechziger Jahren des 18. Jahrhunderts die Judenhatz zum «Volkssport wie das ‹Hahnenwerfen› [Bewerfen eines an einen Pfahl gebundenen Hahns mit Stöcken], die Stierhatz oder das Steinigen eines armen Wichts am Pranger».

Es gab ferner das schon Anfang des 17. Jahrhunderts ventilierte Problem, dass Einwanderern eine «typische», und zwar schimpfliche Identität zugeschrieben wurde. «Wie die Franzosen es lieben, unverschämt zu sein, und die Flamen es lieben, sich zu betrinken», schreibt Thomas Dekker 1607, «so lieben es die Iren, Gemüse zu verkaufen» oder hausieren zu gehen. Es handelt sich, modern gesprochen, um «Stereotypen», wie sie allen Migrantenpopulationen angehängt werden. Die Ironie der Sache besteht natürlich darin, dass bestimmte Gruppen anscheinend unfähig sind, sich dieser Matrix aus verfehlten Erwartungen und irrigen

Wahrnehmungen zu entziehen. So sind zum Beispiel die Londoner Iren immer als die Ärmsten der Armen abgestempelt worden. In Kirchenbüchern von 1640 kommen sie immer wieder vor: «ein armer Ire ... ein armer Not leidender Mann aus Irland ...» Alle diese Fälle und viele weitere finden sich in den Jahrbüchern von St Giles-in-the-Fields und dokumentieren die ersten Schritte in einer traurigen Geschichte der Migration. Trotzdem war dieses Jahr 1640 nicht wirklich der Anfang. Elf Jahre vorher war ein Edikt erlassen worden, in dem es hieß: «Dieses Reich wird neuerdings von einer großen Anzahl irischer Bettler geplagt, die hier müßiggängerisch und gefährlich leben und den Einheimischen ein schlechtes Beispiel geben.» Dies war immer einer der Vorwürfe gegen die Einwanderer in London: dass sie faul sind, wie die Bettler von Nahrungsspenden leben und so die ansässige Bevölkerung demoralisieren. Dem liegt wohl die Annahme zu Grunde, dass die Einwanderer eine Gefahr darstellen, weil sie die Bereitschaft zur Arbeit untergraben und das Beispiel erfolgreichen Nichtstuns abgeben; auch empfangen sie Unterstützung oder Wohlfahrtsleistungen, die die einheimische Bevölkerung paradoxerweise für sich reklamiert. Dieselben Klagen wurden in den letzten Jahren gegen die Bangladeschi-Bevölkerung von Tower Hamlets, speziell von Whitechapel, gerichtet.

Es gab auch Krawalle gegen die Iren, wiederum vor allem mit dem Tenor, sie würden sich für billige Jobs benutzen lassen – «sie geben sich für alle möglichen gewöhnlichen Arbeiten her», schrieb Robert Walpole, «und zwar erheblich billiger als die Engländer». Es gab Handwerksmeister, die sie «für mehr als ein Drittel weniger pro Tag» einstellten. Die wenigsten Beobachter machten sich Gedanken darüber, welches Ausmaß an Armut und Verzweiflung sie wohl bewegen mochte, fast Hungerlöhne zu akzeptieren; stattdessen gab es offene Feindseligkeit und Gewalttätigkeiten gegen sie, begangen von aufgebrachten Menschenmassen «in Southwark, Lambeth und Tyburn Road». Übergriffe gegen Iren gab es auch in Tower Hamlets, Clare Market und Covent Garden. Bei den antikatholischen Krawallen von 1780 mit ihrem Schlachtruf «Keine Papisterei» wurden auch irische Wohnungen und Gasthäuser wahllos überfallen und demoliert. Ein anderer typischer Aspekt dieser Aktionen gegen die Einwanderer war die vorherrschende Überzeugung, dass viele von ihnen Kriminelle waren, die es auf arglose Londoner abgesehen hatten. Ein städtischer Friedensrichter behauptete 1753: «Die meisten Raubüberfälle und die nachfolgenden Morde werden von diesen Verstoßenen aus Irland begangen.» So wie die Juden als Schnorrer verunglimpft wurden, beschimpfte man die Iren als Diebe. London sei das «Refugium» für gefährliche oder verkommene Einwanderer, die hier

«Obdach und Versteck suchen». So verändert der Begriff «Refugium» subtil seine Bedeutung von Zufluchtsort zu Schlupfwinkel.

Bei all diesen Krawallen und Alarmrufen gab es eine andere Gruppe von Einwanderern, die zwar wenig Empörung verursachten, aber noch weniger Sympathie weckten. Das waren die Inder, die vergessenen Ahnen der Neuankömmlinge im 20. Jahrhundert, die als Diener oder Sklaven nach London kamen; manche blieben in ihrem Dienst, während andere kurzerhand entlassen wurden oder entflohen und ein Landstreicherleben führten. Es gab «Zeter und Mordio»-Anzeigen in den öffentlichen Druckerzeugnissen – eine Guinee für die Ergreifung eines schwarzen Jungen, «Inder, etwa 13 Jahre alt, entlaufen den 8. d. M. in Putney, trägt ein Halsband mit der Inschrift ‹Lady Bromfields Schwarzer, in Lincoln's Inn Fields›». Andere asiatische Diener wurden geradezu «weggejagt» oder «weggeworfen», nachdem sie sich noch auf der Überfahrt von Indien um ihre Herren gekümmert hatten, so dass sie zu einem Leben auf der Straße gezwungen waren. Ein indischer Besucher Londons schrieb einen Leserbrief an die *Times*, um sich über den Anblick von indischen Bettlern zu beschweren, die «ein großes Ärgernis für die Öffentlichkeit, aber mehr noch für die Herren aus Indien» seien, die England besuchten. Der *Public Advertiser* bemerkte 1786: «Jene armen Wichte, die sich täglich ihre Rückfahrt zusammenbetteln, beweisen, dass die Mehrheit derer, die sie hierher bringen, sie sich selbst überlassen, sobald sie keine weitere Verwendung für ihre Dienste haben.» Das waren die unfreiwilligen Einwanderer.

Zwar nahm die Zahl der europäischen Einwanderer während des 19. Jahrhunderts stetig zu, doch blieben Juden und Iren das bevorzugte Ziel öffentlicher Schmähungen. Sie waren der Gegenstand von Spott und Widerwillen, weil sie in selbstgenügsamen Gemeinschaften lebten, die von der übrigen Bevölkerung als Drecklöcher wahrgenommen wurden; auch wurde ihnen allgemein unterstellt, ihre chaotischen und unhygienischen Verhältnisse selbst verschuldet bzw. eingeschleppt zu haben. Philanthropischen Besuchern boten sich bei der Inspektion irischer Elendssiedlungen Szenen «von einer Unordnung und Erbärmlichkeit, wie man es sich nicht vorstellen kann».

Repräsentativ für die Vorurteile der Londoner sind die gegen eine andere Gruppe von Asiaten: die Chinesen. Ende des 19. Jahrhunderts galten die Chinesen von Limehouse und Umgebung als besondere Gefahr für die einheimische Bevölkerung. Die Zeitungen schilderten sie als geheimnisvoll und bedrohlich, während etwas später die gefährlichen Dämpfe des Opiums die Bücher von Sax Rohmer, Conan Doyle und Oscar Wilde durchwehten. Ein ganzes Bündel von Assoziationen wurde damit bekräftigt. Gerade von diesen Einwanderern glaubte man, dass sie die umgebende Großstadtbevölkerung «verseuchten», so als könnte die Gegenwart von Fremden als Krankheitssymptom gewertet werden. Unter den Bedingungen einer übervölkerten Stadt hat sich durch die ganze Geschichte Londons die ängstliche Sorge vor Ansteckung gezeigt, und diese Sorge veränderte nun einfach ihr Gesicht; die Furcht vor Verschmutzung hatte sich vom Physisch-Medizinischen ins Moralisch-Soziale gewendet. In Wirklichkeit waren die Chinesen eine kleine und im Allgemeinen gesetzestreue Gemeinschaft – jedenfalls nicht größere Rechtsbrecher als die Bürger, von denen sie umgeben waren. Sie wurden auch wegen ihrer «Passivität» geschmäht. Die Abgeschlossenheit der chinesischen Gemeinde rief wiederum den Eindruck von etwas Geheimnisvollem und den Verdacht auf allerlei Böses hervor; besonders besorgt war man über die Möglichkeit sexueller Freizügigkeit in den chinesischen «Lasterhöhlen». Einmal mehr sind dies Aspekte allgemeinerer Ängste im Zusammenhang mit Einwanderung und ortsansässigen Fremden. Sie äußern sich in gewalttätigen Übergriffen – zu Beginn des 20. Jahrhunderts gegen russische Juden, in den Weltkriegen gegen Deutsche, 1919 gegen «Farbige». Nach dem Zweiten Weltkrieg, in den fünfziger und sechziger Jahren, richteten sich diese Ängste gegen Einwanderer aus dem Commonwealth; in den achtziger und neunziger Jahren folgten wiederum Feindseligkeiten gegen asiatische und afrikanische Migranten. Das Vorurteil ändert seine Richtung, aber nicht seine Form.

Doch mit der Furcht kommt oft auch der Respekt. Das wird nirgendwo deutlicher als in der zeitweise zähneknirschenden Aufmerksamkeit, die der Umstand fand, dass die verschiedensten Einwanderer an ihrer Treue zu einer bestimmten Religion oder Orthodoxie festhielten. Die importierte Gläubigkeit stand in so krassem Gegensatz zu der generell kirchenfernen oder rundheraus heidnischen Orientierung der einheimischen Londoner Bevölkerung, dass sie häufig Anlass zu Bemerkungen gab. So wurde von dem Glauben der Juden im East End angenommen, dass er eine starke moralische Kraft und Kontinuität darstelle; ironischerweise sah man in ihm eine Erklärung dafür, wie die Juden es schafften, den Attacken und Schmähungen durch die übrigen Londoner zu trotzen. Der protestantische Glaube der Hugenotten, der katholische Glaube der Iren und Italiener in Clerkenwell, der lutherische Glaube der Deutschen: Allen solchen religiösen Praktiken wurde etwas Erlösendes zugeschrieben.

Der «Karneval» von Notting Hill, mit Musik und Kostümen aus Trinidad, ist ein Straßenfest, das gegen Ende August stattfindet – genau wie die alte Bartholomäusmesse in Smithfield. Er fand erstmals 1966 statt, zieht bis zu 750 000 Menschen in den Bann und akzentuiert eine der merkwürdigsten Episoden in der Geschichte der Einwanderung, bei der sich Schwarze und Weiße im Kontext der Stadt mit dem Rätsel ihrer Identität auseinander setzten. In der Dramenliteratur des 16. Jahrhunderts ist der «Mohr», der Schwarze, generell lüstern, irrationalen Gefühlen ausgeliefert und gefährlich. Sein Erscheinen auf der Bühne hängt natürlich mit seinem Einzug in London zusammen, wo die Hautfarbe zum sichtbarsten und bedeutsamsten Zeichen des Unterschieds wurde. Afrikaner gab es schon in der langen Geschichte des römischen London, und zweifellos lebten ihre Nachfahren aus Mischehen auch in der Stadt, als diese von Sachsen und Dänen besetzt war. Doch erst der Handel mit Afrika im 16. Jahrhundert und die Ankunft der ersten schwarzen Sklaven in London im Jahr 1555 markierten ihren Eintritt in das Bewusstsein der Stadt. Wenn es Heiden waren, besaßen sie dann eine Seele? War ihre dunkle Haut das Zeichen der tiefen Kluft zur übrigen Menschheit? Das waren die Fragen, die sie zum Gegenstand von Furcht und Neugier werden ließen. Obwohl ihre Zahl relativ gering war und die meisten von ihnen als Haussklaven oder vertraglich engagierte Diener bewacht und kontrolliert wurden, waren sie bereits eine Quelle der Angst. 1595 übermittelte Elisabeth I. der Londoner Obrigkeit ein Beschwerdeschreiben:

Ein Fest der Farben und Klänge: der Notting Hill Carnival

«Es sind neuerdings verschiedene Schwarze in dieses Reich gebracht worden, dergleichen es hier bereits zu viele gibt.» Wenige Monate später wiederholte die Königin ihren Eindruck, «dass solche Menschen in diesem Reich durchaus entbehrt werden können, da sie so zahlreich sind». Fünf Jahre später erging eine königliche Proklamation, worin die «zahlreichen Bettler und Schwarzen, die sich in dieses Reich geschlichen haben», zum Verlassen des Landes aufgefordert wurden.

Doch wie alle derartigen Proklamationen, die London und Londons Bevölkerung betrafen, blieb auch diese praktisch folgenlos. Die Gebote des Handels, speziell mit den Inseln der Karibik, waren stärker. Afrikaner kamen als Sklaven der Plantagenbesitzer, als – freie oder unfreie – Matrosen oder als «Geschenk» für wohlhabende Londoner. Außerdem ermöglichte der Verkehr mit Afrika ungehinderten Zugang zu Londons Häfen, so dass viele schwarze Besatzungsmitglieder eine zeitweilige Bleibe in den östlichen Vororten fanden. Beliebt und modern wurde schwarzes Personal auch in den Häusern des Adels. So wuchs die schwarze Bevölkerung, und Mitte des 17. Jahrhunderts waren Schwarze zu unspektakulären, wenngleich noch immer unvertraut anmutenden Mitgliedern der städtischen Gemeinschaft geworden. Die meisten von ihnen waren noch vertraglich gebunden oder versklavt und nahmen laut James Walvin in *The Black Presence* «den Status einer Sache, nicht eines Menschen» ein; die Spuren ihrer Existenz in London beschränken sich daher auf «verwitternde Grabsteine, krude Statistiken in vermodernden Kirchenbüchern und kryptische Werbeanzeigen». Natürlich ist das auch das Schicksal der meisten Londoner überhaupt, und so könnte man sagen, dass diese schwarzen Einwanderer, gleichsam spiegelbildlich betrachtet, sinnbildhaft die Verwundungen verkörpern, die London seinen Bewohnern zufügt.

Wer «verloren ging» oder weglief, war auf Gedeih und Verderb der Straße ausgeliefert. Ein deutscher Beobachter vermerkt 1710: «Ja, die Zahl der Mohren beiderlei Geschlechts ist so groß, dass ich noch nie zuvor so viele von ihnen gesehen habe. Männer und Weiber gehen häufig betteln.» Aus den Londoner Gerichtssitzungen von 1717 ist der Fall eines schwarzen Einwanderers namens John Caesar bekannt, der zusammen mit seiner Frau «14 Jahre lang ohne Lohn» als Sklave für eine «Kompagnie» von Buchdruckern in Whitechapel gearbeitet hatte. Noch 1777 wurde in einer Anzeige nach einem schwarzen Diener gesucht, «etwa 24 Jahre alt, namens William, von brauner oder bräunlicher Hautfarbe»; er war entlaufen, und obgleich sein Äußeres modisch und mustergültig erscheinen mochte, hieß es in der Anzeige weiter: «Auch ist er das Eigentum seines Herrn und trägt auf einer Schulter das Brandmal L. E.» Das war die Brandmarkung nicht eines «Unehrlichen», sondern eines «Untermenschen»; es war die Art und Weise, wie die Schwarzen als Sache markiert werden konnten. In einer Stadt des Kommerzes wurden sie Teil der beweglichen Habe. Infolgedessen gab es im 18. Jahrhundert viele Inserate, in denen sie zum Verkauf angeboten wurden: «Zu verkaufen: Negerjunge, elf Jahre alt; zu erfragen im Kaffeehaus ‹Virginia›, Threadneedle Street … Der Preis ist 25 Pfund Sterling; würde nicht verkauft, wenn nicht die Person, der er gehört, geschäftehalber die Stadt verließe.»

In dem Maße, wie ihre Zahl, wenngleich geringfügig, wuchs, nahmen auch die Ängste der Londoner gegenüber den Schwarzen in ihrer Mitte zu. John Fielding, der Mitte des 18. Jahrhunderts Friedensrichter in London war, vermutete, dass sie praktisch in dem Moment, wo sie nach

«Negerjunge, etwa neun Jahre alt, in grauem Sergeanzug, das Haar dicht zum Kopf geschnitten; verloren gegangen letzten Dienstag, den 9. August, abends in der St Nicholas Lane, London.»
Suchanzeige im Mercurius politicus *vom 11. 08. 1659*

London kamen, zu subversiven Elementen wurden, besonders wenn sie merkten, dass weiße Bedienstete dieselben Funktionen erfüllten wie sie selbst. Schwarz zu sein war mit anderen Worten kein einmaliges oder unveräußerliches Stigma der Knechtschaft. «So setzten sie sich in ein freundschaftliches Verhältnis mit anderen Bediensteten, berauschten sich an deren Freiheit, wurden widersetzlich, um entlassen zu werden.» Aber was tun sie in London, wenn sie «entlassen» sind? «Sie korrumpieren und verdrießen den Geist eines jeden schwarzen Dieners, der nach England kommt.» Andere fanden den Weg in jene abgelegenen Straßen und Gassen, wo sich eine schwarze Gemeinschaft gebildet hatte. So stellte «die schwarze Präsenz», wie man sie genannt hat, für die städtische Obrigkeit eine zweifache Gefahr dar. Diejenigen, die in habitueller Knechtschaft lebten, wurden zu Wut oder Klagen aufgereizt, während in den «niederen» Stadtbezirken wie Wapping oder St Giles kleine Zusammenballungen von schwarzen Einwanderern zu finden waren.

Auch hatte sich Ende des 18. Jahrhunderts die Zahl der «hilflosen Neger» erhöht; besonders schwarze Rekruten, die im amerikanischen Unabhängigkeitskrieg für die Engländer gekämpft hatten, wurden nach der Rückkehr ausgemustert und blieben sich selbst überlassen. Es war dies ein weiterer Aspekt der Einwanderung, wobei der Zustrom unmittelbare Folge von Handlungen des Gastlandes war; in diesem Sinne begründeten die schwarzen Exsoldaten eine erkennbare Abstammungsreihe zu jenen Migranten im 20. Jahrhundert, die aus den Ruinen des Empire flohen. Eine Flugschrift von 1784 stellte anklagend fest, dass Tausende von Schwarzen «durch die Stadt irren, nackt, mittellos und dem Hungertod nahe». Die Folge war, dass man in ihnen eine Bedrohung der sozialen Ordnung sah. Der Afrikaner, der Afroamerikaner und der Karibe wurden jederzeit und instinktiv als «Bedrohung» empfunden, wenn seine Hautfarbe entsprechend war. Mit dieser Furcht kam auch das Gespenst der Rassenvermischung, da Mischehen in den ärmeren Gegenden Londons nichts Ungewöhnliches waren. Hier wurde die im 16. Jahrhundert beliebte Verknüpfung des «Mohren» mit sexueller Lüsternheit wieder akut, so als sei die schwarze Haut ein Zeichen jener dunklen Gelüste, die unter der Oberfläche der menschlichen Ordnung schlummern. «Aus Gründen, deren Erwähnung zu unzart wäre», so wurde gemeldet, «haben die unteren Schichten der Frauen in England eine bemerkenswerte Vorliebe für die Schwarzen.» Ein Hilfskomitee für Not leidende Schwarze wurde gegründet, mit dem einzigen Zweck, bei ihrer Expatriierung behilflich zu sein, was jedoch misslang. Zwischen 10 000 bis 20 000 Schwarze lebten schätzungsweise in London, aber kaum 500 bestiegen die Auswandererschiffe – vielleicht ein Indiz dafür, dass London dennoch ihre erwählte Stadt blieb. So schmerzlich und elend ihr Leben sein mochte, die meisten schwarzen Einwanderer wollten lieber an einem Ort bleiben, der in seinem täglichen Umgang Chancen und Ablenkung bot.

Diese Bevölkerung akklimatisierte sich und wurde ungeachtet fortgesetzter rassischer Sticheleien im 19. Jahrhundert zu einem vertrauten Bild in den Straßen Londons. Die Schwarzen waren nun Teil der «Unterschicht» geworden und von dieser kaum zu unterscheiden; als Straßenkehrer und Bettler waren sie fast unsichtbar. In dieser riesigen Stadt war ihre Zahl nicht groß genug, um die öffentliche Aufmerksamkeit oder Anteilnahme auf sich zu ziehen; sie konkurrierten nicht um Arbeitsplätze und bedrohten daher niemandes Lebensunterhalt. In Romanen oder Erzählungen tauchen sie selten auf, es sei denn als gelegentliche Arabesken, und ihr generelles Schicksal scheint ihre Ansässigkeit unter den städtischen Armen zu sein.

Der Beginn der Einwanderung von den karibischen Inseln setzte dann Ende der 1940er Jahre wieder die alte Leier bekannter Ängste in Gang, darunter die Furcht der Weißen vor Arbeitslosigkeit, Mischehen und einer allgemeinen Übervölkerung. Im Sommer 1942 brachte die *Empire Windrush* 492 junge Migranten aus Jamaika nach London. Es war der Beginn eines Prozesses, der die Demographie Londons verändern und alle Aspekte des städtischen Lebens berühren sollte. Den Westindern folgten wiederum Einwanderer aus Indien, Pakistan und Ostafrika, so dass London heute, zu Beginn des 21. Jahrhunderts, schätzungsweise 2 Millionen Angehörige nichtweißer ethnischer Minderheiten beherbergt. Ungeachtet gelegentlicher rassistisch motivierter Übergriffe und ungeachtet der Angst, die manchen Minderheiten das Verhalten der Polizei macht, gibt es frappierende Beweise dafür, dass die egalitären und demokratischen Instinkte Londons jede Furcht und jedes Vorurteil schon an den Rand gedrängt haben. Die Einwanderung gehört so sehr zum Wesen Londons, dass selbst ihre jüngsten, umstrittensten Erscheinungsformen schließlich ein friedlicher Bestandteil seiner Existenz geworden sind. Das wurde sogar nach den Krawallen von Notting Hill im Jahre 1958 deutlich, insbesondere nach der Ermordung des jungen Tischlers Kelso Cockrane aus Antigua. Ein wesentliches Element Londoner Lebens kehrte wieder. «Wissen Sie», sagte ein junger Westinder den Verfassern von *Windrush*, einer Studie über Einwanderung aus der Karibik im 20. Jahrhundert, «früher war es normalerweise so: Wenn irgendetwas in der Zeitung stand, konnte man immer die Stimmung testen, indem man Omnibus fuhr. Die Leute waren meist sehr feindselig. Aber in diesem Fall, nach der Beisetzung, gab es einen Wendepunkt. Man konnte die Veränderung richtig spüren. Die Leute waren freundlicher; sie fingen an, anders zu antworten und zu reagieren.» Es hat in den vergangenen zwanzig Jahren neue Krawalle und auch Morde gegeben, aber niemand kann bezweifeln, dass Absorption und Assimilation die eigentliche und wesentliche Tendenz in London waren.

Im Laufe dieses Prozesses hat sich auch die Stadt selbst verändert. Die Verfasser von *Windrush*, Michael und Trevor Phillips, stellen diesen Wandel in einen interessanten Kontext. Sie vermuten, dass die Arbeiter, die aus Jamaika, Barbados und anderswoher kamen, nicht einfach «nach Britannien auswanderten». Vielmehr wanderten sie gezielt nach London aus: «Das Leben dieser Stadt war es, was sie ansprach und wonach sie Sehnsucht empfanden.» Im 20. Jahrhundert hatte London auf wirkungsvolle Weise die geeigneten Rahmenbedingungen für das moderne industrielle und wirtschaftliche Leben geschaffen; so war die Reise nach London für die neuen Siedler die einzige Möglichkeit, «sich mit den breiten Strömungen der Moderne auseinander zu setzen». Das ist schon für sich genommen eine bedeutsame Beobachtung, die aber zugleich ein interessantes Licht auf alle Einwanderungen der letzten 1000 Jahre wirft: Was die Menschen anzog, war die Stadt selbst. London rief sie.

Vitalität und Optimismus der Einwanderer wiederum beschenkten die Stadt mit neuer Energie. So sollen sich in den sechziger Jahren des 20. Jahrhunderts die Einwanderer selbst am «Prozess der Erneuerung und Modernisierung» der Straßen und Häuser beteiligt haben, in denen sie lebten. Gegenden wie Brixton und Notting Hill waren «seit dem 19. Jahrhundert verfallen und heruntergekommen», während die Neuankömmlinge nun «weite Teile der Innenstadt aufwerteten». Diese Großstadtumgebung mag anonym, feindselig oder beängstigend erschienen sein, aber in Wirklichkeit war sie das geeignete Forum für die Kariben und andere Einwanderer, um ihre neue Identität zu schmieden.

Das lässt die Autoren von *Windrush* vermuten, dass es «der Instinkt der Stadt» war, «Chancengleichheit herzustellen» und «Unterschiede zwischen Konsumenten und Produzenten einzuebnen». Das ist der neue Egalitarismus, der seinerseits die Unterschiede zwischen den verschiedenen Rassen einebnet, da es «die wesentliche Aufgabe der Stadt war, die Menschen zusammenzubringen». Der «Charakter der Stadt» wiederum definierte aber schließlich «die Identität der Nation, und die Existenz eines abwechslungsreichen, heterogenen London hat dazu beigetragen, Begriff oder Wesen des Englischseins selbst zu definieren. Heute gibt es Menschen von Montserrat in Hackney und von Anguilla in Slough, von Dominica in Paddington und von Grenada in Hammersmith. Wenn es einst Schweizer in Soho und Zyprioten in Holborn gab, so gibt es heute Menschen von Barbados in Notting Hill und von Jamaika in Stockwell.

Es gibt Pundschabi in Southall und Bangladeschi in Tower Hamlets, Türken in Stoke Newington und Pakistani in Leyton. Jede dieser Gemeinschaften hat im größeren Kontext Londons ihre Unabhängigkeit wiederholt, so dass die Stadt einmal mehr die Aspekte der Welt selbst annimmt. Die Stadt, «Globus vieler Nationen», fungiert als Paradigma und Vorläufer auf der großen Rennbahn des Lebens.

74. Tag des Empires

In den letzten Jahrzehnten des 19. Jahrhunderts wurde London die Stadt des Empire; die öffentlichen Räume, die großen Bahnhöfe, die Hotels, die mächtigen Hafenanlagen, die neuen Verkehrsadern, die umgebauten Märkte, alles war sichtbarer Ausdruck einer Stadt von unvergleichlicher Stärke und immenser Größe. London war das Zentrum der internationalen Finanz und der Motor der imperialen Macht geworden; es sprühte vor Leben und Zukunftserwartung. Manches von seinem alten Zauber und Abwechslungsreichtum war freilich dahin; auch seine georgianische Gedrungenheit und Vertrautheit war jetzt verschwunden; an ihre Stelle war eine wuchtigere neoklassizistische oder neugotische Architektur getreten. Die Nelsonsäule am Trafalgar Square, 1843 errichtet, wurde nach dem Vorbild einer Säule im Tempel des Mars Ultor («Mars der Rächer») im kaiserlichen Rom entworfen, während man sich für die neuen Bauten an der Whitehall, der breiten, von Platanen gesäumten Allee, deren Kurve in den Verkehrsstrom am Trafalgar Square mündet, eines revidierten Klassizismus bediente; die Architektur Londons feierte, laut Jonathan Schneer in *London 1900*, «britischen Heldenmut auf dem Schlachtfeld, britische Souveränität über fremde Länder, britischen Reichtum und britische Macht, mit einem Wort: britischen Imperialismus». War die Stadt öffentlicher und machtvoller geworden, so war sie doch gleichzeitig auch weniger menschlich geworden. Die Tower Bridge, deren Bau dreizehn Jahre beanspruchte und 1894 endlich zum Abschluss kam, war ein repräsentatives Sinnbild; sie war eine außerordentliche Leistung der Ingenieurskunst, scheint aber bewusst in einem unpersönlichen und etwas einschüchternden Maßstab konzipiert worden zu sein. In dieser Riesenhaftigkeit und Komplexität spiegelte sie die Funktionsweise der Stadt selbst wider.

Das London des späten 19. Jahrhunderts war auf Geld gegründet. Die City hatte jene historische Bestimmung erreicht, nach der sie fast zwei-

Admiral Nelson ebnete mit seinem Sieg in der Seeschlacht von Trafalgar Großbritannien den Weg zur Weltmacht. Seine Statue wurde 1843 auf eine 56 Meter hohe Säule gehievt, in deren Sockel sich eingeschmolzene, von Nelson erbeutete feindliche Geschütze befinden.

tausend Jahre lang gelechzt hatte. Sie war zum Stammherrn des Kommerzes und zum Vehikel des Kredits für die ganze Welt geworden; die City trug England, so wie die Reichtümer des Empire die City verjüngten. Der Seehandel der ersten Siedler hatte im Laufe der Jahrhunderte unerwartete Früchte gezeitigt, da um die Jahrhundertwende fast die Hälfte aller Handelsschiffe der Welt direkt oder indirekt von Institutionen der City kontrolliert wurden. In den ersten Jahrzehnten des 20. Jahrhunderts wurden neue Bürogebäude zu einem vertrauten Anblick; neue Banken, Firmenzentralen und Versicherungsbüros wurden in großem Stil und mit eindringlichen, dramatischen architektonischen Effekten erbaut. Die neueste Ausgabe von Pevsners *Buildings of England* beschreibt, wie die Bank von England als Kraftfeld für andere kommerzielle Unternehmungen fungierte. «Rundherum konzentrieren sich die Zentralen und Hauptfilialen der wichtigsten Clearing-Banken, von denen viele durch Fusion und Akquisition um 1910 enorm gewachsen waren. Sie waren gebaut, um zu beeindrucken, innen wie außen.»Die Tendenz zu «Fusion und Akquisition» spiegelte sich in einer allgemeinen Neigung zu immer größeren Organisationen wider; die Zeitungsindustrien, das enorme Wachstum der Post, die riesige Expansion der Versicherungsunternehmen, alles trug zum Eindruck einer Stadt bei, die rasch und auf eine fast unnatürliche Weise wuchs.

Unnatürlich war sie auch in anderer Hinsicht. Der Siegeszug des elektrischen Lichts in den neunziger Jahren des 19. Jahrhunderts – die erste elektrische Innenbeleuchtung wurde 1887 in der Lloyds Bank an der Lombard Street verlegt – hatte zwangsläufig zur Folge, dass man kein Tageslicht mehr benötigte, um in Innenräumen zu arbeiten. Die in der City beschäftigten Angestellten hätten genauso gut unter dem Meer leben können; in der Dunkelheit eines Wintermorgens kamen sie zur Arbeit und gingen am Abend, ohne auch nur einmal das Licht der Sonne gesehen zu haben. So trug London dazu bei, eine der großen Katastrophen für den menschlichen Geist anzustiften. Darüber hinaus führten die neuen Bautechniken, besonders die Verwendung von armiertem Beton und Stahl sowie die Einführung von Personenaufzügen, unweigerlich dazu, dass immer höhere Gebäude errichtet wurden.

Die Expansion des verfügbaren Raums wurde noch übertroffen von der Vermehrung der Menschenmassen, die ihn bewohnen wollten. Man hat geschätzt, dass sich die berufstätige Bevölkerung in London 1871 auf 200 000 Menschen belief, 1911 aber bereits auf 364 000. Seit hundert Jahren beliebt ist in London die Comicfigur Charles Pooter, der Prototyp des Angestellten in dieser «Stadt der Angestellten», wie sich ein Reiseführer ausdrückt: «Mein Junge, der einundzwanzigjährige Fleiß deines Vaters und seine strikte Rücksichtnahme auf die Interessen seiner Vorgesetzten wurden jetzt mit einer Beförderung und mit einer Gehaltsaufbesserung um 100 Pfund belohnt!» In seiner naiven Firmentreue war Charles Pooter genau jene Art von Bürger, die London brauchte, um sich zu behaupten.

Im Zuckerbäckerstil der viktorianischen Gotik von Sir Horace Jones und Sir John Wolfe Barry errichtet, wurde die Tower Bridge 1894 vom Prince of Wales eröffnet. Zwei Türme halten die Stahlseilkonstruktion der Seitenteile, das Mittelteil lässt sich hochklappen. Die Übergänge für Fußgänger, oben zwischen den Turmspitzen, sind verglast.

London war aber nicht nur die Stadt der Angestellten. Es war auch der Tummelplatz der neuen «Freiberufler» geworden, der Ingenieure und Architekten und Rechtsanwälte, die es unwiderstehlich in die Stadt des Empire zog. Diese wohlhabenden «Konsumenten» wiederum erzeugten einen Markt für neue Warenhäuser und neue Restaurants; das West End erfuhr eine heilsame Erneuerung mit Theatern unter Schauspieler-Direktoren wie Henry Irving und Beerbohm Tree. Es gab auch kultiviertere Vergnügungen, da eine neue, mobilere Bevölkerung von relativ vermögenden Bürgern die Parks und Museen und Galerien des viktorianischen London entdeckte. Es wurden bessere Bibliotheken und eine Unzahl von erlesenen oder speziellen Ausstellungen eröffnet, um den neuen Geschmack der Großstädter an unterhaltsamer Belehrung zu befriedigen. London war aber auch die Stadt der Fabier und der «neuen Frau»; es war die Heimat des Fin de Siècle, wobei vor allem der spektakuläre Lebensweg des Ästheten Oscar Wilde die Öffentlichkeit in Bann hielt.

Aber die alte Stadt verschwand nicht spurlos. In den 1880er Jahren pflegten annähernd 400 Menschen beiderlei Geschlechts auf dem Trafalgar Square zu nächtigen, zwischen Brunnen und Tauben. H. P. Clunn vermerkt in *The Face of London* (1932): «Nur etwa ein Drittel dieser Menschen hatten einen regulären Beruf, die Übrigen lebten einfach seit ihrer Kindheit von der Hand in den Mund, so gut sie konnten, und wussten kaum zu erklären, wie sie sich überhaupt so lange über Wasser zu halten vermochten.» In jedem Jahr jenes Jahrzehnts wurden annähernd «25 000 Menschen wegen Trunkenheit und Erregung öffentlichen Ärgernisses angezeigt», was zum Teil damit zusammenhing, dass die Wirtshäuser die ganze Nacht geöffnet haben durften; es war anstrengend, die reichste und mächtigste Stadt der Welt zu sein, und das machte sich vielleicht bei Londons Bürgern bemerkbar. Es war eine Stadt der Kontraste. Noch Ende der 1870er Jahre war der Leicester Square mit «Blechtöpfen, Kesseln, alten Kleidern, ausrangierten Schuhen und Katzen- und Hundekadavern» übersät.

Durch die Straßen schob sich, gleichmäßig und unaufhörlich, der Strom des mit Pferdekraft, Motorkraft oder Dampfkraft bewegten Verkehrs; die Durchschnittsgeschwindigkeit dieser Mietdroschken und Kutschen, Fuhrwerke und Pferdebahnen blieb annähernd 18 km/h. Alte Frauen hockten auf der Straße und verkauften Kräuter, Äpfel, Zündhölzer und belegte Brote. Es gab eine frei flottierende Bevölkerung von zerlumpten barfüßigen Kindern, die in Durchgängen oder unter Brücken schliefen. Fliegende Händler boten auf ihren Karren alles feil, von Kohlen und Blumen über Fisch und Buttersemmeln bis zu Tee und Geschirr. Epidemien breiteten sich mit erstaunlicher Geschwindigkeit und Heftigkeit in der beweglichen Großstadtbevölkerung aus. Aber irgendwie – vielleicht nur aus der verklärenden Rückschau – wirken am Ausgang des 19. Jahrhunderts Leben und Leiden der Armen in dem immens großen und komplexen London gedämpft; ihre Stimmen sind in dem unaufhörlichen Verkehr weniger leicht unterscheidbar, und ihre Kämpfe verlieren sich unter dem Heer der Angestellten und «Freiberufler» und der ganzen sich vervielfachenden Bevölkerung der Stadt.

Diese immense Größe und diese Komplexität, Emanationen des Reichtums und der Macht, warfen Probleme für die Behörden selbst auf. Wie sollte das hauptstädtische Bauamt, zusammen mit all den Gemeindevertretungen und Kirchspielen, die größte und wichtigste Stadt der Welt überwachen oder kontrollieren? 1888 wurde der London Council Court gegründet, der eine Fläche von gut 300 Quadratkilometern verwalten sollte, die gesamte Fläche Londons. Da in dieser Stadt immer die Angst vor einer übermächtigen und arroganten Stadtverwaltung herrschte, erhielt der Council Court (LCC), der am Südende der Westminster Bridge residierte, nicht die Verfügungsgewalt über die Polizei oder die öffentlichen Versorgungsbetriebe; trotzdem galt seine Gründung von Anfang an als ein Ereignis von großer Bedeutung in der Entwicklung Londons. Sidney Webb bezeichnete sie als Schritt auf dem Weg zu einer «sich selbst verwaltenden Gemeinde», was indirekt Erinnerungen an die mittelalterliche «Kommune» mit ihrer Stadtmauer und ihrem Heer weckte. Laurence Gomme, der große Kenner der Londoner Verfassungsgeschichte, wurde Sekretär des LCC, dieser repräsentierte für ihn «die Reinkarnation des demokratischen Geistes der mittelalterlichen Freibriefe und der staatsbürgerlichen Traditionen, die so alt sind wie die sächsischen und römischen Ursprünge der Stadt». In einem weiteren Schritt der Neugliederung wurden 1899 aus den alten Gemeindevertretungen und Stadtbezirksgremien 28 «städtische Wahlkreise» *(Metropolitan Boroughs)*; sie sollten jedem zentralistischen Impuls des London Council Court entgegentreten, dennoch eignete auch ihnen etwas Atavistisches. Für eine «königliche Musterung» im Sommer 1912 rekrutierte jeder Wahlbezirk ein Bataillon, das vor König Georg V. aufzumarschieren hatte; es mochte ein Vorbote des kommenden Krieges sein, aber die Truppen aus Fulham und Wandsworth, Stepney und Camberwell, Poplar und Battersea gemahnten auch an alte territoriale Treueverhältnisse aus den frühesten Tagen des *burg* (Burgflecken) und des *soke* (Gutsgerichtsbezirk).

Mit Feuer und Begeisterung machte sich der LCC an seine kommunalen Pflichten. Oberste Priorität hatten zunächst der Abriss der Elendsviertel und die Förderung des öffentlichen Wohnungsbaus. Symbolisch wirkt – zumindest nachträglich – die Einebnung des «Jago» in Bethnal Green; die schmutzigen Gassen und Behausungen, die Arthur Morrison verewigt hatte, wurden Ende des 19. Jahrhunderts beseitigt, und an ihrer Stelle entstand die Siedlung Boundary Green. Auch andere Gebiete im Inneren Londons wurden eingeebnet, doch gemäß der herrschenden Vor-

Die County Hall, 1908 von Ralph Knott entworfen. Das klassizistisch anmutende Gebäude mit dem sanft geschwungenen Halbkreis in der Mitte bot bis 1986 der obersten Verwaltungsbehörde, dem Greater London Council (GLC), Raum.

liebe für «Expansion» als physischem und geistigem Imperativ entstanden dafür an Orten wie East Acton und Hayes «Heimstättensiedlungen».

1904 erhielt der LCC die Zuständigkit für die Grundschulbildung in London und finanzierte ein Spendensystem, das es begabten Kindern ermöglichen sollte, von der öffentlichen Elementarschule auf das Gymnasium, die *grammar school*, zu wechseln. Derartige Neuerungen hatten unmittelbare Auswirkungen auf das Leben der Londoner. Zum ersten Mal seit Menschengedenken wirkte die Stadtverwaltung direkt auf die Menschen ein. Die Administration von London war nicht mehr ein fernes, fast unerkennbares Etwas, «ein trauriges, lang gezogenes, sich verlierendes Brüllen», wie Matthew Arnold sie in anderem Zusammenhang beschrieben hatte; sie war zu einer Triebkraft der Veränderung und Vervollkommnung geworden.

Wieder einmal verkörperte London einen jungen, energischen Geist mit einem merkwürdig «einnehmenden» Wesen, das uns aus den Büchern von Stadtchronisten wie H. G. Wells entgegentritt. Die anstrengende und komplizierte Stadt des *fin-de-siècle* scheint ebenso verschwunden zu sein wie jene Atmosphäre einer lastenden Mattigkeit, die in Memoirenbüchern aus jener Zeit so auffällig ist; es ist, als habe sich die Stadt mit dem neuen Jahrhundert neu belebt. Es war auch das erste Mal, dass der Film – das «Lichtspiel» – ein Massenpublikum anzog, mit Etablissements wie dem «Moving Picture Theatre» und dem «Kinema». Die Untergrundbahn hatte ihre Dampfloks ausgemustert und 1902 auf elektrischen Betrieb umgestellt. Motorisierte Busse, Trambahnen, Lastwagen und Dreiräder beförderten den allgemeinen Schwung. Im Innenstadtbereich gab es zwölf Musikhallen und 23 Theater und etwas weiter draußen noch einmal 47. Die Geschäfte und Restaurants wurden größer, und die Teeläden hießen jetzt «*maisons*». Es gab Panoramen und Preisboxer, Sodawasserapparate und Cafés und Revuen, und alles trug dazu bei, die Atmosphäre einer «flotten» Stadt zu erzeugen. London «ging voran», wie man damals sagte.

Dass der Große Krieg von 1914/18 Wachstum und Vitalität der Stadt ernsthaft beschädigt hätte, kann man nicht behaupten. London hat immer genug Energie und Kraft besessen, um sich gegen Unglück und Katastrophen zu wappnen. Herbert Asquith vernahm am letzten Friedenstag im August 1914 ein «fernes Brüllen». Er schrieb: «Der Krieg und alles, was vielleicht zum Krieg führen kann, war beim Londoner Pöbel immer beliebt. Man erinnert sich an das Bonmot von Sir R. Walpole: ‹Jetzt läuten *(ring)* sie die Glocken; in einigen Wochen ringen *(wring)* sie die Hände.›» London war an Gewalt und latente Grausamkeit gewöhnt, nicht zuletzt in den Kundgebungen des Pöbels, und für viele wirkte die Aussicht auf Chaos und Zerstörung belebend und stärkend.

Es stimmt auch, dass London in den Kriegsjahren weiter expandierte. So wie die Stadt in früheren Jahrhunderten mehr Menschen getötet hatte, als ihr lieb sein konnte, so schien sie durch dieses Gemetzel zu gedeihen. Die Wirtschaft der Stadt profitierte von einer Vollbeschäftigung, da viele ihrer jungen Männer anderswo unabkömmlich waren, und infolgedessen stieg der Lebensstandard. Selbstverständlich gab es auch lokale Risiken und Schwierigkeiten. Alle Bauarbeiten waren eingestellt worden, und nachts wurde die Stadt nur spärlich beleuchtet – als Abwehrmaßnahme gegen feindliche Zeppelinangriffe waren die Straßenlampen dunkelblau übermalt. Parks und Plätze wurden zu Gemüsegärten umfunktioniert, und aus Hotels wurden Regierungsbüros oder Sammelunterkünfte. Aber auf Grund der vielen Emigranten gab es jetzt mehr ausländische Restaurants und Patisserien als je zuvor, und die Tanzlokale und Musikhallen waren überfüllt.

Es waren auch Menschenleben zu beklagen – noch heute kann man an längst renovierten Gebäuden eine Tafel entdecken, die an einen Zeppelinangriff an dieser Stelle erinnert –; im Verlauf der vier Kriegsjahre gab es in der Stadt fast 700 Tote. Aber schätzungsweise 125 000 Londoner sind auf den verschiedenen Schlachtfeldern des Ersten Weltkriegs gefallen.

Das Kriegsende im November 1918 wurde mit ausgelassenen, überschwänglichen Festlichkeiten begrüßt, wie sie immer die Geschichte der Stadt untermalt haben. Stanley Weintraub hat den Augenblick in *A Still-*

ness Heard Around the World: The End of the Great War beschrieben:
«Die Straße war jetzt ein brodelndes Menschenmeer. Wie durch Zauberschlag tauchten Flaggen auf. Ströme von Menschen fluteten vom Embankment heran. … Noch bevor der letzte Schlag der Uhr verklungen war, hatten sich die von einem straffen Kriegsreglement gezügelten Straßen Londons in einen triumphierenden Hexenkessel verwandelt.» Es ist die Beschreibung einer Stadt, die wieder ihre Glieder rührt – die «Ströme» der Bürger sind wie das Blut, das wieder durch die Arterien schießt. Fußgänger «tanzten auf den Bürgersteigen», und auf allen öffentlichen Plätzen versammelten sich riesige Menschenmengen, um jene anschwellende Ahnung von Zusammengehörigkeit zu erleben, die bei solchen Gelegenheiten ein Stück städtischer Identität bildet; die Bürger werden dann in der Tat ein Leib und eine Stimme. König Georg V. fuhr «durch Wogen jubelnder Massen», wobei das maritime Bild noch einmal die eigentümliche Unpersönlichkeit und Unerbittlichkeit dieses Ausbruchs von Massenemotion beschwört. Osbert Sitwell erinnerte sich daran, wo und wie er das letzte Mal eine solche Menschenmenge gesehen hatte: «Es war am Abend des 4. August 1914 vor dem Buckingham-Palast, und sie bejubelte ihren eigenen Untergang; die meisten der damaligen Jubler waren jetzt tot.»

Hier kommt der Freudentaumel dem Blutrausch ziemlich nahe, und auf den Straßen Londons ist eine Art von barbarischer Siegeslaune entfesselt. Der «Herr der Herden» schwang das Szepter, als die Menschen, «Gruppen bildend oder sich bei den Händen fassend, wie Wellen des Meeres an die Seiten des Trafalgar Square brandeten». Drei Tage ohne Unterlass wurde hier gefeiert. Paradoxerweise mischten sich auch Gewalttätigkeit und Krawall in das Friedensfest, das ein anderer Beobachter «eine wüste Orgie der Lust, ein fast brutales Vergnügen» nannte: «Es war Angst erregend, und man hatte das Gefühl: Wenn jetzt ein Deutscher zugegen gewesen wäre, hätten sich die Frauen auf ihn gestürzt, um ihn in Stücke zu reißen.» Dieselbe Grausamkeit hatte natürlich schon die Hochstimmung der Masse bei Kriegsbeginn beherrscht.

Nach dem Ersten Weltkrieg expandierte London in jeder Hinsicht; neue zweispurige Straßen und ein radiales Autobahnnetz führten nach Cheshunt und Hatfield, Chertsey und Staines. Und so wie die Stadt nach außen wuchs, erneuerte sich auch ihr inneres Gefüge. Neue Banken und Bürogebäude entstanden, und die Bank von England selbst wurde umgebaut. Die neue Lambeth Bridge entstand. Mit neuen Initiativen im Bildungswesen und Sozialbereich sowie Projekten zur Sanierung von Wohnhäusern und Parks trieb der LCC die Stadtentwicklung weiter voran.

Dazu passte, dass im Herbst 1931 die bedeutendsten öffentlichen und kommerziellen Gebäude der Kapitale erstmals nachts angestrahlt wurden.

Dieser neuartige Glanz zog starke Kräfte an; die so genannte «hauptstädtische Zentralisierung» war für Politiker, Gewerkschafter und Rundfunkmenschen attraktiv; so wurde die BBC, im Herzen Londons verschanzt, zugleich zur «Stimme der Nation». Die Film- und die Zeitungsindustrie sowie unzählige Werbeunternehmen zogen ebenfalls in die Metropole und trugen dazu bei, das ganze Land mit Bildern und Visionen der Kapitale zu versorgen.

1939 war die Bevölkerung von Groß-London auf 8 600 000 gestiegen; es war die höchste Marke, die die Stadt je erreichte und wahrscheinlich je erreichen wird. Jeder fünfte Brite war jetzt Londoner.

Die dreißiger Jahre des 20. Jahrhunderts werden oft ausschließlich als eine Ära der Angst beschrieben, da Wirtschaftskrise, Arbeitslosigkeit und die Angst vor einem neuen Weltkrieg aufzogen. Aber London birgt als heterogene Stadt immer zahlreiche Widersprüche in sich.

J. B. Priestley zum Beispiel sah Beweise für eine ganz anders geartete Veränderung. Er beschrieb die neue Großstadtkultur, die um ihn herum aufkam, als eine Kultur «der Durchgangs- und Umgehungsstraßen, der Tankstellen und Fabriken, die wie Ausstellungsgebäude aussehen, der riesigen Kinos und Tanzlokale und Cafés, der Bungalows mit winzigen Garagen, der Cocktailbars, der Woolworth-Filialen, der Autobusse, des Radios». Es war die übliche Empfindung des Londoners, dass alles zu groß würde. So wurde 1932 gemeldet, dass etwa die Bevölkerung von Dagenham innerhalb von zehn Jahren um 879 Prozent gewachsen sei. 1921 war es ein kleines Dorf mit Bauernhäusern und Getreidefeldern gewesen; binnen eines Jahrzehnts aber hatte man 20 000 Häuser für Menschen der Arbeiterschicht errichtet. George Orwell hatte Dagenham in seiner Schilderung der neuen Stadt erwähnt, in der die Bürger «riesige neue Wüsteneien aus Glas und Stein» bewohnen, wo «auf verschiedenen Ebenen, im arbeitssparend eingerichteten Appartement ebenso wie in der Sozialsiedlung an der Betonstraße, das nämliche Leben gelebt wird». Wie Priestley erschrak er über die «Kilometer von Reihenhäusern, alle mit ihrer kleinen Garage, alle mit ihrem Radiogerät». Beide reagierten auf die wichtigste Veränderung im Leben Londons seit 150 Jahren: Sie meinten das Leben in den Vororten.

Nach dem Großen Krieg

*Dieses Plakat der Londoner U-Bahn aus dem Jahre 1929
preist die Vorzüge von Metroland und des Wohnens
in der Vorstadt an.*

75. Vorstadtträume

Die Vorstädte nahmen alles das auf, was die Stadt aus ihrer Mitte verbannt hatte – geruchsintensive Industrien, Bordelle, Hospitäler für Aussätzige, Theater –, so dass das Gebiet jenseits der Stadtmauer als bedrohlich oder gesetzlos empfunden wurde. Es war weder Stadt noch Land, sondern gleichsam eine verleugnete Schleifspur Londons auf der Erde.

Gleichwohl zeigten extramurale Gebiete wie Wapping und Holborn, Mile End und Bermondsey seit dem 16. Jahrhundert Zeichen einer aufstrebenden Bevölkerung, Handelstätigkeit und Besiedlung. Der Autor von *Londinopolis* schreibt 1657: «Gewiss ist es so, dass die Vorstädte Londons viel breiter sind als der Korpus der Stadt, weshalb manche Leute London mit einem Jesuitenhut vergleichen, dessen Krempe viel breiter ist als der Stock.» Zu derselben Zeit bemerkte der spanische Gesandte: «Ich glaube, in Kürze wird es keine City mehr geben – sie wird sich zu den Toren hinaus in die Vorstädte verflüchtigt haben.»

London schob sich in unterschiedliche Richtungen vor, wobei es vorhandene Straßen oder Handelsrouten nutzte und die Belastbarkeit einzelner Dörfer oder Kirchspiele auf die Probe stellte. Beispielsweise wirkte der Süden Stepneys wie «eine kleine Stadt am Fluss» und einer der frühesten Industrievororte; im Norden dagegen «hat dieses Kirchspiel das Aussehen des flachen Landes». Spitalfields expandierte in kaum sechzig Jahren um das Fünffache.

Doch selbstverständlich weckte dieser Wildwuchs von Gebäuden und Menschen Gefühle des Abscheus oder der Bestürzung. Er schien die Identität der Stadt selbst zu bedrohen. Auf einer technischen Ebene war die Obrigkeit nicht mehr in der Lage, den Handel, die Geschäfts- und Berufspraktiken oder die Preise zu überwachen; aber auch in einem weniger greifbaren Sinn entglitt den Hütern von Recht und Ordnung allmählich die Kontrolle. Dieser Machtverlust erzeugte Angst. So gab Karl I. dem «gemeinen, unbotmäßigen Volk der Vorstädte» die Schuld an Massenkrawallen in Whitechapel, und Stephen Inwood beschreibt die Vorstädte selbst in *A History of London* als «ein Höllenreich aus Müllhaufen, stinkenden Gewerben, grausamen Volksbelustigungen, Blutgerüsten, üblen Schenken, Prostituierten, Ausländern, Dieben – die Welt der Armen und des Pöbels».

Trotzdem schien es eine Zeit lang noch möglich zu sein, dem Pesthauch der Stadt zu entgehen. Ende des 18. Jahrhunderts gab es in Packham «viele schmucke Häuser ... die meisten von ihnen sind der Landsitz wohlhabender Londoner Bürger». Da in Kentish Town «die Luft außerordentlich gesund ist, haben sich viele Bürger hier ein Haus gebaut, und wem die Umstände diese Ausgabe nicht erlauben, nimmt sich für den Sommer fertig eingerichtete Zimmer». Auch in Fulham gab es «viele gute Gebäude, die den besseren Ständen Londons gehören». Was sich hier abspielte, war nicht ein unkontrolliert einsetzendes Wachstum, sondern die bewusste Kolonisation der ländlichen Umgebung. Dörfer wie Clapton, Hampstead oder Dulwich wurden, in der Ausdrucksweise einer späteren Zeit, zu «vorstädtischen Dörfern».

Schon 1685 entstanden am Newington Green Häuserzeilen nach Londoner Vorbild. Dreißig Jahre später wurde der Kensington Square auf ähnliche Weise angelegt, und zwar, wie Chris Miele in *Suburban London* schreibt, «ohne erkennbare Zugeständnisse an den ländlichen Charakter der Gegend». Dank einer wunderlichen Alchemie hatte sich die Stadt an einem weit entfernten Fleck neu aufgebaut, als leiser Vorgeschmack auf das, was kommen sollte. Auf ähnliche Weise entstanden vorstädtische Siedlungen in vormals ländlichen Gegenden, in enger Anlehnung an die Siedlungen, die schon in den westlichen Stadtvierteln Londons gebaut worden waren; Kensington New Town, Hans Town und Camden Town waren Miniaturstädte, gebaut auf günstig gelegenen und profitablen Flächen an den Hauptstraßen. Die Vorstädte wurden also, genau wie das übrige London, unter kommerziellen Gewinngesichtspunkten errichtet.

Gegenden wie Hammersmith und Camberwell waren jetzt weder Stadt noch Land, sondern hatten Anteil an beidem, und entsprechend waren auch ihre Bewohner ein gemischtes und zwiespältiges Völkchen. Defoe hatte bereits die Entstehung einer «mittleren Sorte von Menschen» beschrieben, «die durch Handel reich geworden sind und noch immer nach London schmecken; manche von ihnen leben gleichzeitig sowohl in der Stadt als auch auf dem Lande». In diesen Mischlandschaften zeigten sich bald auch architektonische Zwitterformen. So trat in den fünfziger und sechziger Jahren des 18. Jahrhunderts die «Villa» (das Landhaus) als vorstädtische Standardbehausung in den Vordergrund. Bald sah man Villen in Islington und Muswell Hill, Ealing und Clapham, Walthamstow und South Kensington. Man hat behauptet, das Vorbild dieser Villen, die «Flut von viktorianischen Hausbauten, dieses sich ergießende ‹Villentum›» (John Summerson) habe die spätere Entwicklung zu einer ausgedehnteren Vorstadtbesiedlung begünstigt. Von dieser Kennzeichnung wäre zu sagen, dass sie die etwas herablassende Einstellung teilt, die noch immer gegenüber den Vorstädten des 19. und 20. Jahrhunderts herrscht; die Villen aus der Mitte des 18. Jahrhunderts nahmen jedoch Atmosphäre und Beschaffenheit des späteren Vorstadtlebens nicht nur in architektonischer Hinsicht vorweg. Sie verkörperten beispielsweise jene Privatheit, die der Londoner Charakter instinktiv suchte, in der Stadt aber nicht mehr finden konnte. Einer der Beweggründe für den Zug hinaus in die Vorstädte – in ihrer frühen wie in ihrer späteren Form – war ja der Wunsch, der schieren Nähe anderer Menschen und anderer Stimmen zu entfliehen; die Ruhe in einer modernen Vorstadtstraße mag sich nicht messen können mit der Stille über den Villengründen von Rochampton oder Richmond, aber das Prinzip der Ausgrenzung bleibt dasselbe. Umgeben und geschützt vor den Begehrlichkeiten der Stadt, war die Villa ursprünglich natürlich als Wohnung für eine einzige Familie gedacht. Die Vorstellung «eine Wohneinheit für eine Familie» steht denn auch bei der späteren Entwicklung des vorstädtischen Lebens im Mittelpunkt; die Sehnsucht nach Sicherheit war genauso stark wie der Wunsch nach der relativen Anonymität der Isolation. Die Villen waren «detachiert» (wohl nicht umsonst ein Wort aus dem Festungsbau), das heißt sie standen einzeln. Billigere Versionen für bevölkertere Gegenden waren dann die «semi-detachierten» Reihenhäuser.

Das, was manche als Rückzug oder Regression ansehen mochten, hatte soziale und ästhetische Folgen. Die ersten Villen waren ein weithin sichtbares Zeichen der Achtbarkeit – «der Heiterkeit, Eleganz und Lebensart», wie es in einer Broschüre aus jener Zeit heißt –, und dieses Bild der Achtbarkeit prägte die Vorstädte für die nächsten zwei Jahrhunderte. Die Redensart «den Schein wahren» hätte direkt auf das Vorstadtleben gemünzt sein können. Aber die ursprünglichen Villen selbst führten eine Art von Künstlichkeit ein; es waren keine «Villen» im klassischen Sinn (und erst recht nicht jene römischen *villae*, wie man sie einst in ganz Südengland gesehen haben dürfte), die die Illusion vom Landleben kaum nährten. Sie waren in Wirklichkeit genauso ein Aspekt von London wie Newgate oder die Tottenham Court Road, aber ihr Hauptreiz lag noch immer in der Annahme, dass sie frei wären von den schädlichen und kontaminierenden Einflüssen der Stadt.

Mit dem Aufkommen von Massenverkehrsmitteln, die den größten Exodus in der Geschichte Londons verfrachteten, war diese selige Fiktion jedoch nicht lange aufrechtzuerhalten. Bald zeichnete sich ein Muster ab: Die wohlhabenderen Bürger zogen noch weiter hinaus auf großzügigere Flächen und Höhen, während sie ihrerseits von Neuankömmlingen verdrängt wurden – ein Phänomen, das so alt und so neu ist wie die

Stadt selbst. Charles Manby Smith verfolgt in *The Little World of London* diese Entwicklung zwischen den zwanziger und den fünfziger Jahren des 19. Jahrhunderts am Beispiel einer fiktiven Straße, der von ihm so genannten Strawberry Road («Erdbeerstraße») im vorstädtischen Islington. Ihr Bau hatte zwei oder drei Jahre gedauert; es war «eine doppelte Reihe zweistöckiger Wohnhäuser», und zunächst klammerte sich die Straße «mit beträchtlicher Zähigkeit an ihre ländlichen Assoziationen und Merkmale», um nicht «vom Busen Babylons verschlungen zu werden». Es war eine vornehme Gegend, wo akademisch gebildete Herren mit ihren Familien wohnten, «Beamte, Geschäftsführer und verantwortliche Personen, die in der Stadt beschäftigt waren». Doch dann begann sich die Straße zu verändern. «Die akademisch gebildeten Damen und Herren zogen weiter nach Norden, und ihre Stelle nahm eine neue Schicht ein – Handelsgehilfen, Vorarbeiter und Werkstattaufseher», die rund um die Uhr arbeiteten «und untervermieteten, um die Miete zahlen zu können». Binnen kurzem «schossen auf dem Brachland an der Ostseite der Straße lange Reihen kleiner Häuschen, knapp sechs Meter auseinander, wie die Pilze aus dem Boden. Kaum gebaut, wurden sie schon bezogen.» Eine Sägemühle wurde errichtet, und in der Straße selbst tauchten die verschiedensten Läden auf; ein Tischler, ein Schreiner, ein Obst- und Gemüsehändler gesellten sich zu den älteren Anwohnern, und «nach ein paar Jahren war die ganze Straße auf beiden Seiten mit Ausnahme einiger weniger Häuser zu einer drittklassigen Geschäftsstraße geworden». Die Sägemühle selbst florierte und «scharte einen Wust von weiterverarbeitenden Betrieben um sich». Bierschenken, Wirtshäuser und Imbissstuben entstanden neben Werkstätten und Bauhöfen. Aus dem Zuhause einer «ruhigen, gelassenen Kompetenz» war binnen dreißig Jahren ein Wohnort «der strampelnden und kämpfenden Masse» geworden.

Es gab einen weiteren typischen Prozess der Stadtentwicklung: Auf die bauliche Erschließung entlang den Hauptstraßen folgte eine Besiedlung der Flächen zwischen den großen Verkehrsadern. In *The Builder* hieß es 1885: «Das Anwachsen des soliden Besiedlungskerns, bei nur wenigen noch übrigen Zwischenräumen, ist alles andere als erstaunlich.» Um 1850 begann die Stadt, ihre Bevölkerung an Gegenden wie Canonbury im Norden und Walworth im Süden abzugeben. Die Einführung billiger «Arbeiterkarten» bei der Bahn sorgte dafür, dass bahnhofsnahe Gebiete schnell besiedelt wurden. So entstanden Arbeiter-Vorstädte wie Tottenham und East Ham. Diese Tendenz beschleunigte sich, und um 1860 wünschten sich der kleine Angestellte und der Ladenbesitzer nichts sehnlicher als eine kleine Villa «vor der Stadt». Ein Beobachter, der auf dem Primrose Hill Aufstellung genommen hatte, meinte 1862: «Die Metropole hat die

Typische viktoriani-sche Doppelhäuser aus der Londoner Vorstadt

Arme ausgestreckt und uns an sich gedrückt – noch nicht mit lähmender Umklammerung, aber doch bedenklich fest.» Das Bild suggeriert hier eine fremdartige Bedrohung oder Invasion und stellt natürlich eine vertraute, wenn auch phantasiearme Haltung gegenüber London dar: Die Expansion der Stadt in das flache Land hinein war lärmend, schädlich und zerstörerisch. Mit demselben Recht konnte man aber argumentieren, dass die Stadt Energie und Aktivität in die von ihr vereinnahmten Gebiete brachte und dass sie mit den Vorstädten eine neue Lebensform kreiert hatte. Sie brachte Wohlstand und für diejenigen, die in den neuen Siedlungen wohnten, eine gewisse Zufriedenheit.

In den mittleren Jahrzehnten des 19. Jahrhunderts herrschte daher in allen Londoner Stadtrandgebieten eine unaufhörliche Bautätigkeit. «So schnell gebaut wie vermietet» war eine Parole aus jener Zeit, doch wäre es falsch, alle Vorstädte als Beispiel für schlampige Architektur oder überstürzte Planung hinzustellen. Zwanglose Siedlungen wie St John's Wood Estate oder Wimbledon Common oder auch die Vorstadt Hampstead Garden waren völlig verschieden von den proletarischen Häuserzeilen in Walthamstow oder Barking. Die Reihen kleiner Häuser, aus denen Agar Town bestand, unterschieden sich von den vornehmeren Straßen in Brixton. Das Eton College Estate im Bezirk Chalk Farm hatte wenig mit dem Seven Sisters Estate gemein, das öde Islington wenig mit dem grünen Crouch End.

Man könnte drei Arten von Vorstädten unterscheiden. Da gab es zunächst einmal jene, die noch an die äußeren Ränder der Stadt grenzten, Gegenden wie Surbiton, Sidcup oder Chislehurst, die sich durch die erhöht angelegten, größeren Villen mit weitläufigen Gärten auszeichneten. Rund um den nächsten Bahnhof mochten sich ein paar «Hütten» und Läden verteilen, aber die Illusion von Ländlichkeit war noch ziemlich intakt. In der zweiten Kategorie von Vorstädten, in Gegenden wie Palmers Green und Crouch End, wohnten «das mittlere Management, höhere Beamte und besser bezahlte Angestellte», die von den niedrigen Fahrpreisen der Eisenbahnen profitierten, um sich einen sicheren und relativ ruhigen Zufluchtsort vor dem tobenden «Babylon» leisten zu können. Die dritte Kategorie war für die Arbeiterschicht da, und in Siedlungen wie Leyton oder East Ham war jeder Quadratzentimeter Boden bedeckt mit gesichts- und unterschiedslosen billigen Häuserzeilen. Diese Quartiere befanden sich meistens im Osten der Stadt. Die alten territorialen Imperative waren schließlich auch für Charakter und Qualität der Vorstädte ein ausschlaggebender Faktor, wobei die im Osten und Nordosten offenkundig minderwertiger waren als die im Westen. In den Vorstädten im Süden ging es weitläufiger und gelassener zu als im Norden.

Um 1880 war man sich darüber einig, dass London «zum größeren Teil eine neue Stadt» ist. Es war, wie es die *Building News* 1900 formulierten, eine «riesige, übergroß gewordene Metropole», bestehend aus einem «Meer kleiner Häuser». Es war paradox, dass etwas so Riesiges aus so vielen kleinen Einzelteilen bestehen sollte. Fast war es, als habe London in seltsamer Vorahnung die sichtbare Gestalt der sozialen Demokratie angenommen. Neue Formen von Massentransportmitteln wie etwa das U-Bahn-System hatten mitgeholfen, die «neue Stadt» zu schaffen; dafür schuf die Stadt nun den Hintergrund für einen evolutionären sozialen Wandel.

Als kurz nach 1900 Ilford zu einer mittleren Vorstadt für Angestellte und Facharbeiter ausgebaut wurde, verweigerten die Bauunternehmer ihre Zustimmung zur Errichtung von Wirtshäusern in der Gegend. Die neue Vorstadt sollte so wenig Ähnlichkeit wie möglich mit London aufweisen. Zur selben Zeit legte der LCC den Nachdruck nicht mehr auf die Sanierung oder Neuerschließung «innerstädtischer» Gebiete, sondern auf die Errichtung von Arbeitersiedlungen *(cottage estates)* am Stadtrand Londons. Mit der Idee des *cottage* wurde später viel Missbrauch getrieben, aber die Errichtung von Zeilen zweistöckiger Häuser mit kleinem Garten dahinter veränderte den Ruf des Sozialwohnungsbaus, ja sie veränderte sogar das Gesicht des Londoners. Der Cockney muss nicht unbedingt immer das Produkt von Elendsvierteln sein.

*

Mitte der 1930er Jahre waren laut Schätzungen täglich 2,5 Millionen Menschen in London unterwegs. Der private wie der öffentliche Raum der Vorstädte erweiterte sich daher beträchtlich. Es war die Zeit von Metroland, das mit dem Cedars Estate in Rickmansworth begann und schließlich Wembley Park und Ruislip, Edgware und Finchley, Epsom und Purley einbezog. Die Wichtigkeit der Transportmittel bei der Bewältigung dieser Massenverfrachtung wird nicht zuletzt dadurch unterstrichen, dass der Begriff «Metroland» von der städtischen Eisenbahngesellschaft, der Metropolitan Railway Company, geprägt und von der Londoner U-Bahn nach Kräften propagiert wurde. Die Broschüren und Anzeigen dieser Unternehmen betonten besonders die nicht-großstädtischen Aspekte an Gegenden, die im Grunde nichts als große Wohnsiedlungen waren.

«Metroland lockte uns hinaus ins buchenreiche Bucks [Buckinghamshire]», dichtete John Betjeman, der überhaupt eine zähe, wenngleich zwiespältige Zuneigung zu vorstädtischen Szenerien empfand – ihm gefielen «gotischer Giebel» und «frisch gepflanzte Kiefer», «Birne und Apfel in Croydons Gärten» und der «lichte Vorstadtabend», der Sicherheit suggeriert. Die Werbestrategen von Bahn und U-Bahn beuteten die schmerzliche Sehnsucht nach Kontinuität und Berechenbarkeit weidlich aus. Ihren Broschüren zufolge leben die neuen Bewohner der Vorstädte «neben Brombeerdickichten, in denen Nachtigallen schlagen». Auf einer Reklame der Londoner U-Bahn sind drei graue, traurige Häuserzeilen zu sehen; darunter steht: «Schluss damit! Ziehen Sie nach Edgware!» Eine idyllische Szene präsentiert sich mit einem Zitat des Dichters Abraham Cowley, der selbst nach der Restauration von 1660 nach Chertsey zog. In einem einzigen Satz drückt er den Wunsch aus, er möchte «Herr eines kleinen Hauses und eines großen Gartens sein, umgeben von bescheidenen Bequemlichkeiten». Wieder einmal suchte die Vision der neuen Vorstadt, gemäß der impliziten Altertumssucht von London selbst, Zuflucht bei der Berufung auf eine schlecht erklärte Vergangenheit.

Dieselbe Nostalgie war am Baustil der neuen Vorstädte abzulesen; Vorbild war ein Pseudo-Tudor, auch «Börsenjobber-Tudor» genannt. Das Bestreben war, ein Gefühl von Kontinuität mit der Befriedigung über traditionelle Handwerkskunst und Gestaltung zu verbinden. Es war der Versuch, diesen neuen Londonern, die sich selbst aus dem innersten Kern der Stadt verbannt hatten, Substanz und so etwas wie Würde zu geben. Die Stadt kann sich auf ungeahnte Weise umgestalten und regenerieren. Deshalb sind die «Gärten» und «Parks», «Wege» und «Höhen» in den vorstädtischen Straßennamen heute ebenso sehr ein Bestandteil Londons wie die alten «Alleen» und «Gassen».

London hatte eine neue Art von Leben geschaffen. Einmal mehr geschah dies ohne zentralisierte Planung, sondern aus kurzfristigen kommerziellen Interessen heraus. So wurden die Vorstädte die Heimat von Einkaufsparadiesen und imposanten Kinos, von ästhetisch ansprechenden U-Bahn-Stationen und verzierten Bahnhöfen. Es war die Zeit des Morris und des Ford. Die Fabriken, die die neuen doppelspurigen Straßen säumten, produzierten die Haushaltsartikel dieser neuen Zivilisation – Waschmaschinen und Kühlschränke, Kochplatten und Radios, Lebensmittelkonserven und Staubsauger, elektrische Kamine und Kunstledersofas, «Stilmöbel» und Badezimmereinrichtungen.

In dem Roman *Die unsichtbaren Städte* (1975) reflektiert der italienische Schriftsteller Italo Calvino über das Wesen der Vorstädte, die bei ihm die Phantasienamen Trude und Penthesilea tragen. Wir können sie durch Acton und Wembley Park ersetzen. Dem Erzähler wird gesagt, dass er reisen kann, wohin es ihm beliebt, aber: «Sie werden nur immer wieder nach Trude kommen, absolut dasselbe Trude, in allen Einzelheiten. Die Erde ist bedeckt von einem einzigen Trude, das keinen Anfang und kein Ende hat.» Aber genau das war zu allen Zeiten die Definition Londons: dass es keinen Anfang und kein Ende hat. In diesem Sinne partizipieren seine Vorstädte nur einfach an seiner Grenzenlosigkeit.

Die Gin-Paläste der alten Stadt sind den glitzernden Kinopalästen der 1930er Jahre gewichen, die alten Schenken wurden durch «Rasthäuser» oder Pseudo-Tudor-Gasthöfe an wichtigen Kreuzungen ersetzt, die alten Straßenmärkte durch Einkaufsparadiese und Großkaufhäuser. Die Vorstädte der Zwischenkriegszeit erweiterten das Leben und die Ausstrahlung Londons beträchtlich, aber im Wesentlichen entfalteten sie nur etwas schon Vorhandenes. In Calvinos Roman fragt der Erzähler nach der Lage der Stadt Penthesilea, und die Einwohner «machen eine viel sagende Bewegung, die bedeuten kann ‹hier› oder auch ‹dahinten› oder ‹ringsumher› und sogar ‹in der entgegengesetzten Richtung›». So beginnt sich Calvinos Besucher zu fragen, «ob Penthesilea vielleicht nur der Stadtrand seiner selbst ist. Die Frage, die dann an einem zu nagen beginnt, ist quälender: Gibt es außerhalb von Penthesilea überhaupt ein Außerhalb? Oder gerät man, egal wie weit man sich von der Stadt entfernt, immer nur von einem Dunstkreis in den nächsten, ohne ihn je verlassen zu können?»

London im Luftkrieg

*Ein berühmtes Photo der St Paul's Cathedrale, die auf wundersame Weise
die Bombenangriffe des Zweiten Weltkriegs überstand.*

76. Sondermeldung

Es begann mit Angriffen auf die Londoner Außenbezirke. Croydon und Wimbledon wurden getroffen, und Ende August fielen Streubomben auf das Gebiet um Cripplegate. Dann, am 7. September 1940 um fünf Uhr nachmittags, kam die deutsche Luftwaffe, um London anzugreifen. 600 Bomber, zu großen Wellen geordnet, entluden ihre explosive und hoch brennbare Last über dem Osten Londons. Beckton, West Ham, Woolwich, Millwall, Limehouse und Rotherhithe gingen in Flammen auf. Tankstellen und Elektrizitätswerke wurden getroffen; das eigentliche Ziel war jedoch der Hafen. «Telegraphenmasten begannen zu schwelen und sich dann von unten her zu entzünden, obwohl der nächste Brand mehrere Meter weit weg war. Dann entzündete sich die hölzerne Straßensperre in der sengenden Hitze.» Die Feuerwehr hatte alle Hände voll zu tun, sich durch Feuer und Explosionen zu Bränden vorzuarbeiten, die schon fast «außer Kontrolle» waren. «Das Feuer war so riesig, dass wir kaum mehr als einen schwachen Versuch unternehmen konnten, es zu löschen. Das ganze Lagerhaus war ein wildes Inferno, vor dem sich die Silhouetten winziger Feuerwehrleute abzeichneten, die mit ihrem nutzlosen Wasserstrahl auf Feuerwände zielten.» Diese Schilderungen stammen aus *Courage High*, einer Geschichte der Brandbekämpfung in London von Sally Holloway. Ein Freiwilliger befand sich auf dem Fluss selbst, wo «eine halbe Meile des Surrey-Ufers in Flammen stand ... Überall trieben brennende Schiffe ... Drinnen war es wie in einem Höllenpfuhl.» In der Krypta einer Kirche in Bow «knieten Menschen, die weinten und beteten. Es war eine ganz furchtbare Nacht.»

In der nächsten Nacht, und dann in der übernächsten, kamen die deutschen Bomber wieder. Die Strand wurde bombardiert, das St Thomas's Hospital wurde ebenso getroffen wie die St Paul's Cathedral, das West End, der Buckingham-Palast, der Lambeth-Palast, Piccadilly und das Unterhaus. Den Londonern kam es wahrhaftig wie ein Krieg gegen London vor: In der Vollmondnacht des 15. Oktober «schien es, als sei das Ende der Welt gekommen». Manche verglichen London mit einem prähistorischen Tier, das sich, verwundet und verbrannt, schwerfällig weiterschleppte, ohne seiner Angreifer zu achten; intuitiv sah man in London eine erbarmungslose, uralte Kraft verkörpert, die jeden Stoß und jede Verletzung aushielt. Aber auch andere Bilder wurden gebraucht – Lon-

Zwischen September und November 1940 wurden fast 30 000 Bomben über der Hauptstadt abgeworfen. In den ersten dreißig Tagen des Angriffs wurden knapp 6000 Menschen getötet und doppelt so viele schwer verletzt.

don als Jerusalem, als Babylon, als Pompeji –, die der Not der Stadt die Aura des Verhängnisses und Untergangs verliehen. Als die Londoner in den ersten Tagen der Luftangriffe erleben mussten, wie die deutschen Bomber ungehindert von jeder Flugabwehr näher kamen, herrschte instinktiv die Befürchtung, dass die Vernichtung der Stadt unmittelbar bevorstand.

Die ersten Reaktionen auf die Luftangriffe waren, den Beobachtungen von «Mass Observation» und anderen interessierten Gruppen zufolge, uneinheitlich und widersprüchlich. Manche Bürger, von einer übermächtigen Angst gepackt, verfielen in Hysterie, und es gab Fälle von Selbstmord; andere waren einfach nur wütend und eigensinnig entschlossen, auch angesichts extremer Gefahren ihr normales Leben weiterzuführen. Wieder andere versuchten sich in forcierter Heiterkeit oder registrierten mit gespannter Aufmerksamkeit die Zerstörungen ringsumher, bei vielen aber war die Stimmung ein herzhaftes «jetzt erst recht». Wie A. N. Wilson, Herausgeber einer Anthologie zur Londoner Geschichte, feststellt, dokumentieren die Quellen aus jener Zeit die Unverwüstlichkeit der Londoner, «ihre Witze und Schlager sogar in der unmittelbaren, grellen Gegenwart eines gewaltsamen Todes».

Philip Ziegler meint in seiner Untersuchung *London at War*, die Londoner hätten sich «bewusst angestrengt, kaltblütig und furchtlos zu erscheinen», doch mag diese Selbstbeherrschung auch die notwendige und instinktive Abwehr gegen das ansteckende Gift der Panik gewesen sein. Was, wenn diese Acht-Millionen-Stadt in Hysterie verfallen wäre? Genau dieses Schicksal hatte ihr Bertrand Russell in seiner Broschüre *Which Way to Peace?* prophezeit: London werde «ein einziges Tollhaus werden, man wird die Krankenhäuser stürmen, der Verkehr wird zusammenbrechen, die Obdachlosen werden nach Frieden schreien, in der Stadt wird der Teufel los sein». Möglicherweise wussten die gewöhnlichen Bürger, begabt mit feineren Instinkten als ihre einstigen Präzeptoren, dass man genau dies nicht zulassen durfte. Und so beeindruckten die Londoner alle, die von auswärts kamen, durch ihre «Ruhe und abgeklärte Entschlossenheit». London ist in all seinen periodisch wiederkehrenden Krisen, Krawallen und Feuersbrünsten erstaunlich stabil geblieben; es hat gewankt und geschwankt, um sich doch wieder zu fangen. Die Erklärung hierfür mag zum Teil die gewichtige Präsenz von Handel und Gewerbe sein, deren Geschäfte sich über alle Hindernisse und Widrigkeiten hinwegsetzen. Eine Lieblingsredensart Winston Churchills im Krieg war «business as usual», und keine Parole hätte der Situation der Stadt besser entsprochen.

Die Ruhe und Entschlossenheit der Londoner in diesem Herbst und

Winter 1940 hatte aber noch einen anderen Aspekt: Sie entsprang auch dem unerschütterlichen Bewusstsein, dass die Stadt schon andere Schicksalsschläge erlitten und irgendwie überlebt hatte. Natürlich war nichts mit der Vehemenz und Zerstörungskraft der Bombenangriffe zu vergleichen, aber der schiere Fortbestand Londons, seine Kontinuität in der Zeit, verliehen den Menschen eine tiefe, wenn auch damals vielleicht nicht recht erklärliche Zuversicht. Die Stadt war einfach zu groß, zu komplex, zu bedeutungsvoll, um vollständig zerstört zu werden.

Der Wille zur Selbstbehauptung speiste sich auch aus einem gewissen Stolz. «Jedermann ist absolut entschlossen», schrieb Humphrey Jennings, «ja insgeheim beglückt über das *Privileg*, Hitler aufzuhalten.» Nach Ziegler herrschte eine «merkwürdige Beschwingtheit ... Die Londoner fühlten sich als Elite.» Sie waren stolz auf ihr Leiden, so wie frühere Generationen von Londonern ein geradezu eifersüchtiges Interesse an ihrem scheußlichen Nebel, an ihren unsicheren Straßen, an der schieren Anonymität und Größenordnung ihrer Stadt gezeigt hatten. In gewisser Weise hielten sich die Londoner für besonders auserwählt zum Unglück. Das könnte wiederum die unleugbare Tatsache erklären, dass «viele Unterhaltungen von makabren Übertreibungen geprägt» waren, besonders was die Zahl der Toten und Verletzten betraf. Der Hang zum Theatralischen brach sich wieder Bahn: Die Londoner Feuerwehrleute behaupteten, dass sie die Hälfte der Zeit nicht mit der Brandbekämpfung, sondern mit der Abdrängung der zahllosen Schaulustigen beschäftigt waren.

Es gibt auch andere Bilder aus diesen ersten Monaten des Luftkriegs. Da war zum Beispiel die Verdunklung, die eine der am strahlendsten illuminierten Städte der Welt in eine fast völlige Finsternis tauchte. London wurde wieder einmal die Stadt der grausigen Nacht und weckte in manchen Bewohnern geradezu Empfindungen von Urangst, wenn sich zum Beispiel einst vertraute Verkehrsadern plötzlich im Nichts verloren. Eine Figur bei Evelyn Waugh vermerkt: «Die Uhr könnte um zweitausend Jahre zurückgedreht sein, auf jene Zeit, als London noch ein Hüttendorf hinter einem Palisadenzaun war»; die Großstadtzivilisation war seit langem so sehr vom Licht abhängig, dass bei dessen Ausbleiben alle gewohnten Gewissheiten wegbrachen. Natürlich gab es Leute, die die Dunkelheit für ihre eigenen Zwecke ausnutzten, aber vorherrschend war doch bei vielen anderen ein Gefühl tiefer Beunruhigung und Ohnmacht.

Die Verlockung der unterirdischen Schutzräume ist schon erwähnt worden, ebenso die Sorge der Behörden, dass London ein Geschlecht von «Troglodyten» ausbrüten könnte, die überhaupt nicht mehr ans Tageslicht kommen mochten. Die Realität jedoch war krasser und zugleich prosaischer. Nur vier Prozent der Londoner Bevölkerung haben die U-Bahn je als nächtlichen Schutzraum benutzt, und zwar vor allem mit Rücksicht auf die beengten und häufig unhygienischen Zustände, die sie dort vorgefunden hätten. In stillschweigender Anknüpfung an die alte Tradition Londons als einer Stadt der separaten Familienwohnungen zogen es die meisten Bürger vor, in ihrem eigenen Haus zu bleiben.

Und was haben sie wohl gesehen, wenn sie bei Tagesanbruch herausgekrochen kamen? «Das Haus rund 30 Meter von dem unseren erhielt heute Morgen einen Volltreffer. Völlig zerstört. Ein Blindgänger liegt noch auf dem Platz ... Das Haus rauchte noch. Es ist ein einziger großer Steinhaufen ... An der Seite, die noch steht, hängen Kleidungsstücke an den nackten Wänden. Etwas wie ein Spiegel baumelt hin und her. Wie ein ausgeschlagener Zahn – ein glatter Schnitt.» Diese Beschreibung von Virginia Woolf registriert den fast körperlichen Schock, so als sei die Stadt wirklich ein Lebewesen, das Schmerz empfinden kann. «Eine riesige Lücke oben an der Chancery Lane. Es raucht noch. Einige große Geschäfte restlos zerstört; das Hotel gegenüber wie ein Gerippe ... Dann wieder meilenweit normale ordentliche Straßen ... Straßen leer. Gesichter gefasst; die Augen verweint.» Es mochte scheinen, als könne nichts diese «meilenweiten» Straßen vernichten, als könne London jede Bestrafung sozusagen «aufsaugen»; aber die Bürger waren nicht so standhaft. Erschöpfung, Überdruss und Angst überfielen sie in immer neuen Wellen. Im folgenden Monat – Oktober 1940 – besuchte Virginia Woolf zwei Plätze, an denen sie gewohnt hatte: Tavistock Square und Mecklenburg Square. Sie begegnete einer langen Menschenschlange; die Leute standen, ausgerüstet mit Tüten und Decken, vormittags um halb zwölf für eine nächtliche Schutzunterkunft in der U-Bahn-Station Warren Street an. Am Tavistock Square entdeckte Virginia Woolf die Reste ihrer früheren Wohnung: «Erdgeschoss nur noch Schutt. Einziges Überbleibsel ein alter Korbstuhl. ... Sonst nur Steine und Holzsplitter. ... Konnte gerade noch ein kleines Stück Wand von meinem Arbeitszimmer ausmachen; sonst nur Schutt dort, wo ich so viele Bücher geschrieben habe.» Und dann war da der Staub, wie die weichen Brösel einer vernichteten Erinnerung: «Wieder alles Durcheinander, Glas, schwarzer weicher Staub, pulverisierter Gips.»

Damals bemerkte man, dass über allem eine feine Schicht grauer Asche lag, die den Vergleichen zwischen London und Pompeji zusätzlich Nahrung gab. Ein weiterer Aspekt der Bombenangriffe war der Verlust der persönlichen Geschichte: Manchmal hatten sich Tapeten, Spiegel und Teppiche gelöst und hingen im leeren Raum einer Ruine, so als sei das Privatleben der Londoner plötzlich Allgemeinbesitz geworden. Diese Entindividualisierung förderte das Gemeinschaftsgefühl und wurde zu einer der wichtigsten Quellen der unübersehbaren Tapferkeit und Entschlossenheit der Londoner.

Der Zweite Weltkrieg erzeugte auch ein Klima der Fürsorge. Es galt, die Kinder zu retten, und zwar auf dem Wege einer Massenevakuierung von der Stadt aufs Land. In den Monaten vor Ausbruch der Feindseligkeiten am 3. September 1939 hatte man auf eine Politik der freiwilligen Evakuierung gesetzt, um den Exodus von annähernd vier Millionen Frauen und Kindern zu bewältigen; dann aber machte sich die eigentümlich magnetische Anziehungskraft Londons bemerkbar. Kaum die Hälfte der in Frage kommenden Familien konnte sich entschließen, die Stadt zu verlassen. Kinder, die zu ihren ländlichen Unterkünften geschickt werden sollten, sträubten sich mit Händen und Füßen. Die Kinder von Dagenham wurden auf Schiffen weggebracht, und an Bord herrschte, wie John O'Leary in *Danger over Dagenham* schreibt, «ein unheimliches Schweigen. Die Kinder wollten nicht singen.» Zu einem Kinderkontingent aus Stepney gehörte auch der Schriftsteller Bernard Kops; er erinnerte sich an seine Gefühle von einst: «Hier waren wir geboren, hier waren wir aufgewachsen, hier hatten wir gesungen und gespielt, geweint und gelacht. Und jetzt waren all die grauen Gesichter, denen wir begegneten, tränenüberströmt. Es war unheimlich still.» Als sie auf dem Land ankamen, wirkten sie völlig fehl am Platze – und waren es auch. Eine Minderheit der Kinder war ungewaschen, verlaust und aufsässig: Hier drängt sich mit Macht das alte Bild vom kleinen «Wilden» auf. Andere «mochten keine gesunde Kost, sondern nur panierten Fisch mit Fritten, Süßigkeiten und Kuchen» und «wollten nicht zu einer vernünftigen Zeit ins Bett gehen». Sie waren eben die unnatürlichen Sprösslinge einer unnatürlichen Stadt. Auch gab es «Kinder, die keine neue Kleidung anziehen wollten und sich verzweifelt an ihre alten, schmutzigen Sachen klammerten». Nach wenigen Wochen kehrten die ersten Kinder zurück. Im Winter 1939 waren schon an die 150 000 Mütter und Kinder wieder zu Hause, und in den ersten Monaten des folgenden Jahres war es die Hälfte aller Evakuierten, die sich auf den Rückweg in die Stadt gemacht hatten.

Als im Sommer 1940 die deutschen Streitkräfte begannen, Europa zu erobern, wurde ein neuer Anlauf unternommen, die Kinder zu evakuieren, insbesondere die vom East End. 100 000 Kinder wurden evakuiert, aber schon zwei Monate später kehrten 2500 Kinder wöchentlich wieder heim. Diese Heimkehr verkörperte den seltsamsten, vielleicht den traurigsten Instinkt – das Bedürfnis, zur Stadt zurückzukommen, und sei es in eine Stadt des Feuers und des Todes. Das Merkwürdige aber war, dass sich die Kinder sogar während der Luftangriffe «widerstandsfähiger» zeigten als die Erwachsenen. Wie ihre Altersgenossen früherer Zeiten, wie die Kinder, die Hogarth im 18. Jahrhundert gezeichnet hatte, schienen sie förmlich in all dem Leiden und der Entbehrung zu schwelgen und reklamierten teilweise wieder jenen halb und halb verwilderten Zustand für sich, der die «Straßen-Araber» des 19. Jahrhunderts ausgezeichnet hatte. Als ein Erwachsener nach einem Bombenangriff nach Stepney kam, fand er die Kinder «äußerlich wild und verdreckt aussehend, innerlich aber voller Vitalität und Begeisterung. Ein Kind sagte zu mir: ‹Kommen Sie, Mister, ich zeig Ihnen die neueste Bombe, gleich um die Ecke!›»

In einem Hafengelände bei Wapping bildete sich eine Kinderbande mit dem Namen «Dead End Kids». Ihre Geschichte wird in dem von W. G. Ramsey herausgegebenen Buch *East End Then and Now* geschildert. Die Kinder betätigten sich als die inoffiziellen Feuerwehrleute vom East End. «Manche von ihnen waren ganz arm und liefen in billigen Klamotten herum … Sie waren in Vierergruppen aufgeteilt. Jede Gruppe war für einen Bezirk auf [der Insel] Wapping zuständig.» Um für ihre Arbeit gerüstet zu sein, hatten sie neben Sandeimern und Spaten auch Eisenstangen und einen Leiterwagen dabei. Sie umwanden Zeitbomben mit Seilen und schleiften sie in die Themse, und sie fuhren Verwundete von den Brandherden weg. Ein Augenzeuge erinnert sich, wie sie in einer besonders schlimmen Bombennacht ausrückten: «Im Nu sausten zehn Jungen die Treppen hoch, es war, als ob sie die Brände *auffressen* wollten.» Sie drangen in ein brennendes Gebäude ein, um einige dort eingesperrte Pferde zu retten, und kamen teilweise «mit angesengter Kleidung» heraus. Manche von ihnen starben in den Bränden und Explosionen, aber wenn Tote und Verletzte ihre Reihen lichteten, standen schon andere bereit, um einzuspringen. Diese ganz ungewöhnliche Geschichte zeugt ebenso anschaulich wie rührend von der Verwegenheit und dem Selbstvertrauen, das Londoner Kindern mitgegeben ist. Als ein kleines Mädchen aus Elephant and Castle gefragt wurde, ob sie nicht lieber wieder aufs Land wolle, erwiderte sie: «Keine Bange.» Keine Bange haben – das war der Schlüssel zu der Selbstsicherheit – oder dem Leichtsinn – dieser Kinder.

*

Es gab auch eine andere Art von Gemeinschaft – jene Menschen, die in Feuer und Zerstörung umgekommen waren. Elizabeth Bowen schreibt in ihrem Roman über den Krieg in London, *The Heat of the Day*, dass sie nicht vergessen wurden. «Diese unbekannten Toten waren ein Vorwurf an die Lebenden – nicht durch ihren Tod, den man nur mit ihnen

teilen konnte, sondern durch ihre Namenlosigkeit, die jetzt nie mehr auf-
zuheben war.» Der Krieg hatte Einsamkeit und Anonymität als Elementarzustand dieser Stadt enthüllt. «Wer hatte das Recht, diese Toten zu
betrauern, da es doch vorher niemanden gekümmert hatte, dass sie lebten?» Infolgedessen machten die Bürger den Versuch, «die Gleichgültigkeit zu durchbrechen» und bis zu einem gewissen Grad die übliche
Zurückhaltung im Londoner Leben aufzugeben oder zu lockern. «Die
Mauer zwischen Lebenden und Lebenden wurde in dem Maße unfester,
wie die Mauer zwischen Lebenden und Toten dünner wurde.» Und so
wünschten sich Fremde «gute Nacht und viel Glück», wenn sie einander am Abend begegneten.

Es herrschte auch ein ausgeprägtes Gefühl der Unwirklichkeit, so als
hätten die vertrauten Umrisse der Stadt plötzlich ihr Aussehen verändert
und wären unbekannt oder unkenntlich geworden. «Alle vertrauten Gegenstände und Erledigungen wurden auf einmal so unwirklich», erinnerte
sich jemand: «Wir sprachen sogar anders miteinander, so als ob wir bald
getrennt werden würden.» Dieses Gefühl der Zerbrechlichkeit oder Vergänglichkeit bestimmte die Atmosphäre in der so genannten «belagerten
Stadt», und ein Londoner, der einen kurzen Ausflug aufs Land unternahm, zeigte sich verblüfft über «Gebäude, die nicht bedroht sind, und
Berge, die nicht gesprengt werden können».

«Ganz London schien zu brennen!», erinnerte sich ein Beobachter, der
am 29. Dezember 1940 auf dem Dach der Bank von England gestanden
hatte: «Wir waren nach allen Richtungen hin von einer Flammenwand
eingeschlossen.» 19 Kirchen wurden zerstört, darunter 16, die Christopher Wren nach dem ersten Großen Brand 1666 erbaut hatte; von den
34 Zunfthäusern blieben nur drei verschont; die ganze Paternoster Row
ging in Flammen auf, wobei fünf Millionen Bücher vernichtet wurden;
das Rathaus wurde schwer beschädigt; St Paul's war von Feuer eingeschlossen, blieb aber verschont. «Niemand, der es gesehen hat», schreibt
William Kent in *The Lost Treasures of London*, «wird je vergessen, was
er in jener Nacht empfand, als London brannte und die Kuppel auf dem
Feuermeer zu schwimmen schien.» Fast ein Drittel der City war in Schutt
und Asche gelegt. Durch einen merkwürdigen Zufall betraf die Zerstörung jedoch hauptsächlich die historische und religiöse Seite der alten
City; wichtige Geschäftsstraßen wie Cornhill und Lombard Street nahmen relativ wenig Schaden, und die großen Finanzzentren waren überhaupt nicht betroffen. Die Stadtgötter beschützten die Bank von England
und die Börse, so wie die Greifen der City, die eifersüchtig ihren Schatz
bewachen.

Am Sonntag, den 29.12.1940, erreichten die Bombenangriffe ihren Höhepunkt. Kurz nach sechs Uhr abends wurde Luftalarm gegeben, und dann fielen die Brandbomben wie schwerer Regen. Die Gegend von Aldersgate bis zur Cannon Street, ganz Cheapside und Moorgate, standen in Flammen.

733

«Die Luft fühlte sich versengt an», erinnerte sich ein Beobachter, der am Tag nach dem Angriff durch die Ruinenlandschaft ging: «Ich atmete Asche ein. ... Die Luft selbst roch verbrannt, als wir weitergingen.» Viele Augenzeugenberichte beschreiben die Bombentrichter, die plötzlich zum Himmel geöffneten Keller, die zerschmetterten Wände, das eingestürzte Mauerwerk, die brennenden Gasrohre, die mit Staub und Glassplittern bedeckten Bürgersteige, die bizarren Steinhaufen, die zerbrochenen und freihängenden Treppen. «Noch einige Tage lang dampfte und rauchte es von den Kirchenmauern», schreibt James Pope-Hennessy in seinem Bericht *History Under Fire*. Aber die Berufstätigen, die Halbtags-Bewohner der City, kamen wieder. Nach dem Angriff «schien die ganze City auf den Beinen zu sein», da sich die Angestellten und Sekretärinnen und Bürodiener umständliche Wege durch die Ruinen suchten, um zu ihrem Arbeitsplatz zu gelangen. Viele fanden ihr Büro «ausgeweidet», das heißt restlos zerstört vor, kamen aber trotzdem am nächsten Morgen wieder, «einfach weil sie nichts Besseres zu tun hatten». So offenbarte sich an ihrem Verhalten die Macht der City; sie ähnelten jenen Gefangenen von Newgate im Sommer 1780, die nach ihrer gewaltsamen Befreiung durch die «Gordon»-Krawalle wiederkamen, um zwischen ihren abgebrannten Zellen umherzuirren.

Die City war ein fremdartiges Territorium geworden. Das Gebiet zwischen St Mary-le-Bow in Cheapside und St Paul's Cathedral verwandelte sich wieder in Brachland, wo sich durch das hohe Gras Pfade bahnten, die Namen wie Old Change, Friday Street, Bread Street und Watling Street trugen. Straßenschilder mit den Namen dieser und anderer Straßen wurden angenagelt, um zu verhindern, dass sich die Menschen verirrten. Sogar die Farben der Stadt hatten sich verändert; Beton und Granit waren «braun angekohlt», während Kirchenruinen «chromgelb» waren. Es gibt eine Reihe bemerkenswerter Photographien, die Cecil Beaton nach dem Dezemberangriff aufgenommen hat. Die Paternoster Row ist nur noch ein Haufen Schutt, und nur bizarre Eisenstücke ragen aus den Steinen; die Anwesen von dreißig Verlegern waren zerstört. Beim letzten Großen Brand hatte es die Paternoster Row ähnlich hart getroffen, und «alle großen Buchhändler waren fast erledigt», wie Pepys in seinem Tagebuch schreibt. Vor der Kirche St Giles in Cripplegate hatte der Luftdruck einer Bombe die Miltonstatue von ihrem Sockel gerissen, während Turm und Mauern der Kirche standhielten, wie sie es schon fast vierhundert Jahre getan hatten: Unter dem 12. September 1545 vermerken die Chroniken: «St Giles brannte lichterloh, doch alles wurde gerettet, Mauern, Turm und alles, aber wie es kam, weiß nur Gott.» Jetzt wurden sie wie durch

ein Wunder wiederum gerettet. Es gibt Photographien vom Inneren vieler zerstörter Kirchen, mit herabgestürzten Denkmälern, zertrümmerten Lettnern und über den Boden verstreuten Engelsköpfen; es gibt Photographien vom zerstörten Rathaus, vom zerbombten Middle Temple, von Bombentrichtern und eingestürzten Dächern. Vielen schien es, als habe die greifbare, materielle Geschichte Londons keinen Sinn mehr, wenn ihr Ruhm in einer Nacht vergehen konnte; sie war zu zerbrechlich und schwach, um verlässlich zu sein. Was in der Zeit der Verwüstung überlebte und irgendwie sogar erblühte, war der unsichtbare, ungreifbare Geist Londons.

Photo von Cecil Beaton: *Die Ruinen von Paternoster Row, unmittelbar dahinter die unversehrte Kuppel von St Paul.*

Immerhin gab es unerwartete Entdeckungen. Durch das Bombardement Cripplegates kam ein Teil der römischen Stadtmauer zum Vorschein, der viele Jahrhunderte lang in der Erde versteckt war. Unter dem Altar von St Mary-le-Bow tat sich eine mit Fliesen ausgelegte unterirdische Kammer auf, und in der Kirche St Vedast in der Foster Lane wurde nach dem Angriff ein «zugemauerter gotischer Torbogen» freigelegt. In Austin Friars fand man Überreste aus der Römerzeit, darunter eine Kachel mit den Pfotenabdrücken eines Hundes, der eine Katze jagt. Hinter der Orgel der Kirche All Hallows entdeckte man, bis dahin verborgen hinter den von Bomben zerstörten Paneelen, einen Bogen aus römischen Kacheln aus dem 7. Jahrhundert. Der Gemeindepfarrer berichtete später: «Aus der an den Bogen anstoßenden Mauer fielen große Bruchstücke herab, die mindestens achthundert Jahre lang die Schlusssteine der damaligen massiven normannischen Pfeiler gebildet hatten. Einige dieser Steine waren höchst bemerkenswert. ... Sie repräsentieren eine handwerkliche Schule, für die wir sonst keine Zeugnisse besitzen. Sie sind Teil eines vornehmen Kreuzes, das einst sein Haupt auf dem Tower Hill erhob, bevor der Normanne Wilhelm London eroberte.»

Welch sonderbare Fügung, dass deutsche Bomben ein sächsisches Kreuz ans Licht befördert hatten, welches die Unerschrockenheit vor einem Eindringling verkörperte. So hatten jene Unrecht, die da glaubten, die Geschichte der Stadt könne so leicht ausgelöscht werden; auf einer anderen, tieferen Ebene trat sie zu Tage, mit der unausgesprochenen Zusicherung, dass sich London selbst, wie jenes antike Kreuz, einst wieder erheben werde. Hierzu passt ein weiteres Phänomen jener Jahre, das die Natur betraf: Bombenschäden im Herbarium des Naturhistorischen Museums hatten zur Folge, dass bestimmte Pflanzensamen feucht wurden, darunter Mimosen, die 1793 aus China nach London gebracht worden waren. Nach einem Dämmerschlaf von 147 Jahren begannen sie wieder zu wachsen.

Ein merkwürdiges Intermezzo gab es auch, als sich die Welt der Natur noch auf andere Weise wieder geltend machte. Ein Zeitgenosse hat das Ereignis beschrieben: «Viele Morgen Landes in der berühmtesten Stadt der Welt haben sich verwandelt; aus dem lärmenden Tummelplatz der Menschen mit ihrem fieberhaften Treiben sind verlassene Flächen geworden, die von bunten Blumen überwachsen sind und von einem geheimnisvollen Leben wimmeln.» Die Verwandlung sei «zutiefst anrührend» gewesen. In der Bread Street und der Milk Street blühten Kreuzkraut, Maiglöckchen, weißer und lila Flieder. «Stille Wege führten zu Flecken mit Wildblumen und Gebüschen, die es hier seit den Tagen Heinrichs VIII. nicht mehr gegeben hatte.» Die Verknüpfung mit dem

16. Jahrhundert war nicht unpassend, da damals dieser Teil Londons mit seinen Gärten und Pfaden angelegt worden war, aber die Zeitreise der zerbombten Stadt zurück in ihre Vergangenheit führte noch weiter, bis zu ihren Anfängen in prähistorischem Marschland. R. S. Fitter, Verfasser von *London's Natural History*, erklärte nach dem Krieg: «Die Fülle der Wildblumen, Vögel und Insekten auf den zerbombten Flächen der Stadt ist heute eine der Sehenswürdigkeiten Londons.» Fitter erwähnt «269 Arten von Wildblumen, Gräsern und Farnen, 3 Säugetier-, 31 Vogel-, 56 Insekten- und 27 andere Arten von Wirbellosen», die seit 1939 Einzug gehalten hätten. Auf dem Brachland neben der zerbombten Cripplegate Church wurden Schweine gehalten und Gemüse gezüchtet; dieser Boden war seit über siebenhundert Jahren mit Gebäuden bedeckt gewesen, und doch konnte seine natürliche Fruchtbarkeit wieder zum Leben erweckt werden – vielleicht ein indirektes Zeugnis für die Kraft und Stärke Londons, das diese «Fruchtbarkeit» in Zaum hielt. Die Kraft der Stadt und die Kraft der Natur hatten einen ungleichen Kampf gekämpft, bis die Stadt verwundet wurde; dann kamen die Pflanzen und die Vögel wieder.

Nach dem großen Feuersturm vom Dezember 1940 waren die Bombenangriffe sporadischer, aber nicht weniger tödlich. Es gab Angriffe im Januar 1941, eine kurze Unterbrechung im Februar, aber im März begannen sie wieder mit neuer Vehemenz. Am 16. April brach der – wie die Deutschen sagten – «größte Luftangriff aller Zeiten» über die Stadt herein; drei Nächte später kamen die Bomber wieder. In jeder dieser Bombennächte, die so verschiedene Gegenden wie Holborn und Chelsea betrafen, kamen über tausend Menschen ums Leben. London wurde chaotisch und ungestalt, während die Gesichter der Londoner von Angst und Schlaflosigkeit gezeichnet waren. Am schwersten zu ertragen war jetzt das Gefühl der Unwirklichkeit oder Sinnlosigkeit; Müdigkeit und Zerstörung wirkten zusammen und erzeugten bei den Menschen Kopf- oder Gedankenlosigkeit. «Die Tiefflieger kamen jetzt so niedrig», erinnerte sich ein Augenzeuge, «dass ich zum ersten Mal einen Bomber mit einem Taxi verwechselte.» Der schwerste und längste Luftangriff erfolgte am Samstag, dem 10. Mai 1941, als Bomben auf Kingsway, Smithfield, Westminster und die ganze City fielen; fast 1500 Menschen starben. Die Law Courts und der Tower of London wurden attackiert, vom Unterhaus blieb nur das Gerippe stehen. Die Kirche St Clement Danes wurde zerstört – so gründlich wurde sie verwüstet, dass ihr Pfarrherr «vor Schrecken und Kummer» im Monat darauf verstarb. Vier Monate später starb auch seine Frau. Dies mag vielleicht nur ein geringes Quantum

Leiden darstellen, verglichen mit all dem Elend, das die Menschen in diesen Jahren durchmachten, aber es zeigt einen Aspekt der Zerstörung Londons: Das Herzblut mancher Menschen hängt so sehr an bestimmten Gebäuden, dass deren Zerstörung ihren Tod bewirkt. Die Stadt und ihre Bewohner sind auf Gedeih und Verderb miteinander verwoben. «Der Brandgeruch war nie so ausgeprägt wie an jenem Sonntagmorgen» nach dem samstäglichen Angriff. Damals schien es, als könne die Stadt dem Ansturm nicht mehr lange standhalten. Dem amerikanischen Journalisten Larry Rue fiel auf, dass männliche Berufstätige in der City unrasiert ins Büro fuhren. «Da erst erkannte ich», schrieb er damals, «wie abgrundtief der Angriff vom 10. Mai 1941 die Londoner Bevölkerung getroffen und erschüttert hatte. Es war eben ein Angriff zu viel.» Aber es sollte für drei Jahre der letzte bedeutende Angriff auf London bleiben.

Der Einmarsch der Deutschen in Russland hatte die Metropole indirekt vor weiteren Zerstörungen bewahrt, und es folgte eine Zeit relativen Friedens. Dann ging das «Leben» weiter. Die Stadt schien wieder ihren gewohnten Gang zu gehen, mit ihren Postboten und Busfahrern und Milchmännern und Laufburschen, und doch herrschte nach den spektakulären Schäden des Luftkriegs höchst seltsamerweise ein Gefühl der Langeweile oder Niedergeschlagenheit. Die Stille hatte etwas «entnervend Einlullendes», wie Philip Ziegler in *London at War* schreibt. Nachdem sich der Krieg auf andere Städte und an andere Himmel verlagert hatte, «hatten die Londoner das Gefühl, links liegen gelassen worden zu sein, und waren verdrossen und deprimiert». Wer noch die Schutzräume der U-Bahn nutzte, hatte sich ein Netzwerk der Freundschaft und Kameraderie geschaffen, aber dieser unterirdische Geist war ein bedenkliches Zeichen für den Zustand der Stadt in jener «lichtlosen Mitte des Tunnels», von der Elizabeth Bowen schrieb und wo man die Unzuträglichkeiten und Nachteile eines Krieges zu erdulden hatte, über den man keine Macht besaß. Die frustrierten Bürger waren die Entbehrungen Leid, was wiederum Rückwirkungen auf die Atmosphäre und den Charakter der Stadt selbst hatte. Die Menschen gingen schäbig gekleidet, und aus instinktiver Sympathie wurden auch die Häuser schäbig. Die Fenster hatten Sprünge, der Gips bröckelte ab, die Tapeten wiesen Spuren von Feuchtigkeit auf. Auch die öffentlichen Gebäude der Stadt zeigten Zeichen der Erschöpfung und Depression, da ihre Fassaden rußiger wurden und verfielen. Die Atmosphäre war jammervoll, mit dieser seltsamen Symbiose zwischen der Stadt und ihren Einwohnern, die darauf schließen lässt – wie schon Defoe während der Großen Pest entdeckte –, dass wir es mit einem lebenden und leidenden Organismus zu tun haben.

«London wirkt durch die Angriffe verunsichert und weniger schwung-voll als 1940/41», notierte sich Sir John Colville.

Im Juni 1944 erschienen über den Dächern Londons zum ersten Mal führerlose Düsenflugzeuge mit der so genannten «V1»-Bombe an Bord – auch «Erdkäfer», «fliegende Bombe», «summende Bombe» oder «Robo-terbombe» genannt. Man erkannte sie an dem charakteristischen, schar-fen Summen des Triebwerks, gefolgt von einem plötzlichen Verstummen, wenn sich das Triebwerk abschaltete und die Bombe auslöste. Sie kamen bei Tag, mit wenigen Intervallen, und waren vielleicht am allerschwers-ten zu ertragen. «Man horcht gespannt, wenn die Erdkäfer kommen», schrieb ein Zeitgenosse, «man hält den Atem an und betet, dass sie wei-terfliegen. ... Die Atmosphäre in London hat sich verändert. Beklemmung liegt in der Luft. Die Busse abends halb leer. Auffällige Menschenleere in den Straßen. Tausende haben die Stadt verlassen, und viele suchen früh die Schutzräume auf.» Der Romancier Anthony Powell war auf Feuer-wache und sah die V1 in der Luft ihren unbekannten Zielen entgegenflie-gen, «mit einer merkwürdigen, ruckartig rüttelnden Bewegung ... Aus dem Flugzeugschwanz sprühte Funkenregen.» Er sah in ihnen «Drachen»: «Man konnte sich förmlich den Schwefelgeruch vorstellen.» So wird die bedrohte Stadt einmal mehr zum Ort der Phantasie und des Mythos. Im Laufe von zehn Monaten fielen fast 2500 fliegende Bomben auf die Hauptstadt – «dröhnende *Wesen*, die dich gnadenlos jagten, dicht und schnell, Tag und Nacht». Es war das Unpersönliche dieser Waffen, was die Angst vor ihnen verstärkte; man verglich sie oft mit fliegenden Riesen-insekten. Ihre Opfer wurden auch entpersönlicht, so dass die Lebenssitu-ation in der Stadt etwas Unmenschliches bekam. Die Londoner, schreibt Cyril Connolly, «wurden immer gehetzter und widerwärtiger; schwit-zend und mit klopfendem Herzen saß jeder wie eine Kröte unter seinem Stein.» Die allgemeine Stimmung war gekennzeichnet durch «Anspan-nung, Erschöpfung, Furcht und Niedergeschlagenheit». «Ich will hier raus» – das war der unausgesprochene Wunsch, der auf jedem verhärm-ten und verängstigten Gesicht abzulesen war, während man gleichzeitig seinen gewöhnlichen Arbeiten und Pflichten nachging. Der Mechanis-mus funktionierte noch, aber jetzt auf eine viel unpersönlichere Weise; die ganze Welt hatte sich in eine Maschinerie verwandelt – eine Ma-schinerie der Vernichtung oder des mühseligen Überlebens.

Gerade als im Frühherbst 1944 die Häufigkeit der Angriffe durch die fliegenden Bomben nachzulassen begann, nahm die V2 («Vengeance Two») London ins Visier. Zum ersten Mal in der Geschichte der Kriegs-führung wurde eine Stadt von Langstreckenraketen angegriffen, die mit 4800 km/h durch die Luft flogen. Bei dieser Geschwindigkeit konnte kein

Anfang 1944 setzten die Bombenangriffe erneut ein. Es waren vierzehn Angriffe, die schwersten da-von im Februar und März, und sie trafen eine Stadt, die durch die lange Dauer des Krieges und die Ungewiss-heit seines Aus-gangs demora-lisiert war.

Alarm mehr gegeben, kein Gegenangriff eingeleitet werden. Die erste V2 schlug in Chiswick ein, und die Explosion war noch zwölf Kilometer weiter in Westminster zu hören. Die Zerstörungskraft dieser Raketen war so groß, dass bei ihrem Aufprall «ganze Straßenzüge eingeebnet wurden». Ein Bewohner von Islington berichtete später: «Ich dachte, jetzt geht die Welt unter.» Diesen Satz hat man in der Geschichte Londons schon früher gehört, in Augenblicken der Krise oder bei katastrophalen Bränden. Fast tausend Raketen wurden auf London abgefeuert, von denen die Hälfte ihr Ziel erreichte. Wo Straßen gewesen waren, taten sich lichte Räume auf. Eine Rakete schlug in Smithfield Market ein, eine andere in einem Großkaufhaus in New Cross; auch das Royal Hospital in Chelsea wurde getroffen. «Sollen wir denn nie mehr Ruhe vor Tod und Zerstörung haben?», jammerte eine Londonerin: «Fünf Jahre Not sind doch für jede Stadt lang genug.»

Fast 30 000 Londoner haben durch die Bombenangriffe des Zweiten Weltkriegs den Tod gefunden; über 100 000 Häuser wurden restlos zerstört, ein Drittel der City of London wurde dem Erdboden gleichgemacht.

Es war der kälteste Winter seit langem, und noch immer fielen die Bomben. Etwas Krankes lag in der Luft, wie stets in Londons schwierigsten Zeiten, als Gerüchte über den Ausbruch von Seuchen und über steigende Opferzahlen die Runde machten. Aber auch eine gewisse Sorglosigkeit machte sich breit; die V2-Raketen kamen derartig unberechenbar und zufällig, dass sie im Londoner wieder die Spielernatur weckten: Die Menschen gingen jetzt zu Bett, ohne zu wissen, ob sie am nächsten Morgen wieder aufstehen würden.

Ende März 1945 fiel noch eine Rakete auf Stepney und eine weitere auf Whitefield's Tabernacle an der Tottenham Court Road. Dann hörten die Luftangriffe auf; die Abschussrampen der Raketen waren erbeutet worden. Der Himmel klärte sich. Die Luftschlacht um London war endlich gewonnen.

Am 8. Mai 1945 gab es die üblichen Feierlichkeiten zum Sieg in Europa (VE Day), wenn sie auch bei weitem nicht so grell und hysterisch ausfielen wie 1918. Die Teilnehmer waren nach fünf Jahren Bomben und Tod abgekämpfter als ihre Vorgänger 27 Jahre früher in denselben Straßen, und außerdem ging der Krieg gegen Japan noch weiter (dieser Siegestag – VJ Day – war der 15. August 1945). Aber auch mit London war etwas geschehen. «Der Lack war ab», wie man damals zu sagen pflegte – das Bild deutete auf eine irgendwie dünnere, entleerte Realität. Auf jeden Fall hatte London viel von seiner Energie und Bravour verloren; es war so schäbig geworden wie seine Einwohner, und es würde wie sie Zeit brauchen, um sich zu erholen.

Ein neues Gesicht für London

New homes rise from London's ruins...

Dieses Poster wirbt mit den Vorzügen der Wohnstätten, die auf den Ruinen des alten East End entstanden.

77. Fügung, nicht Planung

Wie sollen wir London wieder aufbauen?» Das war der Titel eines Buches von C. B. Purdom, der über den Nachkriegszustand der Stadt sagte, sie sei «abgestumpft durch eine derartige Tristesse, Monotonie, Ignoranz und Erbärmlichkeit, dass einen das große Elend ankommt». Diese Tristesse, diese «Grauheit», die so charakteristisch für Erinnerungen an das London der fünfziger Jahre ist, war eine Folge der Not; in den ersten Jahren nach dem Zweiten Weltkrieg waren die meisten Güter noch rationiert. In einer anderen Hinsicht aber war es das Grau des Zwielichts. Bestand *eine* natürliche Reaktion nach dem Krieg in dem Wunsch, eine «neue Welt» zu schaffen, wie es die Stadtplaner wünschten, so bestand eine andere Reaktion darin, die alte Welt wieder aufzubauen, als ob nichts Besonderes gewesen wäre. Wenn also Roy Porter in *London: A Social History* am London der fünfziger Jahre die «wirtshausselige Hemdsärmeligkeit» und die «zufriedenen Pendler» beschwört, dann spielt er auf die atavistische Tendenz Londons an, die alten Gewohnheiten aus der Vorkriegszeit wieder aufzunehmen. Aber das konnte nicht gelingen. Der Wunsch, die alten Verhältnisse unter veränderten Bedingungen wiederherzustellen, führte nur zu einer gewissen Gezwungenheit oder Verkrampftheit.

Die zwei großen Ereignisse in London waren 1951 das «Festival of Britain» und 1952 die Krönung Elisabeths II. Bei diesen Gelegenheiten stellte sich die Stadt als eine erfolgreiche, begeisterungsfähige Gemeinschaft dar, die auf wunderbare Weise nach dem Krieg wieder zusammengefunden hatte. Althergebrachte Werte und Rituale lebten wieder auf; Jugendorganisationen wie etwa die Pfadfinder florierten; im Osten und Süden Londons war es die große Zeit der «Boys Clubs». Die Zuschauerzahlen bei Fußballspielen stiegen wieder auf Vorkriegsniveau; die Kinos waren übervoll – vielleicht «weil es nichts anderes zu tun gab», wie sich eine Londonerin erinnerte. Dieses Klima einer sanften Repression wurde durch das unausgesprochene Bestreben verstärkt, die sexuellen und gesellschaftlichen Sitten neu zu definieren, die während des Krieges bemerkenswert locker gewesen waren. Die relative sexuelle Freiheit der Frauen und der erzwungene Kontakt zwischen den verschiedenen Gesellschaftsschichten mit seinem kumpelhaften Egalitarismus waren Erscheinungen, die eindeutig aus der Vergangenheit kamen. Dies führte seinerseits zu weiterem, unbestimmtem Unbehagen, vor allem in der jüngeren Bevölkerung. So kamen die Normen und Maßstäbe der dreißiger Jahre wieder zu Ehren, aber in einer völlig anderen Gesellschaft. Die Einführung einer zweijährigen Wehrpflicht («National Service») verstärkte den Eindruck allgemeinen Zwanges.

London war also trist. Verglichen mit anderen großen Städten wie Rom, Paris oder New York, war es ein hässliches Häuflein Unglück; zum ersten Mal in seiner Geschichte war es zu einer Peinlichkeit geworden. Und doch machte sich vereinzelt schon der Wandel bemerkbar, der aus unerwarteten Ecken kam. Die Teddy Boys aus Elephant and Castle wurden zusammen mit den schicken jungen Frauen des «Chelsea-Set» und den Beatniks von Soho zum Gegenstand der moralischen Entrüstung. Sie brannten darauf, aus der in ihren Augen öden Uniformität des Großstadtlebens auszubrechen, die sich noch an überholten Klassen- und Glaubenssystemen orientierte. Tote Gegenden wie Walworth oder Acton, Islington oder Stoke Newington waren ein beständiger Vorwurf. Der *genius loci* bekundete sich auch in dem, was diese Gruppen trugen; die Kleidung des Teddy Boy und seines Nachfolgers, des Mod, war ein einziger (und oft der einzige) Beweis seiner Identität. In Wirklichkeit hatten sich die Teddy Boys ihren «Look» von den besseren Schneidern der Savile Row und Jermyn Street abgeschaut, die gerade versuchten, ihre männliche Kundschaft an das Image eines «edwardianischen» Raffinements zu gewöhnen. Aus Eduard wurde «Teddy», und fertig war der neue Zwitter.

Das Image des proletarischen Jugendlichen Ende des 19. und Anfang des 20. Jahrhunderts, schäbig gekleidet und die Schiebermütze auf dem Kopf, wurde ersetzt durch das Bild von jungen Männern in Samtjäckchen und Röhrenhose. Unbekümmertheit und Freiheit, die schon die kleinen Kinder im Luftkrieg gezeigt hatten, waren noch immer sichtbar. Im 18. und 19. Jahrhundert wurde Kleidung in der Spirale der Gewerbe von Klasse zu Klasse «durchgereicht»; diesmal waren es die Benachteiligten selbst, die die Transaktionen aktiv förderten. Es war ein weiterer Aspekt des typischen Londoner Egalitarismus, aber einhergehend mit der Selbstbeherrschung und der Aggressivität, die in London seit den Tagen der mittelalterlichen Lehrjungen anzutreffen sind. Viele Teddy Boys waren denn auch Lehrlinge.

London war dabei, wieder eine junge Stadt zu werden. Steigende Geburtenrate und zunehmender Wohlstand trugen in den fünfziger Jahren dazu bei, eine jüngere Gesellschaft zu schaffen, die sich von den Beschränkungen und Einengungen des Nachkriegs-London freimachen wollte. Mit anderen Worten: Die «Swinging Sixties» kamen keineswegs aus dem

Nichts. Schon einige Jahre vor der Blütezeit der Boutiquen und Diskotheken gab es Cafés, Imbissstuben und Jazzclubs in Soho, Kleiderge-
schäfte und kleine Bistros in Chelsea. London wurde allmählich verjüngt,
und man hat geschätzt, dass Mitte der sechziger Jahre 40 Prozent der
Bevölkerung unter 25 Jahren war. Das war annähernd die Situation im
römischen London, als nur zehn Prozent der Bevölkerung älter als 45
wurden, und man darf auf eine ähnliche sexuelle Energie schließen. Es
entspricht auch dem Zahlenverhältnis der Bevölkerung im 16. Jahrhundert, wo alle Zeugnisse auf ein damaliges Wiederaufleben des Londoner
Modehungers deuten. Wenn die Verhältnisse in der Stadt annähernd dieselben sind, werden sich auch die Einstellungen ihrer Bewohner wiederholen.

«Vor dem Krieg», schreibt Rasmussen in *London: The Unique City*,
«nahmen die Londoner ihre schmutzigen Straßen gottergeben als eine
Selbstverständlichkeit hin.» Aber nachdem ganze Häuserzeilen durch
eine einzige Bombe eingeebnet worden waren, begriffen sie, dass nicht
einmal London gegen Zerstörung gefeit und also auch zu verändern war.
Es war schmutzig und verbraucht; es war Teil jener Zivilisation, die zwei
Weltkriege hervorgebracht hatte. Eine Londoner Zeitung, der *Evening
Standard*, verlangte sogar nach noch mehr Dynamit. Noch bevor der
Krieg zu Ende war, hatte der Regionalplaner Patrick Abercrombie zwei
Vorschläge erarbeitet, einen für die Grafschaft London und einen für
Groß-London *(County of London Plan* und *Greater London Plan)*, die
der Stadt zu «Ordnung, Effizienz, Schönheit und Geräumigkeit» verhel-
fen und dem «Geist der gewaltsamen Konkurrenz» ein Ende machen
sollten.

Abercrombies Pläne sahen eine bedeutende Bevölkerungsverschie-
bung innerhalb der Stadt vor, um «ausgewogene Gemeinden von jeweils
mehreren Nachbarschaftseinheiten zu schaffen»; der Wiederaufbau des
zerbombten London sollte auf der Basis von «Verdichtungszonen» erfolgen, wodurch bisher übervölkerte Viertel entlastet würden. Es sollte
ein Gleichgewicht zwischen Wohnflächen, Industriegebieten und «freien
Räumen» geben, wobei Schnellstraßen die unterschiedlich integrierten
Gemeinden miteinander verbanden. Drei Beispiele mögen genügen. Die
Bevölkerung von Bethnal Green wurde in Sozialsiedlungen von «niedri-
ger Dichte» wie etwa Woodford in Essex transferiert; die zerbombten
Flächen von Poplar erstanden neu als Lansbury Estate, mit einer Mischung aus Wohnblocks und einzelnen Wohnhäusern. In der Innenstadt
entstand in Brixton die Siedlung Loughborough Estate, deren Hauptge-
bäude elf Stockwerke hatten. So wurden die Elemente Londons umver-

teilt, um mehr Licht und Luft zu schaffen. Die alten Straßen, die man abwechselnd «veraltet» oder «abgenutzt», «zu schmal» oder «zu beengt» fand, wurden aufgelassen und machten moderneren, größeren, adretteren Siedlungen Platz. Dass nun weite Bereiche Londons unter der Aufsicht der Stadt waren, hatte jedoch auch seine Nachteile. Es veränderte die Realität Londons, indem es seine natürlichen Wachstums- und Veränderungskräfte beschnitt. Kleine mittelständische Betriebe, Leben und Herzblut der Stadt, konnten nicht mehr gedeihen. Neue städtische Behörden *(inner London councils)* versuchten, die natürlichen Tendenzen der Stadt, die seit fast tausend Jahren wirksam gewesen waren, zu ignorieren oder umzupolen. So war es unvermeidlich, dass die alte City of London andere Ideen propagierte; ihre Planer legten einen eigenen Plan vor und forderten «die weitestmögliche Erhaltung von Merkmalen, die von traditioneller oder archäologischer Bedeutung sind», sowie die Bewahrung der «Romantik und Geschichte, welche schon die alten Straßennamen atmen». Aber diese Anregungen zu einer behutsamen Neuentwicklung der Stadt waren nicht in Einklang mit dem modernen Geist der Innovation und Stadtplanung in großem Stil; sie wurden von der nationalen Verwaltung abgeschmettert, und der London County Council (LCC) erhielt den Auftrag zum Neubau der Gebiete um St Paul's, Tower und das heutige Barbican.

Auch andere Elemente von Abercrombies Plänen wurden umgesetzt, und zwar namentlich durch ein Gesetz *(Town and Country Act)* von 1947. Abercrombie schlug vor, aus London eine «ringförmige Binnenstadt» zu machen, die aus vier Ringen bestand – Innenstadtring, Vorstadtring, Grüngürtel-Ring und Äußerer Ländlicher Ring *(Inner Urban Ring, Suburban Ring, Green Belt Ring, Outer Country Ring)*. Es war der Versuch, die «Innenstadt» einzudämmen, so als sei sie ein gefährlicher oder bedrohlicher Organismus, den man nicht wachsen oder wuchern lassen durfte. Auf den meisten Landkarten ist sie ein schwarzer Fleck. Es war auch wichtig, Industrie und Menschen aus dieser inneren Finsternis herauszuholen. Um die Migration von einer Million Menschen zu bewerkstelligen, schlug Abercrombie in seinem Bericht den Bau neuer «Satellitenstädte» am Äußeren Ländlichen Ring vor. Acht solcher Satellitenstädte wurden gebaut und florierten auch, aber die Auswirkungen für London selbst waren nicht so, wie man es erwartet und geplant hatte. Jeder Kenner der Geschichte Londons hätte den zuständigen städtischen Gremien verraten können, dass weder Projekte noch Regulierungen imstande sind, die Stadt zu hemmen. Geplant war gewesen, das industrielle und kommerzielle Wachstum der Stadt in Schranken zu halten, indem man neue Industrien in den «Satellitenstädten» ansiedelte,

Zwischen den Straßen Aldersgate und London Wall liegt der architektonisch umstrittene Barbican-Komplex. Sein Name erinnert an einen Wachturm der alten Stadtbefestigung.

aber Handel und Gewerbe in London begannen nach dem Krieg wieder zu prosperieren. Die Produktion von Autos, Omnibussen, Lastwagen und Flugzeugen erreichte beispiellose Höhen; im Londoner Hafen wurden Waren in Rekordzahl umgeschlagen, und 30 000 Menschen waren hier beschäftigt; die «Büroökonomie» hatte die City of London wieder in die Höhe gebracht, so dass sie einen Immobilienboom erlebte. Die Bevölkerung der Hauptstadt war zwar leicht gesunken, nachdem viele ihrer Bewohner in die Vorstädte und die neuen Satellitenstädte verfrachtet worden waren, aber dieser Effekt wurde durch eine plötzliche und unerwartet hohe Fruchtbarkeit wieder ausgeglichen. Nichts konnte der Fähigkeit der Stadt zu Selbstverjüngung und ungebrochenem Wachstum widerstehen.

Die neuen Satellitenstädte wie Stevenage, Harlow oder Basildon wurden in einen geschichtlichen Prozess hineingezogen, der irreversibel war. London ist immer dadurch gewachsen, dass es benachbarte Städte und Dörfer übernommen und gleichsam in seine Arme geschlossen hat. Und so nahm es auch die neu geschaffenen Städte auf.

Der historische Imperativ ist so wirkungsmächtig, dass Patrick Abercrombie und seine Kollegen instinktiv genau dieselben Besiedlungsmuster schufen wie im 17. Jahrhundert die Baumeister von Bloomsbury und Covent Garden. Die «neuen Städte» wurden unvermeidlich genauso ein Teil von London wie ihre Vorgänger; anstatt die Größe der Stadt zu beschränken, bewirkten die Stadtplaner der Nachkriegszeit lediglich ihre maßlose Vergrößerung, bis schließlich der ganze Südosten zu «London» wurde. Die Äußere Hauptstadt-Region *(Outer Metropolitan Area)*, charakterisiert durch endlose Bewegung, verkörperte die bis dahin jüngste Erscheinungsform großstädtischen Lebens.

Der Grüngürtel fungierte also nicht als Barriere oder Hemmung für das großstädtische Leben; in gewisser Hinsicht wurde er einfach zu einer großen freien Fläche, die sich zufällig in der äußeren Stadtregion befindet. Eine Wirkung hatte er aber doch – indem er die physische Ausdehnung der Innenstadt und ihrer nächsten Vorstädte behinderte, waren diese gezwungen, das Grün zu überspringen, um ihr unausweichliches Wachstum fortsetzen zu können. Im Zuge dieser Bewegung entstand jedoch auch der eigenartige Eindruck, dass die Stadt auf sich selbst zurückfiel. Sie nährte sich von sich selbst. Jeder unmittelbaren Expansionsmöglichkeit vor Ort beraubt, nahm sie sich noch einmal die eigenen Strukturen und Möglichkeiten vor. Der Bau der großen Wohnsiedlungen in «Inner-London», das wieder auflebende Interesse an der Restaurierung alter Wohnungen, die Verbürgerlichung ehemals proletarischer Viertel *(«gentrification»)*, die zunehmende Beliebtheit von ausgebauten Dachwohnungen (Lofts), überhaupt das ganze Bestreben nach Erneuerung waren die unmittelbare Folge des Grüngürtels, der London und die Londoner dazu zwang, den Blick nach innen anstatt nach außen zu richten.

Die Imperative Londoner Geschichte hatten noch eine weitere Konsequenz. Die Stadtplaner der Nachkriegszeit hatten sich unter anderem ein ausgedehntes Netzwerk von Ring- und Zubringerstraßen vorgestellt, das weitgehend dieselbe Absicht und Bedeutung hatte wie die breiten Boulevards, die Wren und Evelyn nach dem Großen Brand für London vorgeschlagen hatten. Aber aus den neuen Straßen wurde ebenso wenig etwas wie aus jenen früheren Entwürfen; sie fielen politischem Druck, wirtschaftlichen Zwängen und dem energischen Protest der betroffenen Anwohner zum Opfer. Fast als einzige von Englands Städten hat London den Vorgaben einer rationalen Stadtplanung und eines schlüssigen Straßenbaukonzepts widerstanden; das gehörte zu seiner Fähigkeit, jeglichen grandiosen Generalplan zu vereiteln. Einen generellen Bebauungswandel gab es nicht und konnte es nicht geben. Die Stadt hat ihren Charakter bewahrt, seit sie die ersten stadtplanerischen Proklamationen der Tudors ignorierte.

Dies wurde jedoch seinerzeit nicht allgemein verstanden, und so waren besonders die sechziger Jahre von Vergesslichkeit geprägt. Das amerikanische Wochenmagazin *Time* feierte einmal auf seiner Titelseite «LONDON – THE SWINGING CITY». Londons Reichtum war nicht zu übersehen; die Reallöhne waren in den zwanzig Jahren seit dem Krieg um annähernd 70 Prozent gestiegen, und die hohe Geburtenrate in den ersten Friedensjahren vermittelte sicherlich den Eindruck einer Stadt, in der die Jugend dominierte. Die Abschaffung der allgemeinen Wehrpflicht im Jahre 1960 bedeutete buchstäblich und sinnbildlich eine Aufhebung von Restriktionen, die besonders auf jungen Männern gelastet hatten. So kehrten Musik und Mode in ungeahntem Stil zurück. Die Designerin Mary Quant hat damals gesagt, sie wolle Kleidung entwerfen, «die viel mehr für das Leben ist – viel mehr für wirkliche Menschen, viel mehr für das Jungsein und Lebendigsein». So gab es in genau definierten Gegenden Londons eine Hochblüte der Boutiquen.

Einige Jahre lang wurde London zur «Hauptstadt des Stils», wo Musik und Mode allerlei dienstbare Industrien anlockten – Zeitschriften, Photographie, Werbung, Model-Agenturen, Rundfunk, Film – und eine schicke neue Stadt kreierten.

Aber «Swinging London» war natürlich alles andere als «neu». Die alten Instinkte der Stadt hatten nie aufgehört, sich zu regen. So hatte der kommerzielle Imperativ städtischen Lebens die neue Jugend als «Markt» entdeckt, der wiederum von cleveren Geschäftemachern ausgebeutet werden konnte. Zum Beispiel war die kommerzielle Infrastruktur des Musikgeschäfts bereits vorhanden. In Wirklichkeit wurden die Jugendlichen selbst von einem gigantischen kommerziellen Apparat ausgebeutet. Das Ganze war ein typisches Londoner Unternehmen. Auch war das Phänomen der sechziger Jahre im Wesentlichen theatralischer und arti-

In den sechziger Jahren wurde die Carnaby Street zum Mekka für modebewusste junge Männer, während die King's Road in Chelsea das Ziel junger Frauen wurde, die «trendy» sein wollten. Auch Musik nahm von London ihren Ausgang, mit Gruppen wie den Who, den Kinks, den Small Faces und den Rolling Stones; viele von deren Mitgliedern kamen von Londoner Colleges oder Kunstschulen.

fizieller Natur; wie so viele Londoner Spektakel glitt es über das eigentliche, tiefere Leben in der Hauptstadt hinweg.

Die Zeit der Boutiquen und Diskotheken war zugleich auch die Zeit der Hochhäuser, des öffentlichen Vandalismus und einer steigenden Kriminalitätsrate. Über die Hochhäuser der sechziger Jahre ist viel geschrieben worden. Sie waren die Zuflucht von Stadtplanern und Architekten geworden, die sich nicht nur von sozialen, sondern auch von ästhetischen Beweggründen leiten ließen. Hochhäuser schienen die Vision einer neuartigen Stadt zu eröffnen; viele georgianische und viktorianische Häuserzeilen wurden von den städtischen Behörden dem Erdboden gleichgemacht, um Platz für ein Experiment in großstädtischem Zusammenleben zu schaffen, an dessen Ende eine neue Art von vertikaler Gemeinschaft stehen mochte. Die Beliebtheit dieser Hochhäuser – Ende der sechziger Jahre wurden rund 400 errichtet – war auch von wirtschaftlichen Überlegungen bestimmt. Sie waren in allen Teilen genormt und konnten daher vor Ort schnell und billig zusammengebaut werden. Es gab damals so viele Menschen, die eine Wohnung suchten oder in Gegenden der «inneren Stadt» lebten, die als ungeeignet für menschenwürdiges Wohnen galten, dass die Hochhaussiedlungen als die einzig effiziente und erschwingliche Möglichkeit erschienen, die Bürger aus relativem Schmutz in relativen Komfort zu versetzen.

Es war die Zeit der Grundstücksspekulanten; man konnte ein Vermögen damit verdienen, dass man dem LCC geeignete Flächen zur Bebauung verkaufte. Die Zahl solcher Siedlungen ist Legion – Centrepoint, London Wall, Euston Centre, Elephant and Castle; ganz London schien sich bis zur Unkenntlichkeit verändert zu haben. Es war eine Form des Vandalismus, zu der die Regierung und städtische Behörden nur zu gern beide Augen zudrückten. Riesige Bereiche Londons verschwanden im Zuge dieser Aktivitäten – Printing House Square, Caledonian Market, St Luke's Hospital, Teile von Piccadilly, ganze Strecken der City, alles wurde abgerissen, um Platz für eine so genannte «komprimierte Neuerschließung» zu schaffen. Was diese in Wirklichkeit darstellte, war ein bewusster Akt der Beseitigung, ein Akt des Vergessens, der im Geiste viel Ähnlichkeit mit der Stimmung und dem Ambiente der «Swinging Sixties» in anderen Teilen Londons hatte. Es war, als hätten die Zeit und Londons Geschichte praktisch aufgehört zu existieren. Dem Streben nach Profit und augenblicklicher Bedürfnisbefriedigung war die eigene Vergangenheit zu einem fremden Land geworden.

Drei Beispiele aus den sechziger Jahren mögen genügen. 1962 wurde das Londonderry House in der Park Lane abgerissen, um dem Londoner Hilton Platz zu machen; 1966 mussten die georgianischen Straßen des Packington Estate in Islington einer Neubausiedlung weichen; und 1963 wurde der große Euston Arch, der Portikus am Bahnhof Euston, im Zuge einer «Modernisierung» abgetragen. So wie sich die Welt der Musik und Mode an allem berauschte, was aufregend «trendy» wirkte, waren auch die Planungen von Architekten und Behörden von derselben Verdrängung oder Ablehnung der Vergangenheit bestimmt. «Swinging London» war aus einem Guss, und was da vor allem «schwang», war die Abrissbirne.

*

London ist immer eine hässliche Stadt gewesen; das gehört zu seiner Identität. Es wurde zu allen Zeiten wieder aufgebaut, wieder abgerissen und vandalisiert. Auch das gehört zu seiner Geschichte. Der ehrwürdige Glaubensartikel «Fluch dem, der alte Flurmarken versetzt» ist in London nie befolgt worden. Ein besonderes Merkmal Londoner Stadtplaner und Baumeister ist im Gegenteil immer die Rücksichtslosigkeit gewesen, mit der sie die Geschichte der Stadt zerstört haben. In früheren Jahrhunderten machte man darüber sogar Lieder:

> «London bleibt London nicht mehr lang!
> Bald wird es abgerissen sein,
> Und ich sing' ihm den Grabgesang ...»

O! London won't be long / For 'twill all be pulled down / And I shall sing a funeral song ...

Das hätte man 1960 auch am Bahnhof Victoria, in Knightsbridge oder am St Giles Circus singen können.

700 Jahre früher, in den sechziger Jahren des 13. Jahrhunderts, wurden bei der Neuerschließung des Bridge Ward alle «Trümmer» vergangener Zeiten beseitigt. In den sechziger Jahren des 18. Jahrhunderts wurden die mittelalterlichen Tore an den Stadtmauern abgetragen, mit der Begründung, sie «behinderten das freie Zirkulieren der Luft»; in demselben Jahrzehnt der «Verbesserungen» wurden in nicht weniger als elf *wards* Häuser abgerissen, um Platz für neue Straßen zu schaffen. Es war die größte einzelne Veränderung Londons seit dem Großen Brand hundert Jahre zuvor. Hundert Jahre später, im Jahre 1860, beschleunigte ein Gesetz über die Zusammenlegung von Pfarreien die Zerstörung von vierzehn Stadtkirchen, darunter einige, die Christopher Wren nach jenem Brand erbaut hatte. Die sechziger Jahre des 19. Jahrhunderts waren eine hohe Zeit der Zerstörung, in der, wie Gavin Stamp in *The Changing Metropolis* schreibt, «halb London neu aufgebaut wurde ... Die Stadt mit ihrem Durcheinander aus Staub, Schlamm und Baugerüsten muss

ein wahrer Albtraum gewesen sein.» Damals wurden die Queen Victoria Street und der Holborn Viaduct angelegt, was mit massiven Zerstörungen in den ältesten Teilen Londons verbunden war, während die verschiedenen Eisenbahnnetze die Stadtlandschaft mit ihren Gleisen und Bahnhöfen verschandelten; so fuhr beispielsweise die London Chatham & Dover Railway mitten durch Ludgate Hill und verstellte den Blick auf St Paul's Cathedral. Die Verunstaltung der Kathedrale war denn auch der Vorwurf, der wieder hundert Jahre später, um 1960, gegen die Grundstückserschließer erhoben wurde – in der Zerstörung Londons scheint es keine Atempause zu geben.

Es kann nicht mehr als ein Zufall sein, dass diese großen Wellen eines städtebaulichen Vandalismus immer in die sechziger Jahre eines Jahrhunderts fielen – es sei denn, man huldigte dem Glauben, dass man mit einer Theorie der zyklischen Wiederkehr an die Stadtgeschichte herangehen kann. In diesem Fall dürfen wir für die sechziger Jahre des 21. Jahrhunderts die Beseitigung von vielen Bauten des 20. erwarten ...

Andere Aspekte der 1960er Jahre scheinen, rückblickend betrachtet, auf einer Linie zu liegen. So gab es einen außerordentlichen, in der Tat beispiellosen Anstieg der Kriminalitätsrate, die sich in den zwölf Jahren nach 1955 verdreifachte und Ende der sechziger Jahre noch keinen Rückgang erkennen ließ. Die Kultur der augenblicklichen Bedürfnisbefriedigung und der «Jugendpower» muss wesentlich dazu beigetragen haben, weniger betuchte Jugendliche zu Diebstahl und Einbruch zu verleiten. Aber auch die Hochhäuser, die Grundstücksspekulanten und die grellen Moden trugen zu einer Stimmung impliziter oder expliziter Aggressivität bei. «Kontrollen» beim Bürohausbau und bei Baugenehmigungen waren entfallen, aber auch bei allen sonstigen Daseinsaspekten Londons waren die Kontrollen abgeschafft. Die späteren Wellen eines Jugendprotests, von den «Hippies» und «Blumenkindern» der späten sechziger Jahre bis zu den «Punks» der siebziger Jahre, verrieten Orientierungslosigkeit und Angst in einer hochgradig ungesicherten Großstadtgesellschaft.

London expandierte wie ein unterirdischer Behemoth unerbittlich weiter. 1965 wurde der *Greater London Council* (GLC) geschaffen, der 32 Wahlbezirke *(Boroughs)* und ein Territorium von rund 1580 Quadratkilometern umfasste; wie immer in der Geschichte der Londoner Obrigkeit stellte er einen politischen Kompromiss und eine Aufteilung der Vollmachten auf verschiedene Ebenen der städtischen Verwaltung dar. Ein Beispiel für die entstandene Konfusion ist die Entscheidung, dass der GLC für «innerörtliche Straßen», das Transportministerium für «überörtliche Straßen» und die einzelnen Boroughs für «lokale Straßen» zuständig sein sollten. Aber Konfusion ist vielleicht das falsche Wort für einen Elementarzustand der Londoner Verwaltung. Schon als er seine Arbeit aufnahm, war der GLC nicht groß genug, um die Expansion einer Stadt zu beherrschen oder auch nur zu überwachen, die mittlerweile, was Bevölkerungs- und Beschäftigungsplanung betraf, den ganzen Südosten Englands einnahm.

Ein Phänomen, das sich aller Kontrolle entzog, war der Verlust mittelständischer Betriebe. Verarbeitende Industrien zogen fort oder wurden stillgelegt; die Arbeitslosigkeit stieg sehr schnell. Die wichtigste Veränderung vollzog sich auf der Themse, wo nacheinander alle Londoner Docks als überflüssig und bedeutungslos beurteilt wurden. Für die neuen Containerschiffe waren sie nicht mehr groß genug, und ohnedies ging der Handel mit dem Commonwealth rapide zurück. Das East India Dock stellte den Betrieb 1967 ein, zwei Jahre später folgten das St Katherine's Dock und das London Dock. 1970 wurden die Surrey Commercial Docks geschlossen, und es folgten weitere Schließungen, bis die Ufer der Themse nackt und kahl waren und nur noch widerhallende Lagerhäuser und leere Brachflächen an das erinnerten, was einmal der Stolz Londons gewesen war. Das Queenhithe Dock, das auf eine ununterbrochene Geschichte seit dem sächsischen London zurückblicken konnte, wurde im Frühjahr 1971 abgerissen, um einem Luxushotel Platz zu machen. In gewisser Weise folgte das dem Bewegungsgesetz Londons, wonach ein Gewerbe dem anderen weichen muss. Trotzdem war das Brachland mitten im Hafengebiet, einst Mittelpunkt und Grundlage des städtischen Handels, in einem höheren Sinne ein Symbol für das London der siebziger Jahre.

Manche Kommentatoren haben die sechziger Zeit als eine Zeit der «Unschuld» bezeichnet (auch wenn Kriminalitätsrate und Vandalismus jener Zeit diesen Eindruck korrigieren sollten), aber was von dieser «Unschuld» etwa noch da war, fiel im nächsten Jahrzehnt endgültig weg, als sich wieder die alten Probleme Londons geltend machten. Auf einen wirtschaftlichen Aufschwung Ende der sechziger Jahre folgte ein Einbruch Mitte der siebziger Jahre. London verlor seinen Schwung und viel von seiner Energie. Der plötzliche Verfall von Handel und Gewerbe in einer Stadt, die sich beidem verschrieben hatte, rief Schrecken und Angst hervor. Eine Zeit lang schien es, als werde das Leben der Stadt abgewürgt. Dies wiederum führte zur Besorgnis bei denen, die die Stadt verwalteten. London war krank, und es brauchte frisches Leben und neuen Handel.

Das lange Experiment mit Hochhäusern in Sozialsiedlungen war zu Ende; es war schon 1968 durch einen Bauunfall in Ronan Point, bei

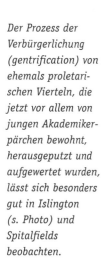

Der Prozess der Verbürgerlichung (gentrification) von ehemals proletarischen Vierteln, die jetzt vor allem von jungen Akademikerpärchen bewohnt, herausgeputzt und aufgewertet wurden, lässt sich besonders gut in Islington (s. Photo) und Spitalfields beobachten.

dem mehrere Menschen ums Leben kamen, praktisch und buchstäblich zusammengebrochen, aber auch der Zeitgeist – ja sogar der Geist Londons – kehrte sich dagegen. Der Akzent sollte nun auf «verdichteten» Flachbausiedlungen liegen, was in gewisser Weise den Versuch bedeutet, die Atmosphäre der alten Straßen mit ihren Häuserzeilen wieder herzustellen. Gleichzeitig wurden Maßnahmen eingeleitet, um die zentralen Bereiche Londons zu neuem Leben zu erwecken, wobei die Pläne darauf abzielten, die Umwelt zu schonen und den Verkehrsfluss zu beschleunigen. Insbesondere wurde die Politik des Abreißens von viktorianischen und georgianischen Häusern zurückgenommen; stattdessen gab es finanzielle Beihilfen für «Verbesserungen» an älteren, heruntergekommenen Wohnungen. Wieder einmal sollte die Stadt aufgepäppelt, aber nicht zerstört werden.

Ende der siebziger Jahre finanzierte der GLC neue Gemeindeprojekte, die vor allem auf die Verwundbaren und Marginalisierten zielten; ethnische und sexuelle Minderheiten erhielten Beistand. Es war eine Bestätigung der demokratischen und egalitären Instinkte Londons, aber es war auch eine notwendige therapeutische Maßnahme für schwierige Zeiten. Endlich wurden die wahren Bedürfnisse der Stadt berücksichtigt, die man jahrelang ignoriert oder ausgebeutet hatte. Es ist auch bedeutsam, dass gerade in dieser Zeit der «Verbesserungs»-Zuschüsse und der *gentrification* die Erhaltung Londons immer mehr zum großen öffentlichen Anliegen wurde. Pläne für einen neuen Autobahnring («Motor-way Box») rund um London wurden ebenso fallen gelassen wie die Idee, Covent Garden durch neue bauliche Maßnahmen besonders verkehrs- und fußgängertauglich zu machen, wogegen sich heftiger lokaler Protest geregt hatte. Mitte der siebziger Jahre gab es rund 250 «geschützte Be-reiche» in allen Teilen der Stadt, die von einem neuen Bewusstsein für Londons Bausubstanz und Sozialgeschichte zeugten. Die Feindseligkei-ten gegen die Stadt hatten endlich aufgehört. Die Abschaffung des GLC im Jahre 1986 hinterließ London ohne einheitliche Obrigkeit, was es aber gar nicht zu bemerken schien; im Endeffekt nahm London sein altes Le-ben wieder auf, wobei die einzelnen Boroughs ihre je eigene, besondere Identität behaupteten. Die Stadt gewann dabei ihren alten Schwung zu-rück. Die Wahl eines Bürgermeisters dürfte die Natur oder Ausrichtung Londons nicht materiell beeinflussen. Die Stadt reagiert weder auf Len-kungsausschüsse noch auf zentralisierte Planung. Naturgewalten unter Kontrolle zu bringen wäre leichter.

Nirgends wurde dies deutlicher als bei der Konzeption und Errichtung der «Docklands». 1981 gründete man eine eigene Erschließungsgesell-schaft, die Docklands Development Corporation, um das Brachland zu nutzen, das die Schließung der Londoner Häfen hinterlassen hatte. Wap-ping, Rotherhithe, die Isle of Dogs, Silvertown, das nördliche Woolwich und Beckton fielen in diesen Bereich; es wurden Zonen geschaffen – pacht- und steuerfreie Einzugsgebiete –, die sich besonders für eine mögliche kommerzielle Nutzung empfahlen. Die vorgesehenen Transportmittel waren das Flugzeug, die Eisenbahn und die U-Bahn (London City Air-port, Docklands Light Railway und eine erweiterte Jubilee Line). Doch wie bei den meisten derartigen Vorhaben in London waren die Ergeb-nisse im Wesentlichen ungeplant und unberechenbar. In dieser Hinsicht sinnbildlich war das Schicksal des Canary Wharf. Seine Hauptattraktion war ein 240 Meter hoher Turm (s. Farbbildteil), gekrönt von einer Pyra-mide (was Gedanken an eine imperiale Bestimmung wecken könnte) und einem Quadratkilometer Büroflächen. Die ursprünglichen Bauträger zo-gen sich aus der Sache zurück, und ihre Nachfolgerin, die Firma Olym-pia & York, ging Bankrott, als der Turm sich gerade seiner Vollendung näherte. Ein drittes Konsortium übernahm das Projekt, obwohl ein Über-angebot an Büroflächen in der übrigen Hauptstadt gegen schnelle Erfolge sprach. Und trotzdem funktionierte es irgendwie. Es fanden sich Mieter, und Canary Wharf florierte.

Die Docklands selbst erlebten ein ähnliches Schicksal. Durch wilde Pendelausschläge in der städtischen Wirtschaft standen sie mehrfach auf der Kippe zwischen Triumph und Untergang; die Apartments dort wa-

Tradition und Moderne: Hinter den Kuppeln des von Christopher Wren konstruierten Royal Naval College bei Greenwich erhebt sich der hohe Turm von Canary Wharf.

ren ein Jahr in Mode, im nächsten Jahr «out»; es gab Beschwerden über die unzulängliche Verkehrsanbindung und das Fehlen von Geschäften, aber trotzdem wurde ständig weitergebaut. Michael Hebbert hat zwar in *London* moniert, es habe nur «wenige Vorüberlegungen zum Gang der Dinge» gegeben, und durch dieses planlose Vorgehen sei «ein merkwürdig zusammengestückeltes Ambiente» entstanden. Aber in dieser Hinsicht folgen die Docklands nur dem alten Londoner Wachstumsprinzip, was auch der Grund für ihren Erfolg sein dürfte. Bei den Docklands gab es keine «Gesamtphilosophie für Masse und Größenordnung der Gebäude oder die Anlage der öffentlichen Räume», aber gerade deshalb sind sie ein natürlicher und wieder erkennbarer Zuwachs Londons geworden. Dem ganzen Areal warf man «ästhetische Zusammenhanglosigkeit» und eine «marktorientierte Missachtung der Sozialpolitik» vor, aber genau das sind die Bedingungen und Umstände, unter denen die Stadt schon immer expandierte und florierte; sie versteht keine anderen Lebensprinzipien.

Das ist der Hintergrund, vor dem der erwähnte große Turm des Canary Wharf, der jetzt die Stadtsilhouette Londons beherrscht, sich, wie Hebbert schreibt, die «unmittelbare Zustimmung und Zuneigung» der Londoner gesichert hat. Dieser mächtige Schaft wetteifert nun mit dem «Monument» und dem Big Ben um den Rang als ein Wahrzeichen Londons. Er verkörpert zugleich die markanteste Akzentverlagerung in der städtischen Topographie seit vielen Jahrhunderten. Der kommerzielle und soziale Druck ist in London immer in Richtung Westen gegangen, während die Erschließung der Docklands für London einen «Korridor nach Osten» geöffnet hat, der in historischer und baulicher Hinsicht den Übergang und Zugang nach Europa in einer Zeit bietet, da Londons Wirtschaft sich enger mit dem Festland verknüpft. Schon herrscht der Verdacht, die City of London werde einmal – ebenso wie die Banken und Makler, die jüngst in die Docklands umgezogen sind – die Finanzmärkte der Europäischen Gemeinschaft beherrschen. Hier, in dieser stetigen Bewegung nach Osten, können wir vielleicht etwas von der instinktiven, fast urtümlichen Gier Londons nach Geld und Handel erahnen.

Das Monument an der Fish Street: Es wurde 1677 von Robert Hooke und Christopher Wren entworfen und erinnert an den Großen Brand von 1666. Die Höhe der dorischen Säule, etwa 62 Meter, entspricht der Entfernung zwischen seinem Sockel und dem Gebäude, wo einst das Feuer ausbrach.

An dieser Stelle sei der «Big Bang» erwähnt, der im Herbst 1986 die City of London veränderte. Nachdem ihr von staatlicher Seite ein Prozess angedroht worden war, änderte die Börse ihr Geschäftsgebaren. Feste Provisionen wurden abgeschafft und die Funktionen der Broker und Jobber zusammengefasst. Aus der Londoner Börse wurde die «International Stock Exchange». Damit hatte der Triumphalismus der City allerdings nicht seinen Anfang genommen, denn das Phänomen der «Yuppies» *(young urban professionals)* wurde erstmals 1984 beschrieben: eine Gruppe von Menschen, die (wie man damals sagte) «vor dem Burn-out schnell reich werden» wollte. Aber die Ereignisse von 1986 läuteten einen fundamentalen Wandel in der Position der City of London ein. Ihre internationale Börse ist heute die fortschrittlichste und ausgefeilteste der ganzen Welt; hier wird schätzungsweise ein Drittel aller Abschlüsse weltweit getätigt; mit seinen 600 000 Beschäftigten im Bankwesen und verwandten Dienstleistungsgewerben ist London der größte Börsenplatz der Welt geworden. London hat seine Vorrangstellung zurückerobert, die es im 18. und 19. Jahrhundert innehatte. Eine historische Leistung ist es in mehr als einer Hinsicht, denn wie Hebbert erklärt: «Die Gedrungenheit eines zweitausend Jahre alten Stadtkerns eignet sich zufällig bestens für ein globalisiertes Finanzdienstleistungszentrum.» Ob es wirklich reiner «Zufall» war, steht freilich auf einem anderen Blatt, da diese Quadratmeile ihrer tatsächlichen Beschaffenheit nach auf einzigartige Weise vom Geist des Kommerzes besessen zu sein scheint. Sie hat ihre Überlegenheit behauptet, ungeachtet aller Aufschwünge und Einbrüche, die es gegeben hat.

Ein neuer Typus kommerzieller Betätigung verlangte jedoch neue Formen des Bauens. Und so verändert sich die City, während sie ihre Identität intakt erhält. Gefragt waren große lichte Räume, in denen man die kilometerlangen Kabel der elektronischen Geräte ebenso unterbringen konnte wie Tausende von Beschäftigten, die unter ständigem Hochdruck arbeiten. Immerhin verursachte dieser neue Handel ja auch menschliche Kosten. Ende der achtziger Jahre kamen rund vier Quadratkilometer Bürofläche zu den schon vorhandenen in der City hinzu, nicht zuletzt mit der Erschließung des Broadgate-Komplexes. Lichtempfindliche Jalousien und blaugrünes Glas schirmten die Sachwalter der Finanz ab, während sie unablässig, Tag und Nacht, mit ihren Geschäften und Transaktionen beschäftigt waren. Alle Götter und Greifen der Stadt beschützten sie.

Aber was waren es für Götter? Wer kann das sagen? In einem vom Erzbischof von Canterbury in Auftrag gegebenen Bericht über den Glauben in London wurde 1986 festgestellt, es seien «die Armen, die die Hauptleidtragenden der Rezession sind, und zwar die Armen ohne Arbeit ebenso wie die Armen mit Arbeit. Aber gerade die Armen werden von manchen als ‹Sozialschmarotzer› oder Belastung für das Land angesehen, die eine wirtschaftliche Erholung verhindern. Das ist das grausame Beispiel einer Einstellung, die das Opfer zum Täter macht.» Es ist eines der großen und überzeitlichen Paradoxa Londoner Lebens, dass diese reiche «globale Stadt» zugleich die schlimmsten Beispiele von Armut und Not enthält. Aber vielleicht ist gerade dies der «Sinn» Londons. Vielleicht ist es seine Bestimmung, die Widersprüchlichkeit der *conditio humana* zu verkörpern – als Beispiel, aber auch zur Warnung.

Der Bericht des Bischofs beschrieb auch jene Sozialsiedlungen, die «ein ganz anderes soziales und ökonomisches System haben, da sie sich fast völlig am Rande des Existenzminimums bewegen und ganz auf den öffentlichen Sektor angewiesen sind … Die Entartung vieler dieser Gegenden ist jetzt so weit fortgeschritten, dass sie praktisch zu ‹separaten Territorien› geworden sind, die neben dem Hauptstrom unseres sozialen und wirtschaftlichen Lebens existieren.»

Das Jahrzehnt, das den Aufstieg der «Yuppies» erlebte, sah auch die Rückkehr von Bettlern und Landstreichern, die «wild» auf der Straße oder in Hauseingängen nächtigten; Lincoln's Inn Fields wurde, nach einem Intermezzo von 150 Jahren, wieder von Obdachlosen in Besitz genommen, und Gegenden wie die Waterloo Bridge und das Embankment wurden zum Standort so genannter «Pappkarton-Städte». Insbesondere die Strand wurde die große Zugstraße der Besitzlosen. Allen offiziellen und privaten Initiativen zum Trotz sind sie noch immer da.

Und trotzdem: Was heißt es heute, Londoner zu sein? Die Landkarte der Stadt wurde neu gezeichnet und umfasst jetzt den «Äußeren Hauptstadt-Bereich», «Groß-London» und «Inner-London»; der ganze Südosten Englands ist – freiwillig oder unfreiwillig – zur Einflusszone der Stadt geworden. Ist London also ein Geisteszustand? Ist es, mit seinen immer verschwommeneren Grenzen und seiner immer proteischeren Identität, eine Haltung geworden, ein System von Vorlieben? Bei mehr als einer Gelegenheit in seiner Geschichte hat man von London gesagt, es enthalte eine Welt in sich, oder viele Welten. Heute heißt man es eine «globale Stadt», oder wie Hebbert sagt: «ein Universum mit eigenen Regeln, das nationale Grenzen gesprengt hat». So enthält es also wirklich ein «Universum» in sich wie eine dichte, dunkel kreisende Wolke in seiner Mitte. Aber gerade darum nennen sich viele Millionen von Menschen «Londoner», selbst wenn sie meilenweit von der Innenstadt entfernt leben. Sie nennen sich Londoner, weil sie durchdrungen sind von dem Gefühl, dazuzugehören. London ist seit über zweitausend Jahren ununterbrochen bewohnt; das ist seine Stärke, das macht seine Anziehungskraft aus. Das schafft ein Gefühl von Dauer, von festem Boden unter den Füßen. Darum liegen die Landstreicher und die Besitzlosen auf seinen Straßen; darum nennen sich auch die Bewohner von Harrow oder Croydon «Londoner». Die Geschichte ruft sie, auch wenn sie es nicht wissen. Sie halten Einzug in eine Stadt der Phantasie.

Londoner Visionäre

*Eine Hommage an Christopher Wren, die die Türme und Sehenswürdigkeiten Londons
versammelt, die von diesem berühmten Architekten entworfen
oder angelegt wurden.*

78. Die unwirkliche Stadt

London war zu allen Zeiten die Stadt der Vision und der Prophezeiung. Gegründet wurde die Stadt der Überlieferung zufolge nach einem prophetischen Traum, der dem Brutus zuteil wurde, und die Vision von einer großen Stadt in einem «fremden, aber grüneren Land» beschäftigte bereits die Phantasie der klassischen Autoren. In den *Metamorphosen* Ovids heißt es:

> «Schon auch seh ich die Stadt von den phrygischen Enkeln gegründet,
> Groß wie keine besteht, noch war, noch künftig geschaut wird.»

Ihr visionärer, mythischer Status hat sie zu etwas Vorläufigem, Ungreifbarem gemacht. London ist zu einer «unwirklichen Stadt» geworden, um T. S. Eliot zu zitieren; es war in seiner ganzen Geschichte bevölkert von den Geschöpfen der Mythologie. An den Ufern seiner Flüsse hat man Nymphen, in seinen steinernen Labyrinthen Minotauren gesehen. Man hat es in eine Reihe gestellt mit Ninive und Tyros, Sodom und Babylon, und in Zeiten der Pest und des Feuers haben sich die Umrisse dieser Städte über seinen Straßen und Häusern erhoben. Die Topographie der Stadt ist ein Palimpsest, an dem die prächtigsten wie die monströsesten Städte der Welt abzulesen sind. Es war der Wohnsitz von Engeln wie von Teufeln, die hier nach der Herrschaft trachteten. Es war der Schauplatz von Wundern und die Heimat eines wilden Heidentums. Wer kann die Tiefen Londons ausloten?

Der prophetische Traum Chaucers im *House of Fame* – «mir träumte, ich sei in einem Tempel aus Glas», mit «vielen Pfeilern aus Metall» – ist auf viele Londoner Gebäude bezogen worden; viele Prophezeiungen galten der Offenbarung und der Apokalypse. Auf der Nordseite von Aldersgate standen die Worte (aus Jeremia 17,25) angeschrieben: «So sollen durch dieser Stadt Tore aus und ein gehen Könige und Fürsten, die auf dem Stuhl Davids sitzen … und soll diese Stadt ewiglich bewohnt werden.» Sogar für ihre Bewohner war es eine biblische Stadt; ihre Geschichte, hinausreichend «über Menschengedenken», bestätigte ihre Heiligkeit. Doch wurden die Bewohner auch von anderen Formen der Vision angerührt. Von den Wallfahrern bei Geoffrey Chaucer, unterwegs nach Canterbury auf der Borough High Street, sagte Blake, sie verkörperten «alle Zeiten und Völker». Jede Rasse, jeden Stamm, jede Nation, jeden Glauben und jede Sprache haben die Mauern dieser Stadt enthalten. In einem Gran Londoner Lebens kann das ganze Universum zu entdecken sein. Die «Himmelspforte» an der Kirche St Bartholomew-the-Great befand sich gleich neben der Fleischbank von Smithfield.

Wohin man sich in der Stadt wendet, ständig springt einem die Differenz, der Unterschied entgegen, und man könnte die These vertreten, dass die Stadt einfach aus Kontrasten besteht; sie ist die Summe ihrer Differenzen. In Wirklichkeit ist es gerade die Universalität Londons, die diese Kontraste und Trennungen begründet; es enthält jeden Aspekt des menschlichen Lebens in sich und wird daher immerwährend erneuert. Aber bewohnen die Reichen und die Armen dieselbe Stadt? Vielleicht hat sich jeder Bürger in seinem Kopf sein eigenes London erschaffen, so dass es in diesem Augenblick sieben Millionen verschiedene Londons gibt. Man hat gelegentlich beobachtet, dass auch gebürtige Londoner so etwas wie Furcht oder Panik empfinden, wenn sie sich in einem ihnen unbekannten Teil der Stadt wieder finden. Zum Teil ist es die Furcht, sich zu verirren, aber es ist auch die Furcht vor der Differenz, vor dem, was anders ist. Und doch – ist eine Stadt, die so von Differenz erfüllt ist, darum auch von Furcht erfüllt?

Dieser Vision von der Totalität, von der Fülle des Lebens, kann man auch eine Wendung ins Optimistische geben. Boswell gab zu bedenken: «Den geistigen Menschen fasziniert an London, dass es das ganze menschliche Leben in seiner Vielfalt enthält, was Stoff für unerschöpfliches Nachdenken bietet.» Diese Vision wurde ihm zuteil, als er sich Anfang 1763 über den Haymarket fahren ließ: «London stand in der Fülle meiner Einbildungskraft vor mir, die ich den meisten Menschen nicht erklären konnte, die ich aber stark empfand und die mich hinriss. Mein Blut glüht, und das Herz springt mir vor Glück.» Die Fülle Londons war es, die dieses Glücksgefühl auslöste; das Zusammentreffen von Menschen aller Rassen, aller Talente, aller Schicksale entbindet eine starke Aura von Zukunftshoffnung und Erheiterung.

London demonstriert alle Möglichkeiten der Menschheit, und so wird es zu einer Vision der Welt selbst. Viele Jahre später schrieb Charles Lamb: «Ich vergieße oft Tränen auf der buntscheckigen Strand, aus lauter Freude über eine solche Vielfalt des Lebens.» Diese Mannigfaltigkeit löst Staunen aus; es ist keine zusammenhanglose Masse, keine Anhäufung von unversöhnlichen Einzelelementen, sondern eine wogende, mannigfaltige Vielheit.

Das englische Drama wie der englische Roman sind von London wesentlich inspiriert. In Jonson und in Smollett und Fielding findet die

Poesie der Straßen ihre Erfüllung. Ihre visionäre Einbildungskraft ist so reich wie jene Chaucers oder Blakes, doch ist es eine eigentümliche Londoner Vision, erfüllt mit Bildern des Theaters und des Gefängnisses, von menschlichem Verkehr und von Menschenmengen, von Fülle und Raubgier und Vergessen.

Aus einer Londoner Vision entspringt eine besondere Gefühlskultur. Alle diese Autoren – und viele weitere sind zu ihnen zu rechnen – waren besessen von Licht und Dunkel in einer Stadt, die im Schatten von Geld und Macht erbaut ist. Sie alle waren verzaubert vom Theatralischen und Spektakulären dieser Metropole. Sie verstanden die Energie Londons, sie verstanden seine Mannigfaltigkeit, und sie verstanden auch seine Dunkelheit. So entwickelten sie eine Vorliebe für Spektakel und Melodram. Als Großstadtkünstler beschäftigt sie mehr das äußere Leben, die Bewegung der Massen, das große, allgemeine Drama des menschlichen Geistes. Sie haben einen Sinn für Energie und Pracht, für Ritual und Zurschaustellung, der sehr wenig mit ethischem Urteil oder der Betätigung des moralischen Bewusstseins zu tun haben mag. Bis zu einem gewissen Grad teilen sie die erhabene Gleichgültigkeit Londons, wo die Heerscharen kommen und gehen. Wie hart und theatralisch die Stadt auch erscheinen mag, sie ist eine wahrhaftige Vision der Welt. Um die berühmte Redensart zu zitieren: London hat mich gemacht. Aber ganz so hart kann es auch nicht sein; denn es rührte Steele und Lamb zu Tränen.

So ist es nicht unpassend, dass es auch apokalyptische Visionen gegeben hat: London in Trümmern oder erstickt an seinem eigenen Rauch und Schmutz. Der französische Schriftsteller Mirbeau beschwor eine Stadt «des Alptraums, des Traums, des Geheimnisses, der Feuersbrunst, des Schmelzofens, des Chaos, der schwimmenden Gärten, des Unsichtbaren, des Unwirklichen ... diese besondere Natur der gewaltigen Stadt.» Das Bild des Schmelzofens taucht in Visionen von London häufig auf. In Blakes *Jerusalem* ist «Primrose Hill das Maul des Ofens und der Eisernen Tür», und in Arthur Machens «Als ich jung war in London» gibt es einen Augenblick, «wo man, zurückschauend, alle Feuer Londons schwach am Himmel sich spiegeln sah, so als seien in der Ferne schaurige Öfen geöffnet worden». Man hat London auch als den «Herd» bezeichnet, so als habe dieses Gefühl einer unnatürlichen Hitze unheimliche Bilder von Menschen beschworen, die bei lebendigem Leibe gekocht und verzehrt wurden. Man hat es aber auch einen «Tempel von Feueranbetern» genannt – vielleicht verehren die Einwohner ja wirklich die Mächte ihrer eigenen Zerstörung.

Ein Beobachter des Londoner Nebels beschrieb im 19. Jahrhundert die Sonne als «geheimnisvollen, fernen Schimmer, der sich zu mühen schien, in diese unbewegliche Welt einzudringen». Auch das ist eine wahre Vision der Stadt, wenn Lärm und Hektik sich gelegt haben; wenn sie schweigend und friedlich daliegt, für einen Augenblick innehaltend mit ihrer ganzen Energie, dann wirkt sie wie eine Naturkraft, die das ganze Treiben der Menschen überdauern wird. London ist gigantisch, monströs und gerade durch seine Riesenhaftigkeit irgendwie urtümlich. Thomas Moore dichtete den Kehrreim:

Go where we may, rest where we will / Eternal London haunts as still. (Thomas Moore, 1779–1852)

> «Wo wir auch gehen und stehen noch,
> Das ew'ge London folgt uns doch.»

London ist «ewig», weil es sie alle in sich enthält. Als Addison die Gräber in der Westminster-Abtei besuchte, fühlte er sich zu der Überlegung veranlasst: «Wenn ich die verschiedenen Jahreszahlen auf den Gräbern lese, von manchen, die gestern starben, und anderen vor sechshundert Jahren, so erwäge ich den großen Tag, da wir alle Zeitgenossen sein und zusammen zur Erscheinung kommen werden.» Möglich, dass London als Einzige unter den Städten zu solchen Erwägungen reizt, weil sich hier die Toten an die Fersen der Lebenden zu heften scheinen. Für manche ist dies eine hoffnungsvolle Vision; sie verheißt eine Versöhnung, in der alle die Unterschiede dieser Stadt, Reichtum und Armut, Gesundheit und Krankheit, ihr Ende finden werden. Deshalb fand Turner in dem Schmutz und Unrat der Londoner Häfen «die engelgleichsten Wesen im ganzen Umkreis dieser Londoner Welt».

Nach Geoffrey Grigson stand London «für *Tun*, zumindest stand es für *Beginnen*». Branwell Brontë in seinem Pfarrhaus in Haworth sammelte alle Pläne von London, die er finden konnte, mit all den «Gassen und versteckten Elendshütten und Abkürzungen»; wie Juliet Barker in *The Brontës* berichtet, «studierte er sie so genau, dass er sie alle auswendig kannte», so dass er den Anschein eines «alten Londoners» erweckte, «der mehr über das Ein und Aus dieses mächtigen Babylons wusste als so mancher, der sein ganzes Leben in seinen Mauern verbracht hatte». Diese intensive Lektüre war für ihn eine Art von Befreiung; die Stadtpläne verkörperten für ihn all sein Hoffen und Trachten nach einem neuen Leben. Es war, als studiere er sein eigenes Schicksal. Für andere aber kann der Traum zum Fiebertraum werden, wenn ihn das ganze Gewicht Londons niederdrückt. Am Ende von Charles Dickens' *Bleak House*, diesem Klagelied aus den Labyrinthen von London, fragt sich Richard Carstone am Schluss seines jämmerlichen Lebens: «War es alles ein verworrener Traum?»

Die Elemente von Innovation und Wandel sind in dieser Stadt subtil vermischt, und dazu gesellt sich das schiere Hochgefühl, einer in einer zahlreichen Gesellschaft zu sein. Jeder könnte jeder werden. Manche der großen Geschichten aus London handeln von Menschen, die eine neue Identität und eine neue Persönlichkeit angenommen haben; neu beginnen, sich selbst erneuern zu können ist einer der großen Vorzüge der Stadt. Das ist ein Teil ihres immerzu dramatischen Lebens: Es gibt schließlich doch die Möglichkeit, sei es auch nur für einen Augenblick, einzutauchen in Leben und Gefühlswelt derer, die einem begegnen. Diese kollektive Erfahrung kann ihrerseits eine Quelle der Heiterkeit sein. Sie war das, was Francis Thompson in seiner Vision beschrieb: «das Kommen und Gehen auf der Jakobsleiter, / aufgestellt zwischen Himmel und Charing Cross.»

Es ist der Zauber von Millionen goldener Seelen, die zwischen dem Himmel und der Stadt auf- und abgehen, jede singulär und jede gesegnet. Es ist dieselbe Vision, die jenen zuteil ward, die die Musik Londons vernommen haben, ein Muster aufsteigender und fallender Noten, nach einer großen Melodie, zu der sich alle Straßen und Wege unisono regen. Dann bildet die Stadt «eine Geographie, die über das Natürliche hinausgeht und metaphysisch wird, beschreibbar nur in Worten der Musik oder der abstrakten Physik»; so Michael Moorcock in *Mother London*. Manche Bewohner Londons hören diese Musik – es sind die Träumer und die Heimatforscher; andere aber vernehmen sie nur flüchtig und stoßweise: in einer plötzlichen Geste, in einem zufällig belauschten Satz, in einer aufblitzenden Erinnerung. London ist voll von solchen zerstückelten Bildern, einem Lachen, das man schon einmal gehört, einem tränenüberströmten Gesicht, das man schon einmal gesehen hat, einer Straße, die fremd und vertraut zugleich ist.

79. Resurgam

Wer über die Isle of Dogs spazieren mag – dort, wo der Turm des Canary Wharf zu finden ist, vorbei an dem kondensstreifenweißen Granit, den silbernen Verkleidungen und geschwungenen Glaswänden –, der stößt dort auf das Erbe verschiedener Zeiten: Spätviktorianische Wirtshäuser markieren die Ecken längst verschwundener Straßen. Es gibt Siedlungen aus den dreißiger Jahren und Sozialwohnungen aus den siebziger Jahren des letzten Jahrhunderts. Gelegentlich wird eine Häuserzeile aus dem 19. Jahrhundert wie eine Geistererscheinung auftauchen.

Manche Neubauten geben sich sogar, als seien sie viktorianische Lagerhäuser oder georgianische Häuserzeilen oder Vorstadtwohnungen aus dem 20. Jahrhundert, und sie verstärken damit den Eindruck von Heterogenität und Kontrast. Auch das ist ein Stück London. Und deshalb hat man gesagt, dass es in Wirklichkeit Hunderte von Londons gibt, die sich alle miteinander vermengen.

Es gibt verschiedene Welten und verschiedene Zeiten in dieser Stadt; Whitehall und West Ham, White City und Streatham, Haringey und Islington, alle sind etwas Eigenes und Einzigartiges. Und doch haben sie alle in den letzten Jahren des 20. Jahrhunderts Anteil an der allgemeinen Aufhellung Londons gehabt. Die Stadt hat sich geöffnet; es scheint mehr Raum und mehr Luft zu geben. Sie hat an Helligkeit gewonnen. In der City gibt es Bürotürme, die mit silberblauem Spiegelglas verkleidet sind, so dass der Unterschied zwischen Himmel und Bauwerk getilgt ist; in Clapton und Shepherd's Bush werden Häuser instand gesetzt und frisch gestrichen.

London ist wieder eine jugendliche Stadt geworden. Das ist seine Bestimmung. Das Große Feuer, das im Jahre 1666 über 13 000 Häuser und 89 Kirchen Londons dem Erdboden gleichmachte, brannte auch das bekannteste Monument der Stadt nieder: St Paul's Cathedral. Der Wiederaufbau wurde schnell beschlossen, und als 1675 der Grundstein gelegt wurde, forderte der verantwortliche Architekt Christopher Wren einen Arbeiter auf, aus einem Schutthaufen von alten übrig gebliebenen Steinen den erstbesten herauszuziehen und als Grundstein zu benutzen. Der Maurer erwischte zufällig einen alten Grabstein, auf dem das lateinische Wort RESURGAM stand: Ich werde auferstehen. Wren ließ dieses Motto und einen Phönix, der aus der Asche steigt, im Giebel über dem Südportal der Kathedrale einarbeiten, und es wurde so etwas wie ein Wahrzeichen dieser Stadt. Der Spruch hat nicht getrogen: Als im Dezember 1940 deutsche Bomben auf London fielen, fragte Churchill seine Mitarbeiter jeden Morgen als Erstes: «Steht sie noch?» Damit meinte er St Paul's Cathedral. – Und sie blieb tatsächlich stehen, selbst am *29. Dezember 1940* noch, als ganz London lichterloh brannte, ragte die Kuppel unversehrt aus Rauchwolken hervor.

Auf dem Exchange Square in Broadgate spielte im letzten Herbst des 20. Jahrhunderts eine Calypso-Band auf einer freien Fläche, die für solche Darbietungen gedacht war; in der Nähe saßen einige Angestellte aus der City in einer Kneipe, um vor der Rückkehr nach Hause noch etwas zu trinken. Ein Mann und eine Frau tanzten zu den Rhythmen der Musik, im Schatten des großen Bogens des Exchange House. In einem Areal unter ihnen plätscherte unermüdlich eine niedrige Wasserkaskade, während an der Seite die Figur einer liegenden Frau die «Venus von Broadgate» darstellte. Unterhalb des Platzes konnte ich die Bahnsteige des Bahnhofs Liverpool Street erkennen, wo Züge aus- und einfuhren, während sich hinter dem Exchange House am Horizont deutlich der Kirchturm von St Leonard in Shoreditch abhob. Man konnte nur vermuten, wie viele verschiedene Zeiten dieses kleine Areal überlagerten: Da waren die Eisenbahnzeit des 19. Jahrhunderts, aber auch die Calypsozeit; da waren die unaufhörliche Bewegung des Wassers, aber auch der Rhythmus der Tänzer. Die große Statue der liegenden Nackten wirkte fast unnatürlich still inmitten all dieses Treibens;

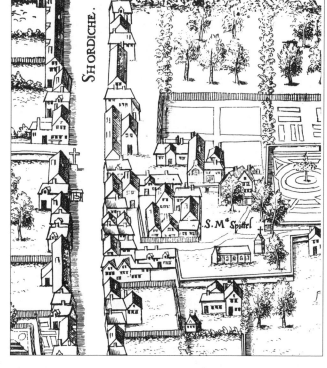

sie strahlte eine ähnliche Ruhe aus wie der Kirchturm von St Leonard in der Ferne. Und dann gab es die Büromenschen mit ihrem Glas in der Hand, die in diesem Augenblick aus der Zeit wegschweiften wie ihre Vorgänger. So gab es in Broadgate an jenem frühen Abend viele Zeiten, die sich wie Luftströmungen unsichtbar vermischten.

An demselben Abend ging ich vielleicht zweihundert Meter weiter in östlicher Richtung und kam zu einer anderen Stätte Londoner Geschichte. Neben dem alten Markt von Spitalfields haben Archäologen das Areal entdeckt, auf dem einst das Krankenhaus St Mary Spital gestanden hat. Auf diesem engen Raum fand man den steinernen Sarkophag einer Römerin aus dem 4. Jahrhundert, einen Friedhof mit Beinhaus aus dem 14. Jahrhundert, eine Galerie aus dem 15. Jahrhundert (auf welcher die städtischen Würdenträger der «Spitalpredigt» lauschten), Spuren eines Artillerieparks aus dem 16. Jahrhundert, Londoner Befestigungsanlagen aus dem 17. Jahrhundert, Wohnungen aus dem 18. Jahrhundert und Reste einer Straße aus dem 19. Jahrhundert. Mit der Zeit wird noch mehr ans Licht kommen, obwohl die Zeit an solchen Orten eine dichtere, wolkigere Atmosphäre um sich verbreitet. Die archäologischen Schichten der einzelnen Jahrhunderte

Zeichnung aus dem 16. Jahrhundert vom St Mary Spital

sind sehr kompakt, was die historische Dichte oder Komprimiertheit Londons verrät. Trotzdem liegen die alte Stadt und die moderne Stadt buchstäblich Seite an Seite; die eine ist ohne die andere nicht zu denken. Das ist eines der Geheimnisse von Londons Kraft.

Diese Relikte der Vergangenheit existieren heute als Teil der Gegenwart. Es liegt in der Natur der Stadt, dass sie alles umgreift und enthält. Wenn also gefragt wird, wie London eine triumphale Stadt sein kann, wenn es in ihr so viele Arme und so viele Obdachlose gibt, dann kann man nur sagen: weil auch die Armen und die Obdachlosen zu allen Zeiten ein Teil von Londons Geschichte gewesen sind. Vielleicht sind sie sogar ein Stück seines Triumphs. London geht über jede Grenze oder Konvention hinaus. Es birgt in sich jeden Wunsch oder jedes Wort, das je geäußert, jede Tat oder Geste, die je vollführt, jeden harten und jeden edlen Satz, der je gesprochen wurde. Es ist unbegrenzbar. Es ist das unendliche London.

ANHANG

Zeittafel

v. Chr.

54 Erste Expedition Cäsars nach Britannien

n. Chr.

41 Römische Invasion Britanniens

43 Namensgebung «Londinium»

60 Brandschatzung Londons durch Boudicca

61 – 122 Wiederaufbau Londons

120 Hadrian steckt London in Brand

um 190 Bau der großen Stadtmauer

407 Die Römer ziehen sich aus London zurück

457 Die Britannier fliehen vor den Sachsen aus London

490 Die Sachsen beherrschen London

587 London-Mission des Augustinus

604 Gründung eines Bistums und der Kirche St Paul in London

672 Erwähnung des «Hafens London». Wachstum von Lundenwic

851 Die Wikinger stürmen London

886 Rückeroberung und Wiederaufbau Londons durch Alfred

892 Die Londoner schlagen eine dänische Invasionsflotte
in die Flucht

959 Großer Brand in London: St Paul zerstört

994 Belagerung Londons durch dänische Truppen

1013 Zweite Belagerung Londons durch den siegreichen
Sven Gabelbart

1016 Dritte Belagerung Londons durch Knut, wird abgewehrt

1035 Harold I. wird von den Londonern zum König gewählt

1050 Wiederaufbau der Westminster-Abtei

1065 Weihe der Westminster-Abtei

1066 Einnahme Londons durch Wilhelm den Eroberer

1078 Bau des White Tower

1123 Rahere gründet St Bartholomew

1176 Bau einer steinernen Brücke

1191 Errichtung einer Kommune London

1193 – 1212 Der erste Bürgermeister von London,
Henry Fitz-Ailwin

1220 Umbau der Westminster-Abtei

1290 Vertreibung der Juden

1326 Die Londoner Revolution: Absetzung Eduards II.

1348 Dem Schwarzen Tod fällt ein Drittel der Londoner
Bevölkerung zum Opfer

1371 Gründung von Charterhouse

1373 Chaucer lebt in London (oberhalb von Aldgate)

1381 Wat Tylers Aufstand

1397 Richard Whittington wird erster gewählter Bürgermeister

1406 Ausbruch der Pest in London

1414 Aufstand der Lollarden

1442 Die Strand wird gepflastert

1450 Aufstand von Jack Cade

1476 Gründung von Caxtons Buchdruckerei

1484 Fieberepidemie in London

1485 Triumphaler Einzug Heinrichs VIII. nach der Schlacht bei
Bosworth

1509 Heinrich VIII. besteigt den Thron

1535 Hinrichtung von Thomas Morus auf dem Tower Hill

1535 – 1539 Auflösung von Londons Klöstern

1544 Wyngaerdes großes Panorama von London

1576 Bau des Theaters in Shoreditch

1598 Stows *Survey of London* erscheint

1608 – 1613 Anlage des New River

1619 – 1622 Inigo Jones baut das Banqueting House

1642/43 Anlage von Erdaufschüttungen und Forts gegen die
Armee des Königs

1649 Hinrichtung Karls I.

1652 Das Kaffeehaus kommt auf

1663 Bau eines Theaters in der Drury Lane

1665 Die Große Pest

1666 Der Große Brand

1694 Gründung der Bank von England

1733 Überbauung des Fleet River

1750 Bau der Westminster Bridge

1756 Bau der New Road

1769 Bau der Blackfriars Bridge

1769/70 Agitation der Anhänger von John Wilkes in London

1774 London Building Act

1780 Krawalle unter Führung von Lord Gordon

1799 Gründung der West India Dock Company

1800 Gründung des Royal College of Surgeons

1801 Londons Bevölkerung erreicht die Millionengrenze

1809 In der Pall Mall wird Gasbeleuchtung eingeführt

1816 Versammlung von Radikalen in Spa Fields;
     Krawalle in Spitalfields

1824 Gründung der National Gallery

1825 Umbau des Buckingham-Palastes durch Nash

1829 Gründung einer hauptstädtischen Polizeitruppe

1834 Ein Großbrand zerstört die Parlamentsgebäude

1836 Gründung der Universität London

1851 Eröffnung der Weltausstellung im Hyde Park

1858 Der «große Gestank» führt zu Bazalgettes sanitären
     Maßnahmen

1863 Eröffnung der ersten Untergrundbahn der Welt

1878 Einzug des elektrischen Lichts

1882 Aufkommen der elektrischen Straßenbahn

1887 Kundgebungen und «Blutsonntag» am Trafalgar Square

1888 Jack the Ripper treibt in Whitechapel sein Unwesen

1889 Gründung des Londoner County Council (LCC)

1892 Beginn der Bauarbeiten am Blackwell-Tunnel
     unter der Themse

1897 Aufkommen des Motor-Omnibusses

1901 Londons Bevölkerungszahl erreicht 6,6 Millionen

1905 Typhusepidemie. Aldwych und Kingsway für den
     Verkehr freigegeben

1906 Suffragetten demonstrieren auf dem Parliament Square

1909 Eröffnung des Großkaufhauses Selfridge's

1911 Belagerung der Sidney Street

1913 Die Blumenschau Chelsea wird aus der Taufe gehoben

1915 Die ersten Bomben fallen auf London

1926 Generalstreik

1932 Bau des Sendehauses der BBC am Portland Place

1935 Anlage des Londoner Grüngürtels (Green Belt)

1936 Die Schlacht in der Cable Street

1940 Beginn der Luftangriffe auf London

1951 Festival of Britain

1952 Der große Smog

1955 Eröffnung des Flughafens Heathrow

1965 Abschaffung des County Council; Gründung des
     Greater London Council (GLC)

1967 Schließung des East India Dock; Bau des Centre Point

1981 Krawalle in Brixton; Gründung der London Docklands
Development Corporation

1985 Krawalle in Broadwater Farms

1986 Fertigstellung des Autobahnrings M 25; Abschaffung
des GLC; der «Big Bang» an der Londoner Börse

1987 Bau des Canary Wharf

2000 Bürgermeisterwahlen

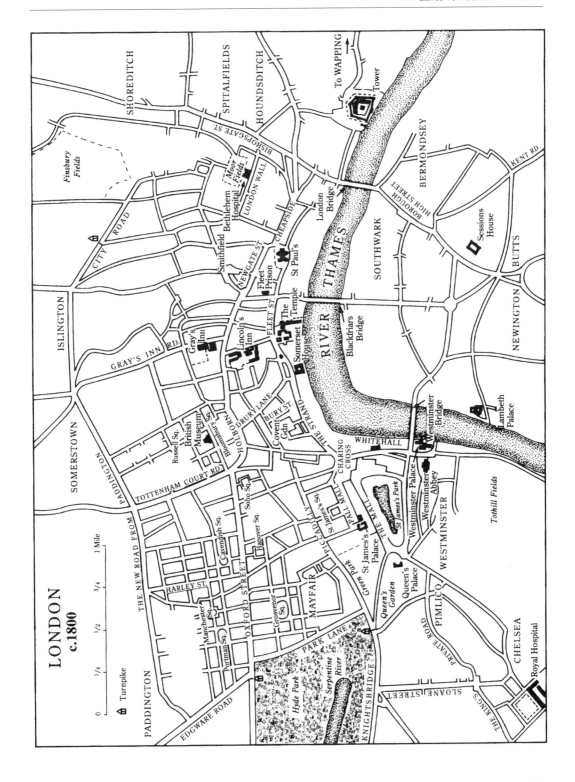

Verzeichnis der Abbildungen

Schwarzweißabbildungen

28 *London Stone* (Guildhall Library, Corporation of London)

31 Stadtmauer am Tower Hill (privat)

36 *Königin Boudicca*, Denkmal in London, Foto (Archiv für Kultur und Geschichte, Berlin)

51 *Westminster Abbey*, Hospital, kolorierte Lithographie, um 1830, von Thomas Shotter Boys (Archiv für Kultur und Geschichte)

56 *St. Pancras Station*, Photo von Robert O'Dea (Archiv für Kultur und Geschichte, Berlin)

62 London Tower, Illustration aus den Gedichten von Charles, Duke of Orleans, ca. 1500

63 *Freibrief Wilhelms I. für London* (Guildhall, Library)

67 *Die Ermordung des Thomas Becket von Canterbury*; Illustration aus der Bibel des William von Devon, 13. Jahrhundert (Bildarchiv Preußischer Kulturbesitz)

70 London Bridge, Illustration aus Walter Besant, History of London, 1909

83 Thomas Rowlandson, *Hinrichtung in Newgate* (Museum of London)

89 Wenceslaus Hollar, *Die Königliche Börse* (Museum of London)

97 Holbein Gate in Whitehall, Illustration aus W. Besant, London, 1909, Anthonis van den Wyngaerde, *Ansicht der London Bridge* (Ashmolean Museum)

108 Wenceslaus Hollar, *Südseite der alten St Paul's Cathedral* (Guildhall Library / Bridgeman Art Library)

127 *Londonkarte* von Braun und Hogenberg, 1572, Ausschnitt (Guildhall / Bridgeman)

128f. Wenceslaus Hollar, *Panorama von London* (Guildhall, Library)

131 Sänftenträger, Illustration aus W. Besant, London, 1909

136 John Stow (Guildhall, Library)

137, 167 Marcellus Laroon, *Straßenhändler*, aus: *Cries of the City*, 1687

161 *Die Richtstätte zu Smithfield*, Holzschnitt aus dem 16. Jahrhundert (Archiv für Kultur und Geschichte)

179 *Zeichnung des Fortune Theaters*, Walter Godfrey 1907

187 *Bärenhatz*, Illustration aus dem Luttrell Psalter

206 *Haymarket in Whitechapel*, Foto 1914 (Bildarchiv Preußischer Kulturbesitz)

207 *Der Proteinmann*, Foto (Davidson / Evening Standard / Hulton Getty)

216 *Daniel Defoe*, Stich von Hopwood nach einem Gemälde von Richardson (Bildarchiv Preußischer Kulturbesitz)

231 *Feuerwehrleute im 17. Jahrhundert* (Royal Academy of Art / Bridgeman)

233 St. Paul's *Cathedral bei Ausbruch des Feuers*, Kupferstich nach einem Gemälde von Griffer, Stich von A. Krausse, 1792 (Bildarchiv Preußischer Kulturbesitz)

247 A. Krausse, *Thomas Paine*, Kupferstich (Stiftung Preußischer Kulturbesitz)

250 *Karte zum Ausmaß des Großen Brandes 1666*, Ausschnitt (Royal Academy of Art / Bridgeman)

260 *Das Gefängnis Newgate* (Guildhall)

264 William Thornhill, *Jack Sheppard* (Museum of London)

286 *Jack the Ripper, Szenen aus Whitechapel mit dem Herzog von Clarence und Sherlock Holmes* (Bildarchiv Preußischer Kulturbesitz)

289 *Szenenbild aus «The Beggar's Opera»*, Stich von William Blake nach dem Gemälde von William Hogarth (Bildarchiv Preußischer Kulturbesitz)

297 *Westminster Abbey, Bobbies, Blick von der Königspforte*, Foto (Archiv für Kunst und Geschichte)

309 *Charles Dickens*, Gemälde von Ernst Hader, 1894 (Archiv für Kunst und Geschichte)

315 Bank of London, Foto (privat)

322 Illustration aus John Gerarde; *Herball*, 1597

341 Balthazar Nebot, *Covent Garden* (Tate Gallery)

349 Frauen durchsuchen Schutthaufen, Foto (Autor)

352 Abfallsammler in der Themse, Foto (Autor)

361 *Nächtliches Teegelage*, Karikatur von Thomas Rowlandson, 1786

367 *Londoner Wirtshäuser; Stadtplan der Abstinenzler* (Museum of London)

370 *Der Literarische Klub*, Zeichnung von Ernest H. Shephard

411 *Fleet Street*, Foto (Bildarchiv Preußischer Kulturbesitz)

419 John Gerarde, Herball, 1597 (Titelblatt)

439 *Londoner November-Spezialität*, Kupferstich von George Hunt nach M. Egerton (Guildhall)

443 Claude Monet, *London Parlament*, 1904 (Musée d'Orsay, Paris)

445 Henry Grant, *Auto im Nebel* (Museum of London)

477 Clerkenwell-Green, Foto (Autor)

525 Regent Street 1886, London Steroscopic Company (Museum of London)

527 Buckingham-Palace, Foto (privat)

548 *Landung bei der Westminster-Brücke*, Gemälde von Jacques Laurent Agasse, 1818 (Bildarchiv Preußischer Kulturbesitz)

552 *Ausbau der Uferbefestigung der Themse*, gesehen vom Dach des King's College. Holzstich 1864 (Bildarchiv Preußischer Kulturbesitz)

558 *Partie an der Themse*, Foto 1879 (Bildarchiv Preußischer Kulturbesitz)

587 Henry Dixon, Armut in London; *Ein Laden in Soho*, 1883

627 Illustration aus Sanfords Coronations Procession

629 *Moll Cut-Purse* (Guildhall)

631 F. W. Bolling: Lady Montague, Kupferstich, (Archiv Preußischer Kulturbesitz)

643 *Kinder beim Cricketspiel, Alpha Road, Millwall*, Fox Photos, 1938 (Hulton Picture Library)

650 Ein kleiner Streichholzverkäufer, Foto (Autor)

654 *William Whiffin*, Kinder folgen einem Sprengwagen *(Tower Hamlets Local History Library)*

676 Don McCullin, Am Spitalfields Market © *Don McCullin / Contact Press Images*

684 Häuserzeile in Bermondsey, Foto (Autor)

735 *Bombenschäden in der Paternoster Row*, 1940 (Photograph: Cecil Beaton, mit freundlicher Genehmigung von Sotheby's, London)

Farbbildteil

London vom südlichen Ufer aus betrachtet; holländische Schule, um 1630 (Museum of London)

Samuel Scott, *Einfahrt in die Fleet* (Guildhall)

Londonkarte von Braun und Hogenberg, 1572, Ausschnitt

Johann B. Homann, *Plan und Ansicht der Stadt London*, um 1730 (British Library / Bridgeman)

Der Große Brand von London, Aquatinta nach Philippe de Loutherbourg (Guildhall / Bridgeman)

J. M. W. Turner, *Der Brand der Parlamentsgebäude, 16. Oktober 1834* (Philadelphia Museum of Art / Bridgeman)

William Thornhill, *Jack Sheppard* (Musum of London)

George und Isaac Cruikshank, *Besuch im Gefängnis Newgate* (Guildhall)

Blinde Straßenverkäuferin, Britische Schule, um 1730 (Museum of London)

Der Fleischstand, aus *Die Märkte Londons*, Kupferstich von M. Dubourg nach James Pollard (Guildhall / Bridgeman)

Der Markt von Smithfield, Kupferstich von R. G. Reeve nach James Pollard (British Museum / Guildhall)

Abraham Hondius, *Die zugefrorene Themse*, um 1677 (Museum of London)

Benjamin Haydon, *Punch oder Der Maifeiertag* (Tate Gallery)

William Hogarth, *Lebenslauf eines Lebemanns (A Rake's Progress)*, IV.: *Verhaftung* (Mit freundlicher Genehmigung des Sir John Soane's Museum, London / Bridgeman)

William Hogarth, *Die vier Tageszeiten: Der Morgen* (Upton House / Bridgeman)

Canaletto, *Whitehall und die Privy Gardens, Blick vom Richmond House* (Mit freundlicher Genehmigung der Trustees of the Goodwood Collection)

William Marlow, *Blick von der Themse auf das Adelphi* (Christie's Images / Bridgeman)

George Scharf, *Verlegung des Wasserrohrs in der Tottenham Court Road* (British Museum / Bridgeman)

Straßenkehrers Lamento, Kupferstich von A. Sharpshooter (Guildhall)

William Hogarth, *The Enraged Musician* (Ashmolean Museum / Bridgeman)

William Frith, *Der Bahnhof* (Royal Holloway and Bedford New College / Bridgeman)

Robert Buss, *Der Menschenauflauf* (Guildhall)

Charles Ginner, *Piccadilly Circus* (Tate Gallery)

Walter Greaves, *Die Hammersmith Bridge am Tag der Regatta* (Tate Gallery)

Walter Sickert, *Noctes Ambrosianae* (Nottingham Castle Museum and Art Gallery / Bridgeman / VG Bild Kunst)

Malcolm Drummond, *Hammersmith Palais de Danse* (Plymouth City Museum and Art Gallery)

Chas Hunt, *Am Kaffeestand* (Museum of London)

William Ratcliffe, *Im Kaffeehaus* (Southampton City Art Gallery / Bridgeman)

Robert Allen, *Allen's Tobacconist Shop, Hart Street, Grosvenor Square* (Museum of London)

Rachel Whiteread, *Haus* (Anthony d'Offay Gallery)

Henry Moore, *Zwei Schlafende* (Walter Hussey Bequest, Pallant House, Chichester / Bridgeman)

Graham Sutherland, *Verwüstung, 1941: Eine Straße im East End* (Tate Gallery)

Alan Delaney, *Canary Wharf, Isle of Dogs, 1991* (Museum of London)

Abbildungen auf den Seiten der Zwischentitel

15 *Zeichnung von den Resten eines Schiffes aus römischer Zeit* (Museum of London)

59 Matthew Paris, *Londonkarte*, 1252 (Britisch Library)

101 Zeichnung des Marktes von East Cheap aus der Tudorzeit (Folger Shakespeare Library)

111 *Karte von Moorfields*, Mitte des 17. Jahrhunderts (Museum of London)

143 *Die Krähennester von St Giles* (Museum of London)

159 *Puppentheater, Punch und Judy* (Museum of London)

209 *Gründe und Folgen der Großen Pest* (Magdalen College Cambridge)

257 Thomas Rowlandson, *Tod am Galgen* (Museum of London)

311 Thomas Rowlandson, *Nachtschwärmer in Vauxhall*, Aquatinta (Museum of London)

395 James Gillray, *Sheridan als Punch*, Kupferstich von 1851 (Guildhall)

415 *Cockney Blumenverkäuferin*, Foto (Museum of London)

467   Sessions House in Clerkenwell (Guildhall)

543 Charles Grignion, *Fleet River*, Kupferstich nach Francis Hayman (Guildhall)

599 Théodore Géricault: *Mitleid mit den Sorgen eines alten armen Alten* (Bibliotheque Nationale Paris)

623 *The Mud-Lark* (Museum of London)

669 James McNeill Whistler, *Zeichnung von Billingsgate*, 1859, Museum of *New Homes Rise from London's Ruins* (Museum of London)

725 *St Paul's im Zweiten Weltkrieg*, Fotographie (Imperial War Museum)

761 *Hommage an Christopher Wren* (Guildhall)

Vorsatz: Sieben Entwicklungsstufen der Old London Bridge, von 1209 bis 1831 (Museum of London), Karte, London 1800 (Mapworld)

Für ihre Hilfe bei der Beschaffung weiterer Illustrationen dankt der Autor Richard Shone, sowie Penelope Hoare und Stuart Williams.

Personenregister

Buchtitel von Autoren kursiv gedruckt

Abercrombie, Sir Patrick 679, 745, 748
Acton, William, *Prostitution in London* 358 f.
Adam, Robert 524
Addison, Joseph 190, 195, 401, 411, 691, 766
Aethelbert, König der Sachsen 532
Aethelred, König von England 47
Agrippa von Nettesheim 513
Ainsworth, William Harrison 291
Akerman, Richard 493
‹Aleph› (Journalist), *London Scenes and London People* 205, 223, 300, 330 f., 393, 427
Alexander, Andrew 260
Alexander, Daniel Asher 553
Alfred der Große, König von Wessex 46 f.
Al(l)ectus 40
Alleyn, Edward 179
Allin, John 215
Anderson, Gilbert 155
Anna Boleyn 224, 546
Anna von Cleve 546
Anna Stuart, Königin 399, 487
Anthony, William 294
Archenholz, Johann Wilhelm 450
Aristoteles 430
Arnold, Matthew 99, 274, 711
Artus, König 42
Ash, Maurice, *A Guide to the Structure of London* 186
Ascham, Roger 640
Asclepiodotus 40
Asquith, Herbert Henry 712
Aubrey, John 245, 514, 588, 648
Augustinus, Erzbischof von Canterbury 45, 56
Austen, Jane 212
Aveling, Eleanore (geb. Marx) 475, 481

Babbage, Charles 412, 518, 614
Babington, Anthony, *The English Bastille* 262
Bagehot, Walter 410
Banning, James B. 274
Barbon, Nicholas 252 f.
Barebone, Isaac Praisegod 245, 487
Barker, Juliet 766
Barlov, Henry 56
Barnett, Samuel 674
Baron, Xavier, *London 1066–1914* 492
Barron, C. M. 626
Barry, Sir Charles 371
Barton, Nicholas, *The Lost Rivers of London* 561
Bazalgette, Sir Joseph 353
Beames, Thomas, *The Rookeries of London* 153
Beaton, Sir Cecil 734
Beaumont, Francis 290
Becket, Thomas, Erzbischof von Canterbury 67 f.
Beda (Venerabilis) 42, 44 f.
Behn, Aphra 630
Belinus (Belin), keltischer König 25
Bell, Walter George, *Unknown London* 215, 248 f.
Bennett, Arnold 470
Berlioz, Hector 193, 414
Bernstein, H. T. 444
Berthelet, Thomas 409
Besant, Sir Walter, *London* 106, 135, 140; *East London* 336
Betjeman, Sir John 723
Binyon, Laurence 655
Blake, William 19, 26, 51, 211, 227, 236, 289, 476, 494, 532, 547, 763, 765
Blakelock, Keith 500
Blakeney, William 55

Boleyn, Anna *siehe* Anna Boleyn

Bone, James, *The London Perambulator* 124

Booth, Charles 124f., 155, 193, 342, 362, 385, 393, 426, 511, 528, 651, 696

Boswell, James 91, 166, 170, 182, 211, 263, 266, 361, 382f., 430, 458, 488

Boudicca 36, 228, 532, 644

Bowen, Elizabeth 738

Boys, T. S. 51

Bradlaugh, Charles 475

Bran der Gesegnete 25

Braun, G. und F. Hogenberg 126f.

Brecht, Bertolt 288

Britton, Thomas 480

Bronté, Branwell 766

Bronté, Charlotte und Emily 94

Brooke, Stopford, *Diary* 505

Brown, Elizabeth 380

Brown, Thomas 355

Browning, Elizabeth Barrett 442

Brownrigg, Elizabeth 292

Bruno, Giordano 121, 431

Brutus 26ff., 763

Bulwer-Lytton, Edward George 291

Bunyan, John 12, 163, 315

Burbage, James 54, 179

Burford, E. J., *London – The Synfulle City* 379, 472

Burke, Thomas 186, 397, 456

Burnand, Lily 678

Butler, Samuel 245

Cade, Jack 29

Cäsar, Julius 22f., 25, 28, 34, 473

Calvino, Italo 724

Camus, Albert 418

Canaletto, Giovanni 318, 537, 550

Capek, Karl 677

Carlyle, Thomas 441, 583, 694

Casanova de Seingalt, Giacomo Girolamo 263, 357, 383, 537

Caxton, William 640

Céline, Louis-Ferdinand 19

Chadwick, Sir Edwin 440

Chambers, William 424

Charlotte, Ehefrau von Georg III. 164

Chateaubriand, François René Auguste, Herzog von 413, 662

Chatterton, Thomas 321, 330

Chaucer, Geoffrey 114, 355, 572, 681f., 688, 763, 765

Chesterton, Gilbert Keith 242, 435, 529

Chesterfield, Philip Dormer Stanhope 392

Cheyne, George 375

Child, Francis 316

Christie, John Reginald Halliday 285

Churchill, Sir Winston 643, 728, 768

Cibber, Caius Gabriel 611

Cibber, Colley, *The Refusal* 316

Clarendon, Graf Edward Hyde 316

Clunn, H. P., *The Face of London* 709

Coates, Benjamin 207

Cobbett, William 247, 473

Coborn, Charles 678

Cockrane, Kelso 703

Coleridge, Samuel Taylor 245

Collins, Wilkie 284

Colly Molly Puffe *siehe* Frith, Mary

Colsoni, François, *Le Guide de Londres* 131

Colville, Sir John 739

Congreve, William 71, 360

Conrad, Joseph 125, 557, 559

Conran, Sir Terence 326

Constable, John 232

Cook, E. T., *Highways and Byways in London* 134, 206, 414, 556

Cook, Thomas 206

Cooke, Thomas 479f.

Cooper, William 514

Cornelys, Theresa 538, 631

Cortesi-Familie 280

Costello, Walter 213

Cowley, Abraham 97, 723

Cowper, William 494, 516, 582

Crab, Roger 207

Crabbe, George 267, 494

Craven, Lord William 532

Crippen, Hawley Harvey 284

Cromwell, Oliver 245, 477, 695

Cromwell, Thomas 113

Cruikshank, George 653

Curwen, Samuel 645

Cymbeline 27

Dahrendorf, Ralf 413
Dance der Jüngere, George 33, 267, 523, 585
Daniell, William 552
Dante 12, 263
Darwin, Charles 440, 518, 579
Dawson, ‹Bully› 290
Dee, John 513 f.
Defoe, Daniel 11, 148, 211, 214, 216 ff., 238, 263, 300, 400 f., 436, 469, 601, 619, 718, 738
Dekker, Thomas 88, 275 f., 290, 607, 617, 688, 696
De Laune, Thomas 131
D'Eon de Beaumont, Charles 685
De Quincey, Thomas 280, 283, 382, 387, 417, 537, 553, 588, 592
Dickens, Charles 19, 98, 125, 151 f., 172, 182, 192, 203, 268, 284, 325, 362, 426, 429, 438, 459, 464, 490–501, 511, 558, 579, 613, 632, 643, 649, 766
Diogenes Laertios 28
Doré, Gustave 85, 236, 364, 429, 444, 447, 554, 584
Dostojewski, Fjodor 212, 279, 363, 387, 402, 587
Dowland, John 243
Dowson, Ernest 489
Doyle, Arthur Conan 292 f., 441, 698
Draper, Hugh 514
Dreiser, Theodore 336, 389, 424
Dryden, John 19, 192, 230, 255, 536
Dunbar, William 30
Duncan, Sara Jeanette 374
Dunvallo, König 26

Earle, Peter 648
Edison, Thomas 453
Eduard I., König 346, 470
Eduard III., König 345, 513
Eduard der Bekenner, König 50 ff.
Eleanore 437
Eliot, T. S. 93
Elisabeth I., Königin 117, 120, 146, 171, 185, 224, 245, 408, 436, 513, 608
Elisabeth II., Königin 743
Engels, Friedrich 401, 528, 579, 582, 602 ff., 694

Erkenwald, Bischof von London 107 f., 659
Estrildis 26
Ethelbert von Kent 45
Ethelred (Alfreds Schwiegersohn) 46
Ethelstone, König der West-Sachsen 29
Evelyn, John 123, 130, 183, 233, 235, 239, 250, 276, 438, 749

Fabyan, Robert 29, 135
Fairchild, Thomas 420
Faraday, Michael 223
Felton, John 256
Fido, Martin, *The Murder Guide to London* 295
Fielding, Henry 71, 151 f., 278, 295, 360, 399, 488, 764
Fielding, Sir John 359, 700
Fitter, R. S. 228, 420, 737
Fitz-Ailwin de Londonestone, Henry 29, 73
Fitz-Brian, Ralph 470
Fitzgerald, Percy 530
Fitz-Osbert, William 74
Fitz-Stephen, William 67 f., 71, 326, 417, 536
Flaxman, John 585
Foote, Samuel 186
Ford, Ford Madox 412, 421, 575
Forest, Miles 274
Forshaw, A. and T. Bergstrom, *Smithfield Past and Present* 340
Fraser, Frankie (Mad Frank) 473
Freke, Dr. John 220
Frith, Mary (Moll Cutpurse) 205, 624
Frith, William Powell 404, 594
Froissart, Jean 270
Fry, Elizabeth 268

Galsworthy, John 538
Garibaldi, Giuseppe 694
Garrick, David 169, 182
Gay, John 196, 288 f., 316, 457, 459
Geoffrey von Monmouth 22, 27, 40, 42
Georg I., König 559
Georg II., König 183
Georg III., König 164
Georg IV., König 171, 526
Georg V., König 710, 712
George, M. Dorothy 358, 390, 601

Géricault, Théodore 599, 611
Gibbon, Edward 135
Gildas (Historiker) 41 f.
Gillray, James 395
Gissing, George 55, 172, 404, 460, 470,
   655, 673
Godfrey, Edmund Berry 281
Godwin, William 273
Gogh, Vincent van 430
Goldsmith, Oliver 358, 425
Gomme, Sir Laurence 24, 710
   The Governance of London 63
   The Making of London 62
Gordon, Lord George, *siehe* Sachregister,
   Gordon-Unruhen
Gower, John 211
Graham, Stephen 559
Gray, Thomas 401
Greatraks, Valentine 218
Green, D. M. 157
Green, Stanley 207
Greene, Robert 275 f.
Grignion, Charles 543
Grigson, Geoffrey 766
Grimaldi, Joseph 358
Groffier, Jan, der Ältere 236
Grosley, Jean-Pierre, *A Tour of London*
   222, 225, 270, 326, 399
Gwynn, Eleanor (Nell) 629

Hadrian, König 38
Haining, Peter 507
Halfdere 46
Halley, Edmond 23, 5167
Hamilton, Kate 546
Händel, Georg Friedrich 451, 559
Hanway, Jonas 348
Hardie, Keir 247
Hardy, Thomas 134, 376
Harman, Thomas 609
Harold I. (Harefoot) 49
Harold II., König 61
Harrison, John 517
Harrison, William 355
Hartlib, Samuel 515
Harvey, William 11
Hawksmoor, Nicholas 227, 585
Hawthorne, Nathaniel 97 f., 334, 439,
   559, 569
Haydn, Joseph 91

Hayes, Catherine 285 f.
Hawkins, John 372
Hazlitt, William 175, 361, 533
Hebbert, Michael 756–759
Heckethorn, C. W. 276
Heine, Heinrich 211, 440, 557
Heming, Edward 449
Heinrich I., König 65 f.
Heinrich II., König 41, 66, 533,
   607
Heinrich III., König 75, 84, 437
Heinrich IV., König 471
Heinrich VI., König 227, 243
Heinrich VII., König 170, 391
Heinrich VIII., König 64, 113, 224,
   409, 546, 608
Herrick, Robert 547
Herzen, Alexander 694
Hickey, William 358
Hitchcock, Alfred 342
Hoare, Richard 316
Hocker, Thomas Henry 285
Hogarth, William 91, 164, 287, 290,
   319, 648, 732
   Gay's *Beggar's Opera* 287 ff.
   The Enraged Musician 91, 94
   The Four Stages of Cruelty 151, 289
   Gin Lane 147 f., 359 f.
   Harlot's Progress 151, 382, 689
   Industry and Idleness 289
   A Rake's Progress 450 f., 649
   The Reward for Cruelty 219 f.
   Southwark Fair 164
Hoggart, K. und D. R. Green, *London –*
   A New Metropolitan Geography
   667
Holcroft, Thomas 494
Hollingshead, John 602
Holinshed, Raphael 433, 437
Hollar, Wenceslaus 89, 107, 122,
   128 ff., 213, 236, 417, 548
Holloway, Sally 727
Hooke, Robert 428, 516
Horwood, Richard 132, 230 f.
Hughes, M. V., *A London Girl of the*
   Eighthies 282
Hunt, Henry 473
Hunt, Leigh 135
Huxley, Aldous 199
Huxley, Thomas Henry 587

Ilive, J., *A New and Complete Survey of London* 361
Inwood, Stephen, *A History of London* 450, 477, 501, 667, 712
Irving, Sir Henry 709
Irving, Washington 97, 225
Isaacs, Tubby 343

Jack the Ripper 279–284, 286, 367, 507
Jackson, A. A., *Semi-Detached London* 687
Jakob I. 373, 437
James, Henry 124, 133f., 431, 434, 455, 473, 582, 591
Jarrett, Cynthia 498
Jefferies, Richard, *After London* 455
Jennings, Humphrey 729
Jerrold, Blanchard 364, 420, 429, 444, 558, 614, 594, 675, 677
Johann, König 72–75
Johnson, Lionel 255, 459
Johnson, Samuel 71, 185, 223, 226, 357, 361, 373, 383, 430, 458, 494, 496, 559
Jones, Inigo 168
Jonson, Ben 107, 162, 172, 183, 356, 408, 506, 764

Karl I., König 17, 238, 398f., 477, 695, 717
Karl II., König 207, 234, 249, 339, 377, 398
Katharina von Aragon 171
Keith, Michael 499
Kent, William, *The Lost Treasures of London* 733
Kett, Henry 521
King, Martha 380
Kipling, Rudyard 459
Knight, Charles 99, 198, 219, 277, 363, 409, 412, 481, 686
Knut der Große 49
Knyff, Jacob 418
Kochahs, Lionel 158
Kops, Bernard 731
Kossuth, Lajos 694
Kray-Brüder 280
Kropotkin, Fürst Peter 475, 675, 694

Ladbroke, James 530
Lamb, Charles 100, 133, 164, 166, 245, 358, 361, 442, 533, 764
Lambert, G. W., *The Geography of London* 561
Langland, William 55, 386
Lansdowne, Lord William Fritzmaurice 360
Laroon, Marcellus 137, 163, 167, 190, 290, 323, 628
Lawrence, D. H. 95
Lee, Nathaniel 358
Lehmann, John 365
Lenin, Wladimir Iljitsch 157f., 401, 475f., 481, 675
Leno, Dan 223
Lewkenor, John 324
Leybourne, George 678
Lilly, William 213
Linebaugh, Peter, *The London Hanged* 222, 265, 277, 691
Locke, John 228
Locrinus 26
London, Jack 674
Lopes Chillon, Isak 695
Loutherbourg, Philippe Jacques de 236
Lovett, Edward 221
Lowell, James Russell 92, 440
Lucrine, Mary 207
Lud, König 21, 506
Ludgate, John 71
Lullus Raimundus (Lully Raymond) 513f.

Macauly, Rose 133f., 166, 254f., 320, 584
Macauly, Thomas Babinton 320, 409, 515f., 590, 629
MacBride, M., *London's Dialect* 173
Machen, Arthur 26, 134, 237, 453, 469, 508, 582, 588
Mackay, Charles, *Memoirs of Extra-ordinary Popular Delusions* 218
Malcolm, Sarah 287
Mallarmé, Stéphane 377
Mancini, Dominic 116
Manning, Frederick George 310f.
Manning, James 259
Manning, Marie 310f.

Mansfield, William Murray 495
Markino, Yoshio 443
Marlowe, Christopher 176, 506, 550
Martin, John 674
Marx, Eleanor *siehe* Aveling, Eleanore
Marx, Karl 482, 537, 579, 607, 694
Maria I. Tudor, Königin 126, 161, 245, 260
Mathilde 66
Matthew von Westminster 42
Matthews, W., *Cockneys Past and Present* 173
Maud, Königin 66
Maudslay, Heinrich 517
Maxim, Hiram 518
Mayhew, Henry 157, 193, 325, 351 f., 362 f., 385, 425, 560, 565, 572, 579, 586, 591, 612, 643, 652
Mazzini, Giuseppe 694
Mehoe, Thomas 202
Mellitus, Bischof von London 45
Melton, John 503
Mendelssohn Bartholdy, Felix 404
Meredith, George 459
Miele, Chris, *Suburban London* 718
Mill, John Stuart 475
Millson, Sarah 281
Milton, John 27, 135, 430, 488
Mirbeau, Octave Henri Marie 237, 765
Misson, François 327
Misson, Maximilian 56
Monet, Claude 237, 443 f.
Montagu, Lady Mary Wortley 631
Montague, Lady Pauline 457
Montague, Ralph Montague 479
Moorcock, Michael 19, 572, 767
Moore, George 159
More, Alice 627
More, Hannah 631
Morus, Thomas 72, 77, 201, 273, 344, 346, 607, 617, 640
Moritz, Karl Philipp 124, 156, 180
Morrison, Arthur 17, 279, 332, 606, 710
Morrison, Herbert 572
Morton, H. V. *In Search of London* 445, 559
Moryson, Fynes 88
Mosley, Oswald 675

Mourey, Gabriel 98
Mozart, Wolfgang Amadeus 189
Murdoch, Iris 123

Napoleon I. (Bonaparte) 413, 525
Nash, John 168, 211, 253, 519, 529, 672
Nashe, Thomas 211
Nelson, Horatio 706
Nennius 42
Nevill, Ralph, *Night Life* 335
Newby, Eric 573
Newton, Sir Isaac 515
Nicholls, Ernest 292
Nicholson, E. M., *Bird-Watching in London* 424
Nilsen, Dennis 285
Nokes, David 288
North, Roger 257

O'Connor, John 169
Ogilby, John 131, 253, 255
Olaf, König von Norwegen 48 f., 252
Oldcastle, Sir John 471
Oldham, John 90
O'Leary, John 731
Olsen, Donald J., *The Growth of Victorian London* 166, 528
Opie, Iona und Peter 642 f.
Orwell, George 18, 57, 200, 333, 366, 394, 425, 677, 714
Otway, Thomas 245
Ovid 763

Paine, Thomas 247
Panizzi, Sir Arthon 236
Pankhurst, Sylvia 635
Pankratius (Pankraz) 56
Paris, Matthew 59, 75, 692
Pascoe, Charles Eliot 591
Peace, Charles 29
Peacham, Henry, *The Art of Living in London* 17, 357
Pearsall, Phyllis 133
Peche, Samuel 408
Peel, Sir Robert 296 f.
Pelagius 43
Penny, Edward 169
Penny, Thomas 420
Penton, Henry 25

Pepys, Elizabeth 232
Pepys, Samuel 49, 90, 148, 180, 189, 228, 232f., 256, 346f., 368, 392, 398, 435, 479, 487
Peters, Hugh 477
Petty, William 515
Pevsner, Nikolaus 707
Peyton, Thomas 148
Phillips, Michael and Trevor, *Windrush* 704
Pinks, W. J., *History of Clerkenwell* 474, 478
Piranesi, Giovanni B. 523, 553
Place, Francis 684
Platt, Hugh 437
Platter, Thomas 356
Poe, Edgar Allan 402, 469, 588
Pollard, James 596
Porter, Roy 593, 743
Pope, Alexander 27, 71, 165, 547
Pope-Hennessy, James 228, 233, 734
Porson, Richard 358f.
Powell, Anthony 739
Pratt, A. T. Camden, *Unknown London* 694
Price, Charles (Old Patch) 291
Price, Elizabeth 286
Priestley, J. B. 377, 714
Pritchett, Victor S. 134, 237, 677, 686
Pückler-Muskau, Fürst Hermann von 182, 525, 554, 650
Purdom, C. B. 743
Pynson, Richard 409

Quant, Mary 663
Queensberry, John Sholto Douglas 204

Raban, Jonathan 663
Rahere, Thomas 52f.
Raleigh, Sir Walter 372, 533
Ramsey, W. G. 677, 732
Randall, S., *No Way Home* 616
Rasmussen, S. E., *London, the Unique City* 118, 666, 745
Rastell, William 409
Restitus, Bischof 140
Reynolds, Sir Joshua 193
Richard I. (Löwenherz), König 72, 485, 513
Richard II., König 471

Richard III., König 96, 274
Richard von Devizes 71f., 505, 692
Richardson-Familie 280f.
Richardson, John 450f.
Richardson, Samuel 619
Ricketts, George 420
Rimbaud, Arthur 553
Roger von Howden 71
Rogers, Samuel 359
Rohmer, Sax 698
Roque, John 132, 265, 474
Rose, D. 500
Rossetti, Dante Gabriel 584
Rowlands, Samuel 505
Rowlandson, Thomas 164, 257, 361
Rumbelow, Donald 295
Rowlinson, Daniel 360
Ruskin, John 550, 584
Russell, Bertrand 728

Sabini-Familie 280
Sala, George Augustus Henry 483
Salisbury, Sally 488
Salmon, William 218f.
Sancho, Ignatius 492
Saussure, César de 294
Saussure, Ferdinand de, *A Foreign View of England* 409
Scharf, George 123, 198, 519, 527f., 657
Schlesinger, Max 362
Schneer, Jonathan, *London 1900* 705
Schofield, John, *The Building of London* 667
Scott, Sir Giles Gilbert 686
Scott, Walter 193
Seddon, Frederick 284
Sessions, John 186
Shadwell, Thomas 457, 319
Shakespeare, William 107, 126, 176, 179, 223, 297, 375, 500, 629, 682
Shaw, George Bernard 342
Shelley, Percy Bysshe 17, 92f.
Shenstone, William 488
Sheppard, Jack 263, 267, 287
Sheridan, Richard B. 395
Shesgreen, Sean 628
Shipton, Mother 213
Siddons, Sarah 185
Simond, Louis 17

Sinclair, Iain 200, 280, 569
Sitwell, Sir Osbert 713
Sloane, Hans 183
Smirke, Sir Robert 371
Smith, Bruce R., *The Acoustic World of Early Modern England* 87 ff.
Smith, Charles Manby 92, 428, 460, 720
Smith, J. T., *Book for a Rainy Day* 149, 428; *Vagabondiana* 611
Smith, Stevie 429
Smollett, Tobias 71, 91, 212, 324, 764
Soane, Sir John 523, 583
Southey, Robert 506, 589
Spenser, Edmund 27, 547
Stalin, J. W. 675
Starkie, Enid 553
Starkey, George 514
Steele, Sir Richard 175, 383
Stephan von Blois, König 66
Stevenson, Robert Louis 94, 441
Stokes, Peter 205
Stow, John 25, 29, 78, 88, 113, 119, 125, 133, 136, 183, 241, 321, 355, 391, 417, 537
Strabo 26
Strawinsky, Igor 649
Strickland, Agnes 171
Summerson, Sir John 168, 526, 553, 718
Sutherland, Sally 540
Sutton, Anne F. 626
Sweyn, dänischer Anführer 48
Swift, Jonathan 18, 176 f., 330, 413, 432, 643
Symons, Arthur 446, 454

Tacitus 36, 437, 446
Taine, Hippolyte 455, 583, 602
Tennyson, Alfred, Baron 459
Thackeray, William Makepeace 172, 211, 362, 429, 653
Theodor, König von Korsika 539
Thistlewood, Arthur 168, 306
Thompson, C. J., *The Quacks of Old London* 156
Thompson, Francis 767
Thomson, James 99 f., 456
Thornbury, W. und Edward Walford, *Old and New London* 135, 140, 152, 206 f., 359

Thornhill, James 287
Thorny, Thomas 36
Thorogood, Horace 678
Thrale, Hester (später Piozzi) 451
Timbs, John 147, 342
Tolstoi, Lew 651
Toynbee, Arnold 674 f.
Tree, Sir Herbert Beerbohm 709
Trench, Richard und Ellis Hillman, *London Under London* 568
Tristan, Flora, *London Journal* 385, 452
Tschumi, Bernard 589
Turberville, Thomas de 83
Turner, William 232, 418, 434, 551
Turpin, Dick 223, 277, 279 f.
Tussaud, Marie 185
Tyler, Wat 471, 473, 476

Uglow, Jenny 282
Uther Pendragon, König 42

Vague, Tom, *London Psychogeography* 406
Valbourg, Misson de 323
Van Butchell, Martin 206
Vega, Ventura de la 297
Venner, Thomas 478
Vergil 12, 236
Verlaine, Paul 124, 362, 428, 508, 511, 553, 583, 634
Victoria, Königin 404
Vissher, Claes Jansz 549
Voltaire, François-Marie Arouet 516

Walford, E. *siehe* Thornbury
Wall, Joseph 306
Wallis, John 284, 516
Walpole, Horace 317, 584
Walpole, Sir Robert 414, 496, 697
Walvin, James 701
Ward, Ned 162 f., 369, 457, 562
Watts, George Frederic 588
Waugh, Evelyn 729
Webb, Beatrice 560, 710
Webb, Sidney 560
Weintraub, Stanley 712
Wellington, Herzog Arthur Wellesley 170
Wells, H. G. 510, 589, 593, 711

Werner, Alex, *London Bodies* 449
Wesley, Charles 246
Whiffin, William 655
Whistler, James Abbot McNeill 100, 442, 551, 553, 699
Whittington, Richard («Dick») 30, 103, 259, 262, 426, 667
Wigtoft, Raulf 513
Wild, Jonathan 167, 220, 279
Wilde, Oscar 698
Wilhelm I. der Eroberer 61 ff., 736
Wilhelm II. (Rufus), König 63 ff.
Wilhelm von Jumieges 59
Wilkes, John 185, 241, 247, 399, 473
Wilkins, William 371
Willhelm von Malmesbury 49
William Langland 55
William Longbeard 301, 607
William Longchamp 72
Williams, Gwyn A., *Medieval London* 414, 485
Williams, John (Mörder) 281
Wilson, A. N. 728

Wilson, Colin 282
Wolfreys, Julian, *Writing London* 100, 456
Wollstonecraft, Mary 631 f.
Wolsey, Kardinal Thomas 472
Woolett, William 207
Woolf, Virginia 95, 236, 245, 430, 456, 720
Worde, Wynkyn de 409
Wordsworth, William 165 f., 274, 417, 428, 430, 664
Wren, Sir Christopher 19, 29, 62, 78, 130, 237, 239, 256, 660, 686, 733, 749, 756 f., 761, 768
Wright, Laura 174
Wycliffe, John 25
Wyngaerde, Anthony van den 128, 339, 682

Young, Mary 291

Ziegler, Philip, *London at War* 365, 570, 728 f., 738

Sach- und Ortsregister

Aberglaube 19, 156, 215, 221, 226, 229, 271, 365

Adelphi 376, 524, 550, 583

Alchemie 155, 431

Aldermen 64 f., 73, 81, 106, 230, 449, 667

Aldersgate 79, 214, 223, 225, 234, 346, 380, 683, 733, 747

Aldgate 31, 82, 114, 117, 176, 696

Alkohol 77, 105, 147 ff., 204, 260, 294, 354–368, 393, 605, 616, 651

Apotheker 220, 244

Archäologische Funde 14, 24, 28, 32, 34, 38, 43 f., 114, 215, 229, 242, 320, 347, 379, 470, 663, 667, 671 f., 675 f., 678, 681, 696 f., 769

Armut 36, 145, 158, 172, 321, 332, 379, 434, 452 f., 491, 672, 675 f., 758, 766, 770

Ärzte 217 ff., 244, 263, 687

Astrologie 217 f., 477, 503, 514

Austin Friars 22, 70, 736

Balladen (-verkäufer) 91, 156 f., 189, 266, 355, 580, 641

Bank of England 37, 315, 318, 463, 497, 583, 713, 733

Barbican 32, 37, 451, 629, 747

Bärenhatz 178, 187

Bartholomäusmesse 54, 161–166, 264, 608

BBC 714

Bedford 324, 522

Bedlam (Bethlem Hospital) 32, 222, 270, 429, 497, 610, 617, 620 f., 632

Bermondsey 107, 134, 141, 324, 343, 376, 435, 507, 593, 602, 683 f., 717

Bethnal Green 279, 376, 522, 592, 602, 674, 677, 679, 710, 745

Bettler 75, 79, 118, 145, 149, 166 f., 175, 217, 266, 274, 276, 376, 425, 462, 606–617

Bevis Marks 31 f.

Big Ben 36, 436, 660 f., 756

Billingsgate 25, 35, 47, 139, 339 f., 342, 380

Bishopsgate 22, 32, 234, 250, 292 f., 418, 420, 610, 617, 644

Blackfriars (Bridge) 275, 409, 424, 505, 517, 522, 555, 563 f., 594, 685

Bloomsbury 476, 517 f.

Blumen(händler/innen) 415, 417–421, 634

Bow Street Runners 295 ff.

Brauer(eien) 147, 150, 250, 355, 363 f.

Britisches Museum 17, 134, 224, 227, 527

Brixton 406 f.

Broadwater-Farm-Unruhen 498–501

Brunnen 24, 126, 171, 226, 277, 469, 478

Buckingham Palace 169, 526 f.

Bürgermeister (Lord Major) 73 f., 103, 115, 119, 130, 317, 449, 492, 755

(Omni)Busse 29, 401, 404, 422, 463 f., 596 ff., 635, 651, 703, 711, 714

Camden 134, 508, 521, 529, 567

Canary Wharf 298, 529, 576, 625, 755 f., 767

Carnaby Street 749

Charing Cross 17, 20, 140, 145, 192, 202, 333, 335, 413, 511, 594, 767

Charles Pooter, Comicfigur 707

Chartisten 405, 473, 475 f., 675

Cheapside 19, 37, 59, 82, 99, 120 f., 170, 172, 217, 228, 233 f., 236, 253, 275, 280, 299, 338, 356, 374, 435, 465, 485, 521, 593, 607, 640, 663 ff., 733

Chislehurst-Höhlen 24

Cholera 153, 296, 353

City of London 34, 47, 112, 118, 169,
   273, 295, 360, 374, 377, 407, 418,
   460, 462f., 523, 536, 552, 574, 583,
   595, 665, 705f., 733f., 746f., 757
Clapham 20, 685, 718
Clerkenwell 24, 70, 141, 180, 187,
   203, 206, 222, 264, 346, 370, 383,
   398, 422, 467–482, 518, 567, 580,
   661, 663
Clifford's Inn 241, 243f.
Clink Gefängnis 497, 682
Clubs 332, 368–372, 538, 540, 745
Cockney 57, 88, 173–176, 180f., 193,
   227, 319, 333, 336, 385, 405, 420,
   423, 489, 677, 722
Coldbath-Gefängnis 474, 506
Covent Garden 44, 145, 163, 202, 253,
   296, 298, 327, 341ff., 368, 383f.,
   389, 393, 417, 421, 488, 511, 522,
   635, 646, 692, 748, 755
Custum's House 17

Dänen 45ff., 64, 588, 692, 725–740
Deptford 558
Deutsche 139, 321, 399, 692f., 699,
   713
Diebstahl 76, 153, 205, 251, 261, 275,
   277–280, 290, 295, 394, 399, 403,
   472, 648, 717
Diener/Dienstboten 118, 120, 149,
   377, 391, 403, 607, 626, 630
Dissenter 245f., 475, 478, 675
Docklands 139, 413, 480, 550, 755f.
Dowgate 79
Drogen 220, 272, 280, 344, 636
Druiden 23ff., 28, 513
Drury Lane 145, 147ff., 157, 172 180,
   182, 200, 222, 266, 426, 510

East End 19, 57, 109, 193, 220, 279f.,
   282, 356, 378, 393, 413, 465, 636,
   671–680, 699, 731, 740
Einwohnerzahlen 38, 73ff., 117, 326,
   641, 678, 707, 714
Eisenbahn 464, 568, 590–605, 661,
   752
Elektrizität 453f., 603, 688, 707, 727
Embankment 199, 442, 453, 461
Erdbeben 436f.
Erster Weltkrieg 222, 635, 712f.

Farbige (Schwarze) 149, 298, 494,
   498f., 689, 700ff.
Fetter Lane 205, 241–249
Feuer 29, 34, 36, 39, 62, 107f,
   209–256, 272, 436, 471, 492–498,
   641
Feuerwehr 228–231
Finsbury 22, 126, 141, 365, 370, 435,
   592
Fleet (Fluss) 22, 33, 180, 276, 318,
   345f., 411, 417, 471f., 561–564,
   573
Fleet-Gefängnis 168, 272f., 497, 539
Fleet Street 103, 139, 185, 187, 197,
   201, 218, 234, 241, 328, 376, 397,
   409ff.
Fountain Court 100
Frauenbewegung (Feminismus/Suffra-
   getten) 632, 635f.
Fulham 44
Fußball 161, 187, 366, 433, 743

Gefängnisse *siehe* Fleet, Newgate, Clink
   107, 251, 273, 459, 493, 573, 607f.,
   663
Geister/Gespenster 216, 222–225, 261,
   271–275, 561
Geruch/Gestank 76, 104, 260, 267,
   324, 329, 340, 344, 346, 348, 353,
   374–377, 437, 686
Gewerkschaften 105
Gin 147ff., 328, 359f., 364, 403,
   475f., 610, 714
Globe Theatre 54, 177, 681, 687f.
Glocken(geläut) 39, 56f., 69, 78, 87f.,
   108, 195, 230, 294, 338, 436, 659f.,
   712
Glücksspiele 39, 178, 294, 390–394,
   648
Gordon-Aufstand 243, 316, 483,
   489–501, 734
Gotischer Stil 56, 437, 586, 708, 723
Graffiti 194, 200ff., 286
Gray's Inn 98, 203, 420, 425, 487, 514
Greenwich 186, 430, 555, 561f., 585,
   661, 756
Großer Brand (1666) 27, 129f., 228f.,
   232f., 251, 261, 319, 347, 563, 619,
   625, 643, 663f., 733, 749, 757, 768
Guildhall *siehe* Rathaus

Hahnenkämpfe 178, 183, 187, 393, 409
Hampstead 20, 511
Haus(-typen)/Wohnhäuser 75 f., 89, 116 f., 251 f., 285, 318, 375, 482, 672, 718–724, 748
Haymarket 205 ff., 226, 378, 387 f., 435, 580, 764
Hexen 71, 218 f., 221, 627
Highbury 23
Highgate 22 f., 226, 234, 511
Hinrichtungen 83, 146 f., 161, 168, 191 f., 257, 266, 277, 287, 290, 297, 398, 580
Holbein Gate 97
Holborn 19, 100, 106, 118, 141, 150, 204 f., 234, 241 266, 289, 325, 339, 384, 393, 420, 453, 486, 493, 517, 563, 593, 644, 663, 704, 717, 737
Homosexualität 242, 367, 379 f., 384, 541
Houndsditch 34, 133, 283
Hoxton 106, 140, 420
Hugenotten 427, 490, 694, 699
Hyde Park 417, 422, 522, 527

Iren 80, 149, 152, 154, 323, 425, 473, 475, 530, 582, 696 f.
Isle of Dogs 552, 674, 755, 767
Islington 19, 23, 44, 106, 223, 280, 289, 348, 368, 376, 418, 461, 521, 531–536, 593, 641, 663, 718 f., 740, 743, 751, 754, 768

Juden in London 22, 139, 201, 225, 259, 316, 485, 668, 676, 692, 695–698

Kaffeehäuser 197, 248, 289, 316, 328–333, 336, 371, 372, 377, 402, 409
Katholiken 105, 243, 260, 471 f., 489, 499 f., 582, 697
Kelten 21–24, 28, 30, 39 f.
Kennington 304, 523, 685
Kensington 44, 276, 374, 531, 580, 591, 663
Kensington Gardens 49, 224, 425, 530 f.
Kleidung 75, 120, 123, 127, 149, 169 f., 190, 340, 399, 463, 510, 626 ff., 640, 738, 744
Königliche Börse, *siehe* Royal Exchange

Königliche Gesellschaft *siehe* Royal Society
Königliche Münze *siehe* Royal Mint
Kutschen 29, 88, 119, 135, 201, 214, 266, 276, 289, 431, 457, 463, 479, 486, 597 f., 651, 709

Lambeth 43 f., 51, 255, 291, 349, 417, 432, 489, 514, 517, 580, 592 f., 606, 655, 683 f., 697
Lambeth Bridge 713
Lambeth Palace 270, 727
Law Courts 54, 585, 737
Lea (Fluss) 108, 672 f.
Leadenhall Market 126
Lehrlinge 78, 114, 120, 164, 188, 217, 266, 277, 294, 316, 358, 364, 390, 398, 462 f., 485, 491, 640, 693
Leicester Square 417
Lincoln's Inn (Fields) 187, 218, 253, 255, 288, 317, 327, 384, 391, 417, 422, 436, 490, 511, 660, 698, 758
Lollarden 271, 379, 471, 477
Lombard Street 34, 37, 95, 124, 231, 464, 540, 733
London Bridge 17, 34 f., 48 f., 70, 73, 81, 128, 229, 299, 345, 427, 432, 436, 521 f. 547, 551, 594, 602, 625, 688
London Council Court (LCC) 710, 713, 722, 750, 752 (GLC)
London Stone 28 ff.
Lothbury 88, 374, 583
Ludgate 21, 23, 26, 33, 61 ff., 76, 85, 107, 121, 172, 178, 229, 232, 236, 346, 297, 414, 463, 752

Mansion House 17
Märkte 37, 68, 78, 90, 101, 185 f., 214, 222, 250, 252, 274, 317, 337–343, 432, 652, 675, 686
Marshalsea Gefängnis 107, 268
Marylebone 55, 276 f., 289, 317, 526
Mayfair 185, 522
Metroland 715, 723
Milchträgerin 137, 139, 225 f., 457
Mile End 133, 221, 255, 678, 717
Mob/Pöbel 154, 246, 272, 279 f., 290, 397–407, 458, 483, 485–490, 495, 500, 693, 712

Monument 124, 235, 270, 625, 757
Moorfields 11, 125, 187, 201, 346,
    371, 393, 398, 420, 435, 491, 517,
    523, 581, 619 f.
Museum of London 236, 320
Musikhallen 677, 685 f., 712

National Gallery 20, 528
Nebel 167, 217, 270, 377, 435,
    437–446, 505, 614, 729, 765
Newgate-Gefängnis 83, 168, 172, 212,
    222, 259–268, 287 f., 425, 459,
    483, 490–501, 650, 662, 719,
    734
Normannen 46, 52, 61 ff., 78, 692
Notting Hill 201, 285, 406, 422,
    529 ff., 699, 702 f.

Obdachlose 149 f., 153, 376, 447, 461,
    758, 770
Okkultismus 156, 217, 220 f., 303,
    306, 327, 476 f.
Old Bailey 33, 165, 167 f., 234, 270,
    384, 496

Paddington 44, 317, 410, 521, 531 f.,
    553, 580, 583
Pall Mall 377, 393
Parlament 50, 229, 251, 489 ff., 585
Parliament Hill 23 ff.
Penton Hill 23 ff.
Pest 39, 47, 103, 120, 209–256, 378,
    436, 614, 659, 673, 738
Piccadilly Circus 19, 185, 197, 199,
    317, 348, 368, 393, 415, 422, 454,
    525, 573 f., 611
Pikten 41
Polizei 167, 170, 293–299, 461,
    580
Poplar 255, 365, 398, 678 f.
Popmusik 175, 749
Pranger 82, 272, 300, 382
Prostitution 76, 79, 151, 157, 161 f.,
    170, 188, 222, 242, 244, 288, 295,
    351, 369, 378–390, 394, 426, 505,
    507, 539 ff., 588, 616, 620, 632,
    636, 717
Pubs 364–367, 372
Punch (Marionettenfigur) 159, 163 ff.
    168

Puppenspiel 433
Puritaner 245, 379, 477 f.

Queenhithe 47, 345

Rathaus (Guildhall) 37, 44, 55, 64, 73,
    113 f., 229, 251, 379, 394
Regent Park 429, 454, 526
Regent Street 169, 525 f.
Reklame *siehe* Werbung
Religion 39 f., 43, 104 f., 274, 286, 699
Römer 22, 31 f., 34–41, 44, 64, 106,
    115, 174, 227, 242, 298 f., 344, 460,
    529, 545, 567, 681, 691, 700, 745
Rotherhithe 558, 683, 755
Rookeries (Krähennester) 143, 152 f.,
    587
Royal College of Surgeons 222, 314
Royal Exchange (Königliche Börse) 89,
    121, 229, 234, 250 f., 255, 314, 330,
    384, 408, 421, 464, 660
Royal Festival Hall 681
Royal Society 183, 237, 515

Sachsen 41, 43–46, 103, 106 f., 145 f.,
    174, 298 f., 320, 344, 529, 567, 671,
    692, 753
Sadler's Well 24, 54, 189
Sandwich 337
Schornsteinfeger/Kaminkehrer 164,
    175, 226, 399, 462, 601
Scotland Yard 292, 296
Selbstmord 79, 188, 270 f., 384, 434
Sessions House 33, 467, 471
Seven Dials 139, 155 f., 204, 253, 280,
    399, 477
Sex 201, 225, 378–389, 699, 743, 745
Shoreditch 17, 54, 100, 125, 140, 176,
    381, 420, 505, 522, 536, 606, 647,
    663, 677, 769
Sklaven 580, 700 f.
Slums *siehe* Rookeries
Smithfield 11, 52, 68, 70, 74, 90, 139,
    161, 180, 218 f., 224 f., 259, 264,
    275, 289, 299, 339, 367, 380, 422,
    473, 601, 737, 740, 764
Smog 445 ff.
Soho 141, 337, 370, 393, 461,
    535–541, 564, 602
Somerset House 524, 580

Southwark 20, 22, 34, 84, 118, 268, 274, 341, 363, 369, 381, 422, 434, 464, 509, 601, 520, 681–688, 698

Southwark Bridge 555

Spitalfields 255, 267, 343, 346, 370, 400, 425, 491, 536, 585, 663, 668, 674f., 717, 754, 769

Sport 187f.

St. Andrew Undershaft 136, 243, 420, 668

St Bartolomäus-Church/Hospital 11, 52f., 70, 106, 224, 485, 608, 659, 764

St Bride 76, 449, 512

St Clement Danes 49f., 54, 57, 255f., 275, 278, 458, 737

St Giles-in-the-Fields 20, 143–158, 215, 253, 255, 264, 285, 360, 381, 425, 433, 540, 602, 604, 617, 697, 702

St Martin-in-the-Fields 314, 328

St Martin's le Grand 57, 106, 116, 274, 527, 661

St Martin's Ludgate 23

St Mary (Southwark) 80

St Mary Axe 22, 32, 229

St Mary-le-Bow 57, 74, 78, 667, 734, 737

St Mary Overie 128, 549, 682

St Olave Church 34, 49, 411, 425

St Pancras 17, 55f., 106, 223, 376, 379, 562, 592, 594, 664, 694

St Paul's Cathedral 17, 26, 37, 42, 45, 59, 70, 78, 89, 107, 121, 123, 128, 135, 139, 168, 176, 180, 183, 212, 232, 256, 375, 381, 399, 437, 514, 552, 579, 584, 654, 659, 686, 725, 727, 733f., 752, 768

St Saviour's 106f.

St Stephen 56

Stadtkarten/-pläne 68, 111, 125, 133, 227, 230, 252–255, 317, 474, 682

Stadtmauer 30ff., 35f., 39, 61, 114, 118f.,152, 523, 714, 736

Stein 19, 29, 36f., 62, 69, 99, 124, 134, 251f., 259, 348, 441, 583ff., 601

Stepney 44, 60, 106, 255, 376, 417, 435, 479, 529, 679, 717, 732, 740

Sterblichkeitsrate 120, 151, 213, 215f., 449, 692, 740

Steuern 74, 104, 251, 294, 357, 360, 391, 399, 626

Strand 44, 93, 116, 118, 121, 139, 166, 183, 199, 255, 281, 286, 372, 382, 384, 409, 428, 452, 454, 458, 463, 473, 583, 593

Straßenbau 34, 113, 117, 130, 133, 251, 317, 347, 523, 665, 713, 724

Straßenbeleuchtung 449, 456, 460

Straßenkehrer 77, 204, 350f., 403

Straßenkünstler 182f., 191f., 226

Swinging London 749ff.

Syphilis 381, 386

Tabak 188, 339, 372ff.

Tate Modern Gallery 681, 686, 688

Teddy Boys 749f.

Tee 336, 360f.

Temple 100, 133, 201, 328, 376, 464, 527, 660, 735

Theater 71, 116, 118, 126, 163f., 168, 171f., 176–181, 229, 236, 278, 307, 325, 335, 397, 403, 446, 453, 459, 469, 641, 651, 677, 709, 714

Themse 20, 34, 44, 50, 107, 127f., 193, 199, 214, 220f., 232, 236, 255, 296, 345f., 351, 353, 369, 383, 422, 432f., 435, 439, 461, 463, 521, 545, 552, 558, 562, 568, 583, 588, 590, 623, 685, 688, 712, 753

Thermen 37f., 344

Tod 213ff., 257, 375, 433, 435, 461, 601, 667

Tothill 34f.

Tothill Field 24, 51, 417

Tottenham Court Road 18, 141, 146, 157, 204, 276, 343, 508, 663, 719, 740

Tower Bridge 705, 708

Tower Hill 23f., 31, 121, 183, 343, 737

Tower of London 22, 30, 43, 59, 62, 121, 128, 201, 234, 354, 380, 427f., 490, 695, 733

Trafalgar Square 18f., 44, 199, 298, 405, 422, 526, 583, 613, 705f., 713

Transportmittel 119, 227, 673, 723

Trinity Square 30, 49

Troja 26 f., 164, 235, 386
Tyburn 147, 259, 290, 305 ff. 390, 648
Tyburn Fluss 561, 573

Überwachungskameras 461 f.
Uhren(macher) 141, 235, 272 480,
    660 ff., 693
Untergrund(bahn) 125, 146, 166, 196,
    378, 574, 635, 711, 715, 722 f., 738

Vauxhall Bridge 685
Vauxhill Gardens 188, 311, 451, 522
Verkehr 35, 37, 65, 85, 95, 99, 119,
    186, 194, 214, 227, 318, 326, 377 f.,
    401, 404, 462 f., 560, 607, 705, 754
Vögel 18, 344 f., 354, 422–425, 432

Walbrook (Fluss) 22, 38, 40, 69, 345,
    432, 561, 667, 671
Wapping 255, 274, 304, 412, 491, 545,
    552, 559, 602, 672, 702, 732, 755
wards 64, 73, 76 f., 81, 296, 345, 380,
    486, 683, 693
Waterloo Bridge 198, 409, 459, 557,
    685, 758
Waterloo Station 17, 435, 594
Werbung 166, 422, 486, 714, 741
West End 206, 413, 436 f., 464, 591,
    666, 672 f.

Westminster 34, 43, 61, 146, 231, 275,
    343, 353, 360, 369, 391, 398, 431,
    433, 458 f., 490 f., 590, 644, 660
Westminster Abbey 50 ff., 185, 275,
    297, 436, 459, 582, 585, 591
Westminster Bridge 134, 318, 383, 430,
    447, 451, 521, 550, 710
Westminster Hall 63 f.
Whitechapel 17, 57, 118, 139, 176,
    199, 205, 279, 282, 288, 325, 426,
    522, 615, 667, 674 f., 677, 697, 701,
    717
Whitehall 160, 296, 397, 399, 405,
    417, 463, 705, 768
Whitefriars 345, 608
Wetten 57
Wetter 377, 430–437
Wikinger 45, 344

Yuppies 757 f.

Zeitungen 408–414
Zünfte 73, 79 f., 103 ff., 148, 227, 315,
    318, 324, 355
Zweiter Weltkrieg 29, 78, 224, 228,
    232, 234, 249, 336, 365, 428, 434,
    454, 643 f., 663 f., 679, 725–740,
    742
Zoo 183, 619

1209–1384 Die erste nachrömische Steinbrücke in Europa: Sie hatte 20 Bögen; das mittlere Teilstück war hochklappbar. 198 Häuser sollen auf der Brücke gestanden haben.	
Um 1500 Eine Karte von Anthony van den Wyngaerde und die Buchmalereien eines alten Werkes im Britischen Museum bilden die Grundlagen dieser Zeichnung.	
Um 1600 So sah die London Bridge gegen Ende des Elisabethanischen Zeitalters aus. Nach Zeichnungen von John Norden und Bildern der Pepys Collection im Magdalene College, Cambridge.	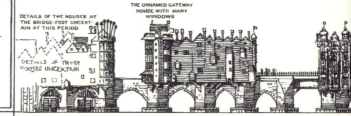
1651–1666 Diese Darstellung beruht auf Zeichnungen von Wenceslaus Hollar.	
1710 Um diese Zeit waren nahezu alle mittelalterlichen Gebäude der Brücke umgebaut oder neu errichtet worden. Nach Zeichnungen von Sutton Nicholls.	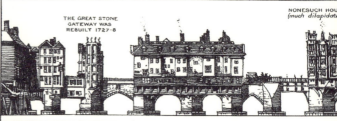
1727–1758 Nach Zeichnungen von Samuel Scott, S. und N. Buck, Canaletto und Boydell sowie einigen anonymen, in Wasserfarben ausgeführten Darstellungen aus dem Britischen Museum.	
1762–1831 Die Aufbauten verschwanden, in der Mitte entfiel ein großer Bogen, und die Brücke wurde verbreitert. 1831 baute John Rennie die London Bridge neu, 1973 entstand die gegenwärtige Form.